Die wichtigsten Orte in diesem Buch

ERWIN SEITZ

DIE VERFEINERUNG DER DEUTSCHEN

Eine andere Kulturgeschichte

Insel Verlag

Satz und Druck: Memminger MedienCentrum AG
Printed in Germany
Erste Auflage 2011
ISBN 978-3-458-17505-6

1 2 3 4 5 6 – 16 15 14 13 12 11

INHALT

VI ANFÄNGE DER DEUTSCHEN

VII DER ZIVILISIERTE KRIEGER

VIII DER ABENTEUERLICHE BÜRGER

IX VERSUCH EINER NEUEN ZEIT

X ESSKUNST VON EUROPÄISCHEM RANG

XI ZUM VERGNÜGEN: FÜRSTLICHE RESIDENZEN

An den Leser

Es ist ein alter Traum der Menschen, vom Schweren zum Leichten zu gelangen. Es gibt dafür im Wesentlichen zwei Mittel: die Sitten – und die Künste. Das Rohe und Grobe wird bearbeitet, um Geschmeidiges hervorzubringen, Geselligkeit und Sinnenfreude. Ein nettes, liebenswürdiges Zusammenleben wird ebenso zum Genuss wie ein gutes, delikates Essen oder ein weiches Bett, wie Mode, Oper und Kino. Ein solcherart verfeinertes Vergnügen schenkt Glück, vielleicht kein dauerndes, aber eines, das immer wiederkehrt.

Auf den ersten Blick scheint die deutsche Geschichte ganz anderes zu bieten. Überblickswerke der eigenen Vergangenheit zeigen gern die schwer gerüstete Germania mit Helm, Schild und Schwert; man sieht Könige und Fürsten in Kettenhemd und Uniform; die Deutschen erscheinen als Untertanen, nicht als Bürger; es herrschen Wahn und Geniekult. Gerade die Vertreter des Tragischen und Heroischen erfanden schon früh den Begriff der deutschen Misere, um für ihre autoritäre Schicksalsgläubigkeit freie Bahn zu haben. Die nationale Vergangenheit gipfelte anscheinend logisch in den Katastrophen des 20. Jahrhunderts. Solche Bilder sind nicht falsch, aber einseitig und langsam ermüdend.

Es ist an der Zeit, die deutsche Geschichte zu entzerren – nicht um die jüngeren Geschehnisse zu vergessen, sondern um neue Wege zu finden, die zur Seite des Leichten führen. Ich nahm mir vor, so weit wie möglich mit originalen Texten und Quellen zu arbeiten, um eine ungewohnte, verborgene Ordnung der deutschen Geschichte zu entdecken, eine innere Linie: Leute und Personen, die hierzulande das gute Leben beförderten – und war überrascht, dass man tatsächlich eine andere Kulturgeschichte schreiben kann, eine, die auf das Menschlich-Bürgerliche zielt: die Verfeinerung der Deutschen. Diese Formel fußt auf den Erkenntnissen dieses Buches; zugleich versteht sie sich als Utopie: als Befund und Wunsch in einem.

Es werden eingangs Leitbegriffe, Themen und Probleme der deutschen Geschichte und Verfeinerung vorgeführt, bevor die Darstellung in eine chronologische Erzählweise übergeht. Das Buch überbrückt einen erheblichen historischen Zeitraum. Es greift zurück bis zum Ende der Eiszeit um 9500 v. Chr., als sich die heutige Flora und Fauna nördlich der Alpen bildeten. Man erfährt, was es einst in unseren Breiten zu essen und zu trinken gab, bevor die Landwirtschaft um 5500 v. Chr. einsetzte. Nach und nach entstehen Dörfer und Städte, neue Sitten und Künste, die ganz andere Lebensweisen und Genüsse mit sich bringen. Jahrhundert um Jahrhundert schreitet die chronologische Darstellung voran, ohne immer strikt in der Vergangenheit zu bleiben. Gelegentlich werden Geschichte und Gegenwart ineinander gespiegelt, weil das Buch auch über das zeitgenössische Deutschland etwas aussagen will.

Es bot sich an, allgemeine philosophische Betrachtungen über die Urbedürfnisse und Sehnsüchte der Menschen anzustellen, über das, was zum schönen Leben gehört: Essen und Trinken, Liebe und Liebelei, Freundschaft und Geselligkeit, Kleidung und Wohnen, Kunst und Literatur, Unternehmungslust und Reisen. Nichts sollte für sich stehen, sondern das eine ins andere übergehen, um zur Lebenskunst zu werden.

Es ist regelrecht bewundernswert, wie beharrlich die Deutschen daran gearbeitet haben, an das antike Erbe der Griechen und Römer anzuknüpfen: an die Lebensform der Stadt und des Bürgers. Bruno von Köln, der Bruder Ottos des Großen, schuf schon um 960 die Grundlagen für ein Wirtschaftsbürgertum. Wolfram von Eschenbach stellte eine feinere Lebensweise vor, das Kavalierartige, Damenhafte, worin sich nicht nur Aristokraten wiederfinden konnten. Seit dem hohen Mittelalter entstanden reihenweise liberale Stadtrepubliken – und ein Martin Opitz wurde nach 1617 zur Leitfigur für ein aufkommendes Bildungsbürgertum. Obwohl zwischendurch die Reformation oder der Militärstaat der Preußen bremsend auf die urbane Lebensform und den mündigen Bürger einwirkten, konnten sich diese puritanisch-autoritären Kräfte nie voll durchsetzen. Schon Katharina Luther nahm sich das Motto zu Herzen: Vermehre deine Interessen!

Erwin Seitz, Berlin im Juni 2011

I EINLEITUNG

Eine Sache der Verfeinerung

Als im Februar 2009 die deutsche Ausgabe der Zeitschrift ›Vanity Fair‹ nach nur kurzem Bestehen gegen die Wand fuhr, lachten sich Medienexperten ins Fäustchen. Man hätte es ja gleich wissen können, so der Tenor, dass Deutschland kein glamouröses Land sei, um ein solches Magazin mit guten Geschichten zu nähren. Lediglich vereinzelte Stimmen meinten: Das sei nicht fair; es käme vielleicht nur darauf an, den Glamour besser zu erkennen.

Es scheint ein alter Hut zu sein, dass es bei den Deutschen mit guter Lebensart hapert. Das Geschmeidige, das Leichte und Lässige, die feine Durchdringung der Dinge, der Sinn für das Delikate: all das wird den Deutschen nicht unbedingt nachgesagt. Man zollt ihnen eher Respekt für eine gewisse praktische Ader: für Wirtschaftlichkeit, Genauigkeit, Ordnungsliebe. Schon Goethe, der in solchen Sachen immer etwas Treffendes wusste, legte Aurelie in »Wilhelm Meisters Lehrjahre« die Worte in den Mund: »Es ist der Charakter der Deutschen, daß sie über allem schwer werden, daß alles über ihnen schwer wird.«[1]

Gemach, gemach! Bereits früher waren ausländische Besucher hin und wieder verdutzt, dass es in Deutschland doch nicht so steif zuging. Petrarca konnte es bei seinem Besuch in Köln im Jahr 1333 kaum fassen, dass ihm so viele angenehme und schöne Dinge begegneten: »Erstaunlich für eine Stadt der Barbaren, welche Kultiviertheit, welch städtisches Gepräge, welcher Ernst der Männer, welch gepflegtes Äußere der Frauen.« Kurz danach kam er bei der Beobachtung einer langen Prozession aus dem Staunen nicht mehr heraus: »Denn das ganze Ufer bedeckte ein herrlicher und überaus großer Zug von Frauen. Ich wurde ganz still: Gute Götter, welch eine Schönheit der Gestalt, welch eine Vollkommenheit der Haltung!«[2]

Der Poet, der mit den Vorurteilen antiker Autoren gegenüber den Bewohnern nördlich der Alpen vertraut war, hatte anderes erwartet: Wildheit, Streitlust, Grausamkeit, Unmäßigkeit im Essen und Trinken, Plumpheit, Tölpelhaftigkeit. Nun so etwas! Seine eigenen, unvermuteten Eindrücke ließen sich kaum veröffentlichen. Petrarca schickte die Lobesworte über Köln zunächst an seinen Freund und Gönner, Kardinal Giovanni Colonna in Avignon, nahm sie aber dann nicht in seine »Epistulae metricae« auf, weil ein solcher Hymnus auf eine deutsche Stadt nicht in das Weltbild eines italienischen Frühhumanisten passte. Er spickte sein Werk mit den gewohnten Wendungen über Deutschland: Es sei dort öd und frostig, es gäbe keine erlesenen Weine und nur selten etwas Wohlschmeckendes zu essen.

Die Deutschen glauben zuweilen selbst daran, dass andere Nationen, wie die Italiener oder die Franzosen, von Natur aus bessere Voraussetzungen für das gute Leben hätten oder mehr davon verstünden als sie, ganz so, als sei es ein unabänderliches Schicksal oder Deutschland eigentlich kein schön gelegenes, von der Sonne verwöhntes Land. Immer wieder wurden hierzulande Stimmen laut, dass man sich die feinen Dinge des Lebens aus dem Kopf schlagen solle und sich stattdessen harter Arbeit, biederer Häuslichkeit hingeben möge. Ja, das Publikum genoss es insgeheim, wenn jemand in aufgeregtem, unheilvollem Ton die Zustände im eigenen Land anprangerte, Kritik am Luxus übte und strengere Sitten forderte, um sich Wunder was davon zu versprechen, wie weiland Martin Luther – statt wie Erasmus von Rotterdam einen maßvollen, abwägenden Ton anzuschlagen, um den überlegten Umgang mit den Gütern der Zivilisation zu lehren. Es ließe sich eine Litanei der sauertöpfischen Selbstanklage der Deutschen zusammenstellen. Kleinmut und Größenwahn, Selbstzweifel und Überheblichkeit schwankten hierzulande des Öfteren heftig hin und her.[3]

An sich ist Deutschland geologisch wie topographisch ein reichgegliedertes Land. Es hat Anteil an respektablen Bergmassiven, an den Alpen und den Mittelgebirgen, an großen Flüssen, an Rhein, Elbe, Oder und Donau, sogar an Meeren, an der Nord- und an der Ostsee. Es bringt durch ein gemäßigt feuchtes Klima von sich aus viel Grün, Wälder und Wiesen hervor. Nicht wenige Böden sind für die Landwirtschaft gar nicht schlecht geeignet, wie fruchtbare Lössschichten und Schwarzerden für das Getreide, steinige Hänge für den Weinbau, fette Marschen für die Viehzucht. Die Menschen haben im Laufe der Jahrhunderte etwas daraus gemacht. Man übernahm kulturelles Know-how von der mediterranen Tradition und erfand in kontinentaler Lage ein paar Dinge neu. Die hiesigen Breiten sind längst mit sehenswerten Städten überzogen: historischen Bauwerken, Kathedralen, Schlössern und Rathäusern, dazu mit modernem Komfort: Museen, Kinos, Gastronomie, Stadien, ebenso mit zeitgemäßen Verkehrswegen, Fahrradwegen, Schienennetz, Autobahnen und Flughäfen.

Nur sollte jetzt vielleicht der Anteil an unversehrter Natur nicht mehr stärker schrumpfen, weil heute neben den Städten auch die unberührte, heimische Landschaft zum Komfort dazugehört. Daniel Kehlmann schildert in seinem Roman »Die Vermessung der Welt« die ebenso schrulligen wie bewundernswerten Züge von zwei bekannten älteren deutschen Forschern und legt einem von beiden, Alexander von Humboldt, die Worte in den Mund: Der Wechsel von Wetter und Jahreszeiten mache die eigentliche Schönheit dieser Breiten aus.[4]

Dem guten Leben stand in Deutschland manchmal weniger der Mangel an natürlicher Mitgift entgegen als vielmehr eine verquere Ideologie. Sonderbare Mythen, die sich gegen den Einfluss der romanischen Kultur richteten, beherrschten zeitweise das Feld. Es war regelrecht ein Treppenwitz der Weltgeschichte, dass ausgerechnet das Heilige Römische Reich Deutscher Nation im Zug der Reformation gegen das Römische wetterte. Luther ließ die europäische Tradition beiseite und suchte den unmittelbaren Weg zu Gott. Große Teile des Landes wandten sich im 16. Jahrhundert von einer stark verweltlichten römisch-katholischen Kirche ab und wurden gleichzeitig skeptisch gegenüber der verfeinerten Zivilisation des Südens und des Westens: gegenüber dem Städtischen, der Lebensart, der Feinschmeckerei.

Doch sollte man sich von der vorübergehenden Vorherrschaft bestimmter Weltanschauungen – Pseudo-Germanentum, orthodoxem Luthertum und Preußentum – nicht blenden lassen. Die Kultur der Städte, die Geselligkeit, das Genussleben, die Gastronomie waren in deutschen Landen stets besser entwickelt als das dürre Gesetz weltfremder Schwärmer oder der Schwarzseher und Misanthropen. Die

Fundamente, die Karl der Große und Otto der Große im frühen Mittelalter durch die Erneuerung des Römischen Reiches im Land nördlich der Alpen gelegt hatten: Humanismus, Christentum, Papsttum, Kaisertum, kommunale Bewegung, waren mindestens ebenso prägend wie die Revisionen durch die Reformation im 16. oder durch den Nationalismus im 19. Jahrhundert im Sog der »Germania« des Tacitus.

Wer eifrig nach deutschen Defiziten der Lebensart und Esskultur sucht, der findet sie. Doch eine solche Suche hat ihrerseits ennuyante, wenn nicht masochistische Züge. Es erscheint ergiebiger, dort anzuknüpfen, wo die Leute etwas von ihrem Metier verstanden. Es gab natürlich Tiefpunkte des Wohllebens, wie durch den Dreißigjährigen Krieg oder die Weltkriege in der ersten Hälfte des 20. Jahrhunderts, aber die Epochen davor und danach sahen doch anders aus oder zeigten zumindest ein gemischtes Bild. Allein das malerisch am Elbbogen gelegene Dresden, wie es im 18. Jahrhundert unter dem Einfluss römisch-französischer Architektur emporwuchs, überragt von jubilierenden Türmen und Kuppeln, präsentierte sich wie zum Genuss des Lebens hergerichtet. Dresden war der Stachel im Fleisch der Miesepeter in Berlin. Den Deutschen ist manchmal gar nicht klar, welch hohe Kultur sie einmal hatten, welch erstaunliche kulinarische Tradition zu entdecken ist. Selbst Tacitus, der gern als Kronzeuge für die bescheidenen Verhältnisse der Germanen wie der Deutschen ins Feld geführt wird, machte die Germanen nicht einseitig nieder, sondern hatte auch Sympathie für sie und stellte fest: »Der Geselligkeit und Gastlichkeit frönt kein anderes Volk ausgiebiger.«[5]

Vielleicht ist es heute der Konsum im Kapitalismus, der die Lebensstile unterschiedlicher Nationen stärker angleicht als früher. Wo sich einigermaßen freiheitliche Politik und liberale Wirtschaftsordnung durchsetzen, erfassen Medien, Werbung, Fernsehen und Internet alle gesellschaftlichen Schichten und formen sie um. Helmut Schelsky hatte schon in den 1950er Jahren den berühmten, provokativen Begriff der »nivellierten Mittelstandsgesellschaft« geprägt. Pierre Bourdieu erkannte demgegenüber Ende der 1970er Jahre zwar nach wie vor die »feinen Unterschiede« zwischen Großbürgern, Wirtschaftsbürgern, Bildungsbürgern oder Kleinbürgern, aber auch er räumte ein, dass sich sowohl die Merkmale der sozialen Gruppen als auch die nationalen Eigenheiten stärker als früher verschleifen.[6]

Ulrich Beck wies zwischenzeitlich darauf hin, dass es in der modernen, industriellen Welt »ein kollektives Mehr« an Einkommen, Bildung, Mobilität, Recht, Wissenschaft und Massenkonsum gibt, wodurch ein Prozess der Individualisierung oder der Verselbständigung von Lebenslagen und Lebensstilen ausgelöst wird.[7] Studenten- und Jugendbewegungen, die 68er, Libertinage, Alternativ- und Ökoszene, Musik- und Kunstmilieu, Pop-Art, Rock und Rap: all das trägt ebenso zum Wandel der Lebensformen bei wie die Angebote von Kapitalismus, Technik, Industrie, Dienstleistung, Gastronomie. Es erscheint unsinnig, den Vertretern der einen oder der anderen Seite, der Off-Szene oder dem Establishment, mögliche gesellschaftliche Fehlentwicklungen einseitig in die Schuhe zu schieben.

Die Kultur des Kapitalismus ist bekanntermaßen paradox. Sie verlangt von den Menschen, wie es Daniel Bell auf den Punkt brachte, tagsüber hart zu arbeiten und abends ausgiebig zu genießen – zuerst fleißig Güter zu produzieren und dann tüchtig zu verschmausen.[8] Eine geordnete Routine des Alltags soll, wie Eva Illouz sagt, durch eine hedonistisch-kommerzielle Romantik der Freizeit entschädigt werden: durch Autos, Kinos, Restaurants oder modische Kleidung, im Idealfall ergänzt durch geistig-musische und naturhafte Elemente, durch Literatur, Oper, Ausstellung, Stadt, Strand und Berge.[9] Die Freaks des Computerzeitalters huldigen dem Informellen, Beiläufigen, Schwerelosen, doch die Sphäre des Kapitalismus lässt kaum ein regelloses Leben zu. Ohnehin entdecken viele im Gegenzug zur Luftbaumeisterei des Virtuellen auch das Traditionelle, Bodenständige, Unverfälschte. Eine bloß hochtechnologisierte, hyperkommerzielle Genusswelt wäre doch ein bisschen fad.

Zweifellos ist Deutschland heute anders als früher, nach all den Brüchen in der eigenen Geschichte und schmerzlichen Lernprozessen. Womöglich machte in jüngerer Zeit ein sportliches Großereignis sogar Epoche und ließ ein verändertes Gesicht aufscheinen. Nicht nur die ausländischen Gäste, auch die Deutschen selbst waren von der Atmosphäre bei der Fußballweltmeisterschaft im eigenen Land im *Sommer 2006* verblüfft. Man überzeugte die Weltgemeinschaft nicht nur mit den gewohnten deutschen Tugenden: mit guter Organisation, Ordnung und Sicherheit – es entwickelte sich auch eine heitere, wenn nicht bezaubernde Atmosphäre. Jeder fieberte mit, auch Leute, die sich sonst nicht für Fußball interessierten; keiner gab den Spielverderber. Die Stadien wie die öffentlichen Plätze, wo die Spiele auf Leinwänden übertragen wurden, Kneipen und Lokale, in denen Fernseher standen, Straßen und Boulevards, alles war voll von Menschen. Man war nett und freundlich zueinander, sprach über die Spiele, war zuversichtlich, was die eigene Mannschaft anbelangte, die flott und beherzt agierte, und gönnte auch den anderen den Erfolg. Die Bundeskanzlerin Angela Merkel und der Fußballkaiser Franz Beckenbauer fielen sich im Berliner Olympiastadion nach einem Spiel vor Freude in die Arme. Die Deutschen zeigten der Welt und sich selbst, dass sie auf sympathische Weise feiern konnten – und zu leben verstanden. Das gute Spiel der eigenen Mannschaft vier Jahre später, bei der Fußballweltmeisterschaft im Sommer 2010 in Südafrika, tat ein Übriges. Irgendwie glauben viele jetzt an deutsche Spielkultur.

Eine Schwalbe mache noch keinen Sommer, könnte man einwenden. Doch es gibt unterschiedliche deutsche Traditionslinien. Da ist das Pseudo-Germanische, das Schwere, die Pedanterie – da ist aber auch der Sinn für das Zivile, Gesellige und Feine. Es erscheint lohnend, Klischee wie Wirklichkeit der Deutschen unter die Lupe zu nehmen, nicht zuletzt, um jene Stränge der Überlieferung zu finden, die hierzulande von jeher dem Zivilen und Städtischen, der Lebensart und Feinschmeckerei entgegenkamen.

Der Begriff des Feinen leitet sich im Deutschen vom Wort Fee ab. Das Feenhafte und das Feine, das Zarte wie das Leichte gehören zusammen. Die Verfeinerung meint schlechthin die durchdringende Bearbeitung des Rohen, Groben und Schweren, um Ansprechendes, Geschmeidiges, wenn nicht Zauberhaftes hervorzubringen, bedeutet den Schliff der menschlichen Fähigkeiten, das Urbarmachen der Natur, das Kultivieren von Landwirtschaft und Lebensmitteln, die Gründung von Dörfern und Städten, die Entwicklung von Handwerk, Handel und Industrie, die Pflege von Sprache, Geselligkeit und Gastlichkeit, von freien Künsten und Wissenschaften, von Staat und liberaler Rechtsordnung. Erst auf diesen Stufen der Zivilisation entwickeln sich feinere Lebensweise und Genussleben. Die elementaren Bedürfnisse der Menschen, Nahrung und Fortpflanzung, gehören so nicht länger dem Reich des Notwendigen, sondern der Sphäre des Angenehmen, Schönen und Menschlichen an: Essen und Trinken, Kleidung und Wohnung, Liebe und Freundschaft, Reise und Spiel.

Der Charakter der Deutschen steht nicht ein für alle Mal fest. Die Deutschen sind eine historisch gewachsene Gruppe, die Neues in sich aufnimmt. Man beschritt von jeher Wege der Verfeinerung, der Kultivierung und Entwicklung – Pfade, die in diesem Buch verfolgt werden, lange Strecken, einschließlich der Vor- und Frühgeschichte nördlich der Alpen, der Anfänge der Deutschen, der Wendepunkte, des Glücks, des Malheurs, der Möglichkeiten.

Zweierlei Mythen der Deutschen: Autorität und Freiheit

Im Jahr 2009 veröffentlichte Herfried Münkler eine Studie über »Die Deutschen und ihre Mythen«. Wenngleich der Titel die Erwartung weckt, als stelle der Autor die wesentlichen Großerzählungen der Deutschen vor, beschränkt sich das Buch hauptsächlich auf jene, die im Schlepptau der »Germania« des Tacitus entstanden, einer antiken Schrift, die erst in der zweiten Hälfte des 15. Jahrhunderts wiederentdeckt worden war, um im 16. Jahrhundert durch Martin Luther und andere Patrioten verarbeitet zu werden, wiederum beachtet im 18. Jahrhundert durch König Friedrich Wilhelm I. in Preußen, bewundert im 19. Jahrhundert von Mythenschmieden, die ein Hochgefühl des Nationalen erzeugen wollten.

Die Mythen der Deutschen bilden bei Münkler vornehmlich Stoffe, die eine romfeindliche beziehungsweise antiromanische Phalanx darstellen oder mit vormodernen Ansichten liebäugeln: so die Sage von der Schlacht im Teutoburger Wald als Sieg über die Arroganz der Römer; so die Nibelungen, die im 19. Jahrhundert wieder populär wurden, als Beschwörung von Fluch und Schicksal, Heldenmut und Opfergang; so Kaiser Friedrich Barbarossa als Leitfigur kriegerischer Macht und Herrlichkeit; so Faust als ruheloser Grübler und Metaphysiker, der ein Kumpan des Teufels wird; so Nürnberg als Sinnbild altvaterländischer Kunst und emsigen Handwerks; so die Wartburg, wo Luther das Neue Testament übersetzte, als Schutz und Trutz gegen Rom; so nicht zuletzt Preußen als Symbol von Disziplin und Sparsamkeit, Leistungsbereitschaft und Leidensfähigkeit.

Jener andere Strang der Überlieferung: die verfeinerte, ritterlich-höfische Kultur oder das unternehmerische, bürgerlich-patrizische Erbe, das Angenehme und Schöne, das Zivile und Urbane, die Lebensart und Feinschmeckerei: all das tritt in der Münkler'schen Sammlung der deutschen Mythen nur beiläufig in Erscheinung. Kein Wort über den anfänglichen Luxus auf der Wartburg! Kein Wort über die bemerkenswert liberale, republikanisch-patrizische Verfassung von Nürnberg im späten Mittelalter und in der Renaissance! Das ist wirklich nicht fair. Die Geschichte der Verfeinerung, um es zu wiederholen: der Schliff der menschlichen Fähigkeiten, das Urbarmachen der Natur, das Kultivieren von Landwirtschaft und Lebensmitteln, die Gründung von Dörfern und Städten, die Entwicklung von Handwerk, Handel und Industrie, die Pflege von Sprache, Geselligkeit und Gastlichkeit, von freien Künsten und Wissenschaften, von Staat und liberaler Rechtsordnung: all das kam nach Münkler in den nationalen Mythen der Deutschen kaum vor.

Die Großerzählungen, die Münkler präsentiert, orientierten sich an einer bäuerlich-kriegerischen Gesellschaft, wie sie Tacitus in seiner »Germania« beschrieb, oder an einer kriegerisch-ritterlichen Gemeinschaft, wie sie die Nibelungen darstellten, an einer Welt, in der es noch keine rechte Vorstellung vom friedlichen Zusammenleben mit den Nachbarn gab, in der man noch nicht an eine Balance zwischen Streben und Genießen glaubte. Man stellte sich in den von Münkler gesammelten Mythen auf Angriff oder Verteidigung ein, auf Beutemachen und Überleben, Kraftmeierei und Entbehrung, schwarze Magie und titanisches Freiheitsgefühl. Diese altertümlichen Sagen waren eigentlich weder mit der Blüte der freien Reichs- und Hansestädte im 16. Jahrhundert noch mit dem hochentwickelten Industriestaat des Wilhelminischen Kaiserreiches oder der Weimarer Republik vereinbar. Deutschland war im Kern von jeher moderner als die finsteren Ideologien, die man darüberkleisterte.

Weil Münkler eine parallele Spur der Verfeinerung übersieht oder nicht für relevant für die jüngere deutsche Geschichte hält, ist er mehr oder minder ratlos. Er gibt sich überzeugt, dass jede Nation politische Mythen braucht, die beflügeln, erkennt jedoch, dass die Großerzählungen, die sein Buch wiedergibt, größtenteils mit dem Irrsinn des Nationalsozialismus untergegangen sind. Er weist selbst im Einzelnen nach, wie Hitler oder Goebbels den nationalen Mythen à la Germania wortwörtlich folgten. Der Leser versteht, woraus sich Hirngespinste der Nationalsozialisten speisten. Insofern ist Münkler auch ein Aufklärer. Nichtsdestoweniger möchte er aus der Mythenreihe à la Germania wenigstens den preußischen Mythos retten, weil Münkler offensichtlich nicht recht spürt, dass schlicht ein Paradigmenwechsel der Mythen notwendig ist, der sich hierzulande seit 1945 ohnehin vollzieht: ein Wandel von der *Autorität zur Freiheit*, vom *Archaismus zur Wohlfahrt*.

Wahrscheinlich laufen alle menschlichen Lebensformen auf diese zwei Möglichkeiten hinaus: erstens auf einen *aristokratisch-autoritären Heroismus* oder zweitens auf eine *friedliebend-liberale Bürgergesellschaft*. Die Vertreter des heroische Daseins geben sich hart gesotten, stoisch, schicksalsgläubig, nehmen das Leben tragisch-dialektisch, glauben an die ewigen Pendelschläge zwischen Freud und Leid, Glanz und Elend, wollen dabei Großes bewirken, halten an der Notwendigkeit des ewigen Wettrüstens, des ewigen Kampfes fest, an eisernem, kühnem Handeln, an der Überflügelung der Rivalen, um die eigene Tatkraft, Leidenschaft und Herrscherbegierde zu befriedigen, huldigen einer quasinaturalistischen Ordnung zwischen Herr und Knecht, Freund und Feind, ganz so, als sei eine Politik von Macht, Ruhm und Ehre das Selbstverständlichste auf der Welt. Die Vertreter der bürgerlichen Gesellschaft geben sich hingegen sehnsuchtsvoll-sentimental, strebsam, fortschrittsgläubig, nehmen das Leben als offenen Prozess, der sich ausbalancieren lässt, glauben an die Verbesserung der Zustände im Rahmen des mittleren Maßes, halten an der Idee von der Wohlfahrt des Staates fest, an Handel und Verkehr, Mode und Vergnügen, wünschen sich, dass die eigene Schaffenskraft, Kreativität und Genussfreude freie Bahn habe, huldigen einer zivilisatorischen Ordnung der Verständigung und des gegenseitigen Respekts, der Freiheit und des Rechts, ganz so, als sei eine Politik von Common Sense, Komfort und Glück das Selbstverständlichste auf der Welt.

Schon Homer hatte vor fast dreitausend Jahren beide Lebensformen gekannt: den aristokratisch-autoritären Heroismus eines Achill in der »Ilias« wie die friedliebend-liberale Bürgergesellschaft der Phäaken in der »Odyssee«. Für den Dichter wuchs das Letztere aus dem Ersteren heraus, während dieser Wandel in der Wirklichkeit einen langen Prozess darstellt. Bis heute gibt es keine strikte Trennlinie zwischen Autorität und Freiheit: zwischen *Held* und *Bürger*. Selbst in der modernen Demokratie findet man in allen Berufszweigen noch Musterexemplare des urzeitlichen Helden, oft in Führungspositionen – und wahrscheinlich ist Hollywood deshalb so erfolgreich, weil es nach wie vor Heroen hervorzaubert. Auffällig, wie viele Hollywoodstars, häufig mit ausgeprägter Kinnpartie, eine Knarre in der Hand haben.

Für den Helden ist die Welt einfach. Er glaubt an den zynisch-metaphysischen Satz des Heraklit: Der Krieg sei der Vater aller Dinge – ohne je zu überprüfen, ob das denn stimme. Anscheinend göttliche Wahrheiten der Natur werden ohne Federlesens auf die Geschichte und das menschliche Zusammenleben übertragen. Das Gesetz lautet: Der Stärkere setzt sich durch. Für den modernen Bürger ist die Welt dagegen etwas komplizierter. Der kritische Zeitgenosse kennt keine absoluten Maßstäbe, sondern nur relative Wahrheiten. Natur und Geschichte spielen zwar ineinander, folgen aber nicht unbedingt denselben Regeln. Das Motto lautet: Der Klügere gibt nach – und kommt weiter. Vielleicht käme es darauf an, beides zu verbinden: Stärke mit Klugheit, Schaffenskraft mit Verständigungsfähigkeit, Mut mit Mitgefühl, Dulden mit Handeln, Streben mit Genießen, um eine menschlichere Gesellschaft hervorzubringen.

Herfried Münkler übernimmt die Rolle des Advocatus Diaboli und kann seine Sympathie für das asketisch-autoritäre Preußen nicht verhehlen: »Was dem Land an natürlichen Ressourcen und Wirtschaftskraft fehlte, hat es durch Humankapital wettgemacht, durch Disziplin und Tüchtigkeit, Sparsamkeit und Zähigkeit, durch ›Sekundärtugenden‹ also.«[10] Gut gebrüllt, Löwe! möchte man sagen. Doch schon das Wort »Humankapital« klingt fürchterlich, als seien Menschen bloße

Spekulationsobjekte der Herrscher oder der Heldenklasse – oder als sei das Volk eine manövrierbare Versuchsmasse königlicher Genies! Man kann die Akzente auch anders setzen und der Meinung sein, dass der preußische Aufstieg zur Großmacht auf der besonderen Gemeinheit und Rücksichtslosigkeit der Hohenzollern beruhte, sowohl gegenüber ihren eigenen Bürgern als auch gegenüber den Territorien anderer Fürsten. Erst Despotie und Aufrüstung raubten Preußen die natürlichen Ressourcen: die unternehmerischen Menschen.

Der Preußen-Mythos wusste eigentlich nicht, wofür Sparsamkeit und Zähigkeit gut sein sollten, außer dafür, einen starken Militärstaat zu schaffen, der Beute macht und die Nachbarn einschüchtert. Oder hat schon jemand davon gehört, dass Preußen für das Dolce Vita bekannt gewesen wäre? Eher für das Hackenzusammenschlagen der Offiziere, wenn sie einer Dame den Handkuss gaben! Letztlich blieb das Preußentum nicht lebensfähig. Eine Ideologie, die nur große Opfer für die Zukunft fordert, taugt nie etwas, im Gegenteil, es ist fatal, wenn man nicht auch in der Gegenwart den Musen und Grazien artige Opfer bringt.

Oder wohin sollen denn heute, möchte man fragen, sonst Leistungsbereitschaft und Leidensfähigkeit führen? Ist es noch nicht genug, dass Deutschland eine starke Wirtschaftsmacht in Europa darstellt, die von manchen Nachbarstaaten schräg angeschaut wird? Es geht ja nicht darum, dass sich die Deutschen nun zu Tode amüsieren sollten, sondern darum, ein lebenswertes Leben zu führen, bei dem sich Streben und Genießen nicht gegenseitig unterbuttern. Sollte nicht von Deutschland heute Charme ausgehen?

Reizvolle Stoffe der deutschen Geschichte werden nicht gehoben, weil Forscher glauben, die Erzählungen der Verfeinerung seien eine Nebensache, auf die es an sich nicht ankäme, zumal nicht in der Politik. Doch vielleicht kann man heute überhaupt auf beschwörende, heldenhafte, kraftmeierische Mythen verzichten, weil das gegenwärtige Zeitalter möglicherweise etwas vernünftiger und verständigungsfähiger ist als früher; vielleicht genügt es, die *Geschichten der Verfeinerung* historisch verbürgt und unterhaltsam vorzutragen, Geschichten, die nicht das Kraftvoll-Ruckartige, sondern das Intelligent-Kontinuierliche schildern: den Fleiß und den Witz jener, die guter Dinge waren, jener, die das Leben breit entfalteten und Kulturschätze schufen, um sie zu genießen.

Natürlich muss man daneben auch die heroischen *Mythen à la Germania* thematisieren: die neuralgische Wagenburgmentalität der Deutschen, die »German Angst«, die kein Zutrauen hat, ein freiheitliches Leben zu führen, die skeptisch ist gegenüber den Künsten des Friedens: gegenüber einem selbstbestimmten Leben in einer Gemeinschaft unter Gleichen, gegenüber dem Zivilen und Liebenswürdigen, Modischen und Abwechslungsreichen, gegenüber der Lebensfreude und Gourmandise. Man muss die Mythen à la Germania kennen, um die jüngere deutsche Geschichte bis 1945 zu verstehen. Aber man kommt mit diesem altertümlichen Sagenkreis, der eigentlich schon überholt war, als er seit dem 16. Jahrhundert entstand, nicht mehr weiter. Die Schätze der deutschen Geschichte liegen auf einer anderen Linie.

Bürgerlicher Lebenskünstler

Vielleicht sollte man heute die Menschen so unpathetisch wie möglich betrachten, um neben der Unvollkommenheit auch die Entwicklungsfähigkeit zu sehen. Die Grundlage für die Beurteilung des Menschen ist seine Natur: Biologie, Libido, Neurologie, die Freude an Nahrung und Fortpflanzung, Essen und Trinken, Liebe und Sex, die Lust am atmenden Leben, an sinnlichen Empfindungen, an geistigen Möglichkeiten, das Sprach- und Denkvermögen, die Lern- und Anpassungsfähigkeit, die Erfindungsgabe, das Geschick für Technik und Zusammenarbeit. Diese menschliche Wesensart, die *Conditio humana*, führt zur besonderen Geschichte des Menschen. Es können Sitten und Gesetze entstehen, um Alphatiere und Tyrannen zu kontrollieren; es können sich praktische und freie Künste entwickeln, um neben dem Notwendigen das Angenehme und Schöne hervorzubringen; es können sich Talent und Chancen entfalten, um den Genuss der Waren und das Glück der Gemeinschaft zu heben.

Es entsteht im Laufe der Zeit eine menschliche Geschichte, die ihrerseits Orientierung bietet, was kulturell möglich ist. Gleichzeitig bleibt die Historie unabgeschlossen. Es kann hilfreich sein, sich an *das Gewachsene und Bewährte* zu halten, während *das Neue* durch das Prinzip von *Versuch und Irrtum* erprobt werden muss. Mit beiden Vorgehensweisen war schon Michel de Montaigne in seinen »Essais« vertraut;[11] Karl Popper schloss daran an.[12] Vielleicht ist es keine schlechte Kulturformel: *Tradition und Erneuerung.*

Einem Jacob Burckhardt sträubten sich die Haare, wenn andere zwischen *Natur und Geschichte* nicht unterschieden, weil für ihn in der Geschichte das menschliche Bewusstsein erwachte und einen Bruch mit der Natur vollzog.[13] Er erkannte in der Historie keine metaphysischen Züge, sondern mehrere Möglichkeiten: Entweder entfernt sich der Mensch nicht allzu weit von seiner Ursprünglichkeit und bleibt ein reißendes Tier – oder er folgt dem beständigen Trieb, andere zu knechten, um nicht von ihnen geknechtet zu werden; doch kann er, drittens, auch eine Verfeinerung der Gesellschaft und des Staates schaffen.

Aus moderner Sicht wird manches im Menschen natürlich-genetisch gesteuert, manches geschichtlich-kulturell, ohne dass man genau sagen könnte, wo das eine beginnt und das andere aufhört. Doch in Geschichte und Kultur liegt ein Potential von Freiheit. Es kommt darauf an, die drei Stufen, so wie sie Burckhardt beschrieb, zu durchlaufen. Es entsteht noch kein Frieden, wenn die Menschen auf der zweiten Stufe stehenbleiben, wenn sie andere knechten, um nicht selbst geknechtet zu werden, wenn sie nach Macht streben, um nicht von anderen beherrscht zu werden. Man muss die dritte Stufe anstreben: den feinen Umgang mit Menschen, faire Zusammenarbeit, gegenseitige Verständigung, gegenseitigen Respekt, Lebensart. Kein Tag sollte vergehen, ohne dass man einem anderen ein Kompliment gemacht hätte.

Burckhardt sah drei Hauptkräfte in der Geschichte am Werk: Religion, Staat und Kultur. Die beiden ersten tendierten für ihn dazu, stabil oder starr zu sein; Kultur hingegen sei das Spontane, Bewegliche, Freie, alles, was Geselligkeit, Technik, Künste, Dichtung und Wissenschaft fördert. Aus heutiger Sicht unterschätzte er womöglich den Faktor der Wirtschaft, er schlug sie kurzerhand der Kultur zu – oder er überschätzte die Religion, die man nun zur Kultur zählen könnte. Vielleicht erscheint es aus säkularer Perspektive angemessener, *Wirtschaft, Politik und Kultur* als die drei wesentlichen Kräfte der Geschichte zu erkennen, wenn man die Verfeinerung der Gesellschaft und des Staates in den Blick nimmt.

Norbert Elias deutete die höfisch-aristokratische Gesellschaft der Frühen Neuzeit als ein Labor menschlicher Verfeinerung, er meinte einen gesellschaftlichen Kreis, der sich vorzugsweise an den städtischen oder stadtnahen Höfen und Schlössern der Fürsten und Könige bildete, führend der Hof von Versailles bei Paris.[14] Hier sei die Schule des gebildeten Geschmacks zu Hause gewesen, Manieren, Stil, das Gefühl für das, was sich gehöre, Urteilskraft, gute Gesellschaft, Unterhaltung, Vergnügen und Luxus. Elias ging kaum darauf ein, dass dort auch Pomp, Wahnwitz und Tyrannei üblich waren. Man muss nur die Memoiren des Herzogs von Saint-Simon lesen, um sich davon zu überzeugen.[15]

Womöglich entstand die wahre menschliche Verfeinerung immer schon auf einer anderen Ebene: nicht auf der *höfischen*, sondern auf der *städtischen*, genauer gesagt: *an den Schnittstellen der Gesellschaft*, dort, wo sich Aristokraten und Bürger vermischten, wie bereits in den freiheitlichen Stadtrepubliken der griechisch-römischen Antike. Die Autoren dieses frühen urbanen Milieus schrieben die Grundschriften menschlicher Verfeinerung – im Ansatz schon Homer in der »Odyssee«, dann Aristoteles, der Athener, in seiner »Ethik« und »Politik«, gefolgt von Autoren, die vorwiegend in Rom lebten: Cicero, Horaz oder Ovid. In der gehobenen, städtisch-republikanischen Gesellschaft stand die Lebenskunst nicht so sehr unter repräsentativem Zwang wie bei Hofe; man konnte es sich eher erlauben, gesellige Vergnügungen um des Vergnügens willen zu veranstalten. Die Lebenskunst war hier nicht Mittel zum Zweck, um Untertanen einzuschüchtern, sie sollte vielmehr die Lebensfreude fördern.

Im späten Mittelalter und in der Renaissance knüpfte man an die Lehren der klassischen, griechisch-römischen Autoren wieder an. In England gab es die »people of *gentle* birth«, Leute von vornehmer Geburt, welche die *gentry* bildeten. Es war ein gesellschaftlicher Zirkel just an der Nahtstelle zwischen niederem Adel und wohlhabenden

Bürgern: Gentleman und Lady! Dieser Zirkel lebte als *landed gentry* hauptsächlich auf dem Land, während dieselbe Schicht in Deutschland vornehmlich in der Stadt wohnte: das *bürgerliche Patriziat.* Die »Patricii« hießen auf Deutsch »Geschlechter«, dahinter verbarg sich wiederum lateinisch der Begriff *gens, gentis*: Familie, Sippe. Auch die deutschen Patrizier waren »people of *gentle* birth«, entstammten häufig niederadligen, ritterlichen Ministerialgeschlechtern und verwandelten sich in »ehrbare Bürger«; Handelsherren, Stadtherren, Ratsherren, Schöffen, Kirchen- und Kunstmäzene, verfügten gleichzeitig auch über Landbesitz und Landsitze.

Ein solch halbadliges Bürgertum oder Großbürgertum war fleißig und rechtschaffen, ebenso risikobereit und unternehmerisch, lebens- und genussfreudig. In Italien existierte parallel dazu der *Gentiluomo* oder in Frankreich der *Honnête homme* – wörtlich der *ehrbare Mensch*, einer, der sich der strengen Etikette des Hofes entzog, ohne formlos zu leben. Nach dem revolutionären 17. Jahrhundert wünschten sich viele in England, auch der König möge doch nicht länger ein Despot und Feldherr, sondern ein »Gentleman« sein.[16] Ein solcher Wunsch war seinerseits revolutionär, weil der Gentleman eben bis dahin an der Nahtstelle zwischen Adel und wohlhabendem Bürgertum angesiedelt war. Es bedeutete: Der König möge sich doch bitte in diesen modernen Zeiten an bürgerlicher Verfeinerung orientieren.

Während der aristokratisch-autoritäre Heroismus, der rein fürstliche Lebensstil mittlerweile fast überall verloren ging, weil sich seine Maximen als untauglich erwiesen, ist die friedliebend-liberale Bürgergesellschaft, die gentil-bürgerliche Lebensform immer noch am Leben und voller Kraft, weil sie sich anpassungs- und entwicklungsfähig gibt. Die Bürger übernehmen Lebensformen des Adels und verbinden sie mit den eigenen Wurzeln: mit einem Leben unter Gleichen, duldend und handelnd, strebend und genießend.

Die ursprüngliche Bedeutung des Wortes »gentle« oder »gentil« hat sich heute mehr oder minder verloren. Der Begriff weist nicht mehr unbedingt auf ein vornehmes Geschlecht, auf eine vornehme Familie oder Sippe hin, sondern das *Gentile* bezeichnet einfach das *Sanfte*, das Freundliche, Nette, Anständige, Beredte, Geschmeidige – bürgerliche Tugenden. Frei nach Erich Auerbach wäre eine solche *bürgerliche Ver-*

feinerung ein *mittlerer oder gemischter Stil*: so realistisch wie elegant, so spontan wie sinnlich, fließend und angenehm, ganz der wirklichen, gegenwärtigen Welt zugetan. Auerbach sah im Gegensatz dazu, auf dem Gebiet der Literatur, den *hohen Stil* als rein aristokratisch an, erhaben und tragisch, oft auch als schwer und pompös – und am anderen Ende den *niederen Stil* als rein komisch und alltäglich.[17]

Neuerdings taucht der Begriff der *Gentrifizierung* in der Soziologie auf, dort, wo es um die Erneuerung innerstädtischer Viertel geht: um verbesserten Komfort und sozialen Wandel. Erstmals sprach die englische Soziologin Ruth Glass davon, als sie 1964 das Londoner Viertel Islington untersuchte.[18] Eine solche Gentrifizierung ist nicht unumstritten. Zuweilen vollzieht sich dieser Prozess in drei Stufen: Zuerst entleert sich ein zentrumsnahes, altes Arbeiterquartier und kommt herunter; dann ziehen *Bohemiens* hinzu, Maler, Musiker, Studenten, entdecken den maroden Charme, die Freiräume und günstigen Mieten, beleben das Viertel mit Galerien, Klubs und Kneipen, bis auch wohlhabende Bürger, *Bourgeois*, merken, dass hier wieder etwas los ist: junge Freiberufler, Architekten, Ärzte, Anwälte, Hightech-Experten, Medienleute, die zwar weniger Zeit, aber mehr Geld haben und die Mieten in die Höhe schießen lassen. Da und dort kommt es zur Turbo-Erneuerung mit Kahlschlag und Luxussanierung sowie zur Verdrängung von Berufsgruppen, die weniger verdienen.

Für Ingrid Breckner ist diese Art von Gentrifizierung aber noch viel zu wenig erforscht, als daß man sie einfach verurteilen könnte.[19] Nicht immer tritt ein solches Horrorszenario ein. Tatsächlich tragen häufig auch die bürgerlichen Gentrifizierer, Investoren, Projektentwickler, die Stadtoberen, ihr Scherflein dazu bei, dass ältere Quartiere wieder an Anziehung gewinnen. Tatsächlich litten in den letzten fünf Jahrzehnten, bis in die jüngste Zeit hinein, vielerorts die Stadtkerne und zentrumsnahen Kieze unter starker Abwanderung, weil sich viele Bürger hier nicht mehr wohl fühlten, während am Stadtrand suburbane Siedlungen ins Land hinauswucherten, wodurch sich gleichzeitig der Pendelverkehr und die Umweltbelastung erhöhten.

Seit geraumer Zeit verkünden Soziologen die Renaissance der Stadt: die langsame Rückkehr der Bürger in die Städte, begleitet von Gentrifizierung. Wieder spielt sich Verfeinerung an einer Schnittstelle ab, wieder als ein mittlerer oder gemischter Stil: zwischen *Bohemiens* und *Bourgeois* – zwischen unkonventionellen Künstlernaturen und betuchten Bürgern in innerstädtischen Vierteln. Die Bohemiens verkörpern teilweise adlige Lebensformen, schöpferischen Müßiggang und den Luxus freier Zeit, Phantasie und Einfallsreichtum. Allerdings ist seit langem bekannt, dass sich Bohemiens und Bourgeois nicht immer grün sind, man denke nur an Stendhal, an sein wundervolles Meisterwerk »Rot und Schwarz« aus dem Jahr 1831, wo ein Bohemien gegen das Establishment vom Leder zieht: »Heutzutage hat die Zivilisation das Wagnis ausgemerzt. Es gibt nichts Unverhofftes mehr.«[20] Die Künstlernatur hält den betuchten Bürger oft für steif, geistlos und geldbesessen; umgekehrt sieht der Bourgeois so manchen Bohemien als Tunichtgut mit libertin-ruinösen Sitten an, ganz so, als seien die alten Freund-Feind-Schemata nicht schon längst etwas angestaubt.

Und siehe da: David Brooks deutet heute die jungen Eliten der Informationsgesellschaft, jene, die in die Städte zurückkehren, als *Bourgeois-Bohemiens* – neckisch abgekürzt: als *Bobos*.[21] Die gegensätzlichen Gruppen gehen offenbar da und dort eine reizvolle Verbindung ein. Der Bourgeois übernimmt vom Bohemien bestimmte Werte, gibt sich weniger steif und traditionell, sucht seinerseits das subkulturelle, kreative Milieu, weil wirtschaftlicher Erfolg nicht nur auf Kapital, sondern auch auf Ideen und Phantasie beruht. Der Bourgeois merkt selbst, dass die Messlatte für Moral und Askese nicht mehr so hoch sein muss wie früher – umgekehrt gibt es auch unter den Bohemiens welche, die von Ehrgeiz getrieben sind und Erfolg haben wollen. Sie übernehmen teilweise professionelle Verhaltensmuster und haben nichts dagegen, gutes Geld zu verdienen und komfortabel zu leben. Für Brooks, den Amerikaner, findet ein Angleichungsprozess statt: Die strenge Selbstkontrolle des protestantischen Establishments lockert sich. Selbst in der Businesswelt geht es längst etwas lässiger zu. Es setzen sich langsam flache Hierarchien, Flexibilität und Offenheit durch.

Wie auch immer: Der herkömmliche Begriff des Bürgers ist sich selbst nicht mehr genug, weil veränderte wirtschaftliche Strukturen oder die Zunahme des Wissens viele Dinge relativieren. Der Prototyp der modernen Zivilgesellschaft oder Bürgergesellschaft orientiert sich nicht länger nur an braver Musterbürgerlichkeit; er ist nicht nur vernünftig, strebsam, staatstreu, kulturfreundlich und vielleicht ein wenig spießig – er ist auch das Gegenteil davon: ein Antibürger, ein sanfter Rebell, antikommerziell, selbstkritisch, weltoffen, gibt sich leger-elegant, smart, sophisticated: als ein *bürgerlicher Lebenskünstler.*

Oder sollte dieser Bourgeois-Bohemien doch nur ein Konstrukt des Zeitgeistes sein, ein Fabelwesen, eine Augenwischerei, die Quadratur des Kreises? Vielleicht ist es ein Stern, dem man gerne folgt. Vielleicht steckt auch mehr dahinter: ein urmenschlicher Traum, eine bipolare Veranlagung: *erstens* die Freude am Machen und Tun, die Lust, etwas im Leben zu vollbringen, was nützlich, angenehm und schön ist – *zweitens* die Freude am schöpferischen Müßiggang, die Lust, ein unbeschwertes Leben zu führen. Dulden und Handeln! Streben und Genießen! Anstrengung und Entspannung! Vielleicht wurde dieser doppelte Wesenszug des Menschen früher eben nur künstlich geteilt und unterschiedlichen Klassen zugewiesen: Streben für den Bürger – Genießen für den Aristokraten. Ein feiner Deal! Womöglich ist der Bourgeois-Bohemien ein Phänotypus: ein stoisch-epikureischer Artist des Lebens, einer, der sich heute in der Welt des Establishments ebenso ungezwungen bewegt wie in der Sphäre der Subkultur, jemand, der gleichermaßen *berufliche, soziale und musische Intelligenz* entwickelt.

Ein solcher Bourgeois-Bohemien verschmäht nicht das Geld, aber er betet es auch nicht an wie das Goldene Kalb. Für ihn ist das Geld ein Nebenprodukt seiner Tätigkeit und erscheint nur in Maßen notwendig, um ein wünschenswertes Lebensglück zu schaffen. Lieber ist ihm eine moderat bezahlte Arbeit, bei der er sein Talent entfalten kann, eine, die ihm wirklich am Herzen liegt, eher als eine besser bezahlte, die langweilig ist. Es geht für ihn nicht um Raffgier, sondern um Selbstwertgefühl. Protz oder Prahlerei wären eine Schande.

Der Bourgeois-Bohemien bevorzugt *sanften Materialismus.* Er kauft lieber ein erstklassiges Fahrrad als ein Motorboot; er richtet lieber ein neues Badezimmer ein, bevor er in den Garten einen Whirlpool stellt. Der Luxus im Badezimmer besteht nicht aus Schnickschnack, Goldhähnen oder dergleichen, sondern aus einfachen, edlen Materialien, etwa aus einer schnörkellosen Wandverkleidung aus Solnhofener Kalksteinplatten, die bei der Berührung mit Wasser kalkig duften. Es kommt auf das schlicht Komfortable an, sei es beim Duschen, sei es beim Ankleiden, auf variable, angenehme Stoffe, Baumwolle, Flanell, Loden, Tweed, Cord, Samt, Seide, Atlas, vielleicht auch auf Schuhe, die noch halb handwerklich gefertigt werden.

Bevor der Bourgeois-Bohemien ein großes Auto kauft, denkt er an eine neue Küche. Es muss nicht dieselbe Einrichtung sein wie bei einem Sternekoch. Es geht auch hier um das Wesentliche in solider, feiner Ausführung. Den besten Platz in der Küche erhält womöglich, wie es Christian Mittermeier vorschlägt,[22] ein verchromter Arbeitstisch, um all die hübschen Waren ausbreiten zu können, deren Anblick schon in rohem Zustand das Auge verzaubert: etwa frische Filets vom Bachsaibling, Olivenöl, frischer Bio-Spinat. Das Putzen und Schneiden der Zutaten am Arbeitstisch ist für den Koch schon die halbe Miete. Neben dem Arbeitstisch steht vielleicht ein kleiner Herdblock mit Induktionsflächen und Wärmeschublade darunter, daneben, auf Augenhöhe, ein Backofen mit Dampffunktion, vielleicht auch ein Vakuum- und ein Dampfgerät, um die Zutaten *sous vide* zu erhitzen. Auch beim Essen und Trinken liegt für den Bobo das Exklusive in der gediegenen Ware, zubereitet mit unverpfuschtem Handwerk. Es soll die edle Natur der Dinge zur Geltung kommen, ein Anklang von Mysterium. Das allzu Artifizielle wäre störend. Es zählt für den Bobo ohnehin zu den schönsten Tugenden, dann und wann ein unprätentiöser, freundlicher Gastgeber zu sein, weil es Menschen, Familie, Freude, Kollegen so wundervoll zusammenbringt.

Ein solch bürgerlicher Lebenskünstler ist kein Stubenhocker, sondern er erkundet die Welt durch Reisen. Der Urlaub wird für ihn nicht zum Extremurlaub. Er erobert nicht Gipfel um Gipfel, als sei die Freizeit ein Leistungstest, er macht die Natur nicht zum Hindernisparcours, sondern er möchte etwas von ihrem Geheimnis erhaschen und gelegentlich auch mal zu sich selbst kommen, sich ausruhen, ausschlafen, verbunden mit der Bewegung in der Natur, mit Lesen, Feinschmeckerei oder mit dem Besuch einer fremden Stadt.

Der Bourgeois-Bohemien lebt global wie regional, freut sich an den Dingen *en gros* und *en détail*. Er erfährt den Zauber der Natur auch im Kleinen, beispielsweise im Nationalpark Bayerischer Wald beim Aufstieg zum Lusen, von Finsterau aus, wo zweihundert Jahre alte Tannen, Fichten und Buchen eine Höhe von vierzig bis fünfzig Meter erreichen und dastehen wie Säulen einer gotischen Kathedrale, wo unberührt vom Eingriff der Menschen alte und morsche Bäume kreuz und quer liegen und die Wurzelteller wie mächtige Räder aufragen, wo überall Schlingpflanzen, Sträucher und Farnkraut wuchern und schimmern wie scheckig grüne Kleider, wo knorriges Wurzelwerk den Pfad überquert und daneben im Bachbett rund geschliffene Steinbrocken das Wasser hin und her werfen, wo Streifen von Sonnenlicht wie Scheinwerfer durch die Baumkronen brechen und die Szenerie funkeln lassen. Kaum jemand würde sich wundern, wenn plötzlich Bach- und Baumnymphen erschienen.

Nur *eines* ärgert den Bobo: dass nämlich in deutschen Mittelgebirgen Bobo-Gastronomie fehlt. Die Wirte errichten sperrige Kästen mit zwei- oder dreihundert Betten, die erholsamer Romantik zuwiderlaufen. Die Häuser werden neobarock oder pseudoalpin überladen, mit überhängenden Dächern und massiven Balkonen, ganz so, als sei auch die Küche schwer und fettig. Der Service führt eine endlose Reihe von Dirndln vor oder trägt Designertrachten, während die Küche *cross over* kocht, statt mit den besten Waren der Region aufzutrumpfen, damit der Gast die Gegend schmecken kann. Oder die gastronomischen Verhältnisse sind dermaßen karg und unkomfortabel, dass der Bobo regelrecht physischen Schmerz erleidet, wenn etwa im Zimmer neben dem Bett nur ein harter Küchenstuhl steht.

Es fehlt die Balance zwischen natürlicher Einfachheit und kultivierter Verfeinerung. Wichtig wären die unentbehrlichen Merkmale des *eleganten Landhotels*, wie man es häufig in angloamerikanischen Ländern findet: eine kleine bis mittlere Größe des Hauses, nicht mehr als 30 Doppelzimmer, mit dem Sinn für Denkmalpflege oder mit dem Gespür für gediegene, neue Architektur, die auf heimische Edelhölzer, Natursteine, Beton, Stahl und Glas zurückgriffe, aber keineswegs klobig wäre; dazu gäbe es eine Halle mit offenem Kamin, Sesseln und Sofas, einigen zeitgenössischen Kunstwerken und Antiquitäten, helle, geräumige Zimmer mit angenehm großem Bett, Federkernmatratze, Federkissen, feiner Bettwäsche, komfortablen Sesseln und verstecktem Fernseher, ein Badezimmer mit Blick in den Schlaf- und Wohnbereich, eine geräumige Dusche mit ebenerdigem Zugang und großem Duschkopf. Ein Wellnessbereich wäre entbehrlich, weil schon die Natur ringsum Wellness bietet. Dazu gäbe es ein ausgesucht gutes Frühstück, nicht unbedingt vom Buffet, und ein Restaurant mit *Terroirküche*, in welcher Zutaten und Rezepte der Region eine Rolle spielen.[23]

Vielleicht fehlt es in deutschen Höhenlagen da und dort auch noch an ausgezeichneten Produkten und arkadischen Aromen. Aber es gibt längst landwirtschaftliche Pioniere. Annette Bürkle beispielsweise hat Wanderschäferin gelernt, die Meisterprüfung abgelegt und Agrarbiologie studiert, um dann in der Landwirtschaft mit einfachsten Mitteln etwas Gutes zuwege zu bringen. Da in den ersten Jahrzehnten nach dem Zweiten Weltkrieg fast überall in Deutschland zwischenzeitlich das Wissen fehlte, wie man aus roher Milch wohlschmeckenden Käse herstellt, arbeitete sie eine Zeitlang auf kleinen Höfen in Südfrankreich und lernte die Ziegen schätzen, die noch genügsamer als Schafe und zugleich lebendiger und neugieriger sind. 1994 gründete sie mit anderen den Hof Loretto, mit Ziegenkäserei und Holzofenbäckerei: auf den Höhen der Schwäbischen Alb bei Zwiefalten.

Die Milchziegen werden jeden Tag, auch im Winter, soweit es geht, morgens nach dem Melken vom Stall auf die kräuterreichen Weiden getrieben und abends wieder zurückgeholt, um sie noch einmal zu melken. Die Milch der Abendmelkung kommt in Kannen, die über Nacht im Brunnenwasser kühlen, während die Milch leicht vorsäuert. Morgens um vier Uhr wird etwas Sauermilch hinzugefügt, um acht Uhr kommt die Milch der Morgenmelkung dazu und dann das Kälberlab, damit sich Molke und Bruch trennen. Die Bruchmasse wird von Hand geschöpft und in kleine, zylindrische Gefäße gefüllt, nach einer gewissen Zeit gewendet und gesalzen. Nach zwei Tagen ist ein frischer, weißer Weichkäse auf dem Tisch. Er duftet fabelhaft delikat, milchig und fruchtig, ist leicht körnig, schichtig und doch cremig – man spürt, dass die Masse kaum gerührt und bearbeitet wurde. Ein Teil der kleinen Käselaibe wird in Buchenholzasche gewendet und reift zehn bis zwanzig Tage im Keller. Die Beschaffenheit wird etwas fester, der Geschmack verdichtet sich, die Asche sorgt für feine Würze. Was man nun isst, gehört zu den besten Ziegenkäsen, die in Deutschland oder Europa hergestellt werden.

Der gentile Bürger liebt den erlesenen Geschmack der einfachen Dinge. Er sucht nach Gegenden mit spiritueller Aura, nach Orten der

Kraft, nach Plätzen der Geschichte oder bewegten Gegenwart. Er schätzt die Weite wie die Verwurzelung. Er ist normalerweise ein Städter, joggt im Alltag in Parks oder unternimmt an Wochenenden Ausflüge in die nahe Umgebung, um dort zu wandern, Fahrrad zu fahren und ein nettes Landgasthaus zu finden. Er ist nicht unbedingt auf Flugzeug oder Auto fixiert, sondern setzt sich auch mal in die Bahn, um eine benachbarte Stadt kennenzulernen. Er hält sich häufig im öffentlichen Raum auf, geht gerade auch daheim gern in die Altstadt, in ein quirliges Viertel, ins Kino, in eine Ausstellung oder Galerie, ins Café oder in die Musikkneipe, in die Philharmonie oder in ein Restaurant. Er lebt und arbeitet bewusst an einem Ort, der so etwas bietet: Hoch- und Subkultur, eine variable Palette guter Gastronomie, formell und informell, modern und traditionell. Es geht nicht unbedingt um Spaß, eher um eine Sphäre inspirierender Reize.

Der bürgerliche Lebenskünstler kümmert sich um »3 Gs«: *äußere Güter, Gesundheit und Geist.* Gerade auf den Gebieten der elementaren Freuden des Lebens, Essen und Trinken, Geselligkeit und Freundschaft, Mode und Erotik, sammelt er Wissen, um kein Greenhorn zu sein. Er mag die Geselligkeit, den Austausch von Gedanken, hat nicht nur Lust am Wissen, sondern auch an der Erkenntnis, um einen über geordneten Standpunkt zu gewinnen, der es ihm erlaubt, mit ironischer Distanz und Heiterkeit die Launen des Lebens zu betrachten. Er blättert gern in der Zeitung oder liest Romane, dazu Geschichtswerke, um nicht nur *räumliche Weite* zu erfahren, sondern auch *zeitliche Tiefe.* Er ist ein Globetrotter der Geschichte, weil es ihm hilft, irgendwie das große Rätsel des Lebens ein wenig zu lösen. Doch er lebt lieber im Heute als im Gestern, kostet, so gut es geht, die Quintessenz der eigenen Zeit aus.

Kultur wäre dort, wo die Menschen reinen Naturalismus überwinden, ohne das Natürliche zu verachten: mit Hilfe von *guten Sitten* und *erfahrenem Können.* Es geht um irdisch-menschliche Güte und Fairness, womöglich ohne charismatische Heroen, ohne fragwürdigen Tiefsinn. Es geht um menschliches Handwerk, Technik, Industrie, Kunst, Design, Service. Selbstverständlich wäre es ordinär, vor Talent und Leistung, vor unternehmerischen Menschen großen Formats nicht den Hut zu ziehen. Doch am Ende kommt es auf die Verfeinerung des Alltags an. Unter Umständen liegt das Transzendente schon im Kleinen.

Kultur fände dort statt, wo der kommerzielle Geschmack nicht überhandnähme, wo es in den Zentren der Städte auch noch ein paar kommerzfreie Zonen gäbe, Museen, Kirchen, Parks, wo sommers der öffentliche Raum nicht nur dem oft bedenklichen Gusto einiger Wirte überlassen bliebe und die gastronomischen Vorgärten gewissen Standards entsprächen: mit freundlichen Terrassenmöbeln aus Holz und Metall, mit hellen Sonnenschirmen ohne Werbung, die ja den Gast nur gemeinmacht, und ohne das unruhige Plastikkuddelmuddel. Es wäre fein, wenn es eine Kultur des Ausgehens gäbe, die nicht nur auf kommerzielle Ghettos angewiesen wäre: Einkaufscenter, Einkaufsmeilen, Shopping-Malls, sondern wo der Zeitgenosse auch Plätze mit durchmischten Sphären ansteuern könnte: mit Geschichtserlebnis, Kunsterlebnis, Einkaufsfreude und gastronomischem Vergnügen.

Industrie und Kommerz heben dankenswerterweise den Wohlstand, aber man sollte diese Dinge bekanntermaßen nicht ins Kraut schießen lassen, sondern in die richtige Bahn lenken. Vielleicht braucht man dafür keine Helden – vielleicht können es auch die Bürger. Vielleicht gibt es ein gedeihliches Zusammenspiel zwischen Unternehmern, Investoren, Architekten, Handwerkern, Kommunalpolitikern, Denkmalspflegern, Naturschützern, Medien. Ein solches Zusammenspiel wäre Urbanisierung und Verfeinerung!

Es hat sich nicht gerade als hilfreich erwiesen, ultraliberalen Parolen zu folgen: weniger Steuern, weniger Staat, schnelleres Handeln! Ein Politiker, der meint, er müsse eine Kommune oder einen Staat wie ein Wirtschaftsunternehmen führen, hat nichts von Politik verstanden. In der Wirtschaft geht es um Gewinn, in der Politik um sozialen Ausgleich.

Wünschenswert bleibt ein Gleichgewicht zwischen Wirtschaft, Politik und Kultur. Solange wertvolle Immobilien und Grundstücke in den Zentren oder Nachbarschaftsquartieren der Städte im Besitz der Kommunen oder des Staates sind, kann die öffentliche Hand auch Akzente setzen, ohne vordergründig an Gewinnmaximierung zu denken. Wenn überhaupt, dann sollte die öffentliche Hand nicht an jene verkaufen, die am meisten bieten, sondern an Leute, die das beste Konzept vorlegen. Gemeinnützige Wohnungsbaugenossenschaften sollten so weit wie möglich in städtischem Besitz bleiben.

Ein Staat, der sich loyale Bürger wünscht, tut gut daran, das Phänomen der Städte zu achten und die Kräfte der Kommunen zu stärken. Vielleicht käme es darauf an, die runden Tische der Bürgergesellschaft noch mehr zu institutionalisieren. Der *ultraliberale Held* mag sagen: Um Himmels willen, die Entscheidungsprozesse dauern heute ohnehin schon viel zu lange. Der *gentile Bürger* kann sagen: Gut so, wir machen keine Schnellschüsse, wir gestalten!

Womöglich ist Gentrifizierung im umfassenden Sinn möglich: als eine zeitlose Aufgabe des sanften Wandels, als buchstäblich *sanfte Gentrifizierung*, als eine, die alle Bürger mit ins Boot holt, um die sozialurbane Mitte zu finden, jenen magischen Ort, wo die Leute von jeher über der Verfeinerung brüteten. Auch in früheren Jahrhunderten wurden Städte erneuert und umgebaut – immer schon, weil die alten Strukturen inzwischen zu wenig Komfort boten und muffig wirkten – oder weil sich die Bürger selbst veränderten und Lust auf Neues hatten.

Das Lied von der Gentrifizierung ist eigentlich ein Evergreen; sie kann gelingen: *erstens* mit Hilfe von durchmischten Stadtkernen, reich an Sitten und Kenntnissen, an Waren und Einrichtungen, an Hoch- und Subkultur, wo *die geistigen und ideellen Bedürfnisse* der Menschen befriedigt werden, das Verlangen nach Bildern und Geschehnissen, nach Unterhaltung und innerer Bereicherung, nach nicht alltäglichen Sachen und Dienstleistungen: durch Universität, Bibliothek, Kirche, Oper, Theater, Konzerthaus, Kino, Museum, Antiquitäten, Galerien, Geschäfte, Gastronomie, Büros, Behörden, Rathaus – *zweitens* mit Hilfe von zentrumsnahen, hergerichteten Kiezen, Quartieren, Nachbarschaften, wo *die biologischen und praktischen Bedürfnisse* der Menschen befriedigt werden, die Wünsche nach natürlichen Wohnbedingungen: durch genügend Tageslicht, frische Luft, sauberes Wasser, ausreichende Grünflächen, Verkehrsberuhigung, Spielplätze, Kindergärten, Schulen, medizinische Versorgung, Sportanlagen, Arbeitsplätze in der Nähe. Lewis Mumford hat solche Dinge schon in den 1960er Jahren erörtert – sie bleiben aktuell.[24]

Erstrebenswert ist dreierlei: erstens attraktive *Stadtkerne*; zweitens zentrumsnahe *Nachbarschaftsquartiere*; drittens intakte *Naturräume* ringsum. Trostlos, wo es diese Dinge nicht mehr gibt, wo sich die Konturen verwischen, wo Politik und Kultur der Wirtschaft ohne Widerstand das Feld überlassen, wo sich an den Ausfallstraßen der Städte ein klobiges Einkaufscenter an das andere reiht, wo ein Wust an Werbeschildern zu ewigem Konsum auffordert. Manche Kommunen gehen schon überlegter vor, achten darauf, dass selbst Industriehallen noch Architektur darstellen. Irgendwie müsste es ja gelingen, ein Übermaß an Hässlichkeiten, Abgasen, Lärm, Verkehr, Stau, Verbrauch von Landschaften und Energie einzudämmen, nicht zuletzt durch regionale Kreisläufe und lebendige Innenstädte.

Was könnte angenehmer und schöner sein, als ein freundliches Umfeld zu schaffen: in den eigenen vier Wänden, am Arbeitsplatz, in der eigenen Stadt, mit belebten Plätzen und Boulevards, wo sich historische Bauwerke mit modernem Design verbinden, wo der Flaneur unterschiedliche Menschen und frische Gesichter sieht, wo er ansprechende Geschäfte und Lokale findet, wo er shoppen und lunchen kann, wo es die guten Dinge gibt, solche, bei denen auch noch Handwerk im Spiel ist, lebendige Arbeit, höherer Aufwand, wo die städtische Mitte zur Table d'Hôte wird, wo jeder für sich oder zu zweit, mit Freunden oder der Familie dasitzen kann, schauen kann, sich unterhalten kann, kleine oder tüchtige Happen verzehren kann, heimische Delikatessen oder Gerichte ethnischer Küchen aus aller Herren Länder – wo irgendwie das Glück der Waren und das Glück der Gemeinschaft zusammenfinden.

Warum soll es das nicht geben: verschiedene Milieus in- und nebeneinander, in behutsam erneuerten, innerstädtischen Vierteln, mit sanierten Altbau- und Sozialbauwohnungen, leicht entkernten, begrünten Hinterhöfen, luftigen Lofts, neuen, geräumigen Apartments aus Beton, Stahl, Glas, Holz und Naturstein, ebenso Büros, Hotels, Cafés, gediegenes Gewerbe, Biobäcker, Schneiderei, Schuster, dazu die neuen, so genannten Townhouses, Bürgerhäuser, schmal und hoch, dicht an dicht, mit kleinen, hinteren Gärten, wie in Berlin-Mitte am Friedrichswerder – als Alternative zu den Villen am Stadtrand oder zu den Zipfelmützenhäuschen mit Jägerzaun in den Vororten. Warum sollten nicht Betuchte und weniger Betuchte, Bourgeois und Bohemiens oder

Bourgeois-Bohemiens, Alt und Jung, Familien mit Kindern, viele von uns, in zentrumsnahen Kiezen und Vierteln wohnen!

Der Reiz des Urbanen liegt ja gerade im Zusammentreffen verschiedener Schichten, in der bunten Mischung von Individuen und Lebensstilen, in der Möglichkeit, dem Unverhofften zu begegnen oder städtebauliche Qualität zu erleben. Die verhältnismäßig dichte Struktur der älteren Quartiere schafft bühnenartige Kulissen für Boulevards, bietet zugleich versteckte Nischen in den Hinterhöfen, Ausweichmöglichkeiten, offeriert den Wechsel zwischen Rückzug und öffentlichem Auftritt. Viele Einrichtungen sind in den innerstädtischen Vierteln zu Fuß oder mit dem Fahrrad erreichbar. Je weniger Leute mit dem Auto pendeln oder nur kurze Fahrten machen, desto mehr werden der Verkehr und die Umwelt entlastet.

Eine *Hyper-Gentrifizierung* ist wohl nicht zu befürchten. Nicht jeder Wohlsituierte wird demnächst sein Einfamilienhaus mit Garten im Vorort verlassen, um nach »Mitte« zu ziehen. Ohnehin kriegt man die Dinge dieser Welt nie voll in den Griff. Auch zukünftig wird es neben Rechtwinkeligem, Statischem, Geordnetem, Gepflegtem hinreichend wucherndes Leben geben: Flüchtiges, Jazziges, Trashiges, Biomorphes, weil auch die Bürger daran ihren Spaß haben. Architekten und Künstler der Bourgeoisie haben sich längst darauf eingestellt – oder offerieren ebenso Minimalistisches, Puristisches, um nicht von Reizen überflutet zu werden.

Für Richard Florida gibt es heute drei Stichworte, die mit »T« beginnen und darüber entscheiden, ob eine Stadt lebendig ist oder nicht: erstens *Technologie*, Forschung, Entwicklung, Produktion, Wirtschaftsstruktur; zweitens *Talent*, die kreative Klasse, Akademiker, Wissenschaftler, Ingenieure, Künstler, Handwerker oder wir alle; drittens *Toleranz*, Offenheit gegenüber Fremden oder dem Anderssein, gegenüber Homosexuellen, Schwulen und Lesben, gegenüber zugewanderten Bürgern oder Menschen mit anderer Hautfarbe und anderer Religion, gegenüber Subkultur und Off-Szene. Erst wenn diese »3 Ts« sich vermischen: Technologie, Talent, Toleranz, gibt es in einer Stadt neue Ideen, Erfindungsreichtum, Produktivität, Lebendigkeit und Wohlstand. Der Begriff der *kreativen Klasse* steht für Florida im Mittelpunkt. Dieser Ausdruck ist für ihn eine alternative Bezeichnung für die *Bourgeois-Bohemiens* und meint im Prinzip dasselbe. Nicht die kreative Klasse oder die Bourgeois-Bohemiens ziehen dorthin, wo die Firmen sind, sondern die Firmen siedeln sich dort an, wo die kreative Klasse oder der Bourgeois-Bohemien gerne lebt: in einer vielseitigen, weltoffenen Stadt, die eine Sphäre kreativer Stimulation bietet.[25]

Auffälligerweise sind heute mehr denn je Krimis beliebt, Geschichten aus dem Milieu, mit Gaunern, verkommenen Schönheiten, Erpressern und Mördern, mit Detektiven als Helden, großstädtisch, intelligent, desillusioniert, wie der herrliche Philipp Marlowe als Privatdetektiv in »Der lange Abschied« von Raymond Chandler. Es sind Stücke von Verbrechen und Strafe, Schuld und Sühne. Der freiheitliche Bürger ist eben längst beides: Bürger und Antibürger, Opfer und Täter, Akteur und eigener Kriti ker, anständig und schuftig, nie ganz bezähmbar, Stadtbewohner und Abenteurer, sesshaft und unternehmungslustig, bieder und gentil, tough und smart. Es sind irgendwie die zwei Erbteile der Menschen: das ewige Umherziehen der nomadenhaften Urahnen, die ewige Existenz als Pilger und Tourist auf Erden – und die Sehnsucht nach dem anderen Leben, nach dem Warmen und Vertrauten, das Verlangen nach der Stadt und nach Verfeinerung: Es ist der urbane Instinkt seit rund fünftausend Jahren.

II DORF ODER STADT

Die Sehnsucht nach der Metropole: Heinrich Heine als Visionär

In einer flachen, offenen Landschaft steht in der Mitte eine mächtige Eiche. Im Vordergrund ist es noch leicht dämmrig, während sich im Hintergrund, über hohen Bergen, der morgendliche Himmel aufhellt. Der Tag ist noch jung, zart und still. Eine wundervolle Weite tut sich auf. Auf den ersten Blick fühlt man sich wie bezaubert von den sanften Farben, die Schritt für Schritt in der Tiefe freundlicher werden, von der Harmonie lang gezogener, ruhiger Linien, von der breiten Ebene und dahinter von pyramidal gestaffelten Bergen. Für Momente möchte man gar nicht mehr genauer auf einzelne Dinge schauen, sondern einfach nur das Mysterium dieser friedvollen und großartigen Landschaft genießen.

Doch das Bild, das Caspar David Friedrich 1822 gemalt hat und das im Nachhinein von Kunsthistorikern und Sammlern den Titel »Der einsame Baum« oder »Dorflandschaft bei Morgenbeleuchtung« erhielt, hat noch mehr zu bieten. Es handelt sich um eine idealisierte heimische Landschaft, der verschiedene Naturstudien zugrunde liegen, etwa aus der Mark Brandenburg und dem Riesengebirge. Für manche Liebhaber ist das Gemälde mit der Eiche ein Arkadien in nördlichen Gefilden, für andere symbolisiert es Deutschland schlechthin.

Ganz vorne auf dem Bild, wo es noch ziemlich dunkel ist, gibt sich eine sumpfige Moor- und Wiesenlandschaft mit kleiner Wasserfläche zu erkennen. Dahinter steigt der mächtige Stamm des Eichenbaums auf, an den sich ein Schäfer lehnt, der auf seine Herde aufpasst und mit der Natur ganz eins zu sein scheint. Es folgt ein bereits tageshellerer Abschnitt, der eine Dorfkultur mit Feldern andeutet. Man entdeckt links von der Eiche in einem Wäldchen um eine Klosterruine herum einen Weiler mit ein paar Häusern. Die Gebäude sind bewohnt, denn

Mystik der Natur: Der einsame Baum. Gemälde von Caspar David Friedrich, 1822. Alte Nationalgalerie, Berlin

es steigt Rauch aus den Schornsteinen auf. Etwas weiter hinten erkennt man ein Dorf, wo ebenfalls Rauch aus Schloten qualmt. Rechts von der Eiche, noch etwas weiter im Hintergrund, liegt anscheinend in einem Tal eine größere Landstadt, denn aus der Senke heraus stemmen sich zwei Kirchturmspitzen empor. Wiederum dahinter erhebt sich im blauen Dunst ein reich bewaldetes Mittelgebirge, bis darüber der Morgenhimmel leuchtet.

Der Maler rückt in die Natur hinein bestimmte Stufen der menschlichen Geschichte und Kultur: Das anfängliche Hirten- und Nomadenleben wird abgelöst durch ein Dorfleben mit Ackerbau und Wiesen. Es folgt in einer Mulde das städtische Leben, bevor wiederum dahinter Gebirge und Himmel völlig unberührt von der Zivilisation anmuten. Die Werke der menschlichen Geschichte spielen in dem Bild gegenüber den Werken der göttlichen Natur nur eine Nebenrolle.

Nicht zuletzt die Stadt befindet sich in einer merkwürdig tiefen Lage, beinah in einem kleinen Abgrund. Dessen ungeachtet ist die Natur ihrerseits nicht zeitlos. Auch in ihr gibt es Wandel, Nacht und Tag, Werden und Vergehen. Die Eiche, die von unten her so kräftig und wegweisend wirkt, ist oben bereits vom Alter gezeichnet, ähnlich wie die Klosterruine. Doch der Harmonie der Natur insgesamt tut es keinen Abbruch. Nicht unbedingt in Geschichte und Kultur, sondern eher in Natur und Landschaft scheinen Trost und Segen zu liegen, auch wenn für den Betrachter eine gewisse Beunruhigung zurückbleibt.

Die Mythen der Deutschen bestanden keineswegs nur aus preußischem Männlichkeitswahn, aus Muskelkraft und Kriegsgesinnung. Es gab auch berühmte, fein nuancierte Bilder in Malerei und Dichtkunst, die das Friedvolle, Ländliche, Innerliche, Träumerische, Transzendente förderten, wenngleich selbst in dieser romantischen Bewegung deutscher Künstler im 19. Jahrhundert ein antiurbaner Zug lag. Viele heimische Maler und Dichter konnten sich kaum vorstellen, Poesie, Sinn und Erfüllung im städtischen Leben zu finden, wo es möglicherweise ansprechende Beschäftigung und Boulevards, Salons und Cafés, Theater und Konzerte, Lebensart und Feinschmeckerei gäbe. Igitt! Nichts als Prosa! Die wenigsten kamen auf die Idee, in der Prosa der Stadt neue Freiheiten und Wonnen zu finden: etwa ein Citoyen und Connaisseur zu sein, sinnlich, wählerisch, abwägend, leicht skeptisch und ironisch.

Selbst Goethe, der kurzerhand das Romantische für krank und das Klassische für gesund erklärte, bevorzugte für seine Romanhelden als Schauplatz adlige Landgüter. Ein Autor des Biedermeier wie Adalbert Stifter machte aus seinen literarischen Figuren reihenweise Ökopioniere der Land- und Forstwirtschaft, doch in der Stadt wollte keiner von ihnen sein. Wundervoll ist Stifters Erzählung »Die Mappe meines Urgroßvaters« in der Fassung der »Studien«. Der Held der Geschichte findet in einer Waldregion die große Ruhe, Menschen mit Wurzeln, einfache Rituale. Irgendwann mussten die Deutschen eine Grüne Partei gründen.

Die Deutschen standen mit diesem Spleen für das Ländliche in Europa nicht ganz allein da. Es gab von der Antike bis hin zu Jean-Jacques Rousseau im Zeitalter der Aufklärung immer wieder Kulturtheoretiker, die über die städtische Zivilisation die Nase rümpften und ein Zurück zu Einfalt und Tugend des Landlebens predigten. Man erklärte: Im Anfang war das Land, wo die Menschen ein Naturleben führten, jagten und sammelten, aber zwischendurch dumm aus der Wäsche guckten, wenn sie nichts fanden. Irgendwann wurden die Menschen etwas klüger, kultivierten das Land, führten ein bäuerliches Leben mit Viehzucht und Ackerbau. Wenn das Wetter mitspielte, verfügten die Menschen von nun an über das Notwendige für die Nahrung und die Fortpflanzung. In den größeren Dörfern gab es bald Handwerker, welche die landwirtschaftlichen Erzeugnisse verfeinerten, Müller, Bäcker, Metzger, Bierbrauer oder Winzer, ergänzt durch Gerber und Schuster, Weber und Schneider, die den Bedarf an Schuhwerk und Kleidung deckten. In fetten Jahren lebte man in einer überschaubaren, vertrauten Umgebung. Es gab eigentlich alles, was man für eine auskömmliche Existenz brauchte. Man war eng mit den Elementen der Natur verbunden, entwickelte im Wechsel der Jahreszeiten einen gleichförmigen, gemächlichen Rhythmus der Arbeit, pflegte Geselligkeit und bodenständige Genüsse.

Von alters her kamen Religionsstifter, Dichter und Denker zu der Ansicht, dass der Zivilisation auf Erden mit einem solchen bäuerlichen Leben eigentlich schon Genüge getan sei – so Moses im Alten Testament, so der frühgriechische Dichter Hesiod in »Werke und Tage« oder der römische Autor Varro in seinem Buch »Über die Landwirtschaft«.[1] Man beschwor oder idealisierte die bäuerliche Arbeit, bei der man unter einer fürsorglichen, altväterlichen Herrschaft am kurzen Zügel ging und sich selbst nicht so wichtig nahm. Land und Landwirtschaft schienen das Gottgegebene zu sein, während die unübersichtliche Stadt mit ihrer verfeinerten Kultur dem Anschein nach anmaßendes Menschenwerk darstellte. Das polyglotte Babylon war für Moses das Symbol des gottlosen Ortes, wo man die menschlichen Grenzen nicht erkannte und einen überhöhten Turm baute, der weit in den Himmel ragte.

In der großen Stadt waren die Dinge nicht so festgeschrieben, die Zahl der Berufe nahm zu. Man ging nicht einseitig der harten, körperlichen Arbeit nach, sondern widmete sich auch kaufmännischen, künstlerischen, intellektuellen und politischen Tätigkeiten, um die Güter der

Zivilisation zu vermehren, um schlechthin den notwendigen Sachen des Lebens angenehme und schöne, modische und abwechslungsreiche, wenn nicht glamouröse und phantastische hinzuzufügen. Die große Stadt suchte nach dem menschenmöglichen Glück: nach höchster Entfaltung von Talent und Chancen, Genuss und Vergnügen. Es gab neben Dienstleuten und Handwerkern auch Kunsthandwerker, Goldschmiede, Modeschneider, Küchenmeister, Bildhauer, Maler, Architekten, Musiker, Dichter, Philosophen, Hohepriester, Beamte, Ratsgeschlechter, Fürsten – oder solche, die an den Rand gedrängt wurden: Bettler, Arme, Waise, andere, die sich im Zwielicht wohl fühlten, Größen der Halb- und Unterwelt. Man war mit einer höheren Komplexität des Zusammenlebens konfrontiert, die höhere Formen der Organisation erforderte. Es entwickelten sich Lebensweisen, die mehr Reibung verursachten, aber auch mehr Reize boten, die feinere Anstrengungen verlangten, aber auch mehr Unterhaltung gewährten. Die große Stadt entfachte mehr Verkehr, mehr Dynamik, gab sich welt- und lebensoffener, schuf neue Risiken und Hektik, aber auch mehr Freizügigkeit und Freiheit – was manchen Religionsstiftern, Dichtern und Denkern unerhört erschien.

Babylon war in den ersten beiden Jahrtausenden v. Chr. wiederholt der Mittelpunkt eines Imperiums, das vom Persischen Golf bis ans Mittelmeer reichte. Der Ort galt den Zeitgenossen schon damals als eine wahre Metropole, in der sich Macht und Magie, Geistesleben und Wohlleben entfalteten. Man wartete dort nicht darauf, dass andere ein Urteil über die Stadt fällten, sondern feierte sich selbst, entwickelte eine menschenfreundliche Vision. Auf einer babylonischen Steinplatte mit Keilschrift, die aus der Zeit um 700 v. Chr. stammt und sich heute im Pergamonmuseum in Berlin befindet, heißt es: »Babylon, die Stadt von Festlichkeit, Freude und Tanz; Babylon, die Stadt, deren Bewohner fortwährend Feste feiern; Babylon, die privilegierte Stadt, die den Gefangenen befreit; Babylon, die reine Stadt; Babylon, die Stadt von Hab und Gut; Babylon, das Band der Länder.«[2]

Rund hundert Jahre später, um 600 v. Chr., erlebte die Stadt am Euphrat eine letzte große Glanzzeit unter König Nebukadnezar II. Er ließ unter anderem das Ischtar-Tor und die Prozessionsstraße errichten. Beides wurde von Archäologen wiederentdeckt und 1930 mit den

Originalteilen im Pergamonmuseum in Berlin rekonstruiert. Das Tor wie die Straße künden bis heute vom feinen Geschmack der berühmten antiken Kapitale: feierlich verkleidet mit bunt glasierten Ziegeln, Tierreliefs, Löwen, Stieren, Drachen und mit Blumenbändern. Man kann sich ohne Mühe vorstellen, dass die Stadt reich und luxuriös war.

Einige biblische Propheten befanden sich in babylonischer Gefangenschaft und verdammten Babylon. Die Metropole wurde für sie zur Chiffre menschlicher Selbstüberschätzung und Überfeinerung schlechthin, früher oder später dem Untergang geweiht. Der Prophet Jesaja übte sich im Ressentiment und fauchte: »Herunter, Jungfrau, du Tochter Babel, setzte dich in den Staub! Setze dich auf die Erde, wo kein Thron ist, du Tochter der Chaldäer. Man wird nicht mehr zu dir sagen: ›Du Zarte und Verwöhnte‹ / Nimm die Mühle und mahle Mehl, decke auf deinen Schleier! Hebe die Schleppe, entblöße den Schenkel, wate durchs Wasser, / daß deine Blöße aufgedeckt und deine Schande gesehen werde.«[3]

Einer der Magier der Deutschen, Martin Luther, tat alles dafür, um seine Landsleute auf antibabylonischem Kurs zu halten. Er erklärte Rom zum Babylon der Gegenwart, wo man nicht dem Glauben an Gott, sondern irdischen Genüssen ergeben sei. Er stellte seiner Schrift »Von der Freiheit eines Christenmenschen« den »Sendbrief an den Papst Leo X.« voran und las dem römisch-katholischen Kirchenoberhaupt die Leviten: »Das ist aber wahr: Ich habe frisch angetastet den Römischen Stuhl, den man nennet Römischen Hof, von welchem weder du selbst noch jemand anders auf Erden anders bekennen kann, als daß er sei ärger und schändlicher, denn je ein Sodoma, Gomorrha oder Babylonien gewesen ist.« Dem Reformator war das Städtische, erst recht das Metropolitane nicht geheuer, weil es die Menschen von Einfalt und Tugend ablenke. In seiner anderen berühmten Schrift, »An den christlichen Adel deutscher Nation«, schärfte er dem Publikum ein, der verfeinerten Lebensweise in den Städten ein genügsames Leben auf dem flachen Land vorzuziehen. Die Deutschen sollten brave Bauern und biedere Handwerker, Dörfler und Kleinstädter sein. Der theologische Doktor aus der Provinz schrieb den Deutschen ins Stammbuch: »Das weiß ich gut, daß es viel göttlicher wäre, Ackerbau zu mehren und Kaufmannschaft zu mindern.«

Die Deutschen nahmen zwar nicht alles, was Luther sagte, für bare Münze, aber für das Natur- und Landleben hatten die Nachfahren der Germanen eine gewisse Schwäche. In der Alten Nationalgalerie in Berlin ist im obersten Stock der zentrale Raum fast ausschließlich Werken von Caspar David Friedrich gewidmet. Der Raum wirkt wie ein Sanktuarium der Nation. Ringsherum reiht sich ein Meisterwerk an das andere, ganz wundervoll, vielleicht einer der schönsten Museumsräume der Welt. Neben dem »Einsamen Baum« sieht man den »Mönch am Meer« oder die »Abtei im Eichwald«. Fast in jedem Bild erscheinen verträumte Ruinen, Bäume, Wälder, Dämmerung, Nebel, Mondschein, ganz zauberhaft und still. Es ist, als entblöße sich die deutsche Seele oder die Menschenseele überhaupt, womöglich auf der Suche nach einer poetisch-mythischen Urheimat. Es fällt einem Eichendorff ein, ein Lied aus seiner Novelle des »Taugenichts«: »Schweigt der Menschen laute Lust: / Rauscht die Erde wie in Träumen / Wunderbar mit allen Bäumen, / Was dem Herzen kaum bewußt, / Alte Zeiten, linde Trauer, / Und es schweifen leise Schauer / Wetterleuchtend durch die Brust.«

Die malerischen Werke von Friedrich befinden sich heute nur einen Katzensprung entfernt vom Ischtar-Tor, beides vereint auf der Museumsinsel in Berlin: Ikonen der Mystik, daneben Symbole der Metropole. Das eine wie das andere ein Publikumsmagnet! Zwei Urquellen menschlichen Glücks: die freie Natur – und die urbane Mitte! »Neulich«, so verrät einer der Wärter, »stand eine Japanerin den ganzen Tag vor dem ›Mönch am Meer‹.« Und vor dem Ischtar-Tor reißt der Strom der Besucher kaum ab. Touristengruppen aus aller Welt stehen davor und reden in unterschiedlichen Sprachen, ohne wie Moses ein Problem darin zu sehen.

Im frühen 19. Jahrhundert gaben sich viele deutsche Künstler einseitig der Mystik hin. Man schwärmte mehr für das Landleben als für die Möglichkeiten der Stadt oder gar der Metropole, die in Deutschland ohnehin nur schwer zu finden war, weil es keine königliche Kapitale aller Deutschen gab. Die lange Zeit führenden deutschen Städte, die freien Reichs- und Hansestädte, hatten im späten Mittelalter und in der Renaissance höchstens 20 000, im Ausnahmefall rund 50 000 Einwohner erreicht, wie vorübergehend Köln, Nürnberg und Augsburg, während es in anderen europäischen Ländern im 16. Jahrhundert schon glanzvolle Metropolen mit weit über 100 000 Einwohnern gab, wie Venedig, Paris oder London. Erst im 18. Jahrhundert wuchsen hierzulande Wien, Berlin und Hamburg zu Großstädten mit über 100 000 Einwohnern heran. Doch Wien lag an der Peripherie der deutschen Lande, und Berlin entpuppte sich als Militär- und Bürokratenstadt, die nicht jedem geheuer erschien.

Der junge Heinrich Heine hätte sich gern mit der preußischen Residenz angefreundet. Er kam im Jahr 1822 nach Berlin, um Jura und Philosophie zu studieren, und war anfänglich begeistert von der Größe der Stadt und ihren Möglichkeiten. Just zur selben Zeit, als Friedrich das Bild des »Einsamen Baumes« malte und Eichendorff seinen »Taugenichts« dichtete, schuf Heine als Student fast wie aus dem Nichts heraus ein großstädtisches Feuilleton. Er veröffentlichte seine »Briefe aus Berlin« im ›Rheinisch-Westfälischen Anzeiger‹ und erfand für das deutsche Publikum etwas völlig Neues: den Geist der Metropole.

Geschickt nahm Heine eingangs noch einmal Bezug auf einen ländlichen Aufenthalt in Westfalen, um beim Leser den Eindruck zu erwecken, als sei auch ihm die altvaterländische Gesinnung lieb und teuer. Der Autor kannte seine Pappenheimer und stimmte sie milde: »Ich höre noch immer, wie die alten Eichenwälder mich umrauschen, wie jedes Blatt mir zuflüstert: ›Hier wohnten die alten Sachsen, die am spätesten Glauben und Germanenthum einbüßten.‹ Ich höre noch immer, wie ein uralter Stein mir zuruft: ›Wandrer, steh, hier hat Armin den Varus geschlagen!‹ / Man muß zu Fuß, und zwar, wie ich, in österreichischen Landwehrtagemärschen, Westfalen durchwandern, wenn man den kräftigen Ernst, die biedere Ehrlichkeit und anspruchslose Tüchtigkeit seiner Bewohner kennenlernen will.«[4]

Der Journalist gab sich biegsam, wechselte mir nichts, dir nichts vom Land in die Stadt. Der Mythos à la Germania konnte für Heine noch längst nicht das menschenmögliche Glück entfalten, sondern erst die große, lebendige Stadt. Der Poet erklärte frei heraus, dass er keine herkömmliche Stadtbeschreibung bieten werde, in der es nur um die Hochkultur gehe, um klassische Bildung, Architektur, Theater, Konzerte. Er beabsichtige vielmehr, so viele Seiten der Stadt wie möglich zu schildern. Weder die politischen noch die wirtschaftlichen

Dinge, weder die geistigen noch die sinnlichen Genüsse sollten zu kurz kommen – garniert mit Klatsch und Tratsch. Spiegelbildlich zur Bewegung in der Stadt entstand ein leichtfüßiger Prosastil. Das eine griff ins andere: Träumerisches und Aktuelles, Analyse und Parodie.

Der Autor führte den Leser mitten ins Geschehen: »Sehen Sie sich mal um. Welche große, herrliche Straße! Das ist eben die Königstraße, wo ein Kaufmannsmagazin ans andre grenzt und die bunten, leuchtenden Waarenausstellungen fast das Auge blenden. Laßt uns weitergehen, wir gelangen hier auf den Schloßplatz. Rechts das Schloß, ein hohes, großartiges Gebäude. Die Zeit hat es grau gefärbt und gab ihm ein düsteres, aber desto majestätischeres Ansehen.« Heine zelebrierte ein doppeldeutiges, geistreiches Spiel von Ja und Nein. Er hielt mit seiner Kritik an den Hohenzollern nicht hinter dem Berg, raffiniert mit Lob umgarnt. Das preußische Königshaus schaffte es nicht, Berlin neuen Glanz zu verleihen, aber die Bürger sorgten dafür, dass es angenehme und schöne Dinge in der Stadt gab. Das aristokratische Prinzip wirkte grau und veraltet, das bürgerliche Element quicklebendig.

Heine hielt einem *spartanisch-asketischen Berlin* der Hohenzollern das *athenisch-hedonistische Berlin* der Bürger entgegen. Er erwähnte gleich nach dem grauen, düsteren Schloss ein berühmtes Café mit Konditorei, das ihm viel besser gefiel: »Und hier wohnt Josty! – Ihr Götter des Olymps, wie würde ich euch eu'r Ambrosia verleiden, wenn ich die Süßigkeiten beschriebe, die dort aufgeschichtet stehen. Oh, kenntet ihr den Inhalt dieser Baisers!« Heine verstand sich als Connaisseur wie als Kritiker der Gastronomie: »Das Lokal ist zwar eng und dumpfig und wie eine Bierstube dekorirt. Doch das Gute wird immer den Sieg über das Schöne behaupten; zusammengedrängt wie die Bücklinge sitzen hier die Enkel der Brennen und schlürfen Creme und schnalzen vor Wonne und lecken die Finger.«

Der Journalist wandte sich dem Herzstück der Stadt zu, wo die Baukunst ein würdiges, inspirierendes Aussehen vermittelte, einer Metropole gemäß: »Schauen Sie jetzt mal auf. In der Ferne sehen Sie schon – die Linden! / Wirklich, ich kenn keinen imposantern Anblick, als, vor der Hundebrücke stehend nach den Linden hinaufzusehen. Rechts das hohe, prächtige Zeughaus, das neue Wachhaus, die Universität und Akademie. Links das königliche Palais, das Opernhaus, die

Bibliothek usw. Hier drängt sich Prachtgebäude an Prachtgebäude.« Es präsentierte sich eine wahrhaft großstädtische Mischung unterschiedlicher Institutionen – Dinge, die ein Kultur- und Bildungsbewusstsein vermittelten: Zeichen von Eminenz.

Zugleich gönnte sich Heine wieder einen Seitenhieb auf die eigentliche Hungerleiderkultur der Hohenzollern: »Das königliche Palais ist das schlichteste und unbedeutendste von allen diesen Gebäuden. Unser König wohnt hier. Einfach und bürgerlich. Hut ab! da fährt der König selbst vorbey. Es ist nicht der prächtige Sechsspänner; der gehört einem Gesandten. Nein, er sitzt in dem schlechten Wagen mit zwey ordinairen Pferden. Das Haupt bedeckt eine gewöhnliche Offiziersmütze, und die Glieder umhüllt ein grauer Regenmantel.« Dieser knauserige König war in Wahrheit längst nichts anderes als ein gewöhnlicher Bürger und Offizier, ohne besondere Eleganz und Lebensart. Er möge sich, so sollte es im Subtext heißen, wenigstens wie ein Staatsbürger benehmen und die versprochene Verfassung gewähren.

Bereits für Heine mutete der Boulevard Unter den Linden geschichtsträchtig an. Bevor er genauer darauf einging, flocht er eine Sottise gegen eine Marotte der Deutschen ein: »Aber ich sehe, Sie hören schon nicht mehr, was ich erzähle, und staunen die Linden an.« Heine wusste, dass manchem Deutschen in der Stadt der Baum wichtiger ist als Baukunst und Kultur. Der Erzähler setzte noch einmal neu an: »Ja, das sind die berühmten Linden, wovon Sie soviel gehört haben. Mich durchschauert's, wenn ich denke, auf dieser Stelle hat vielleicht Lessing gestanden, unter diesen Bäumen war der Lieblingsspaziergang so vieler großer Männer, die in Berlin gelebt; hier ging der große Fritz, hier wandelte – Er!«

Der Flaneur kehrte die Verhältnisse um: Er dachte zuerst an den sympathischen Aufklärer Gotthold Ephraim Lessing, dann an viele verdienstvolle Bürger – und dann erst an den berühmten König und Militaristen. Heine machte Berlin zur Stadt der Aufklärung, nicht zu der des Säbelrasselns. Er schnitt das Borniert-Zopfige ab, um das Weltoffen-Kosmopolitische in den Vordergrund zu rücken. Er wandte sich dem Hier und Jetzt des zivilen Lebens zu: »Aber ist die Gegenwart nicht auch herrlich? Es ist just 12, und die Spaziergangzeit der schönen Welt. Die geputzte Menge treibt sich die Linden auf und ab.« Viel lieber als auf militärische Denkmäler heftete der Dichter sein Auge auf weibliche Reize und die Mode: »Aber schauen Sie die schönen Damen! Welche Gestalt! Ich werde poetisch!«

Nicht zuletzt die Gastronomie gehörte für Heine zum kulturellen Profil der Metropole dazu. Er kehrte Unter den Linden am liebsten im »Café-Royal« ein, wo ein netter Service den Gast empfing, aufmerksam, von feinem Betragen, ohne zu buckeln, wie er betonte, wo es Gutes zum Essen und zum Trinken gab, wo illustre Gäste ständig ein und aus gingen. »Ein Versammlungsort eleganter, gebildeter Welt.« Man sah hier, so Heine, Journalisten, Komponisten, Opernsänger, Theaterintendanten, Politiker. Offensichtlich stieß man hier auf Talente und Koryphäen, wie es in der großen Stadt sein soll.

Das A und O der Lebenskunst ist die Abwechslung: Oper, Theater, Café, Restaurant – geistige und sinnliche Genüsse. Heine entdeckte an der Promenade Unter den Linden auch bereits den neuen Typus des Gourmetrestaurants, wie es kurz zuvor in Paris erfunden worden war. Da während der Französischen Revolution viele Aristokraten ins Ausland flüchten mussten oder auf dem Schafott ums Leben kamen, gingen ihre Köche nach Paris und machten sich selbständig. Man zauberte die neue Form des feinen Restaurants aus dem Hut: halb aristokratisch-luxuriös, halb bürgerlich-demokratisch. Wenngleich es auch schon vor der Revolution ein paar Restaurants gab, erlebte dieser neue Typus erst durch den politischen Umsturz einen bedeutenden Aufschwung. Der betuchte Gast, der freie Staatsbürger, der Citoyen, oder der freie Wirtschaftsbürger, der Bourgeois, saß dort nicht mehr, wie im Hotel, gemeinsam mit anderen Gästen an einer Table d'Hôte, um zu einer bestimmten Zeit das Menü des Tages zu essen, sondern nahm seinen Platz an einzelnen Tischen ein und bestellte, ohne zeitliche Vorgaben, Gerichte der Grande Cuisine à la carte. Nicht nur in der Politik, auch in der Gastronomie sollte es jetzt mehr Freiheit geben. Man sah im Gourmetrestaurant eine neue Spezies von Menschen: solvente Herren ohne Begleitung, ohne Unterhaltung, ganz und gar in lukullische Genüsse vertieft – während Damen von altem Adel die Augenbrauen hochzogen und diese neue Sitte als barbarisch empfanden: Gourmandise ohne Geselligkeit! Die Damen hatten ja recht, doch warum sollte sich der moderne Gourmet, ob Mann, ob Frau, nicht zwischendurch einmal eine solche superbe Infamie gönnen, um ganz für sich den Biss in eine saftig-mürbe Taubenbrust auszukosten, als sei ein tieferes Geheimnis dahinter?

Brillat-Savarin war Augen- und Gaumenzeuge dieser gastronomischen Revolution in der französischen Hauptstadt und schilderte sie 1825 in seiner »Physiologie des Geschmacks«.[5] Heine übernahm den Part, die Ankunft des neuen Pariser Restaurants als gastronomische Umwälzung in Berlin zu bezeugen. Er fand das Phänomen an sich wunderbar: »Kniet nieder, ihr modernen Peruaner, hier wohnt – Jagor!« Die modernen Peruaner meinten natürlich die preußischen Kartoffelesser. Der Poet ging seinerseits mit der größten Selbstverständlichkeit vom einen zum anderen über: vom *Café-Restaurant* ins *Gourmet-Restaurant.* Er genoss die neue Vielfalt gastronomischer Möglichkeiten. Überall bot sich ein anderes Schauspiel dar.

Er nannte das »Jagor« eine »Paradiesespforte«, wo es geniale Erfindungen wie Trüffeleis gebe. Allerdings war er nicht bereit, gleich drei Sterne zu vergeben. Heine ließ sich nicht blenden und spornte das Lokal zu noch besserer Leistung an: »Und dennoch, diese Sonne ist nicht ohne Flecken. Wie zahlreich auch die seltenen Delikatessen sind, die hier auf der täglich neu gedruckten Karte angezeigt stehen, so ist die Bedienung doch oft sehr langsam, nicht selten ist der Braten alt und zähe, und die meisten Gerichte finde ich im Café-Royal weit schmackhafter zubereitet. Aber der Wein? O, wer doch den Säckel des Fortunatus hätte!«

Aus dem Jahr 1830 hat sich eine Speisekarte des »Jagor« erhalten, auf der auch die Weine des Hauses vertreten sind. Man verstand offensichtlich etwas von diesem Metier und bot nach damaligen Maßstäben die besten Weine an, die man in Europa bekommen konnte: berühmte Bordeaux und Burgunder, wie sie auch in den feinsten Restaurants in Paris auf der Karte zu finden waren,[6] dazu berühmte Weine von Mosel, Rhein und Main, ergänzt durch Dessertweine, Port, Madeira oder Tokajer. Weder die Rebsorten noch die Erzeuger standen im Vordergrund, entscheidend war die Lage. Der Wein wurde damals in Deutschland in der Regel noch im so genannten gemischten Satz angebaut, der mehrere Rebsorten umfasste, darunter stark vertreten Riesling, Silvaner und Gewürztraminer. Die begehrtesten, teuersten

Weine waren jene von der Würzburger Inneren Leiste und der Hochheimer Domdechaney, knapp vor dem Würzburger Stein, sage und schreibe doppelt so teuer wie ein erstklassiger Bordeaux, wie Château Margaux oder Château Lafite. Von einem solchen Rang und Vorrang der Preise können heute die Würzburger Weingüter nur träumen, wenngleich ihre Silvaner in den berühmten Bocksbeuteln wundervoll wie eh und je sein können.

Die Speisekarte im »Jagor« folgte dem Muster der französischen Grande Cuisine. Preislich exklusiv erschienen die Vorspeisen, darunter geräucherter Rheinlachs, frischer Kaviar und Austern, doch auch Rindermark und Kalbsbries galten als Delikatessen. Für ein junges Huhn musste man mehr Groschen hinlegen als etwa für Taube, Kalbskotelett, Beefsteak oder Reh, am teuersten aber waren die Austern, weil sie vermutlich mit einer Expresskutsche frisch von Hamburg aus geliefert wurden. Doch warum auch sollte man in Berlin auf diese feinen Muscheln verzichten, die von jeher ein Symbol der Verführung und schönen Welt waren: zart bis butterzart, regelrecht etwas schlüpfrig in ihrer Konsistenz, mit Meergeschmack, Mineralität und einem Hauch von Nuss und Cremigkeit.

Die Berliner schnupperten in den 1820er Jahren schon am modernen, urbanen Leben, das dem Bürger neben beruflichem Erfolg auch bohemienartiges Amüsement bot, wie das Flanieren auf dem Boulevard, Besuche von Oper, Theater, Café und Restaurant. Doch ein Gourmettempel wie das »Jagor« war noch etwas Singuläres, ein Exot, ein Import aus Paris, wo die Gesellschaft eine andere war. Die Bürger von Paris fühlten sich nicht länger als Untertanen, sondern wollten *Bourgeois-Bohemiens* oder *Citoyens-Connaisseurs* sein. In Berlin wehte ein anderer Wind. Für die hiesige Staatsmacht gefährdete der Geist der Metropole die traditionelle preußisch-protestantische Askese oder die hergebrachten Sitten à la Germania: den *kräftigen Ernst*, die *biedere Ehrlichkeit* und die *anspruchslose Tüchtigkeit*. Heinrich Heine fühlte sich wie ein Rufer in der Wüste, kam sich teils als Dichter, teils als Jude ausgegrenzt vor und ließ sich 1831 in Paris nieder, in der »Zauberstadt«, wie er sagte, während kurz darauf seine Schriften in Deutschland verboten wurden.

Wenn in der ersten Hälfte des 19. Jahrhunderts in der Kunst sinnli-

Den 8. Mai 1830.

Speise-Karte

vom

Königlichen Hof-Traiteur *J. Jagor,*

unter den Linden No. 23.

Suppen.

	Sgr.
Deutsche Nudel-Suppe mit Kalbtendons — —	4
Bouillon mit Sago — —	4
Kalte Schale v. Wein m. Sago	5

Hors d'oeuvre.

	Sgr.
Kleine Pasteten — —	4
Sardellen-Salade — —	6
Vinegrette von Lachs —	6
Geräucherter Rheinlachs —	10
Omelette au jus — —	5
Frischer Caviar — —	10
12 Austern — — —	22
Rindermark — — —	5
Rühreier mit Lachs — —	7
2 Kibitz-Eier — —	4
Kalbsbrögen gebacken —	5
Croquettes von Kalbsmilch —	5
Rinderbrust m. Erdtoff. a la mtre.	5
Kalbscôtelette sauté mit Kräut.	6
Beef-stakes — — —	7

Entrées.

	Sgr.
Hammelcôtelettes — —	7
Grenadin von Zander m. Krebsen	8
Fricassée von Tauben garnirt	7
Froschkeulen a la Vienne	5
1 jung Huhn glacé mit Ragout fin	12
Spanferkel glas. m. Sauc. Robert	7
Ragout von Lamm a l'Espagnole	7

Gemüse.

	Sgr.
Grüne Bohnen m. Omelette —	8
Morcheln mit Côtelette —	7
Stangenspargel mit Sauce —	10
Spinath mit Lammcôtelette —	6
Rothkohl mit Saucisses —	6

Fische.

	Sgr.
Karpfen blau, mit Meerrettig	6
Aal grillé mit Sauce Remoulade	6
Zander mit Butter — —	6
Krebse — — — —	5
Fr. Lachs m. Essig und Oel —	8

Braten.

	Sgr.
Hammel — — —	5
Puthe — — — —	9
Junge Taube — — —	7
Reh — — — —	8
1 Viertel Wildente — —	5
Ein jung Huhn — —	10

	Tl.	Sgr.
Schweizer od. Limburg. Käse		2
Chester Käse — —		3
Rothe Rüben — —		2
Compote von Pflaumen		5
dito von Apfelsinen		5
Kopfsalade — —		5
Butter und Radies —		5
Gurken-Sallade — —		6

Entremets.

	Tl.	Sgr.
Salade de volaille —		8
Reis a la Malthe — —		6
Mehlspeise a la Saxonne		6
Crème von Schocolade —		5
Macaroni au parmésan		6
Omelette au Confitur —		7
Beignets von Apfelsinen		5
Beignets von Aepfeln —		5
Schlagesahne 5 sgr. Bisquit		3
Gelée von Rheinwein —		5
Rosinen und Mandeln —		5

Früchte in Zucker.

	Tl.	Sgr.
Ingwer 5 sgr. Nüsse		5
Reine Claude oder Kirschen		5

Früchte in Brantw.

	Tl.	Sgr.
Reine Claude — —		5
Pfirsich — — —		5

Feine Französische Weine.

	Tl.	Sgr.
Bordeaux (gepicht) —		25
Dito — — —		20
St. Julien — — —	1	
Chateau Margaux —	1	5
Chateau Laroze, 25r. —	1	25
Lafitte 1822r. — —	1	20
Graves — — —		20
Haut-Sauternes — —		25
Dito 25r. du Roi —	1	15
Dito eine halbe —		23
Haut Preignac 25r. —	1	15
Chambertin — —	1	20
Volnay — — —	1	10
Nuits — — —	1	10
Champagner — —	2	
Dito eine halbe —	1	5
Burgunder mousseux —	2	
Montrachet blanc —	2	
Dito eine halbe —	1	
Hermitage blanc — —	2	8
Dito rouge —	2	8
Côte roti — — —	2	8
Clos de Vongeot — —	3	

Bei sämmtlich. Weinen, exclus. d. Bordx. à 20 sgr. findet bei Abnahme ausser d. Hause in Quantit. v. 6 Bout. ein Erlass von $2^1/_2$ bis 5 sgr. statt.

Rhein- Stein- u. Moselweine.

	Tl.	Sgr.
Oppenheimer 27r. — —	1	5
Moselwein Ausstich — —		20
Liebfrauenmilch 25r. —	1	
Würtzburgr. Randesacker —		25
Dito eine halbe — —		13
Marcobrunner 22r. — —	1	15
Dito eine halbe — —		23
Rüdesheimer 22r. — —	1	15
Dito eine halbe — —		23
Hochheimer 22r. — —	1	15
Johannesberger 22r. — —	1	15
Hochheim. Domdech. 25r. —	3	10
Marcobrunner 25r. — —	2	15
Claus Johannisberger 25r. —	2	
Cressenwein 11r. — —	2	
Steinwein 11r. — —	3	
Dito eine halbe — —	1	15
Gefrorner Steinwein — —	3	
Dito eine halbe — —	1	15
Hof-Leistenwein 11r. —	3	15

Dessertweine.

	Tl.	Sgr.
Strohwein — — —	3	15
dito eine halbe — —	1	25
Mascal Lunel — — —	1	5
Dito ein Glas — —		7
Rivesaltes — — —	1	15
Madeira — — —	1	25
dito ein Glas — —		8
Portwein — — —	1	20
dito ein Glas — —		8
Mallaga — — —	1	15
dito ein Glas — —		7
Cardinal — — —	1	5
dito ein Glas — —		7
Oberungar 22r. — —	1	10
Dito dito — —	1	20
Tokayer Essenz Ausbruch —	3	10
Dito dito dito —	8	5
Dito dito — —	2	25
Div. Holländische Liqueure und Kirschwasser, a Glas —		3
Ganz alter Cognac — —	1	10
Rum — — — —		25
Porter Bier — — —		18
Dito eine halbe — —		10
Selter Wasser — —		12
Dito eine halbe — —		8

Frühe Restaurantkultur in Berlin: Speisekarte vom Königlichen Hof-Traiteur J. Jagor, Unter den Linden No. 23. Den 8. Mai 1830. Staatsbibliothek, Berlin

Sehnsuchtsvoll: Heinrich Heine 1829 in Berlin, Zeichnung von Franz Kugler. Märkisches Museum, Berlin

che Genüsse ins Spiel kamen, wurden sie oft ironisch-humoristisch ins Kleinstädtische, Kleinbürgerliche und Brave verortet. Womöglich galt: keine deutsche Lebensform ohne die deutsche Kleinstadt! Das Gemälde der »Weinprobe«, das Johann Peter Hasenclever 1843 gemalt hat, befindet sich heute ebenfalls in der Alten Nationalgalerie in Berlin. Man sieht eine heitere Männerrunde im Keller eines Weinhändlers zwischen den Fässern sitzen. Die Herren sind offensichtlich miteinander vertraut, huldigen dem Prinzip: leben und leben lassen. Man hat nichts Arges im Sinn, sondern möchte nur den Wein genießen. Der

Leben und leben lassen: Die Weinprobe, Gemälde von Johann Peter Hasenclever, 1843. Alte Nationalgalerie, Berlin

Händler steht links, stellt seine Weine vor oder preist sie sachte an. Die anderen Männer verkosten sie, prüfen Farbe, Duft und Geschmack. Der eine Mann im Vordergrund, mit dickem Bauch, wirkt selig; er scheint den Wein zu gurgeln, während ihm einige Tropfen aus dem Mund laufen. Ein anderer nimmt aufmerksam den Duft wahr, der aus dem Glas hochsteigt, wieder ein anderer schwenkt den Wein offenbar im Mund hin und her, schaut innerlich versunken drein, während gerade die rechte Backe voll ist. Ob sie alle wirklich etwas vom Wein verstehen, scheint nicht ganz sicher zu sein. Aber in dieser intimen Männerrunde schmeckt der Wein einfach gut.

Die Scheu der Deutschen vor dem Urbanen war nicht angeboren, sondern wurde ihnen eingeredet. Eigentlich strebte lange Zeit alles in die andere Richtung: hin zur Stadtluft, die frei machte. Im späten Mittelalter und in der Renaissance herrschte in Deutschland ein regelrechter Städteboom. Es gab damals etwa 4000 Städte, darunter 20 Großstädte mit 10 000 bis 20 000 Bewohnern; darüber hinaus zählten Köln, Nürnberg und Augsburg 40 000 bis 50 000 Bürger. Die Produktivität von Handwerk und Handel war hoch wie nie zuvor; die Fernhändler genossen mehr oder minder eine freie Marktwirtschaft; die deutschen Kaufleute waren überall in den anderen Handelszentren in Europa vertreten, durch die Entdeckung der Seewege nach Amerika und Indien sofort auch in Übersee. Es machten sich Frühformen von Kapitalismus und Globalisierung bemerkbar. Der Wohlstand stieg und förderte säkulare Lebensweisen.

Die Deutschen hatten Vergnügen an der Stadt. Bereits 1447 hatte Hans Rosenplüt, ein Poet und Handwerksmeister der Rotschmiede, ein Hohelied auf das Städtische gesungen: den »Lobspruch auf die Stadt Nürnberg«. Der Heimatort des Dichters erschien als Sitz von Kunst und Wissen, Gewerbe und Wohlstand. Es wurde die Weltläufigkeit der Kaufleute oder das Können der Handwerker betont: »Die kunst find er in Nürnberg all / vnd sucht hübsch kunst von siben metall / von manchen meisterlichen handen / als man sie mag vinden in tausent landen / vnd vnter der ganzen Himels deck / die ingber und die pfefferseck / vnd alle speczerey von edler kraft / und was man zelt für kawfmaschaft / das hat alles zu nürnberg sein nyderlag.«[7]

Die deutschen Bürger waren einfallsreich und unternehmerisch. Epochal war die Erfindung des Buchdrucks mit beweglichen Metalllettern um 1450 durch Johannes Gutenberg in Mainz, was einen ähnlichen Informationsschub auslöste wie in der heutigen Zeit die Einführung des Internets. Es stand plötzlich mehr Wissen über die Dinge dieser Welt zur Verfügung, was eingefahrene Denkmuster in Frage stellte. Das vermehrte Wissen förderte die Vergleichbarkeit der Dinge, relativierte sie, untergrub absolute Maßstäbe. Noch galt die christliche Religion, aber Idee und Wirklichkeit strebten bedenklich auseinander.

Die hohe Geistlichkeit führte längst ein weltliches Leben, gerade der Papst residierte in Rom herrlich wie ein Renaissancefürst. In den Augen des breiten Publikums erschien das religiöse wie politische System nicht mehr unbedingt stimmig. Eigentlich sollte sich nun die bürgerlich-patrizische Ordnung der freien Reichs- und Hansestädte in eine bürgerlich-demokratische Kultur verwandeln. Auch die Bauern auf dem Land verlangten von den Fürsten, dass sie ähnliche Rechte wie die Bürger in den Städten bekämen. Es lag Veränderung in der Luft.

Deutschland war Anfang des 16. Jahrhunderts kein Pulverfass, denn es ging in letzter Zeit allen ein wenig, wenn nicht erheblich besser. Das Merkwürdige oder Unbehagliche daran war nur, dass die Fernhandelskaufleute, die Frühkapitalisten und Bankiers jetzt ungeahnt hohe Gewinne machten. Die Geldgeschäfte des Papstes und der Prälaten, des Kaisers und der Fürsten, der Handelsherren und der Bankiers wurden immer waghalsiger. Es kam da und dort zu städtischen Unruhen oder zu begrenzten, bäuerlichen Aufständen. Gleichzeitig spendeten Fürsten und Bürger wie eh und je hohe Summen für Kirchen, Kirchenzierden, Stifts- und Ordensschulen, Spitäler und sonstige soziale Einrichtungen. Die bildende Kunst erlebte bislang kaum gekannte Höhepunkte. Wallfahrten, Jahrmärkte und das Gastgewerbe florierten.

Der wirtschaftliche wie kulturelle Aufschwung verlangte nach einer neuen Selbstfindung der Deutschen. Man hatte genug von der Hängepartie zwischen Kaiser, Papst und Fürsten im Heiligen Römischen Reich. Man änderte den Namen und sprach vom Heiligen Römischen Reich Deutscher Nation. Die Deutschen sehnten sich nach einer staatlichen Macht, die imstande sein sollte, für Frieden, Recht und Ordnung zu sorgen. Es bot sich der Renaissance-Humanismus an, um den bereits eingeleiteten Prozess säkularer Lebensweisen verstehbar zu machen: um rationale Erklärungen für die Krisen zu finden und neue Strukturen zu schaffen. Oder vielleicht ließ sich das Christentum reformieren und die Kluft zwischen Idee und Wirklichkeit auf akzeptable Art mindern. Es kam am Ende anders als eigentlich gedacht.

Ab 1517 meldete sich Martin Luther zu Wort. Beunruhigt über die säkularen Prozesse, ging er aufs Ganze. Die christliche Lehre und das wirkliche Leben sollten wie nie zuvor übereinstimmen, kein Härchen sollte mehr dazwischenpassen. Nicht zuletzt die Deutschen sollten für den Reformator zu Musterchristen in Europa werden. Ein solch radikaler Ansatz sorgte dafür, dass aus einem Strukturproblem eine erschütternde Krise wurde.[8]

Der junge Luther hatte als Student wie als Mönch mehrere Jahre in Erfurt verbracht, das damals zu den größten und reichsten Städten in Deutschland zählte. Er war vorläufig auf dem besten Wege, ein Humanist zu werden, da er zunächst vier Jahre lang den Luxus genoss, an der so genannten Artistenfakultät die Sieben freien Künste zu studieren, wozu traditionell Grammatik, Rhetorik, Dialektik, Arithmetik, Geometrie, Musik und Astronomie gehörten. Er wurde dadurch mit den antiken, heidnischen griechisch-römischen Autoren vertraut. Er sollte eine weltliche Laufbahn einschlagen – bis er sich gegen den Willen der Eltern entschied und nach dem Grundstudium nicht Jura, sondern Theologie wählte, um vorläufig der Welt den Rücken zu kehren. Während der Papst in Rom beschloss, einen neuen Petersdom zu bauen, um der Christenheit die Macht und den Glanz der römisch-katholischen Kirche vor Augen zu führen, klopfte Luther in Erfurt an die Klosterpforte, um Bettelmönch zu werden. Als er 1508 Erfurt verließ, um auf Geheiß seiner Ordensoberen nördlich nach Wittenberg zu ziehen, kam es ihm vor, als gerate er an den Rand der Zivilisation, »in termino civilitis«.[9]

Er lebte von nun an in einem Städtchen, das vorläufig nicht mehr als 2000 Einwohner zählte. Immerhin hatte der Kurfürst von Sachsen, Friedrich der Weise, kurz zuvor den Entschluss gefasst, dort eine Universität zu gründen, an der Luther als Augustinereremit zunächst Moralphilosophie, dann Theologie lehren sollte. Die Hochschule entwickelte sich anfangs zu einer Reformuniversität im Geist des Humanismus. Die Berufung von Philipp Melanchthon zum Griechischprofessor 1518 verstärkte den Reformschub. Lange vor Immanuel Kant hob der Altphilologe in seiner Antrittsvorlesung das berühmte Diktum des Horaz, das *sapere audete*, hervor: Habt Mut, euren Verstand zu gebrauchen.

Doch die gefühlte Zivilisationsferne schien Luther selbst nicht gut zu bekommen. Er fasste kein rechtes Vertrauen in die menschliche Vernunft oder in die philosophisch-literarische Bildung, um nach dem

Ideal der Humanisten den Menschen zu einem würdevollen Wesen zu erziehen, das frei über sich bestimmen könne. Davon war in der Bibel nicht die Rede. Der Doktor der Theologie war gewillt, die Heilige Schrift buchstabengenau, wenn nicht eigenwillig-pedantisch auszulegen, um sich davon ein besseres, gerechteres Leben zu erhoffen.

Luther hatte Bammel vor einer freien menschlichen Existenz. Von früh an plagten ihn Urängste vor sich selbst, vor der eigenen sinnlichen Lebendigkeit, der eigenen fleischlichen Begierde, er zitterte und zappelte vor Gott, wie er sagte. Er suchte nach einem Verhältnis zum allmächtigen Gott ohne kirchliche Verfälschung, denn die Befreiung von seinen Ängsten lag für ihn nicht in der modernen, liberalen Welt, sondern in der Gnade Gottes. Es lebten zwei Seelen in seiner Brust: sowohl das Verlangen nach kirchlicher Freiheit als auch nach religiöser Autorität. Es war ein paradox-konservativer Zug in ihm: Er sehnte sich nach dem guten Kern des Christentums, nach Nächstenliebe und Bescheidenheit, um gleichzeitig diese sanften Tugenden vehement und kompromisslos zu predigen.

Die römisch-katholische Kirche war für ihn ein willkürliches, sündhaftes Werk der Geschichte und moralisch viel zu lasch. Wider Willen wurde er selbst zum Rebellen, zum konservativen Revolutionär, weil er den Vorrang göttlicher Autorität gegenüber menschlicher Freiheit in Gefahr sah. Jeder sollte sein eigener Priester sein und mit Hilfe der Heiligen Schrift unmittelbar zu Gott finden; jeder sollte erkennen, dass er gegenüber göttlicher Macht und Obrigkeit nur ein Knecht sei, um gehorsam, einfältig und tugendhaft zu leben. Über kurz oder lang ging es für ihn darum, sich von der stark verweltlichten römisch-katholischen Kirche zu lösen, um zu der vermeintlich unverfälschten Botschaft der Evangelien, der Paulusbriefe und der Bücher Mose zurückzukehren. Nur so ließ sich, wie er glaubte, die Lücke zwischen christlicher Idee und wirklichem Leben schließen – koste es, was es wolle.

Wenn es um Moral ging, kannte Luther kein Pardon. Der päpstliche Hof war von seinen ersten Reformvorschlägen, den 95 Thesen, die sich gegen den Ablasshandel, falsche Buße und mangelnde Fürsorge gegenüber Armen und Bedürftigen richteten, nicht begeistert. Da wagte es irgendein Mönch aus der Pampa östlich der Elbe, in kraftvollen Worten über Prinzipien der christlichen Lehre zu reden und zu einer »Debatte« anzuregen. Unerhört! Ohne Luther zu fragen, wurden seine Thesen von anderen sofort vom Lateinischen ins Deutsche übersetzt und überall in Deutschland verbreitet, wo sie auf reges Interesse stießen. Eine solche Einladung zur öffentlichen Diskussion über Sitten und Werte schien mit den Sehnsüchten der Zeit oder den Zielen des Renaissance-Humanismus übereinzustimmen. Das Publikum hoffte, durch ihn von kirchlicher Bevormundung befreit zu werden.

Das Schlimmste am Ablasshandel war für Luther nicht, dass die Kirche den Leuten das Geld aus der Tasche zog, sondern dass durch das Ablassgewerbe das Sündenbewusstsein verlorenging: das unentbehrliche schlechte Gewissen, »der Hass gegen sich selbst«, wenn man gut lebte, säkulare Lebensformen pflegte, sich bohemienartigem Amüsement hingab. Nicht nur die Päpste und Prälaten, sondern die ganze Bagage der Städter, all diese Patrizier, Bankiers, Fernhandelskaufleute, Kunsthandwerker und Krämer, all diese antiheroischen Leute mit vermeintlich flauer Lebensführung, bequemen Sitten, ohne Sinn für das Mysterium, all jene, welche »die ingber und die pfefferseck« besangen, waren in seinen Augen viel zu schnell mit sich selbst zufrieden, stellten sich das Leben viel zu leicht vor. Ohne die Gnade von oben war für Luther auf Erden nichts zu gewinnen. Die Genüsse hienieden gewährten für ihn kein wahrhaftes Glück, im Gegenteil, die irdischen Lebensfreuden bedeuteten ein ewiges Ungenügen, das nur durch überirdischen Bezug überwunden werden konnte.

Humanisten wie Erasmus von Rotterdam waren weniger beunruhigt als Luther und lehrten, dass man eben damit leben müsse, auf Erden nie absolut bestimmte Lebensformen oder nie ein vollkommenes Glück zu finden – oder doch nur höchst selten. Göttlich-metaphysische Autorität war für die Humanisten nicht unbedingt eine Alternative gegenüber irdischer Freiheit und blieb spekulativ. Religion mutete für sie als etwas historisch Gewachsenes, von Menschen Gemachtes an. Die Gnade von oben schien die Gunst der Fortuna zu sein, des Zufalls, des Glücks – oder die gelegentliche Güte des Lebens, wenn man sich darum bemühte. Es schien ratsamer zu sein, lieber gleich ein frei bestimmtes, menschenwürdiges, selbstverantwortliches Leben zu führen und auf zivilisatorischen Fortschritt und Erdenglück zu setzen: auf

Verfeinerung, Urbanisierung, Republik – ohne den Leuten den Himmel auf Erden zu versprechen und kritisches oder selbstkritisches Denken aufzugeben.

Es ging um die zwei grundlegenden Formen des menschlichen Zusammenlebens: um die Entscheidung zwischen *Autorität* und *Freiheit*. Luther selbst fühlte sich zwischen diesen Polen hin- und hergeschaukelt, um sich am Ende an die Autorität zu klammern. Das System der Autorität ist eher mit Überirdischem, Metaphysischem, göttlicher Schöpfung, Glauben, Gottesgnadentum, altväterlichem Patriarchat, fürstlich-klerikaler Obrigkeit, Geboten und Verboten, Luxus für die Herren, Biederkeit für die Knechte, Treue und Gehorsam verbunden – das System der Freiheit eher mit Natürlichem, Naturwissenschaft, Welterkenntnis, Selbstorganisation der Dinge, Verständigung und Volksversammlung, Parlament und Bürgertum, Handel und Genuss, Weltläufigkeit und Selbsterkenntnis. Auf Dauer lässt sich das eine wie das andere System nie in reiner Form durchhalten, denn nichts ist vollkommen. Allerdings führt eine übergreifende geschichtliche Tendenz von der Autorität zur Freiheit, weil es den menschlichen Fähigkeiten entspricht, jener feinen menschlichen Gabe, sich zu verständigen und zusammenzuarbeiten. Autoritäres vermischt sich im Laufe der Zeit mit Freiheitlichem – wie auch umgekehrt. Nur dann und wann fühlen sich energische Leute dazu berufen, die Fronten wieder zu begradigen und zum Entweder-oder aufzurufen.

Die römische Kurie ließ Luther mit seinen Thesen gegen den Ablass eine Weile im Regen stehen und wollte dann kurzen Prozess mit ihm machen. Doch was Rom konnte, konnte der Mönch aus Wittenberg auch: selbst- und machtbewusst sein – nicht zuletzt als Deutscher gegenüber Italienern. Es war überhaupt ein Drang in ihm, sich im Trotz zu üben: kantig, kernig, keinerlei Strapazen, keinerlei Gefahren für Leib und Leben scheuend, solange nur seiner Meinung nach das Recht auf seiner Seite war – ein echter Renaissancemensch!

Der Reformator hatte etwas von einer ungebändigten Natur in sich, etwas Vulkanisches, Löwenartiges, Heroisches, einen Hang für das Extreme oder Paradoxe: Er hatte Lust, Ketten zu sprengen und gleichzeitig neue zu schmieden. Er bildete ein condottiereartiges Freund-Feind-Denken aus und war nicht frei von Streit- und Rachsucht. Er

Kantig: Martin Luther in Kutte mit Doktorhut, Kupferstich von Lucas Cranach d. Ä., 1521

nahm es Rom übel, dass man dort nicht auf ihn hören wollte. Er setzte bald nicht mehr auf behutsam-kontinuierliches Wirken, sondern auf eine kraftvoll-ruckartige Lösung. Er entwarf eine in sich gegenläufige Lehre: erstens *Freiheit* gegenüber dem Papst; zweitens *Knechtschaft* gegenüber Gott und fürstlicher Obrigkeit! Das eine brachte die römisch-katholische Kirche an den Rand des Abgrunds, das andere führte die Leute in die Vergangenheit zurück.

In einer seiner Hauptschriften, im Aufsatz »Von der Freiheit eines Christenmenschen« von 1520, nahm Luther Abschied vom Papst. Er drückte sich nicht unbedingt fein aus: »Ade, liebs Rom, stink fortan, was da stinkt, und bleib unrein für und für, was unrein ist.«[10] Als anscheinend unverdorbener Mönch der Provinz fühlte er sich gegenüber dem vermeintlich sündhaften Papst der Metropole in einer erhabenen Position. Er pointierte seine in sich gegenläufige Lehre vom Fort- und Rückschritt: »Ein Christenmensch ist ein freier Herr über alle Ding und niemand untertan. Ein Christenmensch ist ein dienstbarer Knecht aller Ding und jedermann untertan.« Die Rede von der Freiheit war sensationell – doch den Nachsatz, die Lehre von der Knechtschaft, überlasen manche und erlebten später ein böses Erwachen.

Der Doktor der Theologie fasste nicht das Neue, sondern das Alte ins Auge; er wollte nicht Kultur, sondern Frömmigkeit. Alles im Leben der Menschen hing für ihn vom Glauben an Gott, von seiner Gnade und von der Einhaltung seiner Gebote ab. Recht eigentlich war schon der Glaube an Gott das Entscheidende, um als Christ gerechtfertigt zu sein. Für Luther konnte der Mensch mit guten Werken vor Gott keinen Vorteil erwirken, sie sollten einfach getan werden, um der eigenen Familie oder der Gemeinschaft nützlich zu sein. Gott ließ sich durch gute Werke oder Ablässe nicht bestechen: »Hier ist fleißig zu merken und stets mit Ernst festzuhalten, daß allein der Glaube ohne alle Werke fromm, frei und selig macht.«

Ein zu großer Werkeifer auf Erden zielte für Luther auf ein zu weltliches Leben und damit auf die Abkehr von Gott. Man sollte hart arbeiten, das schon, aber nicht, um damit mehr Komfort auf Erden zu schaffen, sondern um sich selbst zu züchtigen, den eigenen Willen zu brechen und bei Gott zu bleiben: »Da heben nun die Werke an, hier darf er (der Mensch) nicht müßig gehen, da muß führwahr der Leib mit Fasten, Wachen, Arbeiten und mit aller mäßiger Zucht getrieben und geübt werden, daß er dem inneren Menschen in dem Glauben gehorsam und gleichförmig werde (...); denn der innere Mensch ist mit Gott eins (...). Woraus denn ein jeglicher kann selbst entnehmen das vernünftige Maß für die Kasteiung des Leibes.«

Das war gut mönchisch gesprochen – nicht minder vortrefflich fürstendienerisch. Es entstand eine veritable Knechtsmoral, die den Wünschen der weltlichen Herren entgegenkam. Luther ließ keinen Zweifel daran, wie seine Lehre für die Christenmenschen politisch gemeint war: »Auf diese Weise gebietet auch Sankt Paul (...), daß sie sollen weltlicher Gewalt untertan und bereit sein, nicht daß sie dadurch fromm werden sollen, sondern daß sie den anderen und der Obrigkeit dadurch frei dieneten und ihren Willen täten aus Liebe und Freiheit.«

Der Ordensmann fühlte sich in eigentümlicher Weise von innerer Heilsnot gepeinigt. Er war anfänglich in bescheidenen Verhältnissen aufgewachsen, die keine allzu großen Spielräume boten. Der Vater, Hans Luder, war bäuerlicher Abstammung, hatte sich 1484, als Martin ein Jahr alt war, in der Landstadt Mansfeld niedergelassen und sich als kleiner Unternehmer im Bergbau und in der Verhüttung von Kupfer hochgearbeitet. Das Elternhaus mühte sich, die soziale Stellung zu heben. Unter anderem hatte die Mutter den Sohn, als er unerlaubt Nüsse aß, bis aufs Blut geschlagen und mit ihren Ängsten belastet. Nicht weniger heftig verprügelte ihn der Vater. Das Kind wurde eingeschüchtert, als sei das Leben ein unheilvolles Unternehmen. Womöglich hatte das Bergbaumilieu überhaupt etwas Beängstigendes, Dämonisches an sich. Das ernste und strenge Leben der Eltern, sagte der Sohn später, hätte ihn ins Kloster getrieben.[11] Unaufhörlich schien der Teufel hinter ihm her zu sein. In seiner Schrift »Der geknechtete Wille«, die sich gegen die Lehre vom freien Willen des Erasmus von Rotterdam richtete, entwickelte er das makabere, wenn nicht hässliche Bild vom Menschen als einem »Reittier«, auf dem entweder Gott oder der Satan sitze.

Der Reformator verstand es meisterhaft, eine Krisenstimmung herbeizuschreiben. Er stellte die Zustände der Epoche schlimmer dar, als sie waren, um für sein Reformmodell breite Zustimmung zu finden. Es fiel ihm der geniale Schachzug ein, die eigenen rigorosen Ansichten zu einem nationalen Projekt zu machen. In seinen Augen schändeten die Päpste nicht nur die christliche Religion, sondern auch das Heilige Römische Reich Deutscher Nation, weil sie sich weigerten, den deutschen Kaisern zu gehorchen. Der Reformator focht mit der Feder erfolgreicher als der Kaiser mit dem Schwert. Was vielen mittelalterlichen Imperatoren nicht gelungen war, gelang ihm: dem Papst den Zahn zu ziehen.

Luther prägte die Deutschen wie kaum ein anderer. Er schuf ein deutsches Hochgefühl, indem er mit der Kritik an Rom zugleich seine Landsleute von den Romanen abgrenzte. Er redete sie unmittelbar an: Hallo, ich sage euch, wer ihr seid und wie ihr sein sollt! Nämlich anders als diese Romanen, Italiener und Franzosen! Anders als diese amüsierfreudigen, verweichlichten, antiheroischen Urbanisten!

Der Augustinereremit aus Wittenberg wurde zum Volkstribunen. Plötzlich war Religion etwas Spannendes, Ereignisreiches, dem Anschein nach Revolutionäres. Luther entwickelte eine kraftvolle, musikalisch-rhythmische Sprache, die Sog entfaltete, suchte nach dem treffenden Ausdruck, pflegte die Verben, die Zeitwörter, welche Bewegung vermittelten. Er spielte virtuos auf seinem Lieblingsinstrument, der Sprache. Er konnte grimmig, drohend, apokalyptisch sein, aber auch humorvoll, manchmal sogar selbstironisch, bot sich selbst als Mensch dar, mit Gefühlen, Regungen, verließ den Elfenbeinturm, redete bald nicht mehr die Fachtheologen, sondern die Laien an, um sie offenbar aufzuwerten. Sein schriftstellerisches Talent liebte den Gegenwind, den heroischen Kampf. Er spitzte zu, pointierte, polarisierte, dramatisierte, forderte zum Entweder-oder auf. Er gab sich unabhängig, griff höchste Autoritäten an, den Papst, die Prälaten, übte gepfefferte Kritik an Machtstrukturen, war phasenweise ein Aufklärer, sah die Dinge dieser Welt teilweise unter geschichtlicher Perspektive, schien kirchliche Freiheit zu predigen, eine neue Moral zu verkünden und nicht zuletzt die Sache des »gemeinen Mannes« zu vertreten, weil alle Menschen, wie er betonte, vor Gott gleich seien und unmittelbaren Zugang zu ihm hätten. Er vermittelte den Eindruck, als gäbe es für die Probleme dieser Welt einfache Lösungen.

In seinem Hauptwerk »An den christlichen Adel deutscher Nation« von 1520, das unter seinen Schriften die höchsten Auflagen erzielte und ein Millionenpublikum erreichte, malte er den Teufel an die Wand.[12] Er nannte Papst Julius II. einen »Blutsäufer« und Rom »ein Hurenhaus über alle Hurenhäuser«, beschwor die Abkehr von der römisch-katholischen Kirche und schwärzte nicht minder das säkulare Wohlleben der Deutschen an. Nicht nur die Päpste, auch die eigenen Landsleute lebten viel zu gut – auch sie sollten den Gürtel enger schnallen, darauf verzichten, ein frei bestimmtes Leben zu führen, und gehorsam sein: »Das erste, das in dieser Sache vornehmlich zu tun ist, ist, daß wir uns stets vorsehen mit großem Ernst und nicht etwas anheben im Vertrauen auf eigene Macht oder Vernunft.«

Luther hielt das Gros der Deutschen für unfähig, das Leben aus eigener Einsicht heraus oder mit Hilfe von gegenseitiger Beratung zu meistern. Für ihn ließen sich die Probleme des Zusammenlebens immer noch am besten durch die Prinzipien von Obrigkeit und Gehorsam lösen. Da die traditionelle Kirche in seinen Augen moralisch viel zu lasch war, suchte er jetzt den Schulterschluss mit den weltlichen Fürsten, um ihnen Ratschläge zu geben, wie sie die Bürger und Bauern gängeln sollten – was diese nun wiederum selbst artig lasen, weil Luther in dieser Schrift immerhin auch gegen den Papst und die Prälaten vom Leder zog. Je mehr sich seine kämpferische Hauptschrift in die Länge dehnte, desto mehr wurde sie zu einer Orgie von Geboten und Verboten. Je entschiedener er sich gab, desto erfrischter fühlte er sich. Der Papstschelte folgten Humanismus- und Luxuskritik.

Zuallererst sollten die Wallfahrten nach Rom untersagt werden, denn erstens seien solche Reisen viel zu teuer und zweitens verderbe ein Aufenthalt in Rom die Leute: »Da kommt her freies Leben und mehr Jammer, die ich jetzt nicht aufzählen will.« Spätestens in dieser Schrift wurde deutlich, dass für Luther der Begriff des »freien Lebens« ein rotes Tuch war.

Von nun an sollte es mit jeder Form von religiöser Kultur vorbei sein, welche Festlichkeit, Erhebung und Erholung in den Alltag brachte. Gerade den minderbemittelten Schichten, den Mägden, Knechten, Bauern, Handwerksgesellen, sollte die Freizeit gekürzt werden, um toujours zu arbeiten, um den Leib zu kasteien und ein asketisches Innenleben mit Gott zu führen. Jede Wallfahrt sollte verboten, alle Kirchenfeste und Feiertage sollten gestrichen oder auf einen Sonntag verlegt werden. Luther trug dick auf, als seien die Deutschen größtenteils Faulpelze und Lotterleute gewesen: »Denn so wie nun der Mißbrauch mit Saufen, Spielen, Müßiggang und allerlei Sünde im Gange ist, erzürnen wir Gott mehr an den heiligen Tagen denn an den anderen. (...) Und zuvor sollte man die Kirchweihe ganz austilgen, sintemal sie nichts anderes sind denn rechte Tavernen, Jahrmärkte und Spielhöfe geworden.«

Der Mönch wollte nicht wahrhaben, dass das Fleisch schwach ist. Deshalb machte er sich selbst und anderen das Leben so schwer wie möglich. Luther war freiwillig in einen äußerst strengen Orden eingetreten, der wie beim Militär hierarchisch straff geordnet war. Auch draußen in der Welt sollte es stramm zugehen und auf alles Überflüssige verzichtet werden. Luther fehlte die Gelassenheit, die menschlichen Schwächen als natürlich zu begreifen und das Leben leichter zu nehmen. Er ging zuweilen in die Luft und schreckte nicht einmal vor Zerstörungswut zurück. Er gab penibel an, wo man Lunte legen sollte, und empfahl: »Daß die wilden Kapellen und Feldkirchen würden zu Boden zerstöret, als da sind die, wo die neuen Wallfahrten hingehen: Wilsnack, Sternberg, Trier, das Grimmental und jetzt Regensburg, und der Anzahl viel mehr.« Der Gottesmann ließ Dampf ab, sorgte für eine gereizte Stimmung, entwickelte phasenweise einen gehässigen, menschenverachtenden Ton und machte ihn comme il faut: »Die Bruderschaften, item Ablaß, Ablaßbriefe, Butterbriefe, Meßbriefe, Dispensation und was dergleichen ist, nur alles ersäuft und umgebracht!«

Nicht genug damit! Der Revolutionär setzte an einem Punkt an, der entscheidend über Wohl und Wehe eines Gemeinwesens bestimmt: an der *Bildung* der geistigen Fähigkeiten. Die Lehre an den Hochschulen sollte nicht erweitert, sondern eingeengt werden. Das »frei(e) Leben« und Forschen an den Universitäten war Luther ein Graus. Die Studenten und Dozenten sollten an die Kandare genommen und die »Heilige Schrift« wieder zum Maßstab des Denkens werden. Nach der Bibel war es eine Ursünde, vom Baum der Erkenntnis zu essen. Augustinus, auf den sich Luthers Orden der Augustinereremiten bezog, warnte bekanntermaßen vor zu großem weltlichen Erkenntnistrieb, weil er von Gott ablenke. Glauben und Gehorsam, Einfalt und Tugend schienen für die Menschen viel wichtiger zu sein.

So gut wie alle Bücher des »blinden, heidnischen Meisters Aristoteles«, schrieb Luther, sollten verboten werden, sofern dessen »Buch der Ethik ärger denn kein Buch stracks der Gnade Gottes und christlichen Tugend entgegen ist«. Lediglich die rhetorischen Bücher des Aristoteles oder Cicero sollten erlaubt sein, damit die Pfarrer daraus das Reden und Predigen besser lernen und gegen Aristoteles wettern könnten. Bis heute erscheint manchen in Deutschland Ethik als Schulfach als etwas Ungehöriges, nicht recht Fundiertes, weil die Ethik nicht von Gott oder letzten Wahrheiten spreche. Ethik lehrt das Empirische, Menschliche, Liebenswürdige, Freiheitliche – als ob das nicht ein hohes Gut sei.

Luther stellte ebenso die wohlhabenden Schichten mit ihren Freuden und Vergnügungen an den Pranger und empfahl auch ihnen Genügsamkeit und Einfachheit: »Zum ersten wäre hochnot ein allgemeines Gebot und Bewilligung deutscher Nation wider den überschwänglichen Überfluß und Kosten der Kleidung, dadurch soviel Adel und reiches Volk verarmet. Hat doch Gott uns wie anderen Landen genug gegeben Wolle, Haar, Flachs und alles, was zu ziemlicher, ehrlicher Kleidung einem jeglichen Stand redlich dienet.« Neben dem Raffinement der Mode erschien ebenso die Delikatesse der Tafel als liederlich. Wer mit kostspieligen, exotischen Gewürzen die Speisen verfeinerte, schien das Land zu ruinieren und in des Teufels Küche zu kommen: »Desselbengleichen wäre auch not, zu verringern Spezerei, was auch der großen Schiffe eines ist, darinnen das Geld aus deutschen Landen geführt wird.«

Angesichts einer solchen gottlosen Verschwendung war sich Luther sicher, des Pudels Kern zu kennen: die Kaufleute – die an sich fähigsten, unternehmungslustigsten Typen im Land, die eigentlichen Motoren des Städtischen, Weltläufigen, Wohlhabenden. Sie stellten die führende Schicht der freien Reichs- und Hansestädte dar, die in der Regel keinem Fürsten untertan waren oder weitgehend selbständig handelten. Solchen Leuten war nicht zu trauen: »Ich sehe nicht viel gute Sitten, die je in ein Land gekommen sind durch Kaufleute.«

Schlechthin schien auf den Gütern des Fernhandels, auf ausländischen Luxusprodukten und Geldverkehr kein Segen zu liegen. Die Bankiers und Frühkapitalisten waren unter den Kaufleuten die

Schlimmsten: »Aber das größte Unglück deutscher Nation ist gewißlich der Zinskauf. Wenn der nicht wäre, müßte mancher seine Seide, Sammet, Goldschmuck, Spezerei und allerlei Prangen wohl ungekauft lassen. Er besteht nicht über hundert Jahr und hat schon fast alle Fürsten, Stifte, Städte, Adel und Erben in Armut, Jammer und Verderben gebracht; wird er noch hundert Jahr bestehen, so wäre es nicht möglich, daß Deutschland einen Pfennig behielte, wir müßten uns gewißlich untereinander fressen; der Teufel hat ihn erdacht und der Papst wehe getan aller Welt mit seiner Bestätigung. (...) Hier müßte man wahrlich auch den Fuggern und dergleichen Gesellschaften einen Zaum ins Maul legen.«

Luther schüttete das Kind mit dem Bade aus. Statt den höheren Lebensstandard der Deutschen in die richtige Bahn zu lenken, empfahl er, lieber so gut wie ganz darauf zu verzichten. In dem Moment, da das Land nördlich der Alpen durch Handwerk, Handel und bürgerlich-patrizische Liberalität einen Höhepunkt an Wohlstand erlebte und die freien Reichs- und Hansestädte die Gipfelpunkte ihrer Entwicklung genossen, erfand Luther, ohne Not, den deutschen Sparertyp. Um für eine gute Existenz zu sorgen, setzte er auf Rückzug, Bescheidenheit, Sparsamkeit, nicht auf den Mut zur Gestaltung, Veränderung, Modernität.

Der Augustinereremit baute formidable Feindbilder auf: Päpste, Prälaten, Kaufleute, Bankiers, Städte, Luxus, betrieb Schwarzweißmalerei, polemisierte, eiferte, verbot gerne, gab sich sauertöpfisch und ersparte sich in der Regel eine nüchterne Analyse der Zustände. Nur die weltlichen Fürsten, diese »allerdurchlauchtigsten, gnädigsten, lieben Herren«, wurden mehr oder minder als unschuldige Lämmer behandelt und von ätzender Kritik verschont.

Wo es darum gegangen wäre, die Prozesse von Wirtschaft, Politik und Kultur so kritisch wie konstruktiv zu begleiten, darum, ein ausgewogenes Verhältnis zwischen der Produktion der Güter und ihrem Verbrauch zu lehren, einen ebenso bodenständigen wie feinen Geschmack zu fördern, bei einigermaßen gerechter Verteilung der Güter, vielleicht auch schon unter neuen bürgerlich-demokratischen Strukturen, wo es um all das gegangen wäre, wurde Luther einfach zum Neinsager. Er sprach mir nichts, dir nichts über freien Unternehmungsgeist, über Abwechslung und Vergnügen, Glanz und Glamour den Bann aus.

Ein solches Rezept war an sich uralt: Man schraube das kulturelle Niveau auf allen Gebieten herunter, dämme oder friere die sinnliche Lebendigkeit des Menschen so weit wie möglich ein: dann gibt es weder Neid noch Streit unter den Menschen – aber vielleicht eben auch keine Menschen mehr! Höchstens noch moralische Übermenschen! Visionäre der Bescheidenheit und Nächstenliebe begleiten die europäische Kultur seit der Antike. Offenbar gehört der *Kulturpessimismus* als Korrektiv zum *Kulturoptimismus* dazu.

Schon Sokrates war im 5. Jahrhundert v. Chr. barfüßig und ungepflegt, mit nachlässiger Kleidung durch Athen gelaufen und hatte Bescheidenheit und Kulturskepsis gelehrt, wenngleich er notfalls in der Lage war, jeden Athener unter den Tisch zu trinken. Platon, sein berühmtester Schüler, gab sich noch strenger. Er zielte darauf, die menschliche Natur so weit wie möglich zu beherrschen. Das wilde Tier im Menschen, der unvernünftige, ungezügelte Appetit, die Völlerei und die Wollust sollten durch Askese und Diät, Moral und Metaphysik gebannt werden. Anders als vorher bei Homer in der »Odyssee« wurden nun die Sinnenfreude oder die Sache des guten Geschmacks zur Nebensache oder die Ernährung und Fortpflanzung zur bloßen biologischen Notwendigkeit erklärt. Essen und Trinken, Mode und Erotik sollten nicht mehr im Zentrum des Wissens und der Lebensführung stehen.[13]

Die asketische Lebensweise schien besser dafür geeignet zu sein, die Bürger zu einer lenkbaren Masse zu machen. Der Kulturpessimismus sollte dem autoritären Staat dienen. Allerdings hielten in antiker Zeit die Athener und Römer die Lehre Platons für eine Kopfgeburt. Man dachte nicht daran, den verspannten Ansichten des Philosophen zu folgen. Aristoteles, ein Schüler Platons, gab sich liberaler und kulturfreundlicher.

Noch entschiedener als die platonische oder stoische Philosophie formulierte dann die christliche Religion ihre Skepsis gegenüber freiheitlichem Leben, Sinnenfreude und Erdenglück. Jesus selbst und seine Jünger hatten sich eher noch moderat gegeben, verschmähten nicht unbedingt das gute Essen oder die Freude am Hochzeitsschmaus. Es waren eher die Nachfolger, die sich zunehmend rigoroser gaben und Feinschmeckerei und Wollust grundsätzlich als etwas Sündhaftes ansahen, als etwas, das offenbar stets zum Exzess ausartet: unvernünftig, unkontrollierbar, schädlich und verderblich.

Lust und Freude am Essen und Trinken, an erotischer Liebe und Sex galten als schwächlich und unnatürlich. Man sollte diese Dinge als etwas Zweckmäßiges oder Notwendiges betrachten: rein im Dienst der Gesundheit und der Fortpflanzung, ohne Hintergedanken. Paulus erklärte im Brief an die Römer (13,13-14): »Laßt uns ehrbar leben, wie am Tage, nicht in Fressen und Saufen, nicht in Unzucht und Ausschweifung, nicht in Hader und Eifersucht; sondern zieht an den Herrn Jesus Christus und sorgt für den Leib nicht so, daß ihr den Begierden verfallt.«[14] Spätantike, früh- und hochmittelalterliche Kirchenväter verdammten die kulinarische oder sexuelle Wollust. Rein natürlich schien nur der eheliche Sex zum Zweck der Fortpflanzung zu sein; die Lust und die Freude daran galten bereits als unrein und verderblich, erst recht außerehelicher Geschlechtsverkehr, homosexuelle Liebe oder sexuelle Selbstbefriedigung, was von vornherein nur auf Lust und Freude und Erdenglück hinauslief. Die Wollust wurde von den Kirchenvätern zu den sieben Todsünden gezählt.

Der britische Philosoph Simon Blackburn sieht die Wollust heute als etwas grundsätzlich Gutes an.[15] Er unterstellt der platonischen, stoischen und christlichen Philosophie einen verkürzten Naturbegriff. Die Strategie der Natur verfolgt danach beim Sex nicht nur den Zweck der Fortpflanzung, sondern sie will durch Wonne und Wollust die Menschen auch einander näher bringen und ein Stück irdische Freude vermitteln. Wer vergnüglichen Sex haben will, muss in der Regel nett, lieb und charmant sein, muss um den anderen werben, sich von seiner besten Seite zeigen. Wollust muss nicht zwangsläufig zum Exzess ausarten. Dann und wann sind die unkontrollierten Momente der Wollust willkommen, die Ekstase, die für Momente die Ewigkeit aufreißt oder das Gefühl von Einssein mit dem anderen vermittelt. Sinnliche Wonne verbindet sich im Glücksfall mit geistiger: Freundschaft und Liebe.

Es gibt Menschen, die haben von sich aus ein gemäßigtes sinnliches Naturell und die Neigung zu Askese und Keuschheit, um ein eher kontemplatives, spirituelles Leben zu führen. Aber es erscheint unnatürlich, die Maxime von Askese und Metaphysik zur universalen Lehre zu erheben. Für viele Menschen reicht es hin, gelegentlich Phasen von Askese und Diät einzuschalten und im Übrigen die Genusssucht nicht zu übertreiben.

Luthers Kampfschrift »An den christlichen Adel deutscher Nation« war eine merkwürdige Mischung aus deutschem Patriotismus, radikaler Kirchenreform und kulturpessimistischer Ideologie. Er gab bereitwillig Errungenschaften der Zivilisation hin, blockierte Humanismus, Urbanisierung, Verfeinerung, um zu vermeintlich urreligiösen oder urnatürlichen Zuständen zurückzukehren. Es reichte für ihn nicht hin, den Ablasshandel als Humbug zu durchschauen, dem Papst den Geldhahn zuzudrehen und ihm Adieu zu sagen – die Deutschen sollten selbst säkularen Lebensformen abschwören, sollten sich lossagen vom Zauber des Lebens durch irdische Güter, schlechthin, um mit Arno Borst zu reden, von Lebensformen, die der Mode unterlagen.[16] Luther glaubte, es gäbe so etwas wie unverfälscht reine Lebensbedingungen.

Eigentlich ging es Deutschland, der »elenden Nation«, wie Luther posaunte, gar nicht so schlecht. Erst er stülpte dem Land mit seiner rigorosen Moral etwas unsäglich Trostloses über: nahezu kulturellen Masochismus, klösterliche Enge und Strenge, ganz so, als sollten die Deutschen laisierte Mönche und Nonnen werden, autoritätseifrig und entsagungsfreudig. Die Rede von der Freiheit eines Christenmenschen gegenüber dem Papst entpuppte sich als Einleitung für die Lehre von der Knechtschaft der Bürger gegenüber den Fürsten. Die Utopie der Freiheit wurde zum Schlaflied, denn für das »gemeine Volk« bedeutete die Reformation kaum einen zählbaren Gewinn, weder materiell noch politisch, im Gegenteil, mehr denn je sollte es ein Oben und ein Unten, sollte es Herren und Knechte, Gebieterinnen und Mägde geben. Der Reformator bog es so hin, dass das »gemeine Volk« stolz darauf war, anspruchslos zu sein.

Nicht das Städtische, nicht das Weltoffene, nicht das Freiheitliche und Feine sollten die Deutschen für Luther im Blick haben, sondern parallel zu den biblischen Urvätern das Ländliche, Provinzielle, Untertänige und offenbar Gottnahe, um in tadelloser Sittlichkeit zu leben.

Zwei bedeutende Quellen des Gemeinwohls sollten nur noch mit halber Kraft sprudeln: Erstens sollte die *Bildung* der Bürger auf Kosten des Humanismus weitgehend auf die christliche Lehre beschränkt bleiben; zweitens sollte der *Unternehmungsgeist* der Deutschen gezähmt werden, um sie auf das Ländliche und Einfältige einzuschwören.

Am Rand der Zivilisation, *in termino civilitis*, wo sich Luther in Wittenberg nach eigener Aussage befand, konnte man allerhand vorsintflutliche Ansichten zu Papier bringen. Der Ordensmann beschwor am Ende seines Hauptwerks die herbe, im Prinzip bronzezeitliche Lehre im Ersten Buch Mose: »Vermaledeit sei die Erde, wenn du drin arbeitest; sie soll dir Distel und Dornen tragen und in dem Schweiße deines Angesichts sollst du essen dein Brot.« Der Doktor der Theologie hob in seiner Schreibstube das Ethos harter, ländlicher Arbeit hervor, aber es sollte nicht unbedingt Angenehmes oder Schönes dabei herauskommen. Die Bauern, Handwerker und Bürger sollten Helden der Arbeit und der Entbehrung sein. Die Leute sollten für das Notwendige im Leben sorgen, sich einer resignierten Zufriedenheit verschreiben, um gegenüber den Versuchungen des Höllenfürsten gefeit zu sein.

Der Kurfürst von Sachsen, Friedrich der Weise, wusste, was er an Luther hatte. Er schickte seinem Protegé als Dank für die Kampfschrift »An den christlichen Adel deutscher Nation« ein fürstliches Stück Wildbret. Für die Fürsten war die Reformation doch ein lohnendes Unternehmen. Die meisten von ihnen waren innerlich von der Lehre Luthers nicht berührt, doch man freute sich, wenn die Reformation äußere Segnungen gewährte, wenn man sich reichen Kirchenbesitz unter den Nagel reißen konnte und keine Abgaben an den Papst mehr entrichten musste, wenn man zudem protestantische Fürstenbündnisse schließen und dem Kaiser, der katholisch blieb, eins auswischen konnte. Der deutsche Partikularismus festigte sich: mit fürchterlichen Folgen, die im Dreißigjährigen Krieg auszubaden waren.

Der Wunsch des Publikums nach mehr politischer Teilhabe oder eigenständigerem Handeln wurde erst einmal moralisch plattgewalzt. Obwohl Luther ein gewisses Verständnis für die Emanzipationswünsche der Bauern und Handwerker hatte und sie selbst mit seinem Begriff von der »Freiheit eines Christenmenschen« befeuerte, zögerte er auf dem Höhepunkt des Bauernaufstandes im Mai 1525 nicht, sich auf die Seite der Fürsten zu stellen. In seiner Schrift »Auch wider die räuberischen und mörderischen Rotten der Bauern« empfahl er dem Adel: »Drum lieben herren (...) steche, schlahe, würge hie, wer kann.«

Diese neue Kampfschrift wurde wieder in ganz Deutschland gelesen und brandmarkte die Bauern zu Outlaws, zu Gesetzlosen. Dabei hatte eine Mehrheit von ihnen anfänglich gar nicht kämpfen, sondern mit Adel und Klerus verhandeln wollen, um dieselben Rechte wie die Bürger in den Städten zu erlangen. Man wollte nicht länger ein Höriger sein, sondern selbst über das eigene, private Leben bestimmen, selbst den Ehepartner, den Dorfpfarrer oder den Wohnort wählen, nicht mehr unentgeltliche Frondienste leisten, sondern lediglich eine faire Steuer für den Hof zahlen, auf dem man saß – was recht und billig erschien. So wünschte es der große Bauernrat, der im Februar 1525 in Memmingen zusammenkam und dazu »Zwölf Artikel« veröffentlichte.[17] Doch die Fürsten ließen sich auf keine Diskussionen ein, woraufhin die Bauern plünderten und brandschatzten. Es war zwischenzeitlich unnötig, die Fürsten dazu zu ermuntern, ihrerseits auf die Bauern dreinzuschlagen, denn das taten die »lieben Herren« ohnehin schon und verwüsteten das Land weit schlimmer als vorher die Bauern. Während diese vorwiegend plünderten und brandschatzten, sorgten die Fürsten nun für das große Blutvergießen. Massenweise wurden die Bauern gehängt und geköpft – Hunderttausende.

Nach dem Pamphlet gegen die Bauern fühlten sich viele von Luther hinters Licht geführt. Im Juni 1525 schrieb er selbst an Mannsfelder Räte: »Nun sind Herren, Pfaffen, Bauern, alles wider mich.« Für viele Zeitgenossen hatte kein anderer als *er* die Bauern mit seiner eigenen radikalen Art angesteckt und zum Aufstand verführt. Aber natürlich galt: Quod licet jovi, non licet bovi – was dem Jupiter erlaubt ist, ist noch lange nicht dem Ochsen erlaubt. Drastischer übersetzt: Die Kleinen henkt man, die Großen lässt man laufen. Oder hatte vielleicht der »gemeine Mann« vorher die Schriften des Doktors nicht genau studiert? Hatte Luther nicht geschrieben, dass die Untertanen der Obrigkeit frei dienen sollen und nichts göttlicher sei als Ackerbau mit Schweiß im Angesicht und Dornen in den Händen? Jetzt wollten auch noch, zum Teufel, die Bauern frei leben und ihren Leib nicht mehr kasteien.

Nach der Lehre des Apostels Paulus im Brief an die Römer ging alle Besserung auf Erden *von oben* aus: von Gott und der Obrigkeit, die ihrerseits von Gott eingesetzt sei. Für Luther waren die Worte des Paulus ehernes göttliches Gesetz. Ja, es erschien gottlos, *von unten* her die Verhältnisse auf Erden bessern zu wollen: durch Einsicht der Bürger und Bauern. Es ging für Luther nicht um liberale, republikanische Tugenden: nicht um *Vernunft*, *Recht*, *Beratung*, *Freiheit*, *Würde* – so wie es Aristoteles oder Cicero lehrten, die der Reformator gut kannte, deren Vorstellungen aber seiner Meinung nach »stracks der Gnade Gottes und christlichen Tugend entgegen« waren. Luther suchte sein Heil in *Autorität*, *Glauben*, *Gehorsam*, *Treue*, *Biederkeit.* Auch wenn er ein gewisses Verständnis für die Forderungen der Bauern hatte, auch wenn ihm soziale Gerechtigkeit am Herzen lag, konnte er es nicht billigen, dass Bauern, Handwerker und Bürger es wagten, eine Politik *von unten* zu machen.

Luther vergaloppierte sich; sein anfänglich freiheitlicher Ansatz scheiterte an seinem Autoritätsspleen, der noch stärker war. Er fand aus seinen eigenen Paradoxien nicht heraus. In seiner späten Schrift »Von den Juden und ihren Lügen« legte er noch einmal der Obrigkeit ein fürchterliches Vorgehen nahe, als ob vorher im Bauernkrieg nicht schon genug materielle und moralische Güter vernichtet worden wären: »Erstlich, das man ire Synagoga oder Schule mit feur anstecke (...) Zum anderen, das man auch ire Heuser des gleichen zebreche und zerstöre.«[18] Anfänglich hatte Erasmus von Rotterdam versucht, Luther zu mäßigen. Schon im Mai 1519 schrieb der Humanist an ihn die feinen Worte: »Soviel wie möglich halte ich mich neutral, um desto mehr dem Wiederaufblühen der Wissenschaft nützlich zu sein. Meines Erachtens kommt man mit bescheidenem Anstand weiter als mit Sturm und Drang.«

Natürlich ist die Kritik an Luther so alt wie sein 95-Thesen-Papier von 1517 und scheint nicht originell zu sein. Doch wer immer von den Deutschen redet, muss auch über Luther sprechen. Er förderte Denkmuster, die sich tief in die deutsche Geschichte, in die deutsche Seele eingruben: Er predigte den Kulturpessimismus und das Freund-

Feind-Schema, den Vorrang des Autoritären und Provinziellen, den fürchterlichen Ernst und das Tugendhaft-Steife. Nicht dass er all diese Dinge neu erfunden hätte. Aber er bündelte sie und gab ihnen Schubkraft.

Es lässt sich fragen: Was vermag ein einzelner Mensch in der Geschichte? Oder was wiegt schwerer: ein charismatischer Held oder die übergreifende Struktur einer Epoche? Offenbar greift das eine ins andere: Sowohl die herausragende Persönlichkeit als auch die Strukturen der Zeit fallen ins Gewicht. Vielleicht war damals die allgemeine Tendenz zum Obrigkeitsstaat der Fürsten kaum noch aufzuhalten. Luther wurde zum Spielball der Geschichte – zugleich war er Spieler und hätte die Akzente auch anders setzen können.

Es lagen unterschiedliche Möglichkeiten in der Epoche der Renaissance. Luther schmiedete am Prototypus des Biedermanns, während in Italien Baldassare Castiglione am Prototypus des »Gentiluomo« feilte. Castiglione stellte in seinem Buch über den »Hofmann« von 1528 im Anschluss an Aristoteles die Tugenden menschlicher Selbstbestimmung, kultivierter Bildung und unangestrengter Eleganz vor.[19] Vordergründig ging es um die Erziehung der Adligen bei Hofe, doch der Autor ließ durchblicken, dass er eigentlich eine urbane, bürgerliche Haltung im Sinn habe, die gleichermaßen für Damen wie für Herren gelte. Weder ländliche Biederkeit noch höfische Ziererei kam in Frage. Das Zauberwort des guten Benehmens hieß »Sprezzatura«: Lässigkeit, Leichtigkeit, vornehme Zurückhaltung, Natürlichkeit und Anmut. Die Deutschen waren dafür durchaus empfänglich. Das Buch vom »Hofmann« wurde bereits 1560 erstmals in die deutsche Sprache übersetzt und erlebte einen lange anhaltenden Erfolg.

Luthers Lehre war nicht unbedingt notwendig. Die Deutschen waren Anfang des 16. Jahrhunderts keine verdorbenen Leute, nur legten sie die Gebote der Religion schon etwas freier aus. Man konnte ein anständiger Mensch sein, ohne das Christentum wörtlich zu nehmen. Luthers Lehre erwuchs zum erheblichen Teil aus seiner persönlichen Geschichte: aus seiner Lebensangst. Vielleicht spürte er sensibler als andere, dass sich ein Paradigmenwechsel anbahnte: der Übergang von göttlicher Autorität zu menschlicher Freiheit.

Gerade er, der ein Musterchrist sein wollte, propagierte in einigen

Schriften, wie in jenen gegen die Bauern oder gegen die Juden, unmenschliche Dinge – vor allem deshalb, weil für ihn durch die veranschlagte göttliche Machtvollkommenheit der Wert des Menschen eine untergeordnete Rolle spielte. Es lag außerhalb seiner Vorstellungskraft, dass es ein gelingendes Leben ohne absolut bestimmte Lebensformen gäbe. Eine solche Vision war für ihn ein Schreckgespenst. Es entstand die »German Angst«, die kein Zutrauen hat, ein freiheitliches Leben zu führen. Für Luther waren relative Werte teuflische Werte. Für die Humanisten waren relative Werte humane Werte, weil sie nicht totalitär-absolut bestimmt waren.

Hatte Luther Größe? Er hatte auf jeden Fall etwas Magisches an sich – besaß eine Urkraft und Sprachkunst, womit er seit 1517 eine Schrift nach der anderen veröffentlichte, dass die Leute nicht mehr wussten, wo ihnen der Kopf stand. Er versuchte, die Deutschen einzuschüchtern. In den Augen des strengen Moralisten mangelte es ihnen an Sittlichkeit – aber eben nur, wenn man solche rigorosen Maßstäbe wie er ansetzte. Es gab niemanden, der ihm mit derselben Verve entgegentreten konnte. Er war für viele der Held, der es Rom zeigte. Ein Nationalheld! Er wurde die Leitfigur einer Volks- und Alternativbewegung mit antiurbaner Stoßrichtung! Am Ende waren die fürstlichen Landesherren die Sieger.

Luther beklagte sich am Schluss seines Lebens darüber, dass die Welt nicht besser werde – oder dass es immer noch so menschlich unvollkommen zugehe, obwohl er doch die Bibel übersetzt habe. Er hinterließ Maßstäbe, die bald auch Dichter an die Deutschen anlegten – um ebenfalls zu klagen und zu jammern, dass die eigenen Landsleute nicht so fromm und steif leben wollten wie eigentlich gewünscht. Johannes Walther schrieb 1560 das Gedicht »Wach auf, wach auf, du deutsches Land«. Deutschland sei doch nun durch »Luther den Propheten« das auserwählte Volk Gottes, aber es lebe immer noch ähnlich leichtsinnig wie andere Nationen auch: »Der Wucher, Geitz, betriegerey / wird jetzt für kunst gelobet, / Ehbruch, vnzucht und füllerey / wird auch noch wol begabet, / (...) Ir kleidung mus fein hübsch sein, / das Weibsvolck gibt sehr bösen schein, / mit zirligkeit beschönet.« Der Tugendbold wollte den Frauen verbieten, sich schönzumachen – als ob das nicht erfreulich sei.

Es wollte einfach nicht besser werden. 1581 fühlte sich Johann Fischart dazu genötigt, eine »Ernstliche Ermanung an die lieben Teutschen« zu verfassen, um den Missbrauch der Freiheit einzudämmen: »Sonder man schertzt nur mit der Freiheyt, / Sucht fremde Sitten, Bräuch und Neuheyt, / Vnd für Alt Teutsch Standhafftigkeyt / Reißt ein Weibisch Leichtfertigkeyt ein.«[20] Bloß keine Galanterie! Bloß nichts Charmantes, Verführerisches und Unverhofftes! Verurteilt wurden natürlich auch jene Leute, die bei Castiglione nachlasen, was ein Gentleman oder eine Dame sei. Die Kultur der Städte, die Geselligkeit, das Genussleben, die Gastronomie waren, wie schon gesagt, in deutschen Landen stets besser entwickelt als das dürre Gesetz weltfremder Schwärmer oder der Schwarzseher und Misanthropen.

Das bitterstrenge Regiment der Eltern und die Kasteiungen, die Luther sich selbst als Mönch auferlegt hatte, machten ihn hart. Psychoanalytisch betrachtet, entspräche die Rebellion gegen den Papst der Loslösung vom Vater. Erst später führte Luther ein eigenes, mehr weltliches Leben und wurde nicht zuletzt durch seine Frau Katharina milder gestimmt. Es kam mit einem Male neben dem *asketisch-heroischen Gottesmann* noch ein *sinnlich-bürgerlicher Hausvater* zum Vorschein, einer, der schon etwas von einem Rabelais oder Montaigne an sich hatte: mit dem Faible für eine kraftvolle Leiblichkeit des Menschen – dem Teufel zum Trotz.

Doch von diesem späten, sinnlichen Luther wollte wiederum die nachmalige protestantische Orthodoxie nichts wissen, weil sie glaubte, noch lutherischer als Luther sein zu müssen. Das protestantische Pfarrhaus, das seinerseits von landesfürstlich-protestantischen Hochschulen geprägt wurde, schmiedete im Laufe der Frühen Neuzeit an einem Untertanen, der sich vergeistigen und nach Höherem streben sollte, wie der alte Mönch oder die alte Nonne: erhaben gegenüber Sinnlichem, gegenüber Küche, Keller, Bett, Mode und Komfort. Kultur hieß asketisch-tugendhaft sein, lesen und Musik hören.

Womöglich schilderte noch nie ein Werk so eindringlich und meisterhaft das ländliche, preußisch-protestantische Milieu wie der Film »Das weiße Band« von Michael Haneke, der 2009 in die Kinos kam. Man lernt die Bewohner eines norddeutschen Dorfes kurz vor dem

Ersten Weltkrieg kennen. Der örtliche Pastor und der Baron haben das Sagen und trichtern den Mägden, Knechten, Bäuerinnen und Bauern obrigkeitsstaatliches Denken ein, wonach der eigene Wille nicht viel zähle. Betörend schöne, ländliche Bilder wechseln mit gemeinen, abgründigen Szenen. Durch eiserne Sittenstrenge sollen die Kinder zu Unschuld und Reinheit erzogen werden, in Wahrheit aber zielt alles darauf ab, auch schon deren Willen zu brechen – was letztlich nicht gelingt und zu gruseligen Geschichten führt. Je mehr die menschliche Wesensart, die Freude an der Entfaltung von Talent und Chancen, die Lust an Abwechslung und Vergnügen, unterdrückt wird, desto gefährlicher werden Kinder und Erwachsene. Obwohl die Baronin auch zu ihrem eigenen Söhnchen lieblos ist, will sie am Ende, nach einem Italienurlaub, das Dorf und ihren Mann verlassen, eine Umgebung, »die dominiert ist«, wie sie sagt, »von Böswilligkeit, Neid, Stumpfsinn und Brutalität«.

Immerhin spielt die Soziologie mit dem Gedanken, dass die protestantische Askese der kapitalistischen Leistungsbereitschaft vorgearbeitet haben könnte.[21] Doch nicht die *protestantische Askese*, sondern der *kaufmännische Unternehmungsgeist*, moderne Geschäfts- und Produktionsmethoden, Arbeitsteilung, Finanz- und Kreditwesen, Gewinnstreben, Risikobereitschaft, Beweglichkeit, Erfindungsgeist, urbane Gesinnung: all das zusammen ist erst der Motor von Kapitalismus und Wohlleben – und davon hielt Luther nun gar nichts.

Natürlich machte es sich Luther ein Leben lang nicht bequem, doch in wirtschaftlichen Fragen blieb er naiv. Das änderte sich auch kaum, als er nach den stürmischen Anfangsjahren der Reformation nicht länger Mönch war, sondern Professor und Ehemann. Wenngleich ihm jetzt seine Frau Katharina neben der Frömmigkeit auch eine gewisse Kultur beibrachte, wollte er von Buchführung nichts wissen, weil durch das Addieren der Ausgaben im eigenen Haushalt zu hohe Summen zusammenkämen: »Ich mag nimmer rechnen; es macht einen gar verdrossen, es will zu hoch steigen.« Er vertraute auf Gott, dass genügend Geld da sei – und der verlängerte Arm Gottes war Katharina, die den Laden zusammenhielt und für eine gewisse häusliche Behaglichkeit sorgte. Luther war jetzt nicht mehr der abgemagerte Mönch, sondern ein »feister Doktor«, wie er selbst sagte. Ein Lieblingsspruch des späten Luther lautete, nach Jesaja 30,15: »Im Stillsein und Hoffen wird meine Stärke sein.«

In der maßgeblichen umstürzenden Zeit der Reformation war daran noch nicht zu denken. Als Luther 1521 auf dem Reichstag in Worms vor den Kaiser hintrat, um von seiner Lehre kein Jota abzuweichen, spielten sich unter dem Einfluss seiner Schriften an der Universität in Wittenberg gleichzeitig turbulente Szenen ab. Dem Bauernaufstand ging ein Studentenaufstand voraus, der spätere Jugend- und Protestbewegungen, Sturm und Drang, die 68er, Alternativszene und *Back-to-the-land* vorwegnahm. Man las aus Luthers Texten einen bildungsfeindlichen Zug heraus. Nicht das Studium, sondern die Praxis sollte den Vorrang haben. Man machte Luther zum Guru, nahm ihn beim Wort: Selig seien die Armen im Geiste; selig mache der Ackerbau mit Schweiß im Angesicht und Dornen in den Händen. Das Lernen kam vielen nutzlos vor, die Studentenzahlen sanken vorübergehend hier wie bald an anderen deutschen Universitäten dramatisch. Luthers Theologiekollege und Doktorvater Andreas Karlstadt führte in Wittenberg die Revolte an, hängte den Talar an den Nagel, kaufte ein ländliches Gut und zog den Bauernkittel an.[22]

Die Rückkehr zum Urchristentum, unverdorbene Moral, ländliches Leben, einfache Verhältnisse und deutsches Wesen schienen für gelehrte Patrioten der Renaissance zusammenzugehören. Nicht zuletzt die Wiederentdeckung der »Germania« des Tacitus verleitete sie dazu. Um 1450 hatte man die antike Schrift im Kloster Fulda oder Hersfeld gefunden und nach Rom gebracht. Rund zwanzig Jahre später erschienen in Italien und in Deutschland die ersten Drucke und entfachten eine Diskussion über die deutsche Art. Zuvor hatte nach diesem Werk kein Hahn gekräht, nun wurde das Büchlein zum maliziösesten Text der jüngeren deutschen Geschichte. Der Reformator hatte zwar selbst seine Grundsätze vornehmlich aus den Schriften der Bibel und der Kirchenväter entwickelt, aber die Einfärbung der Reformation mit Nationaldeutschem hatte etwas mit Tacitus zu tun. Die vermeintlich unverfälscht reinen Lebensbedingungen, die Luther vorschwebten, ließen sich nicht nur mit den Urvätern des Alten Testaments verbinden, sondern auch mit den Germanen des Tacitus.

Tacitus hatte die »Germania« um 100 n. Chr. teils als völkerkundliche Studie, teils als tendenziöse Schrift verfasst, um der seinerzeitigen Elite des Römischen Reiches, den reichen Senatorengeschlechtern in Rom, einen ländlichen Sittenspiegel vorzuhalten. Und siehe da, die germanischen Bräuche schienen in manchem dem großstädtisch-luxuriösen Lebensstil der Römer moralisch überlegen zu sein. Tacitus stellte die Germanen als ein unvermischtes Volk dar, bei dem sich eine schlichte ländliche Lebensweise mit sittlich gutem Handeln verband. Es herrschte keine Despotie wie unter manchen römischen Kaisern, sondern eine gemischte Verfassung, wie es nach Aristoteles oder Cicero sein sollte. Ein germanischer »König« wurde jeweils von der »Volksversammlung« gewählt und musste sich auch sonst mit diesem Gremium abstimmen. Ebenso wählte die Volksversammlung die »führenden Männer«, die Aristokraten, die in den Gauen und Dörfern Recht sprachen. Der König, der Adel und die Volksversammlung teilten sich die Macht und schufen offenkundig – man staune! – eine Balance zwischen Autorität und Freiheit. Offenbar waren die Germanen politisch keine Hinterwäldler, sondern respektable, liberale Republikaner.

Auch ohne urbane Mittel und Vergnügungen schien so etwas möglich zu sein. Denn die Bewohner des Nordens entwickelten keinen Prunk, verfügten über keine Städte, kannten so gut wie keine Zins- und Geldgeschäfte: »Die Stämme im Inneren des Landes tauschen auf die einfachere und ursprünglichere Art immer noch Waren. Vom Geld halten sie nur das alte und ihnen seit langem vertraute für gut. (...) Auf Silber sind sie mehr aus als auf Gold, nicht weil sie davon innerlich irgendwie berührt wären, sondern weil Silbermünzen leichter zu verwenden sind für Leute, die nur alltägliche, billige Waren kaufen.«[23]

Die Germanen lebten genügsam, trugen einfache Mäntel und Felle, mieden die Verzärtelung und gaben sich als tüchtige Krieger, unterstützt, wenn nicht angetrieben von ihren Frauen: »Zu den Müttern, zu den Ehefrauen tragen sie ihre Wunden, und diese scheuen sich nicht, die Hiebe zu zählen und zu untersuchen, und sie versorgen die Kämpfer mit Speisen und mahnenden Worten. / Es ist überliefert, daß manche Heere, die schon wankten und wichen, von den Frauen wieder zum Stehen gebracht wurden.« Mehr noch: Mann und Frau bewahrten die Treue in der Ehe und ehrten die Keuschheit: »Denn fast als einzige unter den Barbaren geben sie sich mit einer Frau zufrieden, mit

Ausnahme ganz weniger, die sich jedoch nicht aus Sinnlichkeit so verhalten, sondern wegen ihrer vornehmen Herkunft.« Trotz mangelnder Schriftlichkeit lebten die Germanen dem Anschein nach einvernehmlich zusammen: »Mehr vermögen dort gute Sitten als anderswo gute Gesetze.«[24] Auf bescheidener Ebene verstand man zu leben: »Der Geselligkeit und Gastlichkeit frönt kein anderes Volk ausgiebiger.«

Die legendären »Tischgespräche«, welche Freunde von Martin Luther aufzeichneten, bezeugten später, dass Tacitus im Hause des Reformators hoch im Kurs stand: »Da lobte Philippus (Melanchthon) die Chronick Cornelii Taciti, der zur zeit des kaisers Caligulä gelebt, und Teutschland sehr fein beschrieben hätte, und hoch lobete, von wegen der beständigkeit und glaubens: Denn teutsche wären beständig und hielten glauben, sonderlich in der ehe, damit sie alle andere nationen überträfen, und vortrefflich wären. Ja sprach doctor Martin Luther: Bey den alten ists wol etwas gewesen, da sind feine leute gewesen.«[25]

Die Wittenberger Magister und Doktoren lasen die »Germania« aber durchaus einseitig. Das feinste Erbe der Altvorderen, die liberalrepublikanische Tradition, stieß nicht unbedingt auf Gegenliebe; man ging stillschweigend darüber hinweg. Viel eifriger bemerkte man Treue und Biederkeit der Vorfahren. Allerdings blieb vieles, was Tacitus über die Germanen zu berichten wusste, auch düster, denn er wollte den verwöhnten Römern nicht nur einen ländlichen Sittenspiegel vorhalten, sondern sie selbst noch in den Schwächen und Fehlern der Germanen treffen. Nach seinen Angaben erwarben die Bewohner des Nordens die Mittel der Freigebigkeit durch Kriege und Raubzüge, nicht durch Fleiß und Produktivität.

Es herrschte für Tacitus letztlich ein gemeiner, schlaffer Geist unter den Germanen, fast schon dekadent: »Wenn sie nicht in den Krieg ziehen, verbringen sie nicht viel Zeit mit der Jagd, mehr mit dem Nichtstun, dem Schlafen und Essen ergeben.« Tacitus sparte nicht mit den Klischees, die vorher schon andere Autoren über das Land östlich des Rheins und nördlich der Alpen verbreitet hatten. Es sei davon abzuraten, erklärte er, überhaupt nach Germanien zu ziehen, in ein Gebiet »mit seinen häßlichen Landschaften, dem rauhen Klima, dem trostlosen Äußeren.« Das Essen und Trinken sei zwar reichlich, aber von grober Art: »Als Getränk dient ihnen ein Saft aus Gerste und Weizen, der zu einem weinähnlichen Gebräu vergoren ist (...). Die Speisen sind einfach, wild wachsendes Obst, frisches Wild oder geronnene Milch. Ohne besondere Zubereitung, ohne Gewürze vertreiben sie den Hunger.«

Die Germanen wurden über weite Strecken als Barbaren geschildert, die sich wie der Zyklop in der »Odyssee« des Homer ernährten. Acker- und Gartenbau, schlechthin der Sinn für das Urbarmachen und Kultivieren des Landes, waren für Tacitus nur schwach entwickelt. Der Drang nach besseren, angenehmeren Lebensverhältnissen schien so gut wie nicht vorhanden zu sein. Die Bewohner des Nordens begnügten sich mit schwerer oder benebelnder Kost: mit viel Fleisch, Milcherzeugnissen und Bier, während die leichter verdaulichen Kernsachen einer mediterranen Tafel: Weißbrot, Olivenöl und Wein, offenkundig kaum zu sehen waren. Die Nordlichter machten in den Augen des Lateiners zu wenig aus ihren Möglichkeiten.

Für die Reformatoren und Humanisten der Renaissance boten sich mehrere Lesarten der wiederentdeckten »Germania« an. Man konnte erstens das Werk als Bestätigung begreifen, dass nördlich der Alpen immer nur Barbarei möglich sei; eine wilde, dumpfe Art – und italienische Humanisten, die seinerzeit den Einfluss der deutschen Kaiser auf ihr Land endlich loswerden wollten, neigten dazu, die »Germania« in dieser Weise zu deuten. Oder man konnte sich zweitens sagen, dass im Gegenteil die wirkliche Tugend immer schon im Norden heimisch gewesen sei, hatte doch Tacitus neben den düsteren Aspekten auch erklärt: »Mehr vermögen dort gute Sitten als anderswo gute Gesetze« – und nicht wenige Deutsche, die den Einfluss des päpstlichen Hofes auf Deutschland endlich ausschalten wollten, entschlossen sich, die »Germania« in diesem Sinn zu deuten und zugleich das vermeintlich sündhafte Leben der Päpste in Rom als die wahre Barbarei hinzustellen.[26] Während die Italiener von jeher den Deutschen unter die Nase rieben, sie seien grobschlächtig wie die Germanen und zivilisatorisch zurückgeblieben, warfen nun die Deutschen den Italienern an den Kopf: Bitte schön, wir pfeifen auf eure feine Bildung, sie führt nur zur Unmoral.

Es lag im Zug der Zeit, das Knäuel der kaiserlich-päpstlichen Politik zu entwirren und nach französischem oder englischem Vorbild eine deutsche und eine italienische Nation zu schaffen, doch die Parteien hüben wie drüben gingen nicht nett miteinander um und erfanden abstruse Konstruktionen. Die Germanen des Tacitus wurden allgemein von Gelehrten der Renaissance zum Phänotypus der Deutschen stilisiert. Je nachdem von welcher Seite aus theoretisch an ihnen modelliert wurde, schienen sie darauf festgelegt zu sein, entweder stets die Rolle der Rohen und Groben zu übernehmen – oder in ländlicher Umgebung das Prinzip von Gehorsam, Treue und Biederkeit zu bewahren. Immer wieder, bis ins 20. Jahrhundert hinein, wurden diese Stereotypen aus der Klamottenkiste geholt.[27]

Die urbane Germania: Piccolomini statt Tacitus

Es gab schließlich eine dritte Möglichkeit, die wiederentdeckte »Germania« des Tacitus zu lesen, eine, die der Wahrheit am nächsten kam. Man konnte den Text als Folie nehmen, um die zivilisatorischen Fortschritte der Deutschen gegenüber den Germanen herauszustellen. Kardinal Enea Silvio Piccolomini, der spätere Papst Pius II., der viele Jahre in Deutschland gelebt hatte, war einer der Ersten gewesen, die die Schrift des Tacitus lasen und sich für diese dritte Lesart entschieden. Er verfasste schon um 1457 eine neue »Germania«, die zunächst nur für Martin Mayer, den Kanzler des Erzbischofs von Mainz, bestimmt war. 1495 wurde das Werk gedruckt und trug entscheidend dazu bei, dass die Deutschen begannen, über sich selbst stärker nachzudenken und auch die »Germania« des Tacitus zu studieren.

Da man in Deutschland schon im 15. Jahrhundert nicht mehr geneigt war, an die römische Kurie hohe Abgaben zu zahlen, wollte Piccolomini durch ein Werk über die Deutschen die Zahlungsmoral heben. Er wollte zeigen, dass sich durch den guten Einfluss der römisch-katholischen Kirche im Land nördlich der Alpen eine blühende Kultur entwickelt hatte, die man mit den Zuständen zu Zeiten der Germanen nicht mehr vergleichen konnte. Wenngleich die neue »Germania« nicht frei von propagandistischer Absicht war, entwickelte Piccolomini doch einen originellen Blick. Er entfaltete ansatzweise eine *Ge-*

schichte der Verfeinerung, ein zivilisatorisches Stufenmodell: Schritt für Schritt erlangten die Deutschen unter dem Einfluss des Südens feinere Existenzformen: erschlossen das Land, legten Äcker, Weinberge, Gärten, Blumenbeete und Obstpflanzungen an, erzeugten Überschüsse, gründeten Siedlungen und Städte, pflegten die Künste und Sitten, errichteten große Kirchen und mehrere Universitäten, führten ein gutes Regiment in den Städten, betrieben Handel und Geldwirtschaft, schufen Wohlstand, genossen frohe Geselligkeit und gewährten Gastfreundschaft.

Der Kardinal und baldige Papst übte sich in weltzugewandter, humanistischer Denkweise, pries den Werkeifer der Deutschen, ihren Unternehmungsgeist, mit dem sie ein Mehr an Kultur hervorbrachten. Das Erbe der germanischen Altvorderen, deren liberal-republikanischer Geist, deren Geselligkeit, deren Gastfreundschaft: all das wurde für Piccolomini im Lauf der Zeit auf eine solidere Grundlage gestellt. Gerade die Kommunen erschienen jetzt als Träger der Kultur. Die vielen freien Reichsstädte nördlich der Alpen stellten für den Autor eine Besonderheit dar: »Und wahrlich: nirgends auf der Welt gibt es so große Freiheit, wie diese Städte sie genießen.« Tatsächlich waren von den zahlreichen freien Stadtrepubliken, die Italien im hohen Mittelalter gebildet hatte, im späten Mittelalter nur noch wenige übrig geblieben. Vielfach hatten zwischenzeitlich südlich der Alpen örtliche Tyrannen oder Condottiere geputscht und sich im Glücksfall zu virtuosen Renaissancefürsten gemausert. Nördlich der Alpen konnten sich dagegen die freien Reichs- und Hansestädte als die ehemaligen Musterschüler der italienischen Stadtrepubliken wacker behaupten.

Piccolomini ging auf etwa siebzig Städte ein, die er teils nur kurz umriss, teils etwas ausführlicher beschrieb. Er berücksichtigte alle Provinzen, die damals zum deutschen Königreich gehörten, schlug einen weiten Bogen und hob besonders Köln, Straßburg, Wien, Prag und Nürnberg hervor. Die fränkische Metropole galt seinerzeit für viele als die schönste, reichste und am besten verwaltete Stadt in Deutschland. Piccolomini lobte Nürnberg über den grünen Klee – und besaß zugleich einen guten Blick für die herausragenden Symbole des Ortes: »Welche Schönheit, welche Kultur, welch vortreffliches Regiment! (...) wenn man aus Unterfranken kommt und von ferne die Stadt sieht, welche Großartigkeit, welche Schönheit bietet sich da schon dem Blick von außen! Und im Innern dann, welche Sauberkeit der Straßen, welche Eleganz der Häuser! Was gibt es Herrlicheres als die Kirche des hl. Sebaldus, was Prächtigeres als die Kirche des hl. Laurentius, was Stolzeres und Festeres als die Königsburg, was Bewundernswerteres als den Graben und die Stadtmauern!«[28] (Farbbild 10)

Von nun an stand der älteren, dörflichen Tacitus-»Germania« eine jüngere, herausgeputzte, städtische Piccolomini-»Germania« gegenüber. Der italienische Kardinal entfaltete eine große deutsche Kulturlandschaft – während Luther den Spieß umdrehte und Deutschland als ein verarmtes, vom Papst ausgebeutetes Land schilderte, das sich darüber hinaus durch eigenes liberales Wohlleben selbst ruiniere. Angesichts von »Armut, Jammer und Verderben« sollte für Luther Schluss mit lustig sein. Erstens sollten die Zahlungen an den Papst eingestellt, zweitens sollte dem städtischen Leben romanischer Prägung ein Riegel vorgeschoben werden. Die Deutschen sollten eine eigene germanisch-ländliche Art darstellen.

Piccolomini hatte sich in seinen Briefen nicht immer so freundlich über Deutschland geäußert wie in seinem historischen Werk. Doch immer wieder kamen ausländische Beobachter und entdeckten ein wohlhabendes Land. Die Deutschen erschienen gegenüber den Italienern oder der römischen Kurie keineswegs als ewige Verlierer, als *Loser*, wie sie Luther beschrieb, sondern als tüchtige Leute. Ein kühler, nüchterner Kopf wie Niccolò Machiavelli war um 1507/08 als Gesandter seiner Heimatstadt Florenz nördlich der Alpen unterwegs und sprach in einem Bericht von der »Macht Deutschlands«, es habe »Überfluß an Menschen, Reichtümern und Waffen«, nur fehle es, wie in Italien, den Städten und Ständen an übergreifender Staatskunst, denn »weder die einen noch die anderen wollen die Macht des Kaisers«.[29]

Die großen deutschen Städte wie Nürnberg oder Köln erlebten in den Jahren vor dem Dreißigjährigen Krieg den Zenit ihrer Entwicklung. Im Jahr 1597 setzte der Franzose Jacques Esprinchard der Hymne von Piccolomini über Nürnberg noch eins drauf: »Diese Republik steht unter allen Europas im Rang nach Venedig und hat sich noch nie in einem so blühenden Zustand befunden wie jetzt.« Kurz danach schilderte der Engländer Thomas Coryate in der Beschreibung seiner

Europareise, den »Coryates Crudities« von 1608, den Kölner Heumarkt, wo sich die Fernhandelskaufleute zweimal täglich versammelten. Er zog alle Register seiner Beschreibungskunst, um die Urbanität des Platzes herauszustellen: »Dieser ist mit Ausnahme des Markusplatzes in Venedig der größte Platz, den ich auf meiner Reise sah. (...) so grandios und von so vielen prächtigen und prunkvollen Baulichkeiten an Längs- und Schmalseiten eingefaßt, daß mich dünkt, wenn ein Bauer plötzlich in voller Einfalt und Unwissenheit daherkäme, würde ihm die Majestät dieses Platzes wie ein Traum vorkommen.«[30]

III DER UNVERFÄLSCHTE GESCHMACK

Rauchbier in Bamberg

Einmal wenigstens muss man sommers in Bamberg – auch wenn der Besucher ins Schwitzen kommt – über den Domberg und den Kaulberg bis hinauf zum Stephansberg gehen, wo der Biergarten des »Spezial« liegt. Mag München für seine Biergärten berühmt sein, die Aussicht, die sich hier bietet, ist unübertroffen. Die ganze Pracht einer ehemals fürstbischöflichen Residenz liegt einem buchstäblich zu Füßen. Man sieht fünf der sieben Hügel, die von mittelalterlichen Chronisten aufgezählt wurden, um Bamberg, etwas großspurig, mit Rom zu vergleichen. Auf den Hügelkuppen erheben sich Kirchen, Stifte und Klöster.

Im Sommer pilgert eine Prozession von Durstigen hier herauf, gerade weil der Garten des »Spezial« ohne kommerzielles Klimbim auskommt: ohne Sonnenschirme mit knalliger Werbung. Der Gast sitzt unter schattigen Bäumen, alles wirkt so wundervoll natürlich. Zu fränkischen Gerichten, wie Knöchla (anderswo Eisbein genannt) mit Sauerkraut und gelbem Erbsenpüree oder Hausmacher Bratwürsten, die in den zarten Bändeldarm gefüllt sind, wird das unvergleichliche, würzige Rauchbier serviert, eine uralte Biersorte, die es fast nur noch in Bamberg gibt. Malz und Hopfen wirken hier ebenso beruhigend wie die Rundbogen der romanischen Architektur des Domes.

Die Bamberger sind stolz darauf, noch mehrere Brauereigasthöfe in ihrer Stadt zu haben. Keine andere deutsche Stadt, so wird versichert, besitze gegenwärtig mehr Brauereien. Bamberg sei die Hauptstadt des Bieres. Tatsächlich findet man hier und im weiteren Umkreis, in Ober- und Mittelfranken, die höchste Dichte an Brauereien in der Welt. Es hängt vielleicht damit zusammen, dass Franken geographisch verschachtelt und kleinteilig ist; entsprechend war das Land über Jahr-

Unübertroffen: Blick vom »Spezial-Keller« auf Bamberg

hunderte eine Hochburg der Duodezfürsten. Man hielt am Hergebrachten fest. Doch die gewisse Rückständigkeit entpuppt sich jetzt als modern. Während Ökonomen eine Standardisierung der Produkte wünschen, sehnen sich Connaisseurs nach dem Unverwechselbaren, Einzigartigen – so kommt Bamberg zum Zug. Touristen unterschiedlicher Zunge, Deutsche, Italiener, Franzosen, Briten, Amerikaner oder Japaner, reisen nicht nur wegen der vielen Kirchen und Kunstwerke nach Bamberg, sie lassen sich auch von Rauchbier und altfränkischen Gasthäusern beeindrucken.

Die hiesigen Breiten hatten schon zur Zeit des Tacitus den Vorzug genossen, sowohl über Bier als auch über Wein zu verfügen, denn die Römer hatten den Weinbau an Mosel und Rhein eingeführt und betrieben Handel mit den Germanen, die ihrerseits Bier erzeugten. Spätestens von karolingischer Zeit an stellte das Bierbrauen bereits einen recht aufwendigen Prozess dar. Der berühmte St. Galler Klosterplan, der im Jahr 819 auf der Insel Reichenau entstand, enthielt bereits drei »Brauhäuser« mit jeweils unterschiedlichen Räumen, etwa für das

»Brauen«, »Reinigen« und »Kühlen« des Bieres. Neben einem der Brauhäuser gab es eine »Darre«, um das Getreide zu mälzen und für den Brauprozess vorzubereiten.

Bis ins 17. Jahrhundert hinein stellte man in Bamberg beides her, Bier und Wein – und neuerdings plant man, den Weinbau wieder in die Stadt zurückzuholen. Aber vor allem pflegt man in Bamberg die drei Erzklischees der deutschen Ess- und Trinkgewohnheiten, jene drei Sachen, die von manchen etwas vorschnell mit grober Lebensart verbunden werden. Doch im Grunde stellen diese Dinge den unverfälscht bodenständigen Geschmack dar, wenn sie gut gemacht sind und in Maßen genossen werden: Bratwurst, Sauerkraut und Bier.

Die amerikanische Gourmetjournalistin Nika Standen Hazelton schrieb 1976 in ›Time-Life‹: »Die meisten Ausländer stellen sich die deutsche Küche als eine endlose Folge von Würstchen und Sauerkraut vor, deren erhabener Höhepunkt ein Sauerbraten mit Klößen bildet, wobei jedes Gericht mit Bier aus großen Krügen heruntergespült wird, die von strammen Maderln geschwungen werden, während die Kapelle ›hum-ta-ta, hum-ta-ta‹ spielt.«[1] Die deutsche Gastronomie quasi als ganzjähriges Oktoberfest nach dem Vorbild von München! Zwischenzeitlich mag sich das Bild, das sich andere Nationen über die deutschen Ess- und Trinkgewohnheiten machen, etwas verändert haben, weil sich auch die hiesige Küche in den letzten dreißig Jahren verändert hat. Aber die Weltgemeinschaft hat ein gutes Gedächtnis. Fragt man heute etwa Leute in Kalifornien oder auf Sri Lanka, ob sie etwas mit deutscher Gastronomie verbinden können, hört man in der Regel immer noch: Bratwurst und Bier.

Unten in der Stadt, in der Oberen Königstraße, liegt das Stammhaus des »Spezial«, wo der Stoff aus Malz und Hopfen hergestellt wird. Man könnte die Meile für die Hauptstraße der Stadt halten. In buntem Wechsel reiht sich eine historische Fassade an die andere. Vorwiegend dreigeschossige Fronten stolzieren mit freundlichen Farben daher, in gedämpftem Weiß, kräftigem Ocker oder Altrosa. Gelegentlich breitet sich nobler, heller Sandstein über die Schauseite aus. Die Dachlinie der Häuser springt auf und ab, diese werden teilweise von horizontalen, körperhaften Mansardendächern bekrönt, während daneben Traufendächer steil nach oben ragen und verraten, dass sich im

Kern wohl noch ein gotisches Fachwerkgerüst verbirgt. Man kann erkennen, dass sich unterschiedliche zeitliche Schichten verbinden, und wird sanft davon in den Bann gezogen. Die Fassaden lassen erahnen, dass in der vormals fürstbischöflichen Residenz die Einnahmen des Landes verzehrt wurden.

Die Meile östlich des rechten Regnitzarmes war einst Teil eines Fernwegs, der im Süden nach Nürnberg und im Norden nach Erfurt führte. Vermutlich war die Trasse ursprünglich die Hauptachse der Besiedlung, bevor sich im hohen Mittelalter der Schwerpunkt nach Westen verlagerte, auf die Inselstadt und hinauf auf die Bergstadt, wo der Dom entstand und nicht wenige Reichsversammlungen abgehalten wurden. Nomen est omen: Viele Könige dürften über die Obere und Untere Königstraße in die Stadt eingezogen sein. Anfang des 11. Jahrhunderts war Bamberg unter Kaiser Heinrich II. ein Hauptort im Reich; auch unter den Staufern spielte es im 12. und 13. Jahrhundert eine wichtige Rolle, bevor der Ort nach und nach als fürstbischöfliche Residenz ein wenig provinzieller wurde. Typisch für die frühe deutsche Geschichte, zog die Karawane der Macht immer wieder woandershin.

Wie eh und je fließt heute in der Oberen Königstraße der Verkehr: Fußgänger besuchen Ladengeschäfte, Bäckereien, Metzgereien, Feinkostgeschäfte oder kehren in Cafés und Gasthäusern ein. Wo sich die Straße leicht marktplatzartig ausbaucht, präsentiert sich stattlich und breitgelagert der Brauereigasthof »Spezial«. Die Fachwerkfassade zeigt neben geschwungenen Andreaskreuzen aus der Renaissance noch spätgotische Verplattungen. Innen erscheint die große Gaststube, als hätte sich seit Jahrhunderten kaum etwas geändert. Unwillkürlich fühlt man sich ins Altfränkische versetzt, denkt an Dürers berühmten Stich »Hieronymus im Gehäus«. Man sieht den Holzfußboden, helle blanke Holztische, eine mannshohe, dunkelbraune Vertäfelung, cremefarbene Wandflächen darüber, tiefe Fensternischen und eine Bohlenbalkendecke, die ein mächtiger Unterzug trägt. Warme Farbtöne herrschen vor und gehen stimmig ineinander über. Käme ein Landsknecht, ein Fernhandelskaufmann, ein Bieder- oder Edelmann oder eine Edeldame aus einem früheren Jahrhundert herein, fänden sie alle wahrscheinlich eine vertraute Atmosphäre vor.

Heute wie damals ist das Publikum angenehm gemischt. Noch vor ein paar Jahren war der Frühschoppen eine Domäne älterer Männer mit Knollennasen und imponierenden Bierbäuchen. Sie verlieren sich, weil das Leben auch in Bamberg etwas sportlicher und flotter wird. Nicht unbedingt weil es der Bischof im Dom von der Kanzel predigt (ein Oberhirte, der gegenwärtig selbst täglich joggt, wie man hört), sondern weil es Kapitalismus, Medien und Hollywood fordern. Auch Mädchen und Frauen bestellen heute, wenn nicht ein Seidla, so doch einen Schoppen dunkles, bernsteinfarbenes Rauchbier. Die unterschiedlichen Leute hocken überwiegend an langen Tischen, Handwerker neben Akademikern, Studenten neben Honoratioren. Es herrscht muntere Unterhaltung. Man isst Bratwürste mit Kraut, Saure Fleck oder ein Schäuferla. Lediglich das Schafkopfspielen bis um Mitternacht bleibt Männersache.

Christian und Manuela Merz haben so lange an ihrem Haus und seinem Angebot kaum etwas verändert, bis das Hergebrachte und Erprobte nicht allein trinkfeste Mannsbilder, sondern auch wieder ein breites bürgerliches Publikum anzog, das genug hat von gastronomischem Schwindel mit lärmender Musik aus Lautsprechern, pseudohistorischem Rüschen und Plüsch, Plaste und Elaste, internationaler Allerweltsküche und dünnen Bieren.

Womöglich konnte nur ein gewachsener Lebensraum wie die Obere Königstraße, die von Zerstörungen im Zweiten Weltkrieg weitgehend verschont blieb, bei den Wirtsleuten einen solch sympathischen Eigensinn hervorrufen. Aus allen Fugen lugt Tradition hervor und spottet der Neuerungen. Oder das hartnäckige Beharren auf dem Ererbten rührt von der Behäbigkeit einer vormals fürstbischöflichen und immer noch kirchturmreichen Residenz her, wo man auf Gott vertraut, auf den römisch-katholischen, und nicht so viel von kühnen, umwerfenden Ideen wissen will, sondern sich ans Gewachsene hält.

Dessen ungeachtet wollte Christian Merz, der hier in den sechziger und siebziger Jahren aufwuchs und bis heute nicht den geringsten Ansatz eines Schlemmer- und Bierbäuchleins zeigt, eigentlich Radiotechniker werden. Doch die Eltern hatten nicht nach seinen Wünschen gefragt und erwartet, dass der älteste Sohn den Betrieb übernimmt und vorher Mälzer und Brauer lernt. Schließlich sind Mälzerei und Brauerei die wahren Herz- und Trumpfstücke des Unternehmens. Sie befinden sich im hinteren Teil des Anwesens: in einem wahren Labyrinth von Räumen, tiefen Kellern, hohen Lagerhallen, verwinkelt und verschachtelt.

Für den Besucher eröffnet sich vordergründig kein glänzendes Vorzeigeobjekt, dafür aber eine geheimnisvolle Welt, die ein wenig an Alchemie erinnert, mit Gewölben, kupfernen Sudpfannen, knarrenden Holztreppen, verchromten Stahltanks oder ratternder Abfüllmaschine. Man fragt sich nur, durch welche Türen und Gänge die großen Gerätschaften und Kessel je in die sperrigen Räume gelangt sind. Zweifellos muss Merz ein Tüftler und Meister der Improvisation sein, um seine kleine Brauerei am Leben zu halten. Eine große Investition oder ein radikaler Neubau, der die Arbeitsabläufe etwas erleichtern könnte, sind offenkundig nicht möglich – und auch nicht unbedingt nötig.

Merz hat sichtlich Gefallen daran, den Gast durch sein kleines, spezielles Reich der Malz- und Braukunst zu führen. Er fragt nicht gleich nach Rationalisierung, Expansion und Marketing (was zur rechten Zeit nicht verwerflich wäre), sondern zuerst nach dem Wesentlichen: unter welchen Bedingungen ein ausgezeichnetes Bier entsteht. Es ist heute nahezu einzigartig, dass Mälzen wie Brauen nach wie vor unter einem Dach stattfinden. Fast alle anderen Brauereien beziehen ihr Gersten- oder Weizenmalz von einer fremden Mälzerei, obwohl das Braumalz eigentlich die Seele des Bieres ist, die über Farbe, Geschmack und Körper entscheidet.

Schon vor Jahren nahm Merz rings um Bamberg einige Ökobauern unter Vertrag, um sich von ihnen die Gerste liefern zu lassen. Die Landwirte erhalten genaue Anweisungen für eine kühle und luftige Lagerung der Gerste, damit sie im besten Zustand in die Mälzerei kommt. Dort wird sie gereinigt, sortiert und ruht noch einmal – bis ein wahrhaft komplizierter Prozess des Mälzens, Brauens, Gärens und Reifens in Gang gesetzt wird, der die Stärke der Gerste in Zucker, Alkohol und frische Säure verwandelt und ein Bier entstehen lässt.

Beim Mälzen werden Enzyme im Korn aktiviert, die man später beim Brauen für die Umwandlung der Stärke benötigt. Die Körner werden in Wasser eingeweicht, kommen dann in einen Keimkasten, bevor man sie auf der Darre wieder trocknet, um den Keimvorgang zu stoppen. Die Darre besteht aus einer siebartig durchlöcherten Stahlplatte, auf der die Gerste meterhoch verteilt wird, um sie von unten her, unterstützt durch ein Gebläse, mit heißer Luft zu durchströmen. Dann und wann wird das Korn etwas umgeschaufelt. Vorläufig soll dem Getreide nur die Feuchtigkeit entzogen werden, um die Enzyme nicht durch zu schnellen Temperaturanstieg zu zerstören, doch nach und nach sollen die Körner durch gesteigerte Hitze auch an Geschmack gewinnen, Karamell und feine Röstnoten entwickeln.

Während so gut wie alle anderen Mälzereien die Darre längst indirekt, mit Hilfe einer Wärmeübertragung, erhitzen, um mögliche Fehlaromen der Brennstoffe zu vermeiden, beherrscht Merz noch die hohe Kunst des Feuerschürens unter der Darre, um dem Malz wie dem späteren Bier eine unnachahmliche Komplexität und Ausgewogenheit zu geben. Es entfaltet sich schon im Korn ein Spiel von Süße, Karamell, Röst- und Rauchnoten, danach im Bier untermalt von einer fabelhaft eingebundenen, feinen Säure, die die Kehle erfrischt. Irgendwie erinnert die leicht herbe Rauchnote des Biers an Wald, Kaminfeuer und Romantik, versüßt durch die anderen Nuancen – urdeutsch, wenn man so will.

Neben der Brauerei »Spezial« stellt in Bamberg auch die Brauerei »Schlenkerla« das Rauchmalz noch selbst her. Während das »Schlenkerla« den rauchigen Touch im Bier verhältnismäßig stark betont, bevorzugt Merz die Balance. Er steht jeden Donnerstag, dem Darretag, morgens um drei Uhr auf, um rund zweiundzwanzig Stunden lang mit Buchenholzscheiten das Glutbett im Ofen genau der jeweils gewünschten Temperatur anzupassen. Anfänglich muss er alle zehn bis fünfzehn Minuten ein neues großes Holzscheit nachlegen – mal nach dieser, mal nach jener Seite die Glut ausgleichen. Die Arbeit verlangt Hingabe, Geduld und Fingerspitzengefühl, während man zwischendurch an anderer Stelle nur wenig erledigen kann. Merz weiß, dass er am Ofen jede Woche sein eigentliches Meisterstück vollbringt. Er genießt im Stillen die Freude, schlicht etwas Gutes, wenn nicht Außergewöhnliches zu schaffen. Er verfügt wie kaum ein anderer noch über handwerkliches Können, das über Jahrhunderte, wenn nicht Jahrtausende ausgefeilt wurde. Er gibt dem Bier beim Brauen noch eine gewisse Zeit zum Gären und Reifen, etwa 50 bis 60 Tage, während Konzernbrauereien die Sache mittlerweile computergesteuert in 10 Tagen erledigen.

Eine Zeitlang schien es, als sollte es in Deutschland bald keine Kleinbrauereien mehr geben, weil der Konsument deren handwerkliche Arbeit nicht entsprechend honoriert. Seit einer Weile nehmen jedoch kleine Gasthausbrauereien den Betrieb wieder auf, stellen die Braukessel in den Gastraum oder machen sie durch gläserne Wände sichtbar, um das Handwerk vorzuführen. Für Merz wäre das wohl schon wieder zu viel Show. Wie dem auch sei, es wäre nett, wenn die drei Erzklischees der deutschen Ess- und Trinkgewohnheiten: handwerklich gebrautes Bier, frische Bratwurst vom Metzger und das Sauerkraut nicht auf den Hund kämen. Man möchte diese Dinge in einem unverfälschten Gasthaus genießen – ohne laute Musik aus Boxen, ohne all den Kram und Kommerz, den manche Großbrauereien und Wirte als Accessoires des Biers für unentbehrlich halten, ganz so, als sollten sich Bier, Bratwurst und Sauerkraut hierzulande tatsächlich nur mit grober Lebensart verbinden.

Aber diese drei Sachen können so unglaublich gut sein. Das »Spezial« zeigt, wie es gehen kann. Hier findet eine Tradition ohne Schnickschnack wieder Anklang beim Publikum. Souverän bietet man in Bamberg das an, was sich über Jahrhunderte bewährt hat, Dinge, die mit der Umgebung gewachsen sind und in ihrer Art unverwechselbar anmuten. Vielleicht ist Deutschland nirgendwo deutscher als in Bamberg, ein bisschen provinziell, aber auch geschmückt mit großartigen Dingen, mit Bauwerken von europäischem Rang wie dem romanisch-gotischen Dom und ausgestattet mit einem Rauchbier von schlichter Weltklasse.

Wahrheit der Archäologen: Lebensmittel im goldenen Glanz

Es gehört zur menschlichen Wesensart, Erfindungen zu machen, um für mehr Komfort und Annehmlichkeit zu sorgen. Am Anfang solcher Erfindungen standen rauschhafte Mittel, um die irdische Schwerkraft zu überwinden, um Transzendentes, Kosmisches zu erleben. Früh schon zählte dazu das Bier, um seinerseits eine Revolution auszulösen. Nach der Theorie des Evolutionsbiologen Josef H. Reichholf förderte die Herstellung von Bier maßgeblich den Prozess der Sesshaftwerdung: der höheren menschlichen Kultur.[2]

Zunächst verbesserte sich im Auf und Ab der Eiszeiten die menschliche Sprachfähigkeit. Es wurde möglich, spezielles Wissen weiterzugeben, das der Erzeugung von Rauschmitteln für kultische Handlungen diente. Schamanen, Magier, Zauberer, Hexen oder eben weise Männer und Frauen lernten es, mit Hilfe von Pflanzen frühe Medizin und Drogen herzustellen, etwa aus wilden Beeren einen Beerenwein zu machen. Das Ende der Eiszeit führte dazu, dass die Grundlagen der Rauschmittel, wie giftige Pilze und Beeren, von da an nur noch der nördlichen Sphäre angehörten, weil es weiter südlich für sie zu warm wurde. Schamanen und Magier kamen im so genannten »Fruchtbaren Halbmond«, im Übergangsgebiet zwischen Afrika und Vorderem Orient, an Nil, Euphrat und Tigris, auf den Trichter, Mälzer und Brauer zu werden. Sie rösteten die Samen bestimmter Gräser, um sie in Bier zu verwandeln, lange bevor die Körner auch zur Grundlage für die tägliche Brotnahrung wurden.

Nicht die Not bringt für den Evolutionsbiologen große Erfindungen hervor, sondern der Überfluss, die Möglichkeit des Spielens. Es gab nach der letzten Eiszeit im »Fruchtbaren Halbmond« eine Fülle jagdbarer Tiere. Obwohl man über genügend Nahrung verfügte, leistete man sich den Luxus, zusätzlich den noch wenig ergiebigen Ackerbau auf sich zu nehmen und sesshaft zu werden, um an den Stoff für die begehrte Droge des Biers heranzukommen. Nur so erschien der Ackerbau von Anfang an verlockend und bot sofort eminente Vorteile.

Erste Zeugnisse des Getreideanbaus im »Fruchtbaren Halbmond« gab es seit 12500 v. Chr. Doch klimatische Schwankungen unterbanden noch einmal die landwirtschaftliche Arbeit. Seit 9500 v. Chr. setzte dann der kontinuierlicher Ackerbau in diesem Gebiet ein – und nach 3500 v. Chr. entwickelt sich hier Uruk am Euphrat als die erste wirkliche Stadt der Menschheit mit möglicherweise 20 000 Einwohnern. Um 2700 v. Chr. regierte dort König Gilgamesch, der im frühesten Epos der Weltliteratur besungen wurde. Die ältesten Fragmente der »Gilgamesch«-Dichtung wurden seit 1800 v. Chr. in Keilschrift überliefert. Darin werden erst jene Leute als zivilisierte Menschen betrachtet, die Brot essen und Bier trinken.

So wie die Evolutionsbiologie heute neben der religiösen Schöpfungsgeschichte erhellende Modelle der Vor- und Frühgeschichte vorstellt, so zeichnen auch Archäologen mittlerweile ein viel reicheres Bild der Vor- und Frühgeschichte in Deutschland als weiland antike Autoren wie Caesar und Tacitus oder als die heimischen Reformatoren der Renaissance. Es tut gut, die ältere Vergangenheit nördlich der Alpen frei von den *Mythen à la Germania* betrachten zu können und frühe *Geschichten der Verfeinerung* zu entdecken.[3]

Als sich nördlich der Alpen um 9500 v. Chr. die eiszeitliche Gletscher- und Steppenlandschaft zurückbildete, wurde im Gegenzug das Land von dichtem Wald überzogen: zuerst von Birken und Kiefern, dann von Eichen und Ulmen, Linden und Eschen. Was die Menschen unter den Baumkronen zum Essen fanden, war nicht so übel, quasi von unverfälscht bodenständigem Geschmack. In den Wäldern gab es herrliche Pilze und Beeren, würzige Steinpilze und fleischige Pfifferlinge, süße Erdbeeren und erfrischende Himbeeren, Heidelbeeren und Preiselbeeren. Auf den Lichtungen wuchsen Kräuter wie Melde, Sauerampfer und Bärlauch, dazu stieß man auf feinherben Wacholder, säuerlich-fruchtige Schlehen und Sanddorn, wilde Äpfel und ölreiche Haselnüsse, die sich rösten und lagern ließen. In den Auen konnte man Wildgeflügel wie Rebhuhn und Wildente jagen, während die hauptsächliche fleischliche Nahrung die typischen heimischen Waldtiere wie Wildschwein, Rothirsch und Reh darstellten, gelegentlich war auch schon ein Hase darunter. In den Bächen, Flüssen und Seen ließen sich Fische fangen, etwa Waller, Hecht, Lachs und Flussbarsch, dazu gab es Muscheln, Schnecken und Edelkrebse. Es handelte sich um Dinge, die heute auf den Speisekarten der Gourmetrestaurants stehen, weil sie einen edlen, reinwürzigen Geschmack bieten.

Ohne menschliche Eingriffe wäre das Gebiet nördlich der Alpen ewig ein flächendeckendes, dunkles Waldgebiet geblieben. Doch die Menschen schufen Licht und betrieben Landwirtschaft. Schon seit etwa 5500 v. Chr. rodete man hierzulande in den Lößgegenden kleine Flächen, um das Angebot an Speisen zu vermehren, wenngleich vereinzelt am Zürichsee schon rund tausend Jahre früher Getreide angebaut wurde, ob für Bier, ob für Brot oder für beides, bleibt offen.[4] Man konnte natürlich auch Beerenwein erzeugen, um sich für rituelle Feste einzustimmen. Da sich in den dichten heimischen Wäldern wilde Gräser kaum von selbst höher entwickeln konnten, um für die Getreidegewinnung geeignet zu sein, musste man die ersten landwirtschaftlichen Pflanzen aus dem Mittelmeergebiet einführen.

Die bäuerliche Siedlungsbewegung drang sowohl von Südfrankreich her über die Täler der Rhône und Saône zu Mosel, Rhein und Main als auch von Osten her über die Donau nach Mitteleuropa vor. Man brachte hauptsächlich drei Getreidearten mit: Emmer, Einkorn und Gerste; in geringen Mengen existierten auch schon Dinkel und Hirse; ferner führte man zwei Hülsenfrüchte ein: Linse und Ackererbse, etwas später kam die Pal- oder Schalerbse hinzu, aus der man bis heute den gelben Erbsenbrei oder die so genannten Löffelerbsen herstellt; da und dort gab es schon Ölpflanzen wie Lein und Mohn. In spärlicher Form wurde zeitweise auch schon Gartenbau mit Sellerie und Fenchel betrieben. Daneben hielt man ein paar Haustiere, Rind, Schwein, Schaf und Ziege, und trieb sie zum Fressen in die Wälder. Man unternahm den Versuch, die Versorgung mit Nahrung etwas stabiler zu halten und sich von den Launen der Natur oder des Schicksals ein bisschen unabhängiger zu machen.

Es lässt sich kaum klären, ob die Bauern von fern her in das Land nördlich der Alpen zogen oder ob die hiesigen Jäger und Sammler neue Gewohnheiten von anderen übernahmen. Man verließ sich vorläufig auf eine Mischwirtschaft, bestehend aus den neuen Formen von Ackerbau und Viehzucht wie aus der herkömmlichen Art des Jagens, Fischens und Sammelns. Man besaß für den Fischfang neben Speeren und Pfeilen jetzt auch feine Netze und Reusen, um nicht nur größere, sondern auch kleinere Fische zu fangen, Leckerbissen wie Bachforelle, Äsche, Huchen, Barbe, Renke (auch Felchen oder Maräne genannt), Zander, Seesaibling oder Aal. Man pflückte neben Waldbeeren auch wildes Kernobst: Äpfel, Birnen, Kirschen und Pflaumen, stieß dazu auf Holunder oder sogar auf wilde Weinreben (vor über 7000 Jahren!). Man fand ebenso wilde Formen von Kräutern und Gemüse wie Majoran, Kümmel, Rauke, Feldsalat, Hopfen, Möhren oder Pastinaken. Diese vielen unterschiedlichen Dinge waren zwar nicht überall in rauen Mengen vorhanden, aber der Speisezettel und der Trinkgenuss waren in der frühen Jungsteinzeit hierzulande keineswegs monoton.

Wer heute nach typisch heimischen Gewächsen sucht, kann sich an diesen Zutaten der frühen Mischwirtschaft erst einmal orientieren, an all den Pilzen, Beeren, Kräutern, Obst- und Gemüsesorten, Fischen, Haustieren und dem Wild. Manches wartet sogar darauf, wiederentdeckt zu werden, sei es von den Landwirten, sei es von den Gourmets: seien es heimische Rebhühner, seien es Edelkrebse, Weinbergschnecken, Hopfensprossen oder Linsen. Letztere werden gegenwärtig fast nur noch importiert. Rühmliche Ausnahme ist die wieder gepflegte schwäbische Alblinse der »Öko-Erzeugergemeinschaft Alb-Leisa« mit Sitz in Lauterbach. Tatsächlich ist die Alblinse eine Delikatesse. Die Samen sind klein und dunkelgrün, nach dem Garen elastisch im Biss, wundervoll cremig, erdhaft würzig und süß.

Ein Meisterkoch wie Eckart Witzigmann machte beispielsweise den wilden Bärlauch wieder salonfähig. Man findet die kräftiggrüne Pflanze in hinreichenden Mengen im Frühjahr in den Wäldern oder auf den Wiesen. Andere Dinge sind seltener geworden. Es wäre eine feine Sache, wenn unterschiedliche Gruppen, die sich ideologisch nicht grün sind: Jäger, Fischer, Landwirte, Naturschützer, Kommunen, Behörden, Lebensmittelhändler, Köche und Feinschmecker, öfter mal miteinander redeten, gemeinsam äßen und sich gegenseitig unter die Arme griffen, um Königshappen wie Rebhühner oder Edelkrebse wieder auf den Tisch zu bringen, indem man ihre natürlichen Lebensbedingungen oder eine naturnahe Zucht fördert. Der Deutsche Jagdschutz-Verband, regionale Fischereiverbände oder die Landwirtschaftsministerien der Länder fördern da und dort entsprechende Projekte.

An sich sind so viele hiesige Urprodukte, wie Rebhuhn und Edelkrebs oder Flussbarsch und Huchen, von so ungemein zarter, filigraner Art, bestens ergänzt von Pilzen, frischem Sauerampfer, feinherbem Majoran, Kümmel und Wacholder oder von süßsauren Beeren wie Preiselbeere, Schlehe und Holunder. Bestimmte Kombinationen dürften Tausende von Jahren alt sein: Edelkrebs – Kümmel, Lachs – Sauerampfer, Rebhuhn – Wacholder, Reh – Preiselbeere, Schwein – Majoran und so fort. Das Feinherbe, Süßsaure, Würzige oder die Röst- und Rauchnoten haben hierzulande Tradition, passend zum Wechsel von Wetter und Jahreszeiten.

Die Bauern der Jungsteinzeit arbeiteten gut zusammen und beherrschten bereits eine feine Zimmermannstechnik, ausgestattet mit Holzbeilen, in die man Klingen aus geschliffenen, harten Steinen einfügte. Man war in der Lage, Eichenbalken zu verzapfen und zu verschränken. Im niederrheinischen Kückhoven fand man im Jahr 1990 einen Brunnenkasten, der sich aus mächtigen Eichenbohlen zusammensetzt und dreizehn Meter tief ist. Er stammt nach dendrochronologischem Befund aus dem Jahr 5084 v. Chr. Früh schon leistete man sich den Luxus, nicht unmittelbar am Bach zu siedeln und dort das Wasser zu holen, sondern man wählte eine angenehmere Lage und zog die bessere Trinkqualität des Brunnenwassers vor.

Die Menschen lebten damals in verhältnismäßig großen Häusern, die teilweise einen Umfang von zwanzig Meter Länge und acht Meter Breite hatten. Das Haus diente als Wohnort wie als Speicherraum, während die Haustiere vorläufig draußen in umzäunten Arealen gehalten wurden. Es gab drinnen wie draußen eine offene Feuerstelle, wo man Fisch und Fleisch am Spieß braten konnte oder wo man in Tontöpfen, die mit Hilfe eines Holzgestells über dem Feuer hingen, suppenartige Gerichte mit Gemüse, Fisch und Fleisch zubereitete. Daneben richtete man draußen einen unterirdischen Backofen ein, um Brot zu backen, sei es, um das Brot als solches zu essen, sei es, um die Brotfladen in eine Frühform des Biers zu verwandeln. Man besaß darüber hinaus schon Tücher und siebartige Tongefäße, um Quark und Käse herzustellen. Die Archäologen fanden sogar Belege dafür, dass man Öl aus Mohn, Lein und Haselnüssen presste.[5] Mit vermeintlichem taciteischen Nichtstun hatte das nicht viel zu tun.

Es wäre sogar schön, wenn man heutzutage delikates, heimisches Mohn-, Lein- und Haselnussöl bekäme. Im Gegensatz zu Österreich ist in Deutschland jedoch der Mohnanbau seit Jahrzehnten untersagt. Wenn es um asketische Tugend geht, zögert der heimische Bürokrat nicht, kulinarische Freuden zu opfern – während der österreichische Bürokrat seinen Landsleuten zutraut, vernünftig mit Mohn umzugehen. Im österreichischen Waldviertel wird nicht nur Mohn für den beliebten Mohnkuchen angebaut, sondern auch Mohnöl gepresst, so wie nördlich der Alpen schon vor rund 7000 Jahren. Im hiesigen Spreewaldgebiet gibt es noch Leinöl, während in der Bodenseeregion wieder Haselnussplantagen entstehen. Joachim Knoll in Überlingen-

Lippertsreute bietet Haselnussöl an. Womöglich stellten bereits die Bauern der Jungsteinzeit eine Art von Bärlauch-Haselnuss-Pesto oder ähnliche Mixturen her.

Es entstanden damals zuerst Einzelhöfe oder Weiler mit zwei bis vier Häusern, bald größere Orte mit sieben bis zehn Gebäuden, die bestimmte zentrale Funktionen übernahmen und sich mehr dem Handwerk widmeten, der Töpferei, der Herstellung von Basttüchern, Geräten und Waffen. Man betrieb in den größeren Orten einen gewissen Handel und bezog etwa harte Feuersteine aus ferneren Gegenden. In der Regel waren die Häuser nach ein paar Jahrzehnten, spätestens nach hundert Jahren abgenutzt oder wurden durch Angriffe zerstört, womöglich waren auch die Ackerflächen ausgelaugt. Man zog weiter und siedelte an neuen Plätzen.

Ein nächster Schub der Entwicklung setzte seit etwa 5000 v. Chr. mit der mittleren Jungsteinzeit ein. Das Land war bereits besser erschlossen, warf schon mehr Überschüsse an Nahrung ab, die wiederum den Menschen mehr Zeit ließen, über schönere Dinge nachzudenken. Man schuf dörfliche Anlagen mit regelmäßigen Grundrissen, die bestimmte Kenntnisse der Geometrie und Astronomie verrieten. Dank geomagnetischer Luftaufnahmen konnte die Archäologie so genannte Kreisgrabenanlagen entdecken. Zu den ältesten ihrer Art gehört jene bei Goseck in Sachsen-Anhalt, just zwischen Naumburg und Weißenfels, entstanden um 4800 v. Chr. Sie wurde wiederentdeckt im Jahr 1991, danach archäologisch erforscht und im Jahr 2005 rekonstruiert. Auf einen kreisrunden Graben folgen zwei kreisrunde Palisaden aus Holz. Die Anlage diente unter anderem der Beobachtung des Sonnenjahres. Zur Wintersonnenwende am 21. Dezember markierte das Südosttor just den Sonnenaufgang, das Südwesttor just den Sonnenuntergang, ergänzt durch ein drittes Tor im Norden.

Bei solchen Kreisgrabenanlagen handelte es sich vermutlich um Orte für kultische Handlungen, Beratungen, Warentausch, Rechtsprechungen und Festlichkeiten, gelegentlich verbunden mit der Funktion eines Sonnen- oder Sternenobservatoriums. Embryonal war in einem solchen Rondell der mittleren Jungsteinzeit, zumal wenn es sich in der Mitte des Dorfes befand, das wesentliche Element einer späteren Stadt schon angelegt: ein geistig-weltliches Zentrum, »ein ordnender Kern«, der nach Lewis Mumford mehr als alles andere eine Stadt auszeichnen sollte.[6] Eine solche Mitte umfasste in der nachmaligen Stadt die wichtigsten Organe des politischen, kulturellen und wirtschaftlichen Lebens: Palast, Tempel, Schule, Speicher, Markt – Dinge, die die menschlichen Möglichkeiten erweitern und feinere Bedürfnisse befriedigen sollten. Noch war es allerdings nicht so weit nördlich der Alpen, doch die Archäologen fanden zwischenzeitlich in Mitteleuropa weit über hundert jungsteinzeitliche Kreisgrabenanlagen in den damaligen Dörfern oder in ihrer Nähe.

Um 3000 v. Chr. tauchten im heutigen Deutschland neben der älteren Hacke bereits Pflug, Rad und Wagen auf, um eine bequemere Erschließung der Fluren zu ermöglichen. Auch rodete man schon stärker, um größere Weiden anzulegen und mehr Haustiere zu halten. Dazu pflanzte man jetzt neben Linse und Erbse eine dritte Hülsenfrucht an, die dicke Bohne, auch Sau- oder Ackerbohne genannt, die heute dank der frischen, grünen Kerne, die cremig und nussig schmecken, als Delikatesse gilt. Oder man führte zeitweise schon zarte, würzige Kräuter aus dem Mittelmeergebiet ein, wie Petersilie, Dill und Zitronenmelisse. Da und dort gewann man schon seit längerem Salz, um überhaupt das wichtigste Gewürz für die Küche zur Verfügung zu haben und gewisse Dinge konservieren zu können.

Eine nächste Welle der Entwicklung bedeutete die Bronzezeit, die hierzulande um 2200 v. Chr. begann und bessere Geräte oder Waffen ermöglichte. Größere Siedlungen nahmen jetzt eine andere Form an und zeigten eine stärkere gesellschaftliche Differenzierung. Man baute nicht mehr in der Ebene, sondern legte Orte auf erhobenen Plateaus an, um sie burgartig zu befestigen, wie das griechische Mykene. Ungeschlachte Anführer verwandelten sich in Häuptlinge, in Ehrfurcht gebietende Fürsten, begleitet von fürstlichen Frauen und Priestern, geschmückt mit glamourösen Dingen aus Bernstein und Edelmetall. Im thüringischen Leubingen fand man die Grabkammer eines Fürsten mit Schmuckstücken aus Gold: einen offenen, gravierten Armring, zwei Fingerringe, zwei Haarnadeln und eine Spirale aus der Zeit um 1900 v. Chr.

Etwa derselben Zeit gehört die Himmelsscheibe an, die man in der Nähe von Nebra in Sachsen-Anhalt fand, gefertigt aus Bronze und eingelegtem Goldblech. Abgebildet sind Vollmond, zunehmender Mond und Sterne, um kalendarische Bestimmungen vorzunehmen. Wer die Zeit angeben konnte oder über ein Wissen verfügte, das über den Alltag hinauswies, war über die anderen Menschen herausgehoben: war edler Fürst und Hohepriester. Zu sehen ist die Himmelsscheibe von Nebra im Landesmuseum für Vorgeschichte in Halle.

Wundersam muten die Goldhüte an, von denen man in Mitteleuropa vier Stück aus der Bronzezeit fand: jeweils mit hohem, schlankem Schaft. Jener, der bei Ezelsdorf-Buch in der Oberpfalz ausgegraben wurde, erreicht eine Höhe von 88 Zentimeter – um einiges höher als später die gleichfalls kegelförmige päpstliche Tiara. Auch ein solcher Goldhut besaß kalendarische Funktionen und wurde wohl vom Hohepriester eines Sonnenkultes getragen.

Möglicherweise strahlte seinerzeit das glanzvolle höfische Leben der ägyptischen Pharaonen, vermittelt über das griechische Kulturgebiet, bis in die Regionen nördlich der Alpen aus. So wie die Getreidekörner und das Bier des »Fruchtbaren Halbmonds« das nördliche Gebiet erreichten, so drang vielleicht auch etwas von südlicher Lebensart bis hierher vor. Um die Mitte des 2. Jahrtausends v. Chr. entstand in Ägypten das so genannte »Harfnerlied des Antef«, das einem Herrscher gleichen Namens in Theben gewidmet wurde. Es gehört wie das mesopotamische »Gilgamesch«-Epos zu den frühesten dichterischen Zeugnissen der Menschheit und fordert dazu auf, sich hauptsächlich um das Leben und weniger um den Tod zu kümmern: »Du aber erfreue dein Herz und denke nicht daran! / Gut ist es für dich, deinem Herzen zu folgen, solange du bist. / Gib Myrrhen auf dein Haupt, kleide dich in feinstes Linnen, / salbe dich mit echtem Öl des Gottesschatzes, / vermehre deine Schönheit, laß dein Herz nicht müde werden, / folge deinem Herzen in Gemeinschaft deiner Schönen, tu deine Arbeit auf Erden, ohne dein Herz zu kränken.«[7]

Es ist, als hätte damals schon ein Humanist wie Horaz die Feder geführt und gesagt: Nutze den Tag! Denke nicht an das Jenseits, worüber sich nichts sagen lässt, sondern an das menschenmögliche Glück auf Erden! Verwebe dich mit dem Hier und Jetzt, vertraue deinen eigenen menschlichen Kräften und schule sie, pflege die Gemeinschaft, sei guter Dinge, bringe Angenehmes und Schönes hervor und genieße es!

Glamourös: Goldhut von Ezelsdorf-Buch, Oberpfalz in Bayern, um 1000 v. Chr. Germanisches Nationalmuseum, Nürnberg

Den archäologischen Funden nach war den Vorfahren der Deutschen eine solche Lebensweise nicht ganz fremd.

Essen im großen Stil: Fürstensitze der Kelten

Den vorläufigen Höhepunkt der Vor- und Frühgeschichte im heutigen Deutschland bildete die Kultur der Kelten, die um 800 v. Chr. mit der Eisenzeit begann. Es handelte sich bei den Kelten um einen lockeren Verband von Siedlungsgruppen, die gemeinsame Merkmale aufwiesen: in der frühen Zeit den örtlichen Dreiklang aus befestigter Höhensiedlung, benachbarter offener Siedlung und nahen Fürstengräbern. Der ursprüngliche Kernbereich der keltischen Kultur zog sich quer über Mitteleuropa, um sich seit dem 5. Jahrhundert v. Chr. noch weit darüber hinaus auszudehnen.

Der griechische Geschichtsschreiber Herodot stellte im 5. Jahrhundert v. Chr. in seinen »Historien« fest, dass die »Keltoi«, die Kühnen, an den Quellen der Donau siedelten, wo sich auch ihre Stadt Pyrene befände. Möglicherweise haben Archäologen diese frühe Stadt gefunden. Es könnte die Heuneburg bei Sigmaringen gewesen sein, nicht weit von den Quellen der Donau entfernt. Die Anhöhe der Burg war schon in der Bronzezeit besiedelt und befestigt, um dann um 600 v. Chr. neu ausgebaut zu werden. Der keltische Burgbereich umfasste ein Areal von 3,3 Hektar, die offene Siedlung davor, wo es bereits spezialisiertes Handwerk für die Metallverarbeitung und Textilherstellung gab, rund 20 Hektar.

Es zeigte sich ein Drang nach schönerer Gestaltung, die Dauer versprechen sollte. Während andere keltische Burgen oder Fürstensitze mit Holz oder mit einem Holz-Erdwerk-Bruchstein-Verbund befestigt wurden, zog man hier auf einem Sockel aus Kalksteinen eine stattliche Mauer mit gebrannten Ziegelsteinen hoch, wie es damals sonst nur am Mittelmeer üblich war. Doch an der südfranzösischen Küste bildete die griechische Kolonie Massalia (Marseille) einen wichtigen Bezugspunkt der keltischen Kultur. Als die Alpen langsam durchlässiger wurden, trat auch Oberitalien mit seinen etruskischen Städten ins

Blickfeld. Heute sind von der ehemaligen Heuneburg unter anderem ein rekonstruierter Teil der Ziegelsteinmauer mit Wehrgang und Torturm sowie das Herrenhaus zu sehen.

Die typischen Fürstengräber in der Nähe der Burg boten hier bislang keine bemerkenswerten Entdeckungen. Doch man kann durch Funde an vergleichbaren Orten den Prunk und die Lebensweise der keltischen Großen verhältnismäßig gut erschließen. Allgemein stellten die herrschaftlichen Gräber in freier Natur große Monumente dar. Sie bildeten über Grabkammern aus Holz erdig aufgeschüttete, flach gewölbte Kuppen, die einen Durchmesser von 60 bis 100 Metern hatten und bis zu 13 Meter hoch waren.

Spektakulär muten die Funde des Fürstengrabs im baden-württembergischen Hochdorf aus der Zeit um 550 v. Chr. an. In der Grabkammer wurde der tote Fürst in fein gewobene Tücher gekleidet und auf ein fast drei Meter langes Sofa aus Bronze gebettet. In die Rückenlehne des Sofas sind bildliche Szenen des Schwerttanzes und der Wagenfahrt gestanzt, dazu wird das Möbelstück von acht Bronzestatuetten getragen, die jeweils auf einem drehbaren Rad stehen, damit man die Liege leicht verschieben kann. Man kann daraus schließen, dass zu Lebzeiten des Fürsten die Halle des Herrenhauses für die Gastmähler luxuriös eingerichtet sein musste. Im Grab befand sich auch ein mächtiger, fast kugelrunder Bronzekessel, an dessen Öffnung neben drei Henkeln drei sitzende Löwen zu sehen sind. Der Kessel fasste sage und schreibe rund 400 Liter und war, nach botanischen Untersuchungen, mit Met, Honigwein, gefüllt.

Der griechische Connaisseur Athenaios von Naukratis überlieferte in seinem »Gelehrtenmahl«, das um 200 n. Chr. entstand, unter anderem Berichte über die Trink- und Essgewohnheiten der Kelten. Er bezog sich an einer Stelle auf ein Werk des älteren Historikers Phylarchos aus dem 3. Jahrhundert v. Chr. Nach dieser Quelle herrschte dem Anschein nach beim fürstlichen Gastmahl der Kelten bereits eine bestimmte Etikette: »Keiner ißt, bevor er sieht, daß der König gekostet hat.« Zuweilen nahmen Gastmahle im Freien unter schattigen Vorrichtungen gargantueske Ausmaße an: »Ariamnes, der reichste aller Kelten, habe einmal jährlich alle Kelten zum Mahl eingeladen. Dabei verfuhr er so: Längs den Hauptstraßen des Landes legte er Stationen

Groß und festlich: Bronzekessel aus dem keltischen Fürstengrab von Hochdorf, um 550 v. Chr., Keltenmuseum in Eberdingen-Hochdorf, Baden-Württemberg

fest, wo er Lauben aus Pfählen, Rohr und Flechtwerk aufschlagen ließ, die vierhundert und mehr Männer faßten, je nachdem wie viele aus den Städten und Dörfern zusammenströmende Gäste aufzunehmen waren. Dort ließ er gewaltige Kessel mit allerlei Fleisch aufstellen, die er schon im Jahr vor der Bewirtung von Schmieden hatte herstellen lassen, die er aus anderen Städten geholt hatte. Als Opfertiere ließ er Stiere, Schweine, Schafe und sonstige Kleintiere täglich in großen Mengen schlachten, dazu Fässer mit Wein bereitstellen und viel schon geknetetes Gerstenmehl.«[8] Der mächtige Bronzekessel von Hochdorf, der 400 Liter fasst, fügt sich nahtlos in dieses Bild.

Die keltischen Fürsten waren offenkundig in der Lage, für große Feste ein bemerkenswertes organisatorisches Talent zu entwickeln und schon ein Jahr im Voraus zu planen. Dem Anschein nach standen dabei nicht religiöse Handlungen im Vordergrund, sondern politische oder vergnügliche Aspekte. Vermutlich bildete nicht einmal der Fürst selbst den Mittelpunkt, sondern alle Teilnehmer sollten sich als Gemeinschaft empfinden und sich miteinander einen guten Tag machen. Später dürften legendäre mittelalterliche Hoffeste wie das Kölner Pfingstfest des Jahres 965, das Otto der Große initiierte, oder das Mainzer Hoffest des Jahres 1184, das Friedrich Barbarossa im Freien organisierte, in ihrer Art noch keltisch-germanische Wurzeln gehabt haben.[9] Großes Publikum, großer Aufwand, Reichhaltigkeit der Speisen und Getränke, Luxus an Kleidung und Geschenken sollten den Alltag überwinden, sollten sich zu einem außergewöhnlich glücklichen Moment verdichten.

Die Grundlagen der Speisen und Getränke waren bei den Kelten im Wesentlichen dieselben wie in der Jungsteinzeit oder Bronzezeit. Allerdings hatte sich die Menge der Tiere auf den großen Weiden erheblich vermehrt. Hinzu kamen, wie die Gräberfunde belegen, an den Herrenhöfen mediterrane Importe: Wein und Olivenöl.

Noch war die Kultur nördlich der Alpen allerdings nicht stabil genug, um die Güter der Zivilisation an dauerhaften Orten zu speichern. Keltische Zentren wie die Heuneburg blühten oft nur ein paar Jahrzehnte, wurden zerstört und nicht wieder aufgebaut. Die keltischen Herrscher kontrollierten noch nicht genügend Ressourcen, um eine kontinuierliche Überlieferung und Tradition zu sichern. Es fehlte den burg- oder stadtartigen Siedlungen noch ein monumentaler, ordnender Kern, der sich mit griechischen oder etruskischen Formen von Palast, Tempel und Agora hätte messen können.

Vermutlich gab es noch keine breitere Führungsschicht, noch keine Senatorengesellschaft, die sich nach griechischem oder römischem Vorbild vom kriegerischen in einen städtischen Adel verwandelt hätte und des Lesens und Schreibens mächtig gewesen wäre, um über mehr Wissen, mehr Ideen zu verfügen. Zwar existierte unter den Kelten, wie Caesar im »Gallischen Krieg« berichtete, der angesehene geistliche Stand der Druiden, die sowohl Priester als auch Lehrer und Richter waren, aber sie überlieferten ihre Kenntnisse nur mündlich.[10] Der Mangel an Schriftkultur sowie das Fehlen von dauerhaften Orten und

Städten waren wahrscheinlich die entscheidenden Nachteile des Nordens gegenüber der Zivilisation des Südens.

Dessen ungeachtet vollzog sich hierzulande ein fulminantes Finale der keltischen Kultur. Seit dem 3. Jahrhundert v. Chr. entwickelten sich die so genannten *Oppida*, die Caesar erwähnte. Es waren große Siedlungen, die nicht mehr trutzig auf dem Berg, sondern wieder in der Ebene angelegt und teilweise befestigt wurden. Das *Oppidum* Manching bei Ingolstadt stellte im 2. Jahrhundert v. Chr. wahrscheinlich den größten keltischen Ort nördlich der Alpen dar.

Anfänglich eher organisch gewachsen, entfaltete Manching um 150 v. Chr. entschieden organisatorische Kräfte. Man legte einen gewaltigen, fast kreisrunden Mauerring an, der sieben Kilometer lang war und die erstaunlich Fläche von 380 Hektar umschloss. Das nachmalige mittelalterliche Nürnberg hätte beispielsweise darin Platz gefunden. Allerdings wurde nicht die ganze Fläche innerhalb des Mauerrings bebaut, sondern ein Teil auch landwirtschaftlich genutzt. In der Blütezeit des Oppidums wohnten schätzungsweise 5000 bis 10 000 Menschen innerhalb der Befestigungsanlage.

Während man die massive Mauer mit vier stattlichen Toren hochzog, gab man auch dem vorher unregelmäßigen Straßengrundriss eine neue, rechtwinklig geordnete Form, um den Verkehr besser leiten zu können. Im Zentrum entstand ein gepflasterter Platz, umstellt von einem Tempel und größeren Speichergebäuden, während sich mitten auf der ostwestlichen Hauptachse kleine Hütten mit Verkaufsständen befanden. Viele Bürger waren Handwerker, geschäftig insbesondere in der Metall- und Glasverarbeitung, Textil- und Keramikherstellung. Man entwickelte ein eigenes Können, fertigte etwa ein kobaltblaues Glas, das von Handwerkern in römischen Städten lange Zeit nicht nachgeahmt werden konnte. Gefundene Armringe aus verschiedenfarbigem Glas zeugen bis heute vom Sinn für Eleganz und Schönheit – und sind im Museum neben den archäologischen Grabungsstätten zu sehen.

Es wurde auch Geld in der Stadt geprägt – und es war offensichtlich nicht zu knapp vorhanden; in einem Versteck entdeckte man auf einen Schlag rund 450 Goldmünzen. Nicht von ungefähr konnte man feine Dinge aus dem Süden einführen, Wein aus Italien und Südgallien; daneben fanden sich Spuren einer mediterranen Fischsoße. Die Vorfahren der Deutschen lebten längst nicht so, wie es sich die patriotischen Reformatoren der Renaissance unter dem Einfluss der »Germania« des Tacitus vorstellten. Der Spleen, ein autarkes und bescheidenes ländliches Leben zu führen, ohne Kaufmannschaft, ohne Luxusgüter, ohne Zins- und Geldgeschäfte, wäre den Kelten absurd vorgekommen.

Es waren in Manching unternehmungsfreudige, lenkende Kräfte am Werk, die einer Stadt entsprachen. Womöglich hatte sich hier der kriegerische Adel bereits in ein städtisches Patriziat verwandelt; womöglich ergriffen auch Händler und Handwerker in den Versammlungen das Wort. Den späten Kelten dürfte das Modell städtischer Selbstverwaltung nach griechischem oder römischem Vorbild nicht unbekannt gewesen sein. Darüber hinaus fanden Archäologen einen Schreibgriffel, der darauf hindeutet, dass einige lesen und schreiben konnten oder vielleicht eine Frühform der Buchführung betrieben.

Man sollte nicht länger von »stadtartiger Großsiedlung« sprechen. Es gibt so gut wie keinen Grund dafür, dem keltischen Manching den Rang einer Stadt abzuerkennen – es sei denn, man bringt abermals die kurze Lebensdauer in Anschlag. Schon im 1. Jahrhundert v. Chr. verlor Manching – offensichtlich ohne vernichtenden Angriff von außen – an Bedeutung und sank langsam in sich zusammen. Der Ort musste den Menschen wie ein Komet erschienen sein, der für kurze Zeit glänzend erstrahlte und dann rasch wieder verschwand. Womöglich hatte die Eroberung Galliens durch Caesar um 50 v. Chr. das keltische Fernhandelssystem zerstört und Manching gegenüber dem Westen isoliert.

Die relativ gut entwickelten Gebiete der Kelten erweckten das Interesse anderer. Von Westen und Süden her nahmen die Römer die hiesigen Kelten ins Visier; im Norden merkten die Germanen, dass es weiter südlich etwas zu holen gab, man rückte langsam über das heutige Mitteldeutschland bis ins Maingebiet vor. Die Grenzen zwischen den Gruppen waren fließend, bis schließlich die Römer unter Kaiser Augustus um 15 v. Chr. das nördliche Voralpenland eroberten und dann den Limes über die Donau, den Neckar und den Unterlauf des Mains nach Norden vorschoben. Man kassierte den größten Teil des keltischen Gebiets im heutigen Deutschland ein und fühlte sich saturiert.

Wahrscheinlich waren es nicht militärische Rückschläge, die die Römer davon abhielten, auch das übrige germanische Gebiet bis zur Nordsee und zur Elbe zu erobern, sondern die Einsicht, dass dort die mögliche Beute nicht fett genug war, um die Kosten der Eroberung zu rechtfertigen.[11] Die Stammzonen der Germanen umfassten die Tiefebenen an Nord- und Ostsee und das Jütland. Die sandigen, morastigen Böden der Tiefebenen und die windige Witterung des Nordens markierten in horizontaler Linie den Beginn einer anderen Siedlungsweise, wo es schwerer war, dem Land bäuerliche Erträge abzugewinnen und den Wohlstand zu heben, wenngleich da und dort Auen und fette Marschwiesen eine ergiebige Tierhaltung ermöglichten und auch die Germanen wohl nicht so schlecht lebten. Doch im Gegensatz zu den Kelten fanden die Germanen die Frühformen des Stadtlebens nicht sonderlich attraktiv. Vielleicht war es kein Zufall, dass später die Hymnen des ländlichen Lebens, das Luthertum, das Preußentum, in vormals erzgermanischen Gebieten entstanden.

IV DER AUSGEWÄHLTE GESCHMACK

Wein an der Mosel

Unaufhörlich haucht die Mosel im Herbst milchige Schleier nach oben; nicht einmal das andere Ufer ist zu sehen. Über dem Wasserspiegel wirkt alles sanft und still: bald auch etwas dämonisch und bedrückend, dann wieder feenhaft zauberisch. Während der Gast im »Kurfürstlichen Zehnthaus« in Wehlen an der Mittelmosel beim Frühstück sitzt und durch das Fenster in der dicken Mauer schaut, scheint sich draußen kaum etwas zu verändern. Allmählich tauchen Schemen auf. Man sieht am gegenüberliegenden Ufer gewisse Umrisse, durchscheinend zunächst, dann immer deutlicher: Rebzeilen, die sich wundersam vermehren. Im stärkeren Sonnenlicht dehnt und streckt sich auf der anderen Seite ein Weinberg, nimmt unglaubliche Ausmaße an. Fast meint man, das wirklich Sichtbare sei jetzt das Märchenhafte.

Was sich darbietet, ist der mächtigste Weinbergwall in deutschen Landen. Ausgerichtet nach Südwesten, zieht er sich in hohlspiegelförmiger Krümmung acht Kilometer hin und steigt zweihundert Meter über der Mosel auf. Der gigantische Hang reicht flussaufwärts, Richtung Trier, von Zeltingen über Graach bis nach Bernkastel. Entsprechend hat man ihn eingeteilt und ihm mehrere Namen verliehen, die in der Weinwelt längst zu Mythen geworden sind: Bernkasteler Doctor, Graacher Dompropst, Wehlener Sonnenuhr und Zeltinger Sonnenuhr. Bis zur Säkularisation waren hauptsächlich geistliche Granden aus Köln und Trier hier begütert, Erzbischöfe, Pröpste und Äbte. Die Herren waren nicht immer brüderlich zueinander, sondern stritten sich oft um jede Rebzeile, so wertvoll erschien jeder Quadratmeter. Die Bedingungen für den Wein könnten auch kaum besser sein. Der steile, steinige Schieferboden, die ausgezeichnete Sonneneinstrahlung, die Feinarbeit der herbstlichen Nebel, der ständige Wechsel zwischen warm und kühl, Tag- und Nachttemperaturen: das alles lässt heute wie damals die Trauben hervorragend reifen, fördert Nuancen, die Komplexität von Frucht, Säure, Süße und Struktur.

Wie feinsinnig bereits im späten Mittelalter mancher Kenner den hiesigen Wein verkostete, bezeugte Nikolaus von Kues (nur einen Katzensprung von Wehlen entfernt). Schon als Dreißigjähriger hielt er 1431 in Koblenz eine Predigt und sagte die wundervollen Worte: »Gott wird irgendwie wie Wein erkannt: durch Hören, durch Sehen und durch Schmecken.«[1]

Vier Jahre später, 1435, wurde erstmals der Riesling als Rebsorte erwähnt: im Rechnungsbuch der Grafen von Katzenelnbogen. Diese edle Rebe stammt von einer Urrebe des Rheingebiets ab, irgendwann gekreuzt mit Traminer und Heunisch.[2] Wilde Weinreben gab es nördlich der Alpen bereits um 5000 v. Chr., wie es neuerdings Archäologen belegen – und in kleinem Umfang betrieben schon die Kelten Weinbau an der Mosel, bevor die Römer kamen und vermutlich den Traminer oder Gewürztraminer mitbrachten. Die Franken und die Deutschen bauten den Wein vorzugsweise im gemischten Satz an, eben bestückt mit *Riesling* und *Gewürztraminer*, auch mit *Muskateller*, seit 1540 durch Hieronymus Bock in seiner »Teutschen Speißkammer« bezeugt, oder mit *Silvaner*, welchen zuerst 1659 das Rechnungsbuch der Grafen von Castell erwähnte. Es kamen auch andere Rebsorten vor, aber diese vier setzten sich im Laufe der Zeit als die feinsten durch – im 18. Jahrhundert ergänzt durch weiße Burgunderreben: *Weiß-* und *Grauburgunder*. Nicht zu unterschätzen ist der traditionelle *Gutedel*, in der Schweiz Chasselas oder Fendant genannt.

Bis ins späte Mittelalter bezeichneten die Quellen den deutschen Wein häufig einfach als »Rheinwein«, selbst wenn er von der Mosel oder aus der Pfalz stammte. Es handelte sich um erfrischenden, säurebetonten Weißwein aus gemischtem Satz, der bis in die Renaissance nicht selten mit Kräutern, Gewürzen oder Honig bereichert wurde, wie es etwa noch Michel de Montaigne 1580 in seinem Reisebuch erwähnte. Nur da und dort wurde Rotwein angepflanzt, in Gegenden, wo es wärmere Nischen gab, damit der Rotwein gut ausreifen konnte. Zu den roten Rebsorten mit Tradition zählen hierzulande *Trollinger*, *Lemberger* und *Spätburgunder*. Den Trollinger nennt man in Südtirol

Vernatsch, den Lemberger in Österreich Blaufränkischer, was darauf hinweist, dass es diesen schon in fränkischer Zeit gab, um irgendwann wie der Riesling mit Heunisch eingekreuzt zu werden. Der Spätburgunder heißt in Frankreich Pinot Noir und wurde in Burgund schon im späten Mittelalter kultiviert.

Ab dem 15./16. Jahrhundert gewannen die Weine an Profil. Es setzte sich die regionale Benennung durch: Frankenwein, Pfälzer Wein, Rheingauwein, Moselwein und so fort. Seit dem späten 18. Jahrhundert ging man dazu über, den gemischten Satz aufzugeben und die einzelnen Weingärten nur noch mit *einer* Rebsorte anzupflanzen. Gerade an der Mosel, im Rheingau und in der Pfalz wurde der Riesling – die deutsche Urrebe – zur Paraderebe.

Durch verbesserten An- und Ausbau wurde das Weinspektrum reicher. Seit dem 18/19. Jahrhundert unterschieden die Weinkenner nicht nur zwischen den Regionen, sondern auch zwischen den Dörfern und den Weinbergen – wenngleich einzelne Weinbergsnamen örtlich schon früher bekannt waren; die Lage »Stein« in Würzburg wurde bereits in einer Markbeschreibung um 790 genannt.[3] Im 20. Jahrhundert lernte der Weinliebhaber auch noch zwischen den Winzern und den Rebsorten zu unterscheiden. Heute müssen wir Armen über alles Bescheid wissen: *Region, Ort, Lage, Rebsorte, Winzer, Ausbauart, Jahrgang.*

Oder um die Sache wieder zu vereinfachen, könnte man sagen: Rebsorte und Winzer sind zwischenzeitlich das Wichtigste, weil die Pflege des Weingartens und die Kellertechnik vieles ausgleichen können. Wenn im Weingut hervorragend gearbeitet wird, wenn die Trauben sauber gelesen werden und die Leute den Most im Keller schonend behandeln, bestimmt die Rebsorte maßgeblich den Charakter des Weins, gefärbt von der Lage, der Bodenwürze, dem Klima. Gelegentlich sind jene Weine die besten, die auf dem Etikett nur Rebsorte und Winzer verraten. Es handelte sich oft um beschwingte Einstiegsweine, die der Winzer noch nicht auf Teufel komm raus zu vermeintlicher Höchstform treibt, um Höchstbewertungen zu erzielen. Wer von uns kann heute schon sagen, was das Optimum sei? Vielleicht das Beschwingte!

Man hat früher die Weine des Rheingaus oder der Pfalz als fürstli-

1 *Großräumig und imperial: ehemaliger Thronsaal der spätrömischen Kaiser in Trier, um 300 n. Chr., heute Basilika*

2 *Mystisch und feierlich: achteckiger Innenraum der Pfalzkapelle in Aachen mit eingestellten Säulen in den Bogenöffnungen, errichtet unter Karl dem Großen. Nach einem brieflichen Zeugnis Alkuins war der Rohbau der Kirche im Jahr 798 vollendet. Von 936 bis 1531 wurden hier, von einigen Ausnahmen abgesehen, die deutschen Könige gekrönt. Die graugrüne Marmorverkleidung der Wände stammt von der Renovierung aus der Zeit kurz nach 1900.*

3 Aufnahme in den Kreis himmlischer Zivilisation: Otto der Große (links unten mit Bügelkrone) reicht Christus den Magdeburger Dom dar. Stifterbild aus der Gruppe der Magdeburger Elfenbeinplatten, entstanden in Mailand zwischen 962 und 973, heute The Metropolitan Museum of Art in New York, Schenkung von George Blumenthal 1941

4 *Präsent und doch entrückt: die Reichskrone, 10./11. Jahrhundert, in der Schatzkammer der Hofburg in Wien*

5 Anmut und Schönheit: Maria als Herrscherin, aus dem so genannten Petershausener Sakramentar, entstanden auf der Insel Reichenau um 972, heute Heidelberger Universitätsbibliothek, Cod. Sal. IXb, fol. 40v. Wahrscheinlich zeigt Maria porträtartige Züge der Kaiserin Theophanu, der Ehefrau Ottos II.

6 Farbenpracht – oben die vornehme Gesellschaft bei Tisch: Gleichnis vom reichen Prasser und vom armen Lazarus im Goldenen Evangelienbuch von Echternach, Codex Aureus Epternacensis, wahrscheinlich entstanden im Auftrag der kaiserlichen Familie um 1045. Germanisches Nationalmuseum Nürnberg, Signatur Hs. 156 142, Folio 78 recto

7 Reichsarchitektur mit monumentalen, plastischen Formen: Blick vom Langhaus zum Chor im Speyerer Dom, vollendet um 1090 unter Kaiser Heinrich IV.

8 *Wie ein Himmelsgarten: Gewölbe der Marienkirche in Lübeck, um 1300 bis 1330*

9 Fête galante im späten Mittelalter: Bildteppich mit Liebesgarten, hergestellt in Nürnberg um 1450/60. Germanisches Nationalmuseum, Nürnberg, GNM 012

10 Vergnügen an der Stadt – großes Panorama: das spätmittelalterliche Nürnberg von Süden. Doppelseitiger Holzschnitt von Michael Wolgemut (dem Lehrer von Albrecht Dürer) aus einem Exemplar der deutschen Ausgabe der Schedel'schen Weltchronik, Nürnberg 1493. Museen der Stadt Nürnberg, Graphische Sammlung

11 Festraum der bürgerlich-patrizischen Gesellschaft: der große Ratssaal im Nürnberger Rathaus, entstanden von 1330 bis 1340, ausgeschmückt um 1521 unter der Leitung von Willibald Pirckheimer und Albrecht Dürer (dieses Dekor wurde im Zweiten Weltkrieg zerstört), Gemälde von Lorenz Hess von 1626. Germanisches Nationalmuseum, Nürnberg

12 *Gentleman: Selbstporträt von Albrecht Dürer, 1498. Prado, Madrid*

13 Freischaffender Kaufmann: Jakob Fugger der Reiche, Porträt von Albrecht Dürer, 1519. Staatsgalerie in der Katharinenkirche, Augsburg

14 Rhythmus und Rausch: das Antiquarium als Festsaal der höfischen Gesellschaft in der Münchner Residenz, entstanden in der 2. Hälfte des 16. Jahrhunderts, dekoriert unter der Leitung von Friedrich Sustris

15 *Die Kunst der Petitesse: Obeliscus Augustalis – im Zentrum August der Starke, gerahmt von Goldschmiedearbeit und Bildhauerei, entstanden nach einem Entwurf des Goldschmieds Johann Melchior Dinglinger um 1722. Schatzkammer des Grünen Gewölbes im Dresdner Residenzschloss*

16 In einer anderen Sphäre: das Treppenhaus der Residenz in Würzburg, entstanden ab 1719 nach Plänen von Balthasar Neumann, ausgemalt von Giovanni Battista Tiepolo um 1750. Markgräfin Wilhelmine von Bayreuth berichtete in ihren Memoiren: »Der Bischof mit seinem ganzen Hofstaat empfing uns vor der Treppe. (...) Obgleich ich krank war, raffte ich mich auf, das Innere des Schlosses anzusehen, das als das schönste in ganz Deutschland gelten darf. Die Treppe ist wundervoll, und alle Gemächer sind groß und weit.«

che Potentaten und die Frankenweine als ländliche Edelherren gelobt, aber die Weine an der Mosel hat man für Seiltänzer und Künstler gehalten.[4] Im Idealfall sind sie in ihrer Art unverwechselbar wie kaum andere Weine auf der Welt: so rassig, so feingliedrig und würzig. Im Gegensatz zu Weinbergen weiter im Süden sind die Schieferböden an der Mosel weniger tiefgründig, sie geizen mit Wasser, machen die Weine schlank und mineralisch; überdies ist das Wetter im Norden nicht so heiß, wodurch sich gerade Frische und Säure im Wein stärker ausbilden, häufig ausgeglichen durch eine natürliche Restsüße. Nicht dralle Frucht und Fülle, nicht hoher Alkohol und Cremigkeit, sondern Finesse und Charme sind die Trümpfe des Moselweins, gerade wenn die edle weiße Rebe des Rieslings zum Zuge kommt, die sich hier, wie gesagt, seit dem späten 18. Jahrhundert als Leitrebsorte dauerhaft durchsetzte.

Wenigstens einmal sollte man die Wehlener Sonnenuhr hinaufsteigen, um selbst in den Knochen zu spüren, was an der Mosel eine Steillage ist. Wer hoch oben im Weinberg steht, kann weit schauen und staunen, wie tief sich der Fluss zwischen Hunsrück und Eifel einsägt. Es ist, als höre man erhabene Töne von Horn und Posaune, sobald die lange Kurve des Flusses wie ein Schwanenhals erscheint. Dann glaubt man die Ouvertüre zu Wagners »Tannhäuser« zu hören und gibt sich gern der Sehnsucht und Schwermut hin. Der Riesling ist allerdings eine Medizin dagegen, hat nichts mit Wagner'scher Musik zu tun, erinnert vielmehr an Mozart'sche Klänge, ist heiter wie ein Schmetterling. Glücklich, wer hier oben eine Kühltasche dabeihat und eine Flasche mit Rieslingsschmetterlingen öffnen kann!

Unten in Wehlen präsentiert sich am Ufer der Mosel das Weingut Joh. Jos. Prüm mit einer ländlichen Villa, die Anklänge des Jugendstils aufweist, gerade im Dekor des Inneren. Das Erscheinungsbild des Betriebs und die Weine bilden eine Harmonie, ein feines, nobles Zusammenspiel, wie man es nicht so häufig findet. Senior Manfred Prüm und Juniorchefin Katharina (die bei der Wanderung im Weinberg an die gekühlten Rieslingsschmetterlinge dachte) sind promovierte Juristen und nehmen es mit der Pflege des Weins genau, ohne allzu technisch-pedantisch zu sein. »Guter Wein«, sagt Katharina Prüm, »entsteht im Weinberg. Wir sind eigentlich immer im Weinberg, das ganze

Jahr, stutzen die Rebstöcke, binden die jungen Triebe, pflegen den Boden, halten das Unkraut in Schach. Wir messen die Reife der Trauben mit technischen Geräten, richten uns aber nicht unbedingt danach.« Die Rebstöcke der Prüms sind bis zu hundert Jahre alt, was eine große Seltenheit ist. »Vielleicht ist es der besonders mineralische Schieferboden, der die Reben so alt werden lässt, vielleicht unsere besondere Hege und Pflege, ich weiß es nicht«, sagt die Juniorchefin. Die Erträge der alten Reben sind nicht mehr so hoch, umso höher ist die Feinheit der Frucht.

Die Prüms haben Besitz in den Paradelagen von Bernkastel, Graach, Wehlen und Zeltingen. Die Weinberge der unterschiedlichen Gemarkungen werden jeweils mit derselben Sorgfalt behandelt, und es ist für den Weintrinker nicht so einfach, die Rieslinge nach den Lagen zu unterscheiden. Doch man darf natürlich nicht kneifen. Die Bernkasteler lassen einen Hauch von Feuerstein, etwas Metallisches spüren; die Graacher, die auf tiefgründigerem Boden wachsen, muten fruchtiger an; die Wehlener wiederum, die auf felsigerem Schieferboden gedeihen, sind schlank und mineralisch betont. Senior Manfred Prüm zwinkert mit dem Auge, zeigt bei der Probe ein verschmitztes Lächeln, nennt seine Weine schlicht »Möselchen«.

Doch letztlich sind bei den Prüms die Rieslinge von der Wehlener Sonnenuhr die feinsten und elegantesten, mit den typischen Noten von Schiefer, Kräutern, Apfel und Pfirsich, traditionell untermalt von natürlicher Restsüße, hinreichend mit Frische und Säure ausbalanciert, bei verhältnismäßig wenig Alkohol. Weil die Prüms mit wilden Weinbergshefen arbeiten, um den Most zu vergären, kommen die Anklänge des Mineralischen und Kräuterhaften wundervoll zum Ausdruck, herrlich verschliffen mit dem feinen Fruchtspiel. Andernorts, wo die Winzer gern Reinzuchthefen verwenden, um den Most problemloser zu vergären, dringt oft nur die Fruchtigkeit in die Nase, irgendwie klinisch einwandfrei und seelenlos.

Es gibt Weinexperten, die machen ein Abrakadabra daraus, im Wein verschiedene Fruchtnoten zu erkennen, ohne sonst etwas zu merken. Man ist baff, welch eine Palette von Früchten in diesem und jenem Wein sein soll, als ob es nur darauf ankäme! Das entscheidende Merkmal eines Weins, der Freude macht, ist immer die Balance, die

Ausgewogenheit der Teile: Fruchtspiel, Tiefe, Kühle, Mineralität, Bodenwürze, Kräutertouch, Frische, Säure, Leben, Struktur, Körper, Dichte, Cremigkeit, Finesse, Eleganz – beim Rotwein kommen noch Tannin, Gerbstoff, Biss, Seidigkeit, Samtigkeit, Kraft hinzu. Man spürt im ersten Moment, ob ein Wein gut ist, ohne Analyse, nimmt blitzschnell eine gewisse Harmonie wahr, die einen anspricht oder verzaubert. Erst nach und nach genießt man die Einzelheiten, wenn man will. Auch bei der Analyse des Weins sollte man nicht allzu technisch-pedantisch oder akademisch gelehrt sein. Beim Essen, beim Trinken und in der Liebe stört die allzu genaue Zergliederung den Genuss.

Man trinkt von den fein ausgewogenen Prüm'schen Weinen gern noch ein zweites oder drittes Glas, einfach so oder zum Essen. Man kann Moselrieslinge mit natürlicher Restsüße von solcher Qualität getrost einmal zu Vorspeisen und Hauptgängen trinken, egal, ob in der Stufe des Kabinetts, der Spätlese oder der Auslese, ob zu Fisch, Geflügel oder Wild. Fabelhaft schmeckt eine schon etwas gereifte, edelsüße Rieslingauslese mit einem Hauch von Botrytis zum Reh. Erstklassige Moselrieslinge sind Zauberer, die fast alles können, nicht zuletzt lange reifen, zehn, zwanzig oder dreißig Jahre, bis sie von anmutiger Zerbrechlichkeit sind. Die Rieslinge von Joh. Jos. Prüm gehören zum Besten, was die Mosel oder die Weinwelt zu bieten hat: so rein und charaktervoll, so verspielt und bezaubernd. Oder man fahre auf Trier zu und probiere unterwegs die Rieslinge des Weinguts Schloss Lieser in Lieser oder des Weinguts Fritz Haag in Brauneberg, um vergleichbare Erfahrungen zu machen.

Ähnlich wie die Familie Merz in Bamberg für das *Rauchbier*, so gehört die Familie Prüm in Wehlen für den *Riesling* zur Spitze der Erzeuger. Beide Sippen entstammen sicherlich der uralten Kaste der Schamanen und Magier, die von jeher mit ihren Elixieren die Menschen beglücken. Was allerdings zuerst in Deutschland war, das Bier oder der Wein, lässt sich nach jüngeren archäologischen Funden nicht mehr sicher sagen, denn schon für die Jungsteinzeit sind nördlich der Alpen wilde Weinreben bezeugt, daneben die ersten Gerstenkörner.[5] Zweifellos brachten erst die Römer entwickeltes Know-how für den Weinbau in den Norden.

Das römische Gebiet war im nördlichen kontinentalen Europa das gelobte Land – und die erste Stadt von großem Format wurde Trier an der Mosel. Nachdem schon die Kelten im dortigen reizvollen Talkessel ansässig gewesen waren, gründeten hier die Römer unter Kaiser Augustus um 17 v. Chr. eine Stadt, die in spätrömischer Zeit neben Mailand, Konstantinopel und Antiochia zu einer der vier kaiserlichen Hauptresidenzen außerhalb von Rom ausgebaut wurde, damit der Herrscher an der Grenze zu Germanien stärker präsent sein konnte. Dem äußeren Umfang nach war die römische Kapitale nicht größer als das keltische Manching, aber innerhalb des Mauerrings wurde sie wesentlich dichter bebaut und großartig ausstaffiert. All die Schätze des Wissens und Könnens, welche die mediterrane Welt über Jahrhunderte oder Jahrtausende gesammelt hatte, all die Überlieferungen und Erfahrungen aus Uruk, Theben, Babylon, Jerusalem, Athen, Rom kamen jetzt auch im Norden zum Zug. In der Blütezeit des römischen Trier lebten schätzungsweise 50 000 bis 70 000 Menschen in der Stadt.

Der Ort stellte schon nach außen hin die Macht des römischen Imperiums zur Schau und bot Dramatik: Prachtvolle Stadttore, von denen die Porta Nigra erhalten blieb, begrüßten den Besucher. Er betrat eine Metropole mit schnurgeraden Straßen auf gitterförmigem Raster, was Planung und Ordnung verkörperte, und die gewöhnlichen Häuserreihen wurden überragt von monumentalen Gebäuden. Im Zentrum befand sich, als das eigentliche Wahrzeichen einer römischen Stadt, *das Forum*: das Rathaus mit Ratssaal, flankiert von Gebäuden der Stadtverwaltung und verbunden mit dem Marktplatz, wo Händler, Handwerker und Bauern ihre Waren feilboten. Bevor Trier zur kaiserlichen Metropole erhoben wurde, war das Forum in jeder Hinsicht der Mittelpunkt der Stadt: kulturell, politisch, wirtschaftlich.

Eine solch zentral gelegene, lokale Selbstverwaltung mit Forum und Rathaus war ein wesentliches Element der römischen Kultur, um einen selbstbewussten Menschenschlag mit entsprechendem Habitus hervorzubringen: eine urbane Führungsschicht, vornehme Familien und Geschlechter, Patrizier, die hauptsächlich von reichem Landbesitz lebten oder manchmal von internationalem Großhandel, Leute, die sich für das öffentliche Leben interessierten, an der Politik teilnahmen, zu Senatoren und Ratsherren wurden, mit dem Faible für Sprache und Rede, Gesetz und Ordnung, im Idealfall mit dem Sinn für politische Ausgewogenheit und Gerechtigkeit, für Common Sense und Fair Play, auch gegenüber den übrigen Bürgern, den reichen Kaufleuten wie den Plebejern, den Krämern und Handwerkern. Es war im Glücksfall eine gute Gesellschaft, die nonchalant den Geschäften wie den Vergnügungen nachging, die ein Mehr an Kultur entwickelte, mit Sinn für Feinheit in Bewegung, Sport, Tanz, Gesang, Wohnen, Mode, Essen und Trinken. Man sorgte für entsprechenden Komfort, schuf neben dem Forum auch Theater, Stadion, Gymnasium, Bäder, Läden, Bars und Tavernen.

In Rom wurde das Muster dafür entwickelt und im Laufe der Zeit auf die anderen Städte im Römischen Reich übertragen. Unbeschadet der Tatsache, dass das Imperium seinen Status als Republik verlor und durch Caesar und Augustus eine Monarchie entstand, blieb die Teilautonomie der Städte vorläufig erhalten. Das Römische Reich war noch längere Zeit halb Monarchie, halb Freistaat. Die römische Kultur blieb im Kern eine liberalstädtische.[6]

Königliche oder fürstliche Städte, wo eine Machtbildung großen Stils stattfand, gab es in der Antike bereits seit uralter Zeit, wie in Theben und in Babylon. Doch eine von innen her freiheitlich organisierte Stadt, ohne königlichen Hof als Zentrum, war im Wesentlichen erst eine Erfindung der Griechen, die die Lehrer der Römer waren. In der Mitte einer griechischen Stadt lag *die Agora*, der freie Platz, wo sich Aristokraten und Bürger zur Ratsversammlung trafen. Es entstand die neue Form des Lebens unter Gleichen, eine gegenüber Ägypten oder dem Vorderen Orient buchstäblich westliche, europäische Art, wo nicht ein Einzelner, kein Despot, sondern ein größerer Kreis von Menschen die Politik bestimmte.[7]

Unter den römischen Schriftstellern entpuppte sich Cicero im 1. Jahrhundert v. Chr. als der klassische Vertreter des liberalen republikanischen Gedankens. Er wurde schon von seinen Zeitgenossen als »Griechennarr« bezeichnet. Er berichtete selbst einmal in einem Brief, dass er daheim unter einem Bild des Aristoteles im Lehnstuhl sitze. Beide waren Erzurbanisten – Cicero auf jeden Fall auch ein Erzpatrizier, Erzrepublikaner. Er sprach von Kindheit an sowohl Latein als auch Griechisch, studierte in Rom wie in Athen die Rechte und die Redekunst und wurde zu einem der großen Vermittler griechischer Philosophie in der lateinischsprachigen Welt. Römische Tatkraft sollte sich mit griechischer Bildung verbinden. Das A und O einer liberalen Senatorengesellschaft war für Cicero die Ausbildung der Sprache, die Beredtheit, das Argumentieren, die gegenseitige Verständigung.

Die dauerhafte Herrschaft eines Einzelnen, eines Königs oder Fürsten, erschien Cicero als ungerecht. Das eigentliche politische Handeln war für ihn nicht das militärgestützte, sondern das konsensuelle, übereinstimmende Regieren. Cicero hielt die klassischen bürgerlichen Werte hoch: *Vernunft*, *Recht*, *Beratung*, *Freiheit*, *Würde*. In seiner Schrift »De re publica«, »Vom Gemeinwesen«, formulierte er sein politisches Ideal. Es zielte auf eine gemischte Verfassung mit königlichen, aristokratischen und demokratischen Elementen. In dialogischer Form wurde teils theoretisch, teils geschichtlich debattiert. In der römischen Republik nahmen die Konsuln den königlichen Teil ein; der Senat, welcher die Konsuln wählte und kontrollierte, spiegelte den aristokratischen Teil; die Volksversammlung, welche die Volkstribunen wählte, den demokratischen Part. Die unterschiedlichen sozialen Stände sollten wie Musiker in einem Konzert zusammenspielen: »Wie nämlich beim Saitenspiel oder der Flöte und im Gesang selbst und den Stimmen eine bestimmte Harmonie aus verschiedenen Tönen zu halten ist, die gebildete Ohren nicht ertragen können, wenn sie sich ändern (...), so stimmt der Staat aus den höchsten und niedersten und den dazwischen liegenden Ständen wie aus Tönen durch maßvolle Vernunft im Zusammenklang der allerverschiedensten zusammen; und was von den Musikern beim Gesang Harmonie geheißen wird, das ist im Staate die Eintracht.«[8] Man könnte vielleicht auch sagen: Gute Politik ist wie guter Wein: ausbalanciert.

In der Praxis hielt Cicero daran fest, dass die obersten Kreise, die Noblen, die vornehmen Familien und Geschlechter, die Patrizier, das Heft in der Hand behalten und das Vorrecht besitzen sollten, die Mitglieder des Senats zu stellen, während die gewöhnlichen Bürger, die so genannten Ritter (die in Wahrheit reiche Kaufleute und Landadlige waren) sowie die Plebejer (die Krämer und Handwerker) nicht in die

Senatorengesellschaft aufsteigen und nur über Vetorechte politischen Einfluss auf das Gemeinwesen nehmen konnten.

Im 1. Jahrhundert v. Chr. saßen für Cicero wie für Caesar in Rom nicht mehr genügend ideale Patrizier im Senat, die entsprechend aufgeklärt und beweglich gewesen wären. Viele Senatoren pochten auf ihre Privilegien und erwiesen sich mehr und mehr als unfähig, die römische Gesellschaft wie das römische Weltreich zusammenzuhalten. Cicero hoffte, er könne durch seine Redekunst die Senatoren zur Vernunft bringen; Caesar wurde die Sache zu chaotisch, und er verlor die Geduld. Er hielt sich selbst für fähiger als alle anderen und führte die Monarchie ein. Doch für Cicero kamen auch der vermeintlich genialen Persönlichkeit keine Sonderrechte zu. Überall dort, wo ein größerer Kreis von Menschen die Politik bestimmte: eine Ratsversammlung, ein Senat, ein Parlament, wurde für Cicero mehr übersehen, wurde mehr Wissen und Erfahrung gesammelt, als es je durch die militärgestützte Politik eines Einzelnen möglich war. Die *konsularische Regierung* war für ihn der *absoluten Macht* eines Einzelnen an Intelligenz überlegen und schien überhaupt gerechter und würdevoller für die Bürger zu sein. Caesar respektierte Cicero, so gut es ging, aber nach Caesars Tod sorgte Antonius dafür, dass Cicero für seine erzrepublikanische Haltung mit dem Leben bezahlte.

Ciceros Schriften blieben beliebt. Er pflegte in seinen Briefen eine urbane, gewitzte Sprache, die stilbildend wurde, wie Anthony Everitt, sein moderner Biograph, hervorhebt. Im launigen Ton schrieb Cicero etwa an Paeatus: »Daß Du es aufgegeben hast, zu Gastereien zu gehen, bedaure ich. Du verzichtest damit doch auf Unterhaltung und Vergnügen. Überdies befürchte ich – ich darf ja offen reden –, Du könntest Deine alte Gewohnheit verlernen und vergessen, kleine Diners zu geben (...). Als ich Spurina davon erzählte und ihm Dein früheres Leben schilderte, prophezeite er schwere Gefahren für den Staat, falls Du nicht zu Deiner früheren Lebensweise zurückgekehrt seiest, wenn der Frühlingswind einsetzt!«[9]

Auch im römischen Trier dürften sich die vornehmen Familien, Senatoren und Magistrate recht bald gegenseitig zu Abendgesellschaften eingeladen haben, um zu tafeln, Klatsch auszutauschen oder das sozial-politische Netzwerk zu pflegen. Womöglich übernahmen die jungen Leute dieser führenden Kreise bald auch die Luxusformen und das Amüsement der begüterten Oberschicht in Rom. Mochte die römische gegenüber der griechischen Kultur anfänglich noch nüchterner und gediegener, stoischer und kampfeslustiger gewesen sein, so wurde sie im Laufe der Zeit durch das Kaisertum prachtvoller, in ihren Zentren großartiger und pompöser. In Trier verbanden sich über kurz oder lang die Symbole einer patrizischen Stadtverwaltung mit den glamourösen Emblemen der Monarchie.

Schon im Jahr 44 n. Chr. hatte der römische Geograph Pomponius Mela die Stadt Trier als sehr wohlhabend bezeichnet. Im frühen 2. Jahrhundert n. Chr., unter der Regentschaft von Kaiser Hadrian, wurde Trier der Sitz des kaiserlichen Gesandten in Gallien. Die Stadt wurde damals ummauert und mit einem Amphitheater, einem Circus beziehungsweise einem Stadion und Badeanlagen geschmückt. Seit 285 oder 293 hielten die römischen Kaiser hier Hof und vermehrten die Großbauten. Es entstand neben einem Dom eine kaiserliche Palastanlage mit riesigem Thronsaal: Aula genannt. Das markante Gebäude überdauerte die Zeiten und bildete später das Vorbild für den kaiserlichen Saalbau in Aachen, den Karl der Große errichten ließ. Die Aula in Trier heißt heute Basilika, weil sie in eine Kirche verwandelt wurde. Die Weite des Innenraums ist atemberaubend – der Selbstdarstellung eines großen Reiches gemäß. Der Boden war ursprünglich mit schwarz-weißen Platten verlegt; die Wände waren bis unter die Decke mit Marmor verkleidet, während der Kaiser vorne in der Apsis thronte, um erhaben wie ein göttlich Auserwählter zu erscheinen. Was Rang und Namen im spätrömischen Imperium hatte, stellte sich hier ein, um vor dem Kaiser seinen Kratzfuß zu machen. (Farbbild 1)

Um 365 n. Chr. rief Kaiser Valentinian I. den Rhetor Ausonius nach Trier, um hier den Thronfolger Gratian erziehen zu lassen. Der Gelehrte verfasste gleichzeitig eine Beschreibung der Mosellandschaft, welche unter dem Titel »Mosella« schnell zur vielgelesenen Schrift wurde. Ein Bekannter des Autors, Symmachus, schrieb ihm aus Rom, dass dort das Werk »von Hand zu Hand und bei vielen von Busen zu Busen« rausche. Man schaute in der Ewigen Stadt jetzt nach Trier, wo sich das aktuelle Zentrum des Weströmischen Reiches befand.

Die Moselregion erschien in dem dichterischen Werk als eine mustergültig zivilisierte Welt, wo Land und Stadt eine idealisierte Einheit bildeten. Das Flusstal war urbar gemacht worden, wirkte gepflegt und schön, bot bacchantische Perspektiven: »Denn bis zum Kamm des Hanges, der sich mit höchsten Erhebungen hinzieht, / wird der Rand des Flusses von grünem Lyaeus (Wein) bewachsen. / Arbeitsfrohes Volk und emsige Bauern / eilen bald auf dem höchsten Gipfel, bald am abschüssigen Bergrücken hin und her / und streiten sich mit törichtem Geschrei. Von dort singen ein Wanderer, / der drunten am Ufer seines Weges geht; von hier ein Schiffer, der dahingleitet, / Spottverse gegen die säumigen Landbebauer; jenen widerhallt / die Felswand und der erzitternde Wald und die Mulde des Stromes.« Stadt- und Landbewohner neckten sich, doch die Worte verhallten, oder man nahm sie nicht so krumm.

Parallel zu den Versen erhielt sich ein in Stein gemeißeltes Schiff aus der Zeit um 220 n. Chr., das ursprünglich zum Grabmal eines Weinhändlers gehört hatte und heute im Rheinischen Landesmuseum in Tier ausgestellt wird. Das Schiff ist mit Weinfässern voll beladen, daneben sind zwei Steuermänner und sechs Ruderer zu sehen. Der Bildhauer schuf eine ebenso emsig-tätige wie dionysisch-heitere Szene. Streben und Genießen schienen an der Mosel eins zu sein. Ausonius meinte: »Und doch erzeugt das Vergnügen keine Verschwendung.«

Für den lateinischen Dichter bildeten Stadt und Land, Urbanität und Dörflichkeit keine feindlichen Gegensätze, sondern eine gegenseitige Entsprechung. Vom einfachen Landwirt bis zum städtischen Senator standen die Menschen für ihn in einer Reihe, um wichtige Glieder der Zivilisation zu sein: »Rühmend in Erinnerung bringen will ich die friedlichen / Ackerbauern und die Gesetzeskundigen und Redegewaltigen, / den erhabenen Schutz für Verklagte; die das Rathaus als die höchsten / unter ihren Bürgern sah, als Vornehmste und als eigenen Senat.«[10] Die antike Idee des freiheitlichen Gemeinwesens leuchtete noch einmal auf, als sei sie lebendiger denn je gewesen. Ob im kaiserlichen Trier die Dichtung der Wahrheit entsprach, bleibt offen. Allerdings weiß man, dass Gratian, der Zögling des Dichters, im Gegensatz zu seinem Vater als junger Kaiser darum bemüht war, den Senat in Rom zu achten. So oder so wurde die »Mosella« zum Schwanengesang antiker Zivilisation.

Dionysisch: Neumagener Weinschiff aus der Zeit um 220 n. Chr., Rheinisches Landesmuseum Trier

Peter Heather misstraut heute der bekannten Auffassung, dass sich das römische Imperium am Ende durch den Mangel an Moral und Tugend aufgelöst habe oder umgekehrt durch die Christianisierung des Reiches, welche die irdischen Kräfte untüchtig gemacht habe. Er gibt sich überzeugt, dass die eigentliche Ursache des Zerfalls im Vordringen der Hunnen von Osten her zu suchen sei. Das Plündern und Morden des Reitervolkes löste eine gewaltige Völkerwanderung germanischer Stämme als Flucht vor diesen Horden aus, die es weiter westlich kaum anders trieben. Die Römer konnten laut Heather einer solchen Urgewalt nichts entgegensetzen, denn auch sie verfügten nicht über genügend Ressourcen, um dafür hinreichende Abwehrkräfte zu mobilisieren.[11]

Nachdenkenswert bleibt daneben allerdings auch die ältere These von Alfred Heuss, dass am Ende eine gewaltsame kaiserliche Bürokratie die Teilautonomie der Städte ausgehöhlt habe und dadurch die urbane Führungsschicht, die Senatoren und Patrizier, die eigentlichen Träger des römischen Imperiums, geschwächt worden seien.[12] Möglicherweise gab es keinen Ort mehr, wo sich die geistigen Kräfte und Energien sammeln konnten, um eine gemeinsame Willensbildung zu vollziehen, um mehr Forschung und Wissenschaft zu betreiben, wie es Cicero gewünscht hatte. Vielleicht war der Umschlag von der freiheitlichen Republik zum autoritären Kaisertum am Ende doch zermürbend, vielleicht hätte man nicht weniger, sondern mehr Demokratie wagen sollen, um die unterschiedlichen Schichten der Gesellschaft besser zu integrieren. Die Zentrifugalkraft der Stadt Rom war längst gemindert. Je nach Situation und Vorliebe der Kaiser wechselte die Residenz: mal Trier, mal Mailand, mal Konstantinopel.

Nicht nur das römische Weltreich stand auf dem Spiel, sondern das Gedächtnis und die Behältnisse der Zivilisation: die vielen Städte, Rathäuser, Schulen, Akademien, Archive und Bibliotheken, die Kunst der Verwaltung, das Können des Handwerks, die feinere Lebensweise. Seit etwa 400 n. Chr. war der Stoß der Völkerwanderung an der Rheingrenze nicht mehr abzuwehren. Trier wurde von germanischen Horden erobert und stark beschädigt. Anderen römischen Städten erging es nicht viel besser. Die römische Verwaltung zog sich aus Trier zurück, während der Bischof blieb. Die weströmischen Kaiser lavierten noch ein paar Jahrzehnte, um sich recht und schlecht zu behaupten. Aber im Jahr 476 war das letzte Stündlein für den Imperator gekommen. Einer der römischen Generäle setzte den noch jungen weströmischen Kaiser Romulus ab, weil er keine Macht mehr besaß.

Antiker Humanismus: Städte, Lebensart, Feinschmeckerei

Im Jahr 1748 entfloh Johann Joachim Winckelmann dem freudlosen Preußen, um vorläufig in Sachsen ein besseres Leben zu finden. Sieben Jahre später zog er von Dresden nach Rom, um der klassischen Kunst des Altertums so nahe wie möglich zu sein. Der ideale Fixpunkt des schönen Menschen war für ihn jedoch noch nicht das *antike Rom*, sondern das *antike Athen*. In seinem Frühwerk »Gedanken über die Nachahmung der griechischen Werke in der Malerei und Bildhauerkunst« schrieb er: »Der gute Geschmack, welcher sich mehr und mehr durch die Welt ausbreitet, hat sich angefangen zuerst unter dem griechischen Himmel zu bilden.«[13]

Es dauerte eine Weile, bis die Deutschen bemerkten, dass auch sie Erben einer griechisch-römischen Vergangenheit sind: gleichermaßen geprägt vom antiken *Humanismus* wie vom *Christentum*. Die deutsche Geschichte hat sowohl etwas mit dem antiken Rom als auch mit dem antiken Athen zu tun. Man könnte mit Winckelmann auch sagen: Der gute Geschmack »hat sich angefangen« in der *freiheitlichen Stadt der Griechen*.

Der großartige Homer war einer der Pioniere, welche die Entwicklung der freiheitlichen Stadt voranbrachten. Er spornte bereits um 700 v. Chr. seine Landsleute dazu an, neue Kräfte in sich zu entdecken, ja einen Paradigmenwechsel in der Einstellung zum Leben zu vollziehen. Er machte sich stark dafür, weniger jenseits-, sondern mehr diesseitsbezogen zu sein: nicht dumpf und zerstörerisch ein blindes, göttliches Schicksal zu beschwören, sondern ein neues, menschenfreundlicheres Modell des Zusammenlebens zu schaffen, um das Leben besser zu meistern. In der »Odyssee« legte er eingangs Zeus die Worte in den Mund: »Welche Klagen erheben die Sterblichen wider die Götter! / Nur von uns, wie sie schreien, kommt alles Übel; und dennoch / schaffen die Toren sich selbst, dem Schicksal entgegen, ihr Elend.«

Die dunkel strahlenden, trotzigen Heroen, wie sie noch im Frühwerk von Homer, in der »Ilias«, aufgetreten waren, sollten sich in der »Odyssee« eine mildere Gesinnung angewöhnen. Es sollte nicht mehr um heldenhafte Ehre und verletzten Stolz, um Angriff und Verteidigung, Beutemachen und Überleben gehen, sondern um *die Künste des Friedens*. Die Triebe und Begierden der Menschen sollten besänftigt werden mit Hilfe neuer Tugenden wie Verstand und Klugheit, Duldsamkeit und Gerechtigkeit, Erfindungsgeist und Fleiß. Es ging zuerst darum, für genügend Nahrung zu sorgen, eine bessere Landwirtschaft zu schaffen, um den Hunger, der am meisten Gewalt erzeuge, auf friedvollem Weg zu stillen. In der »Odyssee« wurde Landwirtschaft im großen Stil betrieben. Aber eine rein ländlich geprägte Gesellschaft schien noch nicht dafür geeignet zu sein, höhere Formen der Zivilisation hervorzubringen.

Erst die freiheitliche Stadt bot Homer die Bühne, um das menschenmögliche Glück zur Entfaltung zu bringen: mit Hilfe von feineren Sitten, feineren Künsten in Kultur, Politik und Wirtschaft. Er rückte neben die ländlich-ritterliche Gesellschaft, wo Fürsten an der Spitze standen, die ersten städtischen Versuche mit Mauer, Tempel, Ratsversammlung, Markt und Schiffshandel. Er stellte einen Ort vor, in dem es bereits Sicherheit und Rechtspflege, Tüchtigkeit und Muße, das Angenehme und Schöne, das Modische und Abwechslungsreiche gab. Die *Stadt der Phäaken* wurde zum utopischen Ort eines besseren, menschenwürdigeren Lebens, wo nicht länger aristokratisch-autoritärer Heroismus, sondern die liberale, friedliebende Bürgergesellschaft im Vordergrund stand. König Alkinoos war dort nur noch Erster unter Gleichen und erklärte Odysseus, dass ihr Ideal friedvolles Streben und Genießen sei: »Denn wir suchen kein Lob im Faustkampf oder im Ringen; / Aber die hurtigsten Läufer sind wir und die trefflichsten Schiffer, / Lieben nur immer den Schmaus, den Reigentanz und die Laute, / Oft veränderten Schmuck und warme Bäder und Ruhe.«[14] Sucht heute jemand nach den Wurzeln des ehrbaren Bürgers, des Honnête homme, des Gentiluomo, bitte schön! hier sind sie: die Phäaken – in moderner Variante die bürgerlichen Lebenskünstler.

Homer wurde zum ersten Connaisseur und Gastrosophen in Europa. Er dachte in der »Odyssee« unentwegt an Essen, Trinken, Gesang, Tanz, Gespräch, Freundschaft, Liebe, an genießerische Tugenden, um die rohen Instinkte zu mildern, die Herzen zu beglücken, die Seelen großzügiger und großmütiger zu machen. Er beschrieb frühe gastronomische Rituale. In vornehmen Häusern ließ man für den weit gereisten Gast ein warmes Bad einlaufen; er wurde von Mägden mit Öl gesalbt und neu eingekleidet; im Speisesaal bot man ihm die Gelegenheit, sich noch einmal die Hände zu waschen. Die eine Magd goss aus einer goldenen Kanne das Wasser über seine Hände, die andere hielt eine silberne Schüssel darunter, ein Service, den heute noch Ministranten im katholischen Gottesdienst dem Priester bieten, in dem ja auch ein Abendmahl nachgeahmt wird. Bei Homer brachten Mägde und Zerleger die Speisen und Getränke auf den Tisch, Brot und

Bratengerichte, dazu duftenden, süßen Wein in goldenen Bechern; Sänger trugen Lieder vor, Tänzer traten auf. Die Varianz der Dinge erhöhte die Freude: Augen-, Ohren-, Nasen- und Gaumenschmaus wechselten und steigerten sich gegenseitig. Nicht zuletzt empfahl Homer, man möge doch gelegentlich das Gastmahl bis in die tiefe Nacht hinein ausdehnen – nicht um sich zu betrinken, sondern um bei größtem Wohlbehagen gegenseitig von sich zu erzählen, wer man sei, was man erlebt und gesehen habe, um etwas von der Welt zu erfahren und vertrauter miteinander zu werden.

Im 5. Jahrhundert v. Chr. vollzog sich in Athen die so genannte anthropologische Wende. Philosophen wie Protagoras erkannten nicht länger eine überirdische Macht als letzte Lenkerin allen Geschehens an, sondern drängten die mythisch-religiöse Welt zurück, holten die Philosophie vom Himmel auf die Erde, nahmen die Natur natürlich und rückten den handelnden Menschen in den Mittelpunkt, der sich mehr und mehr seiner selbst als ein geistiges, intellektuelles Wesen bewusst wurde.[15] Wenn sich nirgendwo in Natur und Geschichte göttlich bestimmte Lebensformen erkennen ließen, sollte man mit Hilfe von Verstand und Erfahrung selbst Sitten einüben, selbst Künste entwickeln, sich mündig zeigen.

Es entstand der antike *Humanismus*, welcher im Kern kritische Selbstbetrachtung und Mäßigung forderte: »Erkenne dich selbst!« und: »Nichts zu sehr!« Man sollte als Mensch seine Grenzen wie seine Möglichkeiten erkennen, sollte nicht länger griesgrämig-launige Götter anbeten, nicht länger unter feudaler Knute leben, nicht mehr zu einer Masse von Angeführten gehören, sondern sich selbst erziehen, sich selbst beherrschen, sich zurücknehmen, die Kämpfe der Parteien überwinden, ein Leben unter Gleichen führen, die Würde des Einzelnen achten, kurz: Wissen schaffen, das Leben schmücken, Mensch sein.

Für Protagoras war der Mensch das Maß aller Dinge, nicht um sich zu überheben, sondern um im Gegenteil die begrenzte menschliche Erkenntnisfähigkeit zum Ausgangspunkt des Denkens und Handelns zu machen, sprich: um zu verstandesmäßiger, kritischer Reflexion zu finden, zu liberaler Debatte über die Dinge des Daseins, zu empirisch-objektiven oder relativen Maßstäben, zur Emanzipation von Vernunft und Aufklärung: »Von den Göttern vermag ich nichts festzustellen, weder, daß es sie gibt, noch, daß es sie nicht gibt, noch, was für eine Gestalt sie haben; denn vieles hindert ein Wissen hierüber: die Dunkelheit der Sache und die Kürze des menschlichen Lebens.«[16] Gebieterische Götter oder metaphysische Gesetze entstammten möglicherweise der menschlichen Einbildungskraft, gerade sie, die Götter und die Metaphysik, waren vielleicht Erzeugnisse maßloser Phantasie. Es lag an den Menschen, sich selbst Gesetze zu geben und für ein gedeihliches Zusammenleben zu sorgen. Es ging für Protagoras um zwei wesentliche Dinge: erstens um wirtschaftliche und zweitens um politische Tugend, quasi um Wirtschaftskunst und Staatskunst, verbunden mit guter Rede- und Verständigungsfähigkeit: »Wer aber zu mir kommt, der wird nichts anderes lernen als dasjenige, weswegen er zu mir gekommen ist. Man lernt bei mir Wohlüberlegtheit in seinen häuslichen Angelegenheiten: wie man am besten sein eigenes Hauswesen verwaltet, und, was die Angelegenheit des Staates betrifft, wird man bei mir so ausgebildet, daß man möglichst befähigt wird, an der Regierung des Staates in Wort und Tat mitzuwirken.«[17]

Man könnte sagen: Wo es keine absolut bestimmten Lebensformen gibt, entsteht Freiheit, die ihrerseits nach Erziehung und Bildung der Menschen verlangt, um sie zu erhalten. Neben der wirtschaftlichen und politischen Fähigkeit ist jedoch ein drittes bürgerliches Element höchst wünschenswert: die kulturelle Tugend, quasi neben liberaler *Wirtschaftskunst* und *Staatskunst* die *Lebenskunst*, ohne diese drei Dinge streng voneinander unterscheiden zu können. Wenn sich das menschenmögliche Glück entfalten soll, sollten sich diese drei menschlichen Kardinaltugenden im Bürger vereinen: *eine beruflich-wirtschaftliche, eine sozial-politische und eine musisch-kulturelle Fähigkeit*. Letztere entsteht durch Bildung in Naturkunde, Geschichte, Literatur, bildender Kunst, Musik, Sport, Wohnen, Mode, Umgang, Feinschmeckerei.

Das höchste menschliche Gut ist das menschenmögliche Glück. Darüber waren sich die griechischen Philosophen des Humanismus einig. Nur der Weg dorthin wurde unterschiedlich beschrieben. Die sozial-politische Tugend, quasi als das mittlere Glied der drei menschlichen Kardinaltugenden, wurde auf dem Weg zum Glück fast immer genannt: als ein sittlich gutes Verhalten in Familie, Gesellschaft, Staat. Nicht ganz so fein wurde die beruflich-wirtschaftliche Tugend beurteilt, weil bei ihr die Gefahr bestand, dass man nur in die eigene Tasche wirtschaftet und das Glück des Gemeinwesens aus dem Auge verliert. Dieselbe Skepsis bestand gegenüber der musisch-kulturellen Tugend, wo die Frage offenblieb, ob die geistigen oder ob die sinnlichen Genüsse glücklicher machen. Man kann erahnen, dass eine Mischung von alledem nicht der schlechteste Weg zum Glück wäre: das Ineinander von beruflich-wirtschaftlicher, sozial-politischer und musisch-kultureller Fähigkeit.

Aristipp, der mit der Lehre des Protagoras vertraut war, achtete alle drei Varianten, lehrte aber vor allem die letztere, weil sie von Protagoras vernachlässigt worden war. Aristipp verstand die *musisch-kulturelle Tugend* – ähnlich wie Homer – als eine *genießerische Tugend*, die gelernt sein will, damit sie den Menschen guttue, sie entspanne, sozial verträglicher, innerlich reicher und glücklicher mache. Es gab für ihn zwischen den geistigen Genüssen, wie Literatur, Theater und Philosophie, und den sinnlichen Genüssen, wie Essen, Trinken und Liebe, keine Hierarchie. Das eine wie das andere konnte glücklich machen.

Für den Lebenskünstler, Bonvivant und Genießer geht es nach Aristipp nicht um maßloses Schwelgen, sondern um kluges Abwägen, um die Kennerschaft der Genüsse, um das Feine und Bekömmliche. Man soll zum Artisten des Lebens werden, sich in die jeweilige Situation fügen, nicht das Unmögliche begehren, sondern allen Lagen die beste Seite abgewinnen, heiter und gelassen bleiben in der Freude wie in der Not: die delikaten Dinge verschmausen, wenn sie da sind, sie entbehren können, wenn sie fehlen. Man soll Freude am Genuss haben, ohne sich davon versklaven zu lassen. Bloßer Verzicht auf das Angenehme und Vergnügliche ist noch keine Tugend, sondern der kluge, kenntnisreiche Umgang damit.

Es sind von Aristipp keine Schriften überliefert, doch andere vermittelten seine Lehre. Der späthellenistische Gelehrte Diogenes Laertius berichtete über ihn: »Er wußte sich mit Glück in Ort, Zeit und Person zu schicken und jede Rolle den jeweiligen Umständen gemäß zu spielen (...). Dionysios ließ ihm einst drei weibliche Schönheiten vorführen mit der Aufforderung, sich eine auszuwählen; da führte er alle drei weg mit den Worten: ›Auch dem Paris hat es keinen Segen gebracht, einer den Vorzug zu geben.‹ Doch führte er sie nur bis in die

Vorhalle und ließ sie dann laufen. So geschmeidig war er im Wählen und Verwerfen.«[18]

Aristipp gehörte der Generation nach Protagoras an und zählte zeitweise zum Kreis um Sokrates, der ebenfalls die anthropologische Wende beförderte, ebenfalls von den Göttern nichts zu sagen wusste und auf Erden nach dem sittlich Guten suchte, nach Wahrheit und Gerechtigkeit, ohne sich jedoch um Lebensart zu kümmern, was in den Augen von Aristipp steif und trocken war. Für Sokrates machte das gerechte, sozial-politische Handeln glücklich, für Aristipp ebenso der kluge, kenntnisreiche Umgang mit den geistigen wie sinnlichen Genüssen. Für ihn galt das eine wie das andere: menschlich sein und Freude am Genuss haben. Gelegentlich gab er für Rebhühner, die zu den begehrtesten Delikatessen der Griechen zählten, hohe Summen aus, ohne von schlechtem Gewissen gepeinigt zu werden. Es kam für ihn darauf an, den Wert der feinen Dinge zu kennen und nicht kleinlich zu sein. Kaum etwas ist menschenwürdiger, als ab und zu einen ausgezeichneten Happen zu essen.

Perikles, der athenische Staatsmann, verband in seiner berühmten »Leichenrede«, so wie sie Thukydides im »Peloponnesischen Krieg« überlieferte, eine liberale Verfassung der Stadt mit feinerer Lebensweise. Humanismus, Freiheit, Demokratie, Toleranz, Individualität, Anstrengung, Entspannung, Genuss der Kulturschätze: all das gehörte für ihn zusammen. Die Rede wurde zu einem überzeitlichen Manifest der liberalen Bürgergesellschaft: »Frei leben wir als Bürger im Staat und frei vom gegenseitigen Mißtrauen des Alltags, ohne gleich dem Nachbarn zu zürnen, wenn er sich einmal ein Vergnügen macht (...). Außerdem haben wir reichlich für geistige Entspannung nach der Last der Arbeit gesorgt, durch Wettkämpfe und feierliche Opfer, die wir jährlich feiern, durch eine geschmackvolle Ausstattung unserer Häuser, die uns Tag für Tag erfreut und die Sorgen verscheucht. Dank der Größe unserer Stadt strömen aus aller Welt alle Güter bei uns ein – und so haben wir das Glück, ebenso bequem die Erzeugnisse des eigenen Landes zu genießen wie die fremder Völker.«[19]

Nach dem Peloponnesischen Krieg kehrte der konservative Platon wieder zum metaphysischen Konzept der vorsokratischen Denker zurück und entwarf ein penibel geordnetes Leben im Stadtstaat, autoritätseifrig und entsagungsfreudig – während Aristoteles, sein Schüler, der freiheitlich-humanistischen Gesinnung treu blieb, so wie es der Praxis der meisten Griechen entsprach. Das Ideal des Aristoteles war eine gemischte Verfassung: die Verbindung von demokratischen und aristokratischen Elementen in der Stadt: Freiheit und Noblesse. Seine »Nikomachische Ethik« wurde zum Grundbuch urbanen Lebens oder der Lebenskunst überhaupt: just an der Schnittstelle zwischen sozial-politischem und musisch-kulturellem Handeln. Er machte darin die individuelle Selbstkontrolle der Leidenschaften, das Ausbalancieren der Begierden und Affekte zum Schlüssel des glücklichen Lebens. Verstandesmäßige Tugenden wie Vernunft und Besonnenheit sollten zu ethischen Tugenden führen: zu sittlichem Handeln, Mäßigkeit, Freigebigkeit, Hochherzigkeit, Gerechtigkeit sowie zu guter Lebensart, Geschmeidigkeit, Gewandtheit, leichter Selbstironie und Humor.

Es geht in der Lebenskunst nicht zuletzt um die Kultivierung von Heiterkeit und Liebenswürdigkeit, Beredtheit und Unterhaltsamkeit, darum, sich selbst und anderen angenehm zu sein. Weder das Monologisieren noch das Schweigen in Gesellschaft ist taktvoll. Eine übertrieben ernste Laune ist schlechtes Benehmen und keine Kunst. Der wahrhaft ernste Mensch ist heiter, kennt die eigenen Schwächen und fühlt sich nicht klüger als die anderen. Aristoteles erklärte: »Die aber selbst niemals scherzen und denen, die einen Scherz machen, böse sind, erscheinen als steif und trocken. Die aber angemessen zu scherzen wissen, heißen artig und gewandt, als wüßten sie sich wohl zu wenden.«[20]

Das Ideal des Humanismus ist ein selbstbestimmtes Leben in einer Gemeinschaft unter Gleichen. Aristoteles verfasste parallel zur »Ethik« seine Schrift über die »Politik«: in diesem Fall an der Schnittstelle zwischen beruflich-wirtschaftlichem und sozial-politischem Handeln. Er riet ähnlich wie Protagoras dazu, der Bürger möge erstens sein Haus oder seinen Landbesitz gut verwalten, zweitens an den politischen Geschäften des Stadtstaates teilnehmen und sich um das Gemeinwohl kümmern, nur so steige man vom Untertanen zum Bürger auf.

In der »Ethik« räumte Aristoteles ähnlich wie Aristipp dem Bürger ein Recht auf persönliches Glück ein, sei es durch geistige, sei es durch sinnliche Genüsse: etwa durch die Freude an Erkenntnis, Philosophie und Kontemplation oder durch das Vergnügen an der Freundschaft oder am Gastmahl. Jeder soll für sich selbst den kritischen Punkt finden, inwieweit er den Genüssen nachgeben kann oder im Gegenzug die Verweichlichung durch Bewegung und Sport ausbalancieren muss. Jeder soll für sich selbst und andere so gesund und schön wie möglich sein. Aristoteles schätzte beim Essen das delikate Huhn. Wenngleich er die geistigen über die sinnlichen Freuden erhob, kam er in der »Ethik« zur Einsicht: »Wer alles flieht und fürchtet und nichts erträgt, wird feig, dagegen wer gar nichts fürchtet und gegen alles angeht, tollkühn. Desgleichen wird, wer jede Lust genießt und sich keiner enthält, zügellos, wer aber jede Lust flieht, wie die sauertöpfischen Leute, verfällt in eine Art Stumpfsinn.«[21]

An den philosophischen Schulen dachte man nicht nur über die Lebenskunst nach, man beherzigte sie auch. Man sorgte für die Abwechslung der Tätigkeiten und Vergnügungen, verknüpfte Streben und Genießen: Lehre, Studium, Wissenschaft, Debatte, Geselligkeit, Gastmahl und Trinkgelage. Ohnehin wäre jede Form von Einseitigkeit verfehlte Lebenskunst oder ein verfehlter Weg zum Glück. Berufliche Genüsse wie Kreativität und Wirksamkeit, soziale Genüsse wie Liebenswürdigkeit und Liberalität, geistige Genüsse wie Geschichte und Literatur, sinnliche Genüsse wie Naturerlebnis und Feinschmeckerei: all das gehört zusammen und sorgt in der Mischung für die Verträglichkeit der einzelnen Genüsse.

Der schon erwähnte späthellenistische Connaisseur und Gelehrte Athenaios von Naukratis, der um 200 n. Chr. lebte, überlieferte in seinem »Gelehrtenmahl« eine regelrechte Enzyklopädie antiker Gewohnheiten des Essens und Trinkens. Manches ist nur durch ihn überliefert, weil er als Bewohner von Naukratis die benachbarte berühmte Bibliothek in Alexandria nutzen konnte. Unter anderem berichtete er: »Auch den Philosophen lag daran, junge Männer zu sammeln und mit ihnen nach einer bestimmten Ordnung zu speisen. So gab es ›Regeln für Symposien‹ von Xenophon in der Akademie und auch von Aristoteles (...). Aristoteles erklärte es für unziemlich, ungebadet und staubig zum Symposion zu kommen.«[22]

Spätestens seit dem 4. Jahrhundert v. Chr. wurde in Athen öffentlich über die Kochkunst geredet, indem Köche in Komödien auftraten und über ihr Metier sprachen. Auch die Köche verstanden ihr Handwerk bereits als eine Kunst, wenn nicht gar als Kunst der Künste. In den Komödien betonten sie die Würde und Wissenschaft ihres Berufs. Nikomachos, ein Dichter der so genannten Mittleren und Jüngeren Komödie des 4. und 3. Jahrhunderts v. Chr., legte nach Athenaios in der »Geburtsgöttin« einem Koch die Worte in den Mund: »Von andrer Art ist der vollkommne Koch. / Er muß ja viele edle Künste kennen, / die nicht ein jeder gleich und obenhin / erlernen kann. Zuerst die Malerei / gilt's zu erfassen. Andre Künste auch / muß vor der Kochkunst man betreiben, die / du besser kenntest, eh du mit mir sprichst: Heilkunst, Astronomie, Geometrie. / Sind's die, die dich der Fische Kräfte lehren / und Künste. Du verfolgst die rechte Zeit, / wann jeder Fisch saisongerecht erscheint, / denn groß ist beim Genusse die Distanz: mal ist der Grunzer besser als der Thunfisch.«[23]

Die sieben wesentlichen Grundlagen der Kochkunst, wie sie heute noch gelten, wurden damals schon debattiert: *Warenkunde, Zuschneiden, Würzen, Garen, Soße, Komposition, Präsentation.* Ein anderer Komödiendichter, Philemon, ließ einem Koch sagen: »Doch achte auf das Feuer, daß es zum Braten nicht zu schwach gerät (denn dies bewirkt nicht Braten, sondern Kochen), noch auch zu heiß, denn sonst verbrennt es nur die Außenseite, doch ins Fleisch dringt's nicht.« Wieder in einer anderen Komödie wurden »scharfe Soßen« oder »gut gebratene Schnitzel, mit den feinsten Soßen« erwähnt. Oder man sprach – schon in späthellenistischer Zeit – vom »Erfindungseifer« und erklärte: »Und so erfand ein Koch gefüllten Bauch, / er kocht ein Zickel butterweich, verziert / es mit faschiertem Fleisch und tönt's mit Süßem, rollt Fisch hinein, daß man ihn gar nicht sieht, Gemüse, kräft'gen Rauchfisch, Graupen, Honig.« Zu guter Letzt sorgte man für eine »artistische« Anrichteweise.

Von der homerischen über die klassische Zeit des 5. und 4. Jahrhunderts v. Chr. bis in die späthellenistische und römische Periode hinein vollzogen sich kulinarische Verfeinerungen. Unverändert blieb als Fundament der mythisch verehrte Dreiklang von Brot, Olivenöl und Wein. Alles Weitere war für die Griechen »Zukost«, veränderliches Vergnügen und Luxus. In der »Odyssee« des Homer galten noch als nobelste Stücke der gebratene Rücken vom Schwein, mit Fett überzogen, oder der Rücken vom gemästeten Ochsen. Seit der klassischen Zeit stellte sich eine neue Rangordnung in der Küche ein: durch geschmeidiges Wählen und Verwerfen, wie es ein Aristipp lehrte. Nicht mehr die kraftvolle Nahrung des Kriegers, sondern die Delikatesse des Städters kam zum Zug: der *ausgewählte Geschmack*.

Wer es sich leisten konnte, servierte als ersten Gang verschiedene Weichtiere, die man als erotisierend und animierend empfand, Kamm-Muscheln, Austern, Seeigel, Tintenfisch oder Schnecken, gelegentlich gab es als ersten Gang auch Salat mit Essig und Öl, erfrischend und belebend; als zweiten Gang bot man frischen Fisch, gebraten oder gekocht, gewürzt mit Salz, Knoblauch und Olivenöl, wobei mancher Koch schon darauf achtete, dass der Fisch saftig blieb. Bei Archediokos sagte ein Koch im »Schatz«: »Ich tu die Tiegel auf das Feuer, gieße / Öl auf die Kohlen, gleich brennt's lichterloh. / Während Gemüse und der scharfe Duft der Nebenschüsseln meinen Herrn erheitern, koch ich den Fisch, so daß er seine Säfte / behält, das richtige Aroma kriegt.« Die begehrtesten Fische waren Aal, Meerbarbe, Wolfsbarsch und Thunfisch. Daneben waren die Griechen vernarrt in das Geflügel: Taube, Huhn, Ente, Gans, am meisten in das Wildgeflügel: Drossel, Wachtel, Rebhuhn und Fasan. Hinzu kam vierbeiniges Wild: an erster Stelle der Hase, gefolgt vom Wildschwein, gelegentlich ergänzt durch junge Haustiere: Zicklein, Lamm, Ferkel und Kalb. Zum Nachtisch bot man Gebäck, »Näschereien«, Früchte, unter denen die Feige nicht fehlen durfte.

Spätestens seit dem 4. Jahrhundert v. Chr. hatten die betuchten Griechen in den freiheitlichen Städten die Muster einer Hochküche herausgebildet. Man bevorzugte die feinen, leicht verdaulichen Dinge: Gemüse, Weichtiere, Fisch, Geflügel, Wild, Jungtiere, Obst, verknüpft mit intelligenter Zubereitung. Es entstand eine Ordnung der Hochküche, die von vornehmen Römern übernommen wurde (und im frühen, nachantiken Europa nie völlig verlorenging und spätestens seit der ritterlich-höfischen Kultur des 11. und 12. Jahrhunderts wieder aufblühte).

Im kaiserlichen Rom kamen seit dem 1. Jahrhundert n. Chr. zu dieser Ordnung der Hochküche neue Varianten hinzu: eine forcierte, edle Zucht der Waren, äußerste Vielfalt, Exotik und Extravaganz. Offenbar gelang es, bestimmte Fische aus entfernten Mittelmeergebieten in der nahen Küstengegend vor Rom, zwischen Ostia und Kampanien, auszusetzen und dort heimisch zu machen, wie den beliebten Papageifisch, der vorher nur im Meer bei Karpathos vorkam. Plinius der Ältere berichtete in seiner »Naturgeschichte«: »So hat sich die Feinschmeckerei mit den Fischen eine zusätzliche Delikatesse geschaffen und hat dem Meer einen neuen Bewohner geschenkt. Da braucht man sich auch nicht zu wundern, daß ausländische Vögel in Rom brüten.«[24] Neben exotischer Geflügelzucht, etwa der Pfauen, Kraniche, Flamingos und Papageien, gab es auch die Austernzucht, die nach Plinius erst einige Dekaden zuvor, im 1. Jahrhundert v. Chr., erfunden worden war. Ein Jahrhundert später schlürften auch schon die Soldaten in den römischen Befestigungen des nördlichen Alpenvorlandes die Austern, etwa im Kastell Oberstimm, das just neben dem keltischen Manching bei Ingolstadt entstand. Die begehrten Muscheln wurden in Holzfässern mit Salzwasser über die Alpen gekarrt. Einen Heidenspaß hatten die Römer ebenso an der Wachtelzucht, wie es Kaiser Marc Aurel in seinen »Selbstbetrachtungen« notierte.

Es kursierten schon in griechisch-römischer Zeit viele Kochbücher, von denen sich eines bis heute erhalten hat: das Rezeptbuch des berühmten römischen Schlemmers Apicius, der ein Zeitgenosse von Plinius dem Älteren im 1. Jahrhundert n. Chr. war. Nebenbei erhöht es den kulinarischen Ruhm der Ostfranken und späteren Deutschen, dass eine der beiden ältesten Handschriften, welche heute die Grundlage für Apicius-Ausgaben bilden, im 9. Jahrhundert im Kloster Fulda entstand und sich nun in der New York Academy of Medicine befindet; die andere aus derselben Zeit liegt im Vatikan.[25]

Apicius übernahm im Großen und Ganzen die Ordnung der Hochküche von den Griechen: Gemüse, Weichtiere, Fisch, Geflügel, Wild, Jungtiere, Obst, verknüpft mit intelligenter Zubereitung; zugleich huldigte er im Stil der Zeit der forcierten, edlen Zucht der Waren, der äußersten Vielfalt, Exotik und Extravaganz. Berühmt wurde sein Vorschlag, den Plinius der Ältere bezeugte, die Schweine vor dem Schlachten mit getrockneten Feigen und Honigwein zu mästen, um deren Leber fetter und wohlschmeckender zu machen.

Im Rezeptbuch tischte Apicius unter anderem exotisches Geflügel auf, von dem auch Plinius der Ältere sprach: wie eben Pfauen, Kraniche, Flamingos und Papageien. Er empfahl an einer Stelle: »Du wirst das Geflügel wohlschmeckender und besser machen und ihm das Fett erhalten, wenn du es mit Ölteig (mit Öl verknetetem Mehl) umhüllt in den Ofen gibst.« Das »Fett« im Geflügel deutet auf Mastgeflügel hin, wahrscheinlich auf Kapaune, kastrierte Hähne. Als besondere Delikatessen galten neben dem Geflügel die »Gebärmutter von Jungsäuen« oder eben die »Feigenleber« der eigens gemästeten Schweine.

Eine große Rolle spielten die Soßen, beispielsweise solche aus süßem Traubensirup oder Gewürzsoßen wie »Liquamen« und »Garum«. Apicius gab dafür keine Rezepte an, denn es handelte sich um fertige Soßen, die als teure Produkte von industriellen Gesellschaften angeboten wurden, ähnlich wie heute eine Sojasoße oder Worcestersauce. Nach Plinius bestanden Gewürzsoßen wie »Liquamen« oder »Garum« aus getrockneten, gesalzenen und vergorenen kleinen Fischen und Fischeingeweiden. Womöglich kommen die Fisch- oder Austernsoßen, die man heute in Asia-Läden bekommt, solchen Soßen nahe. Apicius empfahl reihenweise Soßen, die mit diesen Fertigsoßen verfeinert wurden: »2. Soße für gekochtes Fleisch: Pfeffer, Petersilie, Liquamen, Essig, Datteln, kleine Zwiebeln und ein wenig Öl. 3. Soße für gekochtes Fleisch. Stoße Pfeffer, getrocknete Raute, Fenchelsamen, Zwiebel, Datteln, Liquamen und Öl.« Auch gebundene Soßen wurden empfohlen, sei es mit Hilfe von Mehl oder Bröseln: »4. Weiße Soße für gekochtes Fleisch: Pfeffer, Liquamen, Wein, Raute, Zwiebel, Pinienkerne, Gewürzkräuter und ein wenig von eingeweichten Brotkrümeln, wovon es dickflüssiger werden soll, und Öl. Wenn die Soße gar ist, gieße sie darüber.«

Apicius war bestrebt, die natürliche Art der Waren so weit wie möglich zu steigern und zu verändern: sei es durch eine besondere Mast der Tiere, sei es durch vielerlei Gewürze, Kräuter und Soßen, sei es durch das Zerhacken und Zerkleinern, in Form von Frikassee, Frikadellen, Füllungen, Hackmasse im Schweinenetz und Würsten. Er bewegte sich an der Grenze der Überbearbeitung, Überwürzung, Überformalisierung der Zutaten. Während in der Hochküche der Griechen eher die edle Ware selbst, deren eigene Konsistenz, Saftigkeit und Würze, im Vordergrund stand, dominierte in der Hochküche der Römer eher das Artifizielle, ein höchst kunstvoll-künstliches Aroma. Form, Farbe oder die aufwendige Struktur der Speisen schienen oft wichtiger zu sein als der Inhalt. Der römische Connaisseur stand an der Schwelle zwischen *ausgewähltem Geschmack* und *schwelgerisch grellem Aufwand*. Das eine Element entstammte der freiheitlichen Stadt der Ägäis, das andere der kaiserlichen Kapitale eines Weltreichs.

Für die Kochkunst geht es immer um die Frage: Mit welchen Mitteln kann man die Freuden für Auge, Nase und Gaumen erhöhen? Es stehen dafür die sieben wesentlichen Grundlagen der Kochkunst zur Verfügung: *Warenkunde*, *Zuschneiden*, *Garen*, *Würzen*, *Soße*, *Komposition*, *Präsentation*. Soll man lieber die Feinheiten aus den Waren selbst zaubern und vor allem auf die Warenkunde und das Garen achten? Oder soll man die kulinarische Wonne durch Erfindungseifer, Würzen, Komposition erhöhen?

Der eine Koch entdeckt in der einzelnen Ware selbst Anmut, Reiz, Geheimnis, achtet auf die saisonale Güte, auf Frische bei Gemüse und Fisch oder auf Reife beim Fleisch durch Abhängen, schneidet oder zerkleinert nicht allzu viel, würzt zurückhaltend, zumindest so, dass die Hauptzutaten nicht überdeckt werden, gart die Dinge so schonend oder optimal wie möglich, um deren eigene Konsistenz, Saftigkeit und Würze voll zur Geltung zu bringen, kombiniert höchstens zwei oder drei Hauptzutaten, geht so sparsam wie genial mit Kontrasten um, um nicht dem je Einzelnen die Schau zu stehlen, sondern um dessen Einzigartigkeit zu steigern, verwendet leichte Fonds und Soßen, vielleicht auch nur Öl oder zerlassene Butter, um etwas Aromatisch-Flüssiges hinzuzugeben, sorgt auf dem Teller für klare Strukturen, die ruhig und nobel wirken. Es wäre mehr oder minder die *klassische Art: dem ausgewählten Geschmack verpflichtet*. Der andere Koch vertraut seinem Erfindungseifer, geht quasi durch das Unendliche der kulinarischen Möglichkeiten, neigt eher der Form als dem Inhalt zu, hat keine Scheu, die Ware stark zu transformieren, zu zerkleinern, zu pürieren, in Schäume zu verwandeln, kombiniert vielerlei Dinge, sorgt für einen Wirbel an Kontrasten, für große Buntheit auf dem Teller. Es wäre die *imperiale Art: dem schwelgerischen Aufwand verpflichtet*.

Wo die Grenze zwischen dem ausgewählten Geschmack und dem schwelgerischen Aufwand liegt, ist schwer zu sagen. Es ist womöglich eine Frage des Stils, wo man die Trennlinie zieht. Stil hat immer etwas mit freiwilliger Begrenzung zu tun, und der Begriff der Eleganz steht in Verbindung mit dem lateinischen *eligere*: auswählen – sich beschränken auf ein paar erlesene Dinge, die harmonisch zusammenpassen, ruhig und graziös.

Womöglich sollte der Koch eine gewisse Würde der Waren achten. Womöglich liegen die tiefsten kulinarischen Glücksmomente eher darin, wenn edle Waren ihre eigene Konsistenz, Saftigkeit und Würze aufs allerfeinste offerieren: just wenn dafür Saison ist, wenn sie so frisch wie möglich in die Küche kommen oder lange genug abgehangen sind, intelligent gegart, sanft gesteigert durch Gewürze, Kräuter, Soße und eine genial einfache Kombination. Tiefe Erlebnisse haben immer etwas mit Kontemplation zu tun, damit, sich auf eine Sache einzulassen, plötzlich zu wissen, wie göttlich eine Meerbarbe schmecken kann.

Vielleicht bewegt sich die Seele der europäischen Feinschmeckerei zwischen diesen zwei Polen: zwischen dem *unverfälschten Geschmack*, wie Brot, Olivenöl und Wein im Süden oder wie Bratwurst, Sauerkraut und Rauchbier im Norden – und dem *ausgewählten Geschmack* mit der Ordnung von edlem Gemüse, Weichtier, Fisch, Geflügel, Wild, jungem Haustier, Näscherei, frischem Obst. Es ergäbe sich das reizvolle Hin und Her zwischen einer *national-regionalen Küche* und einer *weltoffen-urbanen Küche*. Es entstünde ein schönes Wechselspiel zwischen einem vertrauten Kanon und dem Variablen: Tradition und Erneuerung.

V FRÄNKISCHE ERNEUERUNG

Frühes Christentum: Nächstenliebe, Enthaltsamkeit, Ewigkeit

Nach antiker Klimatheorie hatten es die Bewohner des kühlen Nordens von Natur aus schwerer als die Griechen und Römer, eine höhere Zivilisation aufzubauen. Aristoteles stellte ohne Federlesens in seiner »Politik« fest: »Die Völker in den kalten Strichen und in Europa sind zwar mutvoll, haben aber wenig geistige und künstlerische Anlagen und behaupten deshalb zwar leichter ihre Freiheit, sind aber zur Bildung staatlicher Verbände untüchtig.«[1] Bald danach, in römischer Zeit, bekamen speziell die Bewohner nördlich der Alpen, die Teutonen oder die Germanen, ihr Fett ab. Für Lucan, Caesar oder Tacitus handelte es sich um rasende Wilde, roh, grob und kriegerisch – oder um schwermütige Fleischesser und biedere Biertrinker, ohne sinnliche und geistige Finesse. Die Abstempelung der Teutonen und Germanen wurde später auf die Deutschen übertragen, wenngleich sie selbst eine Mischung aus Kelten, Germanen, Romanen und Slawen bildeten und unter neuen Einflüssen standen.

Die christliche Lehre kümmerte sich nicht um Klimatheorie. Sie war auf Brüder- und Schwesterlichkeit ausgerichtet und sprach von der Gleichheit aller Menschen. Demgegenüber hatten Philosophen des Humanismus das Problem der Sklaverei ausgeklammert oder als Bagatelle abgetan. Aristoteles sah die Sklaven in seiner »Politik« als etwas Natürliches an, zugleich empfand er die harte ökonomische Arbeit als unangemessen für freie Bürger. Darüber hinaus war das demokratische Athen nicht nett zu seinen Verbündeten und hegte keine Bedenken, sie auszunutzen und auszubeuten, um die prachtvolle Akropolis zu bauen. Es erschien aber nun revolutionär, dass das Göttliche in einem Menschen der unteren sozialen Klasse erschien. Jesus, der Zimmermann aus Nazareth, gab sich als Gottes Sohn aus und erhob im »Matthäus-Evangelium« neben der *Gottesliebe* die *Nächstenliebe* zur höchsten menschlichen Tugend. Jede Ungerechtigkeit oder jede Art von Güte werde vor dem Weltgericht entweder bestraft oder belohnt: »Was ihr getan habt einem von diesen meinen geringsten Brüdern, das habt ihr mir getan.«[2] Jesus hatte ein feines Gespür dafür, dass erst eine sozial ausgewogene Gesellschaft die Menschen glücklich macht.

In christlichen Kreisen sollten quasidemokratische Verhältnisse gelten. Jesus erklärte: »Ihr wißt, daß die Herrscher ihre Völker niederhalten und die Mächtigen ihnen Gewalt antun. So soll es nicht sein unter euch; sondern wer unter euch groß sein will, der sei euer Diener; und wer unter euch der Erste sein will, der sei euer Knecht, so wie der Menschensohn nicht gekommen ist, daß er sich dienen lasse, sondern daß er diene und gebe sein Leben zu einer Erlösung für viele.« Die sozialgesellschaftliche Tugend sollte den Vorrang vor allem anderen haben. Jesus gab sich in den evangelischen Schriften in staatlicher Hinsicht jedoch nicht radikaldemokratisch oder gleichmacherisch, es ging ihm darum, dass die Herren gegenüber den Knechten, die Reichen gegenüber den Armen fürsorglich sein sollten. Das Ideal war nicht die egalitäre, sondern die sozial ausgeglichene Gesellschaft, in welcher Frieden und Gedeihen herrschen sollten. Jesus tastete die weltlichen Machtverhältnisse im Prinzip nicht an und sagte: »Gebt dem Kaiser, was des Kaisers ist, und Gott, was Gottes ist!«

Gegenüber dem Humanismus ging das Christentum einen Schritt zurück, verlegte die Philosophie von der Erde wieder hinauf in den Himmel und hielt an der überirdischen Macht als unerschütterlichem Ankerpunkt außerhalb des Menschen fest. Es stellte nicht den *Menschen*, sondern *Gott* in den Mittelpunkt, blieb kulturpessimistischer, skeptisch gegenüber dem allzu Angenehmen und Vergnüglichen. Es forderte den Glauben an Gott und Gehorsam gegenüber seinen Geboten. Glückseligkeit lag im sittlichen Handeln, nicht unbedingt in beruflich-wirtschaftlicher oder musisch-kultureller Tugend. Im »Matthäus-Evangelium« fasste Jesus in der Bergpredigt die zentralen Werte des Christentums zusammen, die sich mit anderen antiken Weisheitslehren überschnitten: geistige Bescheidenheit, Leidensfähigkeit, Sanftmütigkeit, Gerechtigkeit, Barmherzigkeit, Lauterkeit und Friedfertigkeit.

Das Christentum gebot eine eher zurückgenommene, duldende Lebenshaltung: nicht unbedingt ausgerichtet auf das Städtische und Weltläufige, auf das Geschäftige und Unternehmerische, auf die schönen Künste und feinen Genüsse. Jesus und die Apostel kamen aus dem ländlich-handwerklichen Milieu. Er selbst war Zimmermann, Petrus ein Fischer. Das Leben in den galiläischen Städten war Jesus ein Dorn im Auge, er prophezeite, dass deren Bewohner am Tag des Gerichts noch schlimmer bestraft werden würden als die Sodomer. Auch Jerusalem erschien ihm nicht geheuer, weil dort die Propheten nichts galten.

Die wirtschaftlichen Probleme sollten im Christentum weder durch Sklaven noch durch eine erhöhte Produktivität der Bürger oder gar durch Frühformen des Kapitalismus gelöst werden. Vielmehr sollte man erstens auf die Fürsorge durch Gott vertrauen und zweitens sich selbst auf das Notwendige im Leben beschränken, sollte einer schlichten landwirtschaftlichen oder handwerklichen Arbeit nachgehen, Dörfler und Kleinstädter sein, Genügsamkeit und Verzicht üben und sich im Übrigen von der Vorstellung trösten lassen, später einmal, nach dem Tod und dem Weltgericht, ein besseres Leben im Himmel zu finden.

Das Leben auf Erden nahm gegenüber dem Leben im Himmel den zweiten Platz ein. Jesus erklärte, wiederum im »Matthäus-Evangelium«: »Niemand kann zwei Herren dienen (...). Ihr könnt nicht Gott dienen und dem Mammon. Darum sage ich euch: Sorgt nicht um euer Leben, was ihr essen und trinken werdet; auch nicht um euren Leib, was ihr anziehen werdet. Ist nicht das Leben mehr als die Nahrung und der Leib mehr als die Kleidung? (...) Trachtet zuerst nach dem Reich Gottes und nach seiner Gerechtigkeit, so wird euch das alles zufallen.«

Verstandesmäßiger Reflexion mussten solche Worte naiv erscheinen. Doch der Glaube an Gott, an seine Gnade und Gebote, stand nach christlicher Lehre über menschlicher Vernunft und Selbstbehauptung. Das Christentum traute den Menschen nicht zu, in freiheitlicher Übereinkunft selbst Gesetze des Zusammenlebens zu finden. Der Apostel Paulus wurde noch deutlicher als Jesus und machte das Christentum zu einer Religion, die Glauben, Treue und Gehorsam fordert: und zwar sowohl gegenüber Gott im Himmel als auch gegenüber den Mächtigen auf Erden. Im Brief an die Römer erklärte er das vorhandene weltliche Regiment für rechtens und predigte den Geist der Untertänigkeit: »Jedermann sei untertan der Obrigkeit, die Gewalt über ihn hat. Denn es ist keine Obrigkeit außer von Gott; wo aber Obrigkeit ist, die ist von Gott angeordnet.« Den Herrschern und Mächtigen, den römischen Kaisern und Statthaltern wurde für ihr Schalten und Walten mehr oder minder ein Freibrief ausgestellt. Paulus bot den römischen Imperatoren das Christentum regelrecht als Staatsreligion an. Zwar sollten sich auch die Mächtigen christlich verhalten, für Frieden und Gerechtigkeit sorgen, aber sie konnten eigentlich kaum noch etwas falsch machen, weil sie von Gottes Gnaden regierten. Die öffentliche, kritisch-liberale Debatte über das Gemeinwesen und den rechten Weg des Lebens, wie sie Aristoteles oder Cicero für nötig gehalten hatten, erübrigte sich. Das Christentum gab sich ambivalent: so quasidemokratisch wie autoritär.

Vorläufig war das Christentum nicht nach dem Geschmack der Römer, weil es zu wenig Spielraum für Talent und Chancen bot, zu wenig Luxus, Lust und sinnliches Glück erlaubte, zu wenig Abwechslung und Vergnügung offerierte – bis offenbar eine gewisse Zivilisationsmüdigkeit eintrat und Kaiser Konstantin die Möglichkeit erkannte, seine Monarchie durch das Christentum zu stützen. Kurz danach stieg Augustinus zum einflussreichsten Kirchenvater der Spätantike und des Mittelalters auf. Er hatte zunächst eine humanistische Ausbildung erhalten, wurde Lehrer und Professor der Rhetorik in Karthago, Rom und Mailand, wo er in den 380er Jahren zum christlichen Glauben wechselte. Er verlieh in seinen Schriften dem Christentum philosophische Tiefe und sprachlichen Reiz. Er fand im Christentum das, wonach er lange gesucht hatte: innere Ruhe und Frieden.

Das humanistisch geprägte Leben erschien ihm viel stressvoller als das christlich orientierte. Die ständigen Mühen, die laufenden Versuchungen und Unsicherheiten des Lebens auf Erden wurden für Augustinus durch das Christentum zweitrangig. Die gewisse christliche Art der Weltflucht, die Vorstellung vom ewigen Leben, die Rückkehr in eine poetisch-mythische Urheimat machten ihn glückselig. In einem seiner Hauptwerke, in den »Bekenntnissen«, beschrieb er sein Leben und führte ein Zwiegespräch mit Gott. Er bekannte: »Wie brannte ich, mein Gott, wie brannte ich, vom Irdischen mich aufzuschwingen, zurück zu dir, und wußte doch nicht, was du mit mir im Sinne hattest.«[3] Augustinus schuf gleichsam ein Intimverhältnis zu Gott: zu einem Gott der Gnade und Unendlichkeit.

Der Kirchenvater war kein Scharfmacher, kein Polemiker, kein Eiferer. Er bemühte sich darum, auch die irdischen Freuden gelten zu lassen, nur sollte man sie gegenüber den himmlischen nicht überbewerten: »Auch das Leben, wie wir hier es führen, empfinden wir als reizvoll, wenn es auf seine Weise schön ist und mit der niederen Schönheit aller Erdendinge zusammenklingt. Nicht minder süß ist Freundschaft, die durch ein trautes Band viele Seelen zur Einheit zusammenschließt. Aber all dies und anderes mehr verführt zur Sünde, wenn wir in gierigem Verlangen das Maß überschreiten, wenn wir über solchen niederen Gütern die edleren preisgeben und wohl gar das höchste, dich, Herr, unser Gott.« Ein Schlüssel auf dem Weg zu Gott war die Enthaltsamkeit gegenüber den irdischen Vorlockungen, denn eine karge Lebensweise führte zu mystischen Gefühlen. Augustinus predigte jedoch das Prinzip der Enthaltsamkeit menschlich verständnisvoll, denn das Christentum sollte so mild und vernünftig wie möglich erscheinen: »Du befiehlst uns Enthaltsamkeit. ›Und da ich wußte‹, so steht geschrieben, ›daß niemand enthaltsam sein kann, wenn Gott es nicht gibt, war auch dies schon Weisheit, zu wissen, wessen Gabe es ist.‹ Denn durch die Enthaltsamkeit werden wir gesammelt und zur Einheit zurückgebracht, von der wir in die Vielfalt uns zerstreuten.«

Enthaltsamkeit war für Augustinus ein Mittel innerer Sammlung, ein seelisches Kraftschöpfen. In manchen Punkten war er von der humanistischen Ethik eines Aristoteles oder Cicero nicht allzu weit entfernt, denn auch sie stellten die seelischen Freuden über die sinnlichen und wägten die Dinge ab. Es gibt bis heute keinen absolut richtigen Weg des Lebens, keine letzte Bestimmtheit guter Lebensart; es gehört zu ihr, offenzubleiben. Man weiß nie, wie lange bestimmte Grundsätze tragen oder wann sie erschöpft sind.

Augustinus unterlegte das Christentum mit einer gewissen humanistischen Liberalität. Auch das Irdische stammte für ihn aus Gottes

Hand und war nicht rundweg zu verachten. Der Begriff der Enthaltsamkeit erschien dehnbar und sollte sich der individuellen Art der Menschen anpassen. Augustinus schwankte, inwieweit er neben den notwendigen Dingen des Lebens die angenehmen und vergnüglichen, modischen und abwechslungsreichen tolerieren sollte. Am Ende machte er lieber die notwendigen Dinge zum Maßstab, weil sie dem inneren Frieden zusprachen und von der Herrlichkeit Gottes weniger ablenkten: »Wie haben die Menschen sich doch mit allerlei Künsten und Handfertigkeiten zur schon vorhandenen noch ungezählte neue Augenweiden verschafft, mit Kleidern, Schuhen, Gefäßen und sonstigem Hausrat, auch Gemälden und mancherlei Bildwerk, die den notwendigen und maßvollen Gebrauch und frommen Sinn weit hinter sich lassen, sind draußen dem nachgegangen, was sie schufen, und haben drinnen den verlassen, der sie erschuf.«

Als noch zu Lebzeiten des Augustinus das Weströmische Reich durch den Einfall germanischer Horden stark erschüttert wurde und bald zusammenbrach, als ohnehin die feinere Lebensweise der Städte einen schweren Einbruch erlitt, bot sich das Christentum als eine Sammelbewegung der kulturellen Kräfte an, so wie es Augustinus verkündete: »Denn durch die Enthaltsamkeit werden wir gesammelt und zur Einheit zurückgebracht.«

Es gab für das Mittelalter Alternativen, sein Leben zu führen: Humanismus, Christentum oder eine Mischform von beidem, wenn man die Worte nicht auf die Goldwaage legte. Die Franken, die Ostfranken und die späteren Deutschen schlossen sich da wie dort an, an das Christentum wie an den Humanismus, an das Kaisertum wie an die kommunale Bewegung. Hinzu gesellte sich das Papsttum, welches seinerseits in der Regel nicht das reine Christentum predigte, weil in Rom der antike Humanismus viel zu sehr präsent blieb.

Im untergehenden Weströmischen Reich herrschte eine rechtlich diffuse Situation. Es hatte eigentlich seit 476 aufgehört zu existieren, doch der oströmische Kaiser konnte noch eine formelle Oberhoheit gegenüber den vielen eingedrungenen germanischen Kleinkönigen und römischen Generälen beanspruchen, die mehr oder minder schon längst machten, was sie wollten. Zu den Eindringlingen gehörten auch die Franken. Sie waren seit dem 3. Jahrhundert als germanischer Stamm östlich des Rheins sesshaft gewesen und hatten sich schon Ende des 4. Jahrhunderts mit dem Einverständnis der Römer teilweise auch westlich des Rheins im römischen Gebiet niedergelassen. Je mehr sich die Römer zurückzogen, desto mehr rückten die Franken nach: bis über die Maas hinweg in das nördliche Gallien hinein. Seit 482 nutzte der junge fränkische König Chlodwig I. das unübersichtliche politische Provisorium, um neue Fakten zu schaffen. Er setzte sich gegen mehrere fränkische Kleinkönige durch und besiegte auch den römischen General Syagrius. Er kontrollierte bald große Teile Galliens, bis hin zu Gebieten südlich der Loire, dazu Rhein-Main-Franken sowie Alemannien – und nahm so über den Rhein hinweg die alte keltische Querverbindung wieder auf.

Sein eigentlicher Coup aber bestand darin, dass er mit den noch verbliebenen römischen Eliten in den Städten eine Art von Gentlemen's Agreement traf: Er und seine fränkisch-germanischen Krieger übernahmen die militärische Führung, während die Sprösslinge der römisch-gallischen Senatorengeschlechter, die noch das Latein beherrschten, sich um die administrativen und kulturellen Aufgaben kümmerten, nicht zuletzt in der neuen Form als Geistliche: als Bischöfe, die zu Stadtherren aufstiegen, als Äbte, die in den Klöstern die humanistischen und christlichen Schriften sammeln ließen.

Remigius, ein römisch-gallischer Aristokrat, der zugleich Bischof und Stadtherr von Reims war, schrieb dem jungen fränkischen König Chlodwig I. bei seinem Regierungsantritt: »Du sollst deine Bischöfe hoch achten und auf ihren Rat immer Rücksicht nehmen; sobald du mit ihnen übereinstimmst, wird es deinem Land wohl ergehen.«[4] Chlodwig erkannte die Vorteile der Zusammenarbeit und ließ sich etwas sagen. Er nahm den christlichen Glauben an und wurde von Remigius im Beisein anderer Bischöfe und fränkischer Großer getauft. Das Bündnis zwischen den zwei Parteien bedeutete eine Art von Notsicherung, um am Übergang von der Antike zum frühen Mittelalter den Faden der Zivilisation nicht abreißen zu lassen.

Waren in antiker griechisch-römischer Zeit die urbanen Führungsschichten die Leitfiguren der Gesellschaft: die vornehmen Familien und Geschlechter, die Patrizier, Senatoren und Ratsherren, später auch der Kaiser in Rom, so schloss sich jetzt der ländliche *Krieger* mit dem städtischen *Geistlichen* zusammen, um die neue Führungsschicht zu bilden. Der eine verfügte über Kampfesmut, der andere konservierte die humanistisch-christliche Bildung. Es handelte sich vorwiegend um eine *ländliche Führungsschicht*, weil auch die römischen Städte nur noch fragmentarisch weiterlebten und nicht mehr voll besiedelt waren.

Möglicherweise stellte der Regierungsantritt von Chlodwig *482* einen *Moment von weltgeschichtlicher Dimension* dar, weil unter anderem durch sein Verhalten die antike Überlieferung nicht völlig verlorenging. In gewisser Weise wurzelt in diesem Moment auch die deutsche Geschichte, die sich später aus der fränkischen Geschichte herauslöste. Die fränkische wie die frühe deutsche Geschichte blieben bis ins hohe Mittelalter hinein vom Bündnis zwischen dem *adligen Krieger* und dem *adligen Geistlichen* bestimmt.

Die drei menschlichen Kardinaltugenden, die in der Antike ansatzweise im Bürger der freiheitlichen Stadt vereint waren – die beruflich-wirtschaftliche, die sozial-politische und die musisch-kulturelle Fähigkeit –, waren nun zersplittert und auf unterschiedliche Schultern verteilt. Die Bauern und Handwerker waren für die Wirtschaft zuständig, die Krieger und Geistlichen für Politik und Kultur. Sofern es überhaupt musisch-kulturellen Genuss ab, blieb er vorwiegend ein Privileg der adligen Krieger und adligen Geistlichen. Knechte und Mägde, Bauern und Handwerker übernahmen als Hörige von Adel und Klerus faktisch die Rolle der Sklaven, standen aber religiös auf gleicher Stufe mit den Herren und konnten eine gewisse Würde beanspruchen, dazu die Fürsorge und Gerechtigkeit der Mächtigen und Reichen. Selbst im autoritären Mittelalter blieb ein freiheitliches Element virulent.

Links des Rheins war die römische Tradition nie völlig zusammengebrochen. Wo sich die römische Verwaltung zurückzog, blieben die römisch-gallischen Bischöfe und suchten den Schulterschluss mit den neuen fränkischen Herrschern. In den linksrheinischen Städten, die in verkleinerter Form weiterlebten, gab es am Übergang von der späten Antike zum frühen Mittelalter ununterbrochen einen Kreis von Leuten, die lesen und schreiben konnten, welche die lateinische Sprache verstanden oder sie erlernten, um die Heilige Schrift und die Bücher der Kirchenväter zu studieren, ob in Köln, Trier, Mainz, Worms, Speyer oder Straßburg.

Dagegen war in den ehemaligen römischen Provinzen des nördlichen Alpenvorlandes die römische Zivilisation fast ganz verlorengegangen, auch Bischöfe waren dort kaum noch zu finden, außer in Konstanz. Insgesamt gab es in den östlichen Provinzen des Fränkischen Reiches: im östlichen Rhein-Main-Franken mit seinen Randzonen wie Hessen und Thüringen, in Alemannien und in Bayern, kaum ortsfeste Siedlungen mit ordnenden Kernen, wo man gebildete Leute getroffen hätte. Gegenüber Westfranken war Ostfranken kulturell im Hintertreffen. Vereinzelt zogen irisch-schottische Mönche oder Missionsbischöfe durch das Land rechts des Rheins, um mit mehr oder minder großem Erfolg das Christentum zu lehren.

Erst seit dem 8. Jahrhundert vollzog sich in Germanien oder Ostfranken ein merklicher zivilisatorischer Schub, indem nun auch hier Klöster, Bischofssitze, ordnende Kerne entstanden. Beide Begriffe, »Germanien« und »Ostfranken«, wurden in den damaligen Quellen für die Region rechts des Rheins verwendet, um sie innerhalb des Fränkischen Reiches als eigene Zone zu kennzeichnen. Papst Gregor II. schrieb im Jahr 724 sogar an das »Volk Germaniens (Germania populo)«. Im Fränkischen Reich verlagerte sich seinerzeit insgesamt das Zentrum der Politik leicht ostwärts. Während die merowingischen Könige, welche hauptsächlich an der Seine, in Paris, residierten, ihre Macht langsam einbüßten, wuchs der Einfluss ihrer Hausmeier, der Karolinger, die zwischen Maas, Mosel und Rhein ihr Stammgebiet hatten. Sie nahmen mehr und mehr das Heft in die Hand und sorgten dafür, dass auch der östliche Teil des Frankenreiches allmählich unter eine straffere politische Organisation kam, gegliedert in Gaue, die von Gaugrafen verwaltet wurden. An eine neue kommunale Bewegung war allerdings im ersten Moment noch nicht zu denken. Den karolingischen Machthabern fehlte vorläufig ein wichtiger Partner, der wie kaum ein anderer die mythische Kraft und Inspiration des antiken Erbes verkörperte: der Papst in Rom.

Es erwies sich als hilfreich, dass die fränkischen Könige im Gegensatz zu anderen germanischen Herrschern, welche in das ehemalige Weströmische Reich eingedrungen waren, die römisch-katholische Variante des Christentums anerkannten, nach der Christus neben Gottvater als gleichrangig anzusehen war. Hinzu kam, dass zwischenzeitlich das alte Zentrum der Kultur, das Mittelmeergebiet, religiös zweigeteilt war, weil die Araber über den Nordrand von Afrika bis nach Spanien vordrangen. Die Päpste in Rom standen auf schwachen Füßen und schauten nach Norden, wo sich ein neues kontinentales Zentrum der Macht entwickelte.

Noch fremdelten die Karolinger und die Päpste. Aber im südlichen England wurde es einem Mönch mittleren Alters im Kloster plötzlich zu eng. Er brach im Jahr 716 auf, um als Angelsache im Land seiner Vorfahren, in »Altsachsen« auf dem Kontinent, als Missionar zu wirken. Bei seiner ersten Missionsreise nach Friesland merkte er bald, wie naiv er vorging. Er glaubte, er könne die Altsachsen einfach mit seiner Begabung als Prediger überzeugen und zum Christentum bekehren, ohne Unterstützung der Mächtigen, der Fürsten, Könige und Päpste. Es ging schief. Der Idealist kehrte noch einmal nach England zurück, ließ sich alles noch einmal durch den Kopf gehen – und lernte dazu. Er brach ein zweites Mal auf und bereitete seine Mission im großen Stil vor. Er reiste stracks nach Rom, um sich vom Papst zum Missionar ernennen zu lassen. Der Mönch aus Nursling erhielt einen neuen Namen, wie es sich für einen Missionar gehörte, und hieß nun nicht mehr Winfred, sondern Bonifatius.

Er missionierte jetzt für kurze Zeit erfolgreich in Friesland, zog aber bald ein zweites Mal nach Rom und wurde 722 von Papst Gregor II. zum Missionsbischof in Germanien ernannt. Bonifatius wandte sich zugleich an den mächtigen karolingischen Hausmeier Karl Martell, um auch von ihm unterstützt zu werden. Er flocht die Karolinger und die Päpste immer mehr in sein Missionswerk ein und brachte auf diese Weise die beiden Machtblöcke nördlich und südlich der Alpen immer näher zusammen. Ob von Anfang an so gewollt oder nicht, sorgte Bonifatius im Laufe der Jahre dafür, dass von Britannien über Gallien und Germanien bis Italien ein einheitlicher römisch-katholisch geprägter Kulturraum zusammenwuchs – gelegentlich schon umfasst von dem Begriff »Europa«, welcher als identitätstiftendes Element langsam an Bedeutung gewann: als ein Gebiet lateinischer, humanistisch-christlicher Bildung.

Es erwies sich als schwierig, ins Kerngebiet der Altsachsen vorzudringen, weil man dort noch nichts vom Christentum wissen wollte. Die sächsischen Eliten zögerten, den Missionsbischof zu unterstützen, weil sie nicht ohne Grund fürchteten, dass mit der Einführung des Christentums die fränkische Oberherrschaft in Sachsen einhergehe. Für Bonifatius blieb nichtsdestotrotz in den mittleren und südlichen Teilen Germaniens noch genügend zu tun, denn auch hier war das Christentum noch nicht recht auf römisch-katholische Linie gebracht worden. Allerorten vermischten sich noch christliche und heidnische Bräuche, wie es Bonifatius in seinen Briefen beschrieb. Die missionarischen Vorgänger, die irisch-schottischen Mönche und Priester, hatten es mit der Romtreue nicht so ernst genommen. Es gab rechts des Rheins so gut wie keine kirchliche Organisation.

Es haben sich bemerkenswert viele Briefe von und an Bonifatius erhalten, die ein verhältnismäßig unverfälschtes Bild seines Wirkens überliefern. Man lernt einen Mann kennen, der seine christliche Mission als zivilisatorisches Werk verstand, als ein Wirken für Frieden und Gerechtigkeit auf Erden, wenngleich die Aspekte der Enthaltsamkeit und der Ewigkeit nicht außer Acht blieben. Bonifatius muss eine beeindruckende Persönlichkeit gewesen sein, ausgestattet mit einer intellektuellen Ader, mit einer Vorliebe für die Sprache. Er eignete sich eine versierte Kenntnis der Bibel und der Schriften der Kirchenväter an. Das eigentliche Mittel seiner Mission sollte das Wort sein, die Rede, die Weisheit, die Belehrung – nicht Strenge und Gewalt. Den jungen Nithard, der wahrscheinlich zu seinen Weggefährten bei der ersten Friesenmission 716 gehörte, hielt er zur Pflege der Studien an und machte im Brief daraus ein eigenes Glaubensbekenntnis: »Weisheit siegt über die Bosheit. Sie breitet sich kraftvoll aus von einem Ende zum andern und ordnet alles lieblich. Diese habe ich von Jugend an geliebt und gesucht und bin ein Liebhaber ihrer Schönheit geworden.«[5]

Noch gab es in Germanien so gut wie keine humanistisch-christlichen Bildungszentren, kaum Klöster, kaum Bischofssitze. Doch glücklicherweise besaß Bonifatius nicht nur ein rednerisches, sondern auch ein organisatorisches Talent, dazu ein enormes Beharrungsvermögen. Er gründete im Laufe der Jahre eine Reihe von Klöstern für Mönche und Nonnen: etwa in Fritzlar, Amöneburg, Tauberbischofsheim, Ochsenfurt und Kitzingen, besetzte sie teilweise mit gut ausgebildeten Leuten aus England, die lesen und schreiben konnten, und stattete die Einrichtungen mit Büchern aus. Immer wieder bat er seine Freunde und Bekannten in England, Äbte und Äbtissinnen, Bischöfe und Erzbischöfe, um Abschriften der Bibel oder um Werke der Kirchenväter, um damit in Germanien die Bildung zu heben.

Ein gewisser Willibald schrieb schon um 760 im Auftrag von Lullus, dem Nachfolger von Bonifatius auf dem Bischofsstuhl in Mainz, die erste Biographie über Bonifatius und schilderte die frühe Wirksamkeit des Missionsbischofs: »Da nun allmählich die Menge der Gläubigen zunahm und zur gleichen Zeit auch die Zahl der Prediger sich vervielfältigte, wurden mit einemmal auch Kirchen aufgerichtet, und es ergoß sich mannigfach die Predigt seiner Lehre. Auch wurde ein Kloster in einem Orte namens Orthorpf (Ohrdruf in Thüringen) errichtet, nachdem man vorher eine Vereinigung von Gottesknechten und Mönchen, die in hoher Heiligkeit lebten, zustande gebracht. Diese erwarben sich nach dem Beispiel der Apostel mit ihren eigenen Händen in emsiger Arbeit Lebensunterhalt und Kleidung.«[6]

Die Missionserfolge des Bonifatius sprachen sich herum und machten Furore. Er wurde zu einer europäischen Berühmtheit, zu einem Mann, der von Britannien bis Italien mit Bischöfen und Erzbischöfen, Grafen und Herzögen, Königen und Päpsten in Verbindung stand und von ihnen gefördert wurde. Es herrschte Aufbruchsstimmung in Germanien. Willibald fuhr fort: »Und so geschah es, daß der Ruf schon im größten Teil Europas (!) widerhallte und zu ihm aus den

Landen Britanniens eine große Anzahl Knechte Gottes, Lehrer und Schreiber, sowie Männer, die auch in verschiedenen anderen Künsten geübt waren, zusammenströmten. Von diesen ordneten sich nun sehr viele seiner Leitung als Mönche unter und riefen an vielen Orten das Volk von den unheiligen Abwegen des Heidentums zurück, andere wiederum predigten in dem Lande der Hessen, andere auch in Thüringen, weit und breit unter dem Volk zerstreut, in Gauen und Dörfern das Wort des Herrn.«

732 wurde Bonifatius von Papst Gregor III. zum päpstlichen Legaten für Germanien sowie zum Missionserzbischof erhoben, mit dem Recht, in Germanien nun Diözesen einzurichten und Bischöfe zu weihen. Es dauerte eine Zeitlang, bis er dafür die weltlichen Mächte gewann, um die neuen Bischöfe auch mit entsprechendem Besitz und Schutz auszustatten. Zuerst reorganisierte oder gründete er 739 in Bayern mit Unterstützung des bayerischen Herzogs sowie der Karolinger vier neue Bistümer: Regensburg, Passau, Salzburg und Freising.

Drei Jahre später meldete er dem neuen Papst Zacharias, dass er auch im östlichen Rhein-Main-Franken mit den Grenzgebieten von Hessen und Thüringen drei Bistümer aus der Taufe gehoben habe: »Ein Bischofssitz, so haben wir bestimmt, soll in der Burg (castello) sein, die Würzburg heißt; und der zweite in der Stadt (oppido), die Büraburg heißt; der dritte an einer Stelle, die Erfurt heißt, diese war ehedem eine Stadt (urbs) ackerbautreibender Heiden.« Bonifatius geriet begrifflich leicht in Verlegenheit, wenn er die Orte kennzeichnen sollte, an denen er Bischofssitze einrichtete: castellum, oppidum, urbs – Burg, kleine Stadt, befestigter Ort. Im gleichen Brief sprach er von den linksrheinischen »Bischofssitzen in den Städten«, in den »civitates«, in vollwertigen Städten, wie es eigentlich sein sollte.

Das Dilemma war, dass es rechts des Rheins, in den ehemals nichtrömischen Gebieten, noch keine vollwertigen Städte gab. Der Papst kam seinerseits ins Grübeln und konnte sich keinen Reim darauf machen, wie das zusammengehe: Stadt und Ackerbauern! Zacharias trieb in gewisser Weise die Entwicklung von Städten nördlich der Alpen voran, indem er Bonifatius dazu aufforderte, er möge noch einmal überprüfen, »ob es zweckmäßig ist oder ob sich erweisen läßt, daß die Orte und die Einwohnerzahlen so sind, daß sie Bischöfe zu haben verdienen. Denn

Du erinnerst Dich, Teuerster, was wir in den kirchlichen Satzungen zu beachten angewiesen werden, daß wir nicht für Dörfer oder unbedeutende Städte Bischöfe bestellen sollen, damit der Bischofstitel nicht in Mißachtung kommt.« Der Papst hatte leicht reden.

Nördlich der Alpen konnten sich die Bischöfe nicht ins gemachte Nest setzen, sondern mussten selbst die Rolle der städtischen Pioniere übernehmen, mussten teilweise selbst die Städte aus dem Boden stampfen und ihr Wachstum fördern. Die eigentliche urbane Entwicklung in Ostfranken oder im späteren Deutschland gewann erst jetzt, um 740, an Fahrt. Auch die ehemals römischen, zwischenzeitlich geschrumpften Städte an Rhein und Donau stabilisierten sich nun, um einen neuen Aufschwung zu erfahren. Bonifatius übernahm die Aufgabe des Wegbereiters, das Übrige mussten die Bischöfe selbst schaffen.

Zur Lieblingsgründung des Bonifatius wurde das Kloster Fulda, das seit 744 entstand, hauptsächlich ausgestattet mit dem Besitz eines ehemaligen fränkischen Königsgutes, weit nach Norden vorgeschoben, nahe an der Grenze zu Altsachsen, wo der Missionsbischof eigentlich wirken wollte, im Land der Vorfahren. An Papst Zacharias schrieb er: »Es ist weithin ein Waldgebiet da in einer Einöde von ungeheurer Weltverlassenheit inmitten der Völker des Missionsgebietes, in dem wir ein Kloster erbaut und Mönche angesiedelt haben, die nach der Regel des heiligen Vaters Benedikt leben, Männer von strenger Enthaltsamkeit ohne Fleisch und Wein, ohne Met und Knechte, zufrieden mit dem, was sie mit eigener Hand erarbeiten. Dieses genannte Gebiet habe ich von frommen und gottesfürchtigen Männern, vor allem von dem ehemaligen Frankenfürsten Karlmann durch redliche Bemühung erworben.« Bis dahin waren nördlich der Alpen die Regeln des Benedikt von Nursia für mönchische Einsiedeleien oder kleine Klöster noch nicht verbindlich. Fulda sollte jetzt ein Musterkloster werden, welches der Papst in seinen Schutz nahm. Die Abtei wurde innerhalb weniger Jahre zu einem der führenden Bildungszentren in Ostfranken, neben dem rheinischen Kloster in Lorsch, neben den alemannischen Klöstern auf der Insel Reichenau und in St. Gallen und dem bayerischen Kloster St. Emmeram in Regensburg, die alle im 8. Jahrhundert aufblühten.

747 fasste Bonifatius die Grundsätze seines Wirkens in einem Brief an Erzbischof Cudberht von Canterbury zusammen. Es wurde deutlich, dass sich seine Missionsarbeit zu einem Reformwerk der römisch-katholischen Kirche insgesamt ausweiten sollte. Neben dem Studium der Bibel und den Schriften der Kirchenväter legte er großen Wert auf Kommunikation, gegenseitige Beratung, den Austausch von Gedanken. Seit Jahrzehnten hatte es im Fränkischen Reich kein Kirchenkonzil mehr gegeben. Jeder Bischof schaltete und waltete nach eigenem Gusto. Bonifatius sorgte dafür, dass es wieder Versammlungen der Bischöfe gab, und er nahm dafür sowohl den Papst als auch die karolingischen Herrscher in die Pflicht, ihm bei der Organisation zu helfen. Nach einem der Konzile schrieb er an Cudberht: »Es ist unser Wunsch, daß eine solche geistige Aussprache über Ratschläge, wenn Gott will, solange wir hier unter den Sterblichen leben, immer gegenseitig mitgeteilt werde.«

Es ging Bonifatius darum, eine gemeinsame Linie zu finden, einen gemeinsamen Wertekanon zu schaffen, um gut miteinander zu leben. Es kam nicht zuletzt darauf an, die Einheit des katholischen Glaubens unter der Leitung der römischen Kirche herzustellen. Man dürfe es sich nicht bequem machen, schrieb er, sondern müsse das Schiff der Kirche im Sturm lenken. Das oberste Ziel sei die Fürsorge für die Menschen. Der geistliche Hirte müsse durch seinen guten Lebenswandel ein Vorbild sein und dürfe gleichzeitig vor Zurechtweisung nicht zurückschrecken, um für alle ein gedeihliches Zusammenleben zu schaffen: »Predige das Wort, sei zur Stelle, gerufen und ungerufen, tadle, beschwöre, strafe mit aller Langmut und Belehrung. (...) Wir wollen nach dem Wort des Propheten ›mit aller Kraft rufen‹, die wir den Frieden auf Erden den Menschen verkünden, die guten Willens sind.«

Es graute Bonifatius davor, hin und wieder am Hof der fränkischen Herrscher zu erscheinen, weil er dort mit Bischöfen und Adligen an einem Tisch sitzen musste, die in seinen Augen ein sündhaftes Leben führten. Wenn es nach ihm gegangen wäre, wären alle Bischofssitze in West- wie Ostfranken mit frommen Mönchen aus Angelsachsen, die ihm treu ergeben waren, besetzt worden, doch die Sprösslinge des fränkischen Adels husteten ihm etwas und pochten auf ihre Privilegien, Bischöfe und Stadtherren zu sein. Bonifatius revanchierte sich damit, dass er in seinen Briefen an den Papst diese Prälaten anschwärzte. Man kann daraus wohl einigermaßen glaubwürdig die libertine Lebensweise fränkischer Bischöfe erschließen.

742 legte Bonifatius in einem Brief an Papst Zacharias los: »Wenn ich unter diesen sogenannten Diakonen Leute finde, die seit ihrer Kindheit immer in Unzucht, immer im Ehebruch und immer in allerlei Schmutzereien gelebt haben und mit solchem Zeugnis zum Diakonat gelangt sind und jetzt im Diakonat vier oder fünf oder noch mehr Beischläferinnen im Bett haben und dennoch sich nicht schämen oder fürchten, das Evangelium zu verlesen und sich Diakone zu nennen, wenn sie dann in solchem Unflat zur Priesterweihe gelangen und hier in den gleichen Sünden weitermachen (...), wenn sie endlich, was das schlimmste ist, mit solchen Zeugnissen die einzelnen Weihegrade durchlaufen und zu Bischöfen geweiht werden und diesen Namen führen, dann will ich eine Anweisung und Entscheidung von Eurer Machtfülle haben (...). Auch findet man unter ihnen einige Bischöfe, die zwar sagen, sie seien keine Hurer und Ehebrecher, die aber trunk- und streitsüchtig sind und eifrige Jäger und die bewaffnet im Heere kämpfen und eigenhändig Menschenblut vergossen haben.«

Die Politisierung der Kirche war längst in vollem Gange. Adel und Klerus ließen sich kaum noch auseinanderdividieren. Der Geistliche war häufig auch ein Krieger. Doch das Übel konnte für Bonifatius nicht durch die Spaltung der Kirche, sondern nur durch ihre Einheit behoben werden. Der Papst bedankte sich bei ihm und ernannte den Legaten für Germanien 744 auch zum Legaten für Gallien. Bonifatius war von da an der Stellvertreter des Papstes nördlich der Alpen und der ranghöchste Geistliche im gesamten Fränkischen Reich.

Beiläufig vermittelten die Briefe von und an Bonifatius delikate Einzelheiten aus der damaligen Zeit. Nach wie vor elektrisierte das antike wie aktuelle Rom die Geister des Nordens. Für viele adlige Männer und Frauen, Mönche und Nonnen aus Britannien oder aus dem Fränkischen Reich war eine Pilgerreise nach Rom der Traum, der sie nicht losließ. Die englische Äbtissin Eangyth gestand Bonifatius, dass sie das Verlangen empfinde, Rom, »die einstige Herrin der Welt«, aufzusuchen. Manchmal stimmte Bonifatius solchen Reisen zu, manchmal warnte er davor, weil sich manche verschleierte Frau unterwegs in eine Kurtisane verwandle und nicht mehr zurückkomme. Im Brief an Erzbischof Cudberht klagte der Sittenwächter über den »starken Verkehr« von Frauen und Nonnen auf dem Weg nach Rom und stellte fest: »Es gibt nämlich nur sehr wenig Städte in der Lombardei, in Francien oder in Gallien, in denen es nicht eine Ehebrecherin oder Hure gibt aus dem Stamm der Angeln.«

Der Missionserzbischof sollte jetzt selbst einen festen Sitz erhalten und wählte für sich mit Zustimmung der Karolinger wie des Papstes im Jahr 745 Köln als Metropolitansitz aus. Doch es machten sich Widerstände bemerkbar. Offenbar wollten die Kölner nicht ganz so fromm sein, wie es Bonifatius wünschte. Oder es setzten sich die Bischöfe alten Schlages durch, um weiterhin aus ihren familiären Kreisen den Kölner Bischofsstuhl zu besetzen. Bonifatius sah sich gezwungen, nach Mainz auszuweichen, wo gerade ebenfalls der Bischofsstuhl frei wurde. Er gab lieber nach, bevor es zum Eklat kam. Er löste nun die Diözesen von Büraburg und Erfurt wieder auf und schlug sie Mainz zu. Willibald, der mutmaßlich bisher Bischof von Erfurt war, wurde im Gegenzug der neue Bischof von Eichstätt (es handelte sich in diesem Fall nicht um den Bonifatius-Biographen Willibald, der seinerseits in Mainz lebte).

Wenn schon Bonifatius das autarke Klosterleben als das ideale Christenleben ansah, suchte er für sich selbst doch stets die größere Bühne und wurde nolens volens zum ersten bedeutenden Förderer der städtischen Entwicklung in Germanien und im späteren Deutschland. Man kann beiläufig seinen Briefen entnehmen, dass wohl auch an den neuen Bischofssitzen in Ostfranken nicht ganz so mönchisch streng gelebt wurde. Als Bonifatius selbst schon Erzbischof von Mainz war, bedankte er sich für eine Büchersendung des Erzbischofs Ekbercht von York und schrieb: »Außerdem haben wir durch den Überbringer dieses Briefes statt eines Kusses zwei Weinfäßchen überschickt mit der Bitte, davon mit Euern Brüdern einen frohen Tag zu machen.« Bonifatius gab sich konziliant; auf jeden Fall stimmten ihn zugesendete Bücherkisten weich. Zugleich dürfte die Stelle ein Beleg dafür sein, dass man schon Mitte des 8. Jahrhunderts von Mainz aus Rheinwein nach England lieferte.

Bemerkenswerterweise erhielt Bonifatius selbst vom Kardinaldiakon Gemmulus aus Rom auch schon sündhaft teure exotische Gewürze und Wohlgerüche zum Geschenk: »4 Unzen Zimt, 4 Unzen Kostwurz, 2 Pfund Pfeffer und ein Pfund Räucherwerk«. Ähnliches erhielt der streitbare Mann auch von Theophylactus, dem Archidiakon des Heiligen Apostolischen Stuhles: »Schließlich aber haben wir eine kleine Liebesgabe mitgesandt aus der Freigebigkeit des seligen Apostels Petrus, die Ihr um Gottes willen aus Gewogenheit anzunehmen geruhen möget, nämlich Kostwurz, Zimt und trockenen Storax.« In Rom herrschte offenbar humanistische Milde, und man versuchte, auch Bonifatius damit ein wenig anzustecken und für feinere Genüsse zu öffnen. Teils wurden diese Geschenke wohl für den Weihrauch bei der Messe verwendet, teils kamen sie in den Kochtopf. Die Formen der antiken Hochküche dürften auch im frühen Mittelalter nie völlig verschwunden sein. An einer Stelle erwähnte Bonifatius selbst die »ausgesuchte Mannigfaltigkeit schwelgerischer Speisen«.

In Rom hielt man an einer urbanen Gesinnung fest. Prälaten sollten städtisch vornehm auftreten. Papst Zacharias erinnerte den karolingischen Hausmeier Pippin und die fränkischen Bischöfe, Äbte und Großen 747 daran, dass ein Bischof auf sich halten sollte: »Denn auch wir fügen auf Grund unserer apostolischen Autorität die Forderung an, daß ein Bischof Kleider trage, die seiner Würde entsprechen; ebenso auch die Kardinalpriester. Und wenn sie den Wunsch haben, als Mönche zu leben, dann sollen sie dem ihnen unterstellten Volk die schuldige Predigt tun in einem prächtigeren Gewande.« Zu den Geschenken, die Bonifatius selbst erhielt oder selbst verschickte, gehörten immer wieder wertvolle Tuche, feine Stoffe und Gewänder. An Bischof Daniel von Winchester sandte er um diese Zeit ein exquisites Handtuch, »eine Decke, nicht aus reiner Seide, sondern ein mit Ziegenhaaren gemischtes Gewebe, mit Zotten versehen zum Abtrocknen der Füße Eurer Liebden«.

Für antike oder romanische Autoren war es bis dahin ein Topos gewesen, dass Germanien oder Ostfranken unwirtlich sei, weil es dort nur undurchdringliche Wälder gäbe. Doch Mitte des 8. Jahrhunderts sah es nun beispielsweise in und um Mainz herum schon anders aus. Mainz selbst entwickelte sich wieder zu einer Stadt, stieg zur erzbischöflichen Metropole auf, wo fernöstliche Gewürze und seidene

Stoffe eintrafen und ringsum Weingärten angelegt waren. Die Nonne Hugeburc von Heidenheim am Hahnenkamm berichtete in ihrer Biographie über Abt Wunibald von Heidenheim, die um 778 entstand, Wunibald habe im Jahr 752 aus Angst vor bacchantischer Verführung die Stadt Mainz verlassen: »Und dies vor allem deshalb, weil er fürchtete, nachdem dort der Wein gewöhnlich in Fülle wächst, es könnte nach dem Wort der Schrift (vgl. Lk 21,34) der Überfluß an Wein die klösterliche Zucht zerstören.«[7]

Die Bischofssitze mauserten sich zu Frühformen der Städte in Ostfranken, um peu à peu feinere Lebensweisen zu entwickeln. Könige und Adel statteten die Bischöfe jeweils mit ländlichem Grundbesitz aus, damit sie standesgemäß mit ihrem klerikalen und kriegerischen Gefolge residieren konnten. Der Dom wurde in der Regel schon aus Stein gebaut, ebenso das mehr oder minder palastartige und repräsentative Wohnhaus des Bischofs, während die übrigen Gebäude noch aus Holz erstellt wurden. Der Dombezirk wurde häufig burgartig mit Wall und Graben geschützt, wie in Eichstätt, falls nicht ohnehin schon, wie in Würzburg, eine fränkische Festung vorhanden war. Allerdings zogen auch dort die Bischöfe bald hinunter in den Talkessel am Fuß der Festung, um hier einen umwehrten Dombezirk zu erstellen. An Rhein und Donau konnten die noch vorhandenen römischen Stadtmauern instand gesetzt werden, um die städtische Entwicklung zu konsolidieren und wieder voranzubringen.

Die bischöflichen Siedlungen gewannen an Festigkeit und Beständigkeit. Es zog Schriftlichkeit ein, die Kenntnis des Lateins, eine neue Beredsamkeit, ein neues Erinnerungs- und Abstraktionsvermögen. Kurz nach 750 entstanden die ersten schriftlichen Werke und Biographien in Germanien oder Ostfranken und im späteren Deutschland: die Bonifatius-Vita von Willibald aus Mainz, die Korbinian-Vita von Bischof Arebo von Freising oder die Doppelbiographie über Bischof Willibald von Eichstätt und Abt Wunibald von Heidenheim, welche die Nonne Hugeburc von Heidenheim am Hahnenkamm verfasste.

Hugeburc rühmte an ihren Helden die Eigenschaften der Überlegtheit, Besonnenheit, Reife, Milde und Güte. Sie versuchte als Autorin, den rein irdischen Freuden des Lebens eine gewisse Vergeistigung einzupflanzen und die Fürsorge für den Nächsten zu lehren. Willibald habe in Eichstätt selbst das bescheidene Leben eines Mönchs geführt, um im Laufe der Zeit an Wirksamkeit zu gewinnen: »Und in ruhiger Arbeit übte er dort die heilige Zucht des klösterlichen Lebens nach seiner frühen Lebensgewohnheit; denn er vollführte das, was er beim hl. Benedikt gesehen. (...) Und indem er sich das aneignete, hat er bei allen Scharen der ihm Untergebenen das Streben nach rechtem Wandel geweckt und ihnen ein Vorbild für gutes Verhalten im Worte, im Kampfe mit den Fehlern, in der Frömmigkeit, in der Geduld ebenso wie in der Enthaltsamkeit, die er an den Tag legte, gegeben. (...) Er hat sie mit der Milch göttlicher Liebe genährt und in Milde gestillt, bis sie wohl behütet und von Kindheit an gebildet, mit Feinsinn unterrichtet, zur männlichen Vollreife ihrer guten Anlagen gelangten.«[8]

Willibald von Eichstätt war wie kaum ein anderer der damaligen Zeit ein weitgereister Mann. Er war schon in den 720er Jahren von England aus aufgebrochen, um nach Rom zu pilgern. Von da aus unternahm er eine Fahrt in den Orient, nach Palästina, suchte die berühmten Orte der Evangelien auf, von Nazareth über Jerusalem bis Bethlehem, blieb mehrere Jahre dort, verweilte bei seiner Rückreise auch drei Jahre in Konstantinopel, lernte den oströmisch-griechischen Kulturraum kennen, bevor er nach Italien zurückkehrte und in Monte Cassino Mönch wurde. Papst Gregor III. setzte sich dafür ein, dass Willibald 740 dem Ruf des Bonifatius folgte und diesen bei seinem Missions- und Reformwerk in Germanien unterstützte. Recht eigentlich ging der fränkisch-karolingischen Blütezeit in Ostfranken eine fränkisch-angelsächsische voraus, vertreten durch Bonifatius und seine Verwandten, zu denen die drei Geschwister Willibald von Eichstätt, Wunibald und Walburga von Heidenheim am Hahnenkamm zählten, mit denen wiederum auch Hugeburc verwandt war. In die germanischen Wälder kehrte eine gewisse britische Weltläufigkeit ein.

Es wuchsen Organisationstalente heran. Denn zum kulturellen und politischen Element der bischöflichen Sitze kam das wirtschaftliche hinzu. Vor dem Dombezirk entstand häufig eine offene Vorstadt, wo sich Händler, Handwerker und Dienstleute niederließen. Es handelte sich meistens noch um Hörige des Bischofs, die kleine Wochenmärkte abhielten, doch waren manchmal auch schon freie Kaufleute darunter, die bereits weiter herumkamen.[9] Die *740er Jahre*, in denen unter der

Ägide von Bonifatius die Frühformen der Städte gestärkt oder etabliert wurden, bedeuteten für die Vor- und Frühgeschichte der Deutschen *gute Momente.*

Die fränkischen Großen und die Nachfolger Petri in Rom fanden in der Mitte des 8. Jahrhunderts zueinander, um sich gegenseitig zu stärken. Papst Zacharias hielt sich an den mächtigen fränkischen Vizekönig Pippin aus dem Geschlecht der Karolinger und unterstützte ihn beim Staatsstreich, um den schwachen merowingischen König zu stürzen. Der Papst kümmerte sich nicht um die Worte des Apostels Paulus an die Römer, wonach die Obrigkeit von Gott eingesetzt sei, sondern ließ in einem Brief an den fränkischen Adel pragmatisch verlauten, dass jener König sein soll, der die Macht dazu habe. 751 wurde Pippin in Soissons von den fränkischen Aristokraten zum fränkischen König erhoben und von den Bischöfen nach biblischem Vorbild gesalbt, um seinem Königtum eine sakrale Würde zu verleihen.

Auffälligerweise war Bonifatius, der ranghöchste Geistliche des Frankenreiches, bei diesem bedeutenden Akt nicht dabei, obwohl er vorher Entscheidendes dazu beigetragen hatte, dass sich die Karolinger und die Päpste näherkamen. Doch der sittenstrenge Angelsachse ging wohl schon längst vielen Vertretern des fränkischen Hochadels auf die Nerven; umgekehrt hatte Bonifatius kaum noch Lust, mit diesen Sittenstrolchen, wie er dachte, gemeinsame Sache zu machen. Vielleicht erinnerte er sich an die Worte des Apostels Paulus und hielt den Staatsstreich für gottlos. Er nahm jedenfalls nicht an der Salbung des neuen Königs in Soissons teil – ob nun aus eigenem Entschluss oder gezwungenermaßen. Er war ohnehin längst alles zugleich: Missionsbischof, Erzbischof von Germanien, Bildungspolitiker, Kirchenreformer, Gründer von Klöstern und Bischofssitzen, Vermittler zwischen den Franken und den Päpsten: ein Baumeister des jüngeren Europa. Er zog es vor, am Ende seines Lebens noch einmal bei den Friesen zu missionieren, wurde dort 754/55 zum Märtyrer des Glaubens und auf eigenen Wunsch in seiner Lieblingsgründung in Fulda begraben.

Die Zeitläufte waren in den letzten Jahren an Bonifatius vorbeigegangen, und es erschlossen sich neue Felder. 754 zog der neue Papst Stephan II. selbst ins Reich der Franken, um die Salbung des fränkischen Königs in Saint-Denis zu wiederholen. Im Gegenzug drangen die Franken in Italien ein, um dort den König des Lombardenreiches in die Schranken zu weisen und auf Wunsch des Papstes in Mittelitalien einen eigenständigen Kirchenstaat einzurichten. Als die Lombarden den Papst abermals bedrohten, zog 773 der neue fränkische König Karl der Große erneut nach Italien, erklärte sich zum König der Franken und Lombarden und zum Beschützer des Kirchenstaates. Im Jahr 800 krönte ihn Papst Leo III. zum Kaiser – und im Bündnis von Kaiser und Papst nabelte sich das westliche Europa endgültig von Byzanz ab.

VI ANFÄNGE DER DEUTSCHEN

Karl der Große: Fürst und Lebemann

Eine Frau mittleren Alters hat sich nett herausgeputzt, um im Supermarkt einzukaufen. Über üppigen Formen trägt sie einen kurzen, türkisblauen Rock und eine kurzärmelige, rosa Strickjacke. Im Haar stecken Lockenwickler, die von einem luftigen Kopftuch umhüllt sind. Sie schiebt einen vollen Einkaufswagen vor sich her, während im Mundwinkel eine Zigarette glimmt. Die Figur, ein Kunstwerk von Duane Hanson im Ludwig-Forum in Aachen, mutet bei näherem Hinsehen makaber an. Der Blick der Frau ist erschreckend leer, ihre Arme sind mit blauen Flecken übersät. Sie wirkt teils bemüht zivilisiert, teils disziplinlos genießerisch, teils beschädigt und verletzt. Offenkundig machen Tiefkühlkost und Dosenware, die sich im Einkaufswagen finden, nicht glücklich, sondern dick. Offensichtlich wurde sie verprügelt. Man mag die Nase rümpfen oder sich in seiner eigenen Komik ertappt fühlen, mag Hohn, Belustigung oder Sympathie und Mitleid gegenüber der Figur empfinden. Längst ist die »Supermarket Lady« als »Mona Lisa von Aachen« zur Ikone geworden.

Das Ludwig-Forum, welches zeitgenössische Kunst von den 1950er Jahren bis heute zeigt, ist keine Spaßveranstaltung. Viele Werke lassen die westliche Kultur als trostlos erscheinen: die Menschen – übersättigt; die Liebe – lächerlich; die Städte – verkommen. Die kapitalistische Idee gesteigerter Technik und Ökonomie, die allen Menschen ein besseres Leben bieten soll, scheint nicht zu funktionieren. Die Kunst ist sich selbst zu viel, kann sich nur negativ ausdrücken: geordnete Verhältnisse – verdächtig; die Schönheit – kitschig; das Gute – unmöglich. Der Verlust der Mitte, den Hans Sedlmayr 1947 diagnostizierte, scheint tatsächlich eingetroffen zu sein. Ein ziemlicher Schlamassel!

Supermarket Lady von Duane Hanson, 1970. Ludwig-Forum, Aachen

Bezeichnenderweise liegt das Ludwig-Forum nicht im historischen Zentrum von Aachen, sondern an der Peripherie. Es wahrt nachgerade bewusst Distanz gegenüber der Stadtmitte, wo das Projekt der nachantiken, abendländischen Zivilisation maßgebliche Impulse erhielt. Der Kern der Stadt ist regelrecht eine Hommage an das Konzentrische. In der Mitte liegt der Dom, die ehemalige Palastkapelle, die Karl der Große kurz vor 800 als Symbol seiner Reichsidee errichten ließ. Das Bauwerk ist selbst ein Zentralbau: achteckig im hohen Innenraum, sechzehneckig im Umgang. Man wird gefesselt von Geometrie und Ordnung, Festigkeit und Anmut, becirct von Bronze und Marmor, funkelndem Gold und Edelsteinen. Es scheint sich magische Kraft darin zu sammeln, denn so wie ein großer Planet kleinere an sich zieht, so wurden im Laufe der Zeit der Palastkapelle ringsum weitere Kapellen angefügt. Es entstanden jubilierende Rhythmen aus Kuppeln, Dächern und Türmen.

Aachen fiel nicht vom Himmel. Die Menschen, welche die Stadt schufen, blickten nach Süden, um sich von dort Anregungen zu holen. Schon die Vorfahren der Deutschen, die Franken, zollten dem Süden Tribut. Einhard, ein naher Vertrauter, wenn nicht ein Freund Karls des Großen, hob in seiner Biographie über den Herrscher hervor: »Ich sollte an dieser Stelle eigentlich die großen Schwierigkeiten und Anstrengungen beschreiben, die Karl und seine Franken beim Alpenübergang nach Italien überwinden mußten, als sie die unwegsamen Bergrücken, die hochragenden Felsen und zerklüfteten Gipfel überschritten.«[1]

Was den Römern nur teilweise gelungen war, die Alpen durchlässiger zu machen, um den Süden mit dem Norden zu vereinen, trieben die früh- und hochmittelalterlichen Kaiser voran. Teils wurden sie von den Päpsten in den Süden gerufen, teils wünschte man sie dort zum Teufel. Aber sie formten ihr Reich nicht nur mit dem Schwert, sondern knüpften auch an Ideen der mediterranen Zivilisation an, wie es Johannes Fried in »Der Weg in die Geschichte« herausstellte.[2] Karl der Große hatte ein offenes Ohr dafür, antiken Humanismus mit dem Christentum zu verbinden. Alkuin, ein Angelsachse und Mönch wie Bonifatius, den der Herrscher in Paris kennenlernte und seit 782 zu seinem wichtigsten Berater machte, schrieb an ihn: »Wenn recht viele

Eurer eifrigen Bemühung folgten, dann würde vielleicht ein neues Athen im Frankenreich geschaffen werden, das, geadelt, weil es den Herrn Christus zum Meister hat, alle in der Akademie (des Platon) geübte Weisheit übertrifft.«[3]

Das neue Athen sollte Aachen sein. Es wurde vom fränkischen Herrscher ausgebaut, um zunächst seit 794 die ständige Winterresidenz und seit 806 der feste Hauptort des Fränkischen Reiches zu sein. Die Palastanlage mit dem prachtvollen königlichen Saal, der die römisch-kaiserliche Aula in Trier nachahmte, ergänzt durch die glanzvolle Hofkapelle, die den byzantinischen Zentralbau spiegelte, war die Bühne, um feinere Sitten einzuüben. Die Großen des Reiches, der König, der Hofstaat, die Bischöfe, Äbte und Grafen, sollten sich regelmäßig in Aachen treffen, miteinander beten und reden, essen und trinken. Die fränkischen Krieger sollten lernen, sich Manieren anzueignen. Der König verwandelte sich selbst, so gut es ging, vom grausamen Kriegsherrn zum sesshaften, höfischen Fürsten.

Karl dem Großen haftet buchstäblich diese kaum fassbare Kategorie der »historischen Größe« an, über die Jacob Burckhardt in seinen »Weltgeschichtlichen Betrachtungen« nachgedacht hat.[4] Unter anderem sei dafür, so Burckhardt, ein bewusstes Verhältnis zur Kultur der Zeit höchst wünschenswert. Karl der Große besaß die Gabe, vorzügliche Talente der Zeit um sich zu scharen. Schon in den 770er Jahren, als der Hof noch von Pfalz zu Pfalz zog, kam er auf den genialen Gedanken, den adlig-kriegerischen Hofstaat mit gelehrten Klerikern, Intellektuellen, Grammatikern, Historikern und Poeten aus ganz Europa zu bereichern, zunächst noch aus Ländern, die nicht zum Fränkischen Reich gehörten oder gerade erst dazukamen: mit Lombarden, ebenso mit Angelsachsen und Westgoten, dann, mit zunehmendem Bildungsniveau in Franken, auch mit Gelehrten aus dem eigenen Gebiet. Der Herrscher förderte die Zusammenarbeit des *Kriegers* mit dem *Geistlichen.* Karl umgab sich mit Thinktanks und schuf so das Fundament seiner Größe. Der Beginn des Residenzlebens in Aachen *794* war ein *früher Höhepunkt der nachantiken, abendländischen Zivilisation.*

Die Gruppe von gebildeten Leuten traf sich in einer locker organisierten Akademie und Hofschule: erstens, um dem König selbst als Lehrer und Berater zur Verfügung zu stehen; zweitens, um Söhnen des

Adels als Pagen eine leidliche Bildung zu vermitteln; drittens, um die Mitglieder der Hofkapelle zu schulen. Die Kapläne der Hofkapelle waren für die Seelsorge bei Hofe verantwortlich; zugleich arbeiteten sie in der höfischen Kanzlei, wo die königlichen Urkunden und Erlasse ausgestellt wurden. Die Hofschule, die Hofkapelle und die Kanzlei waren nicht strikt voneinander getrennt, sondern bildeten die Kaderschmiede des Reiches, aus der Bischöfe, Äbte, Grafen, Diplomaten und Königsboten hervorgingen.

Über Jahre hinweg war Alkuin eine Art von Akademiepräsident. Er konnte den König davon überzeugen, dass die Pflege von Sprache und Wissen das A und O für eine erfolgreiche Politik sei. Karl war selbst beredt in der Muttersprache, einer althochdeutschen Mundart, lernte dazu Latein und Griechisch und ließ sich in den Sieben freien Künsten unterweisen. Er legte Wert auf Gespräch und Austausch, Lektüre und Studium. In einem Schreiben »Über die Pflege der Studien« an Bischöfe und Äbte teilte er seine Maxime mit: »Gutes Tun ist besser als gutes Wissen, doch geht das Wissen dem Tun voraus.«[5]

Die Quasi-Akademie um Alkuin trug das Ihrige dazu bei, um in Aachen eine feste Residenz zu installieren, umgekehrt förderte die räumliche Stabilität des Hofes in Aachen das Aufblühen von Wissen und Kunst. Als Karl im Jahr 800 in Rom von Papst Leo III. zum Kaiser gekrönt wurde, schien das Residenzleben umso notwendiger zu werden. Ein Jahr später formulierte die Kanzlei den anspruchsvollen Titel: »Karl, allergnädigster, erhabener, von Gott gekrönter, großer friedebringender Kaiser, der das Römische Reich regiert und der durch Gottes Barmherzigkeit auch König der Franken und Langobarden (ist)«.[6] Es erneuerte sich das westliche Römische Reich, in dem das Frankenreich mit Gallien und Germanien die Basis bildete. Der Kaiser überließ es dem Papst, den Kirchenstaat im mittleren Italien selbst zu regieren, setzte seinen Sohn Pippin als Regenten der Lombardei ein und herrschte selbst über das Imperium von Aachen aus. Der Titel des Kaisers sollte mit einer entsprechenden neuen Regierungsweise verbunden sein, die jener von antiken Kaisern ähnlich war: mit verbesserter Schriftlichkeit, vermehrter Gesetzgebung, friedlichen Mitteln der Herrschaft.

Im Jahr 802 berichteten die »Lorscher Annalen«: »Und im Monat

Oktober versammelte der Kaiser eine allgemeine Synode am genannten Ort (Aachen) und ließ dort die Bischöfe mit den Priestern und Diakonen alle Kanones lesen (...). Und der Kaiser selbst versammelte während dieser Synode die Herzöge, Grafen und das übrige christliche Volk mit den Rechtskundigen und ließ alle Gesetze in seinem Reich verlesen und übersetzen, einem jeden Mann sein Gesetz, und er ließ verbessern, was immer notwendig war, und das verbesserte Gesetz aufzeichnen, damit die Richter auf Grund des geschriebenen Rechtes urteilen sollten und keine Geschenke annehmen, damit alle Menschen, Arme und Reiche, Gerechtigkeit hätten.«[7]

In den zeitgenössischen Berichten über die Politik in Aachen oder in königlichen Erlassen tauchten immer wieder dieselben Leitbegriffe auf: sich kundig machen, klug überlegen, lesen, reden, zuhören, Wissen generieren, die Zustände verbessern, eine gerechtere Welt schaffen, das Leben schmücken und Mensch sein. Es waren die Kernworte des jüngeren Europa, die Karl der Große in Anschlag brachte. Er selbst war sowohl Christ als auch Humanist, ohne mit dem Begriff vertraut zu sein, einer, der den handelnden Menschen in den Vordergrund rückte. Er glaubte an die Lernfähigkeit der Menschen, an ihr technisches Können, an ihre sittliche Ader. Er ahnte etwas vom Geist antiker Urbanität, hatte etwas von einem Protagoras, Aristipp und Aristoteles in sich, ohne deren Schriften zu kennen, wurde durch die Akademiemitglieder aber mit Cicero oder Horaz vertraut, hatte insgesamt ein Faible für die Einheit der drei menschlichen Kardinaltugenden: für das nonchalante Ineinander von beruflich-wirtschaftlicher, sozial-politischer und musisch-kultureller Fähigkeit.

Einige Jahrzehnte später, im Jahr 882, verfasste der betagte Erzbischof Hinkmar von Reims die Schrift »Über die Ordnung des Hofes«. Er hatte vorher als junger Mann den Hof von Ludwig dem Frommen in Aachen kennengelernt und machte dort Bekanntschaft mit Adelhard, dem Abt von Corbie, der seinerseits ein Werk über das Hofleben von Karl dem Großen geschrieben hatte, auf das sich Hinkmar jetzt ausdrücklich bezog. Ein Vergleich mit den »Lorscher Annalen« und anderen Quellen bestätigt, dass Hinkmar wohl die Grundzüge des Hoflebens in Aachen um 800 wiedergab, vermischt mit gewissen Wunschvorstellungen.

Für Hinkmar bildete nicht die Waffengewalt, sondern die Ordnung des Hofes das wesentliche Element des Königtums. Für das höfische Leben bedürfe es nicht so sehr »der erprobten körperlichen Kraft«, sondern mehr der »seelischen Stärke«.[8] Die Hofämter wurden teilweise ihrer ursprünglichen Funktion entbunden und in Frühformen von Ministerien verwandelt. Der oberste Kaplan kümmerte sich nicht nur um das kirchliche Leben bei Hofe, sondern beaufsichtigte auch den Kanzler und die Kanzlei, wo die königlichen Urkunden und Briefe ausgestellt wurden. Der Pfalzgraf war für das königliche Hofgericht zuständig, das man zu einer Art von oberstem Reichsgericht ausdehnte. Der Kämmerer war für die Ausstattung des Hofes verantwortlich und kontrollierte insgesamt die Finanzen der königlichen Wirtschaft.

Alle drei, der Erzkaplan, der Pfalzgraf und der Kämmerer, waren die wichtigsten Berater des Königs, zu denen andere Berater ohne besonderes Amt hinzukamen (wie etwa Mitglieder der Quasi-Akademie). Die Politik wurde nach Möglichkeit auf eine sachliche, fachkundige Grundlage gestellt. Kommunikation, Debatte, kreativer Austausch, dialektische Suche nach der besten Lösung, kurz »Rede, Gegenrede und Beratung«, wie es der Erzbischof von Reims ausdrückte, waren ein zentrales Instrument der Politik. Während sich die königliche Familie, der Hofstaat, die Quasi-Akademie sowie die Kleriker der Kanzlei fast immer in der Residenz aufhielten, trafen sich Vertreter aus allen Teilen des Reichs zweimal pro Jahr in Aachen, um »vorausschauende Maßnahmen« zu beschließen. Die großen Säle bei Hofe stellten Frühformen des parlamentarischen Ober- und Unterhauses dar, wo der König die Rolle des Ersten unter Gleichen einnahm. Der König, die Herzöge und Bischöfe saßen im Oberhaus und fassten Beschlüsse, während im Unterhaus der übrige Adel tagte, um Empfehlungen zu geben.

Phasenweise gewinnt man bei der Lektüre von Hinkmars Schrift »Über die Ordnung des Hofes« den Eindruck, als gehe es um eine moderne konstitutionelle Monarchie, weit entfernt von einer Despotie, wie sie in der Frühen Neuzeit von Ludwig XIV. in Frankreich oder Friedrich Wilhelm I. in Preußen eingeführt wurde. Hinkmar fühlte sich mit der antiken Senatorengesellschaft weit mehr verbunden als mit der Idee absolutistischer Macht.

Einhard, der ähnlich gesinnt war wie Hinkmar, schilderte neben einer solch administrativen Ordnung, neben den eigentlichen Regierungsgeschäften auch repräsentative Akte und das tägliche Leben bei Hofe in Aachen, vermischt mit Charakterzügen von Karl dem Großen. Der König war offensichtlich kein Philister. Er holte sich Anregung von überall her, schöpfte aus fränkisch-germanischen Bräuchen ebenso wie aus griechisch-römischer Philosophie oder jüdisch-christlicher Religion. Studium, Vernunft, Glaube, hohes Amt, Krieg, Hofleben, Demut gegenüber großen Zusammenhängen, politische Reform, wirtschaftliches Engagement, Geselligkeit, Genussleben, Faible für die Familie: all das sollte zusammengehören.

Die Ordnung des Hofes in Aachen sollte schlechthin zwei wesentliche Aufgaben erfüllen: erstens die sozial-politische Tugend heben, das Reich mit friedlichen Mitteln wie Hoftagen und Frühformen von Ministern verwalten; zweitens die musisch-kulturelle Tugend fördern, Sitten und Künste, Erziehung und Bildung, das Angenehme und Vergnügliche: Naturkunde, Geschichte, Literatur, bildende Kunst, Musik, Sport, Wohnen, Mode, Feinschmeckerei.

Karl wuchs in die Rolle des sesshaften Fürsten hinein, sorgte nach Möglichkeit für besseres Benehmen, entwickelte selbst Formgefühl und königlichen Glanz im Wechsel von Alltag und Fest. Einhard erklärte: »An hohen Festtagen trug er goldgewirkte Kleider und Schuhe, auf denen Edelsteine glänzten. Sein Umhang wurde dann von einer goldenen Spange zusammengehalten, und er schritt im Schmucke eines Diadems aus Gold und Edelsteinen einher. An anderen Tagen unterschied sich seine Kleidung nur wenig von der des gewöhnlichen Volkes.« Der Alltag hatte offenkundig noch Ländlich-Bäuerliches an sich.

Wenngleich der König nach Einhard die Trunkenheit verabscheute, wollte er einen reichgedeckten Tisch nicht missen: »Enthaltsamkeit im Essen fiel ihm dagegen schwer, und er beklagte sich oft, daß das Fasten seiner Gesundheit schade. Er gab sehr selten Gelage, meist nur an hohen Feiertagen, dann aber für eine große Anzahl von Leuten. Seine tägliche Mahlzeit bestand aus vier Gängen und (!) dem Fleisch, das seine Jäger auf dem Spieß brieten und das er lieber als alles andere aß.« Die Freuden der Tafel wechselten mit musischen Genüssen und Erholung: »Während des Essens hörte er sich entweder Musik oder einen

Vorleser an. Dabei wurden geschichtliche Werke und die Taten der Alten vorgetragen. Er hörte auch gern die Werke des heiligen Augustinus, besonders seine Schrift ›De Civitate Dei‹ (...) Im Sommer aß er nach dem Mittagessen Obst, leerte seinen Becher, zog dann Kleider und Schuhe aus, wie er es am Abend zu tun pflegte, und ruhte zwei bis drei Stunden.«

Es dürfte aber häufig lebendiger oder üppiger am Hof in Aachen zugegangen sein, als es Einhard darstellte. Theodulf, ein gelehrter Westgote, den Karl zum Bischof von Orléans erhob, hielt sich oft in Aachen auf und gehörte selbst zur Gruppe um Alkuin und Einhard; er beschrieb die Tätigkeit von Küchenmeister und Mundschenk etwas genauer und schilderte überhaupt die heitere Atmosphäre an der königlichen Tafel: »Mit der Hand sich von der Stirn den perlenden Schweiß wischend, kommt Menalcas heran vom obstreichen Sitz, den er oft betritt, um umwallt vom Schwarm der Köche und Bäcker seines Amtes zu walten. Voll Erfahrung breitet er alles aus und bringt die Speisen vor des Königs prächtigen Hochsitz. Hier kommt der mächtige Mundschenk Eppinus und bietet in schönen Gefäßen lieblichen Wein. Bald umsitzen sie (die königliche Familie, Bischöfe, Gelehrte, Dichter), nachdem die Aufforderung ergangen, das königliche Mahl. Der Freude wird Raum gegeben. Fort mit euch, so ruft man, ihr Massen von Brei und dicker Milch; heute seien die Tische gewürzter Speisen voll. Sie nehmen die Speise und genießen die angenehmen Gerichte.«[9]

Zur historischen Größe gehört nach Burckhardt nicht zuletzt ein glückliches Verhältnis zwischen Macht und Sinnlichkeit. Es ist ein Segen, wenn ein Politiker ein Lebemensch ist, wenn er weder missgünstig noch grimmig, weder geizig noch rein selbstbezogen erscheint und den Machtwillen mit der Neigung verbindet, sein Glück zu dem des Volkes zu machen: temperamentvoll, heiter, lebensbejahend – weil auch solche Tugenden politisch sind und zur Entspannung der Lage beitragen. Karl sorgte als Connaisseur für viele Anekdoten, die noch Jahrzehnte nach seinem Tod präsent waren. Im Jahr 883 erhielt der St. Galler Mönch Notker der Stammler von Kaiser Karl dem Dicken den Auftrag, eine Biographie über Karl den Großen zu schreiben. Notker konnte sich unter anderem auf die Berichte seines Erziehers Adelbert berufen, der ein Kampfgenosse Karls des Großen gewesen war. Obwohl Notker nie vergaß, die maßvolle Lebensweise zu loben, schilderte er oft genussvoll sinnliche Einzelheiten. Demnach servierte man an der Tafel Karls des Großen auch »Flußfisch, mit gewürzter Brühe übergossen«, oder eine Frühform von Brie: einen »vor Fettigkeit gelblichen Käse«, von dem der König »jedes Jahr zwei Wagen voll« nach Aachen bringen ließ.[10] Von nah und fern besorgte man Leckereien, wie es sich für den Hauptort eines Imperiums gehörte.

Es waren gerade auch angenehme Bademöglichkeiten, die für Aachen als Residenz sprachen. »Karl liebte«, fuhr wiederum Einhard fort, »die Dämpfe heißer Naturquellen und schwamm sehr viel und so gut, daß es niemand mit ihm aufnehmen konnte. Darum baute er einen Palast in Aachen und verbrachte seine letzten Lebensjahre ununterbrochen bis zu seinem Tod dort. Er lud nicht nur seine Söhne, sondern auch Adelige und Freunde, manchmal sogar sein Gefolge und seine Leibwache zum Baden ein. Oft badeten mehr als hundert Leute mit ihm.«

Allzu steif schien das höfische Zeremoniell noch nicht gewesen zu sein. Karl gab sich offenbar umgänglich und freundlich. Er hatte eine natürliche Sympathie für das Leben, war weder frömmelnd noch miesepetrig, auch wenn er die Marotte besaß, immer im Mittelpunkt stehen zu müssen. Aber er war allem Anschein nach kein Autokrat, verhielt sich wie ein Erster unter Gleichen und sorgte für eine gute Atmosphäre. Er schlüpfte regelrecht in die Rolle des Alkinoos hinein, des Phäakenkönigs in der »Odyssee« des Homer. Auch Karl hätte nach der Mühe des Regierens sagen können: »Lieben nur immer den Schmaus, den Reigentanz und die Laute, / oft veränderten Schmuck und warme Bäder und Ruhe.«

Es handelte sich am Hof von Karl dem Großen um keine reine Männergesellschaft – wie beim nachhomerischen griechischen Symposion –, sondern das Spiel der Geschlechter förderte die allgemeine lebensfrohe Art. Karl hielt sich nicht einseitig an maßvolle apollinische Vorgaben, er hatte auch eine leidenschaftliche dionysische Ader, die zu einer Quelle seiner Lebenslust wurde. Nicht nur das Gebot des Fastens war ihm etwas lästig, auch die kirchliche Vorschrift der Einehe, die einem Sittenwächter wie Bonifatius so sehr am Herzen gelegen hatte.

Karl folgte unbekümmert einer fränkisch-germanischen Tradition und gönnte sich das Privileg, neben der rechtlichen Ehe auch eine »Friedelehe«, Liebesehe, zu führen, ähnlich wie es Tacitus in seiner »Germania« für vornehme Germanenfürsten geschildert hatte. Karl war offiziell viermal verheiratet, wobei er sich von seiner ersten Ehefrau, einer lombardischen Prinzessin, aus politischen Gründen trennte. Die zweite Frau, Hildegard, die einem alemannischen Herzogsgeschlecht entstammte, gebar neun Kinder und starb früh. Anschließend heiratete Karl Frastrada, die ostfränkischem Adel entstammte, dann Luitgard, eine alemannische Grafentochter, die vorher seine Geliebte war. Am Hof hielt sich in der Regel neben der legitimen auch die illegitime Ehefrau auf und vermehrte die Anzahl der Söhne und Töchter.

Der Patriarch war vernarrt in seine Kinder, wollte sie immer um sich haben. Er untersagte es den erwachsenen Töchtern, rechtliche Ehen einzugehen, teils, um bei möglichen Schwiegersöhnen keine Machtansprüche zu wecken, teils, um das höfische Leben durch sie zu bereichern. Einhard erklärte: »Er beaufsichtigte sorgfältig die Erziehung seiner Söhne und Töchter. Wenn er zu Hause war, aß er nie ohne sie und nahm sie stets auf Reisen mit. Die Söhne ritten dann an seiner Seite, während die Töchter nachfolgten und in der Nachhut von einem Teil seiner Leibwache geschützt wurden. Obwohl sie sehr schöne Mädchen waren und er sie über alles liebte, erlaubte er seltsamerweise keiner von ihnen zu heiraten.«

Er herrschten allerdings libertinöse, boccaccieske Verhältnisse in Aachen. Alkuin warnte die Eleven der Quasi-Akademie und der Hofschule vergeblich vor den »Kronentauben, die durch die Kammern der Pfalz schwirren«. Das Haupt der Familie drückte ein Auge zu, wenn die Prinzessinnen ihrerseits »Friedelehen« mit Höflingen eingingen. Die Töchter galten als einflussreich und bildeten neben dem Vater die Glanzpunkte bei feierlichen Banketten und höfischen Jagden. Es entwickelten sich bereits die Tollheiten von Koketterie und Liebesgesang. Die Bedenken eines Augustinus gegenüber dem Modischen und Abwechslungsreichen wurden in den Wind geschlagen. Ein anonymer Dichter beschrieb die königlichen Töchter: »In der Schar der Jungfrauen dahinter erscheint als nächste Berta, von vielen Mädchen begleitet. (...) Goldne Schnüre sind in das blonde Haar geflochten, um ihren Hals wie Milch so weiß trägt sie einen kostbaren Hermelin. (...) Giesela folgt in schimmerndem Weiß. Vom Chor der Jungfrauen geleitet zieht sie einher, die herrliche Prinzessin. Stattlich erscheint sie in ihrem malvenfarbenen Mantel, rot leuchtet der zarte Schleier, gewebt aus purpurnen Fäden; Stimme, Gesicht, Haare: alles ist herrlich an ihr!«[11]

Es vollzog sich schon jene höfische Lebensweise, die später, im hohen Mittelalter, in der Renaissance oder im Barock, immer wieder variiert wurde. Es ging langfristig um den Wandel vom Krieger zum Ritter und vom Ritter zum Hofmann und vom Hofmann zum Bürger. Was Norbert Elias für das spätere Hofleben von Ludwig XIV. in Versailles geltend machte,[12] galt im Ansatz schon für den Hof von Karl dem Großen in Aachen. Es ging im letzten Drittel von Karls Regierungszeit nicht mehr in erster Linie um Kriegführen und Beutemachen, sondern zunehmend um die angenehmen und gedeihlichen Dinge des Lebens: um Manieren und Finesse, friedliche Politik und Wohlfahrt, Wirtschaft und Kultur.

Schon einige Zeit nach der Völkerwanderung hatten die Franken das Konzept des landwirtschaftlichen Herrenhofes entwickelt. Auch die Alemannen übernahmen diese Organisationsform und hielten sie in der »Lex Alemannorum« schriftlich fest. Man kann dank solcher Quellen und archäologischer Funde die Ausstattung der Herrenhöfe im frühen Mittelalter gut erschließen.[13]

Der Herrenhof war in der Regel der Mittelpunkt eines Rodungsgebietes. Er wurde mit Graben, Wall und Zaun geschützt. Sofern der Besitzer ein kleinerer Grundherr war, wohnte er dort selbst mit seiner Familie in einer stattlichen Wohnhalle, während der König, der hohe Adel oder die Klöster einen Meier als Verwalter einsetzten. Auf dem Hof lebten ferner Dienstleute, Knechte, Mägde und Handwerker, daneben gab es Bauern auf kleineren Hofstätten, die drei Tage in der Woche für den Herrenhof arbeiten mussten oder zu Abgaben an ihn verpflichtet waren. Man stattete den herrschaftlichen Hof mit einer Reihe von Wirtschaftsgebäuden aus: mit Speichern, Scheunen und Ställen, Back-, Bade- und Frauenhaus für die Textilarbeiten, ergänzt durch Schmiede und Mühle. Neben dem Ackerbau sollte es möglichst auch Weinbau geben. Oder es sollte Bier gebraut werden. Daneben betrieb man Viehzucht, Milch- und Fischwirtschaft und hielt Bienen für Wachs und Honig.

Landwirtschaft und Handwerk kamen unter eine straffere herrschaftliche Organisation. Karl forderte die königlichen Höfe dazu auf, größere Mengen, vielfältigere Dinge und eine bessere Qualität hervorzubringen. Es entstand um 795 das »Capitulare de villis«, eine »Verordnung über die königlichen Höfe«.[14] Der Erlass stellte mehr oder minder eine Enzyklopädie der damals bekannten Lebensmittel dar. Es wurde der Wunsch geäußert, umfangreiche Viehzucht zu betreiben, die Äcker gut zu bebauen sowie Gemüse-, Obst- und Weingärten anzulegen. Es sollten Pferde, Ochsen, Kühe, Schweine, Ferkel, Hammel, Lämmer und Ziegen gehalten sowie gleichzeitig auch Butter, Käse und Würste hergestellt werden. In der Viehwirtschaft sollten überhaupt zu den gewohnten vierbeinigen Tieren vermehrt zweibeinige hinzukommen, Geflügel wie Tauben, Hühner, Enten und Gänse, ergänzt durch Wildgeflügel.

Gegenüber der herkömmlichen bäuerlichen Hauptnahrung der fränkisch-germanischen Tradition: Getreide, Brot, Brei, Quark und Fleisch von vierbeinigen Haustieren, sollte nun am königlichen Hof die Ordnung einer griechisch-römischen Hochküche so weit wie möglich wieder zum Zuge kommen: mit Gemüse, Fisch, Geflügel, Wild, jungen, vierbeinigen Haustieren und frischem Obst (noch ohne Weichtiere, die in kontinentaler Lage um Aachen kaum frisch zu beschaffen waren, sieht man einmal von Weinbergschnecken ab). Es wurde im Abschnitt 62 von den Verwaltern der Höfe eine Frühform von Buchführung eingefordert, mit der sie über diese Dinge Rechenschaft ablegen sollten: »Jeder Amtmann soll alljährlich über unseren Gesamtertrag berichten: (...) wie viel Gemüse (Hülsenfrüchte), Hirse, Wolle, Flachs und Hanf, Obst, Nüsse, von gepfropften Bäumen und Gärten, Rübenäckern und Fischteichen, wie viel Häute, Felle, Hörner, Honig, Wachs, Fett, Talg und Seife, Brombeerwein, Würzwein, Met, Essig, Bier, Most und alter Wein, alte und neue Ernte, Hühner, Eier, Gänse einkamen, was von Fischern, Schmieden, Schildmachern und Schustern (...) eingenommen.«[15] Auffallend ist nicht zuletzt die Vielzahl an rauschhaften Getränken. Man ahnt, dass es bei den Gastmählern am königlichen Hof ausgelassen und abwechslungsreich zuging.

Der Abschnitt 70 nannte rund 70 Gartenpflanzen: Heil- und Gewürzkräuter, Salate und Obst, darunter etwa Petersilie, Schnittlauch, Dill, Liebstöckel, Brunnenkresse, Rauke, Bärlauch, Salbei, Rosmarin, Anis, Kümmel, Kreuzkümmel, Lattich (eine Frühform von Kopfsalat), Gurke, Rettich, Zwiebel, Schalotte, Knoblauch und so fort. Die Verordnung galt offenkundig für die Höfe nördlich der Alpen, weil beispielsweise Oliven nicht vorkamen.

Die bäuerliche Arbeit wurde in karolingischer Zeit auch durch die bildende Kunst aufgewertet. Ein Kalenderbild, das um 818 in Salzburg entstand, stellt landwirtschaftliche Szenen im Rhythmus der Jahreszeiten dar, die bis heute durch ihre einfache, beschauliche Art beeindrucken. Im Januar wärmt sich der Bauer die Hände über dem Rost, im Februar und März jagt er oder der Meier das Wildgeflügel, im April beschneidet er die Rebstöcke, im Mai freut er sich an Blumen, im Juni pflügt er den Acker, im Juli mäht er das Heu, im August erntet er das Getreide, im September besät er den Acker neu, im Oktober liest er den Wein und im November oder Dezember wird das Schwein geschlachtet.

Während das »Capitulare de villis« eher ein Wunschzettel war, eine Anregung oder eine maximale Forderung, die wohl kaum ein einzelner königlicher Hof erfüllen konnte, lässt sich aus einem solchen Monatsbildzyklus wohl besser herauslesen, was letztlich die wichtigsten Lebensmittel und Getränke der Franken waren: *Geflügel*, dazu Haustiere, die Gras und Heu fraßen, wie *Rinder*, *Schafe*, *Ziegen*, ferner Getreide, um *Brei*, *Brot und Bier* herzustellen, ergänzt durch *Wein* und zu guter Letzt durch das *Schwein*, dem gleich zwei Monate gewidmet wurden. Kräuter, Salat, Gemüse, Weichtiere, Fisch und Gartenobst spielten noch keine große Rolle. Das eigentlich Neue war die Vorliebe für das Geflügel, für Wild- wie Hausgeflügel, Taube, Huhn und Gans, Sachen, die man in vorrömischer Zeit nördlich der Alpen kaum kannte. Das Huhn war ursprünglich in Indien heimisch und kam erst langsam nach Europa.

Neben den Herren- und Königshöfen trug die klösterliche Landwirtschaft ihr Scherflein dazu bei, daß die natürlichen Ressourcen besser genutzt wurden. Die Regeln des Benedikt von Nursia sahen für die Mönche neben dem strengen Rhythmus der Gebete in gewissem Um-

Ältestes Kalenderbild mit landwirtschaftlicher Darstellung in Westeuropa, Salzburg, um 818. Bayerische Staatsbibliothek München, Clm 210

fang auch Handarbeit vor. Es sollten selbständige Inseln der Produktion entstehen, auf denen die Arbeit der Landwirtschaft durch Handwerk ergänzt und gehoben wurde. Im Kapitel 66 über »Die Pförtner des Klosters« hieß es: »Das Kloster soll, wenn möglich, so angelegt werden, daß sich alles Notwendige, nämlich Wasser, Mühle und Garten, innerhalb des Klosters befindet und die verschiedenen Arten des Handwerks dort ausgeübt werden können.«

Der gewisse mediterrane Einschlag der Essgewohnheiten nördlich der Alpen – mehr Kräuter, Salat, Gemüse, Fisch, Geflügel und Obst – wurde nicht zuletzt von den Klöstern gefördert: durch die Anlage von Klostergärten und Klosterteichen. Im Kapitel 39 über »Das Maß der Speise« las man: »Zwei gekochte Speisen sollten also für alle Brüder genug sein. Gibt es Obst oder frisches Gemüse, reiche man es zusätzlich (...). Auf Fleisch vierfüßiger Tiere sollen alle verzichten, außer die ganz schwachen Kranken.«[16] Schon Bonifatius hatte die Verbindung zum Kloster Monte Cassino gepflegt, welches von Benedikt im Jahr 529 gegründet worden war. 787 besuchte Karl der Große das Kloster und ließ die Regeln des Benedikt von Nursia abschreiben, um sie zu einer wichtigen Grundlage seiner Reformbemühungen zu machen.

Kurz nach dem Tod von Karl dem Großen fand unter seinem Nachfolger Ludwig dem Frommen 816/19 in Aachen eine klösterliche Reformsynode statt, die höchstwahrscheinlich den Entwurf des berühmten klösterlichen Idealplans bestimmte, welcher um 819 auf der Insel Reichenau als Anregung für die benachbarte Abtei in St. Gallen entstand und sich dort bis heute befindet. Verordnungen des »Capitulare de villis« und Regeln des Benedikt von Nursia nahmen gleichermaßen Einfluss auf den Plan. Ohne Bedenken verband man mönchisches Leben, Gebet und Studium mit Landwirtschaft und Handwerk: Vita contemplativa mit Vita activa – ora et labora, bete und arbeite! Für die Großen der antiken Philosophie wie Platon oder Aristoteles wäre ein solches Nebeneinander von geistiger und handwerklicher Tätigkeit nicht die feine Art gewesen. Der Pragmatismus des jüngeren Europa sah darüber hinweg. Die christliche Lehre wertete die Handarbeit und das ländlich-handwerkliche Milieu auf.

Der Idealplan zeigte vielfältige wirtschaftliche Trakte: westlich verschiedene Ställe für Großvieh, Pferde, Kühe, Schweine, Ziegen und

Schafe, südlich Mühle, Stampfe, Mälzerei, Brauerei und Bäckerei, dazu Häuser für Schuster, Schildmacher, Sattler, Drechsler, Gerber, Gold- und Eisenschmiede, gefolgt südöstlich von Ställen für Hühner und Gänse sowie von einem Obst- und Gemüsegarten. Verzahnt mit diesen wirtschaftlichen Trakten erhoben sich der religiöse und der akademische Bezirk: Im Zentrum gab es Kirche und Mönchsklausur, nördlich und östlich schuf man Platz für einen gastronomischen, schulischen und gesundheitlichen Bereich: für Gästehaus, äußere Schule, Abthaus, Arzthaus, Spital und innere Schule. Man entwarf nicht nur den Idealplan für ein Kloster, sondern auch Elemente einer zukünftigen Stadt: mit klarer, teils symmetrischer Platzierung der Gebäude und reichgegliederter Infrastruktur. Es machte sich eine gewandelte organisatorische Willenskraft bemerkbar, die vielschichtige Anforderungen bewältigen konnte.

Die herrschaftlichen Höfe der Könige, Bischöfe und Äbte erzeugten Überschüsse an Lebensmitteln, welche die Grundlagen für ein neues städtisches Wachstum legten. Ehemalige römische Städte, Pfalzen, Bischofssitze und Reichsabteien entfalteten sich zu ersten kulturellen Inseln. In der Mitte und im Osten des Fränkischen Reiches waren es Orte wie Aachen, Köln, Trier, Ingelheim, Mainz, Frankfurt am Main, Lorsch, Worms, Speyer, Straßburg, Konstanz, die Insel Reichenau, St. Gallen, Augsburg, Salzburg, Regensburg, Eichstätt, Würzburg, Fulda. Hinzu kamen seit Ende des 8. Jahrhunderts neue Bischofssitze in Sachsen, wie Paderborn, Osnabrück, Münster, Minden und Halberstadt; Karl der Große machte als Gründer von Bischofssitzen dort weiter, wo Bonifatius aufgehört hatte. Sein Nachfolger, Ludwig der Fromme, erhob Hildesheim und Hamburg zu Bischofssitzen (wobei der Bischofsstuhl in Hamburg bald nach Bremen verlagert wurde). In diesen Städten kann man bis heute die frühmittelalterliche Stadtstruktur noch ablesen. Man erkennt in der Regel noch einen kreisrunden oder ovalen Dombezirk, dem jeweils ein Marktplatz vorgelagert ist.

Der überregionale Handel kam zaghaft in Gang, wie es einige Zollstationen an der östlichen Grenze des Reiches belegten: Magdeburg, Erfurt oder Hallstatt (bei Bamberg). Notker der Stammler berichtete, dass Karl der Große die Bischöfe, Äbte und Grafen dazu anhielt, die Verkehrsmöglichkeiten zu verbessern, »Brücken oder Schiffe zu bauen

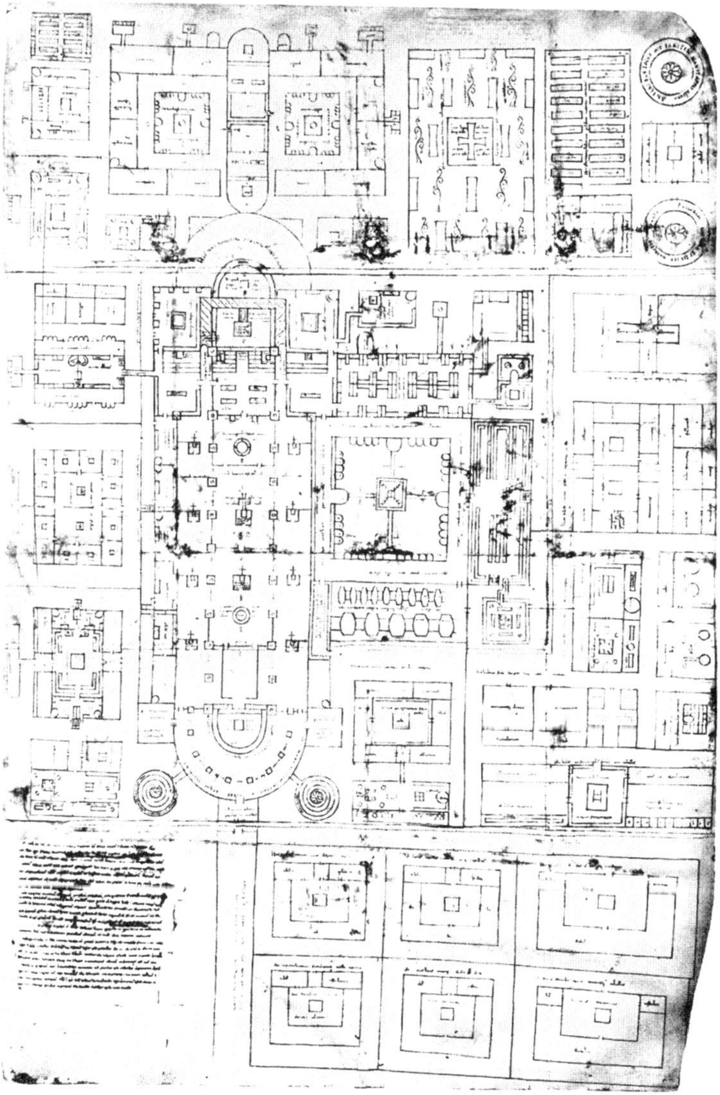

Klösterlicher Idealplan von St. Gallen, hergestellt auf der Insel Reichenau um 819. St. Galler Stiftsbibliothek

oder Fähren oder schlammige Wege zu reinigen, zu pflastern oder auszufüllen«. Der Autor erwähnte ebenso einen königsnahen »jüdischen Handelsmann, der oft nach dem gelobten Land zu ziehen und von dort übers Meer viele Kostbarkeiten und fremdartige Gegenstände mitzubringen pflegte«. An anderer Stelle, wo über die Ankunft einer Gesandtschaft in Aachen berichtet wurde, erfuhr man Genaueres über die nah- und fernöstlichen Köstlichkeiten und Sensationen von damals: »Die Perser aber brachten dem Kaiser einen Elefanten und Affen, Balsam, Narden und verschiedene Salben, Gewürze, Wohlgerüche und die mannigfachsten Heilmittel, so daß sie den Orient ausgeleert und den Westen angefüllt zu haben schienen.« Das Abendland erzeugte seinerseits weniger exklusive oder schillernde Sachen. Die Reichtümer Europas bestanden nach Notker hauptsächlich aus Getreide, Wein und Olivenöl. Karl der Große schenkte im Gegenzug der Gesandtschaft »hispanische Pferde und Maultiere, friesische Tuche von weißer, grauer, bunter und blauer Farbe«, dazu Jagdhunde als Besonderheiten des Westens.

Notker fand Gefallen daran, eine geographisch erweiterte, sich verändernde und modernere Welt vorzustellen. Wenngleich er seine Beobachtungen mit kritischen Untertönen spickte, mit der Warnung vor Überfeinerung, Müßiggang und Aufgeblasenheit, unterließ er es nicht, die neueste Mode zu beschreiben. Venedig verwandelte sich offenkundig damals schon in einen zentralen Umschlagplatz zwischen Ost und West, wo es Dinge gab, die märchenhaft wie aus Tausendundeiner Nacht anmuteten. Bei der Schilderung einer königlichen Jagdgesellschaft in Norditalien führte Notker den edlen Tand vor Augen: »Die übrigen aber gingen, da Festtage waren und sie von Padua kamen, wohin eben Venetianer von jenseits des Meeres alle Reichtümer des Ostens gebracht hatten, gekleidet in Häute phönizischer Vögel, mit Seide eingefaßt, dann geziert mit der Hals- und Rückenhaut und den Schwanzfedern der Pfauen und mit tyrischem Purpur oder orangefarbenen Streifen verbrämt.«

Mit Vorliebe nahm der St. Galler Klosterbruder die noblen Bischöfe und Stadtherren aufs Korn, um dabei Frühformen von urbaner Finesse und Dekadenz zur Anschauung zu bringen, was schon den heftigen Zorn eines Bonifatius erregt hatte. Ausgerechnet dessen

Nachfolger, der Primas von Germanien, der Erzbischof von Mainz zur Zeit von Karl dem Großen, war für Notker das Paradebeispiel eines Gastgebers, der Feinschmeckerei mit Völlerei verband – oder ausgewählten Geschmack mit schwelgerisch grellem Aufwand: »Nach Beendigung solcher Messen traten sie in seinen Saal ein, der mit herrlichen Teppichen und Vorhängen aller Art geschmückt war, wo ein köstliches Mahl in goldenen, silbernen oder mit edlen Steinen gezierten Gefäßen auch dem Unlustigen und Übersättigten Lust zum Genuß erwecken konnte. Er selbst aber saß hoch aufgebaut auf weichen Federn, in Überzügen von kostbarstem Seidenzeug, mit kaiserlichem Purpur angetan, (...) umgeben von Scharen der glänzendsten Ritter. (...) Nach dem wunderbar reichen Mahle, dergleichen auch bei Königen nicht häufig ist, wollten sich jene beurlauben, er aber, um seine Pracht und Herrlichkeit noch besser zu zeigen, ließ die kunstreichsten Sänger nebst allen musikalischen Instrumenten kommen, bei deren Stimmen und Klang die härtesten Herzen weich werden und die schnellen Fluten des Rheins verweilen mußten. Von Getränken aber gab es die verschiedensten Arten, mit allerhand Würzen und Zutaten bereitet; und die Becher, mit Kräutern und Blumen bekränzt, die den Glanz der Edelsteine und des Goldes auffingen und roten Schein dafür zurückstrahlten, blieben ungetrunken in ihrer Hand, da der Magen schon überfüllt war. Aber die Bäcker und Fleischer und Köche bereiteten unterdessen mit der ausgesuchtesten Kunst ihrem vollen Magen Leckerbissen aller Art, um sie wieder zum Genuß zu reizen – ein Mahl, wie es für den großen Karl nie bereitet worden war.«

Notker graute es vor grellem Aufwand, wo feiner Geschmack, gutes Benehmen und vornehme Zurückhaltung angemessen gewesen wären. Dennoch war er widerwillig fasziniert und malte bei diesem Exemplum die Wahrheit des Erzählten literarisch aus, ganz so, als sei er ein Kenner des Gastmahls bei Trimalchio im »Satyricon« des Petronius gewesen. Wie im antiken Rom entfaltete sich im frühmittelalterlichen Mainz eine Welt superber Genüsse bis zum Überdruss: ein schillerndes Gesamtkunstwerk üppigen Wohllebens, mit glanzvoller Einrichtung, kunstreichen Speisen, berauschenden Getränken, bezirzender Musik. Auch in der frühmittelalterlichen ostfränkischen Literatur gab es einen Petronius: Notker den Stammler.

Selbst wenn damals Gastmähler in Völlerei ausarteten oder Magnaten mit ihrem Reichtum nichts Besseres anzufangen wussten, als ihn für eine überreiche Tafel auszugeben, dürfte es im Ansatz eine feine fränkische Hochküche gegeben haben, die sich deutlich von der bäuerlichen Küche unterschied: mit exquisiten Dingen wie Butter, Olivenöl, Fisch, Geflügel, Haustieren und Wild: das Fleisch am Spieß gebraten oder auf dem Rost gegrillt oder gekocht; im Ganzen, in Stücken oder als Würste serviert, ergänzt durch Gewürz- und Kräuterbrühen, salzige Fischsoßen (im »Capitulare de villis« wurde »garum« erwähnt), durch exzellenten Käse und frisches Obst. Wahrscheinlich kannte man eine Variante des römischen Kochbuchs von Apicius, das einem solchen Stil entsprach. Eine der beiden ältesten Handschriften, welche heute die Grundlage für Apicius-Ausgaben bilden, entstand, wie schon erwähnt, im 9. Jahrhundert im Kloster Fulda und befindet sich in der New York Academy of Medicine.[17] Sicherlich entdeckte man damals auch jene antiken Rezepte, die Plinius der Ältere in seiner »Naturgeschichte« überlieferte, die sich unter anderem in der Hofbibliothek in Aachen befand.

Aachen prägte nicht nur ein neues Wohlleben, es gab überhaupt ein wichtiges Muster für die jüngere europäische Stadt vor. Es entstand ein sichtbarer »ordnender Kern«, wo sich Geist und Macht vereinen sollten, versinnbildlicht durch zwei Monumente: erstens durch die Pfalzkapelle und zweitens durch den großen königlichen Saal, die Aula. Beide Bauwerke wurden in klarer, rechtwinkliger Ordnung zueinander in Beziehung gesetzt. Schon auf den ersten Blick verkörperte sich der Wille zu überlegter Planung, Größe, Eminenz.

Die Grundmauern des königlichen Saals, den Karl der Große errichten ließ, haben sich bis heute im majestätischen Rathaus von Aachen erhalten. In den ursprünglichen karolingischen Hallenbau wurde im späten Mittelalter ein Obergeschoss eingezogen, wo man Platz für einen neuen Saal schuf, der die ausgreifenden imperialen Dimensionen bewahrte und bis in die Gegenwart zu bewundern ist. Mächtige Gurte und Rippen überwölben den riesenhaften Raum. Hier wie im originalen Saal gab es über Jahrhunderte großartige königliche Bankette. Von 936 bis 1531 wurde in der Aula nach der jeweiligen Krönung des deutschen Königs ein Festmahl gefeiert. Die benachbarte

Modell der Aachener Pfalz um 800. Im Norden befand sich die langgestreckte königliche Aula, im Süden der Zentralbau der Pfalzkapelle mit angegliederten Nebenkirchen.

Pfalzkapelle überdauerte ihrerseits die Zeiten fast unverändert und hatte von vornherein künstlerisch den höheren Rang eingenommen. Die politische Macht des Herrschers sollte im Gotteshaus eine Form der Vergeistigung erhalten und den Menschen zeigen, dass er es gut meinte.

Einhard hob die überragende Bedeutung der Hofkirche für den Herrscher hervor: »Die christliche Religion, mit der er seit seiner Kindheit vertraut war, hielt er gewissenhaft und fromm in höchsten Ehren. Deshalb erbaute er die wunderschöne Kirche in Aachen, die er mit Gold und Silber, mit Leuchtern und mit Gittern und Türen aus massivem Metall ausschmückte. Für diesen Bau ließ er Säulen und Marmor aus Rom und Ravenna bringen, da er sie sonst nirgends bekommen konnte.« Man scheute keine Mühen, um die Pracht der Hofkirche durch Elemente aus unterschiedlichen Ländern und Zeiten zu steigern. Man entschied sich für die Form des Zentralbaus, der auf byzantinische Tradition oder auf den Orient verwies und von dem etwas Ungewohntes und Märchenhaftes ausstrahlte.

Auch heute noch bildet die ehemalige Hofkirche das Herz von Aachen. Wenn der Besucher von der westlichen Vorhalle her den äußeren gedrungenen Umgang betritt, wird er wie von unwiderstehlicher Kraft in den hohen inneren Raum gezogen, wo die Oberflächen still funkeln und sanft beleuchtet sind. Der dunkle, sechzehneckige Umgang geht über in einen helleren, achteckigen Raum, der auf über 30 Meter ansteigt und das Auge mit nach oben zieht. Über kraftvollen Arkaden im Erdgeschoss sieht man fast doppelt so hohe offene Bögen im Obergeschoss, in denen jeweils – durch ein Zwischenpodest unterteilt – zweimal zwei Säulen stehen. Diese vielen schlanken Säulen in den offenen Bögen vermitteln einen festlichen, palastartigen Eindruck. Waagerechte und aufstrebende Teile ringen um eine Balance, aber der gewisse dynamische Höhenzug des Innenraums wirkt bestimmend.

Während man in byzantinischen Kirchen wie San Vitale in Ravenna, die Karl der Große 786 kennengelernt hatte, das innere Oktogon mit halbrunden Nischen versah, um den Raum unbestimmt in die Breite zu dehnen, blieben in Aachen die Arkaden gerade, strukturierten klar den Innenraum, um den Aufwärtsdrang zu betonen. Die Glieder des Gebäudes entwickeln Rhythmus und Gleichmaß in bestimmten Zahlenverhältnissen, artikulieren ein Streben nach Ordnung und Tektonik, den Ehrgeiz, eine neue Höhe zu gewinnen.

Wahrscheinlich deutete man den achteckigen Grundriss auch religiös: Die sieben Schöpfungstage des Alten Testaments sollten sich mit dem Tag der Auferstehung im Neuen Testament verbinden. Die Pfalzkapelle sollte den Aufbruch in eine neue, bessere Zeit ausdrücken. Man ließ keinen Zweifel daran, dass die Eurythmie der Bauteile sowohl das Spiegelbild göttlicher Ordnung als auch ein Sinnbild guter Regentschaft sei. Alkuin formulierte jene Sätze, die in den umlaufenden Fries über dem Erdgeschoss eingefügt wurden. Der Beginn lautet (vom Lateinischen ins Deutsche übersetzt): »Wenn sich lebendige Steine durch die Fügung des Friedens verbinden / Und wenn in gleichen Abmaßen alles zusammenstimmt, / prangt das Werk des Bauherrn, der das ganze Kirchengebäude errichtet / und der Vollendung schenkt den rechtschaffenen Mühen der Menschen.« (Farbbild 2)

Als vormals, im 4. Jahrhundert n. Chr., der römische Kaiser Konstantin das Christentum zur Staatsreligion erhoben hatte, waren gleichzeitig die Rituale des höfischen Benehmens in den römisch-katholischen Gottesdienst aufgenommen worden: Verbeugen, Knien, Stehen, Gehen, Sitzen, festliche Kleidung, Gesang und Schauspiel. Die Christen saßen von da an nicht mehr einfach in gewöhnlichen Räumen zusammen, um gemeinsam das Brot zu brechen, sondern gingen in Kirchen, die in großen Städten monumentale Ausmaße gewannen, wo Priester und Ministranten in feierlicher Art und Weise eine zentrale biblische Szene nachahmten: das Abendmahl mit Brot und Wein. Die römisch-katholische Messe wurde zum Zeugnis des Glaubens, aber auch zur Schule des guten Benehmens, das sich um ein Mahl herum entfaltet.

Karl der Große förderte nicht zuletzt das vornehme, höfische Element der Messe. Einhard erklärte: »Er bestand darauf, daß alle dort abgehaltenen Gottesdienste mit möglichst großer Feierlichkeit zelebriert wurden. (...) Er schenkte der Kirche viele heilige Gefäße aus Gold und Silber sowie eine große Anzahl von Priestergewändern: nicht einmal die Türsteher, die die niedrigsten Kirchenämter versahen, mußten während des Gottesdienstes ihre alltäglichen Kleider tragen. Größte Aufmerksamkeit widmete er der Verbesserung des liturgischen Lesens und des Psalmengesanges.« Der höchste Aufwand an höfischer Pracht wurde dadurch gerechtfertigt, dass er dem Lobe Gottes diente. Karl der Große sorgte dafür, dass ein gewisses höfisches Element, manierliches Benehmen, verfeinerte Künste und Sitten über unzählige Kirchen und Messen bis in den letzten Winkel seines Reiches vordrangen.

Aachen war die führende Bühne, auf der das gewandelte Rollenverhalten der Menschen eingespielt wurde. Die Akteure, die zum inneren Kreis der Hofgesellschaft gehörten, waren gelehrt, kunstsinnig und lebensfroh. Man hatte Gefallen daran, sich gegenseitig zu beobachten und voneinander zu lernen. Theodulf, Bischof von Orléans und Mitglied der höfischen Quasi-Akademie, schrieb über Einhard: »Wie die Ameise eilt geschäftig hin und her das schmächtige ›Einhardchen‹. Doch sein kleines Haus umschließt einen vornehmen Gast, und ein mächtiger Geist bewohnt das Innere der schmalen Brust. Jetzt bringt er Bücher, jetzt mit kunstreicher Hand verfertigt er Modelle von Bauten, jetzt schmiedet er Pfeile.«[18]

Einhard entstammte einem fränkischen Adelsgeschlecht aus dem unteren Maingebiet und absolvierte seine Ausbildung in der Klosterschule von Fulda sowie in der Hofschule von Aachen. Er wurde damals schon für seine Kenntnisse der lateinischen Klassiker, wie Cicero oder Vitruv, gerühmt sowie für seine unterschiedlichen Interessen: für seine eigene Schriftstellerei oder seine Talente in den Bereichen Architektur, Kunstgewerbe und Politik. Er wurde als weltlicher Gelehrter, der verheiratet war, Nachfolger von Alkuin als Leiter der Quasi-Akademie und Hofschule in Aachen. Er war zugleich Diplomat und ging als Gesandter nach Rom, um mit dem Papst zu verhandeln. Er gehörte nördlich der Alpen zu den ersten Persönlichkeiten von polyglottem Zuschnitt in nachantiker Zeit.

Sein literarisches Hauptwerk, »Das Leben Karls des Großen«, gehörte zu den meistgelesenen des Mittelalters und ist in mehr als 100 Handschriften überliefert. Einhard prägte selbst die Maßstäbe des guten Regenten, indem er Karl wünschenswerte Eigenschaften zusprach: wie Standhaftigkeit, Ausdauer, Weisheit, Gerechtigkeit, Seelengröße, Güte, Gelassenheit, Freigebigkeit und Heiterkeit. Der Autor verschwieg keineswegs die vielen unerbittlichen Kriege, die Karl der Große in den ersten Jahrzehnten seiner langen Regierungszeit geführt hatte, um das Fränkische Reich zu vergrößern, aber er rückte daneben die zivilisatorischen Verdienste des Herrschers, die Arbeit und die Freude an der Verfeinerung in den Blickpunkt und machte diese Dinge zur eigentlichen Richtschnur für die Nachfolger.

Die Biographie entstand erst einige Jahre nach dem Tod des Kaisers und stellte schon einen gewissen verklärenden Blick dar. Institutionell konnte sich das Fränkische Reich oder das erneuerte Römische Reich mit dem antiken römischen Imperium noch längst nicht messen. Die Formen von kaiserlicher Gesetzgebung und Beamtenschaft, die für Frieden, Einheit und Wohlleben im Reich sorgen sollten, waren gegenüber dem antiken Kaisertum noch ziemlich unterentwickelt. Die Raubeinigkeit der Franken oder Lombarden war noch lange nicht gezähmt. Aber es war ein Anfang gemacht worden, um die Zivilisation zu heben.

Denar, geprägt nach der Kaiserkrönung im Jahr 800, mit der Umschrift: »Karolvs Imp(erator) Aug(ustus)« – erhabener Kaiser Karl. Das Brustbild trägt porträtartige Züge, die mit der Beschreibung durch Einhard in Teilen übereinstimmen: Man sieht einen runden Kopf mit gedrungenem Nacken, ein gesammeltes Auge, eine lange, markante Nase, einen fränkischen Schnurrbart, eine aufgeworfene Unterlippe und ein starkes Kinn: insgesamt einen gefassten und kraftvollen Herrscher.

Ludwig der Deutsche: Sympathie für das Ostfränkische Reich

Die Altstadt von Regensburg wirkt eigentümlich massiv und dicht. Es geht gelegentlich beengt und verschachtelt, wenn nicht zauberisch zu, wie in manchen Vierteln von Venedig. Hohe, lückenlose Häuserreihen bilden schmale, tiefe Schluchten, manchmal nur drei oder vier

Meter breit. Sowohl in solchen Fluchten als auch an belebten Plätzen, überall tauchen Kirchen auf, romanische, gotische, barocke, muten monumental, aristokratisch an, durchbrechen die Horizontale, typisch für eine bischöfliche Stadt. Da und dort ragen Geschlechtertürme auf, die von ritterlichen Ministerialen und Fernhandelskaufleuten als Symbole von Macht und Reichtum errichtet wurden, wie im italienischen San Gimignano. An einigen Stellen schaut man auf imperiale, verwitterte Kalksteinquader: die Reste einer römischen Kastellmauer. Vor allem ist Regensburg im Kern eine fast vollständig erhalten gebliebene romanisch-gotische Großstadt.

Bis vor ein paar Jahrzehnten wirkte Regensburg noch grau, wie von der Geschichte vergessen. Heute präsentiert sich die Stadt farbig und wach. Spät, aber noch rechtzeitig und umfassend, erkannten die Stadtoberen die Herausforderung und Chance, dass Regensburg nach der Zerstörung von Köln, Frankfurt am Main oder Nürnberg im Zweiten Weltkrieg als einzige mittelalterliche Metropole in Deutschland fast vollständig erhalten geblieben war. Während man anderswo trotz aller Gegenbeweise noch immer dem Ideal der »autogerechten« Stadt folgte, wuchs in Regensburg das Gespür für die Schönheit und Unersetzbarkeit der Altstadt mit ihren schmalen Gassen, rhythmischen Platzfolgen und mächtigen Kirchenbauten.

Von früh an nahm Regensburg an europäischer Verfeinerung teil, ersetzte massige, schwere Wände durch strukturierte, lichtvolle Flächen. Die Dominikanerkirche, welche um 1250 begonnen wurde, ist ein Meisterwerk deutscher Frühgotik: wie aus einem Guss. Ein hohes, schlankes Mittelschiff geht nahtlos in den langgestreckten Chor über und zieht das Auge magisch nach vorne, bis zum Chorhaupt, wo der Altar steht; dahinter schießen drei schmale Chorfenster unglaublich lang in die Höhe. Sonst sind hier die Wände noch ziemlich geschlossen, wie in einer romanischen Kirche, doch schlichte, filigrane Dienste und Kreuzrippen, die sich rhythmisch nach vorne bewegen, geben den Wänden wie dem Gewölbe eine fesselnde Tektonik, als offenbare sich in der Rhythmusfolge dieser Dienste und Rippen eine göttlich geordnete Struktur: so etwas wie Unendlichkeit.

Der hochgotische Dom zeugt vom Sinn für das Höchste und Feinste. Gerade im weiträumigen Inneren wirkt nichts willkürlich; alle

Glieder erscheinen genau bestimmt und in gewissen Abständen geordnet. Joche, Dienste, Rippen und Stabwerke bilden harmonische Proportionen, wie in den Kathedralen von Chartres oder Amiens. Man fühlt sich den gewöhnlichen Dingen des Lebens enthoben und universal vernetzt.

Vor dem Dom sitzt ein älterer Mann auf einem Hocker, trägt eine dunkle Sonnenbrille und spielt auf dem Akkordeon das »Ave Maria« von Schubert. Gegenüber, auf dem Krauterermarkt, sind die beschatteten Terrassen der Cafés voll besetzt. Die Gäste schauen die Zweiturmfassade der Kathedrale an, die hell im silbergrauen Kalkstein leuchtet, bestellen Espresso, Cappuccino, Eis und Torte. Als werde gerade ein Film gedreht, gehen auch noch Nonnen in schwarzer Tracht vorüber, oder es bleibt eine kunterbunte Touristengruppe stehen und versperrt vorübergehend den Blick. Die Gassen, die hier abzweigen, führen zu Modegeschäften, Antiquitätenläden oder Galerien, von denen einige noch mit gotischen Gewölben ausgestattet sind, während die Interieurs luftig und modern anmuten.

Nicht zuletzt die Denkmalpflege brachte viel ästhetisches Knowhow zurück: den Blick für die großräumigen Strukturen der Patrizierhäuser – oder eben auch für das Detail, für die gotischen Gewölbe aus dem späten Mittelalter, für Balken- und Kassettendecken aus dem 16. Jahrhundert, für Türfassungen aus dem 17. oder für Stuckdecken aus dem 18. Die Stadt blättert ihre Geschichte auf, ist halb Museum, halb ein Ort der Gegenwart, angenehm und schön hergerichtet, mit Menschen belebt. Man fühlt sich an das Marais in Paris erinnert.

Zum Dombezirk gehört auch das Hotel Bischofshof. Im vierseitigen Ensemble stecken noch Reste der römischen Kastellmauer, samt dem Nordtor, der Porta Preatoria. Hier befand sich von karolingischer Zeit an bis zum Ende des Heiligen Römischen Reiches die Residenz der Bischöfe von Regensburg. Seit dem hohen Mittelalter logierten hier auch deutsche Könige und Kaiser, wenn sie Reichsversammlungen nach Regensburg einberiefen. Der größte Teil der Gebäudegruppe stammt aus dem 15. oder 16. Jahrhundert, mit prachtvollen Arkaden im Innenhof, wo man sommers sitzen kann und bedient wird, wo sich überhaupt viele Menschen treffen, Einheimische und Touristen, wo das hauseigene bischöfliche Bier gut schmeckt.

Diesseitig: der Bischofshof in Regensburg mit Renaissancearkaden und Biergarten

Drinnen reihen sich Gasträume und Säle mit hölzernen Böden, schwarzbrauner Vertäfelung, cremefarbenen Wänden darüber, tiefen Fensternischen und Gewölben. Der Gast spürt zeitliche Tiefe und freut sich an der Gediegenheit der Räume. Die Wirtsleute und Pächter, Monika und Herbert Schmalhofer, sorgen dafür, dass man sich wie eh und je fürstlich fühlt. Die vorwiegend regionalen, süddeutschen Gerichte, ergänzt durch gewisse italienische und französische Einflüsse, werden mit einer Kunst zubereitet, die im Kern der Hochküche entspricht: mit guten, frischen Zutaten, genauen Garzeiten und leichten Soßen. Es gibt etwa Schweinsbraten mit einem Stück vom Kamm (dem saftigsten, schmackhaftesten Stück vom Schwein überhaupt) und von der Schulter mit knuspriger Schwarte, umzogen von entfettetem, braunem Bratensaft, gewürzt mit dunklem Bier, Kümmel und Knoblauch, während daneben der Rohe Kartoffelknödel leuchtend gelb erscheint, kosmisch rund und barock. Die dampfende Knödelmasse hat einen herrlichen Biss, nicht zu fest, nicht zu weich, gibt gerade richtig nach, bietet einen entzückend reinen, milden Geschmack und nimmt die würzige Soße bestens auf. Man fühlt sich prächtig, weiß gar nicht mehr, was man sagen soll.

Der Bischofshof führt nicht nur baugeschichtlich in die zeitliche Tiefe, sondern auch kulinarisch. Von jeher war das Schwein nördlich der Alpen ein Paradetier der Küche, sei es das Hausschwein, sei es das Wildschwein, weil die Tiere in den reichen Waldbeständen ausreichend Nahrung fanden. Bis in das späte Mittelalter hinein trieben die Hirten auch die Hausschweine im Herbst in die Wälder, damit sie sich an Eicheln und Bucheckern gütlich tun konnten und artig den begehrten süß-nussigen Speck ansetzten. Wenngleich schon im 8. Jahrhundert die Küche des königlichen Hofes wieder an die Ordnung der antiken, griechisch-römischen Hochküche anknüpfte, waren die Franken närrisch nach feistem Schweinsbraten, Schweinswürsten und Schinken, denn diese Sachen bildeten in den langen, kalten Wintern eine nahrhafte und stärkende Speise. Entsprechend nahm, wie schon gesehen, auf dem Salzburger Monatsbildzyklus von 818 das Schweineschlachten gleich zwei Monate in Anspruch und erstreckte sich von November bis Dezember.

Obwohl die fränkisch-germanische Sprache, das so genannte Althochdeutsche, nur über einen begrenzten Wortschatz verfügte, gab es reihenweise Begriffe für die Schweinezucht.[19] In dieser Angelegenheit hängte man sich rein. Als um 870 der Mönch Otfried von Weißenburg im Speyergau einige Teile der Evangelien ins Althochdeutsche übersetzte, bescheinigte er seinen Landsleuten beflissen, sie besäßen gegenüber den antiken Griechen und Römern vergleichbare »Geistesgaben«, »Wizzi«, denn sie seien »in Wald und Flur genauso tüchtig« wie jene am Schreibpult, dazu »sehr tapfer«.[20] Es war ein zweischneidiges Lob, das der literarisch gebildete Mönch gegenüber den Franken aussprach, aber von Wald, Wildschwein, Hausschwein, Schweinsbraten, Würsten und Schinken verstanden sie etwas.

Wahrscheinlich formten die Köche der Könige, Bischöfe und Äbte in fränkischer Zeit auch schon Knödel. Nach Athenaios hatten lange vorher schon die antiken Griechen »Fleischklößchen« genossen, ebenso schlug das römische Kochbuch des Apicius einige Rezepte für

Fleischbällchen vor, die in Wasser gekocht wurden. Die kugelrunde Form des Knödels gehörte jedenfalls zu den Urformen der Kochkunst, galt von jeher in der Geometrie als vollkommenste Form überhaupt und dürfte bereits auch in der höfischen Küche der Karolingerzeit gang und gäbe gewesen sein. Der Begriff des »Knödels« leitet sich im Deutschen vom Knoten her und tauchte schon im 15. Jahrhundert in deutschen Kochbüchern auf, etwa in der Rezeptsammlung von Meister Hans, dem Leibkoch des Grafen von Württemberg.[21] Vorläufig gab es Fleisch-, Semmel-, Mehlknödel, weil die Kartoffel erst im 16. Jahrhundert aus Amerika eingeführt wurde, zunächst als Zierpflanze für die höfischen Gärten, bis sie langsam, seit dem späten 17. Jahrhundert, auch in der Küche beliebt wurde.

Im Bischofshof in Regensburg werden die drei Erzklischees der deutschen Trink- und Essgewohnten: das Bier (in diesem Fall ein bischöfliches), die Bratwurst und das Sauerkraut, durch weitere Nationalspeisen ergänzt, wie eben Schweinsbraten mit Soße und Rohem Kartoffelknödel. Antonius Anthus zählte im Jahr 1838 in seinen »Vorlesungen über Eßkunst« die »österreichischen Knödel und Strudel, die bayerischen Dampfnudeln und Bauchstecherl, die württembergischen Spätzle und Knöpfle« zu den deutschen »Nationalspeisen«, wenngleich ein bisschen verlegen, weil ihm diese Dinge gegenüber der französischen Küche etwas schlicht erschienen.[22] Im »Appetit-Lexikon« von Rudolf Habs und L. Rosner aus dem Jahr 1894 hieß es teils ironisch, teils anerkennend: »Knödel bilden eine ländliche Sonntagsschüssel und treten nicht selten in einer Anzahl und mit einem Durchmesser auf, die mit staunender Bewunderung für die Fassungskraft und die Leistungsfähigkeit ländlicher Verdauungswerkzeuge erfüllen. Durch die Beimengung in Milch erweichter Semmeln oder auch gerösteter Semmelwürfel entstehen die Semmelknödel, durch Beimengung angelassener Speckwürfel die Speckknödel, durch Zusatz geschabter Leber die berühmten Leberknödel, durch Zusatz von gekochten und geriebenen Kartoffeln die Kartoffelknödel usw.«[23]

Strudel und Spätzle traten erst seit dem 18. Jahrhundert in Erscheinung. Doch schon im 12. Jahrhundert hatten die Bamberger Domherren an Feiertagen ein achtgängiges Menü genossen, zu dem auch

Leberkrapfen, »Krapphelini« mit Leber und Magen, gehörten, vergleichbar den Leberknödeln.[24] Auf dem Gebiet der *Krapfen* und *Knödel* betrieben die Deutschen jedenfalls beachtlichen Aufwand und bewiesen, mit Otfried von Weißenburg zu reden, »Wizzi«.

Die Speisekarte des Regensburger Bischofhofs stellt eine Art von kulinarischer Denkmalpflege dar. Denn neben dem Rohen Kartoffelknödel gibt es auch Semmelknödel, Leberknödel, Dampfnudeln, Strudel und Spätzle, alles im Haus von Hand gemacht und frisch zubereitet. Selten werden diese Dinge der eigenen Tradition so gepflegt wie hier, ohne Täuschung durch vorgefertigte Industrieware. Plötzlich kommt das Herzhafte, Delikate dieser »Nationalspeisen« zur Geltung. Nahtlos kann sich daran im Bischofshof auch eine Terrine der französischen Gänsestopfleber oder hausgemachte italienische Pasta, Risotto und dergleichen anschließen – und natürlich gibt es neben dem Bier auch Wein. Der Chef, Herbert Schmalhofer, hat seine Wanderjahre als Koch unter anderem im Münchner »Tantris« bei Eckart Witzigmann verbracht und weiß, was gute Küche ist. Es ist ein Segen, dass sich bei ihm Kenntnisse der internationalen Hochküche mit der Achtung vor national-regionalen Gerichten verbinden, um den Gast in historischen Räumen zu bewirten. »Die Gäste«, sagt er, »wollen hier einfach solche traditionellen Sachen essen.« Der bodenständige Geschmack und der ausgewählte Geschmack sind hier vorzüglich liiert. Glücklich ein Ort, in dem es solche gastronomischen Leitfiguren wie das Ehepaar Schmalhofer gibt. Oder der Gast kehre zwischendurch einmal im französischen Bistro »Orphée« in der Unteren Bachgasse ein, wo sich die originale gastronomische Einrichtung von 1896 erhalten hat – und bestelle Austern.

Der Charakter von Regensburg ist nicht eindeutig oberpfälzisch, bayerisch oder deutsch; immer wieder erblickt man Dinge, die wie der hochgotische Dom nach Westen, nach Paris oder Amiens, weisen oder wie die erhaltenen Geschlechtertürme an südlichere Gefilde, an Italien, erinnern, an San Gimignano. Immer schon, bereits im frühen Mittelalter, verfingen sich hier die Winde, machten sich Einflüsse der großen Provinzen des Fränkischen Reichs bemerkbar: Galliens, Germaniens und Italiens. Zugleich entwickelte sich in dieser Stadt ein neuer politischer Ansatz, der zur Trennung der drei Hauptprovinzen führte. Regensburg wurde zu einer Keimzelle der Verselbständigung des Ostfränkischen Reiches.

Nachdem Karl der Große 814 gestorben war, teilte sein Sohn und Nachfolger Kaiser Ludwig der Fromme schon drei Jahre später für den Fall seines Todes das Fränkische Reich unter seinen drei Söhnen auf. Ludwig, der damals jüngste Sohn, den man später den Deutschen nannte, sollte das »regnum« Bayern erhalten, samt den Nebengebieten wie Kärnten, Böhmen und Pannonien. Ludwig wurde vorläufig am Hof des Vaters in Aachen erzogen, bis er 826 sein Amt als Unterkönig in Bayern antrat und Regensburg zu seiner bevorzugten Residenz machte, weil sich hier schon seit einiger Zeit auf der Grundlage des ehemaligen römischen Kastells wieder stadtartige Strukturen ausgebildet hatten.

In der fränkischen Epoche entstanden in Regensburg drei Machtzentren, die in ihrer Anlage heute noch erkennbar sind: erstens der bischöfliche Dombezirk; zweitens südöstlich davor, am Alten Kornmarkt, die königliche Pfalz; drittens westlich vom Dombezirk, jenseits der römischen Kastellmauer, der Bereich der Kaufleute, dort, wo später das Rathaus entstand, in dem von 1663 bis 1806 der Immerwährende Reichstag seinen Sitz hatte.

Am Alten Kornmarkt ist der so genannte Römerturm nicht römischen Ursprungs, sondern ein imposantes Zeugnis aus fränkisch-karolingischer und späterer Zeit. Das Erdgeschoss des wuchtigen, quadratischen Turms besteht aus großen, exakt zugehauenen Granitsteinen und wird als Schatzkammer der fränkischen Pfalz gedeutet. Darüber erheben sich weitere Geschosse, die auf rund 30 Meter ansteigen und dem frühen 13. Jahrhundert zugeschrieben werden, als die Wittelsbacher das Areal in eine bayerische Pfalz verwandelten.

Im Süden des Alten Kornmarkts erhebt sich die Alte Kapelle, die in Wahrheit eine große Kirche ist. Man erkennt nicht auf den ersten Blick, was sich dahinter verbirgt: welche Pracht im Inneren, wie viele zeitliche Schichten. Im Kern handelt es sich um die Pfalzkapelle, die Ludwig der Deutsche in der Mitte des 9. Jahrhunderts errichten ließ und selbst in einer Urkunde aus dem Jahr 875 erwähnte. Auch Notker der Stammler berichtete in seiner Karls-Biographie davon, dass Ludwig in Regensburg eine Kirche erstellte und dafür teilweise Quader verwendete, die von der römischen Kastellmauer stammten. Bei jüngeren Renovierungsarbeiten hat man römische Quader in den Grundmauern des Langhauses entdeckt. Es wurde 1002 von König Heinrich II. erneuert sowie durch ein Querhaus erweitert und ist so bis heute erhalten. Zugleich stockte Heinrich II. den karolingischen Westturm auf die heutige Höhe auf. Im 15. Jahrhundert fügte man den spätgotischen Chor hinzu, während in der zweiten Hälfte des 18. Jahrhunderts das Innere ganz und gar im Stil des Rokoko umgewandelt und die älteren Fenster durch Bassgeigenfenster ersetzt wurden. Wessobrunner Stuckateure belebten den weißen Hintergrund mit golden leuchtenden, züngelnden Rocailles und Kapitellen. Man wird regelrecht überwältigt von der heiteren Pracht in Gold und Weiß.

Womöglich wandelte einst über den Alten Kornmarkt der römische Kaiser Marc Aurel, als unter seiner Regie in den 170er Jahren das römische Kastell, »castra regina«, emporwuchs. Man weiß, dass er im Feldlager seine berühmten »Selbstbetrachtungen« schrieb. Vielleicht verfasste er einige Passagen auch in Regensburg. Wenngleich er sich darin selbst nicht gerade als Sinnenmensch zu erkennen gab, entfaltete er doch eine wundervolle Menschlichkeit, die guter Lebensart zusprach. An seinem Vater rühmte er eine stoisch-epikureische Balance: »Und seine Gabe, alle Dinge, die zur Annehmlichkeit des Lebens beitragen, wie sie das Glück in Fülle spendet, bescheiden und doch ohne jedes Bedenken zu gebrauchen, so daß er sie, wenn sie da waren, ganz unbefangen benutzte, wenn sie aber fehlten, ihrer nicht bedurfte.«[25]

Marc Aurel war ein klassischer Vertreter stoischer Philosophie: Gleichmütig sein! ausgewogen und heiter, sich nur nicht fortreißen lassen von äußeren Dingen, bloß nicht über das eigene Schicksal murren oder das Glück in anderen Menschen suchen, nicht neidisch anderen Seelen nachspüren oder nach schwarzen Stellen in ihrem Charakter suchen, sich nicht von den Taten anderer abhängig machen, sondern die eigene Art pflegen, eine freie Denkungsart, Selbstbeherrschung üben, sich morgens sagen: Ich werde womöglich mit Leuten zu tun haben, die zudringlich und gemein sind, werde selbst aber wissen, dass die Menschen zum Zusammenarbeiten bestimmt sind, werde selbst liebenswürdig sein, auf ungekünstelte Weise, werde die Meinung in mir tilgen, ich sei von anderen geschädigt worden, um ruhig meine eigenen Ziele zu verfolgen.

Diese »Selbstbetrachtungen« des römischen Imperators waren im Mittelalter wenig bekannt, erst in der Renaissance wurden sie populär. Doch die fränkischen, ostfränkischen und frühen deutschen Herrscher wandelten zumindest örtlich auf den Spuren von Marc Aurel. Reihenweise kamen nördliche Könige und Kaiser in die nunmehrige Pfalz am Alten Kornmarkt in Regensburg: Karl der Große, Ludwig der Deutsche, der die Pfalzkapelle nach den Worten von Notker dem Stammler »in wunderbarer Art« ausbaute, danach Otto der Große, Heinrich II., Konrad II., Heinrich III. oder Friedrich Barbarossa. Sie alle kamen nicht nur einmal, sondern immer wieder, weil Regensburg das gewisse Etwas hat.

Ludwig, der Enkel Karls des Großen, gab sich in der ersten Hälfte des 9. Jahrhunderts mit Bayern nicht zufrieden. Er richtete seinen Expansionsdrang auffälligerweise nicht nach Süden, obwohl Bayern damals bis an den Südrand der Alpen reichte und er mit einem Bein quasi schon in Italien stand. Ludwig kam im Laufe seiner fünfzigjährigen Amtszeit, von 826 bis 876, als karolingischer Unterkönig wie als König des Ostfränkischen Reiches nie weiter als bis nach Trient und Verona. Er erschien dort nie in kriegerischer Absicht, sondern in diplomatischer Mission, um sich etwa mit seinem Bruder Lothar I. zu treffen. Sein Blick richtete sich immer nach Westen, zunächst aufs Rhein-Main-Gebiet, nach Frankfurt am Main, schließlich aufs karolingische Kerngebiet zwischen Rhein und Maas, nach Aachen.

Noch zu Lebzeiten des Vaters beanspruchte er ein größeres Königtum östlich des Rheins. Er rebellierte, wie seine Brüder, gegen das Familienoberhaupt, zog 833 nach Frankfurt am Main und stellte dort als »rex in orientali Francia«, als König im östlichen Franken, bereits Urkunden aus. Er konnte sich fürs Erste dort nicht halten, musste dem Vater wieder weichen und sich nach Regensburg zurückziehen, das immer eine Bank für ihn blieb. Nach dem Tod Ludwigs des Frommen und erbitterten Bruderkriegen kam es 843 zur vertragsmäßigen Teilung des Fränkischen Reichs. Ludwig erhielt das Gebiet östlich des Rheins und nördlich der Alpen, einschließlich Mainz, Worms und Speyer mit dem westlichen Hinterland.

Wenngleich auch zukünftig jeder Karolinger immer das Reich von Karl dem Großen vor Augen hatte, wenngleich jeder auf die Schwäche oder den Tod des anderen lauerte, um die Teilreiche wieder zu vereinen, blieb es fortan bei der Trennung. Es gab damals schon Beobachter, die den Vertrag von Verdun im Jahr 843 als endgültiges Zerbrechen des Fränkischen Reiches begriffen. Florus von Lyon beklagte: »Ihr Berge und Hügel, ihr Wälder und Flüsse, ihr Quellen, ihr hochragenden Felsen und tiefen Täler, betrauert das Volk der Franken, das, durch die Güte Christi zum Kaisertum erhoben, jetzt in Staub versunken liegt.«[26]

Die deutsche Geschichte besitzt keinen ruckartigen Anfang, keinen heldenhaften Gründungsmythos, sondern wuchs langsam aus der fränkischen Geschichte heraus. Das Jahr *843* war eine *wichtige Etappe der deutschen Vorgeschichte.* Es bildete sich das Ostfränkische Reich heraus, das seit dem 11. Jahrhundert das Deutsche Reich genannt wurde. Die Ostfranken und späteren Deutschen standen von nun an auf eigenen Beinen.

Es formte sich östlich des Rheins, bis hin zu Elbe und Saale, ein weitgehend selbständiger politischer Verband – und knapp drei Jahrzehnte später, nach dem Tod Lothars II., der das nördliche Mittelreich besaß, blickte Ludwig wieder nach Westen. Er gliederte mit militärischem Nachdruck 870 Teile von Lotharingien, etwa das Gebiet zwischen Rhein und Maas, in seine Herrschaftszone ein und überließ im Gegenzug seinem Bruder Karl dem Kahlen, der das Westfränkische Reich regierte, lieber Italien und die Kaiserkrone.

Ludwig bildete die Achse Aachen–Frankfurt–Regensburg aus, die nach seiner Zeit allmählich durch Köln und Nürnberg verstärkt wurde. Diese Querverbindung von Nordwesten nach Südosten, diese Klammer zwischen dem gut entwickelten karolingischen Kerngebiet und dem ehemaligen Germanien, wo teilweise, wie im Westen, römisches Erbe zu finden war, spielte über Jahrhunderte politisch, wirtschaftlich und kulturell eine tragende Rolle im Reich.

König Ludwig muss eine natürliche Sympathie für das Land nördlich der Alpen gehabt haben. Statt im Bruderzwist mit aller Macht nach der Kaiserkrone zu streben und nach Italien zu schielen, stabilisierte er das Ostfränkische Reich, stellte es auf eine lebensfähige

Grundlage. Vielleicht war es die Vertrautheit mit der althochdeutschen Mundart, die ihn band, vielleicht die malerische Lage von Regensburg an der Donau mit dem östlich sich anschließenden fruchtbaren Ackerland des Gäubodens, womöglich die zentrale, angenehme Lage von Frankfurt am Main mit dem reichen landwirtschaftlichen Gebiet der Wetterau und des Rheingrabens. Oder er kam von Aachen nicht los, wo er aufgewachsen und erzogen worden war. Womöglich liebte er auch die Jagd und schätzte den Reichtum an Wald.

Frankfurt am Main stieg durch seine geographische Position zum natürlichen Hauptort des Ostfränkischen Reiches auf. Regino von Prüm nannte die dortige Pfalz in seiner Chronik von 876 die »principalis sedes orientalis regni«, den Hauptsitz des Ostreiches.[27] Wie sein Großvater Karl der Große, so zeigte auch Ludwig einen gewissen Hang, sesshaft zu werden und ein höfisches Leben zu führen. Notker der Stammler verlor in seiner Biographie über Karl den Großen kaum ein Wort über seinen Auftraggeber, Karl den Dicken, doch er sprach rühmlich über Ludwig den Deutschen und deutete an, dass er zwei Hauptresidenzen schuf: »Neue Kirchen erbaute er in Frankfurt und in Regensburg von wunderbarer Art.«[28]

Ludwigs Herrscherstil entsprach in manchem dem Ideal, das Hinkmar von Reims, den er persönlich kannte, in seiner Schrift »Über die Ordnung des Hofes« entwickelte: nämlich von einer Hauptstadt aus zu regieren und pro Jahr zwei Reichsversammlungen abzuhalten, um die Kommunikation mit den Großen des Reiches zu pflegen. Ein heutiger Biograph von Ludwig dem Deutschen, Wilfried Hartmann, legt die Zahlen dazu vor: Insgesamt lassen sich für die Regierungszeit von Ludwig 39 Reichsversammlungen dokumentieren, 23 davon im Rhein-Main-Gebiet, 11 in Frankfurt am Main. Es kamen wahrscheinlich noch weitere hinzu. Hartmann erklärt: »Wir dürfen also damit rechnen, dass Ludwig seine Großen in jedem Jahr mindestens einmal, meist aber mehrmals um sich versammelte.«[29]

Ein solcher Regierungsstil nährte unter den Einflussreichen des Ostfränkischen Reiches, den Bischöfen, Äbten und Grafen, zweifellos ein Gefühl der Zusammengehörigkeit. Am häufigsten hielt sich Ludwig nachweislich in Frankfurt am Main auf, 43-mal, gefolgt von Regensburg mit 34 Besuchen. Doch in Frankfurt fanden die meisten

Hoftage statt, hier wurden Urkunden für Empfänger aus dem ganzen Reich ausgestellt, während die in Regensburg gefertigten vornehmlich Empfänger aus Bayern betrafen.

Für den Zusammenhalt der Menschen ist die sprachliche Verständigung von elementarer Bedeutung. Die Zonen des Altfranzösischen, Althochdeutschen und Altitalienischen trugen das Ihre zur Trennung des transalpinen Fränkischen Reiches bei. Sowohl über das Königtum als auch über die jeweils heimische Sprache stellte sich ein neues Wir-Gefühl ein. Notker der Stammler sagte in seiner Karls-Biographie von 883: »Bei uns aber, die wir teutonisch oder deutsch sprechen (nos autem, qui Teutonica sive Teutisca lingua loquimur).«[30] »Teutonisch« bezog sich auf die Teutonen, die früher als ein germanischer Stamm nördlich der Alpen lebten; »deutsche Sprache« bedeutete »volkstümliche Sprache« gegenüber der lateinischen.

In der Epoche von Karl dem Großen, hob Notker hervor, habe sich noch jeder als Franke gefühlt, einerlei, ob er Gallier und Aquitanier oder Alemanne und Bayer gewesen sei. Nun stellte sich für ihn ein neues Wir-Gefühl ein. Der Autor rief an einer Stelle »ganz Germanien« zum Zeugnis seiner Worte auf. Er beschrieb den Machtbereich des östlichen Königtums nach 843: »Ludwig also, der König oder Kaiser über ganz Germanien, Rhätien und das alte Franken, nicht minder über Sachsen, Thüringen, Norikum, Pannonien und alle Völker des Nordens«. Notker setzte für Ostfränkisches Reich den Begriff Germanien ein. Es war ein geographischer Begriff, doch schwang auch etwas Politisches oder Nationales mit.

Notker war bereits um 857 als Mönch in das Kloster St. Gallen eingetreten, das in reger Verbindung zu König Ludwig stand. Grimald, der Abt der Abtei, stieg zum Kanzler des Königs auf, erhielt danach das Amt des Erzkaplans und hatte zwischen 860 bis 870 beide Positionen inne. Er war in der Regel am königlichen Hof, während sein Stellvertreter Hartmut das Kloster leitete. König Ludwig kam seinerseits nach St. Gallen, wo Notker ihn sah.

Die Abtei in der Nähe des Bodensees bildete mit ihren künstlerischen Werkstätten und Schreibstuben sowie mit ihrer inneren und äußeren Schule ein kulturelles Zentrum des Ostfränkischen Reichs. Neben Notker wirkten dort Raport, der eine frühe Chronik des Klosters schrieb, und Tuotilo, eine Art von Universalgenie: Dichter, Musiker, Goldschmied und Elfenbeinschnitzer in einem. Später, um 1050, schilderte der Mönch Ekkehard IV. in seiner »Geschichte des Klosters St. Gallen« diese glanzvolle Frühzeit der Abtei und schmückte sie feinsinnig mit Anekdoten aus. In der zweiten Hälfte des 9. Jahrhunderts und zu Beginn des 10. herrschte für Ekkehard in St. Gallen eine ideale Balance zwischen Disziplin und freier künstlerischer Entfaltung. Man folgte noch nicht kleinlich streng den Regeln des Benedikt von Nursia, sondern erlaubte sich gewisse Lässlichkeiten, vertraute auf eine innere Zucht, die sich aus der Leidenschaft für die Aufgaben ergab. Die gelehrten Mönche schwänzten gelegentlich die Messe, um sich dem Unterricht, den Studien und Künsten zu widmen. Notker, Raport und Tuotilo bildeten für Ekkehard seinerzeit »den Senat unseres Gemeinwesens«, in dem nicht alles auf die Goldwaage gelegt wurde.[31]

Im barocken Keller des Klosters, im so genannten Lapidarium, wird die berühmte Frühzeit der Abtei heute museal dokumentiert. Man sieht dort nicht nur ein Faksimile des Klosterplans von 819, sondern auch mächtige Kapitelle der karolingischen Kirche, die nach 830 errichtet wurde und teilweise dem Idealplan folgte. Die großen Kapitelle beeindrucken durch ihre plastische Zier: Flechtwerk, Akanthus oder Blätter, die sich schneckenförmig einrollen.

Grimald, der Erzkaplan und Kanzler von Ludwig dem Deutschen, war nicht nur Abt von St. Gallen, sondern auch Abt von Weißenburg im Speyergau. Otfried von Weißenburg widmete König Ludwig 870 sein Evangelienbuch, das er in der Volkssprache, im Althochdeutschen, verfasste. Der König wurde darin gerühmt: »Ludowig ther snello, thes wisduames follo, / er ostarrichi rihtit al, so Frankono knunig scal (Ludwig, kühn und von Weisheit erfüllt, / er regiert das Ostreich ganz so, wie es sich für einen König der Franken ziemt).«[32] Einiges deutet darauf hin, dass Ludwig gemeinsam mit seinem Erzkaplan und Kanzler sowie mit anderen Äbten und gelehrten Mönchen bewusst die Volkssprache gefördert oder tatsächlich an einem deutschsprachigen Reich geschmiedet hat. Auch der altsächsische Heliand, der die Bergpredigt, die Wundertaten und Passion Christi schilderte, wurde Ludwig gewidmet und ihm übergeben, wohl auf der Reichsversammlung in Mainz 852.[33]

Notker war vom Charakter Ludwigs beeindruckt, von seiner ausgeglichenen Art, Gelehrsamkeit und Frömmigkeit: »Kein Geistlicher, der nicht zu lesen und zu singen verstand, wagte vor ihm zu bleiben. (...) Mönche aber, die ihr Gelübde nicht beobachteten, verachtete er ebenso sehr, wie er deren treuen Bewahrern seine ganze Liebe zuwandte. So voll war er immer aller Fröhlichkeit und Anmut, daß, wer traurig zu ihm kam, durch seinen bloßen Anblick oder noch so wenige Worte erheitert ihn verließ.« Ludwig genoss den Spätsommer der Gelehrsamkeit, der von der Bildungsoffensive seines Großvaters herrührte. Beim Treffen mit seinem Bruder Karl dem Kahlen 865 in Tusey war er zwischenzeitlich so sehr in das Gespräch mit Hinkmar von Reims über die Auslegung dunkler Bibelfragen vertieft, dass er von seinem Bruder ermahnt werden musste, sich wieder um die politischen Geschäfte des Gipfeltreffens zu kümmern, wie es Hinkmar selbst überlieferte.[34]

Etwas hatte sich allerdings an der Art der Bildung seit den Tagen von Karl dem Großen verändert. Der Übervater der Karolinger war entweder ein zu spät oder ein zu früh Geborener gewesen, der mir nichts, dir nichts humanistische, christliche und fränkisch-germanische Sitten vermischt hatte. Aber die humanistische Bildung – Selbsterziehung, Mäßigung, Individualität, Verfeinerung – war etwas für eine kleine höfische Elite. Für das Gros der Franken waren die Wunder, Gebote und Sitten der Evangelien viel zugänglicher.

Schon Ludwig der Fromme hatte mit dem betont weltlichen Drive am Hof in Aachen kurzen Prozess gemacht. Nach seinem Regierungsantritt jagte er die eigenen Schwestern, die Liebesaffären mit Höflingen eingegangen waren, davon und ließ darüber hinaus alle Häuser nach Dirnen durchsuchen. Es wurde befohlen, sie öffentlich auszupeitschen.[35] Ein liberaler Bischof wie Theodulf von Orléans wurde seines Amtes enthoben. Sein Nachfolger, Jonas von Orléans, der ein Berater von Ludwig dem Frommen wurde, schlug einen anderen Ton an: »Christen sollten«, ließ er verkünden, »törichtes Gerede und Possenreißerei unterlassen; sollten mehr trauern als lachen.«[36] Sogar der verstorbene Kaiser Karl erschien im Nachhinein in einem schlechten Licht. Wetti, ein Mönch auf der Insel Reichenau, hatte 824 auf dem Sterbebett die Vision, dass Karl der Große nun für seinen libertinösen

Lebenswandel in der Hölle büße. Walahfrid Strabo hielt es in Versen fest und schickte sie nach Aachen.[37]

Wenngleich König Ludwig der Deutsche nicht derselbe religiöse Eiferer wie sein Vater war, erfasste auch ihn die allgemeine Tendenz des Zeitalters: die neue Hochschätzung der religiösen Fragen wie der militärischen Zucht auf Kosten des fröhlichen, eleganten Hoflebens. Der Mönch Regino von Prüm charakterisierte Ludwig in seiner Chronik von 876: »Er war ein sehr christlicher Fürst, von Glauben katholisch, nicht nur in den weltlichen, sondern auch in den kirchlichen Wissenschaften hinlänglich unterrichtet. (...) in den Schlachten war er überaus siegreich und eifriger in der Zurüstung der Waffen als der Gastmähler, da die Werkzeuge des Krieges sein größter Schatz waren und er mehr die Härte des Eisens als den Glanz des Goldes liebte.«[38] Die Blütezeit der musisch-kulturellen Fähigkeiten, wie sie die Pfalz in Aachen unter Karl dem Großen erlebt hatte, war vorläufig vorbei.

Ludwig gab sich jedoch nicht als kriegerischer Abenteurer, sondern als Pragmatiker. Als ihn Große des Westens baten, auch die Krone des Westfränkischen Reichs zu tragen, weil sein Bruder Karl der Kahle schmachvolle Schwächen zeigte, ergriff er zwar die Gelegenheit beim Schopfe und zog mit einem Heer nach Westen. Als sich aber abzeichnete, dass die geistlichen Großen nicht auf seine Seite wechselten, setzte er nicht alles auf eine Karte, sondern lenkte ein. Die Mehrheit der Westfranken wollte keine Vereinigung mit den Ostfranken mehr. Ludwig erkannte die Zeichen der Zeit und arrangierte sich mit dem, was er hatte.

Hinkmar von Reims nannte Ludwig in den Annalen von St. Bertin nicht »rex orientalium Francorum (König der östlichen Franken)«, so wie sich Ludwig selbst bezeichnete, sondern »rex Germanorum (König der Germanen)«, um an den neuen Gegebenheiten des geteilten fränkischen Imperiums keinen Zweifel zu lassen. Auch Papst Nikolaus I. redete Ludwig 863 als »Hluduwicus rex Germanus« an.[39] Noch heute heißen die Deutschen in einigen Weltsprachen, im Englischen oder im Russischen, die Germanen, obwohl die Deutschen eigentlich die Ostfranken sind. Mit einer gewissen Berechtigung konnten aber Historiker der Frühen Neuzeit den ersten ostfränkischen König schließlich Ludwig den Deutschen nennen.

Ein Handicap für das Ostfränkische Reich stellte die althochdeutsche Mundart dar: eine unterentwickelte, bäuerlich-kriegerische Sprache, die tatsächlich von den Germanen und Teutonen herrührte. Es war kaum möglich, mit ihren Mitteln geschmeidige Gedanken zu entfalten oder abstraktes Denken zu üben. Sie machte es den Ostfranken nicht gerade leicht, das Lateinische zu erlernen, um an der humanistisch-christlichen Bildung teilzunehmen. Ekkehard IV. von St. Gallen meinte: »Das barbarische Wesen und seine Sprache geben es kaum zu, daß einer, der sich noch als Deutscher bemüht, plötzlich zum Lateiner wird.«

Möglicherweise färbte die germanische Sprache schon auf Ludwig den Deutschen ab. Nicht nur Regino von Prüm hatte die Vorliebe des Königs für die »Härte des Eisens« als ein Symbol der Kriegstüchtigkeit dokumentiert. Auch Notker der Stammler stellte den Herrscher in einer Szene als Imperator und Kraftmeier dar, der einer Gesandtschaft vor Augen führte, dass er mit bloßen Armen eine Eisenklinge hin und her biegen konnte: »Der Kaiser nahm sie, und da er als ein wahrer Kaiser nach der Weissagung des Jesaias: ›Schauet den Fels an, davon ihr gehauen seid‹, vor dem ganzen Volk Germaniens durch die besondere Gnade Gottes die Größe und den Mut der Altvorderen erreichte, zog er sie von der äußersten Spitze bis zum Heft wie eine Weidenrute zusammen und ließ sie dann allmählich zur früheren Gestalt zurückkehren. Da sahen die Gesandten sich untereinander an und sprachen voll Staunen: ›O daß doch unseren Fürsten das Gold so verächtlich erscheine und das Eisen so köstlich!‹« Kraft, kraftvolle Nahrung, kernige Lebensart, Kriegstüchtigkeit, Frömmigkeit wurden zu Zeichen einer allgemeinen Tendenz im Ostfränkischen Reich, der Ludwig Vorschub leistete.

Es blieb für die ostfränkisch-deutsche Geschichte nicht ohne Folgen, dass Ludwig die Pfalz in Frankfurt am Main nur lose als einen Hauptort des Ostreiches ausbaute. Zwar konzentrierte er sich entschiedener als sein Bruder Karl der Kahle auf einen Hauptsitz, aber im Gegensatz zu Karl richtete er keine Hofschule ein, sondern lediglich eine Hofkapelle und eine Kanzlei. Womöglich gab es im Westen mehr Kleriker, die gutes Latein beherrschten und sich bei Hofe aufdrängten. Tatsächlich sah sich Ludwig gezwungen, zuweilen gelehrte Mönche gegen ihren Willen an den königlichen Hof zu holen. Ermanrich von Ellwangen verfasste um 842 die Lebensbeschreibung des Sola und ließ darin seinen Freund Gundram, den Propst von Solnhofen im Altmühltal, zu Wort kommen: »Ja ich seufze darüber, daß ich so schnell aus seiner Schule (der Schule des Abts Hrabanus von Fulda), gegen meinen Willen – Gott weiß es –, vielmehr mit Gewalt entfernt und in die Zahl der Höflinge, wie du weißt, eingereiht wurde.«[40] Ludwig entfachte selbst keinen neuen Schub der Bildung, sondern begnügte sich mit dem, was da war. Auch die Urkundenproduktion seiner Kanzlei blieb auf einem niedrigen Niveau. Man fertigte im Schnitt 4,1 Urkunden im Jahr, während die Kanzlei von Karl dem Kahlen im Westfränkischen Reich im Schnitt 12,4 Urkunden hervorbrachte. Schriftlich fixierte königliche Kapitulare oder Erlasse sind aus Ludwigs Kanzlei kaum überliefert.

Die Pflege von Wissen und Kunst wanderte vom königlichen Hof in die Klöster, wurde provinzieller, mönchischer. Solange allerdings Abteien wie St. Gallen, Reichenau oder Fulda in lebendiger Verbindung mit dem königlichen Hof standen, fiel die Verlagerung der Gelehrsamkeit vom Zentrum an die Peripherie vorläufig nicht so sehr ins Gewicht, zumal das Ostfränkische Reich im Gegensatz zum Westfränkischen recht stabil war. Ludwig der Deutsche verfügte dem Anschein nach über ein kommunikatives Talent. Er verstand es, die Großen des Ostfränkischen Reiches für sich zu gewinnen und zu leiten. Das Martyrologium des Wandelbert von Prüm, welches für Ludwig um 848 im Kloster der Insel Reichenau neu angefertigt wurde, stellte ihn mutmaßlich auf der Bildseite in porträtartigen Zügen dar. Der König erscheint nicht als martialischer Krieger oder autokratischer Herrscher, sondern sitzt vornehm und gelassen auf dem Thron, um huldvoll das Geschenk in Empfang zu nehmen.

Unter Ludwigs Patronage blühten kulturelle Zentren im Ostfränkischen Reich auf: in Bayern die Pfalz in Regensburg sowie das dortige Kloster St. Emmeram, ferner das erzbischöfliche Salzburg, die Klöster in Niederaltaich, Metten oder Mondsee; in Alemannien das bischöfliche Konstanz, die Klöster in St. Gallen, auf der Reichenau oder in Kempten; dazu gründete Ludwig selbst in Zürich das Kloster St. Felix und Regula und setzte dort nacheinander seine Töchter Hildegard

Huldvoller Herrscher: Wandelbert von Prüm überreicht einem König sein Martyrologium, um 848 im Kloster der Insel Reichenau für König Ludwig den Deutschen neu gefertigt. Bibliotheca Apostolica Vaticana, Rom

und Berta als Äbtissinnen ein; im zentralen Rhein-Main-Franken förderte er die Pfalz in Frankfurt am Main, das erzbischöfliche Mainz, die Klöster in Fulda, Lorsch oder Weißenburg im Speyergau; in Sachsen die Klöster in Corvey und Herford; in Lotharingien die Pfalz in Aachen, das bischöfliche Utrecht und das Kloster in Prüm.

Typisch für das frühe Mittelalter, stützte sich Ludwig auf die ranghohen Geistlichen, auf die Bischöfe und Äbte und stellte ihnen Privilegien aus. Eine Elfenbeintafel, die um 875 in Lotharingien entstand, führt den Typus des ranghohen Geistlichen eindrucksvoll vor Augen. Man erblickt eine Szene, welche die Feier des christlichen Messopfers darstellt. Im Zentrum, hinter dem Altar, erscheint der Kirchenfürst im festlichen Messgewand und wendet sich den Gläubigen zu. Auf dem Altartisch sieht man Kelch, Hostienteller und liturgische Bücher. Im Vordergrund stehen die Sänger, im Hintergrund die Priester. Alles wirkt fein geordnet, man ahnt etwas von der zivilisierenden Wirkung des Gottesdienstes.

Es entstand unter Ludwig ein politischer, wirtschaftlicher und kultureller Verband, der im Kern bis heute als Deutschland fortbesteht, wenngleich das Ostfränkische Reich eine Reihe von Metamorphosen erlebte und die Grenzen sich verschoben, später die Niederlande, die Schweiz und Österreich, welche teilweise dazugehörten, sich verselbständigten. Hatte Karl der Große für die West- wie für die Ostfranken den zivilisatorischen Code entwickelt: Humanismus, Christentum, Kaisertum, Papsttum, kommunale Bewegung der Bischofssitze, so wurden die Ostfranken 843 formell selbständig und in der Frühphase von Ludwig dem Deutschen geprägt. Alles Weitere hing davon ab, wie lernfähig die Ostfranken oder die Deutschen sein würden, wie sehr sie im Laufe der Zeit den Anschluss an romanische Bildung, Eloquenz, Urbanität, Annehmlichkeit, gute Lebensart und Feinschmeckerei suchen würden.

Das junge Königreich war kräftig genug, um frühe Krisen zu überstehen. Die Nachfolger von Ludwig starben verhältnismäßig rasch hintereinander oder stellten teilweise schwächere Persönlichkeiten dar, was die Stabilität des Reiches gefährdete, während zugleich die ersten Einfälle der Ungarn einsetzten. Als 911 mit Ludwig dem Kind der letzte ostfränkische Karolinger im zarten Alter von siebzehn Jahren ins

Erzieherisches Formgefühl: der hohe Geistliche in der Darstellung des christlichen Messopfers, um 875. Liebieghaus, Frankfurt am Main, Leihgabe der Universitätsbibliothek Frankfurt am Main

Grab sank, entschieden sich die Großen des Reiches nicht dafür, sich dem westfränkischen Karolinger Karl dem Einfältigen anzuschließen, sondern wählten aus den eigenen Reihen einen neuen König: Konrad I.

In St. Gallen war bereits 890 Salomon zum Abt ernannt worden; kurz danach bestieg er als Salomon III. auch den Bischofsstuhl in Konstanz. Er hatte zunächst die Schule in St. Gallen besucht, erhielt geistliche Ämter und war auch am königlichen Hof tätig, zeitweise als Kanzler von König Arnulf und Ludwig dem Kind, dauernd als Kanzler von Konrad I.

Salomon, einer der ersten ostfränkisch-deutschen Kanzler, wurde von Ekkehard IV. von St. Gallen in seiner Klostergeschichte eingehender porträtiert. Wenngleich Salomon ein Geistlicher, Bischof und Abt war, blieb er als königlicher Kanzler eine weltlich gesinnte Frohnatur, einer, der die schönen Dinge liebte und »mit dem Glück spielte«. Er war für den Autor nicht frei von Eitelkeit, doch Ekkehard sah ihm diese Schwäche nach, weil er mit seinem Temperament gute Taten vollbrachte. Salomon gab sich großherzig, friedvoll und kunstsinnig, vermehrte nicht zuletzt den Reichtum des Klosters von St. Gallen. Er gab, wenn er zwischendurch vom Hof zurückkehrte, »heiter den Brüdern Gastmähler, bei denen er auch selbst, wenn er zugegen war, den Aufwärter machte«. Der Abt, Bischof und königliche Kanzler bediente persönlich die Mönche und erwies ihnen Reverenz. Wahrscheinlich nahm er sich die Worte Jesu zu Herzen, die schon zitiert wurden: »Wer unter euch groß sein will, der sei euer Diener; und wer unter euch der Erste sein will, der sei euer Knecht.« St. Gallen lag Salomon besonders am Herzen. Gegenüber anderen Pfründen, die er besaß, sagte er: »Die des heiligen Gallus ist angenehmer (commodior) und ihr Bedarf besser gedeckt. Die Annehmlichkeit gibt den Ausschlag.« Salomon berührte Kernworte guter Lebensart: Angenehmes hervorbringen, sich kommod einrichten und zu leben verstehen.

Ekkehard verschwieg nicht, dass Salomon einst, als er noch Klosterschüler in St. Gallen gewesen war, in den Ferien ein uneheliches Kind gezeugt hatte. Die Geliebte kam in ein Kloster und wurde dort später unter der Patronage von Salomon Äbtissin, während die Tochter in die Sippe von Notker einheiratete, aus der noch mehrere berühmte Notker als Mönche von St. Gallen hervorgingen. Obwohl Salomon kein Heiliger war, stellte er für Ekkehard das Ideal einer geistlichen wie weltlichen Führungskraft dar. Nach dessen Beschreibung verfügte er über die Eigenschaft eines schönen Gesichts und einer hohen Gestalt, war gelehrt und hoch gebildet, im Reden ein Künstler, bei Hofversammlungen und Synoden wortgewaltig, auf den Predigtstufen mitreißend, gab tägliche Almosen, wusch anderen die Füße und war »nach Zeit, Ort und Anwesenden ein fröhlicher und lustiger Tafler, niemals verschwenderisch«.

Nicht jeder ostfränkisch-deutsche Kanzler oder Kirchenfürst konnte im Laufe der Zeit einem solchen Ideal entsprechen, aber es war, wie Ekkehard bewies, nicht unbekannt: gutes Aussehen, hohe Bildung, Sprachgewandtheit, feine Menschenführung, Sinn für sozialen Ausgleich, Bescheidenheit, fröhlicher Witz und Kenntnisse der Genüsse.

Die gewisse Tendenz des Zeitalters: die Hochschätzung der religiösen Fragen wie der militärischen Zucht auf Kosten des fröhlichen, eleganten Hoflebens, konnte sich nicht immer und überall durchsetzen. An sich waren die Franken, die Ostfranken und die frühen Deutschen keine Kinder von Traurigkeit, sondern eher lebenslustige Leute. Als Salomon 912 gemeinsam mit Konrad I. im Kloster St. Gallen eintraf, verbrüderte sich der König mit den Mönchen und begnügte sich am Abend mit ihrem frugalen Mahl, um am nächsten Tag selbst die Regie für Speise, Trank und Unterhaltung zu übernehmen: »Früher als sonst«, malte es Ekkehard bunt aus, »ward das Mahl bereitet; das Refektorium füllte sich; kaum einen Satz hat der Vorleser gesprochen. Die Liebe, die nicht Mutwillen treibt, konnte die Zucht verschmähen. Niemand sagte, dies oder jenes sei nicht der Brauch, obwohl es niemals gesehen oder gehört worden war, niemals ein Mönch es in diesem Hause erfahren hatte. Man atmet den Geruch von Wild und Fleisch ein. Es springen die Gaukler, es spielen die Musikanten. Noch nie ist das Refektorium des Gallus von sich aus zu einem solchen Freudenfest gekommen. Auf die ernsteren Brüder blickt der König in dem Getöse; er lacht über die verzogenen Gesichter einiger von ihnen, denen solche Dinge unerhört erschienen (...). Am Abend zog der König von dannen, und die tränenerfüllten Lobpreisungen seiner Brüder folgten ihm.« Ekkehard ließ hier wie an anderen Stellen durchblicken, dass das

Kloster St. Gallen in seiner frühen Glanzzeit dem Wohlleben nicht abhold war, aber eben auch, dadurch inspiriert, Bedeutendes für Schule, Kunst und Wissenschaft leistete, gefördert von den Äbten, den königlichen Kanzlern wie von den ostfränkisch-deutschen Königen selbst.

Konrad I. erkor, wie vor ihm Ludwig der Deutsche, Frankfurt am Main zu seiner bevorzugten Residenz. Es war für ihn kommod, denn die Pfalz war längst Schritt für Schritt ausgebaut worden. Schon 794 hatte Karl der Große hier eine transmontane Reichssynode einberufen. 822 hielt auch Ludwig der Fromme dort eine Reichsversammlung ab und schuf dafür einen neuen königlichen Saal, bis Ludwig der Deutsche darüber hinaus eine größere Pfalzkapelle erstellte und erstmals hauptsächlich von Frankfurt aus regierte.

Frankfurt nahm über Jahrhunderte eine führende Position in Deutschland ein, wenngleich es sich nicht als wirklicher Hauptort durchsetzen konnte. Immerhin wurden hier seit dem hohen Mittelalter die deutschen Könige gewählt und seit dem 16. Jahrhundert im *Dom* auch gekrönt, um jeweils anschließend im *Römer* die Krönung mit einem Festmahl zu feiern – bis zur Auflösung des Heiligen Römischen Reiches Deutscher Nation 1806. Kurz danach, seit 1815, war Frankfurt Sitz des Deutschen Bundes – und 1848/49 Ort der ersten, frei gewählten Nationalversammlung, welche in der *Paulskirche* am 28. März 1849 die erste freiheitliche Verfassung für ein vereintes Deutschland verabschiedete. Obwohl die *Paulskirchenverfassung* vorläufig nicht zum Zuge kam, blieb sie zukunftsweisend.

Längst war die *karolingische Pfalz* überbaut worden und in Vergessenheit geraten. Nachdem allerdings bei Bombenangriffen im Zweiten Weltkrieg in der Altstadt kaum ein Stein auf dem anderen geblieben war und man in den Jahren nach 1945 das Areal fast leer räumte, kamen auf dem Domhügel bei archäologischen Grabungen die Fragmente der karolingischen Pfalz wieder zum Vorschein. Heute ist westlich vor dem Dom ein »Archäologischer Garten« eingerichtet, der neben der Badeanlage eines römischen Militärlagers auch Teile der königlichen Aula zeigt, die um 822 entstanden war. Man sieht dazu ein in Erz gegossenes Modell, das den königlichen Saal und die Pfalzkapelle rekonstruiert, deren Spuren wiederum im Dom ausgegraben wurden. 852 hatte Ludwig die Pfalzkapelle vollendet und dazu, wie in

Regensburg, ein Stift für zwölf Weltgeistliche gegründet. Aula und Kapelle wurden, ähnlich wie in Aachen, axial aufeinander zu angeordnet. Einem breiten, mächtigen Saalgebäude stand eine reich gegliederte, dreischiffige Basilika mit Querhaus und Doppelturmfassade gegenüber.

Heute ist Frankfurt wohl neben Regensburg der turmreichste Ort in Deutschland. Während in der Stadt an der Donau viele romanisch-gotische Türme die Zeit überdauerten, haben sich auch in der Stadt am Main einige ältere Türme erhalten, aber hauptsächlich schießen die Bürotürme der Banken in die Höhe, verkörpern Kraft und Optimismus, setzen ein Zeichen dafür, dass Frankfurt immer noch ein Zentrum in Deutschland ist, zwar nicht das politische, auch nicht unbedingt das kulturelle, aber immerhin das finanzpolitische. (Farbbild 29)

Meister der Zeremonie: Otto der Große und Bruno von Köln

Im frühen Mittelalter trennte die Elbe bei Magdeburg die Welt der Christen und der Heiden. Westlich, wo das Land sanftwellig von fruchtbarer Schwarzerde überzogen war, siedelten die Sachsen. Östlich, wo das Land sandig und von den Gletschern der Eiszeit platt gewalzt worden war, lebte der slawische Stamm der Heveller, der sich bis ins hohe Mittelalter hinein gegen die Vorherrschaft der Deutschen zur Wehr setzte. Seit allerdings Magdeburg unter Otto dem Großen 968 zum Sitz eines Erzbischofs erhoben worden war, türmten sich am westlichen Elbufer Kirchen und Klöster auf, die bannend und triumphierend nach Osten schauten.

Otto der Große hatte von früh an eine Vorliebe für Magdeburg gehabt. Es bot durch die Lage an einem großen Fluss gute Entwicklungsmöglichkeiten. Als Otto in seiner Kronprinzenzeit die englische Prinzessin Edgitha heiratete, erhielt sie den Ort an der Elbe als Morgengabe. Edgitha war die Schwester des englischen Königs Aethelstan, der die englischen Kleinkönigreiche erstmals zu einem großen Reich vereinte und Winchester zum Hauptort ausbaute, wo die Kanzlei eingerichtet wurde. Die Prinzessin war am Hof ihres Bruders erzogen worden und dürfte mit Frühformen städtischen Lebens vertraut gewesen sein. Sie reiste, wie Hrotsvitha von Gandersheim in ihren »Gesta Oddonis« berichtete, »mit kostbaren Gaben« und »schicklichem Gefolge« in das ostfränkisch-deutsche Reich. Sie hatte wohl nicht unerheblichen Anteil daran, dass Otto, nachdem er 936 König geworden war, Magdeburg großzügig ausbaute. Thietmar von Merseburg berichtete: »Auf ihre Veranlassung begann er den Bau der Stadt Magdeburg, wohin er in tiefster Ehrerbietung die Reliquien des Märtyrers Christi Innozenz überführte. Denn er erwarb und errichtete diese Burg (urbem) um der Gnade ewiger Wiedervergeltung willen zum Heile unseres gemeinsamen Vaterlandes.«[41]

Magdeburg sollte für Otto, wenn nicht der neue Hauptort des Ostreiches, so doch eine bevorzugte Residenz werden. An keinem anderen Ort ist er urkundlich häufiger bezeugt als hier, kein anderer Ort wurde häufiger von ihm privilegiert und beschenkt. Thietmar wusste, wovon er sprach, denn er war mit den Verhältnissen im ottonischen Magdeburg vertraut. Er symbolisiert als lateinischer Chronist selbst die kulturelle Blüte, die in der Folge von Ottos politischen Unternehmungen heranreifte. Ottos Vater, Heinrich I., der 918 nach dem Tod von Konrad I. als erster Sachse zum König des ostfränkisch-deutschen Reiches erhoben worden war, konnte noch nicht lesen und schreiben. Auch Otto I. konnte es am Anfang seiner Regierungszeit noch nicht. Selbst die Mönche in den Klöstern schwiegen in der ersten Hälfte des 10. Jahrhunderts, weil der Frieden im Reich angesichts vorhergehender rascher Thronwechsel und häufiger verheerender Einfälle der Normannen und Ungarn auf schwankendem Boden stand. Heinrich I. und Otto I. konnten die Ungarn abwehren und die Einheit des ostfränkisch-deutschen Reiches festigen. Die Ostfranken gewannen wieder an Selbstbewusstsein und trauten sich etwas zu. Im letzten Drittel von Ottos Regierungszeit fingen Mönche, Nonnen und Weltgeistliche plötzlich wieder zu schreiben an, erzählten von den Taten der Könige oder dichteten fromme Dramen, wie Hrotsvitha von Gandersheim.

Das Stift in Gandersheim fußte wie das Stift in Quedlinburg oder die Domschule in Magdeburg auf der Förderung durch das Geschlecht der Ottonen. Thietmar von Merseburg war in den 990er Jahren als Knabe selbst unter die Fittiche einer Tante gekommen, die Stiftsdame in Quedlinburg war, anschließend wurde er Zögling der Domschule in Magdeburg. Später erhielt er von König Heinrich II. den Bischofsstab für Merseburg und schrieb seit 1012 seine Chronik. Sie sollte die Geschichte der Stadt Merseburg erhellen, entwickelte sich jedoch zu einem Werk über das frühe ostfränkisch-deutsche Reich. Thietmar trug das Seine dazu bei, eine neue politische Tradition zu gründen. Der Autor sprach an einigen Stellen schon von den »Deutschen« (Teutonicos), gerade in Abgrenzung zu den Slawen oder Romanen. Er unterschied zwischen »regnum« und »imperium«: zwischen dem »Königreich« nördlich der Alpen und dem transalpinen »Kaisertum«, das von Karl dem Großen gegründet und von Otto dem Großen erneuert worden war. Beide erhielten von ihm bereits das Prädikat »der Große«.

Die »Unsrigen« waren für ihn jene, die zum »Königreich« im Norden gehörten. Das Land nördlich der Alpen war »Germanien« oder »unser freundliches Land«. Die Kernregionen bildeten Sachsen, Thüringen, Rhein-Main-Franken, Schwaben und Bayern. Westlich des Rheins zählte auch Lotharingien dazu, wenngleich es ihm schon etwas fremd erschien, weil ein Teil davon romanisch-französisch geprägt war. Auch die Slawen, die so genannten Elbslawen, zwischen Elbe-Saale und Oder-Neiße gehörten für ihn eigentlich dazu, weil sie von Otto dem Großen schon einmal ins ostfränkisch-deutsche Reich eingegliedert worden waren und auch jetzt noch teilweise Tribut entrichteten. Südlich der Alpen nannte er jene, die zum Kaisertum gehörten, Lombarden, Toskaner, Römer oder allgemein Italiener. Wenngleich er gegenüber den »Deutschen« parteiisch war und gegenüber Romanen und Slawen eine gewisse Schwarzweißmalerei betrieb, entfaltete er ein großes politisches Panorama.

Thietmar betrachtete auch die »Deutschen« nicht immer durch eine rosa Brille. Er schilderte an vielen Stellen die noch wilden, triebhaften Seiten seiner Landsleute, die offenkundig nur schwer zu bändigen waren. Ohnehin hatten seit Ende des 9. Jahrhunderts die häufigen Raubzüge der Normannen und Ungarn das fränkisch-karolingische Erbe erschüttert. Die Sitten drohten zu verrohen. Schon vor Thietmar hatte beispielsweise Regino von Prüm in seiner Chronik der Ostfranken für das Jahr 897 den zügellosen Hochmut der Großen beklagt: »Und weil sie sich wegen des Adels ihres Fleisches, der großen Zahl ihrer Vorfahren und der Größe ihrer irdischen Macht über Gebühr erheben, deshalb fallen sie in ständigen Gemetzeln übereinander her. Unzählige gehen dabei auf beiden Seiten durch das Schwert zugrunde, Verstümmelungen an Händen und Füßen werden verübt, und die ihnen unterworfenen Regionen werden durch Raub und Brandschatzung von Grund auf verwüstet.«[42]

Rund hundert Jahre später schilderte Thietmar ähnliche Szenen, ganz so, als seien zwischenzeitlich die ostfränkisch-deutschen Krieger um kein Quäntchen klüger geworden, als hätten sie noch nie etwas von Selbstbeherrschung, Maß und Vernunft gehört. Für nichts und wieder nichts, außer für ein bisschen gekränkte Ehre, bekriegten sich in Thietmars Chronik viele freie Herren, Grafen und Markgrafen, als sei die homerische Zeit der dunkel strahlenden, trotzigen Heroen, wie sie in der »Ilias« dargestellt sind, noch nicht vorüber gewesen.

Selbst Otto der Große und seine nahen Verwandten, Bruder, Sohn und Schwiegersohn, kriegten sich in die Haare und trugen in der ersten Hälfte der Regierungszeit des Königs immer wieder blutige Kämpfe aus, weil jeder glaubte, in seinem Rang nicht anerkannt oder in seiner Ehre vom anderen verletzt worden zu sein. Otto I. war nicht frei von autokratischen Zügen, vom herrischen Willen nach unbedingter Unterordnung der anderen. Erst langsam reifte er zu einem Regenten heran, der nicht nur kriegerische Mittel einsetzte, um für Frieden und Gerechtigkeit im Reich zu sorgen. Erst im Laufe der Zeit griff er vermehrt auf zivile Mittel zurück, auf Diplomatie, Förderung der Kirche, der Bischöfe und Äbte, der lateinischen Gelehrsamkeit, der Künste und Wissenschaften, der Städte und Kaufleute. Je mehr er sich seinem Vorbild, Karl dem Großen, näherte, desto mehr wurden auch für ihn Humanismus, Christentum, Papsttum, Kaisertum und kommunale Bewegung zur Verpflichtung.

Karl der Große schwirrte ihm aber von früh an durch den Kopf. Denn Otto setzte gleich im ersten Regierungsjahr als König 936 bemerkenswerte Akzente. Während sein Vater an einem unbedeutenden Ort, in Fritzlar, zum König gewählt worden war, ließ er sich in der berühmten Residenz von Karl dem Großen in Aachen zum König krönen, ebenso Edgitha zur Königin. Er zeigte von Beginn seiner Herrschaft an, in welche Fußstapfen er treten wollte.

Ein anderer sächsischer Chronist, Widukind von Corvey, beschrieb die Krönungsfeier in Aachen im Jahr 936, wenngleich das Zeremoniell, das er schilderte, so wohl erst 961 für die Königskrönung von Otto II. in Aachen entwickelt wurde, denn die Hofgesellschaft schaute nach dem Krönungsfest von Otto II. in Corvey vorbei und konnte dem Mönch darüber berichten. Aber im Kern dürfte das Ritual im Jahr 936 ein ähnliches gewesen sein wie 961. In der einstigen Residenz von Karl dem Großen reihten sich teils am Hof, teils bei der Krönungsmesse weihevolle Sprechakte, Salbung, Krönung und Thronbesteigung.

Während beim Gottesdienst die Erzbischöfe von Mainz und Köln die Handlung bestimmten, bestand Ottos erste Amtshandlung darin, Gastgeber zu sein. Widukind schrieb: »Nachdem man dann das Lob Gottes gesungen und das Meßopfer feierlich begangen hatte, ging der König hinunter zur Pfalz, trat an die marmorne, mit königlicher Pracht geschmückte Tafel und nahm mit den Bischöfen und dem ganzen Adel Platz; die Herzöge aber taten den Dienst. (...) Der König aber ehrte danach einen jeden Fürsten freigebig, wie es sich für einen König gehört, mit einem passenden Geschenk und verabschiedete die vielen Leute mit aller Feierlichkeit.«[43] Schon in jungen Jahren erkannte Otto offenbar die bindende Kraft der Symbole, Riten und luxuriösen Formen. Er nutzte den Bann von Glanz und Glamour, um unter den Großen des Reiches ein soziales Gefüge herzustellen, ahnte, dass ein Regent für Bezauberung sorgen muss. Womöglich machte sich auch der Einfluss von Königin Edgitha bemerkbar, denn ihr Großvater, König Alfred der Große, hatte seinerseits bereits Karl den Großen nachgeahmt und eine würdevolle Hofhaltung eingeführt.

Nicht nur Aachen im alten fränkischen Kernland, wo Karl der Große begraben lag, auch Quedlinburg im neuen sächsischen Kernland, wo Heinrich I. seine letzte Ruhe fand, verwandelte Otto I. in einen Ort der Erinnerung, um für politische Kontinuität zu sorgen. Der neue König reiste von Aachen nach Quedlinburg, um dort das Stift, das an sich zum Witwengut seiner Mutter Mathilde gehörte, als Grabstätte von Heinrich I. zum Reichsstift zu erheben. Die königliche Gedächtniskultur sollte keine Aufgabe der Familie, sondern des Königtums sein. Es ging, wie es in der Urkunde von 936 hieß, um den »königlichen Thron in Franken und in Sachsen«, unabhängig davon, aus welcher Sippe der König stammte.[44]

Rasch begann Otto auch mit dem Ausbau von Magdeburg. Schon 937 holte er Mönche aus einem der führenden Klöster im alten karolingischen Kernland, aus St. Maximin in Trier, nach Magdeburg, um dort das neue Moritzkloster zu besetzen und lateinische Gelehrsamkeit an die Elbe zu bringen. Daneben entstand eine königliche Pfalz, die seit 942 bezeugt ist. Mit großer Zähigkeit verfolgte Otto über Jahre das Ziel, in der noch unterentwickelten nordöstlichen Randregion des ostfränkisch-deutschen Reiches eine florierende Metropole zu schaffen. Seit 955 setzt er alles daran, um die Stadt an der Elbe zum Sitz eines Erzbischofs zu erheben. Die kirchliche Förderung sollte insgesamt die kulturelle wie wirtschaftliche Infrastruktur heben. Die Stadt wurde mit Königsbann, Markt- und Zollrecht privilegiert.[45]

Nachdem der Erzbischof von Mainz und der Bischof von Halberstadt ihre Widerstände gegen die Gründung eines Erzbistums Magdeburg aufgegeben hatten, zog 968 ein neuer Erzbischof in die Stadt ein, dem eine Reihe von Bistümern unterstellt wurden: Havelberg, Brandenburg, Merseburg, Zeitz und Meißen. Das Gebiet zwischen Elbe-Saale und Oder-Neiße wurde von kirchlicher Organisation erfasst und vorläufig dem ostfränkisch-deutschen Reich einverleibt. Es war eine Art von Parallelaktion: So wie Karl der Große, der Franke, das Land der Sachsen erobert hatte und die Bewohner christianisieren ließ, so eroberte Otto der Große, der Sachse, das Land der Elbslawen und führte den christlichen Glauben ein, gründete bischöfliche Sitze und unterstützte Frühformen des Städtischen, förderte Bildung, Handwerk und Handel. Auch wenn sich die Elbslawen nach dem Tod von Otto noch einmal gegen die Vorherrschaft der Deutschen erhoben, blieb die Region dauerhaft unter dem Einfluss des Reiches.

Einhard hatte in seiner Biographie über Karl den Großen das Muster einer solchen kirchlichen und kulturellen Förderung durch den Herrscher vorgegeben. Neben den vielen Kriegen, die Karl der Große geführt hatte, beschrieb Einhard auch die »übrigen Staatsgeschäfte«, die der Regent nicht vernachlässigt habe: das Hofleben, den Schutz der Kirche, die Förderung der Wissenschaften, Künste und Bauwerke – dem Königreich »zur Zierde und zum Nutzen«.

Widukind, ein Vorläufer von Thietmar als sächsischer Chronist, folgte in seiner »Sachsengeschichte« in einigen Details dem Muster von Einhard. Aber es ist auffällig, dass bei ihm das Kriegsgeschehen einen viel breiteren Raum einnahm oder bereits den hauptsächlichen Teil der Staatsgeschäfte ausmachte – nicht weil es unbedingt der Wahrheit entsprochen hätte, sondern weil der Autor selbst noch altsächsisch dachte.

Ein König sollte ein Krieger sein, kampfesmutig, gebieterisch – kein sesshafter, höfischer Fürst, keiner, der das Angenehme und Schöne kultiviert und möglicherweise dabei verweichlicht. Der Herrscher sollte »zum allgemeinen Wohl des Staats (ad communes utilitates rei publicae)« ein siegreicher Feldherr sein und »Schrecken durch königliche Strafgewalt« verbreiten. Zwar bescheinigte der Mönch Otto die klassischen christlich-humanistischen Tugenden eines Regenten: Milde, Frömmigkeit, Freigebigkeit, Gerechtigkeit, aber sie erschienen gegenüber kriegerischer Tapferkeit, Stärke und Macht als nachrangig. Die Verbindung des Nordens mit dem Süden, das Zusammenspiel zwischen dem Kaiser und dem Papst, die Romanisierung der Sachsen waren Widukind ein Dorn im Auge. Zwar führte die »Sachsengeschichte« bis zum Tod von Otto dem Großen, aber der Autor erwähnte die Kaiserkrönung durch den Papst in Rom mit keinem Wort. Zum Kaiser wurde Otto für Widukind durch den Sieg über die Ungarn oder generell durch viele »herrliche Siege«. Der Chronist war mehr oder minder das Sprachrohr einer antiromanischen Opposition im ostfränkisch-deutschen Reich, die einem transalpinen Kaisertum skeptisch gegenüberstand.

Der Mönch entstammte wahrscheinlich dem sächsischen Hochadel und widmete sein Werk der Kaisertochter Mathilde. Man gewinnt bei der Lektüre den Eindruck, als verberge sich hinter den Zeilen der Spross einer alten Kriegerkaste. Natürlich kann man dem Autor keinen allzu großen Vorwurf machen, dass er eine endlose Reihe von Kriegen schilderte, denn in der ersten Hälfte des 10. Jahrhunderts war tatsächlich ein Krieg dem anderen gefolgt, reihte sich Fehde an Fehde. Widukind ging an einer Stelle darauf ein, dass der Adel einen Teil seiner Söhne in die Klöster stecke, wo sich der »Krieger zum Mönch« wandle. Er selbst hielt als Mönch die Ideale der »Zucht«, »Strenge« und »Härte« hoch, während etwas später ein anderer Mönch, Ekkehard IV. von St. Gallen, ebenfalls die »Disziplin« in den Vordergrund rückte, jedoch nicht als Selbstzweck, sondern als Mittel dafür, um zur »Heiterkeit« zu gelangen: zu einem besseren und angenehmeren Leben.

Zierde, Anmut, Schönheit, Heiterkeit, Angenehmes waren keine Worte, die Widukind für wichtig hielt. Gäbe es nur seine »Sachsengeschichte«, bekäme man ein verkürztes Bild von der Epoche der Ottonen. Man wüsste kaum etwas von den »übrigen Staatsgeschäften«, die Otto der Große neben den militärischen Unternehmungen betrieb. Man könnte die robuste Art, die Widukind hervorkehrte, auf einseitige Weise für typisch ostfränkisch-deutsch halten. Widukind blieb nicht frei von Chauvinismus, stilisierte die sächsische Geschichte als Heilsgeschichte und machte Otto wie einen antiken römischen Imperator zum Weltherrscher, »zum Liebling der Welt und (zum) Haupt des ganzes Erdkreises (...), für dessen Macht nicht nur Germanien, Italien und Gallien, sondern fast ganz Europa nicht mehr genügt«. Europa erschien hier nicht nur als ein geographischer, sondern auch als ein politischer Begriff, als ein Gebiet, in dem der Kaiser die vorherrschende Macht darstellte.

Thietmar war aus feinerem Holz geschnitzt. Ein Vergleich der beiden Autoren macht die kulturelle Wirkung von Otto dem Großen erst spürbar. Widukind gehörte noch der frühen Phase der ottonischen Epoche an, Thietmar schon der späten. Er kannte bereits das Prinzip der Selbstreflexion oder Selbstkritik. Er musste sich eingestehen, dass er selbst als Bischof mit den christlichen Geboten überfordert sei, aber sich bessern wolle: »Ich überall nachlässiger Sünder habe das Gute bisher nicht beachtet und nur nach Bösem getrachtet, erkenne Rechtes und Besseres zu spät und habe das Heil meiner Seele in keiner Weise bedacht. Seit ich das Hirtenamt führe, habe ich meine Untertanen nur durch Worte, nicht durch mein Beispiel belehrt.« Der Autor wusste auch, dass man ihm selbst dieses Bekenntnis als bloße rhetorische Wendung, als bloßen literarischen Topos oder als affektierte Bescheidenheit auslegen könnte. Er rechnete mit einem versierten Leser und fügte hinzu: »Mancher wird sagen: Ein feines Eigenlob! Dem antworte ich: Es stimmt schon; ich kenne keinen schlechteren Menschen als mich.« Er täuschte keinen falschen Glanz vor, bekannte nochmals: »Ich bin ein Schlemmer und Heuchler, Geizhals und Verleumder.« Er trat für Toleranz ein: »Denn viele wissen bei Beschuldigungen gegen andere nicht, daß niemand ohne Sünde sei.«

Der Bischof von Merseburg schmiedete nicht mehr am Modell des Kriegers, sondern an dem des Zivilisten, der seine intellektuellen Fähigkeiten schult: Selbstbeobachtung, Selbstbeherrschung, Bescheidenheit, Beredtheit, Milde und Freundlichkeit. Er porträtierte zahlreiche Personen, Kaiser, Kaiserinnen, Könige, Erzbischöfe, Bischöfe und Grafen und war in der Regel auf ein ausgewogenes Urteil bedacht. Er ging nicht nur auf den Hochadel ein, sondern skizzierte oder nannte gelegentlich auch Ritter, Pagen, Schulmeister, Kaufleute, Küchenmeister, Meier oder Knechte und erweiterte das soziale Spektrum. Er sah auch, dass es Bauern bei Missernten dreckig ging – und sie die Fürsorge der Herren nötig hatten.

Eine Generation vorher war Bruno, der jüngste Bruder Ottos des Großen, vermutlich der bedeutendste Kopf im Umkreis des Königs und im Geist mit Thietmar verwandt. Ohne Bruno wäre Otto womöglich nicht »der Große« geworden. Ungewöhnlich für die damalige Zeit, hatte der Vater, Heinrich I., den jüngsten Sohn dazu bestimmt, die geistliche Laufbahn einzuschlagen, und ihn mit vier Jahren Bischof Balderich von Utrecht zur Erziehung übergeben. Wenigstens einer aus der königlichen Familie sollte die lateinische Bildung des Westens genießen. Bruno blieb gleichsam als Pfand in der Hand eines lotharingischen Kirchenfürsten, damit so das Band zwischen Lotharingien und dem Reich gefestigt würde. Zehn Jahre später, als Bruno vierzehn war, holte ihn Otto I. 939 an seinen Hof, der von Pfalz zu Pfalz zog. Der jüngere Bruder gehörte als Kaplan zur Hofkapelle und stieg schon ein Jahr später, mit fünfzehn Jahren, zum Kanzler der Hofkanzlei auf.

Während die Ausfertigung von königlichen Urkunden unter Heinrich I. einen Tiefstand erreicht hatte, stieg sie unter Otto I. beziehungsweise unter Bruno sprunghaft an. Bruno hatte ein Faible für die klassische lateinische Gelehrsamkeit. Ruotger, der eine Biographie über ihn schrieb und Bruno nach eigener Aussage persönlich kannte, sagte: »Die lange vergessenen Sieben freien Künste brachte er wieder ans Licht. Was Geschichtsschreiber, Redner, Dichter und Philosophen Neues und Großes laut verkündeten, untersuchte er mit aller Sorgfalt mit Gelehrten aller Zungen, und wo einer sich durch Geistesschärfe als Meister auszeichnete, da bekannte er sich demütig als Schüler. (...) Mit der Abfassung lichtvoller Schriften war er eifrig beschäftigt und im Entwerfen aller möglichen ehrenhaften Schriftstücke sehr scharfsinnig. Den lateinischen Stil, in dem er sich auszeichnete, verfeinerte er und brachte ihn zu größerem Glanz.« Selbst unter den erschwerten Bedingungen des Reisekönigtums hielt er die Fahne der Gelehrsamkeit hoch: »Denn wohin auch immer das königliche Hof- oder Kriegslager zog, führte er seine Bibliothek wie die Bundeslade mit.«[46]

Was Alkuin für Karl den Großen war, war Bruno für Otto den Großen: ein gebildeter, konzeptioneller Kopf, der sich darum bemühte, so etwas wie eine Hofschule einzurichten, um mit lateinischer Gelehrsamkeit die Romanisierung des nordalpinen Reiches voranzubringen. Zwar haben sich im Gegensatz zu Alkuin von Bruno keine eigenen Schriften erhalten. Aber dass im ostfränkisch-deutschen Reich seit Mitte des 10. Jahrhunderts Mönche, Nonnen und Kleriker wieder zu schreiben anfingen, Geschichtswerke, Gedichte oder Dramen verfassten, hatte etwas mit Bruno zu tun. Es sprach sich herum, dass jemand am königlichen Hof war, der für solche Dinge ein offenes Ohr hatte. Schon um 942/46 stellte sich Rather von Verona in einem ersten Brief an ihn als gelehrter Autor und Prosaist vor: »Gedichte habe ich hier keine angefügt, wie es manche zu tun pflegen. Ich bin nämlich, glaube mir, kein Dichter, obwohl die Regeln der Dichtkunst mir nicht gänzlich verborgen sind.«[47] Rather wurde 952 an den königlichen Hof berufen, hielt sich eine Zeitlang dort auf und wurde auch später von Bruno wie von Otto dem Großen gefördert. Gleichzeitig weilte in den 950er Jahren der Dichter, Historiker und Diplomat Luitprand von Cremona am königlichen Hof.

Bruno dürfte auch einer der Förderer von Hrotsvitha von Gandersheim gewesen sein. Sie hatte nach eigener Aussage ihre christlich-erbaulichen Dramolette, die sie formal nach den Stücken des Terenz schuf, »hoch gelehrten« Herren zur Prüfung vorgelegt und bedankte sich im Anhang für die Aufmunterung: »Obwohl ihr ja vor allem vom

Studium der Philosophie eure Nahrung genommen, / und obwohl ihr im Wissen überragend vollkommen, / habt ihr doch mein Werk, das ein schwaches Weib vollbracht, / mit eurer Bewunderung bedacht und habt mit brüderlicher Liebe eure Mitfreude bewiesen.«[48] Bruno war 953 vom König zum Erzbischof von Köln erhoben worden, und dort fand man frühe Handschriften der Dramolette, die wahrscheinlich Bruno als Prüfungsexemplare zugesendet worden waren. Auch gab es in der Bibliothek der Kölner Domschule, die Bruno als Erzbischof selbst leitete, Dramen von Terenz. Ruotger war wohl seinerseits ein Schüler der Kölner Domschule und später Mönch im Kloster St. Pantaleon, das Bruno gegründet hatte. Ruotger spickte seine Bruno-Biographie mit Zitaten aus den Evangelien, aus den Regeln des Benedikt von Nursia und aus den Schriften Ciceros. Die Bruno-Vita spiegelte christliche wie humanistische Bildung.

Bruno geriet bei seinen Zeitgenossen bereits unter den Verdacht, sich mehr für weltliche Bildung als für rechtgläubiges Christentum zu interessieren. Thietmar von Merseburg überlieferte ein Traumgesicht des Grafen Wilhelm von Weimar: »Da sah er sich in einer Vision auf einen hohen Berg geführt, von dem er eine große Stadt mit schönen Gebäuden erblickte. (...) Hier wurde Erzbischof Brun(o) von Köln wegen nichtiger Anwendung der Philosophie durch den höchsten Richter beklagt.« Bruno war 953 nicht allein zum Erzbischof von Köln aufgestiegen, sondern auch zum Herzog oder, wie Ruotger sagte, zum »Erzherzog« von Lotharingien. Er nahm durch diese Doppelfunktion mehr oder minder den Rang eines Vizekönigs im Westen des Reiches ein. Er verkörperte die neue Sphäre des Städtischen, Urbanen und Gebildeten. Ruotger beschrieb die triumphale Ankunft des Erzbischofs in Köln, die etwas von früher städtischer Lebendigkeit erahnen lässt: »Ein ungeheurer Volksauflauf entstand, ein ständiges unruhiges Hin- und Herfluten der Menge, von neuem frohlockte freudig die Stadt. Die Geistlichkeit kam aus den Stiften, Nonnen strömten in Menge herbei, jeder Stand und Männer und Frauen fanden sich in ungewöhnlicher Freudenfeier ein.« Man spürt noch die Begeisterung des Autors, dass in Köln so viele Menschen auf engem Raum zusammenlebten und eine endlose Prozession bei festlichen Anlässen bildeten.

Der Erzbischof ruhte sich nicht auf dem Vorgefundenen aus, sondern initiierte mehr oder minder eine zweite Gründung von Köln, das von nun an Mainz die bis dato führende Position am Rhein streitig machte. Mehrere Klöster oder Stifte wurden durch ihn entweder wiederbelebt oder neu gebaut: so St. Pantaleon, wo er begraben werden wollte, St. Andreas, St. Caecilia, Groß St. Martin und St. Maria im Kapitol, dazu vergrößerte er den damaligen Dom und erneuerte die Domschule. Er trug das Seine dazu bei, dass aus Köln das »Heilige Köln« wurde. Doch der Bau von Klöstern und Stiften sowie die Herbeischaffung von Reliquien waren nicht nur Akte der Frömmigkeit; hinter der Initiative verbarg sich auch, ähnlich wie in Magdeburg, ein städtisches Konjunkturprogramm, welches Kultur und Wirtschaft ankurbelte, nicht zuletzt Scharen von Pilgern und Konsumenten in die Stadt lockte.

Die städtebauliche Struktur eines Bischofssitzes gewann eine größere Vielfalt. Gab es bis dahin oft nur den karolingischen Dombezirk mit anschließendem Markt, so bildete sich von nun an jeweils um den Dombezirk herum ein Kranz von Klöstern und Stiften. Anfangs waren diese neuen kirchlichen Stätten häufig noch Inseln, die für sich standen, doch nach und nach wurden die Zwischenräume mit Bürgerhäusern besiedelt und irgendwann von einer neuen Stadtmauer umschlossen. In Köln lag St. Pantaleon, die Lieblingsgründung von Bruno, zunächst einsam vor der alten römischen Stadtmauer, bis das Kloster 1180 von der mittelalterlichen Stadtbefestigung eingeschlossen wurde. Woanders schaute man nun nach Köln, wo sich das neue ottonisch-romanische Stadtgefüge profilierte.

Die eigentliche Pointe war, dass die vielen geistlichen Leute in der Stadt nicht länger aufs Geratewohl, im täglichen Schlendrian dahinlebten, sondern nach den Kloster- und Stiftsregeln eine bestimmte Lebensführung einübten, die sich in abgewandelter Form auf die anderen Bewohner der Stadt, auf die Kaufleute, Handwerker, Dienstleute, übertrug und so auch bürgerlich-städtisches Leben prägte. Die maßgeblichen Regeln des Benedikt von Nursia verlangten friedvolles Zusammenleben, gegenseitige Beratung, Mäßigung, Beständigkeit, Ordnung, Disziplin, Pünktlichkeit, Gastfreundschaft. Langfristig förderten solche Tugenden auch den Bürgersinn, das Handwerk und den Handel, Frühkapitalismus und Wohlleben.[49]

Der Bruder des Königs kümmerte sich auch um eine neue rechtliche Verfassung der Stadt. Bis dahin musste normalerweise ein Bischof oder Erzbischof die Stadtherrschaft mit dem Gaugrafen teilen, indem diesem die Hochgerichtsbarkeit zustand. Doch von 962 an tauchten Hinweise darauf auf, dass Köln aus der Hochgerichtsbarkeit des gräflichen Kölngaus ausgegliedert und zu einem eigenen Rechtsbezirk des Erzbischofs wurde. Die herrschaftliche Gewalt von außen, vom Land her, wurde eingeschränkt. Bruno schuf für die Bewohner der Stadt überschaubare rechtliche Verhältnisse, welche auf eine Frühform der Stadtfreiheit hinausliefen. Die Bürger sollten nicht mehr Hörige eines Grundherrn sein, sondern mehr Freizügigkeit erhalten, sollten für ihren städtischen Besitz und ihre Häuser lediglich Abgaben an den Stadtherrn zahlen und im Übrigen als Händler oder Handwerker ein eigenes Vermögen bilden können. Die Kaufleute konnten auf eigene Initiative hin tätig werden, konnten größeren Wohlstand schaffen und die Früchte ihrer Arbeit genießen. Seit 962 erschienen erste Hinweise auf eine Handelsmesse in Köln, desgleichen auf jüdische Händler, die unter königlichem Schutz standen. Seit 979 bezogen sich bereits andere Städte auf die Regelung des Handels und den Schutz der Kaufleute in Köln.[50] So wie Magdeburg im Osten, so übte Köln im Westen eine städtische Vorbildfunktion aus.

Unter anderem reisten nun jüdische Kaufleute aus dem muslimischen Spanien umher. Einer von ihnen, Ibrâhîm, traf 961 mit Otto dem Großen in Magdeburg zusammen. Er notierte sich, was er in Städten des ostfränkisch-deutschen Reiches an heimischen Waren oder an Fernhandelsgütern sah. An einer Stelle hieß es: »Mainz ist eine sehr große Stadt, von der ein Teil bewohnt und der Rest besät ist. Sie liegt im Land der Franken an einem Fluß, der Rhein genannt wird, und ist reich an Weizen, Gerste, Dinkel, Weinbergen und Obst. (...) Seltsam auch, daß es dort Gewürze gibt, die nur im fernsten Morgenland vorkommen, während sie (die Stadt Mainz) im fernsten Abendland liegt, z. B. Pfeffer, Ingwer, Gewürznelken, indischer Baldrian, Costus und Galgant.«[51] Die Notiz ist ein wichtiger Hinweis darauf, dass es wohl auch in ottonischer Zeit eine herrschaftliche Hochküche gab, welche sich die sündhaft teuren exotischen Gewürze leisten konnte und an Aufwand nicht sparte.

Zwischenzeitlich saß auch in Mainz ein Spross des königlichen Hauses auf dem erzbischöflichen Stuhl: Wilhelm, der einer frühen »Friedelehe« zwischen Otto dem Großen und einer slawischen Fürstentochter entstammte. Über die Ausbildung von Wilhelm ist nichts bekannt, aber er dürfte sich wie Bruno eine Zeitlang am königlichen Hof aufgehalten haben, bevor er 954 Erzbischof von Mainz wurde. Während sich der König in seiner frühen Regierungszeit mit fast allen nahen Verwandten zerstritten hatte, bildete er nun mit Bruno und Wilhelm ein Triumvirat. Bruder und Sohn dürften in Otto einen stärkeren Drang nach Bildung geweckt haben. Wie Widukind berichtete, lernte er nach dem Tod von Königin Edgitha im Jahr 946 als Witwer lesen und schreiben. Otto konnte fortan romanische und slawische Sprachen sprechen; Bruno und Wilhelm dürften, bevor sie Erzbischöfe wurden, am königlichen Hof seine Lateinlehrer gewesen sein und Vokabeln mit ihm gebüffelt haben.

Der König las jetzt selbst Bücher und hatte wohl die Biographie von Einhard über Karl den Großen in- und auswendig im Kopf, während sich im Süden neue Dinge ereigneten. Überraschend war 950 der italienische König Lothar in jungen Jahren verstorben; gleichzeitig wurde die junge Königin Adelheid von dem Potentaten Berengar bedrängt und drangsaliert, denn sie sollte seinen Sohn Albert heiraten, um dem eigenen Haus die Macht zu sichern. Die Königin wollte sich nicht zwingen lassen und flüchtete nach Canossa. Sie verkörperte durch Geburt wie Erziehung ein transalpines Europa. Sie war die Tochter des burgundischen Königs Rudolf und durch ihre Mutter Berta zugleich der Nachkömmling eines schwäbischen Herzogsgeschlechts. Sie wuchs in Pavia am Hof ihres Stiefvaters, König Hugo von Italien, auf und heiratete dessen Sohn und Nachfolger Lothar. Auch war sie verwandt mit der Frau des Dogen von Venedig: alles in allem eine junge Dame von Welt.

Otto ging nach Canossa. Der König aus dem Norden warb um die Königin des Südens – und wurde erhört. Diese erfolgreiche Brautwerbung war für das ostfränkisch-deutsche Reich viel wichtiger als später der legendäre Gang nach Canossa, den König Heinrich IV. im Jahr 1077 unternahm. Auch wenn damals Heinrich IV. von Papst Gregor VII. an der Nase herumgeführt wurde, konnte dies die Verbindung zwischen dem Norden und dem Süden, die Otto eingefädelt hatte, nicht grundsätzlich erschüttern. Ein Friedrich Barbarossa konnte im 12. Jahrhundert phasenweise Macht und Glanz entfalten wie kaum ein Kaiser vor ihm.

Im Jahr 951 nannte sich Otto in Norditalien, wie vor ihm Karl der Große, »König der Franken und Langobarden«. Es war seine Absicht, von Pavia aus nach Rom zu ziehen, um sich vom Papst zum Kaiser krönen zu lassen. Doch das Oberhaupt der römisch-katholischen Kirche willigte vorläufig nicht ein. Ohne das Bündnis mit dem Papst war wiederum die Macht in der Lombardei nicht einfach zu behaupten. Otto beschränkte sich fürs Erste darauf, der oberste Lehensherr von Berengar zu sein, und zog wieder in den Norden. Er war wohl bei seinem ersten Italienzug ein bisschen blauäugig gewesen, was die komplizierten Machtverhältnisse im Süden anbelangte. Er hatte allerdings nun neben Bruno und Wilhelm einen vierten Ratgeber an seiner Seite: Adelheid, die wusste, wie in der Lombardei der Hase lief.

Die junge Königin war offensichtlich mehr an Politik interessiert als ihre Vorgängerin, denn sie trat wesentlich häufiger als Fürsprecherin in königlichen Urkunden auf als vorher Edgitha. Während die englische Prinzessin fast nur bei frommen Schenkungen in Erscheinung getreten war, mischte sich Adelheid auch in andere Entscheidungen ein. Die politische Mitsprache der Regentin war nicht genau festgelegt, sondern hing von ihrem Temperament oder vom ehelichen Verhältnis des königlichen Paares ab. Es war von jeher die vornehmste und dringlichste Aufgabe der Herrscherin, einen Thronfolger zu gebären, um die Dynastie zu erhalten und die Kontinuität des Reiches zu sichern. Ferner sollte sie mit ihrem weiblichen Gefolge dem königlichen Hof Glanz verleihen und sich um karitative Dinge kümmern.

Da bereits ein Thronfolger aus erster Ehe vorhanden war, musste sich Otto der Große nun der erbitterten Feindschaft seines ältesten Sohnes Liudolf erwehren, der befürchtete, durch zukünftige Stiefbrüder ins Hintertreffen zu geraten. Doch Bruno konnte 954 einen Hausfrieden vermitteln, und ein Jahr später war Otto der glanzvolle Sieger über die Ungarn in der Schlacht auf dem Lechfeld. Zwei Jahre später starb Liudolf. Es begann eine friedvolle Epoche, wie man sie seit vielen

Jahrzehnten nicht mehr gekannt hatte. Die neue königliche Führungscrew fand Muße, sich konzeptionell auf das Kaisertum vorzubereiten. Man nahm sich stärker in die Pflicht, auch wie in einem Kaisertum zu regieren: vermehrt die zivilen Aufgaben in die Hand zu nehmen, auch Festmahle und Zeremonielle feiner zu gestalten, um sich diesseits wie jenseits der Alpen einen guten Ruf zu erwerben.

Einen vorläufigen Höhepunkt der neuen Hofkunst bildete die Königskrönung Ottos II. in Aachen. Bevor man ein zweites Mal nach Italien zog, wollte man die Thronfolge sichern. Unmissverständlich sollte mit der Wahl des Ortes der Bezug auf Karl den Großen gefestigt werden und Aachen als Krönungsstadt an Tradition gewinnen, was in der Folge so gut wie alle ostfränkisch-deutschen Könige bis in die Renaissance als verbindlich ansahen. Wilhelm, der Leiter der Hofkapelle, übernahm es wohl, für dieses Krönungsfest ein neues Zeremoniell zu entwerfen: das so genannte Ottonische Pontifikale, das wahrscheinlich um 960 im Albankloster in Mainz entstand: mit genau festgelegten Ansprachen der Erzbischöfe, mit genau bestimmter feierlicher Salbung, Krönung und Thronsetzung, so wie es ähnlich Widukind für die Krönung von Otto I. 936 darstellte: unter Anlehnung an die Ereignisse von 961.[52]

Für das Krönungsmahl wie für königliche Gastmähler orientierte man sich jetzt am karolingischen System der königlichen Hofämter mit Kämmerer, Seneschall, Mundschenk und Marschall. Diese Ämter sollten bei herausragenden königlichen Festen die ranghöchsten Fürsten im Reich nach dem König einnehmen, um die formelle Würde der Feierlichkeiten zu steigern und allen Beteiligten die Ordnung der königlichen Macht vor Augen zu führen. Widukind beschrieb das Krönungsmahl des Jahres 936, indem er die damaligen Akteure mit dem Szenario von 961 vermengte: »Die Herzöge aber taten den Dienst. Der Herzog der Lothringer, Giselbert, zu dessen Machtbereich dieser Ort (Aachen) gehörte, organisierte alles; Eberhard (der Herzog der Rhein-Main-Franken) kümmerte sich um den Tisch, der Franke Hermann (der Herzog der Schwaben) um die Mundschenken, Arnulf (der Herzog der Bayern) sorgte für die Ritterschaft sowie für die Wahl und die Errichtung des Lagers.« Bald darauf bestätigte Thietmar, dass der Dienst der Herzöge als Kämmerer, Seneschall, Mundschenk und Marschall des Königs bei bedeutenden Reichsversammlungen zur Gewohnheit wurde.

Die königlichen Gastmähler nahmen an materiellem wie formellem Aufwand zu. Unter Verweis auf ein älteres Verzeichnis berichteten um 1150 rückblickend die »Annalista Saxo« über den täglichen Bedarf an Lebensmitteln am Hof von Otto dem Großen.[53] Demnach setzte sich der Vorrat aus 1000 Schweinen und Schafen, 10 Fuder Wein und 10 Fuder Bier, 1000 Malter Getreide, 8 Ochsen und vielen Hühnern, Ferkeln, Fischen und Gemüse zusammen. Selbst wenn der Chronist im Nachhinein die Zahlen aufgerundet haben sollte – was er wahrscheinlich tat –, dürften die unglaublichen Mengenangaben pro Tag im Kern zugetroffen haben. In der Regel bestand der Hofstaat aus 500 bis 1000 Leuten, doch in Spitzenzeiten, wie an hohen kirchlichen Feiertagen, Weihnachten, Ostern und Pfingsten, oder bei glanzvollen weltlichen Festen, Reichsversammlung, Krönung, Hochzeit, stieg die Zahl der Hofgesellschaft durch den Tross der Großen, der Herzöge, Bischöfe und Gesandtschaften, auf 2000 bis 5000 Leute an; dazu wurde ein Teil der Nahrungsmittel als Geschenk verteilt.

Schweine- und Schaffleisch bildeten offenkundig die Hauptmasse der herrschaftlichen Tafel, dazu gab es an Getränken vornehmlich Wein und Bier. Wie in karolingischer Zeit ergänzte man die kräftigeren Dinge mit leichteren oder jüngeren Sachen: mit Ferkel, Huhn, Fisch und Gemüse. Vieles wurde wohl vom Küchenmeister und seinen Gehilfen mit sündhaft teuren exotischen Gewürzen verfeinert, die man auf großen Märkten wie in Mainz bekam, mit Pfeffer, Ingwer oder Gewürznelke, alles ergänzt durch Mengen an Brot und Brei. Auch die königliche Küche der Ottonen knüpfte wohl, so gut es ging, an die antike griechisch-römische Ordnung der Hochküche an, wenngleich das Schwein, wie gewöhnlich auch bei den Karolingern, nach wie vor salonfähig, wenn nicht die beliebteste Speise war.

Es haben sich keine Kochbücher oder Rezepte aus dieser Zeit erhalten. Doch immerhin kennt man neben den Notizen der »Annalista Saxo« die genauen Mengen und Zutaten, die der Abt von Corvey, damals der reichste Grundherr in Sachsen, täglich für seine Tafel benötigte, um mit ritterlichen Vasallen oder hochadligen Gästen zu speisen. Das »Registrum Erkenberti Corbeinensis abbatis« überliefert für die Zeit um 1000 den täglichen Bedarf des Abtes: 5 fette Schweine und 1 weiteres Schwein, 2 Ferkel, 2 Gänse, 10 Hühner, 15 Stück Käse, 100 Eier, Fische im Wert von 1 Schilling, 5 Malter Weizen, 3 Malter Roggen, davon einer für die Armenfürsorge, weitere 15 Stück Käse, 30 Eimer oder Scheffel Bier, 1 Eimer Honig zur Herstellung von Met, 30 Becher und 100 Schüsseln.[54] Auch hier gab es eine Vorliebe für das Schwein, ergänzt durch etwas Geflügel und Fisch. Auffällig ist, dass im Norden, in Corvey, der Wein fehlte und durch Honigwein ersetzt wurde. Nimmt man die Zahl der Becher und Schüsseln als Richtschnur für die Zahl der Gäste, so muss auch hier jedem Gast eine große Menge an Speisen zugeteilt worden sein, sei es an der Tafel, sei es als Geschenk.

Die feine Gesellschaft schmauste im großen Stil. Man war nicht verlegen, Anlässe dafür zu finden. Thietmar von Merseburg nannte viele Gelegenheiten. Als er 990 als Schüler in die Magdeburger Domschule sowie in das Domstift aufgenommen wurde, veranstaltete sein Vater, der Graf von Walbeck, »ein großes, allen sehr gefälliges zweitägiges Festmahl«. Wohlgemerkt: Zwei Tage dauerte das Schmausen der frommen Stiftsherren! Als König Heinrich II. an Thietmar in Augsburg den Bischofsstab für Merseburg übergab, richtete der Bischof von Augsburg »ein großes Festmahl« aus. Nach dem Totenamt für Erzbischof Tagino von Magdeburg trafen sich die Bischöfe des Erzbistums, die Domkanoniker und Domschüler zum Leichenschmaus. Oder der Bischof von Halberstadt empfing König Heinrich II. und seine Gemahlin mit »großer Pracht und behielt sie zwei Nächte zu Gast«. Kurz danach feierte der König das Osterfest in Ingelheim, »und niemals ging es in dieser Gegend prächtiger und glänzender her«. Einmal ließ Thietmar den »Küchenmeister« zu seinen Schülern sagen: »Zögert nicht, die euch anvertrauten Aufgaben unverzüglich sorgfältig zu erfüllen.« Die Gehilfen sollten wie der heilige Kilian Wunder vollbringen und »herrliche Zeichen« setzen.

Ein oder zwei Generationen vor Thietmar, um 960, als die Sitten an der königlichen Tafel formeller geworden waren und eine Zeit des Friedens einkehrte, zogen Gesandte des Papstes wie der Großen von Italien in den Norden, um König Otto I. die Kaiserkrone anzubieten. Die italienischen Fürsten hatten zwischenzeitlich von Berengar, der den eigenen Reihen entstammte, die Nase voll und erhofften sich von Otto ein besseres Regiment. Zudem befand sich Papst Johannes XII. in einer prekären Situation. Er war unter dem Einfluss seines Vaters, Senator Alberich, blutjung auf den Stuhl Petri gelangt und stand im Ruf, mehr Interesse an Gastmählern, Mätressen und Jagden zu haben als für sein geistliches Amt. Er geriet in die Bredouille und wollte sich durch ein Bündnis mit Otto die Macht im Kirchenstaat sichern.

Otto war darauf vorbereitet, hatte unter anderem die Organisation des Heeres verbessert und zog jetzt mit großer Streitmacht in den Süden. 962 wurde er in Rom von Papst Johannes XII. zum Kaiser gekrönt, ebenso Adelheid zur Kaiserin. Wie Liudprand von Cremona überlieferte, trat Otto »in wunderbarem Ornat und neuem Apparat« auf. Angesichts des Kaisertums verfeinerten sich neben den Tafelsitten auch die Formen der Kleidung. Otto blieb länger im Süden als gedacht. Er tauschte den Ornat gegen das Kettenhemd, denn es entfachte sich ein Wirbel der Bündniswechsel zwischen Kaiser, Papst und italienischen Magnaten, aber Otto konnte sich behaupten, teils militärisch, teils diplomatisch. Er schaffte es immer wieder, eine Mehrheit der italienischen Großen hinter sich zu bringen und für Frieden zu sorgen. Er lernte es sogar, teilweise von einem Hauptort aus zu regieren und Schreiben zu verfassen, hielt sich hauptsächlich in Pavia auf, in der traditionellen Hauptstadt der Lombardei, wo Adelheid aufgewachsen war. Daneben weilte er einige Zeit in Ravenna und war immer wieder in Rom. Er sandte Briefe in den Norden, wo Bruno und Wilhelm seine Stellvertreter waren. Es gefiel ihm offenkundig im Süden, unterstützt von der jungen Kaiserin, die sich hier heimisch fühlte.

Zweimal zog er noch über die Alpen in den Norden. Die Rundreisen wurden zu Triumphzügen. Otto war jetzt ein Meister der Zeremonie, wie es sich für einen Kaiser gehörte. Das Hoffest in Köln im Jahr 965 wurde legendär. Wohl von Bruno eingefädelt, kam der ganze Clan der Ottonen zusammen und demonstrierte wie nie zuvor Geschlossenheit. Selbst die hochbejahrte Kaiserinmutter Mathilde fand sich ein, selbst Ottos Schwester Gerberga, die westfränkische Königin, mit ihren Söhnen Lothar und Karl, von denen der Erstere der Thronfolger des Westfränkisches Reiches war. Ruotger schrieb: Sie, Otto und Bruno, feierten »das heilige Pfingstfest in Köln, zusammen mit der erlauchten Mutter, ihrer königlichen Schwester, mit den königlichen Neffen und Söhnen und mit der ganzen von Gott geliebten Familie und allen Großen des Reiches, und während der heiligen Festfeier bedachten sie einander mit so großen Ehren, wie Sterblichen sonst nie gewährt wurden. Es ist nämlich gewiß, daß keine Stätte jemals durch solche Feierlichkeit und solchen Glanz von Menschen jeglichen Geschlechts, Alters und Ranges ausgezeichnet worden ist.« Die Zusammenarbeit zwischen Bruno und Otto, nicht zuletzt ihr Wirken in Köln und in Magdeburg, gehörte zu den *glücklichen Momenten der deutschen Geschichte*.

Otto verstand es, Hof zu halten und weniger Kriege zu führen. Entsprechend erschien auf dem kaiserlichen Siegel ein neuer Herrschertypus. Hatten sich bis dahin die ostfränkischen Könige, wie auch Otto, auf ihren Siegeln als machtvolle Kriegsherren mit Speer und Schild darstellen lassen, so fielen jetzt die Waffen weg. Otto erschien als Kaiser wie ein gottgleicher Herrscher, blickte nicht mehr wie früher zur Seite, sondern schaute den Betrachter frontal an, trug einen römischen Reitermantel und auf dem Haupt eine Krone, hielt in der einen Hand den Reichsapfel als Weltkugel, in der anderen den Herrscherstab.[55]

Otto machte sich nach eineinhalb Jahren in Deutschland wieder auf den Weg nach Italien und sorgte dafür, dass sein junger Sohn, Otto II., 967 vom Papst ebenfalls zum Kaiser gekrönt wurde. Anschließend setzte er es gegen manche Widerstände der ostfränkisch-deutschen Magnaten durch, dass der Thronfolger 972 in Rom die byzantinische Prinzessin Theophanu heiratete, die Nichte von Kaiser Johannes Tzimiskes. Die oströmisch-byzantinische Hauptstadt, Konstantinopel oder Byzanz genannt (das spätere Istanbul), galt bei den westlichen Europäern als der Inbegriff von märchenhaftem Glanz und Reichtum. Die Stadt am Bosporus zählte weit über 100 000 Einwohner, während die größten Orte hierzulande ein paar tausend Bewohner hatten. Thietmar schrieb, dass Theophanu »mit prächtigen Geschenken und erlesenem Gefolge« ins westliche Kaiserreich gesandt wurde.

Manches spricht dafür, dass in dieser Zeit die berühmte Reichskrone gefertigt wurde, die fortan über Jahrhunderte, bis 1806, zu den kai-

Kaisersiegel von Otto I., benutzt seit 965. Umschrift: + Otto IMP(erator) AVG (ustus) – erhabener Kaiser Otto. Landeshauptarchiv Sachsen-Anhalt, Magdeburg, Rep. U1 Tit. I, Nr. 23

serlichen Insignien des erneuerten Römischen Reiches gehörte und heute in der Schatzkammer der Hofburg in Wien aufbewahrt wird. Beeindruckend ist schon das pure Volumen der Krone, dazu der bemerkenswerte Reichtum der Formen, der goldene Glanz, die Fülle an Perlen und bunten Edelsteinen, das Auf und Ab der Kontur, die enorme Präsenz der Krone und doch eine gewisse Entrücktheit. Acht Goldplatten fügen sich zusammen, als handle es sich um eine geschützte, märchenhafte Stadt, überragt von Kreuz und Bügel. Das

Achteck sollte wohl das Himmlische Jerusalem oder überhaupt einen himmlischen Stadtstaat verkörpern, wo es gerecht und friedvoll zuging.

Unter den Goldplatten erkennt man vier Bildplatten mit biblischen Motiven. Man sieht erstens König David, zweitens König Salomon, drittens den Propheten Jesaja mit König Ezechias, viertens den thronenden Christus. David, Salomon und Ezechias galten von jeher als vorbildliche Könige, doch womöglich bezog sich die Bildfolge bewusst auf Otto den Großen. Eine Gedenktafel aus dem frühen 11. Jahrhundert, das Epitaphium Ottonis Magni Imperatoris, verglich ihn sowohl mit dem mächtigen David als auch mit dem weisen Salomon und mit Ezechias, welcher erfüllt war von der Hoffnung, dass der Frieden wachse. Darüber hinaus konnte der Betrachter in der Verbindung von David und Salomon spiegelbildlich die Verbindung von Otto I. und Otto II. sehen, jeweils Vater und Sohn. Hrotsvitha von Gandersheim stellte in ihren »Gesta Oddonis« einen solchen Vergleich her und bat Wilhelm, den Erzbischof von Mainz und Sohn Ottos I., ihr Werk zu überprüfen. Die Reichskrone wurde später verändert. Die endgültige Fassung erhielt sie wohl unter Kaiser Konrad II., dessen Urgroßmutter Luitgard eine Tochter von Otto dem Großen war. Im Bügel ist aus Perlen die Inschrift gebildet: »Chvonnradvs dei gratia romanoru(m) imperator aug(ustus)«: Konrad, von Gottes Gnaden erhabener römischer Kaiser.[56] (Farbbild 4)

Nach der Hochzeitsfeier von Otto II. und Theophanu in Rom zog die kaiserliche Sippe: die beiden Otto, Adelheid und Theophanu, die nun alle vom Papst gesalbt worden waren, über die Alpen in den Norden. Die erste Station war das Kloster St. Gallen. Ekkehard IV. schilderte in seiner Klostergeschichte die zeremoniellen Künste von Otto dem Großen als Kaiser, mit denen er sich beim Einzug in die Abteikirche gegenüber allen anderen heraushob: »Otto der Große, von dem Bruder Bruno, dem Erzbischof von Köln (es war Erzbischof Gero von Köln, da Bruno 965 gestorben war), zur Linken geführt, mit der Rechten auf den Stock gestützt, während der Sohn aber die Mutter führte, blieb selber weit von den anderen, gleichsam der Löwe vor den Tieren, allein in der Mitte wie eine Bildsäule stehen.«

Otto nahm Haltung an und mimte den Auserwählten. Ekkehard

war eine solche Theatralik nicht ganz geheuer, weil er seinerseits ein Faible für das Senatorische oder Konsensuelle hatte. Er ließ den Sohn, Otto II., über das hohe Selbstgefühl und über den Machtanspruch des Vaters spötteln: »Wir wundern uns, daß ihm der Stock entfallen ist, da er das Reich doch so festhält. Wahrhaftig, gleich dem Löwen hat er die Königreiche, die er bisher genommen hat, aufs festeste gehalten, und mir, obwohl ich der Sohn bin, auch nicht einen Teil gegeben.«

Der kaiserliche Tross reiste weiter, um ebenso dem benachbarten Kloster auf der Insel Reichenau einen Besuch abzustatten. In dieser Zeit entstand dort, wahrscheinlich nicht ohne Einfluss der kaiserlichen Familie, das so genannte Petershausener Sakramentar. Ein Reichenauer Buchmaler schmückte das Sakramentar mit zwei Bildseiten aus, auf denen links Maria und rechts Christus zu sehen waren. Das Bild der Gottesmutter befindet sich heute in der Heidelberger Universitätsbibliothek.[57] Maria sitzt als junge, vornehme Herrscherin auf einem himmlischen Thron, just vor einem blauen Feld, das seinerseits kunstvoll von einem Reif mit mosaikartiger Musterung in Gold und Silber umrahmt wird. In gehalten-lässiger, würdevoller Pose wendet sich die Herrscherin leicht zur Seite, um zu Christus zu schauen. Das rosa Kleid erscheint zart gewebt, unter der Brust dezent von einer Spange gerafft. Der bunte Umhang ist locker um das Kleid geworfen und mit einer goldenen Bordüre gefasst. Auf dem Haupt trägt sie eine aufwendig gearbeitete Krone mit vielen Edelsteinen, nicht minder fein erscheint der Halsschmuck. Eine junge Regentin voll Anmut und Schönheit!

Ein solcher Darstellungstypus der Maria war bis dahin für die Buchmalerei nördlich der Alpen ungewohnt und wurde vom Künstler offenkundig der byzantinischen Tradition entnommen. Maria erschien als oströmisch-byzantinische Kaiserin. Nichts liegt näher, als in ihr ein Porträt der Theophanu zu erblicken. Jedenfalls brachte das kaiserliche Herrscherhaus die Mönche nicht nur wieder zum Schreiben, sondern auch zum Malen. (Farbbild 5)

Theophanu war eine Sensation: eine Prinzessin aus dem märchenhaften Byzanz. Auch sie löste, wie Bruno, Traumgesichte aus, weil sie offenkundig weltlich gesinnt war. Auf verschlungenen Wegen blieben Visionen, die sie erweckte, über Jahrhunderte lebendig. Einer Handschrift in Hildesheim über das Leben des Bernward aus dem 16. Jahrhundert wurde die Vision des Mönchs Othloh aus St. Emmeram in Regensburg angefügt, ein Schriftstück, das seinerseits schon im Jahr 1062 entstanden war und wiederum auf einen noch älteren, nicht mehr erinnerbaren Gewährsmann verwies. Demnach sah eine Nonne die Kaiserin im Fegefeuer, weil sie überflüssigen Kleiderprunk und Luxus nach Germanien und Franken gebracht und die heimischen Frauen zur Nachahmung angestiftet habe.

Otto der Große, der Patriarch, wiederholte die Szene von St. Gallen ein paar Monate später am Palmsonntag in Magdeburg. Wie Jesus nach Jerusalem, so zog er seinerseits an diesem Tag mit großem Gefolge in die neue erzbischöfliche Kathedrale an der Elbe ein. Thietmar bezeugte den glanzvollen Auftritt: »Wie gewöhnlich an allen Festtagen ließ er sich in prunkvoller Prozession von Bischöfen und anderen Priestern ihrem Range nach mit Kreuzen, Heiligenreliquien und Rauchfässern zur Vesper, Matutin und Messe in die Kirche geleiten. Hier stand und saß er in großer Gottesfurcht, die ja der Anfang aller Weisheit ist, und sprach bis ans Ende des gesamten Gottesdienstes nur Gebete; bei der Rückkehr in seine Wohnräume ließ er sich und seinem großen Gefolge von Priestern, Herzögen und Grafen viele Kerzen vortragen.« Wieder stach Otto als Kaiser hervor, verkörperte Haltung, Selbstbeherrschung, Sammlung, vereinte mit solchen Gesten die Großen des Reiches hinter sich und gab ihnen ein Vorbild. Er tat alles dafür, dass sein Kaisertum als ein sakrales erschien.

Der ottonische Dom in Magdeburg wurde kurz nach 1200 durch einen Brand zerstört. Gäbe es ihn noch, müsste man ihn wohl zu den bedeutenden frühmittelalterlichen Kirchenbauten in Deutschland und Europa zählen. Der Herrscher bündelte die künstlerischen Kräfte des Imperiums, um jene Kathedrale auszubauen, in der er begraben werden wollte. Thietmar berichtete: »Viele Leiber von Heiligen ließ der Kaiser durch seinen Kaplan Dodo aus Italien nach Magdeburg bringen. (...) Auch kostbaren Marmor, Gold und Edelsteine ließ der Caesar nach Magdeburg schaffen.« Kunsthistoriker sind längst auf Funde gestoßen, die darauf hinweisen, dass der Chor des Domes von einer Gruppe von Elfenbeinreliefs verziert wurde. Elfenbeinplatten, die vorwiegend Szenen aus dem Neuen Testament zeigen und mittlerweile in aller Welt verstreut sind, weisen in ihrer Geschichte wie im Stil jeweils auf Magdeburg und die ottonische Epoche hin, ursprünglich hergestellt von einer Mailänder Werkstatt.

Auf einer der Tafeln thront Christus in der Mitte auf einem Sphärenkranz. Er wendet sich der linken Seite des Bildes zu und legt seine Hand schützend auf das Modell einer Kirche, das den Magdeburger Dom darstellt und von Otto dem Großen dargereicht wird. Der irdische Herrscher ist durch eine Bügelkrone, die der Reichskrone gleicht, und durch einen Vollbart, wie ihn Widukind für Otto erwähnte, sowie durch einen fränkisch-sächsischen Rock gekennzeichnet. Er wird von den Schutzpatronen des Domes geleitet, vom heiligen Mauritius neben ihm und vom heiligen Petrus mit dem Schlüssel auf der anderen Seite. Darüber sieht man einen Engel und andere Heilige. Fast alle Figuren schauen mit wachem Blick auf den Kaiser. Er gibt sich fromm und gefasst, ganz so, als bitte er mit Hilfe seiner Stiftung um die Aufnahme in den höheren Kreis der himmlischen Zivilisation, was ihm gütig gewährt wird.

Die Elfenbeintafel zeigt ein feines Gespür für Ausgewogenheit. Die Gewichte des Reliefs sind auf drei Punkte verteilt: auf Christus in der Mitte, auf die Gruppe links und auf die Gruppe rechts. Es herrschen die klassischen Gesetze des Schönen vor: Symmetrie, Gemessenheit, Geschmeidigkeit, das Fließende – und dahinter drückt sich letztlich etwas Friedvolles aus. (Farbbild 3)

Den Gipfelpunkt von Ottos Hof- und Herrscherkunst bildete nach dem Palmsonntag in Magdeburg eine Woche später das Osterfest in Quedlinburg, das tatsächlich von europäischer Dimension war. Sein Hof muss nun von betörender Anziehungskraft gewesen sein, fußend auf wirklicher Macht und glanzvoller Inszenierung. Es versammelten sich Vertreter aus aller Herren Länder um ihn. Thietmar schrieb: »Hier fanden sich auf Anordnung des Kaisers ein die Herzöge Miezko und Boleslaw, ferner Gesandte der Griechen, Beneventer, Ungarn, Bulgaren, Dänen, Slawen und alle Großen aus dem gesamten Königreiche. Alle Fragen fanden eine friedliche Schlichtung, und man kehrte mit reichen Gaben frohgemut heim.«

Otto umgab jetzt die Aura eines internationalen Friedensfürsten. Aus allen Himmelsrichtungen wurden wunderliche Dinge herbeigeschafft. Widukind berichtete über diese Spätphase des Herrschers: »So empfing er zahlreiche Gesandte, nämlich von den Römern, den Griechen und den Sarazenen, und durch diese Geschenke aller Art, Gefäße aus Gold und Silber, auch eherne und kunstvoll gearbeitete von wunderbarer Vielfältigkeit, Gefäße aus Glas, auch aus Elfenbein und alle möglichen Arten von Teppichen, Balsam und Gewürze jeder Sorte, Tiere, die die Sachsen zuvor nie gesehen hatten, Löwen und Kamele, Affen und Strauße, und die ganze Christenheit ringsumher schaute und hoffte auf ihn.« Otto der Große war nun im ostfränkisch-deutschen Königreich wie im transalpinen Kaisertum das, was später Ludwig XIV. für Frankreich und Europa war: ein Arbiter Elegantiarum.

Der kaiserliche Hof hatte nur einen kleinen Schönheitsfehler: Er wollte nicht sesshaft werden. Die ehrenvollen Hofämter wie Kämmerer, Seneschall, Mundschenk und Marschall wurden nur bei großen Reichsversammlungen symbolisch von den nach dem König ranghöchsten Fürsten wahrgenommen. Indem der Hof ständig von Pfalz zu Pfalz oder von Bischofssitz zu Bischofssitz reiste, war es so gut wie unmöglich, die Hofämter in feste Institutionen einer königlichen Verwaltung zu verwandeln, so wie es ansatzweise in Aachen unter Karl dem Großen der Fall gewesen war. Darüber hinaus war das Reisekönigtum nicht dafür geeignet, eine Hofschule zur Blüte zu bringen. Die ständige Unruhe des Hofes war für Studium, Wissenschaft und Kunst oder die Entwürfe neuer Doktrinen nicht gerade förderlich.

Es entstand nördlich der Alpen keine alles überragende königliche Stadt, wo der Hof festen Fuß gefasst hätte, um eine moderne Verwaltung mit Kanzlisten, Notaren und Beamten einzurichten. Es entwickelte sich schlechthin keine weltläufige, kosmopolitische Großstadt, die das Muffige der Provinz gelüftet hätte, kein Tauschplatz ersten Ranges für Ideen und Güter, Talente und Künste, mit Gastmählern, Geselligkeit, freierem Ton, Bestimmtheit des Geschmacks. Frankfurt am Main, der vorübergehende Hauptort des ostfränkisch-deutschen Reiches, war offenkundig unter Ludwig dem Deutschen nicht entschieden genug als bevorzugte Residenz ausgebaut worden, um eine hauptstädtische Tradition zu begründen.

Otto I. hätte die Möglichkeit dazu gehabt. Als 939 Herzog Eberhard von Rhein-Main-Franken starb, verlieh er das Herzogtum nicht wieder neu, sondern erklärte Rhein-Main-Franken neben Sachsen zum königlichen Kernland. Er hatte Zugriff auf die Pfalz in Frankfurt am Main sowie auf das fruchtbare Umland der Wetterau und des Rheingrabens. Aber die gleichzeitige Fixierung auf Aachen als einen königlichen Erinnerungsort sowie der Ausbau von Magdeburg als sächsisches Pendant dazu machten es schier unmöglich, darüber hinaus Frankfurt zur alles überragenden königlichen Stadt zu erheben. Der praktische Gesichtspunkt, von einer Mitte aus zu regieren, musste hinter mythische Aspekte, im Fall von Aachen, oder hinter sächsisch-patriotische Aspekte, im Fall von Magdeburg, zurücktreten. Der königliche Hof bewegte sich häufig im Dreieck zwischen Magdeburg, Quedlinburg, Frankfurt am Main, Köln und Aachen hin und her. Natürlich fehlten anfangs auch geschulte Leute, als dass man überhaupt an eine fest verankerte Kanzlei und Hofschule hätte denken können. Überall gab es Streit und Aufstände; der König schien überall durch persönliche Präsenz gefordert zu sein.

Aber es lag eigentlich in der Luft, einen herrschaftlichen Hauptort zu schaffen. Man wusste selbstverständlich durch Einhard, dass Karl der Große in Aachen bereits einen solchen Versuch unternommen hatte. Otto lernte darüber hinaus schon 951 Pavia kennen, den traditionellen Hauptort der Lombardei, von dem aus er tatsächlich eine Zeitlang als Kaiser regierte; zudem wurde er mit der Residenz des Papstes in Rom vertraut – und natürlich hatte man gewisse Vorstellungen von Byzanz, zumal durch Theophanu. Augenblicklich hatte sich allerdings auch Paris als Hauptort in Frankreich noch nicht durchgesetzt; ebenso war der Wechsel von Winchester nach London in England noch nicht vollzogen; die Dinge des Hofes befanden sich auch andernorts noch in der Schwebe. Spätestens aber seit dem 11. oder 12. Jahrhundert setzten sich Paris und London als Hauptstädte von Frankreich beziehungsweise England durch, während der königliche Hof in Deutschland weiterhin nomadenhaft umherzog.

Grundsätzlich unterband die Idee des erneuerten Römischen Reiches nicht die Bildung eines Hauptortes im Norden, so wie es Karl der Große mit dem Ausbau von Aachen als Residenz vorgemacht hatte, indem er Rom und den Kirchenstaat in Mittelitalien dem Papst überließ. Vielleicht fehlte Otto dem Großen (wie seinen Nachfolgern) am

Ende der urbane Instinkt, die Lust am Sesshaftwerden, die einst Karl den Großen beseelt hatte.

Nicht das transalpine Kaisertum, sondern der Mangel eines nordalpinen Hauptortes mit königlicher Verwaltung sollte zukünftig die Einheit des ostfränkisch-deutschen Reiches schwächen. Die Unschärfe dieses nördlichen Reiches in den Grenzen des transmontanen Imperiums hätte man leicht durch eine stärkere Gliederung beheben können. Thietmar wies in diese Richtung, indem er ein einigermaßen elegantes In- und Nebeneinander von »regnum« und »imperium« konstruierte: von nördlichem Königreich und transalpinem Kaisertum, wo es hüben »Deutsche«, drüben »Italiener« gab. Es war im Prinzip ein föderatives Modell vorstellbar, das Deutschland und Italien als eigenständige Glieder in einem Imperium miteinander verbunden hätte, solange es beiden Teilen als nützlich erschienen wäre: etwa mit Frankfurt am Main als Hauptort im Norden, mit Pavia als Hauptort im Süden, ergänzt durch die päpstliche Residenz in Rom. Der Kaiser hätte sich einigermaßen bequem auf der Achse Frankfurt–Pavia–Rom hin und her bewegen können. Es fehlte vielleicht das nötige Quäntchen an Theorie und Staatskunst.

Faktisch wurde Otto 962 zum Gründer eines transalpinen Kaisertums, das von nun an über Jahrhunderte gewohnheitsmäßig von deutschen Herrschern bestimmt wurde. Aber für Otto war das Kaisertum kein deutsches, sondern ein fränkisches oder römisches, eher konservativ-mythisch als modern-institutionell zusammengehalten, locker gefügt durch persönliche Beziehungen des Hochadels, durch Hoftage und Heerzüge. Der Kaiser blieb vorläufig mächtig genug, um im Norden die Infrastruktur auf fürstlicher Ebene zu heben. Das Aufblühen von Magdeburg kam in erster Linie dem Fürst- und Erzbischof von Magdeburg zugute, der Ausbau von Köln dem Fürst- und Erzbischof von Köln. Der Kaiser hatte auf Dauer für sich selbst keine große Stadt, wo er ein glanzvoller Herr gewesen wäre.

Die epochale Leistung von Otto dem Großen lag nicht in der Gründung eines ostfränkisch-deutschen Reiches, das schon seit 843 vorhanden und anfänglich von Ludwig dem Deutschen geprägt worden war, sondern im erneuten transalpinen Kulturaustausch, im Respekt vor lateinischer Gelehrsamkeit, in der Förderung von Klöstern und Domschulen, von Städten und Kaufleuten. In dieser Hinsicht waren seine Aktivitäten bedeutender und verändernder als die Taten anderer Könige und lange nachwirkend – insofern war ihm historische Größe eigen.

Zu guter Letzt festigten sich unter Otto hierzulande die zwei klassischen Traditionslinien der europäischen Politik, von denen die eine vorläufig die mächtigere war: *Autorität*, *Kaisertum*, *Fürstenherrschaft*. Daneben wuchs jedoch ebenso die kommunale Bewegung der Bischofssitze und Pfalzen heran, wo es von nun an Kaufleute gab, welche keine Hörigen mehr waren und frei wirtschaften konnten. Im Keim gab es auch schon die andere Tradition: *Freiheit*, *Republik*, *Bürgertum*. Die lateinischen Gelehrten der Klöster und Domschulen, die Cicero kannten, vermittelten das eine wie das andere. Für Otto sollten die Ostfranken und frühen Deutschen jedenfalls keine Germanen mehr sein. Er fühlte sich als erhabener römischer Kaiser. Das Programm lautete: *Romanisierung*, *Urbanisierung*, *Verfeinerung*.

Formreiches Westwerk der Kirche St. Pantaleon in Köln, leicht erhöht auf einer Kuppe im Südwesten der Altstadt. Unter Erzbischof Bruno von Köln wurde nach 955 zuerst das Langhaus gebaut; Ruotger, der zeitgenössische Biograph Brunos, war Mönch in St. Pantaleon; seit 984 ließ die regierende Kaiserin Theophanu gemeinsam mit ihrem Sohn Otto III. das Westwerk errichten. Bruno und Theophanu liegen hier begraben. Foto von 1959; heute ist der Kirchhof mit vielen Sträuchern verstellt.

Nach dem frühen Tod Ottos II. 983 war Theophanu zur ersten weiblichen Regentin des ostfränkisch-deutschen Reiches sowie transalpinen Imperiums aufgestiegen, um die Thronfolge ihres unmündigen Sohnes zu sichern. Sie nannte sich manchmal nicht Kaiserin, sondern Kaiser, Imperator, und hielt das Reich zusammen. Thietmar von Merseburg zollte ihr Respekt: »Wohl war sie vom schwachen Geschlecht, doch eignete ihr Zucht und Festigkeit und ein trefflicher Lebenswandel (...); so wahrte sie ihres Sohnes Herrschaft mit männlicher Wachsamkeit in ständiger Freundlichkeit gegenüber Rechtschaffenen, in furchtgebietender Überlegenheit gegenüber Aufsässigen. Von ihres Leibes Frucht brachte sie Gott ihre Töchter als Zehnten dar: die älteste, Adelheid, zu Quedlinburg, die zweite, Sophia, in Gandersheim.« (Farbbild 5)

Theophanu bestimmte Bernward, den späteren Bischof von Hildesheim, zum Erzieher von Otto III. Der Mentor des Kronprinzen war seinerseits mit Goderamus befreundet, einem gelehrten Mönch von St. Pantaleon. Der Erstere kannte die arithmetische Lehre des Boethius, der Letztere die architektonischen Bücher des Vitruv. Die regierende Kaiserin, der Kronprinz und die beiden Kenner der antiken Architekturtheorie schlossen sich zusammen, um mustergültige Formen der Baukunst zu fördern.

Spiegelbildlich zur politischen Herrschaft sollte am Westwerk von St. Pantaleon eine neue Vielfalt entstehen, die aus einem System der Ordnung erwuchs. Die schlanken Ecktürme wechseln vom Quadrat zum Achteck, von dort zum Kreis, um von einer Kegelform abgeschlossen zu werden. Der Vierungsturm ruht auf einem Quadrat, bekrönt von einer Pyramidenform. Querhaus, Ecktürme und Vorhalle werden von einem schmückenden System von Pilastern, Gesimsen und Rundbogenfriesen umzogen und einheitlich zusammengebunden. Die ottonischen Eliten führten vor Augen, dass sie in der Lage waren, verwickelte Teile in Form zu bringen.

VII DER ZIVILISIERTE KRIEGER

Vom Krieger zum Ritter: Heinrich III. und Heinrich IV.

König Heinrich IV., der auch den feierlichen Titel »Stellvertreter Gottes auf Erden« führte, äußerte als ein Mann von achtzehn Jahren auf dem Hoftag in Worms 1069 den Wunsch, sich von seiner Frau Berta von Turin scheiden zu lassen. Er war schon im Alter von fünf Jahren mit ihr in Zürich verlobt worden und hatte mit fünfzehn auf Druck der Fürsten mit ihr in Mainz den Bund der Ehe geschlossen. Nun erklärte er frei heraus: Nein, er könne Berta nichts zur Last legen, Ehebruch oder dergleichen, aber sie sei nicht nach seinem Geschmack, er liebe sie nicht und habe die Ehe mit ihr bisher auch nicht vollzogen.

Die versammelten Reichsbischöfe fielen aus allen Wolken. Man sah sich außerstande, dem Wunsch des Königs zu entsprechen, wollte es sich aber nicht mit ihm verderben und vertagte die Angelegenheit. Auf dem nächsten Hoftag in Mainz erschien ein Gesandter des Papstes und erklärte, die Scheidung des Königs sei unmöglich. Der Herrscher könne doch nicht selbst die Fundamente abendländischer Ordnung ins Wanken bringen. Heinrich musste klein beigeben und sich mit Berta arrangieren. Immerhin hatte er ihr nichts Schlechtes, Unzucht oder dergleichen, nachgesagt, um die Scheidung zu erleichtern.

Wo der König vorsichtig oder geschmeidig hätte sein sollen, blieb er oft schroff und unbekümmert, vielleicht auch träumerisch und unkonventionell. Er hielt vorläufig nicht viel vom Konsens mit den Fürsten, weil sie seine königliche Majestät einzuschränken drohten, wandte sich lieber der Schicht unterhalb des Hochadels zu, dem Kreis der Ritter, welcher sich im Kern aus Grafen, Freiherren und Ministerialen zusammensetzte, wobei Letztere gerade erst mit der Hilfe des Königs als qualifizierte Dienstleute aus dem Stand der Unfreien herauswuchsen und ritterfähig wurden. Ebenso unterstützte er, ganz modern, die Kaufleute in den königlichen oder bischöflichen Städten, stellte ihnen Privilegien aus, die die bürgerliche Stadtfreiheit beförderten, was in den Augen der Bischöfe und Herzöge ungeheuerlich war.

Der Mönch Lampert von Hersfeld schrieb um 1080 seine »Annalen«. Er gehörte zu den Gegnern des Königs und hatte ihn ständig auf dem Kieker. Der Chronist hielt nicht viel von den neuen sozialen Schichten. Weder mochte Lampert die bürgerlichen Kaufleute noch die ritterfähigen Ministerialen. In seinen Augen waren die einen wie die anderen aufgeblasene Emporkömmlinge, die der König für seine Zwecke nutzte. Über die neuen königlichen Ministerialen, die so genannten Reichsministerialen, schrieb er: »Leute niedriger Herkunft und fast ohne Ahnen hatte er in die höchsten Ämter befördert und zu den Ersten am Hofe gemacht, nach ihrem Gutdünken wurden alle Reichsgeschäfte geführt.«

Ohne sich allzu sehr von den Fürsten behelligen zu lassen, schien der junge Heinrich in Goslar ein ausschweifendes Hofleben zu pflegen. Hatten bis dahin die Herrscher oft von Tag zu Tag die Pfalzen gewechselt, so blieb Heinrich als junger König nicht selten wochen- oder monatelang in Goslar. Lampert schilderte die dortigen Verhältnisse drastisch. Die sächsischen Fürsten, erklärte er, hätten den jungen König um 1073 aufgefordert, »er solle Sachsen, wo er schon seit seiner Kindheit residiere und in Müßiggang und Faulheit schon nahezu völlig erschlafft sei, zeitweise verlassen und auch einmal andere Teile seines Reiches aufsuchen; er solle das Gesindel (die Reichsministerialen), durch dessen Ratschläge er sich und das Land zu Grunde gerichtet habe, vom Hof verjagen und die Verwaltung der Reichsgeschäfte den Fürsten überlassen, denen sie zustehe; er solle auch den Schwarm Kebsweiber verabschieden, denen er gegen die kanonischen Bestimmungen beiwohnte, ohne vor Scham zu erröten, und die Königin, die er sich nach der Satzung der Kirche zur Genossin des Ehebettes und Mitinhaberin des Thrones gewählt habe, als seine Gemahlin behandeln und lieben.«

Natürlich war Heinrich IV. auch in jungen Jahren viel unterwegs und lag nicht auf der faulen Haut. Doch der Trend zum sesshaften Residenzleben schien für Lampert an sich schon frevelhaft zu sein. Bruno, der Autor der »Sachsengeschichte«, welcher ebenfalls ein Gegner von Heinrich war, schilderte das amouröse Leben des jungen Königs ähnlich bunt wie Lampert. Es dürfte ein Körnchen Wahrheit oder mehr als ein Körnchen Wahrheit daran gewesen sein. Womöglich verfolgte der junge Heinrich IV. das wegweisende Konzept eines Reichsregiments mit glanzvollem Hauptort und zentraler Verwaltung, um die Fürsten als Zwischengewalt in die Schranken zu weisen. Er war allerdings zu unerfahren, zu brüsk und herrisch, um das Neue behutsam einzuführen. Er verkrachte sich mit den Fürsten, nicht zuletzt mit den sächsischen. In Goslar wurde ihm bald der Boden unter den Füßen zu heiß. Er verschob den Schwerpunkt seiner Herrschaft vom Harz in den Rheingraben.

Lampert beschrieb bei diesem Wechsel frühe Regungen von bürgerlich-städtischem Selbstbewusstsein im deutschen Königreich. Die Bürger von Worms stellten bereits einen ernst zu nehmenden Machtfaktor dar. Sie waren untereinander organisiert, verfügten über Waffen und Vermögen und wollten sich nicht mehr der Stadtherrschaft des Bischofs beugen. Die politische Experimentierfreude des jungen Königs, die sich gegen die Fürsten richtete, ermunterte die Bürger, ebenfalls die Initiative zu ergreifen. In der Hoffnung auf den Beistand des Königs vertrieben sie 1073 ihren Bischof aus der Stadt und boten Heinrich Unterstützung gegenüber den Fürsten an: »Hier wurde er von den Bürgern (!) (a civibus) mit großem Gepränge in der Stadt eingeholt; diese hatten, um ihre Parteinahme für ihn noch deutlicher zu beweisen, kurz vorher die Kriegsmannen des Bischofs, die seinen Einzug verhindern wollten, aus der Stadt gejagt, und sie hätten den Bischof selbst gefangen genommen und ihn in Ketten ausgeliefert, hätte er nicht in eiliger Flucht die Stadt verlassen. Beim Herannahen des Königs also zogen sie ihm bewaffnet und gerüstet entgegen (...). Bereitwillig geloben sie ihm Beistand, schwören ihm Treue, erbieten sich, jeder nach besten Kräften aus seinem Vermögen zu den Kosten der Kriegsführung beizutragen.«[1]

Der König zeigte sich erkenntlich und stellte den Kaufleuten von Worms ein Jahr später ein Privileg aus, das sie von gewissen Zollabgaben im Reich befreite. Heinrich residierte von da an häufig in Worms, machte es zu einem Bollwerk seiner Macht, stärkte die Bürgerschaft, ohne allerdings eine konsequente Förderung der *bürgerlich-patrizischen Kultur* zu betreiben. Er dachte an Machterhalt, an Machtpolitik. Wenn die Bürger ihm halfen, die Herrschaft der Fürsten in Schach zu halten, war es ihm recht. Aber er schlug sich nicht eindeutig auf ihre Seite, sondern paktierte auch wieder mit dem Bischof. Wenn darüber hinaus die Schicht der Ministerialen, die ritterfähig wurde, zu ihm stand, war es ihm auch recht. Die Ziele des Königs waren nicht einfach zu durchschauen, möglicherweise hatte er auch gar keine klaren Vorstellungen von einer neuen Struktur der Herrschaft. Sicher war nur, dass ihm ein majestätisches Bild königlicher Würde und Rechte vorschwebte.

Der Herrscher fürchtete sich auch nicht vor dem Papst, der seinerseits die Macht des Königs einschränken wollte. Nach dem Willen von Alexander II. sollte der König bei der Investitur eines Bischofs mit Stab und Ring die kanonische Wahl durch Klerus und Volk der betreffenden Diözese beachten – und nicht eigenwillig entscheiden, wie es spätestens seit Otto dem Großen längst zur Gewohnheit geworden war, weil die Bischöfe im Prinzip hohe Reichsbeamte und Fürsten darstellten, auf die sich der König bei der Verwaltung des Reiches stützte oder die von sich aus neben ihrer kirchlichen auch weltliche Macht beanspruchten. Sofern dem Reichsoberhaupt durch den Papst das Gewohnheitsrecht aberkannt wurde, die Bischöfe ins Amt zu heben, gerieten die Grundfesten der Reichsordnung ins Wanken.

Der neue Papst, Gregor VII., ließ keinen Zweifel daran, dass er die christliche Lehre und das kanonische Recht buchstabengenau nahm und den höchsten Rang im Abendland beanspruchte, den auch Kaiser, Könige und Erzbischöfe widerspruchslos anerkennen sollten. Das Katz-und-Maus-Spiel, das Heinrich bislang mit den deutschen Fürsten betrieb, erschien plötzlich nur noch wie das Vorgeplänkel für Ereignisse von ganz neuer Dynamik. Der neue Papst war ein anderes Kaliber und ließ nicht mit sich spaßen. Gregor VII. hatte eine feine Nase dafür, dass Heinrich kapriziös war und Schwächen zeigte, die es zu nutzen galt. Der eine wie der andere pochte auf das Gottesgnadentum des jeweils eigenen Amtes, sie hielten sich für auserwählt und gaben sich hochfahrend. Beide führten den Europäern ein Schauspiel um die unbedingte Macht vor Augen. Beide verrechneten sich.

1075 untersagte Gregor VII. dem König öffentlich, fortan irgendein Recht auf die Vergabe von Bistümern geltend zu machen; zugleich drohte er Heinrich IV. mit dem Kirchenbann, wenn er nicht gehorche. Darüber hinaus sollten nach dem Willen des Papstes reihenweise deutsche Bischöfe von ihren Ämtern zurücktreten, weil sie diese unrechtmäßig, nur auf Wunsch des Königs erlangt hätten. Nicht nur der König, auch die meisten Reichsbischöfe empfanden den Papst als einen Tyrannen, der ausgerechnet selbst unter rechtlich nicht einwandfreien Umständen ins Amt gekommen war. Erzbischof Liemar von Hamburg-Bremen zürnte über Gregor VII.: »Dieser gefährliche Mensch will den Bischöfen nach Belieben befehlen wie seinen Gutsverwaltern, und wenn sie nicht alles genau ausführen, müssen sie nach Rom kommen oder werden ohne Gerichtsurteil einfach vom Amt suspendiert.«[2]

Der größte Teil der Reichsbischöfe stand vorläufig hinter dem König, der jetzt den Papst aufforderte, zurückzutreten: »Ich, Heinrich, König durch Gottes Gnade, sage Dir zusammen mit all meinen Bischöfen: Steige herab, steige herab!« Der Papst schleuderte dem König ein bigott hochfahrendes Antwortschreiben entgegen, das die wahren Machtverhältnisse zurechtrücken sollte: »Heiliger Petrus, Fürst der Apostel, neige, wir bitten Dich, gnädig Dein Ohr und erhöre mich, Deinen Knecht (...) Kraft Deiner Gewalt und Vollmacht spreche ich König Heinrich (...) die Herrschaft über das Reich der Deutschen und Italiens ab, löse alle Christen vom Eid, den sie ihm geleistet haben oder noch leisten werden, und untersage, daß ihm irgend jemand fortan als König diene (...). Und weil er es verachtet hat, wie ein Christ zu gehorchen, binde ich ihn als Dein Stellvertreter mit der Fessel des Kirchenbanns.« Der Papst fühlte sich als der oberste Herr in Europa, der nicht nur über Bischöfe, sondern auch über Könige bestimmte. Historisch gewachsene Rechte, politische Gewohnheiten waren ihm einerlei, er glaubte, absolut bestimmte Maßstäbe in der Hand zu haben.

Heinrich IV. war wegen seiner eigenen selbstherrlichen Art nie in der Lage, die deutschen Magnaten, die geistlichen wie die weltlichen Fürsten, dauerhaft hinter sich zu bringen. Der päpstliche Kirchenbann zeigte Wirkung und zwang den König, gegenüber dem Papst nachzugeben. Die Großen des Reiches wünschten, dass er sich einem Schiedsgericht in Augsburg stellte. Doch der König wollte selbst die

Spielregeln bestimmen, machte sich im Januar 1077 bei Schnee und Eis auf den Weg nach Canossa, um in demütiger, wenn nicht würdeloser Art und Weise persönlich den Papst zu bitten, ihn vom Kirchenbann zu befreien.

Lampert von Hersfeld, der mit bemerkenswertem Erzähltalent begabt war, machte in seinen »Annalen« aus dem Gang nach Canossa ein Drama. Die Umstände schienen gar nichts anderes zuzulassen. Weil verfeindete Reichsfürsten fast alle Alpenübergänge gesperrt hatten, musste Heinrich den westlichen, 2000 Meter hohen Pass des Mont Cenis wählen, um in die Lombardei zu kommen. Lampert hob an: »Der schroffe Abhang des Berges war, wie gesagt, durch die eisige Kälte so glatt geworden, daß ein Abstieg völlig unmöglich schien. Deshalb versuchten die Männer, alle Gefahren durch ihre Körperkraft zu überwinden: Sie krochen bald auf Händen und Füßen vorwärts, bald stützten sie sich auf den Schultern ihrer Führer; manchmal auch, wenn ihr Fuß auf dem glatten Boden ausglitt, fielen sie hin und rutschten ein ganzes Stück hinunter, schließlich aber gelangten sie doch unter großer Lebensgefahr in der Ebene an. Die Königin (Berta) und die anderen Frauen ihres Gefolges setzte man auf Rinderhäute, und die Führer, die dem Zug vorausgingen, zogen sie darauf hinab.«[3]

Ein paar Tage später kam es zu einem Treffen zwischen König und Papst in Canossa am südlichen Rand der Po-Ebene, nicht allzu weit von Mantua entfernt. Möglicherweise gab es von vornherein ein gegenseitiges Abkommen über die Art des Bußgangs in Canossa.[4] Doch für die Augenzeugen und Chronisten waren die Vorgänge in der Burg eine schauerliche Tragikomödie. Lampert stellte Heinrich als eine jämmerliche Figur dar, die um die Gnade des Papstes winselte: »Da kam der König, wie ihm befohlen war, und da die Burg von drei Mauern umgeben war, wurde er in den zweiten Mauerring aufgenommen, während sein ganzes Gefolge draußen blieb, und hier stand er nach Ablegung der königlichen Gewänder ohne alle Abzeichen der königlichen Würde, ohne die geringste Pracht zur Schau zu stellen, barfuß und nüchtern vom Morgen bis zum Abend, das Urteil des Papstes erwartend.« Gregor VII. schrieb selbst in einem Rundbrief an die Reichsbischöfe, Heinrich IV. sei »ohne alle königlichen Gewänder und Insignien, barfuß und in wollenem Büßerhemd« erschienen.

Donizo, ein Vertrauter der Burgherrin Mathilde, überliefert in seiner »Vita Mathildis« den Bußgang des Königs noch genauer: »Kreuzförmig warf er dem Papst sich zu Füßen und rief zu ihm häufig: ›Heiliger Vater, vergib, o du Gütiger, bitte vergib mir!‹«

Papst und König erwiesen sich mit einem solch fragwürdigen Theater selbst nur einen Bärendienst. Die Autorität ihrer Ämter wurde erschüttert. Die neue Allianz zwischen dem König und dem Papst hielt nicht lange. Koalitionen wechselten wie im Flug. Es gab von jetzt an König und Gegenkönig, Papst und Gegenpapst. Ein Augsburger Annalist schüttelte nur noch den Kopf. »Oh, beklagenswertes Antlitz des Reiches!«, kommentierte er. »Wie man in einer Komödie liest: ›Alle sind wir verdoppelt‹, so sind nun die Päpste verdoppelt, die Bischöfe verdoppelt, die Könige verdoppelt, die Herzöge verdoppelt.«

Die Ereignisse von Canossa ließen sich emotional aufladen. Das Publikum konnte den Papst als Bösewicht oder den König als Schwächling abtun. Doch den wahren Nerv der politischen Probleme traf man damit nicht, denn sie waren personeller wie struktureller Art. Entscheidend war nicht das Verhältnis zwischen dem König und dem Papst, sondern das zwischen dem König und den Machtblöcken im deutschen Königreich: zu den Fürsten, den edelfreien Rittern, den aufsteigenden Schichten, den ritterfähigen Ministerialen und den bürgerlichen Kaufleuten. Hätten alle Stände und Schichten hinter dem König gestanden oder wäre er in der Lage gewesen, sie alle um sich zu versammeln und die Kräfte auszugleichen, hätte der Papst nicht viel ausrichten können. Erst die Schwäche des Königs machte den Papst stark.

Bis heute steht die salische Kultur des 11. Jahrhunderts im Schatten des tragisch-komischen Schauspiels von Canossa. Doch man sollte sich davon nicht täuschen lassen, denn still und leise vollzogen sich damals auch Prozesse der Verfeinerung. Die Fundamente des Imperiums, die Otto der Große gelegt hatte, waren solide genug, um sich vorübergehend auch schwache oder launische Könige leisten zu können. Das Reich war groß genug, um da und dort auf tüchtige Bischöfe, Herzöge und Markgrafen zu stoßen, die ihre Ämter gut verwalteten. Zu guter Letzt förderte Heinrich IV. selbst den Aufstieg neuer sozialer Schichten: der ritterfähigen Ministerialen und der bürgerlichen Kaufleute.

Zwar schilderte ein Chronist wie Lampert stets aufs Neue die Kämpfe und Verwüstungen, die durch den Zwist zwischen dem König und den Fürsten oder durch das Gerangel der Fürsten untereinander ausgelöst wurden, aber er beschrieb auch Städte wie Worms, Köln oder Goslar, wo geistliches Leben, Handel und Wohlleben florierten. Er verschwieg nicht, dass die Kölner dem Beispiel der Wormser gefolgt waren und ebenfalls versucht hatten, das Joch des erzbischöflichen Stadtherrn abzuschütteln. Die vorhergehende Rebellion der Bürger in Worms im Jahr 1073 war offenbar eine Sensation gewesen, die sich wie ein Lauffeuer im Reich verbreitete. Die Wormser hatten sich nach Lampert einen »gefeierten Namen« gemacht. Auch am Niederrhein rumorte es. Als der Erzbischof Anno von Köln 1074 einfach das beladene Schiff eines Kaufmanns beschlagnahmen ließ, um es seinem Amtskollegen, dem Bischof von Münster, für die Heimfahrt zur Verfügung zu stellen, brachte er das Fass zum Überlaufen. Der Sohn des Schiffseigentümers, der mit den »Großen der Stadt« verwandt war, stachelte die übrigen Bürger dazu an, das Regime des Erzbischofs zu stürzen, weil dieser »so oft Widerrechtliches anordne, so oft Unschuldigen das Ihre wegnehme, so oft die ehrenwertesten Bürger (cives) mit den unverschämtesten Worten anfalle«.

Für Lampert waren diese bürgerlich städtischen Leute nicht ganz gescheit – oder zumindest nahmen sie den Mund zu voll; sie stellten in seinen Augen eine verweichlichte, wehleidige, törichte Sippschaft dar, eben Städter, Phantasten, Lebeleute, keine harten Burschen, keine Krieger, sondern solche, die eine Revolution machen wollen, aber gar nicht wissen, wie das geht: »Von Jugend auf in den Genüssen des Stadtlebens aufgewachsen, hatten sie keinerlei Erfahrung in Kriegsangelegenheiten, und gewohnt, nach dem Verkauf ihrer Waren bei Wein und Schmaus über militärische Dinge zu disputieren, glaubten sie, alles, was ihnen in den Sinn kam, ebenso leicht ausführen wie darüber reden zu können.« Diese Schelte war zugleich Stadtkritik. Das kaufmännische Köln als homerisches Phäakentum! Eine Hure wie Babylon! Es handelte sich quasi um den ersten Hinweis auf bürgerliche Lebenskünstler in Deutschland.

Die Kölner zwangen Anno zur Flucht aus der Stadt und versuchten, Kontakt zum König aufzunehmen, damit er ihnen wie den Wormsern beim Aufstand gegen den Erzbischof beistehe. Doch noch bevor eine Verbindung zwischen den Bürgern und dem König zustande kam, kam Anno mit ritterlichen Truppen zurück und schlug die Revolte mit aller Härte nieder. Die »volkreichste« Stadt entlang des Rheins war »plötzlich fast völlig verödet; wo bisher die Straßen die dichten Scharen von Fußgängern kaum fassen konnten, zeigt sich jetzt nur selten ein Mensch, und schauriges Schweigen herrscht an all den Stätten der Lust und der Genüsse.«

Vorläufig schlug noch nicht die Stunde der *bürgerlich-patrizischen*, sondern die der *ritterlich-höfischen Kultur*. Jedenfalls erlebte diese bereits unter den salischen Kaisern einen frühen Aufschwung. Anfangs galt das Regiment der neuen Dynastie ohnehin als erfolgreich. Der erste Herrscher des Geschlechts, Konrad II., sorgte für Frieden und Einheit im Reich und vergrößerte das Imperium sogar noch um das burgundische Königreich. Sein Sohn, Heinrich III., trat problemlos in die Fußstapfen des Vaters. Nicht wenige Geschichtsschreiber priesen die Regentschaft der beiden als Höhepunkte kaiserlicher Machtvollkommenheit überhaupt.

Konrad II. war im Jahr 990 geboren worden und konnte zunächst kaum daran denken, jemals König zu werden, da die Ottonen noch regierten. Er wurde nicht als Thronfolger erzogen und genoss kaum eine höhere Bildung. Er wurde 1024 zum ostfränkisch-deutschen König gewählt und war offensichtlich von zupackender Art, ein Hüne und Kraftbursche, außergewöhnlichen körperlichen Strapazen gewachsen. Hatte vor ihm bereits Heinrich II. den königlichen Rundritt im Reich mehr als je zuvor ausgedehnt, so intensivierte ihn Konrad II. noch einmal. Er legte nach den Berechnungen von Herwig Wolfram bis zu 150 Kilometer pro Tag im Sattel zurück, reiste auch bei eisiger Kälte, war oft nur ein bis zwei Tage an einem Ort, um lediglich an hohen Feiertagen den Rundritt etwas länger zu unterbrechen.[5] Er gab sich diplomatisch, war offenbar ein ausgewogener Charakter, der die Kunst des Möglichen pflegte und sich sowohl mit dem Hochadel als auch mit dem Landadel verständigte, gegebenenfalls Verhandlungsgeschick mit militärischem Druck verband.

Wipo, ein Kaplan am Hof des Königs, verfasste nach dessen Tod eine Biographie über ihn und überreichte sie dessen Sohn und Nachfolger Heinrich III. Wipo beobachtete Konrad II. bei seinen Rundritten und zeichnete ein sympathisches Bild von ihm: Der Herrscher ordnete »die Angelegenheiten des Reiches in ausgezeichneter Weise und berief Fürsten und Volk zu öffentlicher Verhandlung (...) Obgleich er der Wissenschaften unkundig war, unterwies er doch sehr verständig die ganze Geistlichkeit sowohl öffentlich in liebenswürdiger und freundlicher Weise, als im geheimen mit gebührender Strenge. Die Ritter aber fesselte er dadurch sehr, daß er die althergebrachten Lehen der Eltern keinem der Nachkommen nehmen ließ. Außerdem glaubten sie, daß in Bezug auf die häufigen Geschenke, durch die er sie zu kühner Tat anfeuerte, auf der ganzen Welt sich niemand finde, der ihm gleiche.«[6]

Konrad II. lebte und webte im Rittertum, das stets neuen Aufgaben zustrebte und für die gerechte Sache kämpfte. Er sorgte dafür, dass sich allmählich die verschiedenen adligen Krieger, die Fürsten, Grafen und Freiherren, unter dem gemeinsamen Begriff des Ritters enger verbunden fühlten. Er stärkte das Gros der Krieger, indem er ihre Lehen erblich machte und sie materiell besser ausstattete. Doch die klassische Variante der ritterlich-höfischen Kultur: die Verbindung der kriegerischen Tüchtigkeit mit verfeinertem Benehmen, schien unter der Regentschaft von Konrad noch nicht voll ausgebildet gewesen zu sein. Offenkundig hatte Konrad kein Sitzfleisch, um das höfische Leben besser einzuüben.

Ekkehard IV. von St. Gallen hatte den König persönlich kennengelernt, denn er war eine Zeitlang der Leiter der Mainzer Domschule, von wo aus er mit dem Erzbischof und Erzkanzler Aribo von Mainz 1030 zum Hoftag nach Ingelheim reiste. Ekkehard legte später in der »Klostergeschichte von St. Gallen« sein Herrscherideal in die Figur von Abt Salomo hinein, der zugleich Kanzler von König Konrad I. gewesen war. Zum Ekkehard'schen Herrscherideal gehörten, wie gesehen, gutes Aussehen, hohe Bildung, Sprachgewandtheit, feine Menschenführung, Sinn für sozialen Ausgleich, Bescheidenheit, fröhlicher Witz und Kenntnisse der Genüsse. Das Benehmen von Konrad II. in Ingelheim fand Ekkehard dagegen vierschrötig. Ekkehard selbst leitete den feierlichen Gesang während des höfischen Gottesdienstes und sollte sich anschließend bei Konrad den Lohn dafür holen, der »nach der Sitte« in Form von Goldmünzen zwischen den Füßen des Kaisers lag. Es war für Ekkehard noch akzeptabel, der Gewohnheit zu folgen und zwischen den Füßen des Kaisers die Münzen aufzuheben, aber es war ihm peinlich, als keuscher Mönch genötigt zu werden, auch noch Goldmünzen zwischen den Beinen der Kaiserin hervorzuholen, während sich die Hofgesellschaft auf seine Kosten amüsierte. Solche derben, bäuerischen Späße kamen in den Berichten über das Hofleben von Karl dem Großen oder Otto dem Großen nicht vor.

Konrad verfügte über familiären Besitz in und um Speyer, womit er als neuer Herrscher des Reichs den Bischof von Speyer und das Domkapitel beschenkte, um den Bau einer neuen großen Kathedrale zu fördern, wo er als König begraben werden wollte. Seit etwa 1030 entstand ein riesiger Dom. Daneben förderte Konrad nach Wipo auch den Ausbau der Stadt. Doch vorläufig schien die Anziehungskraft von Speyer noch nicht bemerkenswert gewesen zu sein. Urkundlich lässt sich Konrad II. nur ein einziges Mal in Speyer nachweisen, während sich seine Lieblingspfalz in Nimwegen, am nordwestlichen Rand des Reiches in den Niederlanden, befand, gefolgt von Regensburg, Merseburg und Worms.

Wenngleich der Herrscher selbst kein besonderes Interesse an sesshafter, höfischer Lebensweise zeigte, wurde die Erziehung des Sohnes nicht vernachlässigt. Heinrich III. erhielt als Thronfolger eine erstklassige Ausbildung. Vorübergehend nahm ihn Bischof Bruno von Augsburg unter seine Fittiche. Er lernte Latein und wurde in den Sieben freien Künsten unterwiesen. Der Vater führte ihn früh an die Regierungsgeschäfte heran und belehnte ihn schon als Kronprinzen mit den Herzogtümern von Schwaben und Bayern.

Heinrich III. konnte nach dem Tod von Konrad II. 1039 problemlos die Herrschaft im Reich übernehmen und eine Zeitlang die eben genannten Herzogtümer auch als König verwalten, dazu das Herzogtum Kärnten, was dazu führte, dass er wie kaum ein anderer Herrscher vor ihm über enorme wirtschaftliche Ressourcen verfügte. Entsprechend stellte er für den Dombau in Speyer gewaltige Summen zur Verfügung, die die endgültige Größe der Kathedrale erst möglich machten. Es sollte sich seine eigene Prophezeiung erfüllen: »Speyer wird in einzigartiger Zeichenhaftigkeit geschaffen durch Heinrichs Gunst und

Königlicher Komfort: Saalgebäude in der Pfalz von Goslar, im Kern aus der Zeit um 1050, leicht verändert durch Restaurierungen im 12. und im 19. Jahrhundert

Gabe.«[7] Nach Möglichkeit kam er einmal im Jahr nach Speyer und förderte die Entwicklung der Stadt.

Nicht aber Speyer, sondern Goslar wurde von ihm zur bevorzugten Residenz erhoben. Konzeptionell war Heinrich III. wohl der kühnste und fähigste Herrscher unter den Saliern. Er verwandelte nicht nur Speyer mit dem Ausbau des Domes als Grablege der Salier in einen glanzvollen Gedenkort des König- und Kaisertums, er machte darüber hinaus Goslar im Ansatz zum Hauptort des ostfränkisch-deutschen Königreiches mit entsprechenden Einrichtungen. Goslar lag etwas abseits, am Nordrand des Harzes, unmittelbar am Fuß des Rummelsberges, der durch sein reiches Silbervorkommen eine ersprießliche Finanzquelle war. Heinrich III. sorgte dort für Komfort. In der schon vorhandenen Pfalz in Goslar entstand ein neuer, prachtvoller königlicher Saalbau, der im Kern bis heute erhalten ist, daneben das neue Stift St. Simon und Juda. Es diente als Hofschule und Kaderschmiede des Reiches.

In der Pfalz in Goslar fanden glanzvolle Hoftage statt. Lampert von Hersfeld berichtete in seinen »Annalen« für das Jahr 1056 über einen besonders berühmten: »Der Kaiser feierte das Geburtsfest der hl. Maria in Goslar; dort empfing er Papst Viktor, auch Gebhard genannt, mit großartigem Gepränge als Gast: er bot zur Verherrlichung der Feier fast alle Schätze und alle Fürsten des Reichs auf.« Der Ort Goslar erschien Lampert »überaus wohlhabend«, ausgestattet mit Waren, die »Kaufleute fremder Völker« herbeibrachten. Noch für die Zeit um 1070, als der junge Heinrich IV. regierte, war Goslar für den Chronisten jene »Stadt, die die deutschen Könige als ihre Residenz und ihre Heimat zu bewohnen pflegten«.

Heinrich III. pflegte – zumindest anfänglich – einen konsensuellen Führungsstil. Der zeitgenössische Mönch Hermann der Lahme von Reichenau berichtete in seiner »Chronik« für das Jahr 1043 über den König anlässlich einer Synode in Konstanz: »Dann söhnte er durch Bitten und Ermahnung alle anwesenden Schwaben, nachdem sie einander Schuld und Feindschaften vergeben hatten, gegenseitig aus, in dem eifrigen Bemühen, daß dasselbe nachher in den andern Ländern seines Reiches geschehe, und schuf so einen seit vielen Jahrhunderten unerhörten Frieden und bekräftigte ihn durch ein Edikt.«[8]

Heinrich führte ein aufwendigeres, auf jeden Fall eleganteres Hofleben als sein Vater. Allem Anschein nach sollte der Wandel des Kriegers zum Ritter stärker als bisher gefördert werden: die Verbindung der militärischen Tüchtigkeit mit gesittetem Benehmen bei Hofe, wofür eben der neue königliche Saalbau in Goslar die Bühne sein sollte. Schon bald nach seinem Regierungsantritt war frommen Mönchen aufgefallen, dass sich die Sitten bei Hofe änderten. Nicht ohne Empörung registrierte man, dass dort jetzt französische Moden en vogue seien. Abt Siegfried von Gorze schrieb 1043 an Abt Poppo von Stablo: »Was uns jedoch am meisten bedrückt und worüber wir nicht schweigen dürfen, ist, daß die Ehre des Reichs, die zu Zeiten der früheren Kaiser in Bezug auf Kleidung, Aussehen, Bewaffnung und Reitwesen in schicklichstem Ansehen stand, in unseren Tagen vernachlässigt wird und daß die schändliche Mode französischer Geschmacklosigkeiten eingeführt wird, nämlich das Abrasieren der Bärte und die höchst anstößige und das verschämte Auge beleidigende Verkürzung und Veränderung der Kleider sowie viele andere Neuerungen, die aufzuzählen zu lange dauert.«[9]

Man hatte nicht zuletzt Königin Agnes im Visier, die eine Schwester des französischen Herzogs von Aquitanien und Grafen von Poitou war. Sie dürfte wie von selbst für französischen Einfluss am salischen Hof gesorgt haben, darüber hinaus kamen Verwandte zu Besuch, wie die Mutter der Königin. Lampert berichtete über das Jahr 1046: »Der König feierte Weihnachten in Goslar; dort hielt sich auch seine Schwiegermutter, die Gräfin von Poitou, mit Edlen ihres Volkes auf.« Der Mönch Otloh von St. Emmeram in Regensburg blies ins gleiche Horn wie Abt Siegfried von Gorze und hielt eine Vision fest, die sich kritisch über den Prunk von Heinrich III. äußerte. Kleidung, Barttracht, Rüstung und Pferde seien an seinem Hof so herausgeputzt, wie es sonst nur den Albernheiten der Franzosen entspräche. Adam von Bremen berichtete um 1076 in seiner »Bischofsgeschichte der Hamburger Kirche«, dass Heinrich III. dem Kaiser in Byzanz »in Wesen und Zeremonien gleichen« wollte.

Heinrich III. hatte keine Berührungsängste gegenüber der romanischen Kultur, denn er war nicht nur König des nordalpinen Reiches, sondern auch König von Burgund und seit 1046 auch römischer Kaiser. Er setzte auch nicht die harte militärische Linie fort, die sein Vater Konrad II. Ende der 1030er Jahre gegenüber dem Erzbischof von Mailand verfolgt hatte, sondern söhnte sich mit ihm aus und trat mit Hilfe von königlichen Diplomaten bald auch als Mittler zwischen dem Erzbischof und aufständischen Bürgern in Mailand auf, was seine eigene Macht und sein Ansehen in Italien steigerte. Heinrich wollte ein edler Friedensfürst sein, der mit der Zeit ging und die unterschiedlichen Kräfte im Reich integrierte.

Für Marc Bloch, den Erforscher der Feudalgesellschaft, bildete seit dem 11. Jahrhundert das südfranzösische Aquitanien – aus dem Kaiserin Agnes stammte – neben dem nordfranzösischen Gebiet zwischen Maas und Seine jenes kulturelle Zentrum, wo der neue Kodex des Rittertums gebildet wurde.[10] Die berittenen und gepanzerten Kriegsleute, die für den König oder für die Fürsten den Heeresdienst leisteten: eben die Grafen, Freiherren und auch die Ministerialen, sollten sich nicht länger nur durch Kraft und Mut auszeichnen, sondern im Kampf wie im Alltag gewisse ehrenhafte Regeln befolgen. Der rohe Krieger sollte zum zivilisierten Ritter werden, der das Schwert für die gerechte Sache einsetzt, moralische Gebote befolgt, Umgangsformen beachtet, Höflichkeit erlernt, überhaupt Interesse für Bildung und feine Genüsse entwickelt: für Naturkunde, Geschichte, Literatur, bildende Kunst, Musik, Sport, Wohnen, Mode, Tanz, Liebelei, Feinschmeckerei.

Während sich die keimartig vorhandene bürgerlich-patrizische Kultur in Deutschland eher an Italien orientierte, schauten die Vertreter der ritterlich-höfischen Kultur mehr nach Frankreich, sei es, dass Fürsten ihre Söhne als Pagen an französische Höfe schickten, sei es, dass ihre Söhne französische Schulen besuchten. Der Unterricht an französischen Schulen gewann jedenfalls schon in der ersten Hälfte des 11. Jahrhunderts an Ansehen. Bischof Heribert von Eichstätt, der von 1022 bis 1042 amtierte, wollte den Leiter seiner Domschule, Gunderam, entlassen, weil er »zuhause und nicht am Rhein oder in Frankreich« studiert hatte, wie es der Anonymus Haserensis um 1078 in seiner Geschichte der Bischöfe von Eichstätt berichtete.[11] Seit dem frühen 12. Jahrhundert gingen reihenweise Söhne des deutschen Adels zum Studium der Sieben freien Künste und der Theologie nach Paris, um hinterher zum Bischof aufzusteigen.

Wohl um 1050 entstand der lateinische Abenteuerroman des »Ruodlieb«, der ebenfalls am Kodex des Rittertums feilte und eine herrliche Quelle für das salische Ideal »gute Lebensart« ist. Das Werk wurde vermutlich von einem Mönch im Kloster Tegernsee geschrieben, der sich möglicherweise eine Zeitlang in der Pfalz in Goslar aufgehalten hatte. Der Dichter kannte Land und Leute und führte ein breites soziales Spektrum vor Augen, verflocht Szenen am königlichen Hof mit dem Leben der Ritter auf dem Land und bäuerlichem Alltag.

Wie später Parzival, so zog bereits Ruodlieb als Ritter in die Welt hinaus, um sein Glück zu machen. Er schlüpfte mühelos von der Rolle des Ritters in die des königlichen Hofmanns und Diplomaten, verlegte mir nichts, dir nichts den Akzent von der Kraftanstrengung hin zur Übung der Geistesgaben und Manieren. Er machte sich gegenüber dem König stark für Beratung, Verständigung, Geselligkeit und Genüsse. Er sagte zu ihm: »Durch deine Weisheit lobesam / Kannst du bei weitem mehr bezwingen, als andre Schwerter je erringen.« Ruodlieb erhielt als Gesandter den Auftrag, die Spannungen mit dem benachbarten Königshof zu entschärfen und Vorverhandlungen für ein friedvolles Treffen beider Höfe zu führen.

Zwischenzeitlich stattete der König einen gefangenen Grafen großzügig nach der neuen Mode aus, damit dieser vorübergehend das Hofamt des Schenken übernehmen konnte: »Den Grafen kleidet' er wie einen gewaltigen Fürsten von den Seinen / Mit kostbarm Pelzwerk, davon zwei und mit zwei Kürsen auch dabei. / Er gab ihm rotes Gewand, das fein erglänzt von Gold und Edelstein, / Daß er in diesem Kleide ihn mit weingefülltem Glas bedien.« Bald traf sich der eine König mit dem anderen zu Friedensverhandlungen auf einer Brücke, begleitet von den Großen beider Reiche, von Fürsten, Bischöfen und Äbten. Man küsste sich, verständigte sich, ging in die Zelte und schmauste, tauschte Gefangene und Geschenke aus, darunter Gold und Silber, exotische Tiere, Affen, Papageien, Kamele, Leoparden, Löwen, auch tanzende Bären, die regelrecht mit der höfischen Gesellschaft mittanzten: »Sobald ein froher Tanz angeht und sich das Volk im Reigen dreht, / Dann eilen sie herbei und schauen, sich zu gesellen zu den Frauen, / Die da ergötzlich Lieder singen und deren Stimmen lieblich klingen.«[12] Ähnlich fröhlich und festvoll dürfte es in der königlichen Pfalz in Goslar zugegangen sein.

Auch das ritterliche Leben der Grafen, Freiherren und Ministerialen folgte im Roman bereits dem höfischen Leben der Könige und Fürsten in den Pfalzen. Auch auf den ländlichen Burgen zogen gutes Benehmen, unterhaltsamer Zeitvertreib, Galanterie und Luxus ein. Die vornehme Gesellschaft auf dem Land, die Gentry, spielte Schach oder mit dem Würfelbecher; junge Damen und ihre Begleiter gingen im Garten spazieren, betrachteten Vogelkäfige, hörten sich ein Harfenspiel an, Lieder über Liebesschmerz und tanzten wie bei Hofe.

Für den weitgereisten Gast ließ man auf der Burg ein warmes Bad einlaufen, während man im Saal den Tisch mit weißem Tuch deckte. Das fette Schwein war nun an der Tafel der guten Gesellschaft nicht mehr beliebt – so wie noch in karolingischer oder ottonischer Zeit. Man entwickelte jetzt mehr Sinn für den ausgewählt feinen Geschmack, für leichtere und zartere Speisen: etwa für Fische und Walderdbeeren, begleitet von gewürztem Wein. Die Fische galten als Herrenspeise. Der Dichter des »Ruodlieb« fand Vergnügen daran, ein breites Spektrum an Süßwasserfischen vorzuführen, um dadurch die feinere Wahrnehmung zu schulen und die Wertschätzung zu heben: »Da gabs den Rotfisch und dann, recht den Fischen wie ein Wolf, den Hecht, / Die ja die Fische alle schlangen, so viele sie nur eingefangen; / Auch sind da Brasse, Karpfen, Schlei und Barbe, Rötling, Lachs dabei; / Der Alnt und Näsling, beide toll in ihrem Leib mit Gräten voll, / Forelle, die sich im Grund versteckt, Forelle, mit Rot oder Weiß bedeckt, Kaulquappe auch, am Kopf ganz groß, doch hinten gemeine Flosse bloß, / Der Aal, der schlüpfrig stets entgleitet, der Wels, dess Kopf viel Graun bereitet, Rheinanke, Äsche – beide munden und werden trefflich schmeckend gefunden; / Der Barsch – sticht wie der Hecht mit Horn, trägt auf dem Rücken scharfen Dorn.«

Die Rheinanke ist heute unter mehreren Namen bekannt. Rheinanke sagt man im österreichischen Salzkammergut, am Chiemsee heißt derselbe Fisch Renke, am Bodensee Felchen und an der Müritz Maräne. Der Dichter des 11. Jahrhunderts wusste schon, dass Renken und Äschen besondere Delikatessen sind: mit weißem Fleisch, angenehmem Biss und mild-würzigem Aroma. Die Speisen sollten jetzt nicht nur leichter, sondern auch hell sein, weil die weiße Farbe vornehm wirkte, so wie die feine Gesellschaft nun auch den Tisch mit weißem Tuch deckte. In den ältesten überlieferten Kochbüchern des Mittelalters tauchte seit dem 14. Jahrhundert der Begriff »Blancmanger« auf: wörtlich »weißes Essen«. Es bezeichnete Gerichte mit weißen Zutaten, etwa mit Reis, Mandelmilch, Fisch oder Huhn.

Heute scheint Norbert Scheuer in die Fußstapfen des Ruodlieb-Dichters zu treten. In seinem Roman »Überm Rauschen«, der 2009 erschien, entdeckt der Erzähler, welcher nach Jahren der Abwesenheit in seinen ländlichen Heimatort zurückkehrt, beim Angeln die Welt der Fische. Die Tiere haben ihm viel zu erzählen. Immer wieder schiebt der Autor Vignetten über die Fische ein: »Die Äsche (Thymallus thymallus) ist listig und scheu. Um sie zu fangen, braucht es sehr viel Täuschungskunst und Geschick. Sie hat einen spindelförmigen, silbrigweißen Körper mit messinggelben Längsstreifen, schwarzen Flecken und eine fahnenartig ausgezogene Rückenflosse mit purpurnen Flecken. Ihr Kopf ist spitz, mit einer kleinen, etwas schrägen Mundspalte, als würde sie immerzu grinsen. Ihr Fleisch riecht nach Thymian. Sie liebt Flüsse mit klarem, kühlem Wasser und sandigem, kiesigem Grund.«[13]

Im 11. Jahrhundert sollte es auch in der Provinz nicht mehr so roh zugehen. Wie auf den Burgen, so wurde auch auf den wohlhabenden bäuerlichen Höfen, den Herren- oder Meierhöfen, nach dem Ideal des »Ruodlieb«-Romans nicht schlecht gegessen, wenngleich hier die Speisen etwas einfacher, weniger exklusiv waren, ohne Fisch und Wild und teure Gewürze. Aber auch hier sollten die Leute nach Möglichkeit nicht »geizig« oder »muffig« sein, sondern das Leben heiter nehmen und sich etwas gönnen. Ein neuer Knecht strengte sich in der Küche an, um aus dem Vorhandenen »viel schöne Sachen« zu machen. Der Gast fand auf dem Herren- oder Meierhof bereits Schüsseln, Messer und ein Salzfass mit Löffel auf dem Tisch, um nachwürzen zu können, ob Kohl, ob Suppe, ob Kräuter (wohl Salat) oder ob Mehlspeise, welche mit Milch und Salz zubereitet und in Schmalz gebacken wurde (vermutlich ein Krapfen). Daneben gab es Gebäck in Form von »Zopf« und »Kranz«. Desgleichen kam Fleisch auf den Tisch, gekochtes oder gebratenes, zu welchem Zweck Haustiere am Hof waren, Hühner, Gänse, Ziegen, Schafe, Schweine und Rinder. Ebenso backte man selbst Roggenbrot und stellte Käse her. An Getränken kannte man Wasser und Wein.

Nicht nur das dichterische Werk, auch ein geschichtliches Buch aus dieser Zeit belegte das Interesse der vornehmen Gesellschaft an feineren Genüssen. Der Handel mit Wein und edlem Fisch schien schon recht rege gewesen zu sein. Der bereits erwähnte Anonymus Haserensis berichtete um 1078 in seinem Buch »Von den Taten der Bischöfe von Eichstätt«, dass schon einige Zeit davor, um das Jahr 1000, der Bischof von Würzburg und sein Amtsbruder in Eichstätt gegenseitig Luxusgüter ausgetauscht hatten. »Der unsrige«, schrieb er, »schickte Hausen (eine delikate Variante des Störs, die damals in der Donau und ihren Nebenflüssen vorkam), seidige Pelze und feine Tücher, mit denen er reich gesegnet war, jener gab dagegen besten Wein, von dem er große Mengen besaß.« Der Wein aus Würzburg wurde jeweils in »zehn Wagenladungen« nach Eichstätt geliefert. Auf der Burg in Nürnberg, just in den ältesten Teilen, die Kaiser Heinrich III. um 1050 errichten ließ, konnten Archäologen nachweisen, dass sich dort die höfische Gesellschaft im 11. Jahrhundert an Karpfen und Hecht delektierte, später auch am Huchen, der von weit her geliefert werden musste, da er traditionell ebenfalls nur in der Donau und ihren Nebenflüssen vorkommt.[14]

Das prachtvolle Goldene Evangelienbuch von Echternach, das um 1045 entstand und möglicherweise von der kaiserlichen Familie in Auftrag gegeben worden war, zeigte im Gleichnis vom reichen Prasser und vom armen Lazarus die vornehme Gesellschaft, wie sie damals in edler, bunter Kleidung am weiß gedeckten Tisch saß und bedient wurde. Man erkennt an der Tafel kunstvoll bearbeitete, pokal- und schiffsartige Schüsseln, dazu einige flache, helle Fladenbrote, die sowohl als Speise als auch als Teller dienten. Das Evangelienbuch stellte ebenso das Gleichnis vom Gastmahl des Herrn dar, wo die Tischgesellschaft ähnlich erschien, nur dass dort auch noch einige Messer auf dem gedeckten Tisch lagen, während Gabeln bis in die Renaissance hinein noch nicht üblich waren. Man nahm mit Hilfe der Finger und des Brotes die Speisen aus den Schüsseln oder schnitt mit dem Messer ein Stück vom Braten ab, legte die Teile auf das Fladenbrot, das vor einem auf dem Tisch lag, zerschnitt gegebenenfalls das Fleisch noch einmal und aß mit den Fingern. Alles in allem gründete das Tischritual nun aber eher auf Eleganz, weniger auf Kraft und Masse. (Farbbild 6)

Die Leistungen der salischen Epoche auf dem Gebiet der bildenden Kunst, Literatur, Geschichtsschreibung und verfeinerten Geselligkeit konnten sich sehen lassen. Doch zum äußerlich großartigsten Zeichen der Epoche wurde der Dom in Speyer. Diese Kathedrale wuchs an einer herausgehobenen Stelle empor: auf einer Terrasse westlich über den Rheinauen. Nach Osten hin sollte sie weit in den flachen Rheingraben hineinblicken, während sie nach Westen hin die Stadt beherrschte. Kaum anderswo wurde in dieser Zeit die Stadt so auf die Kathedrale zugeschnitten wie hier. Südwestlich und nordwestlich der neuen Bischofskirche entstand nun je ein Stift, und zwischen diesen drei Monumenten breitete sich rasch ein dreieckiger Stadtkörper aus, spitzte sich wie ein Trichter auf den Dom zu. Umgekehrt liefen von ihm aus die Straßenachsen strahlenförmig in diesen Trichter hinein.

Bis in die Gegenwart ist diese städtische Struktur der Salierzeit erlebbar: Während vom Dom aus die zwei äußeren Straßenachsen nach Südwesten und Nordwesten ausschwingen, erstreckt sich die mittlere Hauptstraße vom Dom aus über einen halben Kilometer lang geradlinig zum westlichen Stadttor. Ähnlich wie Jahrhunderte später in Berlin die Promenade Unter den Linden als königliche Prachtstraße ausgebaut wurde, entstand hier bereits im 11. Jahrhundert eine Via triumphalis, über die der Kaiser bei Hoftagen mit seinem Gefolge zum Dom zog.

Der Besucher in Speyer kann sich bis heute noch dasselbe Vergnügen gönnen wie einst die Kaiser, Bischöfe und Fürsten. Er kann über die Hauptachse, die nunmehr Maximilianstraße heißt, die Stadt erschließen. Zwar sind aus dem Mittelalter nur noch der Straßengrundriss sowie der Start- und Endpunkt erhalten – das westliche Stadttor, Altpörtel genannt, und der östliche Dom –, doch wurde auch in jüngerer Zeit darauf geachtet, dieser geschichtsträchtigen Meile ein schmuckes Aussehen zu geben. Nachdem die Franzosen die Stadt während des Pfälzischen Erbfolgekrieges 1689 fast völlig zerstört hatten, entstanden im 18. Jahrhundert Fassaden, die bis heute in Reih und Glied das Straßenbild prägen.

Nicht zuletzt jüngere Initiativen trugen ihr Scherflein dazu bei, die Anmutung der Achse zu heben. Um den gleichsam kaiserlichen Rang der Maximilianstraße wieder zur Geltung zu bringen, hatten sich in den 1980er Jahren die Stadtoberen zu einem mutigen Schritt entschlossen. Man lud Architekten, die zu den besten in Deutschland gehörten, zu einem Wettbewerb ein, um für den Bodenbelag, die Räumlichkeit und Nutzung der Meile Maximilianstraße–Domplatz ein neues Konzept zu entwickeln. Gottfried Böhm bekam den Zuschlag für die Maximilianstraße, Oswald Mathias Ungers für den Domplatz.

Hat der Besucher das Altpörtel durchschritten, wird er nahezu berauscht von der Helle und Weite der Maximilianstraße, an deren Endpunkt der Dom aufsteigt. Hätte sich der Vorschlag von Ungers für diesen Bereich durchgesetzt, wäre dieser einmalige Blick zerstört worden. Ungers wollte hier Baumreihen pflanzen und dem Autoverkehr den Vorrang vor den Fußgängern einräumen, damit ein Boulevard entstünde. Böhm entschied sich dafür, den Verkehr stark einzuschränken, die Teerdecke zu entfernen und durch eine kräftige Pflasterung sowie ein Minimum an einfachen, modernen Straßenmöbeln und Laternen den steinernen und schlichten, zugleich repräsentativen Charakter dieser Hauptachse wiederherzustellen. Die Fahrbahn in der Mitte erhielt eine leichte Wölbung, gedeckt mit großformatigen, hellen Granitsteinen, und rechts wie links sieht man zunächst breite Rinnen, ehe die geringfügig erhöhten Gehsteige beginnen. Die Achse wird nicht zerschnitten, und doch furchen sich die Rinnen ein und betonen den sanften Schwung und Sog dieser Prachtstraße.

In Speyer arbeitet man auch in heutiger Zeit an der Verfeinerung des Stadtbildes. So wie ganz bewusst helle Pflastersteine für die Hauptmeile gewählt wurden, so achten seither die Stadtvertreter und Denkmalschützer darauf, dass auch für die Fassaden freundliche Farben verwendet werden, um das festliche Gesicht der Achse zu fördern. Man sieht Markisen in Naturfarben, auch die Sonnenschirme der Straßencafés sind einfarbig und verzichten auf Werbung. Während in anderen Städten die Fußgängerzonen den Charakter einer Kommerzmeile annehmen, weil es keine Gestaltungssatzung gibt oder entsprechende Maßnahmen nur halbherzig entwickelt werden, vermischt sich hier geschichtliches Erlebnis mit der Freude am Einkaufen und Einkehren, bleiben menschliches Maß und Würde bewahrt. Sommers ist die Maximilianstraße voll von Menschen: Sie mutet wie ein großes, angenehmes Freiluftcafé an.

Zunehmend kommt der Flaneur an barocken Patrizierhäusern und Domherrenhöfen vorbei, bis er in den Domplatz einmündet, wo sich das Westwerk der Kathedrale auftürmt. Es erhebt sich ein riesiger, burgartiger Koloss, strotzend vor Kraft und Festigkeit. Jene Teile, die aus der ersten Bauphase unter Konrad II. und Heinrich III. unverändert erhalten geblieben sind, Unterkirche und Seitenschiffe des Langhauses, strahlen eine betörende Ruhe und Ausgewogenheit aus, ganz so, als sei zur Bauzeit sowohl das Gefüge des kaiserlichen Imperiums als auch die Weltordnung des katholischen Christentums noch unerschütterlich gewesen. Konrad II. fand 1039 seine letzte Ruhe noch auf einer Baustelle. Unter Heinrich III. wurde die bereits fertige Krypta unter dem Chor auf den Bereich des Querhauses ausgedehnt und eine bis dahin kaum vorstellbare, riesige Unterkirche geschaffen. Es reihen sich endlos Bögen an Bögen mit festlichem, rot-gelbem Zebramuster, um sich famos gegen die Schwerkraft zu stemmen, fast wie in der Moschee von Córdoba, nur mächtiger und massiver.

Unter Konrad II. hatte man zunächst mit dem Bau einer dreischiffigen Basilika mit Querhaus begonnen. Wegweisend für die romanische Architektur setzte man in die Winkel von Chor und Querhaus zwei Türme, um dem Bau einen besseren konstruktiven Halt zu geben. Heinrich III. ließ das gestreckte Langhaus verlängern und schloss es mit einem Querriegel ab, wobei wiederum in die Winkel von Langhaus und Westwerk zwei Türme eingefügt wurden. Zum ersten Mal in der Baukunst erhielten die Seitenschiffe ein Kreuzgratgewölbe, während das breite Mittelschiff noch ungewölbt blieb. Als der Dom vorläufig fertig war und 1061 geweiht wurde, war er mit 143 Meter Länge beinah doppelt so groß wie jener, den Heinrich II. in Bamberg errichtet hatte. Größe, Umfang, Vielfalt der Teile und Bautechnik schufen in Speyer eine Dimension, die bis dahin im Abendland ihresgleichen suchte.

Am Geschlecht der Salier sollte sich das Thomas Mann'sche Buddenbrooks-Syndrom beweisen: Je mehr von Generation zu Generation die Kraft zu durchgreifendem Handel nachließ, desto mehr nahm der Sinn für Ästhetik und Verfeinerung zu und verkörperte sich im Speyerer Dom. Heinrich IV. verlieh der monumentalen Ruhe und Ausgewogenheit der Kathedrale mehr Dynamik und Dekor. Während sich der Dom bis dahin aus einfachen, blockartigen Kuben zusammengesetzt hatte, wurde um 1090 die Mächtigkeit der Baumasse sowohl durch Aufstockung als auch durch reiche plastische Formen gesteigert. Der spätere Bischof Otto von Bamberg hatte jetzt die Bauaufsicht inne. Die mittelalterlichen Biographen des Bischofs berichteten, er selbst habe Pläne für den Umbau vorgelegt, die dann vom Kaiser überarbeitet worden seien. Heinrich IV. habe darüber hinaus von überall her, aus seinem und aus anderen Reichen, Architekten und Handwerker zusammengezogen.[15]

Nicht nur die vier bereits bestehenden Türme wurden erhöht und erhielten eine feine, durchbrochene Gliederung, es kamen auch zwei neue achteckige Türme hinzu, einmal über der Vierung des Querhauses und einmal über dem westlichen Querriegel. Vom Chor über das Querhaus und das Langhaus bis zum Westwerk wurde unterhalb des

Dachs eine Zwerggalerie eingezogen, die den sakralen Koloss auf elegante Weise zusammenbindet. Da die Kathedrale bei der Verwüstung der Stadt 1689 schweren Schaden erlitt, wurde der westliche Teil des Langhauses im 18. Jahrhundert detailgetreu erneuert; auch die Rekonstruktion des Westwerks hielt sich im 19. Jahrhundert im Großen und Ganzen an Grafiken der Zeit vor 1689.

Mehr noch als außen beeindrucken die Veränderungen durch Heinrich IV. innen. Feierlich, wenn nicht atemberaubend entfaltet sich das Mittelschiff des Langhauses. Kolossale Bauglieder aus rosa und gelbem Sandstein erzeugen einen Vorwärtsdrang, dem man sich nicht entziehen kann. Zwölf hintereinander gestaffelte, kantige Pfeilerpaare laufen fast bis an die Decke hoch, dazwischen sind die Wände über steilen Arkadenbögen gleichsam nur eingefüllt, während sich im Obergaden große Fenster öffnen. Heinrich IV. stachelte seine Bauleute dazu an, auch den Riesenraum des Mittelschiffes mit Kreuzgratgewölben abzuschließen. Erst jetzt entstand der dynamische, voluminöse a-b-a-b-Rhythmus, denn jedes zweite Pfeilerpaar wurde nun mit rechteckigen Wandvorlagen verstärkt; davor setzte man kräftige Dreiviertelsäulen, um die Gurtbögen des Gewölbes zu stützen. Zwischenkapitelle und ausladende Kämpfer, die auf halber Höhe der Dreiviertelsäulen hervortreten, gliedern den triumphalen Aufwärtsdrang, während zugleich die Tiefenwirkung der schwächer und stärker ausgebildeten Pfeiler dadurch noch gesteigert wird, dass sich Treppenfluchten zur Vierung hin erheben, wo die Kuppel des Vierungsturmes eine unglaubliche Höhe von 47 Metern erklimmt. Man kommt aus dem Staunen kaum heraus. Alles ist darauf ausgerichtet, erhabene Gefühle hervorzurufen, sei es für Gott, die Salier, das Imperium oder Gottweiß-für-was. (Farbbild 7)

Rund hundert Jahre lang, von etwa 1050 bis 1150, waren die deutschen Könige nur noch sporadisch in Italien erschienen. Es war für die Imperatoren nicht leicht, sich längere Zeit im Süden zu behaupten, weil ihre Macht schon im Norden auf wackeligen Beinen stand. Unentwegt kämpften deutsche Fürsten gegeneinander, machten sich gegenseitig das Königtum streitig. Der erste staufische König Konrad III. regierte von 1138 bis 1152, ohne je in Italien gewesen zu sein, weil ihn die innerdeutschen Konflikte festhielten.

Dann geschah das schier Unfassbare. Friedrich I., der Neffe und Nachfolger von Konrad III., schaffte es fast über Nacht, hauptsächlich mit diplomatischen Mitteln die ewigen Streitereien zwischen den deutschen Fürsten zu entschärfen. Sein Onkel, Bischof Otto von Freising, verfasste, wahrscheinlich im Auftrag des jungen Königs, auf jeden Fall in Absprache mit ihm, bald die »Taten Friedrichs«, die Rahewin, ein Schüler von Otto, fortsetzte. Rahewin staunte im »Dritten Buch« noch einmal über die neuen Verhältnisse: »Nachdem die Reichsangelegenheiten in Deutschland mit höchster Klugheit geordnet worden waren, genoß das ganze Land eine schon ungewohnt gewordene und lange nicht mehr gekannte Ruhe. Kurz, es herrschte solcher Friede in Deutschland, daß die Menschen verändert, das Land ein anderes, selbst das Klima milder und sanfter zu sein schienen.«[16]

Eigentlich war es jetzt höchste Eisenbahn, endlich auch einen festen Hauptort im deutschen Königreich zu schaffen, endlich als König sesshafter zu werden, mehr denn je das Höfische, Urbane und Zivile zu pflegen, so wie es zwischenzeitlich die Könige von Frankreich und England mit dem Ausbau von Paris und London vormachten. Mehrfach hatte es im ostfränkisch-deutschen Königreich schon Ansätze zur Residenzbildung gegeben: in Regensburg und Frankfurt am Main unter Ludwig dem Deutschen, in Magdeburg unter Otto dem Großen, in Bamberg unter Heinrich II. oder in Goslar unter Heinrich III. Doch Dynastiewechsel hatten die Machtzentren immer wieder verschoben, ja, manche Herrscher wie Konrad II. hatten überhaupt kein Faible für die Bildung eines Hauptortes. Typisch für die frühe deutsche Geschichte, rissen die Fäden höherer Kultur an einem bestimmten Ort immer wieder ab. Nirgendwo verdichteten sich unter dem Patronat der Könige dauerhaft Stifte und Schulen, um die geistigen Kräfte und Energien des Landes zu sammeln, um möglicherweise wie in Paris seit dem 12. Jahrhundert auch eine Universität hervorzubringen. Auf dem Gebiet der Residenzbildung leisteten sich die deutschen Herrscher eine ziemliche Stümperei.

Sicherlich tut man gut daran, nicht allzu beckmesserisch von heutiger Warte aus auf frühere Zeiten zu schauen. Aber man kann doch mit Jacob Burckhardt nach »Glück und Unglück« in der Geschichte fragen.[17] Der Regierungsantritt von Friedrich I. *1152* bedeutete möglicherweise beides: *Glück und Unglück in der deutschen Geschichte*: Glück, weil der König hierzulande im Großen und Ganzen für Frieden sorgte, darüber hinaus auch Sinn für Luxus entwickelte, für das Angenehme und Schöne; Unglück, weil ihm letztlich doch die urbanen Instinkte fehlten und er als ein eigentlich befähigter, elanvoller Herrscher die einzigartige Möglichkeit zur königlichen Residenzbildung nicht nutzte.

Friedrich wollte ein edler Ritter sein. Fragte sich nur, ob die Idee des Rittertums schon hinreichte, um auch Staatsmann zu sein. Friedrich hatte ein ähnliches Naturell wie einst König Konrad II. Auch Friedrich verfügte über eine Rossnatur und war außergewöhnlichen körperlichen Strapazen gewachsen. Das traditionelle Reisekönigtum stellte für ihn physisch kein Problem dar. Das Rittertum, das stets neuen Aufgaben zustrebte und für die gerechte Sache kämpfte, war sein Element. Friedrich dachte zuerst an die Mutprobe. Ohne kriegerischen Ruhm machte ihm das Rittertum keinen Spaß.

Rahewin porträtierte den Herrscher in den »Taten Friedrichs«: »Er liebt Kriege, aber nur, um dadurch den Frieden zu gewinnen.« Schon 1152 hatte auch Abt Wibald von Stablo und Corvey in einem Brief an Papst Eugen III. den König ähnlich charakterisiert. Friedrich zeichne sich durch einen scharfen Verstand, rasche Entschlusskraft in Beratungen, großes Kriegsglück, Streben nach Ruhm, Abscheu gegenüber Ungerechtigkeit, Zugänglichkeit und Freigebigkeit und eine deutlich rhetorische Begabung in seiner Muttersprache aus.[18]

Friedrich I. erschien den Zeitgenossen als kraftstrotzendes Sonnenkind. Es gelang ihm fast ohne Gewalt, die Angelegenheiten des Reiches nördlich der Alpen rasch zu befrieden, schlicht durch sein taktisch-diplomatisches Verhandlungsgeschick. Darin lag allerdings für ihn auch ein Problem, weil er auf diese Weise eben kein großes Kriegsglück beweisen und als Ritter und Feldherr keinen Ruhm erwerben konnte. Es gab für ihn nördlich der Alpen nun eigentlich nichts Aufregendes mehr zu tun. Er kam nicht auf die Idee, jetzt einfach die Romanisierung, Urbanisierung, Verfeinerung ins Visier zu nehmen, sprich: den Ausbau des Landes und die Wohlfahrt voranzutreiben; das Wachstum der Städte zu fördern, Verkehr, Sicherheit und Reichtum: all das, was dem Lauf der Geschichte erst Sinn verleiht.

Ruhm im Frieden schien für Friedrich weniger ehrenvoll zu sein als Ruhm im Krieg. Blieb Italien, das sich von jeher widerborstig gegenüber den Königen aus dem Norden zeigte und nun endlich zur Räson gebracht werden konnte, wie Friedrich dachte. Der Frieden in Deutschland entfaltete ein neues Kraftgefühl unter den Deutschen, man empfand sich als stark genug, um die »Ehre des Römischen Reiches« unter deutscher Vorherrschaft wieder zur Geltung zu bringen. 1154 zog Friedrich in Begleitung von fast allen deutschen Fürsten mit einem Panzerreiterheer über die Alpen, um für die Kaiserkrone zu kämpfen. Die Italiener nannten den deutschen Herrscher mit dem roten Bart bald doppeldeutig Barbarossa.

Otto von Freising hob in den »Taten Friedrichs« die zwei wesentlichen Phänomene hervor, denen Friedrich Barbarossa nun in Italien begegnete. Der erste Aspekt war ein nahezu touristischer. Es öffnete sich den Deutschen in der Po-Ebene eine blühende Landschaft, »ein wahrhafter Garten der Wonnen«. Otto kannte Italien aus eigener Anschauung und stellte es als das gelobte Land vor, wo es Überfluss an guter Nahrung gab: »Durch den Po (...) und andere Flüsse wird das Land bewässert, und wegen des fruchtbaren Bodens und des milden Klimas trägt es Getreide, Wein und Öl, und zwar in solchen Mengen, daß es geradezu Wälder von fruchttragenden Bäumen, vor allem Kastanien, Feigen- und Ölbäume hervorbringt.« Aus einem Schreiben an Otto von Wittelsbach und Rainald von Dassel geht hervor, dass der junge Kaiser 1155 bei Ancona mit dem bayerischen Pfalzgrafen Otto im Meer badete.[19]

Die reiche ländliche Kultur in Italien wurde für Otto von Freising durch ein zweites Element ergänzt: durch eine neue städtische Zivilisation. Scharfsinnig erkannte der gelehrte Latinist, dass sich in den letzten Jahrzehnten in Italien wieder Städte entwickelt hatten, die an liberale antike Verhältnisse anknüpften. Viele Städte standen nun nicht mehr, wie im frühen Mittelalter, unter der Herrschaft eines Bischofs oder Fürsten, sondern wurden wieder wie in antiker, römischer Zeit von einem größeren Kreis von Bürgern verwaltet: von vornehmen Familien und Geschlechtern, Patriziern und Senatoren, »Konsuln« und »Räten«.

Der Bischof von Freising war widerwillig fasziniert von diesen Vorgängen. Er holte geschichtlich weit aus und schilderte die Entwicklung der Lombardei von der Völkerwanderung bis in die Gegenwart: »Indes die Langobarden legten ihre rohe barbarische Wildheit ab, und vielleicht deshalb, weil sie sich mit Eingeborenen verheirateten und Söhne zeugten, die vom mütterlichen Blut und der Eigenart des Landes und des Klimas etwas von römischer Gesittung und Gedankenschärfe annahmen, wahren sie die Eleganz der lateinischen Sprache und die verfeinerte Lebensart. Auch in der Verwaltung der Städte und in der Bewahrung der Staatsform ist ihr Vorbild noch heute die Klugheit der alten Römer. Schließlich lieben sie die Freiheit so stark, daß sie sich jedem Übergriff der Gewalt entziehen und lieber von Konsuln als von Herrschern regieren lassen.«

In den Kommunen der Lombardei wuchs eine neue Gesellschaft heran, die nichts mehr mit frühmittelalterlicher Politik am Hut hatte. Die Prinzipien von Autorität, Kaisertum, Fürstenherrschaft, Rittertum und Hörigkeit erschienen veraltet. Man löste die gewohnten Hierarchien auf, um Verhältnisse zu schaffen, die mehr Lebendigkeit, mehr Wohlstand boten. Die neuen Leitbegriffe lauteten Freiheit, Republik, Bürgertum, Kaufmannschaft, Handwerk. Otto fuhr fort: »So kommt es, daß ihr Land fast völlig von Stadtstaaten aufgeteilt ist und daß jeder derselben die Bewohner seines Gebietes mit ihnen zusammenzuleben zwingt, daß man ferner kaum einen Edlen oder Großen von noch so großem Ehrgeiz findet, der sich nicht trotzdem der Herrschaft seines Staates beugte. (...) Damit sie nicht der Mittel entraten, auch die Nachbarn zu unterdrücken, halten sie es nicht für unter ihrer Würde, junge Leute der unteren Stände und auch Handwerker, die irgendein verachtetes mechanisches Gewerbe betrieben, zum Rittergürtel und zu höheren Würden zuzulassen, während die übrigen Völker solche wie die Pest von den ehrenvollen und freieren Beschäftigungen ausschließen. So kommt es, daß sie an Reichtum und Macht die übrigen Städte der Welt übertreffen.«

Otto kam zu einem paradoxen Ergebnis: In diesen Städten herrsche zwar die falsche soziale Ordnung, aber diese neue Ordnung sei ungemein erfolgreich. Es blieb ihm nicht verschlossen, dass diese Entwicklung zur autonomen oder teilautonomen Stadt just in dem Moment in Gang gekommen war, als die Könige des Nordens kaum noch im Süden präsent waren, seit etwa 1050: »Förderlich war ihnen dabei nicht nur, wie gesagt, ihr tatkräftiger Charakter, sondern auch die Abwesenheit der Herrscher, die sich angewöhnt haben, im transalpinen Gebiet zu bleiben.« Für Otto ging es jetzt nicht nur darum, das gewohnheitsgemäße Recht des deutschen Königs auf das Kaisertum zu behaupten, sondern auch darum, eine Systemfrage zu entscheiden: Lässt sich das Phänomen der neuen freiheitlichen Stadt mit ihrem Regiment der Konsuln in die Struktur des Kaiserreiches eingliedern? Oder wird durch die neue liberale Stadt die bisherige politische Ordnung insgesamt in Frage gestellt?

Die neuen politischen Freiheiten in den Städten der Lombardei schienen sich mit dem hergebrachten Kaisertum nicht unbedingt zu vertragen: »Denn ihrem Fürsten, dem sie freiwillig ehrfürchtig Gehorsam schulden, begegnen sie kaum jemals mit Ehrfurcht, noch anerkennen sie gehorsam, was er nach gültigem Gesetz anordnet, es sei denn, dass sie unter dem Zwang eines starken militärischen Aufgebots die Autorität zu spüren bekommen.« Es gab für das Kaisertum offenbar nur zwei Möglichkeiten: Entweder stoppte man den Prozess der Urbanisierung, Liberalisierung und Verfeinerung – oder der deutsche Kaiser wurde selbst urbaner und feinsinniger, um Autoritäres mit Freiheitlichem zu verbinden.

Otto von Freising sah die Dinge mit analytischem Verstand. Er selbst hatte eine ausgezeichnete Ausbildung genossen und mehrere Jahre in Frankreich studiert, unter anderem auch in Paris. Rahewin porträtierte Otto in den »Taten Friedrichs« und führte den Bildungsstand eines geistlichen Großen in deutschen Landen vor Augen: »Mit wissenschaftlichen Kenntnissen in mehr als mittelmäßiger oder gewöhnlicher Weise ausgerüstet, galt er unter den deutschen Bischöfen als der erste oder als einer der ersten; denn außer der Kenntnis der Heiligen Schrift, deren geheimnisvolle und tiefsinnige Aussprüche er besser verstand als andere, hat er fast als erster die Subtilitäten der philosophischen und der Aristotelischen Schriften über die Topik, die Analytik und die Beweisführung unserem Heimatland vermittelt.« Otto wie Rahewin zeigten in den »Taten Friedrichs« eine neue Beweglichkeit des Denkens, gespickt mit beachtlichen historischen Kenntnissen. Man gab sich gegenüber dem Auftraggeber des Werkes, gegenüber dem Kaiser, loyal, vermied es aber, das Konservative und das Fortschrittliche in simpler Schwarzweißmalerei darzustellen.

Völlig unbekannt waren die neuen gesellschaftlichen Entwicklungen des Südens im Norden ja nicht. Bereits Otto der Große und Bruno hatten seit etwa 960 den Kaufleuten in Köln und anderswo gewisse wirtschaftliche Sicherheiten und Freiheiten geboten. Gut hundert Jahre später, 1073, vertrieben die Wormser Bürger ihren bischöflichen Stadtherrn und empfingen König Heinrich IV., woraufhin er sie mit einem königlichen Zollprivileg belohnte. Ein Jahr später jagten auch die Kölner Bürger ihren Erzbischof davon, weil sie sein Regiment als willkürlich und ungerecht empfanden. Vorläufig konnten sich die Bürger gegenüber dem Stadtherrn nicht entscheidend durchsetzen. Doch der Keim bürgerlicher Freiheit war in der zweiten Hälfte des 11. Jahrhunderts auch schon in deutschen Städten virulent.[20] In einer Urkunde des Erzbischofs von Köln aus dem Jahr 1103 erschienen erstmals »Kaufleute«, »vornehme Männer« und »Schöffen«, die über Zoll- und Marktrechte verhandelten.[21]

Kurz danach entstand hierzulande schon die erste bürgerliche Stadt ohne fürstliche Pfalz. Herzog Konrad von Zähringen gründete Freiburg im Breisgau als eine planmäßig angelegte Gewerbestadt für Kaufleute und Handwerker. Freiburg erhielt – nomen est omen – eine freiheitliche Struktur, um möglichst viele tüchtige Leute anzulocken. Die Gründungsurkunde von Freiburg im Jahr *1120*, die durch spätere Abschriften erhalten ist, wurde zu einem *Meilenstein bürgerlicher Entwicklung* in Deutschland. Es hieß: »Aller Nachwelt und Mitwelt sei kundgemacht, daß ich, Konrad, an dem Platz, der mir als Eigengut gehört, nämlich, *Friburg*, einen Marktort gegründet habe, im Jahr der Fleischwerdung des Herrn 1120. Nachdem angesehene Geschäftsleute von überall her zusammengerufen worden waren, habe ich angeordnet, diesen Marktort durch eine Art Schwurverband anzufangen und auszubauen. (...) Ich werde meinen Bürgern niemals ohne Wahl einen anderen Vogt und einen anderen Priester vorsetzen, sondern wen immer sie dazu wählen, werden sie von mir bestätigt bekommen. Wenn zwischen meinen Bürgern Rechtshandel und Streit entsteht, wird er nicht nach meinem Ermessen oder dem ihres Leiters behandelt; sondern der Fall wird nach dem anerkannten Gewohnheitsrecht aller Geschäftsleute, vor allem der Kölner, entschieden. (...) Jede Frau soll in der Erbfolge gleichgestellt sein und umgekehrt.«[22]

Während vorher schon in lateinischen Texten der Begriff der *cives* als Bezeichnung für die Bürger in der Stadt aufgetaucht war, erschien hier zum ersten Mal der deutsche Begriff der *burgenses*. Grundsätzlich war der »Bürger« jemand, der nicht auf dem Land, sondern in der Stadt lebte, der kein Höriger, sondern ein Freier war, der nach eigenem Belieben einer Arbeit nachging oder ein Gewerbe betrieb, sei es Handel, sei es Handwerk, einer, der in irgendeiner Weise an den politischen wie rechtlichen Geschäften der Stadt teilnahm.

Friedrich I. war nicht gerade ein Feind der Städte, denn er wusste, dass die ritterlich-höfische Kultur der königlichen und fürstlichen Pfalzen vom Warenhandel der Kaufleute abhängig war. Er schenkte im Laufe der Zeit auch Kaufleuten sein Gehör, ließ sich von ihnen beraten, um Zollschranken abzubauen und den Handel zu erleichtern. Aber am hergebrachten gesellschaftlichen Modell – Adel, Klerus, Untertan – sollte sich für ihn nichts ändern. Was für den ländlichen Stand der Bauern galt, sollte im Prinzip auch für die neue städtische Schicht der Kaufleute, Handwerker und Bürger gelten: Treue und Gehorsam gegenüber Adel und Klerus! Friedrich zögerte, Autoritäres mit Freiheitlichem zu verbinden. Wirtschaftliche Freiheit der Kaufleute und Bürger: ja! Politische Freiheit der Kaufleute und Bürger: nein!

Die ritterlich-höfische Kultur sollte bestimmend bleiben – eine Welt voll von chevalereskem Abenteuer, Kriegsruhm, fürstlicher Ehre, kaiserlichem Glanz. In der Lombardei waren für Friedrich die Verhältnisse auf den Kopf gestellt. In den Kommunen regierten Konsuln und

Bürger, so wie es Otto von Freising beschrieb; die Städte begriffen sich als freie Stadtstaaten, die keinen Kaiser mehr brauchten, es sei denn, der Kaiser akzeptierte sie so, wie sie waren, und beschränkte sich darauf, Moderator zwischen den Städten zu sein, darauf, die überregionale Infrastruktur zu fördern, Straßen- und Brückenbau, für Landfrieden zu sorgen und dafür Steuern von den Städten einzunehmen. Friedrich Barbarossa war mit solchen Vorstellungen überfordert, weil sie nur bedingt aristokratisch-autoritärem Heroentum entsprachen. Seine Ehre schien angekratzt zu sein, wenn nicht alles nach seiner Pfeife tanzte.

Der König wollte das Übel bei der Wurzel packen und den Rädelsführer der kommunalen Bewegung in die Knie zwingen: das stolze Mailand. Mehrere Jahre hindurch betrieb er gegenüber Mailand und seinen Verbündeten eine Politik der verbrannten Erde. Sogar Otto von Freising gab sich in seinen »Taten Friedrichs« skeptisch: »Wir glauben aber nicht, daß es im Vergleich zu seinen sonstigen Heldentaten viel zum Ruhme des Königs beitragen würde, wenn wir die Burgen, Felsennester, Städte und großen Dörfer aufzählten, die seit seinem Einmarsch nicht nur durch regelrechten Angriff seines Heeres, sondern auch durch planlosen Ansturm seiner Knechte zerstört worden sind.« Vorläufig konnte er Mailand selbst nicht frontal angreifen, weil sein Heer zu klein war. Man verfügte noch nicht über die technischen Mittel einer Stadtbelagerung, weil man glaubte, man zöge in offene Ritterschlachten.

Die Herrlichkeit des römischen Imperiums war für Barbarossa im Grunde die Herrlichkeit des deutschen Rittertums. Er trat als Herrscher aus dem Norden auf, der dem Süden seinen Stempel aufdrückt, wenn es sein musste, das »deutsche Eisen«, wie Rahewin schrieb. Friedrich liebte den Krieg – und wusch seine Hände in Unschuld. Bei einem neuen Angriff auf Mailand hielt er vor den deutschen Rittern eine Rede, die das Hauen und Stechen als edle Tat ausgab. Er schob den schwarzen Peter dem Gegner zu: »Niemand soll glauben, daß wir nach unserem Gutdünken Kriege führen, deren Ausgang unbestimmt ist und die (...) schrecklich und grausam sind. Nicht Herrschsucht reizt uns zum Kampfe, sondern die Wildheit des Aufruhrs. Mailand ist es, das euch vom heimischen Herd aufgescheucht, das euch aus den liebevollen Umarmungen eurer Kinder und Gattinnen gerissen, das durch seine Unehrerbietigkeit und die Unbesonnenheit all diese Mühe über eure Häupter gebracht hat.«

Die deutschen Haudegen kamen auf ihre Kosten. Sie konnten ihre Muskelkraft und Kühnheit gegenüber den verfeinerten Städtern unter Beweis stellen. Die harten Burschen waren in Hochstimmung, denn eine solch große Schar von Rittern hatte es bis dahin kaum gegeben. Nach Rahewin waren es 100 000 Bewaffnete (nach anderen Quellen 15 000 Ritter). Der Autor hob noch einmal neu an: »Da aber unsere Zeit sich nicht entsinnt, eine so berühmte Belagerung einer so stolzen Stadt erlebt zu haben, weil ja dabei nicht nur die Streitkräfte des deutschen, sondern auch des italienischen Reichs (Gegner der Mailänder) versammelt waren, strebten alle Ruhmsüchtigen und Lobbegierigen, einander durch irgendeine Heldentat zu übertreffen, um sich einen Namen machen zu können. (...) Die Grafen selbst als Befehlshaber setzten sich in diesem Kampf wie in vielen anderen allen Gefahren aus und ließen wie die besten Streiter ihre Körperkraft und ihren hohen Mut vor aller Augen so hell leuchten, daß auch der Feind ihre Tüchtigkeit anerkannte und jeder Zuschauer sie bezeugte (...). Da spielte sich ein grauenhaftes Schauspiel (spectaculum horribile) ab; es wurde verfolgt, geflohen, getötet, gefangen genommen, Rosse und Männer wurden erschlagen und viele Verwundete konnten weder fliehen noch sich ausruhen, nur sich aufrichten und wieder niederstürzen.«

Die hohe Moral des Krieges, die der Kaiser für sich beanspruchte, entpuppte sich als grausamer Männersport. Nach längerer Belagerung, vielen Ausfällen und Scharmützeln vor den Toren der Stadt ergaben sich die ausgehungerten Mailänder und wurden von Barbarossa gedemütigt. Die führenden Kreise der Stadt mussten barfüßig vor ihn hintreten und um Gnade bitten: zuerst mit ärmlichem Gewand der Klerus mit dem Erzbischof, dann mit nacktem Oberkörper die Konsuln und angesehenen Bürger. Die Art des Dramas wechselte gegenüber dem Schlachtfeld: »Es war ein großartiges Schauspiel (ingens spectaculum): eine gewaltige Zuschauermenge und Mitleid bei vielen, die milderen Sinnes waren.« Rahewin deutet an, dass es möglich gewesen wäre, als Sieger weiser mit den Besiegten umzugehen.

Friedrich Barbarossa wollte jetzt nach antikem Vorbild das Verhältnis zwischen Kaisertum und Städten auf eine rechtliche Grundlage stellen. Er rief den berühmten Hoftag auf den Ronkalischen Feldern ein, zu dem die Großen aus Italien und Deutschland, Bischöfe und Fürsten, auch Konsuln und Schöffen der Städte, erschienen. Der Kaiser hörte sich drei Tage lang die Wünsche und Klagen an. Dann zog er sich zurück, um die Dinge mit Rechtsgelehrten aus Bologna zu besprechen. Es sollten römisch-republikanische Tugenden wie Vernunft und Beratung demonstriert werden. Doch zu guter Letzt nahm sich Friedrich Barbarossa das Recht heraus, im Stil spätantiker römischer Kaiser als absoluter Herrscher aufzutreten und nach seinen Maßstäben neue Reichsgesetze zu verkünden. Die konsularische Verfassung wurde zwar formell gebilligt, aber dem Kaiser sollte das Recht zukommen, »in einzelnen Städten die Podestà (die Vögte), Konsuln und sonstigen Beamten mit Zustimmung des Volkes selbst« zu wählen. Damit war de facto der freiheitlichen Verfassung der Städte die Spitze gebrochen. Reihenweise wurden vom Kaiser ritterliche Recken aus der deutschen Provinz zur Podestà italienischer Städte erhoben, um nach ihrer Einsicht die Italiener zu regieren.

Der Kaiser machte die Rechnung ohne den Wirt. Es dauerte nicht lange, bis sich die Mailänder 1162 erneut erhoben und Barbarossa die Stirn boten. Zornentbrannt belagerte er Mailand ein weiteres Mal mit einem gewaltigen Heer. Dieses Mal wollte er kein Pardon geben. Als die Mailänder sich ein zweites Mal ergaben, geschah tatsächlich das Unvorstellbare. Barbarossa ließ den Mailändern nur das nackte Leben, trieb sie ohne Habe aus der Stadt und ließ den Ort dem Erdboden gleichmachen: die größte Metropole seines Imperiums, eine der größten Städte des christlichen Weltkreises. Friedrich Barbarossa fühlte sich auf dem Höhepunkt seiner Macht. Es war in Wahrheit der Tiefpunkt. Die Idee des transalpinen römischen Imperiums war spätestens jetzt moralisch erledigt.

Selbstverständlich waren auch die Mailänder keine Unschuldslämmer. Sie hatten als Bürger eines freiheitlichen Stadtstaats versucht, die Vormacht in der Lombardei zu erringen, ohne zimperlich zu sein. Auch sie zerstörten oder unterjochten Städte, auch sie hatten Dreck am Stecken, aber sie trugen ein zukunftsweisendes Element in sich, schufen eine neue Gesellschaft, ansatzweise ein Leben unter Gleichen, wo sich die Energien nicht zuerst auf das Kriegführen und Beutemachen richteten, sondern auf Handwerk, Handel und Verkehr.

Schließlich durfte ein Kaiser nicht so massiv gegen den Strom schwimmen. Historische Größe entsteht nicht dadurch, dass man das Rad der Geschichte zurückdreht, sondern dadurch, dass man ein bewusstes Verhältnis zur Kultur der Zeit entwickelt. Statt das blühende Mailand als Muster für die Städte des Nordens zu entdecken, zerstörte Friedrich – aus gekränktem Stolz – eine solch bedeutende Ressource seines Reiches. Er sägte an dem Ast, auf dem er saß.

Das Städtisch-Bürgerliche war letztlich stärker als das Ländlich-Ritterliche. Bei einem weiteren Italienfeldzug brach die Herrlichkeit der deutschen Ritterschaft wie ein Kartenhaus zusammen. Tausende von Rittern starben von heute auf morgen an der Sommermalaria, darunter ein großer Teil der deutschen Eliten, Erzbischöfe, Bischöfe, Herzöge und Markgrafen. Der Kaiser überlebte die Katastrophe, stand aber nun so gut wie allein da und musste einlenken, wenn er seine Macht nicht völlig einbüßen wollte.

Die Mailänder waren in ihre Stadt zurückgekehrt, bauten sie erneut auf und erholten sich wieder. Der Kaiser kam nun plötzlich mit seinen geistigen Talenten weiter als vorher mit seinen kriegerischen. Nun setzte er auch gegenüber der neuen Macht der freiheitlichen Städte sein taktisch-diplomatisches Verhandlungsgeschick ein, sein an sich gewinnendes Wesen, gab sich flexibel, pragmatisch, übte sich im Fair Play. Jetzt akzeptierte er die Mailänder endlich so, wie sie waren, fand sich mit der Autonomie oder Teilautonomie der Stadt ab und war zufrieden, wenn die Mailänder Steuern an ihn zahlten. Jetzt ging es plötzlich.

Der Kaiser reiste am Ende seines Lebens ohne großes Heer in Italien von Stadt zu Stadt, übernahm die Rolle des Moderators und ließ sich von den Mailändern bewirten. Umgekehrt waren auch die Mailänder gegenüber ihren Nachbarstädten nun friedlicher, weil sie merkten, dass sie die anderen brauchten, wenn sie den Kaiser in Schach halten wollten. Irgendwie schien Barbarossa am Ende doch Gutes bewirkt zu haben. Die »Ehre des Reiches« schien wiederhergestellt zu sein. Doch das Kind war längst in den Brunnen gefallen.

Das Jahr *1162*, als Mailand dem Erdboden gleichgemacht wurde, war ein *annus horribilis* für das transalpine römische Imperium. Das eigentliche römische Element dieses Reiches wurde nicht mehr recht geachtet. Zuvor hatten Karl der Große und Otto der Große versucht, den zivilisatorischen Vorsprung des Südens und des Westens, lateinische Gelehrsamkeit und bischöfliche Stadtkultur, für das Gebiet östlich des Rheins und nördlich der Alpen fruchtbar zu machen. Friedrich Barbarossa fühlte sich aber diesem Transfergedanken nicht mehr unbedingt verpflichtet, weil er sich einredete, dass zwischenzeitlich der Norden dem Süden kulturell überlegen sei – was längst nicht der Fall war. Ja, er glaubte sogar, er müsse die städtisch-bürgerliche Kultur des Südens mit der ländlich-ritterlichen des Nordens missionieren und so für Recht und Ordnung sorgen. Er versäumte es, dem Reich mehr Staatlichkeit einzuhauchen. Er nannte das Imperium fortan abgehoben ein »Heiliges Römisches Reich«, das in Wahrheit nun ein Wolkenkuckucksheim war.

Friedrich Barbarossa hielt sich insgesamt 14 Jahre in Italien auf, so lange wie kein deutscher Kaiser vor ihm, band dort enorme Ressourcen seiner Machtpolitik, ohne das transalpine Kaisertum überlebensfähiger zu machen. Man kann nicht sagen, dass seine italienischen Unternehmungen in konstitutioneller Hinsicht bedeutender als die Taten anderer Könige gewesen wären und lange nachgewirkt hätten. Im Gegensatz zu Karl dem Großen und Otto dem Großen verlieh ihm die Geschichtsschreibung nicht den Beinamen »der Große«.

Fast scheint es, als hätten zwischendurch die Aufenthalte des Kaisers im deutschen Königreich nur dazu gedient, um immer wieder neue Kräfte und Truppen für den nächsten Italienfeldzug zu sammeln. Barbarossa war beseelt von seiner Machtpolitik, aber wohl auch fasziniert von Italien, von der kultivierten Landschaft dort, insgeheim von den freiheitlichen Städten, selbst wenn er den Motor dieser Städte, die bürgerlich-patrizische Kultur, nicht verstehen oder nicht anerkennen konnte, bestenfalls am Ende pragmatisch dulden.

Ob gewollt oder ungewollt, war es das größte Verdienst von Friedrich Barbarossa, in Deutschland rund 38 Jahre lang für Frieden und Einheit zu sorgen, zumindest so, wie es keiner der Lebenden vorher gekannt hatte. Landwirtschaft, Handwerk und Handel konnten sich leidlich entwickeln, wenngleich der Kaiser manche Bischöfe und Fürsten fast in den Ruin trieb, weil sie die unaufhörliche Pflicht der Heerfolge nach Italien kaum noch finanzieren konnten und Besitzungen verpfänden mussten, während der Kaiser selbst über die reichen Steuereinnahmen der italienischen Städte verfügte. Darüber hinaus profitierte er davon, dass nach den großen Verlusten des deutschen Panzerreiterheeres durch die Sommermalaria im Jahr 1167 viele Geschlechter in männlicher Linie ausstarben und dadurch Lehen und Vogteirechte an das Reich zurückfielen. Seit den 1170er Jahren wuchs die Hausmacht des Kaisers nördlich der Alpen stark an: Zum traditionellen Königsgut wie zum staufischen Hausgut im Elsass, in Schwaben und in Franken kamen freie Lehen und Vogteirechte hinzu, die der Kaiser nicht mehr an andere verlieh. Weil zu guter Letzt die Dezimierung des Heeres den Herrscher zu einer friedvolleren Politik zwang, blieb ihm mehr Zeit, sich endlich ernsthafter um den Ausbau des Landes nördlich der Alpen zu kümmern.

Auf der Grundlage von Königsgut, Vogteirechten in Königshand und staufischem Hausgut entstand das so genannte Reichsland. Der Kaiser verdichtete es durch eine Reihe von neuen Pfalzen, an die sich kleine Vorstädte anschlossen, welche straff von Reichsministerialen, Vögten und Schultheißen verwaltet wurden. Vielerorts gab es jetzt ein Zusammenspiel zwischen Reichsburg oder Pfalz und kleiner, burgartiger Bürger- und Marktsiedlung.

Friedrich Barbarossa war lernfähig. Er warf das Ruder herum und förderte seit etwa 1170 in Maßen die kommunale Bewegung. Er unterstützte Orte, die später zu Reichsstädten aufstiegen: königliche Orte wie Aachen, Dortmund, Goslar, Frankfurt am Main, Nürnberg, Ulm und Zürich, im Elsass Reichslandstädte wie Hagenau und Colmar, in den schwäbischen Stammlanden Gmünd, Esslingen, Heilbronn und Wimpfen, in Oberschwaben Reutlingen, Überlingen und Lindau, in der Wetterau Wetzlar, Friedberg und Gelnhausen, in Franken Rothenburg ob der Tauber und Dinkelsbühl, in den obersächsischen Reichslanden Altenburg, Chemnitz und Zwickau, im Saalfeld Nordhausen und Mühlhausen. Hinzu kam am Ende der Erwerb welfischer Städte wie Memmingen und Ravensburg im Süden, Lübeck im Norden.

Die Bürgersiedlungen in Königshand sollten am wirtschaftlichen Aufschwung in Europa teilnehmen, aber die Bürger sollten unter fürstlichem Regiment bleiben. Selbst nachdem Friedrich in Italien die Kröte der freiheitlichen Stadt geschluckt hatte und dort aus pragmatischen Gründen des Machterhalts die konsularische Verfassung duldete, unterband er nach wie vor eine parallele Entwicklung in Deutschland. In einem späten kaiserlichen Diplom aus dem Jahr 1182 für Trient, das traditionell zum deutschen Königreich gehörte, verbot Barbarossa den Bürgern dort die konsularische Verfassung und fügte hinzu: »So wie dies auch in den übrigen Städten des deutschen Königreiches üblich sei«.[23]

Sobald es hierzulande zum Streit zwischen Bischöfen und Bürgern kam, stellte sich der Kaiser auf die Seite der Bischöfe, nicht zuletzt, um sich deren Heerfolge für die Italienfeldzüge zu sichern. Schon im Jahr 1157 hatte er etwa in Trier die Bildung einer bürgerlichen »Schwurgemeinschaft« verboten, um den dortigen Erzbischof zu stärken. Allerdings änderte sich auch in diesem Fall seine Politik nach 1170 bis zu einem gewissen Grad. Er gewährte am Ende seiner Amtszeit auch den Kaufleuten in Hamburg, Bremen, Köln, Worms, Speyer oder Regensburg bestimmte Privilegien, die später dazu beitrugen, dass diese Städte ebenfalls zu Reichsstädten oder zu Orten mit reichsstadtähnlicher Position aufstiegen.[24]

Letztlich blieb das staufische Modell der Stadt, wo immer es möglich war, konservativ: sowohl im Vergleich mit den lombardischen Kommunen als auch im Vergleich mit den Städten der Herzöge von Zähringen. Der Kaiser bremste und verschleppte die Entwicklung der bürgerlichen Schwurgemeinschaft, der konsularischen Verfassung und des dynamischen Unternehmertums, dämpfte das bürgerlich-patrizische Selbstbewusstsein, um im Gegenzug die ritterlich-höfische Kultur umso mehr zu heben. Die gesellschaftlich prägende Leitfigur sollte nicht der *Bürger*, sondern der *Ritter* sein. Während unter Friedrich die Entwicklung der Wirtschaftskunst und Staatskunst in altmodischen Bahnen verlief, förderte er beherzt die Lebenskunst innerhalb der ritterlich-höfischen Sphäre. Er nahm jenes Projekt wieder auf, das in Deutschland unter Heinrich III. in Goslar in Gang gesetzt worden war: die Pflege der musisch-kulturellen Tugend bei Hofe: Naturkunde, Geschichte, Literatur, bildende Kunst, Musik, Sport, Wohnen, Mode, Feinschmeckerei, Tanz und Liebelei.

Bereits im Jahr 1152, gleich nach der Wahl zum König, ließ Friedrich Barbarossa die Pfalz in Kaiserslautern errichten, von der bis heute Fragmente erhalten sind. Rahewin beschrieb diese einst großzügige Anlage mit parkartigen Elementen und deutete an, dass der König und Kaiser tatsächlich ein Lebemann war, ein Sonnenkind, das die angenehmen und schönen Dinge des Lebens zu schätzen wusste: »In Kaiserslautern hat er eine Königspfalz aus roten Steinen errichtet und mit nicht geringer Freigebigkeit ausgestattet. Denn auf der einen Seite hat er sie mit einer sehr starken Mauer umgeben, die andere Seite umspült ein seeähnlicher Fischteich, der zur Weide der Augen wie des Gaumens alle Delikatessen an Fischen und Geflügel enthält. Daran stößt ein Park, der einer Fülle von Hirschen und Rehen Nahrung bietet. Die königliche Pracht all dieser Dinge und ihre Menge, die größer ist, als daß man sie schildern könnte, erweckt das Staunen der Beschauer.« Rahewin wies beiläufig auf die drei wichtigsten Dinge der höfischen Tafel im hohen Mittelalter hin: Fisch, Geflügel, Wild.

Der See und das Gehege sorgten dafür, dass diese Leckerbissen immer vorhanden waren. Rahewin schilderte auch das ritterlich-höfische Verhalten bei Tisch: »Beim Gastmahl herrscht folgender Brauch: königliche Fülle, doch so, daß sich weder die Mäßigkeit über Völlerei noch der Hunger über Knauserigkeit beklagen kann.« Dem Anschein nach sollte an der königlichen Tafel weniger der schwelgerisch grelle Aufwand gelten als vielmehr der ausgewählt feine Geschmack. Zumindest setzten sich in Freising die Verehrer von Aristoteles und Cicero, Bischof Otto und sein Schüler Rahewin, in mancherlei Hinsicht bewusst oder unbewusst für die humanistischen Ideale einer demokratisch-aristokratischen Stadtgesellschaft ein.

Man weiß durch die erhalten gebliebenen Urbare des Bamberger Domstifts aus dem 12. Jahrhundert, dass damals die adligen Domherren an Fest- und Feiertagen schon sechs oder acht Gänge serviert bekamen.[25] Normalerweise bestanden alle Gänge aus Fleischspeisen: Geflügel, Wild und Fleisch von Haustieren. Gemüse spielte kaum eine Rolle. Neben den beliebten *Bratengerichten* gab es auch »havenescen«: *Eintopf* mit Kohl, Rind- und Schaffleisch. Dazu waren die *Innereien* bei den edelfreien Herren beliebt, Leber und Hirn oder »darme et blezzen«, Gedärme und Kuttelfleck. Man kannte, als höchste Form des

Aufwands, bereits auch *Krapfen*, »Krapphelini«, dazu *Teigpasteten*. Solche Pasteten hießen »smelntrehe«: Schmal- oder Kleingedrehtes, Kleingehacktes. An Gewürzen standen Essig und Öl und reichlich Pfeffer und Salz zur Verfügung. Die Pasteten wurden teils mit, teils ohne Soße serviert oder gelegentlich auf einem Weißkrautbett dargereicht. In der Fastenzeit gab es Fische wie Karpfen und Lachs, Milch- und Eierspeisen, Käse und Küchlein.

Wie auch immer: So ein Sechs- oder Acht-Gänge-Menü zog sich hübsch in die Länge und bot Abwechslung, da die Speisen hintereinander serviert wurden. Unter anderem trug man bereits Zwischengerichte auf: »interclare, unterihte«. Ein Schelm, wer denkt, die geistlichen Domherren hätten sich kulinarischer Wollust hingegeben.

Um 1170 wurde eine weitere kaiserliche Pfalz in Gelnhausen errichtet, die ebenfalls bis heute fragmentarisch erhalten ist: so die Ringmauer, der Torturm mit gewölbter Torhalle und Resten der Kapelle darüber, zudem Teile des Palastes. Gerade die Außenmauern des Palastes sind noch verhältnismäßig gut instand. Von der Hofseite aus gesehen erhebt sich über einem Kellergeschoss das Erdgeschoss des Palastes, das festlich mit einem Portal und Fenstergruppen geschmückt ist. Darüber erkennt man ansatzweise noch den ersten Stock, wo sich der Festsaal befand. Einst führte eine zweiläufige Freitreppe mit Podest zum Portal, das selbst einen prachtvollen Rundbogen mit kleeblattartigem Sturz präsentiert. In die Laibung dieses Rundbogens wurden Rankenwerk und bukolische Figuren eingemeißelt: Sämann, Jäger, Winzer und Ackersmann, als durchschreite der Gast die Schwelle feinerer Genüsse.

Man ahnt noch etwas von der königlichen Prunkentfaltung. Walter Hotz vertritt die Ansicht, dass es eine eigene königliche Pfalzbauhütte gab, für die der Kaiser die Bauleute aus allen Teilen des Reiches zusammenzog: von diesseits und jenseits der Alpen.[26] Die Steinmetze entwickelten eigene Formen: so die gereihten Fensterarkaden mit Rundstäben und fein gearbeiteten Kapitellen, welche ein Flair der Offenheit oder Weltoffenheit vermitteln; dazu innen die zickzackgemusterten Achtecksäulen, die die bogenförmigen Kaminwangen im Wohn- und Speiseraum des Erdgeschosses tragen und ausgewählten Geschmack bekunden. Vermutlich wurden die Räume der Pfalz nicht nur von

Innenhof der königlichen Pfalz in Gelnhausen: Rechts Blick auf das plastische Portal und die Fenstergruppen des Palastes, entstanden um 1170

Steinmetzen dekoriert. Gottfried von Viterbo, ein Kaplan und Hofpoet von Friedrich Barbarossa, berichtete über die Wandgemälde, die der Herrscher in der Pfalz Hagenau anbringen ließ: »In Goldmalerei feiern mehrere Wandtafeln des Zimmers alles Vergangene und zeigen das Zukünftige; das Geschlecht aller Könige ist im Bild dargestellt.«[27] Der Kaiser wurde zum Mäzen der bildenden Kunst und Architektur und pflegte zugleich das geschichtliche Verständnis des Imperiums.

Gelnhausen war nicht nur gelegentlicher Wohnort der königlichen Familie und des Hofstaats, es wurde hierher auch einmal ein Hoftag einberufen, zu dem viele Reichsfürsten eintrafen, um einen gemeinsamen Konkurrenten zu verurteilen: Heinrich den Löwen, der sich ihrer Meinung nach zu viel herausnahm und die benachbarten Fürsten tyrannisierte. Er musste klein beigeben und ins Exil nach England gehen. Er hatte vorher als erster deutscher Reichsfürst und Herzog von Sachsen seit den 1140er Jahren eine feste Residenz mit zentraler Verwaltung in Braunschweig geschaffen. Institutionell war er moderner als der Kaiser.

Bei Hoftagen trat der Kaiser in vollem Ornat auf und saß auf dem Thron. In der prachtvollen Erscheinung sollten sich Majestät und Hoheit bezeugen. In der Welfenchronik, die Ende des 12. Jahrhunderts entstand, thront Friedrich Barbarossa mit den kaiserlichen Insignien, flankiert von seinen Söhnen, links vom Thronfolger Heinrich VI., rechts von Friedrich von Schwaben. Die starre Frontalität wird aufgelöst, indem sich der Kaiser leicht zum Thronfolger hinwendet, während die Söhne mit den Händen auf den Vater zeigen, quasi *en famille*. Das Bild symbolisiert dynastische Geschlossenheit und Kontinuität des Reichsregiments.

Wie schon in homerischer Zeit, so sollten auch im hohen Mittelalter die Tafelfreuden und Festlichkeiten im großen Saal der Pfalz vom Lied des Sängers begleitet werden: von Minnesang, Literatur und feinerer Bildung, um die dunklen Triebe und Begierden der Krieger zu mäßigen. Neben Gottfried von Viterbo hielt sich in den 1180er Jahren auf jeden Fall ein zweiter Poet am königlichen Hof auf, der Minnesänger Friedrich von Hausen, der zugleich ein Vertrauter und Ratgeber von Friedrich Barbarossa war. Sogar der Thronfolger, Heinrich VI., dichtete in jungen Jahren einige Minnelieder. Joachim Bumke, der Kenner der ritterlich-höfischen Kultur, hält es für möglich, dass der Hof von Friedrich Barbarossa ein früher Sammelpunkt der Minnesänger war.[28] Königin Beatrix förderte nachweislich auch noch nach ihrer Heirat mit Friedrich Barbarossa französische Poeten.

Gottfried von Viterbo wies darüber hinaus auf die Bibliothek der königlichen Pfalz in Hagenau hin, die offenbar sehr bedeutend war und die typische Mischung von humanistischer und christlicher Bildung verriet: »Die Bücherschränke des Kaisers sind voll der besten (römischen) Autoren und der besten christlichen Schriftsteller. Wenn du Geschichtswerke verlangst, bietet der Hof einen ganzen Markt. Rechtstexte und wissenschaftliche Schriften sind da und alle Dichter. Der große Aristoteles, Hypocrates, die Heilkunde Galens erteilen dort passende Ratschläge und sagen, wovor man sich hüten soll.«[29]

Die »Ordnung des Hofes«, von der bereits Hinkmar von Reims im Jahr 882 gesprochen hatte, war allerdings unter Friedrich Barbarossa nicht selten eine ›Unordnung des Hofes‹, weil der Hof eben nicht sesshaft wurde und laufend von Pfalz zu Pfalz zog. Gottfried von Viterbo

Majestät und Hoheit: Der thronende Kaiser Friedrich Barbarossa in vollem Ornat (mit kaiserlichen Insignien, Krone, Zepter, Globus), flankiert von seinen Söhnen, links der Thronfolger Heinrich VI., rechts Friedrich von Schwaben. Welfenchronik, Ende des 12. Jahrhunderts, Hessische Landesbibliothek D 11

schilderte das Chaos dieses ständigen Wanderlebens: »Mein geduldiges Bemühen und die Großartigkeit der behandelten Gegenstände und der Umfang des Werks mögen um so mehr Beachtung finden, als ich dies geschrieben zu Pferd, unter einem Baum oder tief im Wald, wie die Zeit es erlaubte, bei der Belagerung von Burgen, in den Gefahren von mancherlei Kämpfen. Nicht in der Einsamkeit oder im Kloster oder sonst an einem Ort der Stille habe ich dies verfaßt, sondern ständig in großer Unruhe und im Wirrwarr der Geschehnisse, im Krieg und unter kriegerischen Verhältnissen, im Lärm eines so großen Hofes, wo ich täglich zur Stelle sein mußte, als Kaplan, bei Tag und Nacht, zur Messe und zu allen Stundengebeten, bei der Tafel, bei Verhandlungen, beim Ausfertigen von Briefen, bei der täglichen Bestellung neuer Unterkünfte, bei der Sorge um den Lebensunterhalt für mich und die Meinen.«[30]

Die Hoftage, bei denen der Kaiser die Fürsten, die Damen und Herren des Reiches um sich versammelte, zu denen auch Gesandte anderer Länder kamen, waren die Höhepunkte der ritterlich-höfischen Kultur – Festtage, die durch Prunk und Pracht den Alltag vergessen machen sollten. Legendär wurde der Mainzer Hoftag des Jahres 1184. Es war womöglich der Gipfelpunkt deutscher Kaiserzeit im Mittelalter. Die Teilnehmer waren baff vor Staunen über die unübersehbare Menge an Menschen, über so viel Gewimmel, so viel Glanz und Glamour. Friedrich Barbarossa demonstrierte all seine Macht und Majestät. Er führte allen vor Augen, über welch gewaltige Ressourcen er gebieten konnte. Die Herrlichkeit des deutschen Rittertums sollte sich wie in einem Spiegel selbst begegnen.

Äußerer Anlass war die Ritterweihe der kaiserlichen Prinzen, von Heinrich VI. und Friedrich von Schwaben, verbunden mit Beratungen und Verhandlungen der Fürsten, Festgottesdiensten, Tafelfreuden und Ritterspielen. Einer der Zeitzeugen, der Dichter Heinrich von Veldeke, schrieb voller Bewunderung in seinem Eneas-Epos: »Ich habe niemals Kunde erhalten von einem Hoffest, das so groß war wie Eneas' Hochzeit, abgesehen von dem Fest in Mainz, das ich selbst gesehen habe. Das Fest war tatsächlich ungeheuer groß, als Kaiser Friedrich seinen beiden Söhnen das Schwert gab, wobei im Wert von vielen tausend Mark verzehrt und verschenkt wurde. Ich glaube, daß alle, die jetzt am Leben sind, niemals eine größere Feier gesehen haben. Was die Zukunft noch bringen wird, weiß ich nicht. Ich habe wahrhaftig niemals von einer Schwertleite gehört, wo so viele Fürsten und Menschen aller Art versammelt waren. Es leben noch genügend Menschen heute, die die Wahrheit davon wissen. Der Kaiser Friedrich gewann dort so hohes Ansehen, daß man bis zum Jüngsten Tag davon Erstaunliches berichten kann, ohne zu lügen.«[31]

Es handelte sich nicht nur um eine Versammlung des Hochadels, sondern um eine Zusammenkunft von »Menschen aller Art«, aller Stände, auch der Freiherren, Ministerialen, Knappen und Edelknechte. Um diese vielen Gäste unterzubringen und bewirten zu können, ließ der Kaiser nach den Angaben von Otto von St. Blasien vor den Toren von Mainz auf den Rheinwiesen eine provisorische Stadt aus Holz und Zelten erstellen, darunter eine ganze Pfalz aus Holz für den kaiserlichen Hof, mit einem großen »Festsaal«, einer geräumigen Kirche und den »Häusern der Fürsten«, alles »auf das vornehmste in einem Kreis errichtet«. Nicht zuletzt gab es zwei große Hühnerhäuser, die von den Besuchern bewundert wurden, denn die illustre Gesellschaft musste ja mit entsprechenden Delikatessen versorgt werden. Arnold von Lübeck schwärmte vom Überfluss an Speisen und Getränken »aus allen Ländern«, besonders über die Weinvorräte, die »rheinabwärts und rhein aufwärts herbeigeschafft wurden«.

Ein weiterer Zeuge des Geschehens, Giselbert von Mons, beschrieb nacheinander die Festkrönung der kaiserlichen Familie, die Ritterweihe der Prinzen und die Ritterspiele ohne scharfe Waffen. Das Magisch-Majestätische wie das Spontan-Unkonventionelle, das höchst Feierliche wie das Heiter-Ausgelassene wechselten: »Am heiligen Pfingsttag aber trugen Herr Friedrich, Kaiser der Römer, und seine Frau Kaiserin mit großer und gebührender Feierlichkeit die Kaiserkrone. Auch König Heinrich, ihr Sohn, trug mit ihnen die Königskrone. (...) Am Pfingstmontag wurden Herr Heinrich, König der Römer, und der Schwabenherzog Friedrich, die Söhne von Herrn Friedrich, Kaiser der Römer, zu Rittern geweiht. Zu ihren Ehren gaben sie und alle Fürsten und andere Adlige viele Geschenke an Ritter, Gefangene, Kreuzfahrer, Gaukler und Gauklerinnen, nämlich Pferde, kostbare Gewänder, Gold und Silber. (...) Am Montag und Dienstag veranstalteten nach dem Essen die Kaisersöhne ein Schauturnier, und daran nahmen schätzungsweise 20 000 Ritter und mehr teil. (...) Bei diesem Turnier zeigte auch Herr Kaiser Friedrich selbst geziemend vor den anderen seinen Schild, obwohl er von Gestalt nicht größer oder ansehnlicher als die übrigen war.«[32]

Die Pendelschläge zwischen Glück und Unglück waren im Mittelalter besonders heftig: hier großartiges Schauspiel: *ingens spectaculum* – dort grauenhaftes Schauspiel: *spectaculum horribile*. Am dritten Tag des Mainzer Festes zog ein Unwetter auf und pustete die provisorische Hauptstadt des deutschen Königreiches auf den Rheinwiesen vor den Toren von Mainz mit einem Schlag hinweg. Es gab nach den Berichten sogar eine Reihe von Toten. Das System des Reisekönigtums mit so vielen kleinen Pfalzen und flüchtigen Zeltstädten, das Friedrich Barbarossa wie kein anderer deutscher König vor ihm ausdehnte und phasenweise mit eminentem Glanz erfüllte, war nicht zukunftsweisend.

Wolfram von Eschenbach, jene Frau und ein Festmahl auf der Wartburg

Der Hang zum Idyllisch-Ländlichen zieht sich wie ein roter Faden durch die deutsche Literatur. Beliebt sind Helden, die ohne klares Ziel in die Welt hinausziehen und irgendwie im Bund mit geheimnisvollen Kräften der Natur stehen, mit Gott oder Mephistopheles. Man trifft die Helden der deutschen Literatur selten in Städten an, vielmehr bevorzugen sie verzauberte Landstriche, die Mysterien des Waldes, der Burgen und der Schlösser. Sogar in deutschen Filmen ist es heute nicht recht viel anders. Der Kritiker Andreas Kilb schreibt über Christian Petzold, er sei der wachste und modernste unter den deutschen Filmregisseuren, und fügt hinzu: »Petzolds Kino ist kein Kino der Städte (...). Es braucht die Stille und die Leere der Stadtränder und der Provinz, um seinen Zauber zu entfalten.«[33]

Rund achthundert Jahre früher war es ebenso. Parzival, der Held der mittelhochdeutschen Dichtung, wächst in der Abgeschiedenheit der Natur auf. Er begegnet in der Einöde des Waldes einigen Reitern in vollem Waffenglanz und hält sie für Götter. Er erfährt, dass man sie

Ritter nennt, und will unbedingt selbst einer werden. Als er aufbricht, um in die Welt hinauszuziehen, empfiehlt ihm die Mutter, sich von weisen Männern belehren zu lassen. Er stößt bald auf Fürst Gournemanz, einen Meister höfischer Erziehung. Weder das naive Gerede des jungen Ritters noch dessen merkwürdige Montur, die saloppe Rüstung, das Narrenkleid darunter und grobe Bauernstiefel, bringen den Grandseigneur aus der Fassung. Er sieht, dass der Jüngling an sich von schöner Gestalt ist. Er lässt für ihn ein Bad mit Rosenwasser einlaufen und sorgt dafür, dass junge Damen ihn waschen und massieren, einkleiden mit weißer Wäsche, roten Hosen, Rock und Mantel, besetzt mit Hermelin und Zobel. Im Handumdrehen wird äußerlich aus dem ungehobelten Recken ein feiner junger Herr.

Er scheint ein Günstling des Glücks zu sein, der sich mir nichts, dir nichts in einen mustergültigen Zeitgenossen verwandelt. Er durchläuft innerhalb von vierzehn Tagen einen Schnellkurs in ritterlicher Ausbildung – quasi eine Form von Turbo-Gentrifizierung. Es werden ihm rechte Sitten vermittelt, das eigentliche »Ritterwesen«, wie es heißt, ferner der richtige Umgang mit den Waffen. Die innere Haltung des Ritters, der Ehrenkodex, ist offenbar noch wichtiger als die äußere Wehrhaftigkeit. Der Lehrmeister schält aus dem Rittertum das Chevalereske, Kavalierartige heraus: Neben dem Reiten, dem Sport und dem Waffenglanz legt er Wert auf das Baden, die Körperpflege, die elegante Kleidung, das höfliche Benehmen, die Kunst der Tafelfreude, Unterhaltsamkeit, Besonnenheit, Selbstbeherrschung, maßvolles Wirtschaften, zugleich Freigebigkeit, Mitgefühl, Fürsorglichkeit, last, but not least die Verehrung der Frauen.

Es reicht für den Ritter nicht hin, durch Geburt auserwählt zu sein, er bedarf auch der Erziehung. Der Lehrmeister empfiehlt dem Schüler: »Seid nicht mehr so ungehobelt. / Ihr sollt nicht viele Fragen stellen! / Gewöhnt Euch an zu überlegen, / (...) Ihr könnt doch hören, sehen, / schmecken, riechen – all das bringe / Euch so langsam zu Verstand. / Verbindet mit dem Mut das Mitleid – / so befolgt Ihr meine Lehre.«[34] Gournemanz wünscht, dass Parzival länger bliebe, um ihm diese Dinge besser beizubringen. Doch der Held hört nur mit halbem Ohr zu, schnappt sich dieses und jenes heraus und fühlt sich für neue Abenteuer gewappnet.

Ohne sich länger aufzuhalten, zieht der Kämpe fort, erobert wie im Flug das Herz von Königin Condwiramour und heiratet sie sogleich. Unbekümmert reitet er weiter, um auch Ritter an der Tafelrunde von König Artus zu werden. Erst nach und nach deuten ihm andere Menschen an, dass er überall moralische Trümmer hinterlässt. Die Regeln des ritterlichen Benehmens bleiben bei ihm an der Oberfläche haften. Die Ritterschaft lässt sich nicht von heute auf morgen lernen, schon gar nicht lehrbuchartig. Als er auf der Gralsburg vor dem leidenden König Anfortas steht, erkundigt er sich nicht nach dessen Befinden, weil er glaubt, es sei nicht schicklich, viele Fragen zu stellen. Der Held muss Lehrgeld zahlen.

Es ist, als erfüllten sich im jungen Parzival die Klischees, welche antike oder romanische Autoren über die Bewohner nördlich der Alpen immer schon nährten. Parzival erscheint als ein typischer Deutscher, als ein Tölpel, der verfeinerten Sitten nicht gewachsen ist. Seine innere Bildung kann mit der Entwicklung der äußeren Kraft und Pracht nicht Schritt halten. Im Kern bleibt er tumb und naiv, versteht weder sich selbst noch die Welt. Ohne bewusst böse zu sein, verstrickt er sich durch seine idealistische Kraftmeierei in Schuld. Er erkennt das Leid anderer Menschen nicht und ist dadurch kein wahrer Ritter. Er hat eigentlich in der höfischen Literatur nichts verloren, weil er sich nicht mustergültig verhält. Parzival wird vom Glück verlassen und irrt über mehrere Jahre als Ritter einsam umher.

Es gehört zu den wundervollsten Szenen des Epos oder der deutschen Literatur überhaupt, wenn der Held an einem Karfreitag endlich bei Trevrizent einkehrt. Dieser lebt als Asket in einer Einsiedelei, liest als Laie neben der Bibel auch Platon, ist christlich wie humanistisch gebildet und bittet Parzival, die Rüstung abzulegen, falls ihn nicht die Hoffart blende. Es entfaltet sich ein langes Gespräch zwischen den beiden. Er erfährt jetzt, wer er wirklich ist, von wem er abstammt und wie viel Pein er anderen Menschen schon zugefügt hat. Nicht nur, dass er seiner Mutter das Herz brach und sie tot umfiel, als er in die Welt hinauszog; auch König Anfortas, der sein Onkel ist, hätte durch sein Mitgefühl von seinen Qualen erlöst werden können. Der Rote Ritter, den er arglos im Kampf tötete, sei sein Vetter gewesen.

Trevrizent breitet einen Kosmos an menschlichen Verflechtungen aus, welche die Glorie des ewigen Hauens und Stechens als fragwürdig erscheinen lassen. Er hebt das eitle Rittertum aus den Angeln, nimmt Parzival die ideelle, ritterliche Sicherheit und fordert ihn indirekt zu beweglicherem Denken auf. Nicht Draufgängertum oder äußerer Luxus, sondern die innere, verstandesmäßige Verfeinerung ist für den Asketen der Beginn eines besseren Lebens.

Das Gespräch verläuft phasenweise in christlich-theologischen Bahnen, wird aber ohne kirchliche Autorität geführt und entfaltet sich als ein freies Philosophieren über Gott und die Welt. Die beiden halten quasi ein Konsilium ab, pflegen die Kunst der Verständigung: das eigentlich Menschliche. Parzival will etwas von der weltlichen Lebensweise, den irdischen Freuden oder schlechthin vom prometheischen Element menschlicher Selbstbehauptung bewahren, ohne sündig zu werden: »Kann Ritterschaft den Erdenruhm / und auch das Seelenparadies / erkämpfen, mit dem Schild, der Lanze, / so wollt ich stets als Ritter leben!«

Kampfesmut und Freude an der Welt gehören für Parzival zur Ehre des Rittertums. Eine solche Haltung erscheint ihm gerechtfertigt, solange er unter christlicher Fahne kämpft und sich für die gute Sache einsetzt. Trevrizent ahnt hinter solchen Worten jedoch schon wieder Hochmut, zweifelt, ob der Kampf mit den Waffen wirklich eine christliche Tugend sei, und hält Parzival dazu an, sich zuerst einmal über die eigene Person und die Lebenszusammenhänge mehr Klarheit zu verschaffen, mehr Verantwortung auf sich zu nehmen und besonnener zu sein. Es ging darum, nicht nur fremden Lehren oder dem Zeitgeist zu folgen, sondern auch den eigenen Empfindungen: dem Mitgefühl.

Der Dichter des Epos, Wolfram von Eschenbach, nutzte für sein Werk die französische Quelle des »Conte du Graal« von Chrétien de Troyes und gab Parzival gleichzeitig eine eigene deutsche Note: eine besonders beseligte wie unruhig-grüblerische, tragische Tönung. Im Gegenzug las er seinem Helden auch die Leviten, denn der Poet selbst ließ sich nicht ohne weiteres vom zerstörerischen Geist der Nibelungen ins Bockshorn jagen, widerstand dem Sog des Tragischen, dem blinden Heldenmut, der Erotik des Untergangs. Der Erzähler blieb gegenüber seinem Helden so kritisch wie loyal. Das Kühne, Naturhaft-

Urwüchsige in Parzival war für Wolfram nicht von vornherein verdammenswert, sondern gehörte zum natürlichen, väterlichen Erbe des Helden. Es kam darauf an, diese väterliche Seite mit der mütterlichen Mitgift zu verbinden: mit Menschlichkeit, Mitgefühl, Zivil-Verfeinertem.

Während sich Parzival vom Bund mit Gott lösen will, weil Gott ihn nicht gut leite, empfiehlt ihm Trevrizent, doch etwas bescheidener zu sein, sich selbst als menschlich brauchbar zu erweisen, damit ihm die Güte des Lebens entgegenkomme. Tatsächlich entwickelt Parzival mehr Beständigkeit, verknüpft Kampfesmut mit edlem Charakter, zeigte Treue gegenüber Gott, gegenüber seiner Frau und seinem mütterlichen Erbe, dem Königtum des Grals, beweist Stetigkeit, um die christlich-ritterliche Kultgemeinschaft der Edelsten und Vornehmsten auf der Gralsburg wiederzufinden. Er wird nach vormaligem Scheitern zum Gralskönig erhoben und Hüter des edlen Steins, der als Quelle des Lebens erscheint und an bestimmten Tagen wie ein Tischleindeckdich für Speis und Trank, Jugend und Schönheit sorgt. Die magische Kraft des Grals ist Symbol göttlicher Gnade, die jenen zuteilwird, die sich im Leben bewähren. Nicht erst nach dem Tod im Himmel, sondern schon auf Erden soll es göttlichen Lohn geben.

Wolfram von Eschenbach wuchs in der Zeit von Kaiser Friedrich Barbarossa und Kaiser Heinrich VI. auf, als die Macht der Staufer ihren Höhepunkt erreichte. Wenngleich es seinerzeit keine feste Metropole in deutschen Landen gab, konnte der kaiserliche Hof von Pfalz zu Pfalz phasenweise großen Glanz entfalten, der viele Fürsten und Grafen des Reiches anzog. Es existierte für die so genannte feine Gesellschaft ein Forum, um Ritterlichkeit und Lebensart zu erproben. Wolfram von Eschenbach war selbst kein Stubenhocker, kein Mönch oder Gelehrter, sondern ein ritterbürtiger Dichter, der als Laie für Laien schrieb.

Es gibt keine Biographie über ihn, weil gesicherte Angaben über sein Leben spärlich sind.[35] Man könnte glauben, Wolfram gehöre nicht zu den bedeutendsten deutschen Dichtern und Persönlichkeiten. Beliebt ist die Vorstellung, dass hochmittelalterliche Dichter unfassbare, asexuelle Wesen gewesen seien, Leute, die von höfischer Liebe sangen, ohne selbst damit befasst gewesen zu sein, arme Teufel, Analphabeten, welche ihre Werke den Kanzleischreibern ihrer Gönner in die Feder diktierten.[36] Die Gelehrten verhalten sich wenig ritterlich, wagen nichts, scheuen das biographische Modell, obwohl manche lebensgeschichtlichen Einzelheiten der Dichter oft recht gut erforscht sind. Möglicherweise bietet gerade Wolfram die Gelegenheit, nun, in der Epoche um 1200, jemanden unterhalb der Schicht der Edelfreien näher kennenzulernen, einen Autor, der zu den Ersten gehörte, die im Ansatz so etwas wie ein freies Künstlertum versuchten, unterstützt von Mäzenen.

Wolfram schuf seine Werke etwa zwischen 1200 und 1220. Er nannte geschichtliche Ereignisse, die eine solche Datierung zulassen. Er stammte wohl aus dem heutigen Wolframs-Eschenbach, das im Fränkischen liegt, südwestlich von Nürnberg. Zu Wolframs Zeit waren dort die Grafen von Wertheim die bedeutendsten Grundherren. Im »Parzival« sprach der Dichter den Grafen von Wertheim als seinen »Herrn« an. Es konnte dies Verehrung bedeuten oder auf ein dienstliches Verhältnis hinweisen. Auffälligerweise redete der Poet keinen anderen Gönner je mit »mein Herr« an, keinen anderen, außer »Fürst Hermann von Thüringen«, je unmittelbar mit dem Namen.[37] Die Grafen von Wertheim besaßen in Eschenbach das Filetstück: den Herrenhof »bei der Kirche«. Um 1215 teilten sie ihren Beesitz auf und schenkten einen kleineren Teil mit dem Kirchenpatronat als »freien Besitz« dem Deutschen Orden, während sie selbst über den größeren Teil die Obereigentümer blieben, um diesen dem ritterlichen Geschlecht von Eschenbach als erbliches Lehen und Untereigentum zu überlassen, wie aus späteren Quellen hervorgeht.[38]

Wolfram selbst ist nur durch seine Werke dokumentiert, nicht durch Urkunden. Doch im Jahr 1253 erschien erstmals ein Mitglied seiner Familie auch urkundlich: Herr Ludwig von Eschenbach trat als Zeuge neben dem Komtur des Deutschordenshauses in Eschenbach auf.[39] Wahrscheinlich entstammte Wolfram einem Geschlecht, das aus dem Stand der Unfreien, der qualifizierten Dienstleute, der Meier und Verwalter, der Schöffen und Dorfvorsteher, sozial aufstieg. Die Mitglieder seines Clans wurden gelegentlich »Herr«, »dominus«, oder »Ritter«, »miles«, genannt. Vermutlich hatte seine Familie von jeher in Eschenbach die Verwaltung des Herrenhofes bei der Kirche inne. Es hatte bis Mitte des 12. Jahrhunderts hier nur eine kleine ottonische Saalkirche gegeben, die rund 20 Meter lang war, während nach 1150 ein doppelt so großes Gotteshaus entstand und den Aufschwung des Dorfes dokumentierte.[40]

Aller Anschein spricht dafür, dass der Dichter nicht in einem verschlafenen, ärmlichen Nest aufwuchs, sondern an einem recht belebten Ort, wo bereits ein stattliches romanisches Gotteshaus von über 40 Meter Länge aufragte. Wahrscheinlich machte sich schon früh der Verkehr auf jener Fernhandelsstraße bemerkbar, die sich im Mittelalter von Straßburg über Cannstatt-Stuttgart und Eschenbach bis nach Nürnberg herausbildete. Um 1506 beschrieb Sebastian Brant als Stadtschreiber von Straßburg in einer »Chronik« diese Strecke und nannte auch Eschenbach; östlich führte die Route bis Breslau, westlich nach Paris.[41] Eine Nürnberger Meilenscheibe von 1559 bezeugt, dass Eschenbach eine feste Etappe der fahrenden Kaufleute zwischen Nürnberg und Straßburg darstellte. Die einzelnen Stationen waren: Nürnberg, Schwabach, Eschenbach, Dinkelsbühl, Ellwangen, Schwäbisch Gmünd, Schorndorf, Cannstatt-Stuttgart, Pforzheim, Ettlingen, Rastatt, Lichtenau und Straßburg.[42] Von Straßburg aus führte der Weg in die Champagne. Mutmaßlich gelangten schon im 12. und 13. Jahrhundert süddeutsche Kaufleute über diese Verbindung zu den dortigen Messen: nach Troyes und Provins. Wolfram erklärte im »Willehalm«: »Ein Depp aus der Champagne / könnt Französisch sehr viel besser / als ich, wie immer ich französisch spreche.«[43]

Die Route wurde quasi zur Dichterstraße: mit Wolfram von Eschenbach, Gottfried von Straßburg und Chrétien de Troyes. Eschenbach schien natürlich gegenüber Straßburg und Troyes eine Quantité négligeable zu sein und in jeder Hinsicht den Kürzeren zu ziehen. Gottfried lieferte sich mit Wolfram in Form von Hasengleichnissen ein Fernduell in Fragen des poetischen Stils und gab sich siegessicher. Im »Tristan« münzte er auf Wolfram die Verse: »Wer es mit den Hasen hält / und im offenen Land der Sprache / loswetzt, weitum Futter sucht bei den Hüpf- und Würfelwörtern, / wer sich auf das Lorbeerkranje / Hoffnung macht, doch unbegründet, / laß uns den Anspruch überprüfen – / wir sprechen bei dem Urteil mit.«[44] Gottfried warf Wolfram vor, ein wilder Poet zu sein. Im »Parzival« zahlte Wolfram nach einem

Elsterngleichnis mit gleicher Münze heim: »Der Vergleich hier, so geflügelt, / ist zu schnell für Ignoranten – / ihr Denken kommt hier nicht mehr mit, denn es schlägt vor ihnen Haken / wie ein Hase auf der Flucht.« Die beiden Dichter schenkten einander nichts.

Wolfram war in den Augen von Gottfried eine Landpomeranze, der es an Schliff fehlte, umgekehrt war Gottfried für Wolfram ein manierierter Dichter im Elfenbeinturm. Zweifellos hatten Chrétien wie Gottfried von Jugend an gewisse Bildungsvorteile gegenüber Wolfram genossen, denn beide wuchsen wohl in Städten mit bischöflichen Kathedralen auf, wo es Stifts- und Domschulen gab. Demgegenüber musste man in Eschenbach froh sein, wenn der Dorfpfarrer leidlich gebildet war und sich des kleinen Wolfram etwas annahm. Vielleicht fiel dem Pfarrer auf, dass der Sohn des Meiers ein aufgeweckter Junge war, und schlug den Eltern vor, ihn auf eine Schule zu schicken, damit er Lesen und Schreiben lernen und Grundkenntnisse des Latein erwerben konnte. Oder der Sohn verlangte von sich aus danach, weil er Talent in sich spürte. Möglicherweise konnte der Lehensherr, der Graf von Wertheim, dafür gewonnen werden, einen Schulbesuch von Wolfram zu unterstützen, weil die gräfliche Verwaltung auch Schreiber brauchte, falls man dafür nicht auf Geistliche zurückgriff. Oder der Knabe konnte gut singen und beherrschte das Saitenspiel, was ihn für den Hof in Wertheim interessant machte. Der Pfarrer von Eschenbach stand in Verbindung mit dem gräflichen Patronatsherrn, er lässt sich später, im Jahr 1214, einmal in Wertheim nachweisen.

Für einen Spross des niederen Dienstadels war es jetzt wohl möglich, an einer Stiftsschule oder äußeren Klosterschule unterrichtet zu werden, ohne sich dem geistlichen Stand zu verschreiben oder ohne höhere Weihen zu erhalten. Hartmann von Aue, der Dichterkollege und Zeitgenosse von Wolfram, der seinerseits einem Ministerialgeschlecht entstammte, bezeugte, dass es das gab. Er sagte im »Armen Heinrich« zu Beginn: »Ein ritter sô gelêret was, / daz er an den buochen las, / swaz er dar an geschriben vant: / der was Hartmann genannt, / dienstmann was er zOuwe.« Am einfachsten war der Zugang für solche ritterbürtigen Laien wohl zu einer Stiftsschule, weil es dort keine strenge Klausur gab, weil vielleicht auch ein Verwandter hier Chorherr oder der Vogt der Dienstherr war.

Möglich, dass Wolfram eine Zeitlang die Schule des nahen Gumbertsstifts in Ansbach besuchte, etwa 15 Kilometer nordwestlich von Eschenbach. 1192 tauchen Graf Boppo von Wertheim und ein weiterer Gönner des Dichters, Graf Friedrich von Abenberg, mit dem Leiter der dortigen Schule, »Wortwinus Scholasticus de Onoldsbach«, in einer Urkunde des Bischofs von Würzburg auf.[45] Dieser Bischof war der Besitzer des Gumbertus-Stifts; die Staufer hatten die Obervogtei darüber inne, während die edelfreien Herren von Dornberg und Schalkhausen als die Untervögte des Stifts erschienen. Diese Dornberger waren neben den Grafen von Wertheim zu Wolframs Zeit in Eschenbach die wohl wichtigsten Grundherren. Seit 1288 verfügten jedenfalls die Erben der Dornberger, nämlich die Grafen von Oettingen und die edelfreien Herren von Heideck, gemeinsam über einen Teil des Gerichts in Eschenbach und belehnten hier die Familie des Dichters mit einem Waldgebiet. Später standen die Eschenbacher selbst mit dem Gumbertus-Stift in Verbindung. Seit 1325 war Heinrich III. von Eschenbach mit Margarethe Gottdank verheiratet, deren Vater ein Ministerialer des Stifts war.

Zugleich gab es etwa 15 Kilometer westlich von Eschenbach ein Stift in Herrieden, wo schon im 11. Jahrhundert der Anonymus Haserensis seine schulische Ausbildung genossen hatte. Im Jahr 1372 trat dort ein Herr Seyfried von Eschenbach zunächst als Chorherr, dann als Dekan und örtlicher Leiter des Stifts auf. Er gründete hier eine »Sangmeisterei«, auch zum Andenken an seine »Vorfahren«.[46] Vermutlich hatte es von jeher familiäre Verbindungen sowohl zum Stift in Ansbach als auch zum Stift in Herrieden gegeben. Das Letztere gehörte dem Bischof von Eichstätt, der seinerseits das ritterliche Geschlecht von Eschenbach belehnte.

Selbst wenn Wolfram später von trockener Gelehrsamkeit nichts wissen wollte, muss dies noch lange nicht heißen, dass er keine Schule besuchte und nicht eine Zeitlang lesen und schreiben lernte und so quasi sein Handwerkszeug als Dichter erwarb. Natürlich dürfte er damals noch zu den Happy Few gezählt haben, die als Kinder von Ministerialen eine Schule besuchen konnten, ohne sich dem geistlichen Stand zu widmen. Ein Frühwerk wie den »Parzival«, ein Stück Weltliteratur, zauberte man wahrscheinlich nicht aus dem Hut. Dafür musste wohl auch ein großes Talent vorher ein wenig geübt haben: mit einem Griffel auf der Wachstafel. Gelehrte Kanzlisten und Kapläne seiner verschiedenen hochadligen Gönner dürften dem Dichter weitere Bildungserlebnisse vermittelt haben. Der »Parzival« und der »Willehalm« strotzen vor Bildungsgut und belegen, dass der Autor über eine versierte Kenntnis der zeitgenössischen deutschen Literatur verfügte, ergänzt durch die Kenntnis einer Reihe von französischen Romanen und lateinischen Quellen, wiewohl die Bekanntschaft mit den klassischen lateinischen Dichtern offenkundig nicht allzu tiefgehend war.[47]

Üblicherweise wurde ein Ministerialer sowohl für die Verwaltung als auch für den ritterlichen Dienst herangezogen. Entsprechend dürfte Wolfram neben dem schulischen Unterricht auch eine Ausbildung als Knappe und Page genossen haben, vielleicht bei seinem Lehensherrn, dem Grafen von Wertheim, um so mit dem Waffenhandwerk und höfischer Lebensweise vertraut zu werden. Der Graf lebte nicht schlecht. In einer Urkunde aus dem Jahr 1183 sagte Boppo von Wertheim über sich selbst, dass er »mit Reichtümern und den Freuden des Lebens im Überfluß gesegnet« sei.[48] Er nannte in dieser Urkunde erstmals seine »Burg« in Wertheim, die damals bereits über repräsentative Gebäude verfügte: wie Saalbau und Kemenate. Es gab auch schon gräfliche Hofbeamte, wie einen »Truchsess«, zuständig für Küche und Tafel.[49] Wolfram stellte seinerseits seinen »Herrn« im »Parzival« als einen Lebemann vor, der das gute Essen und Trinken liebe. Der Dichter sagte offenbar die Wahrheit.

In der Urkunde von 1183 hatte Graf Boppo dem Kloster Altenburg die zollfreie Schifffahrt sowie den dazugehörigen Reitern und Fußgängern das Geleit in seiner Grafschaft versprochen, nicht ohne zu versichern, dass er selbst diese Rechte aus Königshand erhalten habe. Womöglich übernahm Wolfram als ritterlicher Dienstmann den Geleitschutz der fahrenden Kaufleute und Pilger, die von Wertheim über das Tal der Tauber, Rothenburg ob der Tauber und Ansbach nach Eschenbach reisten, von dort weiter nach Eichstätt und Ingolstadt. 1199 übergab König Philipp in Mainz dem Bischof von Eichstätt das Privileg, in seiner Domstadt wieder eine vormals berühmte, vierzehntägige Handelsmesse abzuhalten, während das Reichsoberhaupt zugleich den Geleitschutz für die fahrenden Kaufleute gewährte. Zu den

Zeugen gehörte Graf Boppo von Wertheim, der wohl mit seinen Ministerialen einen Teil des Geleitschutzes übernahm. Im »Willehalm« schrieb Wolfram: »Nun war da ein hoher Herr, / dem in der Stadt / das Geleitrecht übertragen war: / er hatte es vom König.« Das »Geleitgeld« der Kaufleute war für Wolfram ein gängiger Begriff. Immer wieder war bei ihm die Rede von »Herbergen« und »von des römischen Königs Straßen«.

Wahrscheinlich hatten die Wertheimer wie die Dornberger ihren Besitz in Eschenbach als Reichslehen erhalten, weil sich hier überregionale Routen kreuzten, die von königsnahen Vasallen und ihren Dienstmannen kontrolliert werden sollten. Auch die Gründung eines Deutschordenshauses in Eschenbach um 1215 hatte etwas mit dem Ausbau einer Etappe zu tun, weil eine Kommende des Deutschen Ordens gewöhnlich Reisende und Pilger aufnahm. Zugleich waren zu Wolframs Zeit in Eschenbach ranghohe Reichsministerialen begütert: die Reichsmarschälle von Pappenheim-Kalentin sowie die Reichsschenken von Schüpf-Röttingen, die sich häufig am königlichen Hof aufhielten.[50] Wolfram dürfte von früh an mit Leuten in Berührung gekommen sein, die in der Welt herumkamen. Er sah wohl als Knabe des Öfteren schon Ritter in vollem Waffenglanz, wohlhabende Fernhandelskaufleute, Gaukler, Pilger, Scholaren – Leute, welche die Phantasie beflügelten. Es wurden auf diesen Fernwegen ja nicht nur bunte Vögel befördert, sondern auch Ideen, Gedanken, Handschriften.

Wolfram war stolz darauf, nicht bloßer Höfling oder gelehrter Kleriker zu sein, sondern ein Ministerialer, der bis zu einem gewissen Grad auf eigenen Beinen stand und etwas von der Welt sah. Der Dichter meinte im »Parzival« von sich selbst, dass ihm ritterlicher Dienst angeboren sei, im Original: »schildes ambet ist mîn art.« Die Stelle war eingebunden in eine Selbstdarstellung des Autors, die zwischen das zweite und dritte Buch des »Parzival« eingeschoben wurde. Er spielte auf eine Dame an, eine Liebesherrin, die er offenbar eine Zeitlang nach den Regeln der Hohen Minne verehrt hatte. Vermutlich erwies er ihr nette Dienste, trug ihr eigene Lieder vor, vollbrachte vielleicht auch Heldentaten für sie, ohne der Dame zu nahe zu treten, wie es der Kodex der Hohen Minne verlangte, während ihn die Herrin vor anderen bei Hofe huldvoll anblickte. Irgendwann hatte Wolfram dem Anschein nach genug von dieser Konvention und wagte mehr, woraufhin er von der hochrangigen Frau barsch zurückgewiesen wurde, weil sie ihn von seiner Herkunft her nicht für voll nahm.

Diese Demütigung zitterte in Wolfram lange nach. Er hob in seiner Selbstdarstellung seine ritterbürtige Männlichkeit über seine Kunst als Sänger und Lyriker. Mögen andere Minnelieder singen, bitte schön! Doch mit der Wirklichkeit der Liebe habe das nicht unbedingt etwas zu tun: »Wer von Frauen besser spricht, / soll's tun – ich kenn hier keinen Neid, / ich höre gern, wenn sie sich freuen. / *Einer* nur verweigre ich / den Liebesdienst in Treue: / seit sie mich betrogen hat, / erfüllt mich immer wieder Zorn. / Ich bin Wolfram von Eschenbach, / und ich kann auch Lieder machen! Bin eine Zange: die hält fest / am Zorn auf diese eine Frau – / dies mußte ich mir bieten lassen: / den Affront, an mir persönlich! / (...) ich habe mich unbedacht geäußert, / und mir selbst geschadet, / dies wird mir kaum noch mal passieren. / Will eine nun mein Standesrecht / mit eignen Augen, Ohren prüfen, / so täusche ich ihr gar nichts vor: / ich bin zum Ritterdienst geboren. / Wenn eine meinen Mut nicht fordert / mich wegen meiner Liedkunst liebt, / so scheint die mir nicht klar im Kopf.«

Der Erzähler kritisierte auch die Lyriker der Hohen Minne.[51] Nach dem Ideal dieser Liebe sollte die Dame vom Liebhaber nur aus der Ferne angebetet werden; auch der Ehemann oder der Bräutigam sollten im Frauendienst viele ritterliche Abenteuer bestehen, bevor ihn die Dame erhören durfte. Ständig waren die Liebenden voneinander getrennt, während sie sich gleichzeitig treu bleiben sollten. Die Liebe spielte sich fast nur im Kopf ab, und je mehr sie sich im Kopf abspielte, desto versponnener, abgehobener, mystischer wurde sie.

Es handelte sich um eine hochgeschraubte Kontrolle der sinnlichen Triebe. Es war ein künstliches Schmachten, ein ewiges Sich-Verzehren oder Sich-Bewähren, ein ritueller Masochismus, ohne wahres Mitgefühl, ohne tatsächliche Freude aneinander, ob seelisch, ob erotisch, ganz davon abgesehen, dass zwischendurch bei den ritterlichen Abenteuern im Frauendienst viel zu viel Blut floss. Im Kampf sollten die wilden Triebe freie Bahn haben, um die aufgestaute Libido zu ventilieren. Die Hohe Minne war ein Spiel auf Leben und Tod: ein süßes Liebesgift, eine ekstatische Erfahrung – oder eine schrecklich verklemmte, tumbe, langweilige Angelegenheit. Ob Wolfram wirklich davon überzeugt war, heil aus diesem Liebesheroismus herauszukommen, bleibt offen. Er erkannte jedoch die Abgründe oder den Unsinn dieser Sache und suchte nach neuen Wegen der Liebe.

Es greift zu kurz, wenn heute einige Gelehrte die Selbstdarstellung des Erzählers als bloßen literarischen Diskurs deuten, ohne autobiographischen Bezug. Unwahrscheinlich, dass sich hinter »jener Frau« nur abstrakte Poetik verbarg. Es sprach nicht nur der Erzähler, sondern ausdrücklich die Person des Autors: »Ich bin Wolfram von Eschenbach.« So selbstbewusst hatte sich kaum ein anderer deutscher Dichter zuvor in Szene gesetzt. Er wurde anscheinend wirklich von einer hochrangigen Dame tief verletzt; er wehrte sich, rechnete mit jemandem ab – und verstand sich wohl in jeder Hinsicht als Ritter, wie es ihm angeboren und wie er erzogen worden war: erstens als ein ritterlicher Dienstmann mit Schild, Schwert und Lanze; zweitens als ein Kavalier, der Damen nette Dienste erwies und wirklich Freude an der Liebe haben wollte; drittens als ein Poet, der das dichterische Abenteuer wagte, Neues erfand, keiner, der im Elfenbeinturm saß und mit Gelehrsamkeit prahlte oder überspannte Ideale predigte. Wolfram begriff sich als ein ritterlicher Schriftsteller, der in die Dichtkunst mehr Wirklichkeit, Lebendigkeit, Relativität, Subjektivität einführte: einen Helden wie Parzival, der anfangs eigentlich weder hof- noch literaturfähig war, aber sich bewährte, eine Hauptfigur, die menschliche Schwächen zeigte, die vom Glück verlassen wurde, die das Scheitern und die Melancholie kennenlernte, aber gerade dadurch an Zauber gewann.[52]

Wolfram musste wohl aus eigenem Impuls heraus den »Parzival« schaffen. Ohnehin nannte er keinen Hauptmäzen, sondern eine Reihe von Gönnern. Vielleicht war er dazu gezwungen, mehrere Förderer zu finden – oder er vermied es zeitlebens, als Dichter nur mit einem einzigen Sponsor auf Gedeih und Verderb verbunden zu sein, weil ihm die mögliche Einschränkung seiner dichterischen Freiheit nicht behagte. Wolfram sah gewiß ein Stück weit in sich selbst den Parzival: einen Knappen mit ungezähmter Lebenslust, mit dem Drang in die Welt hinaus, einen, der sich die Hörner ablaufen muss. Man kann sich gut vorstellen, dass der junge Wolfram einigen Ärger mit hochadligen Damen hatte, weil er sich ihnen zu temperamentvoll näherte oder manchmal Kopf und Kragen riskierte, um sich mit einer von ihnen im Geheimen zu treffen. Immer wieder sprach Wolfram von »jener Frau«, die ihn zum Dichten angestachelt und dann brüsk zurückgewiesen habe, ohne einen Namen zu nennen. Joachim Bumke meint: »Ob Wolframs Anspielungen ein reales Gönnerverhältnis spiegeln, bleibt allerdings vollkommen dunkel. Insgesamt ist der fränkisch-bayerische Gönnerkreis eine unsichere Größe, auf der sich keine poetische Biographie errichten läßt.«[53]

Soll man es tatsächlich auf sich beruhen lassen? Gibt es keine heiße Spur? Vielleicht doch! Vielleicht liegt nichts näher, als hinter der Liebesherrin die wirkliche Herrin des Dichters zu entdecken: Gräfin Kunigunde von Wertheim. Die Herkunft der Gräfin beruhte lange Zeit auf falschen Vermutungen und wurde bisher so gut wie nicht beachtet. Doch ihre Abstammung hatte es in sich und dürfte Mediävisten hellhörig machen. Burggraf Heinrich III. von Regensburg, der zugleich Graf von Riedenburg war, vermählte sich um 1150 in zweiter Ehe mit einer Gräfin von Oettingen. Der Ranshofener Kodex berichtet, dass eine ihrer zwei Töchter (ohne Erwähnung des Vornamens) »Popo de Werthaim« heiratete.[54] Graf Boppo I. von Wertheim nannte in der Urkunde von 1183 seine Frau Kunigunde. Das Paar lebte bis etwa 1212, denn in diesem Jahr gedachte Graf Boppo II. von Wertheim namentlich seiner verstorbenen Eltern, zugleich veränderte er nun als neuer Herr der Grafschaft das eigene Wappen, indem er die drei Rosen im Wappen der mütterlichen Riedenburger in das Wappen der väterlichen Wertheimer aufnahm: oben halber Adler, unten drei Rosen (die Frau von Boppo II. hieß Mechthild; es lässt sich nicht ganz ausschließen, dass sie die geborene Riedenburgerin war, doch der Zeit nach müsste es Kunigunde gewesen sein).

Die wirkliche Herrin des Dichters, Gräfin Kunigunde von Wertheim, entstammte einem Geschlecht von Minnesängern. Der Vater oder ein Bruder oder zwei Brüder von ihr – das lässt sich nicht genau bestimmen – überlieferten als »Burggraf von Regensburg« und als »Burggraf von Riedenburg« frühe Minnelieder und erschienen später im Codex Manesse; einer kommt auch in der Weingartner Liederhandschrift vor. Gräfin Kunigunde von Wertheim dürfte mit der Lyrik der Zeit vertraut gewesen sein, ebenso dürfte sie das dichterische Talent von Wolfram von Eschenbach erkannt und gefördert haben – bis die Gräfin dem Poeten womöglich die kalte Schulter zeigte, weil sich ihr Günstling einen Fauxpas erlaubte.

Für die ritterlich-höfische Gesellschaft gab es damals nur zwei würdige Beschäftigungen: erstens für den Ritter den Waffendienst, das Abenteuer, die ewige Mutprobe – zweitens für die Dame wie für den Ritter die höfische Geselligkeit, die Tafel- und die Liebeskunst. Das Hofleben war im Wesentlichen eine bohemienartige Beschäftigung. Ein kleiner, elitärer Kreis übte sich darin, den Luxus des Essens und der Liebe zu erhöhen. Für den strengen Moralisten oder geistlichen Asketen war das von vornherein nichtsnutzig und ruinös. Für den Weltliebhaber oder Menschenfreund erhöhte es das Dasein.

Wolfram dürfte in den 1190er Jahren als Knappe, Page und angehender Poet ein Angehöriger des gräflichen Hofes in Wertheim gewesen sein, gefördert von Graf Boppo I. und Gräfin Kunigunde, vielleicht auch schon von Graf Boppo II. und Gräfin Mechthild. Der junge Dichter dürfte täglich mit diesen und anderen hochadligen Damen die Zeit verbracht haben. Die Gesellschaft tafelte fein und ließ sich Lieder über die Liebe vortragen. Es konnte gar nicht ausbleiben, dass verführerische, unverhoffte Situationen entstanden.

Alternativ zur Hohen Minne widmete sich Wolfram eine Zeitlang dem so genannten Tagelied, das eigentlich ein Morgenlied, ein Weckruf war, in dem normalerweise im Morgengrauen die verheiratete Frau oder die erwachsene, noch unverheiratete Tochter des Hauses an der Seite ihres Geliebten aufwachte, während ein Wächter kam und mahnte, sich nun zu trennen. Fünf Tagelieder sind von Wolfram überliefert. Die Szenen gewannen an Dramatik, wurden eng mit dem Bett und der Bettwärme verbunden: »Der Wächter sang, die Frau sah Morgenlicht; / sie lag – das wußte niemand – / in den Armen ihres edlen Freundes. / Sie verlor damit ihr ganzes Glück. / Und klare Augen wurden / wieder naß. Sie sagte: ›Ach, du Tag, / es freut sich Wild und Zahm auf dich / und sieht dich gerne – nur nicht ich. / Was soll aus mir bloß werden? / Mein Geliebter kann nicht länger bei mir / bleiben – ihn vertreibt dein Licht!‹«[55]

Eine solche Liebe war schon reeller als die Hohe Minne, bei welcher das Verhältnis des Mannes zur Frau kaum etwas anderes darstellte als eine verweltlichte Marienverehrung. Wolfram sah jedoch die Frau nicht als entrückte Madonna an, sondern als ein Wesen mit Herz und Verstand, Sinnen und Leidenschaft. Die Frauen waren für ihn so gut oder so schlecht, so klug oder so dumm wie die Männer. Er selbst war offenbar in der Liebe durch eigene Erlebnisse ernüchtert worden, ohne gleich Mann und Frau lauthals aus dem Paradies zu vertreiben. Vielleicht gab es eine Liebe ohne allzu hehre Ideale, ohne allzu strenge Regeln.

Vielleicht war eine der beiden Gräfinnen über die freizügigen Szenen von Wolframs Tageliedern empört, weil sie dadurch als Muse, Liebesherrin und wirkliche Herrin des Dichters ins Gerede kam, einerlei, ob etwas dahintersteckte oder nicht. Vielleicht erschien den Damen das Frauenbild von Wolfram nicht ideell genug: zu wenig christlich-keusch, zu wenig höfisch-züchtig. Womöglich musste er sich sagen lassen: Du bist kein Ritter, kein Frauenkenner! Höfische Damen sind nicht untreu in der Ehe, liegen nicht frühmorgens im Bett mit einem Geliebten, schon gar nicht mit irgendeinem Künstler und Sänger.

Im »Parzival« sagte der Erzähler reumütig, es gehöre sich nicht, über »Bettgeschichten« zu reden. Ein Dichter schade sich damit nur selbst, Frauen hassten ihn dafür. Er erklärte: »Wer die Form wahrt, / schützt die Liebe.« Allerdings hielt er sich nicht daran: weder im »Parzival« noch im »Willehalm«. Wolfram war kein Prediger, sondern ein Erzähler, ein Mann von Welt. Anders als geistliche Asketen achtete er die kaum hintergehbare Macht der Libido, um sich seinerseits für die sinnlichen Freuden des Lebens in die Bresche zu werfen.

Das lyrische Modell der geheimen Liebe oder Seitensprünge waren für ihn noch keine ideale Lösung, um eine Alternative zur Hohen Minne zu bilden. Er wurde zum Romancier, um als solcher die Ehe als epischen Versuch ins Visier zu nehmen, ohne sie ideell zu überfrachten. Im »Parzival« wie im »Willehalm« streute der Erzähler ein Lob der Ehe ein. Er schilderte plastisch, dass die Liebe auch im Ehebett ein Vergnügen sein kann: zart und genießerisch, zu Herzen gehend, besänftigend. Im »Willehalm« kam der Held nach einer Schlacht nach Hause. Giburg, seine Frau, führte ihn in die Kemenate, zog ihm die Rüstung aus, um seine Wunden zu pflegen. Der Dichter hob an: »Ob das der Moment war, um ein Spiel zu treiben? / Was soll ich dazu sagen? / Nun dies: wenn sie sich / beide nehmen wollten, was ihnen zustand, / so wehrte sie sich nicht zu lang, / denn er gehörte ihr und sie gehörte ihm – / ich lege mit demselben Recht die Hand auf das, was mir gehört. / Sie glitten miteinander eng umschlungen / auf ein Polsterbett mit Palmatseide. / Ganz weich war auch die Königin, / zart anzufassen / wie ein Gänseküken.« War Amor jetzt für Wolfram der Patron der Ehe? Nicht unbedingt! Denn die Ehe zwischen Willehalm und Giburg fußte ihrerseits auf Ehebruch, der recht fadenscheinig gerechtfertigt wurde. Der Dichter spielte mit Rollenmustern: mit dem treuen ehelichen Ritter ebenso wie mit dem libertin-galanten Ritter – mit der treuen, ehelichen Frau ebenso wie mit der libertin-galanten Dame, ohne sich eindeutig für das eine oder andere Musterbild zu entscheiden, weil das eine wie das andere zum Menschlichen dazugehört, wobei die Sympathie des Dichters für Ehe, Treue und Vertrauen nicht zu kurz kam.

So freimütig hatte bisher kaum ein anderer Autor nördlich der Alpen über die Liebe gesprochen: so sinnlich, so beglückend, mitfühlend, fürsorglich – dann auch wieder so enttäuschend, so leidvoll, dramatisch, verblendend, ohne je der Liebe entkommen zu können, weil sie von »zu hohem Stande« sei – von zu hoher Naturgewalt. Das war etwas anderes als die spröde Moral der gelehrten Kleriker oder als das Wolkenkuckucksheim der Hohen Minne. Wolframs Modell der Liebe gestaltete sich als ein Übergang von der hochmittelalterlichen höfischen Liebe zur freieren irdischen Liebe, so wie sie rund 150 Jahre später von Giovanni Boccaccio im »Dekameron« voll entwickelt werden sollte.[56] Betrogen von der Liebe wurden dort die Dummen, die Gemeinen, solche, die zu ihrem Ehepartner nicht gut waren.

Erstaunlich, wie konsequent Wolfram von früh an das Prinzip der Dialektik handhabte, sowohl in den frühen Liedern als auch in den ersten Kapiteln des »Parzival«. Vielleicht hatte einer seiner Schullehrer in Paris studiert, oder er kannte die dialektische Methode des Aristoteles und Abaelard. Wolfram gewöhnte es sich an, die Dinge dieser Welt von zwei Seiten aus zu betrachten, abwägend: pro et contra, für und wider, um absolute Maßstäbe zu brechen, um den Belangen dieser Welt gerechter zu werden. Er machte die menschliche Selbstorientierung zum Thema, wodurch das eigene Leben im modernen Sinn problematisch wird. Der junge Parzival konnte ein Lied davon singen. Es galt, nicht nur den Konventionen zu folgen, sondern auch dem eigenen Kompass: dem Herzen, dem Gewissen.

Der Erzähler fuhr im »Parzival« in seiner Selbstaussage fort, im Original: »Ine kann decheinen bouchstap.« Das konnte heißen: Ich kann weder lesen noch schreiben. Doch es sollte heißen: Leute, ich bin kein Federfuchser, kein Philister, ich übernehme nicht einfach die Lehre anderer, schreibe nicht einfach von Kollegen ab, ich gehe eigenständig mit den Vorlagen um, baue eigene Erlebnisse ein, um Wahrhaftiges zu bieten; jeder muss sein eigenes, menschliches Urteil bilden, es gibt keine letzten, unbedingten Wahrheiten oder Lebensformen außerhalb des Menschen; auch die geschulte Rhetorik ist mir schnuppe, weil sie nur Bombast oder Banalitäten hervorbringt. Dieter Kühn übersetzte nicht: Ich kann nicht lesen und schreiben – sondern treffender: »Denn ich bin nicht schriftgelehrt! / Bücher: Sauerteig für viele, / doch sie lenken nicht bei mir / den Ablauf der Geschichte!«

Der Dichter hütete sich allerdings davor, von einem Extrem ins andere zu fallen: Die Vorliebe für das Natürliche, Kreatürliche, Menschlich-Lebendige artete bei ihm nicht in eine antihöfische, formlose Haltung aus. Alles mit Augenmaß! Pro et contra! Für und wider! Fintenreich und selbstironisch gab sich Wolfram als Weltmann, der weit herumkam. Er spielte im »Parzival« darauf an, dass er nicht nur zu den Grafen von Wertheim in Beziehung stand, sondern auch zu anderen vornehmen fränkischen Familien: so zu den edelfreien Herren von Truhendingen, den Grafen von Abenberg, den edelfreien Herren von Durn auf der Burg Wildenberg bei Amorbach im Odenwald oder zu den Grafen von Dollnstein. Über den fränkischen Kreis hinaus zog es ihn an den Hof des Landgrafen von Thüringen. Oder er verehrte die Markgräfin von Vohburg-Cham auf der Burg Heidstein im Bayerischen Wald.

Wolfram ließ sich als rangniedriger Ministerialer nicht die Butter vom Brot nehmen, sondern gab sich selbstbewusst, nobel, heiter, schaltete sich als Erzähler immer wieder in den Gang der Handlung ein, kommentierte, kritisierte, philosophierte, zeigte ein herrliches Temperament, funkelnde Phantasie, Menschenfreundlichkeit. Er erwähnte neben den Orten von Gönnern auch Landschaften, Flüsse und

Städte, neben dem Spessart oder neben dem Schwarzwald auch den Rhein oder die Maler in Köln und Maastricht, ebenso den Bodensee.

Der Spross des niederen Dienstadels machte Karriere, kam mit führenden Aristokraten der deutschen Lande zusammen. Wolfram wusste durch seine Gönner, was sich am königlichen oder kaiserlichen Hof abspielte: was gesellschaftlich en vogue war. Die Förderer des Dichters stellten enge Vertraute der Staufer dar, zumindest bis 1197, solange Kaiser Heinrich VI. regierte. In einer Urkunde dieses Herrschers, die im Juni 1192 in Würzburg ausgestellt wurde, erschienen Graf Friedrich von Abenberg, Graf Boppo von Wertheim und Graf Gebhard von Dollnstein. Einen Monat später ließ der Regent eine weitere Urkunde ausfertigen, in der wieder Graf Friedrich von Abenberg, Graf Boppo von Wertheim und dazu nun Friedrich von Truhendingen und Robert von Durn unter den Zeugen waren. Oder es traten im Oktober 1195 in einer Urkunde von Kaiser Heinrich der Landgraf Hermann von Thüringen, Graf Friedrich von Abenberg, Graf Boppo von Wertheim und Robert von Durn auf. Im Jahr 1200 erschien Ulrich von Durn neben Graf Boppo von Wertheim in einer Urkunde von König Philipp.[57]

Graf Friedrich II. von Abenberg erschien urkundlich zum letzten Mal im November 1199. Wolfram wies im »Parzival« auf ihn als einen schwerkranken oder schon verstorbenen Mann hin, indem er den verwaisten Turnierplatz in Abenberg mit dem leeren Innenhof auf der Gralsburg verglich, wo König Anfortas ebenfalls bereits todkrank war. Gerade der Hinweis auf den schon verstorbenen Grafen von Abenberg, den letzten männlichen Vertreter seines Geschlechts, war wohl eine Hommage an einen Mäzen, was die These unterstriche, dass es bereits vor 1200 ein Ur- und Kernstück des »Parzival« gegeben hatte: wahrscheinlich den Beginn der eigentlichen Parzival-Geschichte: das 3. und 4. Buch der Endfassung. Wolfram benutzte hier, für das 3. und 4. Buch, als dichterische Vorlage eine andere Handschrift des »Conte du Graal« als für die späteren Teile.[58] Auch die Gliederung der Verse in Dreißigerblöcke wurde erst ab dem 5. Buch konsequent verwirklicht. Erst dort, im 5. Buch, verglich der Dichter den Turnierplatz in Abenberg mit dem Innenhof der Gralsburg.

Betrachtet man die Reihenfolge etwas genauer, in welcher der Erzähler des »Parzival« die Namen oder Orte seiner Förderer nannte, so kann man womöglich die dichterische Laufbahn des jungen Wolfram ungefähr erschließen. Das mutmaßliche Ur- und Kernstück des Werkes, das 3. und 4. Buch, nannte den fränkischen Umkreis: zuerst den Grafen von Wertheim; kurz darauf wurde auf Truhendingen hingewiesen; im 5. Buch erschien dann, wohl nach 1200, die Hommage an den Grafen von Abenberg, und bald danach erwähnte der Erzähler die Burg Wildenberg bei Amorbach im Odenwald; im 6. Buch wurde über den Hof des Landgrafen von Thüringen berichtet. Danach stockte offenbar die Arbeit. Der Erzähler deutete am Ende des 6. Buches an, dass er seine Muse verloren habe, jene Frau, auf die er in der Selbstdarstellung anspielte, die nachträglich dem 3. Buch vorangestellt wurde. Er saß in der Tinte.

Im 7. Buch wurden die zerstörten Weinberge bei Erfurt erwähnt, was auf die Kämpfe zwischen dem Landgrafen von Thüringen und König Philipp um 1203/04 anspielte. Unklar blieb, auf welcher Seite der Dichter stand. Im 8. Buch wurde die Markgräfin von Cham auf der Burg Heidstein im Bayerischen Wald genannt, kurz darauf war der Dichter wieder zurück in Franken, in Dollnstein. Franken blieb offenbar der Dreh- und Angelpunkt des Dichters zwischen Thüringen und Bayern. Mittlerweile lief die Arbeit am Werk anscheinend wieder rund. Es wurden modische Tänze genannt, die von Thüringen herüberkamen. Mit dem 16. Buch schloss Wolfram das Werk ab – nicht ohne noch einmal auf seine enttäuschte Liebe einzugehen. Die letzten zwei Verse lauteten: »Ist dies für eine Frau geschehen, / so mag sie sagen: Schön erzählt!« Es schwang die Vorstellung vom Dichten im Frauendienst mit: vom epischen, romanhaften Dichten, das der lyrischen Hohen Minne überlegen sei.

Nicht unwahrscheinlich, dass zunächst die Wertheimer den »Conte du Graal« als Vorlage für den »Parzival« besorgten, auf daß mit Hilfe dieser Vorlage zumindest das 3. und 4. Buch gedichtet werden konnten. Der »Conte du Graal« war um 1180 von Graf Philipp von Flandern bei Chrétien de Troyes in Auftrag gegeben worden. Zehn Jahre später, 1190, begegneten sich Graf Philipp von Flandern und Graf Boppo von Wertheim am Hof von König Heinrich VI. in Wimpfen.[59]

Im »Willehalm« nannte Wolfram den älteren Kollegen Heinrich von Veldeke seinen literarischen »Meister«. Womöglich hatten die

Wertheimer auch in diesem Fall die vermittelnde Rolle gespielt. Eine Gönnerfamilie von Veldeke besaß nur einen Katzensprung von Wertheim entfernt seit 1179 eine ihrer Hauptburgen: die Grafen von Loon-Rieneck. Der Besitz dieser Grafen war weit verstreut. Die Grafschaft Loon lag bei Maastricht, wo Veldeke herstammte. Mitglieder seiner Familie lassen sich als Ministerialen der Grafen von Loon-Rieneck nachweisen. Gräfin Agnes von Loon-Rieneck, eine geborene Gräfin von Metz, gab 1170 bei Veldecke eine Servatius-Legende in Auftrag. Möglich, dass sich der Dichter später auch in Rieneck am Mainviereck aufhielt. Die Loon-Rienecker waren zugleich die Burggrafen von Mainz. Der Burggraf dürfte dem Dichter den Zugang zum Mainzer Hoffest im Jahre 1184 verschafft haben. Gräfin Agnes gilt ebenso als eine Förderin der »Eneide« von Veldeke. Ihre Tochter Agnes heiratete Otto von Wittelsbach. Aus dieser Ehe gingen Herzog Ludwig von Bayern, die Markgräfin Elisabeth von Vohburg-Cham und die Landgräfin Sophia von Thüringen hervor; mindestens zwei davon lernte Wolfram kennen.

Veldeke hatte nach dem Mainzer Hoffest im Jahr 1184 die letzten Teile seines Eneas-Romans am Hof des Pfalzgrafen Hermann von Sachsen verfasst, der seit 1190 Landgraf Herrmann von Thüringen war. Wie lange Veldeke in Thüringen blieb, ist nicht überliefert. Er könnte sich zuletzt in Rieneck aufgehalten haben und in den frühen 1190er Jahren dort oder im nahen Wertheim mit Wolfram von Eschenbach zusammengetroffen sein, um ihm das Dichten beizubringen.[60] Schon im 3. Buch des »Parzival« wies der Dichter auf die Maler in Köln und Maastricht hin, vielleicht als Erinnerung an eine Reise mit seinem »Meister«.

Nach dem ominösen Zerwürfnis mit »jener Frau« um 1200 näherte sich Wolfram mehr und mehr dem Landgrafen Hermann von Thüringen an. Im Laufe der Jahre wurde Fürst Hermann zu seinem bedeutendsten Förderer. Der Dichter erwähnte ihn öfter als jeden anderen Gönner: einmal unmittelbar im »Parzival«, wenngleich noch kritisch, verknüpft mit zwei indirekten Hinweisen auf ihn, von denen einer schon versöhnlich war; ferner zweimal direkt und respektvoll im »Willehalm« und einmal direkt und verehrend im »Titurel«-Fragment. Dagegen schwieg sich Wolfram über seinen »Herrn«, den Grafen von

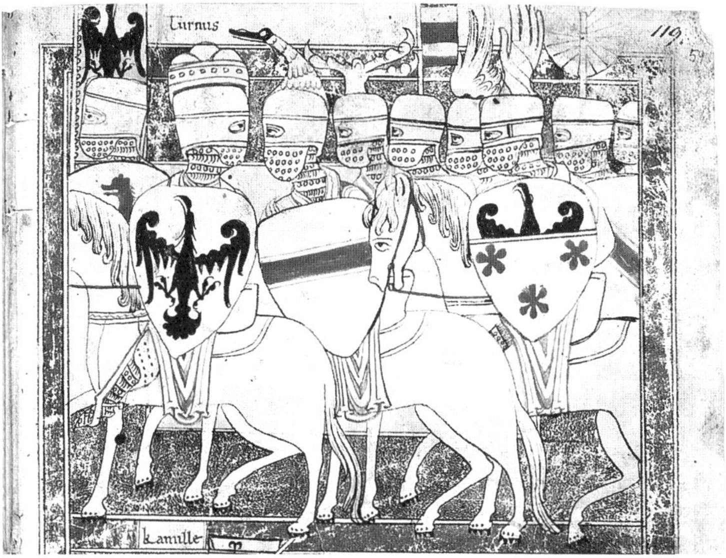

Ritterliche Szene aus der Berliner Handschrift des Epos »Eneide« von Heinrich von Veldeke, um 1220/30, auf Blatt 59r, Ms. Germ. fol. 282, der Staatsbibliothek zu Berlin, Preußischer Kulturbesitz. Die Szene zeigt, wie die hohen Herren damals gemeinsam in die Schlacht zogen. Der König, hier als König Turnus mit dem Schildzeichen des Adlers ausgezeichnet, zieht an der Spitze des aufgestellten Heeres in den Kampf. Er wendet sich nach hinten, um zu prüfen, ob die Kampfgenossen dichtgedrängt folgen. Die Ritter sind voll gerüstet, mit Kettenhemd, langem Waffenrock darüber und Helmen mit phantasievoller Zier. Man sieht Graf Boppo II. von Wertheim als Ritter mit Wertheimer Wappen: oben halber Adler, unten drei Rosen. Der »Graf von Wertheim« wurde zugleich von Wolfram von Eschenbach im »Parzival« als Gönner und »Herr« erwähnt.

Wertheim, nach 1200 aus, obwohl die Wertheimer wahrscheinlich weiterhin die Literatur förderten. Zumindest erschien um 1220/30 in der so genannten Berliner Handschrift der »Eneide« von Heinrich von Veldeke das Wappen der Wertheimer: oben halber Adler, unten drei Rosen.

Landgraf Hermann war unter Wolframs Gönnern der ranghöchste und zählte zu den reichsten Fürsten im Land. Er dürfte selbst gebildet gewesen sein und war vermutlich in Paris erzogen worden. Jedenfalls hat sich ein Brief seines Vaters an den französischen König aus der Zeit um 1163 erhalten, mit der Bitte, die eigenen Söhne beim Studium in Paris in seinen Schutz zu nehmen. Es hieß: »Ich habe mir vorgenommen, alle meine Söhne Lesen und Schreiben lernen zu lassen, auf daß derjenige von ihnen, der sich als begabter und klüger erweist, mit dem Studium fortfahre.«[61] Um 1200 gab es in Deutschland wohl kaum einen zweiten Ort, der ein ähnlicher Tauschplatz ersten Ranges für Ideen und Talente gewesen wäre wie der thüringische Hof, begleitet von Gastmählern, Geselligkeit, modischen Tänzen – vielleicht nur noch vergleichbar mit dem Wirken der Babenberger in Wien.

Der Hof des Landgrafen von Thüringen gewährte vorübergehend ein königsgleiches Mäzenatentum für Künste und Literatur, quasi an Königs statt, denn zwischenzeitlich hatte die glanzvolle Ära der Staufer durch den frühen Tod von Kaiser Heinrich VI. einen Dämpfer erhalten. Seit 1198 gab es ein Doppelkönigtum zwischen König Philipp, dem Staufer, und König Otto IV., dem Welfen. Landgraf Hermann von Thüringen lavierte, wechselte immer wieder die Fronten und unterstützte mal diesen, mal jenen. Wahrscheinlich stand Wolfram politisch nicht immer auf derselben Seite wie der Landgraf. Der Dichter gab sich unabhängig: tadelte und rühmte seinen wichtigsten Gönner. Er verbrannte sich wohl auch in diesem Fall vorläufig den Mund. Zuerst kritisierte er im »Parzival« das unhöfische Treiben, das schamlose Schmarotzertum im Umfeld des Landgrafen: »Fürst Hermann von Thüringen: / in deinem Gesinde kenn ich manche, / die ›Gesindel‹ heißen müßten. (...) Du bist sehr generös; das brachte / dir Anhang ein und Anhängsel: / da gibt es elendes Gebettel / neben edlem Bittgesuch. / Und so muß Herr Walther singen: / Guten Tag euch, Bös und Gut!«

Wolfram war nicht dafür gemacht, ein Duckmäuser zu sein. An späterer Stelle sagte er: »Ich mache mich über Edle lustig ... / Da zeigt sich meine alte Unart.« Er hatte keine Lust, die Augen vor der Wirklichkeit zu verschließen. Die Ideale des höfischen Lebens und die wahren Verhältnisse sollten nicht zu sehr auseinanderklaffen. Von jeher bot sich das höfische Treiben januskopfig dar: teils hoch elegant, glanzvoll, urban – teils aber auch korrupt, gierig, lärmend. Unter Umständen hatte die Kritik am thüringischen Hof nichts mit politischer Lagerspaltung zu tun, sondern Wolfram gingen die dortigen Verhältnisse schlicht auf den Geist.

Doch letztlich war Fürst Hermann für Wolfram in Fragen des guten Geschmacks up to date. Im letzten Drittel des »Parzival« schilderte der Erzähler ein fiktives Fest, um vergleichend die Verhältnisse am thüringischen Hof zu loben: »Ja, es gab da Edelpagen, / die das Saitenspiel beherrschten, / doch etwas fehlte ihrer Kunst: / sie fiedelten nur alte Tänze; / man kannte nicht die neuen Tänze, / die zu uns in großer Zahl / aus Thüringen gekommen sind.« Womöglich wollte Wolfram mit diesen Versen am thüringischen Hof gut Wetter machen.

Fürst Hermann spielte nach Wolframs Kritik an seinem Hof nicht die beleidigte Leberwurst, sondern gab sich großmütig. Er nahm den Dichter wieder huldvoll auf und förderte das zweite große Werk des Autors, das zwischen 1210 und 1220 entstand. Im Prolog des »Willehalm« zog der Dichter den Hut vor seinem Gönner: »Von Thüringen Landgraf Hermann / gab mir die Geschichte hier von ihm.« Wolfram konnte sich offenbar gegenüber der Kamarilla bei Hofe durchsetzen. Landgraf Hermann erkannte in ihm das herausragende Talent. Beide waren wohl Wahlverwandte: der Welt zugewandt, höfisch gesinnt, urban, nicht mehr um jeden Preis heroisch.

Ein kleiner Zirkel am thüringischen Hof feilte am Profil einer neuen Zeit. Es gab repräsentative Bühnen: die Burg Neuenburg, die Burg Weißensee, die Stadt Eisenach und den Palast auf der Wartburg. Dieser stellt heute als ehemalige Residenz der Landgrafen von Thüringen den prachtvollsten und am besten erhaltenen fürstlichen Wohnbau des hohen Mittelalters in Deutschland dar. Das Erdgeschoss und der erste Stock entstanden schon Ende der 1150er Jahre unter Landgraf Ludwig II. von Thüringen, dessen Frau Jutta die Schwester von Kaiser Friedrich Barbarossa war. An der Hofseite legte man den Geschossen jeweils Laubengänge mit Arkaden vor, die ein festliches Gepräge vermitteln. Musiker konnten von hier aus den Einzug der höfischen Gesellschaft in den Burghof mit Fanfarenklängen begleiten. Der Speise- und Wohnraum im ersten und der Festsaal im zweiten Geschoss dürften die Bühne für Wolframs Auftritte als Dichter und Sänger gewesen sein.

Im Erdgeschoss wurden drei gleich große Räume mit Wand- oder

Landgräfin Sophia und Landgraf Hermann von Thüringen, aus dem Landgrafenpsalter, wohl im Auftrag der Landgräfin um 1210 im Kloster Reinhardsbrunn entstanden. Württembergische Landesbibliothek Stuttgart, fol. 174v. Die Landgräfin blickt stolz und frontal den Betrachter an, der Landgraf gibt sich zugewandt, zuhörend.

Eckkaminen eingerichtet und nur sparsam mit kleineren Fenstern versehen. Neben dem Speise- und Wohnraum in der Mitte, der mit offenem Kamin, kraftvoller Balkendecke und zentraler plastischer Säule geschmückt wurde, befanden sich in den Seitenräumen, die man mit Kreuzgratgewölben ausstattete, wahrscheinlich die Küche und das Schlafzimmer des Landgrafen. Es entwickelte sich schon ein recht wohnlicher Komfort. Man war gut gegen Kälte geschützt, dazu gab es neben dem Schlafzimmer bereits eine Abortanlage. Eine Mauertreppe bot bequemen Zugang zum ersten Stock, wo sich der Festsaal ausbreitete, an den sich die Burgkapelle anschloss.

Für Wolfram sollte der Akzent der ritterlich-höfischen Kultur mehr denn je von der kriegerischen Tüchtigkeit zu den edlen, feinen Sitten hin verschoben werden. Eins sollte ins andere übergehen: Tapferkeit, Lebensmut, Moral, Sittlichkeit, Höflichkeit, Lebensart, Kennerschaft der Genüsse. Christliche Gebote und irdische Freuden sollten im »Parzival« kein Widerspruch sein. Wolfram zollte dem Seelenleben des Asketen in der Einsiedelei: Güte, Beständigkeit, Mäßigung, denselben Tribut wie den verfeinerten Formen der höfischen Gesellschaft an der Tafelrunde von König Artus oder im großen Saal auf der Gralsburg:

Mittlerer Saal mit offenem Kamin im Erdgeschoss des Pallas auf der Wartburg, der als ehemaliger Speisesaal gilt, entstanden um 1157

der Welt von Vornehmheit, Schönheit und Glanz – jener Welt, die er selbst vermutlich im Festsaal auf der Wartburg kennengelernt hatte, vielleicht auch auf der Burg Wildenberg oder auf der Burg Abenberg, die beide in der Gralsburg-Episode genannt wurden.

Der Dichter war kein Frömmler: weder an der Tafel noch im Bett. Das Genussleben auf der Gralsburg-Wartburg gefiel ihm offensichtlich, denn er malte die entsprechenden Szenen im »Parzival« viel bunter aus als vor ihm Chrétien de Troyes im »Conte du Graal«.[62] Der Saal auf der Gralsburg wurde von Kronleuchtern und Kerzen erhellt, erwärmt von großen Kaminfeuern. Um König Anfortas saßen viele Gralsritter an unterschiedlichen Tischen. Adlige Mädchen und Damen eröffneten das zeremonielle Mahl, indem sie den kostbaren Stein des Grals hereinbrachten. Die Mädchen erschienen – wie auf dem Laufsteg bei einer Modenschau – mit Kränzen im offenen Haar (ohne Haube, wie es der Erzähler lobte), trugen Kleider aus feinem, dunklem Wollstoff, mit schmalen Taillen und Gürteln über den Hüften; die Damen erschienen noch feiner geschmückt, in glitzernden Kleidern, jeweils zur Hälfte aus Brokat und Seide. Kämmerer und Pagen übernahmen den Service, deckten die Tische mit weißem Tuch ein, schnitten das Fleisch vor und reichten den Gästen die Speisen und Getränke. Der Dichter hob an: »Wahren Luxus sah man dort / (...) warme Speisen, kalte Speisen, / neue Speisen, altbewährte, / vom Stalltier und vom Wild. / (...) In goldne Schüsseln füllten sie, / was zu jeder Speise paßte: / Saucen, Obst- und Pfefferbrühen. / Der Bescheidene, der Vielfraß; / jeder kam auf seine Kosten; / man bediente sie vollendet.«

Die Rezepte und Gerichte gewannen an Vielschichtigkeit, an Varianz: Kaltes und Warmes, Haustier und Wildbret, um die Tafelfreuden, die Augen- und Gaumenreize zu erhöhen. Die »Soßen, Obst- und Pfefferbrühen« hießen im mittelhochdeutschen Text »salssen, pfeffer, agraz«. In einem der frühesten überlieferten Kochbücher des Mittelalters, im »Buch von guter Speise«, das um 1350 in Würzburg entstand, erfährt man, was Agraz meinte: »Willst du eine säuerliche Soße machen, nimm Weintrauben und zerstoße saure Äpfel, tu dies zusammen, vermenge es mit Wein und drück es aus. Diese Soße ist gut zu Lammbraten und zu Hühnern und zu Fischen und heißt Agraz.«[63] Agraz war eine Art von Verjus, ein frischer Würzsaft, der heute längst

Die höfische Gesellschaft bei Tisch: Szene aus Wolframs »Parzival« in der Handschrift der Münchner Staatsbibliothek Cmg 19, um 1230/50. Die Miniatur zeigt eine lange, reichgedeckte Tafel auf der Gralsburg. Nach der Haartracht sieht man ausschließlich Männer am Tisch sitzen, während fünf Mädchen den Service übernehmen. Das zweite Mädchen von links reicht Parzival, dem dritten Herrn von links, der eine Krone trägt, im gelben Tuch den silbernen Gral. Die anderen Mädchen decken den Tisch mit silbernen Weinpokalen, Brot, Eiern, Fisch und Geflügel, mit Delikatessen, die an der herrschaftlichen Tafel beliebt waren. Der Herr mit dem Hut in der Mitte ist vermutlich König Anfortas, der ältere Gralskönig.

wieder beliebt ist. Die Soßen wurden im Mittelalter in der Regel noch nicht aus dem Bratensaft gezogen, sondern für sich hergestellt. Süßsauere Obstsoßen oder Rindsbrühen mit Pfeffer und anderen exotischen Gewürzen waren nach Wolfram um 1200 in der höfischen Küche bekannt und zählten zum Luxus. Neben Pfeffer erwähnte Wolfram an anderer Stelle im »Parzival« auch Nelke, Muskat und Kardamom, Spezereien, die man zugleich zerstoßen auf Teppiche streute, um die Luft in den Wohnräumen der Burg zu würzen.

Wie in der Pfalz in Kaiserslautern, so waren auch im »Parzival« die leichten, weniger fetten Dinge, Fisch, Geflügel, Wild, die Trümpfe der Tafel. Die Gawan-Passagen des »Parzival« machte Wolfram regelrecht zu Musterbildern der *monde*: der feinen Lebewelt. Gawan selbst wurde zum Paradebild des libertin-galanten Ritters: »Mädchen (hier mit schlanken Taillen) / brachten Würz- und Brombeerwein, / dazu noch viele gute Speisen: / Fasan gab es und perdreaux, / schöne Fische, weiße gâteaux.« Gawan erhielt unterwegs im Haus eines Fährmanns auch schon grünen Salat mit Essig und Öl, was jedoch nicht unbedingt als ritterliche Speise galt. Der Dichter schmunzelte: »Portulak und Latterich, / in vinaigre angemacht. / Solche Nahrung ist auf Dauer / nicht gerade kräftigend.« Der Epiker ließ zuweilen Kulinarisches, Erotisches, Ritterliches ineinander übergehen: »Wie Gawan sich dabei verhielt –? / Entstand beim Kämpfen eine Pause, starrte er das Mädchen an, / den Mund, die Augen, ihre Nase. / Schlanker als am Spieß der Hase! / Den habt ihr, glaube ich, noch nie / so rank gesehen, wie sie zwischen / Hüfte und den Brüsten war.«

Der Autor machte aus seinem Herzen keine Mördergrube, bezeugte immer wieder seine lebensbejahende, sinnenfrohe Art und die Hochschätzung der Feinschmeckerei. Beseelte Gespräche wechselten mit Augen- und Gaumenschmaus, um tragische Verinnerlichung oder rohe Sitten zu bändigen. Stets aufs Neue schärfte er die Wahrnehmung sinnlicher Dinge: sei es die Feinheit der Stoffe, die Form des weiblichen oder männlichen Körpers, die Delikatesse der Tafel. Parzival stopfte sich am Ende nicht mehr wie früher die Backen mit Rebhuhn voll, sondern lernte es, die Dinge zu genießen. Die Teilnehmer der Tafelrunde sollten sich gut benehmen. Wolfram ließ durchblicken, dass man bei Tisch nicht mit dem Messer in den Zähnen herumstochern soll. Auch empfahl er, die fettigen Lippen mit der Serviette abzuwischen, bevor man Wein trinke. Sieglinde Hartmann kommt in einem Aufsatz über das Essen im Mittelalter zu dem Schluss: »Keiner der höfischen deutschen Epiker spricht so häufig, so gern und mit solcher Kennerschaft vom Essen und Trinken wie Wolfram!«[64]

Im »Titurel« erwähnte er, wie vor ihm schon der »Ruodlieb«-Dichter, Forellen und Äschen; im »Willehalm« wies er nochmals genauer auf die rotgepunktete Bachforelle hin (die feiner schmeckt als die gemeine silbergraue Regenbogenforelle, die erst Ende des 19. Jahrhunderts von Amerika nach Europa eingeführt wurde). Wolfram nannte auch schon den Kapaun, den kastrierten Hahn, der über ein besonders zartes und wohlschmeckendes Fleisch verfügt (und heute selten ist). Auch gab es bereits die Spezies der Soßenschlürfer: der »salsen suppierrer«.

Wolfram gab mehr oder minder vor, alle diese guten Dinge auf den gräflichen Burgen und an den fürstlichen Höfen seiner Gönner kennengelernt und genossen zu haben, und sagte im »Parzival« von sich selbst: »Denn: wo ich oft vom Pferd gestiegen, / wo man mich den Hausherrn nennt, / daheim in meinem eigenen Haus, / da haben Mäuse nichts zu lachen, / wenn sie sich ihr Futter stehlen – / man muß es nicht vor mir verstecken, / weil dort nichts vorhanden ist. / Dies passiert mir viel zu oft: / daß ich, Wolfram von Eschenbach / in solchem Luxus leben muß!« Hier sprach nicht nur der Erzähler, sondern ausdrücklich wieder die Person des Dichters: Wolfram von Eschenbach. Man muss diese autobiographische Notiz über seine bescheidenen häuslichen Verhältnisse ernst nehmen – aber auch nicht zu ernst. Es war wohl eine ähnliche Übertreibung wie die Behauptung, er könne nicht lesen und schreiben.

Sicherlich konnte Wolfram nicht in Reichtum schwelgen, aber er war wohl doch als ritterbürtiger Ministerialer wie als Dichter, der gefördert und beschenkt wurde, aus den gewöhnlichen dörflichen Verhältnissen herausgehoben. Er scheint nach wie vor als fahrender Sänger, Dichter und Ritter in Eschenbach seinen Lebensmittelpunkt gehabt zu haben: in seinem dortigen Haus, wo er »hêrre« genannt werde. Wahrscheinlich hatte er in Eschenbach eine Familie gegründet. Gelegentlich sprach er als Erzähler von seiner Frau, seiner Tochter, seiner Schwester und von seinem Bruder. Im »Parzival« wie im »Willehalm« wurden Orte erwähnt, die wie in einem Kreis um Eschenbach lagen: um das heutige Wolframs-Eschenbach.

Das Selbstbild vom armen Poeten stand nicht für sich allein, sondern war zugleich ein ästhetisches Mittel, ein Kontrastbild, ein Rollenspiel, eine Stichelei, um darauf hinzuweisen, dass sich die Idee der Ritterlichkeit nicht in selbstsüchtigem Wohlleben erschöpfen dürfe: nicht nur im Genuss von gebackenen Krapfen, Fleisch, Käse, Met und Wein, so wie beispielsweise bei einem seiner Gönner, dem edelfreien Herrn von Truhendingen, oder bei seinem »Herrn«, dem Grafen von Wertheim, die beide nur ein paar Verse zuvor als prächtige Lebeleute geschildert wurden. Vielleicht hatte auch dieses Kontrastbild: arm und reich, für Ärger in Wertheim gesorgt. Sieglinde Hartmann meint, dass das Bild vom armen Poeten für Wolfram ein Selbstschutz gewesen sei, weil er wie kaum ein anderer deutscher Dichter vor ihm eine Bresche für die Freuden des irdischen Lebens schlug.[65] Ein vermeintlich mittelloser Dichter geriet weniger in den Verdacht, selbst ein heilloser Schlemmer zu sein.

Entgegen der älteren Forschung kann man belegen, dass das ritterliche Geschlecht von Eschenbach nicht so ärmlich war wie bislang geglaubt.[66] Die Familie erscheint ja seit 1253 in den Urkunden, und 1261 tritt erstmals Wolfelin I. von Eschenbach in den Quellen auf.[67] Er wird in weiteren Dokumenten als »miles«, als Ritter oder ritterlicher Dienstmann, bezeichnet.

Die Familie verfügte bis ins frühe 14. Jahrhundert nicht nur über einen Meierhof »bei der Kirche« in Eschenbach als Lehen der Grafen von Wertheim, sondern auch über einen Meierhof im benachbarten Merkendorf, dazu über eine ganze Reihe von Hofstätten in und um Eschenbach herum. Man besaß das »halbe Gericht« am Ort als Lehen des Deutschen Ordens und war so an der Dorfherrschaft beteiligt, hatte zudem einen »Fischgraben« und ging der herrschaftlichen Fischzucht nach, frönte darüber hinaus wohl der Niederwildjagd, da das Geschlecht ebenso größeren Waldbesitz hatte, als Lehen der Grafen von Oettingen und edelfreien Herrn von Heideck. Gottfried und Kunigunde von Heideck nannten Heinrich I. von Eschenbach 1299 ihren »lieben gevater«, was auf die Taufpatenschaften des Eschenbachers bei den Heideckern hindeutete. Freiherr und Ministerialer näherten sich sozial an und bildeten die Schicht der vornehmen Landbewohner: der *Gentry*. Kathrei von Eschenbach, die Nichte Heinrichs I., war mit dem Ritter Seyfried Schweppermann verheiratet, welcher 1317 mit Gottfried von Heideck am königlichen Hof Ludwigs des Bayern in Windsheim erschien.[68] Die Familie hatte keine schlechten Verbindungen.

Soweit es in seinen wirtschaftlichen Möglichkeiten lag, dürfte bereits Wolfram in seinem Haus in Eschenbach gelegentlich ein generöser Gastgeber für Freunde gewesen sein, ein Connaisseur, ein Charmeur, ein guter Unterhalter. Möglich, dass er als ritterbürtiger Ministerialer über ein turmartiges Haus mit passablem Speise- und Wohnraum verfügte, wo ein offener Kamin für angenehme Wärme sorgte. Noch 1328 besaß Heinrich III. von Eschenbach örtlich ein »blozzes hus«, auf dem schon sein Großvater gesessen sei, als Lehen der Burggrafen von Nürnberg, die ihrerseits die Erben der Grafen von Abenberg waren. Sonst wurden die Anwesen in Eschenbach als »hof« oder »hofstat« bezeichnet: nicht als »hus«.

Der Tisch dürfte bei einem solchen Abendessen für Freunde weiß gedeckt worden sein, vielleicht gab es für jeden Gast auch eine Serviette und für einen jeden gekühlten Wein. Der Hausherr dürfte darauf geachtet haben, dass die Tafelrunde gleichmäßig mit Damen und Herren besetzt war, jeder nett herausgeputzt, so wie es Wolfram selbst beschrieb – hier wohl in einer überschaubaren, intimen Runde, womöglich zu sechst oder zu acht, dennoch alles leicht formalisiert, alles mit einem Anflug von dionysischer Ästhetik. Es kamen wohl die Delikatessen der vornehmen Landküche auf den Tisch: Fisch, Geflügel, Wild, vielleicht auch Krapfen, Käse und Obst, denn die Familie verfügte ebenfalls über Obstgärten. Die Gesprächsthemen dürften nicht zu ernst gewesen sein, sondern heiter und vergnügt. Immer wieder lobte Wolfram die Helden, wenn sie gerne gaben, freigebig waren, die Rolle des Gastgebers übernahmen, weil das gemeinsame Essen die Menschen verbindet und ihnen glückliche Stunden beschert – oder weil ein solches Dinner schlechthin eine kulturelle Urszene ist.

Auch heute noch muß man, wie damals, solche Szenen schaffen: romantische Sphären, sorgenfreie Räume, die die Menschen im Innersten berühren, festliche Tafelrunden, im Freundes- und Familienkreis, wo es für eine Weile keine alltäglichen, praktischen-nützlichen Erwägungen gibt, wo Verzehr und Genuss durch leicht ritualisierte Formen fein gebändigt und zugleich in die Länge gezogen werden, wo sich das kulinarische Glück und das Glück der Gemeinschaft gegenseitig steigern: mit einem Anschein von Glanz und Überfluss – irgendwie an der Nahtstelle zwischen Säkularem und Sakralem, irgendwie der Schwerkraft enthoben.

Wundersam, wenn man allmählich von der Leibesmitte her eine angenehme Sättigung spürt, wenn das Gemüt durch sinnliche wie seelische Eindrücke langsam ins Tanzen kommt, wenn sich das Auge an den Gesichtern der Menschen erfreut, an den schönen Stoffen der Kleider und Anzüge, an den Farben der Blumen, an den Formen der Teller, an feinen Ölen, Fischen, Bratenstücken, Soßen, Desserts, Pralinen, wenn bis tief in die Nacht hinein Behaglichkeit und Vertrauen in der Runde entstehen, wenn die Gespräche freimütig und liebenswürdig werden – dann erlebt man sanfte Lebensfülle und Momente der Transzendenz.[69]

Wolfram freute sich, wenn es auch auf dem Land ein »guet gemach« gab: Lebensart. Vermutlich las er auch daheim aus seinen Werken vor und dichtete zu Hause, weil er hier mehr Ruhe fand als auf gräflichen Burgen oder an fürstlichen Höfen. Vielleicht besuchte er auch die nahen umliegenden Stifte und Klöster, um deren Bibliotheken zu nutzen oder um sich von den dortigen Schulmeistern und Schreibern bei seiner Arbeit unterstützen zu lassen, weil seine fränkischen Förderer mit diesen Institutionen in Verbindung standen.

Die literarischen Werke wurden damals nicht nur vom Dichter im geselligen Kreis vorgetragen. Es gab jetzt auch in der feinen Gesellschaft gebildete Laien, die lesen konnten und für sich allein in den Epen schmökerten, nicht zuletzt adlige Frauen. Wolfram sagte im »Parzival«: »Ich weiß, daß Damen mit Verstand / (...), die hier die Geschichte lesen (!), / mir ehrlich zugestehen müssen: / ich erzählte von Frauen besser, / als ich von der einen sang!« Im »Willehalm« empfahl er sein Werk mit den freundlichen Worten: »Wer auf Ansehen hält, / lädt die Geschichte / in sein Haus ans Feuer ein: die ist hierzulande fremd.«[70] Es gehörte zum guten Ton, Epen und Romane zu lesen, um Lust und Glück im Leben zu erhöhen.

Allerdings konnte Wolfram die Widersprüche des Rittertums nicht lösen. Der Kampf mit den Waffen konnte auf Dauer nicht das höchste Ideal der Gesellschaft sein, auch nicht unter christlicher Flagge. Um der ritterlichen Ehre willen hätte Parzival noch am Ende des Epos um ein Haar seinen arabischen Halbbruder Fairefiz, von dem er nichts wusste, getötet. Nur durch überirdisches Einschreiten konnte die Katastrophe des Brudermordes verhindert werden, indem Gott das Schwert von Parzival zerspringen ließ. Der Dichter konnte am Schluss nur mit Hilfe der heilsgeschichtlichen Gralssage ein Happy End herbeiführen. Offenbar lag es außerhalb der menschlichen Möglichkeiten, aus der Grausamkeit des Rittertums herauszufinden. Göttliche Gnade sollte die Auswüchse der Ritterschaft mildern.

Irgendwann muss aber die menschliche Gesellschaft die ominöse

Linie überschreiten: jene, die von der Autorität zur Freiheit führt. Irgendwann muss der Übergang vom aristokratischen Heroentum zur liberalen Bürgergesellschaft erfolgen, vom Archaismus zum Wohlleben, vom kriegerischen Freund-Feind-Denken zur friedlichen Verständigung, weil es der Conditio humana entspricht. Wolfram selbst sah deutlich die Licht- und Schattenseiten des heroischen Daseins, glaubte aber vorläufig, dass es keine Alternative dazu gäbe. Immer wieder behalf er sich mit einer dialektischen Lehre von Freud und Leid, Glanz und Elend. Wo allerdings zu viel Dialektik betrieben wird, sind die heroischen Ideale in der Regel zu hoch angesetzt.

Den Dichter ließen diese Probleme nicht in Ruhe. Er nahm in seinem zweiten Hauptwerk, im »Willehalm«, einen weiteren Anlauf, um die ritterlich-höfische Lebensweise auf den Prüfstand zu stellen: die Überdrehtheit der Hohen Minne, die ihrerseits die Ritter zu fragwürdigen Ruhmestaten trieb, das ewige Hauen und Stechen, die ewigen Feindbilder. Das Spätwerk entfaltet sich wie ein trojanischer Krieg: Der eine Fürst entführt die Frau des anderen, was fürchterliche Schlachten nach sich zieht. Fußend auf einer historisch wahren Geschichte aus der Zeit um 800, die sich an der Grenze zwischen dem südlichen Frankenreich und dem arabischen Spanien abspielte, wird Willehalm anfangs vom muslimischen König Tibalt gefangen gehalten. Doch Arabeles, die Frau dieses Königs, befreit Willehalm und flüchtet mit ihm ins Frankenreich, lässt sich als Christin taufen, heißt nun Giburg und heiratet Willehalm. Aber ihr bisheriger Mann, König Tibalt, lässt sich das nicht bieten und marschiert mit seinem Heer im südlichen Frankenreich ein. Es kommt zu zwei blutigen Schlachten; die erste gewinnen die Araber, die zweite die Franken. Aus einem Liebesdrama wird ein Religionsdrama: der Kampf der Christen gegen die Heiden, ein Gemetzel, das zu Wolframs Zeit für die Europäer ein rechtschaffenes war. Doch Wolfram gab sich überparteilich, schilderte Böses und Gutes auf beiden Seiten, ja legte in fast alle Figuren beides hinein: Böses und Gutes, auch in den christlichen Helden der Geschichte, in den Willehalm.

Wolfram trieb im Spätwerk die Dialektik auf die Spitze – so weit, dass sie beinah schon zersetzend auf die ritterlich-höfische Kultur wirkte und aus einem heroischen Kriegsdrama nahezu ein Antikriegsdrama wurde. Der Dichter war selbst quasi von unten her in die ritterlich-höfische Welt hineingewachsen und bewahrte sich einen frischen, unverbildeten Blick. Bestimmte Ideale erhielten nach wie vor seinen Beifall: wie die unbedingte Bereitschaft des Ritters, für die gute Sache kühn und tapfer in den Kampf zu ziehen – nur war jetzt im »Willehalm« am Ende nicht mehr klar, was die gute Sache sei. Gegen den Mainstream der Zeit kamen Wolfram Zweifel am vermeintlich gerechten Krieg der Christen gegen die Heiden: »Wenn Menschen nichts vom Christentum / erfuhren, ist das Sünde? / Daß man die erschlug wie Vieh, d a s nenn ich eine große Sünde.«[71]

Wolfram entwickelte ein erstaunlich eigenständiges Denken. Er kümmerte sich nicht um religiösen oder nationalen Fanatismus, sondern setzte auf Menschlichkeit. Alles Engstirnige, Partikulare, Provinzielle war ihm fremd. Er vermied es, Freund-Feind-Schemata zu befolgen, Schwarzweißmalerei zwischen Christen und Muslimen zu betreiben; im Gegenteil, er war für Toleranz. Er baute auf die Verständigung der Menschen und auf göttliche Gnade.

Der Dichter führte vor Augen, wie innerhalb weniger Stunden in einer großen Schlacht nicht nur Tausende von Rittern auf engstem Raum zermalmt werden, ohne sich noch im Einzelkampf heroisch hervortun zu können, er schilderte auch, welche unermesslichen Reichtümer im Handumdrehen vernichtet wurden: all die prunkvollen Stoffe und Gewänder, welche die Ritter über ihren Rüstungen trugen, all die prunkvollen Helme der Fürsten aus Gold, Silber und Edelsteinen. Ein paar Schwerthiebe – und die mühevolle, kunstreiche Arbeit von unzähligen Handwerkern war im Nu vernichtet! Auffälligerweise kam Wolfram jetzt im »Willehalm« immer wieder auf die Handwerker und Kaufleute zu sprechen, die diese schönen, wertvollen Accessoires hervorbrachten und anboten, welche die Fürsten und Ritter mir nichts, dir nichts in einer einzigen Schlacht vergeudeten, ohne recht zu wissen, warum.

Noch im »Parzival« waren Kaufleute fast nur belächelt worden, weil sie die bohemienartige Lebensweise der Aristokraten nicht beherrschten. Doch wurde im »Willehalm« ein Kaufmann namens Wimar schon recht wohlwollend beschrieben. Er verfügte bereits über Ressourcen, um bei Tisch höfische Noblesse zu entfalten. Ohnehin gehörten nun offenbar Städter, Fernhandelskaufleute und Handwerker, zu den Mäzenen des Dichters, was in der Forschung kaum zur Sprache kommt. Die Reichs- und Messestadt Nördlingen, südwestlich von Eschenbach, wurde freundlich erwähnt, ebenso wurden die Filzhutmacher eines ländlichen Ortes wie Beratzhausen genannt, das an der Fernstraße von Nürnberg nach Regensburg lag.

Wahrscheinlich spielte Wolfram auch auf Nürnberg selbst an. Er beschrieb die Rüstungen des Heeres von König Purell: »Es waren kunstreiche Leute, / die solche Rüstungsstücke machten, die man auf dem Sand nicht hat.« Die fränkische Sand-Region erstreckt sich von Nürnberg nach Weißenburg. Bis heute heißt ein Stadtteil von Nürnberg Sandreuth. Es handelte sich hier wohl um einen Überbietungstopos, denn die Nürnberger erarbeiteten sich selbst bekanntermaßen einen glänzenden Ruf für die Herstellung von Waffen und Rüstungen.[72]

Im so genannten »Großen Freiheitsbrief«, den König Friedrich II. im Jahr 1219 bei einem Hoftag in Nürnberg den Nürnberger Bürgern ausstellte, hieß es, dass die Stadt auf »sandigem Erdreich liege«. Vielleicht lud der junge, kunstsinnige König, der damals einem Sänger wie Walther von der Vogelweide ein Lehen verlieh, nun auch den nicht minder bekannten Wolfram aus dem nahen Eschenbach dazu ein, auf dem Hoftag in Nürnberg aus seinem »Willehalm« vorzulesen. Der königliche Palast auf dem Sandsteinfelsen über Nürnberg war gerade funkelnagelneu, so wie er in seinen Außenmauern bis heute erhalten ist. Jeder dürfte seinerzeit gewusst haben, was »auf dem Sand« meinte. Vielleicht trug Wolfram auf der Burg jene Stelle vor, wo er sich ausnahmsweise einmal reichspatriotisch gab, nur ein paar Seiten nach der Anspielung »auf dem Sand«: »Seht, welcher Rang dem römischen Kaiser / in Rom verliehen wird nach römischem Gesetz! / Hoch mit hohem Ansehen / hat die römische Krone Vorrang, / kennt keinerlei Rivalen. / So sehr gefürchtet ist die römische Krone.« Die Pointe war, dass auch diese Aussage dialektischen Windungen unterworfen blieb.

Vielleicht muss man Friedrich II. zu den späten Mäzenen Wolframs zählen. Vielleicht unterstützten den Dichter nicht nur die Bürger von Nördlingen, sondern auch jene von Nürnberg, die gerade den »Großen Freiheitsbrief« erhielten. Fast scheint es, als sei Wolfram am Ende

Hans Wilhelm Kreß beschreibt und zeichnet Teile von Wolframs Grab in Eschenbach bei seiner Reise von Nürnberg nach Frankreich im Jahr 1608, in: Hans Wilhelm Kreß: Itinerarium Germaniae, Galliae, Belgii, Angliae et Bohemiae etc., Handschrift im Germanischen Nationalmuseum in Nürnberg, um 1630, eingefügter Zettel bei Blatt 9. Es heißt auf diesem Zettel: »In der Teutschherrischen Kirchen zu Eschenbach sind nun nachfolgende Monumenta. Hie ligt der streng Ritter her Wolffram von Eschenbach ein Meister Singer …«. Kreß gab dazu eine Topfhelmform wieder, wie man sie auch in der Berliner Handschrift der »Eneide« von Heinrich von Veldeke sieht, die um 1220/30 entstand, just zu der Zeit, als Wolfram starb.

Jakob Püterich von Reichertshausen schrieb schon 1462 in seinem »Ehrenbrief«, er habe von Wolframs Grab in Eschenbach gehört und sich (als Tourist) auf den Weg gemacht. Er bezeugte in der dortigen Deutschordenskirche zweierlei Dinge, die an den Dichter erinnerten: erstens ein »erhabens Grab«, ein Hochgrab, geschmückt mit Krugwappen und Helm, auf dem wiederum ein Krug mit Blumenstrauß zu sehen

sei; zweitens »besunder«, also daneben, ein »epitafium«, ein Gedenkstein, der jedoch das Todesdatum des Dichters nicht verrät. Seit 1325 hatte Heinrich III. von Eschenbach mit einem Krugwappen gesiegelt; vorher war das Krugwappen wohl schon längst auf den Schildern des ritterlichen Geschlechts zu sehen.
Kreß überlieferte mutmaßlich die Inschrift des Gedenksteins, der bezeugte, wer sich in dem Hochgrab befand, eben »der streng Ritter her Wolffram von Eschenbach ein Meister Singer«. Die Begriffe »streng(er) Ritter« und »Meister Singer« waren erst seit dem 14. Jahrhundert gebräuchlich. Der Gedenkstein stammte wohl erst aus dieser Zeit. Doch das unbeschriftete Hochgrab mit Helm und Wappen könnte bereits im 13. Jahrhundert entstanden sein. Diese Dinge wurden bei barocken Umbauten der Kirche entfernt und haben sich nicht erhalten.

seiner Laufbahn schon mit einem Bein in der Bürgergesellschaft gestanden. Es mutet beinahe bürgerlich an, wie er im »Willehalm« die Ehe, das Haus, das Schlafzimmer, die intime häusliche Vertrautheit der rauen kriegerisch-ritterlichen Wirklichkeit gegenüberstellte. Er spürte wahrscheinlich, dass die ritterlich-höfische Gesellschaft nicht mehr die einzige herrschende Schicht war. Er strebte mehr denn je danach, das äußere Rittertum mit Schild, Schwert und Lanze so weit wie möglich in eine innere Lebensritterschaft zu verwandeln: mit Lebensmut, Lebensfreude, Liebe und Mitgefühl gegenüber dem Nächsten. Die wirtschaftlichen Ressourcen des Landes sollten nicht länger maßlos in unsinnigen Kriegen für Macht, Ruhm und Ehre verschwendet werden, sondern der Wohlfahrt zugutekommen. Das äußere militärische Rittertum blieb für ihn nur noch als defensive, verteidigende, beschützende Variante gültig. Umgekehrt war gegen die feine Lebensweise, das Chevalereske, Kavalierartige, Damenhafte, nichts einzuwenden. Man sollte das Leben schmücken und genießen, ohne ein gemeiner Mensch zu sein.

VIII DER ABENTEUERLICHE BÜRGER

Vom Ritter zum Bürger: die Handelsherren in Nürnberg

Nichts deutete zu Beginn des 11. Jahrhunderts darauf hin, dass aus Nürnberg einmal etwas werden sollte. Irgendwo im mittelfränkischen Becken, wo es sandig war und nur ein paar Kiefern wuchsen, stieg hinter dem Flüsschen Pegnitz ein fünfzig Meter hoher, langgezogener Felsklotz auf – als einzige natürliche Mitgift, welche die Gegend einer zukünftigen Stadt bieten konnte. Immerhin war der Sandsteinfelsen beeindruckend genug, um Kaiser Heinrich III. anzulocken. Er ließ darauf eine erste kleine Reichsburg errichten, um von hier aus das umliegende Königsland zu verwalten. Zugleich berief Heinrich III. im Jahr 1050 einen Hoftag nach Nürnberg ein, wodurch der Ort erstmals schriftlich erwähnt wurde. Am südlichen Fuß der Burg entstand eine kleine Siedlung, wo sich ritterfähige Reichsministerialen, Händler und Handwerker niederließen. Auch ein frommer Mann lebte hier, Sebaldus, der als Heiliger verehrt wurde und Gläubige von nah und fern anzog. Lampert von Hersfeld berichtete für die Zeit um 1072: »Hochberühmt und gefeiert waren zu dieser Zeit in ganz Gallien (vermutlich war Franken gemeint) die Grabstätten des hl. Sebaldus in Nürnberg und des hl. Heimeradus in Hasungen, und eine große Menge Volks besuchte sie täglich wegen der Heilungen, die dort Kranken oft durch göttliche Schickung zuteil wurden.« Die anfängliche Mitgift der Stadt war doch nicht so übel: ein Felsklotz, eine Reichsburg und das Grab eines frommen Mannes.

Wesentliche Entwicklungsschübe gingen vorläufig vom König aus. Konrad III., der 1138 ins Amt kam, hielt hier regelmäßig Hoftage ab. Auch gründete er am Fuß der Burg, wo sich die Siedlung der Reichsministerialen und Kaufleute befand, ein Kloster für Schottenmönche, um geistliche Leute und lateinische Gelehrsamkeit nach Nürnberg zu bringen. Darüber hinaus ließ er jenseits der Pegnitz eine zweite planmäßige Gewerbesiedlung anlegen. Bald danach, unter König Philipp und König Friedrich II., entstand zwischen 1200 und 1216 das neue, bis heute erhaltene Kernstück der Burg: ein Palast mit zwei Festsälen, östlich flankiert von einer zweigeschossigen Burgkappelle, westlich flankiert von einem Wohntrakt. Die Säle und Wohnräume wurden immer wieder umgebaut und innen erneuert, während die Burgkapelle unverändert bis in die Gegenwart ihren plastischen Schmuck im Stil der Spätromanik präsentiert. An diese Hauptburg schlossen sich nach Osten hin die Vorburg, die Burggrafenburg und die Kaiserstallung an. Insgesamt entstand im hohen und späten Mittelalter eine beeindruckende, etwa dreihundert Meter breite Stadtkrone. Die Zerstörungen im Zweiten Weltkrieg konnten weitgehend behoben und originalgetreu restauriert werden.[1] (Farbbild 10)

Schon 1113 war als erster königlicher Amtmann in Nürnberg ein Burggraf erwähnt worden, welcher in der Burggrafenburg residierte und die königliche Hauptburg bewachte, wenn der Herrscher nicht da war. Daneben erschien seit 1173 ein königlicher Reichsschultheiß, der seinerseits den Einfluss des Burggrafen zurückdrängte und die Verwaltung der Siedlung am Fuß der Burg in die Hand nahm. Spätestens von da an gewann diese Siedlung der ritterfähigen Ministerialen, Händler und Handwerker gegenüber der Reichsburg ein eigenes Gewicht.

Einen Meilenstein in der verfassungsmäßigen Entwicklung von Nürnberg stellte das Privileg von König Friedrich II. aus dem Jahr 1219 dar, welches im Nachhinein als der »Große Freiheitsbrief« bezeichnet wurde. Erstmals war hier von Nürnberg als »Stadt«, »Civitas«, die Rede. Nürnberg wurde zum eigenen Rechtsbezirk erhoben, welcher nur dem König, dem königlichen Schultheiß und seinen Ministerialen unterstellt war. Es existierte vorläufig noch keine konsularische Verfassung mit Räten und Schöffen, zumindest war nicht die Rede davon. Die Gerichtsbarkeit unterlag dem königlichen Schultheiß, doch musste es daneben bereits eine gewisse eigenständige Organisation der Bürger oder einen gewissen Grad an bürgerlicher Selbstverwaltung gegeben haben, weil der Bürgergemeinschaft zugebilligt wurde, selbständig die Steuern zu erheben und dem König zu geben.[2]

Erstmals wurden 1228 Bürger namentlich erwähnt, die praktisch als Schöffen am städtischen Gericht mitarbeiteten, ohne eigens als Schöffen bezeichnet zu werden. Desgleichen erschienen seit 1241 praktisch auch Räte, die gemeinsam mit dem Schultheiß die Stadt verwalteten, ohne wiederum eigens als Räte deklariert zu werden. Die königliche Stadt der Staufer vermied es so lange wie möglich, sich eine offizielle Rats- und Schöffenverfassung zu geben. Kaiser Friedrich II. verbot in seinen süditalienischen Erblanden nachdrücklich die konsularische Verfassung und akzeptierte sie, wie sein Großvater Kaiser Friedrich I., nur widerwillig in den Städten der Lombardei. Er genehmigte sie im deutschen Königreich nur ausnahmsweise, so 1226 in Lübeck, wohl nur, weil diese Stadt am nördlichen Rand des Reiches lag und bei der Stange gehalten werden sollte. Gegenüber der Lombardei wurde die Einführung der konsularischen Stadtverwaltung nördlich der Alpen um fast zwei Jahrhunderte verschleppt.[3]

Erst nach dem Tod von Kaiser Friedrich II. 1250 beziehungsweise nach dem Tod seines Sohnes Konrad vier Jahre später wurde die freiheitliche Verfassung der Reichslandstädte offiziell möglich. Es begann das so genannte Interregnum: formell keine königslose, praktisch jedoch eine königsferne Zeit von rund zwanzig Jahren. Richard von Cornwall, der 1256 zum Herrscher des deutschen Königreiches ernannt wurde, kam nur gelegentlich von England nach Deutschland. Es war für die verfassungsmäßige Verbesserung der Reichslandstädte nicht unbedingt ein Übel. In Nürnberg zögerte man nicht länger, sich offiziell eine konsularische Verfassung zu geben, die faktisch schon zwei oder drei Jahrzehnte gültig war. Just 1256 war in einem Schreiben, das die Stadt Nürnberg an die Stadt Regensburg sandte, erstmals von »scultetus, consules et universitas civium Nurenbergensium«, sprich: von »Schultheiß, Räten und der gesamten Nürnberger Bürgerschaft«, die Rede. Endlich! Da war es, das ominöse Wort: *Consules, Räte* – das die staufischen Kaiser gescheut hatten wie der Teufel das Weihwasser.

Nicht nur der edle Fürst und Ritter, auch der ehrbare Bürger war nun *ratsfähig*, hatte offenbar Grips im Kopf, durfte das machen, was der Conditio humana, der menschlichen Wesensart, so sehr entspricht: ein *Konsilium* abhalten, eine *Ratsversammlung*. Die Bürger durften sich verständigen und vernünftig zusammenarbeiten, um neben den beruflich-wirtschaftlichen auch sozial-politische und musisch-kulturelle Fähigkeiten zu entwickeln. Die konsularische Verfassung, die bürgerliche Teilhabe an der Politik, war spätestens von 1256 an für Nürnberg wie für alle anderen Reichsstädte obligat. In Nürnberg gab es unter dem Vorsitz des Reichsschultheißen zwei bestimmende Gremien: erstens das Schöffenkollegium, das am städtischen Gericht tätig war, zweitens das Ratskollegium, das die Stadt verwaltete. Um 1320 wurden beide Gremien zusammengelegt und im so genannten Kleinen Rat vereint, der fortan die Geschicke der Stadt bestimmte. Schon von 1274 an war das Amt des Reichsschultheißen meistens in der Hand von Nürnberger Bürgern, was praktisch den Status einer freien Reichsstadt bedeutete, während das Amt offiziell 1386 der Stadt übergeben wurde, um den Status einer freien Reichsstadt zu besiegeln. Die anfängliche Alleinherrschaft des königlichen Reichsschultheißen wich dem 26-köpfigen Gremium des Kleinen Rates: bestehend aus 13 Schöffen und 13 Räten – später, um 1370, auf insgesamt 42 Ratsmitglieder erweitert.

Zunächst waren die Schöffen und Räte wohl vom Reichsschultheißen ausgesucht worden, doch seit der 2. Hälfte des 13. Jahrhunderts ergänzten sich Schöffen und Räte selbst. Wenn einer von ihnen durch Tod oder sonstige Umstände aus dem Schöffen- oder Ratskollegium beziehungsweise aus dem Kleinen Rat schied, wählte das Kollegium selbst ein neues Mitglied. In einer grundlegenden jüngeren Studie über das Nürnberger Patriziat konnte Peter Fleischmann nachweisen, dass diese Schöffen und Räte ursprünglich fast alle dem Stand der ritterbürtigen Ministerialen angehörten, die sich am Fuße der Burg niedergelassen hatten.[4]

Tatsächlich! Der Ritter verwandelte sich in den Bürger. Der niederadlige Ministeriale tauschte die ritterliche Ehre gegen bürgerliche Vernunft ein, wurde Schöffe und Ratsherr, Kaufmann und Handelsherr, Kunst- und Kirchenmäzen. Er gab das eiserne Schwert für den Rechenstift hin: den ritterlichen Kampfesmut für kaufmännischen Wagemut! Es existierten von nun an in Deutschland Leute, welche die drei menschlichen Kardinaltugenden in sich vereinten: die beruflich-wirtschaftliche, die sozial-politische und die musisch-kulturelle Fähigkeit.

Aus dem Kreis der ehemaligen Reichsministerialen, die zu Kaufleuten wurden, erwuchsen in Nürnberg die vornehmen Familien und *Geschlechter*, die sich später, seit Ende des 15. Jahrhunderts, nach antikem römischem Vorbild *»patricii«* nannten. Nur diese ehrbaren Familien und Geschlechter galten anfänglich als ratsfähig. Bis ins 16. Jahrhundert hinein war es allerdings möglich, dass tüchtige Kaufleute, die neu in die Stadt kamen und keine ehemaligen Reichsministerialen waren, in den Kreis der ratsfähigen Familien aufstiegen, während zugleich seit 1370 auch acht angesehene Handwerksmeister in den Kleinen Rat berufen wurden. Der Kreis der Patrizier blieb vorläufig durchlässig, was dem sozialen Gefüge guttat. Zusätzlich gab es einen so genannten Großen Rat mit rund 300 Mitgliedern, darunter teils Patriziersöhne, die nicht in den Kleinen Rat gewählt wurden, teils reiche nichtpatrizische Kaufleute und ehrbare Bürger. Der Große Rat hatte politisch jedoch so gut wie keine Funktion, nahm aber jährlich zuschauend an jenem repräsentativen Akt teil, bei dem sich die Mitglieder des Kleinen Rats gegenseitig in ihrem Amt bestätigten oder bei dem die Ratsmehrheit gegebenenfalls jemanden aus dem Rat hinauswarf, wenn er sich nicht bewährte, oder bei dem neue Räte für verstorbene Räte in den Kleinen Rat berufen wurden.

Die Ratsverfassung gab sich flexibel und passte sich von Zeit zu Zeit neuen Erfordernissen an. Der innerste Zirkel der Macht blieb allerdings weitgehend jenen Familien vorbehalten, die dem Kreis der ritterfähigen Reichsministerialen entstammten. Seit 1400 lässt sich innerhalb des 42-köpfigen Kleinen Rats das Gremium der »Sieben Älteren Herren« nachweisen, das wahrscheinlich schon vorher existiert hatte. Nur jene Räte des Kleinen Rates, die familiär über eine reichsministerialische Vergangenheit verfügten, stiegen vorläufig in dieses Siebenergremium auf. Erst seit dem frühen 16. Jahrhundert schafften es auch einige Räte, die familiär auf eine rein kaufmännische Herkunft verweisen konnten. Der Siebenerrat wurde vom 42-köpfigen Kleinen Rat gewählt und war quasi das parlamentarische Oberhaus, das gleichzeitig die wichtigsten exekutiven Ämter innehatte: das des ersten und zweiten Losungers, die beide für die Außen- und Finanzpolitik der Stadt zuständig waren, daneben die Ämter des ersten und zweiten Hauptmanns, die für die innere Sicherheit und die äußere Verteidigung sorgten. Im Laufe der Zeit verschmolz das Amt des ersten Losungers mit dem Amt des ersten Hauptmanns, ebenso das Amt des zweiten Losungers mit dem des zweiten Hauptmanns. In dieser Verschmelzung waren der erste und der zweite Losunger das, was man in anderen Städten den älteren und den jüngeren Bürgermeister nannte.

Wahrscheinlich wurde dieses Organ der »Sieben Älteren Herren« nach dem Vorbild der sieben Kurfürsten geschaffen: nach einer mythisch-biblischen Zahl, die immer eine Mehrheit der Stimmen ermöglichte. Grundsätzlich machte es diese gut ausgewogene Verfassung zwischen dem 42-köpfigen Kleinen Rat und dem Siebenerkollegium fast unmöglich, dass sich einer als Despot oder Tyrann über die anderen erhob. Es zählten immer Mehrheitsverhältnisse, Debatte, das Für und Wider, Erfahrung, Wissen, Alter, Noblesse.

Es herrschte ein erstaunlicher Korpsgeist unter den ratsfähigen Familien in Nürnberg. Es ist kein einziger Putschversuch aus den eigenen Reihen bekannt, wie es in den freiheitlichen Städten Italiens gang und gäbe war, wo sich viele Stadtrepubliken in Tyrannen- und Fürstenstädte verwandelten – oder wie es gelegentlich auch in anderen freiheitlichen Städten Deutschlands ausprobiert wurde, etwa in Regensburg, Augsburg oder Rothenburg ob der Tauber im frühen 14. Jahrhundert, wenngleich hier ohne Erfolg.

Die Nürnberger Stadtrepublik blieb mehr oder minder eine Oligarchie, weil die nichtpatrizischen Kaufleute und Handwerker nur geringe Chancen hatten, in den Kleinen Rat oder in das Patriziat aufzusteigen. Die acht angesehenen Handwerksmeister, die von den patrizischen Räten in den 42-köpfigen Kleinen Rat gewählt wurden, blieben dort eine Quantité négligeable. Der Kleine Rat in Nürnberg hielt sich zugute, in seiner Art besonders nobel zu sein, während in anderen freiheitlichen Städten Deutschlands die nichtpatrizischen Kaufleute und Handwerker zuweilen stärker am städtischen Regiment beteiligt waren.

Alles in allem stellte die freiheitliche Stadt des späten Mittelalters und der Renaissance noch keine bürgerlich-demokratische, sondern eben eine bürgerlich-patrizische Kultur dar, weil das breite Publikum kaum Wahlmöglichkeiten hatte und vom politischen Geschäft weitgehend ausgeschlossen war. Dennoch bot die freiheitliche Stadt des späten Mittelalters und der Renaissance der Gesamtheit der Bewohner mehr Freizügigkeit als in der Antike. Es gab weder Sklaven noch Hörige. Jeder Bürger, sei er ein nichtpatrizischer Kaufmann, sei er ein Handwerker, konnte ein selbständiges, privates Leben führen und Vermögen bilden.

Insgesamt lassen sich in Nürnberg bis zum Ende der Stadtrepublik 85 ratsfähige Familien nachweisen. Doch ein Drittel davon konnte nur ein einziges Mal einen Rat stellen, ein anderer Teil dieser Familien starb früh aus oder stieg sozial ab oder zog in andere Orte. In der Regel gab es einen Kern von 30 bis 40 Geschlechtern, die ratsfähig waren und jeweils ein bis zwei Räte im Kleinen Rat stellen konnten, aber höchstens einen Rat im Siebenergremium. Die einflussreichsten Patrizier waren in Nürnberg über die Zeit hinweg, bis 1806, die Haller, Imhoff, Volkamer, Fürer, Geuder, Grundherr, Nützel, Holzschuher, Baumgartner, Tetzel, Tucher, Ebener, Kreß, Beheim, Harsdörfer, Pömer und Pfinzing.

In der Regel heirateten diese ratsfähigen Familien untereinander, gelegentlich schloss man auch Ehen mit Patriziern aus anderen süddeutschen Städten oder mit landsässigen, ritterfähigen Ministerialen, jedoch nicht mit einem landsässigen Freiherrn oder einem Freifräulein, die sich zu fein für städtische Patrizier wähnten, obwohl normalerweise die städtischen Handelsherren einem ländlichen Baron an Vermögen weit überlegen waren, oft auch an weltläufiger Kenntnis und verfeinerter Lebensart.

Schon seit dem 13. Jahrhundert hatten sich die Kirchen und Klöster in Nürnberg erheblich vermehrt. Neben den zwei großen Stadtpfarrkirchen – St. Sebald diesseits und St. Lorenz jenseits der Pegnitz – entstanden Gotteshäuser der modernen Prediger- und Bettelorden. Die Ratsherren kümmerten sich um die Bildung und sorgten dafür, dass es seit dem 14. Jahrhundert vier geistliche Lateinschulen gab, daneben deutsche Schulen, wo man Rechnen, Lesen und Schreiben lernte. Die Patriziersöhne konnten Cicero oder Ovid lesen und sich informieren, wie antike Senatoren lebten. Einige von ihnen studierten seit dem 14. Jahrhundert, teilweise mit Stipendien des Kleinen Rats, in Bologna oder Padua die Rechte. Die Ratsherren nahmen von nun an auch so genannte Ratskonsulenten in ihren Dienst, graduierte Juristen, um sich von ihnen beraten oder Gutachten erstellen zu lassen. Zunächst gab es fünf, seit dem 16. Jahrhundert zehn festangestellte städtische Juristen. Es kehrte auf diese Weise früh ein hoher Grad an Alphabetisierung, Schriftlichkeit, Gelehrtheit und Rechtsdenken in die Stadt ein.

Binnen kurzer Zeit erlebte Nürnberg einen bis dahin in Deutschland kaum gekannten Aufschwung, sei es wirtschaftlich, sei es politisch, sei es kulturell. War Nürnberg im 11. Jahrhundert quasi noch ein Nobody unter den deutschen Städten, so stellte es bald alle anderen in den Schatten, lediglich Köln konnte sich seit dem 14. Jahrhundert noch mit Nürnberg messen. Ohne schiffbaren Fluss, ohne viel Waffen und Gewalt, ohne Despotie und Strenge schafften es die Nürnberger, Wohlfahrt und Wohlleben zu entfalten. Die Nürnberger setzten auf das, wovon schon Otfried von Weißenburg um 870 gesprochen hatte: auf *Wizzi*, auf Geistesgaben, solide Schulbildung, handwerklich-technische Erfindung, kaufmännischen Unternehmungsgeist, Rechtspflege, Lebenskunst, bürgerlich-patrizische Liberalität.

Der formelle Beginn der freiheitlichen, konsularischen Verfassung in Nürnberg im Jahr *1256* war ein *feiner Moment in der deutschen Geschichte: ein annus mirabilis.* Während das Heilige Römische Reich zu einer Phantasmagorie wurde, gab sich Nürnberg reell, gentil-bürgerlich: Dulden und Handeln, Streben und Genießen, Anstrengung und Entspannung!

Es wurde an der Pegnitz nicht gekleckert, sondern Unternehmertum großen Stils entfaltet. Die Stadt machte sich zum Mittelpunkt eines konzentrischen Straßennetzes, das fast alle anderen Handelszentren in Deutschland und in Europa erschloss. Über Augsburg und Innsbruck stand man in Verbindung mit Venedig und Florenz, über Erfurt und Magdeburg mit Lübeck und Hamburg, über Prag mit Krakau, über Regensburg mit Wien, über Frankfurt am Main und Köln mit Antwerpen, über Straßburg mit Bordeaux, über Ulm und Genf mit Lyon. Man handelte mit feinen Tuchen und Stoffen, Seide und Samt, Taft und Damast, mit edlen russischen Pelzen, mit allen möglichen fernöstlichen oder mediterranen Gewürzen, von Pfeffer über Zimt bis Safran, nicht zuletzt mit eigenen Nürnberger Erzeugnissen, hauptsächlich mit Metallwaren, die bald überall in Europa besten Ruf genossen.

Man förderte dafür in der Oberpfalz die Gewinnung von Eisen und verfeinerte das Metall in handwerklichen Großbetrieben in Nürnberg, die teilweise von den Handelsherren selbst betrieben wurden: stellte Waffen und Rüstungen her, insbesondere jedoch Haushaltswaren, Messer, Löffel, Scheren, Häkchen, Ösen, Kettchen, Nähnadeln, Siebe, Trichter. Hinzu kamen kunstvolle Schmiedearbeiten aus Gold und Silber, Gefäße, Becken, Leuchter und Schmuck.

In gewisser Weise waren die Nürnberger Handelsherren auch Kriegsgewinnler, indem sie mit Waffen und Rüstungen gute Geschäfte machten. Allerdings konnte man Waffen und Rüstungen auch für die Verteidigung verwenden. In der Regel schuf man Dinge zum friedvollen, gedeihlichen Nutzen. Auch führte man früh das Prinzip der Buchführung ein. Das Handelsbuch der Holzschuher, das zwischen 1304 und 1307 entstand, gehörte zu den frühesten seiner Art in Deutschland. Die Holzschuher betrieben ihr Geschäft hauptsächlich mit feinen Tuchen aus Flandern und notierten sich die Schulden ihrer Kunden.[5]

Ein Patrizier wie Peter Stromeir wurde um 1368 über den experimentellen Weg von Versuch und Irrtum zum Erfinder der Waldsaat und planmäßigen Forstkultur, weil Holz und Holzkohlen für die Metallverarbeitung immer wichtiger wurden. Sein Bruder Ulman Stromeir, der als Rat zum innersten Zirkel, zum Siebenergremium, gehörte, schrieb seit 1360 das »Püchel von meim geslechet und von abentewr«.[6] Bemerkenswert war schon der Begriff des Abenteuers im Titel. Nicht nur – wie gewohnt – ein edler Ritter und Fürst, sondern auch ein ehrbarer Bürger und Ratsherr, ein Unternehmer und Fernhandelskaufmann konnte offenbar ein abenteuerliches, ereignisreiches, heldenhaftes Leben führen!

Stromeir wollte wissen, wer er war und von wem er abstammte. Er erforschte eingangs die Herkunft seiner Familie, dazu erschloss er Verwandtschaftsverhältnisse des eigenen Clans mit anderen Nürnberger Geschlechtern. Dem Teil der Familienchronik folgten politische Ereignisse in Nürnberg, Franken, Süddeutschland oder überhaupt im Heiligen Römischen Reich, bis hin zum Romzug von Kaiser Karl IV. Einen dritten Teil machten kaufmännische Notizen aus, die vollends ein internationales Netz aufspannten. Unter anderem notierte sich der Handelsherr, wie hoch in Süditalien die Transportkosten pro Zentner für Pfeffer, Ingwer, Nelken, Muskat und Zimt waren. Er nannte Preise, Gewichts- und Geldverhältnisse in Neapel, Genua, Venedig, Genf,

Barcelona, Brügge oder Krakau. Typisch für einen Nürnberger Patrizier, wurde der Horizont weit gezogen und eine europäische Dimension erschlossen.

Stromeir war es auch, der vermutlich erstmals in Deutschland für die Herstellung von Papier die mechanische Wasserkraft nutzte und so 1390 die erste bekannte Papiermühle gründete, was er ebenfalls in seinem Büchlein beschrieb: »Ich Ulman Stromeir hub an mit dem ersten papir zu machen zu sant Johans tag (...) und hub in der Glesmul (Gleißmühle) an ayn rad zu richten.« Er produzierte auch farbiges Papier, das zum berühmten »Nürnberger Tand« zählte. Dazu förderte er die Erfindung des mechanischen, halbautomatischen Drahtzugs in einer Drahtziehmühle, die seinem Enkel Andreas Stromeir gehörte.[7]

Der besondere wirtschaftliche Erfolg von Nürnberg beruhte gerade darauf, dass sich die großen Kaufleute nicht einseitig einem bestimmten Geschäft verschrieben, etwa nur dem Handel, sondern dass sie vielseitig und beweglich blieben. Die Patrizier förderten erstens selbst die handwerklich-technische Erfindung und die Produktion der Waren; sie verschrieben sich zweitens dem Fernhandel, um von Nürnberg aus so gut wie alle Ecken und Enden in Europa zu erschließen; drittens wagte man es, auch noch in das risiko- und gewinnreiche Geldgeschäft einzusteigen. Die Nürnberger Unternehmer gehörten nördlich der Alpen neben jüdischen Kaufleuten zu den Ersten, die das Kreditgeschäft betrieben. Schon Ende des 13. Jahrhunderts zählten sie zu den Finanziers der Könige und machten Nürnberg zu einem frühen Finanzplatz in Deutschland. Die Reichsregenten unterhielten über der Stadt eine beeindruckende Residenz, die sie von Mal zu Mal aufsuchten. Vermutlich waren es die Könige gewesen, welche die Kaufleute zum Finanzgeschäft anregten, weil die Herrscher ihrerseits notorisch klamm waren. Nach und nach kamen sie von Nürnberg nicht mehr los.

Im Jahr 1332 stellte Kaiser Ludwig IV., auch Ludwig der Bayer genannt, den Nürnbergern das so genannte Große Zollprivileg aus, das zu einem weiteren Meilenstein der örtlichen Entwicklung wurde. Das Reichsoberhaupt gewährte den hiesigen Kaufleuten in sage und schreibe 72 Städten des Heiligen Römischen Reichs die Zollfreiheit, was beispiellos war und die wirtschaftliche Stellung der Stadt schlagartig erhellte. Die Befreiung vom Zoll reichte von Arles im Süden über Verdun und Antwerpen im Westen, Lübeck im Norden und Passau im Osten. Es betraf alle wichtigen Orte, wo der Kaiser irgendwie Rechte geltend machen konnte. Ludwig war selbst rund 70-mal in Nürnberg und hielt in der Stadt fünf Hoftage ab. Er stärkte die Bürgerschaft und das städtische Wachstum durch seine häufige Anwesenheit und wurde umgekehrt selbst von den Nürnberger Handelsherren gestützt, indem sie zu seinen wichtigsten Kreditgebern wurden. Die Stadt an der Pegnitz nahm spätestens von jetzt an eine führende Position im Reich ein, die sie bis in die späte Renaissance hinein nicht mehr verlieren sollte.

Das neue Selbstbewusstsein der Bürger drückte sich nicht zuletzt im Bau eines großen Ratssaales aus. Der Kleine Rat erwarb 1330 in zentraler Lage, östlich der Sebaldkirche, ein langgestrecktes Kaufhaus, das die Zisterziensermönche von Heilsbronn errichtet hatten. Man füllte das Areal um das Erdgeschoss herum mit Erdreich auf, um einen neuen, ebenen Platz zu schaffen, richtete im ehemaligen Erdgeschoss und jetzigen Keller das städtische Gefängnis ein, im nunmehrigen Erdgeschoss ebenfalls Läden für Krämer und Kaufleute und fügte ein neues Obergeschoss hinzu, das in seiner ganzen Länge und Breite, 12 × 39 Meter, der Ratssaal werden sollte: einer der bis dahin größten stützenlosen Säle nördlich der Alpen. (Farbbild 11)

Der Kaiser nahm fortan in diesem Saal als Stadtherr die Huldigung der reichsstädtischen Bürger entgegen. Entsprechend schmückte man den Raum 1340 an der Ostseite mit einem Steinrelief, welches Ludwig den Bayern als thronenden Kaiser mit Reichsinsignien zeigte. Das Werk wurde im Zweiten Weltkrieg stark beschädigt, blieb aber als Gipsabdruck erhalten. Die Darstellung des Herrschers gleicht jenen auf den kaiserlichen Siegeln und ist mutmaßlich ein authentisches Porträt von

Ludwig dem Bayern, zumal ihn Chronisten ähnlich beschrieben. Man sieht einen Regenten, der sich zugewandt und freundlich gab. Der Paduaner Chronist Alberto Mussato charakterisierte ihn als heiter und urban – und hob hervor: »Sein Antlitz weckte dank seiner lebhaften Farbe den Anschein andauernden Lächelns.«[8]

Die Macht des deutschen Regenten war nun allerdings nicht mehr dieselbe wie noch zu Zeiten von Friedrich Barbarossa, weil die Staufer keine geordneten Verhältnisse hinterlassen hatten. Während sie vom Heiligen Römischen Reich träumten, versäumten sie es, für das deutsche Königreich zentrale staatliche Institutionen zu schaffen, eine Universität zu gründen, einen Beamtenapparat aufzubauen, ein Gerichts- und Steuersystem einzuführen. Rudolf, der nach dem Interregnum 1273 als erster Habsburger an die Spitze des Reiches gewählt wurde, versuchte, die königliche Macht zu konsolidieren. Er brachte das noch vorhandene Reichsgut so weit wie möglich wieder in königliche Hand und knüpfte an die Praxis des traditionellen Reisekönigtums an. Aber auch er wagte nichts Neues, baute nicht die königlichen Institutionen aus, schuf kein Gerichts- und Steuersystem, sondern setzte auf die Stärkung der habsburgischen Hausmacht, um möglicherweise durch ein Übergewicht der eigenen landesfürstlichen Kräfte sein Königtum zu stärken.

Die Fürsten, die Erzbischöfe, Bischöfe, Herzöge, Pfalz-, Mark- und Landgrafen, waren längst zu verhältnismäßig eigenständigen Herren aufgestiegen, die nur noch halbherzig an einer übergreifenden königlichen Herrschaft interessiert waren. Sonderbarerweise setzte sich von diesem breiten Gremium der Fürsten auch noch ein kleiner Kreis von sieben Fürsten ab und maßte sich das Recht an, den König zu wählen. Es waren nicht unbedingt die sieben mächtigsten Fürsten, die im Laufe des 13. Jahrhunderts zu den sieben Kurfürsten aufstiegen: im Einzelnen die drei Erzbischöfe von Mainz, Trier und Köln, der Pfalzgraf bei Rhein, der Herzog von Sachsen-Wittenberg, der Markgraf von Brandenburg und der König von Böhmen. Letzterer hatte erstmals um 1239 den Vorschlag gemacht, dass diese sieben Herren den deutschen König wählen sollten. Es gab Stimmen, die dem König von Böhmen das Wahlrecht absprachen, weil er vorwiegend über Tschechen herrschte. Immerhin war der König von Böhmen ein mächtiger Fürst im übergeordneten

Förderer der bürgerlich-patrizischen Kultur: Ludwig der Bayer als thronender Kaiser mit Reichsinsignien. Gipsabdruck des originalen Steinreliefs von 1340 im Großen Saal des Nürnberger Rathauses. Das originale Steinrelief wurde im Zweiten Weltkrieg stark beschädigt, der Gipsabdruck befindet sich im Bayerischen Nationalmuseum, München.

Verband des Heiligen Römischen Reiches. Andere einflussreiche Herren fehlten im Kurfürstengremium, etwa die drei Erzbischöfe von Bremen, Magdeburg und Salzburg, die drei Herzöge von Sachsen-Braunschweig, Bayern und Österreich oder die Landgrafen von Hessen und Thüringen.

Die sieben Kurfürsten erschlichen sich unverdientermaßen eine Vorrangstellung im Reich. Das Gremium stützte sich im Laufe der Zeit auf das Gewohnheitsrecht und musste sich selbst keiner Wahl stellen. Es nutzte bei jeder Königswahl seine Machtposition schamlos aus, forderte von jedem neuen königlichen Kandidaten hohe Wahlversprechen, Verpfändungen von Reichsgut und Reichsstädten, Übertragungen von königlichen Zöllen und Regalien. Die sieben Schlawiner schröpften das Königtum ohne besondere Gegenleistung.

Es hätte der Homogenität des deutschen Königtums gutgetan, wenn jeweils alle Fürsten sowie Vertreter der Reichsstädte den König gewählt hätten, vereint in einem ständischen Parlament. Im Prinzip gab es drei Machtblöcke im Reich: die *Monarchie*, die *Fürstentümer* und die Reichsstädte als städtische *Republiken*. Alle drei Potenzen waren in deutschen Landen organisch gewachsen und besaßen gewisse legitime Rechte, an der Macht beteiligt zu sein, während die neue Vorrangstellung der Kurfürsten mehr oder minder ein Zufallsprodukt war, das aus dem Chaos erwuchs. Es ging Ende des 13. und zu Beginn des 14. Jahrhunderts drunter und drüber, weil drei Könige hintereinander nur eine kurz Zeit regierten: Adolf I., Albrecht I. und Heinrich VII. Binnen weniger Jahre ergaunerten sich die Kurfürsten durch immer neue Forderungen an die königlichen Kandidaten vizekönigliche Stellungen. 1314 leisteten sich die sieben zerstrittenen Herren sogar den Luxus, zwei Könige ins Amt zu heben: Ludwig von Bayern und Friedrich von Österreich. Man schaute zu, wie sich die beiden acht Jahre lang gegenseitig bekriegten und das Land verwüsteten, um sich jeweils gegenüber dem anderen durchzusetzen. 1322 kam es zur Entscheidungsschlacht bei Mühldorf, die Ludwig gewann.

Doch nun wurde der Papst vom Hafer gestochen, um dem König das Leben schwerzumachen. Das Kirchenoberhaupt wollte verhindern, dass Ludwig nach Italien zog und kaiserliche Rechte beanspruchte. Der Papst residierte zwischenzeitlich in Avignon, weil es ihm in Rom politisch zu ungemütlich geworden war, aber er verfolgte das Ziel, mit Hilfe eines Vikars selbst über Italien zu regieren. Sobald Ludwig seit 1323 seinerseits Boten nach Italien aussandte, warf der Heilige Vater ihm Knüppel zwischen die Beine und belegte ihn mit dem Kirchenbann. Papst Johannes XXII. erklärte im Nachhinein die Erhebung von Ludwig zum deutschen König durch die Kurfürsten für ungültig, als sei er der wahre Königsmacher.

Heinz Thomas, der moderne Biograph von Ludwig, hat errechnet, dass der Papst damals gegenüber dem deutschen Herrscher über doppelt so hohe Einnahmen verfügte. Johannes XXII. war in dieser Hinsicht schlauer als Ludwig und erfand Mittel und Wege, um gerade von den Deutschen mehr Abgaben einzutreiben, die er wiederum gegen die Politik des deutschen Königs einsetzte.[9] Der Papst zögerte nicht, phasenweise etwa zwei Drittel der frommen kirchlichen Gelder für Kriege in Italien zu verwenden. Darüber hinaus stand dem französischen König gegenüber dem deutschen gar das Zehnfache an Einnahmen zur Verfügung. Der König von Frankreich gebot über ein effizientes Finanz- und Gerichtssystem und war mittlerweile der eigentliche mächtige Herr in Europa.

Es wäre für den deutschen König nicht abwegig gewesen, auf die Kaiserkrone des Heiligen Römischen Reiches zu verzichten und erst einmal daheim die Hausaufgaben zu machen, sprich: zeitgemäße staatliche Formen und Funktionen zu entwickeln, so wie die hiesigen Patrizier in ihren Stadtrepubliken längst mit gutem Beispiel vorangingen. Komisch, irgendwie schienen die Handelsherren mehr von Politik zu verstehen als der König und die Fürsten. Die deutsche Erfolgsgeschichte wurde jetzt von den freien Reichs- und Hansestädten geschrieben, wenngleich diese Story nicht unbedingt in allen Geschichtsbüchern vorkommt.

Ludwig schwante, dass die Städte, die Patrizier, die Bürger sein eigentliches Pfund waren, mit dem er wuchern konnte. Wie kaum ein anderer deutscher König vor oder nach ihm ging er auf die Städte zu, ließ den fürstlichen Standesdünkel beiseite, schloss persönliche Freundschaften mit Patriziern, wohnte bei ihnen im Haus, ließ sich köstlich bewirten, stellte den Handelsherren und Kommunen zahlreiche Privilegien aus, förderte sie, soweit er es vermochte. Er sorgte für Landfrieden, schuf Bündnisse zwischen den Städten, Fürsten und Grafen, um die Handelswege sicherer zu machen. Allerorten erlebten die Städte unter Ludwigs Zepter einen spürbaren Aufschwung.

Der König schien eine Ader für das Höfische und Urbane gehabt zu haben. Da seine Mutter Mathilde eine Habsburgerin war, war er als Jüngling eine Zeitlang bei seinen Verwandten in Wien erzogen worden, gemeinsam mit Friedrich, den er später als königlichen Rivalen in der Schlacht bei Mühldorf gefangen nahm, um ihm zu sagen: »Vetter, es freut mich, euch hier zu sehen.«[10] Ludwig erlernte in Wien die »litterae«, die lateinische Sprache, ebenso höfisches Benehmen und ritterliches Handwerk. Er förderte als Herrscher selbst die Dichtkunst. Reinhard von Westerburg, ein Minnesänger an seinem Hof, berichtete, dass Ludwig abschätzige Äußerungen über Damen nicht mochte und darum bat, ein in dieser Hinsicht despektierliches Lied umzuschreiben: »He wolde ez den frauwen gebeßert« haben. Ludwig war offensichtlich ein Gentleman und Connaisseur. Der Dominikaner Heinrich von Herford ergänzte, Ludwig habe dem guten Essen gefrönt, sei aber beim Trinken maßvoll gewesen. Er habe sich in der Ehe treu verhalten, zugleich Scherz, Spiel und Tanz geschätzt: »Und er war gegen niemand streng oder mißmutig, sondern bescheiden, umgänglich und gutmütig, wie jemand, der von jedermann geliebt und nicht gefürchtet werden wollte.«[11]

Ludwig, ein Weltliebhaber und Menschenfreund! In seiner langen Regierungszeit von 1314 bis 1347 schaffte er es, Präsenz im Reich zu zeigen und Moderator zu sein. Er machte noch einmal die Querachse von Aachen über Köln, Frankfurt am Main und Nürnberg nach Regensburg stark und verlängerte sie bis nach München. Er hielt seine bedeutenden Hoftage im zentralen Frankfurt am Main ab, schätzte daneben besonders Nürnberg, den Finanzplatz, und selbstverständlich München, seine landesfürstliche Residenz. Später sprach ein Chronist seines Nachfolgers, Karls IV., ein feines Lob über Ludwig aus. Benesch von Weitmühl schrieb: So hielt Ludwig doch in den Reichslanden guten Frieden »und gab einem jeden die wohlfeile Gerechtigkeit; deswegen wurde er von den Bürgern des Reiches sehr geliebt«.[12]

Die Sache hatte nur einen kleinen Haken. Auch Ludwig entwickelte keine Strategie neuer Staatlichkeit. Wie vor ihm schon König Rudolf, so verfiel auch er der Schwachheit, lieber die eigene landesfürstliche Hausmacht zu stärken, als neue königliche Institutionen zu bilden. Er nutzte gelegentlich seine königliche Macht schamlos aus, um andere fürstliche Dynastien übers Ohr zu hauen, worüber beispielsweise die Luxemburger oder die Habsburger nicht amüsiert waren. Ludwig war bei den *Bürgern* beliebt, aber nicht unbedingt bei den *Fürsten*. Er sorgte für ein machtpolitisches Patt zwischen Fürsten, nichtfürstlichem Aristokraten und Reichsstädten. Doch er versäumte es, den Rang der Bürger und Reichsstädte verfassungsmäßig zu heben und sie zu einem konstitutiven Element im Reich zu machen. Der König schuf neue politische Möglichkeiten, ohne sie konsequent zu nutzen.

Ludwig zog antipäpstlich gesinnte Kleriker an seinen Hof nach München, Leute, die zu den überragenden Gelehrten des 14. Jahrhunderts gehörten, wie Marsilius von Padua und Wilhelm von Ockham, rang sich aber nicht dazu durch, mit Hilfe solcher Koryphäen in München eine erste deutsche Universität zu gründen. Marsilius und Ockham schulten ihr staatliches Denken bereits wieder am historisch-empirischen System eines Aristoteles und betonten die weltliche Grundlage der Politik. Nicht das Oberhaupt der römisch-katholischen Kirche, sondern das Volk mache den König oder Kaiser. Ludwig nutzte solche säkularen Vorstellungen der Politik, um sich in öffentlichen Erklärungen gegenüber dem Bannfluch des Papstes zu behaupten. Er eignete sich ein modern-rationales Verständnis des Regierens an, ohne sich gleichzeitig von bestimmten ritterlich-fürstlichen Idealen zu lösen. Er wagte es nicht, das überlieferte ständische Modell der Gesellschaft zu verändern, schreckte davor zurück, *Monarchie*, *Fürstentümer* und *Stadtrepubliken* gleichrangig nebeneinanderzustellen, obwohl die Reichs- und Hansestädte längst entscheidende Kräfte im Land darstellten.

Der Regent wollte nicht um jeden Preis nach Italien ziehen. Doch drei Dinge schienen dafür zu sprechen: Erstens erhoffte er sich von den reichen italienischen Städten fette Einnahmen; zweitens wollte er das Feld nicht ohne weiteres dem Papst oder dem König von Frankreich überlassen; drittens kamen Boten aus Italien zu ihm, die ihn dringend baten, über die Alpen zu ziehen und für Ordnung zu sorgen, weil man die Machenschaften des Papstes mehr fürchtete als einen Kaiser. Als Ludwig im Januar 1327 in Innsbruck war und eigentlich zu einem Hoftag nach Nürnberg aufbrechen wollte, ließ er sich von italienischen Gesandten überreden, sofort in den Süden zu kommen, um das verdeckte Regime des Papstes eindämmen. Er reiste zunächst bis Trient und kam dort mit 100 berittenen Leuten an, was manche italienische Chronisten verblüffte, denn einst waren Otto der Große oder Friedrich Barbarossa mit 10 000 Rittern in der Po-Ebene erschienen, oft begleitet von fast allen deutschen Reichsfürsten.

Ludwig verließ sich auf seine Kunst des Taktierens, schuf Bündnisse mit einem Teil der regionalen italienischen Machthaber, gab den Friedensfürsten, vermittelte zwischen den Parteien, so gut es ging, rückte über Mailand und Pisa bis nach Rom vor und ließ sich vom Volk von Rom zum Kaiser erheben – was für einen Friedrich Barbarossa undenkbar gewesen wäre, und natürlich tobte nun Papst Johannes XXII. mehr denn je, weil er tatenlos von Avignon aus zuschauen musste. Der Nachfolger Petri war baff, denn diesen Coup hatte er Ludwig nicht zugetraut. Der Kaiser konnte sich ohne bedeutende deutsche Unterstützung erstaunlicherweise drei Jahre ununterbrochen in Italien halten, längere Zeit sogar in Rom, wo man ihm vorübergehend zujubelte, bis er selbst genug hatte, weil seine Herrschaft im Süden am Ende doch ein Ritt auf der Rasierklinge war. Im Dezember 1329 kam Ludwig wieder in Innsbruck an. Obwohl er noch lange regierte, noch fast 18 Jahre, blieb er zukünftig Italien fern. Es reifte wohl die Einsicht in ihm, dass eigentlich nur eines von beidem möglich sei: entweder voll und ganz Kaiser in Italien oder voll und ganz König in Deutschland zu sein, weil es nirgends einen staatlichen Apparat für ein transalpines Kaisertum gab.

Die deutschen Lande erlebten in den folgenden Jahren eine Blütezeit. Mehr denn je förderte Ludwig den Landfrieden, die Städte, die Patrizier, die Bürger. Der Herrscher residierte in Nürnberg von jeher meistens nicht oben auf der Burg, sondern zog es vor, sich drunten in der Stadt bei den Patriziern einzuquartieren und großzügig bewirten zu lassen, etwa von den Familien der Haller, Weigel und Ebener. Nach der Rückkehr aus Italien wurde der Patrizier, Unternehmer, Fernhändler und Frühkapitalist Konrad Groß sein engster Vertrauter in Nürnberg. Es entwickelte sich zwischen beiden gegenseitige Sympathie. Der Kaiser nannte den ehrbaren Bürger wiederholt seinen »lieben Wirt« oder gar seinen »Freund«.[13]

Konrad Groß war – nomen est omen – ein Handelsherr großen Formats. Ebenso war er Ratsherr der Republik Nürnberg, örtlicher Reichsschultheiß, großzügiger Stifter und Leiter von sozialen Einrichtungen, schließlich und endlich Familienpatriarch, verheiratet mit Agnes Zollner aus Bamberg, mit der er sieben Kinder hatte. Man fragt sich nur, wie er das alles unter einen Hut brachte. Wahrscheinlich besaß er die Gabe des Delegierens. Oder seine Frau griff ihm tüchtig unter die Arme, worüber man aber nichts Genaueres erfährt.

Einem ehemaligen Ministerialgeschlecht entstammend, erbte Groß von seinem Vater, dem »reichen Heinz«, umfangreichen ländlichen und städtischen Grundbesitz, um durch kaufmännischen Wagemut das familiäre Vermögen noch einmal erheblich zu vermehren. Er betrieb in Nürnberg das erste nachweisbare Hammerwerk für die Metallverarbeitung. Mit dem Profit aus der Produktion von Blechen und dem Handel damit stieg er in das Geldgeschäft ein. Er wurde zum Finanzier nicht nur des Kaisers, sondern auch des Bischofs von Bamberg und anderer hoher Herren in Franken. Kaiser Ludwig verpfändete ihm unter anderem das kaiserliche Münzregal in Frankfurt am Main und das Amt des Reichsschultheißen in Nürnberg. Der Patrizier führte als örtlicher Reichsschultheiß vor allem den Vorsitz am städtischen Gericht. Zugleich dürfte er einer der engsten handelspolitischen Berater des Kaisers gewesen sein und überhaupt durch seine Kredite einigen Einfluss auf die Reichspolitik ausgeübt haben. Was später ein Jakob Fugger der Reiche in Augsburg für Kaiser Maximilian war, das war vorher schon Konrad Groß für Kaiser Ludwig. Die Kurfürsten wählten den König, aber wirklich gemacht wurde er nun von den Patriziern.

Groß sammelte Macht und Vermögen in seinen Händen, womit ein anderer Patrizier im Kleinen Rat vielleicht geputscht hätte, um ein Despot zu werden. Was tat Groß? Er gründete mit einem erheblichen Teil seines Vermögens das Heilig-Geist-Spital in Nürnberg, ein städtisches Krankenhaus und Seniorenheim, das zugleich eine kostenlose Unterkunft für Reisende und Pilger war. Im Stiftungsbrief für das Heilig-Geist-Spital von 1339 diktierte er seinem Schreiber: »Der ehrbare Mann Konrad Groß, Bürger der Stadt Nürnberg (...) hat betrachtet, wie der höchste himmlische Ratschluß in hoher, unaussprechlicher Vorsehung alles lenkt und nicht ohne richtiges Urteil will, daß die einen im Lauf dieses Lebens Überfluß haben, während die anderen an vergänglichen Gütern Mangel leiden, damit so die Reichen durch Unterstützung der Unglücklichen und Darbenden Christi Gebot erfüllen, das uns befiehlt, seinetwillen den Nächsten zu lieben und des anderen Last mitzutragen.«[14]

Groß war nicht nur ein fähiger Kaufmann, sondern auch ein Philosoph. Die Stiftung sollte ein Zeichen von Fair Play sein, zu dem sich die Nürnberger Patrizier gegenüber der Bürgerschaft verpflichtet fühlten. Da die ehrbaren Familien und Geschlechter ohne allgemeine Wahl die Führung in der Stadt beanspruchten, mussten sie durch Mäzenatentum beweisen, dass sie es gut meinten. Für die Patrizier galten dieselben Regeln wie für Adel und Klerus, auch sie mussten sich durch Hochherzigkeit beim Publikum legitimieren. Die reichen Leute konnten so ohne Gefahr in der Mitte der Stadt wohnen, weil sie für sozialen Ausgleich sorgten.

In bester Lage, mitten im Ort, unmittelbar an der Pegnitz, entstand in Nürnberg von 1332 bis 1339 das neue Spital als kleine Stadt in der Stadt für rund 200 Personen – später, um 1511, vom Nürnberger Baumeister Hans Beheim würdevoll erneuert als ein Meisterwerk der Wasserbaukunst, indem Beheim einen Teil des Spitals auf großen Bögen über der Pegnitz errichtete. Auch hier konnten die Zerstörungen im Zweiten Weltkrieg weitgehend wieder behoben werden. Zu Lebzeiten leitete Groß selbst das Spital, vermachte es aber der Stadt Nürnberg, die bis heute der Stiftung vorsteht: teils Seniorenheim, teils Gasthaus.

Zwischenzeitlich hatte sich auch in der Literatur ein Wandel vollzogen, der einer solchen bürgerlich-patrizischen Kultur zuarbeitete. Als Wolfram von Eschenbach in den 1220er Jahren starb, trat schon ein neuer junger Dichter, genannt »Der Stricker«, auf die Bühne, der ebenfalls ein Franke war und später in Österreich wirkte. Während bei Wolfram der Wechsel von der Burg in die Stadt beziehungsweise der Wandel vom Ritter zum Bürger noch nicht als Alternative erschien, rückte der Stricker in der Mitte des 13. Jahrhunderts nicht mehr einseitig die ritterlich-höfische Kultur in den Vordergrund, sondern verschaffte auch schon der bürgerlich-patrizischen Sphäre eine gewisse ehrenvolle Geltung. In einem Gedicht ließ er zwei niederadlige Knappen über die Alternative zwischen Ritter und Bürger diskutieren. Der eine von beiden wollte Bürger werden, weil ihm der Preis ritterlicher Ehre, die ständige Bereitschaft, in den Kampf zu ziehen und gegebenenfalls das Leben zu opfern, als viel zu hoch erschien. Er hielt es für sinnvoller, Besitz und Vermögen aufzubauen, gut zu leben und gleichzeitig fürsorglich zu sein, quasi *ein ehrbarer Kaufmann und Patrizier* zu werden: »Gewinne ich immer groz gut, / da will ich recht mit leben. / ich will min almusen geben / und will zu chirchen gern gan / und will daz gut als han / daz der wise noch der tumbe / mich ninder dar umbe / vor got noch vor der werlde beclaget.«[15] Der Stricker riet den Bürgern: Verbindet mit dem kaufmännischen Wagemut das Augenmaß, die Sozialität, die Ehrbarkeit.

Durch das freie Unternehmertum der Kaufleute und Handwerker wuchs der Lebensstandard in den Reichsstädten. Elemente der ritterlich-höfischen Kultur vermischten sich mit solchen der bürgerlich-patrizischen. Die Bürger in den Städten übernahmen bald die Tafelkunst der Herren auf den Burgen. Der Franziskanermönch Berthold von Regensburg, der seit 1240 in der Donaustadt sowie in vielen anderen süddeutschen Städten predigte, erhob den mahnenden Zeigefinger, dass nirgendwo so viel gegessen und getrunken werde, »sô hie ze tiutschen landen und aller meiste herren ûf bürgen und burger in steten«.[16]

Ende des 13. Jahrhunderts beschrieb ein Satiriker wie Seifrit Helbling die Trennlinie zwischen dem bäuerlich-handwerklichen und dem patrizisch-herrenmäßigen Essen: »Den Bauern bestimmt man zur Speise / Fleisch und Kraut und Gerstenbrei; / ohne Wildbret sollten sie sein, am Festtag Hanf, Linsen und Bohnen; Fisch in Öl sollten sie schon / die Herren essen lassen, das war so Brauch.«[17] In der Regel bestand die tägliche Kost der Mägde, Knechte und Bauern auf dem Land oder der Tagelöhner, Dienstboten und Handwerker in der Stadt aus Getreidebrei, grauem Roggenbrot, Mehlspeisen, deftigem Gemüse, Hülsenfrüchten, Kohl und Sauerkraut, begleitet von feistem Schweinefleisch. Schon der Stricker hatte in einem Gedicht über den Höfling um 1250 das Sauerkraut und den Kohl erwähnt: »kumpost ode kabûz«.[18]

Es entstand im späten Mittelalter schon so etwas wie die herzhafte Hausmannskost, die durchaus auch in die patrizisch-herrenmäßige Küche Eingang fand. Der Dichter Hadloub, der Anfang des 14. Jahrhunderts in Verbindung mit dem Zürcher Patriziergeschlecht der Manesse stand, schrieb ein Herbst- und Zechlied, in dem Gerichte hervortraten, die früher in der höfischen Literatur nicht vorkamen: wie eine Schlachtplatte, ein »guet geslechte«, wozu traditionell Teile des gesottenen Schweinekopfs gehören (darunter Gustostücke wie das feine, längliche Rüsselstück oder der magere Kern der Backe), ebenso zählen dazu Schweinebauch (auch Kesselfleisch genannt), Blut- und Leberwurst und Bratwurst, begleitet von Sauerkraut.

Ein »guet geslechte« kann opulente Aromen bieten, zumal frisch am Schlachttag: so die mild-morbide Süße des feisten Fleisches, das delikat-süßliche Schweineblut in der Blutwurst, gewürzt mit Zimt und Nelke, der leicht bittere Touch der Leber in der Leberwurst, gewürzt mit feurigem Pfeffer und feinherbem Majoran, ganz zu schweigen von den Röstaromen der Bratwurst, alles untermalt mit fruchtigem Sauerkraut. Heute wird die Schlachtplatte noch frisch am Schlachttag in Landgasthäusern mit Metzgerei angeboten. Die Elsässer nennen das Gericht »Choucroute garni«, verwenden dafür aber häufig gepökeltes Fleisch.

Niemand nahm es mit der gewünschten Trennlinie zwischen der bäuerlich-handwerklichen und der patrizisch-herrenmäßigen Küche allzu genau. Auch bei den Bamberger Domherren hatte sich im 12. Jahrhundert beides schon vermischt und jede Bauernfamilie, jede Handwerkerfamilie, die es sich leisten konnte, gönnte sich zwischendurch einen Herrenhappen. Die Märkte der kleineren wie der größeren Städte waren mittlerweile reich bestückt. In den Markthallen gab es seit dem 14. und 15. Jahrhundert auch Metzger, Bäcker und Krämer. Man bekam hier das Schweinefleisch nicht nur zur traditionellen Schlachtzeit im Herbst oder im Winter, vielmehr verkauften die Metzger das ganze Jahr über Schweinefleisch, Spanferkel, Schinken, Würste und Schmalz, dazu auch Rind und Kalb, Hammel und Lamm, Ziege und Zicklein, ergänzt durch die besonderen Delikatessen wie Butter, Rahm und Öl, etwa Oliven-, Mohn- und Leinöl, ferner Eier und Käse, Milch und Honig, frisches Obst und Gemüse, frische Süßwasserfische und Krebse, geräucherte und gesalzene Fische, vor allem Hering, ebenso Huhn, Wildgeflügel und Wild, welches fürstliche Jäger in der Stadt zum Verkauf anboten. Die Fernhändler offerierten fernöstliche Gewürze, getrocknete Früchte wie Datteln und Feigen oder edle Nüsse wie

Mandeln. Die Bäcker verkauften neben grauem Roggenbrot auch helles Weizenbrot, desgleichen helle Wecken und Semmeln, verschiedene Mehle, etwa Gersten-, Roggen- und Dinkelmehl oder auch Reis. »Die Ältesten Urbare der Deutschordenskommende Nürnberg« sind für ein solches städtisches Lebensmittelangebot des 14. und 15. Jahrhunderts eine herrliche Fundgrube.[19]

Konrad Groß stellte in seinem Stiftungsbrief für das Spital von 1339 gerade den wirtschaftlichen Aufschwung der Reichsstadt Nürnberg heraus. Er diktierte seinem Schreiber gleichermaßen stolze wie fürsorgliche Worte in die Feder: »Er hat ferner bedacht, daß die Stadt Nürnberg an der großen Völkerstraße liegt, mit Gottes Gnade schon von einer großen Menge Volkes bewohnt ist und wegen ihres hohen Wohlstandes auch noch weiterhin täglich wächst, weshalb auch die barmherzige Gastfreundschaft sehr großer Vermehrung bedarf.«

Die Nürnberger pflegten die zwei Herz- und Trumpfstücke der liberalen, friedliebenden Bürgergesellschaft: *Konsilium et Konvivium*, gegenseitige Beratung und heitere Tafelfreuden – oder übertragen: Freiheit und Würde. Natürlich sah die Bewirtung der Kranken und Pilger im Hospiz etwas anders aus als die Gastfreundschaft, die Konrad Groß dem Kaiser im eigenen Haus gewährte. Der Patrizier wohnte im Plobenhof an der südöstlichen Ecke des heutigen Hauptmarktes. Er dürfte schon über ein Tafelzimmer von respektabler Größe und Höhe verfügt haben, denn häufig wurden damals in Nürnberg die älteren, noch etwas beengten Wohntürme der vornehmen Geschlechter mit großzügigeren Trakten umbaut. Der Kaiser dürfte den weniger offiziellen, intimeren Charakter des Aufenthalts bei Groß genossen haben, denn oben auf der Burg hätte das Reichsoberhaupt selbst die Rolle des Gastgebers übernehmen und sich formeller geben müssen. Möglicherweise gefiel es Ludwig, mitten unter den Bürgern zu sein, quasi als Erster unter Gleichen. Natürlich kam er nie allein, sondern stets mit einem Teil seines Hofstaats, darunter die Kaiserin, Edeldamen, Ritter, Pagen. Zugleich dürfte Groß auch andere Nürnberger Patrizierfamilien zum Dinner mit dem Kaiser eingeladen haben. Es wurde wahrscheinlich nicht geknausert, so wie Ludwig im Gegenzug seinen »lieben Wirt« gelegentlich großzügig bezahlte. Ritterlich-höfische und bürgerlich-patrizische Kultur durchdrangen sich und sorgten in Nürnberg für verfeinerte gesellschaftliche Umgangsformen. Die Geschlechter und Patrizier gaben sich gentil: sanft, freundlich, nett, wohlerzogen.

Just um diese Zeit, um 1350, entstand in einer Nachbarstadt von Nürnberg das älteste erhalten gebliebene deutsche Kochbuch, das zu den ältesten Rezeptbüchern in Europa überhaupt gehört. Es erhielt den Titel »Das buoch von guoter spise« und war Teil eines Hausbuches, das Michael de Leone in Würzburg anlegte.[20] Der Hausherr entstammte einer reichen Kölner Patrizierfamilie, die zwischenzeitlich einen Zweig in Würzburg bildete. Er studierte zunächst zwischen 1324 und 1328 in Bologna die Rechte und kehrte anschließend nach Würzburg zurück, wo er kaiserlicher Notar wurde und mit Ludwig in Verbindung stand. Er hieß ursprünglich Michael Jude, doch als er in seiner Heimatstadt den Löwenhof erwarb, nannte er sich in latinisierter Form nach diesem Hof: Michael de Leone. Auch er wirkte an der Nahtstelle zwischen bürgerlich-patrizischer und ritterlich-höfischer Gesellschaft, denn er wurde bald auch Protonotar und erster Sekretär des Fürstbischofs von Würzburg, mit dem wiederum auch Konrad Groß in guter Verbindung stand. Leone bestimmte sein Hausbuch gleichermaßen für praktische Zwecke wie für musische Stunden. Es enthält neben der Rezeptsammlung oder neben Schriften über Obst- und Weinbau auch historische und literarische Werke, etwa Gedichte von Walther von der Vogelweide und vom Stricker. Praktische wie ideelle Dinge, geistige und sinnliche Genüsse sollten sich vermischen.

Der Begriff von der »guoten(!) spise« deutete schon darauf hin, dass im Kochbuch nicht Rezepte der bäuerlich-handwerklichen Küche gesammelt wurden, sondern der so genannten Herren- oder Hochküche. Da es sich um ein Hausbuch für den privaten Gebrauch handelte, wurden die Rezepte nicht streng nach bestimmten Themen geordnet, sondern eher lose vom Hausherrn oder von seinem Koch gesammelt und gereiht, vielleicht auch manchmal neu erfunden, um die anderen zu ergänzen. Es sollte zumindest für die Tradition des eigenen Hauses ein Lehrbuch sein, wie in der Einleitung betont wurde. Die sieben wesentlichen Grundlagen der Kochkunst – *Warenkunde*, *Zuschneiden*, *Würzen*, *Garen*, *Soße*, *Komposition*, *Präsentation* – zeigten sich schon recht ansprechend entwickelt.

Man findet knapp 100 Rezepte, die eine Vorliebe für edle Zutaten verraten, insbesondere für Geflügel und Fisch. Unter dem Federvieh stand an erster Stelle das Huhn, wahlweise junges Huhn und Hühnerbrust, auch bereits Geflügel von besonderer regionaler Herkunft wie »Haselhühner von Friesental«, dazu Taube und Gans oder Wildgeflügel wie Rebhuhn und Fasan. Unter den frischen Fischen stand der Hecht ganz oben, gefolgt vom Aal, ferner gab es Lachs, Forelle, Flussbrasse und Flussbarsch, ebenso Stockfisch (getrockneten Kabeljau) und gesalzenen Hering. Unter den Haustieren kamen vorwiegend die jüngeren vor, wie Spanferkel und Lamm, auch Innereinen wie Kalbsleber, Bries, Hirn, ergänzt durch Hirschleber und Wildbret. An Pilzen erschienen die Morcheln, an heimischen Früchten die Äpfel, Quitten, Birnen, Kirschen und Weintrauben, ergänzt durch Rosinen und Nüsse wie Haselnuss und Mandel. Gemüse spielte keine große Rolle, es gab Lauch, Saubohne oder Sauerkraut. Zum Braten oder Verfeinern der Speisen verwendete man Schweineschmalz, Butter und Öl.

Das rohe oder gekochte Fleisch wurde häufig zerkleinert, frikassiert, zerhackt, im Mörser gestoßen, danach vermischte man die Masse des Öfteren mit geriebenem Käse, Eiern und Gewürz, um das Ganze mit Teig zu ummanteln und als »Fladen« im Ofen zu backen. Teils sollte durch das Zerkleinern das Fleisch wohl weicher werden, weil ein längeres Abhängen des Fleisches ohne modernes Kühlhaus nur schwer möglich war, bestenfalls einige Tage im Keller, teils waren wohl die Zähne der Esser nicht die besten. Allerdings erschien das Zerkleinern zugleich als eine Form der Verfeinerung. Manches Gehackte wurde als Füllung verwendet, etwa für ein Milchspanferkel, das nicht älter als drei Wochen sein sollte. So kamen ein junges Tier im Ganzen und Gehacktes mit Kräutern und Gewürzen zusammen.

Gegenüber den antiken Gewohnheiten nahmen die fernöstlichen Gewürze zu. Ein Apicius hatte im 1. Jahrhundert n. Chr. in seinem Kochbuch an exotischen Würzmitteln hauptsächlich Pfeffer verwendet, ergänzt durch heimische Kräuter. Im Laufe des Mittelalters vermehrten sich die exotischen Zutaten. Bereits Bonifatius hatte ja um 750 von römischen Prälaten als Geschenk neben Pfeffer auch Zimt erhalten. Wiederum zwei Jahrhunderte später, um 960, notierte sich, wie gesehen, ein jüdischer Kaufmann aus dem muslimischen Spanien namens Ibrâhîm in seinem Reisebuch, dass es in Mainz neben Pfeffer ebenso

Ingwer, Nelken und Galgant gab. Wolfram von Eschenbach erwähnte in seinem »Parzival« neben Pfeffer auch Muskatblüte und Kardamom. Jetzt, im Rezeptbuch des Michael de Leone, kamen fast alle diese exotischen Gewürze in die Soßen und Speisen: am häufigsten Pfeffer, aber nicht selten auch Ingwer und Safran, gelegentlich Zimt, Nelke und Galgant, ergänzt durch heimische Samen und Kräuter wie Anis, Kümmel, Salbei und Petersilie. Auch Essig und Senf fehlten nicht, um Pfiff in die Sache zu bringen. Des Öfteren wurden mehrere Gewürze und Kräuter für eine Speise bunt gemischt. Typisch für die spätmittelalterliche Hochküche, erhielten viele Gerichte eine Art von Curry-Touch, gleichsam als Hauch von orientalischem Paradiesesduft.

Beispielsweise sollten für eine »Pastete« im Teigmantel frische Fische enthäutet und zerhackt und die Stücke mit Petersilie, Salbei, Pfeffer, Ingwer, Zimt, Safran und Wein gewürzt werden, um die Masse mit dem Teig zu umhüllen und im Ofen zu backen. Ersatzweise konnte man für die Fische auch Huhn, Wildgeflügel und Wildbret nehmen. Die Kombination der Zutaten unterlag noch keinen allzu strengen Kriterien, um auf die Harmonie von Farbe, Duft, Aroma oder Konsistenz zu achten. In diesem Rezept wurden vor allem teure Zutaten und eine recht aufwendige Arbeitsweise miteinander verbunden, was keine bäuerlich-handwerkliche Küche nachahmen konnte. Reizvoll war der Gegensatz zwischen der knusprigen Teighülle und der weichen, würzigen Füllung. Eine solche Pastete umgab die Aura der Distinktion und Vornehmheit, sie war Zeichen guter Lebensart und Feinschmeckerei.

Während die Bamberger Domherren im 12. Jahrhundert für ein solches Gericht noch den deutschen Begriff der »smelntrehe« verwendet hatten und für die Füllung durchaus ländlich-rustikale Zutaten liebten, beispielsweise eine Mischung aus Huhn, Leber, Magen, Speckwurst, Leberwurst und »stocmuse«, kam nun der italienische Name der »Pastete« in Mode, abgeleitet von Pasta, Teig. Offenbar sorgten mediterrane Impulse dafür, den Teigmantel jetzt mit weniger fetten, aber exklusiveren Dingen zu füllen, die eindeutig der Hochküche angehörten: Fisch, Geflügel, Wild, Wein, reichlich exotische Gewürze – eben Paradiesesduft.

Schon im antiken Athen hatte die Soße zur feinen Küche gehört, wie es Athenaios von Naukratis in seinem »Gelehrtenmahl« bezeugte.

Ebenso wurde nun im »buoch von guoter spise« der Soße viel Aufmerksamkeit geschenkt, gerade den süßsaueren Obstsoßen. Gelegentlich kam aber schon eine helle Schmorsoße vor. Beispielsweise gab es für die Zubereitung der Gans zwei Alternativen. Man konnte sie entweder am Spieß braten oder bereits, wenn sie jung war, in einen Topf geben, der genau zu ihr passte, Wasser dazugießen, den Topf verschließen und das Geflügel gar schmoren. Am Schluss sollte der Schmorsaft mit Knoblauch, Eidotter und Sahne (»süzzer milch«) verfeinert werden – nicht übel.

Normalerweise wurden die Soßen noch extra hergestellt, um sie etwa zum Spießbraten zu servieren. Man verfügte dafür über drei Grundlagen: erstens über sauren Obstsaft; zweitens über Wein; drittens über Rinderbrühe. Der säuerliche Fruchtsaft bestand normalerweise aus unreifen Trauben und grünen Äpfeln, so wie bei der Soße namens »agraz«, von der schon bei Wolfram von Eschenbach im »Parzival« die Rede war. Die Rinderbrühe wurde in eine Minzesoße verwandelt: »Nimm Rindfleisch, wie es gerade kommt, koch es gar, salz es gut. Nimm Schalotten und Minze dazu (nimm genug von diesem Kraut), laß es in einer fetten Brühe gut kochen und bereit es zu, wie du willst, und servier es.« Die Rezepte richteten sich stets an den versierten Koch, der ohne allzu genaue Mengenangaben zurechtkam.

Es gab auch schon Soßen mit Eigennamen, wie »Swallenbergs Soße«. Vielleicht hieß der Koch von Michael de Leone ja Schwallenberg. Es hieß: »Eine gute Soße. Nimm Wein und Honig, setze das aufs Feuer und lasse es kochen. Tu mehr zerstoßenen Ingwer dazu als Pfeffer. Zerstoße Knoblauch, doch nicht allzu viel, und mach es stark und rühr es mit einem schmalen Löffel aus Holz oder Metall um, lasse es kochen, bis es aufwallt. Dies soll man bei kaltem Wetter essen, und es heißt ›Swallenbergs Soße‹.« Man kannte offenbar schon die Technik des Einkochens, »mach es stark«, um den Geschmack der Soße zu verdichten und die Konsistenz sämiger zu machen. Man scheute nicht den Aufwand.

Gesüßt wurde in diesem Buch in der Regel noch mit Honig, gelegentlich aber auch schon mit »weißem Zucker«. Rezepte für süße Nachspeisen wie »Krapfen«, »Kuchen«, »Mus« waren verhältnismäßig häufig vertreten. Auch Rezepte für »Blamensir«, Blancmanger, wörtlich weißes Essen, fehlten nicht, weil eine helle, weiße Speise vornehm anmutete: etwa als ein Hühnerfrikassee oder als ein Hechtfrikassee mit Ziegen-Mandel-Milch und Zucker. Es handelte sich wahrscheinlich um eine arabische Tradition.[21] Blancmanger galt jedenfalls als ein internationales Gericht und war so als Herrenspeise ausgezeichnet: Heute kennt man es ausschließlich noch als Süßspeise; doch die Köche gießen rote oder gelbe Fruchtsoßen über eine weiße Creme und überdecken das, worum es eigentlich geht: das vornehme Weiß.

Der ausgewählte Geschmack der Tafel, wie er einst seit dem 5. und 4. Jahrhundert v. Chr. in Athen entwickelt worden war, erreichte jetzt die deutschen Städte nördlich der Alpen. Im Wesentlichen setzte sich die klassische Ordnung der Hochküche durch: Fisch, Geflügel, Wild, junge Haustiere, Obst. Nicht nur Michael de Leone und der Bischof von Würzburg, auch Konrad Groß und Kaiser Ludwig der Bayer dürften im benachbarten Nürnberg famos geschmaust haben: Pasteten, Hecht, Huhn, Rebhuhn, Blancmanger, begleitet von bestem Frankenwein: Würzburger Stein oder Würzburger Innere Leiste.

Vermutlich schlossen sich an das Gastmahl auch Tänze an. Traditionell stellten die Nürnberger Räte dem Kaiser und seinem Gefolge den großen Ratssaal für Tanzveranstaltungen zur Verfügung. Auch sonst feierten die ratsfähigen Familien ihre Hochzeitsfeste in diesem großen Saal. Die bürgerlich-patrizische Gesellschaft tanzte ebenso vornehm das Menuett wie die ritterlich-höfische. Des Weiteren gaben die Ratsherren in diesem Prachtraum immer wieder Empfänge und Bankette im Dienst der Diplomatie (während der Sitzungsraum des Kleines Rats, die Ratsstube, viel kleiner war und sich nördlich an den großen Saal anfügte, im Original aber nicht mehr erhalten ist). (Farbbild 11)

Konrad Groß war hochsinnig. Nicht nur der große Ratssaal entstand unter seiner Ägide als Reichsschultheiß in Nürnberg, er sorgte auch dafür, dass er, nach eigenen Worten, als ein »ehrbarer Mann« und »Bürger« – oder mit anderen Worten: als ein Honnête homme, Gentiluomo, Gentleman – in seiner geliebten Stiftung, im Heilig-Geist-Spital, begraben wurde: wie ein Mann von Adel, denn er fühlte sich durch seine Tüchtigkeit mit den Fürsten auf Augenhöhe. Er ließ für sich ein vornehmes Tischgrab in der Kapelle des Spitals schaffen, wo täglich mehrere Priester und Schüler, die im Spital eine Pfründe hatten, die Messe sangen. Die Kapelle fiel im Zweiten Weltkrieg größtenteils den Bomben

Bürgerliche Emanzipation: kunstvolles Tischgrab des Patriziers Konrad Groß im Heilig-Geist-Spital in Nürnberg, entstanden um 1356

zum Opfer, doch das Stiftergrab blieb erhalten und befindet sich heute im Kreuzigungshof des Spitals. Die Tischplatte des Grabes wird von acht sitzenden Figuren getragen, während auf der unteren Grabplatte der Stifter, Konrad Groß, dargestellt ist. Man sieht einen noblen Herrn mit langem, lockigem Haar, während das fast noch jugendliche Gesicht von sanftem Lächeln umspielt wird. Die bürgerlich-patrizische Figur drückt Würde, Freundlichkeit und Optimismus aus. Kein Zweifel, Konrad Groß wollte beispielgebend für seinesgleichen sein.

Das deutsche Küstengebiet war von früh an eine königs- und kaiserferne Zone. Erst als König Lothar III., ein Sachse, 1130 ins Amt kam, rückte das heutige Nord- und Ostdeutschland in den Blick. Vor Lothar hatte schon einmal Otto der Große die Grenze des deutschen Königreiches nach Osten bis an Oder und Neiße vorgeschoben, doch nach seinem Tod erhoben sich die Elbslawen noch einmal und schüttelten die deutsche Herrschaft größtenteils wieder ab. Lothar III. kurbelte rund zweihundert Jahre später ein zweites Mal die deutsche Siedlungsbewegung östlich der Elbe an, rief dazu auch Bauern aus dem Westen herbei, Flamen, Holländer, Westfalen, belehnte deutsche Fürsten mit Gebieten östlich der Elbe. Von nun an ließen sich die Deutschen fest in dieser Region nieder und übernahmen die Herrschaft. Teilweise wurden die Slawen vertrieben, teilweise siedelten die Deutschen neben den Slawen und verschmolzen im Laufe der Zeit mit ihnen. Ein Teil des Landes wurde überhaupt jetzt erst urbar gemacht. Die Rodung der Wälder wurde vorangetrieben, viele neue Wiesen, Äcker, Dörfer und Klöster entstanden. Bald folgte die Gründung von Städten.

Weder Hamburg noch Bremen sollten das Rennen machen, um im Mittelalter zur überragenden Stadt im norddeutschen Küstengebiet zu werden. Die Machtzersplitterung zwischen diesen beiden Bischofssitzen machte einen anderen Ort zum lachenden Dritten: Lübeck, im Osten von Schleswig-Holstein. Es gab schon im 11. Jahrhundert ein Alt-Lübeck an der Trave. Es lag etwas weiter flussabwärts als das spätere, heutige Lübeck. Es handelte sich um eine slawische Siedlung mit Fürstenburg. In der ersten Hälfte des 12. Jahrhunderts wurde dieser Ort zerstört, woraufhin der Graf von Holstein das neue Lübeck gründete: etwas weiter flussaufwärts, auf einer ellipsenförmigen Halbinsel: westlich von der Trave, östlich von der Wakenitz umflossen. Doch auch diese Siedlung wurde bald zerstört.

Zum eigentlichen Gründer des neuen Lübeck wurde Heinrich der Löwe, der Herzog von Sachsen und von Bayern, ein Fürst, der damals nach dem Kaiser, nach Friedrich Barbarossa, der mächtigste Mann in deutschen Landen war. Er zwang Graf Adolf II. von Holstein, ihm, als dem herzoglichen Landesherrn, Lübeck zu überlassen, weil er seinerseits die strategische Lage und das Potential dieses Ortes erkannte. Heinrich der Löwe war in erster Ehe mit Clementina von Zähringen verheiratet und machte wie sein Schwiegervater, Herzog Konrad von Zähringen, die Förderung der Städte zur Chefsache. Um 1158 entstand Lübeck unter Heinrich dem Löwen noch einmal neu: zunächst als reine Gewerbestadt für Kaufleute und Handwerker, ausgestattet mit freiheitlichen Strukturen, ähnlich wie Freiburg im Breisgau.

Es hatte auch schon unter den Skandinaviern oder Slawen an den Küsten von Nord- und Ostsee stadtartige Siedlungen mit Kaufleuten gegeben, aber den entscheidenden feinen Unterschied machten nun die verfassungsmäßigen Rechte der Bürger aus, die der Stadtherr garantierte, weil er erkannte, dass halbautonome oder weitgehend selbständige Kommunen besser wirtschafteten als solche, in denen die Bewohner Hörige oder Knechte waren.

Von Lübeck aus sollte der gesamte Nord- und Ostseehandel neu in Gang kommen. Helmold von Bosau berichtete damals in seiner Slawenchronik: »Alsbald kehrten auf Befehl des Herzogs die Kaufleute freudig zurück (...). Der Herzog aber sandte Boten in die Hauptorte und Reiche des Nordens, Dänemark, Schweden, Norwegen und Rußland, und bot ihnen Frieden, daß sie Zugang zu freiem Handel in seine Stadt Lübeck hätten. Er verbriefte dort auch eine Münze, einen Zoll und höchst ansehnliche Stadtfreiheiten. Von der Zeit an gedieh das Leben in der Stadt, und die Zahl ihrer Bewohner vervielfachte sich.«[22] Begriffe wie Kaufmann, Handel, Zoll, Münze, Stadtfreiheiten wurden zu Zauberworten.

Bis dato hatten die Bewohner der Ostseeinsel Gotland, die teils als Bauern, teils als Kaufleute lebten, den Ostseehandel bestimmt. Heinrich der Löwe sorgte nun dafür, dass die Lübecker Kaufleute bei den Gotländern quasi in die Lehre gingen, um mit deren Hilfe neue Märkte zu erschließen. Er söhnte die deutschen und die gotländischen Kaufleute miteinander aus, ließ sie 1161 Frieden schwören und verlieh beiden Seiten in seinen Gebieten Privilegien. Von da an konnten die deutschen Kaufleute ungestört nach Gotland fahren und schlossen sich nun, nach der Gründung von Lübeck und wahrscheinlich auf Veranlassung Heinrichs des Löwen, zu einer Schwurgemeinschaft oder Genossenschaft zusammen. Es war mehr oder minder die Geburtsstunde der Hanse, denn

Hanse meinte »eine Gruppe von Kaufleuten« – oder »deutsche Hanse« bezeichnete eine »Gruppe von deutschen Kaufleuten«, die gemeinsame Privilegien genossen, wie der Kenner der Hansegeschichte, Philippe Dollinger, hervorhebt.[23]

Heinrich der Löwe sah keinen Sinn mehr darin, ständig mit dem Kaiser nach Italien zu ziehen, um die Städte der Lombardei zur Räson zu bringen. Er hielt es für klüger, selbst Städte zu gründen und mit denselben freiheitlichen Rechten wie in der Lombardei auszustatten – vielleicht sogar mit Lübeck ein Venedig des Nordens zu schaffen. Auf dem höchsten Punkt der Lübecker Halbinsel entstand das Zentrum der neuen Stadt mit Marktplatz und Tuchhalle, die gleichzeitig als Rathaus diente, gepaart mit der Stadtpfarrkirche St. Marien. In der Mitte der Stadt veranschaulichten sich die drei geschichtlichen Hauptkräfte: Wirtschaft, Politik, Kultur. Erst 1160, zwei Jahre nach der Neugründung von Lübeck, wurde die Stadt auch zum Sitz eines Bischofs, weil der Bischofsstuhl von Oldenburg aus Sicherheitsgründen hierher verlegt wurde. Doch der Bischof stieg nicht zum Stadtherrn auf. Heinrich der Löwe sorgte dafür, dass sich kaum etwas an der weitgehenden Selbständigkeit der Bürger änderte.

Die quasikönigliche Politik des Löwen in Norddeutschland gefiel weder Barbarossa noch den anderen Fürsten. Der Herzog von Sachsen und Bayern wurde um 1180 vom Kaiser und vielen anderen Reichsfürsten gestürzt und nach England verbannt. Allerdings hatte Friedrich Barbarossa einen hellen Moment, indem er Lübeck jetzt nicht einem norddeutschen Reichsfürsten überließ, sondern die Stadt für das Reich vereinnahmte. Er zog 1181 in feierlicher königlicher Pracht in Lübeck ein, um allen vor Augen zu führen, dass diese Stadt nun eine Reichsstadt sei. Auch er war zwischenzeitlich dem städtischen Wesen gegenüber aufgeschlossener als früher und rührte die freiheitlichen Rechte der Lübecker nicht an. 1226 bestätigte sein Enkel, Kaiser Friedrich II., erstmals für eine Reichsstadt die liberale, konsularische Verfassung mit Schöffen und Räten, Justiz- und Marktrecht.

Lübeck stand so gegenüber anderen Orten an der deutschen Nord- und Ostseeküste prima da. Es lag gut geschützt, leicht landeinwärts, auf einer Halbinsel, umflossen von Trave und Waknitz, nahe am Meer, ausgestattet mit einem Fernhafen, weil die Trave tief genug für größere

Schiffe war, etwa für die breitbauchigen Koggen, die schon seit 1200 gebaut wurden. Darüber hinaus konnten die führenden Bürger, die Patrizier und Fernhandelskaufleute, mehr oder minder eine eigenständige Politik betreiben, weil der Stadtherr, der Kaiser, fast immer weit weg war und im späten Mittelalter häufig in Nürnberg residierte. Während die fränkische Metropole zum inoffiziellen Hauptort des Kaisers in Mittel- und Oberdeutschland aufstieg, wurde Lübeck zum Hauptort der Hanse in Niederdeutschland. Die deutsche Hanse füllte quasi das Machtvakuum aus, das durch die Abwesenheit des Kaisers in Norddeutschland entstand.

Nach dem Vorbild von Lübeck wuchsen bald weitere Städte an der Ostsee empor, wie Wismar, Rostock oder Stralsund. Die mecklenburgischen oder pommerschen Fürsten privilegierten diese Städte normalerweise mit Lübecker Recht: mit einer konsularischen Verfassung, mit Schöffen und Räten, Justiz- und Marktrecht. Bis in die Renaissance hinein blieben diese fürstlichen Städte weitgehend selbständig. Die dortigen Patrizier und Fernhandelskaufleute wurden wie die Lübecker ebenfalls Mitglieder der Hanse, jener »Gruppe von Kaufleuten«, die gemeinsam im Ausland bestimmte Privilegien und Zollfreiheiten erwarben, insbesondere an vier wichtigen Handelsorten: im russischen Nowgorod, im norwegischen Bergen, im flämischen Brügge und im englischen London.

Im Laufe des 13. Jahrhunderts bildete sich die Haupthandelslinie der Hanse heraus: jene zwischen Nowgorod, Reval, Lübeck, Hamburg, Brügge, London und Bergen, wobei die Waren zwischen Lübeck und Hamburg in der Regel auf dem Landweg befördert wurden, weil dieser Weg sicherer und schneller erschien als jener mit dem Schiff um Dänemark herum. Die Strecke zwischen Lübeck und Hamburg bildete quasi die innere Hauptlinie der Hanse.

Über Nowgorod bezog man die begehrten russischen *Pelze* und das *Wachs*, in geringem Umfang auch den kräftigen *Tannenhonig*; aus den Gebieten des Deutschen Ordens, aus den baltischen Regionen und aus Preußen, kamen *Bernstein* und *Roggen*, dieses Getreide kam zugleich auch aus Polen, Pommern, Brandenburg und Mecklenburg; Pommern bot dazu auch Honig an, vermutlich den feinen *Lindenblütenhonig*, weil der Honig von dort beliebter als jener aus Russland war; daneben stellte die südschwedische Halbinsel Schonen den Haupthandelsplatz für den *Hering* aus der Ostsee dar, wobei die Lübecker ihrerseits aus Lüneburg das *Salz* herbeischafften, um den Hering auf Schonen einzusalzen und dadurch lager- und lieferfähig zu machen; zugleich boten die Schweden und Norwegen *Butter* an, während das norwegische Bergen der Haupthandelsplatz für den *Stockfisch* war, den getrockneten Kabeljau; Hansestädte wie Rostock, Wismar oder Hamburg machten sich einen Namen als Erzeuger von *Bier*; Hamburg galt regelrecht als Bierhaus der Hanse und verfügte im Jahr 1376 über sage und schreibe 457 Brauer. Köln hingegen galt als das Weinhaus der Hanse, weil es der Umschlagplatz für den *Rheinwein* war. Aus Brügge holte man die begehrten *Tuche* und aus Südfrankreich Rotwein: den *Bordeaux*. In einer Denkschrift, die der (ost-)preußische Gesandte in England vorlegte, hieß es: »Um das Jahr des Herrn 1375 hat Hermann Halenbergh, ein Bürger von Danzig, ein Viertel Schiff im Wert von 15 englischen Pfund verloren, und in dem Schiff waren 23 Fässer Bordeauxwein.«[24]

Die Handelswaren der Hanse betrafen hauptsächlich das Essen, das Trinken und die Kleidung, kurz, man hob vornehmlich das Niveau der Tafel und der Mode. Die Tuche aus Flandern, die gesalzenen Heringe aus Schonen und das Salz aus Lüneburg bildeten beispielsweise um 1368 im Lübecker Hafen die größten Posten des Handels, gefolgt von Butter, Pelzen und Getreide.[25] Unter den fernöstlichen Gewürzen waren um diese Zeit in Nord- wie Süddeutschland der *Pfeffer* und der *Ingwer* am begehrtesten, gefolgt vom mediterranen *Safran*, der das teuerste Gewürz überhaupt war. Entsprechend dichtete, wie schon zitiert, im Jahr 1447 der Poet Hans Rosenplüt: In Nürnberg finde man »vnter der ganzen Himels deck / die ingber und die pfefferseck / vnd alle speczerey von edler kraft«.

Es gab sogar einen Fürsten unter den Mitgliedern der Hanse, den Hochmeister des Deutschen Ordens, der auf der Marienburg in (Ost-)Preußen residierte. Aus den Rechnungsbüchern des Hochmeisters, die aus der Zeit um 1400 erhalten sind, lässt sich erschließen, dass er nicht nur als martialischer Ordensritter in voller Rüstung auftrat, sondern gelegentlich in südländischer Anmutung erschien: in kostspieligen Korkschuhen, im weißen Rock, auf dem ein Kreuz aus Seidenstickerei aufgenäht war, auf dem Haupt trug er einen leichten Strohhut, den man innen mit Seide fütterte. Wenn es kälter wurde, schlüpfte der Hochmeister in einen vornehmen Pelz aus Zobel. Der Tisch wurde mit flämischem Tuch gedeckt, dazu gab es Handtücher und Servietten aus seidigen Stoffen. 1401 befanden sich in des »Hochmeisters Kammer« unter anderem: 31 Zuckerhüte, 2 ½ Stein Ingwer (etwa ein halber Zentner), 1 Pfund Nelken, 1 Pfund Muskatblüten, 1 Pfund Zimtstangen und 200 Geleebonbons (aus verdicktem und gewürztem Fruchtsirup). An anderer Stelle wurde auch eine größere Menge an Datteln erwähnt. Die delikate Tafelrunde wurde zudem durch Narren und Spielleute, Pfeifer und Posaunisten erheitert. Ferner gab es einen Tiergarten, in dem ein Löwe war.[26]

Es war etwas Einmaliges, dass zur Hansezeit viele deutsche Kaufleute aus unterschiedlichen Städten nicht gegeneinander, sondern miteinander arbeiteten, um im Ausland gemeinsame Handelsrechte zu erwerben und dort Niederlassungen und Höfe einzurichten und so zwei- bis dreihundert Jahre lang den Nord-Ostsee-Handel zu beherrschen. Anfangs war die Hanse eine Genossenschaft deutscher Kaufleute, nach 1350 verwandelte sich diese Genossenschaft in einen Bund norddeutscher Städte, die wirtschaftlich wie politisch eng zusammenrückten und gemeinsam verhältnismäßig autonom handelten, weil die fürstlichen Stadtherren vorläufig zu schwach waren, um die anfänglich gewährten Freiheiten wieder einzuschränken.

Einige Hansestädte waren ohnehin Reichsstädte, neben Lübeck auch Köln, Dortmund oder Goslar – und in der Frühen Neuzeit, als die Hanse an Bedeutung schon wieder verlor und die Fürsten in den meisten Hansestädten das Regiment übernahmen, wurden auch Hamburg und Bremen zu Reichsstädten erhoben. Ähnlich wie die Reichsstädte einen *Städtetag* einberiefen, gab es unter den Hansestädten von Zeit zu Zeit einen *Hansetag*, um sich gegenseitig zu beraten und Beschlüsse zu fassen. Zeitweise überlegte man sogar, ein Bündnis zwischen den Reichs- und den Hansestädten zu schaffen, um den Fürsten Paroli zu bieten.

Das republikanische Element der Reichs- und Hansestädte war jedenfalls im späten Mittelalter und der Renaissance von Gewicht in deutschen Landen. In den Quellen erschienen etwa 70 Hansestädte, die aktiv an der Hanse teilnahmen, daneben gab es rund 100 kleinere Städte, die sich mit dieser Gemeinschaft verbanden. Die führenden Hansestädte stellten neben Lübeck (welches offiziell das Haupt der Hanse wurde) Köln, Deventer, Kampen, Dortmund, Osnabrück, Bremen, Hamburg, Braunschweig, Hildesheim, Lüneburg, Magdeburg, Wismar, Rostock, Stralsund, Danzig, Königsberg, Dorpat, Reval, Riga und Visby dar. Ein Teil dieser Städte lag östlich bereits außerhalb des deutschen Königreiches, aber die dortigen Patrizier und Fernhandelskaufleute waren jeweils vorwiegend Deutsche.

Ergänzend dazu nannte das Wormser Matrikel von 1521 insgesamt 88 Reichsstädte beziehungsweise freie Städte, von denen die führenden – im Uhrzeigersinn – Nürnberg, Regensburg, Augsburg, Nördlingen, Ulm, Esslingen, Ravensburg, Konstanz, Straßburg, Speyer, Worms, Metz, Frankfurt am Main, Köln, Aachen und Lübeck waren, ursprünglich ergänzt durch schweizerische Reichsstädte wie Zürich, Basel und Bern, später durch Hamburg und Bremen. So gut wie alle großen Städte des deutschen Königreiches waren im hohen oder späten Mittelalter und in der Renaissance entweder Reichs- oder Hansestädte oder beides. Zahlenmäßig bildeten diese führenden freien Reichs- und Hansestädte eine Minderheit unter den deutschen Kommunen, denn es gab damals rund 4000. Doch die meisten davon stellten fürstliche Klein- oder Miniaturstädte mit etwa 1000 Einwohnern dar, die im Laufe der Zeit ebenfalls eine Ratsverfassung erhielten, wenngleich mit eingeschränkten Rechten. Die Musik spielte bis zum Dreißigjährigen Krieg in den freien Reichs- und Hansestädten.

Lübeck war und blieb der Leitstern der Hanse. Die Forschung ging bisher davon aus, dass die dortigen Patrizier und Fernhandelskaufleute ursprünglich fast alle von Kaufmannsfamilien abstammten, im Gegensatz etwa zu anderen Reichsstädten, wo die führende Schicht überwiegend aus dem Kreis ritterbürtiger Ministerialgeschlechter hervorging. Nach neuerer archäologischer Erkenntnis gab es jedoch auch in Lübeck ein Quartier ritterlicher Dienstleute, die anfänglich Heinrich dem Löwen zugeordnet waren, nämlich im Bereich um die Kirche St. Ägidien herum.[27] Die St.-Annen-Straße, die dort vorbeiführt, hieß früher Ritterstraße. Man findet hier größere Grundstücke aus der Gründungszeit der Stadt als in anderen Vierteln. Viele ältere Lübecker Patriziergeschlechter hatten dort Besitz, wie die Warendorp, Vorrad,

Pleskow, Morum oder Cremun. Zudem lag neben St. Ägidien der Dombezirk, wo niederadliger oder adliger Einfluss zur Geltung kam. Auch in Lübeck berührte sich die bürgerlich-patrizische mit der ritterlich-höfischen Kultur. Ausnahmsweise erschien sogar auch einmal der Kaiser. 1375 hielt sich Karl IV. eine Woche lang in Lübeck auf.

Einprägsam entwickelte sich die Form der Stadt. Durch Subkonstruktionen wurde die Größe der Halbinsel leicht erweitert, um ihr einen mehr oder minder ovalen oder ellipsenförmigen Umriss zu geben. Der Grundriss der Stadt erinnert regelrecht an die Grätenstruktur eines Plattfisches: nördlich der Kopf, von da aus zieht sich eine Mittelachse als Hauptgräte von Norden nach Süden, eingefasst von der Breiten Straße und der Königsstraße, wo sich im Laufe der Zeit die Patrizier und Fernhandelskaufleute niederließen. An die Breite Straße grenzt in der Mitte westlich der Marktplatz und der Pfarrhof von St. Marien an. Am Marktplatz ließen sich spätestens seit 1350 viele Garköche, Besitzer von Imbissbuden oder Imbisslokalen nieder, die mutmaßlich sehr gut verdienten, denn die Mieten und Grundstückspreise waren hier sehr hoch. Täglich dürften sich dort viele Seeleute, Handwerker und Tagelöhner eingefunden haben, um zu essen und zu trinken. Links und rechts von der Mittelachse führen die Seitenstraßen wie Seitengräten leicht abwärts zum Wasser hinunter.

Rund zwei Jahrhunderte lang, von etwa 1158 an, erlebte Lübeck ein rasantes, unaufhaltsames Wachstum. Es zählte um 1350 etwa 25 000 Einwohner und war damit nach Köln und Nürnberg die drittgrößte Stadt in Deutschland. Der Erfolg gründete in der guten strategischen Lage wie in der liberalen konsularischen Verfassung der Stadt, ebenso in der Weltoffenheit und im Wagemut der Kaufleute. Der Wohlstand drückte sich bald auch im Stadtaufriss aus. Der materielle Gewinn sollte sich bis zu einem gewissen Grad vergeistigen. Es erhoben sich rasch mehrere schlanke, himmelhohe Kirchtürme, um eine gotische Stadtkrone zu bilden, die ihrerseits Lübeck einen phantastisch-romantischen, metaphysischen Zug verlieh.

Im Jahr 1482 schuf der Lübecker Maler Hermen Rode für die Nikolaikirche in Reval einen Altar und stellte dort diese Lübecker Stadtkrone von Osten her dar: hoch in einen goldenen Himmel ragend – in der Mitte die Doppeltürme der Stadtpfarrkirche St. Marien. Die sie-

Lübecker Stadtkrone von 1482, in der Mitte die Doppeltürme von St. Marien, gemalt vom Lübecker Meister Hermen Rode, zu sehen auf dem Altar der Nikolaikirche in Reval

ben Haupttürme sind bis heute erhalten: von fünf Kirchen, zwei davon mit Doppeltürmen.

Lübeck entwickelte einen besonderen Ehrgeiz darin, an Höhe zu gewinnen, denn irgendwie musste man ja den anderen zeigen, dass man der Leitstern der Hanse war. Zum überragenden Bauwerk wurde die Stadtpfarrkirche St. Marien. Ein frühes romanisches Gotteshaus wurde seit 1250 durch ein gotisches ersetzt, dessen Planung und Ausführung mehrmals verändert wurde, um sich von etwa 1300 an endgültig darauf festzulegen, die Kirche als klassische Kathedrale im Stil französischer Hochgotik zu vollenden – mit allem, was dazugehört: ein Chor mit Kapellenkranz, ein Querhaus, ein dreischiffiges Langhaus als Basilika mit erhöhtem Mittelschiff und eine Doppelturmfassade. Die Lübecker führten vor Augen, dass sie auch mit roten Ziegelsteinen höchste Bauaufgaben bewältigen konnten. Die Proportionen sind steil und schwindelerregend. Das verhältnismäßig schmale Mittelschiff erreicht eine Höhe von 38,5 Metern, was damals kaum eine französische Kathedrale schaffte, lediglich übertrumpft etwa von der Kathedrale in Amiens, wo das Mittelschiff 42 Meter hochsteigt – und vielleicht stellt die Kathedrale von Amiens überhaupt das herrlichste gotische Bauwerk dar. Aber auch die Marienkirche in Lübeck schlägt den Besucher in ihren Bann.

Von Westen nach Osten gesehen, präsentiert sich der hochragende Innenraum von Mittelschiff und Chor in gedämpfter Helligkeit: festlich, stolz, großartig. Die sehr schlanken, hohen Arkaden werden im Obergaden durch hohe Fenster gespiegelt. Die sehr dünngliedrigen Dienstbündel schießen vom Boden aus lang nach oben, um das Gewölbe zu tragen. Die Flächen zeigen die originale gotische Farbigkeit, mit gedämpftem Weiß, hellem bis kräftigem Rot, hellem Grün, mit zarter Pflanzenmalerei: ansprechend, trostreich. Da und dort sind die Wände, Dienste und Rippen leicht gekrümmt und gebogen, was dem Ganzen wiederum einen Anklang von anmutiger Zerbrechlichkeit gibt. Irgendwann kommt das Auge ganz oben an, im Gewölbe, um dort zu bleiben, als sei man hier schon in einer anderen Dimension. Es vernetzen sich filigrane Rippen, bemalt mit Rosetten und Blumen: wie ein Himmelsgarten! (Farbbild 8)

An manchen Stellen wirkt die Lübecker Altstadt profan und gewöhnlich, mit geflickten Teerstraßen und kommerziellen Geschäften – gerade wenn der Besucher vom berühmten Holstentor aus über die Holstenstraße zur Breiten Straße hochgeht. Doch die Mehrzahl der anderen Straßen, Gassen, Winkel und Viertel der Altstadt verzaubert den Flaneur, führt ihn in die Tiefe der Zeit. Man kann ein wenig träumen, weil hier die Denkmalpflege oder die sanfte Gentrifizierung schon vorbeikam. Dicht an dicht reihen sich rote Backsteinhäuser der Gotik oder Renaissance sowie helle Putzfassaden des Barock, gepflasterte Plätze und gotische Kirchen mit hohen, sehr hohen Türmen, jene zwei von St. Marien erreichen 125 Meter. Touristen reden in skandinavischen, baltischen oder slawischen Sprachen, wie zur Hansezeit.

Der Wohlstand der Stadt gründete zur Hansezeit nicht zuletzt auf dem Hering, auf dem gesalzenen Hering, der hauptsächlich von der schwedischen Halbinsel Schonen bezogen wurde, um damit im späten Mittelalter von Lübeck aus so gut wie ganz Deutschland zu versorgen. Es gab kaum einen deutschen Markt, auf dem nicht der Hering aus Lübeck im 14. oder 15. Jahrhundert präsent gewesen wäre. Im »buoch von guoter spise«, das Michael de Leone um 1350 in Würzburg für sein Hausbuch anlegen ließ, wurde der gesalzene Hering erwähnt. Er kam auf die bürgerliche wie herrschaftliche Tafel. Beispielsweise wurde den adligen Pröpsten des wohlhabenden Gumbertusstifts im fränkischen Ansbach im 14. Jahrhundert bei der Amtsübernahme vertraglich zugesichert, dass sie jährlich mehrere hundert Heringe bekämen.[28] Die Herrschaften waren närrisch nach dem Hering.

Heute ist der Hering dem Ansehen nach in Deutschland eher ein gewöhnlicher Fisch. Man kann sich natürlich auch fragen: Muss der Hering heute noch gesalzen sein, so wie früher, als es keine technischen Möglichkeiten gab, den Fisch frisch ins Binnenland zu befördern? War der gesalzene Hering einst nur eine Notlösung – oder hatte er gar kulinarische Vorteile gegenüber dem frischen? Ja und nein! Es kam darauf an, wie man es machte. Auch ein gepökelter, geräucherter oder luftgetrockneter Schweineschinken kann unter Umständen besser oder um einiges besser schmecken als ein frischer Braten von der Schweinekeule. Durch das Konservieren mit Salz setzt bei fetteren Nahrungsmitteln, ob beim Schweineschinken, ob beim Käse oder ob beim Hering, bis zu einem gewissen Grad ein Umwandlungs- und Verwesungsprozess ein, bei dem die eigenen Enzyme und Bakterien, wenn sie erhalten bleiben, feine Aromenstoffe entwickeln, einen Anklang von verführerischer, mildwürziger, süßer Morbidezza. Schinken, Käse oder Heringe sind quasi Abenteurer, die an der Schwelle zwischen Leben und Verderben das Allerfeinste aus sich hervorholen. Wenn, ja wenn die Menschen dabei die richtige Hilfestellung leisten.

Die Fischer auf der südschwedischen Halbinsel Schonen klemmten sich offenbar nicht allzu sehr dahinter, um beim Einsalzen des Herings die Verfeinerung auf die Spitze zu treiben – und verloren am Übergang vom späten Mittelalter zur Renaissance ihre Monopolstellung für gesalzenen Hering. Auch Lübeck, der wichtigste Handelspartner, hatte das Nachsehen. Das Einsalzen der Heringe war zwar das Privileg der Fischer auf Schonen, aber die Lübecker drängten als bedeutende Handelspartner dem Anschein nach nicht allzu sehr auf Neuerungen.

Obwohl die Lübecker anfänglich die treibende Kraft der Hanse waren, schlich sich in der Stadt an der Trave nach und nach ein konservativer Geist ein. Man bemühte sich, den Status quo, die Tradition zu bewahren – und hoffte darauf, dass die ursprünglich erworbenen Handelsprivilegien und Zollfreiheiten der Hanse im Ausland nicht verlorengingen, was sich im Laufe des 15. und 16. Jahrhunderts als Illusion herausstellte. Die Lübecker und die Hanse begegneten der aufkommenden Konkurrenz durch die Holländer und Engländer oder durch die süddeutschen Kaufleute aus Nürnberg und Augsburg eher durch Abschottung; sie setzten da und dort auf altertümliche Handelsbräuche, Tauschgeschäfte, wurden skeptisch gegenüber dem riskanten Kreditwesen – und schnitten sich damit ins eigene Fleisch. Noch bevor sich die riesigen Heringsschwärme der Ostsee verringerten, nahmen die Holländer das Heft in die Hand, weil sie flinker und geschickter oder auch tüftlerischer waren, um den bestmöglichen Hering anzubieten: den Matjes – nun vom Hering aus der Nordsee.

Es sind ein paar wesentliche Dinge, die den wirklichen, echten Matjes so außergewöhnlich machen. Die Laichzeit des Herings ist im März oder April. Der Fisch sucht in dieser Zeit die flachen Küstengewässer auf und laicht teilweise auch in den Unterläufen der Flüsse. In dieser Phase ist der Fisch mager und ausgelaugt und hat für das Einsalzen nicht den idealen Fettgehalt. Doch danach, im Mai, frisst der Hering nach Herzenslust und erreicht Ende Mai sein ideales Fettpolster, um zum allerfeinsten Matjes zu werden. Schon im späten Mittelalter achteten die Holländer darauf, dass der gesalzene Hering so zart und mild wie möglich auf den Tisch kam. Dafür muss er erstens den idealen Fettgehalt besitzen und Ende Mai oder Anfang Juni gefangen werden – zweitens soll er so wenig wie möglich gesalzen sein. Man kam dahinter, dass neben dem Salz auch die Bauchspeicheldrüse des Herings den Konservierungsprozess befördert. Man ging deshalb drittens dazu über, die Innereien oder einen Teil der Innereien beim Einsalzen im Hering zu belassen. Die Bauchspeicheldrüse des Herings enthält Enzyme und Bakterien, welche die gewünschte Morbidezza hervorrufen.

Heute fangen die Holländer den Hering in riesigen Mengen Ende Mai oder Anfang Juni an den Küsten der Nordsee; der Fisch wird sofort tiefgefroren: erstens, um den möglichen Wurmbefall der Innereien auszuschalten, zweitens, um den Maihering als Matjes den ganzen Sommer oder das ganze Jahr über verarbeiten und anbieten zu können. Nach dem Auftauen wird der Hering Schicht für Schicht mit geschlossenem Bauch oder auf jeden Fall mit der Bauchspeicheldrüse in ein Eichen- oder Plastikfass eingelegt und dabei so wenig wie möglich gesalzen. Das Salz zieht Wasser aus dem Hering, so dass nach kurzer

Zeit eine Lake entsteht, in der das Fleisch reift. Schon nach fünf oder sechs Tagen wird so aus dem Hering ein Matjes. Weil sein Salzgehalt gering ist, soll der frische Matjes nach einer Woche, spätestens nach zwei verzehrt sein. Er ist in der Regel nicht jungfräulich, wie es der Name, Matjes, Mädchen, nahelegt, denn der Hering hatte vorher schon, im März oder April, gelaicht – aber er besitzt jetzt eine Beschaffenheit, die sich jungfräulich zart und mild anfühlt.

Häufig erhält man heute nicht diesen echten Matjes, sondern Hering »nach Matjesart« – von Tieren, die das ganze Jahr über gefangen werden, von solchen, die erstens weniger fett und zweitens stärker gesalzen sind, weil man die Innereien, die Enzyme und Bakterien aus dem Inneren des Fisches vor dem Einsalzen herausnahm und dafür mehr Salz und Zusatzstoffe verwendete, um eine schnelle Fermentierung in Gang zu setzen. Solche Heringe »nach Matjesart« werden küchenfertig angeboten, geschuppt, entgrätet und enthäutet, praktisch zu handhaben, sie sind fester als der echte Matjes aus dem Fass, im Geschmack weniger delikat, aber preislich günstiger. Viele Geschäfte oder Köche sind so frei und schreiben »Matjes« auf die Schilder oder Karten, obwohl es sich um einen Hering »nach Matjesart« handelt.

Es gibt aber auch Lokale, die die Dinge klar unterscheiden. In Lübeck, gegenüber der gotischen Jakobikirche, findet der Besucher ein rotes Backsteinhaus mit Staffelgiebel aus dem Jahr 1535. Das Haus gehört der Schiffergesellschaft. Es ist ein Verein von Schiffskapitänen, den es in Lübeck schon im 15. Jahrhundert gab und der ein Säkulum später dieses Haus errichten ließ. Seit Mitte des 19. Jahrhunderts ist die große Halle im Erdgeschoss, gefolgt von weiteren Räumen im hinteren Bereich, ein Gasthaus. Die Halle erinnert fast an einen Kirchenraum, wirkt großzügig und weiträumig, hat ein gedämpftes Licht, die Hauptfarbe ist ein angenehmes, warmes Braun. Die Wände sind halbhoch getäfelt, darüber ist Malerei zu sehen, obschon stark nachgedunkelt, von der Balkendecke hängen alte Modelle von Segelschiffen, Messingkronleuchter und Schiffslaternen, die jeden Tisch dezent beleuchten, damit es nicht zu schummrig wird, und viele Tische befinden sich zwischen langen Bankreihen mit halbhohen Lehnen. Jedes Jahrhundert steuerte seit 1535 neue Teile bei, dennoch wirkt der Raum nicht plüschig, ist ohne sonstigen Kleinkram, ohne Kommerz

Historische Halle der »Schiffergesellschaft« in Lübeck

und Werbung, hat Stil. Das Lokal heißt selbst »Schiffergesellschaft«, ist verpachtet, aber die Kapitäne und Eigentümer haben hier ihren Stammtisch am Dienstagabend, und am Freitag sitzt dort der »Nautische Verein«. Dazu wurde jüngst im Hinterhof ein vorbildlicher gastronomischer Garten eingerichtet: wiederum ohne Kleinkram, ohne Plastik und Werbung, sondern romantisch-beschaulich, mit Granitplatten als Bodenbelag, mit alten Hofmauern aus nacktem Ziegelstein, mit verputzten, weißen Hauswänden, an denen grüner Efeu emporrankt, während dahinter der hohe gotische Turm der Jakobikirche hochsteigt. Der Gast sitzt bequem auf schnörkellos-eleganten Holzmöbeln, beschattet von cremefarbenen Sonnenschirmen. Der Besucher kann sich entscheiden, in welchem Jahrhundert er gerade leben möchte.

Ähnlich, wie der »Bischofshof« in Regensburg eine Art von Denkmalpflege der süddeutschen Küche betreibt, fühlt sich die »Schiffergesellschaft« in Lübeck der norddeutschen Küche verpflichtet. Küchenchef Holger Grätz macht dem Gast kein A für ein O vor, unterscheidet zwischen »Hering« und »Matjes«. Fast das ganze Jahr stehen »Dreierlei hausgebeizte Heringe auf Vollkornbrot« auf der Karte, während es die echten Matjes, die »Neuen Matjesfilets aus dem Holzfass«, mit Speck, grünen Bohnen und neuen Kartoffeln nur im Sommer gibt.

Die dreierlei Heringe sind in Sherry, Currycreme und Portwein eingelegt, gerade der rote Port verträgt sich köstlich mit dem Hering. Der Gast ist recht zufrieden. Wenn er allerdings zum Vergleich auch die echten Matjes aus dem Holzfass probiert, ist es ihm, wie wenn sein Auge in der Marienkirche im Gewölbe ankommt, ganz so, als erlebe der Gaumen nun eine andere Dimension. Der wahre Matjes zergeht auf der Zunge, ist der Beschaffenheit nach samtig, fast wie frisches Marzipan, leicht widerständig, dann nachgebend, dem Geschmack nach außergewöhnlich delikat und mildwürzig, mit einem Hauch von Meerestiefe. Der Gast macht eine Zeitlang nichts anderes, als den Nachgeschmack zu genießen.

Uwe Kubitz, der Oberkellner, verrät, dass die »Schiffergesellschaft« diesen Matjes von der »Fischhandelsgesellschaft Oldörp« in Lübeck-Travemünde bezieht. Oldörp klingt, als stamme der Name aus den »Buddenbrooks«. Doch er ist real und gehört zum wirklichen Leben. Matthias Oldörp erklärt, er bekomme seinerseits diesen Matjes von »Warmelo & van der Drift«, dem offiziellen Hoflieferanten des niederländischen Königshauses.

Herr Kubitz empfiehlt zu diesem Matjes einen »Lübecker Rotspon«, den die »Schiffergesellschaft« vom Lübecker Weinhaus »H. F. von Melle« kauft. Der Begriff Rotspon meint rotes Holz oder roten Wein, der im Holzfass reifte, und der Lübecker Rotspon stammt traditionell aus Bordeaux oder Südfrankreich – so wie schon für das Jahr 1375 überliefert ist, dass ein Hansekaufmann in Danzig mit Bordeauxwein handelte. Damals war der Bordeaux noch ein leichter, süffiger Rotwein, erst seit dem 17. Jahrhundert wurde er zu jenem Wein, wie man ihn heute kennt: ein dichter, kräftig-eleganter Rotwein – und seit dieser Zeit, seit dem 17. Jahrhundert, entstand auch die Bezeichnung »Lübecker Rotspon«. Das Besondere daran ist, dass die Lübecker Weinhäuser den Bordeaux in Fässern oder heute auch in Tanks kaufen, daheim lagern und dann selbst in Flaschen abfüllen. Es sind in der Regel noch keine sündhaft teuren, komplexen Weine, denn der »Lübecker Rotspon« soll ein zuverlässiger, gediegener Rotwein für den Alltag sein – so erklärt es Manuel Mack vom Weinhaus »H. F. von Melle«.

Dieses Weinhaus bietet heute unterschiedliche Arten von Rotspon an, solche, die aus Bordeaux stammen, aber auch welche aus Burgund oder aus Catalan, ganz im Süden von Frankreich. Der Rotspon, den die »Schiffergesellschaft« einschenkt, ist ein »Landwein«, »Vin de Pays Catalan«, und besteht aus den Reben Syrah und Grenache. Das samtige Fett des echten Matjes und der samtige Gerbstoff des Weins spielen miteinander.

Bis heute ist Lübeck eine Hafen- und Handelsstadt, auch wenn die Blüte der Hanse nur bis Ende des 16. Jahrhunderts dauerte. Um 1550 wurde Lübeck von Hamburg überflügelt, weil sich die Stadt an der Elbe weltoffener gab und am neuen atlantischen Überseehandel teilnahm. Lübeck blieb eher konservativ, gediegen, traditionell, wollte nicht mehr zu hoch hinaus, so wie eben ein Lübecker Rotspon das gute mittlere Maß verkörpert.

Der Gast fühlt sich in der Halle der »Schiffergesellschaft« wie verzaubert, wie versunken in uralten gastronomischen Gepflogenheiten. Es gibt hier so herrliche Sachen wie gebratene Blutwurstscheiben auf Feldsalat; Aal in Gelee mit Bratkartoffeln; Nordseekrabben auf Schwarzbrot mit Spiegelei; Scholle in Speck gebraten mit Kartoffel- und Gurkensalat; Heilbutt in Pergament gegart auf Butterkartoffeln; Labskaus mit Spiegelei oder als Anleihe aus dem Süden ein Wiener Schnitzel vom Kalb. Zu guter Letzt darf eine Süßspeise mit Lübecker Marzipan nicht fehlen: ein Marzipan-Eisbömbchen.

IX VERSUCH EINER NEUEN ZEIT

Unentschieden: Maximilian I. und Jakob Fugger der Reiche

Die Alpen scheinen sich heute zu verflüchtigen. Von oben her betrachtet, von etwa zehntausend Meter Höhe, wirkt das Gebirge beinah lächerlich klein, ganz so, als erblicke der Passagier vom Flugzeug aus ein Modell von Bergen in zwergenhaftem Maßstab. Nichts scheint leichter zu sein, als die Alpen zu überqueren. In zwei Stunden düst die Maschine von Deutschland aus zu einem Badeort an der Adria, während der Fluggast zwischendurch beim Blick aus dem Fenster diese winzigen silbergrauen Bergkämme sieht.

Eine Reise mit der Bahn vermittelt schon eher, dass die Alpen eigentlich Zauberberge sind. Wenn der Zug kurz nach München sich Rosenheim nähert, sind die Berge plötzlich da: unumstößlich – zuerst im Dunst, als ein hohes, blaues Band, dann immer mächtiger, gewaltiger, heben sich ab von der sanftwelligen Voralpenlandschaft: steil aufragende, dräuende Waldhänge, bekrönt von nackten, gezackten Gipfeln, in der Ferne schneebedeckt, silbern funkelnd. Das Gefühl des Ernstes nimmt zu, je mehr sich der Zug dieser Front nähert; im Tal saust er ins Gebirge hinein, während man meint, die Reihe der Waggons werde von den Bergflanken verschluckt. Der Fahrgast glaubt, er werde selbst von der ungeheueren Kraft der Bergmassen eingefangen: halb bang, halb hingezogen, bis sich das Auge an die Majestät der Umrisse gewöhnt und der Inn ruhig dem Gleis entgegenfließt.

Der Reisende könnte rasch an Innsbruck vorbeifahren, zügig dem Süden entgegen, doch der Ort bietet Beeindruckendes wie die Berge selbst. Während sich hier das Tal großzügig dehnt, wirkt der historische Ortskern fest und massig, als habe ein Bildhauer die Altstadt aus einem steinernen Block herausgehauen. Wenn der Flaneur von der

Maria-Theresien-Straße her in die zentrale Herzog-Friedrich-Straße einmündet, weitet sich die Achse trichterförmig aus, wie ein langgestrecktes Dreieck, eingefasst von schwer lastenden Häuserreihen aus der Spätgotik, mit schmucken Erkern und schattigen Laubengängen. Die platzartige Straße wirkt wie ein großzügiger, festlicher Burghof, ganz so, als sei der Reisende im innersten Bezirk eines vornehmen Ortes angekommen. Man gewinnt das Gefühl von Schutz und Wohlleben.

Der Besucher läuft geradewegs auf das Prunkstück des Platzes zu: auf das »Goldene Dachl«. Es ist ein zweigeschossiger Erker mit Loggia, eingedeckt mit goldenen Schindeln. Das plastische Bildwerk des Erkers zeigt Kaiser Maximilian I., umgeben von seiner ersten und seiner zweiten Frau, Maria von Burgund und Bianca Maria Sforza. Der Regent erscheint als ein Herr mit ausgewogenen Gesichtszügen, mit einer markanten Nase und elegantem, langem Haar. Sein bildhaftes Auftreten im Herzen der Stadt wirkt leutselig und volksnah.

In der schönen Jahreszeit ist der Platz vor dem »Goldenen Dachl« mit Tischen und Stühlen besetzt. Die Leute trinken Cappuccino, bestellen ein Eis oder warme Kleinigkeiten, Tiroler Speckknödel, Nocken mit Parmesan oder Nudeln mit Tomaten-Butter-Soße. Es wimmelt von Menschen: von Einheimischen, Leuten aus der Region und Touristen, die teils individuell, teils in Gruppen mit Führern zu den Sehenswürdigkeiten laufen. Es ist das gewohnte sommerliche Bild, das heute gepflegte Altstadtkerne bieten: mit Geschichte, Einkaufsfreude, gastronomischem Vergnügen, Tourismus – alles leidlich, wenn nicht angenehm durchmischt. In den Laubengängen des Platzes entdeckt der Spaziergänger neben ein paar Läden mit Touristenkram, Kuckucksuhren, die mehr fotografiert als gekauft werden, auch zeitgemäße Geschäfte mit klarem, ruhigem Design, das seinerseits mit der kraftvollen älteren Baukunst der Häuser eine reizvolle Verbindung eingeht. In den Fenstern werden nette, modische Dinge zur Schau gestellt: moderne Kleidung, Trachtenmode, Schuhe, Accessoires, Schmuck. Die offenen Gänge bieten ein schönes farbliches Spiel: sind am Boden mit schwarzem Basalt ausgelegt, während die gedrungenen Gewölbe weiß gekalkt sind und die Steinquader der Bögen ein mittleres Grau zeigen, in dem zugleich ein Schimmer von Altrosa enthalten ist. Es handelt sich um einen kalkigen Stein, der hier an vielen historischen Gebäuden wiederkehrt und der Altstadt überhaupt eine gewisse herbe Noblesse verleiht.

Das eigentlich Außergewöhnliche von Innsbruck bildet die Hofkirche, die Kaiser Ferdinand I. in der Mitte des 16. Jahrhunderts als nachgotische Hallenkirche errichten ließ, um in erster Linie für das Grabmal seines Großvaters, des Kaisers Maximilian I., einen würdigen Ort zu schaffen. Wer die Hofkirche betritt, der wird, so wie häufig in Innsbruck, vom schönen Spiel der Farben vereinnahmt. Beherrschend sind im ersten Moment die überaus hohen, schlanken Säulen aus poliertem, buntem Stein, die ihrerseits ein weißes Stuckgewölbe tragen. Dann sieht man, nicht ohne Erstaunen, zwischen den Säulen, auf leicht erhöhten Sockeln, reihenweise überlebensgroße, schwarzbraune Bronzefiguren: Ritter, Könige, Edeldamen und Königinnen, in edlen Gewändern oder in prunkvollen Rüstungen. Die Gesichter wenden sich der Mitte des Raumes zu, wo auf dem Hochgrab aus weiß gedämpftem Marmor weit oben Maximilian kniet, als sei er ein überragender Herrscher gewesen, nicht ohne Demut und Gottesfurcht. Es handelt sich um ein Scheingrab, denn der Kaiser wurde nicht hier, sondern in Wiener Neustadt bestattet, hatte aber in Innsbruck für ein eigenes Grabmal erstaunliche Fragmente hinterlassen, woraus sein Enkel und sein Urenkel ein unverwechselbares Kunstwerk machten.

Die umstehenden bronzenen Figuren sind von gehaltener Monumentalität. Manche trumpfen mit felsenfestem Dastehen auf, verkörpern Kraft und Stärke, andere gewinnen eine dezente Freiheit der Bewegung, spiegeln Anmut und Schönheit. Die fürstlichen Gesichter vermitteln Tiefe, strahlen Gelassenheit, hohes Selbstbewusstsein aus. Nicht Leiden oder Ergebenheit, sondern Menschenwürde kommt zum Vorschein. Der Betrachter gewinnt den Eindruck, als käme hier die feine Gesellschaft von Europa zusammen. Alles Provinzielle verliert sich. Alles Trennende der Alpen scheint sich aufzulösen. Was man sieht, gehört wohl zu den wunderlichsten und großartigsten Kunstwerken der Renaissance.

Die Idee für das Grabmal stammte von Maximilian selbst. Früh schon hatte er darüber nachgedacht, einen Trauerzug aus großen Bronzefiguren zu bilden, bei welchem hinter seiner Person alle bedeu-

Anmutig und schön: Herzogin Kunigunde von Bayern, Schwester von Kaiser Maximilian I., überlebensgroße Bronzefigur in der Innsbrucker Hofkirche als Teil des Grabmals von Kaiser Maximilian, eine von 28 Figuren, entstanden im frühen 16. Jahrhundert

tenden Vorfahren sowie die von ihm geschätzten ritterlichen und kaiserlichen Vorgänger folgen sollten. Oder die Statuen sollten sich um den Herrscher gruppieren, um ihm gute Gesellschaft zu leisten, wie der sagenhafte englische König Artus, der Inbegriff der Ritterlichkeit, wie Gottfried von Bouillon, der erste König von Jerusalem während der Kreuzzüge. Auch die Verwandtschaft, die sich über ganz Europa erstreckte, sollte vertreten sein, wie sein Schwiegervater, Herzog Karl der Kühne von Burgund, oder seine Schwiegertochter, Johanna von Kastilien, die Erbin der spanischen Königreiche.

Die besten Künstler in deutschen Landen wurden für das Grabmal herangezogen: so die Erzgießer Gilg Sesselschreiber, Stefan Godl oder Peter Vischer der Ältere; dazu Maler oder Bilderhauer wie Albrecht Dürer, Veit Stoß, Hans Leinberger und Gregor Erhart. Obwohl sich die Zunftmeister dagegen wehrten, dass Maler und Bildhauer den Erzgießern beim Modellieren ins Handwerk pfuschen sollten, wurden die stilistischen Einflüsse der genannten Künstler spürbar. Beim Tod Maximilians waren von vierzig geplanten Figuren elf fertig, und sein Enkel Ferdinand I. sowie sein Urenkel Erzherzog Ferdinand sorgten dafür, dass noch weitere Statuen gegossen wurden, insgesamt vollendete man achtundzwanzig. Da die Figuren aus unterschiedlichen Händen stammten, entstand ein abwechslungsreiches Ensemble.

Natürlich kann der Besucher an Ort und Stelle gleich ein paar Hefte über die Geschichte und Kunstgeschichte von Innsbruck kaufen und ein Café aufsuchen, um durch das Schmökern die Eindrücke zu verdoppeln: um das Sichtbare mit dem Wissen zu verbinden – etwa im Café »Katzung«, welches man in den Laubengängen der Herzog-Friedrich-Straße findet, nicht weit vom »Goldenen Dachl« entfernt. Der Gast befindet sich zwischen dicken Wänden in einem hellen, cremefarbenen Raum, der sich in die Tiefe des Hauses hineinzieht, gleichzeitig durch eine Seitengasse und große Fensternischen angenehmes Licht erhält. Man kann sich auf rote Polsterbänke setzen, sich ein wenig umschauen, sieht Leute, die sich unterhalten oder die Zeitung lesen, kann herrliche Sachen bestellen, Apfelstrudel, Marillenkuchen, Sachertorte, hausgemachtes Eis. Der Topfenstrudel gibt sich zart verhüllt und mild aromatisch. Man kann sich frei fühlen, kann tun und lassen, was man will, ohne besonderen Bestellzwang. Obwohl das Lokal erst vor ein paar Jahren neu eingerichtet wurde, scheint es zeitlose habsburgische Lebensart zu verkörpern: den Sinn für das Geschmackvolle und Gelassene.

Innsbruck sollte für Maximilian tatsächlich so etwas wie der Mittelpunkt von Europa sein: ein Scharnier zwischen Deutschland und Italien oder der Drehpunkt zwischen Spanien und Ungarn. Geboren 1459 in Wiener Neustadt, war Maximilian als Sohn von Kaiser Friedrich III. unter eher bescheidenen höfischen Verhältnissen aufgewachsen. Aber durch seine Heirat mit Maria von Burgund im Jahr 1477 veränderten sich die Perspektiven. Nach dem Tod des Schwiegervaters, Herzog Karls des Kühnen, war seine Frau Maria die Erbin mehrerer Länder, die zu den reichsten der damaligen Zeit gehörten: neben dem Kerngebiet, dem französischen Burgund um Dijon, die südlichen und nördlichen Niederlande. Maximilian verbrachte mehrere Jahre in diesen Ländern und lernte ein Hofleben großen Stils kennen.

Nach dem frühen Tod seiner Frau Maria konnte Maximilian durch mehrere Kriege und Verhandlungen die burgundische Erbfolge seines Sohnes, Philipps des Schönen, einigermaßen sichern und kehrte in die österreichischen Lande zurück. 1486 wurde er neben seinem Vater, dem Kaiser, zum König des Heiligen Römischen Reiches gewählt, während er kurze Zeit später die habsburgische Landesherrschaft in Oberösterreich antrat und Innsbruck zu seiner Residenz bestimmte. Als sein Vater im Jahr 1493 starb, war er der allein amtierende Herrscher des Heiligen Römischen Reiches, dazu regierender Erzherzog von Nieder- und Oberösterreich sowie der österreichischen Vorlande, hatte zudem über seinen Sohn auch Einfluss auf die Niederlande. Während sein verstorbener Vater, Friedrich III., lediglich über Teile der österreichischen Gebiete geboten hatte und vom äußersten Südosten aus als Kaiser das Reich regierte, verfügte Maximilian über eine größere Hausmacht und rückte mit der Wahl von Innsbruck als Residenz näher an das Zentrum des Reiches heran.

Der kaiserliche Einfluss sollte sich wieder auf Deutschland und auf Italien erstrecken, wenn nicht über ganz Europa. Maximilian verbündete sich mit Lodovico Sforza, der das Gebiet von Mailand beherrschte, verlieh ihm in der Eigenschaft als König des Heiligen Römischen Reiches den Titel eines Herzogs von Mailand und besiegelte das Bündnis 1494 durch die Heirat mit dessen Nichte, Bianca Maria Sforza. Die Aussichten schienen für Maximilian nicht schlecht zu sein, als König und Kaiser wieder eine führende Rolle in Europa zu spielen.

Innsbruck war aber nicht mit den führenden Orten in Europa zu vergleichen: nicht mit Florenz und Venedig, nicht mit Augsburg und Nürnberg, nicht mit Gent oder Antwerpen. Der alpine Ort bot nicht denselben glamourösen Resonanzboden wie jene Städte, sondern stellte eine Kleinstadt in den Bergen mit etwa 3000 Einwohnern dar, einen Ort, der nur schwer zu erreichen war, ohne einen Cluster weiterer Städte. Maximilian, dem eigentlich die Herrschaft über eine Universalmonarchie vorschwebte, saß in der Provinz. Innsbruck war nicht der Hauptsitz eines römisch-deutschen Imperiums, sondern die Landeshauptstadt von Tirol, wo man ein paar Angelegenheiten des deutschen Königreiches mitverwaltete. Es gab hier bereits eine etwas verschachtelte, ältere Hofburg, nicht weit vom zentralen Platz der Stadt entfernt. Maximilian machte diese Anlage zur Residenz, ohne Bedeutendes daran zu ändern. In der Regel blieb der Hofstaat in den Wintermonaten in Innsbruck, während der König sommers in den Krieg zog, häufig nach Oberitalien, in die Po-Ebene, während er gleichzeitig nördlich die Reichstage besuchte, welche bevorzugt in Augsburg abgehalten wurden.

Die finanzielle Grundlage des Königs bildeten die Einnahmen aus seinen österreichischen Erblanden, ergänzt durch die Steuern der Reichsstädte oder durch Einnahmen aus spärlich verbliebenem Reichsgut und ein paar königlichen Zöllen und Regalien. Es war ein Bruchteil jener finanziellen Ressourcen, über die etwa ein König von Frankreich oder große Stadtstaaten wie Venedig und Florenz verfügten, weil in deutschen Landen der größte Teil der Steuern längst den Fürsten oder den Reichsstädten zufloss. Maximilian wollte dennoch Kriege wie ein reicher, mächtiger Herrscher führen, um Italien wieder an das Heilige Römische Reich zu binden – was wiederum außer ihm so gut wie niemand mehr wünschte, im Gegenteil: Die deutschen Fernhandelskaufleute pflegten längst beste Beziehungen zu den italienischen Stadtstaaten wie Venedig, Genua oder Florenz. Die deutschen Patrizier fürchteten nichts mehr als einen Krieg des Königs oder Kaisers mit diesen Staaten.[1]

Sei's drum! Der König verpulverte jährlich über zwei Drittel seiner Einnahmen in Kriegen. Er hegte die Hoffnung, fette Beute zu machen, was kaum je der Fall war. Über mehrere Jahre hinweg versuchte er, Oberitalien zu erobern, um nach Rom vorzudringen und sich vom Papst zum Kaiser krönen zu lassen – ohne Erfolg. In der Regel blieb er schon am Südrand der Alpen stecken. Der Papst schrieb ihm schließlich, er habe nichts dagegen, wenn sich Maximilian »erwählter römischer Kaiser« nenne; die Krönung in Rom könne man ja irgendwann nachholen. Die deutschen Fürsten und Reichsstädte unterstützten den Kaiser kaum bei seinen Kriegszügen, weil sie sich dadurch nur ins eigene Fleisch geschnitten hätten.

Maximilian nahm bei den Fuggern und anderen Bankiers von Jahr zu Jahr größere Kredite auf, um seine Söldner zu bezahlen, was zu phantastischen Schulden, zu ständigem Geldmangel und verheerten oberitalienischen Landschaften führte. Wahrscheinlich hatte noch nie ein deutscher König oder Kaiser dermaßen über seine Verhältnisse gelebt. Der Spleen einer längst vergangenen kaiserlichen Universalherrschaft machte Maximilian blind für die wahren Kräfteverhältnisse oder für das, was die Zeit eigentlich verlangte.

Nach wie vor war Deutschland kein Staat, keine wirkliche Nation, sondern es bildete als das deutsche Königreich das Kerngebiet des Heiligen Römischen Reiches, zu dem formell auch große Teile von Italien und Burgund gehörten, ebenso das böhmische Königreich. Das deutsche Königreich hatte seinerseits innerhalb des Heiligen Römischen Reiches eine unscharfe Kontur. Es stellte einen Verband von Fürstentümern und Städten dar, ein Gebiet, das lose vom König zusammengehalten wurde, der zugleich auch Kaiser sein sollte.

Die *deutschen Reichsstände*, sprich: die Kurfürsten, die Fürsten, die reichsfreien Grafen und die Reichsstädte, drängten darauf, die Umrisse des deutschen Königreiches zu schärfen und das Land besser als bisher gemeinsam zu verwalten. Das Heilige Römische Reich sollte quasi eingedeutscht werden. Man veränderte den Namen und sprach vom *Heiligen Römischen Reich Deutscher Nation*. 1495 kamen hauptsächlich auf Initiative des Reichskanzlers, des Erzbischofs und Kurfürsten von Mainz, Berthold von Henneberg, die Repräsentanten des deutschen Königreiches in Worms zusammen: der König, der Kanzler und die Reichsstände. Diese Fürstenversammlung sollte kein königlicher *Hoftag* mehr sein, sondern ein *Reichstag*, weil die Initiative von den Reichsständen ausging. Es wurden Reformen ins Auge gefasst, um das Verhältnis zwischen dem König und den Reichsständen zu regeln. Der Reichstag sollte als ständisches Parlament zu einer festen staatlichen Institution werden. Er sollte jährlich an wechselnden Orten einen Monat lang tagen, um für die »Handhabung des Friedens und Rechts« verantwortlich zu sein, unterstützt durch ein *Reichskammergericht*, das vorläufig in Frankfurt am Main seinen Sitz erhielt (später nach Speyer und dann nach Wetzlar umzog).

Für den König war nur noch eine präsidiale Funktion vorgesehen. Er und der Kanzler sollten den Vorsitz des Reichstags übernehmen, das Parlament sollte die Entscheidungen treffen. Ferner sollte die *Reichskanzlei*, vom König getrennt, dem Reichskanzler unterstellt sein. Zu guter Letzt beschloss man, zur Finanzierung der neuen Einrichtungen den *Gemeinen Pfennig* als Reichssteuer einzuführen. Dieser sollte über die Pfarrorganisationen eingenommen werden, weil bislang ein reichsweites Steuersystem mit entsprechenden Beamten fehlte. Es wäre gut gewesen, neben dem *Reichskammergericht* auch den *Reichstag*, die *Reichskanzlei* und *Paläste für König und Kanzler* in Frankfurt am Main zu installieren, um die Kräfte des Reiches zu bündeln und repräsentative Bauten zu schaffen.

Maximilian war aber von diesen Ideen nicht unbedingt begeistert, denn er fühlte sich zum Herrscher einer Universalmonarchie berufen, keineswegs auf das deutsche Königreich beschränkt. Er machte das Reformwerk nicht zu seiner Sache, weil er einen viel höheren Begriff von seinem kaiserlichen Amt hatte als die Fürsten. Immerhin ließ er die Dinge laufen und versperrte sich vordergründig nicht. Er setzte darauf, dass der Elan der Fürsten bald wieder nachließe und seine Macht am Ende zunähme. Tatsächlich war Sand im Getriebe.

Es gab ja nicht nur die Spannung zwischen dem König und den Fürsten; es gab auch jene zwischen den Fürsten und den Stadtrepubliken, den Bürgern der Reichsstädte. Obwohl die Reichsstädte formell dem König unterstanden, waren sie weitgehend selbständig. Die Fürsten wollten innerhalb einer ständisch-föderalen Struktur die erste Geige spielen, ohne den Reichsstädten einen angemessenen Rang zuzubilligen. Der Reichstag sollte sich aus drei Kurien zusammensetzen: aus dem Kurfürstenrat, dem Fürstenrat und dem Städterat. Den Vorrang sollten der Kurfürsten- und der Fürstenrat haben, während die Stimmen der Reichsstädte nicht ins Gewicht fallen sollten. Es wurde die Tendenz spürbar, die *fürstliche Machtvollkommenheit* auf Kosten der *städtischen Republiken* zu steigern.

Das Reformwerk blieb Stückwerk, weil jeder sein eigenes Süppchen kochte. Maximilian ließ die Reichsstädte im Stich, während die Fürsten untereinander zerstritten waren, weil die Kurfürsten wie eh und je auf ihren Vorrang pochten. Man hatte bald keine Lust mehr, sich jährlich einen Monat lang auf einem Reichstag zu treffen. Die reichsständischen Versammlungen wurden rasch unregelmäßiger; die Einnahmen des Gemeinen Pfennigs flossen stockend; das Reichskammergericht wurde nur mit unzulänglichen finanziellen Mitteln ausgestattet. Beides, der Reichstag wie das Reichskammergericht, arbeiteten als Provisorien recht und schlecht. Es war besser als nichts. Man schlug nicht bei jeder Gelegenheit gegenseitig aufeinander ein, sondern schuf kommunikative Strukturen, die mehr oder minder gut funktionierten. Der König gewann nach einiger Zeit sogar wieder die Initiative zurück und zog die Reichskanzlei als *Reichshofkanzlei* an sich. Mal beriefen die Kurfürsten, mal berief er, der König, den Reichstag ein. Erst viel später, nach dem Dreißigjährigen Krieg, erhielt der Reichstag einen festen Sitz: in Regensburg.[2]

Es war ein Reförmchen gelungen. Das Heilige Römische Reich meinte nun im Wesentlichen das deutsche Königreich oder die deutsche Nation, wenngleich die formellen Ansprüche auf Italien oder die Schweiz vom Kaiser nicht fallengelassen wurden. Es wurden zehn Reichskreise gebildet, um die Handhabung des Friedens und Rechts auch auf regionaler Ebene zu fördern. Ausgeschlossen blieben jetzt tatsächlich Italien (außer Savoyen), die Schweiz und Böhmen, während die Niederlande, Lothringen und das Elsass dabeiblieben. Das deutsche Königreich besaß nun eine gemischte Verfassung, teils mit *monarchisch-zentraler Gewalt*, teils mit *ständisch-föderaler Struktur*. Dahinter steckte kein politisches Bravourstück. Es handelte sich um eine Notlösung, mit der man leben konnte.

Die Jahre um *1495* stellten eine *Epoche der verpassten Möglichkeiten in der deutschen Geschichte* dar, ähnlich wie zuvor im hohen Mittelalter während der langen Regierungszeit von Friedrich Barbarossa. Maximilian lebte gegenüber der aktuellen Wirklichkeit nach wie vor in einer parallelen Welt: im Phantasieland ritterlich-kaiserlicher Universalmonarchie. Er wollte von moderner parlamentarischer Arbeit nicht viel wissen. Durch ruhmreiche Kriege und blendende Hoftage schienen sich die Probleme immer noch am besten lösen zu lassen.

Maximilian las gern die Werke der hochmittelalterlichen deutschen Dichter. Er ließ ihre Epen sammeln und abschreiben. Es entstand das »Ambraser Heldenbuch«, welches das Nibelungenlied, mehrere Epen des Hartmann von Aue, das »Titurel«-Fragment von Wolfram von Eschenbach und andere Dichtungen enthält, die überhaupt nur durch diese Sammlung überliefert sind. Der König verfasste mit Hilfe seiner Sekretäre selbst Abenteuergeschichten. Noch zu seinen Lebzeiten erschien 1517 das Epos »Theuerdank«, kostbar ausgeschmückt mit kolorierten Holzschnitten von Hans Burgmair, Hans Schäufelin und Leonhard Beck. Es war ein Werk, das auf kaum verhüllte Weise eigene frühe Erlebnisse darstellte und zu Heldentaten ausformte: wie die Brautwerbung, ritterliche Bewährungsproben und Jagden.

Eigentlich war Maximilian von zwei Dingen beseelt: erstens von der traditionellen mittelalterlichen Idee ritterlich-kaiserlicher *Universalmonarchie* – zweitens aber auch bereits vom neuen Traum der Renaissance, davon, ein *Uomo universale* zu sein, einer, der seine eigenen menschlichen Anlagen in vielfältiger Weise ausbildet, der seine Interessen vermehrt, sich im Weiten umtut, mehrere Sprachen lernt, Deutsch, Französisch, Italienisch, Spanisch, Englisch: ein weltläufiger Herr, ein Weltliebhaber, der die angenehmen und schönen Dinge hegt. Maximilian verkörperte beides: Kampfeslust und Selbstbeherrschung, Kraftgefühl und Lebenskunst. Er war ein bedenkenloser Kriegsherr – zugleich gab er sich nobel bei Hofe.

Einer seiner Schreiber in Innsbruck, Joseph Grünpeck, verfasste eine kurze Biographie über ihn und rühmte das stoisch-gleichmütige Wesen von Maximilian: »Gegen Niemand hegte er jemals im Innern so schweren Groll, daß er ihn nicht auf bloßes Bitten hin gern abgelegt hätte, und niemals brauste er im Zorn so heftig auf, daß er nicht im nächsten Augenblick wieder besänftigt worden wäre. Und zwar wußte er seinen Zorn so geschickt zu verbergen, daß sich nicht einmal seine Gesichtszüge zu verändern schienen (...) In allen schlimmen Lebenslagen bewahrte er die größte Seelenruhe. Durch keine Wucht des Unrechts wurde er jemals so niedergedrückt, daß er sich zu unpassenden Äußerungen der Ungeduld, zum Aufgeben seiner ruhigen Überlegungen, zu heftigsten Bewegungen des Körpers, unzeitgemäßem Herumwerfen des Kopfes und der Hände und zu unziemlichem Zungengedresch hinreißen ließ.«[3]

Für Grünpeck verkörperte Maximilian einen edlen Stoizismus, so wie es etwa der antike Kaiser Marc Aurel in seinen »Selbstbetrachtungen« beschrieben hatte. Maximilian las neben den hochmittelalterlichen deutschen Dichtern tatsächlich auch die klassischen lateinischen Autoren und wollte umfassend gebildet sein, ohne irgendeinem Schriftsteller pedantisch zu folgen. Er war vieles zugleich: Kriegsherr, Fürst, Christ, Stoiker, Epikureer, Lebemann, Honnête homme, Gentiluomo – ein Tausendsassa. Er spielte mit der Gleichzeitigkeit des Ungleichzeitigen, träumte von kaiserlicher Machtvollkommenheit mit Hilfe von Gottes Gnade – und war ebenso offen für den neuen Renaissancehumanismus.

Er trat als Herrscher nicht unnahbar auf, sondern verhielt sich leutselig und umgänglich. Grünpeck schrieb: »Niemand hat ihn jemals mit offenkundigen Belegen aus seinen Reden oder Handlungen des Fehlers der Überhebung zeihen können, so wohlwollende Worte richtete er an alle, auch Leute des untersten Standes, Straßenkehrer, Thürwärter, Hausmeister und andere in reichstem Maße. Allergnädigst nahm er auch deren Bittschriften und Klagen über Unrecht, das ihnen von anderen widerfahren, entgegen. Deshalb hat er täglich zwei bis drei bestimmte Stunden angesetzt zum Anhören von Privatangelegenheiten, und wenn einen die Scheu zurückhielt, rief er ihn aus eigenem Antrieb zu sich heran.«

Diesen vormittäglichen Audienzen folgte das traditionelle öffentliche Mittagessen des Regenten. Bereits antike Kaiser hatten es als Zeichen politischer Vorrangstellung eingeführt, andere ahmten es nach und formten es weiter aus. Gerade am burgundischen Hof des 15. Jahrhunderts sollte dem Zuschauer der öffentlichen Tafel ein Bild unerreichbarer Majestät des Herrschers vermittelt werden. Unter Maximilian war das öffentliche Mahl allerdings kaum etwas anderes als die Fortsetzung der Audienzen. Grünpeck fuhr fort: »Während er sich danach (nach den Empfängen) sofort an das Frühstück oder das Mittagsessen setzte, wurden vor den Pforten der königlichen Ohren gewaltige Kämpfe geliefert; jeder bestrebte sich, der erste zu sein, um seinen Handel der Kenntnis des Königs zu unterbreiten.«

Eine Federzeichnung aus der Zeit um 1500, die vom so genannten Meister des Hausbuches stammt, zeigte Maximilian bei Tisch. Er saß unter einem Baldachin an der öffentlichen Tafel, ganz für sich allein, links und rechts von stehenden Hofleuten umringt, die ihm beim Essen zuschauten. Gabeln waren nach wie vor nicht üblich. Der König nahm sich mit den Händen kleine Stücke von Fischen, die unmittelbar vor ihm auf dem Teller lagen. Neben ihm stand an jeder Seite ein Page, um ständig eine Serviette bereitzuhalten, während vor dem Tisch der Vorschneider seines Amtes waltete und seine Messer gerade über Kreuz auf die Tafel gelegt hatte. Dieses Vorschneiden und der Gebrauch von Servietten waren ja schon um 1200 in Wolframs »Parzival« üblich. Hier befanden sich nun links und rechts des angerichteten Tellers in symmetrischer Platzierung sechs geschlossene Schüsseln, damit der Vorschneider je nach Wunsch neue Stücke tranchieren konnte. Man achtete auf Reinlichkeit, Ordnung und Eleganz. Man feilte am Service, um es dem herrschaftlichen Esser so bequem wie möglich zu machen. Es wäre unschicklich gewesen, wenn der König von großen Stücken gebissen oder die Dinge selbst zerkleinert hätte. Maximilian führte vor Augen, was feines Tafeln ist.

Gewisse mittelalterliche Gewohnheiten der herrschaftlichen Tafel wurden langsam überwunden. Zwar herrschte auch jetzt in der höfischen Küche kein Mangel, doch die herkömmlichen unglaublichen Mengen waren Maximilian zuwider. Sofern es die Etikette oder Diplomatie nicht erforderlich machte, mit vielerlei Speisen zu beeindrucken, entschied er sich für eine Folge von wenigen Gängen. Wenngleich er als kleiner Esser galt, war er doch ein Feinschmecker. Er sorgte dafür, dass bestimmte Leckerbissen von weit her herangebracht wurden. Man servierte die feinen, leichten Sachen wie Fisch, Geflügel und Wildbret, dazu Gemüse und Soßen, würzte mit exotischen Dingen, Pfeffer, Nelke, Ingwer, Safran oder Zimt. Nach Anga-

Kaiser Maximilian I. an der öffentlichen Tafel, Federzeichnung vom so genannten Meister des Hausbuches, um 1500. Berliner Kupferstichkabinett

ben eines »Befelchbuchs« bezog die königliche Küche in Innsbruck in der Zeit um 1496/97 aus Bozen südliche Nüsse und Früchte: etwa Mandeln, Melonen, Rosinen, Feigen, Aprikosen, Pfirsiche, Kirschen – und auch schon Zitronen. Es dürfte sich um einen der frühesten Belege für Zitronen nördlich des Brennerpasses handeln. Ohnehin gab es in der königlichen Küche einen starken südlichen Einfluss, weil Königin Bianca Maria neben Kammerdienern und Garderobieren auch Köche aus Mailand mitgebracht hatte. Der König spielte eine Zeitlang sogar mit dem Gedanken, selbst ein Kochbuch zu verfassen.[4]

Auch wenn Maximilian in politischen Dingen etwas altmodisch und verträumt war, kümmerte er sich sonst um alles und jedes selbst – und verzettelte sich dabei natürlich auch. Grünpeck schilderte so bewundernd wie kritisch, dass der Kaiser aus eigenem Verschulden kaum zur Ruhe kam: »Oft hätte er sie (die Ruhe) freilich auch in bequemerer Weise finden können, aber dann unterbrach er sie häufig wieder aus eigenem Entschluß, da ihm Vogelbeize und Jagd am Herzen lagen. Auch befaßte er sich unnöthigerweise mit zahlreichen Geschäften, die theils den eigenen Hausstand theils fremde Angelegenheiten betrafen, und übernahm sogar die Sorge für das Hauswesen bis ins Kleinste hinein, für die Küche, den Weinkeller, den Stalldienst, um die sich nicht einmal kleine Herren bekümmern.«

Der königliche Hofstaat umfasste etwa 300 bis 500 Leute: vom Pferdeknecht bis hinauf zum Hofmarschall. Innsbruck selbst zählte dagegen nur 3000 Einwohner und erschien für einen König, der in europäischen oder universalen Kategorien dachte, etwas klein. Doch Maximilian war normalerweise nur in den Wintermonaten hier, weil er im Gegensatz zu seinem Vater von Anfang an das Ziel verfolgte, als Reichsoberhaupt auch in der Mitte des deutschen Königreiches wieder präsenter zu sein, um dem Reichsgedanken neue Nahrung und den Deutschen ein stärkeres Gefühl der Zusammengehörigkeit zu geben. Neben den Kurfürsten berief auch er Reichstage ein, etwa nach Köln, Frankfurt am Main, Worms, Nürnberg und Augsburg. Nürnberg musste nun seine bisher führende Rolle als Ort von Hoftagen an Augsburg abgeben, weil es für Maximilian von Innsbruck aus praktischer war, das nahe Augsburg zu besuchen, zumal dort jetzt auch seine lebensnotwendigen Finanziers saßen, wie die Gossenbrot, die Höchstetter und last, but not least die Fugger.

Innsbruck war zur Residenz des österreichischen Erzherzogtums geworden, Augsburg wurde zur Bühne des deutschen Königreiches. Maximilian war wie geschaffen dafür, das Königsamt nur noch präsidial auszuüben, obwohl ihm das eigentlich zu wenig war. Augsburg blühte unter ihm auf und veränderte sein Gesicht. Die Stadt konnte sich rasch mit Nürnberg oder Köln messen, zählte 30 000 bis 40 000 Einwohner und hatte Fernhandelskaufleute und Bankiers innerhalb seiner Mauern, die zu den reichsten in Europa zählten. Augsburg wurde unter Maximilian zu einer Finanzmetropole von Rang. Die Fugger und andere Frühkapitalisten verdienten prächtig an den Zinsen, die der König und andere Fürsten für immer größere Darlehen zahlten; zudem machten auch die übrigen Kaufleute und Handwerker blendende Geschäfte, wenn der König mit seinem Gefolge zu Besuch kam, wenn bei Reichstagen zusätzlich alle Reichsstände mit ihrem Anhang eintrafen: geistliche und weltliche Fürsten, reichsfreie Grafen und Herren, Vertreter der Reichsstädte, Legaten und Gesandte. In Augsburg wurden um 1500 die Einnahmen des deutschen Königreiches verzehrt. Man schaffte Luxuswaren aus aller Herren Länder herbei, Delikatessen von nah und fern. Mehr noch als zuvor Nürnberg verwandelte sich jetzt Augsburg in eine Luststadt.

Für das breite Publikum war der König oder Kaiser nach wie vor eine mythische Figur, ein Gesalbter, herausgehoben gegenüber allen anderen Fürsten: die Verkörperung des Reiches. Bereits Otto der Große hatte als König oder Kaiser den Einzug in einen Hauptort des Reiches regelrecht liturgisch inszeniert. Nun, ein halbes Jahrtausend später, schilderten Augsburger Chronisten die feierlichen Ankünfte von Maximilian bei Reichstagen. Er wurde jeweils auf freiem Feld von hohen Vertretern der Kommune begrüßt, dort, wo das Territorium der Reichsstadt begann, während zugleich Scharen von Menschen aus dem Umland und aus der Stadt herbeiströmten, um den König zu sehen. Maximilian zog sich um, legte die Reisekleidung ab und schlüpfte in ein königliches Prunkgewand. Die Augsburger Räte übergaben dem Stadtherrn kostbare Geschenke, und der Einzug in die Stadt glich einer festlichen Fronleichnamsprozession. Vier vornehme Augsburger Bürger hielten einen Tragehimmel, unter dem der König ging, gefolgt von den übrigen Patriziern und vielen Honoratioren der Stadt. Die Straßen waren gefegt, die Häuser mit Fahnen geschmückt. Man schlug den Weg zum Dom ein, den Maximilian zusammen mit dem Bischof betrat, während die Domherren das Tedeum sangen: Großer Gott, wir loben Dich.

Danach ging es in die bischöfliche Pfalz neben dem Dom, wo der König logierte. Dem Bischof oblag als ehemaligem Stadtherrn von Augsburg traditionell die Bewirtungspflicht des Königs, obwohl Augsburg seit dem 14. Jahrhundert in politischer Hinsicht keine Bischofsstadt mehr war, sondern eine Reichsstadt und so den König als Stadtherrn hatte. Doch der Bischof ließ sich das Bewirtungsrecht nicht nehmen, um gegenüber den Patriziern seine Königsnähe unter Beweis zu stellen. Der politische Rang sollte durch zeichenhafte Handlungen unterstrichen werden. Teile des königlichen Hofstaates, zumal die rangniedrigen Chargen, wurden in Herbergen untergebracht, während die Reichsfürsten wiederum Gäste der Patrizier und vornehmen Geschlechter waren. Außerdem beteiligten sich die Patrizier auch an der Bewirtung des Königs, um ihren jetzigen Stadtherrn gnädig zu stimmen. Am zweiten Tag nach der Ankunft Seiner Majestät erschienen Vertreter des Augsburger Rats in der bischöflichen Pfalz und schenkten Maximilian unter anderem zwei Ochsen, acht Zuber mit frischen Süßwasserfischen und zwei Wagen, die mit Rheinwein beladen waren.[5]

Bei besonders glamourösen Reichstagen, wie im Jahr 1500, traf auch Königin Bianca Maria ein. Ähnlich wie die erste Frau von Maximilian, Maria von Burgund, galt auch Bianca Maria Sforza als eine Schönheit, wenngleich sie offenbar weniger gesprächig, weniger gedankenreich als Maria war, was dazu führte, dass sich die zweite Ehe des Königs etwas unterkühlter entwickelte – und Maximilian zum galanten Ritter wurde, der sich die eine oder andere Geliebte gönnte. Doch Bianca Maria, die Mailänderin, führte den deutschen Fürsten, den reichsfreien Grafen, den Vertretern der Reichsstädte und den Scharen der Bürger vor Augen, dass sie Geschmack hatte: Sinn für kühle, zurückhaltende Eleganz. Sie erschien an der Stadtgrenze auf einem Schimmel im schwarzen Kleid, mit schwarzem Hut und goldener

Halskette, gefolgt von 18 Jungfrauen, jede ebenfalls auf weißem Pferd im schwarzen Kleid. Ein weiterer Teil der Jungfrauen und Hofdamen saß in einem Reisewagen. Alle Fürsten, alle Prälaten, Grafen, edelfreien Herrn, Patrizier, alle, die sich auf dem Reichstag versammelten, zogen der Königin entgegen und begleiteten sie bis zum Dom, wo Bianca Maria vom Schimmel stieg und vom Bischof empfangen wurde. Großes Kino!

Offiziell verhandelten auf den Reichstagen der König und die Reichsstände die politischen Dinge der deutschen Lande in den Sälen der bischöflichen Pfalz oder der Patrizierhäuser. Gleichzeitig waren diese Herrscherbesuche oder Reichsversammlungen auch Volksfeste, die den Reichsgedanken und das Gemeinschaftsgefühl der Deutschen fördern sollten. Die stadträumliche Struktur von damals, die Folge von Gebäuden und Straßen hat sich im Großen und Ganzen bis heute erhalten, wenngleich die Fassaden da und dort erneuert wurden. Irgendwie vermittelt das Zentrum von Augsburg bis in die Gegenwart hinein etwas Helles, Lichtvolles, Festliches und Großzügiges. Von Norden nach Süden zieht sich eine breite, lange Hauptachse hin, verbunden mit schönen Plätzen und Brunnen: vom Dom über den Hohen Weg zum Rathaus mit Rathausplatz, von dort über die Maximilianstraße mit Moritzplatz und Weinmarkt, wo die Fugger und andere Patrizier wohnten, bis zur Kirche St. Ulrich und Afra.

Anno 1500 sowie bei anderen Reichstagen der damaligen Epoche war auf dieser Achse tagtäglich Spektakel: wochenlang. Musiker zogen mit Pauken und Trompeten auf und ab, dass die Leute ihr eigenes Wort nicht mehr verstehen konnten. Gaukler und Schauspieler traten auf. Rennen und Stechen wurden veranstaltet, dazu erschien der königliche Hofstaat. Vor dem Tanzhaus an der Maximilianstraße befand sich eine Tribüne, geschmückt mit goldenen Tüchern und rotem Samt, damit sich König und Fürsten dem Volk präsentieren konnten. Auf der obersten Plattform stand der königliche Stuhl, darunter waren die Plätze der Fürsten. Maximilian ließ eigens aus Nürnberg die Reichskleinodien herbeischaffen und kleidete sich im Tanzhaus um, zog die altertümlichen kaiserlichen Gewänder an, setzte sich die Reichskrone aufs Haupt, trat vor das Tanzhaus und das Publikum hin, stieg die Stufen der Tribüne empor und nahm auf dem königlichen Stuhl Platz.

Vor der Tribüne wurden ritterliche Turniere mit scharfen Waffen abgehalten. An manchen Tagen nahm Maximilian selbst daran teil, obwohl es sonst damals nicht mehr üblich war, dass sich ein gekröntes Haupt bei einem solchen Stechen der Lebensgefahr aussetzte. Doch das Publikum liebte Maximilian, weil er nicht nur in einen Schaukampf zog, sondern wirklichen Mut bewies. Im Jahr 1500 trat er gegen den Kurfürsten von Sachsen, Friedrich den Weisen, an: in prunkvoller Rüstung, geschmückt mit Edelsteinen und Perlen. Ein spannender Moment! Die Recken stürmten aufeinander los und hoben sich unter dem Aufschrei des Publikums gegenseitig mit den Lanzen aus dem Sattel. Die sündhaft teure Rüstung des Königs erlitt Blessuren, doch ansonsten kamen die beiden Recken glimpflich davon.

Es war der ausdrückliche Wunsch von Maximilian, dass an den Tänzen im Tanzhaus oder davor im Freien nicht nur die Fürsten und die Adligen teilnahmen, sondern auch die Augsburger Bürger: Mitglieder der Patrizierfamilien, der gewöhnlichen Kaufleute wie auch der wohlhabenden Handwerker. Die bürgerlichen Frauen sollten ihm zuliebe nicht die üblichen Hauben tragen, sondern wie die adligen Damen kurze Schleier, um ihr schönes Haar zu zeigen. Wenngleich Maximilian nicht daran dachte, die Standesschranken abzuschaffen, wollte er ein König oder Kaiser zum Anfassen sein und war sich nicht zu schade, bürgerliche Frauen zum Tanz aufzufordern. Danach gab es ein Bankett, eine festliche Tafel mit Wein und Konfekt. Ähnlich wie im 14. Jahrhundert in Nürnberg unter Kaiser Ludwig dem Bayern, so vermischten sich jetzt auch in Augsburg unter Kaiser Maximilian die ritterlich-höfische und die bürgerlich-patrizische Gesellschaft. Die reichen oder die steinreichen Augsburger Bürger legten sich ins Zeug, erhöhten den Aufwand für Kleidung, Schmuck, Essen und Trinken.

Einer der damaligen Augsburger Chronisten, Clemens Sender, schilderte die Gastfreundschaft der vornehmen Augsburger Familien, etwa jene des Wilhelm Rem. Schon beim Reichstag im Jahr 1500 bewirtete dieser in seinem Haus den Markgrafen Friedrich von Brandenburg-Ansbach-Kulmbach. Rem gab für ihn ein Fest und lud dazu »alle fürsten, graven und vil adels, alle diese, die auf dem reichstag sind gewesen, 21 tisch, zuo dem mittagmal zuo tisch (...) und die 4 burgermaister und vil burger und ihre frauen, 7 tisch, und hat in geben 18 essen (18 verschiedene Gänge), darnach hat er daselben ain danzt gehept.«[6]

Die ehrbaren Bürgerfamilien und Geschlechter mussten für die Bewirtung des Königs und der Fürsten natürlich tief in die Taschen greifen. Teils war es ein nüchternes Kalkül, weil gute Verbindungen zu den Fürsten für die eigenen reichsweiten Geschäfte Vorteile boten, teils wollten auch die Bürger von sich aus dem Adel in nichts nachstehen und hatten selbst Vergnügen daran, sich nobel zu kleiden, fein zu essen, gut zu trinken, nett zu tanzen.

Christoph Böhm hat in einer jüngeren Studie die Augsburger Chroniken und Ratsdokumente ausgewertet und errechnet, dass Maximilian als Kronprinz, König und Kaiser mindestens 57-mal nach Augsburg kam.[7] Der Regent hielt sich insgesamt rund dreieinhalb Jahre hier auf und berief fünf Reichstage ein. Beim letzten, besonders prächtigen Reichstag unter ihm im Jahr 1518 vermischten sich im Trubel der Reichsversammlung rund 40 000 Augsburger Bürger mit dem Kaiser und seinem Hofstaat, mit päpstlichen Legaten und allen deutschen Kurfürsten, ferner mit 51 Bischöfen, 83 Äbten und Pröpsten, von denen 24 dem Fürstenstand angehörten, dazu mit 23 weltlichen Fürsten, darunter 10 Herzöge, 9 Markgrafen, 4 Landgrafen, hinzu kamen 75 Grafen, 36 edelfreie Herren, viele Ritter und die Botschafter der Reichsstädte. So gut wie alles, was Rang und Namen im Heiligen Römischen Reich Deutscher Nation hatte, war anwesend. Maximilian schaffte es als de facto präsidialer Kaiser, die Repräsentanten des Reiches um sich zu versammeln. Die Reichsstände kamen wohl nicht zuletzt deshalb, weil der Herrscher dafür sorgte, dass die Sache auch Spaß machte. Für die Augsburger Patrizier und Fernhandelskaufleute bot sich die Möglichkeit, Neuigkeiten im Reich aus erster Hand zu erfahren. Die Stadt verwandelte sich vom Dom bis zur Kirche St. Ulrich und Afra in eine Table d'Hôte: Kaiser, Fürsten und Bürger erlebten ein deutsches Sommermärchen.

Wilhelm Rem, einer der großzügigen Gastgeber, zählte zu den reichen Augsburger Bürgern. Seine Frau Walburga entstammte der Familie der Fugger. Rem war selbst Kaufmann und hatte zugleich Interesse an Geschichte und Zeitgeschehen. Er verfasste eine »Cronica newer geschichten«, welche die Jahre von 1512 bis 1527 beschrieb.[8] Dem

Autor waren auch die kleinen Dinge wichtig, wie etwa die momentanen Preise für Delikatessen: für Obst, Fisch, Wildgeflügel und Wein. Wie schon im antiken Athen, so waren nun auch auf den Augsburger Märkten die Wacholderdrosseln, hier Krammetsvögel genannt, und das Rebhuhn besonders teuer und begehrt. Bei den Weinen setzte sich jetzt die regionale Bezeichnung durch. Rem nannte immer wieder den »Welsch-Wein«, einmal genauer als Wein von der Etsch und damit als Wein aus Südtirol gekennzeichnet, daneben gab es auch »Neckarwein«, »Frankenwein« und »Elsässer Wein«, dazu einen »Malvasier«, worunter man normalerweise Wein aus Venedig verstand – dort hießen auch die Weinläden *malvasie*.[9]

Ein solcher Malvasier gehörte zum Luxus. Die Venezianer bezogen ihn ursprünglich aus Griechenland, haben ihn jedoch im Laufe der Zeit auch auf dem eigenen venezianischen Festland hergestellt. Man verwendete dafür hauptsächlich die Trauben von der gleichnamigen Rebe Malvasia: mit leicht rötlichem Einschlag, aber als Weißwein gekeltert. Gerade im nördlichen Europa war der Malvasier als ein körperreicher und goldener Weißwein mit Restsüße begehrt. Vermutlich wurden dafür auch rosinenartige Trauben benutzt, damit ein *Dessertwein* entstand, der transport- und lagerfähig war.

Wilhelm Rem war gleichzeitig ein großzügiger Almosenspender für Arme und Bedürftige. Er öffnete sich seit 1518 für die Lehre von Martin Luther, ohne dem Reformator in allen Punkten zu folgen. Der Augsburger schätzte das evangelikale Element von Luthers Lehre, das soziale Gebot der Nächstenliebe, die Fürsorge der Reichen gegenüber den Armen. Insgesamt gab sich Rem aber als unabhängiger, eigenständiger Kopf, der die Dinge dieser Welt so rational wie kritisch betrachtete. Er schonte niemanden, weder die Schicht der reichen Bürger, der er selbst angehörte, noch die Prälaten, die Fürsten und den Kaiser. Er sprach an keiner Stelle davon, dass die Obrigkeit von Gottes Gnaden regiere. Er hatte viel zu gute Einblicke in die Machtstrukturen zwischen Kaiser, Fürsten, städtischen Republiken und den Bauern auf dem Land, um nicht die Abgründe obrigkeitlicher Politik zu erkennen. Rem gab den stolzen Reichsstädter und misstraute den Fürsten; sie waren für ihn nicht recht viel besser als die Raubritter, Wegelagerer und Erpresser: »Es solt sich jederman hieten vor den fürsten!«

Als Kaiser Maximilian 1519 starb, zog Rem ein Resümee und beschrieb die sozialen Veränderungen in Augsburg während der letzten zwei oder drei Jahrzehnte: »Anno dni 1519 da was grosse hoffart hie under den burgern und handwerckleutten. / Es hetten die kaiserlichen vil bös sitten her bracht, die vor hie nicht gewesen waren. / Es geschahen grosse spill mit karten und mit wirflen, und man was kostlich mit essen und tringken. Wan die burger zu zeitten göst (Gäste) luden, so gaben sie jetlichem menschen ain rephon (ein Rebhuhn: als Symbol des Delikaten überhaupt) (...) und gaben seltzamen (seltenen) Wein zu trincken, der aus ferren landen kam, und mit allen dingen, wie man es auff das aller kostlicheit mocht bekommen. / So was man auch kostlich mit der Klaidung. es hetten etliche weiber gutt medrin mansröck, die trugen sie an und trugen samattin, damastin und attlassin schauben und röck, ettlic burger trugen auch samatin und damastin rock. so trugen die weiber kostlich ring und berlin (Perlen) und guldin ketten, die man in kainer stat in deutschen landen nicht find.«

Nicht nur das Großbürgertum, die Oberschicht der Kaufleute, sondern auch die gehobene Mittelschicht der führenden Handwerksmeister wurde von der Gentrifizierung erfasst: »So hat der Kaiser (...) vil reichstag hie gehabt und ist sunt auch viel hie gewesen, und wan er hie was, so waren viel handtwerckleut hie, die ir gutten und nutz hetten, und warden die handtwerckleutt zerlich und asend und tranken wol; wan das der kaiser weg zoch, so hetten sie die kostlichait gewont und verdarben dann; sie trugen auch kostlich klaider die handwercker. / Und wan der Kaiser hie was, und wan sein volck (Hofstaat) zu herwerg lag, so gaben sie zu nacht im haus jederman zu trinken, und wan die man wol truncken hetten, so giengen sie dan schlafen, so war in dan die weiber und töchter gepletzt. warlich es geschah under den burgern auch, das nit zu loben was, es ward ain böse frauenzucht hie!«

Man kann die Sache auch nonchalanter betrachten – und sagen: voilà! Deutschland hatte ein Babylon! Es gab nun neben freizügig-galanten Rittern und adligen Damen auch freizügig-galante Bürger und Bürgerinnen. Jene, die es zu Wohlstand brachten, trugen glamouröse Kleidung aus Samt, Damast und Atlas, schmückten sich mit kostbaren Ringen, Perlen und Goldketten, aßen feinwürzige Wacholderdrosseln und Rebhuhn, tranken süßen Wein aus fernen Ländern, tanzten und wagten das amouröse Abenteuer: dazu angestiftet vom Oberhaupt des Reiches und seinen Hofleuten. Was für ein König!

Bürgerliches Geld und adlige Vornehmheit fanden zueinander. Großkonsumenten, Granden, Fürsten, Hochfinanz, kapitalistischer Geist, produktive Gesinnung der Bürger: all das war in Augsburg vorhanden und veränderte die Lebensführung: unternehmerisch, heiter, üppig. Die Bürger lernten mit einem Male ganz neue Seiten ihres Wesens kennen, eine andere Empfindungsfähigkeit, eine verfeinerte Sinnenkultur, Schönheitsliebe, gestalterische Kraft, Kreativität. Man war in der Lage, große Summen flüssigzumachen, eine buntere Lebensfülle zu schaffen. Talente konnten sich entfalten, Chancen ergaben sich, die verschiedenen sozialen Gruppen sprachen, aßen und tranken miteinander, verständigten sich. Ein größerer Kreis von Menschen als je zuvor nahm am angenehmen und schönen Leben teil.

Klassische Gegensätze wie Vernunft und Träumerei, Verstand und Leidenschaft, Moral und Libertinage, Streben und Genießen, Anstrengung und Entspannung müssen nicht unbedingt unvereinbar sein. Maximilian war an sich als Kriegsherr unvernünftig, was dazu führte, dass die österreichischen Erbländer an den Rand des Staatsbankrotts gerieten. Doch insgesamt führte er durch seinen Spleen der Universalmonarchie, durch sein weltumspannendes Denken und Drauflosgehen, durch seine Freude an Leben und Kunst einen ungewohnten Wohlstand im Heiligen Römischen Reich Deutscher Nation herbei. Er spornte seine höfischen Finanzagenten und die Frühkapitalisten in Augsburg dazu an, neue Formen der Geldwirtschaft oder des Wirtschaftens zu finden, ein Denken in größeren Maßstäben zu wagen. Er entdeckte seinen kongenialen Partner in Jakob Fugger, der die kaufmännischen Möglichkeiten auf ein neues Niveau hob, um die Ressourcen besser als bisher zu nutzen.

Jakob Fugger war, wie Maximilian, 1459 geboren worden und sollte eigentlich die geistliche Laufbahn einschlagen.[10] Er erhielt frühzeitig eine Pfründe als Chorherr im mittelfränkischen Stift Herrieden, wo möglicherweise schon Wolfram von Eschenbach die Schule besucht hatte. Ob Jakob tatsächlich in Herrieden war, um dort Schüler der Stiftsschule zu werden, ist nicht zu belegen. Doch er dürfte so oder so als angehender Chorherr ausgezeichneten schulischen Unterricht genossen haben. Schließlich beschloss die Familie, dass der jüngste Sohn, als er 19 war, neben seinen Brüdern Ulrich und Georg doch Kaufmann werden sollte. Er verbrachte zunächst einige Zeit im Haus der deutschen Kaufleute in Venedig, im »Fondaco dei Tedeschi«, nicht zuletzt, um dort die doppelte Buchführung zu erlernen, kehrte dann nach Augsburg zurück und nannte sich vorläufig nicht Jakob, sondern italienisch »Jacomo«.

Obwohl er der jüngste der drei Brüder war, übernahm er bald die Leitung der Fugger'schen Handelsgesellschaft. Er sorgte dafür, dass im Haupthaus in Augsburg wie in allen weiteren Filialen die neuesten Methoden der Buchführung eingeführt wurden, um die Vermögensverhältnisse des Unternehmens für weitere Geschäfte richtig einschätzen zu können. Jakob Fugger arbeitete zweigleisig: en détail und en gros. Langsam spannte sich das Netz der Fugger'schen Faktoreien über ganz Europa aus. Zu den wichtigsten Filialen zählten neben dem Stammhaus in Augsburg jene in Rom, Venedig, Mailand, Innsbruck, Nürnberg, Ofen (heute Budapest), Krakau, Danzig, Antwerpen, Lissabon und Madrid. Insgesamt gab es 20 größere und 30 kleinere Niederlassungen. Jakob besuchte jede persönlich, um die Buchhaltung zu erneuern. Er baute ein eigenes Boten-, Nachrichten- und Informationssystem auf. Kühle Berechnung, genauere Kenntnis der Dinge und schnelleres Wissen waren für ihn das A und O des Geschäfts. Erst auf dieser Grundlage ging er Wagnisse ein, ohne je den Bogen zu überspannen. Er setzte nie alles auf eine Karte, was Stümperei gewesen wäre. Er hielt nichts von halsbrecherischen Spekulationen, um über Nacht reich zu werden, sondern schätzte das strategische Wirtschaften. Er ließ sich auch nicht von den drängenden Finanzagenten des Königs verrückt machen, die stets Darlehen forderten, sondern suchte nach dem richtigen Zeitpunkt, einen Kredit zu gewähren oder einen Kredit zu verweigern.

Anfänglich hatten die Fugger mit Brachent und fernöstlichen Gewürzen gehandelt. Unter dem Management von Jakob Fugger nahm der Handel mit Luxusstoffen und Edelsteinen zu: der Handel mit Samt, Damast, Atlas, Seide, Diamanten und Perlen, weil der königliche Hof vermehrt danach fragte und die reichen Augsburger Bürger nicht hinter dem königlichen Hof zurückstehen wollten. Am bedeutendsten aber wurde das Montangeschäft, der Einstieg in die Gewinnung und Verhüttung von Silber und Kupfer in Tirol und Oberungarn (heute Slowakei). Maximilian zahlte seine Kredite teilweise mit den Verpfändungen von Verfügungsrechten über den Erzabbau. Jakob nahm Geld in die Hand und sorgte dafür, dass das Montanwesen modernisiert wurde, dass die Methoden der Gewinnung und Verhüttung von Erz effizienter wurden und die Erträge stiegen. Er verlieh dem Montangeschäft neuen Schwung, und der Gewinn des Metallgeschäfts förderte wiederum ungeahnte Möglichkeiten des Kreditgeschäfts.

Das eine Rädchen griff ins andere, wie bei einem Kunstwerk. Jakob Fugger hatte Lust am Plusmachen – aber er hatte wohl ebenso Spaß daran, überhaupt ein Tatmensch zu sein, ein Renaissancemensch, um schöpferisch aus ureigenem Drang heraus zu schaffen, sich selbst im energischen Wollen zu genießen, ein neuer Typus des Kaufmanns zu sein, ein Großunternehmer der Welterschließung, einer, der veränderte Methoden, eine verbesserte Systematik des Handelns einführte – und damit auch Einfluss nahm auf die Gesellschaft und die Politik. Jakob Fugger wurde zum Finanzier europäischer Magnaten: des Kaisers wie des Papstes. Er übernahm für die römische Kurie die Finanzgeschäfte in Mittel- und Osteuropa, holte die kirchlichen Abgaben ein, war am Ablasshandel beteiligt und überwies das Geld nach Rom. Zu guter Letzt stieg Jakob Fugger auch noch in den Überseehandel ein und formte einen Weltkonzern. Er wurde zum Vorbild für viele Großhandelskaufleute in Augsburg und in anderen Reichsstädten. In der Stadt am Lech vermehrten sich die Millionäre.

Für die christliche Idee des Wirtschaftens war ein solch freies Unternehmertum, das sich kaum mehr Grenzen setzte, des Satans. Nicht unbedingt die Päpste waren dagegen, sondern die Bettelorden und evangelikalen Prediger in den Städten. Nach christlicher Lehre sollte das wirtschaftliche Handeln solidarisch, begrenzt und bescheiden, auf das Notwendige im Leben bezogen sein, innerhalb der konservativen, ständischen Schranken zwischen Herr und Knecht, gemildert durch die Fürsorge der Reichen gegenüber den Armen. Eine solch gedämpfte Ordnung des Wirtschaftens schien gerecht zu sein. Doch war es eine statische Vorstellung, die nicht unbedingt der menschlichen Wesensart entsprach, eine Doktrin, welche die Entfaltung von Talent und Chancen, die Lust an Abwechslung und Vergnügen stark einschränkte. Die beliebten Partner des christlichen Wirtschaftens blieben Grundherren und Bauern, Handwerker und Zünfte – nicht die freien Bürger und Kaufleute, Großunternehmer und Kapitalisten. In den Stadtrepubliken wurden häufig Kämpfe zwischen den Kaufleuten und den Handwerkern ausgetragen: zwischen freier Marktwirtschaft und reglementiertem Zunftwesen. Die wohlhabenden, führenden freien Reichs- und Hansestädte waren jene, in denen die Ratsherren der freien Marktwirtschaft zuneigten und den Einfluss des kleinlichen Zunftwesens zurückdrängten: wie in Nürnberg oder in Augsburg. Da wie dort war es nicht zuletzt die häufige Anwesenheit des Königs oder Kaisers, die einen weiteren Horizont gebot.

Ein Typ wie Jakob Fugger war nur in einer Stadt wie Augsburg möglich, in einer Kommune, die wirtschaftliche Individualität zuließ – umgekehrt prägte Fugger auch Augsburg, zumal er dort als Erster seiner Familie zum Ratsherrn aufstieg. Er nahm am Gesellschaftsleben teil, war um sozialen Ausgleich bemüht und errichtete mit der Fuggerei frühe Sozialbauwohnungen. Zum theoretischen Kopf des freien Wirtschaftens wurde Konrad Peutinger. Er war Humanist und Jurist und hatte in Padua studiert. Er erhielt das Amt des Augsburger Stadtschreibers und war zugleich ein Berater von Jakob Fugger sowie kaiserlicher Rat von Maximilian und später von Karl V. Rund 250 Jahre vor Adam Smith entwickelte Peutinger in Gutachten für den Kaiser oder für Reichstage eine Theorie der freien Marktwirtschaft, wonach das Gewinnstreben der Kaufleute nicht unsozial sei, sondern den Wohlstand allgemein hebe.

1518 waren die Antipoden der Epoche beim Reichstag in Augsburg beieinander: *Jakob Fugger der Reiche* und der *Augustinereremit Martin Luther.* Dieser sollte im Fugger'schen Handelshaus vor dem römischen Kardinal Cajetan seine 95 Thesen gegen den Ablass widerrufen. Das Haus von Jakob Fugger war für Luther ein heißes Pflaster, denn der Handelsherr steckte offenbar mit dem römischen Kardinal unter einer Decke. Die Feindbilder des Reformators nahmen Kontur an: Päpste, Kardinäle, Kaufleute, Bankiers, Städte, große Lebensführung, verfeinerte Sinnenkultur. 1520 sollte ein Kernsatz der Wittenberger Schule lauten: »Ich sehe nicht viel gute Sitten, die je in ein Land gekommen sind durch Kaufleute.«

Auf dem Reichstag war auch noch ein anderer Hauptakteur der Epoche anwesend, einer der Granden der Kunst: Albrecht Dürer. Er hatte zuvor, wie Jakob Fugger, die Alpen überquert, um in Venedig in die Schule zu gehen, in diesem Fall nicht in die der Kaufleute, sondern in die der Maler. Auch Dürer arbeitete zweigleisig: en détail und en gros. Was für Fugger die doppelte Buchführung war, war für Dürer das Zirkelmessen der menschlichen Proportionen und der Perspektive. Der eine wie der andere schulte südlich der Alpen die Methode und die Systematik der je eigenen Kunst, um das Ungefähre, Unbestimmte, Verworrene, Kleinliche, Jämmerliche zu überwinden. Beide arbeiteten danach nördlich der Alpen quasi als freischaffende Künstler in unterschiedlichen Metiers.[11]

Sowohl Kaiser Maximilian als auch Jakob Fugger der Reiche waren schon seit längerem Förderer von Albrecht Dürer gewesen. Der Künstler war unter anderem daran beteiligt, für den Kaiser ein Gebetbuch herzustellen. Maximilian gewährte dem Maler seit 1515 eine jährliche Leibrente von 100 Gulden, womit Dürer auf achtbare Weise seinen Lebensunterhalt bestreiten konnte, verbessert durch die Einnahmen, die seine Werke erbrachten (später übernahm auch Kaiser Karl V. die Zahlung dieser Rente). Jakob Fugger hatte Dürer schon seit 1509 als Berater bei der Errichtung der Fuggerkapelle in der Kirche St. Anna in Augsburg herangezogen, wo mehr oder minder zum ersten Mal in deutschen Landen die Formen der Renaissancebaukunst zum Zuge kamen, wohlproportioniert, mit runden Arkadenbögen und Pilastern, vermischt mit spätgotischen Elementen eines Rippengewölbes.

Dürer zeichnete 1518 beide, den Kaiser und den Kaufmann, um auf der Grundlage dieser Zeichnungen ein Jahr später von jedem ein farbiges Porträt zu malen. Maximilian wirkt auf der Zeichnung lebendiger als auf dem Porträt. Der Maler schrieb auf das Zeichenblatt: »Das ist Kaiser Maximilian, den hab ich Albrecht Dürer zu Augsburg hoch oben auf der Pfaltz (in einem Turmzimmer der bischöflichen Pfalz neben dem Dom) in seinem kleinen Stuhle künterfett da man zait 1518 am Montag nach Johannis Täuffer.« Maximilian erscheint als Halbfigur. Er wird von der Seite her gesehen, um das markante Profil des Gesichts mit Hakennase in Szene zu setzen. Doch der Herrscher zeigt sich nicht, wie sonst des Öfteren, als fürstlicher Krieger in prunkvoller Rüstung, sondern als ein edler Herr. Er trägt einen großzügig geschnittenen Mantel, der am Kragen mit brokatartiger Stickerei verziert ist, das Haupt bedeckt ein geschwungenes Barett mit feinem Licht- und Schattenspiel, das Haar ist halblang und elegant gewellt. Wenn es der Betrachter nicht von vornherein wüsste, käme er nicht unbedingt auf den Gedanken, dass es sich hier um einen Kaiser handelt. Es könnte auch irgendein Edelmann oder nobler Großbürger dargestellt sein: leger-elegant, smart, gentil. Im 19. Jahrhundert wurde dieser Maximilianlook für viele Bohemiens zum Muster: geschwungenes Barett, halblanges, elegant gewelltes Haar und bequeme Samtjacke.

Im schrägen Profil nach links tritt das rechte Auge schön in Erscheinung: mit feinem, wachem Blick, leicht träumerisch. Es folgt die Adlernase: scharf geschnitten, männlich; darunter wiederum ein sinnlich geschwungener Mund und ein dezent vortretendes Kinn – die typisch habsburgische Physiognomie. Der feine Blick und die Hakennase erzeugen eine gewisse Spannung oder Vielschichtigkeit der Person: Vision *und* Mannheit. Maximilian gibt sich gesammelt, gelassen, sympathisch, würdevoll, zugleich ein wenig entrückt.

Dürer suchte nach dem Schönen. Er wollte sich befreien von den diffusen Mustern der deutschen Spätgotik: vom senkrecht Hochstrebenden ins Unendliche, vom Überschwenglichen, vom Gefühlsrausch, vom Wuchern der Formen, vom Knorrigen, von ringelnden Ranken, vom Geschmäcklerischen. Es fiel ihm nicht leicht, weil diese Muster in ihm tief verwurzelt waren. Erst nach und nach fand er die waagerechte oder die schräge und pyramidale Linie, die tektonisch rationale Ordnung, Symmetrie, Proportion, Gemessenheit, Rhythmus, Perspektive. Die Menschen, die er malte, waren häufig nicht mehr die leidend Leidenschaftlichen oder christlich Ergebenen, wie im Mittelalter, sondern solche, die ruhig und klar in die Welt blickten, mit Kraft und Gefasstheit, Größe und Tiefe. Gerade die Figuren des Spätwerks vermitteln die humanistisch-prometheische Menschenwürde der Renaissance oder schlicht das *Bürgerlich-Menschliche*, ohne weitere Standeskennzeichen.

Bohemien: Kaiser Maximilian I., Zeichnung von Albrecht Dürer, 1518. Albertina, Wien

Das Porträt von Jakob Fugger, welches Dürer 1519 malte, folgte bereits diesem neuen Schema. Der Kaufmann wurde als Halbfigur dargestellt, leicht nach links gewendet. Er erscheint vor kühlem, hellblauem Hintergrund, ohne jegliche Ausschmückung. Der steinreiche Mann tritt verhältnismäßig schlicht in Erscheinung, ohne jeglichen

Pomp. Er verkörpert Understatement, trägt einen schwarzen Mantel mit brauner Pelzverbrämung und auf dem Haupt eine einfache Kappe. Lediglich der Pelz und die Goldstickerei der Kappe deuten an, dass dieser Herr wohlhabend und ein vornehmer Bürger ist. Die Figur wird in ein pyramidal-symmetrisches Kompositionsschema eingebunden, in ein Liniensystem, das den Blick des Betrachters auf das Gesicht zuführt. Die sich schräg überkreuzenden Linien des Mantels und des Pelzes sorgen für eine gewisse Lebendigkeit, während die Haltung der Figur wie das Gesicht eher ernst und kraftvoll wirkten. Die freigelegte hohe Stirn gibt den Verstandesmenschen zu erkennen, das Haar ist kurz, das Gesicht knapp im Fleisch, die Lippen sind eng. Die Energie dieses Herrn liegt in den Augen, die wach und konzentriert wirken, leicht nach oben schauen, als nähmen sie eine übergeordnete Sache fest in den Blick. Die Figur drückt Ruhe, Verstand, Gefasstheit, Sachlichkeit aus. (Farbbild 13)

Es bleibt offen, ob die etwas steife Haltung des Handelsherrn nur ihm selbst zuzuschreiben ist – oder nicht auch dem Maler. Dürer flog das Schöne nicht zu. Er rang darum. Er hinterließ Entwürfe für ein Lehrbuch der Malerei, darunter ein Kapitel »Van Schönheit«. Der Künstler erklärte: »Was aber die Schönheit sei, das weiß ich nit. Idoch will ich hie die Schönheit also für mich nehmen: was zu den menschlichen Zeit van dem meinsten Teil schön geacht würd. (...) die vergleichlichen Ding, eins gegen dem anderen, sind schön, und das Unnütz ist zu vermeiden.«[12] Dürer folgte weniger der gelehrten platonischen Vorstellung, dass sich hinter den sichtbaren Dingen eine geometrische Ordnung verberge, die göttlich schön sei, sondern achtete eher die Empirie, jenes Empfinden, welches symmetrische Gesichtszüge oder menschliche Körper mit gleichmäßigen Gliedmaßen als schön anerkennt. Der Mensch nimmt eine harmonisch ausgewogene Erscheinung als lebenstüchtig und schön wahr. Dürer entdeckte unter den Elementen des Schönen zuerst Symmetrie, Gemessenheit, Proportion, Rhythmus, erst danach das Geschmeidige, Fließende, die freiere Bewegung, Anmut.

Schon Luthers 95-Thesen-Papier gegen den Ablasshandel von 1517 war im Grund keine Einladung zur »Debatte«, sondern ein Prankenhieb gegen die römisch-katholische Kirche. In Rom war man nicht dumm. Die Kurie merkte bald, dass hier jemand an den Grundfesten der päpstlichen Autorität rüttelte. Luther musste seinerseits beim Verhör durch Kardinal Cajetan im Herbst 1518 in Augsburg erkennen, dass Rom nicht mit sich spaßen ließ. Eigentlich waren die Fronten schon damals so verhärtet, dass kaum noch ein Weg für die Diplomatie übrig blieb. Der Dichter Ulrich von Hutten, der damals ebenfalls in Augsburg war, schrieb in einem öffentlichen Brief an den Humanisten Willibald Pirckheimer über den Theologenstreit: »Eck hat Karlstadt (...) beschimpft; mit Luther hat er Krieg, Luther hat Krieg mit vielen. Sieh doch die Theologen, die sich zerreißen, indem sie sich ineinander verbeißen.«[13] Cajetan verlangte die Auslieferung Luthers an den Papst, doch Kurfürst Friedrich der Weise von Sachsen schützte Luther und schickte ihn nach Hause.

Die Ereignisse überstürzten sich. Im Januar 1519 starb Kaiser Maximilian, ohne dass die Thronfolge endgültig geregelt gewesen wäre. Sowohl der Enkel von Maximilian, Karl V., der schon König von Spanien war, als auch Franz I., der schon König von Frankreich war, bewarben sich um die Wahl zum römisch-deutschen König mit dem Anrecht auf die Kaiserkrone. Beide boten den deutschen Kurfürsten jetzt Bestechungsgelder in noch nie da gewesener Höhe. Am Ende versprach Karl V., unterstützt von Jakob Fugger, den Kurfürsten knapp eine Million Goldgulden. Das Kreditwesen schien außer Rand und Band zu geraten, die Vergabe der römisch-deutschen Königskrone ein Kuhhandel zu sein. Letztlich wurde Jakob Fugger, der Großhandelskaufmann und Bankier, zum Königsmacher, indem er für Karl V. das versprochene Geld vorschoss. Als der Kaiser das Geld nicht pünktlich zurückzahlte, erinnerte ihn der Handelsherr daran, wer ihn an die Macht gebracht hatte: »Es ist wissentlich und liegt am Tag, daß Eure Majestät die römische Krone ohne mich nicht hätte erlangen mögen.«

Als im Juni 1520 die päpstliche Bannandrohungsbulle gegen Luther folgte, war für den Reformator das Maß voll. Es gab für ihn keinen Zweifel mehr, dass die Zeit verdorben war: Der Kaiser, der Augsburger Handelsherr und der Papst machten krumme Geschäfte und tanzten den Deutschen auf der Nase herum. Luther stieg jetzt seinerseits in den Ring und wollte mit dem Mittel der Moral große Politik machen. Wenigstens der Papst sollte stürzen und der Handelsherr im Zaum gehalten werden. Seit August 1520 schlug der Mönch aus Wittenberg heftig zu. Kurz hintereinander veröffentlichte er seine drei Hauptschriften: »An den christlichen Adel deutscher Nation«, »Die babylonische Gefangenschaft der Kirche« und »Von der Freiheit eines Christenmenschen«. Luther kämpfte mit offenem Visier, vollzog den Bruch mit der römisch-katholischen Kirche und machte Tabula rasa.

Er entwarf die in sich gegenläufige Lehre: erstens *Freiheit* gegenüber dem Papst; zweitens *Knechtschaft* gegenüber Gott und fürstlicher Obrigkeit! Die schöne Welt der Renaissance, die eben erst auf den Reichstagen in Augsburg unter Kaiser Maximilian zum Vorschein gekommen war, sollte schon wieder vorbei sein. Luther gab sich antiurban, suchte sein Heil in evangelikaler Anspruchslosigkeit. Seine Lehre zielte nicht nur gegen den Papst und die römisch-katholischen Kirchenfürsten, sondern auch gegen die neue kreative Klasse der Großbürger, Fernhandelskaufleute und führenden Handwerker. Die Gläubigen, die sich von der Reformation ein freieres Leben erwarteten, kamen vom Regen in die Traufe.

Ende 1520 war der Point of no return erreicht. Im Januar 1521 wurde Luther vom Papst als Ketzer zum Tod verurteilt. Die weltliche Macht, der Kaiser, sollte das Urteil vollstrecken. Da Karl V. aber bei seiner Wahl zum römisch-deutschen König versprochen hatte, über niemanden ohne Verhör die Reichsacht zu verhängen, wurde Luther befohlen, im Frühjahr 1521 auf dem Reichstag in Worms zu erscheinen. Unter Vermittlung von Kurfürst Friedrich dem Weisen wurde ihm freies Geleit zugesichert. Luther konnte seine Position verteidigen, aber im Grunde ging es nur noch darum, entweder die eigenen Schriften zu widerrufen oder mit der Reichsacht belegt zu werden. Kluges, geschicktes Taktieren, Gewandtheit, Geschmeidigkeit: solche Dinge waren Luther fremd. Er glaubte, er vertrete letzte, absolute Wahrheiten, die nur ein Entweder-oder zulassen – und eigentlich immer etwas Gebieterisches, Totalitäres an sich haben. Er sprach die berühmten Worte: »Darum kann und will ich nichts widerrufen, weil gegen das Gewissen zu handeln weder sicher noch lauter ist. Gott helfe mir. Amen.« In Flugblättern spitzte man diese Antwort in gedrängtem Stakkato unerbittlich zu: »Hier stehe ich, ich kann nicht anders. Gott helfe mir. Amen.«[14]

Das Jahr 1521 war für die deutsche Geschichte ein annus horribilis. Ein noch junger, hochmütiger Kaiser und ein steifer, provinzieller Mönch fanden nicht zueinander. Beide lebten in parallelen Welten: der eine träumte, wie sein Großvater, vom hochmittelalterlichen Ideal kaiserlicher Universalmonarchie, die den Papst beschützte – der andere von der Unverfälschtheit der Heiligen Schrift, wo seiner Meinung nach vom Papst nicht die Rede war.

Schon auf dem Reichstag in Augsburg im Jahr 1518 hatten die venezianischen Gesandten den Kopf darüber geschüttelt, dass die Deutschen nichts Besseres zu tun hätten, als über theologische Fragen zu streiten, während es eigentlich um Fragen der Finanzen, des Handels und des Friedens gehe. Der Reichstag in Augsburg war der letzte gewesen, der ein Gefühl der Einheit der Deutschen vermittelte. In Worms taten sich bereits Abgründe auf. Die Reformation führte zu einem Riss durch die Nation. Die einen wurden protestantisch, die anderen blieben katholisch. Man gab sich leidenschaftlich, hasste sich gegenseitig zutiefst.

Als Luther den Reichstag in Worms verließ, ließ ihn Kurfürst Friedrich der Weise von Sachsen zu seinem Schutz entführen und auf die Wartburg bringen. Kurz danach wurde über den Reformator die Reichsacht verhängt. Er lebte vorläufig inkognito als Junker Jörg auf der alten Feste und übersetzte dort das Neue Testament ins Deutsche, damit jeder selbst, ohne die vermeintliche Verfälschung der Papisten, die Lehre des Evangeliums kennenlernen könne.

Luthers Geist wühlte weiter. Er hatte bislang ein entscheidendes Fundament für sein Denken und Handeln gefunden: die *Heilige Schrift*. Nun, da der Bruch mit der römisch-katholischen Kirche amtlich vollzogen war, musste er gegenüber der alten Kirche keinerlei Rücksicht mehr nehmen und steuerte auf das zweite Fundament für sein Denken und Handeln zu: die *Ehe*. Die Autorität des Papstes war schon, so gut es ging, zertrümmert; jetzt sezierte er das Gelübde der

Mönche und Nonnen sowie den Zölibat der Priester, denn auch von diesen Dingen stand nichts in der Heiligen Schrift. Es handelte sich für Luther um Erfindungen der römisch-katholischen Kirche, die null und nichtig waren. Dass die klösterliche Bewegung oder die römisch-katholische Kirche überhaupt eine kulturelle Leistung darstellte, den Versuch, die menschlichen Triebe zu sublimieren, fiel nicht mehr ins Gewicht.

Nach Luthers bäuerlichem Verständnis war die Ehe die Keimzelle weltlicher Ordnung und für jeden Menschen verbindlich – nichts schlimmer, als ein freizügig galantes Leben zu führen oder ins Kloster zu gehen! Der bronzezeitliche Moses wurde für Luther wieder zum Kronzeugen, 1. Moses 2,18: »Es ist nicht gut, daß der Mensch allein sei; ich will ihm eine Gehilfin machen, die um ihn sei.« Luther behandelte die Fragen der Gelübde, des Zölibats und der Ehe in mehreren Schriften. Schon 1521 erschien »Thesen zu den Gelübden«, zwei Jahre später folgte »Über Ehe und Ehelosigkeit«. Zwischen den niederen sinnlichen Trieben und den höheren geistigen sollte kein Unterschied mehr sein. Das eine wie das andere stamme aus Gottes Hand. Wer die Ehe scheue, scheue sich, ein Mensch zu sein.

Luther hielt die Welt in Atem. Wittenberg war über Nacht zur größten deutschen Universität geworden. Jeder wollte bei jenem Mann studieren, der den Königsweg versprach: den unmittelbaren Zugang zu Gott. Schon bevor Luther von Wittenberg nach Worms abgereist war, überstieg die Zahl der Studenten die Zahl der Bewohner um ein Vielfaches. Doch während er ein Jahr lang auf der Wartburg festsaß, um vor der Reichsacht geschützt zu sein, kam es an der Universität in Wittenberg zur Revolte, an der sowohl Hochschullehrer als auch Studenten beteiligt waren. Man las, wie erwähnt, aus Luthers Schriften einen bildungsfeindlichen Zug heraus. Die Dozenten und Studenten liefen hier wie an anderen deutschen Universitäten in Scharen davon, um Handwerker und Bauern zu werden. Parallel dazu drang Luthers Hohelied der Ehe in die Klöster ein. Auch Mönche und Nonnen liefen nun in Scharen davon und suchten nach Ehefrauen und Ehemännern. Es war etwas los. Luther wurde die Sache selbst langsam unheimlich. Er verließ gegen den Wunsch des Kurfürsten die Wartburg und kehrte nach Wittenberg zurück, um den Betrieb der

Universität wieder in Gang zu bringen. Durch seine Anwesenheit stieg die Zahl der Studenten bald wieder an.

Das Schwarze Kloster in Wittenberg, wo der Reformator bisher als Augustinereremit gelebt hatte, war zwischenzeitlich so gut wie verlassen. Nur noch Luther und der Prior lebten dort und führten jetzt eine Art von Junggesellenwirtschaft. Das Gebäude war heruntergekommen, das Inventar größtenteils verschwunden. Luther begnügte sich mit kärglicher Kost, trug weiterhin eine geflickte Kutte, fiel abends vor Müdigkeit ins Bett, ohne ein Jahr lang den Strohsack aufzuschütteln. Er blieb vorläufig nach außen hin der *asketisch-heroische Gottesmann*, wenngleich er nun barbarisch hauste und ungepflegt wie einst Sokrates erschien.

In dieser wilden Zeit traten neun Nonnen aus dem Zisterzienserkloster Nimbschen durch einen geheimen Brief an ihn heran und baten den Reformator, er möge ihnen bei der Flucht aus ihrem Kloster behilflich sein. Luther nahm sich ihrer an und organisierte das Fluchtunternehmen. Die Nonnen bestiegen heimlich den Wagen eines Klosterlieferanten, versteckten sich unter der Plane des Gefährts, wahrscheinlich in Heringsfässern – und kamen glücklich über Torgau nach Wittenberg. Die Aktion mutete sensationell an. Der Wagen blieb vor dem Schwarzen Kloster stehen, um die neun heiratswilligen Nonnen der Fürsorge Luthers zu übergeben. Es war tatsächlich eine aufregende, romantische Zeit.

Luther bat verschiedene Kollegen der Universität, die neun Klosterfrauen aufzunehmen, bis sie wieder bei ihren Eltern oder bei Verwandten unterkämen oder einen Mann fänden. Unter diesen Frauen war auch die junge Katharina von Bora, ein geborenes Landedelfräulein. Sie war bereits Waise und hatte nur arme Verwandte, die sie nicht aufnehmen konnten. Sie fand eine vorläufige Unterkunft bei der Familie des Magisters und Hochschullehrers Philipp Reichenbach – und verliebte sich prompt in einen Studenten: Hieronymus Baumgartner, welcher ein Spross einer reichen Nürnberger Patrizierfamilie war. Auch er verliebte sich in sie, doch seine Eltern wollten nicht, dass er eine mittellose, entlaufene Nonne heirate. Er verließ Wittenberg und kam nicht wieder. Katharina schmerzte die Trennung, doch war sie ohne Groll. Sie blieb in akademischen Kreisen begehrt. Kaspar Glatz, ein Doktor der Theologie, warb bei Luther, der die Stelle des Vaters vertrat, um ihre Hand. Doch Katharina mochte diesen Doktor nicht, weil er geizig und kleinlich war. Es konnte doch nicht sein, dass sie aus dem Kloster floh, um in neue enge Verhältnisse zu geraten. Sie war nicht gewillt, sich an einen Duodezdenker zu binden, eher schon an einen Geisteshelden, der wie ein Kreuzritter furchtlos in den Kampf zog, um in Europa eine gewichtige Stimme neben Papst und Kaiser zu werden. Ein solcher Mann schien der Liebe wert zu sein. Katharina bat Nikolaus von Amsdorf, einen Freund des Reformators, um Vermittlung: Luther möge sie nicht zur Ehe mit Glatz drängen. Sie fände jedoch Gefallen daran, entweder ihn, Amsdorf, oder Luther selbst als Ehemann zu nehmen. Amsdorf hatte schon anderes im Sinn – blieb Luther.

Es ging verrückt zu. Entgegen der Gewohnheit machte eine Frau dem Mann einen Heiratsantrag, noch dazu einem Mann, der für alle als *asketisch-heroischer Gottesmann* galt, erhaben gegenüber dem Sinnlichen, gegenüber Küche, Keller, Bett, Fleischeslust, Mode und Komfort. Nicht minder schlimm: Ein geborenes Landedelfräulein wollte sich mit einem Mann von bäuerlicher Herkunft einlassen. Am schlimmsten: Eine entlaufene Nonne und ein entlaufener Mönch wollten eine Ehe eingehen. Das war der Gipfel! Nach dem Volksglauben kamen die Kinder einer solchen Ehe als Monster oder Missgeburten auf die Welt und waren des Teufels – und dem Satan traute nicht einmal Luther über den Weg.

Der Reformator musste Farbe bekennen. Er hatte sich ja schon durch mehrere Schriften in die Ehe hineingeschrieben: in die Figur des *sinnlich-bürgerlichen Hausvaters*. Jetzt musste der Theorie die Praxis folgen. Während Luther noch überlegte, nahmen draußen in der Welt die Unruhen und Katastrophen, die er durch seine Lehre auslöste, kein Ende. Kaum hatte sich die Studentenrevolte beruhigt, brach der Bauernaufstand los, begleitet von Bilderstürmerei, die im Namen Luthers vollzogen wurde, die der Reformator selbst aber nicht billigte. Luther sah, dass etwas schieflief und er nicht unschuldig daran war. Als der Bauernaufstand im Mai 1525 seinen Höhepunkt erreichte, entschloss er sich zur Ehe mit Katharina von Bora.

Die Aufhebung von Gelübde und Zölibat war ein letzter, konsequenter Schritt gegenüber den Geboten der römisch-katholischen Kirche – und vielleicht auch die Einsicht, dass ein ruhigeres Fahrwasser vonnöten sei. Er steuerte den Hafen der Ehe an, um neben der Heiligen Schrift einen neuen Ankerpunkt zu finden. Einen Tag vor der Schlacht bei Frankenhausen sprach er in einem Brief erstmals von »seiner Käthe«. Einen Monat später, am 13. Juni 1525, fand im kleinen Freundeskreis im Schwarzen Kloster in Wittenberg die Trauung statt. Die Freunde schauten zu, wie das Paar die Ehe im Bett vollzog. Nur der beglaubigte Vollzug der Ehe machte sie gültig. Justus Jonas berichtete: »Luther hat Katharina von Bora zur Frau genommen. Gestern war ich zugegen und sah das Paar auf dem Brautlager liegen. Ich konnte mich nicht enthalten, bei diesem Schauspiel Tränen zu vergießen.«

Viele Leute waren perplex: sowohl Luthers Anhänger als auch seine Gegner. Nicht zuletzt die strengen Moralisten unter seinen Bewunderern waren enttäuscht, weil sie meinten, Luther selbst müsse doch als »niedriger und zerschlagener Christ leben«. Doch nun bevorzuge er ein »hübsches Gemach«, worin man trinke und fröhlich sei, obwohl es doch so viele notwendige Sachen zu erledigen gäbe. Der Star der Reformation konnte es mit einem Mal niemandem mehr recht machen, zumal er gerade auch ein Pamphlet gegen die Bauern geschrieben hatte. Schon zwei Tage nach der Trauung schrieb der frisch Vermählte an einige Mannsfelder Räte: »Nun sind Herren, Pfaffen, Bauern, alles wider mich.« Auch führende Humanisten wandten sich von ihm ab. Erasmus von Rotterdam veröffentlichte gegen Luther die Schrift »Der freie Wille«. Gleichzeitig spottete der Gelehrte schon Ende 1525 in einem Brief über den neuen Ehemann: »Luther fängt jetzt an, milder zu werden, und wütet nicht mehr so mit der Schreibfeder; nichts ist so wild, daß es nicht beim Weibchen zahm würde.« Tatsächlich war die Zeit der revolutionären Schriften vorbei. Das Hauptwerk des Reformators sollte in den folgenden Jahren die Übersetzung des Alten Testaments ins Deutsche sein. Für die Gegner richtete sich Luther nun im Kleinleben ein: Kleinstadt, Ehe, Philistertum, Gemütlichkeit.

Luther selbst verbreitete in Briefen und Tischreden, dass er mehr oder minder selbstlos Katharina zur Frau genommen und sich »der Verlassenen erbarmt« habe. Die Initiative zur Heirat sei keineswegs von ihm ausgegangen. Offenbar sollte niemand auf den Gedanken kommen, dass etwa sinnliches Begehren oder seelische Passion das Motiv zur Ehe gewesen seien. Er tat so, als sei er keine heißblütige Natur, kein Feuergeist gewesen. Die Ehe sollte ein Beruf sein. Ein paar Tage nach der Hochzeit schrieb er an Amsdorf: »Ich bin nicht leidenschaftlich verliebt, aber ich halte mein Weib lieb und wert.« Die protestantische Orthodoxie nahm solche Bemerkungen später dankbar zur Kenntnis.

Der Reformator streute in Briefen oder Gesprächen ein, dass er unter den neun hübschen klösterlichen Jungfrauen eigentlich Ave von Schönfeld ausersehen hatte. Diese erschien ihm artig, während er Katharina für stolz hielt. Erst im Laufe der Zeit verlor Luther die Scheu vor der eigenen Leidenschaft und bekannte in Briefen und Gesprächen, wie sehr er seine Frau liebte: gleichermaßen sinnlich wie seelisch. Es geschah das schier Unfassliche: Luther entwickelte sich zu einem bemerkenswerten Charmeur. Katharina war für ihn sowohl die Ehefrau als auch die Geliebte. Als er schon knapp sechzig war, schrieb er an sie im Februar 1542 aus der Ferne: »Ich wäre jetzt gern Dein Liebhaber.« Solche Stellen wurden natürlich in den frühen Briefausgaben gestrichen – so etwas konnte man den Gläubigen nicht zumuten. Der eheliche Geschlechtsverkehr sollte für die Orthodoxen rein zweckhaft der Fortpflanzung dienen – und nichts mit Wonne und Wollust zu tun haben.

Lucas Cranach und seine Mitarbeiter machten sich daran, das berühmte Paar mehrmals zu malen, weil viele wohlhabende Bürger oder Fürsten nach Konterfeis der beiden verlangten. Schon 1526 entstand ein Doppelporträt, jeweils als Halbfigur. »D Martinus Luter« wendet sich nach rechts, »Kattarina Lutterin« nach links. Der Ehemann ist schon 43, die Ehefrau 27. Luther trägt eine weit geschnittene, schwarze Schlaube. Es war der Talar des Doktors und Hochschullehrers. Kohlrabenschwarz! Nicht einmal ein Fitzelchen von Weiß! Der Mann erscheint in der Farbe des Ernstes – in einer Kleidung, die er jetzt auch als Prediger nutzte und so zur Tracht des protestantischen Pfarrers machte. Das Haar gleicht mehr oder minder einer Pagenfrisur, ergänzt durch einen Dreitagebart. Unter einer etwas rustikalen Stirnwulst liegen dunkle Augen, gedankentief, energiegeladen, die Nase besitzt eine kraftvolle Kontur, der Mund ist wiederum sinnlich geschwungen, das

Kinn leicht eingefallen, man sieht den Ansatz zum Doppelkinn. Luther meidet den Anschein von Mode oder äußerer Akkuratesse. Was zählt, ist eine gewisse innere Strenge oder innere Spannung: jene zwischen dem asketisch-heroischen Gottesmann und dem sinnlich-bürgerlichen Hausvater.

Katharina erscheint daneben durchaus als eine Frau des gehobenen bürgerlichen Mittelstandes: als Frau Doktor. Das Kleid spiegelt schlichte Gediegenheit, nicht ohne modische Akzente; es ist nicht so glamourös glitzernd wie das einer Augsburger Patrizierin, aber es ist auch nicht so bieder und simpel wie das einer Quäkerin. Die Frau des Reformators denkt nicht daran, ihr Haar unter einer Haube oder unter einem Tuch zu verbergen, sie trägt es offen; es ist so streng wie elegant aus der Stirn nach hinten gekämmt, geschmückt mit einem Haarband aus Brokat; am Hinterkopf gewinnt das Haar an Fülle und wird von einem Netz gefasst. Die Frau Doktor zeigt sich im weißen Unterkleid mit Stehkragen, darüber ein schwarzes Oberkleid mit einem Brustband aus Brokat, spiegelbildlich zum Haarband; unter der Brust ist das Kleid weiß und zugleich geschnürt, gibt sich formbetont. Die freie, hohe Stirn weist auf einen Verstandesmenschen hin, erdverbunden, nüchtern. Die Gesichtszüge sind nicht unbedingt ideal schön, die Backenknochen ein wenig hoch, die Nase etwas lang, aber die Augen wirken klar und vermitteln Energie, der geschwungene Mund hat Sinnlichkeit. Aus dem Gesicht spricht Gesundheit und Willenskraft – nicht ohne erotischen Reiz.

Luther dürfte schon vor der Ehe gespürt haben, dass Katharina Format hatte: trotz ihres Stolzes oder gerade wegen ihres Stolzes. Es zogen sich zwei Dickschädel an, die beide klug genug waren, um im rechten Moment nachzugeben und sich gegenseitig wieder Gutes zu tun. Schon die äußere Erscheinung von Katharina verriet, dass sie nicht ganz so einfach leben wollte, wie es ihr Mann in seinen revolutionären Schriften wünschte. Gewisse Reibungen waren vorprogrammiert, denn Luther hatte ja eigentlich nichts lieber, als wenn andere Menschen ihm gegenüber gehorsam waren – ganz Patriarch. Aber er fand in mancher Hinsicht in Katharina seinen Meister. Er musste jetzt selbst bis zu einem gewissen Grad artig sein. Doch er versteifte sich nicht, entwickelte ihr gegenüber oft spielerische Leichtigkeit im Um-

Martin Luther als frisch vermählter Ehemann im Alter von 43 Jahren, Gemälde von Lucas Cranach dem Älteren, um 1526. Privatbesitz, Hamburg
Katharina Luther, geborene von Bora, im Alter von 27 Jahren, Gemälde von Lucas Cranach dem Älteren, um 1526. Privatbesitz, Hamburg

gang, Großzügigkeit, Scherz, Humor, machte ihr immer wieder Komplimente.

Es war nicht zuletzt Katharina, die darauf drängte, dass vierzehn Tage nach der Trauung im kleinen Kreis doch noch ein großes Hochzeitsfest gefeiert werde, bei dem die feinsten Dinge aufgetischt werden sollten. Luther selbst verschickte die Einladungen und bat Freunde und Verwandte, dieses und jenes auf seine Rechnung mitzubringen. Er schob mehr oder minder seiner Frau den Schwarzen Peter für den hohen Aufwand zu und entschuldigte sich damit, dass es nun zwei Leute gäbe, die Herr im Haus seien. An Leonhard Koppe, der vormals die neun klösterlichen Jungfrauen samt Katharina mit Hilfe seines Fuhrwerks aus dem Kloster Nimbschen entführt hatte, schrieb er: »Daß nun mein Vater und Mutter und alle gute Freunde desto fröhlicher sein, läßt Euch mein Herr (!) Catherin und ich gar freundlich bitten, daß Ihr uns zum guten Trunk ein Faß des besten torgischen Biers, so Ihr bekommen mögt, wollet anher auf meine Kosten fahren lassen.« Schon nach ein paar Tagen des Ehelebens nannte Luther seine Frau mit patriarchalischer Ironie »Herr Catherin«. In vielen Briefen an Katharina scherzte er ebenso und erfand immer wieder neue Anreden für sie: teils etwas spöttisch, launisch, teils freimütig anerkennend, oft bewundernd und verehrend.

Für viele sah es so aus, als werde Luther nun von Katharina um den Finger gewickelt. Das Paar wurde auf Schritt und Tritt beobachtet, ob es ein vorbildliches Eheleben führe. Skeptiker wie Georgius Agricola meinten, Katharina sei als Luthers Frau nun die »Regentin im Himmel und auf Erden«. Mythen rankten sich um das Paar, weit über ihren Tod hinaus. Anfang des 20. Jahrhunderts gelang Ernst Kroker ein biographisches Bravourstück. Er lichtete die Nebel und beschrieb anhand der genauen Kenntnis von Briefen, Tischreden und archivalischen Dokumenten das Leben der Eheleute und besonders das von Katharina.[15]

Die Startbedingungen der beiden waren nicht schlecht. Kurfürst Friedrich der Weise überließ dem Paar das verlassene Schwarze Kloster zur freien Nutzung; einige Jahre später wurde das Anwesen der Familie Luther formell als freies Eigentum übertragen. Luther erhielt dazu als Professor der Universität vorläufig ein jährliches Gehalt von 100 Gulden, was ein akademisches Spitzeneinkommen war und just der jährlichen Leibrente entsprach, die Albrecht Dürer von Kaiser Maximilian I. und von Kaiser Karl V. erhielt. Das Ehepaar Luther hatte somit ein großes Haus und verfügte über ein ordentliches Einkommen. Luther dachte, es sei genug, um eine auskömmliche Existenz zu führen. Katharina sah das anders. Ihr fiel auf, dass das dreigeschossige Hauptgebäude des Klosters heruntergekommen und so gut wie kein Inventar mehr vorhanden war und überhaupt das ganze Anwesen etwas verlottert aussah. So konnte die Familie nicht wohnen. Mochte die römische Kurie in Saus und Braus leben, bitte! So sollte doch auch die lutherische Kurie in Wittenberg respektabel sein.

Es wurden Schulden gemacht, um das Anwesen wieder herzurichten. Luther war das Schuldenmachen unheimlich, er hatte es in seinen Schriften verteufelt. Aber jetzt war er nicht mehr allein der Herr im

Haus – und durch die Praxis wird die Theorie manchmal Makulatur. Der Reformator musste bald feststellen, dass er eine geborene Unternehmerin geheiratet hatte. Für Katharina sollte sich das Leben nicht nur in kleinen Sorgen erschöpfen. Sie lebte gern zwischen Küche, Kindern und Kirche, das auch, aber sie war darüber hinaus ein Tatmensch, jemand, der das eigene schöpferische Element genoss. Sie entpuppte sich als glänzende Organisatorin, wuchs in vielfältige Aufgaben und Rollen hinein: Ehefrau, Mutter, Geliebte, Chefin des Hauses und vieles mehr. Eine solche unternehmerische Ader war für eine Frau noch ungewöhnlich. Der kurfürstliche Kanzler Gregor von Brück beäugte Katharina kritisch und meinte später, es gehe ihr schlicht darum, »zu tun, zu schaffen und zu gebieten«.

Nachdem das Hauptgebäude des Schwarzen Klosters wieder in Schuss war, wurde der Klostergarten neu bepflanzt und ein Brunnen gebohrt. Katharina hatte Spaß daran, einen Gemüse- und Obstgarten anzulegen, wie er sonst noch nicht überall üblich war. Der Garten sollte auf der Höhe der Zeit sein. Wenn es nicht anders ging, wurden die Sämereien sogar bei Nürnberger Fernhandelskaufleuten bestellt, bei Leuten, die in den Werken ihres Mannes eigentlich in schlechtem Licht erschienen. Luther gab allerdings nicht den Spielverderber. Er ließ Katharina machen und war glücklich über beides: über die Freude seiner Frau – und über den neuen Garten. Er übernahm es selbst, Sämereien von Kräutern zu bestellen, die er noch nicht kannte, etwa Boretsch – »soll sehr wohl schmecken«, fügte er dem Schreiben hinzu. Es wurde Traditionelles angebaut wie gelbe Erbsen und Saubohnen, Rüben und Kohl für das Sauerkraut, daneben Neues wie Kräuter und Salat, Gurken, Rettich, Kürbisse und Melonen, Dinge, die in den damaligen Kochbüchern kaum vorkamen. Luther entzückten auch die Blumen im Garten, Rosen und Lilien; er arbeitete manchmal selbst im Garten mit, verbrachte dort abendliche Mußestunden und hörte dem Vogelgezwitscher zu.

Die Personen des Haushalts vermehrten sich. 1526 kam Johannes als erstes Kind der Eheleute zur Welt. Die Eltern waren erleichtert, dass sich der Volksglauben irrte und das Kind gesund war. Der Vater verkündete stolz in Briefen, dass das Hänschen ein großer Esser und Trinker sei. Fünf weitere Kinder folgten, von denen zwei im Kindesalter starben. Auch Tanten, verwaiste Nichten und Neffen wurden generös in den Haushalt aufgenommen. Die Reihe der Angestellten vergrößerte sich. Luther hatte von Anfang an einen Famulus, einen Sekretär, Katharina eine Magd. Bald kamen ein Hauslehrer und eine Köchin dazu, weitere Mägde, Dienerinnen und Knechte. Zwischenzeitlich hatte Katharina eine Herberge für Studenten eröffnet, weil das große Gebäude des Schwarzen Klosters genügend Platz dafür bot und die Einnahmen dieses Betriebes das professorale Gehalt ihres Mannes verbesserten. Es war jetzt Leben im großen Haus, zumal es darin auch einen kleinen und großen Vorlesungssaal gab, wo Luther Hunderte von Studenten unterrichtete, nicht nur die, die im Haus wohnten.

Um die Selbstversorgung mit Lebensmitteln zu heben, wurden zusätzlich neue Ställe auf dem alten Klostergelände gebaut – für allerlei Tiere: Pferde, Rinder, Kälber, Schweine, Ferkel, Ziegen, Zicklein, Hühner, Gänse und Tauben. Katharina kümmerte sich besonders um die Schweinezucht und war selbst beim Schlachten und Wurstmachen dabei, ebenso bei der Herstellung von Käse und Butter. Daneben wurde von ihr das alte klösterliche Braurecht aktiviert und zwölfmal im Jahr ein Sud angesetzt. Luther schmeckte das Bier seiner Frau und er gönnte sich jeden Abend einen kühlen Trunk. Als er im Juni 1534 am kurfürstlichen Hof in Torgau weilte, wo es bekanntermaßen ein feines Bier gab, schrieb er an Katharina: »Wie gut Wein und Bier hab' ich daheime, dazu eine schöne Frau oder – sollt' ich sagen – Herren.«

Die Frau Doktor wurde nicht nur Herbergswirtin und Brauerin, sie wurde auch Winzerin. Für ihre schöpferische, prometheische Ader schien es keine Grenzen zu geben. Nicht einmal das etwas raue norddeutsche Klima schreckte sie ab, es mit dem Weinbau zu versuchen. Sie legte einen Weinberg an für Tafelobst, süßen Most und die Herstellung von Essig. Allerdings war der Weinbau nördlich der Elbe damals nicht völlig ungewöhnlich. Die Familie Luther bezog bei Festlichkeiten beispielsweise auch Wein aus dem brandenburgischen Jüterbog.

Die Luthers expandierten. Die Familie kaufte oder pachtete weitere Gemüse- und Obstgärten in und um Wittenberg herum. Luther selbst brummte zwischendurch, weil durch das Großunternehmen seiner Frau immer höhere Geldsummen ins Spiel kamen, die ihn schwindlig machten. Er wollte ohnehin beim Publikum nicht den Anschein erwecken, als sei er nun auf Besitz und Reichtum aus. Er versuchte gelegentlich, die Unternehmungslust seiner Frau zu bremsen. Doch Katharina verstand es immer wieder, ihn zu bezirzen. Einmal meinte er resigniert in einem Tischgespräch: »Du überredest mich, wozu du willst.« Er gab ausnahmsweise den Macho nach dem Vorbild von Moses oder Paulus: »Du hast die volle Herrschaft. Im Haushalt gestehe ich dir auch die Herrschaft zu, unbeschadet meines Rechts. Denn Weiberrecht hat nie nichts Gutes ausgerichtet.« Luther konnte manchmal nicht verstehen, warum die Bitten und Tränen seiner Frau so viel Gewalt über ihn hatten. Er machte sich ernsthafte Vorwürfe, dass er seine Frau mehr liebe als Gott und seine Gebote.

Katharina wirtschaftete nach Herzenslust, schuf ihr eigenes, höchst buntes Reich mit einem Stab von Mitarbeitern. Dazu gehörten ihre Köchin Dorothea, mehrere Dienerinnen, Mägde, Knechte, Sauhirten, Tagelöhner und ein Kutscher, der den Wagen auch für bloße Spazier- und Lustfahrten einspannte. Neben dem Weinberg entstand zugleich ein Hopfengarten, um ein besseres Bier zu brauen. In anderen Gärten wurden Apfel-, Birn-, Kirsch- und Pfirsichbäume gepflanzt – und Katharina wagte sich sogar an die Erzfrucht des Mittelmeergebiets heran: an die Feige. Für die Frau Doktor konnten die Alpen nicht durchlässig genug sein, um feinste Delikatessen zu beziehen. Sie wurde zu einer Pionierin des Obst- und Gartenbaus nördlich der Elbe. Selbst Fürstinnen ließen sich von ihr im Anbau von Feigenbäumen beraten.

Dazu wurde ein Obstgarten mit durchfließendem Bach, Weiher und Fischereirecht gekauft. Luther selbst war im Herbst beim Fischen dabei. Man fing hauptsächlich Karpfen, Hechte und Forellen oder kleinere Kaulbarsche. Anschließend servierte die Hausherrin die zubereiteten Fänge stolz der Familie und den Gästen. Luther war abermals doppelt glücklich: sowohl über die Freude seiner Frau als auch über die Leckerbissen. Ungeachtet der strengen Moral seiner revolutionären Schriften lernte er es, fünf gerade sein zu lassen. Es kam nun bei ihm die feine Gabe zum Vorschein, fröhlich mit den Fröhlichen zu sein.

Die Finanzen der Familie verbesserten sich. Der Kurfürst stockte das jährliche akademische Gehalt von Luther bald von 100 auf 200 Gulden auf – und Katharinas Geschäfte liefen prächtig. Allerdings fiel der Herr Doktor aus allen Wolken, als er bei der Buchführung im Jahr 1532 bemerkte, dass die Ausgaben für die Küche sein eigenes hohes Gehalt bei weitem noch überstiegen und die Höhe von 500 Gulden erreichten. Was für eine Reformation!

Beim Bilanzieren der Jahre 1535/36 notierte der Hausherr auf einem Zettel: »Wunderliche Rechnung gehalten zwischen Doctor Martin und Käthen.« Man ahnt, dass es zwischen den Eheleuten beim Rechnen nicht immer lustig zuging. Manche Bürger in Wittenberg, darunter auch Beamte des kurfürstlich-sächsischen Hofes, schauten neidvoll auf das wirtschaftliche Treiben von Katharina und warfen ihr eine verschwenderische, wenn nicht großtuerische Haushaltung vor. Doch wenn einer von den beiden Eheleuten schrankenlos freigebig war, dann war es Doktor Martin – frei nach Gottes Gebot: »Gebet, so wird euch gegeben!«

Die hohen Kosten für die Küche kamen nicht nur durch einen reichgedeckten Tisch zustande. Luther liebte es schlechthin, Herr eines gastfreien Hauses zu sein, Not leidende Verwandte aufzunehmen, Freunde an seinen Tisch einzuladen. Dazu trafen fremde Besucher ein, Leute aus aller Welt, Patrizier, Adlige, Fürsten, die Luther kennenlernen wollten. Der Reformator stellte ja jetzt, ob er wollte oder nicht, die Leitfigur einer neuen Konfession dar. Die Organisation der jungen protestantischen Kirche festigte sich nicht zuletzt dank der Tafelrunden, die im Schwarzen Kloster in Wittenberg durch die Umsicht von Katharina möglich wurden. Sie war regelrecht dazu gezwungen, ihr Haus in eine standesgemäße Kurie zu verwandeln. Pflicht und Neigung kamen bei ihr zusammen. Zudem mussten auch die zahlenden Studenten ihrer Herberge von der Küche versorgt werden. Nur durch ihre rentablen Geschäfte blieb die Großzügigkeit des lutherischen Hauses gewährleistet.

Die Frau Doktor hatte ihre Capricen. Katharina mochte besonders Pomeranzen, Bitterorangen, die zu jenen ausländischen Luxusprodukten gehörten, welche von Fernhandelskaufleuten mühevoll über die Alpen nach Deutschland gekarrt werden mussten und nach Meinung ihres Mannes höchst überflüssig waren – eine sündhafte Kost. Als sich Luther 1530 für längere Zeit auf der Feste Coburg aufhielt, um von dort aus auf Wunsch des Kurfürsten in enger Verbindung zum Reichstag in Augsburg zu bleiben, entwickelte sich ein reger Briefverkehr zwischen den Eheleuten. Katharina bat Doktor Martin, wie sie ihren Mann nannte, er möge doch Handelsherren in Nürnberg dazu veranlassen, für sie, die Frau Doktor, Pomeranzen nach Wittenberg zu liefern. Ausgerechnet er, der den Deutschen die Einfuhr von ausländischen Luxusgütern verbot, sollte für seine Frau die eigenen Prinzipien brechen. Was war zu tun? Luther reagierte nicht auf diese Bitte und tat so, als habe er sie überlesen. Doch Katharina fragte von Brief zu Brief nach, wo denn die Pomeranzen blieben – bis Luther weich wurde und den Nürnberger Handelsherren den entsprechenden Auftrag gab.

Katharina dürfte mit ihren Wünschen den Gatten gelegentlich zur Verzweiflung gebracht haben. Aber in vielen Punkten waren sie Wahlverwandte und teilten gerne Tisch und Bett miteinander. Katharina war für Luther als Ehefrau nicht nur die Geliebte, sein »Liebchen«, sondern auch sein »Erzkoch«. Beide hatten sie die Neigung zum Starkwerden, zur Leibesfülle, zum tüchtigen Essen und Trinken. Luther, von bürgerlich-bäuerlicher Herkunft, liebte bei Tisch die etwas kräftigeren Sachen, Katharina, von adliger Abstammung, die etwas feinere Art. Als der Reformator im Juli 1540 in Eisenach war, lautete die typische Aufschrift eines Briefes an seine Frau: »Meiner gnädigen Jungfer Katherin Lutherin von Bora und Zulsdorf gegen Wittenberg, meinem Liebchen.« Dann hieß es weiter: »Gnad' und Friede! Meine liebe Jungfer und Frau Käthe. Eure Gnade sollen wissen, daß wir hier, Gott Lob, frisch und gesund sind; fressen wie die Böhmen (doch nicht sehr), saufen wie die Deutschen (doch nicht viel), sind aber fröhlich.« Fast gewinnt man den Eindruck, als habe hier nicht der Reformator, sondern Rabelais, der Dichter von »Gargantua und Pantagruel«, die Feder geführt, um den Triumph der Leiblichkeit zu feiern, als gäbe es keine Erbsünde, kein Jüngstes Gericht.

Luther mochte die herzhafte Hausmannskost, so wie er es bei Tisch erklärte: »Ich lob eine reine, gute, gemeine Hausspeise.« Besonders schätzte er das feiste, saftige Schweinefleisch. Einer der Gäste notierte: »Als man Wildfleisch und Wildvögel auf den Tisch setzte, sagte Luther: Ich esse kein Holz. Da kann ich gleich die Teller essen, die haben auch keine Feuchtigkeit. (...) ein Schwein hat Wurst, Speck, Fleisch, die nähren.« Entsprechend humorvoll begann im Januar 1546 ein

Brief an seine Frau: »Meiner freundlichen lieben Käthe Lutherin, Brauerin und Richterin auf dem Saumarkt zu Wittenberg, zu ihren Händen.«

Der Kurfürst glaubte, Luther freue sich darüber, wenn der Hof ab und zu Wild schickte, das ja als vornehme Speise galt und üblicherweise für Bürger unerschwinglich war. Aber Luther selbst lag offenbar nicht viel daran. Er wollte ohnehin vom kurfürstlich-sächsischen Hof nicht zu sehr bevorzugt werden. Schon 1529 hatte er an Kurfürst Johann geschrieben: »Ich hab' leider mehr, sonderlich von Euer kurfürstlichen Gnaden, denn ich im Gewissen vertragen kann. Mir gebührt auch, als einem Prediger, nicht Überfluß zu haben, begehr' es auch nicht.« Katharina wiederum gab dem kurfürstlich-sächsischen Hof zu verstehen, dass Wildgeflügel, Wildschweine, Rehe und Hasen doch sehr willkommen seien, zumal viele Feste zu feiern waren, bei denen sich die Hausherrin nicht lumpen lassen wollte: wie bei Doktorschmäusen, bei denen die Promotionen von befreundeten Kollegen ihres Mannes gefeiert wurden, bei Geburtstagsfesten oder bei Hochzeiten, welche die Luthers für ihre Nichten ausrichteten.

Neben den Sachen vom fetten Hausschwein mochte Luther allerdings auch Fische, die wie Geflügel und Wild zur Herrenküche gehörten. Die Familie Luther verfügte ja selbst über einen Fischweiher. Dazu sorgte Katharina dafür, dass der kurfürstlich-sächsische Hof neben dem Wildbret regelmäßig Fische und Wein spendierte. Oder sie schrieb Freunden an der Küste und fragte nach, ob denn das Meer ausgetrocknet sei, weil gar keine Fische mehr kämen. Der Lieblingsfisch des Reformators war bezeichnenderweise der fette Hering. Der kurfürstliche Leibarzt Doktor Matthäus Ratzeberger erzählte davon, dass Luther einmal schwer krank war und alle köstlichen Speisen von sich schob. Katharina war äußerst beängstigt und fragte, ob er denn auf gar nichts Appetit habe. Er sprach: »Wohlan, so richte mir einen Brathering und ein Essen kalter (gelber) Erbsen mit Senf zu, aber bald, ehe die Lust mir wieder vergeht.« Die Ärzte waren entsetzt über diese Diät und fürchteten um sein Leben. Doch er schwieg und aß und saß am nächsten Tag wieder in seiner Schreibstube.

Gelegentlich waren Martin und Katharina Luther großartige Gastgeber. Doch die kulturelle Verfeinerung bildete für den Reformator nach wie vor kein Kernthema. Er verfolgte nicht plötzlich das Ziel, ein Arbiter Elegantiarum zu sein: ein Sachverständiger in Fragen des guten Geschmacks. Essen und Trinken gehörten für ihn nun zur gottgewollten Leiblichkeit des Menschen, wofür sich niemand zu schämen brauche. Wenn andere ihm jede Mahlzeit oder jeden Schoppen nachrechneten, blieb er gelassen: »Darf unser Herrgott gute, große Hechte, auch guten Rheinwein machen, so darf ich wohl auch essen und trinken.«

Doch Wittenberg war nicht Rom. Die lutherische Tafelrunde blieb am Ende doch etwas provinziell und philiströs. Anders als bei den Patriziern in Augsburg und Nürnberg gehörten im Schwarzen Kloster in Wittenberg zur Tischrunde kaum Frauen. Es handelte sich vorwiegend um eine gelehrte Männergesellschaft, der das Galante fremd war. Lediglich Katharina befand sich darunter: zwischen den Amtskollegen und Freunden ihres Mannes, die in wechselnder Zusammensetzung fast täglich eingeladen wurden, sei es zum Abendessen, sei es zum anschließenden Abendtrunk, ergänzt durch hohe Beamte des kurfürstlich-sächsischen Hofes, die gelegentlich kamen, oder durch zeitweilige fremde Besucher, Patrizier, Adlige, Fürsten, die den Reformator kennenlernen wollten, schließlich gesellten sich die Studenten der eigenen Herberge dazu. Einige von diesen schrieben die Tischreden des Reformators gleich am Tisch mit, um sie später zu veröffentlichen. Eine erste Ausgabe der Tischreden erschien schon zwanzig Jahre nach Luthers Tod 1566. Andere Ausgaben der Tischreden von anderen Autoren folgten. Die Themen waren nicht immer heiter, wie es sich eigentlich bei Tisch gehörte, sondern oft ernst, sehr ernst, behandelten Glauben, Kirche und Moral. Weltläufige Themen wie Reise-, Kunst- oder Geschichtserlebnisse fehlten meistens.

Manchmal schwieg Luther in mönchischer Tradition die ganze Zeit während des Essens, was bedeutete, dass auch alle anderen, die am Tisch saßen, schweigen mussten. Doch in der Regel war er gesprächsfreudig und gab das Signal zum Reden mit dem Satz: »Nun, was hört man Neues?« Es kam vor, dass geredet und geredet wurde, ohne den köstlichen Speisen irgendeine Aufmerksamkeit zu schenken. Luther vergaß zuweilen, das Dozieren zu unterbrechen, während Katharina die warmen Gerichte servieren ließ. Nichts ist unangenehmer oder barbarischer, als wenn der Gastgeber die Gäste durch lange Ansprachen zwingt, das warme Essen vor sich kalt werden zu lassen. Kathrina wurde es manchmal zu bunt, sie fauchte: »Was soll denn das heißen, daß ihr unaufhörlich redet und nicht eßt?«

Dann und wann war Luther wieder ein wundervoller Connaisseur, launisch, unterhaltsam, witzig, sprach bei Tisch auch über das Essen und machte seiner Erzköchin Komplimente, wie es sein soll. Manchmal gab er sich ausgelassen und prostete sogar Gott zu: »So kann er mir ja das wohl zugut halten, daß ich beiweilen einen Trunk tu, ihm zu Ehren.« Oder er erlaubte sich den Spaß, Katharina bei Tisch zu necken und aufzuziehen. So erwog er, dass zukünftig ein Mann mehr als eine Frau nähme. Die Frau Doktor war entrüstet: »Das glaub' der Teufel (...). Bevor ich das zulasse, will ich lieber wieder ins Kloster gehen.«

Luther und Käthe galten schon bei den Zeitgenossen als große Esser und Trinker, als Leute, die gut lebten. Die finanzielle Situation der beiden verbesserte sich mehr und mehr. Der Kurfürst erhöhte Luthers Gehalt bald von 200 auf 300 und am Ende auf 400 Gulden, was sehr viel Geld für einen Akademiker war. Diese hohe Summe sollte natürlich auch eine Anerkennung für das Haupt der Reformation sein, durch das Wittenberg weltberühmt wurde. Die Luthers konnten es sich nun leisten, Landgüter zu pachten oder zu kaufen. Katharina war als Gutsherrin in ihrem Element. Zugleich wurde das Schwarze Kloster in Wittenberg noch einmal restauriert und komfortabler ausgestattet. Der Eingang neben dem Wendeltreppenturm erhielt 1540 ein flamboyantes, spätgotisches Portal; im Haus selbst richtete man eine Badstube ein, was damals in bürgerlichen Kreisen noch ungewöhnlich und luxuriös war.

Wovon träumte Luther? Er wusste es wahrscheinlich selbst nicht genau. Er wollte weder geknechtet noch bevormundet werden. Er rebellierte gegen den Papst, wollte sich von niemandem vorschreiben lassen, wie man glauben oder leben soll, es sei denn von der Heiligen Schrift. Er verwandelte sich kurzerhand vom Mönch in den Ehemann. Luther war ein Stück weit unkonventionell, nonkonformistisch, ein Tabubrecher. Der eigene Vater hielt ihn regelrecht für einen Spinner: »Wenn's nicht ein Gespenst mit dir wäre!« Luther trug so etwas wie eine Alternativbewegung im Herzen, ähnlich wie Rabelais oder später

Rousseau: Zurück zur Natur! Kraftvolle Leiblichkeit! Einfalt und Tugend! *Simplify your life!*

Es durfte für ihn im Leben gern rustikal und herzhaft zugehen. Doch Luther blieb immer auch eine früh verängstigte Natur. Wirklich heimisch auf Erden wurde er nie so recht. Die neue, schöne Welt der Renaissance: die Hinwendung zu Natur, Empirie, Kunst, Kapitalismus, Hochfinanz, gesteigerter Warenwelt, konnte ihn nicht fesseln, weil es absolut bestimmte Lebensformen auflöste. Ihm blieb schleierhaft, wie daraus Gutes entstehen sollte. Bei Tisch klagte er: »Der Teufel würget uns alle; Satan hat Gottes Sohn erwürget.« Katharina mühte sich, ihren Mann zu erden: »Ei, nein, lieber Herr Doktor, das glaub' ich nicht!«

Der asketisch-heroische Gottesmann verwandelte sich nicht einfach in den sinnlich-bürgerlichen Hausvater, sondern das eine kam zum anderen hinzu. Es gab für Luther die zwei Fundamente für sein Denken und Handeln: die Bibel und die Ehe – als den Bezug zum Irdischen und zum Überirdischen. Die extreme Fixierung auf ein einziges Buch der Weltgeschichte verengte den Blick für vieles. Es verkümmerten die Kenntnisse der Geschichte, Literatur und modernen Gesellschaft. Luther tat alles dafür, damit sich die humanistische Universität in Wittenberg in eine protestantische Hochschule verwandelte. Die Artistenfakultät sollte auf das Theologie- und Bibelstudium vorbereiten und Kenntnisse des Lateinischen, Griechischen und Hebräischen vertiefen, um die Heilige Schrift im Original zu lesen. Erst 1545, ein Jahr vor Luthers Tod, verfasste Melanchthon neue Universitätsstatuten, nannte die Artistenfakultät jetzt »Philosophische Fakultät«, wo auch die »Ethik« des Aristoteles auf dem Lehrplan stand, dazu auch Naturkunde, Geschichte, Literatur.[16] Doch die deutsche Universität blieb bis ins 19. Jahrhundert stärker als in anderen Ländern von Theologie, Fragen der Moral und Metaphysik geprägt – von *unfasslichen Dingen*.

Wenn er es darauf angelegt hätte, wäre Luther ein reicher Mann geworden. Er hätte neben dem akademischen Spitzengehalt von 400 Gulden im Jahr noch weit mehr Geld verdienen können. Verleger boten ihm jährlich noch einmal dieselbe Summe an, um seine Schriften zu publizieren. Doch er wollte keinen Lohn für die Verkündigung von

Gottes Wort und veröffentlichte seine Werke unentgeltlich. Zudem verzichtete er darauf, für seine Vorlesungen von den Studenten ein Honorar zu verlangen, was sonst allgemein üblich war, um das professorale Grundgehalt aufzubessern, das Luther selbst schon hoch genug erschien.

Die Frau Doktor schmerzte es, dass der Herr Doktor so großzügig auf Einnahmen verzichtete, weil gerade er selbst das Geld mit beiden Händen ausgab, um Armen und Notleidenden zu helfen. Sie versuchte, das Vermögen zusammenzuhalten und produktiv zu machen; er gab und gab und hoffte, dass genug da sei. Einmal schrieb sie ihm, als Ebbe in der Kasse war: »Herr Doktor, lehrt doch die jungen Gesellen nicht umsonst!«

Katharina stand der Kultur der Zeit, dem Geist der Renaissance, näher als ihr Mann. Sie lebte im Hier und Heute, hatte Freude an den *fassbaren Dingen*, an der Entfaltung von Talent und Chancen, nahm nicht das Alte, sondern das Neue ins Visier, vermehrte ihre Interessen, rang der Natur in ihren Gemüse- und Obstgärten unvermutete Sachen ab, zauberte auf die Zunge eine ungewohnte Vielfalt an Zutaten und Aromen, würzte mit bislang unbekannten Kräutern oder auch mit Pfeffer, Safran und Mohn, feilte an einer feineren Sinnenkultur, was ihren Mann und viele Gäste des Hauses fröhlich machte. Sie hatte keine Berührungsängste gegenüber Fernhandelskaufleuten, hatte auch kein schlechtes Gewissen, wenn der kurfürstlich-sächsische Hof zuweilen Delikatessen wie Fisch, Wildbret oder Wein lieferte. Für sie wurde die Welt, wenn nicht besser, so auf jeden Fall bunter und abwechslungsreicher. Luther nannte sie freimütig »den Morgenstern von Wittenberg«, den freundlichen Lichtquell, begabt mit vitaler Kraft und freier Unternehmungslust. Ihr Motto: *Diversify your life!*

Nicht er, sondern sie steht jetzt im Mittelpunkt. Das Herz von München ist der Viktualienmarkt, und dort bildet ein großer Biergarten mit Kastanienbäumen das Innerste, geschmückt mit einem Brunnen. Aus dem hellen Wasserbecken erhebt sich ein Sockel, auf dem eine eher kleine, vollschlanke Frau in schlichtem, knielangem Kleid steht und ihre Hand zur Schläfe führt, als denke sie gerade nach, um gleich etwas zu sagen; sie blickt verschmitzt, humorvoll-hintergründig, ist guter Laune, lebensfroh: Liesl Karlstadt, die beliebte Münchner Volksschauspielerin, Komödiantin und Sängerin. Ihr berühmter Partner, Karl Valentin, erhielt ebenfalls ein Denkmal, aber nicht im Kern, sondern erst am Rande des Marktes. Die Frau am Blumenstand daneben sagt: »Ja mei, es war a ewige Malaise mit ihm.«

Wie auch immer: Keine Zelebrität der hohen Politik, kein bayerischer Herzog, König oder Ministerpräsident, sondern eine Frau aus dem Volk, eine, die das Witzige, Bürgerliche, Menschliche, Allzumenschliche verkörpert, erhielt den Ehrenplatz im Allerheiligsten von München: im zentralen Biergarten der Stadt, wo sich ringsum pralle Lebensmittelstände und Imbisse reihen, ganz so, als befände sich der Besucher mitten auf einem kulinarischen Märchenplatz, wo es alles gibt, was man sich wünschen kann.

Es dürfte heute wenige Millionenstädte in Europa geben, wo in bester Citylage so viel freier Raum für das Einkaufen von frischen Lebensmitteln, für das Reden und Tratschen, Sitzen und Hocken, Essen und Trinken zur Verfügung steht wie hier, wo überhaupt dem Kulinarischen, Gastronomischen so viel Platz eingeräumt wird, immer noch umrahmt von barocken Kirchenkulissen und Türmen. Man kann unter den Leuten keine sozialen Grenzen erkennen: Alt und Jung, Betuchte und weniger Betuchte, Einheimische und Besucher der Stadt strömen herbei. Die Anziehungskraft fußt nicht zuletzt darauf, dass das Areal nach wie vor im Besitz der Stadt ist. Die städtischen Behörden kontrollieren ein allzu wildes Wuchern des Marktgeschehens. Sie halten Kommerz, knallige Werbung und Markengetue in Schranken, sorgen für eine gewisse natürliche Gepflegtheit der Flächen, Stände und Pavillons, achten auf eine gute Mischung des Angebots: Obst, Gemüse, Pilze, Gewürze, Käse, Fisch, Geflügel, Fleisch, Wild, Blumen, dazu kommen Imbisse, Cafés und der Biergarten.

Der Viktualienmarkt erscheint wie ein bürgerliches Forum, wie eine freie Bühne, wo so etwas wie die menschliche Komödie, die Comoedia humana, stattfindet, ein Rollenspiel, bei dem alle mitmachen können. Am Gemüsestand ruft die Verkäuferin: »So, die Damen, was braucht ihr nun!« Es ist ein Ort, wo jeder Gutes findet, ob mit kleinem, ob mit großem Geldbeutel. Eine Maß Bier, eine Brezn und ein paar Schweinsbratwürstl mit Sauerkraut kann sich jeder leisten. Wenn der Wirt den Gast kennt, hört man: »Peter, servus, frohe Ostern g'habt?«

Es lässt sich nicht leicht ein besserer Platz finden, um heute die kulinarischen Möglichkeiten der Deutschen zu erkunden. Am Stand »Saure Ecke« erzählt die Seniorchefin: »Na, an Schafskäs, so wos hot mä früher in München nid g'essen.« Gertraud Freisinger arbeitet seit 1949 hier. Ursprünglich gab es an ihrem Stand nur saure Gurken, Sauerkraut, heimische Kräuter und zwei Sorten Oliven. Dann kam die Italienwelle, berichtet sie, und mit ihr zogen Basilikum und Thymian ein; es folgte die Asienwelle, und mit ihr breiteten sich Zitronengras und Korianderblätter aus. »Jetzt«, schmunzelt sie, »hammä zwölf Sorten Oliven, Schafskäs' in Kräuteröl und Mu-Err-Pilze.« Der Viktualienmarkt ist ein Seismograph des Wandels.

Vielleicht sind die Fischstände das Prachtvollste eines Marktes. Herrlich, wenn Meeres- und Flusstiere auf Eisbergen liegen, um in unterschiedlichen Formen und Farben zu prunken. »Fisch-Witte« beispielsweise verfügt über ein ausgezeichnetes Sortiment. Der Kunde kann in der kälteren Jahreszeit eine stattliche Reihe von Muscheln entdecken: Miesmuscheln aus Holland, Venusmuscheln aus Italien, Austern aus Frankreich, Jakobsmuscheln aus den USA, dazu dann und wann auch die feinen Schwert- und Herzmuscheln. Nicht wenige Fische kommen aus dem Mittelmeer. Klaus Witte verrät, dass der Loup de mer, auch Wolfsbarsch genannt, und die Dorade royale, auch Goldbrasse genannt, zurzeit die beliebtesten sind. Witte bietet beide Fische als Wildfang wie als Zuchtware an, 30:70.

Beide, der Loup de Mer und die Dorade royale, sind Meeresfische von ansprechender Größe, mit wenig Gräten und weißem Fleisch, das seinerseits einen angenehmen Biss hat, saftig ist und feinwürzig schmeckt. Eigentlich sind sie für ein Blancmanger geeignet, für ein weißes Essen, wofür der heimische Adel oder das patrizische Bürgertum im Mittelalter und der Renaissance bevorzugt Süßwasserfische wie Renke und Äsche verwendeten, weil es damals im Binnenland frische Meeres- oder Salzwasserfische mit weißem Fleisch noch nicht gab. Wolfsbarsch und Goldbrasse ersetzen heute Renke und Äsche als feine Fische, weil es nun umgekehrt die Letzteren entweder selten oder gar nicht mehr gibt, zumindest nicht auf dem Markt. Witte bietet gelegentlich frische Renken aus dem Chiemsee an, an Äschen komme er nicht mehr ran. Schade, meint er, weil sie so wundervoll nach Thymian schmeckten.

Der Kunde kann allerdings andere heimische Süßwasserdelikatessen finden, wie die feine Bachforelle oder den noch feineren Bachsaibling. Auch der Bachsaibling war vor einigen Jahren so gut wie ganz vom Markt verschwunden, bis sich die hiesigen Züchter doch ertüchtigten, um ihn wieder auf den Tisch zu bringen. Dasselbe wäre jetzt für die Äsche wünschenswert. Es ist ein scheuer Fisch, der hohe Ansprüche an die Qualität des Wassers stellt und sich nicht ohne weiteres züchten lässt. Aber vor dreißig Jahren dachte man auch, der scheue Bachsaibling ließe sich nicht züchten. Vielleicht muss es auch heute Leute vom Schlag einer Katharina Luther geben, um die heimische Fischzucht voranzubringen.

Der Fischliebhaber kann sich währenddessen an den Huchen halten, der wie die Äsche oder der Bachsaibling der noblen Familie der Salmoniden angehört, der Lachse und Forellen. Womöglich ist der Huchen überhaupt der vornehmste Vertreter dieser Familie, in der Größe zwischen Lachs und Forelle: lang, schlank, elegant, das Fleisch ungemein saftig und delikat. In diesem Fall haben sich einige Züchter in Bayern und Österreich doch dahintergeklemmt, um das edle Tier wundersam zu vermehren, bis der Huchen auch wieder auf dem Viktualienmarkt erschien. Allerdings handelt es sich im Augenblick noch um eine Rarität.

Der Renner unter den Süßwasserfischen ist im Moment der Zander: selbstverständlich verhältnismäßig grätenarm, mit weißem Fleisch. Witte bezieht ihn aus Schweden, denn sein schwedischer Zander stammt aus Brackwasser, wo sich Salz- und Süßwasser mischen. Dadurch erhält der Fisch einen etwas kräftigeren Geschmack, ähnlich wie die Zander aus den Bodden-Gewässern an der Küste von Mecklenburg-Vorpommern.

Traditionell bilden Fisch und Geflügel ein Duo in der feinen Küche; sie sind dort unentbehrlich, weil sie das Leichte, Bekömmliche verkörpern. Es kommt darauf an, dass das Geflügel entweder aus artgerechter Haltung oder aus freier Wildbahn stammt. »Stephani's Geflügelparadies« präsentiert seit 1990 am Viktualienmarkt ein solches Federvieh. Der größte Teil der Ware stammt allerdings aus Nachbarländern, weil die Deutschen nicht nur bei der Zucht von wohlschmeckenden Fischen und Muscheln, sondern auch bei der Erzeugung von gutem Geflügel etwas schlafmützig sind, ausgerechnet bei so wichtigen Sachen.

Einer der wenigen deutschen Lieferanten dieses Standes, der größere Mengen in gewünschter Güte herbeischaffen kann, ist der Geflügelhof Lugeder in Neuerding, in der Nähe des Wallfahrtsortes Altötting in Oberbayern. Von dort kommen Hausenten und Flugenten. In der Saison erhält der Stand auch Gänse von Michael Classen aus Bakum in Niedersachsen. Dazu bringt ein Bauer vom Chiemsee gelegentlich ein paar Haustauben. Hähnchen werden beispielsweise aus Österreich geliefert, Hubers Landhendel aus dem Innviertel, während die Hauptmasse des Geflügels aus Frankreich stammt: Wachteln aus der Bretagne, Tauben aus den Landes, Poularden aus der Bresse, Enten aus Nantes. Ebenso gibt es französischen Kapaun, den kastrierten Hahn, bei dem das Fett nicht unter der Haut, sondern im Fleisch ist, marmoriert und aromatisch. Auch französische Gänse- und Entenstopfleber kann der Kunde kaufen. In der herbstlichen Jagdsaison stammen die Rebhühner aus freier Wildbahn, aus Schottland oder aus Irland, sind aber selten, öfter gibt es Fasane aus Bayern.

Die Bewohner der europäischen Kontinentalmasse sind kulinarisch etwas anders gepolt als jene am Mittelmeer. Von alters her ist nördlich der Alpen das Schwein das Zivilisationstier. Die Kelten und Franken hatten bekanntermaßen etwas übrig für das nahrhafte Borstenvieh. Der große Esser, der Gourmand, galt einst als Held. Erst im hohen Mittelalter wurden die feinen Herrschaften mehr auf Fisch und Geflügel aufmerksam. Um 1050 schrieb, wie gesehen, der Ruodlieb-Dichter, dass Renken und Äschen vortrefflich seien. In den Werken von Wolfram von Eschenbach fischten die Helden ebenfalls Bachforellen und Äschen, oder die Köche tischten Geflügel auf, Rebhuhn und Fasan, auch den Kapaun. Neben dem großen Esser, dem Gourmand, entwickelte sich der Gourmet, der Feinschmecker.

Glücklich, wer beides sein kann, Gourmand und Gourmet. Das Schwein wurde seit dem hohen und späten Mittelalter zum Paradetier der Bürger, sowohl der vornehmen Patrizier als auch der gewöhnlichen Kaufleute und Handwerker, wie es der Dichter Hadloub in seinem Herbstlied Anfang des 14. Jahrhunderts bezeugte. Er schwärmte von der Schlachtschüssel mit Kesselfleisch vom Schwein. Noch feiner wurde es, wenn zum Schwein das Kalb hinzukam, mitsamt den Innereien. Vor 1300 war vom Kalb so gut wie nie die Rede gewesen. Es wurde insbesondere von den Bürgern in den Städten entdeckt – ein junges Haustier für die Festtagstafel, mit magerem, zartem und bekömmlichem Fleisch, welches so milde und feine Aromen bietet, so unaufdringlich und doch mit Kraft und Würze, zumal wenn das Fleisch von einem jungen Kalb stammt, wie es eigentlich sein sollte, nicht älter als drei Monate. Ein solches Fleisch liiert sich bestens mit Kräutern, Pilzen und Gemüse.

Im »Buoch von guoter spise«, das Michael de Leone um 1350 in Würzburg anlegte, gab es schon Kalbsleber, Bries und Hirn. Einflüsse der bürgerlich-patrizischen wie der ritterlich-höfischen Kultur vermischten sich. Doch vermutlich schufen gerade die städtischen Garküchen um die Marktplätze herum, wo es auch Markthallen und Fleischbänke gab, eine ganz eigene, gentil-bürgerliche Küche: mit Schwein und Kalb, Fleisch und Innereien.

Wo das Kalb war, war das Rind nicht weit. Aber Einlass in die feine bürgerliche Küche fanden normalerweise nur die zwei edlen Varianten des Rindes, jene Arten, die ein zartes, schmackhaftes Fleisch bieten: nicht die Kuh, nicht der Stier, sondern die Färse, das ausgewachsene weibliche Rind, das noch nicht gekalbt hat, und der Ochse, der kastrierte Stier. Es lohnt sich, wenn der Metzger heute das Fleisch solcher Tiere zwei bis vier Wochen im Kühlhaus abhängt, am besten am Knochen – nicht im Vakuumbeutel, weil darin ein leicht säuerlicher Ton entsteht. Es gibt Fleischer oder Gastronomen, die schreiben Ochse auf die Karte, weil es so hübsch klingt, aber das Fleisch ist trotzdem vom Stier: feuerrot, mager, zäh, belanglos. Lediglich amerikanisches Beef schmeckt so oder so gut, weil in Amerika das Fleisch von jeher nicht auf Milchleistung, sondern auf Fleischverzehr hin gezüchtet wurde. Man sollte gelegentlich beim Metzger nachhaken, welches Fleisch er eigentlich anbietet, Färse, Ochse, amerikanisches Beef, wie lange es am Knochen abhing, wie alt das Kalb war und so fort. Manchmal muss man die Metzger auch ein wenig erziehen. Es empfiehlt sich ja, nicht so viel Fleisch zu essen, weil pflanzliche Nahrung normalerweise leichter verdaulich und bekömmlicher ist, aber wenn, dann sollte es ein gutes, würdiges Stück Fleisch sein.

Die deutschen Tierärzte lernen es heute kaum noch, einen Stier oder Hahn zu kastrieren, weil zu wenige Leute danach fragen. Gleichzeitig wird aus der Milch in Deutschland selten Rohmilchkäse hergestellt, weil es den Erzeugern zu kompliziert erscheint oder weil sich die Konsumenten zu wenig daraus machen. Doch nur die rohe, nicht pasteurisierte Milch verfügt über eigene Bakterien, die an der Schwelle zwischen Leben und Verderben die gewünschten verführerischen Aromen hervorbringen. Deutschlands Köche haben in den letzten drei oder vier Jahrzehnten viel dazugelernt – Deutschlands Lebensmittelhersteller hinken der Entwicklung noch hinterher. Der jüngere Boom der Kochkunst hierzulande fußt entweder auf erstklassigen ausländischen Produkten oder auf mittelmäßigen heimischen Waren. Die Deutschen sind Weltmeister der Massentierhaltung oder Agrarüberschüsse, aber es käme darauf an, artgerecht zu wirtschaften. Erst nach und nach strengen sich hiesige Bauern, Gärtnereien, Obstzüchter, Muschelzüchter, Fischzüchter, Geflügelzüchter, Molkereien, Metzgereien und Bäckereien wieder mehr an, um Wohlschmeckendes und Delikates anzubieten. Es ist nicht nur eine Frage des Geldes, sondern auch eine Frage des Witzes.

Traditionell gehören zur feinen bürgerlichen Küche als Paradetiere neben dem Schwein und dem Kalb eben auch der Ochse und der Kapaun, ergänzt durch den Hecht an Fasttagen. So liest man es im großartigen »Neuen Kochbuch« von Marx Rumpolt aus dem Jahr 1581, wo verschiedene Bankette, Festtagstafeln angegeben sind: nacheinander für den Kaiser, die Kurfürsten, die Herzöge, die Grafen, die Edelleute, die Bürger und die Bauern.[17] Rumpolt war der Leibkoch des Reichskanzlers, des Kurfürsten und Erzbischofs von Mainz und verfügte seinerzeit über eine ausgezeichnete Kenntnis der kulinarischen Zustände in Deutschland.

Die Festtagstafel der Bürger begann mit einem Klassiker, der auch heute noch auf den Speisekarten steht und oft nach der Suppe den ersten Hauptgang eines Festtagsessens darstellt: »Ein Rindtfleisch gesotten mit Märrhettich«. Man achtete schon damals darauf, das Fleisch nicht zu stark zu kochen, sondern langsam sanft zu sieden, um seine Saftigkeit und Würze zu erhalten. Auf diese Weise wird es reizvoll, das Rindfleisch in unterschiedlich gegarter Form und Tönung zu goutieren: gesotten, geschmort, gebraten oder gegrillt. Das Rind ist das größte Haustier – und sein Fleisch vermittelt eine besondere Kraft.

Der Meerrettich wiederum war in den mittelalterlichen Kochbüchern noch kaum vertreten, auch in Frankreich oder Italien kam die vornehm weiße, brennend scharfe Wurzel kaum zum Zug. Doch seit der Renaissance wurde das gesottene Rindfleisch mit Meerrettich hierzulande zu einem Kennzeichen der feinen bürgerlichen Küche. Das mürb gegarte, kraftvolle und mildwürzige Fleisch gewinnt durch den scharfen Meerrettich an Pfiff.

Rumpolt schlug für jede soziale Schicht mehrere Bankette vor, für die Fleisch- wie für die Fasttage. Bei allen Banketten gab es drei Gänge, die jeweils aus mehreren Gerichten bestanden. Er sah für den ersten Gang des bürgerlichen Banketts an einem Fleischtag beispielsweise Salat, Suppen und Fleisch vor, der zweite Gang bestand hauptsächlich aus Fleischgerichten, der dritte Gang aus Süßspeisen, Kuchen, Käse und Nüssen. Wenn das Fest an einem Fasttag stattfand, wurde das Fleisch durch Fisch ersetzt, Hecht, Lachs, Forellen, Karpfen, oder durch Krebse. Doch die seltenen Süßwasserfische wie Huchen, Renke, Flussbarsch – oder gar Meerestiere wie Austern, »schwarze Muscheln« (wahrscheinlich Miesmuscheln) und Meerspinnen, gab es nur an der kaiserlichen oder fürstlichen Tafel, weil diese Dinge durch sündhaft teure Expressdienste von weit her gekarrt werden mussten.

Für Rumpolt gehörten zum ersten Gang eines bürgerlichen Banketts neben dem gesottenen Rindfleisch etwa auch: »Ein Kapaunen

Suppen mit geräuchtem Fleisch umblegt / und ein Lungenbraten auch in die Suppen. Ein gut gefüllte Spensaw (Spanferkel). Ein saur Kraut gekocht mit geräuchtem Speck / vnd mit alten Hünern«. Zum zweiten Gang zählten Schweinefleisch, Kalbsbraten, Hammelkeule, gebratener Kapaun, Gans, Rebhuhn, Lamm, Zicklein, ein gedämpftes Rindfleisch mit Wacholderbeeren, Milchreis, gekochtes Kalbfleisch mit Limonen und eine saure Kalbssülze. Der dritte Gang umfasste die Nachspeisen: »Gebackne Kuchen. Hohlhippen. Braun Gebackenes. Strauben Gebackenes. Allerley gute Käß. Groß und kleine Nüß«. Ein weiteres Bankett der Bürger an einem Fleischtag nannte wiederum die Sachen von Kalb, Schwein, Ochse und Kapaun am häufigsten, etwa eine »Kälberne Brust die gefüllt sey« oder »Ein Gallrat von Schweinsfüssen gelb«.

Die »Metzgerei Eisenreich« am Viktualienmarkt erscheint heute wie eine prachtvolle Metzgerei aus der Renaissance. Es gibt eine Fülle an Kalb und Schwein: Kalbfleisch zum Braten, Kalbsbrust zum Füllen, Kalbshaxen, gesottene Kalbsfüße, allerlei Innereien vom Kalb, Kutteln, Leber, Niere, Herz, Bries, Zunge, Hirn, dazu Schweinefleisch zum Braten, gesottene Schweinsfüße, Schweinshaxen, Schweinsinnereien oder herrliches Rindfleisch, das seltene, zarte Kronfleisch (das Zwerchfell), oder eine Hochrippe, auch Entrecôte genannt, vielleicht das beste, würzigste Stück vom Rind zum Kurzbraten, hier wundervoll mit Fettsträhnen marmoriert, von der Färse oder vom Ochsen. Man sieht ebenso das Beinfleisch vom Rind, auch Querrippe genannt, vielleicht das würzigste Stück vom Rind zum Sieden (nicht zu verwechseln mit der Rindshaxe). Daneben gibt es hier natürlich Lamm und Lamminnereien – und selbstverständlich viele Würste, Weißwürste und dergleichen.

Das Schwergewicht von Kalb und Schwein, Fleisch und Innereien hat sich auch in einigen traditionellen Münchner Gasthäusern in der Nähe des Marktes erhalten – vergleichbar mit den Beisln in Wien, mit den Zunftstuben in Zürich oder den Bistros im Quartier Les Halles in Paris, wo es ehemals viele Metzgereien gab. Die Franzosen, Schweizer, Österreicher sind ja wie die Deutschen ehemalige Kelten und Franken, mit einer uralten Liebe für das Schwein, irgendwann ergänzt durch die Vorliebe für das Kalb und die Kalbsinnereien, auch für den

Ochsen und das Lamm, für gehaltvolles Geflügel, Gans, Ente und Kapaun.

Beinahe wäre das unverfälschte Münchner Gasthaus, oft auch Wirtshaus oder Gaststätte genannt, verlorengegangen.[18] Erst in den 1980er Jahren merkten einige Leute, die die Nase im Wind hatten, was auf dem Spiel stand. Nach dem Wirrwarr der Weltkriege hatten Gastronomen im Eifer des Wiederaufbaus an unaufhörlichen Fortschritt mit Hilfe von rigorosem Rationalismus geglaubt. Gerade die deutschen Wirte folgten den Verheißungen des technischen Zeitalters, rissen hölzerne Einrichtungen, Vertäfelungen, Bänke und Dielen heraus, ersetzten sie durch pflegeleichtes Linoleum und Resopalplatten, während in der Küche der hausgemachte Rohe-Kartoffelknödel oder die von Hand gemachten Spätzle durch Waren aus der Tüte ersetzt wurden. Irgendwann folgte, noch schlimmer, vielerorts die Wende zur Pseudorustikalität. Der Gast geriet plötzlich in ein Dekorationsdelirium: mit künstlichen Balken, Wagenrädern, Strohballen, Vorhängchen, Schleifchen, Designertrachten. Je mehr dekoriert wurde, umso mehr versuchte die Küche, auf Fertigprodukte und Tiefkühlkost zurückzugreifen. Es schien kein Problem mehr zu sein, Vielfalt zu bieten. Die Lokale gaben sich folkloristisch, aber jedes Gericht hatte diesen gewissen faden, süßlichen Touch an sich.

Dem populären Münchner Schauspieler Walter Sedlmayr war es zu bunt geworden. Er hatte Sehnsucht nach dem unverfälschten Münchner Gasthaus und gründete 1989 sein eigenes Wirtshaus »Beim Sedlmayr« in der Westenriederstraße, nur einen Katzensprung vom Viktualienmarkt entfernt. Heute führt es Rudi Färber, ein alter Freund von Eckart Witzigmann, der seinerseits gelegentlich hier vorbeischaut, etwa am Vormittag zum Weißwurstessen. Das Lokal ist von angenehmer Größe: Schlanke, gusseiserne Säulen tragen die hohe Decke, die Wände sind hell vertäfelt, die blanken Buchenholztische mit Lehnbänken umstellt; die Bedienungen granteln dann und wann, doch ansonsten ist vieles stimmig hier.

Die Sprache verrät, dass das Publikum vorwiegend aus Münchnern besteht: Leicht angeheiterte, gestandene Mannsbilder lachen g'schert, daneben plaudern nette Leute und lassen sich nicht stören; das Lokal sprüht vor Energie und Lebensfreude. Es gibt Schweinsbraten mit

Kruste, hausgemachten Rohe-Kartoffelknödeln und Krautsalat; gebackene Kalbsbackerl mit Kartoffel-Gurken-Salat oder gesottenes Ochsenfleisch mit Meerrettich. Auf der Karte steht auch Bœuf à la mode, mancherorts als Böfflamott eingedeutscht. Es handelte sich um einen Rinderschmorbraten, etwa von der Ochsenschulter, in Rotwein gegart, quasi als Hommage an den französischen Koch La Varenne, der in seinem Kochbuch »Le Cuisinier François« von 1651 den Begriff des Bœuf à la mode berühmt und *salonfähig* gemacht hatte, auch bei Hofe. Darum geht es eigentlich im städtischen Gasthaus, um eine Mischung aus *Stube* und *Salon*, um mittleren Stil: *Salonbürgerlichkeit!*

Die Münchner Weißwurst hat in einem solchen Gasthaus ihren genialen Ort. Auch sie ist eine Liaison zwischen Schweinernem und Kälbernem – quasi eine Wurst der gehobenen Art, wenn, ja wenn tatsächlich genügend Kälbernes drin ist. Vor ein paar Jahren wollten die örtlichen Metzger die Münchner Weißwurst nach europäischem Recht als geographische Herkunftsbezeichnung schützen lassen und die Zutaten verbindlich festlegen. Es misslang, weil traditionell viele andere bayerische Metzger ebenfalls Münchner Weißwust machen. Es wäre fair, einen zweiten Versuch zu unternehmen, damit es zweierlei gäbe: erstens Münchner Weißwurst mit verbürgtem Kalbfleischanteil, zweitens bayerische Weißwurst mit freiwilligem Kalbsfleischanteil oder ganz aus Schwein, wie es vielerorts der Fall ist.

Nach einer Anekdote soll die Münchner Weißwurst durch Zufall schon im Jahr 1857 in einer Metzgerei am Marienplatz entstanden sein – was nicht unbedingt glaubwürdig wirkt. Vielleicht gab es damals schon eine Vorform der Weißwurst, eine helle Kalbswurst, die aber wohl noch nicht der endgültigen Form gleichkam. Im »Appetit-Lexikon« von Rudolf Habs und L. Rosner aus dem Jahr 1894, das eine gute Kenntnis kulinarischer Eigenheiten im deutsch-österreichischen Raum bot, war von der Münchner Weißwurst noch nicht die Rede.[19] Vermutlich gewann sie erst im frühen 20. Jahrhundert ihre heutige Form, weil für ihre Herstellung die Kuttermaschine nötig ist, welche um diese Zeit in Mode kam.

Die Stadt München hat im Jahr 1972 für die örtlichen Metzger bestimmt, dass die Münchner Weißwurst zur Hälfte aus magerem Fleisch bestehen soll: davon wiederum die eine Hälfte aus Kalb-, die andere aus Schweinefleisch. Idealerweise wird dieses Kalb- und Schweinefleisch im Kutter zerkleinert und dann mit Schweinespeck und gestoßenem Eis in ein glänzendes Brät verwandelt, dabei nicht mit Pökelsalz, sondern mit Kochsalz gewürzt, um die weiße Farbe zu erhalten, quasi Blancmanger, dazu kommen Pfeffer, Zitronenschale, Muskatblüte, Zwiebel und Blattpetersilie, ebenso werden noch gesottene Schweineschwarten und ein ausgelöster, gesottener Kalbskopf fein mit der Masse vermischt, um ihr noch mehr Geschmeidigkeit und Aroma zu verleihen. Danach füllt man die Masse in Schweinedärme, brüht die Würste rund 20 Minuten bei etwa 75 °C, um sie rasch zu servieren: nicht zu labbrig, nicht zu fest. Die Weißwurst soll vor dem Zwölfuhrläuten verzehrt sein, sagt man, denn nur so komme das fabelhafte Aroma von Kalbfleisch, frischem Schweinespeck und Gewürzen zur Geltung. Irgendwie hat die Münchner Weißwurst gerade durch Zitrone, Zwiebel und Petersilie etwas von frühlingshafter Frische an sich, erweckt für Momente die Illusion des Federleichten.

Irgendwann muss jeder einmal in einem unverfälschten Münchner Gasthaus den Tag mit einem Weißwurstessen beginnen, begleitet von gekörntem, süßem Senf, Brezn und einem Hellen. Rudi Färber bezieht die Weißwurst für sein Wirtshaus »Beim Sedlmayr« von seinem Münchner Kollegen Ludwig Wallner, der seinerseits die »Gaststätte Großmarkthalle« in der Kochelseestraße betreibt, mitsamt einer Gasthaus-Metzgerei. Wallner ist mit Leib und Seele Metzger und hat sich in der Stadt einen ausgezeichneten Ruf für seine Würste erworben. Er arbeitet genau, wie ein Gourmetkoch, experimentierte, bis er herausfand, dass exakt 74 °C die beste Temperatur ist, um die Weißwürste zu brühen. Dem Inhalt nach liegen seine Würste weit über dem Soll, denn der Magerfleischanteil besteht bei ihm aus purem Kalbfleisch, was den Würsten eine wunderbar federnde Bindung und feinsten Geschmack verleiht.

Die »Gaststätte Großmarkthalle« im Stadtteil Sendling ist selbst ein vorbildliches, unverfälschtes Münchner Wirtshaus aus der Zeit kurz vor dem Ersten Weltkrieg. Jüngst wurden die historischen Räume mit leisen Anklängen des Jugendstils und des Art déco behutsam restauriert. Vermutlich fand damals, um 1900, die Salonbürgerlichkeit des Gasthauses zu ihrer klassischen Form: gleichermaßen in der Einrichtung wie im Angebot der Speisen und Getränke, aufgebaut in einfachen Kontrasten, irgendwie an zwei Welten teilnehmend: Stube und Salon, bodenständig und elegant, hell und dunkel, geradlinig und gewölbt, Schwein und Kalb, Fleisch und Innerei, gesotten und gebraten, Bier und Wein. Ein solches Konzept wirkt selbstverständlich, ausgereift, gibt sich flexibel: ist mal mehr Schwemme und Stube, mal mehr Salon, kann sich ohne weiteres an bestimmte Stile anlehnen, an Biedermeier, Jugendstil, Art déco, zeitgenössischen Purismus.

Die Wurzel des nordalpinen Gastraumes war einst die Bohlenstube mit Kachelofen, die im späten Mittelalter der einzige beheizte Raum in städtischen Bürgerhäusern war. Da im Laufe der Zeit die Häuser massiver gebaut wurden, war die Verschalung des beheizten Raumes mit dicken, gebeizten Bohlen eigentlich nicht mehr nötig. Doch man behielt das Prinzip der Vertäfelung bei, weil es sowohl warme Wohligkeit als auch Schmuck vermittelte. Im Herbst 1580 reiste der französische Edelmann, Connaisseur und Philosoph Michel de Montaigne durch Süddeutschland und kehrte in den Gasthäusern der Reichsstädte ein. Er notierte sich in seinem Tagebuch, dass die Gaststuben oft mit Tannenholz vertäfelt, sorgfältig gefärbt, gebeizt und gereinigt seien. Mancherorts präsentiere sich die Bohlenbalkendecke »halbmondförmig« gewölbt, die Stuben seien überhaupt von »anmutigem Aussehen«.[20]

Nach und nach setzte eine gewisse Entschlackung ein. Die Bohlen wurden durch dünne, schwarzbraune Bretter ersetzt, oft nur noch halbhoch, um zugleich den verputzten Wänden darüber eine andere, hellere Farbe zu geben, in der Regel ein gedämpftes Weiß oder Creme. Die Vertäfelung erhielt da und dort größere oder kleinere Kassetten, um feine Lichtreflexe zu erzeugen. Je mehr die gute Stube gentil-bürgerlichen Charakter annahm und sich dem adligen Salon annäherte, desto mehr verfeinerten sich einige Details. Der Dielenboden wurde da und dort durch Parkett ersetzt, die Decke erhielt ein Kreuzgratgewölbe, um der Geradlinigkeit der umlaufenden Vertäfelung barocke Wölbungen entgegenzusetzen. Boden, Tische, Wände und Gewölbe waren hell – Vertäfelung, umlaufende Wandbänke und Stühle dunkel. Manchmal erhielt sich der grüne Kachelofen, manchmal verschwand er. Im gehobenen Münchner Gasthaus setzten sich spätestens um 1900 klare Linien und ruhige Konturen durch. Es entwickelte sich ein vornehm zurückhaltendes Dekor, das dem Gast genügend Platz lässt, um sich selbst etwas eleganter und charmanter zu fühlen, ohne Etepetete.

Der Typus des *Gasthauses* ist dem Ideal nach entweder Schwemme oder Stube oder eine Mischung aus Stube und Salon, während das *Restaurant* ganz und gar Salon sein soll, mit weit gestellten Tischen, fein eingedeckt, mit Spiegeln an der Wand, womöglich geschmückt mit Edelholz, Marmor, Bronze und Blattgold: halb aristokratisch-luxuriös, halb bürgerlich-demokratisch. Das Gasthaus pflegt eher die *national-regionale Küche*, das Restaurant eher die *weltoffene Küche*. In Frankreich entspricht dem Typus des Gasthauses die *Brasserie*; in Italien kommt dem Typus des Gasthauses die *Osteria* oder *Trattoria* gleich.

Die historischen Räume der »Gaststätte Großmarkthalle« variieren leicht. Der Hauptgastraum ist etwas rustikaler, eher eine große, prächtig gewölbte Schwemme, daneben ist die so genannte »Marktstube« eigentlich eine Salonstube, mit leichten Anklängen des Jugendstils durch die sanft geschwungenen Bögen des Gewölbes; ein dritter Raum ist ebenfalls eine Salonstube, mit leisen Anklängen des Art déco durch die betont geometrische Struktur der Vertäfelung. Diese Räume verkörpern das Gasthaus wie aus dem Bilderbuch.

Eine solche gewachsene Einrichtung ohne Firlefanz vermittelt nicht nur Momente zeitlicher Tiefe, sie erweckt auch Vertrauen in die Küche. Die Wirtsleute beweisen guten Geschmack und wollen den Gast nicht blenden, sieht man von den subtilen Reflexen der Vertäfelung oder vom plastischen Licht- und Schattenspiel des Gewölbes einmal ab. Die Geschwister Ludwig Wallner und Gabi Walter führen gemeinsam das Lokal. Stolz verkünden sie: »A Packerlsoß' gibt's bei uns nid. Jeden Dog wird frisch aufkocht.« Die Trümpfe sind die hauseigenen Würste, die Münchner Weißwürste, dazu eine seltene, gebackene Kalbsbries-Milzwurst. Auf der Tageskarte stehen Sachen wie Nudelsuppe mit Huhn, Kalbsbeuscherl mit Lunge und Herz, anderswo auch Salonbeuscherl genannt, ebenso gefüllte Kalbsbrust oder Ochsenschwanzragout mit Semmelknödel. Natürlich fehlt auch der Schweinsbraten nicht.

Die Entwicklung der *bürgerlichen Salonküche* bleibt selbstverständlich nicht stehen. Die Dominanz von Schwein und Kalb, Fleisch und Innereien wird heute sachte gebrochen. Es schleichen sich in München wie anderswo, wo das traditionelle Gasthaus gepflegt wird, leichtere vegetarische oder vorwiegend vegetarische Gerichte ein. Der Blick auf die Pastaküche der italienischen Osteria gab manche Anregung. Die gentil-bürgerliche Küche kehrt zum Handwerk zurück und macht mehr aus der eigenen Nudel- und Knödelkultur, jetzt solo sozusagen: Semmelknödel mit Champignons à la creme; Kartoffelnocken mit Raukemus; Spätzle mit Allgäuer Bergkäse und Kopfsalat; Maultaschen mit geschmelzten Zwiebeln; Frankfurter Grüne Soße mit Kartoffeln und Ei; Himmel & Erde mit Apfelscheiben, Kartoffelbrei und Blutwurst; Dampfnudeln und Apfelküchlein mit Vanillesoße.

Woher kommt nun aber dieser barocke Hang der Münchner zum Gastronomischen, woher diese Lebens- und Fleischeslust ohne schlechtes Gewissen? Bis heute findet dort jährlich auch die größte Gastronomie-Party der Welt statt: das Oktoberfest – seit 1810. Schon in früherer Zeit haben sich Beobachter den Kopf darüber zerbrochen. Es gab sogar den Vorwurf, die Münchner könnten gar nichts anderes als Gastronomie. Der entsagungsfreudige Bilderbuchpreuße des 19. Jahrhunderts sah die Bayern in biederer Gemütlichkeit und Bierseligkeit versinken, ohne Sinn für das Höhere, Moral, Metaphysik. Der preußische Militärstaat schien moderner zu sein als die Liberalitas Bavariae: leben und leben lassen.

Ein solches Meinungsbild reichte noch weiter zurück. Johann Kaspar Riesbeck war um 1780 in München und veröffentlichte drei Jahre später anonym als vermeintlicher Franzose die »Briefe eines reisenden Franzosen über Deutschland«, die rasch zu einem beliebten Werk aufstiegen und in ganz Deutschland gelesen wurden.[21] Auch Goethe und Charlotte von Stein blätterten gleich darin herum. Riesbeck stammte aus Hanau und studierte in Mainz, wo er von aufgeklärten, katholischen Domherren gefördert wurde. Doch im Grunde blieb er asketisch-protestantisch, rationalistisch gesinnt, bewunderte Preußen und Friedrich II. und stand der französischen Aufklärung nahe. Er reiste durch Deutschland und war dann der erste Redakteur der ›Zürcher Zeitung‹, die später ›Neue Zürcher Zeitung‹ hieß. Das erzkatholische Bayern stand für ihn unter einem ungünstigen Stern. War Rom für Luther ein Babylon in Europa, so war München für Riesbeck ein Babylon in Deutschland.

Der Münchner Hof verdarb offenbar das Münchner Bürgertum: »Der Charakter der Münchner bliebe für mich ein Rätsel, und wenn ich auch noch viele Jahre hier wäre. Ich glaube mit allem Grund behaupten zu können, daß sie gar keinen Charakter haben. – Ihre Sitten sind so verdorben, als sie es in einem Gewimmel von 40 000 Menschen sein müssen, die bloß vom Hofe leben und größtenteils auf Kosten desselben müßig gehen. / Unter dem großen Adel gibt es, wie überall, ausgebildete und sehr artige Leute; aber überhaupt genommen, ist er im ganzen Umfange des Wortes Pöbel, ohne alles Gefühl von Ehre. (...) Die meisten Häuser, von denen mehrere 15- bis 20- und einige auch wohl 30- bis 40 000 Gulden Einkünfte haben, wissen von gar keiner anderen Verwendung ihres Geldes und von keinem anderen Vergnügen, als welches Tisch, Keller, Spieltisch und Bette gewähren. (...) Der übrige Teil der Einwohner lebt bloß, um zu schmausen und der zyprischen Göttin zu opfern.«

Essen, Trinken und die Liebe standen in München offensichtlich im Zentrum des Wissens und der Lebenspraxis. Riesbeck geriet in Fahrt. Er versuchte, die Sache tiefer zu fassen – und kam zum eigentlichen Prägestock, zur Religion, die dahintersteckte, zum Katholizismus, zu den Mönchen: »Mit dieser großen Liederlichkeit kontrastiert ein ebenso hoher Grad von Bigotterie auf eine seltsame Art. (...) Kein Volk kann mehr Abscheu gegen alles haben, was Zucht und Ordnung heißt, als die Bayern. (...) Diesen Unterschied macht hauptsächlich das unselige Mönchswesen, welches der stärkern Bevölkerung und besseren Aufklärung, dem Kunstfleiß und dem Ausbau der Ländereien in Bayern überall im Weg steht. (...) Der Hang zum Müßiggehen, zum Schmausen und zur Bettelei, welcher durch ganz Bayern herrscht, wird durch das Beispiel der fetten Mönche erhalten und geheiligt.«

Noch schlimmer ging es für Riesbeck nur noch im erzkatholischen Köln zu: »Köln, Bruder, ist in jedem Betracht die abscheulichste Stadt von Deutschland. (...) Einen Dritteil der Einwohner machen *privilegierte* Bettler aus. Diese bilden hier eine förmliche Zunft. (...) Einen andern Dritteil der Einwohner machen die Pfaffen aus. Man zählt hier bloß neununddreißig Nonnenklöster. Der Männerklöster und Prälaturen sind über zwanzig und der Stifter über zwölf. (...) Den letzten, dritten Teil machen einige Patrizierfamilien, die Kaufleute und Handwerker aus, von denen die zwei andern Dritteile leben. Überhaupt ist Köln wenigstens noch um ein Jahrhundert hinter dem ganzen übrigen Deutschland zurück, Bayern selbst nicht ausgenommen. Bigotterie, Unsittlichkeit, Trägheit, Grobheit, Sprache, Kleidung, Möbeln, kurz, alles zeichnet sie so stark von ihren übrigen Landsleuten aus, daß man sie mitten in ihrem Vaterlande für eine fremde Kolonie halten muß.«

Riesbeck brachte seine Feindbilder in Position: die katholischen Fürsten, Prälaten, Pfaffen, Mönche und Nonnen. Doch den eigentlichen Punkt des anscheinend unheilvollen Genuss- und Lotterlebens hatte er damit immer noch nicht gefunden. Als er in Wien war, stieg er nochmals tiefer in die Sache ein. Er entdeckte hinter dem Katholizismus der Gegenreformation den Machiavellismus, eingeschleust durch die Jesuiten.

Niccolò Machiavelli wurde einst berühmt und berüchtigt durch seine Schrift »Der Fürst«. Das Werk war 1532 erschienen und stellte eines der Grundbücher für den Absolutismus der Frühen Neuzeit dar. Der Autor zeigte zwar andernorts auch Sympathie für die Republik, aber um der Einheit Italiens willen schien es ihm ratsam, einen absolutistisch-fürstlichen Machtstaat einzurichten, um die äußeren Feinde, Deutsche, Franzosen, Spanier, abzuwehren. Der eigentliche Sinn der Politik wurde im »Fürsten« zur Nebensache. Es ging für Machiavelli kaum noch darum, Landwirtschaft und Städte, Handel und Verkehr, Künste und Wissenschaften, Gerechtigkeit und Gemeinwohl zu fördern. Solche Dinge wurden in ein paar wenigen Absätzen behandelt. Das A und O der Politik war die Erhaltung der Macht – und diese lag für ihn am besten in der Hand eines Fürsten. Es wurde lang und breit darüber nachgedacht, wie ein Fürst es schafft, ohne republikanische Mittel an der Macht zu bleiben. Das eigentliche Rezept war die Blendung des Volkes: erstens durch glänzende Eroberungskriege, zweitens durch ein prachtvolles, luxuriöses Hofleben, »denn der Pöbel«, so wurde hervorgehoben, »läßt sich immer von Schein und dem Erfolg mitreißen«.[22]

Für Riesbeck hatte der Machiavellismus die Politik des Absolutismus ruiniert. Die Politik geriet in schlimme Hände: »Die Minister verschiedener europäischer Höfe, wie sie sich nach dem italienischen

Muster gebildet hatten, glaubten desto besser zu reagieren, je feinere, listigere und verwickeltere Maßregeln sie ergriffen. (...) Die Pfaffen, besonders die Jesuiten, deren innere Ordensverfassung und Regierung mit den Grundsätzen dieser so genannten feinen Politik vollkommen übereinstimmten, trugen das meiste dazu bei, sie an den Höfen geltend zu machen. (...) Durch die Jesuiten und einige italienische Parvenus schlich sich der so genannte Machiavellismus auch an dem hiesigen Hof ein.« Gemeint war der Hof in Wien.

Tatsächlich hatte Papst Clemens VII. im Jahr 1532 die Genehmigung für den Erstdruck von Machiavellis »Fürst« in der Vatikandruckerei erteilt, wodurch für das Publikum der Machiavellismus von Beginn an mit der römisch-katholischen Kirche und der Gegenreformation in Verbindung stand. Zu den Ersten, die das Werk genau studierten, gehörte die Gesellschaft Jesu, die 1540 als neue Ordensgemeinschaft vom Papst anerkannt wurde. Die Jesuiten waren es auch, die bald Papst Paul IV. baten, die Schrift gleich wieder zu verbieten, um das Papsttum vom Vorwurf des Machiavellismus zu befreien. 1557 stand der »Fürst« auf dem Index. Fortan gaben sich alle Parteien, Protestanten und Katholiken, als eifrige Antimachiavellisten – was niemanden daran hinderte, doch ein Machiavellist zu sein.

Die Jesuiten erkannten haarscharf den säkularen, atheistischen Zug im »Fürsten«. Machiavelli sprach kaum noch von Gott oder der Vorsehung, vielmehr stand für ihn der Gang der Natur und der Geschichte unter der Laune »Fortunas«, des Zufalls, des Glücks. Der Autor billigte den Menschen einen freien Willen zu: Halb unterstehe der Lauf der Welt der Fortuna, halb der Tatkraft des Menschen. Es gelte, mit rationalistischen Mitteln in das Geschehen dieser Welt einzugreifen. Für den Fürsten komme es darauf an, gezielt die Schwächen der Untertanen gegenüber Blendung und schönem Schein zu nutzen. Die Jesuiten gaben sich empört – und verstanden. Während Luther dem Wort vertraute, dem Lesen der Bibel, um als Christ Nächstenliebe, Bescheidenheit und Gehorsam zu üben, setzten die Jesuiten nicht nur auf den *Gedanken*, sondern auch auf den *schönen Schein*, auf das Feierliche, Theatralische, Barocke, um im Prinzip dieselben Ziele wie Luther zu verfolgen. Beide wollten die Untertanen zu Gehorsam erziehen, nur griffen die Jesuiten auf vielfältigere Mittel zurück.

Luther hatte in seiner Schrift »Von der Freiheit eines Christenmenschen« keinen Zweifel daran gelassen, wie seine religiöse Lehre von der Freiheit für die Christenmenschen politisch gemeint war: »Auf diese Weise gebietet auch Sankt Paul (...), daß sie sollen weltlicher Gewalt untertan und bereit sein, nicht daß sie dadurch fromm werden sollen, sondern daß sie den anderen und der Obrigkeit dadurch frei dieneten und ihren Willen täten aus Liebe und Freiheit.« Der Reformator umgarnte die Prinzipien von Autorität und Gehorsam mit lieblichen Worten. In der Ordensregel der Jesuiten hieß es unverblümter: »Wir sollen uns dessen bewußt sein, daß ein jeder von denen, die im Gehorsam leben, sich von der göttlichen Vorsehung mittels des Oberen führen und leiten lassen muß, als sei er ein toter Körper.«[23]

Neben dem Gehorsam gegenüber dem Ordensoberen war die Papsttreue eine zweite wichtige Regel der Jesuiten. Der Papst verkörperte für sie das Gemeinwohl der Christenheit, etwas Weltumspannendes, Imperiales. Dagegen mutete der Partikularismus der Protestanten, der Zerfall der Kirche in Nationalkirchen oder fürstliche Landeskirchen provinziell an. Jeder Pater sollte ein ewiger Pilger sein, ein Weltmann werden und von Niederlassung zu Niederlassung wechseln, straff von der Ordensleitung in Rom organisiert, wie beim Militär. Ignatius von Loyola, der spanische Gründer des Jesuitenordens, war Offizier gewesen, bevor er Priester wurde. Als Ordensoberer nannte er sich General. Unter seiner Ägide wurde die Gesellschaft Jesu, der Jesuitenorden, zur treibenden Kraft der Gegenreformation.

Während Luther eine antiurbane Haltung einnahm, hatte Loyola ein Faible für das Städtische, die feinere Sinnenkultur. Die Tätigkeit seines Ordens sollte auf drei Säulen ruhen: erstens auf städtischen Kollegienhäusern, die eine Mischung aus Ordenshaus und Gymnasium sein sollten, mit Theater und Internat, um die Bildung und Erziehung zu fördern, kostenlos, quer durch alle sozialen Schichten; zweitens auf Exerzitien, sowohl für die Patres als auch für die Laien, um über das Studium der Evangelien wie über die Meditation freiwillig zu Gott und Gehorsam zu finden; drittens auf neuen barocken Kirchenbauten, feierlichen Messen mit Prachtgewändern, Musik und Weihrauch. Der kulturelle Aufwand war enorm. Die katholischen Fürsten mussten tief in die Tasche greifen, wenn sie den Wunsch hatten, dass sich Jesuiten in ihrer Residenz niederließen. Die Patres der Gesellschaft Jesu boten eine Schule des guten Geschmacks und des schönen Scheins.

Schon 1541, kurz nach der Ordensgründung und noch zu Lebzeiten von Martin Luther, erschien nördlich der Alpen der erste Jesuit in Regensburg: Petrus Faber, bald ergänzt von Gefährten. Doch die Reichs- und Bischofsstadt an der Donau war konfessionell gemischt, teils protestantisch, teils katholisch; selbst in den Augen der katholischen Domherren erschienen diese neuen Patres etwas hochmütig. Sie wurden vertrieben und ließen sich in Ingolstadt nieder, das dem bayerischen Herzog in München unterstand und rein katholisch war. Es gab dort eine Universität, die am Boden lag, weil die katholische Theologie bei Studenten kaum noch Interesse erweckte. Die Jesuiten verständigten sich mit dem bayerischen Herzog und bauten die dortige Universität neu auf.

1559 kamen aus Ingolstadt die ersten vier Jesuiten nach München und erhielten als Unterkunft zunächst einen Flügel im Augustinerkloster. Es lag an der Neuhauser Straße, einer zentralen Achse der Stadt, die von Ost nach West verläuft. Schon ein Jahr später betrieben die Münchner Jesuiten ein Gymnasium mit Theater, wo die Schüler christliche Erbauungsdramen einübten. Der erste Höhepunkt der neuen Theaterpraxis war ein Auftritt der Schüler bei Hofe im Jahr 1568. Den Anlass dafür gab eine Hochzeit: Erbprinz Wilhelm V. von Bayern heiratete Renata von Lothringen. Die Feierlichkeiten dauerten über vierzehn Tage. Orlando di Lasso komponierte die Festmusik; die Jesuiten führten ein Stück namens »Samson« auf.[24]

Es gab im Münchner Jesuitenkolleg wie auch an anderen Jesuitenkollegien nun eigens einen Theaterpater, der selbst Stücke schrieb und inszenierte. Die Stoffe stammten aus dem Alten Testament, aus der antiken Mythologie oder der Gegenwart, dann nämlich, wenn es galt, das Fürstenhaus zu verherrlichen. Es herrschte in den Stücken eine strenge göttliche Gerechtigkeit. Häufig wurden die Sünder bekehrt oder verdammt; sie fuhren entweder in den Himmel hinauf oder in die Hölle hinab. Anfänglich führten die Jesuiten ihr Spiel oft auf öffentlichen Plätzen auf: etwa 1574 in München das Stück »Constantinus«, an dem 185 Personen mitwirkten, dazu 400 Reiter. Der Ordensgeschichtsschreiber Ignatius Agricola meinte rückblickend über diese

Anfangsjahre: »So etwas hatten die Münchner zu dieser Zeit weder gesehen noch gehört.«[25] Die Patres der Gesellschaft Jesu boten den Münchnern *ingens spectaculum*, großartiges Schauspiel. Im Laufe der Zeit sollte noch weit mehr daraus werden, um es mit Richard Alewyn zu sagen: das große Welttheater des Barock.[26]

Bereits im frühen 16. Jahrhundert hatte das Theaterwesen in Deutschland einen gewissen Aufschwung erlebt. Doch es galt nicht als hoffähig. Es war eine Sache von Laien, die eher der unteren sozialen Schicht angehörten, indem Schüler oder Handwerker gelegentlich Fastnachtsspiele und Meistersingerdramen aufführten, häufig mit bieder-moralischen Themen, vorgetragen in wenig elegantem Knittelvers. Doch seit der zweiten Hälfte des 16. Jahrhunderts kamen auch professionelle Theatergruppen aus England nach Deutschland, die in den Sälen der Burgen und Schlösser, der Rathäuser und Gasthäuser spielten oder auf eigens dafür gezimmerten Bretterbuden auf dem Marktplatz. Die Stücke dieser Truppen beinhalteten schon eher weltläufige Themen – unter anderem führte man schon Werke von Shakespeare auf: »Romeo und Julia«, »Hamlet« oder den »Kaufmann von Venedig«.

In dem Moment, da die ewigen Wahrheiten der Religion durch die Reformation erschüttert worden waren, gewannen die fiktiven Rollen und Lebensmuster des Theaters und der Literatur an Bedeutung. 1586 wurden englische Komödianten in Dresden bezeugt, 1592 am Hof der Herzöge von Braunschweig in Wolfenbüttel oder ein Jahr später in Nürnberg. Diese professionellen englischen Theaterleute waren hauptsächlich in protestantischen Gebieten unterwegs, während in den katholischen Regionen die Jesuiten das Heft in die Hand nahmen, um für das Theater bislang ungeahnte Möglichkeiten zu erschließen. Die ewigen Wahrheiten von Religion und Gottesgnadentum sollten noch einmal glanzvoll erstrahlen.

Herzog Wilhelm V. von Bayern und Herzogin Renata wurden bedeutende Förderer der Jesuiten. Sie ließen mitten in der Stadt ein ganzes Viertel abreißen, um seit 1582 an der Neuhauser Straße die Jesuitenkirche St. Michael und das Jesuitenkolleg zu errichten, beides nebeneinander, von palastartiger Grandeur, eine Front, die viele an den spanischen Escorial erinnerte. Selbst die Jesuiten zuckten vor einer solchen Majestät zusammen. Pater Provinzial Alber schrieb an den Ordensgeneral in Rom: »In einem Teil des neuen Kollegs zu München sind die meisten Räumlichkeiten zu prächtig und zu groß (...). Den übrigen Teil des Kollegs, welcher besonders für die Wohnungen dienen wird, hoffe ich mit Erlaubnis des Herzogs der religiösen Einfachheit mehr anpassen zu können. (...) Der bereits bebaute Teil wird für die Bibliothek, als Speisesaal, Erholungssaal, für Gäste usw. dienen. Bei dem, was noch zu vollenden ist, wird alle Pracht vermieden und der Herzog dadurch nicht beleidigt werden.«[27]

Nach den Wünschen des Herzogs sollte nicht einfach nur ein Kolleg entstehen, sondern ein blendender Staatsbau mitten in der Stadt. Die feierliche Front sollte nicht nur die enge Verbindung des Herzogs mit den Jesuiten unterstreichen, sondern auch das Erstarken der absolutistischen Fürstenmacht vor Augen führen, unterstützt von der römisch-katholischen Konfession und unerschütterlicher göttlicher Gnade. Bis dahin war in der Stadt das bürgerliche Patriziat von einigem Gewicht. Mehrere Patrizier waren protestantisch gesinnt, nicht zuletzt aus Opposition zum katholischen Herzog. Doch von nun an sollte es keine Halbheiten mehr geben. Jeder hatte in München wie im bayerischen Herzogtum katholisch zu sein oder musste auswandern. Nicht wenige der bürgerlichen Eliten in München zogen Letzteres vor und ließen sich in den Reichsstädten nieder: in Regensburg, Nürnberg oder Augsburg. Die Patrizier gingen, die Jesuiten kamen: als treue Vasallen des Herzogs.[28]

Die Schaufassade der Kirche St. Michael, die sich östlich an das Kolleg anschloss, wurde vollends zu einem politischen Manifest. Seit der Einführung der Reformation in weiten Teilen Deutschlands um 1525 war kein monumentaler Kirchenbau mehr entstanden. Jetzt wuchs in München nicht einfach noch eine Kirche mehr empor, sondern etwas völlig Neues. In der bisherigen Hauptkirche der Stadt, in der spätgotischen Frauenkirche, stiegen die Säulen energievoll in die Höhe, um ein nerviges Netzgewölbe zu tragen, karg, ohne weiteren Schmuck. Das Gotteshaus schien nichts anderes als ein Verweis auf das Überirdische zu sein. Dagegen stellte nun St. Michael auch irdische Bezüge her, bot formale Anklänge der antik-römischen Bautradition: im Stil zwischen Spätrenaissance, Manierismus und Frühbarock. Ähnlich wie das Kolleg präsentiert sich auch die Kirche nach außen hin wie ein moderner Fürstenbau mit horizontaler Ordnung, mit Pilastern und römischen Rundbögen, aufgebaut in drei Geschossen, mit zahlreichen Nischenfiguren, abgeschlossen durch einen Dreiecksgiebel.

Zwischen den zwei Eingangsportalen sieht man auf einem Podest den Erzengel Michael im siegreichen Kampf mit dem Teufel, als symbolische Abwehr des Unglaubens oder des falschen Glaubens der Protestanten. Darüber stehen im zweiten Geschoss in zwei Nischen die bayerischen Herzöge Wilhelm V. und Albrecht V.: der Stifter der Kirche und sein Vater. Die weiteren Figuren der Schauwand sind Verwandte oder Herrscher des Heiligen Römischen Reiches. Alle erscheinen geharnischt, kampfbereit, zeigen ihre Feldherrnstäbe, als stünden gewaltige Heere hinter ihnen. Die bayerischen Herzöge führen die Garde an und schlüpfen selbst in die Kaiserrolle, als die eigentlichen Beschützer des rechten Glaubens und des Papstes in Rom. Das Haus Wittelsbach litt seit langem unter dem Trauma, kaiserfähig zu sein, aber erst ein einziges Mal mit Ludwig dem Bayern das kaiserliche Amt in der Hand gehabt zu haben. Herzog Wilhelm V. demonstrierte nun, wo Rom den sichersten Verbündeten im Norden hat: in München. Die Residenz der bayerischen Herzöge sollte zu einem deutschen Rom (oder eben Babylon) werden, ähnlich, wie es in der damaligen Reiseliteratur bald auch vermerkt wurde.

Der Herzog fand für seine Bauvorhaben einen feinen Meister: den Maler, Dekorateur und Architekten Friedrich Sustris. Er war als Sohn des niederländischen Künstlers Lambert Sustris in Italien aufgewachsen, in Venedig und Padua, wurde dann Gehilfe von Giorgio Vasari in Florenz und hielt sich auch eine Zeitlang in Rom auf. 1573 trat er in den Dienst von Herzog Wilhelm und erhielt rasch die Direktion aller wichtigen künstlerischen Projekte in München. Er war seit 1582 maßgeblich am Bau der Kirche St. Michael beteiligt. Zum Planungsstab gehörten ebenso Wendel Dietrich oder der Bauleiter Wolfgang Müller, seit 1591 zog man noch den Jesuiten Joseph Valaniani aus Rom hinzu. Doch wahrscheinlich empfing St. Michael die entscheidenden Impulse von Sustris selbst – das, was den feinen Unterschied ausmacht. Denn bei allen Projekten, an denen der vielseitige Künstler beteiligt war, zeigt sich ein subtiles Gespür für Proportion und Geschmack. 1597 fand die Weihe der Kirche statt, natürlich begleitet von großartigem Theater. Die Jesuitenschüler stellten den Kampf des Erzengels Michael mit dem Satan dar; zum Abschluss traten 300 fürchterliche Teufel auf.

Innen öffnet sich heute dem Besucher ein hoher, breiter Raum: festlich, palastartig, fast schon wohnlich. Man fühlt sich zugleich an Antike, Bühne, Theater erinnert, mit hellem Licht, freundlich aufgeklärt. Es handelt sich um eine so genannte Wandpfeilerbasilika, weil die Pfeiler, die das Gewölbe tragen, nicht im Raum stehen, sondern an die Wand geschoben wurden, um einen großen einheitlichen Saal zu bilden. Vorne ist der Chor weit eingezogen, wodurch ein Triumphbogen entsteht, der zum Chor führt, wo am Ende ein hoher Altar steht, der wieder den Erzengel Michael im siegreichen Kampf mit dem Satan zeigt. Saal und Chor werden oben von monumentalen Tonnengewölben abgeschlossen, auch die Nischen und Kapellenräume, die sich seitlich zwischen den Wandpfeilern bilden, verfügen über Tonnengewölbe. Licht strömt über diese Nischen ein, hellere und dunklere Flächen entstehen, es entwickelt sich eine enorme Plastizität. Man denkt an die antike Maxentiusbasilika auf dem Forum Romanum, welche einst dem Kaiser als Empfangshalle diente. Hier in München ist der gedehnte, große Raum ganz in Weiß gehalten, lässt Luft zum Atmen, ist vornehm zurückhaltend dekoriert, mit flachem Stuck, geometrischen Kassetten.

Künstlerisch hatten die Jesuiten und der Herzog von Bayern das Neue auf ihrer Seite, sowohl bei der Entfaltung des Theaters als auch bei der Entwicklung der Baukunst. Angeregt durch die italienische Oper, wurden seit 1600 die Säle der Jesuitenkollege mit prunkvollen Bühnen ausgestattet, mit komplizierten Mechanismen, beweglichen Kulissen, Flugmaschinen, Versenkungen, Lichteffekten, Feuerwerk. Der Illusionskunst sollten kaum noch Grenzen gesetzt sein. Der Aufwand für das Theater war in Deutschland vorläufig nirgendwo höher als auf der Bühne der Jesuiten in München. Bald wirkte hier einer der bekanntesten Theaterpatres überhaupt: Jakob Bidermann. Sein erster großer Erfolg war die Aufführung des »Cenodoxus«, zunächst 1602 am Jesuitenkolleg in Augsburg uraufgeführt, dann mit großer Wirkung 1609 in München inszeniert. Es wurde berichtet, dass sich zahl-

Triumphal: das Innere der Jesuitenkirche St. Michael in München, entstanden 1582 bis 1597

reiche anwesende katholische Fürsten anschließend zu Exerzitien zurückzogen.[29] Nach und nach bauten die Jesuitenpatres auch Musik und Ballett in die Theateraufführungen ein, um der Form der Oper zuzuarbeiten.

Es griff zu kurz, wenn später die Aufklärer des 18. Jahrhunderts meinten, die Jesuiten seien für die Rückständigkeit der Bayern und der Münchner verantwortlich gewesen, weil sie nichts als Blendwerk boten. Natürlich liegt in jeder Form von Barock etwas Übertriebenes, Verschwenderisches, Künstliches. Die Prestigeprojekte von Herzog Wilhelm V. führten dazu, dass Bayern kurzfristig pleite war. Aber der spröde Puritaner macht es sich in kultureller Hinsicht auch zu einfach, wenn er die höfische Festlichkeit des Barocks kurzerhand als ein großes Umsonst verurteilt, denn die Erfordernisse des schönen Scheins entlockten der Kunst gewaltige Anstrengungen. Wo kein Luxus ist, wo die Standards nicht gehoben werden, gibt es auch keine Verfeinerung des Alltags. Kultur benötigt beides: Schein und Sein, Rollenspiel und Pflicht, Galanterie und Moral, Heiterkeit und Ernst. Wo es nur das eine oder das andere gibt, läuft etwas schief. Auch die moderne Demokratie leistet sich Dinge, die von den Jesuiten mit entwickelt wurden: wie Oper, Theater, prächtige Räume, heute in Form von Museen, weil die Menschen ohne die Anregung der Phantasie nicht auskommen.

Zumindest in den ersten Jahrzehnten nach der Ordensgründung war bei den Jesuiten nichts von Stagnation zu spüren, im Gegenteil, die straff organisierte, weltläufige Gesellschaft Jesu entfachte in fast allen fürstlichen Residenzen, die in Deutschland katholisch geblieben waren, eine neue urbane Lebensfreude, förderte Bildung und Erziehung, Kunst und Wissen, auch Moral und Pflichtgefühl, Manieren und Stil. Binnen kurzem zählte das Jesuitengymnasium in München rund tausend Schüler. Im Mittelpunkt des Unterrichts stand ein elegantes Latein nach dem Vorbild von Cicero und Horaz, dazu lernten die Schüler auch Griechisch.

Anfangs wurden die Theaterstücke in Latein vorgetragen, doch auf die Worte kam es nicht unbedingt an, sondern auf die Handlungen der Heiligen oder der Sünder, auf Vorgänge, die jeder durch die bloße Anschauung verstehen konnte. Es ging um das sinnliche Element, um das Masken- und Rollenspiel, die Kunst der Mimik und Gestik, um die Bewegung, um den Rhythmus, um den Klang der Musik. Die jesuitischen Erbauungsdramen waren eine Augenweide und ein Ohrenschmaus. Auch pflegten die Jesuiten das Prozessionswesen an kirchlichen Feiertagen wie Fronleichnam, um alle sozialen Schichten zusammenzubringen: vom Herzogspaar bis hin zu den Familien der einfachen Handwerker und Tagelöhner.

Es sollte jetzt zwei Schulen des gesellschaftlichen Lebens in der Stadt geben: erstens das Jesuitenkolleg mit St. Michael, zweitens die fürstliche Residenz. Es sollten zwei unterschiedliche Stücke aufgeführt werden: hier die Comoedia divina, dort die Comoedia humana. Bis Mitte des 16. Jahrhunderts war die Residenz der Herzöge von Bayern in München einfach ein Teil der Stadt gewesen, so wie das Rathaus, wo ein einflussreiches Patriziat das Sagen hatte. Doch der Wegzug mehrerer Patrizier aus religiösen wie politischen Gründen um 1570 schwächte die Position des Rathauses. Zugleich verwandelte Herzog Wilhelm das städtische Salzhandelsprivileg im Jahr 1587 in ein herzogliches, was dem bürgerlichen Selbstbewusstsein einen weiteren Schlag versetzte. Wilhelm war nicht zimperlich, um die Kasse zu füllen. Denn neben dem Jesuitenkolleg mit St. Michael sollte auch die herzogliche Residenz im Nordosten der Stadt neue Dimensionen gewinnen.

Die Residenz verlor langsam ihren Befestigungscharakter als Wasserburg, um sich seigneural zu öffnen und in die Breite zu gehen. Sowohl das Jesuitenkolleg mit St. Michael als auch die Residenz bildeten nach und nach eine Stadt in der Stadt, um den übrigen eigentlichen Stadtkörper in jeder Hinsicht zu beherrschen: optisch, politisch, gesellschaftlich. Schon der Vater von Wilhelm, Herzog Albrecht V., hatte seit 1568 einen neuen großen Saal von 66 Metern Länge errichten lassen, um darin eine Sammlung antiker römischer Büsten unterzubringen, die seine Agenten in Venedig und Rom erworben hatten: Büsten von Kaisern und Senatoren, wenngleich die Zuschreibungen nicht immer als sicher gelten. Der fürstliche Saal war um mehr als ein Drittel länger als etwa der große Rathaussaal in Nürnberg, der 39 Meter lang war. Der Raum hieß Antiquarium und stellte nun den größten profanen Saalbau dar, der nördlich der Alpen im 16. Jahrhundert errichtet wurde. Baukünstlerisch wollten die Fürsten jetzt die Patrizier der großen Reichsstädte übertrumpfen. Kleinliche Verhältnisse standen den neuen absolutistischen Machthabern nicht gut zu Gesicht.

Wilhelm wollte den Saal noch besser nutzen als sein Vater. Er sollte nicht nur ein Museum für antike Büsten sein, sondern auch ein fürstlicher Festraum für Tänze und Bankette. Es schlug auch in diesem Fall die Stunde von Friedrich Sustris, dem 1581 die künstlerische Leitung des Umbaus übertragen wurde. Der langgestreckte Saal war ursprünglich verhältnismäßig niedrig. Da er sich aber im Erdgeschoss befand, senkte Sustris leicht das Bodenniveau, um dem Raum eine andere Proportion zu geben, um feineren Schwung in das Ganze zu bringen. Dazu wurde der Saal neu dekoriert, ausgemalt und die Büsten anders angeordnet.

Das Antiquarium wird von einem Tonnengewölbe bekrönt, ohne eintönig zu sein, weil sich links und rechts jeweils 17 Fensterstichkappen markant in die Tonne einschneiden und fast den Eindruck erwecken, als ziehe sich ein endlos langes gotisches Kreuzgratgewölbe hin. Doch gerade die unendliche Dehnung in die Länge wirkt schon barock. Es entsteht das unentbehrliche, bewundernde Ah!

Der Zauber des Raumes liegt nicht zuletzt in der Mischung der Stile: irgendwie im Gewölbe noch gotisch; im gemessenen Rhythmus der Stichkappen renaissanceartig; in der unendlichen Länge bereits barock. Vollends delikat sind die Farben, Malerei und Bildhauerei. Es herrscht im Gewölbe wie in den Nischen zwischen den Stichkappen ein sanftes Creme vor, belebt mit roten und braunen Akzenten, mit verspielter Groteskenmalerei, ergänzt durch die antiken römischen Büsten, die teils durch Büsten aus dem 16. Jahrhundert vervollständigt wurden. Der Boden ist mit roten und braunen Steinplatten belegt. Der Betrachter wird noch nicht völlig außer sich gesetzt wie in einem hochbarocken Raum, wo Spiegel, Gold und Marmor funkeln, er darf hier quasi noch bei sich bleiben, gleichsam Mensch sein – und fühlt sich doch hingerissen: vom Takt der Stichkappen, vom Rausch der Länge, von der Delikatesse des Dekors. Das Antiquarium ist einer der schönsten Festsäle, die Deutschland hervorgebracht hat. Man sieht förmlich die höfischen Damen und Kavaliere, wie sie tafeln und tanzen. Hier übte die gute Gesellschaft von München die Kunst der Gastronomie ein. (Farbbild 14)

Der Besucher der Residenz kann sich treiben lassen durch ein Labyrinth von Räumen und Trakten. Doch in einem Nebengebäude spielt sich das heutige höfische Leben von München ab: Lebenslust ohne schlechtes Gewissen, in einem Lokal just östlich des höfischen Cuvilléstheaters und der Staatsoper, in der alten Pferdehalle des Hofes, ähnlich langgestreckt wie der fürstliche Saal, 800 Quadratmeter umfassend. Lange Säulenreihen aus Tuffstein, jeweils 26 hintereinander, tragen ein weißes Gewölbe, sorgen gleichermaßen für Rhythmus, Plastizität und Vererdung, während ringsum die Wände fast aufgelöst sind, denn die Portale wurden neuerdings verglast, lassen Licht hereinströmen, verleihen dem riesigen Raum Transparenz. Das Lokal heißt »Der Brenner«, nach dem alpinen Pass, nicht ohne Programmatik: halb dem Norden, halb dem Süden zugehörend – wie das Antiquarium.

Man könnte das Lokal auch »Atlantik« nennen – und läge nicht falsch: halb Europa, halb Amerika zugehörend. Die Deutschen orientieren sich heute längst nicht nur am Romanisch-Mediterranen, sondern auch am Angloamerikanischen. Der Patron des »Brenner«, Rudi Kull, stammt aus Ingolstadt, von wo einst die Jesuiten nach München kamen, hat an der University of California in Los Angeles einen Abschluss im Fach Restaurantmanagement erworben, wurde dort durch seine Berufserfahrungen mit den Vorlieben von Hollywoodstars vertraut, verbrachte anschließend seine entscheidenden Lehrjahre im Restaurant von David Bouley in New York, gründete schließlich 1996 in München sein erstes Restaurant, das »Kull«, bevor er 2004 mit der Eröffnung des »Brenner« seinen bislang spektakulärsten Coup landete.

Kull versteht etwas von Szene und Schauspiel, Bühne und Tribüne, Szenenwechsel und Überraschung. Er zeigt ein feines Gespür für das eine wie für das andere: Schein und Sein, Glamour und Bodenhaftung. Das Lokal beweist schon nach außen Understatement: keine Werbung, keine Schilder, nicht der leiseste Anklang von kommerziellem Geschmack. Innen gliedern schmiedeeiserne Gitter den langgestreckten Raum in drei gastronomische Teile: Bar, Pasta, Grill, sommers ergänzt durch eine Terrasse. »Der Brenner« gibt sich variabel, bietet Übergänge, legt den Gast nicht auf eine bestimmte Art des Konsums fest, er darf sich selbst entscheiden, in welche Rolle er schlüpfen möchte: in die des kleinen oder des großen Essers. Das Publikum ist gemischt wie auf dem Viktualienmarkt, nur hier in Hofnähe noch etwas schicker. Man sieht Luxusgeschöpfe, Junge und Schöne, Prominente, Bill Clinton, Anna Netrebko, Fußballspieler des FC Bayern München (die gelegentlich ebenso in die »Gaststätte Großmarkthalle« gehen, wie Philipp Lahm), Büro- und Geschäftsleute, Bourgeois-Bohemiens, Familien mit Kindern, Senioren, viele fühlen sich angesprochen.

Kull besitzt den Sinn für das Menschenfreundliche, unterstützt von gastronomischem Können. Die Bar ist eine Lounge und vermittelt durch das Nebeneinander von Barhockern, weißen Sofas und kleinen Hockern eine ebenso gepflegte wie ungezwungene Atmosphäre. Der Pasta-Raum verkörpert gleichfalls die heitere, unkomplizierte Art. In der Mitte befindet sich eine offene Kochstation, um hier die von Hand gemachte Pasta à la minute zuzubereiten. Es gibt Gerichte italienischer wie amerikanischer Herkunft: Linguine Calamari, allerlei Ravioli oder Risotto, ebenso »Snow Crab«, ausgelöstes Krebsfleisch von der Seeoder Meerspinne auf Avocado, dazu Caesar Salad mit Croûtons und Parmesan. Caesar verweist in diesem Fall nicht auf den antiken Imperator, nicht auf Italien, sondern auf das »Hotel Caesar's« in der Nähe von Hollywood, schon auf mexikanischer Seite, in Tijuana, wo in den 1930er Jahren der Chef des Hauses, der Italoamerikaner Cesare Cardini, leichte Gerichte für Hollywoodstars wie Clark Gable und Jean Harlow offerierte: eben Caesar Salad – einen würzigen Römersalat, mariniert mit Olivenöl, Zitronensaft, Salz und Pfeffer, obenauf geröstete Weißbrotwürfel und Späne von Parmesan. Eine genial einfache Erfindung mit schlichten Kontrasten: zart und knusprig, mild und würzig – wirkt irgendwie weltläufig, ungezwungen, pfiffig.

Bleibt der dritte Raum, der größer als die beiden anderen zusammen ist: der Grill – klingt irgendwie auch amerikanisch. Wiederum in der Mitte befindet sich die große, offene Kochstation mit dem Grill, unter dem Buchenholzkohlen glühen. Hier steht das gute Stück im Mittelpunkt: Fisch im Ganzen, Geflügelbrust, Steak – puristisch vom Rost, nur gewürzt mit leichtem Rauchgeschmack, herzhafter Grillnote, Meersalz, begleitet von Olivenöl und Zitrone. Natürlich darf das amerikanische Beef nicht fehlen. Es hört sich fundamental an und ist auch barock: Prime South-Dakota Filet Cut. Doch es gibt auch italienische Bratwurst, Salsiccia, ebenso Kalbsrücken und Entrecôte, Poulardenbrust oder Fische, selbstverständlich Loup de mer und Dorade royale, desgleichen Saibling von der Aumühle aus Wolfratshausen. Der Gast kann dazu Rosmarinkartoffeln, gedämpften Spinat oder Artischocken bestellen.

»Der Brenner« ist kein intimes Lokal; es pulsiert. Jeder Gast kann hier Energie aufladen, kann sich in jeder Hinsicht gestärkt fühlen. Der Raum ermöglicht den großen Auftritt ebenso wie das Eintauchen im Kreis der vielen Leute. »Der Brenner« bewirtet täglich etwa 2000 Gäste. Nicht immer leicht, jedes Gericht perfekt auf den Tisch zu bringen. Doch der Gastronom hat ein System entwickelt, das die vielen Gäste zufrieden macht. Die Pastagerichte sind delikat, die Grillgerichte in der Regel so gegart, wie man es wünscht. Die Küche bevorzugt die leichte Teigküche und das puristische Stück: italienisch-amerikanisch. Kull selbst spricht von »comfort food, einfach, klar, erkennbar«. In einer Zeit digitaler Komplexität kann der Koch spiegelbildlich die Kunst der Komposition über die Maßen differenzieren – oder er kann sie entschieden vereinfachen und eine Gegenwelt bilden, die den Gast auf erholsame Weise von den virtuellen Prozessen der Zeit befreit. Das Publikum findet Gefallen an unverfälschten, antidigitalen Sachen: an handgemachter Pasta, an Fisch und Fleisch, über dem Feuer gegart. »Der Brenner« spiegelt beides zugleich: Barock und Grundehrlichkeit.

X ESSKUNST VON EUROPÄISCHEM RANG

Die selbständigen Städte: Utopie der Menschlichkeit

Die Renaissance ist nicht der Ursprung der modernen Welt, nicht in jeder Hinsicht. Politisch wirkt die städtische Republik, welche im späten Mittelalter aufblühte, fortschrittlicher als der absolutistische Fürstenstaat, welcher erst im Laufe der Renaissance und im Barock an Kontur gewann. Vielleicht kann man die Ära der deutschen Stadtrepubliken mit dem Jahr 1256 beginnen lassen, als Nürnberg nicht länger zögerte, sich offiziell eine konsularische Verfassung zu geben. Von dieser Zeit an wurde die freiheitliche Verfassung der Reichs- und Hansestädte obligat. Selbst wenn oft nur das Patriziat an der Verwaltung der Stadt beteiligt war, waren doch auch die anderen Bürger stolz, Bewohner einer freien Reichs- oder Hansestadt zu sein, so wie es 1447 der Poet und Handwerksmeister Hans Rosenplüt mit seinem »Lobspruch auf die Stadt Nürnberg« bezeugte. Innerhalb der Oberschicht galten demokratische Regeln, während zugleich »neue Leute« in diesen Kreis aufsteigen konnten.

Allerdings gelang des städtischen Republiken nicht, ein konstitutives Element im deutschen Königreich zu werden. Wenngleich sie faktisch so gut wie selbständig waren, blieben sie formell in einer untergeordneten Position, sei es gegenüber dem Kaiser, sei es gegenüber den Fürsten. Im 14. Jahrhundert deutete sich für Momente ein politischer Durchbruch der freien Reichs- und Hansestädte an. Kaiser Ludwig der Bayer förderte die Städte mehr als jeder andere Herrscher, ohne jedoch am Ende ihre verfassungsmäßige Stellung zu heben. An sich war auch sein Nachfolger, Kaiser Karl IV., urban gesinnt, doch unter dem Einfluss der Kurfürsten ließ er in der »Goldenen Bulle« städtische Interessen unterdrücken beziehungsweise Städtebündnisse verbieten.[1]

Längere Zeit waren die freien Reichs- und Hansestädte den Fürsten wirtschaftlich noch überlegen. Doch den Fürsten gelang es, durch eine verbesserte Verwaltung mehr ökonomische Ressourcen zu erschließen. Das triumphale äußere Zeichen für die erstarkende Macht der Fürstenstaaten bildete dann die Vollendung der Jesuitenkirche St. Michael in München im Jahr 1597. Es war spätestens jetzt ein übergreifender Trend vorhanden, der die Sache der Fürsten beflügelte.[2]

Die Hansestädte, die in fürstlichem Besitz waren, verloren in der Regel im 16. Jahrhundert ihre autonome oder halbautonome Verwaltung und mussten sich mehr und mehr fürstlichen Anordnungen fügen. Auch die Patrizier in fürstlichen Residenzen wie München büßten ihre halbautonome Stellung ein. Die freien Reichsstädte blieben selbständig. Doch es war für sie seit der 2. Hälfte des 16. Jahrhunderts meist nur noch möglich, den Status quo zu bewahren.

Die schleichende Stagnation der freiheitlichen Städte war allerdings nicht nur ein äußeres Problem, das mit dem Erstarken der fürstlichen Mächte zusammenhing. Die liberalen, republikanischen Städte litten auch unter einem inneren Manko. Die vornehmen Geschlechter der Städte entwickelten auf Dauer kein eigenes bürgerliches Selbstverständnis, um den Aristokraten auf Augenhöhe zu begegnen. Das führende Stadtbürgertum sah nicht in sich selbst den Schöpfer einer neuen Kultur, sondern orientierte sich in der Frühen Neuzeit mehr denn je an der fürstlich-höfischen Gesellschaft. Vereinten die Patrizier anfänglich die drei menschlich-bürgerlichen Kardinaltugenden in sich: die beruflich-wirtschaftliche, die sozial-politische und die musisch-kulturelle Fähigkeit, indem sie Handelsherren, Ratsherren und Kunstmäzene waren, so blieben sie auf Dauer nicht alles zugleich. Der Unternehmungsgeist der Patrizier ließ langsam nach – viele von ihnen zogen sich aus dem Handelsgeschäft zurück, um Rentiers des eigenen Vermögens zu werden. Gleichzeitig schloss sich die sozial-politische Oberschicht gegenüber beruflich-wirtschaftlichen Aufsteigern ab. Anders als früher verwehrte man »neuen Leuten« den Zugang zum Patriziat. Die sozial-politischen Strukturen verkrusteten; die Praxis der städtischen Republiken fand kaum je eine angemessene poetische oder theoretische Unterfütterung.

Ausgerechnet ein Landedelmann unternahm dazu einmal einen

Versuch. 1518 ließ der Dichter und Ritter Ulrich von Hutten einen essayartigen Brief an den Nürnberger Humanisten und Patrizier Willibald Pirckheimer drucken, um öffentlich über die gesellschaftlichen Zustände in Deutschland zu reden. Der Junker war seit einiger Zeit ein Hofmann von Albrecht von Brandenburg, dem Kurfürsten von Mainz. Pirckheimer spottete darüber und riet Hutten, er möge doch mit dem Hofleben nicht die Zeit vergeuden und sich lieber auf seiner ländlichen Burg in Muße den humanistischen Studien widmen. Hutten legte daraufhin in seinem Brief dar, dass sich der Patrizier völlig falsche Vorstellungen vom ritterlichen Landleben mache. Es sei nicht romantisch, sondern eher ärmlich und zwinge dazu, den Hofdienst anzunehmen. Der Stern der Ritter sinke, während jener der Bürger steige, weil sie lernfähiger seien.

Der Ritter lobte das Bildungsstreben des Patriziers: »Wie Reuchlin sein Schwaben veredelt und mit dieser Zierde geschmückt hat, so hast Du mit außerordentlichem Geschick die Jugend Deiner Stadt für Bildung interessiert. (...) Dies erreichtest Du vorsätzlich, dem ich es als ersten Glücksfall zuschreibe, daß Du in der Stadt geboren bist, die immer als erste von allen deutschen Städten eine Fülle guter Köpfe beherbergt hat, die sie ehrt, und immer aufs beste zu den schönen Wissenschaften eingestellt war und dies so lange allein. (...) Ich glaube, diese Tatsache hat den Venetianern das Sprichwort eingegeben, daß alle anderen Städte Deutschlands blind seien und Nürnberg allein auf beiden Augen sähe. Denn so heißt es bei ihnen, sei es aus dem genannten Grunde, sei es weil Eure Leute durch die Schärfe ihres Geistes und einen beispiellosen Fleiß sich wunderbar hervortun. Man kann dies an ihren Kunstobjekten sehen. Alle sind davon überzeugt, daß, was aus Euren Händen kommt, hervorragend ist oder mehr als alles andere dem Ideal gleichkommt. (...) Ihr Bürger lebt in den Städten nicht nur angenehm, sondern auch bequem, wenn es Euch so gefällt.«[3]

Tatsächlich hatten etwa Nürnberger Teppichwirker schon um 1450/60 Szenen in Liebesgärten dargestellt, die auf die Fête galante des 18. Jahrhunderts vorauswiesen. Die patrizische Jugend vergnügt sich im Garten; einige Leute sitzen am gedeckten Tisch, Musiker spielen Fidel und Laute, andere plaudern und flirten oder trinken frisches Brunnenwasser und machen sich einen guten Tag. (Farbbild 9)

Der ländliche Junker entwickelte für den städtischen Patrizier ein eigenes, gentil-bürgerliches Ethos: Talent, Geist, Bildung, Wissenschaft, Kunst, Fleiß und Komfort. Hutten sah im Bürger das Prinzip menschlicher Tüchtigkeit verwirklicht, ein Prinzip, bei dem die eigene Leistung den Adel ausmacht, nicht die ständische Geburt. Es vollzog sich für ihn eine humanistische Wende, die den fähigen Menschen in den Mittelpunkt rückt, die Entfaltung von Talent und Chancen – ohne besonderes Gottesgnadentum, ohne angeborene Privilegien, die früher oder später sowieso nichts mehr nützen würden. Nicht ritterliche Kampfeskraft, sondern Studium und Wissen seien zukünftig maßgeblich, um Erfolg im Leben zu haben. Hutten bedauerte es, dass seine ländlichen Standesgenossen das nicht recht merkten: »In unserem (ritterlichen) Stand schleicht sich dieses (Bildungs-)Gut nur langsam ein, da schon seit vielen Jahren die Meinung besteht, daß eine Kenntnis der Wissenschaft unter der Würde der Ritter sei.«

Hutten schilderte in drastischen Farben das trostlose adlige Leben auf dem Land, wo man nichts von Bildung wissen will und deshalb rückständig bleibt: »Glaubst Du aber, daß ich jemals unter meinen Rittern Ruhe finden werde, und hast Du vergessen, welchen Störungen und Beunruhigungen die Männer unseres Standes ausgesetzt sind? (...) es steht um uns Ritter so, daß mir die Zeit keine Ruhe gönnte, auch wenn ich ein noch so ansehnliches Erbe besäße und von den Einkünften meines Besitzes leben könnte. Man lebt auf dem Felde, im Wald und auf jenen Burgen. Die uns ernähren, sind bettelarme Bauern, denen wir unsere Äcker, Wiesen und Wälder verpachten. Der Erwerb, der daraus eingeht, ist im Verhältnis zur Arbeit, die er kostet, schmal. (...) Sodann müssen wir uns in den Dienst eines Fürsten stellen, von dem wir Schutz erhoffen dürfen; denn andernfalls glauben alle, sie könnten sich alles gegen mich herausnehmen. (...) Kein Vorwerk können wir unbewaffnet besuchen; zu Jagd und Fischfang können wir nur in Eisen erscheinen. (...) Die Burg selbst, mag sie auf dem Berg oder im Tal liegen, ist nicht gebaut, um schön, sondern um fest zu sein; von Wall und Graben umgeben, innen eng, da sie durch die Stallungen für Vieh und Herden versperrt wird. Daneben liegen die dunkeln Kammern, angefüllt mit Geschützen, Pech, Schwefel und dem übrigen Zubehör der Waffen und Kriegswerkzeuge. Überall stinkt es nach Pulver, dazu kommen die Hunde mit ihrem Dreck, eine liebliche Angelegenheit, wie sich denken läßt, und ein feiner Duft! Reiter kommen und gehen, unter ihnen sind Räuber, Diebe und Banditen.«

Das Leben der ländlichen Aristokraten hatte für Hutten keine rechte Perspektive mehr. Es blieben für ihn nur zwei Alternativen: entweder Hofmann eines Fürsten zu werden und dabei eigene Rechte und Freiheiten aufzugeben – oder die Tugenden des Bürgers zu übernehmen, um sich durch Fleiß, Kunst und Studium zu behaupten: »Ich habe keinen geringen Hunger nach Ruhm, ein Adliger zu sein, soviel in meinem Charakter liegt, aber Weh über mich, Willibald, wenn ich mich als adlig erachten wollte, ohne diesen Namen durch meine eigene Leistung zu verdienen. (...) Warum widmen wir (der Geburtsadel) uns nicht dem Recht, den Wissenschaften und Künsten, damit diese Schneider, Weber und Zimmerleute uns nicht übertreffen? Warum räumen wir ihnen einen Platz ein, warum verbannen wir Künste und Bildung zu Knechtschaft und Schmach? Mit gutem Recht nimmt sich daher ein fleißiger Gelehrter der Aufgabe des Adels an, die von uns gemieden wird. O, wir Elenden, wie viel verschmähen wir, und andere von niederem Stand sind fähig, uns zu übertreffen.« Hutten hegte die vage Hoffnung, den Hofdienst mit Studium und bürgerlichem Ethos verbinden zu können. Am Ende rief er aus: »O Jahrhundert, o Wissenschaft! Es ist eine Lust zu leben.«

Der Adressat dieses öffentlichen Briefes, der Nürnberger Patrizier Willibald Pirckheimer, galt als ein gebildeter Mann. Er war in jungen Jahren als Page am Hof des Bischofs von Eichstätt erzogen worden, studierte in Padua und Pavia die Rechtswissenschaften, lernte auch Griechisch, was noch eine Seltenheit war, befasste sich am liebsten mit Philosophie, Musik, Geschichte und Geographie, um sich 1495 in Nürnberg niederzulassen: im elterlichen Haus am Hauptmarkt, wurde Ehemann, Ratsherr, Rentier des väterlichen Erbes und humanistischer Gelehrter. Teils übernahm er als Ratsherr diplomatische Missionen, oft an den kaiserlichen Hof, teils führte er als Hauptmann auch Nürnberger Truppen in den Krieg, entweder um dem Kaiser die gewünschte Heerfolge zu leisten oder um Raubrittern wie Götz von Berlichingen, welche die Handelszüge überfielen, das Handwerk zu legen.

Kaiser Maximilian I. nannte Pirckheimer im Gespräch mit Johannes Stabius den »gelehrtesten Doktor, der im Reich ist«.[4]

Pirckheimer äußerte sich weniger enthusiastisch über bürgerliche Tugenden. Er kehrte für sich nicht unbedingt den Bürger heraus, sondern den Patrizier, der durch ständische Geburt über den anderen Bewohnern der Stadt stand. Was für die Aristokraten auf dem Land galt, sollte auch für die regierenden Geschlechter der Stadt gelten: Die vornehme Abstammung sollte den Vorzug gegenüber anderen ausmachen. War für viele Gelehrte des späten Mittelalters noch Aristoteles der antike Mentor gewesen, der sein politisches Ideal in der Verbindung zwischen Demokratie und Aristokratie sah, so kam in der Renaissance für viele Platon in Mode, dem eine autoritäre Republik genialer Philosophen vorschwebte. Pirckheimer mochte Platon. Er strebte nicht unbedingt danach, den Trend zum liberalen, republikanischen Bürgertum zu fördern, diesem Trend gar etwas Magisches zu verleihen, im Gegenteil, es nervte ihn, dass er im Nürnberger Ratsgremium so lange mit Kollegen diskutieren musste, weil sie nicht einsehen wollten, dass er als Philosoph doch viel klüger sei als sie.

Pirckheimer war ein Querkopf, so leidenschaftlich wie klug, so zynisch wie menschlich, energiegeladen, strotzend vor Selbstbewusstsein, extravagant, dandyhaft. Er begriff sich als adelsgleicher Optimat und leitete mit diesem Selbstverständnis auch seine Autobiographie ein: »Immer wurde zu den die Stadt Nürnberg regierenden Familien das patrizische Geschlecht der Pirckheimer gerechnet. Denn unter allen deutschen Städten untersteht allein Nürnberg der Herrschaft der Aristokraten, während alle übrigen vom Rat aus dem Volk regiert werden.«[5] Pirckheimer verfasste nur wenige eigene Schriften, die etwas bekannter wurden, wie den »Schweizerkrieg« oder das »Lob der Gicht«. Hauptsächlich beschäftigte er sich mit Übersetzungen antiker Texte vom Griechischen ins Lateinische, darunter Plutarchs Abhandlung über den Wucher oder Lukians Essay »Wie man die Geschichte schreiben soll«.

Ähnlich wie Pirckheimer dachte auch der Nürnberger Patrizier Christoph Scheurl. Er hatte ebenfalls eine gute Ausbildung genossen, studierte in Heidelberg und Bologna, wurde dort 1506 zum Doktor der Rechtswissenschaften promoviert und ein Jahr später von Kurfürst

Friedrich dem Weisen von Sachsen als Professor an die neue Universität in Wittenberg berufen. Er stieg hier zum Rektor auf und lernte den Kollegen Martin Luther kennen. 1512 kehrte er als Ratskonsulent nach Nürnberg zurück. 1516 skizzierte er die Nürnberger Verfassung für den Förderer von Martin Luther: für Johannes von Staupitz. Die Vorzüge der Patrizier lagen auch für ihn nicht in der besonderen Tüchtigkeit, sondern in der vornehmen Herkunft und im Segen von oben: »Alles regiment unserer stat und gemainen nützen steet in handen der so man geschlechter nennet, das sein nun soliche leut, dero anen und uranen vor langer zeit her auch im regiment gewest und über uns geherrscht haben. Fremdling so allda eingewurtzelt und das gemain völklein hat kainen gewalt: es steet inen auch nicht zu, dieweil aller gewalt von gott, und das wohlregirn gar wenigen und allein denen so vom schöpfer aller ding und der natur mit sondernlicher weysheit begabet sein verlihn ist.«[6] Der kühle Blick, mit dem ein Hutten gewisse Kräfteverschiebungen im gesellschaftlichen Leben erkannte, die ihrerseits eine neue Denkweise verlangten, fehlte hier. Scheurls Argumente hatten nichts vom Scharfsinn der Frührenaissance an sich, sie erinnerten eher an den neuen gebetsartigen Ton der Wittenberger Schule: Regieren von Gottes Gnade! Scheurl wurde später, im Jahr 1540, von König Ferdinand I. in den freiherrlichen Adelsstand erhoben.[7]

Anfang des 14. Jahrhunderts war den Patriziern in Nürnberg eine solche Selbstgefälligkeit noch fremd gewesen. Die vornehmen Geschlechter waren noch keine Privatiers mit vorwiegend adligen Lebensformen, sondern tüchtigste Kaufleute, die über die größten Vermögen in der Stadt verfügten. Das eine wie das andere war wichtig, um ratsfähig zu sein: Erstens sollte man einer »ehrbaren« Familie, vorzugsweise einem ehemaligen ritterbürtigen Ministerialgeschlecht entstammen – zweitens musste man zu jenen zählen, die wirtschaftlich und sozial am aktivsten in der Stadt waren, während unternehmerische Leute, die neu nach Nürnberg kamen, in den Kreis der ehrbaren Familien aufsteigen konnten, einerlei, ob sie über eine ministerialische oder rein kaufmännische Herkunft verfügten. Tüchtigkeit und Vermögen waren im Zweifelsfall wichtiger als die ständische Geburt. Zu solchen »neuen Leuten«, solchen Parvenüs, gehörten um 1350 auch die Pirckheimers, was Willibald Pirckheimer in seiner Autobiographie vertuschte. Denn nun, zu Beginn des 16. Jahrhunderts, befanden sich die Patrizier teilweise in der Defensive. Sie waren nicht mehr unbedingt die Reichsten in der Stadt, sondern stellten nur noch knapp die Hälfte jener Leute dar, die in Nürnberg über die größten Vermögen verfügten. Die Herkunft, die Zugehörigkeit zu einem alten, »ehrbaren« Geschlecht, war jetzt im Zweifelsfall wichtiger für die Ratsfähigkeit als die kaufmännische Tüchtigkeit und hohes Vermögen. An sich sprach nichts dagegen, dass mancher Patrizier nun nicht mehr Kaufmann, sondern Gelehrter war oder dass mancher jetzt die Politik als Profession begriff. Bedenklich war nur das Ende der sozial-politischen Durchlässigkeit: die endgültige Abschottung der regierenden Klasse nach unten.

Um 1520 schloss sich das Nürnberger Patriziat nach außen hin ab und nahm keine »neuen Leute« mehr auf. Das freiheitliche Nürnberg stagnierte nach innen hin, weil die Patrizier bei sinkenden Vermögen im Vergleich zu den neuen Superreichen, die jetzt in die Stadt zogen, ihre Privilegien sichern und mehr denn je wie Adlige leben wollten. 1646 gab es in Nürnberg keine einzige patrizische Familie mehr, die im Handel tätig gewesen wäre. Dafür waren viele von ihnen zu dieser Zeit durch kaiserliche Privilegien bereits Barone. Die Ratsherren waren nun offiziell nicht nur »ehrbar«, sondern auch »edel«, sie residierten sowohl in ihren Stadthäusern als auch auf ihren Landsitzen und waren immer noch recht wohlhabend. Ihre Nachbarn auf dem Land, die verarmten Ritter, hießen nun offiziell »hochedel«.

Nichtsdestotrotz betrieb der patrizische Rat mindestens bis zum Dreißigjährigen Krieg eine unternehmerfreundliche Politik, um die Steuereinnahmen der Stadt zu mehren und die Wohlfahrt zu fördern. Anders als etwa in Lübeck war es fremden Kaufleuten ohne weiteres möglich, sich in Nürnberg niederzulassen, während in Lübeck auswärtige Handelsherren eine Lübeckerin heiraten mussten, um dort ein Geschäft zu eröffnen. Anders auch als in Lübeck förderte der Nürnberger Rat das Bank- und Kreditgeschäft. Nach den Daten der örtlichen Banco Publico gehörte zwischen 1621 bis 1624 das höchste Vermögen in Nürnberg einem Italiener, gefolgt von einem zugezogenen Bürger aus Bamberg, einem aus Aachen, einem aus Nürnberg selbst und einem aus Bregenz. An achter und zwölfter Stelle der Megareichen standen immerhin noch zwei Patrizier, die Imhoffs und die Tuchers. Etwa vierzig Prozent der Bankkunden stammten aus Italien und den Niederlanden. Nürnberg gab sich weltoffen.

Die wichtigsten Handelspartner waren jetzt, um 1600, Amsterdam, Hamburg und Venedig, gefolgt von den Messestädten Frankfurt am Main und Leipzig, ebenso stand man in Verbindung mit Wien, Prag und Krakau. Man handelte nach wie vor mit Nürnberger Metallwaren, Blech, Eisen- und Kupferdraht, Waffen, Rüstungen und Kanonen, ferner mit »Nürnberger Tand«, Spielzeug, Scheren und Messern, Leuchtern, Gold- und Silberschmiedekunst, dazu mit Instrumenten der Feinmechanik, Quadranten, Zirkeln und Kompassen, ebenso mit feinen Stoffen, Tuchen, Samt und Seide, syrischer Baumwolle und Rosshaar, mit gewinnträchtigen Gewürzen wie Safran und Zimt, ergänzt durch venezianische Mandeln und Pomeranzen, auch war Nürnberg ein Zentrum des Buchdrucks, der Verleger und des Kartenwesens. Ferner tummelten sich die Kaufleute im gewinnreichen Montan- und Geldgeschäft. Zu guter Letzt empfanden es die patrizischen Barone gegenüber den landsässigen Baronen nach wie vor nicht als Schande, stille Teilhaber an Handelsunternehmen zu sein. Nach den Schätzungen von Peter Fleischmann stellte Nürnberg um 1600 die führende Gewerbe- und Handelsstadt in Deutschland dar. Die Reichsstadt zählte 50 000 Einwohner, hinzu kamen 50 000 Bewohner im Nürnberger Landgebiet. Es gab quasi eine deutsche Stadtrepublik mit 100 000 Bürgern.[8] Nürnberg war in den Jahren vor dem Dreißigjährigen Krieg neben Hamburg die größte und reichste Stadt in Deutschland.

Nach außen hin war von der inneren politischen Verkrustung der freien Reichs- und Hansestädte noch kaum etwas zu spüren. Immerhin waren um 1600 in Nürnberg noch zwei Ratsfamilien, die Imhoffs und die Tuchers, auch Betreiber von internationalen Handelsunternehmen und verstanden etwas von der Wirtschaft. Daneben gab es noch ein paar andere Patrizier, die bis 1646 im Handel tätig waren, wenngleich nur noch in geringem Umfang. Es lässt sich überhaupt schwer sagen, wie sich die Reichsstädte im 17. und 18. Jahrhundert entwickelt hätten, wenn nicht der Dreißigjährige Krieg dazwischengekommen wäre, der dann vielen Reichsstädten wirtschaftlich das Genick brach. Nürnberg ging es in den zwei oder drei Jahrzehnten vor dem Krieg bemerkenswert gut. Der Franzose Jacques Esprinchard konnte, wie erwähnt, im Jahr 1597 in seinem Reisebuch über Nürnberg schreiben: »Diese Republik steht unter allen Europas im Rang nach Venedig und hat sich noch nie in einem so blühenden Zustand befunden wie jetzt.« Die hiesigen Patrizier waren nach wie vor keine schlechten Regenten, denn innerhalb ihrer Schicht galten immer noch demokratische Regeln – und vielleicht war der Rückzug aus dem Handelsgeschäft eben auch eine Form von Professionalisierung, um sich auf politische Aufgaben zu konzentrieren, die immer komplexer wurden. So oder so: Das neue Nürnberger Rathaus, das von 1616 bis 1622 emporwuchs, wurde zum Zeichen von Optimismus, Wohlstand und gutem Geschmack.

Vorläufig ließen sich die Patrizier von den Fürsten nicht den Schneid abkaufen. Das Nürnberger Rathaus sollte wie das Jesuitenkolleg in München in den Ausmaßen an den spanischen Escorial erinnern. Die freie Reichsstadt sammelte ihre ganze Kraft, um sich einen triumphalen Ausdruck zu verschaffen. Die Stadt erwarb mehrere Anwesen nördlich des alten Rathauses, um nach Westen hin eine neue Schaufassade zu bilden, die sich wie ein monumentaler Querriegel dem Chor der Sebaldkirche entgegenstemmt. Der Stadtwerkmeister Jakob Wolff der Jüngere erhielt die Bauleitung und lieferte mutmaßlich den entscheidenden Entwurf für das Gebäude. Er schöpfte die Möglichkeiten der Epoche virtuos aus: Die massig feste, vertikale Ausrichtung des Baus verweist auf Paläste der römischen Hochrenaissance; eine gewisse Freiheit der Komposition lässt an den Manierismus denken; die gewaltige Ausdehnung der Baumasse trägt schon frühbarocke Züge.

Über einem Sockelgeschoss, das hauptsächlich von drei Portalen gegliedert wird, reihen sich im zweiten und dritten Geschoss in ununterbrochener Folge die Fenster. Die Brüstung zwischen diesen Fensterreihen ist gänzlich glatt und lässt das Auge mit dynamischem Drall quer über die Fassade gleiten. Die drei niedrigen, turmartigen Aufsätze über dem Dachgesims sorgen wiederum für Maß und Rhythmus. Der Architekt zog große, klare Linien, führte durch sparsame, überlegte Einfälle den Rhythmuswechsel herbei und wog die Massen harmonisch ab. Es artikuliert sich weltmännischer Schliff – eine europäische Dimension.

Innen entstand ein großer Hof auf rechteckigem Grundriss, der sich wie eine Theaterkulisse entfaltet. Im Erdgeschoss sieht man Portalbögen, darüber im zweiten und dritten breite Rundbogenfenster, flankiert von Pilastern. Wie die Westfassade, so gehört auch dieser Hof zum Prachtvollsten, was die deutsche Architektur der Spätrenaissance hervorgebracht hat.

Wolff betrieb auch schon eine frühe Form der Denkmalpflege. Er änderte nichts an dem kleinen malerischen Hof im Süden des Rathauskomplexes. Zwar riss er für den Neubau den alten Trakt der Ratsstuben größtenteils ab, aber er verschonte die plastische Hofwand und verneigte sich vor seinem Vorgänger: vor dem bedeutenden Stadtwerkmeister Hans Beheim, der hier 1515 nördlich des großen Ratssaals einen neuen Bau für die Ratsstuben errichtet hatte und dabei einen schmalen, langgestreckten Hof von malerischer Wirkung schuf. Es entstand ein baukünstlerisches Bravourstück mit profilierten Bündelpfeilern und wechselnden Fensterformen: Raute, Rechteck, Flach- und Spitzbogen, reich durchgebildet. Reizvoll führt vom Ratsstubentrakt ein im Winkel gebrochenes Treppenhaus über den schmalen Hof zum großen Ratssaal. Es ist, als könnte man hier Romeo und Julia spielen.

Allerdings erhält die Phantasie heute einen Dämpfer. Seit ein paar Jahren waltet hier eine Gastronomie, die in diese Idylle klobige Sonnenschirme mit knalliger Brauereiwerbung stellt (auch südlich vor die Außenfront). Der kommerzielle Geschmack raubt dem baukünstlerischen Kabinettstück die historische Würde, ganz so, als hätte sich einst Jakob Wolff die Denkmalpflege gegenüber Hans Beheim schenken können.

Merkwürdig, dass sich niemand im Nürnberger Rathaus daran stört. Irgendwie scheint der falsche Wirt im Rathaus zu sein. Das Lokal heißt – nomen est omen – »Zum Spießgesellen« und wurde erst vor ein paar Jahren neu eingerichtet, unterhalb des großen Ratssaals. Das Interieur wirkt eher rustikal, mit vielen Spießen an der Wand. Offenbar sollen Landsknechte angesprochen werden, nicht unbedingt moderne bürgerliche Lebenskünstler. Die Speisen sind deftig und die Por-

Als sei's der Escorial: Westfassade des Nürnberger Rathauses, entstanden unter der Bauleitung von Jakob Wolff dem Jüngeren von 1616 bis 1622

tionen enorm, als seien die 1950er Jahre noch nicht vorüber. Natürlich fehlt die »Henkersmahlzeit« nicht. Du liebe Güte!

Auch im benachbarten Heilig-Geist-Spital, für das ebenso die Stadt Nürnberg verantwortlich ist, erinnert das Lokal an die muffige Art der frühen Nachkriegszeit. Irgendwie vermisst der Besucher das Gespür für die städtische Gasthauskultur oder Salonbürgerlichkeit, wie sie in vergleichbaren historischen Bauwerken vorbildlich verwirklicht ist: wie etwa im »Hotel Bischofshof« in Regensburg oder in den »Bürgerspital-Weinstuben« in Würzburg, die im Augenblick vornehm zurückhaltend erneuert werden, hell und freundlich. Besonders schön sitzt dort der Gast in den Arkaden, mit Blick auf den barocken Innenhof. Juniorchef Alexander Wiesenegg absolvierte eine ausgezeichnete Ausbildung und erlernte sein Handwerk unter anderem in der »Residenz Heinz Winkler« in Aschau. Die »Bürgerspital-Weinstuben« in Würzburg wollen nicht einseitig Spießgesellen ansprechen, sondern Bürger aller Couleur.

Man könnte den Eindruck gewinnen, als habe die Stadt Nürnberg ihre eigene, feine Tradition vergessen. Der größere, nördliche Hof des Rathauses ist voll von parkenden Autos. Man stelle sich vor, der Hof des Dogenpalastes in Venedig wäre voll von Pkws und Sonnenschirmen, die im Dienst der Bierwerbung stehen. Die sanfte Gentrifizierung scheint bei den heutigen Nürnberger Ratsherren und Ratsdamen noch nicht recht angekommen zu sein. Zumindest die gastronomischen Visitenkarten sind verbesserungswürdig, obwohl die Stadt sonst nett hergerichtet ist. Der Besucher träumt davon, eines Tages durch den Rathauskomplex zu laufen, durch den Wolff- und durch den Beheimhof, ohne aus allen Wolken zu fallen. Er wünscht sich, ein Gewebe unterschiedlicher Zeiten zu erleben, ein Wechselspiel von Labyrinth und Weite. Es wäre ein Spazierweg durch die prachtvoll gewölbte Eingangshalle, durch die zwei Höfe, wo es gastronomische Terrassen mit freundlichen Möbeln aus Holz und Metall und kleinen, hellen Sonnenschirmen ohne Werbung gäbe (abends zauberisch mit Scheinwerfern ausgeleuchtet, um die Baukunst zu genießen), quasi als kommerzfreie Zonen zum Träumen, abgeschlossen durch die Besichtigung des großen alten Ratssaales.

Das Nürnberger Rathaus ist ein Monument deutscher Bürgerlichkeit ersten Ranges. Wolff ließ hinter dem südlichen Teil der neuen Fassade auch den großen Ratssaal von 1340 unangetastet. Hier hatte 1521 das Duo Willibald Pirckheimer und Albrecht Dürer den Auftrag erhalten, Entwürfe für eine neue Ausschmückung vorzulegen. Es wurde damals ein kolossales Tonnengewölbe aus Holz eingezogen, während man die Wände mit Malerei verschönerte. Die Nordwand des Saales stellte die Verleumdung des Apelles sowie den Triumphwagen von Kaiser Maximilian I. dar. Diese Dekoration wurde im Zweiten Weltkrieg zerstört. Doch ein Gemälde von Lorenz Hess aus dem Jahr 1626 vermittelt noch etwas von der ehemaligen Grandeur des Saales. Heute wirkt der Raum eintöniger, aber vielleicht lässt er sich mit zeitgenössischer Kunst wieder mehr beleben, hier, wo einst so viele rauschende Feste gefeiert wurden, Hochzeitsfeste der Patrizier, wo feierliche Bankette im Dienst der Diplomatie gegeben wurden oder kaiserliche Empfänge stattfanden. (Farbbild 11)

Es gab am Ende drei Dinge, welche die innere Entwicklung von Nürnberg langsam lähmten, noch bevor es nach außen sichtbar wurde oder der Dreißigjährige Krieg begann: erstens die Tendenz der Patrizier, sich in Barone zu verwandeln und sich gegenüber anderen Bürgern sozial abzuschließen; zweitens die erstarkende Macht der absolutistischen Fürstenstaaten, die versuchten, die Spielräume der Städte und Bürger einzuengen; drittens schließlich die Einführung der Reformation im Jahr 1525. Die Patrizier waren gegenüber Luthers Lehre gespalten. Nicht zuletzt die Handwerker drängten darauf, den protestantischen Glauben anzunehmen, weil man sich davon mehr Gerechtigkeit versprach.

Luthers Epigonen fehlte der Blick für das Schöne. Die bildende Kunst geriet in Nürnberg wie anderswo in Deutschland unter dem Diktat protestantischer Eiferer in eine Schockstarre. Ein Meisterwerk wie der Engelsgruß von Veit Stoß, das gerade erst um 1517 im Auftrag des Patriziers Anton Tucher geschnitzt worden war und nun im Chor der Lorenzkirche von der Decke hing, wurde 1525 in ein schwarzes Tuch gehüllt und war fortan nicht mehr zu sehen. Immerhin konnten die Patrizier in Nürnberg die Bilderstürmerei verhindern. Gelegentlich wurde das Tuch aufgeschlagen, wenn katholische Fürsten nach Nürnberg kamen und den berühmten Engelsgruß sehen wollten: so im Jahr 1611 für den Bischof von Bamberg oder im Jahr 1668 für Großherzog Cosimo III. von Florenz. Die Nürnberger selbst wurden zu ästhetischen Masochisten, gönnten sich nicht mehr das Schöne.[9]

Willibald Pirckheimer hatte anfänglich die Reformation begrüßt, weil er als Humanist die katholischen Pfaffen nicht mochte, musste aber bald erkennen, dass die neuen evangelischen Prediger aus demselben Holz geschnitzt waren, ja, sie ärgerten ihn noch mehr, weil sie hinter der Tarnkappe der Evangelien politische Hetzerei betrieben. Das humanistische Ideal stiller Gelehrsamkeit verblasste neben dem theologischen Streit, der nun durch die Welt tobte und Deutschland in einen Hexenkessel mit Studentenrevolte, Bauernkrieg und Kunstbanausentum verwandelte. Um 1530 machte sich Pirckheimer Luft gegenüber Johannes Tscherte: »Ich bekenne, daß ich anfänglich auch gut lutherisch gewesen bin wie auch unser seliger Albrecht, denn wir hofften, die römische Büberei, desgleichen der Mönche und Pfaffen Schalkhaftigkeit sollte gebessert werden, aber wie man sieht, hat sich die Sache so verschlimmert, daß jetzt die evangelischen Buben jene Buben als fromm erscheinen lassen.«[10]

Später, in der Epoche der Romantik, wurde die Dürerzeit mit einem Grauschleier überzogen, als sei sie schon Teil der Reformation gewesen. Zwei junge Schriftsteller aus Berlin kamen Mitte der 1790er Jahre nach Nürnberg und glaubten, ihre jetzigen Eindrücke auf die Periode um 1500 übertragen zu können. Es erschienen die »Herzensergießungen eines kunstliebenden Klosterbruders«, hauptsächlich von Wilhelm Heinrich Wackenroder verfasst, herausgegeben von seinem Freund Ludwig Tieck. Dieses Werk prägte fortan das Bild der Dürerzeit wie kaum ein anderes Buch: »Nürnberg! du vormals weltberühmte Stadt! Wie gerne durchwanderte ich deine krummen Gassen; mit welcher kindlichen Liebe betrachtete ich deine altväterischen Häuser und Kirchen, denen die feste Spur von unserer alten vaterländischen Kunst eingedrückt ist! Wie innig lieb ich die Bildungen jener Zeit, die eine so derbe, kräftige und wahre Sprache führen! (...) da Meister Hans Sachs und Adam Kraft, der Bildhauer, und vor allen Albrecht Dürer mit seinem Freunde, Willibaldus Pirckheimer und so viel andere hochgelebte Ehrenmänner noch lebten!« Das altertümlich wirkende Nürnberg wurde zum sehnsuchtsvollen Gegenbild einer ungeliebten freieren, moderneren Welt: »Wehe muß ich rufen über unser Zeitalter, daß es die Kunst so bloß als ein leichtsinniges Spielwerk der Sinne übt, da sie doch wahrlich etwas sehr Ernsthaftes und Erhabenes ist.«[11]

Denkste! So steif und fromm, so derb und ernst war Nürnberg nicht gewesen, im Gegenteil, hier lebten Weltleute, liberale, republikanische Bürger, antik geschulte Humanisten, solche, die nach Süden blickten und heidnischen Musen und Grazien artige Opfer brachten. Gerade Pirckheimer und Dürer hatten auch einen Stich ins Leichtsinnige, Laszive, Delikate, weil ein solcher Zug das kreative Milieu belebte. Pirckheimer verwandelte sein großes Haus an der Westseite des Nürnberger Hauptmarktes in einen *patrizischen Musenhof*, berühmt für seine Bibliothek wie für seine Tafel mit erlesenen Genüssen. Er hatte Spaß daran, die Konventionen zu brechen. Er lud als Nürnberger Ratsherr nicht nur Patrizier und Kaufleute ein, sondern auch Gelehrte, Künstler und Kurtisanen: Bourgeois-Bohemiens.

Typisch für den Renaissancehumanismus, pflegten Pirckheimer und Dürer den Kult der Freundschaft. Dürer war schon 1495 mehrere Monate in Venedig gewesen. Als er sich dort um 1506 zum zweiten Mal für längere Zeit mit finanzieller Unterstützung des Freundes aufhielt, schrieb er an Pirckheimer: »Ich habe keinen anderen Freund auf Erden denn Euch.«[12] Umgekehrt bedauerte Pirckheimer im Brief an Johannes Tscherte nachträglich den Tod von Dürer 1528 und erklärte: »Ich habe wahrlich an Albrecht der besten Freunde einen, so ich auf Erden gehabt habe, verloren.« Der bekannteste deutsche Maler und der »gelehrteste Doktor« des Reiches, wie Kaiser Maximilian sagte, fühlten sich eng verbunden.

Pirckheimer war seit 1504 ein junger Witwer und dachte nicht daran, noch einmal zu heiraten, sondern hatte Lust dazu, den galanten Patrizier zu geben, ein freies Leben zu führen und wechselnde Liebschaften zu genießen. Dürer musste für den Freund von Venedig aus allerhand Luxusartikel beschaffen, sei es, um den Musenhof damit zu schmücken, sei es, um die Liebschaften damit zu beschenken: Glas aus Murano, orientalische Teppiche, feines Papier, Parfüm, Schmuck, Edelsteine, Diamanten, Saphire, ferner Bücher mit neu edierten griechischen Texten. Erasmus von Rotterdam schrieb an Pirckheimer 1515 mit gewohnter Ironie: »Ein wahrhaft seltsamer Vogel bist Du in

Sehnsuchtsvoller Querkopf: Willibald Pirckheimer, Kohlezeichnung von Albrecht Dürer, 1503. Berliner Kupferstichkabinett

diesem Jahrhundert, da Du mit Deiner außergewöhnlichen Bildung und so großem Glanz des Reichtums diesen wiederum mit so viel Zuvorkommenheit und Menschlichkeit verbindest, daß es Dir nicht lästig wird, Menschlein wie mich und meinesgleichen der Zahl Deiner Freunde hinzurechnen.«[13]

Schon Conrad Celtis hatte in seinem Nürnberger Stadtporträt von 1502 das Haus von Pirckheimer als »Herberge der Gelehrten« bezeichnet. Als später Johannes Cochläus von Italien aus dem verehrten Gönner einen Besuch von Ulrich von Hutten ankündigte, schrieb er: »Nimm den berühmten Mann nach Deiner Gewohnheit gegen Gelehrte auf, aber nicht mit der bekannten Nürnberger Pracht, wie Hutten mich bat, Dir zu schreiben; denn er sucht nicht Deine Tafelgenüsse, sondern Deine gelehrte Unterhaltung.« Die »Nürnberger Pracht«

der Tafelgenüsse lässt sich vielleicht erahnen, wenn man zum Vergleich die Speisenfolge eines Dinners hernimmt, das Christoph Scheurl hier zu Ehren von Philipp Melanchthon im November 1525 für zwölf Personen gab: Saukopf und Lendenbraten in saurer Soße, Forellen und Äschen, 5 Rebhühner, 8 Vögel, 1 gebratener Kapaun, Hecht in Sülze, Wildschwein in Pfeffersoße, Käsekuchen, Obst, Pistazien, eingemachte Früchte, Lebkuchen und Konfekt.[14]

Albrecht Dürer fühlte sich am Pirckheimer'schen Musenhof pudelwohl. In immer neuen Varianten spielte er in seinen Briefen aus Venedig an den Busenfreund auf die Libertinage des gastfreien Hauses an: »Grüßt mir Euer Gesind« – »Grüßt all unser (!) Buhlen« – »Grüßt mir Steffen Pawmgartner, Herrn Lorentz, all unser Buhlen und die in Güt noch mir fragen« – »Grüßt mir den Porscht, Herrn Lorenczen und unser (!) hübsch Gesind als auch Euer Rechenmeisterin und dankt mir Eurer Stuben, das mich grüßt hat.« Je länger sich Dürer in Venedig aufhielt, desto freier und freimütiger wurde sein Ton: »Item mich dünkt, Ihr schtinkt von Huren, daß ich Euch hie schmeck und man sagt mir hie: wenn Ihr buhlt, so gebt Ihr für, Ihr seid nit mehr denn 25 Johr alt. Ocha, multiplizierts, so habe ich Glauben daran.« Wenn Pirckheimer seinerseits den Ton der alten Kumpane anschlug und sich mit neuen Eroberungen brüstete, erklärte der Maler dem Freund, dass er selbst eigentlich der bessere Liebhaber sei: »Wenn Ihr als fein sänft (sanft) wärt wie ich, so hätt ich Glauben doran.« Auffällig, wie viele nackte Frauenakte Dürer zeichnete und radierte, wie noch nie ein Maler vor ihm in Deutschland. Populär wurde sein Stich »Die Versuchung«, auch »Traum des Doktors« genannt. Man sieht einen beleibten Gelehrten, dessen Gesicht an Conrad Celtis erinnert, wie er in seiner Stube am Kachelofen einnickt und träumt. Wovon? Neben ihm erscheint eine nackte Schöne mit langen Haaren. Welch ein leichtsinniges Spielwerk der Sinne!

Nicht minder anmutig und humorvoll erscheint ein Aquarell Dürers von 1514. Cupid, der kleine, nackte Liebesgott, stiehlt aus dem Bienenkorb eine Honigwabe, um seine Liebespfeile, die neben ihm am Boden liegen, zu versüßen, während ihn die Bienen stracks verfolgen und umkreisen und wahrscheinlich schon stechen. Er rennt auf seine Mutter, auf Venus, zu, um irgendwie Hilfe von ihr zu erlangen. Sie er-

Erotische Libertinage: Venus und Cupid, der Honigdieb, Aquarell von Albrecht Dürer, 1514. Kunsthistorisches Museum, Wien

hebt den mahnenden Zeigefinger, aber doch nicht allzu hoch. Sie ist keine Betschwester, sondern selbst Göttin der Liebe, der erotischen Verführung und Schönheit, erscheint im durchsichtigen, flatternden Kleid, elegant geschnürt, mit großzügigem Décolleté und wehendem Haar. Sie blickt mild und nachsichtig auf ihren Sohn, der seinerseits in Liebesdingen, in den Causae amoris, noch unerfahren ist. Sie scheint ihm zu sagen: Die süße Näscherei oder die erotische Verführung kann unter Umständen Schmerzen nach sich ziehen, Stiche in die Hände oder vielleicht auch ins Herz. Aber davon stirbt man nicht unbedingt. Es wäre dumm, nicht mit der Liebe zu spielen – ebenso dumm zu glauben, es koste keinen Preis. Gerade weil die Liebe ein Spiel der Natur, der Künste und Mythen ist, kann man dabei auch verlieren. Es ist gut, in dieser Sache fair und sportlich zu sein – im Glück ohne großen Übermut, im Unglück ohne großen Groll.

Der Dritte im Bunde der Nürnberger Frauenhelden, der »Herr

Lorentz«, Lorenz Beheim, entstammte wie Pirckheimer einem Nürnberger Patriziergeschlecht. Er war als junger Mann über mehrere Jahre hinweg der Haushofmeister von Kardinal Borgia in Rom gewesen, und als dieser zum berühmten und berüchtigten Papst Alexander IV. erwählt wurde, wurde Beheim auch noch päpstlicher Geschützmeister. Das Oberhaupt der Katholiken und sein Sohn Cesare standen davor, den Vatikan zu verweltlichen. 1505 ließ sich Beheim als Chorherr im Stift St. Stephan in Bamberg nieder, um von dort aus, sooft es ging, den Pirckheimer'schen Musenhof zu besuchen. Einmal bedauerte er es, die Gelegenheit verpasst zu haben, um sich gemeinsam mit den Freunden ins närrische Faschingstreiben zu stürzen. Pirckheimer und Dürer tobten sich bacchantisch aus, veranstalteten allerlei Vorführungen, Schauspiele, italienische Ballette. Lorenz Beheim nannte Dürer einen »ingeniosus amator«, einen genialen Liebhaber, der viele Schöne begehre, mit großem Appetit, während Pirckheimer im genannten Brief an Tscherte ausplauderte, dass es zuletzt zwischen Dürer und seiner Frau Agnes nicht immer lustig zugegangen sei. Dürer zeichnete seine Frau allerdings mehrmals respekt- und liebevoll. Vielleicht wollte er die Quadratur des Kreises lösen und Galanterie mit der Ehe verbinden.

Pirckheimer wiederum nutzt einmal die Gelegenheit, um die Freuden eines Landaufenthalts zu beschreiben, frei nach antikem bukolischen Muster. Er hielt sich 1521 längere Zeit auf Schloss Neunhof bei Lauf auf, nach Osten eine Tagesreise von Nürnberg entfernt (nicht zu verwechseln mit Schloss Neunhof bei Kraftshof im Norden von Nürnberg). Diese Landidylle war früher einmal ein Pirckheimer'scher Besitz. Wenngleich er nun dem Schwager Martin Geuder gehörte, konnte auch Willibald dort nach Belieben verweilen. Er entwarf im Brief an seinen Freund Bernhard Adelmann von Adelmannsfelden eine arkadische Landschaftsskizze, wie sie bis dahin noch ungewohnt war. Er veröffentlichte diesen Brief zwei Jahre später als Widmung einiger Platondialoge, die er auf Schloss Neunhof ins Lateinische übersetzt hatte, obwohl die Zuschreibung an Platon nicht stimmte.

Der Humanist schulte den Blick für die Wahrnehmung der Natur, um die Schilderungen in eine Utopie heiterer Menschlichkeit münden zu lassen: »Ich habe mich aber auf ein Dorf begeben, welches ebenso sehr durch seine Lage, als durch die Milde des Himmels der Gesundheit zuträglich, und, was bei den jetzigen Zeiten das Beste, etwas von der Hauptstraße und von der Berührung mit den Leuten entfernt ist. (...) Es liegt in einer weiten Ebene, überall von benachbarten Hügeln umgeben, die nicht rauh, sondern höchst anmutig und sonnig sind, allmählich sich ergeben, und weithin in die offenen Felder ausbreiten; man könnte es einen von der Natur kunstreich gebildeten Schauplatz nennen (...). Es strömen an diesem Ort die Leute aus den benachbarten Dörfern zusammen, teils um zu baden (denn der Ort hat ein öffentliches Bad), teils um zu beten, vorzüglich an Feiertagen; dann wohnen sie dem Gottesdienst bei und hören des göttlichen Wortes Verkündigung. Wenn dies vorüber ist, dann tun sie sich etwas zu gut; die einen erfreuen sich im Wirtshaus an einem guten Trunk, die anderen schieben Kegel; denn das Würfelspiel ist nicht erlaubt. Diejenigen aber, welche noch in der Blüte ihres Alters stehen, Jünglinge und Mädchen, führen Reigen auf und muntere Tänze, indem sie nach den Tönen der Schalmei wechseln.«

Auch auf diese Weise konnte man die deutsche Wirklichkeit des Jahres 1521 beschreiben: menschenfreundlich. Martin Luther hatte zur selben Zeit in seiner Schrift »An den christlichen Adel deutscher Nation« eine ähnliche feiertägliche Szene im Blick. Doch er beschimpfte seine Landsleute derb und kräftig als Lotterleute und Faulpelze: »Denn so wie nun der Mißbrauch mit Saufen, Spielen, Müßiggang und allerlei Sünde im Gange ist, erzürnen wir Gott mehr an den heiligen Tagen denn an den anderen.« Pirckheimer verkniff es sich, die Menschen einzuschüchtern. Er wollte sie durch ein Idealbild, durch das Schöne erziehen. Sein Brief ist voll von Renaissanceoptimismus. Ihm schwebte so etwas wie christlicher Humanismus vor: Nächstenliebe und Wohlleben, sowohl auf der Grundlage biblischer als auch heidnischer Bildung. Wenngleich es für ihn eine gewisse ständische Ordnung gab, in der er sich selbst als Aristokrat fühlte, wollte er doch ein Leben unter Gleichen führen, ohne großen Standesdünkel, ohne besonderen Segen von oben. Während für Luther angesichts göttlicher Machtvollkommenheit der Wert des Menschen eine untergeordnete Rolle spielte, achtete Pirckheimer die Würde des Menschen. Es gab für ihn keine satanische Macht hinter der Natur. Nicht das Derbe und

Kräftige, nicht das Ernste und Erhabene, sondern das Leichtfüßige und Elegante, das Natürliche und die Bonhomie kamen zum Zug.

Die Natur schien über genügend Schätze zu verfügen und den Menschen genügend Chancen zu eröffnen, um sich gegenseitig zu vertragen und großherzig zu sein. Der Humanist bot ein Brevier der Lebenskunst, eine Lehre der Abwechslung. Das eine ging ins andere über: die Freude an der Natur, der nette Umgang mit Menschen, Liebelei, Feinschmeckerei, Studium und Lektüre. Pirckheimer durchmaß kurz einmal die Welt vom Kleinsten bis zum Größten: »Denn des Morgens sehe ich, nach meinem Gebete zu Gott, nicht ohne innige Freude die blökenden Schafe in zwei Herden auf die Weide eilen (...). Wenn dies geschehen ist, so beschäftige ich mich einen großen Teil des Tages mit Lesen, vorzüglich in den Schriften des Plato (...). Dann esse ich zu Mittag; bald aber erquicke ich mein Auge durch einen Blick in das Freie, lese Geschichten oder treibe etwas Erheiterndes; bisweilen beschäftige ich mich auch mit Musik oder antworte denen, die mit mir in Briefwechsel stehen, deren Anzahl groß ist. Bisweilen kommen auch Freunde, die sich ebenfalls auf die nächsten Dörfer geflüchtet haben, mit Weibern und Kindern, mich zu besuchen; diese kann ich dann, bei einem so großem Überflüsse an Fischen und Fleisch, sogar auf das herrlichste bewirten (...). Wenn keine Freunde bei mir sind, so lasse ich Leute aus dem Dorfe zu einem Mahle einladen, vorzüglich an Festtagen, und dann spreche ich mit ihnen vom Feldbau und der Natur, ja zuweilen gebe ich der ganzen Menge der Landleute mit ihren Frauen, Söhnen und unverheirateten Töchtern eine Mahlzeit. Hierauf nehme ich wieder die Bücher zur Hand, bisweilen geistliche, häufig aber auch von Heiden geschriebene und vorzugsweise diejenigen, welche von den Sitten und den Herrlichkeiten der Natur handeln, so, daß ich oft bis tief in die Nacht hinein wache; wenn aber der Himmel heiter ist, so beobachte ich mit den astronomischen Werkzeugen den Lauf der Planeten.«

Pirckheimer und Dürer hatten sich um 1495 kennengelernt, als beide von Italien nach Nürnberg zurückkehrten: der eine vom Studium der Rechtswissenschaften aus Pavia, der andere aus Venedig, wo er die Malerei der italienischen Kollegen studiert hatte. Dürer schmückte bald die Bücher von Pirckheimer mit Stichen, ebenso die Bücher von

Conrad Celtis, der gelegentlich in Nürnberg war. Die Freunde hatten ein gemeinsames Programm: Sie wollten nicht einfach die alte vaterländische Kunst fortsetzen, sondern die Renaissance des Südens über die Alpen in den Norden tragen: eine freiere Menschlichkeit, eine feinere Beobachtung, eine hellere Freude des Daseins, gute Lebensart.

Die Freunde beobachteten sich gegenseitig. Der Maler gab sich in den Briefen, die er bei seinem zweiten Venedigaufenthalt an den Freund schrieb, recht neckisch: Er, Pirckheimer, sei ein echter »Seidenschwanz«, ein Modenarr, ein Geck, während er selbst, Dürer, nun in Italien ein piekfeiner Herr werde: »Wenn Ihr doch als ein lieblich Mensch werdt als ich (. . .) Ich bin ein Zentilam zu Fenedig worden.« Zentilam meinte Gentiluomo – oder eben: Er sei ein Gentleman in Venedig geworden. Dürer bewies es. Während der junge Pirckheimer sich bedenkenlos selbst lobte oder nicht genug gelobt werden konnte, zeigte Dürer eine der feinsten Eigenschaften des Gentlemans: die Selbstironie, die Fähigkeit, Distanz zu sich selbst zu gewinnen – und legte diese Kunst seinem gelehrten Freund nahe: »Wie ist uns beeden so wohl, so wir uns gut gedünken, ich mit meiner Tafel und Ihr com woster Weisheit. So man uns glorifiziert, so reck wir die Häls über sich und glaubens. So steht etwan ein böser Lecker dorhinter, der spott unsere. Dorum glaubt nit, wenn man Euch lobt.«

Schon 1498, drei Jahre nach seinem ersten Venedigaufenthalt, hatte sich Dürer als arrivierter Künstler und Gentleman dargestellt. Über den künstlich gelockten, wohlfrisierten, schulterlangen Haaren trägt er eine modische, zweifarbige Mütze mit Quasten. Er zeigt nonchalant die kräftige Brust, hat ein fein gefaltetes, kostbares Hemd mit Goldborte an, darüber eine Jacke mit langen Ärmeln bis zum Handgelenk, die Hände sind in hauchdünne Handschuhe gehüllt und selbstbewusst zusammengeschlossen, ein kurzer Mantel wird mit einer zweifarbigen Schnur gehalten. Der junge Herr gibt sich weltmännisch, elegant, dandyhaft, doch seine Augen wirken gesammelt – ein schöpferischer Mensch. (Farbbild 12)

Hummer: Federzeichnung, braun und schwarz angelegt, von Albrecht Dürer, 1495. Kupferstichkabinett, Berlin

Ein Bestseller: die »Küchenmeisterei«

Venedig und Nürnberg wurden schon im späten Mittelalter und der Renaissance häufig verglichen. Die eine Stadt stellte im Süden das Muster einer Republik dar, welche Wohlstand und guten Geschmack bot; die andere mühte sich im Norden, diesem Vorbild zu folgen. Beide Städte galten als souverän, uneinnehmbar; die eine, weil sie offen im Wasser lag, die andere, weil sie trutzig befestigt wurde. Albrecht Dürer genoss diesen Gegensatz. Das amphibische Wesen der Lagunenstadt faszinierte ihn, nicht zuletzt der Fischmarkt: die Pescheria. Schon bei seinem ersten Venedigaufenthalt zeichnete er Meeres- und Krustentiere, die er vorher wohl noch nie gesehen hatte. Der Blick des Künstlers verwandelte etwa den Hummer in ein formenreiches und zugleich unheimliches Wesen, indem der Maler in Augen, Scheren und Füße einen tückischen, trutzigen Ausdruck legte – quasi nürnbergisch gesehen.

Vielleicht sollte man es heute wie damals machen, sollte wie Dürer eine Zeitlang in Venedig sein, dort morgens aufwachen und ohne besonderes Ziel durch die Stadt schlendern, sich durch die schmalen, verwinkelten Gassen treiben lassen, über die Stege der Kanäle laufen und gelegentlich ganz am Wasser entlanggehen, dort, wo sich die Stadt zur Lagune hin öffnet, womöglich etwas abseits vom großen Trubel, an der Riva dei Sette Martiri, an einem Kai, fast so breit wie der Strand von Amrum, mit herrlichem Blick übers Wasser auf die Parade- und Staatsbauten von Venedig, auf San Giorgio Maggiore, Santa Maria delle Salute, Dogenpalast, Markusturm, verschleiert im Dunst, wie ein Traum, beschaulich, entspannt, ein Ort für das Glück, nur dasitzen auf der Terrasse einer Bar, Campari trinken, Gedanken spielen lassen, sie wieder vergessen, einfach nur sein, das Licht genießen, die angenehme Wärme, den Wasserspiegel, die Bauten, die Leute am Kai, die Ruhe, den Süden.

Venedig konnte äußerlich nie so pompös auftrumpfen wie Rom, wo auf erhöhtem Gelände die konstruktiv-erhabene Kuppel des Petersdomes emporwuchs. Venedig lag flach im Wasser, auf sumpfigem Grund, vom Salz angeknabbert. Es gab sich eher malerisch, zart, geheimnisvoll, wurde zum Ort der Seidenstoffe und Verhüllungen, der Masken und Spinett-Töne, der Gewürze und Parfüme, der bunten Gläser und Edelsteine. Die versteckte kleine Kirche Santa Maria dei Miracoli ist womöglich das schönste Gebäude der Stadt, entstanden Ende des 15. Jahrhunderts: an sich ein schlichter Saalbau mit leicht erhöhtem Altarraum und einer Kuppel darüber; doch nichts ist gewöhnlich, außen sind die Wände mit hellem, farbigem Marmor verkleidet, unaufdringlich und doch feiertäglich. Innen wirken die Proportionen des Raumes vollendet, in sich ruhend. Alle Flächen sind vornehm zurückhaltend mit ausgewählten Materialien geschmückt. Der Steinboden zeigt ein zusammengesetztes Muster aus Quadrat, Dreieck und Raute; das Tonnengewölbe vergoldete Kassetten; die Altarschranke filigrane Bildhauerkunst. Es ist, als befände man sich in einem Schatzkästlein. Man fühlt sich selbst ein wenig veredelt, ringt um gute Gedanken, fühlt sich hoch gestimmt. Der Saal erscheint wie das Muster venezianischen Geschmacks: zart, fein, vornehm.

Nicht weit von der Miracolikirche entfernt, entdeckt der Spaziergänger den »Fondaco dei Tedeschi«, das Haus der deutschen Kaufleute in Venedig. Es erhielt von 1505 bis 1508 seine heutige Gestalt, fast schon im modernen Bauhausstil: auf quadratischem Grundriss mit Innenhof und einfachen Arkaden, ökonomisch-rational, mit wenig Schmuck – und doch nicht ohne Grandeur, vier Geschosse hoch. Der massive Bau liegt im Herzen der Lagunenstadt und war für viele Generationen von Kaufleuten aus dem Norden der Vorposten im Süden.

Neben dem Fondaco führt die Rialtobrücke auf die andere Seite des Canal Grande ins ehemalige Zentrum des Welthandels mit Börse und Banken, Magazinen und Märkten. Der Zweck der venezianischen Politik sollte nicht Zwang, sondern Genuss der Macht und des Lebens sein. Die reichen Lebensmittelmärkte gibt es immer noch, nicht zuletzt die Pescheria, den zentralen Fischmarkt, daneben den zentralen Gemüsemarkt. Auch der Fisch- und der Gemüsemarkt sind eine Schule venezianischen Geschmacks: bekömmlich, zart, fein.

Die ganze essbare Pracht der Lagune ist auf der Pescheria zu sehen, fabelhaft die Weich- und Krustentiere: Muscheln über Muscheln, mehrerlei Tintenfische, Seppia, Calamaro, Polpo, dazu Taschenkrebs, Seespinne (auch Meerspinne genannt, eine große Krabbenart), ferner echte Scampi, die Kaisergranaten. Sogar der Stockfisch ist noch da, jener getrocknete Fisch, den einst die Lübecker aus dem norwegischen Bergen bezogen, über die Alpen schafften und in Venedig einführten. Während er nun an der Trave so gut wie nicht mehr zu finden ist, ist die helle Stockfischcreme in Venedig nach wie vor als »Baccalà« beliebt: wundervoll strohig federnd, mit einem charaktervoll feinen Aroma, wie es ein frischer Kabeljau so nicht bietet.

Unweit der Pescheria, in der Calle della Madonna, liegt die »Trattoria alla Madonna« – eine Institution: mit angenehm hohen Räumen, weißen Wänden, zeitgenössischer Malerei und Terrazzoboden. Die kleinen Tische sind schlicht mit weißem Tuch gedeckt, belegt mit Besteck, einfach gefalteten, weißen Servietten, Mineralwassergläsern, Salzstreuer und Zahnstocher. Der Gast kann hier die Meerestiere nach Herzenslust verkosten, ohne geneppt zu werden: Granzeola condita (ausgelöstes Fleisch der Meerspinne); Spaghetti con le seppie nere oder Risotto con frutti di mare. Der Service erscheint im klassischen Schwarz und Weiß: weißes Hemd, schwarze Krawatte, weiße italienische Kellnerjacke, schwarze Hose – herrlich. Die Kellner sind weder hochmütig noch herablassend, haben Spaß an der Arbeit, biedern sich aber auch nicht an, machen ihr Spiel, laufen, schauen, sind immer da, immer in Bewegung, in elegantem Tempo, nicht zu schnell, nicht zu langsam, jonglieren.

Auch Albrecht Dürer war wohl schon mit dem vertraut, was man heute die mediterrane Küche nennt oder womit man die italienische meint. Der Künstler wurde in Venedig nicht nur zum Gentleman, er wusste auch schon, was Weich- und Krustentiere sind. Er dürfte ebenso bereits die Pastaküche kennengelernt haben, die im hohen und späten Mittelalter langsam von Sizilien aus nach Norditalien wanderte und salonfähig wurde. Der Florentiner Giovanni Boccaccio hatte schon 1353 in seinem »Dekameron« die Verbindung von Pasta und Parmesan gepriesen. In einer der dortigen Erzählungen (achter Tag, dritte Geschichte) entwarf Maso gegenüber Calandrino eine Art von Schlaraffenland, »wo man auch Weintrauben mit Bratwürsten anbände und eine Gans für einen Dreier bekäme und ein Gänschen obendrauf. Dort wäre ein Berg aus geriebenem Parmesankäse, auf dem Menschen ständen, die nichts anderes machten als Makkaroni und Eierklöße, die sie in Kapaunenbrühe kochten und dann den Berg hinunterkollern ließen, und wer unten die meisten auffinge, der hätte die meisten«.[15]

Boccaccio schilderte hier nicht unbedingt die kulinarischen Vorlieben der sozialen Eliten. Maso und Calandrino gehörten eher zur Mittelschicht. Die Hochküche sah um 1350 noch etwas anders aus. Bis dahin war die gehobene Küche in allen europäischen Ländern mehr oder minder gleich. In hohem Ansehen standen Fisch, Geflügel, Wild, junge Haustiere und Obst, häufig zerkleinert und zerhackt, mit einer Fülle sündhaft teurer, exotischer Gewürze zubereitet, um in verwandelter Form, Fladen, Pastete oder Torte, auf den Tisch zu kommen. Die herrschaftliche Küche sollte repräsentativ sein, im Zweifelsfall mehr das Auge als die Zunge erfreuen. Im späten Mittelalter lehnte sich die europäische Hochküche noch einmal stark an den antik-römischen Stil eines Apicius an. Die höfische Tafel gab sich mehr denn je üppig und reich, die Gerichte sollten höchsten Aufwand, Kunstfertigkeit und Luxus verkörpern – farbenfroh, wie ein ritterliches Turnier. Meister Hans, der Leibkoch des Grafen von Württemberg in Stuttgart, gab dafür in seinem Kochbuch von 1460 ein Musterbeispiel.[16] Es enthielt unter anderem ein Rezept für gekochten Saukopf, aus dem Feuer spie.

Bloße Nudelgerichte oder vorwiegend pflanzlich-vegetarische Speisen galten bei Hofe vorläufig nicht als schick, erschienen als zu billig oder als zu einfach, obwohl die Herstellung von Nudeln schon höheren Aufwand bedeutete als ein schlichter Getreidebrei. Doch sorgten in Deutschland wie in Italien die städtischen Garküchen und Imbissläden um die reichbestückten Märkte langsam für eine patrizisch-bürgerliche Küche, die sich teils mit der fürstlich-höfischen Küche berührte, teils von ihr absetzte. Im Norden wie im Süden gab es seit dem späten Mittelalter, wie gesehen, eine urbane Kochkunst mit Schwein und Kalb, Fleisch und Innereien, Kapaun und Ochse, nur gewann in Italien nun die Pastaküche eine größere Bedeutung, verbunden mit Weich- und Krustentieren und Fischen aus dem Meer.

Mitte des 15. Jahrhunderts wurde ein höfischer Koch namens Maestro Martino auf eine so einfache Sache wie die Pasta aufmerksam. Er war zunächst in Cremona und Mailand tätig, wahrscheinlich auch in Neapel, bevor er in Rom der Leibkoch von Kardinal Ludovico Trevisan wurde. Die römischen Prälaten stellten geistliche Herren dar, die ein höfisches Leben in Muße führten. Im Gegensatz zu Rittern und Fürsten waren sie nicht mehr unbedingt auf kraftvolle Fleischnahrung angewiesen, im Gegenteil, schwere Nahrung schien für sie eher das Wohlbefinden zu mindern. Da sie zudem ehelos leben sollten, kümmerten sie sich mehr denn je um bekömmliche Feinschmeckerei. Maestro Martino verfasste um 1460 ein handschriftliches Kochbuch, das »Libro de arte coquinaria«, worin es bereits mehrere Rezepte für »Maccaroni«, »Ravioli« und »Lasagne« gab, ferner kochte Martino neben dem üblichen süßen Milchreis auch schon Risotto in Fleischbrühe. Weich- und Krustentiere und Fische aus dem Meer spielten eine große Rolle. Zu guter Letzt stellte er auch schon Marzipan her.[17]

Bis dahin waren gedruckte Kochbücher unbekannt, da der Buchdruck ohnehin erst in dieser Zeit erfunden wurde. Die ersten Druckwerke waren außerdem wie die Handschriften noch sehr teuer und stellten ein hohes finanzielles Risiko für Verleger und Autor dar. Der Humanist Bartolomeo Platina, der in Rom im Dienst von unterschiedlichen Kardinälen stand, ging das Wagnis an, der erste Autor eines gedruckten Kochbuchs zu werden. Er wollte der neuen, bekömmlichen und feinen Küche, die Maestro Martino in Rom entwickelte, zum Durchbruch verhelfen. 1468 schuf Platina die handschriftliche Fassung seines Buches, das dann um 1475 in Rom gedruckt wurde. Mittlerweile war er der Leiter der Vatikanischen Bibliothek und stand im Dienst von Papst Sixtus IV. Er gab seinem lateinischen Werk den provozierenden, wenn nicht sensationellen Titel: »De voluptate honesta« – Von der ehrbaren Wollust. Das Werk wurde rasch ins Italienische, Französische, Englische und Deutsche übersetzt. Die deutsche Übertragung von 1542 lautete im Titel: »Von der eerlichen zimlichen auch erlaubten Wolust des Leibs«.[18] Bis jetzt hatte die römisch-katholische Kirche die Wollust verdammt und zu den Todsünden gezählt, nun sollte sie in angemessener Weise erlaubt sein.

Was Platina eigentlich im Sinn hatte, war *der bekömmliche, feine Genuss*: die goldene Mitte zwischen Askese und Völlerei, zwischen Kargheit und pompöser Staatsküche. Er zielte auf einen mittleren Stil, um sowohl die Päpste und Kardinale, die Fürsten und Höflinge als auch, wie er hervorhob, die »feinen sittlichen und bürgerlichen Leute« anzusprechen.

Die Feinschmeckerei sollte nicht für sich stehen, sondern Teil der Ethik und Lebenskunst sein. Die Grundlage dafür bot für Platina der antike griechisch-römische Humanismus. Er verabschiedete sich von der Vorstellung, dass der Mensch mit einer Erbsünde belastet sei. Ebenso wenig sah er im Menschen das wilde Tier mit ungezügeltem Appetit. Es war für ihn unnötig, die menschliche Natur in ein autoritäres System zu pferchen, um sie mit Hilfe von Askese und Diät, Moral und Metaphysik vollkommen zu beherrschen.

In der Vorrede hieß es: »Es sol weit von Platina sein / das er (...) von unzüchtigem wolust / fressen / sauffen / huren schreibe. Ich rede hie von diesem wollust / da ainer züchtig / messig / zimlich an essen und trincken / lust und freüde hat / der nature nach, wie sie es begert / geredet. (...) ich sehe daz Cicero bey uns am maisten gilt / wen hat er vor sich gehabt am maisten in seinem lust und leere dann Epicurus selbs / gleich wie Aristoteles den Platonem.«

Nicht nur der Titel von der ehrbaren Wollust war provozierend, sondern auch der Bezug auf Epikur. Dieser war für die gelehrten Kleriker des Mittelalters der Erzfeind des Christentums gewesen, weil er im Stil eines Humanisten behauptete, dass man über das Göttliche nichts Bestimmtes sagen könne. Jetzt nahm er die Rolle des Spiritus Rector am päpstlichen Hof ein. Platina erwies dem einstigen Schüler von Aristoteles in Athen die Ehre.

Epikur hatte seine Ethik im »Brief an Menoikeus« und in den »Aphorismen« zusammengefasst.[19] Man möge der Gottheit nichts anhängen, was sie nicht vollbringen könne, man möge nicht an den Tod denken, sondern leben, denn die Seele löse sich nach dem Tod mit dem Körper auf. Für Epikur war der Mensch auf sich selbst verwiesen. Er möge seine Kräfte ausbilden, denn die Zukunft liege nicht ganz außerhalb seiner Macht. Was bleibe, sei die Glückseligkeit, die aus dem eigenen Selbst, aus der Lust und Freude am Leben erwachse.

Die wahre Freude am Leben, so lehrte Epikur, liege weder in der Gier nach Macht und Reichtum noch in zügelloser Wollust, Völlerei und Luxus, sie entstehe vielmehr, wenn erstens der Körper gesund sei und keinen Schmerz verspüre, wenn zweitens die Seele ausgeglichen sei und keine Angst empfinde. Man soll Dinge essen und trinken, die bekömmlich sind, und soll Dinge tun, die man bewältigen kann. Nicht die Üppigkeit des Mahls, nicht das Prestige der Produkte gewähren schon Gaumen- und Magenfreuden, sondern gute Zubereitung und angenehme Verdaulichkeit. Der Epikureer schlägt ein vielseitiges Mahl nicht aus, wenn es sich bietet, freut sich aber auch über einfache Dinge, die gut schmecken: »Unsere Aufgabe ist es, durch Abwägen und Unterscheiden des Zuträglichen und Abträglichen immer alles richtig zu bewerten.« In dieser gemäßigten Form ist Epikur dem Publikum bis heute oft unbekannt, weil seine Gegner ihm unterstellten, er predige bedenkenloses Genussleben.

Platina nahm Epikur in Schutz und machte ihn zum eigentlichen Patron des Buches. Das kulinarisch Gute und gastronomisch Weise sollten Dinge der Philosophie sein. In Anlehnung an Epikur gab es für Platina zwei entscheidende Kriterien für das Essen und Trinken: Erstens sollte es das »gesunde des leibs« fördern, zweitens sollte es »lust und freüde« machen. Im Grunde folgte Platina der berühmten Formel, die Horaz in seiner »Ars poetica« für die Dichtkunst aufgestellt hatte: Sie möge *nützlich sein* und *erfreuen*. Auch für die Kochkunst sollte dieses Gesetz gelten: nützlich sein, indem sie den Leib stärkt und erhält – erfreuen, indem sie feine, verträgliche Genüsse bietet – ehrbare Wollust. Horaz hatte seinerseits scherzhaft in einem Brief über sich selbst gesagt, er sei ein Schweinchen in Epikurs Herde.

Platina schuf ein Buch mit etwa 400 Kapiteln, um Lebensmittel in bisher kaum gekannter Fülle vorzustellen, gespickt mit kulturgeschichtlichen Betrachtungen, Warenkunde und Rezepten, die er von Maestro Martino übernahm, wenngleich im Gegensatz zum Kochbuch von Martino bei Platina die neuen Pasta- und Risottogerichte weitgehend fehlten. Aber bei ihm spielten schon die leicht verdaulichen Dinge wie Salat und Gemüse eine große Rolle.

Platina empfahl vorweg eine gesunde und abwechslungsreiche Lebensführung. Man soll immer etwas arbeiten, auf dem Land und in der Stadt, soll sich bewegen, spazieren gehen, reiten und jagen, das fördere den Appetit. Bei Tisch gehöre es sich nicht, Zoten und Possen zu reißen, man möge sich den Tafelfreuden widmen. Das Tischtuch soll wie die Serviette weiß und sauber sein, das Geschirr irden und golden, das steigere die Lust und Freude am Essen.

Die Warenkunde begann mit einfachen Dingen: Salz, Brot und Salat. Entsprechend sollte auch die Menüfolge mit leichten Sachen beginnen: »Man soll am ersten essen speyß / die (ge)ringe ist / und den leib offen behelt, als öpffel, / pirnn oder Salat und dergleichen / es sey kocht oder rohe / auß essig und öl genommen / ayr und was supfferlich ist.« Schon um 1200, im »Parzival« von Wolfram von Eschenbach, hatte es Salat mit Essig und Öl gegeben, doch ein solches Essen war eines Ritters unwürdig. Jetzt leitete eine solche Speise das Menü an der Tafel der Päpste und Kardinäle oder der »feinen sittlichen und bürgerlichen Leute« ein.

Das Buch stellte den Lattich vor, die Vorform des Kopfsalats, daneben die Endivie. Es folgten Gemüse wie Spargel und Hopfensprosse, Kürbis und Mangold, Marone und Fenchel, Pastinake und Petersilienwurzel. Natürlich standen auch die Meerestiere hoch im Kurs: Muscheln wie die Auster, Weichtiere wie der Tintenfisch, Krustentiere wie die Languste. Nicht minder beliebt war das Geflügel: Wachtel, Rebhuhn, Fasan, Taube, Huhn, Kapaun, Ente und Gans, selbst die Enten- und Gänsestopfleber war schon wohlgelitten. Unter den Haustieren stand das Kalb an oberster Stelle, gerade im Vergleich zum Ochsen: »Kalbfleisch ist gesünder / dann es ist temperiert / das braucht man meisten bei grossen Herren.« Dazu wurden Kopf und Innereien vom Kalb als Delikatessen vorgestellt.

Die Rezepte von Maestro Martino, die hier benutzt wurden, verzichteten weitgehend auf fernöstliche Gewürze, ebenso ließ das Zerhacken und Mörsern von Fleisch und Fisch nach. Das bloße Bratenstück emanzipierte sich gegenüber Fladen, Pastete und Torte. Es genügten heimische Würzmittel wie Knoblauch, Zwiebel, Petersilie und Lorbeer, um etwa einen Zickleinbraten zu verfeinern. Manchmal wurde über den Spießbraten am Ende nur Pomeranzensaft oder Balsamessig gegossen. Oder man schnitt dünne Schnitzel von der Kalbskeule, bestreute sie mit Kräutern, formte eine Roulade und briet sie in der Pfanne. Der Fisch wurde häufig schlicht auf dem Rost gegart und mit Zitrone beträufelt.

Die Geschichte der europäischen Kochkunst wäre vielleicht etwas anders verlaufen, wenn nicht ausgerechnet das erste gedruckte Kochbuch gleich auf der Seite des Neuen gestanden hätte. Wennschon Platina kein Koch, sondern ein Gelehrter war, löste er einen Trend aus, welcher der europäischen Küche eine neue Richtung gab. Die Vorherrschaft der Augenküche sollte durch eine neue Gaumen- und Magenküche gebrochen werden. Form und Farbe sollten nicht mehr die erste Geige spielen, sondern mit dem Inhalt, dem eigenen Geschmack und der Beschaffenheit der Hauptzutaten in einem ausgeglichenen Verhältnis stehen. Der Vorrang von Fleisch und fernöstlichem Gewürz, die Vorliebe für das Zerhacken und Zerkleinern: all das sollte gemäßigt werden, um im Gegenzug den einfach gegarten Stücken, gewürzt mit heimischen Kräutern und Gemüse, mehr Beachtung zu schenken. Vorneweg kamen Salat und Suppen in Mode, um das Menü vom Leichteren zum Gehaltvolleren zu steigern.

Platina blickte als gelehrter Humanist zeitlich hinter die antik-römische Küche zurück zur antik-athenischen, um schwelgerisch grellen Aufwand durch ausgewählt feinen Geschmack zu ersetzen. Die europäische Küche ist nicht unbedingt eine Gewürzküche, sondern eher eine *Küche des Eigengeschmacks*, selbst wenn heute manche Köche oder Kritiker die Rückkehr zu den Gewürzen als »innovativ« bezeichnen –

es ist ein alter Hut. Der europäische Humanismus sucht nach dem freien Individuum, die europäische Küche nach dem guten, einzelnen Stück.

Natürlich waren Rom oder Venedig damals andere Kaliber als Nürnberg, aber die fränkische Metropole hielt Anschluss an die Entwicklung im Süden, auch auf dem Gebiet der Feinschmeckerei. In Nürnberg zeigte man sich aufgeschlossen gegenüber der neuen europäischen Hochküche. Kurz nach dem Erscheinen des Kochbuchs von Platina ging auch hier der Verleger Peter Wagner das Wagnis ein, ein gedrucktes Kochbuch auf den Markt zu bringen. Von 1485 an erschien die »Kuchenmaistrey« und erreichte bereits bis Ende des Jahrhunderts zwölf neue Auflagen, so sehr war das deutsche Publikum an dieser Materie interessiert. So wie das Buch von Platina für die europäische Kochkunst zum Klassiker wurde, so entwickelte sich die »Kuchenmaistrey« für die deutsche Kochkunst zu einem Meilenstein. Insgesamt wurde es zweihundert Jahre lang neu aufgelegt, zum letzten Mal 1674. Das Werk erschien anonym, ohne Nennung eines Meisterkochs. Nach der Erkenntnis der Philologen lag dem Buch, dem Wortschatz nach, eine Rezeptsammlung aus dem alemannisch-schwäbischen Sprachraum zugrunde, im Lautstand fränkisch-nürnbergisch überformt.[20]

Vermutlich kannten die Beteiligten dieses Buches, ein Meisterkoch, ein Redakteur, der Verleger und der Drucker, bereits das Werk von Platina. Sowohl in der Vorrede als auch in den Rezepten spiegelten sich Kerngedanken, die zuvor der päpstliche Bibliothekar in seinem Werk entfaltet hatte. Auch in der »Kuchenmaistrey« sollte es *zwei tragende Säulen* für das Essen und Trinken geben, frei nach Epikur (der hier jedoch nicht eigens genannt wurde): *das Bekömmliche* und *das Feine*. Die Menschen, hieß es, mögen geneigt sein »zu natürlicher und lustiger speiße, sich derselben nach gesuntheyt yres leybes ordenlich zu gebrauchen und zu emphahen«. Wie Platina, so zielten auch der »Küchenmeisterei«-Koch und sein Verleger ausdrücklich auf einen mittleren Stil: weniger pompös und üppig, weniger schwer und ungesund. Das Werk, hieß es, wolle gleichermaßen den »fürsten und herren, geistlichen und weltlichen, auch dem gemeinen man« etwas bieten. Entsprechend stellte der Koch aufwendige und weniger aufwendige

Das erste gedruckte Kochbuch in Deutschland: Frontbild der »Kuchenmaistrey«, nach der Ausgabe von 1490 bei Peter Wagner in Nürnberg, zuerst erschienen 1485

Rezepte vor. Auch die fernöstlichen Gewürze wurden stark zurückgedrängt, um den natürlichen Geschmack der Speisen zu heben. Lediglich der Pfeffer kam des Öfteren zum Zug, häufig genügten heimische Kräuter für das Würzen, insbesondere mochte der Koch die mildwürzige Petersilie. Die Soßen wurden in der Regel nicht mehr, wie noch im Kochbuch von Meister Hans, nach der Farbe benannt, sondern nach dem Geschmack und dem Inhalt: etwa Schalottensoße, Knoblauchsoße, Pomeranzensoße oder Kirschsoße.

Die neue Hinwendung zu Geschmack und Inhalt bedeutete aber weder in Italien noch in Deutschland, dass Form und Farbe nicht mehr zählten. Es ging um ein ausgewogenes Verhältnis dieser Kriterien. Gerade die »Küchenmeisterei« führte vor Augen, dass es auch nördlich der Alpen eine Teigküche gab – und Teige ließen sich von jeher wunderbar formen.

Ein *Urwort* der deutschen Kochkunst ist der *Krapfen*: eine mehr oder minder kugelrunde Speise, ähnlich wie der *Knödel*. Schon im Epos des »Ruodlieb« aus der Zeit um 1050 machte man in der Küche eines Meierhofes eine Mehlspeise, die in heißem Schmalz gebacken wurde und wahrscheinlich einen Krapfen darstellte, dazu gab es Mehlspeisen in Form von »Zopf« und »Kranz«. Die Bamberger Domherren erwähnten in ihren Urbaren aus dem 12. Jahrhundert die »Krappelini«, die unter anderem auch Leberknödel meinten. Um 1200 tauchten im »Parzival« ebenfalls »Krapfen« auf, die in heißem Fett zischten. Im »buoch von guter spise« aus der Epoche um 1350 erschienen »Krapfen«, »Küchlein«, »Fladen« und »Pasteten«. Meister Hans nannte schließlich 1460 auch den »Knödel«. Vermutlich bezeichnete der Knödel jetzt die vollendet kreisrunde Kugelform, während der Krapfen nun die leicht abgeflachte Kugelform meinte. Das deutsche Wort des Krapfens deutet darauf hin, dass sich nördlich der Alpen frühzeitig eine eigene Teigküche entwickelt hatte: verhältnismäßig eigenständig gegenüber jener im Süden. Krapfen bedeutete Kralle oder eine zusammengeballte, kugelrunde Faust. Knödel leitete sich von Knoten ab. Vorläufig kam es aber in der herrschaftlichen Küche nicht so sehr auf den Teig oder die Form an, sondern auf die Füllung. Bloße Nudeln als Hauptgerichte, allein mit Käse und Butter verfeinert, so wie es Boccaccio um 1350 im »Dekameron« beschrieb, waren in Deutschland noch ungewohnt.

Der »Küchenmeisterei«-Koch verehrte den gefüllten »Krapfen«, stellte ein ausführliches Rezept für »krapffen teig« vor, dazu viele Rezepte für Krapfen mit unterschiedlichen Füllungen, ob salzig oder süß, ob mit Fisch, Geflügel, Wildbret oder Obst gefüllt, manchmal wurde auch eine Soße zur Begleitung vorgeschlagen. Auch gab es Rezepte für »küchlein«, »knöpfle« oder »kleine fledlein«, aber nicht als reine Nudelgerichte. Die Knöpfle waren noch keine Spätzle, wie man meinen könnte, sondern gefüllte Knödel. Die Flädle wiederum sollten lang und breit wie ein Finger sein, verfeinert mit vielen Gewürzen, begleitet von Krebsen.

Das parademäßige binnenländische Krustentier, der *Flusskrebs*, war das Lieblingstier des Kochs: mal schlicht in Wasser, Wein und Essig gekocht und mit Kirschsoße serviert, mal ausgelöst, um das Krebsfleisch als Füllmasse für Krapfen, Pasteten und Torten zu nutzen. Wenngleich es Flusskrebse damals massenweise in heimischen Gewässern gab und auch der »gemeine man« sich diese Delikatesse leisten konnte, waren die gekochten Krebse auf der Herrentafel sehr begehrt, quasi in seigneuraler Anmutung: in kardinalrotem Panzerkleid.

Wer heute den gesottenen Flusskrebs auf einem weißen Teller erblickt, kann ihm eine edle ritterliche Herkunft mit langer Ahnenreihe nicht abstreiten. Er wirkt in dem umständlichen Aufbau des Körpers wie ein Don Quijote aus uralter Zeit: mit langen Antennen, kurzen Antennen, Mundwerkzeugen, Kieferfüßen, mächtigen Scheren, langen Laufbeinen, kurzen Schwanzbeinen, verkrustet vom Kopf über die Brust bis zum Rücken. Welch ein Aufwand, welch eine Vielgestaltigkeit, welche eine Pracht im Kleinen!

Das Tier hat bereits ein paar Millionen Jahre auf dem Buckel und kam einst mit den wechselnden Eiszeiten gut zurecht, wanderte zurück ins Meer, wenn es ihm zu kalt wurde, schwamm die Flüsse und Bäche wieder hinauf, sobald es ging. Im Gegensatz zu seinen Artverwandten, zu Hummer oder Kaisergranat, schmeckte ihm das süße Wasser auf dem Festland besser, er bevorzugte ruhig fließende Gewässer, die Verstecke boten, unter Steinen oder hinter offenem Wurzelwerk von Weiden und Erlen an den Böschungen der Bäche.

Es gab hierzulande früher hauptsächlich den Edelkrebs, der besonders groß und prächtig wird, bis zu zwanzig Zentimeter lang, mit kräftigen Scheren. Doch im 19. Jahrhundert, seit etwa 1860, setzte man in heimischen Gewässern auch amerikanische Krebse aus. Sie verbreiteten die Krebspest, ohne selbst darunter zu leiden, und schränkten die Kreise des Edelkrebses ein. Im 20. Jahrhundert taten schlechte Wasserqualität und die Begradigung der Flüsse ein Übriges, um die Edelkrebse auf ein paar wenige Oberläufe von Bächen zurückzudrängen. Wie die Äsche, so braucht auch der Edelkrebs heute Leute, die sich um ihn kümmern. Seit etwa zehn Jahren gibt es wieder einige heimische Edelkrebszüchter, welche die Tiere in Teichen als Speisekrebse vermehren, ohne Zusatzfutter, wie etwa Michael Bäuml in Tirschenreuth.

An sich ist der Edelkrebs der Hummer des nordalpinen Binnenlandes. Im 19. Jahrhundert zerbrachen sich Connaisseurs wie Eugen von Vaerst oder Theodor Fontane den Kopf darüber, ob man dem Hummer oder dem Edelkrebs den Vorzug geben soll.[21] Fontane bedauerte es, dass sich der Preuße gern vom größeren Stück beeindrucken lasse. Innerhalb der Flusskrebsarten gilt der Edelkrebs als jener mit dem reinsten Fleisch, ohne muffigen Ton, doch auch der kleinere Galizierkrebs, der immun ist gegen die Krebspest, schmeckt sehr fein. Daneben wird der amerikanische Signalkrebs geschätzt. Wenn sich der heimische Flusskrebs nicht mit Paarung und Brut beschäftigt, wenn er Saison hat, etwa von August bis Oktober, ist sein farb- und formschönes, rot-weißes Fleisch der Scheren und des Schwanzstücks prall und zugleich zauberhaft zart, mit aromatischer Finesse, mit herrlich dezenter, mineralischer Süße – vorausgesetzt, dass er frisch und sanft gegart wird und nicht konserviert ist. Man braucht nur das richtige Werkzeug, eine Krebsschere, dann ist das Krebsessen ein Kinderspiel.

Dem Koch der »Küchenmeisterei« lag um 1485 die fette Fleischküche weniger am Herzen: »Item es spreche die meyster das alle feyst essen und feist ding dem menschen schad sein.« Immer wieder bevorzugte der Koch die leichteren Sachen und trumpfte mit seinem Können auf, bot auch artistische Rezepte, die in sich selbst abwechslungsreich, kontrastreich, verspielt waren, Rezepte, wo schon unterschiedliche Methoden des Garens variiert wurden, ohne den Eigengeschmack und die Beschaffenheit der Zutaten zu missachten. Gleich zu Beginn seines Buches offerierte der Koch drei- oder viererlei Essen von *einem* Fisch (ins Hochdeutsche übertragen): »Willst du dreierlei Gerichte von einem Fisch machen, so daß der Fisch doch scheinbar ganz bleibt, so schlag einen Hecht oder irgendeinen anderen Fisch in drei oder vier Teile. Leg den ersten Teil auf einen Rost und brate ihn. Den zweiten Teil koch in Wein gar und würz ihn, den dritten in Essig eingelegt, den vierten Teil, den Schwanz, gebacken. Und der Fisch soll zusammengelegt werden, ein Stück nach dem anderen, als ob er ganz sei: zuerst das Kopfstück, dann das Mittelstück, danach den Schwanz, mit gehackter Petersilie bestreut und aufgetragen. Dazu soll gute Soße oder Essig in vielen kleinen Schälchen serviert werden. So ißt jeder Gast anders als der andere. Das ist ungewöhnlich.«[22]

Die famose »Küchenmeisterei« beschränkte sich vorwiegend auf das Kochen. Doch es gab nördlich der Alpen auch Humanisten, die wie Platina neben der Kochkunst ebenso die Lebenskunst und die Tischsitten verfeinerten: etwa Willibald Pirckheimer oder Erasmus von Rotterdam. Der Letztere wuchs in Holland auf und ging dort in die Schule, studierte mehrere Jahre in Paris, lebte längere Zeit in Venedig und London, gab sich polyglott, lernte mehrere Länder und große Städte kennen und ließ sich schließlich 1514 in Basel nieder. Er schlüpfte in die Rolle des Weltbürgers, der mit vielen Menschen unterschiedlicher Herkunft in brieflicher Verbindung stand: mit seinen Schülern, mit Freunden, Verlegern, Humanisten, Reformatoren, Kardinälen, Fürsten, Päpsten und Kaisern.

1530 veröffentlichte Erasmus eine Schrift, die sowohl Benimmbuch als auch Gastrosophie war: »De civilitate morum puerilium«. Ein Jahr später wurde das Bändchen schon vom Lateinischen ins Deutsche übersetzt: »Züchtiger Sitten zierlichen Wandels / und höflicher Geberden der Jugent«.[23] Das Büchlein behandelte in mehreren Kapiteln die innere und äußere Haltung, die in guter Gesellschaft angemessen sei, ferner wie man sich kleiden und bei Tisch benehmen oder wie man sich in der Öffentlichkeit, beim Spiel und in der Schlafkammer verhalten soll. Erasmus hielt es für ratsam, dass die Jugend neben Ehrbarkeit, Moral und Beruf auch zierliche Sitten, *Manieren*, erlerne. Obwohl es sich dabei dem Anschein nach um eine geringe Wissenschaft handle, schaffe sie eine menschlichere Welt.

Das A und O der zierlichen Sitten sei die innere Haltung des Menschen, die sich am deutlichsten im Augenspiel ausdrücke. Man möge nicht griesgrämig oder frech dreinschauen, sondern natürlich und freundlich, möge Körper und Kleidung pflegen und sich reinlich halten. Entsprechend soll man *bei Tisch* fröhlich und nicht gierig sein, sich vorher die Fingernägel schneiden und die Hände waschen. Es schicke sich nicht, gleich den besten Platz an der Tafel zu ergattern, man warte, bis die Älteren die Tischordnung festlegen, starre nicht sofort auf die volle Schüssel in der Tischmitte, greife nicht sogleich hastig nach dem größten Stück. Man benehme sich taktvoll, schneide das Fleisch in kleine Teile, kaue es gut und esse langsam, trinke oder rede nicht mit vollem Mund. Es ging darum, sich selbst und anderen Menschen angenehm zu sein: durch Reinlichkeit im Äußeren, durch Selbstbeherrschung im Inneren, durch vornehme Zurückhaltung und Nettigkeit. Eine solche feinere Lebensweise war nicht nur Luxus: Sie war die Antwort auf eine komplexere Welt in den Städten, die mehr Biegsamkeit und Geschmeidigkeit erforderte, aber umgekehrt auch mehr Angenehmes und Schönes bot. Es ging um bewussten Genuss der Geselligkeit, der Speisen und Getränke.

Kurz nachdem Erasmus sein Benimmbüchlein verfasst hatte, entstand in Nürnberg ein bezaubernder bürgerlich-patrizischer Speiseraum, der bis heute zu den schönsten in Deutschland aus der Zeit der Renaissance zählt: der Hirsvogelsaal. Bevor im Jahr 1535 die Hochzeit zwischen dem Nürnberger Patrizier Linhard Hirsvogel und der Augsburger Patriziertochter Sabina Welser stattfand, ließ der Bräutigam an sein Haus einen luftigen Gartensaal anbauen, um seiner Braut eine Freude zu machen. Wenngleich das originale Gebäude im Zweiten Weltkrieg zerstört wurde, blieb die wertvolle Einrichtung aus der Entstehungszeit erhalten, weil sie noch rechtzeitig ausgebaut worden war. Nicht weit vom ursprünglichen Ort entfernt entstand im Jahr 2000 dafür ein neuer Trakt im nordöstlichen Teil der Altstadt: im weitläufigen Anwesen des Tucherschlösschens.

Innen bietet der Hirsvogelsaal wie eh und je eine frühlingshafte Stimmung. Man spürt regelrecht die veränderte, dem Diesseits zugewandte Lebenslust der Renaissance. Bis auf halbe Höhe sind die Wände ringsum leuchtend rot grundiert und mit einer aufgemalten goldenen Gitterstruktur ausgeschmückt. Geschnitzte Pilaster, die Motive der Landwirtschaft, Jagd und Musik wiedergeben, rhythmisieren die bemalten Flächen und tragen ein breites, umlaufendes Friesband. Das Deckengemälde schuf der Dürer-Schüler Georg Pencz. Es setzt sich aus zwanzig Leinwandbildern auf Keilrahmen zusammen, zeigt den Sturz des Phaeton, des Heißsporns, der die Zügel des Sonnenwagens in die Hand nimmt, aber dessen Pferde nicht lenken kann. Ironie des Schicksals! Schon bald nach der Hochzeit liefen die Geschäfte von Linhard Hirsvogel aus dem Ruder. Der reiche Schwiegervater zahlte die Mitgift nicht aus, weil der drohende finanzielle Ruin des Schwiegersohnes bis nach Augsburg vordrang. Linhard schickte Sabina nach eineinhalb Jahren Ehe zu ihren Eltern nach Augsburg zurück. Ein

Skandal! Die Ehe wurde geschieden, Linhard Hirsvogel verarmte, nicht zuletzt durch den Scheidungsprozess, und musste Nürnberg verlassen – andere genossen von da an diesen Saal.

In gewisser Hinsicht waren die beiden eigentlich ein geniales Paar. Er verstand etwas von der Kunst des Interieurs, sie etwas von der Kunst des Kochens. Knapp zwanzig Jahre nach dem Nürnberger Intermezzo, 1553, verfasst Sabina Welser im Elternhaus in Augsburg ein handschriftliches Kochbuch, das Einflüsse von Maestro Martino, Platina und der »Küchenmeisterei« verriet.[24] Ihr Lieblingstier war der Kapaun, der kastrierte Hahn, dem sie viele Rezepte widmete: sanft gedämpft; eingemacht im Glas; eingemacht mit Zitrone; als Krapfenfüllung; als Pastetenfüllung; als Blancmanger. Desgleichen schnitt sie, wie Maestro Martino oder Platina, auch dünne Schnitzel von der Kalbskeule, bestreute sie mit Kräutern, rollte sie zur Roulade und briet sie in der Pfanne. Sicher hatte Sabina als Patrizierin einige Mägde als Gehilfinnen, doch aus ihrem Kochbuch geht hervor, dass sie selbst am Herd stand. Sie wies darauf hin, dass sie dieses oder jenes von Meister Simon, dem Leibkoch des Grafen von Leuchtenberg, gelernt habe. Eines der Rezepte erhielt sie von Jörg Fugger.

Mitte des 16. Jahrhunderts gab es in Augsburg auch schon Austern. Wahrscheinlich wurden sie über eine Expressverbindung aus Venedig bezogen. Die Köchin empfahl, die Austern aufzubrechen und aufzuklappen, ein Stück Butter auf jede Hälfte zu legen und die Muscheln in der Schale auf dem Rost zu garen. Ebenso kochte sie schon »Ravioli«, gefüllt mit Spinat und Käse; die heimische Variante war der »gesottene Krapfen«, gefüllt mit Mangold und Käse. Der Form nach waren Ravioli und Krapfen dasselbe, denn die Ravioli sollten wie Krapfen geformt werden, nur der Ravioliteig war als Tortenteig mit Weizenmehl etwas feiner und heller als ein Krapfenteig. Bis heute gibt es in Tirol die »Schlutzkrapfen«, der Form nach Ravioli, dem Inhalt nach aus etwas gröberem Mehl als Ravioli. So oder so: Der Krapfen ist herrlich wandelbar: gebacken oder gesotten, süß oder salzig, ob mit Obst, Gemüse, Fisch oder Fleisch gefüllt. Krapfen wie Ravioli beherrschen das Versteckspiel, das Verhüllen und Enthüllen, sind schlutzig, schlotzig, gleitend – fast ein wenig unanständig, wie die Auster.

Sabina Welser gönnte sich auch kulinarische Erinnerungen an

Hellere Freude des Daseins: Der Hirsvogelsaal als bürgerlich-patrizischer Speiseraum in Nürnberg, rekonstruiert im Jahr 2000 mit originaler Dekoration von 1534

Nürnberg, backte neben »Nürnberger Faschingskrapfen« auch »Nürnberger Lebkuchen«. Schon Ende des 14. Jahrhunderts hatte es neben gewöhnlichen Bäckern ebenso »Lebküchner« gegeben. Erstmals wurde in Nürnberg ein solcher um 1395 im Urbar der dortigen Deutschordenskommende erwähnt.[25] In die Vorsilbe »Leb-« flossen wahrscheinlich mehrere Bedeutungen ein: libum, das lateinische Wort für Fladen und Kuchen; ferner Leck- und Labkuchen, ebenso Lebenskuchen, dank der Kraft des Honigs und der Gewürze; alternativ wurde der Lebkuchen auch Honigkuchen oder Pfefferkuchen genannt. Während der Krapfen sowohl ein süßes als auch ein salziges Gebäck sein konnte, war der *Lebkuchen* eindeutig ein Süßgebäck.

Die Grundlagen waren Mehl, Honig, Pfeffer und andere exotische Gewürze, Zimt, Nelke oder Sternanis, dazu Nüsse und getrocknete oder kandierte Früchte. Es gab im späten Mittelalter und in der Renaissance auch andere deutsche Städte, die Lebkuchen herstellten, doch Nürnberg erlangte dafür Berühmtheit, weil hier die Lebküchner nicht kleckerten und mit den teuren Zutaten großzügig umgingen. Rings um die Stadt dehnte sich der Reichswald aus, der den Honig lieferte, die Fernhandelskaufleute sorgten für die Gewürze sowie für die getrockneten und kandierten Früchte. Während des Reichstages von 1487 lud Kaiser Friedrich III. die Nürnberger Kinder zu einem Fest in den Burggraben ein und ließ 4000 Lebkuchen an sie verteilen. Der Nürnberger Lebkuchen wurde bald zum Exportschlager. Anfang des 16. Jahrhunderts ließ sich der Hochmeister des Deutschen Ordens, Albrecht von Brandenburg-Ansbach, die Nürnberger Lebkuchen bis hinauf nach Ostpreußen, nach Königsberg liefern.

Die heutige edle Form des Nürnberger Lebkuchens, der *Elisen-Lebkuchen*, entstand allerdings erst später. Im Jahr 1838 tauchte im »Nürnberger Waaren-Lexikon« erstmals der Begriff »Elisen-Lebkuchen« auf. Er stellt die feinste Art unter den Nürnberger Lebkuchen dar, darf höchstens 10 Prozent Mehl enthalten und muss mindestens 25 Prozent Edelkerne, Haselnüsse und Mandeln, besitzen. Es gibt kleine Konditoreien und Bäckereien, die noch weniger oder überhaupt kein Mehl mehr verwenden. Die einen erhöhen den Anteil der gemahlenen Nüsse und Mandeln, die anderen den der kandierten Früchte und halten den Teig mit Eiern oder Eiweiß zusammen, vermischt mit

Bienenhonig oder Zucker, und überziehen den gebackenen Lebkuchen mit feinster Schokolade. Die Confiserie Neef in der Winklerstraße spart eher mit Orangeat und Zitronat, um die Gewürze voll zur Entfaltung zu bringen, während die Bäckerei Düll, die neben dem Dürerhaus in der Bergstraße eine Filiale hat, mit kandierten Früchten nicht spart, um die Saftigkeit und Fülle des Gebäcks zu fördern. Der warme, besänftigende Duft von Zimt ist aber da wie dort die Seele des Elisen-Lebkuchens. Es ist, als versammelten sich darin zur Weihnachtszeit alle reichen, gütigen Gaben der Natur.

Die Nürnberger Lebkuchen waren schon im späten Mittelalter hoffähig, indem der Kaiser selbst sie verteilte. Die andere kulinarische Berühmtheit der Stadt, die *Nürnberger Bratwurst*, musste sich erst noch zierliche Sitten angewöhnen, um salonfähig zu sein: musste schlanker und eleganter werden, um zur Königin unter den Bratwürsten aufzusteigen. Die fränkische Bratwurst sollte eine Metamorphose durchlaufen, um nicht länger unverhüllte Fleischeslust zu verkörpern, sondern die feine städtische Art: sollte ein Winzling, eine Caprice sein.

Wie in anderen deutschen Städten mühte sich auch der Nürnberger Rat, das zwielichtige Renommee der Bratwurst zu heben. Der Verbraucher wusste nicht so recht, was drin ist. Bereits im 15. Jahrhundert erließ der Nürnberger Rat feste Bestimmungen für Größe, Gewicht und Inhalt der Bratwurst. Vorläufig unterschied sie sich in der Größe jedoch noch nicht von der üblichen fränkischen Bratwurst. Erst Ende des 16. Jahrhunderts machten die Beamten des Rats ein Geschrei, weil einige Metzger die Norm unterschritten: weil die Bratwürste schlank und klein wurden und nur noch 8 Zentimeter lang waren. Jene Metzger, welche die neue Mode einführten, sollten bestraft werden. Doch es kam nicht dazu, weil sich die neuen Winzlinge allgemeinen Wohlgefallens erfreuten.

Wie die »Nürnberger Lebkuchen«, so ist heute auch die »Nürnberger Bratwurst« durch die Europäische Union als regionale Besonderheit geschützt. Bratwürste mit diesem Namen dürfen nur in Nürnberg hergestellt werden, bestehen ausschließlich aus durchwachsenem Schweinefleisch, das man schlicht durch den Wolf dreht, hauptsächlich mit Salz, Pfeffer und Majoran würzt, gelegentlich auch mit etwas Muskatblüte. Das Brät wird in dünne Schafsdärme, Saitlinge, gefüllt, die Wurst soll 7 bis 9 Zentimeter lang und 25 Gramm schwer sein. Die Würste sollen nicht gebrüht werden, sondern roh auf den Rost kommen, worunter Buchenholz brennt, weil auf diese Weise die Würste am besten den herzhaften Röst- und Rauchgeschmack annehmen. Der Witz der kleinen Nürnberger Bratwurst besteht darin, dass die Außenfläche der Bratwurst gegenüber dem Inhalt verhältnismäßig groß ist, um dadurch so viel Röst- und Rauchwürze wie möglich zu gewinnen, im Widerspiel mit der Süße des durchwachsenen Schweinefleisches im Innern, der Schärfe des Pfeffers und der feinherben Art des Majorans. Die Winzigkeit der Bratwurst erlaubt es, sie in variablen Portionen zu verspeisen, zu dritt im »Weckla«, in der Semmel, zu sechst oder zu acht oder zu zehnt auf dem Zinnteller mit Sauerkraut und Meerrettich, wahlweise ergänzt durch Kartoffelsalat oder Semmel. Ein Bamberger Rauchbier wäre ideal dazu, doch auch ein dunkles Bier mit Malz- und Karamellnote oder ein fränkischer Silvaner passen gut dazu.

Da und dort gibt es in Nürnberg noch klassische Bratwurstküchen, wie jene »Zum Guldenen Stern« in der Zirkelschmiedsgasse. Die Speisekarte ist klein. Der Wirt konzentriert sich auf sein Paradegericht, die Nürnberger Bratwürste, um sie so unverfälscht wie möglich anzubieten, geröstet oder gesotten als Saure Zipfel. Wenn der Gast eintritt, dringt der angenehm würzige Rauch von Buchenholz in die Nase. Das Holz glüht unter dem Rost, der Gast kann es sehen, denn die Feuerstelle ist nicht in der Küche, sondern in der vorderen Gaststube, die offen in eine andere führt. Die Räume sind nicht groß, es geht ruhig und gemütlich zu. Der Gast ist umgeben von Ziegel- und Sandsteinwänden und Fenstern mit Butzenscheiben. Man sitzt auf umlaufenden Wandbänken und Stühlen vor blanken Holztischen. Die Bratwürste werden, wie es sich gehört, roh auf den Rost gelegt. Ständig hört man ein leises Zischen, wenn Saft und Fett aus den Würsten in die Glut des Rostes tropfen. Immer wieder vernimmt man das sanfte Knarren der Dielen, wenn die Bedienungen hin und her laufen. Eine solche Bratwurstküche erweckt ein Gefühl der Geborgenheit.

Heute wie damals hat Nürnberg an beidem teil: *am Norden* und *am Süden*. Es offeriert sowohl Bratwurstküchen als auch Lokale, die so luftig wie der Hirsvogelsaal wirken. Hinter der Lorenzkirche, wo der Engelsgruß von Veit Stoß längst wieder enthüllt ist, am Lorenzer Platz, erstreckt sich in langer Glasfront das »Restaurant Lorenz«. Der Gast kann den Ort sowohl als Café wie auch als Restaurant nutzen oder das eine mit dem anderen verbinden. Tageslicht strömt in den großen hellen Raum, geschmückt mit Parkett, mit Paneelen aus Nussbaum und umlaufenden Wandbänken mit bunten Stoffpolstern. Klare Linien ziehen sich durch das Lokal, angenehm mit farblichen Akzenten rhythmisiert. Es gibt Spinatsalat mit Biokäse aus der Oberpfalz, Lorenzsalat mit Jakobsmuscheln, Pasta mit Meeresfrüchten, Kalbsragout mit glacierten Karotten oder Wiener Schnitzel mit Kartoffel-Gurken-Salat. Es ist, als sei ein Teil der Speisekarte gemeinsam von Maestro Martino, Platina, dem Koch der »Küchenmeisterei« und Sabina Welser ersonnen worden – von jener Sabina, die eine Zeitlang Hirsvogel hieß.

Epochal: »Ein neues Kochbuch« von Marx Rumpolt

Im Süden waren Rom und Venedig während der Renaissance die Zentren von Vergnügen und Feinschmeckerei; für den strengen Moralisten stellten diese Orte bedenkliche Luststätten dar, wenn nicht Sündenpfuhle. Im Norden nahmen Nürnberg und Augsburg eine ähnliche Position ein. Wahrscheinlich bildete Augsburg damals das Epizentrum der Gastronomie und Lebensfreude nördlich der Alpen. In der Stadt am Lech fanden die meisten Reichstage statt. Immer wieder versammelten sich hier die deutschen Fürsten, um sich zu beraten und etwas zu erleben, während es in Augsburg selbst steinreiche Fernhandelskaufleute und Bankiers gab.

Die Augsburger Hautevolee hatte Lust daran, sich selbst wie im Spiegel zu begegnen. Um 1531 entstanden die so genannten Augsburger Monatsbilder, vermutlich in der Werkstatt von Jörg Breu dem Älteren im Auftrag der Patrizierfamilie Rehling. Der Maler schuf vier größere Gemälde mit jeweils drei Monaten, um farbenprächtig und prall das bürgerliche und bäuerliche Leben im Wechsel der Jahreszeiten darzustellen, kleine und große Lustbarkeiten, Arbeit und Vergnügen, Anstrengung und Entspannung: beispielsweise ein Festmahl der Patrizier im Winter, ein ritterliches Turnier der patrizischen Jugend in der Fastenzeit, ein Maienbad im Freien, Heu- und Getreideernte, Falkenjagd im Sommer, Bauerntanz und Weinlese im Herbst, Schlittenfahrt einer vornehmen Dame und Auszug der Ratsherren aus dem Rathaus. Die illustre Gesellschaft gab sich urban, selbstbewusst, lebensfreudig.

Die Winterszene bietet den Blick in einen Speisesaal mit vergoldeter Kassettendecke: Links steht ein großer Kachelofen, rechts eine hohe Kommode, eine so genannte Kredenz, die auf drei Stufen unterschiedliche Pokale und Gefäße aus Gold und Silber präsentiert. Im Raum befinden sich zwei größere Tische hintereinander, drum herum sieht man Herrschaften, Damen und Herren, in exklusiven, bunten Gewändern, versorgt mit Speisen und Getränken. Am vorderen Tisch sitzen, dem Betrachter zugewandt, in zentraler Position drei Herren: die Granden der Augsburger Gesellschaft, wie die Forschung jüngst durch Bildvergleiche herausgefunden hat: links Konrad Peutinger, in der Mitte Jakob Fugger der Reiche, rechts Bartholomäus Welser.[26] Der Letztere war der Onkel von Sabina Welser, der Köchin, und gleichzeitig der Schwager von Konrad Peutinger. Er wendet sich nach rechts zu Veronika Fugger, welche die Enkelin von Jakob Rehling war. Am hinteren Tisch sitzt, über dem Kopf von Jakob Fugger, Sibylla Rehling, die Frau von Konrad Rehling, der das Gemälde bezahlte.

Jakob Fugger wurde postum gemalt, denn er war 1525 gestorben. Bis dahin war Sibylla Rehling, eine geborene Arzt, mit Jakob Fugger verheiratet. Sie gilt als die eigentliche Auftraggeberin der Monatsbilder und erwies mit dieser Szene wohl ihrem ersten Mann noch einmal die Reverenz: Jakob Fugger der Reiche als Dreh- und Angelpunkt der Augsburger Society. Er zeigt dieselben markanten Gesichtszüge, die auch Dürer gemalt hatte, erscheint schlicht und edel, mit weißem Hemd, schwarzer Jacke, einer Kappe aus Goldbrokat und goldener Kette. Er ist im Gespräch mit Konrad Peutinger, dem Spiritus rector des Wohllebens in Augsburg, dem theoretischen Vorreiter der freien Marktwirtschaft. Wie in Venedig sollte der Zweck der Politik nicht Zwang, sondern Genuss der Macht und des Lebens sein.

Auch Kaiser Karl V. und König Ferdinand I. kamen, wie ihr Groß-

Tafelfreuden der Augsburger Society: Szene aus den Augsburger Monatsbildern, entstanden um 1531, wahrscheinlich in der Werkstatt von Jörg Breu dem Älteren. Am vorderen Tisch sitzen, dem Betrachter zugewandt, die Granden der Augsburger Gesellschaft: links Konrad Peutinger, in der Mitte Jakob Fugger der Reiche, rechts Bartholomäus Welser. Deutsches Historisches Museum, Berlin

vater Kaiser Maximilian I., immer wieder nach Augsburg, um hier Reichstage abzuhalten. Bartholomäus Sastrow, der Bürgermeister von Stralsund, verfasste am Ende seines Lebens eine Autobiographie und berichtet darin über den Reichstag von Augsburg im Jahr 1547, an dem er selbst als junger Mann teilgenommen hatte: »Potz Tausend, das war einmal ein geharnischter Reichstag! Außer den deutschen und spanischen Söldnern, die der Kaiser mit nach Augsburg brachte, lagen noch zehn Fähnlein Landsknechte als Besatzung in der Stadt, und draußen in der Umgegend gab es italienisches und spanisches Kriegsvolk die Menge. (...) Es war aber auch ein höchst ansehnlicher pompöser Reichstag. Denn außer der Kaiserlichen und Königlichen Majestät waren alle Kurfürsten in eigener Person erschienen. Jeder aber hatte ein großes Gefolge bei sich. (...) Die Herren auf dem Reichstage hielten zahlreiche Gelage ab und hatten fast täglich Tanz auf deutsche und welsche Art, abends und am hellen Tag. Waren doch so viele Damen von königlichem und fürstlichem Geblüt zugegen mit einer stattlichen Zahl von fürstlichen und gräflichen Fräulein, die alle schön und wohl geputzt und von adliger Herkunft waren. Besonders König Ferdinand sah fast täglich Gäste bei sich. Die wurden allezeit herrlich bewirtet, dazu gab's Kurzweil und prächtige Tanzereien.«[27]

Ähnlich wie vorher der Augsburger Chronist Wilhelm Rem den Reichstag unter Kaiser Maximilian I. im Jahr 1519 beschrieben hatte, so schilderte nun Sastrow den Reichstag unter Karl V. und Ferdinand I. knapp dreißig Jahre später. Maximilian I. hatte Maßstäbe der Lust und Freude am Leben gesetzt. Doch dem Temperament nach glich ihm eher Ferdinand, weniger Karl. Denn Karl, der ältere der beiden Brüder, welcher nicht nur Kaiser des Heiligen Römischen Reiches Deutscher Nation war, sondern auch König von Spanien, hatte am spanischen Hof zwischenzeitlich das strenge burgundische Hofzeremoniell eingeführt, das gelegentlich schon sein Großvater Maximilian befolgt hatte, ohne es allzu genau damit zu nehmen. Aber Karl nahm es jetzt sehr genau damit. Er speiste nur noch allein am Tisch, schweigend, wie ein Mönch, ließ die anderen zuschauen, manchmal nur die Hofleute, manchmal aber auch die anderen Granden des Reiches, um die herausgehobene Majestät seines kaiserlichen und königlichen Amtes vor Augen zu führen.

Die Vorgänge an der kaiserlichen Tafel hatten etwas von einem Schattenspiel oder von einer Messe an sich, wo die Ministranten lautlos, auf bloßes Mienenspiel hin, dem Priester bestimmte Dinge reichen: »Das Essen ward von einigen jungen Fürsten und Grafen aufgetragen. Jedesmal wurden vier Gänge zu je sechs Gerichten vor ihm auf den Tisch gesetzt. Jetzt nahm man die Deckel nacheinander ab. Karl schüttelte den Kopf gegen die Gerichte, von denen er nichts begehrte. Aber wenn er von irgendeiner Speise zu essen wünschte, so nickte er mit dem Kopfe und zog die Schüssel zu sich herüber.«

Das burgundisch-spanische Hofzeremoniell war Teil des neuen absolutistischen Machtanspruchs. Alles spielte sich wie ein stummes Räderwerk ab, so wie es der aufkommende neuzeitliche Absolutismus liebte. Die deutschen Fürsten, die ihrerseits ihre Duodezstaaten in stumme Räderwerke verwandeln wollten, wollten selbst nicht unbedingt so leben, sondern in Augsburg der Libertinage frönen, wollten persönlich ins andere Extrem ausschlagen. Sastrow schilderte die diesseitigen Vergnügungen des Herzogs von Sachsen: »Herzog Moritz machte viele Bekanntschaften mit bayerischen Frauenzimmern und führte in seiner Herberge, die einem Arzte gehörte, ein recht lustiges Leben. Der Arzt hatte eine erwachsene Tochter, ein schönes Weibsbild, mit Namen Jungfer Jacobine. Mit der badete und spielte er täglich, und Markgraf Albrecht von Kulmbach war der dritte im Bunde. Dabei gab's recht derbe Späße zwischen den dreien. Und man kann wohl sagen, sie hielten so Hause, daß der Teufel seine helle Freude an ihnen hatte und das Gerede davon die ganze Stadt erfüllte. Die anderen Fürsten und Herren, gleichviel ob weltlichen oder geistlichen Standes, machten es übrigens nicht viel besser. (...) Mit dem vielen übermäßigen Bankettieren vertaten die Fürsten und Herren ein ganz heidenmäßiges Stück Geld.«

Einige Zeit nach Sastrow verfasste auch der Ritter Hans von Schweinichen seine Erinnerungen. Er war der Hofmarschall von Herzog Heinrich XI. von Liegnitz und reiste mit ihm aus purer Lust durch Deutschland. Um 1575 kamen beide nach Augsburg, um hier die gehobene Gastronomie zu genießen: »Es ist wahr, I. F. Gn. hatten an diesem Ort so wenig ein eigentliches Geschäft, wie anderswo. Aber es gefiel ihnen daselbst ausnehmend gut. Auch hofften sie wohl, an diesem Orte Geld aufzutreiben, um nach Italien zu ziehen. Das Leben war auch gar zu vortrefflich, denn der Wirt gab gutes Essen. Dazu hatten wir Tag für Tag die allerschönste Musika. Mein Lebtag habe ich nicht so viel Geflügel und feine Fische zu essen bekommen. Aber auch an trefflichen Weinen, wie Muskateller und Rheinwein, war da die Hülle und Fülle.«[28] Die führenden Herbergen, die so genannten Fürstenherbergen, boten in Augsburg die feinen Gerichte der höfischen Tafel an: Fisch und Geflügel – dazu besten Wein!

An sich sollten Reisen bis in die Renaissance hinein bestimmten übergeordneten Zwecken dienen: etwa politischen, indem ein Fürst den Reichstag in Augsburg besuchte; moralischen, indem ein Gläubiger eine Pilgerreise nach Rom unternahm; studentischen, indem sich ein Patriziersohn wie Willibald Pirckheimer in Padua und Pavia aufhielt, um die Rechtswissenschaften und die Liebe zu erlernen; beruflichen, indem sich ein Maler wie Albrecht Dürer längere Zeit in Venedig aufhielt, um die Malerei der italienischen Kollegen unter die Lupe zu nehmen und sich zum Gentleman zu bilden. Es war noch ziemlich ungewohnt, nun als den Zweck einer Reise einfach nur das reine Vergnügen anzugeben, genauer gesagt: die gastronomischen und kulinarischen Freuden, die Augsburg bot, obwohl dieser Aspekt vorher schon längst eine große Nebenrolle gespielt hatte.

Schweinichen, der Hofmeister des Herzogs von Liegnitz, bekannte freimütig, dass sein Herr und er selbst bloße Touristen in Augsburg seien, dem guten Essen und Trinken und anderen Freuden ergeben: »Augsburg ist ja so recht ein Ort zum Amüsieren, und Gesellschaft findet man stets. I. F. Gn. spielten täglich mit den Patriziern der Stadt: an manchen Tagen wurden 100, 200 und mehr Taler gewonnen, ein andermal ward alles wieder verspielt. (...) Ich war einst auf ein hohes Fest bei einer vornehmen Familie geladen und ging auch dahin. (...) Ich muß, weiß Gott, zugeben, daß ich mein Lebtag nicht so viele schöne Frauenzimmer beieinander gesehen habe wie hier. Es gab ihrer über siebzig. Und alle waren der Braut zuliebe weiß gekleidet, in Damast und dergleichen, mit Ketten und Kleinodien und auf das reichste geschmückt. Das Fest fand in einem schönen, großen Saale statt, der von Gold und Silber ganz und gar funkelte. Es waren aber mehr als hundert Lichter darin, große und kleine. Man hätte wohl meinen können, man befände sich im Himmel oder im Paradies.«

Augsburg konnte sich wohl nicht ganz mit Paris vergleichen, wo gleichzeitig Katharina de Medici, die französische Königinmutter, prachtvoll Hof hielt und über die berühmt-berüchtigte »fliegende Schwadron« gebot: über 300 sinnenfreudige Ehrendamen, die am Hof das Sagen hatten und im Dienst der Herrscherin die Höflinge, Fürsten, Grafen und Ritter, um den Finger wickelten – pikant beschrieben und mit freizügigen philosophischen Betrachtungen unterlegt von einem Augenzeugen, von Seigneur de Brantôme, in seiner Chronik »Das Leben der galanten Damen«,[29] später auch geschildert von Heinrich Mann in seinem großen historischen Roman über »Henri Quatre«.[30] Augsburg war wohl nicht Paris, aber auch am Lech verstanden die Leute etwas von Galanterie und Gourmandise. Vielleicht war hier das Vergnügen sogar noch größer, weil es weniger intrigant zuging.

Auch ausländische Besucher staunten über den hohen Stand der Gastronomie und Kochkunst in deutschen Landen in den Jahrzehnten vor dem Dreißigjährigen Krieg. Augsburg und Nürnberg waren die Motoren dieser Entwicklung, weil dort mehr als anderswo die Luxusgüter dafür vorhanden waren und sich hier des Öfteren die Eliten des Reiches trafen.

Im Herbst 1580 reiste der französische Edelmann Michel de Montaigne durch Süddeutschland und war angenehm überrascht, dass sich die üblichen Vorurteile gegenüber Deutschland nicht ohne weiteres bestätigen ließen. Er war ein Mann von Welt, gab sich offen und liberal, war daheim Berater der Könige von Frankreich und Bürgermeister von Bordeaux, nahm sich umgekehrt auch wieder zurück, spielte die Rolle des Epikureers auf seinem Landsitz, gönnte sich Ruhe und Zufriedenheit. Er fühlte sich kaum von apokalyptischen Alpträumen geplagt, sondern hielt sich an das, was das irdische Leben gewähren konnte. In seinen berühmten »Essais«, die er in erster Fassung im Sommer 1580, kurz vor seiner Reise, veröffentlicht hatte, hieß es anfangs: »Die Furcht, das Verlangen, die Hoffnung schleudern uns in die Zukunft und berauben uns des Gefühls und der Schätzung dessen, was ist.«[31]

Der Grandseigneur fand Vergnügen an Deutschland, hatte Freude an seiner Landschaft, an seinen Menschen wie an der guten Verpflegung. Er reiste über Basel und Konstanz nach Lindau am Bodensee und stieg dort in der »Krone« ab. Freimütig hielt er seine Eindrücke im Tagebuch fest. Auffällig war für ihn zunächst das Phänomen des Sauerkrauts: »Überall werden Kohlköpfe gezogen, die man mit einem besonderen Instrument klein zerhackt und dann in großen Mengen in Zubern einsalzt: davon werden den ganzen Winter Kohlsuppen gekocht.«[32] Der Edelmann schien zufrieden damit gewesen zu sein.

Nach dem sachlichen Hinweis auf den Kohl und die Kohlsuppen setzte Montaigne bei seinem Aufenthalt in Lindau im Tagebuch noch einmal neu an und war über die deutsche Gastronomie und Kochkunst regelrecht entzückt. Die Deutschen waren keineswegs auf das Sauerkraut fixiert: »Denn was die Aufwartung bei Tisch betrifft, machen sie solchen Aufwand an Lebensmitteln und bringen in die Gerichte eine solche Abwechslung an Suppen, Soßen und Salaten, und das alles ist in den guten Gasthäusern mit solchem Wohlgeschmack zubereitet, daß kaum die Küche des französischen Adels damit verglichen werden kann, auch fände man in unseren Schlössern wenige derartig geschmückte Säle.«

Montaigne reiste weiter nach Augsburg und staunte über die Mengen an Artischocken, Kraut, Lattich, Spinat und Zichorien im Garten der Fugger. Wie in der Küche von Sabina Welser standen ebenso in der Küche der Fugger neben dem Kraut schon feine südländische Gemüse und Salate hoch im Kurs. Auch über sein Augsburger Gasthaus notierte Montaigne nur Löbliches: »Es wurden uns Pasteten, große und kleine, in irdenen Gefäßen von der Farbe und genau der Form der Pastete selbst, serviert. Es vergehen wenig Mahlzeiten, ohne daß einem nicht Zuckerwerk und Büchsen mit Eingemachtem angeboten würden. Das Brot ist das denkbar ausgezeichnetste, die Weine sind gut und wie überhaupt in Deutschland meist weiß.«

Vielleicht waren die neuen Salat- und Gemüsearten, Kopfsalat, Spinat und Artischocke, das Schönste überhaupt, was durch die Küche der Renaissance eingeführt wurde. Alle drei Sorten wurden über längere Zeit in klösterlichen und höfischen Gärten züchterisch verfeinert – nun schafften sie es, in der gehobenen Küche als etwas Edles zu gelten. Alle drei Dinge sind in der Beschaffenheit so zart oder cremig, im Geschmack so rein und fein. Der Kopfsalat schmeckt mild, der Spinat würzig, eisenhaltig, die Artischocke bietet Anklänge von Mandel, gibt sich cremig, bestens geeignet, sich mit der leichten Pasta- und Risottoküche zu vereinen.

Bekrönt wurde die Entwicklung der deutschen Küche durch das »Neue Kochbuch« von Marx Rumpolt aus dem Jahr 1581. Rumpolt war der erste Koch in Deutschland, der namentlich als fürstlicher Küchenmeister wie als Kochbuchautor berühmt wurde. Zuvor waren die hiesigen Kochbücher entweder unbekannte Handschriften oder gedruckte Rezeptsammlungen ohne Autor. So oder so: Rumpolt wurde zur überragenden Gründerfigur einer reichen heimischen Kochkunst: just zwischen europäischer Hochküche italienischer Prägung *und* national-regionaler Küche. Das »Neue Kochbuch« entfaltete sich als eine

Enzyklopädie, stellte so gut wie alles vor, was man damals an essbaren Dingen kannte, bot rund 2000 Rezepte. Rumpolt schuf eine neue Dimension, bestenfalls vergleichbar mit der »Opera«, dem italienischen Kochbuch von Bartolomeo Scappi, das zehn Jahre zuvor erschien.

Scappi war der Leibkoch von mehreren Päpsten, Rumpolt der Leibkoch des ranghöchsten Geistlichen in Deutschland, des Erzbischofs und Kurfürsten von Mainz: Daniel Brendel von Homburg. Der Meisterkoch stellte sich selbst als einen Weltmann vor, der seine Wanderjahre in vielen europäischen Ländern verbracht hatte. Er war ein geborener Ungar, vertrieben durch die Türkenkriege, und dann, wie er in der Vorrede hervorhob, »an vieler Herrn Höfe gewesen, und etwas in Italien, Niederlanden, Reussen, Preussen, Polen, Ungern, Böhm, Osterreich und Teuschlandt«. Er kannte Kaiser Rudolf II., denn dieser stellte ihm ein Schutzprivileg für sein Buch aus. Für den Kaiser war der Meisterkoch »unser getreuwer, lieber Marx Rumpolt«. Zugleich widmete Rumpolt sein Buch der Kurfürstin Anna von Sachsen. Er war gut vernetzt und wusste, wie in Deutschland und Europa gekocht wurde. Unter den bedeutenden Kochbuchautoren der Renaissance steht Rumpolt in einer Reihe neben Platina und Scappi.

Äußerst reizvoll sind eingangs des Buches allein schon die verschiedenen Bankette, Festmenüs, die Rumpolt nacheinander für den Kaiser, die Kurfürsten, die Herzöge, die Grafen, die Edelleute, die Bürger und die Bauern zusammenstellte, weil man dadurch eine Vorstellung vom damaligen Rang der einzelnen Speisen bekommt. Für jede soziale Klasse stellte der Koch mehrere Bankette zusammen, unterschieden nach Fleisch- und Fasttagen.

Die Bankette für den Kaiser an Fleischtagen boten naturgemäß das Feinste, was es gab. Doch der erste Gang des kaiserlichen »Frühmahls« (am Mittag) begann fast bürgerlich, mit »warm gesottenem Rindfleisch«. Insgesamt gehörten zum ersten Gang 27 Gerichte, was darauf hinwies, dass der Kaiser nicht allein, sondern gemeinsam mit den Fürsten und Höflingen aß. Es gab ferner: »Ein Kapaunen in seiner lautern Brüh, mit Petersilgen Wurtzel, mit Ingwer und auch mit Muskatblüt, und dazu mit gantzen Pfeffer darüber. Auch Eingemachte Sültzen oder Kudelfleck (Kalbskutteln), sey es gelb (mit Safran) oder weiß«. Es ging weiter mit Rehschlegel, Ungarischer Torte »mit vielem

Blettern gemacht«, wohl schon mit Blätterteig, dazu Kalbsnierenbraten, Wildschwein, Fasan, Rebhühner, junge Hühner, ferner »Manscho Blancko«, »Eingemacht Kalbfleisch weiß, mit Limonen fein sauer« oder »Schlickkrapffen von Kalbern Nieren« (Schlutzkrapfen beziehungsweise Ravioli mit Kalbsnieren gefüllt).

An der kaiserlichen Tafel kamen nach wie vor einige fernöstliche Gewürze zum Zug, neben Pfeffer hier auch Ingwer und Muskatblüte, doch insgesamt war der Umgang mit Gewürzen bei Rumpolt viel gemäßigter als etwa noch bei Meister Hans, dem Leibkoch des Grafen von Württemberg rund hundert Jahre zuvor. Als sehr schick erschien nun die *Limone*, um den Gerichten dezente Säure und Frische zu verleihen. Das Blancmanger, das weiße Essen, das wie üblich aus Reis, Milch, Rahm, Mandeln, weißem Fisch oder Huhn gekocht wurde, wurde als Manscho Blancko verballhornt, schaffte es aber nach wie vor, an der kaiserlichen Tafel einen Platz zu ergattern, auch der *Schlick- oder Schlutzkrapfen* war jetzt äußerst vornehm, natürlich ebenso das *Kalb*, die Kalbsinnereien einschließlich der Kalbskutteln.

In der Reihe des zweiten Ganges, der rund 30 Gerichte bot, nahmen die Pasteten und Torten zu, die mit edlen Dingen gefüllt wurden. Während allerdings der Koch der »Küchenmeisterei« um 1485 kaum einen Unterschied zwischen *Pastete* und *Torte* gemacht hatte und das eine wie das andere mit Fleisch oder Obst füllte, füllte Rumpolt nun die Torten fast nur noch mit Obst. Die Torte wurde zu dem, was sie heute ist: zum süßen Feingebäck. Das kaiserliche Bankett bot im zweiten Gang beispielsweise »Ein Epffel Turten«, während es daneben eine »kalte Hirsch Pasteten« oder eine »kalte Hasen Pasteten« gab. Aber auch das Schwein musste sich in der vornehmen Runde nicht schämen, serviert etwa als »Schweinskopff kalt abgesotten«, als »Schweinen Ruckbraten« oder als »Ein Galrat gemacht von Schweins Füssen, mit Mandel belegt, weiß oder gelb, fein saur«. Selbst Rüben gab es: »Kol-Ruben, mit einem jungen Lambfleisch«. Die Lust, Gemüse und Fleisch zu kombinieren, nahm zu. Daneben lag auf der Tafel auch zierliches Geflügel, »Gebratene Lerchen«, auch Haselhuhn und Gans.

Der dritte Gang für das »Frühmahl«, für das Mittagessen oder den Lunch, umfasste nur Süßspeisen, Gebäck, Torten, Hippen, Obst, Fruchtsalat. Ähnlich wie die *Limone* bei der Zubereitung von Fisch und Fleisch, so war jetzt beim Kochen der Süßspeisen das *Marzipan* unverzichtbar. Die Reihe des dritten Ganges begann: »Marecpan von Mandel gemacht. Conficts von Epffel. Gesotten Birn fein rot. Ein Marcepan Kräpfflin«, dazu gab es »Leckkuchen« (Lebkuchen), « Ein Quitten Lattwerg« oder »Überzogen Hasel Nüß«. Unter den süßen Sachen waren auch reine Schaustücke wie »Ein Tischtuch von Zucker gemacht«.

Das kaiserliche Bankett für das »Nachtmahl« am Fleischtag war noch umfangreicher: wiederum drei Gänge mit vielerlei Gerichten. Die neue Ordnung der Hochküche, so wie sie von Platina vorgeschlagen wurde: nämlich vom Leichteren zum Gehaltvolleren überzugehen, wurde beim Abendessen noch deutlicher. Der *Kopfsalat* gab nun an der kaiserlichen Tafel sein Debüt: als »Kepfel Salat«, daneben »Endivien Salat«. Auch Suppen durften nicht fehlen: »Ein Kapaunen warm in einer Suppen«. Rumpolt empfahl ebenso Gerstenrisotto: »Gersten gekocht mit Hüner Brüh und Kälbern Würsten«. Der zweite Gang bot wieder eine Reihe von Braten und Pasteten, doch in diesem Fall auch spektakuläre Schaugerichte, ein gebratenes Kalb im Ganzen, aus dem »hinden und fornen Feuwer herauß gehet«, oder einen »lebendigen Hasen in Pasteten gemacht, und wann mans auff ein Tisch setzt, so ist es ein kurtzweil«.

Am Fasttag waren an der kaiserlichen Tafel natürlich die Fische die Trümpfe, die heimischen Süßwasserfische, Karpfen, Hecht, Forelle, Flussbarsch, Renke, Huchen, Lachs, dazu auch der Hausen, eine Variante des Störs, die damals noch in der Donau und ihren Nebenflüssen vorkam. Ebenso wenig fehlten die Krebse, desgleichen gab es Schnecken und Frösche. Zugleich verfügte die Hochküche des Binnenlandes jetzt auch über frisch gefangene Tiere aus dem Meer, von teuren Expressdiensten herbeigeschafft: Austern, »schwartze Muscheln« (vermutlich Miesmuscheln), »runde Krabe« (vermutlich Taschenkrebse), Meerspinne, Seezunge, Kabeljau. Endlich hatte der Spinat auch seinen Auftritt am kaiserlichen Hof, sei es als Begleitung zum Fisch, sei als Füllung des Schlickkrapfens. An Fasttagen gab es dazu Eiergerichte, »Frisch Eyer weich gesotten« oder »Eyer und Schmalz mit Epffel kocht«.

Hering und Stockfisch waren für die kaiserliche Tafel nicht mehr fein genug. Erst in der Runde der Kurfürsten waren diese beiden Sachen willkommen. Dort gab es auch Feldsalat, Salat von Brunnenkresse und rote Rüben, »verlorne Eyer, mit einer Eyerdotter Suppen, die fein saur ist«, eine Käsesuppe mit Parmesan oder geräucherte Schweinswürste, eine kalte Schweinspastete oder weiße Knödel vom Kalb. Die Herzöge wiederum mochten auch schon Spargel, Artischocke, Granatäpfel, ebenso »warm gebratene Meerspinnen, drucken auff ein Silber geben, vnnd Pfeffer und Salz darüber gestrewt«, auch »Schildkröt gekocht mit Agrästbeer«, »Aal Pasteten kalt« oder »Ein weiß eyngemachten Aal saur«. Die Grafen mochten »Bückling mit Senff«.

Der Kreis der »Edelleute« delektierte sich schon an der »Biersuppen mit Eyerdotter süß«, an »grünen Köl mit Bratwürsten und mit geräuchertem Fleisch gekocht«, an »saur Kraut mit dürrem Salmen, und mit gebackenen Hechten«. Außerdem gab es an ihrer Tafel neben der *Gans* bereits die *Ente*, von der vorher kaum die Rede war. Schließlich und endlich mochten sie auch schon »Gebackene Nudel«. Der Begriff der *Nudel* war vorher nicht aufgetaucht, weder bei den anderen Banketten noch in älteren Kochbüchern. Das Erscheinen dieses Begriffs war ein Zeichen dafür, dass nun bloße Teiggerichte ohne besondere Füllung einen Platz an der herrschaftlichen Tafel nördlich der Alpen hatten.

Weiter hinten im Buch gab Rumpolt ein Rezept für Bandnudeln an: »Mach ein Teig mit lauter Eyern und Mehl, zimlich hart und wenn es wol gearbeitet ist (...) wickels vbereinander, vnnd schneids fein klein, setzt mit Wasser auff ein Fischkessel, vnd laß sieden, zeuch den Teig hinein, rürs mit einem Löffel, dass nicht zusammen kompt, rürs umb, biß daß auffseudt, schüt es auff ein Durchschlag, nimm gesotten Wasser, das zimlich gesaltzen ist, wasch die Nudel damit auß, nimm ein gerieben Parmesankäß, und gerieben Weck, oder gerieben ruckenbrot, thu es durcheinander, vnn wenn du es wilt anrichten, so schüt Käß und Brot, geuß heise Butter darüber, so wirdt das Brot sein resch, decks flugs zu mit einer Schüssel, vnd gibs warm auff ein Tisch. Also richt man die Nudel zu, sonderlich in der Graffschafft Tyrol.«

Die gefüllten Teigtaschen, die Ravioli oder die Krapfen, hatten sich mehr oder minder gleichzeitig südlich und nördlich der Alpen entwickelt. Die bloße Nudel, schlicht mit Parmesan und Butter serviert, wanderte offenbar vom Süden über Tirol in den Norden. Vielleicht vollzog sich diese Wanderschaft wie von selbst, vielleicht hatte aber auch Königin Bianca Maria, die Frau von König Maximilian I., etwas nachgeholfen, denn sie nahm einst, im Jahr 1494, ihre Köche aus Mailand mit nach Innsbruck, in die Hauptstadt von Tirol.

Rumpolt war knapp hundert Jahre später, im Jahr 1581, up to date. Er führte den Deutschen eine unglaubliche Fülle an kulinarischen Möglichkeiten vor Augen, erweiterte die Ordnung der Küche nach dem neuesten Stand: zuerst *Salat*, *Kräuter*, *Gemüse*, *Pilze*, *Eier*, darunter die neuen edlen Sachen wie Kopfsalat, Spinat, Artischocke, doch auch das Sauerkraut und die Rüben wurden nicht verachtet, hinzu kamen die *Suppen und Brühen*, damit der erste Gang nicht gleich satt machte, es schlossen sich die *Pastagerichte* an, gesottene Krapfen, Ravioli und Nudeln, auch *Risotto oder Gerstenrisotto*, es folgten die *Weichtiere*, Muscheln, Schnecken, Seeigel (nur die Tintenfische fehlten noch), es ging weiter mit *Krustentieren*, Flusskrebsen, Taschenkrebsen, Meerspinnen (selbst wenn Hummer und Langusten noch nicht dabei waren), es gab allerlei *Pasteten* von Fisch, Geflügel und Fleisch, dazu *frischen Fisch* aus den Binnengewässern wie aus dem Meer, auch *konservierten Fisch*, gesalzene Heringe und Stockfisch, ferner *Geflügel*, Haus- und Wildgeflügel, besonders Huhn und Kapaun, Rebhuhn und Fasan, natürlich die *jungen Haustiere*, Kalb, Lamm, Zicklein, Spanferkel, oft gewürzt mit Limone, besonders hervorgehoben *Kopf und Innereien vom Kalb*, ferner die *gemästeten Haustiere*, der Ochse, fein säuberlich vom Stier unterschieden, dazu das Schwein, das für Rumpolt die geliebten *Bratwürste* und *Schinken* lieferte, blieben der *Käse* und die *Süßspeisen*, Gebäck, Torten, Obst, Nüsse, Marzipan und Lebkuchen. An einer solchen Ordnung der Küche kann sich auch heute noch das Gasthaus oder Restaurant orientieren, ohne altmodisch zu sein.

Der Ochse war das Lieblingstier von Rumpolt, keinem anderen Tier widmete er mehr Rezepte, gefolgt vom Kalb. Er mochte das gesottene Rindfleisch mit Meerrettich, ein Gericht, das er für das Bankett der Bürger vorsah und das bis heute ein Klassiker der national-regionalen Küche hierzulande ist. Auffälligerweise unterschied Rumpolt jetzt auch schon zwischen »lauterer Brühe von einem Rindfleisch« und »brauner Brühe von Rindsbraten«. Bereits im »Buch von guter Speise«

aus der Zeit um 1350 war die helle Rindsbrühe die Grundlage vieler Soßen, doch die braune Rindsbrühe war jetzt etwas Neues. Rumpolt gelang der Einstieg in die Herstellung des *dunklen Bratensafts*, des *dunklen Jus*, der mehr Würze und Tiefe besaß als eine helle Rindsbrühe. Der Meisterkoch erzeugte beide Arten extra, die helle und braune Rindsbrühe, um sie als Grundlage für viele Soßen zu verwenden, nicht nur zur Begleitung von Rind, sondern auch von Kalb, Lamm und so fort (später wurde aus der »brauen Brühe« die »Spanische Soße« oder, um 1800, die »Demi-glace«). Die Technik für die braune Brühe war noch recht umständlich. Ein Stück Rindfleisch wurde an mehreren Stellen eingeschnitten und über Nacht in Wasser, Wein und Essig mariniert, angereichert mit Gewürzen. Am nächsten Tag wurde das Fleisch am Spieß gebraten, dabei immer wieder mit der Marinade übergossen und der ablaufende Saft mit der Marinadenschüssel aufgefangen. Später zerschnitt der Koch das Bratenstück, kochte es in der Marinade aus und seihte die braune Brühe ab.

Rumpolt machte auch schon eine Art von Rinderragout, indem er den Spießbraten würfelte und in der Marinade zu Ende garte, um die Rindswürfel in der Soße zu servieren. Gelegentlich stellte er auch schon eine Mehlschwitze her, um die Soße einzudicken. Er kochte kaum noch mit Schweineschmalz oder Nierenfett, sondern verwendete häufig, wie schon Sabina Welser, Butter und Rahm. Daneben stellte er auch bereits ein Hühnerfrikassee her, indem er das grob zerhackte Huhn im Topf mit wenig Brühe einkochte.

All diese Erfindungen, brauner Bratensaft, brauner Jus, Mehlschwitze, das Kochen mit Butter und Rahm, Rindsragout, Hühnerfrikassee, das gemäßigte Würzen, die Verbindung von Fleisch und Gemüse oder das schlichte Sieden der Fische, »Forelle blau«: all das wurde einige Jahrzehnte später von den französischen Köchen im Umfeld von Ludwig XIV. aufgenommen und weiterentwickelt, angeführt von La Varenne, der 1651 erstmals nach rund hundert Jahren ein französisches Kochbuch veröffentlichte: »Le Cuisinier François« – Der französische Koch. Darin wurde vorgeschlagen, das Rindfleisch in der eigenen Brühe einzukochen, um zum berühmten »Bœuf à la mode« zu werden. Das Modische war eben das Einkochen des Fleisches im eigenen Saft. Es hieß bei La Varenne: »Das Rindfleisch gut klopfen und spicken, in einem Topf mit guter Brühe, Suppengrün und vielerlei Gewürzen kochen, und ist alles dann bien consommé, mit der Sauce servieren.«[33] La Varenne vereinfachte die Technik, aber er und seine französischen Kollegen waren nicht unbedingt die Erfinder all dieser genannten Sachen, wie es in der Literatur oft behauptet wird. Der Ruhm gebührt auch Marx Rumpolt. Der Ausbruch des Dreißigjährigen Krieges 1618 verhinderte eine europäische Wirksamkeit von *Rumpolt*; sein Werk wurde nicht in andere Sprachen übersetzt, wie zuvor das von *Platina* oder danach das von *La Varenne*; aber dem Rang nach steht er auf einer Stufe mit ihnen.

Ausländische Besucher nahmen in den Jahrzehnten vor dem Dreißigjährigen Krieg durchaus wahr, dass Deutschland zu den führenden europäischen Nationen in der Gastronomie und Feinschmeckerei gehörte. Der gute Ruf der deutschen Kochkunst ruhte aber auch auf der ausgezeichneten schweizerischen Gastronomie. Weder der Franzose Michel de Montaigne noch der Engländer Thomas Coryate unterschied allzu genau zwischen den Eidgenossen und den Deutschen. Der eine wie der andere reiste zuerst durch die Schweiz, war entzückt von den Gasthäusern, nahm gute Eindrücke mit, die sich in den Herbergen in Deutschland fortsetzten.

Coryate kam im Jahr 1608 über Venedig, Mailand und Graubünden nach Zürich und schwärmte über diese Stadt: »Zürich wird mit einem so überreichen Vorrat an Nahrungsmitteln aller Art versorgt, daß man hier so billig wie nur irgendwo in der Schweiz oder in Deutschland leben kann. Ich hatte in meinem Gasthof zu den zwei Störchen eine so große Auswahl an guten Gerichten wie nirgendwo, seitdem ich England verlassen hatte.« Die Stadt an der Limmat war für Coryate ein magischer Ort europäischer Zivilisation: »Zum Abschluß meiner Betrachtung über Zürich möchte ich noch betonen: ich schätze diese vornehme Stadt so sehr wegen der Lieblichkeit ihrer Lage und wegen der enthusiastischen Überschwenglichkeit, mit der sie sich in den Dienst der Dinge stellt, die dem Nutzen und der Freude des Lebens zugute kommen.«[34] Nicht nur Augsburg oder Nürnberg waren glückliche Orte des Wohllebens nördlich der Alpen, auch Zürich gehörte dazu.

Vielleicht bevorzugte die Natur die Region um Zürich am meisten

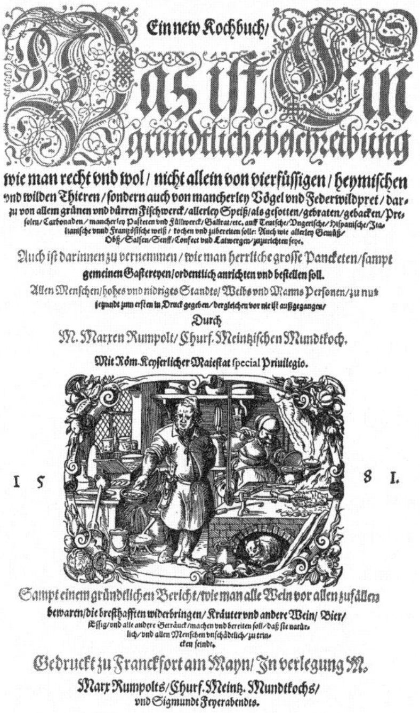

Ein new Kochbuch/ Das ist Ein grundtliche beschreibung wie man recht vnd wol/ nicht allein von vierfüssigen/ heymischen vnd wilden Thieren/ sondern auch von mancherley Vögel vnd Federwildpret/ darzu von allem grünen vnd dürren Fischwerck/ allerley Speiß/ als gesotten/ gebraten/ gebacken/ Presolen/ Carbonaden/ mancherley Pasteten vnd Füllwerck/ Gallrat/ etc. auff Teutsche/ Vngerische/ Hispanische/ Italianische vnnd Frantzösische weiß/ kochen vnd zubereiten solle: Auch wie allerley Gemüß/ Obß/ Salsen/ Senff/ Confect vnd Latwergen/ zuzurichten seye.

Auch ist darinnen zu vernemmen/ wie man herrliche grosse Pancketen/ sampt gemeinen Gastereyen/ ordentlich anrichten vnd bestellen soll.

Allen Menschen/ hohes vnd nidriges Standts/ Weibs vnd Manns Personen/ zu nutz jetzundt zum ersten in Druck gegeben/ dergleichen vor nie ist außgegangen/

Durch

M. Marxen Rumpolt/ Churf. Meintzischen Mundtkoch.

Mit Röm. Keyserlicher Maiestat special Priuilegio.

15 81.

Sampt einem gründtlichen Bericht/ wie man alle Wein vor allen zufällen bewaren/ die bresthafften widerbringen/ Kräuter vnd andere Wein/ Bier/ Essig/ vnd alle andere Geträuck/ machen vnd bereiten soll/ daß sie natürlich/ vnd allen Menschen vnschädelich/ zu trincken seindt.

Gedruckt zu Franckfort am Mayn/ In verlegung M. Marx Rumpolts/ Churf. Meintz. Mundtkochs/ vnd Sigmundt Feyerabendts.

Meilenstein der europäischen Kochkunst: Frontbild des »Newen Kochbuchs« von Marx Rumpolt aus dem Jahr 1581

und schuf sich hier einen besonderen Lieblingsplatz, um eine Stadt entstehen zu lassen: genau dort, wo der Zürichsee nordwestlich endet und in die Limmat übergeht, wo sich über Jahrtausende Menschen angezogen fühlten, die Helvetier, die Römer, die Alemannen, wo viele ostfränkisch-deutsche Könige und Kaiser immer wieder vorbeischauten und Hof hielten. Wenn der Besucher an der Nahtstelle zwischen Limmat und Zürichsee steht und nach Südosten schaut, erstreckt sich eine unendlich weite, funkelnde Wasserfläche, die Freiheit bietet, flankiert von sanften, grünen Hügelreihen, die Lieblichkeit und Geborgenheit vermitteln, bekrönt in der Ferne von den silbernen Zacken des Hochgebirges, die etwas Erhabenes an sich haben.

Bevor sich Zürich mit den Eidgenossen verbündete, um die Schweiz zu gründen, war der Ort bis ins 14. Jahrhundert hinein eine deutsche Reichsstadt und als solche wohlhabender als alle anderen. Unter Kaiser Ludwig dem Bayern zahlte Zürich die höchsten Reichssteuern überhaupt, jährlich 2500 Pfund Haller, danach kam Nürnberg, das 2000 Pfund Haller berappen musste, dann folgte Frankfurt am Main mit einem Betrag von etwa 1600 Pfund Haller, schließlich Lübeck, das Haupt der Hanse, mit 1200 Pfund Haller. Allerdings fehlten in dieser Liste etwa Köln und Straßburg, die als so genannte freie Städte steuerfrei waren.[35] Durch Zürich liefen zwei überragende Fernverbindungen: erstens die Strecke Köln, Straßburg, Basel, Zürich, Mailand; zweitens die Route Nürnberg, Ulm, Zürich, Genf, Lyon.

Im 16. Jahrhundert schärfte der Reformator Ulrich Zwingli den örtlichen Bürgern sowohl Fleiß als auch Bescheidenheit ein, doch die dionysische Umgebung mit reichem Wein-, Obst- und Gemüseanbau, der herrliche Fischreichtum des Zürichsees mit delikaten Eglis (Flussbarschen), Felchen (Renken) und Seesaiblingen, der üppige Rahm der Milch und die großen Käselaibe, die fetten Ochsen und die zarten Kälber untergruben von jeher allzu fromme Wünsche und Zwänge. Es ist an der Nahtstelle zwischen Zürichsee und Limmat zu viel Epikureisches, Horazisches in der Luft und im Wasser, um nicht jederzeit das Menschenfreundliche, die Bonhomie, die Gastronomie, die Feinschmeckerei zu fördern.

Johann Baur verblüffte die Zürcher, als er 1844 sein neues Hotel nicht mehr, wie gewohnt, zur Stadt hin, sondern zum See hin ausrichtete und »Baur au Lac« nannte. Längst befindet sich heute zwischen dem Haus und dem See ein hoteleigener Park mit gepflegtem Rasen, mediterraner Bepflanzung und riesigen Mammutbäumen. Es ist, als überschnitte sich hier ein Oxforder College Garden mit der Flora der Côte d'Azur und der Vegetation der Schweizer Berge. Von jeher fühlten sich Leute aus Kunst und Politik angezogen, Richard Wagner, Sissi, Thomas und Katia Mann, Winston Churchill, Willy Brandt, Marc Chagall, Yehudi Menuhin. Es ist ein Ort der Happy Few, doch legt das Luxushotel, welches sich nach wie vor im Familienbesitz befindet,

Wert darauf, neben dem globalen Publikum aus Hochfinanz, Kunst und Politik auch Bürger aus Zürich oder weniger mondäne, junge oder jung gebliebene Leute zu bewirten. Einmal wenigstens muss man hier im Sommer auf der »Terrasse« im Garten sitzen, mittags Caesar Salad und gebackene Eglifilets oder nachmittags eine Torte bestellen – mit Blick auf den See, die Hügel, die Berge, die Gipfel, den Himmel darüber.

Neben der offenen »Terrasse« befindet sich, ebenfalls im Garten, das exklusive Restaurant »Pavillon«, während im Hauptgebäude des Hotels, auf der entgegengesetzten Seite, zur Stadt hin, das so genannte Zweitrestaurant »Rive Gauche« liegt, mit eigenem Eingang. Hier soll es nach dem Selbstverständnis des Hauses weniger formell zugehen als im »Pavillon«, es soll der Ort für das feine, lässige, zwanglose Essen sein: *fine casual dining*.

Nach vorübergehenden Irrungen und Wirrungen mit euro-asiatischer Fusionsküche und Gartenmöbeln im Lokal wurde das »Rive Gauche« im Jahr 2005 wieder in einen klassischen Grill verwandelt – ähnlich wie 2004 »Der Brenner« in München den Grill entdeckt hatte, irgendwie als Anleihe aus Amerika oder als Erinnerung an das Grandhotel der Belle Époque. »Wir wussten vor dem Umbau selbst nicht mehr, wie wir kochen sollten«, meint heute Küchenchef Olivier Rais. Im Innovations- und Globalisierungsfieber der Jahrtausendwende konnte man leicht die Orientierung verlieren. Vielleicht war es auch so, dass die Gäste nicht mehr wussten, was sie essen sollten. Doch wer nicht mehr weiterweiß, macht es wie Michel de Montaigne, hält sich an das, was sich über Jahrhunderte entwickelte und bewährte, an die elegante europäische Küche der Renaissance: an die *feine Pasta* und an das *einzelne würdige Stück* – ob Weichtier, Krustentier, Fisch oder Fleisch, begleitet von Gemüse.

Man baute das »Rive Gauche« um, riss Wände heraus, kehrte zur räumlichen Grandeur zurück und schuf für Restaurant und Bar eine offene Raumstruktur. Die dunkelbraune, clubmäßig-neogotische Vertäfelung aus der Zeit um 1890 verbindet sich nun angenehm mit puristisch-komfortablen Möbeln: mit creme- und pistazienfarbenen Stühlen, Polsterbänken und Lampenschirmen. Die Küche offeriert, wie gesagt, zwei wesentliche Dinge: erstens hausgemachte Pasta, Ravioli, Linguine; zweitens schlichte, edle Grilladen: Alaskahummer, Dorade royal, Seezunge, Rindsentrecôte, einfach begleitet von Limonenbutter, Chilibutter oder Hausbutter. Der Gast kann Spinat, Reis oder »feine Nudeln« dazu bestellen. Auch hier ein buntes Publikum: Irgendwie findet sich in Zürich noch in der Luxusgastronomie eine Spur des Liberal-Republikanischen.

Nicht weit vom »Baur au Lac« entfernt liegt ebenfalls in der Nähe des Sees die »Kronenhalle«, wo man die gastronomische Orientierung kaum je verloren hat. Vielleicht erkennt man die wahren europäischen Metropolen daran, dass sie über Lokale verfügen, die sich Stetigkeit erlauben, Orte, wo es gastronomische Wurzeln gibt, wo nicht nur die Freiheit vorhanden ist, durch Versuch und Irrtum auf Neues zu stoßen, sondern auch die Überzeugung, Gutes gefunden zu haben, das in seiner Art nicht besser sein kann.

Frau Hulda Zumsteg erscheint als beeindruckende Persönlichkeit, ganz so, als sei sie noch unter den Lebenden. Ihr Gemälde beherrscht den hohen Raum der »Kronenhalle«, wo sie bis in die 1980er Jahre hinein als Patronin das Regiment führte. Sie trägt ein weitgeschnittenes, dunkelblaues Kleid, während das hochgebundene schwarze Haar die Grandezza eines Turbans entfaltet. Die linke Augenbraue ist streng nach oben gezogen und gibt einen Blick frei, dem offenkundig nichts entgeht. Der lebhaft geschwungene Mund drückt die Fülle sinnlicher Empfindungen aus. Es vereinen sich Eleganz, Aufmerksamkeit, Lebensfreude – Tugenden, die gute Gastronomie ausmachen. Heute gehört die »Kronenhalle« der »Hulda und Gustav Zumsteg-Stiftung«, welche die Tradition des Hauses fortführt.

Das Lokal gibt Schritt für Schritt neue Eindrücke frei. In der Mitte des Raumes stützen zwei schlanke Säulen die hohe Decke und vermitteln einen Anklang von spätgotischem Refektorium. Die eine Schmalseite wird von einer altertümlichen Theke ausgefüllt und erinnert daran, dass man in einer ehemaligen Bierhalle aus dem 19. Jahrhundert sitzt. Das Parkett, die grün-weiß gedeckten Tische am Nachmittag, die sich abends in weiß gedeckte verwandeln, die halbhohe, braune Vertäfelung: das alles bildet wiederum eine gediegene Note. Die Bildergalerie über den Paneelen sorgt für den überregionalen Touch, zeigt an, dass hier seit langem berühmte Leute einkehren. Originalgemälde von

Lokal mit schönen Bildern: die »Kronenhalle« in Zürich

Künstlern der klassischen Moderne, Chagall, Miró, Picasso, sind zu sehen, während Stiche oder Fotografien an andere Stammgäste erinnern, an Gottfried Keller, James Joyce oder Friedrich Dürrenmatt. Das ist das Besondere hier: behäbiges Lokalkolorit vermischt mit Weltläufigkeit.

Mittags und abends sprüht das Lokal vor Leben. Neben dem Hauptraum, der alten Halle, gibt es einen aparten Nebenraum mit Anklängen des Art déco, dazu eine Bar. Vielleicht ist nachmittags die schönste Zeit, um hier einzukehren, wenn die hohe Halle mit dem Porträt von Hulda Zumsteg nur drei viertel oder halb gefüllt ist; hier zwei Frauen Mitte dreißig, dort ein Ehepaar Mitte fünfzig, leichter Plauderton, spätes Mittagessen, frühes Abendessen, je nachdem. Es herrscht sanfte Bewegung, keine Hektik. Der männliche Service erscheint wie in der »Trattoria alla Madonna« in Venedig im klassischen Schwarz und Weiß: weißes Hemd, schwarze Krawatte, italienische Kellnerjacke, schwarze Hose – herrlich. Der weibliche Service trägt schwarze Bluse, schwarzen Rock, weiße Schürze – auch wunderbar. Stets werden die Tische im Kommen und Gehen der Gäste neu eingedeckt. Kellner und Kellnerinnen sind wachsam und flott, sprechen schwyzerdütsch, bayerisch, österreichisch, italienisch oder französisch. Der Chef de Service, Paul Senn, trägt dunkelblauen Zwirn, gibt sich freundlich und zugewandt. Einerlei, ob der Gast spätnachmittags *allein* oder *zu zweit* das Lokal betritt, sagt er zur Begrüßung: »Guten Abend miteinand«. Der Servicechef war in jungen Jahren bei der Schweizergarde im Vatikan; er hat Schliff und ist herzlich zugleich.

Was allerdings Coryate im Jahr 1608 feststellte, möchte man nicht mehr unbedingt behaupten: »Zürich wird mit einem so überreichen Vorrat an Nahrungsmitteln aller Art versorgt, daß man hier so billig wie nur irgendwo in der Schweiz oder in Deutschland leben kann.« Die Gastronomen an der Limmat verlangen heute durchaus Liebhaberpreise, weil sie sich die Pflege der Tradition etwas kosten lassen, sei es in der »Kronenhalle«, sei es im »Baur au Lac«.

Der Charme der »Kronenhalle« liegt gerade darin, dass sie ihrerseits den eigenen Charakter nicht genau bestimmt, sondern es ein Stück weit dem Gast überlässt, den Ort zu deuten und zu nutzen. Nachmittags wirkt der Hauptraum wie ein gehobenes Kaffeehaus, wie eine Galerie, ein Lokal mit Bildern, als sei das 19. oder 20. Jahrhundert noch nicht vorüber, man sieht einzelne Damen und Herren, leger in Samt und Cord, Bourgeois-Bohemiens, Kleinigkeiten verzehrend, Suppe, Salat, Matjes, Ravioli; abends ist das Lokal pure Gegenwart, rappelvoll, eine Brasserie oder das Restaurant eines Grandhotels, die Gäste tragen nun dunkles Kostüm, dunklen Anzug, manche mit offenem Hemdkragen; altes Geld, neues Geld, bestellt wird gern das Grand Pièce: Chateaubriand grillé; Entrecôte double.

Das Herzstück der Speisekarte ist aber weder die Kleinigkeit noch das große Stück: es ist die gentil-städtische Kalbfleischküche mit Innereien, die sich in Zürich wie andernorts schon seit dem späten Mittelalter und der Renaissance entwickelte: etwa »Kalbfleisch geschnetzelt ›Kronenhalle‹« als das berühmte Zürcher Geschnetzelte; Kalbsleber mit Zwiebeln; Kalbssteak mit Morchelsoße; glasierte Kalbsbrust; Kalbskutteln; Kalbszunge »Chorherren Art«; Kalbsbratwurst; Königs berger Klopse vom Kalb; Wiener Schnitzel vom Kalb.

Es bietet sich an, vorweg eine »Bouillon mit Flädli und Mark« zu bestellen, begleitet von Weißbrot mit herrlicher Kruste und feinem

Mehlgeschmack. Die Suppe wird in einer großen Tasse auf zwei Untertassen serviert, um die Noblesse der Brühe zu unterstreichen. Sie mundet tatsächlich festtäglich, mild nach Rind; die Flädli sind dünn und fein, fabelhaft das Rindermark, edel würzig wie eine Gänsestopfleber, leicht erfrischt durch grüne Schnittlauchringe. Alles spielt sanft zusammen: Brühe, Flädli, Mark, Schnittlauch. Auch ein Glas Chasselas (deutsch Gutedel genannt) aus Aigle, nahe dem Genfer See, schmeckt dazu, sympathisch in seiner vornehm zurückhaltenden Art und doch weinig, lebendig, anregend.

Es ist unumgänglich, sich danach für den Klassiker des Hauses zu entscheiden: »Kalbfleisch geschnetzelt ›Kronenhalle‹, Rösti« – klingt so einfach wie »Bouillon mit Flädli und Mark«. Nur der Snob könnte meinen, es sei keine Delikatesse. Das Geschnetzelte und die Rösti werden getrennt in versilbertem Geschirr gebracht und kommen auf ein Serviertischchen; die Bedienung legt vor. Das Ganze vollzieht sich ohne Getue, sondern es wirkt gekonnt und charmant. Der Gast fühlt sich wundervoll eingestimmt – vor ihm das Geschnetzelte, überzogen von hellbrauner, rahmiger Soße, die Rösti glänzen daneben goldbraun, die Fleischstückchen sind zart und mild, die Soße bietet feinsten Kalbsgeschmack, gehoben von der Note des Rahms, wiederum leicht erfrischt durch grüne Schnittlauchringe; die Rösti bringen etwas Knuspriges in das samtige Gericht. Der Nachklang hält lange an.

XI ZUM VERGNÜGEN: FÜRSTLICHE RESIDENZEN

Martin Opitz: das Glück der Sprache oder die Freiheit in Hamburg

Die rund tausendjährige Kirche St. Pantaleon in Köln gilt nicht gerade als ein bedeutender Erinnerungsort in Deutschland, obwohl das Gotteshaus eigentlich ein solcher ist. Neben Kaiserin Theophanu liegt dort Bruno begraben, der Bruder von Otto dem Großen. Der Prinz war, wie gesehen, sowohl Erzbischof von Köln als auch Erzherzog von Lothringen und nahm Mitte des 10. Jahrhunderts eine vizekönigliche Stellung im Reich ein. Nach dem Zeugnis von Thietmar von Merseburg verdächtigten ihn bereits Zeitgenossen, dass er mehr an weltlicher Bildung als an rechtgläubigem Christentum interessiert gewesen sei. Ruotger, der damalige Biograph von Bruno, schrieb: »Die lange vergessenen Sieben freien Künste brachte er wieder ans Licht. Was Geschichtsschreiber, Redner, Dichter und Philosophen Neues und Großes laut verkündeten, untersuchte er mit aller Sorgfalt mit Gelehrten aller Zungen.« Das Bildungsniveau sollte allgemein gehoben werden: »Den lateinischen Stil, in dem er sich auszeichnete, verfeinerte er und brachte ihn zu größerem Glanz.«

Bruno tat alles dafür, um das wesentliche Erbe der Antike hierzulande zu erneuern: *die Lebensform der Stadt und des Bürgers.* Er sorgte quasi für eine zweite Gründung von Köln, um es zum Vorbild für andere Städte zu machen. Er verbesserte die innere Verfassung der Rheinmetropole, erneuerte und gründete Stifte und Klöster, um mehr geistig gebildete Leute anzusiedeln, gliederte Köln seit 960 aus der ländlichen Gauverfassung aus, schuf für die Stadt einen eigenen Rechtsbezirk, der die Kaufleute und Handwerker aus dem Hörigenverband entließ und ihnen wirtschaftliche Freiheit gab, er regulierte den Handel und sorgte für eine Handelsmesse. Wer sich heute fragt, warum Deutschland ein verhältnismäßig wohlhabendes Land ist, findet in dieser frühen Entwicklung des Wirtschaftsbürgertums eine Antwort.

Das Bildungsmonopol befand sich fürs Erste noch in der Hand der Kirche. Es gab Stifts- und Domschulen, die gewöhnlich für Laien nicht zugänglich waren. Der beredte, lateinische Stil erfasste vorläufig nur die Kleriker, während die mittelhochdeutsche Volkssprache bis dato noch nicht in der Lage war, geschmeidige Gedanken auszudrücken. Doch die ritterlich-höfische Dichtung um 1200 trug ihr Scherflein dazu bei, die deutsche Sprache zu verbessern. Die Grundlage war eine rege Übersetzertätigkeit. Epiker wie Heinrich von Veldeke, Gottfried von Straßburg, Hartmann von Aue und Wolfram von Eschenbach übertrugen französische Epen frei ins Deutsche und vermehrten dadurch den Wortschatz und die Denkmöglichkeiten.

Ab dem 13. Jahrhundert siedelten sich in fast allen größeren Städten in Deutschland die Bettelorden an, die auch Predigerorden genannt wurden. Die Dominikaner, Franziskaner und Augustinereremiten waren gut geschulte Lateiner; sie übertrugen, so gut es ging, ihre lateinische Eloquenz auf das Deutsche und erhöhten von der Kanzel aus die Ausdrucksfähigkeit der Volkssprache. Berühmt wurden die erhalten gebliebenen deutschen Predigten des Dominikaners Berthold von Regensburg aus der Zeit um 1250.

Die Entfaltung des städtischen Lebens und des Bürgertums hat immer etwas mit der Sprache zu tun: mit Verständigungsfähigkeit, Argumentation, Überzeugungskraft, weniger mit Zwang und Gewalt. Es entspricht der menschlichen Wesensart, ein *Konsilium* abzuhalten, eine *Ratsversammlung*, um übereinzukommen und vernünftig zusammenzuarbeiten, um neben den beruflich-wirtschaftlichen auch sozialpolitische und musisch-kulturelle Fähigkeiten zu entwickeln. Das Wesen freiheitlicher Politik ist die Sprachfähigkeit – wehe, wenn Bürger, Bürgermeister, Räte, Minister und Kanzler nicht gut reden können!

Die Bettelmönche förderten bald auch das städtische Schulwesen. Es entstanden klösterliche Lateinschulen, nach und nach ergänzt durch städtische Latein- und Volksschulen. Die Hochburg der Bettelorden in deutschen Landen war Köln, wo die Dominikaner und Franziskaner sogar eigene Hochschulen unterhielten. Der mönchische Nachwuchs wurde hier in den Artes liberales, in den Sieben freien Künsten, unterrichtet, was zum Studium der Theologie in Paris befähigte. Mitte des 13. Jahrhunderts lehrten an der Dominikanerhochschule in Köln europäische Koryphäen wie Albertus Magnus und Thomas von Aquin, die Entscheidendes zur Verbreitung der Schriften von Aristoteles beitrugen. Eigentlich war Köln durch die vielen gelehrten Kleriker, die dort lebten, wie geschaffen dafür, eine Universität zu gründen, doch die deutschen Könige verschliefen diese Chance.

Die weitere urbane Entwicklung hing davon ab, in welchem Maße das Bildungsniveau stieg: durch vermehrte Lateinkenntnis, verbesserte deutsche Sprachfähigkeit, Schulen und Universitäten. Kaiser Karl IV. durchbrach den Bann und gründete in seiner böhmischen Residenz Prag die erste Universität in Mitteleuropa. Er erhielt dafür vom Papst 1347 ein Privileg, wenngleich der universitäre Betrieb erst rund zwanzig Jahre später in Gang kam, just dann, als in Konkurrenz zu Prag der Schwiegersohn des Kaisers, Rudolf IV. von Österreich, 1365 in Wien ebenfalls eine Universität ins Leben rief.[1] Andere deutsche Hochschulen folgten rasch: 1386 Heidelberg, 1388 Köln, 1392 Erfurt. Obwohl das Universitätswesen in Deutschland gegenüber den südlichen und westlichen Ländern mit einer Verspätung von rund 150 Jahren eintraf, gab es hier plötzlich im späten Mittelalter die meisten Universitäten in Europa, hauptsächlich gegründet von den Landesfürsten, teilweise im Verbund mit den Bürgern. Dennoch fehlte *eines* weiterhin: eine zentrale Spitzenuniversität.

In der kulturellen Blütezeit unter Kaiser Maximilian I. erreichten die Studentenzahlen einen vorläufigen Höhepunkt. An der neu gegründeten Universität in Wittenberg gab es beispielsweise im Jahr 1516 unter den besoldeten Gelehrten zehn Doktoren: drei Theologen, sechs Juristen, einen Mediziner, dazu elf Magister der Artes liberales. Ein Jahr später begann hier Martin Luther, seine Schriften zu verfassen, und sorgte kurzfristig dafür, dass Wittenberg zur beliebtesten deutschen Universität mit etwa 1000 Studenten wurde. Doch die Hörer und Leser nahmen Luthers Lehre wörtlich: Selig seien die Armen im Geiste. Es breitete sich flugs eine bildungsfeindliche Stimmung aus. Die Zahl der Studenten sank seit 1521 in Wittenberg wie an anderen deutschen Hochschulen dramatisch. Die Universität in Greifswald musste sogar vorübergehend geschlossen werden. »Wo immer das Luthertum herrscht«, klagte Erasmus von Rotterdam, »da sind die Wissenschaften zugrunde gegangen.«

Martin Luther wurde quasi zum späten Gegenspieler von Bruno von Köln. Für den Wittenberger waren die idealen Bezugspunkte nicht das antike Rom, sondern die biblischen Urväter, die alten Germanen, die frühen Christen und das frühe Mittelalter vor 960. Danach nahm, wie es schien, das Verhängnis seinen Lauf: Die Deutschen wurden urban! Nun hieß es plötzlich wieder seit 1517: zurück zu Einfalt und Tugend!

Allerdings war Luther auch ein großer Übersetzer – so wie vorher die staufischen Dichter. Er übertrug seinerseits das Alte und das Neue Testament aus dem Hebräischen, Griechischen und Lateinischen ins Deutsche und verlieh so der heimischen Sprache neue Ausdruckskraft. Er schloss darüber hinaus mit Philipp Melanchthon ein pragmatisches Bündnis, um sich nach dem Verlust der städtischen Klosterschulen im Zug der Reformation für neue weltliche Schulen in den Städten einzusetzen, wo Knaben wie Mädchen lesen und schreiben lernen sollten. An den Gymnasien sollten Hebräisch, Griechisch und Latein unterrichtet werden, damit die späteren Theologiestudenten und Pfarrer die Bibel im Original verstehen konnten. Die protestantischen Stadt- und Fürstenschulen erlebten einen Aufschwung, ergänzt durch die katholischen Jesuitenkollegien, die ebenfalls humanistische Gymnasien waren.

Luther und die Jesuiten hätten die Deutschen gern auf die Werte der jüdisch-christlichen Religion festgelegt: auf die Lehre von Glauben und Gehorsam, Nächstenliebe und Bescheidenheit – doch die geistlichen Leute sorgten unfreiwillig dafür, dass es nicht einseitig dazu kam. Der verbesserte Griechisch- und Lateinunterricht an den Gymnasien machte die Schüler auch mit dem gräco-romanischen Humanismus bekannt: mit der Lehre von Vernunft und Freiheit, von einem Leben unter Gleichen und von schönen Künsten.

Die Universitäten erholten sich vom Schock der Reformation. Nach dem Augsburger Religionsfrieden im Jahr 1555, für den sich König Ferdinand I. eingesetzt hatte, erreichte die Zahl der Studenten bald wieder die alte Höhe. Die Veröffentlichung von Büchern stieg sprunghaft an. Im Jahr 1600 wurden, nach den Messkatalogen in Frankfurt am Main und Leipzig, 1059 Bücher angeboten, dreizehn Jahre später waren es bereits 1780. Der Handel der Kaufleute florierte, und die gemischte Verfassung im deutschen Königreich, jene zwischen der *monarchisch-zentralen Gewalt* des Kaisers und der *ständisch-föderalen Struktur* der Fürsten, funktionierte leidlich. Ähnlich wie die ersten beiden Jahrzehnte des 16. Jahrhunderts stellten auch die ersten beiden Dezennien des 17. Jahrhunderts eine kulturelle Blütezeit in Deutschland dar: äußerlich sichtbar durch spektakuläre Bauten, durch die Rathäuser in Nürnberg und Augsburg oder durch die Residenzen in Heidelberg und München.

Ein Thomas Coryate räumte mit Vorurteilen gegenüber den Deutschen auf und schrieb 1608 in seinem Reisebuch: »Ehe ich die Deutschen kennen lernte, hörte ich oft, daß man sie wegen ihrer Trunksucht schmähte. Doch ist diese, soweit ich wahrnehmen konnte, in Deutschland nicht mehr verbreitet als in anderen Ländern. Ich sah keinen Betrunkenen hier, und ich bin durch viele große Städte gekommen und habe mich oft in heiterer Gesellschaft befunden.«[2]

Der so genannte Späthumanismus um 1600, welcher an den Renaissancehumanismus vor der Reformation anknüpfte, förderte die Eloquenz des akademischen Milieus. In Heidelberg bewunderte Coryate, der seinerseits in Oxford studiert hatte, die Beredtheit des Bibliothekars Jan Gruter: »Er führte seine Unterhaltung in höchst gewähltem, ciceronischem Stil mit Leichtigkeit und Anmut.« In Frankfurt am Main staunte der britische Gentleman über das weltläufig Leben der Messestadt: »Es war mein Glück, zur Zeit der Herbstmesse herzukommen, und hier traf ich meinen dreimal werten Landsmann, den Grafen von Essex (…), nachdem er in Frankreich, der Schweiz und manchen Teilen Oberdeutschlands herumgereist war. Ich sah unendliche Reichtümer auf dieser Messe, besonders unter dem Römer, wo die Goldschmiede ihre Läden hatten und eine glorreiche Schaustellung veranstalteten, besonders einige aus der Stadt Nürnberg. (…) Dann ging ich in die Straße der Buchhändler, wo ich solche Mengen von Büchern sah, daß ich ehrlich staunte, denn weder Sankt Pauls Churchyard in London noch die Rue de Saint-Jacques in Paris, noch die Mercerie in Venedig können soviel anbieten. Hier werden nicht nur Bücher verkauft, sondern auch gedruckt, denn diese Stadt hat in den letzten Jahren die Kunst des Druckens sehr entwickelt.«

Das urbane Erbe von Bruno von Köln konnte nach den Irrungen und Wirrungen der Reformation fortgesetzt werden. Es sollte aber nun kein Königssohn, sondern ein Bürgerspross sein, der den Faden energisch wieder aufnahm: Martin Opitz. Beide, der Königssohn wie der Bürgerspross, liebten die Sprache, die Künste und Wissenschaften, nur mit dem Unterschied, dass Opitz jetzt, ein paar Jahrhunderte nach Bruno, nicht bloß den *lateinischen Stil*, sondern schließlich und endlich auch den *deutschen Stil* verfeinern wollte. Der eine wie der andere gehört zur inneren Linie der Verfeinerung der Deutschen.

Opitz wurde 1597 in Bunzlau geboren, einer schlesischen Landstadt, die auf dem Weg von Görlitz nach Breslau liegt. Er entstammte einer dortigen Metzgermeisterfamilie, welche väterlicher- wie mütterlicherseits ratsfähig war. Ein Onkel von ihm, Christoph Opitz, leitete die städtische Schule, in der auch Latein unterrichtet wurde. Der Onkel erkannte das sprachliche Talent des Neffen und nahm ihn frühzeitig in die Schule auf. Mit Hilfe eines bürgerlichen Stipendienfonds konnte der Jüngling seit 1614 die Maria-Magdalena-Schule in Breslau besuchen, wo er wiederum vom Rektor der Schule gefördert wurde. Opitz lernte durch ihn früh akademische Honoratioren der reichen Handelsstadt kennen: Juristen, Ärzte, Schriftsteller. Er verbesserte selbst sein Latein und Griechisch. Zwei Jahre später setzte er die Schullaufbahn am Akademischen Gymnasium in Beuthen an der Oder fort, um sich dort auf das Universitätsstudium vorzubereiten, lernte hier auch noch Italienisch und Französisch.

Dieser Schulwechsel hatte es in sich. Marian Szyrocki, der moderne Biograph von Opitz, beleuchtete das Gymnasium in Beuthen etwas genauer.[3] Es stand in Verbindung mit dem Arianismus, der damals besonders in Polen verbreitet war. Im Nachbarland herrschte Ende des 16. und zu Beginn des 17. Jahrhunderts religiöse Toleranz. Neben den Katholiken wurden auch die Protestanten geduldet, Lutheraner wie Calvinisten. Die Arianer oder Sozianer, auch Polnische Brüder genannt, spalteten sich von den Calvinisten ab und betrieben in Raków eine eigene Hochschule, maßgeblich beeinflusst von dem italienischen

Arianer Fausto Sozzini, der 1579 nach Polen gekommen war. Die Lehrer der Hochschule in Raków fühlten sich dem Humanismus verpflichtet und legten die Bibel eher schon literarisch-rationalistisch aus.

Lehrer, die in Raków unterrichteten, wechselten ans Akademische Gymnasium in Beuthen. Diese Schule war ihrerseits calvinistisch und religiös offen. So wie vormals einen Bruno von Köln, so konnte man nun auch die Schüler in Beuthen verdächtigen, mehr an weltlicher Bildung, an gräco-romanischem Humanismus als an rechtgläubigem Christentum interessiert zu sein. Tatsächlich fauchten die Jesuiten im benachbarten Glogau: »Zum größten Nachteil der guten Menschen blüht in Beuthen an der Oder ein Gymnasium, aus dem allerlei Sektenführer wie einst die Krieger aus dem Trojanischen Pferd bis auf den heutigen Tag herauskommen.«

Vor dem Dreißigjährigen Krieg gab es auch in Schlesien beides: Katholiken wie Protestanten, denn in der zweiten Hälfte des 16. Jahrhunderts war Kaiser Maximilian II. kein religiöser Hardliner gewesen. Schlesien zählte zum Königreich Böhmen, welches seinerseits im Jahr 1526 durch Heirat an die Habsburger gekommen war. Maximilian II. war sowohl Kaiser des Heiligen Römischen Reiches Deutscher Nation als auch mehrfacher König und Landesfürst: Erzherzog von Österreich, König von Böhmen und König von Ungarn. Teilweise regierten die Habsburger als Landesfürsten jenseits der deutschen Lande und wanderten so, wie im Fall von Ungarn, aus dem deutschen Königreich hinaus. Die Statthalter der katholischen Habsburger in Schlesien waren die protestantischen Herzöge von Liegnitz und Brieg. Solche verschachtelten politischen Verhältnisse schufen vorläufig manche geistige Freiheit.

Fragte sich nur, was die Deutschen noch zusammenhielt. Traditionellerweise gab es zwei wesentliche Dinge, die eine Nation formten: erstens die gemeinsame Sprache; zweitens das gemeinsame Königtum. Doch 1617, als Martin Opitz noch Gymnasiast war, hatte die deutsche Sprache immer noch keinen guten Leumund, sie galt als grammatisch ungeordnet, derb und wenig elegant – zugleich stand das hiesige Königtum auf wackeligen Beinen, weil die Fürstentümer möglichst unabhängig sein wollten, davon abgesehen, dass die kaiserliche Dynastie, das Haus Habsburg, auch in Gebieten außerhalb Deutschlands regierte. Opitz ließ sich von der äußeren Blüte der deutschen Lande in den ersten Dezennien des 17. Jahrhunderts nicht blenden. Er spürte, dass von innen her etwas faul war.

Das deutsche Königtum hatte nicht nur Schwierigkeiten, einen modernen Staatsapparat aufzubauen, es unterstützte auch die eigene Landessprache nicht. Die akademisch geschulten Beamten bei Hofe sprachen im Alltag oft ein Kauderwelsch aus Deutsch, Latein, Italienisch und Französisch. Doch Opitz hatte bereits als Schüler einen Blick dafür, dass man gerade an der hiesigen Sprache feilen musste, wenn man die Einheit und Freiheit der Nation stärken wollte. Die antiken Sprachen, Altgriechisch und Latein, waren für ihn tote Sprachen, mit denen man keine moderne Politik machen konnte. Eine solche musste für ihn aus der lebendigen, wortreichen eigenen Sprache erwachsen: aus der Sprache der Bevölkerung.

Opitz veröffentlichte noch als Gymnasiast im Jahr 1617 seine kleine Schrift »Aristarch oder Wider die Verachtung der Deutschen Sprache«.[4] Er verfasste das Bändchen auf Latein, um gerade die lateinisch gebildeten Kreise, die akademischen Eliten bei Hofe, in den größeren Städten, an den Universitäten und Gymnasien zu erreichen. Die gebildeten Schichten sollten nicht länger lateinisch reden, schreiben und dichten, sondern endlich die deutsche Sprache pflegen, um für Deutschland insgesamt eine bessere Verständigungsfähigkeit zu gewinnen und das nationale Selbstbewusstsein zu heben. Im Gegensatz zu Luther hegte Opitz als Deutscher gegenüber den Romanen, den Italienern oder Franzosen, keineswegs Ressentiments, Vorurteile oder Unterlegenheitsgefühle. Er gab sich nicht rückwärtsgewandt, versuchte nicht, zur germanischen oder altdeutschen Art zurückzukehren, sondern war darauf aus, vom Altgriechischen, Lateinischen, Italienischen oder Französischen zu lernen.

Er verfolgte eine Doppelstrategie: Bilde mit Stolz das Eigene aus, aber nicht auf Kosten der Nachbarländer, sondern im Gleichklang mit ihnen! Befreie das Deutsche vorläufig von Fremdwörtern, um erst einmal den Klang der eigenen Sprache zu entdecken; gebe ihr eine eigene, reich und fein ausgebildete Struktur, die es mit anderen europäischen Sprachen aufnehmen kann; verzichte vorläufig auf die derben Ausdrücke der deutschen Mundarten, um eine literaturfähige Sprache zu schaffen (später konnte man ja in die einmal gefestigte Hochsprache auf gemäßigte Weise wieder Fremdwörter und Elemente der Alltagssprache einfließen lassen, um die Hoch- und Schriftsprache weltoffen und lebendig zu halten).

Opitz schaute zurück auf die Anfänge der Deutschen, entdeckte die Sprache als verbindendes Element, an dem man feilen muss: »Die Sprache der Germanen jedoch ist bis auf den heutigen Tag unvermischt und unverfälscht den Zungen der Nachkommen verblieben, so wie die Treue und Einfalt der Herzen. Aber wie wenige unter uns versuchen, diese Sprache zu schützen und weiter auszubilden. (...) mit unglaublichen, gefahrvollen Mühen und mit nicht geringen Kosten durchwandern wir fremde Länder und streben eifrig danach, unser Vaterland und unser Wesen unkenntlich zu machen. Indem wir mit ungezügelter Gier eine fremde Sprache erlernen, vernachlässigen wir die eigene und machen sie verächtlich. (...) Doch will ich damit nicht geraten haben, die nützliche Gewohnheit des Reisens aufzugeben – nein, es geht nur darum, das Ansehen unseres geliebten Vaterlandes durch heilsame Hilfe zu erhalten. Wir wollen eifrig dafür sorgen, dass wir von den Franzosen und Italienern, von denen wir Bildung und feine Sitten entlehnen, auch erlernen, unsere Sprache mit Sorgfalt auszubilden und zu schmücken, ganz so, wie jene es offensichtlich mit der ihrigen tun.«

Das Deutsch Luthers war zwar kraftvoll, aber oft auch bieder und derb: lebensnah drastisch. Die Knittelverse der Meistersinger wirkten häufig holperig und der Geist eines Hans Sachs eng und spießbürgerlich. Die deutsche Schriftsprache bildete unklare Sätze aus, ohne geschickte Wortwahl, ohne Klang und Schwung. Es herrschte literarische Kleinstaaterei.

Demgegenüber hatte Opitz eine feine Nase dafür, dass es auch in jüngerer Zeit so etwas wie Weltliteratur gab, spürte, dass der Diskurs über das rechte Leben, an der Bibel vorbei, auch in der Gegenwart fortschritt, merkte, dass die Nachbarländer in der frühen und späten Renaissance große literarische oder philosophische Werke hervorbrachten (durch Autoren wie Dante, Petrarca, Boccaccio, Ariost, Tasso, Cervantes, Montaigne oder Shakespeare). Die Nachbarländer schufen Dichtungen, denen Deutschland nichts Vergleichbares entgegensetzen konnte. Doch die Möglichkeiten dafür lagen für Opitz auch in der deutschen Sprache, ihr Potential musste nur gehoben werden: »Denn eigentlich haben wir alles, was wir brauchen. Der Geist unserer Worte und der Fluß unserer Sätze ist so angemessen und so glücklich, daß sie weder der gemessenen Würde des Spaniers noch der Feinheit des Italieners noch der Zierlichkeit und Zungenfertigkeit des Franzosen zu weichen brauchen.«

Opitz hörte sich über die Lyrik in die Eigenart der deutschen Sprache ein. Ihm fiel auf, dass sich die Versmaße anderer Sprachen nicht ohne weiteres auf die deutsche Sprache übertragen ließen. Die heimischen Worte verlangten für ihn nicht nach einem Wechsel von Kürze und Länge, sondern von Senkung und Hebung, unbetont und betont: nach dem *jambischen Rhythmus*, ta-tam, ta-tam, ta-tam, ta-tam – oder umgekehrt nach Hebung und Senkung, betont und unbetont, nach dem *trochäischen Rhythmus*, tam-ta, tam-ta, tam-ta, tam-ta. Der Jambus und der Trochäus wurden nicht von Opitz erfunden, aber der junge Dichter hatte ein Gehör dafür, dass sie besonders gut zur deutschen Sprache passten.

Er verließ Schlesien, um seit Frühjahr 1619 in Heidelberg zu studieren, Sprachen, Literatur, Philosophie. Er schrieb am Rhein nun deutsche Gedichte in jambischen Versen. Inhaltlich lehnte er sich an Petrarcas Liebeslyrik an, in welcher die Frau, ähnlich wie in der ritterlich-höfischen Minne, ein Herz aus Diamant hat, unerweichlich, unnachgiebig gegenüber dem männlichen Verehrer, der als klagender Sklave erscheint. Der Ton sollte feine Melancholie und Sehnsucht verkörpern, nicht ohne andrängende, schwungvolle, lebendige Bewegung. Ein Hirtenlied von Opitz begann: »Ist jergend zu erfragen / Ein Schäffer an dem Rhein, / Der sehnlich sich beklagen / muß vber Liebes pein, / Der wird mir müssen weichen, / Jch weiß ich brenne mehr, / Niemandt ist mir zu gleichen / vnd liebt er noch so sehr.«

Fragt heute jemand: Was ist deutsch? Bitte sehr, der jambische Vers: diese melancholisch andrängende, schwungvolle, lebendige Bewegung. Ein solcher Klang war bis dahin unbekannt im Deutschen. In der Vorrede der ersten Ausgabe seiner Gedichte, geschrieben 1620, gedruckt 1624, erklärte Opitz: »Ihm sey aber doch wie ihm wolle, bin ich die Bahn zu brechen, vnd durch diesen anfang vnserer Sprache Glückseligkeit zu erweisen bedacht gewesen.«[5] Opitz hatte das richtige Gespür. Er stahl sich mit seinem Plädoyer für die heimische Sprache in die Herzen der Studenten und aufgeschlossenen gebildeten Kreise in Deutschland. Viele heimische Dichter folgten umgehend seinem Beispiel, Gedichte in jambischen oder trochäischen Versen zu schreiben, viele heimische Komponisten vertonten sie. Der Jambus oder der Trochäus wurden zur Seele des deutschen Gedichtes und Liedes.

Es entstanden im Laufe der Zeit legendäre jambische Verse, die vertont wurden, wie: »Der Mond ist aufgegangen, / die goldnen Sternlein prangen« von Matthias Claudius oder »Im Krug zum grünen Kranze, / da kehrt ich durstig ein« von Wilhelm Müller. Dichter wie Heinrich Heine verfeinerten dann das Spiel mit dem Jambus und dem Trochäus, indem sie es mit dem geschmeidigen Daktylus kombinierten, wie in dem berühmten Gedicht über die Loreley: »Ich weiß nicht, was soll es bedeuten, / Daß ich so traurig bin; / Ein Märchen aus alten Zeiten, / Das kommt mir nicht aus dem Sinn.« Generationen haben solche Gedichte und Lieder auswendig gelernt, gesprochen, gesungen und dabei Tränen vergossen.

Heute dichten die Lyriker weniger in geregelten Versen, eher in freien Rhythmen. Doch die Erfahrungen der lyrischen Praxis in Jamben oder Trochäen flossen über Jahrhunderte auch in die dichterische Prosa der Romane oder in die gewöhnliche Schriftsprache ein. Die deutsche Sprache wurde klarer, klangvoller – entfaltete Glanz, ging zu Herzen, machte glückselig, wurde im gleichen Maße wendiger, konnte weltläufig und anmutig sein. Eine solcherart verbesserte Sprache sollte, frei nach Horaz, erstens *nützlich sein*, die Verständigungs- wie die Erkenntnisfähigkeit fördern, zweitens *erfreuen* durch das Spiel der Worte.

Opitz übersetzte eigens Epigramme aus dem Altgriechischen oder Lateinischen ins Deutsche, um den urbanen Ton zu heben. Er stellte der Übersetzung eine lateinische Widmungsrede voran und sagte: Das Epigramm sei angenehm durch die Vielfalt des Inhalts (varietas argumenti), Witz (lepores), Scharfsinn (arguitae), Kürze (brevitas); es entzücke durch die Weltläufigkeit (urbanitas) und Liebenswürdigkeit der Worte (suavitas verborum), durch seine geistreiche Art (ingeniositas), seine Anmut (venustas), und dabei handle es über alle Bereiche des Lebens, Tugend und Laster, Ernstes und Heiteres, Göttliches und Menschliches.[6]

Wunderlicherweise gibt es auch heute noch Leute, die heißen Magister, heißen Doktor gar, und tun so, als habe es nie eine deutsche Sprachreform durch Opitz und andere gegeben, wissen nicht, was im Deutschen ein klarer, rhythmischer Satzbau ist: mit Kommas, Haupt- und Nebensätzen. Solche Magister und Doktoren sprechen ein Kauderwelsch aus Deutsch, Englisch und Latein, bilden ellenlange, kommalose Sätze mit einer Flut von Hauptwörtern und holprigen Genitivreihen, sie spüren keinerlei Lust in sich, einen treffenden Ausdruck zu finden, zeigen keine Spur von Ironie und Humor, nicht den geringsten Ansatz zum Urbanen. Nichts ist qualvoller, als solche barbarischen Sätze zu hören oder zu lesen. So mancher Deutsche glaubt immer noch, mit dem Inhalt sei es getan, es käme nicht auf die Form an. Vielleicht kann heutzutage das Buch von Thomas Steinfeld helfen: »Der Sprachverführer«.[7]

Der zeitgenössische Gourmet und Connaisseur denkt längst nicht nur an delikates Essen und Trinken, an komfortable Kleidung und Wohnung, er schätzt auch *die Sprache, das Gespräch, die Unterhaltung als Genuss*. Er feilt an der Beherrschung der Worte, an der Feinheit der Denkweise, an der Kunst der Rede, spielt, frei nach Opitz, mit der Vielfalt der Argumente und Pointen, schafft Reize durch Witz und Scharfsinn, gibt sich weltläufig und liebenswürdig – so gut es eben geht. Selbstverständlich kann kein Mensch jeden Tag so sein und vor Gedanken sprühen, aber die Worte, das Reden und das Erzählen spielen für den Connaisseur eine wichtige Rolle. Er achtet darauf, nie zu lange zu sprechen, und lässt gern auch den anderen zu Wort kommen, um es zu genießen. Wundervoll, wenn durch Unterhaltung oder Lektüre neues Leben in den sprachlichen und geistigen Haushalt kommt. Ein heiteres Gespräch gehört zu den schönsten Dingen auf der Welt.

Demgegenüber gibt es Menschen, die haben eigentlich alles, was sie zum Leben brauchen, sind reich mit materiellen Gütern gesegnet – und fühlen sich dennoch gelangweilt oder machen gar sich selbst und anderen das Leben zum Fegefeuer, weil sie nicht reden und sprechen, weil sie nichts für die Unterhaltung und Verständigung tun oder gar für sich das Recht in Anspruch nehmen, anderen gegenüber schlecht gelaunt zu sein, zu schweigen oder zu nörgeln, chronisch verdrossen zu sein. Ein solcher Griesgram erwartet, von anderen mit äußerster Nachsicht behandelt zu werden, legt selbst aber strengste Maßstäbe an andere an. Es ist geistige Kleinstaaterei, Selbstbezüglichkeit – wo die Freude am Gespräch guttäte.

Nicht jeder ist mit demselben Temperament zum Reden begabt, aber ein wenig üben sollte man es schon. Oder die Eltern sollten bereits viel mit ihren Kindern reden, auf gute Worte und menschliche Gedanken achten. In der Schule sollte die Ausbildung der Sprache ein Hauptfach sein. Von anderen Menschen ein paar aufrichtige, nette Worte zu hören, das tut so unglaublich gut. Nur darf man nicht darauf warten, dass immer der andere damit beginnt. So oder so: Die Sache der Verfeinerung fängt mit der Kultur der Sprache an. Traurig, wenn etwa ein Paar in ein Gourmetlokal geht und sich den ganzen Abend nichts zu sagen hat.

Der junge Opitz fühlte sich als Student an Neckar und Rhein wohl, so wie später der junge Goethe als Studiosus auf der gegenüberliegenden Seite in Sessenheim und Straßburg. Opitz studierte, dichtete, focht, zechte und liebte, unternahm kleinere Reisen nach Straßburg oder nach Tübingen. Seine Gedichte wurden zunächst einzeln gedruckt, waren an einigen Stellen in Heidelberg zu kaufen und fanden reißenden Absatz. Solche Liebesgedichte mit melancholischer Sehnsucht waren etwas anderes als die biedere Ehemoral der Kirchenkanzeln und Zunftstuben; dazu hatte Opitz das Glück, selbst keineswegs auf Frauenherzen aus Diamant zu stoßen; er konnte sie erweichen, weil er gut sprach.

Möglicherweise flüchtete er sogar vor einer Liebschaft mit Folgen, weil er Heidelberg schon nach einem Jahr wieder verließ. Sein Freund Christoph Coler verfasste eine biographische Skizze über ihn und sagte über die Zeit in Heidelberg im philiströsen Ton: »Jedoch gleich wie große Geister ebenfalls auch fehltreten, und wie selten jemand auf den Helicon steiget, ohne daß er sich verirre und ausschweiffe; allso hat auch unser Opitz hierbey einen Fehltritt begangen, maassen er sich manchmal das schöne Geschlecht zu sehr einnehmen, und die lieblichen Gesänge der weiblichen Sirenen verführen lassen. Es ist dieses zwar ein Uebel, welches in der Jugend auch viele andre grosse Männer, und besonders die Dichter betroffen hat, die gemeiniglich rechte Meister in der Liebe sind; allein deßwegen verlange ich es nicht unstrafbar zu nennen.« Zeitlebens blieb Opitz ein Homme à femmes, ein Frauentyp.

In der Forschung wird auch die Meinung vertreten, Opitz sei nicht vor einer Liebschaft, sondern vor dem Anmarsch der spanischen Armee aus Heidelberg geflüchtet; doch nach Marian Szyrocki war Opitz längst fort, bevor die Lage bedrohlich wurde. Wie dem auch sei: Opitz ergriff frisch die Gelegenheit, der Begleiter eines dänischen Aristokraten zu werden, um mit ihm nach Holland zu reisen und Heinsius in Leyden zu besuchen, von dort ging es weiter nach Dänemark. Hier verfasste Opitz seine umfangreichste eigenständige Schrift: »Trostgetichte In Widerwertigkeit Dess Krieges«, die im Frühling 1621 entstanden und die Grausamkeiten der ersten Jahre des Dreißigjährigen Krieges schilderten, um als Gegenpol eine gefestigte Lebenshaltung zu entwerfen: eine rational verstandene, stoische Gelassenheit, Gefasstheit, Beständigkeit gegenüber den Zufällen und Widrigkeiten des Daseins.

Im Jahr 1618 hatten die böhmischen Stände gegen die habsburgische Herrschaft revoltiert und den Dreißigjährigen Krieg ausgelöst. Kaiser Ferdinand II. konnte 1620 den Aufstand niederschlagen und fühlte sich gestärkt. Die Untertanen sollten nun auf Linie gebracht werden, egal, ob es sich um ländliche Aristokraten, städtische Patrizier, Bürger oder Bauern handelte. Angestachelt von den Jesuiten, sollte es unter Ferdinand II. auch mit religiösem Laisser-faire vorbei sein, wie es unter Kaiser Ferdinand I. oder Maximilian II. gegolten und irgendwie auch noch unter Rudolf II. fortbestanden hatte. Alle habsburgischen Untertanen oder überhaupt alle Bewohner des Heiligen Römischen Reiches Deutscher Nation sollten jetzt so fühlen, denken und glauben wie der Kaiser: römisch-katholisch.

Offenbar gab es zwischen Ferdinand II., den Fürsten, den ländlichen Aristokraten, den Bürgern und Bauern erhebliche Sprach- und Kommunikationsprobleme. Schon Kaiser Rudolf II. hatte in seiner langen Regierungszeit von 1576 bis 1612 nur sechs Reichstage einberufen und das Gespräch mit den Fürsten und Ständen vernachlässigt. Er mied sogar Wien, wo die landesfürstlichen und kaiserlichen Behörden angesiedelt waren, bevorzugte Prag als Residenz, schloss sich dort auf dem Hradschin nach außen ab und regierte schlicht nicht. Er war mit seinem Amt überfordert, ebenso wie Kaiser Matthias, der nur kurz, von 1612 bis 1619, herrschte. Doch Kaiser Ferdinand II. fühlte sich tatkräftig, vertraute dem Schwert mehr als dem Wort. Autoritäre Machtpolitik und religiöses Eifern gingen ineinander über und führten zu einem Krieg, der sich im Laufe der Zeit zu einem großen europäischen Krieg ausweitete und zu einer deutschen Urkatastrophe werden sollte. Die Deutschen wollten keinen autoritären Reichsabsolutismus des Kaisers. Landauf, landab wurden dreißig Jahre lang Schlachten geschlagen, Menschen gemordet, Felder und Gärten verwüstet, Haustiere geraubt, Dörfer und Städte zerstört. Die Fernwege wurden versperrt, die europäischen Handelsverbindungen gingen verloren, die Macht der Städte und Bürger nahm ab. Wieder stand die urbane Kultur auf dem Spiel. Die Bevölkerungszahl sank von 17 auf 10 Millionen. *Das Jahr 1618 war bis dato das schwärzeste Jahr in der deutschen Geschichte.*

An sich war zuvor *das Jahr 1617* durch das Erscheinen des »Aristarch« *ein wundervoller Moment für die deutsche Geschichte.* Was immer auch kommen mochte: Opitz nahm sich vor, in die Rolle von Cicero zu schlüpfen und standhaft für das Wort, das Argument und die Freiheit einzutreten. Fühlen, Denken und Glauben ließen sich für ihn nicht gleichschalten. In seinem großen Werk »Trostgetichte In Widerwertigkeit Dess Krieges« warf er einen Blick in die Geschichte, um die Welt zu begreifen. Er kam zu dem Schluss: Gerade wenn es dem Menschen gutgehe, steche ihn der Hafer, setze er Frieden und Freiheit aufs Spiel. »Da durfte Cesar Rom zu seinen Füssen legen; / Die Statt, so alles zwang, so allzeit unverzagt, / Ward durch den Ehrgeiz zahm, war ihres Bürgers Magd. / (...) Es half kein Cicero, noch tausend Zungen Schar, / es half kein Cato zu, wie sauer er auch war. / Die Freyheit gieng nun fort. / Nun, dieser wird erstochen, / Bezahlet mit der Haut, nicht aber ungerochen; / Da war kein Scipio, kein Fabius gehöret, / Kein Bürgermeister mehr, noch Rathesherr geehret.«[8]

Die Kritik an Caesar, am ersten römischen Kaiser, zielte aktuell auch auf den habsburgischen Herrscher, auf Kaiser Ferdinand II., welcher einer autoritären Regierungsgewalt mehr vertraute als der republikanischen Verständigung. Es gab für den Autor keine Vorrechte durch die Geburt, kein Regieren von Gottes Gnaden. Alle Macht auf Erden sei dem Wechsel und Wandel unterworfen, dem freien Spiel der Kräfte. Die Macht solle jenen zukommen, die Talent haben und etwas Können, die friedvoll sind und menschlich: »Nun, grosser Herren Macht, wie bald wird die verkürzet? / Sie werden öfftermals gantz plötzlich abgestürzet / Von Ihrer Majestät; wie hoch ihr Sitz auch sey, / So ist er dennoch nicht von Angst und Sorgen frey. / Wie nichtig ist doch auch den Adels-Namen führen?«

Es sollte eine innere Haltung gefunden werden, um dem Wechsel und Wandel in Natur und Geschichte oder um überhaupt den Zufällen, der Kontingenz des Lebens standzuhalten: eine stoische Gelassenheit, Gefasstheit, Beständigkeit. Nur Tugend und Tüchtigkeit halfen, um im Leben zu bestehen: »Will aber jemand Gut, das immer währet, finden, / Das weder durch Gewalt noch Waffen sol verschwinden, / Der binde nur sein Schiff der Tugend Ancker an, / Die nicht zu Boden sinckt, die nicht vergehen kan.«

Opitz pries die Duldsamkeit – aber nicht das Verzagen. Man sollte das eigene Schicksal annehmen, aber nicht blind hinnehmen. Die nach außen gleichmütige, stoische Haltung blieb für sich genommen ein wenig blass und passiv. Es ging nicht nur um eine unerschütterliche, innere Ruhe und den vernünftigen, freien Blick auf die Welt, sondern auch um Lebens- und Kampfeslust, darum, die Welt in Beschlag zu nehmen: »Ein freier Sinn ist bloß und nackend unverzagt, / (...) Stößt Unglück an die Tür, / So bleibt ein faiges Hertz; ein Mann steht für und für. / Die Freyheit will gedruckt, gepreßt, bestritten werden, / will werden auffgeweckt (wie auch die Schoß der Erden / Nicht ungepflüget trägt) sie fordert Widerstand.«

Man soll den Widrigkeiten trotzen, aber nicht wild und leidenschaftlich wie Achill, sondern duldend und klug wie Odysseus: »Den Muth, der eisern ist, lernt warten auff sein Ziel (...). Seht, wass Ulysses thut, sein Schiff wird durch die Winde, / Und Wellen angerannt, gestossen auff die Gründe, / Geführet in die Lufft, geworffen hin und her, / Es legt sich wider ihn der Himmel und das Meer. / Was richten sie doch auß? Die andern frembden Waaren, / Gefährten, Ruder,

Raub, Gold, Silber, läßt er fahren, / Zeucht auch die Kleyder auß und wirfft sie willig hin; Diß, was seyn eygen ist, kann niemand ihm entziehen (...). Was Circe thut und macht, / So wird er dennoch nicht aus seiner Art gebracht.« Odysseus passt sich den Situationen an, wird zum Verwandlungskünstler, ohne sich selbst untreu zu werden.

Auch wenn Opitz den Krieg als etwas Schreckliches beschrieb, was nicht zu verherrlichen sei, sei doch die Verteidigung gegenüber der Tyrannei oder eine Art von Volksaufstand gegenüber obrigkeitlicher Unterdrückung gegebenenfalls angemessen. Vorbildlich erschien ihm die Erhebung der Holländer gegenüber der autoritären Macht der spanischen Habsburger seit 1568, um die Republik der Vereinten Niederlande zu gründen: »Wer wundert sich doch nicht, der Niderland betrachtet, / Der Spanischen Hoffart Zaum?«

Was die Holländer machten, war an sich das Zeitgemäße: die Bildung einer freiheitlichen Republik auf nationaler Grundlage. Tatsächlich stiegen die Holländer durch die Befreiung vom habsburgischen Absolutismus zu einer führenden Nation in Europa auf, wo die Künste und Wissenschaften, Handel und Handwerk, die Lebensform der Stadt und des Bürgers einen großen Aufschwung erlebten. Es entstand gerade hier, in den Vereinten Niederlanden, eine neue Art von Weltverständnis, wofür es kaum noch Grenzen gab. Die dortige Universitätsstadt Leyden, die Opitz selbst eben erst kennengelernt hatte, wurde gerühmt: »Jetzt wohnt Apollo da mit seinen Perinnen, / Die wunderschöne Statt hat alle hohe Sinnen / Hat alle Wissenschaft in ihren Kreiß gebracht / und an deß Krieges Statt der Künste Sitz gemacht. (...) Ach, Teutschland, folge nach.« Während Fürsten, frei nach Machiavelli, in der Regel ständig Kriege führten, in der Hoffnung, durch Glanz und Gloria die eigene Macht zu verewigen, fand die liberale Republik nach dem Befreiungskrieg zur inneren Ruhe und gab sich zivil: »Die edle Wissenschaft / schmückt auß das gute Glück und gibt im Unglück Krafft; Sie zeigt den rechten Weg, beständig auszuhalten / Und läßt in keiner Noth die Hertzen nicht erkalten. / (...) Was recht und unrecht sey, wie jedermann allhier / Mit Leuten umb sol gehen und leben nach Gebühr / Das kann die göttliche Philosophy uns weisen.«

Opitz rebellierte nicht gegen die christliche Religion, nicht gegen

Nächstenliebe und Bescheidenheit, aber die Grundlage seines Denkens war nicht länger nur die Bibel. Die Heilige Schrift bedeutete für ihn ein Stück Weltliteratur, ebenso wie die Werke von Homer. Da wie dort wurde Göttliches gelehrt. Der Autor stellte der zänkischen Rechthaberei der Theologen, dem gegenseitigen Hass der Katholiken und Protestanten, den religiösen wie politischen Dogmenschmieden an den fürstlichen Höfen ein freies, vernünftiges Denken gegenüber, das sich so weit wie möglich um objektive Erkenntnis der Welt bemüht, mit Hilfe von Literatur, Philosophie, Naturkunde, Geschichte und so fort. Es gab keine letztgültigen Wahrheiten; es blieb ein ewiges Abwägen. Gerade durch die geschichtlichen Betrachtungen erschienen die momentanen politischen Verhältnisse relativ; gerade darin fand der Dichter Trost, wenn nicht eine gewisse Zuversicht, einen gewissen Fortschrittsglauben. Was Opitz im Jahr 1621 dachte und schrieb, bildete *eine rühmenswerte Vorstufe der Aufklärung.*

Opitz kehrte 1622 nach Schlesien zurück, wo ihm Freunde davon abrieten, die »Trostgetichte In Widerwertigkeit Dess Krieges« zu veröffentlichen, weil sie eine kaum versteckte kritische Stoßrichtung gegen die Habsburger boten. Der Dichter schlüpfte in die Rolle des Odysseus, gab sich duldsam und klug. Das Werk erschien in leicht verbesserter Fassung erst später, 1633, anonym. Der Autor wurde jetzt vorübergehend Gymnasialprofessor in Weißenburg in Siebenbürgen auf dem Balkan. Er hoffte, von dort aus einmal nach Athen reisen zu können (wozu es nicht kam). Über seine Arbeit schrieb er in einem Gedicht an Jakob Kopisch: Morgens erkläre ich den Cicero, nachmittags den Horaz. Er hätte auch sagen können: Morgens lehre ich republikanische Staatskunst, nachmittags freie Lebenskunst.

Wenn sich die Freiheit nicht durch eine Volkserhebung herstellen ließ, dann musste man eben ein trojanisches Pferd bauen, um den fürstlichen Absolutismus von innen her aufzulösen. Es galt, neben dem *Wirtschaftsbürgertum*, Kaufleuten und Handwerkern, die es schon seit etwa 960 gab, ein *Bildungsbürgertum* zu schaffen, mit Akademikern und Wissenschaftlern, Professoren und Lehrern, Juristen und Ärzten, variiert durch die Nebenlinie der *Bohemiens*, der Dichter, Musiker und Maler oder der neuen Leute vom Theater, der Schauspieler und Sänger. Im Ansatz war schon um 1500, als man rund fünfzehn Universitäten in deutschen Landen zählte, ein Bildungsbürgertum vorhanden. Doch danach erfuhr das Bildungsmonopol der Kirche durch Luther und die Jesuiten, durch Reformation und Gegenreformation noch einmal großen Aufwind. Für Opitz ging es darum, die Bildung peu à peu zu verweltlichen. Nicht länger nur die Theologen und Prediger, die im Dienst der Landesfürsten standen, sondern auch die bürgerlichen Künstler und Wissenschaftler sollten ein Wort mitreden, »wie jedermann allhier / Mit Leuten umb sol gehen und leben nach Gebühr«.

Der Schlüssel für eine moderne weltliche Bildung war für Opitz die landeseigene deutsche Sprache und Literatur. Im »Aristarch« hatte er bereits ein Plädoyer für das Deutsche gehalten, was fehlte, war eine theoretische Grundlegung und praktische Anleitung für die heimische Dichtkunst, die sich im europäischen Literaturbetrieb behaupten sollte. Opitz kehrte nach Schlesien zurück und verfasste 1624 das »Buch von der Deutschen Poeterey«. Es wurde zur Gründungsurkunde der modernen deutschen Literatur. Die Widmung mutete programmatisch an; der Bürgersohn erwies den Honoratioren seiner Heimstadt die Reverenz, während Fürsten oder Aristokraten bei diesem Akt nicht im Spiel waren: »Denen Ehrenvesten / Wolweisen / Wolbenambten und Wolgelehrten HErren Bürgermeistern vnd Rathsverwandten der Stadt Buntzlaw / seinen günstigen Herren und beförderen.«[9]

Es erschien notwendig, überhaupt jetzt der Poesie und den Dichtern neben der Religion und den Theologen einen würdevollen Rang einzuräumen, wenn nicht gar den Vorrang zuzusprechen. Opitz sagte: Auch ein Dichter schaffe durch »göttlichen Antrieb und von natur«. Er benötige dem Ideal nach ein göttlich-poetisches Feuer, Talent und Begabung, dazu poetische Regeln und Gesetze, welche früher bereits von Aristoteles, Horaz oder Scaliger aufgestellt worden seien. Geschichtlich betrachtet, sei die Poesie der Theologie und Philosophie sogar vorausgegangen; in der Literatur habe sich zuerst Göttliches ausgedrückt, um nachfolgend in Theologie und Philosophie auf den Begriff gebracht zu werden. Stillschweigend sah Opitz auch das Alte und Neue Testament als Poesie an. Die Literatur bilde den Anfang geistiger Bildung. Opitz zitierte Strabo: »Hergegen haben die alten gesagt / die Poeterey sey die erste Philosophie / eine erzieherinn des lebens von jungend auff / welche die art der sitten / der bewegungen des gemütes vnd alles thuns und lassens lehre.«

Nach der theoretischen Grundlegung der Dichtkunst wurden praktische Anleitungen für die verschiedenen literarischen Gattungen gegeben, ohne allzu ausführlich und penibel zu sein: für die Tragödie, die Komödie, die Satire, das Epigramm und die Lyrik. Am Ende des Buches wurde betont, dass es für die heimischen Dichter vorläufig eine gute Übung sei, aus anderen Sprachen vorzügliche Werke ins Deutsche zu übersetzen.

Tatsächlich wurde Opitz selbst, wie vorher Luther, ein großer Übersetzer. Allerdings beschränkte er sich nicht nur auf ein einziges berühmtes Werk, die Bibel, sondern übersetzte unterschiedliche Stücke aus unterschiedlichen Sprachen: multikulturell sozusagen, immer mit dem Sinn für weltliterarischen Rang – so die Psalmen des Alten Testaments, Dramen von Sophokles und Seneca oder moderne Schäferromane wie die »Argensis« von John Barclay. Der moderne Roman war im »Buch von der Deutschen Poeterey« noch nicht vorgekommen. Durch die Übersetzung der »Argensis« sollte aber auch dafür ein Beispiel geschaffen werden.

Die Gattung des Romans war gegenüber anderen Literaturformen weniger reglementiert, sie bot dem Dichter größere Freiheiten und Entfaltungsmöglichkeiten, epische Breite, um über Gott und die Welt oder über Mensch, Natur und Geschichte zu reden, um die Dinge abzuwägen, Kritik zu üben, Lob zu spenden, wie es der Lebensform der Stadt und des Bürgers entsprach. Das antike oder mittelalterliche *Epos*, die Vorform des Romans, verfügte normalerweise über einen religiösen oder metaphysischen Überbau, Gott und Götter, welche das menschliche Leben beeinflussten; der moderne oder neuzeitliche *Roman* kam in der Regel ohne diesen Überbau aus und sah den Menschen auf sich gestellt, ausgesetzt den Zufällen, der Kontingenz von Natur und Geschichte. Während im Epos wie auch in der Tragödie die Aristokraten die Helden bildeten und das Geschehen im hohen Stil des Hexameters oder Alexandrinerverses vorgetragen wurde, wurde im Roman das Heroisch-Kriegerische und Erhaben-Tragische abgerüstet. Im Roman wurden hauptsächlich Personen mittleren Standes, die Bürger, die Hauptdarsteller, erzählt im mittleren Stil der Prosa. Der

Roman wurde zur bürgerlichen Literatur- und Kunstform schlechthin, heute ergänzt durch das *Kino.*

Die ländlich-arkadische Schäferidylle mit dem Liebesgeplänkel zwischen Schäfer und Nymphe, das schon in der Antike bekannt war, wurde zur Keimzelle des modernen Romans. Der Dichter konnte den urpoetischen Stoff der Liebe beliebig durch neue Themen erweitern, Essen, Trinken, Reisen, Gesellschaft, Politik und so fort – das Schäferidyll konnte sich ausdehnen zu einer Gesamtschau der Welt, so weit das möglich ist.

Der erste große Schäferroman der Renaissance war 1502 von Jacopo Sannazaro aus Neapel veröffentlicht worden: »Arcadia«. Und vielleicht kann man den bukolischen Brief, den Willibald Pirckheimer im Jahr 1521 an Bernhard Adelmann von Adelmannsfelden schrieb, als ersten kleinen Schäferroman ansehen, der in Deutschland verfasst wurde, wenngleich noch auf Latein. Opitz war das Schäferidyll von Pirckheimer wohl nicht bekannt, aber er schätzte jene Romane, die im frühen 17. Jahrhundert in Europa von sich reden machten. Er schrieb schließlich 1629 selbst den ersten Schäferroman in deutscher Sprache: »Schaefferey von der Nimpfen Hercinie«. Der Dichter und ein paar Freunde wandern als Schäfer durch das Riesengebirge in Schlesien; sie werden teilweise von der Nymphe Hercinie an liebliche Orte geführt, da und dort an einen idyllischen Lustort: *locus omoenus*. Die kleine Gesellschaft unterhält sich über alles Mögliche: Menschen, Natur, Geschichte, Künste, Wissenschaften. Der Erzähler gibt sich als gelehrter Dichter zu erkennen: als *poeta doctus.*

Man kann nicht sagen, dass Opitz ein überragender Dichter gewesen sei, der heute noch unmittelbar entzückt. Manche seiner Werke, wie die »Schaefferey«, sind im Stil des Späthumanismus oder Frühbarock mit Gelehrsamkeit überfrachtet – und manche seiner zeitgenössischen Dichterkollegen, die ihn nachahmten, schrieben bald Verse, die ebenmäßiger und flüssiger wirkten als seine. Aber *er* war der Pionier, welcher anregte, ermunterte, welcher neue Horizonte vorgab und die moderne deutsche Literatur organisierte.

Opitz gelang ein erstaunlicher sozialer Aufstieg. Der fortdauernde Krieg machte es unmöglich, als freischaffender Künstler, Dichter und Homme de lettres zu leben oder doch irgendwie einen Beruf zu ergreifen, der mit diesem Metier etwas zu tun hatte. Opitz war allerdings ohnehin nicht dafür gemacht, einen normalen Brotberuf auszuüben, dauerhaft Lehrer, Professor oder höfischer Bürokrat zu werden und stets am selben Ort zu wohnen. Er hatte bisher von sich aus Lust dazu gehabt, sich im Weiten umzutun, ein Weltliebhaber zu sein, komme, was kommen mag. Griesgrämige Pflichterfüllung war nicht seine Sache; er war Dichter und Bohemien. Es galt, auch unter den jetzigen widrigen Umständen die Wirklichkeit nonchalant zu handhaben und die Lebenschancen zu nutzen.

Ausgerechnet er, der die Habsburger am liebsten zum Teufel gejagt hätte, erhielt von einem hohen habsburgischen Repräsentanten das Angebot, sein Sekretär zu werden und in Zeiten des Krieges diplomatische Dienste zu übernehmen. Als der Bischof von Breslau, Erzherzog Karl von Österreich, der Bruder von Kaiser Ferdinand II., im Jahr 1624 starb, reisten Vertreter der schlesischen Stände nach Wien, um dem Kaiser ihr Beileid auszusprechen. Opitz erhielt die Einladung, sich der kleinen noblen Gruppe anzuschließen. Er übergab dem Kaiser ein lateinisches Beileidsgedicht und wurde dafür von ihm mit dem Lorbeerkranz zum Dichter gekrönt, was den Ruhm des Poeten in deutschen Landen erhöhte. Opitz lernte bei dieser Gelegenheit vermutlich schon Burggraf Karl Hannibal von Dohna kennen, den Präsidenten der Kaiserlichen Kammer in Breslau. Obwohl die protestantischen Herzöge von Liegnitz und Brieg die formellen Stellvertreter des Kaisers in Schlesien waren, war Dohna der eigentlich mächtige Mann, um die Interessen der Habsburger zu vertreten. Der Burggraf war ein gebildeter, freisinniger Weltmann, der in Opitz eine Art von Wahlverwandten sah. 1626 erhielt der Dichter von ihm das Angebot, als Sekretär in seinen Dienst zu treten.

Konnte Opitz, der als Protestant aufgewachsen war und von der habsburgischen Machtpolitik nicht viel hielt, diese Offerte annehmen, ohne sich selbst zu verraten? Martin Luther hatte ja auf dem Reichstag in Worms 1521 unbeirrbar an seiner Sicht der Dinge festgehalten und sah sich außerstande, beweglich zu sein. Der Reformator sprach damals die berühmten Worte: »Darum kann und will ich nichts widerrufen, weil gegen das Gewissen zu handeln weder sicher noch lauter ist. Gott helfe mir. Amen.« In Flugblättern zugespitzt:

»Hier stehe ich, ich kann nicht anders. Gott helfe mir. Amen.« Opitz konnte anders.

Der Dichter beherrschte das Rollenspiel, ohne die eigene Art aufzugeben. In einer Welt, die beherrscht war von Zufällen und Kontingenz, wurde es lebensnotwendig, mit Sein und Schein zu spielen, ohne ein gemeiner Mensch zu sein. Opitz trat in die Dienste des Burggrafen und musste nun als dessen Sekretär und Diplomat habsburgische Interessen vertreten. Er schaffte es, selbst in Zeiten des Krieges und des Hasses von den verschiedenen Parteien geachtet zu werden, weil er sich nie als Eiferer der einen oder anderen Seite zu erkennen gab, sondern versuchte, Konflikte nach vernünftigen Maßstäben zu lösen, so gut es ging. Dohna lernte das diplomatische Geschick von Opitz schätzen und sorgte dafür, dass sein Günstling noch im Jahr 1626 in Wien von Kaiser Ferdinand II. in den Adel erhoben wurde, wohl um den diplomatischen Dienst zu erleichtern. Der Dichter durfte sich nun Martin Opitz von Boberfeld nennen, ohne sonst vom Kaiser finanziell oder materiell gefördert zu werden. Im Adelsdiplom wurde deutlich, welche Eigenschaften jetzt im absolutistischen Staat gefragt waren, nicht etwa freiheitlich-republikanische, sondern die »vnterthänigst-trewist und gehorsambst dienste«.

Opitz kam weit herum, wie in einer Odyssee. Er wohnte mit Dohna in Breslau auf der Burg, war als Diplomat am kaiserlichen Hof in Wien, am königlichen Hof in Warschau, reiste nach Paris, war in Straßburg und in Frankfurt am Main, oder er verhandelte an den kurfürstlichen Höfen in Dresden und Berlin. Als Dohna 1633 starb, wechselte Opitz das Lager: von der katholischen auf die protestantische Seite, und übernahm diplomatische Dienste für die Herzöge von Liegnitz und Brieg, die zwischenzeitlich von den Habsburgern abgefallen waren. Nach verändertem Kriegsglück mussten die Herzöge ins Exil gehen und residierten nun mit Erlaubnis des polnischen Königs in Thorn, wohin auch Opitz übersiedelte. Als sich die Herzöge wieder mit dem Kaiser versöhnten und ein Teil der Dynastie nach Schlesien zurückkehrte, blieb Opitz in Polen, weil die Opposition des Dichters gegenüber den Habsburgern zu offenkundig geworden war. Opitz stand weiterhin im Dienst der Herzöge von Liegnitz und Brieg und wurde in Thorn vom polnischen König Wladislaw IV. empfangen.

Der Poet widmete ihm ein Gedicht und erhielt als Lohn 1000 Taler. Was für ein König!

Der Breslauer Maler Bartholomäus Strobel der Jüngere, welcher der Hofmaler des polnischen Königs war, porträtierte den Dichter um 1637. Opitz erscheint auf der Höhe seines Lebens: als Dichterfürst, Diplomat und Grandseigneur, in stehender Pose, mit würdevoller, gemessener Distanz, trägt über dem Wams einen feinen, weißen Spitzenkragen, zeigt einen heiteren Gesichtsausdruck mit wachen Augen und sinnlichem, gewitztem Spiel um den Mund. Auch König Wladislaw nahm Opitz in seine Dienste, wiederum hauptsächlich als Diplomat.

Der Poet wurde nun, obwohl er im Exil lebte, weit und breit als Erneuerer der deutschen Dichtkunst gefeiert, als jener, der den bürgerlichen Bildungsdrang hob, woraus die Leute wieder Hoffnung für den Frieden und ein besseres Leben schöpften. Das deutsche Selbstbewusstsein klammerte sich jetzt an die deutsche Sprache und Literatur. Hieraus sollte die Einheit und Freiheit des Landes erwachsen. Als der Poet 1638 nach Königsberg in Ostpreußen kam, wurde er begeistert empfangen. Der Dichterkollege Simon Dach widmete ihm bei den Feierlichkeiten die trochäischen Verse: »Ja Herr Opitz, ewrer Kunst / Mag es Deutschland einig dancken, / daß der frembden Sprachen Gunst / Mercklich schon beginnt zu wancken. / Vnd man nunmehr ins gemein / Lieber deutsch begehrt zu seyn.«

Opitz war der Ruhm nicht mehr lange vergönnt. Er war zwischenzeitlich von Thorn nach Danzig umgezogen und wurde dort 1639 ein Opfer der Pestepidemie, kaum älter als vierzig Jahre. Vielerorts in deutschen Landen gedachten Dichterkollegen seiner. Im Jahr 1640 veröffentlichte der Holsteiner Johann Rist in Hamburg ein langes Gedicht, das dem Andenken des schlesischen Dichters gewidmet war und den Titel trug: »Lob- Trauer und Klagegedicht über gar zu frühzeitiges (...) Absterben des Martin Opitzen (...) des allerberühmtesten Poeten zu unseren Zeiten und in allen Wissenschaften und Künsten hocherfahrenen Mannes«. Für die deutschen Bildungsbürger und Bohemiens war Opitz ein Held.

1648 kam der Frieden nach dreißig Jahren endlich zustande, ausgehandelt in Münster und Osnabrück. Ein Jahr später gab es noch einmal Nachverhandlungen in Nürnberg. Das diplomatische Corps tafel-

Dichter, Diplomat und Grandseigneur: Martin Opitz, gemalt um 1637 von Bartholomäus Strobel dem Jüngeren. Biblioteka Polskiej Akademii Nauk, Danzig

te im großen Ratssaal der fränkischen Metropole, bis im Juni 1650 auf der dortigen kaiserlichen Burg der Frieden endgültig von allen Parteien besiegelt wurde. Wer die Mittel dazu besaß, feierte nun den Frieden in Deutschland.

Der Hamburger Rat veranstaltete aus Anlass des Friedensvertrages am 5. September 1650 zwischen 7 und 11 Uhr an der Binnenalster ein Fest mit prachtvollem Feuerwerk. Aus protestantischer Sicht war das eine gottlose, barocke Verschwendung: Licht in der Nacht, Musik, Jubel, Trubel, Leichtsinn, Zauberei. Offiziere der hamburgischen Artillerie hatten die Feuerwerkskörper hergestellt und zündeten sie auf Schiffen, Flößen und Gerüsten, begleitet von Pauken- und Trompetenschall sowie vom Donner der Geschütze auf den Wällen. Wieder war es Johann Rist, der das Ereignis im »Hamburgischen Fried- und Freudenfeuer« beschrieb, indem er zuerst das protestantische Gewissen besänftigte und dann den diesseitigen Lebensfreuden freien Lauf ließ: »So laß Ein freudenfeur auf deinen Wällen sehen / Eß ist nicht wider Gott / dafern man Ihm getreu / verbleibet, daß man auch ein Stündlein fröhlich sei. / (...) Ich laß hier unterwegen / zu schreiben an / mit wie viel tausend starken schlägen / mit Wasser- Brikken- Leucht- und Luftkugeln, groß und klein / Rakketen / Rädern / Töpf und was den wunderschein / vergrößert in der Nacht.«[10]

Hamburg hatte den Dreißigjährigen Krieg verhältnismäßig glimpflich überstanden und war im Jahr 1650 die größte Stadt in Deutschland mit rund 60 000 Bewohnern. Es litt weniger als die anderen großen freien Reichs- und Hansestädte darunter, dass das Fernstraßensystem in Deutschland vorübergehend zusammengebrochen war, weil man über die Elbe mit dem Meer verbunden blieb und auf diese Weise Anschluss an den neuen, atlantischen Handel hatte, zugleich konnte man über die Elbe landeinwärts mit den Schiffen bis Dresden fahren. Darüber hinaus war es nicht unwesentlich, dass die sozial-politische Struktur in Hamburg weniger verkrustet war als in anderen freien Reichsstädten. Während sich in Nürnberg die Patrizier vom Kaiser zu Baronen erheben ließen, blieb in der Stadt an der Elbe die Hierarchie zwischen Patriziern und Bürgern verhältnismäßig flach und der Weg von unten nach oben durchlässig. Hamburg pulsierte und bewahrte über den Dreißigjährigen Krieg hinweg die alte reichsstädtische Herrlichkeit wie kaum ein anderer Ort. Hier herrschten quasi holländische Verhältnisse, wie sie ein Martin Opitz für ganz Deutschland so sehr herbeigesehnt hatte.

Hamburg wurde zu einer Bastion freiheitlich-bürgerlicher Politik in Deutschland, moralisch unterstützt vom schweizerischen Zürich, das ebenfalls die liberal-republikanische Tradition als ehemalige Reichsstadt fortsetzte und sich bezüglich der Schriftsprache an die Reform von Martin Opitz anschloss. In Hamburg wie in Zürich, aber auch an einigen anderen Orten, in Basel, Nürnberg und Frankfurt am Main, konnten Schriften veröffentlicht werden, die einer gewissen freieren Denkweise zusprachen. Selbst die fürstliche Messestadt Leipzig gab sich verhältnismäßig liberal, weil die Kurfürsten von Sachsen klug genug waren, das Bürgertum der blühenden Handelsstadt nicht zu sehr unter die Knute zu nehmen.

Ansonsten bauten jetzt die deutschen Fürstentümer und Duodezstaaten das System des Absolutismus aus. Es galt der neue Begriff der *Staatsräson*, den der Jesuit Giovanni Botero 1589 eingeführt hatte. Der *gemeine Nutzen* sollte *über* dem *privaten Glück* stehen. Alles sollte nach der Pfeife der Fürsten und Pfaffen tanzen. Die Rechte der ländlichen Aristokraten sowie der Patrizier und Bürger in fürstlichen Städten wurden so weit wie möglich eingeschränkt; akademisch gebildete, bürgerliche Bürokraten bei Hofe sollten treu, untertänig und gehorsam sein, wie es Luther und die Jesuiten lehrten. Deutschland wurde beherrscht von autoritär-aristokratischer Ideologie, doch es gab auch einige freiheitlich-bürgerliche Inseln.

In Hamburg sollten der gemeine Nutzen *und* das private Glück im Gleichgewicht bleiben. Das eine sollte das andere nicht übertrumpfen. Johann Rist, der Dichter und Opitzverehrer, war protestantischer Pfarrer in Wedel, in der westlichen Nachbarstadt von Hamburg, hielt sich zwischendurch aber oft in der Elbmetropole auf und veröffentlichte hier seine Schriften. In einem Wintergedicht entwarf er so etwas wie »tugendhafte Lebensfreuden«: nicht zu asketisch, nicht zu geizig, aber auch nicht zu ausschweifend, ähnlich der Idee von der »ehrbaren Wollust«, von welcher der päpstliche Hofbibliothekar Platina gesprochen hatte. Behaglich wurden in jambischen Versen die Gedanken ausgeweitet: »Last vns den Fürnewein hergeben / Dort vnten auß dem grossen Faß / Das ist das rechte Winterleben: / Eine heisse Stub' vnd kühles Glaß. // Wolan wir wollen musiciren / Bey warmer Lufft und kühlen Wein / Ein ander mag sein klagen führen / Den Mammon nie lest fröhlich seyn. // Wir wollen spielen / schertzen / essen / So lang vns noch kein Gelt gebricht / Doch auch der schönsten nicht vergessen / denn wer nicht liebt / der lebet nicht.«[11] Auch Rist, der Pfarrer und Dichter, hätte, ähnlich wie Opitz, sagen können: Morgens lehre ich die Bibel, nachmittags den Horaz.

Die Hamburger waren des Öfteren mal ein Stündlein fröhlich, gönnten sich gar barockes Spektakel, um nicht hinter fürstlichen Freuden zurückzustehen. Nach 1650 wurde das quadratische Wasserbecken der Binnenalster zum *bürgerlichen Festraum* in der Mitte der Stadt. Einst, im Jahr 1235, hatte Graf Adolf IV. von Holstein westlich vor den Stadttoren durch die Niederungen der Alster einen Damm legen lassen, um mit Hilfe des Stausees leistungsfähige Mühlen zu betreiben. Noch vor dem Dreißigjährigen Krieg, als Hamburg endgültig zur Freien Reichs- und Hansestadt erhoben worden war, wurde die Stadt nach Westen erweitert und der Mühlendamm samt Binnenalster in die große, ovale Befestigungsanlage einbezogen. Der Damm war nun geschützt und lud zum reizvollen innerstädtischen Spaziergang mit Blick auf die nördliche seeartige Wasserfläche ein. Die neue Flaniermeile erhielt den Namen *Jungfernstieg* und wurde unter diesem Begriff so berühmt wie die Promenade *Unter den Linden* in Berlin, welche ihrerseits 1647 vom Kurfürsten von Brandenburg angelegt wurde. Regelmäßig sorgte der Hamburger Rat für Feste mit Feuerwerk auf der Binnenalster, etwa wenn ein neuer Kaiser in Frankfurt am Main gekrönt wurde, der zugleich formeller Stadtherr von Hamburg war. Die hiesigen Räte und ihre Frauen, Gesandte und sonstige Persönlichkeiten von Rang erhielten Fensterplätze in den oberen Stockwerken der Häuser am Jungfernstieg, die übrigen Bürger, alles, was Beine hatte, staute sich auf dem Jungfernstieg oder auf den anderen flankierenden Wegen um die Alster. Das bürgerliche Hamburg erlebte, wie eine fürstliche Residenz, Momente von großer Welt.

Auch die barocke Oper wurde an der Elbe heimisch. Schon kurz vor 1600 hatte sich diese Kunstgattung in Italien entwickelt: Theater mit Gesang, nicht zuletzt angeregt durch das Theaterleben der Jesuitenkollegien. 1637 entstand in Venedig das erste öffentliche Opernhaus, wo regelmäßig gespielt wurde. Daneben schuf man nach und nach an allen bedeutenden fürstlichen Residenzen in Europa höfische Opern- und Komödienhäuser, die in der Regel auch für die wohlhabenden bürgerlichen Schichten zugänglich waren. Das kaiserliche Wien wurde zum Zentrum der Oper in deutschen Landen. Seit den 1640er Jahren gab es dort einen regelmäßigen höfischen Opernbetrieb. 1657 wurde in München ein höfisches Opernhaus eingerichtet, 1667 in Dresden. In Hamburg öffnete schließlich im Jahr 1678 – wie in Venedig –, ein »öffentliches und populäres« Opernhaus seine Pforten: am Gänsemarkt, westlich nur einen Katzensprung vom Jungfernstieg entfernt.

Wien, München, Dresden, Hamburg – damit waren führende Orte der Kultur in Deutschland nach dem Dreißigjährigen Krieg genannt: *drei* fürstliche Residenzen; *eine* Freie Reichs- und Hansestadt. Die Hauptachse in deutschen Landen verschob sich nach Osten. Nicht länger die Rhein-Main-Donau-Linie mit den freien Reichstädten Aachen, Köln, Frankfurt am Main, Nürnberg und Regensburg, sondern die Elbe-Linie nahm jetzt den ersten Rang ein: von Hamburg nach Dresden, von dort über Land weiter nach Wien, bald flankiert von Berlin und Weimar. Die fürstlichen Hauptorte übernahmen nun das Zepter, aber das bürgerliche Hamburg hielt mit diesen Barockzentren mit. Ja, die Elbmetropole war der inneren Struktur nach lebendiger und moderner, eben eng mit der freiheitlich-weltläufigen Entwicklung in Holland und England verbunden. Von dort aus kamen bald auch Kaffee und Tee nach Hamburg. Es entstand neben dem herkömmlichen Gasthaus und der Herberge ein neuer gastronomischer Typus: das *Kaffeehaus* oder *Café*, ein Lokal, wo nicht mehr der Rausch des Bieres, sondern der feinere Reiz des Koffeins die Geselligkeit bestimmte – ein schwarzbrauner, stark gerösteter, würzig duftender Stoff, der den Kopf wach machte und zum Denken, Diskutieren, Debattieren anregte – echt republikanisch!

Die Janibal'sche Chronik berichtete für das Jahr 1677: »Um diese Zeit kam ein Englisch Mann in Hamburg und fing an Thee und Coffee zu schenken, diesem folgte ein Holländer: darauf denn Thee und Coffee trinken sehr gemein worden, daß jedermann, der es nur bezahlen können, es zu trinken angefangen und nunmehr eine Veranlassung worden ist vieler Zusammenkünfte.«[12] Gegenüber dem Hamburger Rat als dem parlamentarischen Oberhaus wurde das Kaffeehaus quasi zum parlamentarischen Unterhaus, um Stadtneuigkeiten, Maßnahmen des Rates, politische Nachrichten und gesellschaftliche Skandale durch die Mangel zu drehen. Es vermischten sich hier Wirtschaftsbürger, Bildungsbürger und Bohemiens: Börsianer, Gelehrte, Ärzte, Literaten, Reisende, sogar Geistliche fanden sich ein, dazu erschien zu späterer Stunde die Halbwelt, um das Hamburger Nachtleben einzuführen.

Neben dem Kaffee regte die Zeitung zu Gesprächen an. Die Verbindung von *Kaffee und Zeitung* wurde für das Kaffeehaus obligat, und das bürgerliche Hamburg verfügte nicht nur über die ersten Kaffeehäuser in Deutschland, es wurde auch zum Zentrum des Zeitungswesens hierzulande. Die ersten Wochenzeitungen hatte es in Deutschland schon kurz vor dem Dreißigjährigen Krieg gegeben. Unmittelbar nach dem Krieg wurden in rund dreißig Städten Zeitungen herausgegeben. Kaspar Stieler schrieb im Jahr 1695 das Buch »Zeitungen Lust und Nutz« und erklärte, dass man in Hamburg aus »allen Lendern und Königreichen Briefe und Zeitungen« haben konnte. Er hob hervor: »Will aber wer klug seyn und werden / wo er anders in der Staats- Handels- und Bürgerl. Gesellschaft (!) leben will / so muß er die Zeitungen wissen (...). Und ich bezeuge hiermit vor Gott und der Welt / daß wer Zeytungen nicht weyß (wann er anders ein Politicus seyn will) nicht geschickt sey noch geschickt werden könne / sich in Welt- und Staats-Sachen einzulassen.«[13]

Voilà! Hier war sie bereits, anno 1695: *die bürgerliche Gesellschaft* in Deutschland, die heute mehr denn je unter dem Begriff der Bürgergesellschaft beziehungsweise Zivilgesellschaft in hohem Ansehen steht. Die zivile bürgerliche Gesellschaft, in der sich die Leute gegenseitig verständigten und halfen, bildete den Gegenpol zum militärisch gestützten, fürstlichen Obrigkeitsstaat, in dem die Untertanen gehorchen mussten. Die einzelnen bürgerlichen Kreise, die Wirtschaftsbürger und die Bildungsbürger, wurden überfasst vom Begriff des *Politicus*, *Citoyen*, *Staatsbürgers*, der an den politischen Geschäften teilnahm und sich durch Zeitungen kundig machte. Die Politik vollzog sich in der Bürgergesellschaft nicht in *geheimen Kabinetten*, sondern in der *Öffentlichkeit*. Stieler formulierte hier ein Ideal, wie es zu seiner Zeit im Großen und Ganzen in Hamburg bereits gültig war.

Heute wie damals gilt: Die freiheitliche bürgerliche Gesellschaft braucht freie Medien, Zeitungen, Nachrichten, Berichte, Kommentare, Analysen, Reportagen – längst ergänzt durch Informationen im Radio, im Fernsehen oder im Internet. Die Bürgergesellschaft haftet nicht so sehr an letztgültigen Wahrheiten oder unverrückbaren Machtverhältnissen, das tun eher Fürst, Priester und Untertan; der Bürger glaubt weder an das Paradies noch an das Fegefeuer, er wendet sich der Wirklichkeit zu, schaut, was sich machen lässt, orientiert sich eher an *Journalismus, Wissenschaft und Kunst*. Der Journalist kümmert sich vorzugsweise um die Gegenwart, um aktuelle Vorgänge, der Professor untersucht mehr langfristige Prozesse, der Künstler tummelt sich da wie dort, denkt auch an das Schöne.

Einer der ersten namentlich bekannten deutschen Journalisten war Georg Greflinger. Er wurde 1618 in Neunburg vorm Wald in der Oberpfalz geboren, kam als Schüler nach Regensburg, Nürnberg, München und Wien, studierte 1635 in Wittenberg und war 1640 in Danzig. Schließlich führte Greflingers Weg über Frankfurt am Main und Bremen nach Hamburg, wo er sich 1646 niederließ. Er hatte die ersten dreißig Jahre seines Lebens nur fürstliche Kriege und religiösen Hass, Wechsel und Wandel, Zufall und Kontingenz erlebt und dürfte gegenüber unverrückbaren Wahrheiten skeptisch geworden sein.

Die weltoffene Freie Reichs- und Hansestadt Hamburg schien nun für ihn der richtige Ort zu sein, um das Bürgerrecht zu erwerben. Greflinger wurde hier »Notarius Publicus Caesareus«, öffentlicher kaiserlicher Notar und Freiberufler, publizierte Gedichte, wurde von Johann Rist zum Dichter gekrönt, übersetzte literarische Werke aus dem Lateinischen, Spanischen, Französischen und Holländischen ins Deutsche, wurde Journalist und gründete den »Nordischen Mercurius«, »welcher kürtzlich entdeckt, was mit den geschwindesten Posten an Novellen (Neuigkeiten) eingelaufen ist«. Greflinger teilte als Redakteur das Blatt bereits in die drei klassischen Ressorts ein: Politik, Wirtschaft und Feuilleton – quasi als Spiegel der drei Hauptformen des Bürgers, die ineinander übergingen: Staatsbürger, Wirtschaftsbürger und Bildungsbürger – oder wie es eben den drei menschlichen Kardinaltugenden entspricht: den sozial-politischen, beruflich-wirtschaftlichen und musisch-kulturellen Fähigkeiten.

Greflinger betrieb auch eine eigene Buchdruckerei, und als Übersetzer übertrug er nicht nur den »Cid« von Corneille vom Französischen ins Deutsche, er sorgte ebenso dafür, dass die französische Kochkunst jetzt in deutschen Landen bekannt wurde. Unter anderem veröffentlichte er 1667 die Rezeptsammlung »Der Frantzösische Koch«.

In Frankreich waren im 16. und frühen 17. Jahrhundert so gut wie keine Kochbücher von heimischen Autoren veröffentlicht worden, bestenfalls Werke, die ein paar Rezepte für Desserts enthielten. Doch im Jahr 1651 löste La Varenne mit dem Erscheinen seines Buches »Le Cuisinier François« eine neue Kochbuchwelle im Nachbarland aus. Das Werk wurde sehr beliebt, erzielte viele Auflagen und fand im französischen Original auch Leser in Deutschland. Das hiesige Publikum ging davon aus, dass Greflingers Werk »Der Frantzösische Koch« eine Übertragung des gleichnamigen Buches von La Varenne darstellte.

Studien über die Geschichte der Kochkunst erklären bis heute, La Varenne habe durch seine Rezepte die französische wie europäische Küche revolutioniert. Doch Dinge, die ihm oder der neuen französischen Kochkunst als umwälzende Erfindungen angerechnet werden, fanden sich bereits, wie gesehen, im »Neuen Kochbuch« von Marx Rumpolt aus dem Jahr 1581: so etwa brauner Bratensaft, Mehlschwitze, das Kochen mit Butter und Rahm, das Garen des Fleisches im eigenen Saft, Rinderschmorbraten, Hühnerfrikassee, dazu das gemäßigte Würzen, die Verbindung von Fleisch und Gemüse oder das schlichte Sieden der Fische wie Forelle blau. Andrea Wurm konnte darüber hinaus 2007 in einer linguistischen Studie über deutsche Übersetzungen aus französischen Kochbüchern nachweisen, dass Greflinger für seinen »Frantzösischen Koch« nicht die Rezepte von La Varenne übersetzte, sondern aus den Büchern von Nicolas de Bonnefons schöpfte: »Le Gardinier françois« aus dem Jahr 1651 und »Les Délices de la Campagne« aus dem Jahr 1654. Ferner entdeckte sie, dass damalige deutsche Kochbücher, welche versprachen, Rezepte »auf neueste Frantzösische Manier« zu bieten, teils den Vorgaben von Rumpolt folgten, teils dem »Frantzösischen Koch« von Greflinger.[14]

Die neue Vorherrschaft der französischen Küche war teilweise eine eingebildete.

Alles, was dem Anschein nach französisch war, ließ sich gut verkaufen, weil nach 1650 die Residenz des französischen Königs in Versailles so gut wie alle anderen fürstlichen Höfe in Europa überstrahlte. Nicolas de Bonnefons war Kammerherr des Sonnenkönigs, hielt sich zwischendurch aber häufig auf seinem Landgut auf und betrieb Gärtnerei. Er schrieb nicht nur Rezepte, er dachte auch über die Kochkunst nach und war der eigentlich interessante Kopf der französischen Kochszene kurz nach 1650. Ähnlich wie Platina schlug er eine Bresche für die *europäische Küche des Eigengeschmacks*. Er formulierte Sätze, die aus viel jüngerer Zeit stammen könnten: »Eine Kraftbrühe soll solide Hausmannskost sein, mit viel gutem Fleisch und gründlich eingekocht, ohne klein gehacktes Gemüse, ohne Pilze, Gewürze oder andere Zutaten, aber einfach, denn ihr Name sagt, daß sie gesund sein muß; die Kohlsuppe muß ganz nach Kohl schmecken; Lauchsuppe nach Lauch, weiße Rübensuppe nach weißen Rüben, und so fort. Die besonderen Zubereitungen sollen den Krebssuppen, den feinen Gemüsesuppen, den Püreesuppen und anderen vorbehalten bleiben, von denen man nur kosten, aber nicht satt werden soll.«[15] Es entstand die klare Fleischbrühe, daneben die Cremesuppe.

Vorher waren durch La Varenne Ragouts, Hühnerfrikassees und Bœuf à la mode (der Rinderschmorbraten, im Deutschen als Böfflamott verballhornt) schick geworden. Doch Bonnefons und andere Autoren lobten diese Küche nicht um jeden Preis. Bonnefons nahm erst seit 1661 in Neuauflagen seiner Werke auch Rezepte für Hühnerfrikassee und Bœuf à la mode auf, die Greflinger dann 1667 übersetzte. Ein französischer Autor mit dem Kürzel L. S. R. hielt La Varenne schon für veraltet und kritisierte die Ragouts und Frikassees, weil sie den Hautgout des Eintopfs an sich hatten, wo vielerlei Sachen verrührt werden. Er schrieb 1674 in seinem Buch »L'art de bien traiter«: »Heute haben wir nicht mehr diesen ungeheuren Überfluß an Speisen, die Fülle der Ragouts, der Frikassees, die ungewöhnlichen Zusammenstellungen, wenn wir ein gutes Essen geben wollen; es gibt nicht mehr diese wirre Anhäufung verschiedener Dinge, diese Berge von Braten (...), wo die Künstlichkeit und Natur bis zur Erschöpfung unsere Sinne befriedigen (...); jetzt ist es vielmehr die erlesene Auswahl der Gerichte, die feine Würze, der Anstand, mit dem man sie serviert, und die saubere Ordnung dabei.«[16] In der europäischen Kochkunst stritten von jeher diese beiden Richtungen miteinander: die *ungewöhnliche Zusammenstellung*, die *wirre Anhäufung verschiedener Dinge* – und das *einzelne, erlesene Stück*, das *anmutige Gericht*, das einer bestimmten Zutat erlaubt, die erste Geige zu spielen. Wie der europäische Humanismus, so sucht auch die europäische Kochkunst immer wieder nach der Würde des Einzelnen.

La Varenne war eher der Vertreter einer barocken Kochkunst, die aus dem Vollen schöpft. Demgegenüber ließen Bonnefons und L. S. R. einen gewissen antihöfischen Zug erkennen. Es ging für Bonnefons nicht mehr so sehr darum, Gerichte für die fürstliche Repräsentation zu schaffen, nicht mehr darum, die Zutaten mit allerhand Ideen zu bearbeiten, sondern er versuchte, den natürlichen Effekt der einzelnen Dinge zu steigern, gerade beim Gemüse. Seine Küche war naturnaher, schonender, genussvoller – entsprach einem feinbürgerlichen, mittleren Stil. La Varenne blieb in Frankreich ein Star, aber auch Bonnefons verschaffte sich Geltung im eigenen Land und gewann ebenso Einfluss auf Deutschland durch Greflingers Übersetzung, obwohl das hiesige Publikum meinte, es koche nun wie La Varenne.

Hamburg wurde jetzt ein Umschlagplatz für Delikatessen aus dem Meer, nicht zuletzt für Austern. Ernst Finder berichtet in seiner Geschichte des »Hamburgischen Bürgertums«: »Von den Schalentieren waren seit alters Krebse aus der Mark und Austern geschätzt; diese wurden vermutlich anfangs von der holsteinischen Westküste und von Helgoland eingeführt. Seit dem beginnenden 18. Jahrhundert kamen dann, wie Angeboten in hamburgischen Zeitungen zu entnehmen ist, auch englische und holländische Austern in größeren Mengen auf den Hamburger Markt, fanden hier in zunehmendem Maße Abnehmer, wurden auch tonnenweise ins Binnenland versandt, sogar Wien wird als Bezugsplatz genannt.«[17]

Im Jahr 1780 kam der Journalist Johann Kaspar Riesbeck nach Hamburg und lobte die Stadt in seinen »Briefen eines reisenden Franzosen über Deutschland« in höchsten Tönen. Die freiheitliche Politik, die Ausbildung der Sprache und Verständigung, die Lektüre und Debatte, das kaufmännische Unternehmertum: all das sorgte hier für Urbanität, Lebensart und Feinschmeckerei. Riesbeck hob an: »In den Häusern der reichern Kaufleute herrscht Gemächlichkeit, Reinlichkeit, Pracht und zum Teil Verschwendung. Die Hamburger sind die ersten Protestanten, die ich sah, welche im Essen und Trinken gut deutsch-katholisch geblieben sind. Ihre Tafeln übertreffen noch jene der Wiener, Grazer, Prager und Münchner, und vielleicht wird nirgends in der Welt so viel auf den sinnlichen Geschmack raffiniert als hier. (...) Du kannst dir einigen Begriff davon machen, wenn ich dir sage, daß man in guten Häusern hier zu jeder Speise einen besondern Wein gibt. Nach der hier allgemein herrschenden Grundlehre des Essens und Trinkens hat der Burgunder, der Champagner, der Malaga-, Porto-, Madeira-, Rhein- und Moselwein jeder seine besonders angewiesene Speise, auf welche er paßt. (...) Zu jungen grünen Bohnen, die Schüssel oft für einen Dukaten, mit neuen Heringen, das Stück oft um einen Gulden, trinkt der Hamburger gewiß keinen andern als Malagawein, und zu neuen grünen Erbsen ist der Burgunder das anständige Vehikelum. Austern müssen notwendigerweise im Champagner schwimmen, und ihre köstlichen gesalzenen Fleische werden bloß mit Porto- oder Madeirawein konvoyiert.«

Wer heute in Hamburg an der Binnenalster hanseatisch-großbürgerlich essen und trinken möchte, findet westlich das traditionsreiche »Fairmont Hotel Vier Jahreszeiten«, hoch und langgestreckt in fürstlichen Ausmaßen. Das Haus erscheint wie eine Zwillingsschwester des »Baur au Lac« in Zürich: mit Blick aufs Wasser, mitten in der Stadt – nur die Berge verflüchtigen sich hier. Der Gründer des Hotels, der Schwabe Friedrich Haerlin, hatte seine Lehr- und Wanderjahre tatsächlich in der Schweiz verbracht und war unter anderem Etagenkellner im »Baur au Lac«. Er träumte davon, vom Kellner zum Millionär zu werden und selbst einmal ein solches Haus zu führen. An seinem vierzigsten Geburtstag, im Jahr 1897, ersteigerte er ein kleines Hotel am Neuen Jungfernstieg in Hamburg und übernahm den bisherigen Namen: »Vier Jahreszeiten«. Schritt für Schritt wurde das Haus umgebaut und erweitert, bis Ende der 1920er Jahre das Hauptgebäude als Grandhotel so dastand wie heute. Es wirkt regelrecht wie aus einem Guss: die Fassade in vornehmem Weiß, das Dach in grünlichem Kupfer. Natürlich kamen die Schönen und Reichen, Leute aus Film, Politik und Gesellschaft, die Callas und Onassis. Wer sich heute nicht als Großbürger fühlt, kann hier einfach mal in diese Rolle schlüpfen und die Wirklichkeit nonchalant handhaben.

Sommers, wenn in Hamburg das Wetter freundlich ist, kann der Gast sogar auf dem Wasser sitzen. An der Kaimauer vor dem Hotel ist ein Ponton verankert, schmal und langgestreckt, gepflegt, ohne kommerziellen Geschmack. Der Gast kann Kleinigkeiten wie Caesar Salad bestellen, weil auch die Hamburger heute nicht auf leichte, bekömmliche Gerichte verzichten wollen. Schade nur, dass die obligatorischen hanseatischen Heringe mit grünen Bohnen oder gar die echten, butterzarten holländischen Matjes nicht regelmäßig auf der Karte stehen, ebenso wenig die Austern. Als Feinschmecker möchte man doch auch in Spuren wandeln, um die Speisen doppelt zu genießen: in ihrem Wohlgeschmack wie in ihrer lokalen Geschichte.

Man wird hier aber durch allerlei andere Dinge entschädigt, die mit der örtlichen Tradition etwas zu tun haben, gerade wenn man winters, bei Hamburger Schmuddelwetter, in das Grandhotel hineingeht. Der Haupteingang führt zum Empfang, und links davon liegen die zwei schönsten gastronomischen Räume des Hauses, die zu den bemerkenswertesten der deutschen Gastronomie gehören. Zuerst erscheint die großräumige Wohnhalle aus dem Jahr 1912, dahinter das Grill-Restaurant aus dem Jahr 1926. Die hohe, weiträumige Halle entfaltet im Dekor spätwilhelminische Pracht. Ins Auge sticht die braune Vertäfelung ringsum, teils im Stil der Neorenaissance mit schmückender Schnitzerei, teils einfach mit Kassetten. Der dreifarbige Marmorboden zeigt geometrische Muster; da und dort liegen Teppiche darüber. Die Gäste sitzen in Sesseln und Sofas; im großen Kamin knistert das Feuer. (Farbbild 24)

Es ist hier so unglaublich viel Platz, so entspannend, nobel-leger. Man fühlt sich an eine venezianische Palasthalle erinnert oder an einen traditionellen Londoner Club – oder eben an hanseatische Grandeur, irgendwie dem Gewöhnlichen enthoben, zwischen *formal* und *casual* – vielleicht der Goldene Schnitt der Gastronomie. Der berufliche Nervenkitzel von High Speed, High End hat hier nichts verloren, das lässt man sich nicht anmerken, das wäre unfein – nur nicht aufgeregt oder angestrengt erscheinen. Es herrscht babylonisches Sprachgeflüster, Deutsch, Englisch, Italienisch und so fort. Eine gediegen anmutende Kaufmannschaft vermischt sich mit Freiberuflern, Architekten, Anwälten, Privatiers und mit Leuten, die von der Fiktion leben: mit Börsianern, Schauspielern, Musikern, Malern, Models, Hochadel; dazu kommen Kleinkünstler, Leute, die irgendwas mit Medien zu tun haben. Manche Herren tragen Nadelstreifenanzug, teils mit Krawatte, teils mit offenem Hemdkragen und Dreitagebart; einige Damen erscheinen im dunkelblauen Kostüm mit hochgesteckter Frisur; daneben sitzen Gäste mit Pullover und engen Röhrenjeans, staubfarbenen Khakihosen und Bootschuhen; altes Geld, neues Geld; wieder andere, Liebespaare, tragen Tweed, Cord, Samt und Seide, irgendwie im Burberry Chic. Man kann hier einfach sitzen und auf jemanden warten; oder man kann eine Kleinigkeit bestellen, Tee, Kaffee, sich unterhalten und die Zeitung lesen. Als britische Reminiszenz gibt es Afternoon Tea mit Scones und Clotted Cream. Es werden auch andere Happen serviert: Hamburger Krebssuppe, Cocktail von Büsumer Krabben mit Avocado, Holsteiner Beef Tatar, angemacht mit Kapern und Sardellen. Der Service ist nett.

Fürstlicher werden die Bissen im Nebenraum, im Grill, wo die Vertäfelung aus dem Jahr 1926 bis zur hohen Decke reicht. Das Paneel aus warmem, braunem Holz aus kaukasischem Nussbaum prägt den Raum – durchsichtig lackiert, mit langen, eleganten Stäben im Stil des Art decó gegliedert, mit Anklängen von cooler Geometrie, ein feines Widerspiel: Wärme und Kühle, Sinnlichkeit und Abstraktion. Es gibt gepolsterte Wandbänke, davor weiß gedeckte, quadratische Tische und Stühle. Restaurantchef Rudolf Nährig trägt einen doppelreihigen Navy-Blazer, die hamburgische Staatskleidung für Männer mit Seriosität, von ihm aufgelockert durch eine rot-orange Krawatte und eine intellektuelle schwarze Hornbrille.

Die Küche, welche von Simon Stirnal geleitet wird, bietet nicht nur erlesene Sachen vom Grill, wie gegrillte Meeresfrüchte oder Chateaubriand vom Holsteiner Rind, sondern auch Geschmortes, Gebratenes und Suppen der deutschen, italienischen und französischen feinbürgerlichen Tradition, wie gebratene Gänsestopfleber; Cremesuppe vom Atlantikhummer; hausgemachte Fettucine mit Tomaten-Oliven-Ragout; geschmorte Bäckchen vom Kalb und Spanferkel in Trüffeljus mit karamellisierten Steckrüben und Selleriepüree; Böfflamott in Rotwein; Hamburger Labskaus; Wiener Schnitzel; Vierländer Ente in zwei Gängen; Gänsebraten aus dem Alten Land – eine herrliche Sammlung.

An Fischen offeriert der Küchenchef nicht nur die ewige Goldbrasse alias Dorade royal oder den ewigen Wolfsbarsch alias Loup de mer, sondern er schreibt auch vermeintlich einfachere Fische wie pochierten Schellfisch in Buttersoße mit Pommery-Senf und Spinat oder die königlichen Hoheiten unter den Nordseefischen auf die Karte: Seezunge und Steinbutt. Natürlich haben diese beiden Tiere, wenn sie wild gefangen wurden und frisch geliefert werden, ihren Preis, aber einmal muss man doch eine solche Seezunge bestellen, als edles Stück im Ganzen, nur enthäutet und ohne Kopf, in der Pfanne mit Butter gebraten, schlicht nach »Müllerin Art«, gewürzt mit Salz, Pfeffer, Petersilie, Zitrone, noch glasig an der Gräte. Das Fleisch einer solchen Seezunge besitzt eine reizvolle, feste Art, gibt aber doch wunderbar nach, hat einen äußerst feinen, delikaten Geschmack. Ein Glas Riesling wirkt erfrischend dazu – aber auch ein Silvaner, der etwas milder ist, ist ein eleganter Begleiter.

Der Code, was gentil-bürgerlich sei, ist in diesem Grandhotel nicht eindeutig festgelegt. Das eine besteht neben dem anderen: der Anzug oder das Kleid neben dem Pullover und der Jeans, wohnlicher Historismus in der Halle neben schnörkelloser Moderne im Grill. In der Küche gibt es pure, erlesene Stücke neben Geschmortem, neben dem Fleischlichen das Pflanzliche. Der gentile Bürger ist jener, der sich als solcher fühlt, einer, der liberal und weltoffen ist, in Spuren wandelt und die Rechnung bezahlen kann. Manche Gäste verdienen gut, manche noch besser, andere haben unvorstellbar viel Geld. Wer wie viel hat, lässt sich allerdings nicht genau erkennen. Auf der Rechnung stehen nur vorstellbare Dinge: Caesar Salad, Austern, Seezunge, Böfflamott. Für den Megareichen ist es kaum noch möglich, durch irgendwelchen Konsum gegenüber dem sehr Reichen an Distinktion zu gewinnen. Beide haben eine Wohnung an der Park Avenue in New York oder ein Haus in Blankenese in Hamburg. In der Gastronomie kann auch die Molekularküche, welche die Zutaten im Stil des Ancien

Régime mit vielen Ideen bearbeitet, keinen rechten Unterschied mehr machen. Die Gäste zeigen Understatement, bestellen Gänsebraten aus dem Alten Land. Oder sie können alternativ ins Gourmetrestaurant »Haerlin« gehen oder ins »Doc Cheng's« mit euro-asiatischer Küche oder ins »Café Condi«, wie es ihnen gefällt. Wer weiß, vielleicht folgen ja die Milliardäre der Initiative von Microsoft-Gründer Bill Gates und Investmentguru Warren Buffett und spenden die Hälfte ihres Vermögens für gemeinnützige Zwecke, weil sie merken, dass ein aberwitzig hohes Privatvermögen für das Glück des Lebens nicht unbedingt erforderlich ist.

Selbst wenn in einem solchen Haus die Aktiva der Gäste nicht unbedeutend sind, bildet das traditionsreiche Grandhotel doch einen gewissen Gegenpol zum *Thrill of earning money*. Es schwingt noch etwas anderes mit: nicht unbedingt das barocke Versailles, das wäre Ancien Régime; es ist eher ein Anklang von hanseatischem Patriziat, von englischer Gentry, von venezianischer Nobilität oder von modernem amerikanischen Preppy-Stil. Es gibt hier Leute wie Felix Krull oder Hans Castorp, Bobos, bürgerliche Lebenskünstler.

Leopold I., die Musik und das Kaffeehaus in Wien

Wien umschmeichelt den Besucher durch seine schöne Lage und Opulenz – irgendwie ein Lustort, ein *locus amoenus*, romantisch, vielleicht vergleichbar mit Venedig und Paris. Im hohen Mittelalter hatte ein Walther von der Vogelweide mehrere fürstliche Residenzen in deutschen Landen kennengelernt, doch nur »der wonnige Hof zu Wien« wurde von ihm gelobt. Im späten Mittelalter schwärmte Enea Silvio Piccolomini, der spätere Papst Pius II., über die Annehmlichkeit und Lebensart der Stadt, über gepflasterte Straßen sowie über die großen, komfortablen Bürgerhäuser mit beheizbaren Zimmern und Glasfenstern: »Wenn man irgendjemandes Haus betritt, meint man, in das eines Fürsten zu treten.« Erst recht versetzte ihn die reiche Lebensmittelkultur in Erstaunen: »Es ist kaum zu glauben, wie viel Lebensmittel Tag für Tag in die Stadt gebracht werden. Viele Wagen mit Eiern und

Der Hamburger Jungfernstieg bei Nacht, Architekturzeichnung von Peter Wels, 2003. Die Meile wurde kurz nach 2000 erneuert nach Plänen des Büros für Landschaftsarchitektur »WES & Partners« und des Architekturbüros »André Poitiers«. Den Anstoß dazu gab eine unkonventionelle Zusammenarbeit zwischen Bürgern und Behörden, gesponsert durch den Versandhausgründer Werner Otto und den Verein »Lebendiger Jungfernstieg«, unterstützt durch Bürgermeister Ole von Beust. Die Aufenthaltstribüne am Wasser ist jetzt das Schönste. In die Stufenkanten sind verschiebbare Holzbänke eingefügt. Immer wieder verändert sich das Bild. Die Menschen sitzen da, reden miteinander, genießen den Blick auf das seeartige Bassin, gehen weiter. Es geschehen keine großartigen Dinge, und doch fühlt man sich bei warmem Wetter wie auf einem antiken Marktplatz am Meeresufer, wo die Menschen zusammenkommen und sich als freie Bürger empfinden.

Krebsen langen ein. Mehl, Brot, Fleisch, Fische, Geflügel werden in gewaltigen Mengen zugeführt.«[18]

Es kann gar nicht anders sein, denn im Wiener Becken fangen sich die Winde. Es gehört an sich als östliches Alpenrandgebiet noch zur mitteleuropäischen Landschaft mit Hügeln und gemäßigtem Klima, zugleich hat es Anteil an der Pannonischen Tiefebene mit wärmeren Lüften. Westlich wird die Stadt von Bergen und Kämmen begrenzt, östlich beginnt das flache Land. Wien befindet sich just an einem vorgeschobenen Posten der Alpen, dort, wo Hoch- und Flachland zusammenkommen und reizvolle Gegensätze bilden. Solche Übergangszonen haben gewöhnlich eine gute Bewässerung, reichlich Licht und Sonne und bilden ausgezeichnete Bedingungen für ein blühendes Wachstum, für Felder, Obstgärten und Weinberge. Früher oder später musste hier ein dionysischer Ort entstehen.

Schon die Kelten, die großen Esser, waren in Wien gewesen, dann kamen die Römer, die im Wein die Wahrheit suchten; im Jahr 180 n. Chr. starb hier Kaiser Marc Aurel, der berühmte Stoiker. Zur Zeit der Völkerwanderung schauten die Langobarden und Awaren vorbei, bis das Wiener Becken langsam von der ostfränkisch-deutschen Siedlungsbewegung über die Donau abwärts erfasst wurde. Immer schon überschnitten sich an dieser Stelle verschiedene Bevölkerungsgruppen, Kelten, Römer, Romanen, Germanen, Slawen, Deutsche, Ungarn und so fort. Wien ließ sich nie so eindeutig festlegen und gewann dadurch an Spiel und Charme.

Ab etwa 1030 gehörte der Ort zu den deutschen Landen, lag just im östlichen Teil des Reiches: in *Ostarrichi*. Es zählte zur Ostmark, die ihrerseits im Jahr 1156 von Kaiser Friedrich Barbarossa zum Herzogtum Österreich erhoben wurde, während gleichzeitig Wien zur herzoglichen Residenz aufstieg, zuerst der Babenberger, dann der Habsburger. Die Stadt an der Donau wurde am östlichen Alpenrand zu einem deutschen Außen- und Vorposten, machte aber auch immer ihr eigenes Ding, wirkte auf viele Deutsche stets etwas exotisch.

Als die Kaiserwürde des Heiligen Römischen Reiches im Jahr 1438 endgültig auf die Habsburger überging, nahm Wien als landesfürstliche Residenz dieser Dynastie eine wichtige Rolle im Reich ein; nach und nach wurden auch kaiserliche Behörden angesiedelt, wie die Reichskanzlei. Nach dem Dreißigjährigen Krieg erschien die Donaumetropole vielen Bürgern als deutsche Hauptstadt, weil gerade Kaiser Leopold I. seit 1658 noch einmal auf eine achtbare Weise sein Amt als Herrscher des Heiligen Römischen Reiches Deutscher Nation ausfüllte.

Leopold I. hob sich von seinen Vorgängern ab, knüpfte eher wieder an Maximilian I. an. In Wien sollte der Anbruch einer neuen, glanzvollen Zeit gefeiert werden. Formell war der Kaiser des Heiligen Römischen Reiches Deutscher Nation immer noch der ranghöchste weltliche Herrscher in Europa, obschon faktisch die Könige von Spanien, Frankreich oder England über mehr Macht verfügten und Länder regierten, die von Glaubenskriegen nicht im selben Maße verheert wurden. Die Ressourcen der österreichischen Habsburger waren allerdings auch jetzt nicht zu unterschätzen. Sie hatten nicht nur die Kaiserwürde inne, sie waren auch Erzherzöge von Österreich, Könige von Böhmen und Ungarn und konnten durch die Verwandtschaft mit den spanischen Habsburgern eventuelle Erbansprüche auf Spanien, die südlichen Niederlande und auf Gebiete in Italien erheben. Vorläufig war der größte Teil von Ungarn noch von den Türken besetzt, doch auch das sollte sich ändern.

Was an tatsächlicher Macht noch fehlte, konnte einstweilen durch barocke Kunst überbrückt werden, ganz so, als sei die gefühlte Machtfülle schon wirklich. Die Mittel der Fiktion, Theater, Musik, Oper, Ballett, Bälle, Festtafeln, sollten in Wien prachtvolle Tage erleben. Man maß sich natürlich nicht mit Hamburg, einer Freien Reichs- und Hansestadt, um Himmels willen, ebenso wenig mit München, der Residenz eines Duodezfürsten, so etwas war nicht ernst zu nehmen, nein, die kaiserliche Residenz sollte bei der barocken Prunkentfaltung in Europa ein entscheidendes Wort mitreden, wenn nicht gar eine Vorrangstellung einnehmen. Man schaute hier auf den Hof des Papstes in Rom, auf den Hof der spanischen Habsburger in Madrid oder auf die Residenz des Königs von Frankreich in Paris und Versailles.

Kaiser Ferdinand III. und Leopold I. setzten nicht mehr so sehr auf Mars, den Kriegsgott, sondern vorzugsweise auf Apollo, den Gott der Weisheit und der Künste, insbesondere der Musik und des Gesangs. Schon unter Ferdinand III. gab es in den 1640er Jahren regelmäßige Opernaufführungen in der Wiener Hofburg. Die örtlichen Jesuiten, die gute Verbindungen zu Rom und Italien hatten, kurbelten das Theater- und Opernwesen an. 1650 ließ Ferdinand hier für die Jesuiten ein Theater aus Holz für 2000 Personen errichten. Die Bühnentechnik war bereits in der Lage, während einer Vorstellung ein Dutzend Mal den Schauplatz zu wechseln.

Als Wiener Hofdramatiker wirkte Nikolaus von Avancini, ein Jesuitenpater, der einem alten südtirolischen Geschlecht entstammte und die jesuitischen Kollegien in Graz und Triest durchlaufen hatte, bevor er nach Wien kam. Er begleitete seine lateinischen Theaterstücke bereits mit deutschen Programmheften. Berühmt wurde sein Drama »Pietas victrix sive Flavius Constantinus Magnus de Maxentio tyranno victor«, das 1659 in Wien uraufgeführt wurde, just nach der Kaiserkrönung von Leopold I. ein Jahr zuvor in Frankfurt am Main. Der neue Kaiser, der Hofstaat, der Adel, die Bürger, alles drängte sich im Theater. Auf der Bühne siegte der christliche Kaiser Constantinus über den Heiden Maxentius, während gleichzeitig in himmlischen Höhen die Schlacht zwischen Glaube und Unglaube zu sehen war. Es wurden »Tanz und Gesang, weitausladendes, prunkvolles Wort und Prachtszenen, Gastmähler, Gefechte, Schiffszenen zu einem panegyrischen Gesamtkunstwerk gefügt, das einmündete in eine durch die Heilige Helena vollzogene Lobpreisung aller österreichischen Herrscher«.[19]

Solche Dramen, die mit Musik und Gesang begleitet wurden, sollten nur das Vorspiel sein für Festlichkeiten, wie sie noch nie da gewesen waren. Im Jahr 1666 heiratete der sechsundzwanzigjährige Kaiser Leopold die knapp sechzehnjährige Infantin Margarita Teresa von Spanien, eine nahe Verwandte von ihm, die lange vorher schon Velázquez so bezaubernd gemalt hatte, um das Gemälde als Geschenk an den Wiener Hof zu schicken. Die Vorfreude war groß. Monatelang dauerten an der Donau die Vorbereitungen für die rauschenden Hochzeitsfeierlichkeiten, für pompöse Festivitäten, die sich rund ein Jahr lang hinziehen sollten: mit Theater und Oper, Bällen und Banketten, Aufzügen und einem Pferdeballett im großen Hof der Burg. Leopold selbst, ein Schöngeist, beteiligte sich an der künstlerischen Leitung der unterschiedlichen Veranstaltungen, als Regisseur, Schauspieler oder Komponist. Margarita kam im Dezember, gefeiert wurde hauptsächlich im nächsten Jahr: 1667.

Ein Höhepunkt war das Rossballett im großen Hof der Burg. Es spielten über tausend Adlige mit, in sündhaft teuren Kostümen, bestickt mit Gold, Edelsteinen und Perlen. So gut wie jeder Bürger von Wien war als Statist beteiligt. Das Karussell der Pferde bildete den Rahmen für den Wettstreit der Luft mit dem Wasser. Es ging darum, welches Element die schönste Perle hervorbringt. Die Pferde tanzten ringsum, Schiffe fuhren ein, mythische Gestalten schwebten von oben herab, Kampfwagen erschienen, auf welchen die Luft und das Wasser zu sehen waren. Ein Chronist berichtete: »Diese beede obere Elementen hatten kaum den Platz betreten / als in gleichmäßiger Ordnung der vorigen auff vornrit eines Stallmaisters / neben seinen Bedienten zu Fueß / von acht Reitknechten abermal vier Handpferd herführt wurden / deren Blumeranfarb silberne Decken zwischen einem ansehntlichen gestrickerch von Gold / Smaragden / und Perlen unterschiedliche Muscheln und Meerwunder von aussenherumb / in der Mitte aber zween spillende grosse Fisch unter andern Meersachn darstelleten.«[20] Von künstlich aufgeworfenen Bergen stiegen schließlich Sterne und Raketen auf, Tausende von Feuerwerkskörpern, und erhellten die Nacht. Wien erschien monatelang wie eine frühe Vorwegnahme von Hollywood. Taumel, Zauber – das Leben hat es nötig!

Die andere Sensation der Hochzeitsfeierlichkeiten war die Oper »Il pomo d'oro« – Der goldene Apfel. Leopold ließ dafür in der Nähe der Hofburg ein neues hölzernes Opernhaus nach dem Vorbild von Venedig errichten, dort, wo später, im 18. Jahrhundert, die Hofbibliothek und heutige Österreichische Nationalbibliothek erstellt wurde. Wie im Flug wechselten für das gigantische Stück 65 Bühnenbilder. Es ging vom Hades hinauf zum Olymp, wo die Götter tafelten, tanzten und sangen, bis Eris den goldenen Apfel auf die Tafel warf, welcher der Schönsten gehören sollte. Hera, Aphrodite und Athene wollten ihn. Es entfachten sich Streit, Krieg, Stürme und Schlachten, bis wiederum Zeus auf dem Thron saß und den Apfel neu vergab. Er enthüllte ein Bild der Betreffenden: Margarita Teresa.

Natürlich waren zu diesen Festivitäten anlässlich der kaiserlichen Hochzeit viele deutsche Fürsten, Aristokraten und Gesandte nach Wien gekommen, dazu Diplomaten der bedeutenden Höfe in Europa. Leopold führte allen vor Augen, dass die österreichischen Habsburger als Kaiser des Heiligen Römischen Reiches Deutscher Nation nach dem Dreißigjährigen Krieg nicht am Ende waren, im Gegenteil, hier spielte die Musik.

Die glamourösen Feierlichkeiten, die Leopold und Margarita Teresa im Jahr 1667 in Wien veranstalteten, konnten an die berühmten Hoffeste früherer deutscher Kaiser anschließen: an die rauschhaften Hof- und Reichstage unter Maximilian I. in Augsburg im Jahr 1500 oder 1518, an das sagenhafte Hoffest von Friedrich Barbarossa in Mainz im Jahr 1184 oder an das legendäre Pfingstfest in Köln im Jahr 965 unter Otto dem Großen und Bruno.

Leopold I. wollte dem französischen Sonnenkönig Ludwig XIV. nicht ohne weiteres das Feld überlassen, um sich in Europa als Leitfigur in Fragen des guten Geschmacks hervorzutun. Ähnlich wie sich der französische Monarch als Balletttänzer darstellen ließ, ließ sich der deutsche Kaiser als Schauspieler malen – nur nicht aufgeregt oder angestrengt erscheinen! Sondern sich lässig und elegant an ein Monument mit Bildhauerei lehnen, in phantasievollem Kostüm, in Weiß, Rot und Gold, mit langlockiger Allongeperücke und hohem Federhut! Man sollte die Kunst beherrschen, eine Rolle zu spielen, etwas darzustellen, etwas zu sein! Der Grandseigneur überblickt die Welt und ruht in sich, freundlich, dem Leben zugewandt.

Mochte sich Wien vorläufig noch nicht unbedingt mit Paris oder Venedig messen können, so entwickelte sich hier im Laufe der Zeit ein Theater-, Musik- und Opernwesen von erstem europäischen Rang. Leopold komponierte selbst Oratorien, deutsche Singspiele, italienische Opern oder Arien, die in andere Opern eingefügt wurden. Insgesamt führte man während seiner Regierungszeit rund 4000 Opern in Wien auf. Der kaiserliche Glanz der Donaumetropole zog bald deutsche Fürsten und Aristokraten an, um hier ebenfalls Paläste und Schlösser zu errichten. Das hiesige Kulturleben gab den Deutschen neuen Stolz.

Leopold war eigentlich dafür bestimmt gewesen, Geistlicher zu werden und einmal den Bischofsstuhl in Passau zu besteigen, weil sein älterer Bruder Ferdinand IV. der Thronfolger war. Leopold erhielt eine ausgezeichnete geistig-musische Bildung, um für das bischöfliche Amt vorbereitet zu sein, lernte mehrere Sprachen, neben Deutsch auch Latein, Spanisch und Italienisch. Er spielte mehrere Instrumente, am liebsten Cembalo, konnte komponieren, dirigieren, dichten und gut zeichnen, interessierte sich ebenso für Mechanik und Maschinen. Er war von sich aus nicht gerade ein Befürworter der Gegenreformation, wurde aber von seinen jesuitischen Erziehern und Beratern auf katholischen Kurs gebracht. Er war vierzehn, als sein Bruder starb und er selbst zum Thronfolger aufrückte, ohne auf das kaiserliche Amt hin er-

Kunstsinnig, lässig und elegant: Kaiser Leopold I. im Theaterkostüm, gemalt um 1667 von Jan Thomas. Schloss Ambras, Innsbruck

zogen worden zu sein. Er war fromm, persönlich bescheiden, umgänglich und unterhaltsam in der Familie, liebte die schönen Künste, die Musik, die Poesie und die Malerei.

Von Natur aus stellte Leopold keine imposante Erscheinung dar, er wirkte eher klein und nicht besonders schön; er zeigte die typisch habsburgische, leicht deformierte Physiognomie: einen stark vorgeschobenen Unterkiefer und eine nach vorn gewölbte, dicke Unterlippe. Aber er war sonst von gutem Wuchs und verstand es, sich zu kleiden und gewisse natürliche Nachteile einigermaßen wettzumachen. Bei öffentlichen Auftritten gab er sich majestätisch, wie es seiner Meinung nach der kaiserlichen Würde entsprach, redete nicht viel, verhielt sich ruhig und gelassen, ließ Gesten sprechen. Als er den Thron bestiegen hatte, meinten einige Gesandte fremder Höfe, der etwas kleine Monarch werde nicht allzu bedeutend sein. Tatsächlich betrieb Leopold keine drängende, sprunghafte Politik. Er hasste Kriege, führte sie nur, wenn es sich nicht anders machen ließ, dann etwa, wenn östlich die Türken vor Wien standen und Österreich bedrohten oder wenn westlich die Franzosen bis an den Rhein vorrückten, dort eine Politik der verbrannten Erde verfolgten und aus fadenscheinigen Gründen blühende Städte wie Speyer, Worms oder Heidelberg so gut wie ganz zerstörten. Leopold war bedächtig, überlegte, wog ab und verfolgte beharrlich das Ziel, dem Heiligen Römischen Reich Deutscher Nation wieder einen inneren und äußeren Halt zu geben.

Die bevorzugten Mittel waren für ihn das glanzvolle Hofleben und die Diplomatie. Allerdings kostete auch diese Art des Regierens persönlich viel Kraft und Energie. Ohne sich nach außen hin etwas anmerken zu lassen, litt Leopold zuweilen unter der Verantwortung, über Krieg und Frieden zu entscheiden, oder stöhnte unter dem Aufwand, ein glamouröses Leben bei Hofe zu führen und jederzeit in der majestätischen Rolle des Kaisers aufzutreten. Einmal schrieb er an seinen Beichtvater, an den Kapuzinermönch Marco d'Aviano: »Wahrlich, ich würde lieber in einer Wüsteneinsamkeit leben als in meiner Hofburg. Aber da mir Gott diese Last auf meine Schultern geladen hat, so hoffe ich, er wird mir auch die Kraft geben, sie zu tragen.«[21] Solche Worte waren natürlich auch eine Übertreibung. Der fromme Kapuziner sollte nicht glauben, dass der Kaiser das pompöse Leben bei

Hofe als persönliche Laune verstehe. Zweifellos gehörte ein solches Prunkleben zu den politischen Spielregeln der damaligen Zeit, zu Gesetzen, die man nicht ohne Verlust an Ansehen übergehen konnte. Doch Leopold hatte auch eine persönliche Ader für die schönen Künste, hatte Talent dafür, Freude daran.

Als seine erste Frau, Margarita Teresa, früh starb, änderte er die bisherige habsburgische Heiratspolitik, die entweder darauf gerichtet war, zwischen der österreichischen und der spanischen Linie der Familie eine Art von Inzucht zu betreiben, um die gegenseitigen Erbansprüche zu sichern, oder darauf abzielte, sich mit anderen europäischen Königs- und Fürstenhäusern zu vermählen, um durch Heirat neue Länder zu erwerben. Leopold dachte nun etwas anders und war daran interessiert, das politische Netzwerk innerhalb von Deutschland zu verbessern. Er heiratete noch zwei weitere Male, jetzt jeweils deutsche Prinzessinnen, zuerst Claudia Felicitas von Tirol, die wiederum früh starb, dann Eleonore von Pfalz-Neuburg, deren Vater der Kurfürst von der Pfalz war, der im Laufe der Zeit zu einem wichtigen Verbündeten des Kaisers wurde. Auch für den Thronfolger, für Joseph I., suchte der Kaiser eine deutsche Braut aus: Amalia Wilhelmine von Braunschweig-Lüneburg.

Während zuvor Ferdinand II. im Dreißigjährigen Krieg das Vertrauen der deutschen Fürsten zu den Habsburgern ruiniert hatte, versuchte Leopold, einen fairen Umgang mit den anderen deutschen Herrschern zu pflegen und an der hergebrachten gemischten Verfassung zwischen der *monarchisch-zentralen Gewalt* des Kaisers und der *ständisch-föderalen Struktur* der Fürsten nicht zu rütteln. Leopold merkte selbst, dass er ohne deutschen Rückhalt weder die Bedrohung durch die Türken noch die Bedrohung durch die Franzosen abwehren konnte.

Unter seiner Ägide etablierte sich schon seit 1663 der Immerwährende Reichstag in Regensburg, um das politische Kommunikationssystem in deutschen Landen wieder zu verbessern. Auch wenn der Kaiser selbst nicht allzu häufig in den zentralen Gebieten des Reiches erschien, mal in Frankfurt am Main, mal in Regensburg, mal in Augsburg, mehrere Male in Passau, so betrieb er doch mit Hilfe von Gesandten eine umsichtige Diplomatie. Leopold blieb als Kaiser lange im

Amt, von 1658 bis 1705, und schaffte es, dass sich die deutschen Fürsten bei Gefahr wieder eher mit dem Kaiser verbündeten als mit ausländischen Herrschern. Er duldete oder förderte sogar die Erhebung von deutschen Fürsten zu Königen: etwa die Wahl von Kurfürst August von Sachsen zum König von Polen oder die Selbsternennung des Kurfürsten Friedrich von Brandenburg zum König in Preußen.

Mit Hilfe von befähigten Feldherren gelang es ihm auch, seit 1683 die Türken von Wien endgültig zurückzudrängen, Ungarn wieder weitgehend unter habsburgische Herrschaft zu stellen und dort die Fahne des Christentums zu hissen; schließlich und endlich brachte er es fertig, auch im Westen der französischen Kriegslust ein Ende zu machen. Der Zeitgenosse und Philosoph Gottfried Wilhelm Leibniz rühmte den Kaiser: »Österreichs ewige Zier, Leopoldus, du hast uns bewiesen: heilig zu sein und groß, beides bestehe zugleich.«

Wien erlebte nach 1683 einen beispiellosen Bauboom. Die Stadt lag nun in einer gesicherten Position, während die Macht und das Ansehen des Kaisers stiegen. Der Herrscher selbst betätigte sich als Bauherr, ließ in der Hofburg den langgestreckten Leopoldinischen Trakt errichten und seit 1695 vor den Toren der Stadt den Kernbau der sommerlichen Residenz Schönbrunn – später vollendet durch Kaiserin Maria Theresia. Daneben entstanden nach 1683 in rascher Folge innerhalb und außerhalb der Stadtbefestigung rund 300 Adelspalais und Schlösser, darunter etwa 20 fürstliche und 60 gräfliche Häuser. Hauptsächlich siedelten sich Aristokraten aus den habsburgischen Erbländern an, doch einige kamen auch aus dem Westen des Heiligen Römischen Reiches Deutscher Nation. Diese süddeutschen, böhmischen oder ungarischen Fürsten und Grafen verfügten über große Ländereien und waren steinreich; sie gaben sich in Wien als großzügige Mäzene der Künste und waren großartige Konsumenten. Die Einnahmen auf dem Land wurden in der kaiserlichen Residenz verzehrt. Wien wurde barock, zählte um 1700 rund 100 000 Bewohner und war jetzt die größte deutsche Stadt.

Prinz Eugen von Savoyen schoss als Bauherr den Vogel ab. Er schuf in Wien eine barocke Schlossanlage, die zu den schönsten in deutschen Landen, wenn nicht in Europa zählen sollte. Der Prinz hatte manches mit dem Kaiser gemeinsam. Er stellte von Natur aus keine imposante

Erscheinung dar, wirkte eher klein und nicht besonders schön; der eine wie der andere wurde als Jüngling von den anderen unterschätzt. Eugen gehörte einer Nebenlinie der norditalienischen Reichsfürsten von Savoyen an, die im Dienst des französischen Königs stand und in Versailles lebte. Wie Kaiser Leopold, so sollte auch Prinz Eugen nach dem Wunsch der Familie eigentlich Geistlicher werden und erhielt eine Zeitlang eine gute geistig-musische Bildung. Nur hielt Eugen nicht viel davon, dem weltlichen Leben zu entsagen. Als sein Vater früh starb, führte er als junger Mann ein ungebundenes Leben, während seine Mutter und er selbst bei Ludwig XIV. in Ungnade fielen. Ohnehin mochte der Sonnenkönig keine Leute, die klein und nicht besonders schön waren.

Der mittellose Prinz machte sich als Achtzehnjähriger 1683 auf den Weg von Paris nach Passau, wo sich gerade Kaiser Leopold aufhielt, um ein Heer zu organisieren, welches die Belagerung von Wien durch die Türken aufheben sollte. Eugen, der Spross einer nicht unbekannten, reichsfürstlichen Familie, wurde als Leutnant in die kaiserliche Armee aufgenommen und machte rasch eine kometenhafte Karriere. Mit dreißig Jahren war er schon Feldmarschall, später wurde er Präsident des Hofkriegsrates und hatte die höchste militärische Kommandostelle der kaiserlichen Armee inne. Er sorgte nicht nur dafür, dass sich die Türken auf dem Balkan weit zurückzogen, er legte auch dem Sonnenkönig das Handwerk. Im Verbund mit dem britischen Armeechef Herzog von Marlborough stoppte er das langjährige kriegerische Wüten der französischen Armee in den südlichen Niederlanden und am Rhein.

Eugen verstand sich selbst nicht nur als erfolgreicher Feldherr, sondern auch als Friedensbringer und Förderer der schönen Künste und Wissenschaften. Er wurde von Leopold I. und seinen Nachfolgern, Joseph I. und Karl VI., reich beschenkt, erhielt mehrere einträgliche Ämter, wurde 1706 Generalgouverneur der Lombardei und 1716 Generalstatthalter der südlichen Niederlande, in Gebieten, die nun dem Kaiser unterstanden.

Der Prinz ließ für sich in Wien zunächst ein Palais innerhalb des Mauerrings errichten, in der Himmelpfortgasse, das heutige österreichische Finanzministerium, plante aber auch gleich eine sommerliche Residenz, nicht weit von der Stadt entfernt, südlich, am Rennweg, wo malerisch eine Bodenwelle anstieg. Es sollte eine Doppelanlage entstehen: am Fuß der Welle das Untere Belvedere; im sanften Anstieg ein höfischer Garten; oben, auf der Kuppe, das Obere Belvedere – wörtlich: schöner Ausblick, Olymp, Sitz der Götter und Musen.

Die Sommerresidenz wurde zum Symbol eines befriedeten Landes. Im Gegensatz zum Mittelalter oder der Renaissance verlor im Barock der herrschaftliche Bau seinen wehrhaften Charakter, er sollte nicht mehr trutzig-kubisch wie eine Burg in die Höhe steigen, sondern sich auf beschaulicher Anhöhe in gelassener Pose breit hinlagern, sollte nur noch da sein, um sich des Lebens zu freuen, um Feste zu feiern – Bälle und Abendessen zu geben.

Eugen erwarb seit 1693 die entsprechenden Grundstücke am Rennweg. Es dauerte eine Weile, bis die Flächengröße seinen Vorstellungen entsprach und er einen Baumeister bestimmen konnte. Bisher waren es italienische Architekten, die als Baumeister für die Palais und Schlösser in Wien in Frage kamen. Doch das Kaiserhaus selbst vertraute bald auch deutschen Architekten, die in Rom und Italien ihren Beruf erlernt hatten, wie Johann Bernhard Fischer von Erlach oder Johann Lukas von Hildebrandt. Eugen wählte den Letzteren, der wohl begabter als der Erstere war. Fischer war von Haus aus Steinmetz, Hildebrandt stellte schon den modernen Typus des Architekten dar, der auf freiere Art und Weise Pläne entwarf. Seit 1714 entstand unter seiner Federführung das Untere Belvedere, seit 1721 das Obere.

Das untere Bauwerk wurde schlichter gehalten: lang hingestreckt, mit hervorgehobenem Mitteltrakt und Nebengebäuden. Der anschließende Garten erhielt eine reichgegliederte, symmetrische Ordnung. Herrlich, hier den Hang hinaufzuspazieren! Über Längs- und Querachsen kommt man vorbei an Bosketten, Buchsbaumhecken, Rasenflächen, Blumenbeeten, Wasserspielen, Kaskaden und plastischen Figuren! Wenn der Spaziergänger am Oberen Belvedere angelangt ist, sollte er sich umdrehen, bevor er das Schloss betritt.

Der leicht höher gelagerte Standpunkt war die Kavaliersperspektive: Vom Oberen Belvedere aus bietet sich die Übersicht über den Garten und das Untere Belvedere sowie der Ausblick auf die Stadt und die Landschaft ringsum: auf den schlank aufragenden gotischen Turm des Stephansdomes, der nach Adalbert Stifter wie eine Pappel er-

Seigneurale Lage: Gartenfront des Oberen Belvedere in Wien, errichtet unter Prinz Eugen von Savoyen nach Plänen von Johann Lukas von Hildebrandt um 1721

scheint; nordwestlich ziehen sich die Hügelreihen des Wiener Waldes hin, wo an den Hängen viel Obst und Wein wächst.

Die breitgelagerte Gartenfront des Oberen Belvedere zeigt eine belebte, zugleich fein abgestimmte Farb- und Formensprache. Es herrscht noble Zweifarbigkeit vor: die Wand pulverfarben, das Dach grünlich. Die Dachlinie steigt auf und ab, um dennoch zur Mitte hin sachte an Höhe zu gewinnen. Die umrahmenden Eckpavillons werden kugelförmig bekrönt und erinnern an türkische Zelte. Dazwischen erscheinen fünf voneinander abgesetzte, vornehme Walmdächer; die mittleren drei sind auf festliche Weise mansardenartig eingeknickt und gedoppelt. Mitte, Symmetrie und Ordnung werden betont, ohne steif zu wirken.

Der Clou des barocken Schlosses befindet sich im Inneren. Der Baumeister unternahm alles dafür, damit Bewohner und Gäste des Hauses federleicht an Höhe gewannen. Während beispielsweise im hohen Mittelalter der Palast auf der Wartburg als Residenz der Landgrafen von Thüringen nur eine schmale Stiege besaß, auf der man vom Erdgeschoss aus den ersten Stock erklettern konnte, während man herrschaftlichen Renaissancebauten gern einen engen Wendeltreppenturm vorlagerte, um die einzelnen Geschosse zu erschließen, wurde jetzt im Barockschloss die repräsentative Folge von Eingang, Empfang, Treppenhaus und Prunksaal das beherrschende Element. Der Akt, in die Höhe zu steigen, wurde zelebriert. Es sollte ähnlich sein wie im Theater, wo die Götter in die Lüfte schwebten.

Hildebrandt war mit der erste prominente Architekt, der eine solche Idee im Oberen Belvedere mit entsprechender Grandeur umsetzte. Der Haupteingang des Schlosses befindet sich an der südlichen Hofseite, die um ein halbes Geschoss höher ist als die Gartenfront. Der Besucher betritt das Treppenhaus, in welches durch große Fenster viel Licht strömt. Er schaut auf eine dreiteilige Treppe: Von unter her, von der Gartenhalle aus, führt ein breiter Mittellauf zum Podest am Eingang, während links und rechts davon in entgegengesetzter Richtung parallele Seitenläufe zum Podest vor dem Prunksaal führen, der hell beleuchtet ist, geschmückt mit Marmor, Stuck und Malerei. Ausgehend vom kaiserlichen Wien, wurden deutsche Barockbaumeister zu beeindruckenden Künstlern des Treppenhauses, damit Bewohner und Gäste emporsteigen konnten wie Grazien und Götter – vollendet ausgeführt in der Residenz in Würzburg nach Plänen von Balthasar Neumann. (Farbbild 16)

Wie die Barockarchitektur, so wurde auch die Barockmusik in Wien anfänglich von italienischen Komponisten bestimmt. Die erste große Generation von deutschen Komponisten nach dem Dreißigjährigen Krieg mit Händel, Telemann und Bach fand nicht den Weg in die kaiserliche Metropole, nicht zuletzt, weil die Herren protestantisch waren und das katholische Wien fremd erschien. Ein Händel blickte in die andere Richtung, ging nach London, wo er sich glänzend entfalten konnte; Telemann hielt sich an Hamburg, Bach an Leipzig. Vielleicht vermittelte niemand durch seine Musik so sehr das Gefühl des Göttlichen wie Bach – so etwas wie kosmische Frömmigkeit. In Wien nahm man das Leben nicht ganz so ernst, hielt sich eher ans Irdische, übte sich im manierlichen menschlichen Rollenspiel, im Theater und in der Oper. Mitte des 18. Jahrhunderts schlug die Stunde der deutschen Komponisten auch hier. Zuerst wurde Gluck zum Hofkapellmeister ernannt, während Haydn im Dienst der Fürsten Esterházy wirkte. Im Jahr 1781 ließ sich Mozart als freischaffender Künstler in der Donaumetropole nieder, bald gefolgt von Beethoven, Schubert und anderen.

Es war ein gewagter Schritt des fünfundzwanzigjährigen Mozart, ohne feste Stelle in Wien eine Existenz als Musiker zu führen. Doch wenn es damals überhaupt eine Stadt in deutschen Landen gab, wo so etwas möglich erschien, dann war es die kaiserliche Metropole, wo spätestens seit Leopold I. die Musik wie kaum an einem anderen Ort geliebt und vom Hof gefördert wurde, zumal die Oper, die Mozart so sehr am Herzen lag. Hier fand er eine große Hofoper und ausgezeichnete Instrumentalisten und Sänger vor. Hier förderte nicht nur der Hof die Musik, es taten sich auch adlige Mäzene hervor, die in ihren Palais und Salons regelmäßig zu Konzerten einluden und manchmal selbst ein kleines Orchester unterhielten.

Auch wenn im Gegensatz zu Paris in den Wiener Salons nicht gerade kritisch über Literatur und Politik diskutiert wurde, weil hier der Jesuitenorden lange Zeit die Universität beherrscht hatte und (wie der Hof) nicht viel von Aufklärung und Freiheit wissen wollte, so waren die örtlichen adligen und großbürgerlichen Häuser dennoch eine *Schule der Geselligkeit, des Umgangs und der Manieren*. Gerade die 1780er Jahre boten mehr Offenheit.

Der Jesuitenorden hatte sich kürzlich aufgelöst, denn selbst dem Papst war die Borniertheit der Jesuiten mittlerweile zu bunt geworden. Der Heilige Vater entzog den Patres seine Gnade und hob 1773 die Gesellschaft Jesu auf. Darüber hinaus wollte Kaiser Joseph II., der seit 1780 allein regierte, ein Reform- und Volkskaiser sein. Er verfolgte eine eigenartige Doppelstrategie: Einschränkung der Macht von Adel und Kirche, zugleich Ausbau der absolutistischen Regierung des Monarchen. Die bürgerliche Verwaltung von Wien wurde für unnötig erklärt und die Stadt vom Hof aus mitregiert. Die Standesschranken verloren vorübergehend leicht an Bedeutung. Fürsten, Aristokraten, höfische Beamte, gehobenes Bürgertum, Bankiers, Anwälte und Künstler vermischten sich in den Gesellschaftsräumen der Palais. Der noch verhältnismäßig junge, verwitwete Kaiser führte selbst eine Art von Junggesellenleben, schränkte das Hofleben weitgehend ein und vergnügte sich abends ebenfalls in den Palästen der Stadt, nicht nur in fürstlichen Häusern, auch in gräflichen. Über Kniebundhose und Weste trug er einen braunen Rock und setzte sich unter die Gäste.

Der berühmteste Salon dieser Zeit war jener der Gräfin Maria Wilhelmine von Thun, wo sich nicht nur der Kaiser, sondern auch Mozart regelmäßig einfand. In jüngerer Zeit hat Volkmar Braunbehrens dieses wunderliche Milieu der 1780er Jahre in seinem Buch »Mozart in Wien« dargestellt; er zitiert einen englischen Gentleman, der Gast bei der Gräfin Thun war: »Die Gräfin besitzt die Kunst, eine Gesellschaft zu erhalten, und zu machen, daß sie einander selbst unterhalte, besser als irgend jemand, den ich gekannt habe. Bei vielem Witz und einer vollkommenen Kenntnis der Welt besitzt sie das uneigennützigste Herz. Sie ist die erste, die die guten Eigenschaften ihrer Freunde entdeckt, und die letzte, die deren Schwachheiten merkt. Eine ihrer größten Vergnügungen ist, Vorurteile unter ihren Bekannten aus dem Wege zu räumen und Freundschaften zu stiften und zu befördern. Sie hat einen unbesiegbaren Zustrom von heitersten Lebensgeistern, die sie so geschickt zu benützen weiß, daß sie die Fröhlichen ergötzt, ohne den Traurigen zu mißfallen. Nie habe ich irgend jemand gekannt, der eine solche Menge Freunde gehabt und auf jeden so viel großmütige Freundschaft zu verschwenden gewußt hätte. Sie hat sich ein kleines System von Glückseligkeiten in ihrem eigenen Hause geschaffen, und ist selbst der anlockende und verbindende Mittelpunkt.«[22]

Irgendjemand hatte zwischendurch ein trojanisches Pferd nach Wien hineingeschoben, aus dem Leute stiegen, die eine humanistische Gesinnung verbreiteten: Gespräch, Unterhaltung, Witz, Weltläufigkeit, Offenheit, Duldung, Toleranz, Heiterkeit, Freundschaft, Menschlichkeit. Klang irgendwie wie Mozart und seine Musik! Tatsächlich ermunterte Gräfin Thun den Komponisten bei der Arbeit an der ersten Oper, die er in Wien schuf: »Die Entführung aus dem Serail«. Mozart berichtete im August 1781 an den Vater: »Gestern habe ich bey der Gräfin thun gespeist, und Morgen werde ich wieder bey ihr speisen. ich habe ihr was fertig ist hören lassen. – sie sagte mir auf die lezt, daß sie sich getraue mir mit ihren leben gut zu stehen, daß das, was ich bis dato geschrieben, gewiß gefallen wird.«[23]

Mozart nahm auch Einfluss auf das Libretto, welches er von Gottlieb Stephanie erhielt. Es wurde, was bis dahin eine Seltenheit war, auf Deutsch verfasst, denn die Oper sollte im neuen, deutschsprachigen Nationaltheater aufgeführt werden, welches der Kaiser als eigenständigen Teil des Hoftheaters gegründet hatte. Mozart wollte keine steifen Typen, sondern lebendige Charaktere auf der Bühne, die eine gewisse Entwicklung erleben. Vier Europäer, ein adliges Liebespaar, Belmonte und Konstanze, und ein bedienstetes Liebespaar, Pedrillo und Blonde, werden am Hof eines türkischen Herrschers, Selim Bassa, zwangsweise festgehalten und erfahren nach fehlgeschlagener Befreiungsaktion die Großmut des türkischen Aristokraten.

Es ist eine West-Ost-Geschichte, wie einst der »Willehalm« von Wolfram von Eschenbach. Da wie dort ist keine Figur der anderen überlegen, jeder hat Schwächen und Stärken: Muslime wie Christen, Morgenländer wie Abendländer. Obwohl Selim Bassa Konstanze liebt, lässt er die Angebetete am Ende mit den anderen ziehen, weil er sie nur möchte, wenn sie ihn auch liebt, und beweist damit ungeahnte Menschlichkeit. Mozart fand für das Finale Töne, die eine solche Humanität wundervoll begleiten. Die Oper wurde zu einem außergewöhnlichen Erfolg und binnen kurzer Zeit an 40 Opernhäusern in Europa aufgeführt.

Der Musiker konnte als Opernkomponist nicht zuletzt an die neue Theaterpraxis von Lessing anschließen, denn dessen »Nathan« wurde im Salon der Gräfin Thun vorgelesen. Aus vielen Gegenden Deutschlands kamen berühmte Leute in die »heiligen Hallen« der Gräfin. Der liberal gesinnte Georg Forster, der mit James Cook die Welt umsegelt hatte und durch sein Reisebuch bekannt war, war ebenfalls Gast im Salon der Thun. Rückblickend schrieb er an sie 1784 aus Warschau: »Das alles was ich da erfuhr scheint mir ein süßer Traum. Ist es wohl gewis wahr, daß ich dort unter Menschen gelebt habe; unter jener Gattung von Menschen, von denen Nathan sagt, *daß es ihnen genügt Menschen zu seyn!* Ist es gewis daß ich die glücklichsten Tage meines Lebens schon verfliessen sahe, indem ich bey Menschen war, die mich nicht fragten, ob ich weise und gelehrt, sondern ob ich glücklich sey, und wisse was dazu gehört!«[24] Einige Zeit darauf hieß es in Mozarts »Zauberflöte« in der Arie des Sarastro, zweite Strophe: »In diesen heil'gen

Mauern, / wo Mensch den Menschen liebt, / kann kein Verräter lauern, / weil man dem Feind vergibt. / Wen solche Lehren nicht erfreu'n, / verdient es nicht, ein Mensch zu sein.« Heutigentags so ergreifend gesungen von Matti Salminen.

Kaiser Joseph II. schätzte den Komponisten, zog zuweilen in Konzerten vor ihm den Hut und rief: Bravo Mozart! Er unterstützte den Musiker in der Öffentlichkeit wie auch im Hintergrund, sorgte dafür, dass Stücke von ihm dargeboten wurden, ohne allerdings selbst gegenüber dem Künstler finanziell besonders großzügig zu sein. Mozart gab sich seinerseits selbstbewusst und stolz, fühlte sich als Patriot wie als Weltbürger, der gegebenenfalls auch woanders leben könne, falls man ihn nicht genügend fördere. Im August 1782 schrieb er in einem Brief: »Keinem Monarchen in der Welt diene ich lieber als dem kayser – aber erbetteln will ich keinen dienst. – Ich glaube so viel im Stande zu seyn daß ich Jedem Hofe Ehre Machen werde. – will mich Teütschland, mein geliebtes vatterland, worauf ich /: wie sie wissen /: Stolz bin, nicht aufnehmen, so muß im gottes Nammen frankreich oder England wieder um eine geschickten Teutschen Mehr reich werden.«[25] Mozart blieb in Wien, denn entgegen der Legende, er sei dort am Ende verarmt, konnte Braunbehrens belegen, dass der Musiker gut verdiente und gut lebte – nur beiseite legen konnte er nichts. Er machte Schulden und konnte sie wieder zurückzahlen. Er zog des Öfteren in Wien um, lebte phasenweise mit seiner Frau Konstanze und den Kindern großbürgerlich, in Wohnungen mit vielen Räumen, einschließlich Billardzimmer, lud zu Hausbällen und Abendgesellschaften ein.

Als der Komponist 1790 in München zu Besuch war, porträtierte ihn der dortige Hofmaler Johann Georg Edlinger. Man sieht nicht mehr den jungen, asketischen Mozart, sondern einen Mann von Welt im grünen Frack mit weißem Rüschenkragen und silbergrau gepudertem Haar: sinnlich, heiter, freundlich, mit wachem Blick, offenbar dem Wohlleben zugetan, mit leichtem Doppelkinn – rokokoartig, mit schnellem Pinselstrich gemalt. An vielen deutschen Residenzen gab es nun, im auslaufenden 18. Jahrhundert, bemerkenswerte Porträtisten, welche die Bürger, die Künstler, die Fürsten menschlich-würdevoll in Szene setzten. (Farbbild 18)

In Wien war Friedrich Heinrich Füger seit 1795 Vizedirektor der Akademie der bildenden Künste. Er stammte aus Heilbronn und hatte seine Lehr- und Wanderjahre als Maler in Ludwigsburg, Leipzig, Dresden und Rom verbracht. Schon in Dresden, später auch in Wien, stand er in Verbindung mit dem englischen Gesandten Sir Robert Murray Keith, der ihn vermutlich auf die Werke von Gainsborough aufmerksam machte. 1797 malte Füger seine Frau, die Schauspielerin Josefa Hortensia Füger – offensichtlich vom englischen Kollegen beeinflusst, mit lockerem Farbauftrag. Die Frau steht als Dreiviertelfigur in einem Park, trägt ein stoffreiches, elegant tailliertes, samtig glänzendes Kleid, schaut den Betrachter an, teils selbstbewusst, teils vornehm zurückhaltend, während im Hintergrund das Wolkenspiel für die Feinheit der Atmosphäre sorgt. Nicht nur die adlige Damen bei Hofe, auch die bürgerliche Schauspielerin führte jetzt vor Augen, was Mode, was Haltung ist. (Farbbild 21)

Eine Variante des adligen oder großbürgerlichen Salons wurde in Wien das Kaffeehaus, zumal im frühen 19. Jahrhundert unter der restaurativen Politik von Kanzler Metternich die Aristokraten nicht mehr unbedingt Bürger in ihre Häuser baten. So oder so hatte Kaiser Leopold I. im Jahr 1685 für Wien ein erstes Privileg für den Kaffeeausschank vergeben.[26] Zu Mozarts Zeit gab es schon etwa 80 Kaffeehäuser in der Donaumetropole. Bereits damals wurden bestimmte Elemente des Salons für die Einrichtung eines solchen Lokals übernommen: Kronleuchter, Spiegel, Marmortische, Zeitungstische, Billardtische, Schachspiele. Man servierte Kaffee, Tee, Schokolade, Eis und Feingebäck. Der Gast konnte für verhältnismäßig wenig Verzehr und Kosten in einem splendiden Raum sitzen und unterschiedliche Rollen spielen: Er konnte für sich bleiben und zugleich in der Gemeinschaft sein; er konnte mit anderen zusammensitzen und sich unterhalten, debattieren oder einfach nur auf dem Billard Kugeln hin und her stoßen und die Zeit vergehen lassen.

Wien erfand nicht die Demokratie, aber es brachte mit dem Wiener Kaffeehaus einen Lokaltypus hervor, der ein Höchstmaß an Freiheit gewährt. Natürlich war nach 1650 auch in anderen europäischen Städten die neue Form des Cafés entstanden. Aber in der Regel herrschte dort eine andere Atmosphäre, ein anderer Rhythmus; es ging geschäftiger zu, die Räume waren oft beengter, es fehlte häufig das Ruhige, Lässige, Freizügige – die Kunst des Sitzens, Aussitzens, Abwägens, der Schmäh. Jedenfalls entwickelte sich das Wiener Kaffeehaus in diese Richtung. Nur nicht aufgeregt und angestrengt erscheinen!

Bis heute findet man in der massigen historischen Altstadt von Wien eine Reihe solcher Kaffeehäuser, ebenso in den Quartieren ringsum, welche seit dem 18. Jahrhundert entstanden. Es sind Lokale, wo die Wiener selbst hingehen: etwa im 6. Bezirk das »Sperl« (mit Billard) oder im 1. Bezirk das »Prückel«, das »Schwarzenberg«, das »Landtmann«.

In der Nähe der Hofburg, wenngleich etwas versteckt, in der Stallburggasse, entdeckt der Spaziergänger den »Bräunerhof«. Anklänge des Art déco schmücken die Fassade: große Fenster, mit rechtwinkligen Stäben gegliedert. Der Gast betritt einen angenehm proportionierten, hohen und großzügigen Raum in freundlicher Cremefarbe. Im Jahr 1920 eröffnete hier das Tanzlokal »Sans Souci« – ohne Sorge, um sich bald in ein Kaffeehaus zu verwandeln. Die umlaufenden gepolsterten Wandbänke und Nischen, die Marmortische, die ovalen Spiegel, die Kronleuchter mit Ballonlampen: das alles stammt noch aus der Anfangszeit des Cafés. Kein Historismus mehr, aber auch nicht modern, irgendwie eine zeitlose Zwischenform. Die Möbel sind da und dort leicht abgewetzt: würdevolle Patina!

Vielleicht sollte man einmal allein in den »Bräunerhof« gehen, an einem sonnigen, winterlichen Vormittag anfangs des Jahres, wenn die Stadt nicht ganz so voll von Besuchern und das Jahr noch unbeschrieben ist – einfach Mensch sein und wissen, was dazugehört: ein angenehm beheizter Raum ohne Beschallung, ein guter Platz, ein kleiner Brauner oder eine Melange, dann spüren, wie in ein paar Minuten das Koffein den Blutkreislauf in Schwung bringt und den Kopf wach macht, dazu Ei, Semmel, Butter, bald eine Zeitung, um schon vormittags längere Artikel und Feuilletons zu lesen, merken, wie der geistige Haushalt sich belebt, gelegentlich aufschauen, Menschen, Typen, frische Gesichter sehen – schweben.

Natürlich sollte man den Code des Wiener Kaffeehauses ein wenig beherrschen und ein paar Begriffe wissen, sonst wird es doch leicht unangenehm – und man lernt den Grant der Kellner kennen, die Smoking tragen. Es kommt beispielsweise vor, dass ein Ehepaar um die fünfzig mit knallbunten Anoraks und Rucksäcken erscheint. Beide sprechen Norddeutsch. Sie bestellt »Quarkstrudel«. Der Kellner sagt: »Topfenstrudel«. Sie: »Nein, ich hätte gerne Quarkstrudel.« Der Kellner: »Des haast bo uns Topfenstrudel.« Wer jedoch keine groben Schnitzer macht, der wird vom Wiener Kaffeehauskellner nie belästigt; es wäre unter seiner Würde, Umsatz zu schinden und den Gast immer wieder zu traktieren, ob's denn noch was sein darf.

Seit mehreren Jahrzehnten ist das Wiener Kaffeehaus eigentlich ein Café-Restaurant, denn man kann längst neben Kaffee, Tee, Schokolade, Frühstück und Feingebäck auch Gerichte der klassischen Wiener Küche bestellen: Rindssuppe mit Frittaten; gesottenen Tafelspitz mit Apfelkren, Spinat und Röstkartoffeln; Salonbeuschel mit Serviettenknödel; Kalbsgulasch mit Nockerln; Wiener Schnitzel mit Erdäpfelsalat; Palatschinken mit Marmelade; Apfelstrudel mit Vanillesoße. In der Regel werden diese Sachen im Kaffeehaus ordentlich zubereitet.

Der größte Teil dieser Speisen entstand im 18. und 19. Jahrhundert. Strudel und Wiener Schnitzel sind barocke Reminiszenzen, sind Rollenspiele, Blendwerke, Verhüllen und Enthüllen, Einwickeln und Auswickeln. Während der *Krapfen* ein *Urwort* der deutschen Küche ist, ist das *Wiener Schnitzel* heute ein *Hauptwort*. Vorübergehend glaubte man, das Wiener Schnitzel sei erst Mitte des 19. Jahrhunderts als eine Abwandlung des Mailänder Schnitzels entstanden. Doch diese Annahme wurde jüngst durch den Philologen Heinz Dieter Pohl sowie durch Petra Foede als reine Anekdote entlarvt.[27] Der Name »Wiener Schnitzel« erschien zwar verhältnismäßig spät. Er wurde erstmals 1884 von Henriette Lagler in ihrem »Kochbuch für die böhmische und deutsche Küche« genannt und setzte sich allgemein erst nach 1900 durch, aber was damit gemeint war, gab es schon früher in den Rezeptbüchern: nämlich das eingebröselte Kalbsschnitzel, das in heißem Fett gebacken wird, ähnlich wie das gebackene Kalbsbries oder Backhuhn. Rezepte dafür gab es bereits im »Wienerischen bewährten Kochbuch« von Ignatz Gartler, das im 18. Jahrhundert in vielen Auflagen erschien.

Das Kalbsschnitzel an sich kannte bereits, wie gesehen, die Augsburger Patrizierin Sabina Welser, nur verwendete sie 1553 in ihrer Rezeptsammlung noch nicht den Begriff des Schnitzels, sondern sprach von »fledlach«, Fladen: »Schneitt kalbfleisch vom tiech, schneit feine tinne fledlach.« Kurz darauf erwähnt Marx Rumpolt 1581 in seinem »Neuen Kochbuch« auch Semmelbrösel, die mit heißer Butter übergossen wurden, um sie rösch zu machen. Irgendwann musste das Kalbsschnitzel mit den Semmelbröseln zusammenkommen, um ein paniertes Kalbsschnitzel auf den Tisch zu bringen. Noch in den 1890er Jahren bot der Münchner Hofkoch Johann Rottenhöfer in einer erweiterten Ausgabe seiner »Anweisung in der feineren Kochkunst« ein Rezept für eingebröselte »Kalbs-Coteletten auf deutsche Art« oder für »Gebackene Kalbsbriesen auf deutsche Art«.[28] Von München aus gesehen war das Wiener Schnitzel ein deutsches. Doch die Palme gebührte Wien. In einer neuen Ausgabe des Kochbuches von Marie Susanne Kübler, welches unter der Bearbeitung von Pauline Klaiber im Jahr 1905 in Stuttgart erschien, tauchte, wohl zum zweiten Mal nach 1884, der Begriff des »Wiener Schnitzels« auf, um von nun an beliebt zu werden.[29]

Häufig wird das Wiener Schnitzel heute auch vom Schwein gemacht. Dagegen ist nichts zu sagen, solange der Koch anständig arbeitet und auf der Karte angibt: »vom Schwein«. Aber die wahre Finesse des Gerichts kommt dadurch noch nicht zur Geltung. Dafür muss man sich schon an das Original halten, das am Schnittpunkt zwischen der höfischen und der bürgerlichen Gesellschaft entstand. In der klassischen Variante besteht das Wiener Schnitzel aus Kalbfleisch von der Keule (hier am besten von der Hüfte) oder vom Rücken – am allerbesten vom weiblichen Milchkalb, gut abgehangen. Die rohen Schnitzel werden breit geklopft, gesalzen und gepfeffert, nacheinander mit Mehl, verrührtem Ei und Semmelbröseln (fein und frisch gemahlen) paniert und in einer Pfanne mit reichlich Butterschmalz gebacken. Generell sollen die rohen Schnitzel nicht zu dünn sein, um nach dem Garen noch eine gewisse Saftigkeit zu besitzen, während wiederum die Panade nicht zu dick sein soll, um den Fleischgeschmack nicht zu übertünchen. Es ist eine Pracht, wenn die Panade goldbraun und wellenförmig soufliert ist, eine Köstlichkeit, wenn die rösche, würzige Panade und das zarte, feine Fleisch zusammenspielen, erfrischt durch ein paar Zitronentropfen. Der buttrige Touch eines beschwingten

Weißburgunders harmoniert bestens mit dem Butterschmalz der Panade.

Ein prominenter Ort für das Wiener Schnitzel in Wien ist das Beisl. Der Name stammt aus dem Jiddischen. Er meint »kleines Haus« und drückt heute die Sehnsucht nach dem Überschaubaren und Behaglichen aus. Ehemals war das Beisl eher eine Kneipe mit deftiger Kost, heute ist es ein Hort der feinen Wiener Küche. Oft sitzt man in Räumen mit gedrungenen historischen Gemäuern und Gewölben, schlicht weiß gekalkt, halbhoch vertäfelt, ohne Plüsch und Rüschen, wie das Beisl »Zu den 3 Hacken« in der Singerstraße. Neben dem Wiener Schnitzel gibt es andere Sachen vom Kalb wie Kalbsrahmgulasch und Kalbshirn, Kalbsnieren oder gebackenes Kalbsbries. Schon Franz Schubert soll hier gegessen haben. Das Haus stammt im Kern vermutlich noch aus der Renaissance; die Fassade ist barock, und die Atmosphäre des Lokals erinnert irgendwie an Biedermeier im besten Sinn: redlich, ehrlich, feinsinnig. Auf die Frage, ob man Modernisierungen im Lokal befürchten müsse, antwortet die Juniorchefin Josefine Zawadil: »Naa, bloß nix ändern!« Ein ähnlich beständiger Ort ist seit Jahren das »Oswald & Kalb« in der schmalen Bäckerstraße, ebenfalls im 1. Bezirk. Hier ist die Wiener Küche nicht minder gut. Der Wirt Stefan J. Sares meint, das Beisl müsse Charakter haben, eine gewisse Ehrlichkeit und ein Essen wie zu Hause.

Es geht auch etwas anders, weltläufiger, mit Austern und Hummer, wie im »Schwarzen Kameel« in der Bognergasse. Johann Baptist Cameel hatte das Haus im Jahr 1618 erworben und richtete eine Gewürzkrämerei ein. Im frühen 19. Jahrhundert kam eine Weinstube dazu, in der Beethoven einkehrte. Der Maler Georg Ferdinand Waldmüller beglich die Zeche, indem er um 1825 das Emblem des Hauses schuf: ein schwarzes Kamel im Wüstensand, mit roter Decke über dem Buckel, würdevoll umrahmt von einem Oval. Im Jahr 1901 wurde das Haus umgebaut und erhielt seine heutige Einrichtung, die zu den schönsten der Stadt gehört, wenn nicht zu den schönsten im deutschsprachigen Gebiet. Jugendstil vermischt sich mit frühem Art déco. Zuerst betritt der Gast ein Feinkostgeschäft mit Imbiss und Bar. Es ist so gut wie immer rappelvoll, weil Leute, die in der Umgebung arbeiten, in Geschäften, Büros und Behörden, auf einen Sprung vorbeischauen. Rechter Hand folgt das eigentliche Speiselokal, eine Art von Bistro mit zwei mittelgroßen Räumen. Der Erstere schlägt den Besucher in den Bann, nicht zuletzt durch den Zauber der noblen Zweifarbigkeit. Eine halbhohe Vertäfelung mit strengen geometrischen Kassetten erscheint in rotbraunem Mahagoni, darüber honigfarbene Kacheln an der Wand, abgeschlossen durch einen goldenen Fries mit Weinreben in den berauschenden organischen Formen des Jugendstils.

Im vorderen Teil dieses Salonzimmers stehen lose einige weiß gedeckte Tische. Über ein paar Treppen kommt man in den hinteren Teil, wo es vier Nischen gibt, die in der Regel den Stammgästen vorbehalten sind. Der Oberkellner, Johann Georg Gensbichler, trägt einen schwarzen Gehrock sowie einen franzisco-josephinschen Backenbart mit Schnurrbart und begrüßt die Stammgäste: »Meine Verehrung«. Die Gäste reden sich gegenseitig an mit »Herr Doktor« oder »Servus, Herr Abgeordneter«. Hier spielt man Hof.

Allerdings ist die Küche unter der Leitung von Christian Domschitz nicht verstaubt. Er entwickelt die traditionelle Wiener Küche auf gewitzte Weise weiter. Als Vorspeise gibt es »Gänseleber-Apfelstrudel«. Marinierte Gänsestopfleber wird mit Apfelragout umzogen und von einem Chip aus Strudelteig überwölbt. Den Gaumen erfreut ein reizvolles Spiel zwischen Knusprigem und Weichem, Fettigem und Fruchtigem. Oder es gibt als Hauptgang »Szegediner Hummerkrautfleisch«. Spitzkohl wird in Hummerbutter, Tomatenmark, Rahm und Apfelbalsamessig gegart und mit zartem, saftigem Hummerfleisch serviert. Natürlich wird auch Klassisches gegessen: Tafelspitz oder Wiener Schnitzel – und nach dem Hauptgang fragt der Oberkellner die vier Hofratsdamen am Nebentisch: »A petite dessert?«

Dresden: der Genuss des Lebens

Den Nachschlag auf der Tafel barocker Lebensfreude gab es im frühen 18. Jahrhundert in Dresden. Immer wieder hatten die deutschen Lande Leute hervorgebracht, die ein Talent für die schönen Künste besaßen, Menschen, die guter Dinge waren, ob Kaiser, Könige, Fürsten,

Patrizier und Bürger. Die Linie riss nicht ab; die legendären Hoffeste der Herrscher setzten sich fort: den Festivitäten von 965 in Köln, 1184 in Mainz, 1500 und 1518 in Augsburg und 1667 in Wien fügte Kurfürst August der Starke von Sachsen, zugleich König von Polen, zwei weitere sagenhafte Ereignisse in Dresden hinzu: die Festspiele zu Ehren des dänischen Königs Friedrich IV. im Jahr 1709 sowie die Feierlichkeiten anlässlich der Hochzeit des Kronprinzen Friedrich August II. und der Kaisertochter Maria Josepha im Jahr 1719.

August der Starke war 1694 nach Geburtsrecht als Kurfürst von Sachsen ins Amt gekommen, drei Jahre später wurde er zum König von Polen gewählt und setzte sich in diesem Fall mit Unterstützung von Kaiser Leopold I. gegen den französischen Konkurrenten, François Louis de Bourbon, Prince de Conti, durch. Die polnische Krone war August eine Messe wert; er trat zum katholischen Glauben über. Er war nun quasi Kurfürst-König und machte Dresden zur europäischen Bühne. Innerhalb des Heiligen Römischen Reiches Deutscher Nation nahm er nach dem Kaiser den höchsten Rang ein.

Als Jugendlicher hatte August eine Grand Tour durch Europa unternommen. Er kam nach Paris und Versailles, Madrid und Escorial, ebenso nach Venedig, Wien und Prag. Als König von Polen residierte er vorzugsweise in Warschau, um zwischendurch immer wieder als Kurfürst von Sachsen längere Zeit in Dresden zu sein. An der Elbe sollte sich die Residenz des Kurfürsten von Sachsen, welcher zugleich König von Polen war, mit den prachtvollsten messen können, die es in Europa gab. August war als Feldherr nicht besonders erfolgreich, aber er hatte eine Ader für die schönen Künste – und für das schöne Geschlecht.

Im Gegensatz zu Kaiser Leopold in Wien gönnte sich der Kurfürst-König in Dresden eine feine Mätressenwirtschaft. Die eine oder andere Geliebte wurde nach französischem Vorbild bei Hofe offiziell als *Maîtresse en titre*, als rechtmäßige Mätresse, eingeführt und nahm neben der Kurfürstin Christiane Eberhardine ihren Platz ein. Sofern der kurfürstliche Pascha das Interesse an einer solchen Favoritin verlor, wurde sie in der Regel weiter gut versorgt, in den Adel erhoben, nicht zuletzt, um für die gemeinsamen halblegitimen Kinder ein würdevolles Auskommen zu schaffen. Die berühmteste der Konkubinen von

August dem Starken war Anna Constanze von Brockdorf, zunächst verheiratet mit Freiherr Adolf Magnus von Hohm, einem sächsischen Hofbeamten, um nach der Scheidung die Mätresse des Kurfürsten und Königs zu werden. August der Starke ließ sie von Kaiser Leopold zur Reichsgräfin von Cosel erheben, unter welchem Namen sie im Gedächtnis blieb. Sie wollte sich nicht darauf beschränken, die Beischläferin des Herrschers zu sein, sie wollte mitregieren und bei Hofe die Fäden spinnen. Eine Zeitlang ging es gut, doch offenbar war die Reichsgräfin intrigant und konnte nie genug an Macht und Einfluss gewinnen. So stellten es ihre Gegner bei Hofe dar; ihre Position wurde unhaltbar, sie floh nach Berlin, wurde dort gefangen genommen, zurückgebracht und lebenslang inhaftiert.

August der Starke band somit nicht nur bedeutende deutsche Künstler an seinen Hof wie die beiden Baumeister Matthäus Daniel Pöppelmann und Georg Bähr, wie den Bildhauer Balthasar Permoser oder den Goldschmied Johann Melchior Dinglinger, sondern eben auch Meisterinnen der Liebe und des Luxus wie die Reichsgräfin von Cosel oder die Gräfin Maria Dönhoff. Soweit man weiß, war der Kurfürst nicht unbedingt ein Don Juan, keiner, der seine Macht schamlos ausnutzte, um Frauen zur Liebe zu nötigen oder mit Gewalt dazu zu zwingen, er war eher ein Verehrer und Verführer der Frauen großen Stils, einer, der es verstand, ihre Lust zur Liebe zu reizen – mit allen Mitteln, die ihm als Kurfürst und König zur Verfügung standen, durch Charme, großzügige Geschenke, die Aura der Macht, Glanz und Glamour. Er schuf am Dresdner Hof einen Raum für Eros und Passion jenseits der Ehe, weil der libertine Umgang der Geschlechter zum schönen Leben dazu gehört – mitsamt dem Leid, das aus der amourösen Leidenschaft erwächst: So wie Cupid, der Sohn der Venus, von Bienen gestochen wird, während er vom süßen Honig nascht. Aber vom Liebesschmerz stirbt man nicht gleich. Das nimmt man auf sich, macht kein großes Aufhebens.

Die Mätresse konnte sich auf kein legitimes Recht verlassen wie die Kurfürstin, deren Position bei Hofe nie gefährdet war; die Mätresse musste die Künste der Liebe und des raffinierten Geschmacks entfalten, um sich als Favoritin zu behaupten. Auch die Meisterinnen der Liebe feilten an der Verfeinerung der Lebensfreuden.

Das Programm in Dresden lautete: Tanz auf dem Vulkan, Steigerung des menschlichen Daseins so weit wie möglich, ein Höchstmaß an Glanz und Schönheit, Festlichkeit und Feierlichkeit, barocke Baukunst und Oper, Theater und Bälle, höfische Jagden und Feuerwerk, gefährliche Liebschaften, bezaubernde Frauen, galante Kavaliere, unglaublich fein geschnittene Gesichter und Figuren, rosa Lippen und gepuderte Wangen, Kleider über Korsetts und Reifröcken, hohe Frisuren mit Hilfe von Drahtgestellen, Allongeperücken und Federhut, Mode, Haute Couture, *fashion week*, *fashion year* – Traumfabrik.

Markgräfin Wilhelmine von Bayreuth, eine Zeitzeugin des Geschehens, schrieb in ihren Memoiren: »Der Hof zu Dresden war damals der glänzendste Deutschlands. Die Pracht war hier bis aufs äußerste getrieben, und man frönte allen Genüssen; mit Recht durfte er mit der Insel Cythere verglichen werden; die Damen waren sehr liebenswert und die Herren sehr galant. Der König hielt eine Art von Serail, das aus den schönsten Frauen seines Landes bestand. Als er starb, schätzte man die Zahl der Kinder, welche er von seinen Mätressen hatte, auf 354. Der ganze Hof folgte seinem Beispiel, man dachte nur an das Wohlleben.«[30]

Zum galanten Leben gehörten natürlich auch so genannte Galanterien, wörtlich Liebenswürdigkeit, praktisch Galanteriewaren: kleinformatige, materialschöne, phantasie- und kunstreiche Kabinettstücke für das Divertissement, kleine Puderdosen, Riechfläschchen, Parfümflakons, Gold- und Juwelenschmuck, Kaffee- und Teeservice, bald auch feines Geschirr aus Meißener Porzellan. Der Hofgoldschmied und Juwelierkünstler Johann Melchior Dinglinger wurde zum genialen Partner des Kurfürst-Königs, um die Galanterie am Dresdner Hof virtuos zur Entfaltung zu bringen. Während andere Fürsten zuerst daran dachten, große Schlösser zu bauen, hatte August der Stark *Sinn für die Petitesse*, für die delikate Kleinigkeit: für Luxusartikel kleinen und kleinsten Formats; koste es, was es wolle.

Der Fürst ließ im Westflügel des Dresdener Residenzschlosses das Grüne Gewölbe als Schatzkammer und Museum ausbauen, um nicht zuletzt jene bewundernswerten Sächelchen aufzubewahren und zur Schau zur stellen, welche Dinglinger teils für den Gebrauch, teils als reine Schaustücke herstellte. Der Name Grünes Gewölbe leitete sich davon her, dass ein Teil dieser Räume vor dem Umbau in den 1720er Jahren malachatgrün geschmückt war. Die Ausstellungsräume wurden im Zweiten Weltkrieg stark beschädigt, konnten aber jüngst wieder vollständig rekonstruiert werden. Der Besucher geht jetzt durch das Elfenbeinzimmer, das Weißsilberzimmer, das Silbervergoldete Zimmer, den Pretiosensaal und das Wappenzimmer, um zum Ziel- und Endpunkt zu gelangen: zum Juwelenzimmer.

Man betritt einen glitzernden Raum mit verglasten Wänden, graviert mit Gold und hintermalt mit karmesinroten und blauen Flächen. Vielleicht wirkt keine Farbkombination festlicher als diese. In den Vitrinen funkelt die Juwelierskunst; doch womöglich ist nichts hinreißender als der Obeliscus Augustalis an der Westseite des Raumes, über zwei Meter hoch, entstanden nach einem Entwurf Dinglingers vor 1722. Auf einem Sockel schichten sich kunstvoll geschnittene Steine, Bildhauerei und Goldschmiedekunst, um in der Mitte nach Art einer antiken Kamee das Porträt von August dem Starken zu zeigen, umrahmt von Edelmetall, Gold, Silber, Emaille, Elfenbein, Edelsteinen, Jaspis, Kameol, Kehlheimer Stein, Böttgersteinzeug und Gemmen. Das Monument wirkt schon von fern und lockt doch zur Nahsicht, unglaublich reizend und vielfältig: vereinheitlicht durch die betörende Harmonie der Farben. (Farbbild 15)

Für den frommen Puritaner, welcher gern alles und jedes kontrollieren und domestizieren möchte, waren die Vorgänge in Dresden natürlich ungeheuerlich – ein Sündenbabel, regiert von einem Lüstling, tugendlos, korrupt, ruinös. Demgegenüber träumte der bürgerliche Hausvater von der unverführten, bescheidenen Frau, welche nur korrekten Sex in der Ehe im Sinn hat. Doch eine solche Ehe kann, wenn sie sich bloß auf legitime Rechte beruft und kein partnerschaftliches Verhältnis entwickelt, zur Tyrannei werden. Die erotische Libertinage bei Hofe bot eine freiheitliche Alternative, auch wenn sie ihrerseits auf schwankendem Boden stand. Die heutige Bürgergesellschaft erlaubt, als Variante des höfischen Lebens, den libertinen Umgang der Geschlechter *vor* der Ehe – keine schlechte Lösung. Gelegentlich gibt es sogar so etwas wie innereheliche Galanterie – auch nicht übel, und selbst wenn ein Minister ein uneheliches Kind zeugt, muss er nicht gleich den Hut nehmen – nicht in Europa.

Selbstverständlich hatte das barocke Leben in Dresden auch etwas Übertriebenes, Verschwenderisches, Künstliches an sich. Doch Sachsen war in deutschen Landen eine blühende Region, weil das Geld zirkulierte. Der Kurfürst spornte Handwerk und Kunsthandwerk zu ungewohnten Leistungen an und gewährte den Kaufleuten in der Messestadt Leipzig ein verhältnismäßig freies Unternehmertum.

Der feine Umgang bei Hofe übertrug sich nachhaltig auf die Bürger. Johann Kaspar Riesbeck schrieb um 1780 in seinem Reisebuch: »Dresden hat eine stolze Lage und beherrscht auf allen Seiten eine vortreffliche Aussicht. Sie ist ohne Vergleich die schönste Stadt, die ich noch in Deutschland gesehen. Die Bauart der Häuser hat viel mehr Geschmack als die von Wien. Auf der langen und prächtigen Elbbrücke ist die Aussicht bezaubernd. (...) Die Sitten und die Art der hiesigen Leute sticht mit den Deutschen, die ich bisher gesehen, noch stärker ab als die Schönheit der hiesigen Straßen. (...) Ein ungemein schöner Wuchs, sprechendere Gesichtszüge, eine gewisse Rundung und Leichtigkeit der Bewegungen, eine zuvorkommende Höflichkeit, eine durchaus bis auf die untersten Volksklassen herrschende Reinlichkeit und ein gewisses gesprächiges, zudringliches und einnehmendes Wesen muß jedem, der auf meinem Weg hierher kommt, an den hiesigen Einwohnern stark auffallen.«[31]

Gipfelpunkte des Hoflebens waren selbstverständlich die Hoffeste. Als 1709 der dänische König Friedrich IV. nach Dresden zu Besuch kam, befand sich der Hof in Hochstimmung, weil gerade ein günstiger Frieden herrschte und der dänische Monarch als Bündnispartner gewonnen werden konnte.[32] Eine exorbitante Scheinwelt von Festen sollte dem befreundeten Fürsten vor Augen führen, über welche Ressourcen der Kurfürst von Sachsen verfügte; beiläufig war es ein guter Anlass, sich einfach des Lebens zu freuen und es zu genießen.

Nicht nur der Hof, die ganze Stadt, die Elbe und die Umgebung wurden in die Festivitäten einbezogen. Es gab Jagden, Flussfahrten und als ersten Höhepunkt den Umzug der Durchlauchten durch die Stadt auf festlich geschmückten Wagen; der hohe Gast aus Dänemark wirkte als Jupiter, August als Apoll, die Kurfürstin als Tempelpriesterin und die Reichsgräfin von Cosel als Diana, als Beschützerin der Jungfrauen – man denke nur! Der zweite Höhepunkt war das Damenwagenrennen, wofür man eigens eine prachtvolle Hofkulisse aus Holz schuf. Durch das Los erhielt jede Dame einen Wagenlenker und einen Kavalier. Wie es der Zufall wollte, wurde der dänische König der Wagenlenker der Maîtresse en titre und der Kurfürst natürlich ihr Kavalier. Allgemeines und überraschtes: Ah!

Die Kulissenkunst in Dresden sollte sich aber nicht auf immer und ewig verflüchtigen, sondern in Stein gehauen werden. Als sich die Hochzeit zwischen dem Kronprinzen Friedrich August II. und der Kaisertochter Maria Josepha anbahnte, trieb August den Ausbau des Zwingers voran. Anfänglich als bloße Orangerie geplant, sollte nun ein einzigartiger architektonischer Rahmen für höfische Feste entstehen. Man wusste, dass zu den Hochzeitsfeierlichkeiten viele Fürsten aus Deutschland und aus Polen in Dresden eintreffen würden, dazu Gesandte aller bedeutenden Höfe in Europa. Es bot sich kaum eine bessere Gelegenheit, den Kunstverstand und die hohe Kultur in Dresden zur Schau zu stellen.

Pöppelmann erhielt die baukünstlerische Leitung, Permoser die bildhauerische, um den Zwinger zu errichten. Die erhalten gebliebenen unterschiedlichen Entwürfe zeigen, dass die Kulisse zunächst in den gewohnten Bauformen hochgezogen werden sollte, im Sinn des Hochbarock etwas schwergewichtig und pathetisch, ähnlich wie das Berliner Schloss, das ein paar Jahre zuvor entstanden war, während es das Schloss Belvedere in Wien noch nicht gab.[33]

Schließlich wurden, typisch für Dresden, die gewohnten Strukturen aufgelöst; die Kulisse wurde luftig, verspielt, tänzerisch – so wie man es bis dahin, in Stein gehauen, noch nirgends gesehen hatte. Den Grundriss bildet ein quadratischer Hof, der sich an zwei Seiten kreisförmig ausbaucht. In den runden Dehnungen steht jeweils im Scheitel auf ovalem Grundriss ein Pavillon, im Umlauf ergänzt durch Galerien mit großen Fenstern oder eckigen Pavillons. Immer wieder ändern sich Form und Geometrie; der Betrachter wird mit dem Schauen nie fertig. Nichts scheint endgültig festgelegt zu sein; Ordnung geht über in Auflockerung, Strenge in Lässigkeit, Gefasstheit in Jubel.

Höhepunkte sind der Wallpavillon und das Kronentor. Architektur und Bildhauerei verschmelzen. Im Wallpavillon wachsen aus den Baugliedern heraus plastische Figuren; das Kronentor gibt nur noch die

Idee eines Tors wieder, ist nach allen Seiten hin offen und durchbrochen – ähnlich wie einige Jahrzehnte später das Brandenburger Tor in Berlin als ein offenes Tor gebaut wurde, nur in einem anderen Stil, in den Formen des Klassizismus, während das Kronentor des Dresdner Zwingers in den Formen des Spätbarock und Rokoko erscheint. Das Tor wirkt wie eine zweigeschossige, heitere Laube; die Giebel bewegen sich nach innen statt nach außen, während dazwischen Butten ihr Wesen treiben. Es vermitteln sich Statik und Bewegung, Takt und Tanz, Halt und Taumel – jauchzende Sinnenfreude.

Über viele Monate wurden unter der Regie von August dem Starken die Hochzeitsfeierlichkeiten des Kronprinzen von Sachsen mit der Kaisertochter vorbereitet. Die Trauung wurde in Wien vollzogen, doch in Dresden sollte noch eine ganz andere Party steigen. Nicht nur der Zwinger wurde dafür vollendet, sondern daneben ebenso ein neues hölzernes Opernhaus für 2000 Besucher gebaut. Der Bräutigam kam seiner Braut ein paar Kilometer entgegen. Am Morgen des 2. September 1719 bestieg das Paar in Pirna ein Lustschiff, begleitet von 15 Jachten, um gemeinsam nach Dresden zu reisen. Der Kurfürst von Sachsen und König von Polen und viele fürstliche Gäste aus Deutschland und Polen, Hofadlige aus Dresden und Warschau, Minister und Generäle und viele andere standen in genau bestimmter Rangordnung am Elbufer und begleiteten das Paar zum Schloss. Nach dem Gottesdienst wurde im Schloss und unter Zelten im Freien gespeist, die Mitglieder der kurfürstlich-königlichen Familie und die höchsten Gäste aßen von goldenen Tellern.

An den folgenden Tagen jagte ein Ereignis das nächste, vier Wochen lang. Im Zwinger gab es das »Fest der vier Elemente« mit dem »Karussell« der Pferde, auf dem Altmarkt das »Marsfest«, im Holländischen Palais das »Planetenfest«, auf der Elbe eine Wasserjagd mit Prachtschiffen, begleitet in der Stadt von Jahrmärkten, Fischer- und Winzerfesten, an denen auch Bürger, Bergleute und Bauern teilnahmen, vermischt mit Aristokraten. Wie einst Karl der Große, so machte auch August der Starke sein Glück zu dem des Volkes: temperamentvoll, heiter, lebensbejahend – zumindest für die Dauer von großen Festen.

Offen, heiter und verspielt: das Kronentor des Dresdner Zwingers, entstanden unter Kurfürst August dem Starken nach Plänen von Matthäus Daniel Pöppelmann und Balthasar Permoser, geplant seit 1712, vollendet 1719

XII ENDE DES FESTES: DIE PREUSSEN

Der Vater:
Soldatenkönig Friedrich Wilhelm I.

Parole auf dieser Welt sei nichts als Müh und Arbeit, lautete die Devise von König Friedrich Wilhelm I. in Preußen. Warum eigentlich? Ganz einfach: Weil sich der König nichts mehr wünschte, als ein mächtiger, uneingeschränkter Herrscher im politischen Gefüge von Europa zu sein. Der Schlüssel dafür lag für ihn in einer starken Armee. Das Dumme an der Sache war nur, dass Preußen zu Beginn des 18. Jahrhunderts ein verhältnismäßig kleines Land war, bestenfalls eine Mittelmacht, an Ansehen und Ressourcen nicht vergleichbar mit Frankreich und England oder mit dem Einfluss des Kaisers in Wien. Die preußischen Lande waren zerstückelt und lagen der Einwohnerzahl nach bloß an dreizehnter Stelle in Europa.[1]

Um dennoch militärisch an die Spitze zu gelangen, musste man erstens für mehr Geld in der Staatskasse sorgen – um *zweitens* mit diesem Geld aufzurüsten, und zwar gewaltig. Der Schlüssel für höhere Einnahmen lag für den König im Sparen: im Sparen bei Hofe und im Sparen der Menschen im Land, überwacht von einer ergebenen Bürokratie und Beamtenschaft. Die Untertanen sollten gehorchen und selbstlos arbeiten, damit ein neuer führender Militärstaat in Europa emporwuchs, einer, den sich Preußen eigentlich gar nicht leisten konnte. Doch Friedrich Wilhelm I. wollte nahezu über Nacht der Herrscher einer Großmacht sein. Nur durch eine rücksichtslose Politik gegenüber den Menschen im Land konnte er seine Ziele umsetzen: totale Mobilmachung! Berlin, die preußische Hauptstadt, sollte zu einem *Sparta des Nordens* werden, das letztlich keinen anderen Zweck kennt als militärische Stärke und Machtpolitik.

Preußenfreundliche Historiker haben sich von jeher darum bemüht, diesen Gewaltakt zu rechtfertigen. Preußen sei eben nach dem Dreißigjährigen Krieg ein Staat mit weit verstreuten Gebieten gewesen, ein Staat, den nur ein starkes Militär zusammenhalten und schützen konnte; Preußen sei tatsächlich groß und mächtig geworden, habe eine glänzend funktionierende Bürokratie geschaffen, unbestechlich, pflichtbewusst, diszipliniert, habe darüber hinaus in religiösen Fragen Toleranz walten lassen. Irgendwie sei der preußische Militärstaat nicht so schlecht gewesen, habe am Ende auch noch für die deutsche Einheit gesorgt. Selbst nach dem Zweiten Weltkrieg, als es Preußen längst nicht mehr gab, hat etwa Hans-Joachim Schoeps in seinem Preußenbuch eine solche Position vertreten, jüngst noch einmal von Christopher Clark bekräftigt.[2] Clark, ein gebürtiger Australier, der in Cambridge Geschichte lehrt, steht nicht unter dem Verdacht, etwas an der preußischen Geschichte beschönigen zu wollen. Sein Preußenbuch dürfte Labsal für alle Preußenverehrer sein.

Doch vielleicht muss man König Friedrich Wilhelm I. und König Friedrich II. noch einmal auf den Zahn fühlen. Möglicherweise ist der preußische Militärstaat nicht aus bestimmten Notwendigkeiten, sondern aus den persönlichen Launen der frühen preußischen Herrscher erwachsen; möglicherweise waren Bürokratie und Toleranz in Preußen nicht so bewundernswert wie behauptet. Womöglich war der preußische Militärstaat unnötigerweise unmenschlich – mit unheilvollen Folgen für die deutsche Geschichte. Kaum vorstellbar, dass die Katastrophen der deutschen Geschichte im 20. Jahrhundert einfach vom Himmel fielen. Sie wurzelten wohl unter anderem in den Jahren 1713 und 1740. Die Verfeinerung der Deutschen heißt heute auch Abbau preußischer Ideologie, und zwar der strengen spartanischen Observanz. Der athenische Teil Preußens kann bleiben.

Auffälligerweise waren die Dinge in Preußen zunächst in eine andere Richtung gelaufen. Bevor Friedrich Wilhelm I. im Jahr 1713 den Thron bestieg, war Berlin unter der Ägide seiner Eltern, unter König Friedrich I. und Königin Sophie Charlotte, auf dem Weg gewesen, ein heiteres *Spree-Athen* zu werden, ein Ort, wo die Musen und Grazien zu Hause waren, wo das verfeinerte höfische Leben, die schönen Künste und Wissenschaften, Handel und Gewerbe, die Wohlfahrt und das Glück der Menschen gefördert werden sollten: teils dem Schein nach, teils tatsächlich. Es handelte sich quasi bis 1713 um eine Parallelaktion zu Dresden und Wien, um nach der Überwindung des Dreißigjährigen Krieges für kulturellen Aufbruch zu sorgen.

Ab 1698 wurde das Berliner Schloss zu einer großen, einheitlichen Barockanlage umgestaltet. Die künstlerische Leitung hatte zunächst Andreas Schlüter inne, seit 1706 dann Johann Friedrich Eosander. Es entstand eine nach außen geschlossene, rechteckige, wuchtige Residenz mit zwei Innenhöfen, ringsum geschmückt mit majestätischen Fassaden im Stil des Hochbarock. Die feierliche Größe sollte selbstverständlich an Versailles erinnern. Anfänglich hatte sich der Bauherr noch Kurfürst Friedrich III. von Brandenburg genannt. Da er sich aber mit Erlaubnis des Kaisers im Jahr 1701 die Krone als König in Preußen auf das Haupt setzte und nun Friedrich I. hieß, sollte die königliche Hofhaltung zu den glanzvollsten in Europa zählen – was vielleicht auch schon ein wenig des Guten zu viel war.

Daneben entstand ein Sommersitz der Königin, westlich vor den Toren von Berlin, das Schloss Charlottenburg: der eigentliche Musenhof. Der formelle Name der Königin war zwar Sophie Charlotte, aber genannt wurde sie Charlotte und ihr Schloss eben Charlottenburg: errichtet ab 1695 nach Plänen von Johann Arnold Nering, erweitert ab 1702 wiederum durch Johann Friedrich Eosander, welcher in der Mitte den markanten hohen Kuppelturm schuf. Später wurde die Schlossanlage von anderen Herrschern seitlich verlängert. Heute dehnt sie sich wunderbar lässig fünfhundert Meter in die Breite und erscheint heiter durch das zarte Gelb der Front. Nach Norden hin folgt ein geometrisch geordneter französischer Garten, der schon unter Sophie Charlotte entstand, dahinter dehnt sich ein englischer Landschaftsgarten aus, den später Friedrich Wilhelm II. anlegen ließ, der ebenfalls das höfische Leben liebte.

Königin Sophie Charlotte empfing in Charlottenburg häufig den Philosophen Gottfried Wilhelm Leibniz, für den ein tätiges und erkennendes Leben zur Glückseligkeit auf Erden führte. Die Herrscherin und der Philosoph machten Spaziergänge im Garten, um über Gott und die Welt nachzudenken. Leibniz berichtete, dass die Königin kaum damit aufhörte, bohrende Fragen zu stellen, und wissen wollte, was hinter den Dingen steckt. Leibniz schlug vor, nach Pariser

Vorbild zwei Akademien in Berlin einzurichten, eine für die schönen Künste, eine andere für die Wissenschaften – was dann auch geschah. Darüber hinaus wurde eine neue Universität in Preußen gegründet, um die traditionelle Vormacht der theologischen Fakultät zu brechen und mehr höhere Beamte auszubilden, durch Fächer wie Staatsrecht und Geschichte, ergänzt durch Philosophie und Poetik. Neben den älteren preußischen Universitäten in Frankfurt an der Oder und in Königsberg in Ostpreußen eröffnete man im Jahr 1694 die neue Hochschule in Halle an der Saale. Der universitäre Betrieb wurde hier nicht mehr durch Pfründen und Stiftungsvermögen gesichert, sondern durch regelmäßige Zuwendungen des Staates.

Infolge einer solch modernen Ausrichtung stieg die Hochschule in Halle in kurzer Zeit zu einer bevorzugten Universität in Deutschland auf, vorläufig nur von Leipzig übertrumpft.[3] Der frühe Erfolg lag nicht zuletzt an dem Juristen und Philosophen Christian Thomasius, der vorher in Leipzig gelehrt hatte und dort schon den schwarzen Taler mit dem farbigen Rock und Galanteriedegen eintauschte, um ein Zeichen zu setzen, dass sich Gelehrsamkeit mit Weltläufigkeit verbinden möge. Der freundliche, weltlich gesinnte Thomasius wollte verständlich sein und war der erste Hochschullehrer, der die Vorlesungen nicht mehr auf Latein, sondern auf Deutsch hielt. Er feilte an der Idee menschlicher Selbstbestimmung mit Hilfe der Vernunft, lehrte eine weltliche Ethik mit der »Grundregel, vernünftig, klug und artig zu leben«. Artig meinte nicht einfach brav, sondern kunstvoll, elegant.

Kronprinz Friedrich Wilhelm I. war das alles zuwider: das verfeinerte höfische Leben in Berlin und Charlottenburg; die schönen Künste und Wissenschaften. Er hielt solche Dinge im Großen und Ganzen für ein Larifari, das nur viel Geld kostete und die vermeintlich dringende Aufrüstung der Armee behinderte. Die Wahrheit war, dass er kein Talent für das Glück auf Erden besaß. Er gab sich von früh auf als ein Kontrollmensch, als einer, der auf Macht fixiert war. Er gehörte zu jener urgeschichtlichen Spezies von Menschen, die andere knechten, um nicht von ihnen geknechtet zu werden. Er wurde zu einem Musterbeispiel des Alphatieres, den die Verfeinerung der Gesellschaft und des Staates nicht die Bohne interessiert. Er hielt sich an das uralte Rezept: Schraube das kulturelle Niveau auf allen Gebieten herunter, dämme die sinnliche Lebendigkeit der Menschen so weit wie möglich ein, drille die Leute, mache sie gleichförmig: dann kannst zu sie beherrschen.

Natürlich zog es Friedrich Wilhelm nicht zur Stadt hin; lieber war ihm das flache Land oder der Kasernenhof. Dort ließen sich die Dinge besser überblicken und beherrschen. Oder man konnte in der freien Natur auf die Jagd gehen und sich als Herr der Dinge fühlen. Schon 1698 schenkte der Vater dem Thronfolger das Schloss Königs Wusterhausen südöstlich von Berlin, mitsamt der dazugehörigen Herrschaft und landwirtschaftlichen Domäne. Der Kronprinz baute Schloss und Gut nach und nach zu seinem Refugium aus und legte bereits damals, mit zehn Jahren, ein Ausgabenbuch an mit dem Titel: »Rechnung über meine Dukaten«. Er wurde zum Rechen- und Zuchtmeister und blieb es ein Leben lang. Er rekrutierte bereits als junger Spund aus den leibeigenen Bauernsöhnen von Königs Wusterhausen »lange Kerls«, welche er in Uniformen steckte und stundenlang im Hof hin und her marschieren ließ.

Fürst Leopold von Anhalt-Dessau, welcher der »Alte Dessauer« genannt wurde, wurde als preußischer General einer der engsten Vertrauten des Thronfolgers und späteren Königs. Beide verband die Narretei für das Kriegswesen, die Jagd und die Hunde. Der General war es, der den berüchtigten Drill erfand, welcher für die preußische Armee unter Friedrich Wilhelm I. typisch werden sollte: dieses unaufhörliche Exerzieren, das die Soldaten zu mechanischen Gliedern eines Ganzen abrichtete – immer dieselben Schritte, immer dieselben Wendungen, immer dieselben Griffe, bis die Truppe marschierte und nur ein einziger Fußtritt zu hören war. Man versprach sich davon eine größere Schlagkraft des Heeres, um die zahlenmäßige Unterlegenheit gegenüber der französischen Armee oder der des Kaisers auszugleichen, obwohl sich Theorie und Praxis nicht unbedingt deckten. Friedrich Wilhelm erhöhte in seiner Regierungszeit von 1713 bis 1740 die Zahl der preußischen Soldaten von 40 000 auf 80 000, während zwischendurch sage und schreibe 30 000 preußische Soldaten flüchteten, weil sie die unmenschliche Dressur nicht mehr ertragen konnten. Es gingen dadurch hohe Summen an Werbungsgeldern verloren, die man zuvor den jungen Burschen für den Eintritt in die Armee gezahlt hatte. Doch je mehr Soldaten desertierten, desto mehr wurde der Drill erhöht und der Spießrutenlauf eingeführt – Methoden, die man anderswo in Europa noch nicht kannte.

Als Friedrich Wilhelm einmal in Hannover war, monierte er, dass es dort keine Disziplin des Stocks gäbe und die Soldaten den Dienst »aus Lust, aber nicht aus Subordination« täten, und zwar deshalb, weil die Offiziere »fast keinen Kerl schlagen dürfen bei Königs Ungnade«. Der Kurfürst von Hannover war seit kurzem zugleich König von England – der dritte deutsche Kurfürst, der jetzt neben dem Kaiser ein König war: so wie der Kurfürst von Brandenburg zugleich König in Preußen und der Kurfürst von Sachsen auch König von Polen. Eine unglaubliche Vermehrung von Majestäten! Jeder wollte der Größte sein. Es ging längst nicht nur darum, die zerstückelten preußischen Lande durch eine gut gerüstete Armee zu beschützen und zusammenzuhalten; es ging auch um *Größenwahn*. Faktisch war der König in Preußen vorläufig nur ein Juniorpartner – also wurde aufgerüstet: davon schien man etwas zu verstehen. Der Alte Dessauer entwickelte jene Parole, welche Friedrich Wilhelm I. bereitwillig übernahm: »Gut schießen, rasch laden, Unerschrockenheit und mutiger Angriff«.

Nicht der *Bürger*, nicht der *Ritter* oder der *Kavalier*, sondern der *Krieger*, welcher bedingungslos dem König folgt, welcher harten, knappen Befehlen gehorcht, war das Ideal. Irgendwie sollte es wieder einmal zurückgehen hinter die Zeit von 960: hinter das zivilisierte Städtewesen, hinter den Gedanken von Wirtschaft, Bildung und Wohlfahrt. Friedrich Wilhelm war besessen von der Idee, dass Rücksichtslosigkeit auf allen Gebieten am weitesten führt: sei es beim Eintreiben der Steuern, sei es bei der Zwangsrekrutierung von Soldaten, sei es beim Drillen und Kommandieren, sei es im Krieg oder bei der Gleichschaltung der Untertanen. Alle im Land sollten soldatisch denken, sollten ohne Widerspruch dem Staat dienen und auf privates Glück verzichten. Nichts erschien Friedrich Wilhelm schlimmer als das »Räsonieren« der Bürger: kritisches Denken, gegenseitige Beratung, freies Unternehmertum, persönliches Wohlergehen. Es ging am Ende nur um eins: um Selbstherrlichkeit, Ruhm und Ehre des Königs. Friedrich Wilhelm schrieb später, im Jahr 1722, in einer Instruktion für den eigenen Nachfolger: Man müsse »mit Honneur in der Welt regieren«, »seine Affären selbst tun«, denn: »Wir bleiben doch König und Herr und können tun, was Wir wollen.«

Als der eigene Vater, König Friedrich I., im Sommer 1711 zu diplomatischen Verhandlungen nach Holland reiste, erhielt Friedrich Wilhelm vorübergehend schon die Statthalterschaft über das preußische Königreich. Der Kronprinz dachte zuerst ans Militärische und schrieb entsetzt an Fürst Leopold: »Kein Regiment im Lande, kein Pulver als 12 000 Zentner und kein Geld.« Dabei böte sich doch momentan eine so günstige Gelegenheit, aus der untergehenden schwedischen Großmacht für Preußen schnell Schwedisch-Pommern herauszufischen – was Friedrich Wilhelm nach der Thronbesteigung bald auch machte. Die preußische Aufrüstung war nicht nur auf Verteidigung angelegt, sondern auch auf Beutemachen sowie auf Einschüchterung der eigenen Bevölkerung. Allerdings hinderten Friedrich Wilhelm die eigenen Charakterzüge des Kontrollzwangs und der Pedanterie daran, zum Hasardeur zu werden. Er zögerte, weitere Kriege vom Zaun zu brechen, weil sie kaum zu kontrollieren waren und sehr teuer erschienen. Es entstand das spöttische Sprichwort: So schnell schießen die Preußen nicht – was sich später unter seinem Sohn Friedrich II. noch ändern sollte.

Für Friedrich Wilhelm reichte es hin, wenn ihm jederzeit viel Geld und eine starke Armee zur Verfügung standen. Schon darin lag für ihn eine große Genugtuung. Umgekehrt konnte er auf humanistische Ratschläge von akademisch gebildeten Beamten, Schriftstellern und Philosophen verzichten. Im Brief an den Alten Dessauer im Sommer 1711 hieß es auch: »Die hiesigen Blackschisser, die sagen, mit der Feder wollen sie dem König Land und Leute schaffen, und ich sage, mit dem Degen oder er kriegt nichts.« Leibniz, den Philosophen seiner Mutter, verhöhnte er gern: »Der Kerl taugt nicht einmal zum Schildwachestehen.«

Der Ort, wo Friedrich Wilhelm die eigenen Ideen ausbrütete, um sich von den üblichen Spielregeln im neuzeitlichen Europa zu verabschieden: um das *innere Preußen* zu gründen, war Königs Wusterhausen. Als sein Vater, König Friedrich I., im Februar 1713 starb, zog er sich schon am nächsten Tag dorthin zurück, um ein neues Regierungsprogramm zu entwerfen und schriftliche Befehle zu erteilen. Nicht länger das städtische Schloss in Berlin, sondern die ländliche Kate in Königs Wusterhausen sollte jetzt das preußische Versailles sein.

Man findet den Flecken südöstlich von Berlin und entdeckt eine kleine Schlossanlage. Zwei barocke Kavaliershäuser laufen trichterförmig auf das eigentliche Schloss zu, ohne diesem zu nahe zu kommen. Das Hauptgebäude ist nicht barock, sondern gehört der Renaissance an. Man sieht ein festes, massiges Haus, das von zwei hohen Giebeln abgeschlossen wird. Leicht aus der Mittelachse verschoben, ist ein Treppenturm vorgelagert, bekrönt von einer geschweiften Haube. Der Landsitz wirkt apart, ist nicht ohne malerische Wirkung. Man könnte fast vergessen, dass es sich um Schloss Königs Wusterhausen handelt. Nichts erinnert an einen König, nichts an die große Welt. Umgekehrt mutet auch nichts wie Wust, wüst und durcheinander an. Man denkt an Landedelleute, die leben und leben lassen – und kommt von selbst nicht auf den Gedanken, dass hier ein Berserker residierte.[4]

Friedrich Wilhelm ließ hier, in dieser Idylle, das Szenario der europäischen Politik Revue passieren: beherrscht von Frankreich. König Ludwig XIV. hatte sich bekanntermaßen seit der zweiten Hälfte des 17. Jahrhunderts zum Muster eines Fürsten nach der Lehre von Machiavelli entwickelt: unbedingte Machtpolitik, ein Höchstmaß an Ruhm und Ehre für den König, unentwegte Blendung des Volks durch glorreiche Eroberungen und glanzvolle Hoffeste. Über Jahrzehnte versuchte der Sonnenkönig, unter fadenscheinigen Gründen die französischen Grenzen nördlich und östlich bis an den Rhein vorzuschieben; er schuf gleichzeitig für Schloss und Garten von Versailles immer größere Dimensionen, bis sich seine Ressourcen zu Beginn des 18. Jahrhunderts erschöpften. Es war für die benachbarten Monarchien oder Republiken nicht leicht, sich diesem Wahnwitz zu entziehen. Fast alle ließen sich blenden, die Franzosen und die übrigen Nationen.

Friedrich Wilhelm überlegte, dass an sich, unter rein rationalistischen Gesichtspunkten, *viel Geld* und eine *starke Armee* genügten, um als König unangreifbar zu sein: nach außen wie nach innen. Das Programm lautete: das Hofleben auf ein Mindestmaß herunterfahren; das Militärwesen auf ein Höchstmaß hochfahren! Das erschien ihm effizient. Ohnehin lag ihm von seinem Temperament her nicht viel an der höfischen Gesellschaft; im Gegensatz dazu hatte er großen Spaß daran, die Menschen zu malträtieren. Er dachte nicht daran, das Prinzip des machiavellistischen Fürsten aufzugeben und Preußen nach dem Vorbild von England oder der Vereinten Niederlande, die er gut kannte, in eine konstitutionelle Monarchie zu verwandeln, in der die bürgerliche Gesellschaft oder Zivilgesellschaft den Ton angegeben hätte, ähnlich wie auch in Hamburg oder anderen freien Reichsstädten. Gott behüte! Friedrich Wilhelm fühlte sich als Fürst von Gottes Gnaden, der tun konnte, was er wollte.

Natürlich spielte ihm das Luthertum in die Hände. Schon sein Vater, König Friedrich I., hatte ihm gegenüber bemerkt, welch ein Vorteil es sei, dass die Pfarrer nicht mehr von Rom abhingen, sondern vom Landesfürsten, der sie seinerseits für seine Zwecke gebrauchen könne. Luther hatte das Heil eher in Autorität, Glauben, Gehorsam, Treue, Biederkeit gesucht, weniger in Vernunft, Recht, Beratung, Freiheit, Würde. Der Reformator hofierte, wie gesehen, das Freund-Feind-Schema, den Kulturpessimismus, predigte den Vorrang der Obrigkeit und des Provinziellen, einen fürchterlichen Ernst, das tugendhaft Steife, die Idee des Anspruchslosen, die Skepsis gegenüber dem Urbanen und Kaufmännischen.

Friedrich Wilhelm konnte weder im öffentlichen noch im privaten Bereich irgendeinen Widerspruch ertragen, er schäumte schon bei geringstem Anlass vor Wut. Alles und jedes sollte sich in Preußen militärisch verhalten: sollte sich dem König opferbereit hingeben, einen asketisch strengen Dienst verrichten, ohne einen Mucks die auferlegten Pflichten erfüllen und die harte Faust des Regimes als gottnotwendig betrachten. Es sollten die *preußisch-protestantischen Tugenden* sein, die mit den *deutschen* verwechselt wurden. Es war der Geist oder Ungeist von Königs Wusterhausen und der Garnison von Potsdam. Es entstand ein Staat, in dem *Bienenfleiß und Militarismus* zählten – der preußische Sonderweg.

Typisch für Europa wie für Deutschland war eigentlich immer ein gewisses Maß an Freiheit für die kreative Klasse. Das Leben sollte angenehm, schön und menschlich sein. Man machte lieber Erfindungen, bevor man zum Grautier oder zum Zugochsen wurde. Der normale Weg in Europa und in Deutschland war die Lebensform der Stadt und des Bürgers.

Friedrich Wilhelm wollte jedoch von Humanismus und Aufklärung nichts wissen; lieber hielt er sich an die christliche Religion, die in seinem Sinn eine Politik von oben lehrte. Er nahm die Unterschiede innerhalb des Protestantismus nicht so genau, weil in Preußen traditionell mehrere Richtungen geduldet wurden. Er war selbst calvinistisch erzogen worden, ohne jedoch der so genannten Prädestinationslehre zu huldigen, wonach sich die göttliche Auserwähltheit des Einzelnen am Erfolg im Leben messe, denn er hatte panische Angst, nicht erfolgreich zu sein. Erfolg hieß für ihn schlicht »Plus machen« an Dukaten und Soldaten.

Sonst sollte sich niemand in Preußen einbilden, er könne sich irgendwie hervortun. Alles sollte konform laufen. Neben den Calvinisten gab es bei Hofe auch starke Einflüsse der lutherischen Orthodoxie wie der pietistischen Lehre. Die Pietisten predigten die selbstlose Arbeit im Dienst der Gemeinschaft, was Friedrich Wilhelm hoch erfreute. Doch umgekehrt wollten die Pietisten nichts vom Militär wissen, was den Despoten wiederum sehr erboste. Als später einmal, im Sommer 1718, der pietistische Pfarrer Victor Christoph Tuchfeld gegen die Zwangsrekrutierung der Soldaten protestierte, war der Herrscher über diese »impertinenten« Schreiben empört, sperrte den Geistlichen hinter Gitter und ließ sich vernehmen: »Prediger und öffentliche Lehrer sollten das Volk und andere vielmehr zu der Untertänigkeit gegen ihre Obrigkeit aufmuntern als ihre Gemüter gegen dieselbe zu reizen.«

Zunächst, im Frühjahr 1713, kehrte der neue König erst einmal von Königs Wusterhausen nach Berlin zurück und stellte alles auf den Kopf. Er war fasziniert von extremen, radikalen Lösungen – und versprach sich alles davon. Zuerst sorgte er dafür, dass sein Vorgänger König Friedrich I. mit allem Pomp beerdigt wurde, weil er es so dem Vater versprochen hatte. Doch bereits am anderen Tag jagte er die Musen und Grazien davon.

Es sollte ruckartige Veränderungen geben. Der Hof wurde ohne Federlesens grundlegend verändert. Reihenweise wurden die Hofleute entlassen oder unter die Soldaten gesteckt: Oberkämmerer, Oberheroldsmeister, Hofmarschall, Oberzeremonienmeister. Die brillanten Hofmusiker des Vaters wurden durch biedere Regimentsmusiker ersetzt. Nicht länger die zivilen Chargen, sondern die militärischen

Chefs sollten bei Hofe den Vorrang haben. Anstelle des Oberkämmerers nahm jetzt der Generalfeldmarschall den höchsten Rang ein. Die Frauen wurden nicht mehr besonders geachtet, denn es sollten kaum noch höfische Feste in den Staatsgemächern des Berliner Schlosses stattfinden, bei denen die Königin, die Prinzessinnen und die Hofdamen in Erscheinung traten. Eine der Töchter, die spätere Markgräfin Wilhelmine von Bayreuth, berichtete in ihren Memoiren, dass sie zwischendurch einmal als preußische Prinzessin sechs Jahre lang nicht getanzt habe, weil es keine Anlässe dafür gab, obwohl sie so gern getanzt hätte. Höfisches Theater, Oper, Ballett, Bälle, Maskeraden waren dem König ein Graus. Bloße höfische Kavaliere wurden nicht mehr geduldet. Gefeuert wurden auch der Hofgoldschmied und der Chocolatier. Viele Kunsthandwerker, die vom Hof gelebt hatten, machten Bankrott.

Nur wenn seltene hohe Staatsgäste zu Besuch nach Berlin kamen, wie der Kurfürst von Hannover und König von England oder der Kurfürst von Sachsen und König von Polen, wurde auch an Spree und Panke ein wenig Hof gehalten, ebenso wenn ein Mitglied der königlichen Familie heiratete. Ansonsten herrschte »Öde« im Schloss. Die königlichen Hoheiten bewohnten ein paar Zimmer; der übrige Teil des Riesenbaus stand leer. Der Lustgarten nördlich vor der Residenz verwandelte sich in einen Exerzierplatz.

Christopher Clark meint, ein solch asketisches Hofleben habe den Vorlieben einer entstehenden preußischen Öffentlichkeit entsprochen und »das Bild des gerechten und sparsamen Herrschers als Diener des Staats« verkörpert.[5] Mag sein, dass protestantische Hardliner eine solche Position vertraten und den König in ein gutes Licht rückten. Aber das Volk hasste diesen knauserigen Despoten, denn es wollte eigentlich mündig sein und gut leben. Das Jahr *1713* bedeutete für Preußen wie für Deutschland ein *annus horribilis*.

Was bei Hofe gespart wurde, wurde ins Militär gesteckt. Der holländische Gesandte Lintelo berichtete über eine Ansprache des neuen Königs an seine Minister: »Mein Vater fand Freude an prächtigen Gebäuden, großen Mengen Juwelen, Silber, Gold und äußerlicher Magnifizenz – erlauben Sie, daß ich auch mein Vergnügen habe, das hauptsächlich in einer Menge guter Truppen besteht.« Preußen blieb ein Luxusstaat, nur bestand der Luxus jetzt nicht mehr in einer verfeinerten höfischen Kultur, sondern in einer überdimensionierten Armee, die dem König viel Freude machte. Womöglich spielten homoerotische Neigungen eine Rolle. Als ihm der Alte Dessauer wieder einmal einen jungen, groß gewachsenen Soldaten für sein Potsdamer Leib-Bataillon schickte, bedankte sich Friedrich Wilhelm: »Euer Liebden angenehmes Schreiben mit einem Rekruten habe wohl erhalten und bin recht obligiert für den schönen Kerl.« Oder vielleicht blieb der König ein kleiner Junge, der sich freut, wenn er einen neuen Zinnsoldaten erhält. Die Giganten des Garderegiments waren die einzigen Leute im Land, die von Friedrich Wilhelm etwas besser behandelt wurden. Er liebte seine Soldaten, wobei er den gewöhnlichen Mannschaften gegenüber ein Sadist war. Die langen Kerls wurden bevorzugt, »weil ich doch«, schrieb er an anderer Stelle, »in der Welt in nichts Plaisier finde als in einer guten Armee«. Für solche Vergnügungen des Königs konnte man dem Volk schon ein paar Entbehrungen aufbürden und Opfer abverlangen. Nach Angaben von Heinz Kathe, der eine kritische Biographie über Friedrich Wilhelm I. schrieb, wurden siebzig bis achtzig Prozent des Staatshaushalts für das Militär ausgegeben, was einmalig in Europa war.[6]

Sowohl die königliche Familie als auch die Bevölkerung sollte sich die Aufrüstung vom Mund absparen. Wilhelmine von Bayreuth klagte in ihrem Erinnerungsbuch immer wieder über die karg gedeckte königliche Tafel in Berlin. Und erhalten gebliebene Küchenzettel bezeugen, dass die königlichen Köche angehalten wurden, so billig wie möglich auf dem Markt einzukaufen. Es sollte nicht jeden Tag frisch gekocht werden, um Personal einzusparen. Es gab oft aufgewärmte, schwer verdauliche, deftige Speisen: Sauerkraut, gelbe Erbsen und Pökelfleisch vom Schwein (vermutlich das klassische Berliner Eisbein), Rindsmaul und Rindsfuß.

Der König selbst hatte einen herzhaften Appetit und ließ es sich schmecken. Doch den Prinzessinnen wie dem Thronfolger Friedrich II. verrenkte es den Magen. Nur gelegentlich wurde etwas aufwendiger gekocht, wenn es galt, einige Ehrengäste zu bewirten. Beispielsweise servierte man im Juli 1736 im Potsdamer Stadtschloss ein Menü für zwanzig Personen: darunter Kalbfleischsuppe mit Hecht-

Gepanzert: Staatsporträt von König Friedrich Wilhelm I. in Preußen, auch Soldatenkönig genannt, gemalt von Antoine Pesne, um 1733. Deutsches Historisches Museum, Berlin

klößchen, Sauerampfer und Kerbel; Havelkarpfen mit Kirschmus; Zander mit Senfsoße; Flusskrebse mit Butter und Petersilie oder Frikassee von jungen Hühnern mit frischen Champignons. An sich war der König beides: Gourmand und Gourmet. Er stachelte des Öfteren seine Minister und Generäle dazu an, ihn zum Abendessen einzuladen, um in fremden Palais Austern, Hummer und Wachteln zu goutieren. Die Feinschmeckerei sollte halt nur nicht die königliche Schatulle belasten. Königin Sophie Dorothea, die Prinzessinnen und die Prinzen konnten sich ja daheim im Schloss ruhig mit der gewöhnlichen, einfachen Kost begnügen, dachte Friedrich Wilhelm. Der schlechte Ruf der *berlinischen und preußischen Küche* entstand in dieser Zeit und übertrug sich später mir nichts, dir nichts auf die *deutsche*, was dieser nie gerecht wurde.

Der König kürzte ebenso die Gehälter der Generäle und Minister, aller Soldaten, aller Beamten – alle sollten sparen. Wo die Generäle und Minister das Geld hernahmen, um ihn fürstlich zu bewirten, war ihm egal. Oft konnten sich die Leute nur über Wasser halten, indem sie hintenherum ein paar Geschäfte machten. Wer sich nach außen hin halbwegs anständig durchschlagen wollte, musste für gewisse Nebeneinkünfte sorgen. Ganz so ernst nahm man es nicht mit der geforderten Opfer- und Leistungsbereitschaft. Es entstand der sarkastische Mutterwitz der Berliner. In Anspielung auf den etwas verwachsenen Friedrich I. und seinen geizigen, kulturell rückständigen Nachfolger hieß es: »Wir haben den schiefen Fritz verkraftet, wir werden auch mit dem Schotten Friedrich Wilhelm fertig werden.« Zumindest die oberen Zehntausend in Preußen fanden Mittel und Wege, um sich schadlos zu halten. Der führende Minister Friedrich Wilhelm von Grumbkow ließ sich gern ein paar Taler vom kaiserlichen Gesandten Reichsgraf Friedrich Heinrich von Seckendorff zustecken. Beide luden den König immer wieder zu Abendessen in ihre Palais ein, um ihn fröhlich zu stimmen.

Clark behauptet auch: Die Aufrüstung der preußischen Armee unter Friedrich Wilhelm I. sei gelungen, »ohne dass die Zivilwirtschaft ernsthaften Schaden genommen hätte«.[7] Doch der Monarch entzog der Wirtschaft gewaltige Summen: teils, um neue Regimenter aus dem Boden zu stampfen; teils, um im Tresor des Berliner Schlosses einen

Staatsschatz zu horten. Es war für Handel und Gewerbe ein Desaster, dass das Geld nicht mehr zirkulierte. Zwar füllte sich die Staatskasse, vermehrten sich die Kasernen, aber die Menschen im Land hatten nicht mehr viel zu beißen. Erst jetzt wurde Preußen zum Armenhaus in Deutschland.

Ob kaiserliche, ob sächsische Gesandte, die Berichte über Berlin und Preußen lauteten fast immer gleich: Es herrsche eine desolate wirtschaftliche Situation vor, welche zu einer großen Unzufriedenheit bei der Bevölkerung führe, nicht zuletzt, weil der preußische König so ein Pfennigfuchser sei und jeden überzähligen Taler der Armee zukommen lasse. Der sächsische Feldmarschall Flemming notierte: »Berlin gleicht nicht einer Residenz, sondern einem Heerlager an der Grenze, wo die Stärke der Bewohner in der Garnison besteht und wo der Rest der Ansiedler, Männer wie Weiber, nur dazu da ist, die Soldaten zu bedienen.«

Die beiden Akademien in Berlin, jene für die schönen Künste und jene für die Wissenschaften, dümpelten nun dahin und erhielten kaum noch finanzielle Unterstützung. Um den Spott auf diese Institutionen auf die Spitze zu treiben, ordnete der König an, dass sie das Gehalt für den Hofnarren bezahlen oder selbst den höfischen Spaßmacher stellen mussten. An der Universität in Halle an der Saale drangen die Werber der preußischen Armee in die Hörsäle ein, um lange Kerls zur Armee zu zwingen. In einem Gedicht hieß es: »So muß ich, schönstes Saal Athen, / so unverhofft zu Grunde gehen.« Der berühmte, dortige Philosophieprofessor Christian Wolff wurde entlassen und des Landes verwiesen, weil ihn pietistische Kollegen beim König angeschwärzt hatten, er lehre Ungehorsam. Wenn der König dieses Wort auch nur hörte, brannten bei ihm die Sicherungen durch.

Friedrich Wilhelm ging davon aus, dass das ausschweifende Hofleben seiner Eltern den Staat ruiniert hatte. Zu seiner Überraschung stellte er jedoch bei der Amtsübernahme fest, dass der Staatssäckel ganz gut gefüllt war, mit zweieinhalb Millionen Talern. Die Eltern hatten zwar üppig gelebt, aber zugleich das Geld unter die Leute gebracht, Handel und Gewerbe angekurbelt, wodurch ordentliche Steuereinnahmen zurückflossen. Der Überschuss von zweieinhalb Millionen Talern wurde von Friedrich Wilhelm sofort für das Militär verwendet, um die Zahl der Soldaten gleich zu Beginn seiner königlichen Laufbahn von 40 000 auf 50 000 zu erhöhen. Im Übrigen war er überzeugt, besser zu wirtschaften als der Vater. Er übertrug die sparsame Ökonomie, die er sich in der Kronprinzenzeit als Gutsherr in Königs Wusterhausen angeeignet hatte, auf das staatliche Finanzwesen. Überhaupt setzte er als frühmittelalterlich gesinnter Krieger und als Lutheraner auf die Landwirtschaft, um die Einnahmen des Staates zu erhöhen – und kaufte immer wieder für die Krone bankrotte Rittergüter auf. Am Ende seiner Amtszeit befand sich ein Viertel der landwirtschaftlichen Fläche in Preußen in königlichem Besitz. Die Söhne des verarmten Schwertadels durften dafür als Offiziere dem Staat dienen und erhielten bei Hofe den Vorrang vor den höheren Beamten, die ihrerseits in der Mehrzahl dem akademisch gebildeten Bürgertum entstammten.

Die Pointe war, dass seit dem hohen Mittelalter das große Geld nicht mehr mit der Landwirtschaft verdient wurde, sondern mit Handel und Gewerbe. Friedrich Wilhelm schwante, dass man auch dafür etwas tun müsse. Das Dumme an der Sache war nur, dass er den freien Unternehmungsgeist der Bürger nun gar nicht leiden konnte. Die *kreative Klasse*, Wirtschaftsbürger, Bildungsbürger und Boheme, stand in Preußen auf verlorenem Posten.

Der König glaubte jedoch, in dieser Angelegenheit das Ei des Kolumbus gefunden zu haben: Wenngleich er daheim die Arbeit der kreativen Leute im Keim erstickte, konnte er doch tüchtige Leute aus dem Ausland anwerben, Religionsflüchtlinge beispielsweise, und ihnen das Blaue vom Himmel herunter versprechen, welch blendende Geschäfte in Preußen zu machen seien. Sobald sie da waren, wurden sie bitter enttäuscht, denn auch sie wurden im Handumdrehen in das dirigistische Regime des Königs eingespannt. Irgendwie flossen die Taler aus Handel und Gewerbe nur schleppend in den Staatstresor. Es blieb das Sparen!

Schließlich wurde auch die lokale Verwaltung der Städte entmachtet, damit sich ja nichts außerhalb der Kontrolle des Königs regte und die einsamen Beschlüsse, welche er in Königs Wusterhausen fasste, ohne Murren durchgeführt wurden. Häufig erhielten Offiziere, die aus der Armee ausschieden und nicht viel besaßen, später Verwaltungsposten. Friedrich Wilhelm ließ verlauten: »Mein Interesse ist,

Bürgermeister zu setzen, die platt von mir dependieren.« Sofern Beamte die Wünsche des Königs nicht umgehend umsetzten, tobte er: »Wenn ich einem Offizier was befehle, so werde obedieret (gehorcht), aber die verfluchten Blackscheißer wollen was voraus haben und mir nit obedieren.« Falls sich Beamte nicht versetzen lassen wollten, kamen sie vors Kriegsgericht. Der König drohte: »Sie sollen nach meiner Pfeife tanzen oder der Teufel hole mir (!), ich lasse hängen und braten wie der Zar.«

Gern ging der Zornnickel und Misanthrop in Berlin spazieren, um nach dem Rechten zu sehen. Die Untertanen flohen vor ihm, was ihn ergrimmte. Er warf den Leuten zuerst die obligaten Schimpfworte hinterher: Hundsfott, Halunke, Schuft, Kerl, Kanaille. Manchmal gab er seiner Ordonnanz den Befehl, eine Person herzuholen, oder er rannte selbst hinterher, fasste sie und fragte, warum sie davonlaufe. Die Antwort war: »Weil ich mich fürchte!« Der Mann erhielt vom König persönlich eine Tracht Prügel, sei es mit dem Bambusrohr, sei es mit Faustschlägen ins Gesicht, und hörte die Worte: »Lieben sollt ihr mich, ihr Canaillen, lieben, hört er, lieben.«

Die Untertanen sollten dem Herrscher ohne Vorbehalt dienen und ihm seinen Willen tun aus Liebe und Freiheit, wie ein guter Protestant. Dutzende solcher Anekdoten wurden überliefert. Voltaire, der einige Zeit in Potsdam und Berlin lebte, schrieb in seinen Memoiren: »Wenn Friedrich-Wilhelm die Parade abgenommen hatte, spazierte er durch seine Stadt; jedermann ergriff schleunigst die Flucht: wenn er einer Frau begegnete, fragte er sie, warum sie ihre Zeit auf der Straße vertrödle: ›Scher dich heim, Weib; eine anständige Frau gehört ins Haus.‹ Und er begleitete diese Ermahnung mit einer saftigen Ohrfeige, mit einem Fußtritt in den Bauch oder mit ein paar Stockschlägen. So traktierte er auch die Diener des heiligen Evangeliums, wenn es sie gelüstete, die Parade zu sehen.«[8] Die Tochter des Königs, Wilhelmine von Bayreuth, schilderte ähnliche Szenen. Die Sitten verrohten in Preußen. Der kulturelle Aufschwung nach dem Dreißigjährigen Krieg erlitt hier herbe Rückschläge.

Bis heute träumen nicht wenige kleine Mädchen davon, eine Prinzessin zu sein. Man wäre das schönste Kind von der Welt, mit hübschem Gesicht, goldenem, langem Haar, weißem, glänzendem Kleid und einem zierlichen Diadem auf dem Haupt. Der Wohnort wäre ein vornehmes Schloss mit angenehm hellen Räumen, fein gedeckten Tischen und weichen Betten. Jeder im Schloss, die Eltern und die Höflinge, fände die Prinzessin wunderbar. Es gäbe Spiele und Tänze, Musik und Theater, Lustgärten und Landpartien, bis eines Tages der schönste Prinz von der Welt auf einem weißen Schimmel daherkäme und um die Hand der Prinzessin anhielte. So ähnlich wird es in manchem Märchen erzählt. Wilhelmine, die Tochter von König Friedrich Wilhelm I., schrieb als Markgräfin von Bayreuth ihre Memoiren und berichtete darin auch von ihrer Kindheit und Jugend in Berlin. Die Zeit als preußische Prinzessin erschien ihr als das gerade Gegenteil: als ein Leben im Fegefeuer.

Wilhelmine wurde 1709 als älteste Tochter von König Friedrich Wilhelm I. und Königin Sophie Dorothea geboren und war dann die Lieblingsschwester des Kronprinzen und späteren Königs Friedrich II. Bevor sie 1731 ihren fränkischen Vetter Markgraf Friedrich III. von Bayreuth heiratete, spielte sich ihr Leben vornehmlich an den Hauptresidenzen ihres Vaters ab: im Berliner Schloss, im Potsdamer Stadtschloss und auf Schloss Königs Wusterhausen. Gelegentlich wechselten in Berlin die Schauplätze zwischen der Hauptresidenz in der Stadtmitte, dem Schloss Charlottenburg und dem Schloss Monbijou nordöstlich der Stadt, dem Sommersitz ihrer Mutter (den es heute nicht mehr gibt). An sich waren Berlin und seine Umgebung ansprechend mit Schlössern ausgestattet, nur sollte sich nun darin häufig ein sonderbares und wenig schlossähnliches Leben abspielen.

Normalerweise hielt sich der König ohne die Familie in Königs Wusterhausen auf, um hier des Öfteren abends das Tabakskollegium mit seinen Generälen zu genießen. Doch im Herbst, wenn Jagdsaison war, zog der ganze Hofstaat in die kleine Kate. Wilhelmine fand die Zustände dort erbärmlich, einer königlichen Familie unwürdig: »Dieser sogenannte Palast«, schrieb sie in ihrer Autobiographie, »bestand nur aus einem sehr kleinen Hauptgebäude, dessen Eindruck durch einen alten Turm mit einer Wendeltreppe verschönert wurde. Das Hauptgebäude war von einer Terrasse umzogen, und ringsum war ein Graben angelegt, dessen stagnierende schwärzliche Flut an die des Styx erinnerte und einen abscheulichen, ja erstickenden Geruch verbreitete (...). Meine Schwester und ich waren mit unserem ganzen Gefolge auf zwei Zimmer angewiesen, oder besser gesagt, zwei Dachstuben. Wir speisten, gleichviel bei welchem Wetter, unter einer großen Linde in einem gedeckten Zelt, und wenn es stark regnete, hatten wir die Füße im Wasser, denn der Boden war ausgehöhlt. Es war stets für vierundzwanzig Personen gedeckt, von denen drei Viertel hungerten, da für gewöhnlich nicht mehr wie sechs karg zugemessene Schüsseln aufgetragen wurden.«[9]

Die Situation war regelrecht schizophren: Während Vater und Mutter in höchstem Maße beanspruchten, König und Königin zu sein, sollte die Familie keineswegs königlich auftreten. Während die ehrgeizige Mutter Königin Sophie Dorothea, welche die Schwester des Kurfürsten von Hannover und Königs von England war, ihren zahlreichen Kindern einbläute, dass sie königliche Hoheiten seien, sorgte der Vater König Friedrich Wilhelm ebenso vehement dafür, dass sie nicht als solche lebten, sondern als »Trappisten«, wie Wilhelmine höhnte: wie asketische Mönche und Nonnen des Zisterzienserordens der strengsten Observanz. Schuld daran sei nicht zuletzt dieser August Hermann Francke gewesen, dieser Pietist aus Halle, welcher aus dem Vater einen Frömmler gemacht habe. Den Kindern wurde himmelangst, wenn der Gottesmann gelegentlich von Halle an den Berliner Hof reiste.

Wilhelmine betonte in ihrem Erinnerungsbuch, dass sie es zuerst für sich selbst schreibe und großes Vergnügen daran habe; manchmal sprach sie aber auch den Leser an und rechnete damit, dass ihre Schrift vielleicht irgendwann einmal erscheine. Immer wieder flocht sie in den Text philosophische Gedanken und Lehrsätze ein, wohl nicht ohne pädagogische Absicht. Sie schrieb das Buch auf Französisch – und tatsächlich erschien einige Jahrzehnte nach ihrem Tod, Anfang des 19. Jahrhunderts, anonym eine erste Übersetzung der Autobiographie auf Deutsch. Man hielt das Buch für eine Fälschung, weil sich niemand vorstellen konnte, dass es am preußischen Hof Anfang des

18. Jahrhunderts so barbarisch zugegangen sei. Aber um 1850 tauchte aus dem Nachlass von Doktor Supperville, welcher der Leibarzt der Markgräfin gewesen war, das französische Original auf, verknüpft mit anderen Schriften der Markgräfin. Es gab keinen Zweifel mehr: Diese Chronique scandaleuse stammte von der Markgräfin Wilhelmine von Bayreuth, von der Tochter des Soldatenkönigs. Weitere Berichte, die man über den preußischen Hof der entsprechenden Zeit entdeckte, bestätigten mehr und mehr, dass Wilhelmine im Großen und Ganzen die Wahrheit sagte.

Die preußisch-protestantischen Historiker waren perplex (und ihre Erben sind es bis heute; Christopher Clark erwähnt die Autobiographie der preußischen Königstochter mit keinem Wort). Hatte man nicht den *Mythos von der preußischen Mission* erfunden, an der Deutschland, die verspätete Nation, genesen möge? Hatte man sich nicht wirklich Mühe gegeben, wie schon Luther, die *Mär von der deutschen Misere* zu verkünden, um nun endlich mit preußisch-protestantischer Strenge das Übel bei der Wurzel zu packen? War es nicht nötig, dass der Bürger auf privates Glück verzichte und sich aufopferungsvoll in den Dienst des Königs stelle, um Höheres zu erreichen, größere Zwecke zu erfüllen: Aufrüstung, einen starken Militärstaat? Schienen nicht gerade die preußischen Könige selbst mit bestem Beispiel voranzugehen: so selbstlos, so vernünftig, so ganz ohne Pomp und Luxus, so unerschütterlich pflichtbewusst als erste Diener des Landes und seiner Menschen?

Nun so etwas! Eine solche Nestbeschmutzerin! Wilhelmine, dachten sich die borussischen Geschichtsschreiber, sei eben zu zimperlich, zu anspruchsvoll gewesen, ohne Sinn für das Höhere, für die größeren Aufgaben des Staates; eben eine Frau, ein schwaches Weib, ohne Blick für das Übergeordnete und Strategische; sie hätte stark übertrieben und sich an dem Vater billig gerächt. Man kam nicht auf den Gedanken, dass diese Autobiographie das ernstzunehmende Pamphlet für eine humanere Welt darstellte, einen der feinsten Texte, die Mitte des 18. Jahrhunderts in deutschen Landen verfasst wurden.

So danieder lagen die deutschen Lande nicht: weder 1517 noch 1713. Erst der kirchliche und dann der königliche Revolutionär, Martin Luther und Friedrich Wilhelm I., sorgten jeweils für kulturelle Einbrüche. An sich hatte Deutschland im frühen 18. Jahrhundert die

Rückschläge durch den Dreißigjährigen Krieg auf bewundernswerte Weise wettgemacht – was sich auch in Berlin bis 1713 zeigte. Selbst wenn gewisse statistische Werte, die vor dem Dreißigjährigen Krieg galten, erst Ende des 18. Jahrhunderts wieder erreicht wurden, unterschied sich der gefühlte Wohlstand des Jahres 1713 kaum von dem der Zeit vor 1618. Es gab sehr wohl eine Alternative zum preußischen Militärstaat: in Hamburg, in Hannover, in Leipzig, in Dresden, in Wien, auch in der fränkischen Markgrafschaft Bayreuth unter der Ägide von Markgräfin Wilhelmine und Markgraf Friedrich – ein Leben, im dem sich die kreativen Kräfte und Chancen der Menschen entfalten, wo die Musen und Grazien heimisch sind, die schönen Künste und Wissenschaften, Handel und Gewerbe, Wohlfahrt und menschliches Glück.

Der selbstlose Asket entsprach keineswegs der Vorstellung, die vom deutschen Bürgertum seit dem hohen Mittelalter in den freien Reichs- und Hansestädten entwickelt worden war. Das Ziel war der »ehrbare Bürger«, der Honnête homme, der Gentiluomo. Dagegen war der opferbereite Dienst die *Ideologie des Untertanen*. Ein solcher sollte unentwegt arbeiten und Güter hervorbringen, aber nicht daran denken, diese Güter zu verzehren und guten Geschmack zu entwickeln, denn die Überschüsse sollten vom Militär verpulvert werden, um den Ruhm des Königs zu mehren. Für das wahre Bürgertum ging es nie darum, jene Dinge, welche das höfische Leben hervorbrachte, einfach abzuschaffen: wie Theater, Oper, Ballett, Bälle, Maskeraden, Tafelkunst, Liebeskunst, Landpartien und Reisen; es ging darum, sich als Bürger solche Dinge anzueignen und in den Arbeitsalltag einzufügen.

Wenn heute ein Kanzler oder eine Kanzlerin sagt, er oder sie wolle dem Land dienen, dann klingt das eher nach preußischem Obrigkeitsstaat, weniger nach freiheitlicher Demokratie. Als ob es mit dem Dienen getan sei. Als ob es neben Fleiß und Ausdauer nicht auch auf Überlegen und Abwägen, Einfallsreichtum und Kreativität ankäme, auf gute Reden und Ermunterung, auf Phantasie und ein wenig Glamour. Kann man nicht sagen: Ich will alles versuchen, um das Angenehme, Schöne und Menschliche zu fördern?

Markgräfin Wilhelmine von Bayreuth dachte so. Sie war noch keine Demokratin, aber in vielerlei Hinsicht eine sympathische, aufgeklärte Fürstin. Teils berichtete sie über ihre Tätigkeit als Fürstin in ihren Memoiren, teils leitete sie noch manches in die Wege, als der Text schon abgeschlossen war. Ihr Mann, Markgraf Friedrich von Bayreuth, war so frei, sie an der politischen Leitung des kleinen Landes zu beteiligen; ohnehin wollte sie auch selbst nicht ohne Rechte sein oder als Frau wie eine »Sklavin« behandelt werden. Wilhelmine nutzte eine der Stärken ihres Vaters aus und holte Rechenmeister und Finanzverwalter aus Berlin nach Bayreuth, um die markgräfliche Staatskasse wieder in Ordnung zu bringen. Doch die Überschüsse flossen hier nicht dem militärischen, sondern dem zivilen Leben zu.

Wilhelmine und ihr Mann gründeten eine Universität in Erlangen, ebenso eine Akademie der schönen Künste in Bayreuth, sie ließen dort auch ein Opernhaus errichten, das bis heute im barocken Original erhalten ist und manchmal im Schatten des Richard-Wagner-Festspielhauses steht. Ebenso entstand das Neue Schloss in der Residenzstadt. Wilhelmine erhielt zudem von ihrem Mann die Eremitage östlich von Bayreuth als persönliches Geschenk, eine Anlage, die sie nach eigenen Entwürfen ausbauen ließ: als eigentlichen Musenhof der Markgrafschaft, ähnlich wie einst ihre Großmutter Königin Sophie Charlotte in Berlin das Schloss Charlottenburg zu ihrem Musenhof gemacht hatte, um mit Leibniz über Gott und die Welt nachzudenken, nur mit dem kleinen Unterschied, dass Wilhelmine jetzt selbst die Philosophin war, bewundert von Voltaire, der mehrere Monate nach Bayreuth zu Besuch kam.

Wilhelmine war in Berlin unter anderem von einer Hofdame ihrer Großmutter Sophie Charlotte erzogen worden, vom Fräulein von Sonsfeld, die nun auch eine ihrer Hofdamen in Bayreuth war. In der Tradition der Großmutter sollte das persönliche Ideal die *honnête femme* oder der *honnête homme* sein: die *anständige, beredte, geschmeidige Person*. Während das städtische Schloss in Bayreuth als offizielle Repräsentanz der Markgrafschaft eine gewisse Etikette verlangte, war die Eremitage der Ort der *fête galante* – frei von höfischer Förmlichkeit und Steifheit, ganz den Musen und Grazien zugetan.

Philosophie meinte nach damaligen Begriffen mehr oder minder das Gegenteil von Religion oder Metaphysik: die Hinwendung zum irdischen Leben und zur Gegenwart. Es ging nicht mehr so sehr um den Glauben an das, was in der Bibel stand, sondern vielmehr um eigenständiges, vernünftiges Nachdenken über die Dinge, wie sie sind. Es kam darauf an, sich durch umfassende Lektüre zu bilden und eigene Erfahrungen in die Beurteilung der Geschehnisse einfließen zu lassen. Man sollte nach der Wahrheit suchen und sie aussprechen – auch wenn es sich um Preußen handelte, wo Pfarrer und Lehrer unter dem Druck des Königs die Ideologie des Untertanen predigten.

Wilhelmine überlegte in ihrer Autobiographie: »Nicht jedem ist es gegeben, einen blinden Glauben zu haben, man wird sogar gewöhnlich finden, daß die, die am wenigsten glauben, moralischer sind, aber ein bösartiger Mensch, der keine Religion hat, ist ein gefährliches Mitglied der Gesellschaft. Die meisten Leute wissen nicht, was sie glauben; die einen verwerfen die Religion, weil sie sich ihrer Leidenschaft entgegensetzt; die andern aus Mode; wieder andere, um für aufgeklärte Geister zu gelten. Solche Leute sind sehr zuwider, doch kann ich jene nicht tadeln, die sich die Erforschung der Wahrheit zum Ziele nehmen und sich von allen Vorurteilen befreien wollen. Ja, ich bin überzeugt, daß Leute, die gewohnt sind nachzudenken, nicht umhin können, tugendhaft zu sein; indem man richtig urteilt, gerät man ganz von selbst auf die Bahn der Tugend.« Wilhelmine rüttelte an Grundfesten des autoritären Systems: an Glauben, Gehorsam, Treue, Biederkeit – trat für das Räsonieren, Abwägen ein, ohne sich schon voll und ganz auf die freiheitliche Seite zu stellen.

Die Eremitage bei Bayreuth war ihr Refugium, um Philosophin und Künstlerin zu sein, um ein kreatives, musisches Leben zu führen. Hier schrieb sie im Arbeitszimmer ihre Memoiren, hier entwarf sie Baupläne, komponierte kleine Opern, spielte Cembalo oder legte eine Gemäldesammlung an. Unter anderem ließ sie einen Tempel als Ruine errichten, wo, wie sie stolz erklärte, »Bildnisse aller berühmten Gelehrten der letzten Jahrhunderte wie Descartes, Leibniz, Locke, Newton, Bayle, Voltaire, Maupertius usw.« zu sehen waren. An anderer Stelle schrieb sie: »Ich hatte stets einen Stich ins Philosophische, der Ehrgeiz gehört nicht zu meinen Fehlern; ich ziehe das Glück und die Ruhe der Macht und dem Glanz des Lebens vor. Ich liebe die Welt und ihre Freuden, aber ich hasse die leere Vergnügungssucht.«

Sie nahm sich vor, die Eremitage zu einem »anziehenden« Ort zu machen, wo eine anregende, heitere Geselligkeit herrschen sollte. Sie

Galante Philosophin: Markgräfin Wilhelmine von Bayreuth im Pilgerkostüm mit Muschelschalen für eine imaginäre Wallfahrt zur Venusinsel Cythera, gemalt von Antoine Pesne, um 1750

mischte nach und nach fränkische Hofleute mit solchen, die aus anderen deutschen Fürstentümern oder aus dem Ausland kamen, um das Leben in der Provinz ein wenig weltläufiger zu gestalten. Ohnehin empfand sie die ersten Ehejahre als sehr glücklich. Sie liebte ihren Mann, der freigebig und charmant war: »Wir waren ein Herz und eine Seele; wir hielten einander nichts geheim, und ich glaube, nie schlugen zwei Herzen so innig vereint wie die unsern.« Dieses private Glück sollte allerdings nicht von Dauer sein. Es wurde in den Augen von Wilhelmine durch die rauen Sitten des Militärs, die ihr Mann zwischendurch als preußischer Regimentskommandeur erlebte, zerstört. Nach einem solchen militärischen Intermezzo wurde eine Hofdame von ihr die Mätresse ihres Mannes, was Wilhelmine sehr kränkte, ohne dass sie einen Skandal daraus gemacht hätte.

An sich waren die deutschen Lande in der ersten Hälfte des 18. Jahrhunderts nach der Beendigung des Spanischen Erbfolgekrieges und des Großen Nordischen Krieges militärisch von außen kaum bedroht. Wenn es jetzt einen Aggressor gab, dann war es Preußen. Nachdem der Lieblingsbruder von Wilhelmine im Jahr 1740 als König Friedrich II. den preußischen Thron bestiegen hatte, drohte er gelegentlich seinem fränkischen Vetter Markgraf Friedrich von Bayreuth und seiner Schwester, sie müssten ihn nun als Chef der Familie anerkennen und sollten gefälligst das teure Hofleben in Bayreuth aufgeben, sollten leben wie Landedelleute: quasi à la Königs Wusterhausen. Wilhelmine fiel aus allen Wolken. Doch sie und ihr Mann ließen sich nicht einschüchtern, sie waren Reichsfürsten, die nur dem Kaiser unterstanden.

Wilhelmine reiste 1745 nach Frankfurt am Main, um an der Krönung von Kaiser Franz I. teilzunehmen und dabei ein Gespräch mit Kaiserin Maria Theresia zu führen. Allerdings war die Markgräfin von der Kaiserin etwas enttäuscht, weil sie sich als »Betschwester« gab, eben nicht als Philosophin, so wie der eigene Vater ihr gelegentlich als Betbruder erschien. An anderer Stelle lobte die Markgräfin die Österreicher, welche sie bei Truppendurchzügen kennenlernte: »Die österreichischen Offiziere waren meistens sehr liebenswürdig; ich sah auch einige ihrer Frauen, die es auch waren. Wir unterhielten uns vorzüglich.«

Eigentlich reichte das Kaiserhaus in Wien als Ordnungsmacht hin, damit die deutschen Lande langsam zusammenwuchsen – und warum sollte sich das Kaisertum im Laufe der Zeit nicht in eine konstitutionelle Monarchie oder Republik verwandeln? Es war nicht zuletzt Preußen, das einer solchen geduldigen Entwicklung einen Strich durch die Rechnung machte. Die Markgräfin wurde aus ihrem Lieblingsbruder nicht mehr klug und war zeitweise bitter enttäuscht von ihm. Sie hatte gehofft, dass der übersteigerte Militarismus des Vaters mit der Thronbesteigung von Friedrich II. aufhöre und die Mittel des Staates wieder mehr der Wohlfahrt des Landes zugutekämen; aber es wurde vieles eher noch schlimmer. Der preußische Staat knallte unter dem großen Friedrich buchstäblich durch.

Wilhelmine fühlte den Drang in sich, sich mit ihrer Autobiographie ein Stück weit den preußischen Alptraum von der Seele zu schreiben. Schon auf den ersten Seiten entfaltete sie die Gabe der Menschenbeobachtung und des ruhigen Urteilens, sprach klare Worte, nannte Ross und Reiter. Gleich am Anfang charakterisierte sie ihren Vater – so ausgewogen wie möglich, so kritisch wie nötig: »Sein Geist ist edel und befähigt ihn zu den größten Taten; seine Auffassungsgabe ist leicht, er besitzt viel Urteilskraft und Fleiß und natürlich Güte; von seiner frühesten Jugend an bezeigte er stets eine entschiedene Vorliebe für das Militär; es war seine größte Leidenschaft, und er hat sie wohl gerechtfertigt, indem er seine Armee in so vortrefflichen Stand setzte. Sein Temperament ist lebhaft und aufbrausend und hat ihn oft zu Gewalttätigkeiten hingerissen, die ihm später die heftigste Reue verursachten. Er neigte mehr zur Gerechtigkeit als zur Milde. Er hing so unmäßig am Gelde, daß man ihn des Geizes zieh. Doch kann ihm dies Laster nur betreffs seiner selbst und seiner Familie vorgeworfen werden. Denn seine Günstlinge und die, welche ihm treu gedient hatten, überschüttete er mit Wohltaten. / Die wohltätigen Stiftungen und die Kirchen, die er errichtete, zeugen für seine Frömmigkeit; sie grenzte an Bigotterie. Er liebte weder Luxus noch Pomp. Er war mißtrauisch, eifersüchtig und manchmal voller Verstellung. Sein Erzieher hatte sich angelegen sein lassen, ihn zur Verachtung des weiblichen Geschlechts anzuhalten. Er hatte eine so schlechte Meinung von den Frauen, daß seine Vorurteile der Kronprinzessin (der Mutter von Wilhelmine), auf die er maßlos eifersüchtig war, viel Kümmernis bereitete.«

Die Eltern liebten sich wie Hund und Katze und trugen ihren gegenseitigen Unmut oft auf dem Rücken der Kinder aus. Weil Königin Sophie Dorothea in politischen Dingen nicht mitreden durfte, wollte sie wenigstens das Verheiraten der Kinder in die Hand nehmen, was natürlich König Friedrich Wilhelm ebenso unterband. Als Schwester des Kurfürsten von Hannover und Königs von England hegte Sophie Dorothea große Heiratspläne für die Kinder, ohne diese in irgendeiner Weise nach ihren Wünschen zu fragen; natürlich war es auch dem Vater völlig egal, was die Kinder dachten, selbst wenn sie schon mündig waren. Wilhelmine entrüstete sich, denn für sie sollte die Persönlichkeit junger Menschen mehr geachtet werden, gerade wenn es um eine Lebensentscheidung wie das Heiraten ging. Sie dachte in diesem Punkt bereits eher menschlich-bürgerlich, nicht mehr unbedingt dynastisch-fürstlich – und empfand die königliche Kinderschacherei als fragwürdig, ergab sich aber irgendwann in ihr Schicksal, weil sie dem Druck und dem Terror der Eltern nicht mehr standhalten konnte.

Von Kind an war sie in den Augen der Mutter die zukünftige Königin von England, indem sie ihren Vetter heiraten sollte. Anfänglich war das auch im Sinne des Vaters – und es gab bereits Verabredungen mit den englischen Verwandten. Doch irgendwie missgönnte der König der Königin, dass sich ihr sehnlichster Wunsch erfüllten sollte, also war er irgendwann gegen eine Heirat von Wilhelmine mit dem Prince of Wales, zumal der leitende Minister Friedrich Wilhelm von Grumbkow und der kaiserliche Gesandte Reichsgraf Friedrich Heinrich von Seckendorff alles dafür taten, damit Wilhelmine einen Reichsfürsten heirate, um die Bande zwischen den deutschen Fürsten zu stärken. Immer wieder wurden neue Kandidaten ausgesucht, bis endlich Markgraf Friedrich von Bayreuth genannt wurde und Wilhelmine zustimmte, nicht ohne sich damit den unerbittlichen Hass der Mutter zuzuziehen.

Die Autobiographin beschrieb ausführlich, wie sehr sie in der kritischen Phase der Kandidatenwahl von ihrem Vater misshandelt wurde, um willfährig zu sein: wie sie von ihm Faustschläge ins Gesicht bekam, bis es schwoll und wund wurde und sie in Ohnmacht fiel. Ohnehin galt sie als Verbündete des Thronfolgers, der in dieser Zeit versuchte, aus Preußen zu fliehen, weil er die Tyrannei des Vaters als unerträglich und entwürdigend empfand. Im preußischen Königshaus wurde unentwegt geschlagen und malträtiert. Es war für den König unerträglich, dass ihm seine Frau und die Kinder nicht blind gehorchten. Was sollten die Untertanen denken, wenn er nicht einmal in der eigenen Familie der absolute Herr war? Der König tobte wie ein Wahnsinniger, bis er Schaum vor dem Mund hatte.

Der Sohn: Friedrich II. oder der Alte Fritz

Preußen erbte von seinen ersten beiden Herrschern zwei Dinge: Nach König Friedrich I. und Königin Sophie Charlotte sollte Berlin als Hauptstadt ein *Spree-Athen* sein, ein Ort, wo die Musen und Grazien heimisch sind; nach König Friedrich Wilhelm I., der seiner Frau Königin Sophie Dorothea kein Mitspracherecht einräumte, sollte Berlin ein *Sparta des Nordens* sein, ein Ort, wo es von Offizieren und Soldaten wimmelt. Vieles hing für die weitere Entwicklung davon ab, für welche Alternative sich der dritte König in Preußen entscheiden würde. Friedrich II. wollte seine beiden Vorgänger übertreffen und nahm sich vor, eine ganz eigene preußische Dialektik zu entwickeln: Das eine sollte nicht ohne das andere sein: Über Sparta sollte wenigstens der Schein von Athen liegen. Friedrich wollte, wie seine Lieblingsschwester Markgräfin Wilhelmine von Bayreuth, ein *honnête homme* sein, ein anständiger, beredter, eleganter Fürst in der humanistischen Tradition eines Cicero; zugleich träumte er davon, ein *Heros* zu sein, ein ruhmreicher Feldherr, ein uneingeschränkter Monarch in der Tradition von Caesar. An sich die Quadratur des Kreises! Doch für Friedrich II. sollte nichts unmöglich sein.

Kein preußischer Herrscher konnte so vernünftig über alle Dinge dieser Welt reden wie König Friedrich II. Ein Leben lang liebte er das Lesen und Schreiben, verfasste philosophische Briefe an Freunde, viele Denkschriften und Traktate. Ein Leben lang war er aber auch erpicht auf den Krieg und den Ruhm, trieb unglaublich viele Menschen in den Tod, verwüstete Landstriche und Städte. Er wurde als Kronprinz zum Autor einer Streitschrift gegen Machiavelli, um nur kurz danach als König einer der berühmtesten Machiavellisten zu werden. Für ihn persönlich war das kein Problem. Er sah sich in calvinistischer Tradition als göttlich Auserwählter oder in ur- und frühgeschichtlicher Manier als Instrument des Schicksals oder als Genie auf dem Thron, als jemanden, dem manches erlaubt sei, was anderen verwehrt werden müsse – das lehre die Vernunft. Er verfügte über die blendende Gabe der Selbsttäuschung und konnte sich alles schönreden. Oder man musste nur die eigene Philosophie von dem trennen, was man tat – eine Vorgehensweise, die seine Schwester Wilhelmine nicht billigen konnte. Auch Voltaire, um dessen Freundschaft der König warb, wurde irre daran. Friedrich schrieb an den berühmten Schriftsteller im Februar 1749: »Unterscheiden Sie zwischen dem Staatsmann und dem Philosophen und begreifen Sie, daß man aus Vernunftgründen Krieg führen, aus Pflichtgefühl ein Staatsmann und aus Neigung ein Philosoph sein kann.«[10] Preußische Dialektik: Persönlichkeitsspaltung!

Johannes Kunisch, einer der modernen Biographen von Friedrich II., hat die Chronologie der königlichen Ruhmsucht etwas genauer verfolgt.[11] 1734 verfasste der zweiunddreißigjährige Kronprinz eine Ode auf den Ruhm, welche er dann gut eineinhalb Jahrzehnte später als König noch einmal leicht überarbeitete. Die Schlussstrophe lautete: »O Ruhm, dem ich zum Opfer bringe / All meine Kurzweil und Begier; / O Ruhm, du meines Glaubens Schwinge, / Gönn' meinen Taten deine Zier. / Du kannst, wenn ich ins Grab gesunken, / Bewahren einen schwachen Funken / Vom Geiste, der in mir geloht: / Die Schranken tu mir auf zum Siege, / Damit ich deine Bahn durchfliege, / Dir treu im Leben und im Tod.« Solche schülerhafte Schwärmerei über Ruhm, Schicksal, Sieg und Tod entsprach nicht mehr unbedingt dem philosophisch-literarischen Diskurs in der Mitte des 18. Jahrhunderts. Schon rund hundert Jahre zuvor hatte Martin Opitz einem Cicero den Vorrang vor Caesar eingeräumt. Ein paar Jahrzehnte später redete John Locke, den Voltaire und Wilhelmine von Bayreuth verehrten, in seiner Schrift »Über die Regierung« der bürgerlichen Gesellschaft das Wort. Die Diskussion der Zeit zielte eher darauf, Sicherheit in Europa durch Verständigung zu gewinnen.

Friedrich dagegen gab sich noch einmal als ein klassischer Vertreter des heroischen Daseins: hart gesotten, stoisch, schicksalsgläubig, nahm das Leben tragisch-dialektisch, glaubte an die ewigen Pendelschläge zwischen Freud und Leid, Glanz und Elend, wollte dabei Großes bewirken, hielt an der Notwendigkeit des ewigen Wettrüstens, des ewigen Kampfes fest, an eisernem, kühnem Handeln, an der Überflügelung der Rivalen, um die eigene Tatkraft, Leidenschaft und Herrscherbegierde zu befriedigen. Er bewunderte Feldherren wie Leonidas, Alexander den Großen, Caesar und so fort.

Lange Zeit verachtete er als Kronprinz den tyrannischen Vater, weil dieser die eine Hälfte seines Wesens, seine schöngeistige Ader, unterdrückte und verspottete und ihn darüber hinaus nach dem Versuch, aus Preußen zu flüchten, fürchterlich misshandelte. Doch nach und nach machte sich die andere Seite von Friedrich bemerkbar. Der Thronerbe fand Gefallen am Militarismus sowie an der Art und Weise, wie der Vater sparte, um die große Armee zu finanzieren. Es erschien verlockend, das gut ausgerüstete preußische Heer und die vielen Taler, die der Bevölkerung abgepresst wurden und im Tresor des Berliner Schlosses lagen, eines Tages für Heldentaten zu nutzen. Dem väterlichen Minister Friedrich Wilhelm von Grumbkow erklärte der Kronprinz in einem Brief 1737: »Ich fürchte vielmehr, daß man mir (als künftigem König) zu viel Verwegenheit und Lebhaftigkeit vorwerfen wird (...). Wer weiß, ob die Vorsehung mich nicht ausersehen hat, um ruhmreichen Gebrauch von den Vorbereitungen zu machen, die der Weitblick des Königs für den Krieg getroffen hat.«

Es war jene Epoche, in der Friedrich als Thronfolger hauptsächlich auf Schloss Rheinsberg nordwestlich von Berlin lebte. Weil er zwischenzeitlich eine Braut nach den Wünschen des Vaters geheiratet hatte, Elisabeth Christine von Braunschweig, zeigte sich König Friedrich Wilhelm gegenüber dem Sohn ein wenig gnädig und schenkte ihm dieses ländliche Schloss, das der Thronfolger selbst noch weiter ausbauen ließ. Vorläufig ohne Macht, konnte er sich dort endlich einmal ungehindert seinen schöngeistigen Interessen widmen, konnte hier ein *honnête homme* sein, schreiben, lesen, musizieren, heitere Geselligkeit genießen. Aber in seinem Innersten wühlte längst schon ein anderer Geist: das Heroentum.

Für nicht wenige hatte zuvor der Sonnenkönig Ludwig XIV. in der zweiten Hälfte des 17. Jahrhunderts in Frankreich ein goldenes Zeitalter verkörpert: das *Grand Siècle*. Was liegt näher, dachte sich Friedrich, als es dem Sonnenkönig gleichzutun und demnächst ein solches Zeitalter durch die eigene Person in Preußen und Deutschland zu versinnbildlichen. Eine geringere Aufgabe schien unter seiner Würde zu sein. Das geduldige, verständige, respektvolle, menschlich-bürgerliche Handeln war nichts für ihn. Er bildete für sich andere Kategorien aus: ruckartige, grandiose Glanztaten, Siege, Blitzkriege. Noch im hohen Alter, im Jahr 1775, nannte er in den »Betrachtungen über die Feldzugspläne« einige Schlüsselworte seiner Politik, indem er Prinz Eugen lobte, weil sich dieser »nicht mit Kleinigkeiten begnügte, sondern entscheidende Schläge zu führen suchte, die das Schicksal der Throne und Völker entschieden«. Entscheidende Schläge führen, Schicksal spielen, das war es!

Zuerst musste man, meinte er, Preußen »arrondieren«, abrunden, ergänzen – das klang doch unschuldig und rechtmäßig, zumal wenn man ein so genial begabter, auserwählter Herrscher zu sein schien. Wenngleich Preußen nicht in der Lage war, aus sich selbst heraus Wohlstand hervorzubringen, weil die eigenen kreativen Kräfte im Keim erstickt wurden, so konnte man doch Beute machen, ein paar fette umliegende Provinzen oder Fürstentümer erobern: am besten Schlesien, Sachsen und Böhmen, das schien lohnend und »vernünftig« zu sein.

Als Friedrich Wilhelm I. im Jahr 1740 starb und Friedrich II. den Thron bestieg, sollte die preußische Grande Armée bald unter dem persönlichen Befehl des neuen Königs in Schlesien einmarschieren, um es Österreich zu rauben. Dort kam jetzt gleichzeitig eine Frau auf den Thron, Maria Theresia – die musste man nicht ernst nehmen, war Friedrich überzeugt. Kurz vor dem Einmarsch, im Oktober 1740, empfing Friedrich noch Voltaire in Rheinsberg, um mit ihm über die Beförderung der menschlichen Vernunft zu reden. Im November schrieb er dann voller Euphorie an seinen Minister Heinrich Graf von Podewils: »Inzwischen arbeite ich ernsthaft, und wenn der Himmel uns nicht ganz zuwider ist, werden wir das schönste Spiel der Welt haben (...). Ich gedenke, meinen Schlag am 8. Dezember auszuführen und damit das kühnste, schnellste und größte Vorhaben zu beginnen, das jemals ein Fürst aus meinem Haus unternommen hat. Leben Sie wohl, mein Herz verheißt mir gute Vorzeichen und meinen Truppen glückliche Erfolge.« Schicksalsschwanger erklärte er am Tag des Einmarsches gegenüber Podewils: »Ich habe den Rubikon überschritten mit fliegenden Fahnen und klirrendem Spiel.« Ganz so, als stünde er von nun an in einer Reihe mit Caesar. Zwei Monate später gestand er seinem Freund Charles Etienne Jordan: »Meine Jugend, die Glut der Leidenschaft, die Begierde nach Ruhm, ja selbst – um Dir nichts zu verschweigen – die Neugierde und ein geheimer Instinkt hat mich der sanften Ruhe entrissen.« Es ging um ihn, um den großen Friedrich, nicht um das Glück der Menschen im Land.

Fast unbemerkt tauchte kurz danach eine österreichische Armee in Schlesien auf. Es kam zur Schlacht bei Mollwitz, die um ein Haar zu einem Desaster für die preußische Grande Armée geworden wäre. Der Kampf schien für die Preußen schon verloren zu sein; die Generäle rieten dem König, das Schlachtfeld zu verlassen, um nicht gefangen genommen zu werden. Ein alter Haudegen übernahm das Kommando, General Kurt Christoph Karl Graf von Schwerin, und konnte das Gemetzel doch noch zugunsten der Preußen entscheiden. Der große Friedrich merkte plötzlich, dass die Österreicher doch nicht so »marode« waren, wie er glaubte. Aber darauf werde er sich einstellen, kein Problem. Er marschierte bald auch in Böhmen ein, konnte sich aber dort – wie war das möglich? – nicht halten, musste sich wieder zurückziehen, während die 8,6 Millionen Taler, die sein Vater ihm als Staatsschatz hinterlassen hatte, nun verpulvert waren – für das schönste Spiel der Welt: das Rendezvouz mit dem Ruhm.

Friedrich zog noch oft mit seinen Truppen in die Schlacht, weil es ihm Spaß machte. Manche Kämpfe gewann er glorreich, manche verlor er vernichtend. 1748 ließ er sich erst einmal auf einen Frieden ein, der ihm vorläufig den Besitz von Schlesien sicherte. Nun konnte er auf dem schöngeistigen Gebiet zum großen Schlag ausholen und endgültig den berühmtesten Schriftsteller der Zeit, Voltaire, nach Berlin und Potsdam locken. Selbstverständlich kam es nicht in Frage, sich mit irgendwelchen Dichtern und Philosophen aus Berlin, Preußen oder Deutschland abzugeben – das wäre unter seiner Würde gewesen. Ohnehin ging Friedrich von der deutschen Misere aus, von einem Land, wo sich im Bereich der schönen Künste und Wissenschaften nicht viel tat, weil er kurzerhand Preußen mit Deutschland verwechselte oder die eigenen preußischen Talente weder wahrnahm noch förderte.

Zwischenzeitlich ließ er für sich ein neues Refugium errichten, das Schloss Sanssouci in Potsdam, um hier wie vorher in Rheinsberg ein Honnête homme zu sein, nur mit dem kleinen Unterschied, dass hier die Frauen so gut wie unerwünscht waren. Die Königin residierte nach dem Wunsch des Königs seit 1740 in Schloss Niederschönhausen nordöstlich von Berlin, während das Berliner Stadtschloss nun meistens fast völlig leer stand. In der Regel kam Friedrich nur noch von Ende Dezember bis Ende Januar in die Hauptstadt, um zur Karnevalszeit ein Mindestmaß an königlicher Präsenz aufrechtzuerhalten oder um einmal im Jahr in die Oper zu gehen, welche er seit 1740 Unter den Linden hatte errichten lassen. Einmal im Jahr speiste er auch mit der Königin im Berliner Schloss, allerdings unter der Bedingung, dass er nicht mit ihr reden musste. Sie war für ihn eine »dumme Gans«, was er ihr gelegentlich ins Gesicht sagte. Manchmal besuchte er die Akademie der Wissenschaft, wo er auch zum großen Coup ausholte und den namhaften französischen Mathematiker und Philosophen Pierre-Louis de Maupertius zum Präsidenten berief. Dieser kam 1748 nach Berlin, und Voltaire reiste, nach der wiederholten leidenschaftlichen Einladung des Königs, 1750 an, um nun ununterbrochen zweieinhalb Jahre in Berlin und Potsdam zu bleiben, weil er dachte, er könne Friedrich nach seinen Vorstellungen erziehen; zugleich hatte er einen geheimen Auftrag der französischen Regierung, sich in Preußen ein wenig umzusehen.

Die Bauarbeiten für das Schloss Sanssouci in Potsdam waren schon 1748 beendet worden, um jetzt in Preußen eine ganz eigene Welt zu bilden: heiter gelegen, als flacher, eingeschossiger Bau auf einer siebenstufigen Terrasse mit eingebauten Gewächshäusern in den Terrassenmauern, mit herrlich weitem Blick ins Havelland – doch weitgehend verschlossen für Potsdamer, Berliner, Preußen oder Deutsche und, wie gesagt, auch für Frauen. Zutritt hatten fast nur ausländische Kavaliere, vornehmlich Franzosen und Italiener, die Friedrich zu engen Vertrauten oder Kammerherren mit guten Gehältern machte, damit sie an der

Tafelrunde oder an den Hauskonzerten teilnahmen: an erster Stelle nun Voltaire, gefolgt von Maupertius oder von Francesco Allgarotti. Dieser berichtete: Bei den »Abendessen des Königs« in Sanssouci »sprühen die Gedanken lebhaft und prickelnd, und wie von elektrischen Körpern übermäßig erregt, schlagen Funken und Geistesblitze hervor.« Der Star war Voltaire: »Ein Abendessen ohne ihn schien beinah wie ein Ring ohne Edelstein zu sein.«[12]

Nach einiger Zeit hatte Voltaire genug. Er verkrachte sich mit Friedrich und reiste fluchtartig ab. Es war eine Illusion, dass er den König erziehen und ein Wort in der Politik mitreden könnte. Die Tafelrunde von Sanssouci bedeutete für Friedrich eine angenehme Entspannung, doch was politisch zu tun sei, wusste seiner Meinung nach keiner besser als er selbst. Voltaire fühlte sich gedemütigt und schilderte in seinen Memoiren die Zustände in Sanssouci nicht unbedingt schmeichelhaft: »Soupiert wurde in einem kleinen Saal, wo als kuriosester Schmuck ein Bild hing, zu dem er seinem Maler Pesne, einem unserer besten Koloristen, den Vorwurf gegeben hatte. Es war eine prächtige Priapee. Junge Männer, Frauen umarmend, waren darauf abgebildet, Nymphen unter Satyrn, Amouretten im Spiel der Enkolpe und Lustknaben, ein paar Figuren, die sich beim Anblick dieser Liebesspiele vor Lust wanden, schnäbelnde Turteltauben, Böcke und Widder, Ziegen und Schafe bespringend. / Die Mahlzeiten verliefen meist nicht weniger philosophisch. Wäre jemand plötzlich eingetreten, hätte dieses Bild gesehen und uns zugehört, er hätte geglaubt, die sieben Weisen Griechenlands unterhielten sich im Bordell. Nirgends auf der Welt wurde je mit so viel Freiheit über den Aberglauben der Menschen gesprochen, und nie mit so viel Spott und Verachtung. Gott war ausgenommen; aber von denen, die in seinem Namen die Menschen getäuscht hatten, blieb keiner verschont. / Weder Frauen noch Priester betraten je das Schloß. Kurz, Friedrich lebte ohne Hof, ohne Rat und ohne Religion.«[13]

In Berlin lebte zu dieser Zeit, seit 1748, der junge Gotthold Ephraim Lessing als Journalist, um sich nach und nach zu einem der großen Dichter moderner deutscher Sprache zu entwickeln. Er hatte zuvor zwei Jahre in Leipzig offiziell Theologie studiert, wie es die Eltern wünschten, aber eigentlich ein Studium generale betrieben, weil die

Theologie nichts für ihn war. Ein Freund bot ihm die Stelle als Journalist in Berlin an. Er brach das Studium vorläufig ab, weil die preußische Hauptstadt für einen verhältnismäßig mittellosen Pastorensohn ein Ort war, in dem man günstig leben konnte und er sich vom König, welchen er wie Voltaire bewunderte, einiges versprach. Anfänglich schrieb er in der Zeitung Loblieder auf den König, hörte jedoch, als er die Verhältnisse in Berlin und Preußen besser kennenlernte, bald damit auf. Er ließ sich nicht länger blenden vom Machiavellismus dieses Königs.

Als um 1750 Wilhelmine von Bayreuth nach Berlin kam, um Friedrich und Voltaire zu besuchen, wurde vor dem Stadtschloss zu Ehren von Wilhelmine ein höfisches Karussell veranstaltet. Lessing schrieb dazu das Gedicht »Auf ein Karussell«: »Freund, gestern war ich – wo? – Wo alle Menschen waren. / Da sah ich für mein bares Geld / So manchen Prinz, so manchen Held, / Nach Opernart geputzt, / als Führer Fremder Scharen. (...) Da sah ich, ach, du glaubst es nicht, / Wie viele Wunder ich gesehen. / Was war nicht prächtig, groß und königlich? / Kurz dir die Wahrheit zu gestehen, / mein halber Taler dauert mich.«[14]

Lessing machte in Berlin bald Bekanntschaft mit Christoph Friedrich Nicolai und Moses Mendelssohn, um Gespräche über die Beförderung der menschlichen Vernunft zu führen. 1755 erschien von ihm »Miss Sara Sampson« als ein »bürgerliches Trauerspiel«. Nicht länger nur Heroen und Fürsten wurden von Schicksalsschlägen getroffen, sondern auch die Bürger. Das Stück wurde ein großer Erfolg in Deutschland, sogar Aristokraten in Paris führten es auf. Nur der König von Preußen nahm davon keine Notiz, denn er traute deutschen Dichtern nichts zu.

Nach den Höhepunkten der Tafelrunde von Sanssouci mit Voltaire zog Friedrich bald wieder in den Krieg, sieben Jahre lang, von 1756 bis 1763. Er befürchtete, dass er angegriffen werde von Österreich und seinen Verbündeten, die Schlesien zurückgewinnen wollten, und holte lieber selbst wieder zum großen Schlag aus, überfiel Sachsen und ruinierte das blühende Land, drang wieder nach Böhmen ein und machte es dort nicht anders. Außer Not und Elend für die Bevölkerung außerhalb und innerhalb von Preußen kam nichts dabei heraus.

Aber vielleicht kann man, dachte er, nach dem langen Krieg zur Abwechslung wieder einen Coup auf dem Gebiet der Wissenschaften landen. Friedrich warb jetzt leidenschaftlich um den bekannten französischen Philosophen Jean Lerond d'Alembert, damit er der neue Präsident der Akademie der Wissenschaften in Berlin werde und die Tafelrunde in Sanssouci belebe. Der Philosoph sagte zu, sich Berlin wenigstens einmal anzuschauen. Friedrich holte ihn persönlich in den westlichen preußischen Landen ab, reiste mit ihm auf dem Rückweg über Braunschweig, um dort seine Schwester, die Herzogin Philippine Charlotte, zu besuchen. Es keimte noch einmal die Hoffnung auf, irgendwie das vertrackte Leben in Ordnung zu bringen. Er ließ sich im Sommer 1763 in Braunschweig zum einzigen Mal nach der Thronbesteigung nach dem Leben porträtieren, alle anderen Bilder von ihm als König wurden von den Malern aus dem Gedächtnis oder nach Vorlagen angefertigt. Der Braunschweiger Hofmaler Johann Georg Ziesenis schuf ein fragmentarisches Porträt, das dem Künstler als Vorlage für zwei vervollständigte Kopien diente. Auf dem Original wirkt der Fünfzigjährige noch verhältnismäßig jugendlich, regelrecht mit einer gewissen Anmut um die Mundpartie herum, aber in den großen Augen funkelt vielleicht auch ein gewisser Irrsinn.

D'Alembert blieb nicht in Berlin. Sowohl auf dem Kriegsschauplatz als auch auf dem Gebiet der Wissenschaft war für Friedrich die Zeit der entscheidenden Coups vorbei: *Rien ne va plus*. Der König erhöhte noch einmal den Drill der preußischen Armee, presste mehr denn je Steuern aus der Bevölkerung, weil ihm bange war, dass Schlesien doch noch an Österreich zurückfalle. Er wurde nun der Alte Fritz und erschien den Menschen zopfig, rückständig.

Lessing siedelte 1767 nach Hamburg über. Als sein Freund Friedrich Nicolai, der preußische Patriot, Berlin gegen Wien ausspielen wollte, platzte Lessing der Kragen, und er antwortete ihm im August 1769: »Sonst sagen Sie mir von Ihrer Berlinischen Freiheit zu denken und zu schreiben ja nichts. Sie reduziert sich einzig und allein auf die Freiheit, gegen die Religion soviel Sottisen zu Markte zu bringen, als man will. Und dieser Freiheit muß sich der rechtliche Mann nun bald zu bedienen schämen. Lassen Sie es aber doch einmal einen in Berlin versuchen, über andere Dinge so frei zu schreiben, als Sonnenfels in

Das vermeintliche Genie: König Friedrich II. von Preußen oder der Alte Fritz, unfertiges Gemälde des dänischen Malers Johann Georg Ziesenis von 1763, das einzige nach dem Leben gemalte Bild Friedrichs während seiner gesamten Regierungszeit. Im Privatbesitz

Wien geschrieben hat; lassen Sie es ihn versuchen, dem vornehmen Hofpöbel so die Wahrheit zu sagen, als dieser sie ihm gesagt hat; lassen Sie einen in Berlin auftreten, der für die Rechte der Untertanen, der gegen Aussaugung und Despotismus seine Stimme erheben wollte, wie es itzt sogar in Frankreich und Dänemark geschieht: und Sie werden bald die Erfahrung haben, welches Land bis auf den heutigen Tag das sklavischste Land in Europa ist.«[15] (Farbbild 17)

1780 schrieb der Alte Fritz sogar eine Schrift über die deutsche Literatur, wie man sie fördern könne, obwohl er so viele Jahre dafür Zeit gehabt hätte. Er erwähnte als deutschen Autor den jungen Goethe: als Dichter des »Götz von Berlichingen«. Darüber hinaus hatte er offenbar keinerlei Kenntnis davon, was in Preußen oder Deutschland literarisch los war. Er wusste offenkundig nicht, wer Lessing war, der bedeutende Dramen wie »Minna von Barnhelm« oder »Nathan der Weise« verfasst hatte; er kannte anscheinend keinen Christoph Martin Wieland, der mit dem »Agathon« den ersten großen Roman in modernem Deutsch veröffentlichte. Friedrich glaubte, außerhalb von Sanssouci sei Hintertupfingen; es war aber umgekehrt.

XIII AUF HALBEM WEGE

Caroline in Weimar

Solange der Alte Fritz auf dem Thron saß, konnten die Bürger in deutschen Landen von Berlin kaum kulturelle Impulse erwarten. Darüber hinaus war das blühende Dresden, die Kunststadt an der Elbe, von den Preußen im Siebenjährigen Krieg arg gebeutelt worden, während das kaiserliche Wien vom Zentrum des Reiches weit entfernt lag. Es blieb nichts anderes übrig: Das kleine Weimar musste einspringen, um das geistig-literarische Leben in Deutschland anzukurbeln und es an die Entwicklung im übrigen Europa anzuschließen.

An sich war Weimar in der Mitte des 18. Jahrhunderts keine Traumstadt für junge Künstler. So gut wie niemand hatte es im Programm. Lessing, der in jungen Jahren an der sächsischen Fürstenschule in Meißen eine elitäre Ausbildung genossen hatte, bevor er zwei Jahre in Leipzig eine Art von Studium generale absolvierte und dann Journalist in Berlin wurde, schrieb von der Spree aus als knapp Zwanzigjähriger im Januar 1749 an seine Mutter: »Auf Universitäten gehe ich jetzo auch nicht wieder (...). Ich gehe ganz gewiß nach Wien, Hamburg oder Hannover. (...) Wenn ich auf meiner Wanderschaft nichts lerne, so lerne ich mich doch in die Welt schicken. Nutzen genug!« Wien war selbstverständlich als die kaiserliche Metropole ausgezeichnet, wo man den schönen Künsten, dem Theater und der Oper huldigte; Hamburg stach als die führende Freie Reichs- und Hansestadt hervor, wo die bürgerliche Gesellschaft das Sagen hatte; Hannover stand dynastisch in Verbindung mit England und vermittelte etwas Freiheitliches. Weimar hingegen kam in dieser Reihung nicht vor. Es zählte nicht zu den Orten, die Weltläufigkeit versprachen.

Seit den Tagen von Martin Opitz hatte die deutsche Sprache langsam an Form gewonnen, doch bis dato entstanden kaum überragende dichterische Werke, die heute noch bekannt wären – sieht man einmal von Gedichten von Andreas Gryphius oder vom Schelmenroman »Der abenteuerliche Simplicissimus Teutsch« ab, den Hans Jakob Christoffel von Grimmelshausen 1668 veröffentlichte, um das Leben im Dreißigjährigen Krieg zu schildern.

Opitz blieb für vorläufig viele Schriftsteller die wichtige Gründerfigur der neueren deutschen Literatur. 1739 feierte man in Leipzig den hundertsten Todestag des Poeten. Johann Christoph Gottsched, welcher dort Literatur- und Philosophieprofessor war, hielt eine »Lob- und Gedächtnisrede auf den Vater (!) der deutschen Dichtkunst, Martin Opitzen von Boberfeld«. In Zürich gaben die Philologen Johann Jakob Bodmer und Johann Jakob Breitinger zur selben Zeit das Werk von Opitz teilweise neu heraus – und wiesen gleichfalls wieder auf Wolfram von Eschenbach hin, den man zwischenzeitlich vergessen hatte.

Leipzig und Zürich, die zwei bürgerlichen Handelszentren, bildeten Mittelpunkte, an denen die deutsche Sprache und Poesie wie auch die heimische Schauspielkunst gefördert wurden. Demgegenüber kam an den Theater- und Opernhäusern der fürstlichen Residenzen hauptsächlich die italienische oder französische Oper zum Zug, mit Sängern, die ebenfalls aus Italien und Frankreich stammten. Es fehlten hiesige Theater- und Opernwerke, eigene Schauspieler und Sänger oder Häuser, in denen ein anspruchsvolles heimisches Theaterwesen gefördert worden wäre. Es mangelte an professionellen Strukturen für dieses Metier.

Gottsched suchte die Verbindung mit der Theatertruppe von Johann und Friederike Caroline Neuber. Gemeinsam wollte man das deutsche Theaterwesen heben. Friederike Caroline hatte als Schauspielerin und Regisseurin das Zepter der Wandertruppe in der Hand und wurde unter dem Namen Neuberin berühmt. Für einige Jahre besaß die Schauspieltruppe bereits ein festes Haus in Leipzig, was der Prinzipalin die Gelegenheit bot, an der Ausbildung der Theaterleute zu feilen. Der bis dahin eher anrüchige, halbseidene Ruf der Bohemiens auf der Bühne sollte aufpoliert werden. Die Schauspielkunst sollte nicht länger hinter anderen Künsten zurückstehen. Für die deutsche Literatur und das deutsche Theater lag Aufbruch in der Luft.

17 Bürgerliches Selbstvertrauen: der Dichter Gotthold Ephraim Lessing, gemalt von Anton Graff 1771. Der Poet fragte den Maler: »Sehe ich denn so verteufelt freundlich aus?« Er tat es. Kunstsammlung der Leipziger Universität

18 Sinnenfrohe, heitere Menschlichkeit: Wolfgang Amadeus Mozart, porträtiert 1790 bei einem Besuch in München vom dortigen Hofmaler Johann Georg Edlinger. Gemäldegalerie, Berlin

19 Durchlässig und einladend: das Brandenburger Tor in Berlin, gebaut nach dem Entwurf von Carl Gotthard Langhans im Auftrag von König Friedrich Wilhelm II. ab 1789, mit der Quadriga von Johann Gottfried Schadow von 1793, Aquarell mit Federzeichnung von Friedrich August Calau, 1805. Märkisches Museum, Berlin

20 Elegant: die Kinder von Herzog Carl August und Herzogin Louise von Sachsen-Weimar-Eisenach: Erbprinz Carl Friedrich, Prinzessin Caroline Luise, Prinz Bernhard, gemalt von Johann Friedrich August Tischbein 1795. Weimarer Schloss

21 Fashionabel: die Wiener Schauspielerin Josefa Hortensia Füger, gemalt von ihrem Mann Friedrich Heinrich Füger, um 1797. Der Maler stammte aus Heilbronn am Neckar und war seit 1795 Vizedirektor der Wiener Akademie. Österreichische Galerie, Belvedere, Wien

22 Zauber von Licht und Luft: das Balkonzimmer, gemalt von Adolph Menzel, 1845. Alte Nationalgalerie, Berlin

23 Wiege der bürgerlich-demokratischen Verfassung und nationalen Einheit in Deutschland: die Paulskirche in Frankfurt am Main, errichtet ab 1789, Ort der verfassunggebenden Nationalversammlung von 1848/49, Aquarell von Jean Nicolaus Ventadour, 1848. Historisches Museum, Frankfurt am Main

24 Hanseatische Grandeur: Wohnhalle im »Fairmont Hotel Vier Jahreszeiten« in Hamburg an der Binnenalster, mit der Vertäfelung von 1912

25 Lust an der Bewegung: Varieté / Englisches Tanzpaar, gemalt von Ernst Ludwig Kirchner um 1912/13. Städel-Museum, Frankfurt am Main

26 Friedvolles Nebeneinander der Menschen – Zusammentreffen von städtischer Lebensart und unberührter Natur: Gartenlokal am Wasser (Nikolskoe in Berlin), gemalt von Max Liebermann 1915. Museum Stiftung Pommern, Kiel

27 Die Kunst der Abstraktion: Senecio, gemalt von Paul Klee 1922. Kunstmuseum, Basel

28 Formgefühl mit informeller Haltung – intime Nähe und Fremdsein: Betty, gemalt von Gerhard Richter 1988, Saint Louis Art Museum, Saint Louis, USA

29 Stadtkrone mit Bürotürmen: Frankfurt am Main, vom südlichen Mainufer aus gesehen. Die Stadt war von 843 bis 918 der »Hauptsitz des Ostreiches«, aus dem das deutsche Königreich hervorging. Heute ist Frankfurt am Main die deutsche Finanzmetropole. Foto von 1999

30 Die Demokratie baut flach und transparent und schlägt Brücken: Parlaments- und Regierungsviertel in Berlin: Blick auf den Spreesprung – Fußgängerbrücke zwischen Paul-Löbe-Haus und Marie-Elisabeth-Lüders-Haus, errichtet zwischen 1997 und 1999 nach Plänen von Stephan Braunfels

31 Als sei's ein Mosaik von Gustav Klimt: das Gourmetrestaurant »Margaux« Unter den Linden in Berlin, eingerichtet nach Plänen von Johanne Nalbach, eröffnet 2000

32 Erneuerung des Gasthauses: das »Alpenstueck« in der Gartenstraße in Berlin-Mitte, eröffnet 2007

Gottsched trat in die Fußstapfen von Opitz und hatte schon 1730 den »Versuch einer critischen Dichtkunst vor die Deutschen« veröffentlicht, ein Werk, das rasch in mehreren Auflagen erschien, um noch entschiedener als Opitz dichterische Regeln festzulegen. Die Neuberin sowie die jungen Dichter fanden allerdings diese Regeln doch etwas zu streng und rückten von Gottsched ab. Lessing, der von 1746 bis 1748 als Student in Leipzig war, lernte die Neuber'sche Komödiengesellschaft kennen, fühlte sich unter den Bohemiens wohler als unter den Doktoren der Universität und freute sich, dass die Neuberin ein Frühwerk von ihm erfolgreich auf die Bühne brachte: »Der junge Gelehrte«.

Wie schon Opitz, so überschritt auch Lessing jene ominöse Linie, die von der Autorität zur Freiheit führt: vom aristokratischen Heroentum zur bürgerlichen Gesellschaft. Er fand für sich die Formel: »Niemands Herr noch Knecht zu sein«. Ein Wahlverwandter von Lessing war Christoph Martin Wieland, der nur ein paar Jahre jünger als Lessing war und bald für Weimar wichtig werden sollte. Während Lessing dem verhältnismäßig liberalen kurfürstlichen Sachsen entstammte, war Wieland der Spross einer reichsstädtischen Familie aus dem schwäbischen Biberach – der eine wie der andere ein Pastorensohn. Lessing hatte sich durch den ausgezeichneten Latein- und Griechischunterricht am Gymnasium in Meißen ziemlich schnell von der asketisch-protestantischen Tradition gelöst, um sich dem sinnlich-romanischen Humanismus zuzuwenden. Wieland brauchte als Zögling einer preußisch-pietistischen Schule in Kloster Berge bei Magdeburg dazu etwas länger. Er studierte Philosophie und Jura in Erfurt und Tübingen, bevor ihn Johann Jakob Bodmer nach Zürich berief. Nach einer Zwischenstation in Bern kehrte Wieland nach Biberach zurück, wurde Senator und Kanzleischreiber der Stadt und bald auch Mitglied des Musenhofes von Graf Friedrich von Stadion auf Schloss Warthausen. Der Graf war zuvor Großhofmeister des Kurfürsten von Mainz gewesen und erschien Wieland als ein Mann von Welt.

Die ersten eigenen Werke hatte Wieland noch im schwärmerischen pietistisch-metaphysischen Ton verfasst. Doch schon sein Trauerspiel »Lady Johanna Gray«, welches 1758 entstand, deutete eine Wende an. Lessing jubelte und sprach ein Jahr später in seinen Literaturbriefen unmittelbar den Leser an: »Freuen Sie sich mit mir! Herr Wieland hat die ätherischen Sphären verlassen, und wandelt wieder unter den Menschenkindern.« Gerade unter dem Einfluss von Graf Stadion befreite sich Wieland vom entsagenden Pietismus und schloss sich wie Lessing dem sinnlich-romanischen Humanismus und der Aufklärung an, zumal der englischen Literatur, den Werken von Fielding, Sterne oder Shakespeare, dessen Dramen er in deutsche Prosa übersetzte. Im Komödienhaus der Freien Reichsstadt Biberach wurden jetzt unter der Leitung von Wieland einige Stücke von Shakespeare aufgeführt.

Wieland entfaltete nun eine Welt heiterer Sinnlichkeit, einen Ton, den man bisher in deutschen Dichtungen nicht gewohnt war. Seine Figuren zielten auf den ehrbaren Bürger, auf den Honnête homme, auf die anständige, beredte, geschmeidige Person, für die der gemeine Nutzen *und* das private Glück in einer Balance stehen sollten. Ein früher Höhepunkt in Wielands Werk oder in der modernen deutschen Literatur überhaupt wurde so die 1766/67 erschienene »Geschichte des Agathon« – ähnlich wegweisend auf dem Gebiet des Romans wie Lessings »Minna von Barnhelm« oder »Nathan der Weise« auf dem Gebiet des Dramas.

Das Geschehen des Romans wurde von Wieland in die griechische Antike verlegt, um der frömmelnden Spekulation des Helden die irdische, sinnliche Welt gegenüberzustellen, nicht ohne im Spiegel der Vergangenheit aktuelle Zeitkritik oder Skepsis gegenüber strenger Religion und autoritärem Staat auszudrücken. Beides, der Fürstenstaat wie die Republik, kam auf den Prüfstand. Agathon durchlief eine psychologische Entwicklung, ließ sich zunehmend weniger von Ideen, sondern mehr von Erfahrungen und eigenen Gedanken leiten, lernte dazu, wurde tätig und genoss das Leben. Wieder war Lessing zur Stelle – und begeistert. Er sagte bereits 1767 über den »Agathon« im 69. Stück der »Hamburger Dramaturgie«: »Es ist der erste und einzige Roman für den denkenden Kopf von klassischem Geschmack.«

Lessing wie Wieland förderten in Deutschland eine freiere Art, zu denken und zu leben. Der antiromanische, antiklassische Zug, welchen Luther gepredigt hatte, sollte überwunden werden – mit Hilfe einer neuen, aufgeklärten Menschlichkeit und Humanität. Zunächst erhielt Wieland durch die Vermittlung von Graf Stadion 1769 eine Professur für Philosophie an der Universität Erfurt, doch schon drei Jahre später folgte er einem Ruf der verwitweten und regierenden Herzogin Anna Amalia von Sachsen-Weimar-Eisenach, um in Weimar die herzoglichen Prinzen zu erziehen: den Erbprinzen Carl August und seinen Bruder Konstantin. Erstmals fand sich ein überregional bekannter Dichter und Schriftsteller in der kleinen thüringischen Residenz ein, die nicht mehr als etwa 6000 Einwohner zählte.

Zwar war Wieland nicht unbedingt ein Verehrer des autoritären fürstlichen Regimes, eher der freiheitlichen, bürgerlichen Republik, doch erschien ihm das Experiment reizvoll, die zwei Fürstensöhne für eine neue, aufgeklärte Menschlichkeit zu gewinnen, soweit das möglich sein würde. Umgekehrt war die regierende Herzogin Anna Amalia so frei, dem Dichter und Philosophen ihr Vertrauen zu schenken, weil dieser in seinen Werken über das Staatswesen nachdachte. Es sollte nach den Vorstellungen der Herzogin wie des Erbprinzen das *Weimarer Modell* entstehen: *ein Höchstmaß an Humanität innerhalb des autoritären fürstlichen Staates!*

Die Residenz in Weimar sollte sich in einen Musenhof verwandeln, an dem eine überständische Literatur gepflegt würde, welche sowohl Aristokraten als auch Bürger anspräche. Anna Amalia zog sich 1775 von den Regierungsgeschäften zurück und übergab die Macht an ihren zwanzigjährigen Sohn Carl August. Auch Wieland war von da an von den Aufgaben bei Hofe befreit, blieb aber in Weimar und erhielt als weimarischer Hofrat eine lebenslange, ordentliche Pension. Er konnte dadurch ein halbwegs sorgenfreies Leben führen und war nicht allein auf die Einnahmen angewiesen, welche er als Dichter und Schriftsteller erzielte. Es gab bis dahin noch keine fest geschützten Rechte für die Autoren; sie mussten mit Raubdrucken ihrer Werke rechnen, was zu empfindlichen finanziellen Einbußen führte.

Herzog Carl August berief schon in seinem ersten Regierungsjahr einen zweiten überregional bekannten Dichter nach Weimar: den noch jungen Johann Wolfgang Goethe. Dieser hatte bereits als Autor des Sturm und Drang für Furore gesorgt, insbesondere durch das Drama »Götz von Berlichingen« und den Roman »Die Leiden des jungen Werther«. Beide Werke waren über Nacht zu Bestsellern in Deutschland geworden. Der »Werther« wurde in andere Sprachen übersetzt und fand in ganz Europa reißenden Absatz. Weimar besaß quasi ab 1775 eine europäische Berühmtheit. Herzog Carl August war ein Coup gelungen.

Während Lessing und Wieland die ominöse Linie überschritten, die vom System der Autorität in den Bereich der Freiheit führt, während beide »denkende Köpfe« waren, sprich: kritische Leute im Dienst der Aufklärung, und ein ruhiges, abwägendes Urteilen bevorzugten, das keine vorschnellen, ewigen Wahrheiten oder absolut bestimmte Lebensformen erkennt, spielten die jungen, hitzigen Dichter des Sturm und Drang, die unter dem Kanonendonner des Siebenjährigen Krieges groß geworden waren, teilweise wieder mit Vorstellungen, welche die Aufklärung hintergingen – ähnlich wie ihr Held König Friedrich II. von Preußen.

Angeregt vom preußischen Theologen und Philosophen Johann Gottfried Herder, huldigte die jüngere Generation der Dichter dem *Genie*, sprach gern von Herz, Leidenschaft, Vorsehung, blindem Schicksal – oder Goethe später vom Dämonischen, von Urkräften im Menschen, welche kaum zu beherrschen seien. Goethe bewunderte als jüngerer wie als älterer Autor immer wieder energiegeladene, ehrgeizige Heroen: Friedrich II. oder Napoleon, wenngleich ihm diese Leute zwischendurch auch wieder unheimlich vorkamen. Doch irgendwie schien das Leben ohne Unvernunft auch langweilig zu sein.

Obwohl Goethe ein Spross der Freien Reichs- und Messestadt Frankfurt am Main war und durch die mütterliche Familie zum Patriziat gehörte, wurde er zum Favoriten eines Fürsten, was seinen Vater erboste. Doch der junge Goethe fühlte sich selbst zu einem gewissen Herrschertum berufen oder dazu, als jemand von Rang im herrschaftlichen System zu wirken. Halb im Scherz, halb im Ernst hatte er schon als Fünfzehnjähriger im Mai 1764 an Ludwig Ysenburg von Buri geschrieben: »Einer meiner Haupt Mängel, ist, daß ich etwas hefftig bin. Sie kennen ja die colerische Temperamente, hingegen vergißt niemand leichter eine Beleidigung als ich. Ferner bin ich sehr an das Befehlen gewohnt, doch wo ich nichts zu sagen habe, da kann ich es bleiben laßen. Ich will mich aber gerne unter ein Regiment begeben, wenn es so geführt wird, wie Mann es von ihren Einsichten erwarten kann.«[1]

Nachdem Goethe ein Jahr in Weimar war, widmete er »Dem

Schicksal« ein Gedicht, um darin die eigene übergeordnete Verbundenheit mit dem Ort und Carl August zu beschwören: »Was weiß ich, was mir hier gefällt, / In dieser engen kleinen Welt / Mit leisem Zauberband mich hält! / Mein Karl und ich vergessen hier, / Wie seltsam uns ein tiefes Schicksal leitet, / Und, ach, ich fühl's, im stillen werden wir / Zu neuen Szenen vorbereitet.«[2]

Tatsächlich könnte man meinen, dass der alte Kern von Weimar zauberisch in der Landschaft liege: ein lieblicher Ort, ein idyllisches Luststädtchen, ein *locus amoenus*. Nördlich beherrscht der langgestreckte, mächtige Höhenzug des Ettersbergs die Szenerie, wie ein wohltuender Schutzwall. Davor breitet sich ein sanft gewelltes Hügelland aus. Mittendrin, leicht versteckt, ist das Ilmtal, das sich zu einem kleinen Kessel ausweitet, um Platz zu bieten für die Weimarer Altstadt und das herzogliche Schloss. Immer schon fühlten sich die Menschen von diesem traulichen Talkessel angezogen. Die Germanen nannten ihn Weimaris: heiliges Moor, geweihte Stätte, und schufen eine Kultstätte, bald auch einen herrschaftlichen Sitz.

Schon Thietmar von Merseburg bezeugte in seiner Chronik, die um 1012 entstand, einen Grafen von Weimar, und die Erben, die Wettiner Herzöge, bauten den Ort zur beschaulichen Residenz eines Duodezfürstentums aus. Carl August und Goethe sorgten ihrerseits ab den späten 1770er Jahren dafür, dass sich das Ilmtal bei Weimar in einen der schönsten Landschaftsparks in deutschen Landen verwandelte. Schlossbereich, Stadt und Park gehen nahtlos ineinander über, als seien Kunst und Natur eine Einheit.

Die herrlich verwinkelte, enge Altstadt öffnet sich mit einem Mal zum Flusstal hin mit weiten Wiesen und großen Laubbäumen, wie im Traum – oder mit Goethe'schen Grundbegriffen: Zusammenziehung und Ausdehnung, Systole und Diastole, als produktive Gegensätze. Die Altstadt versammelt dicht gestaffelte Bauzeugnisse der Gotik, der Renaissance, des Barock und Klassizismus. Fast jede Straße oder jede Gasse, sei sie auch noch so schmal, fast jedes Gebäude, sei es auch noch so unscheinbar, fast jeder Platz und jedes Plätzchen, nahezu alles besitzt eine gewisse Eigenheit und Stimmung. Stolze Renaissancefassaden erheben sich neben Barockhäusern mit plastischen Dächern; rosa Fassaden wechseln mit lindgrünen.

Seit der Blüte der ritterlich-höfischen Literatur um 1200 hatte Deutschland im europäischen Diskurs um das galante Leben keinen bedeutenden Beitrag mehr geleistet. Der Urstoff der Poesie, die schwärmerische oder die kokette Liebe – *boy meets girl* –, blitzte hierzulande nur noch gelegentlich auf, manchmal in der bildenden Kunst, etwa im Nürnberger Bildteppich mit Liebesgarten aus der Zeit um 1450/60 – oder bei barocken Hoffesten im Dresdner Zwinger; aber eben kaum in der Literatur. Das Luthertum, ab 1517, und das Preußentum, ab 1713, sahen die galante Liebe oder die Lektüre von Romanen als eine nichtswürdige Beschäftigung an. Ein verkürzter Begriff des Menschentums untersagte die schönste Sache von der Welt. Doch Carl August, der junge Herzog von Sachsen-Weimar-Eisenach, hatte dafür eine Ader und holte Dichter an seinen Hof, um diese feine Materie zu befördern. Weimar war ja ohnehin ein lieblicher Ort, ein idyllisches Luststädtchen, ein *locus amoenus*.

Am Musenhof von Carl August wandelten die Leute auf literarischen Spuren, spielten Schäferroman oder Tragikomödie, schlüpften in ältere poetische Rollen, experimentierten damit, um selbst neue Rollenmuster hervorzubringen und in eigenen Werken niederzuschreiben. Bevor Goethe dorthin kam, hatte er sich als geniegetriebener Dichter wie der antike griechische Held Orest gefühlt, welcher von dunklen, bösartigen Schicksalsmächten verfolgt wird. Er hoffte, im idyllischen Tal der Ilm inneren Frieden zu finden und womöglich als Orest auf seine poetische Schwester zu stoßen: auf Iphigenie.

Und siehe da: Er fand sie – in der leibhaftigen Gestalt von Charlotte von Stein. Sie war die Tochter des Weimarer Hofmarschalls von Schardt und mütterlicherseits schottischer Abstammung; bei der Ankunft des Dichters in Weimar war Charlotte bereits mit dem Oberstallmeister Josias von Stein verheiratet und als dreiunddreißigjährige Frau sieben Jahre älter als Goethe; sie hatte schon sieben Geburten hinter sich, die drei Söhne überlebten – stand quasi mit beiden Beinen im Leben. Ihr Mann war hauptsächlich in die Pferdezucht und in die Jagd vernarrt, sie aber hatte künstlerische und geistig-intellektuelle Interessen. Die Ehe besaß keine innere Bindung und vermittelte wenig Freude, wenngleich für Frau von Stein eine Scheidung aus moralischer Rücksicht nicht in Frage kam. Noch bevor Goethe eintraf, hatte sie sich bei einem gemeinsamen Bekannten erkundigt, was denn das für ein Mensch sei, der Dichter des »Werther«, der so seelenvoll und tragisch von der Liebe erzählen konnte. Johann Georg Zimmermann schrieb an sie im Januar 1775: »Sie verlangen, daß ich Ihnen von Goethe rede? Sie möchten ihn sehen? Ich werde sogleich über ihn berichten. Aber, arme Freundin, Sie bedenken es nicht. Sie wünschen, ihn zu sehen, und Sie wissen nicht, bis zu welchem Punkte dieser liebenswürdige und bezaubernde Mann Ihnen gefährlich werden könnte!«[3]

Zimmermann verfuhr zweigleisig und schlüpfte in die Rolle des Kupplers: Er schickte sowohl an Charlotte von Stein einen Stich von Goethe als auch an Goethe einen Stich von Charlotte von Stein. Goethe schrieb neben das Bild von Charlotte: »Es war ein herrliches Schauspiel zu sehen, wie die Welt sich in dieser Seele spiegelt. Sie sieht die Welt, wie sie ist, und doch durchs Medium der Liebe.« An anderer Stelle porträtierte Zimmermann Charlotte von Stein: »Sie hat überaus große schwarze Augen von höchster Schönheit. (...) Ernst, Sanftmut, Gefälligkeit, leidende Tugend und feine, tiefgründende Empfindsamkeit sieht jeder Mensch beim ersten Blick auf ihrem Gesicht. Die Hofmanieren, die sie vollkommen in sich hat, sind bei ihr zu einer sehr seltenen hohen Simplizität veredelt.«

Charlotte erschien auf Zeichnungen als eine Frau mit feinnervigen Zügen. Sie konnte in Briefen gefühlvoll und menschlich sein, aber auch kühl und nörglerisch, übte gelegentlich beißende Kritik an anderen. Sie verfügte nicht unbedingt über ein leichtsinniges, leidenschaftliches Temperament für die Liebe, hatte eher Angst, sich darin zu verlieren, schätzte Besonnenheit, Moral, höfische Etikette. Sie wünschte sich eine platonisch-seelenvolle Liebe, welche das Herz bereichert, vielleicht manchmal die galante Liebe, welche den Geist und die Sinne beglückt. So oder so war ihr bang ums Herz, sich auf die Liebe einzulassen, weil man nie weiß, wo das hinführt. Sie befürchtete, von Goethe dominiert zu werden. Doch wenn man danach späht, wird aus der Liebe nie etwas. Sie suchte den Geliebten und ging zugleich auf Distanz zu ihm, zog sich gern wieder hinter die Barriere von Besonnenheit, Moral, höfischer Etikette zurück, fand auch Behagen in sich selbst, war eine Hagestolze und gleichzeitig voll von Sehnsucht, wie geschaffen dafür, um mit Goethe ein tragisch-komisches Liebesverhältnis einzugehen, just zwischen braver Ehemoral und galanter Liebe.

Frau von Stein und Goethe lernten sich über Schattenrisse kennen, ganz so, als sollte das symbolisch sein. Die Liebe war vermutlich auf beiden Seiten schon entflammt, bevor man sich wirklich sah. Tatsächlich entstand eine große Romanze, die rund elf Jahre andauerte. Charlotte wehrte sich vordergründig gegen die Offerten des Dichters, was diesen noch mehr anspornte, sie schwärmerisch anzubeten, bis sie sich beide in den Netzen des jeweils anderen verfingen – wenigstens bis zu einem gewissen Grad. Es war wohl eine reizvolle Abwechslung für die adlige Dame, dass sich dieser junge Poet, der bereits eine europäische Berühmtheit war, gerade von ihr, von ihrer Liebe innere Beruhigung und Erziehung versprach – dass eben *sie* seine neue Muse sein sollte, die ihm zuhörte und zu neuen Dichtungen inspirierte. Weit über tausend Briefe wechselten zwischen den beiden hin und her. Erhalten haben sich allerdings nur Goethes Briefe, da Charlotte die ihrigen zurückverlangte und verbrannte.

Beide wussten nie so genau, was sie voneinander wollten. Zumindest Charlotte scheute körperliche Nähe und Libertinage. Sie war streng protestantisch erzogen worden, liebäugelte mit leidender Tugend, fühlte sich zudem durch die vielen Schwangerschaften gesundheitlich geschwächt; hatte an körperlicher Intimität, an Sex oder neuen Schwangerschaften offenbar kein allzu großes Interesse mehr. Goethe gab sich seinerseits manchmal eher schwärmerisch als zupackend, nannte sie abwechselnd Schwester, Engel, liebe Frau, liebe Lotte. Schon im Januar 1776 zeigte er sich ihr gegenüber vieldeutig: gelobte Distanz und forderte Nähe, betete sie an und fürchtete ihre Umklammerung, drohte mit einer anderen Geliebten, was ihr doch recht sein müsse: »Lieber Engel, ich komm nicht ins Concert. Denn ich bin so wohl, daß ich nicht sehen kann das Volck! lieber Engel Ich lies meine Briefe holen und es verdroß mich daß kein Wort drinn war von dir, kein Wort mit Bleystifft, kein guter Abend. Liebe Frau, leide daß ich dich so lieb habe. Wenn ich jemand lieber haben kann, will ich dir's sagen. Will dich ungeplagt lassen. Adieu Gold, du begreiffst nicht wie ich dich lieb hab.«

Charlotte brüstete sich in dieser frühen Zeit gegenüber Zimmer-

Feinnervig und feiner Takt: Charlotte von Stein mit modischer Frisur, Kreidezeichnung von Johann Wolfgang von Goethe, 1777

mann, dass ihr Goethe nicht gefährlich werden könne: »Goethe und ich werden niemals Freunde. Er ist eigentlich, was man *coquet* nennt. Auch seine Art, mit unserm Geschlecht umzugehen, gefällt mir nicht. Es ist nicht Achtung genug in seinem Umgang.« Im Mai 1776 tat sie so, als führe sie Goethe am Gängelband, und schrieb an Zimmermann: »Mir geht's mit Goethe wunderbar. Nach acht Tagen, wie er mich so heftig verlassen hat, kommt er mit einem Übermaß von Liebe wieder. Ich habe zu mancherlei Betrachtungen durch Goethe Anlaß bekommen (...). Ich bin durch unsern lieben Goethe ins Deutsch-Schreiben gekommen, wie Sie sehen, und ich dank's ihm. Was wird er wohl noch mehr aus mir machen?« Charlotte meinte gegenüber Goethes Liebeswerben gefeit zu sein, gestand aber doch ein, dass durch ihn ihre eigene literarische Ader erwache – oder dass noch andere Dinge in ihr erweckt werden könnten. Man lässt sich gerade von solchen Menschen zu Neuem anregen, die man liebt, von jenen, die das eigene Dasein heben und neue Blicke öffnen. Charlotte fuhr fort: »In Goethens Garten hab ich schon einmal Kaffee getrunken und von seinem Spargel gegessen, den er selbst gestochen und in seinem Ziehbrunnen gewaschen hatte. In Goethens Garten ist die schönste Aussicht.«

Die literarische Szene in deutschen Landen blickte nun nach Weimar und wollte wissen, was der junge Herzog und sein Favorit dort anstellten. Es kursierten allerhand spektakuläre Gerüchte über die Inspektionsreisen, die Carl August und Goethe im Herzogtum unternahmen. Manches dürfte auch Frau von Stein hellhörig und misstrauisch gemacht haben. Johann Heinrich Voß schrieb im Juli 1776 an Ernestine Boie: »Der Herzog läuft mit Goethen wie ein wilder Bursche auf den Dörfern herum; er besäuft sich und genießt brüderlich einerlei Mädchen mit ihm.« Wieland wiederum beschwichtigte zur selben Zeit in einem Brief an Zimmermann: »Sie kennen mich und Goethen, und die Höfe und die Höflinge, und die dethronisierten Hofmeisters, und die Menschen überhaupt. Also glauben Sie nicht leicht, wenn Sie etwas Absurdes und Schlechtes von Weimar hören! Ich bin zwar bloßer Spektator von allem, was passiert, aber Sie können mir glauben: es geht so gut als möglich.«

Nahezu täglich wechselten Briefe und Notizen zwischen Goethe und Charlotte hin und her – ein sentimentaler Roman, der von 1775 bis 1786 dauerte. Sie waren häufig zusammen, teilten den Tisch, aßen miteinander, sprachen miteinander, endlos, lasen sich aus Büchern vor und gingen spazieren. Ganz so unsinnlich war Charlotte nicht. Sie hatte Geschmack, frisierte sich als adlige Dame nach der Mode, freute sich auch, wenn sie als Gutsherrin in Kochberg gesunde Kühe hatte, die »guten Rahm« lieferten. Wenn im Frühjahr in Goethes Garten der erste Spargel aus dem Boden spross, wenn die ersten Erdbeeren reif waren, sandte der Dichter diese Sachen an die Geliebte – bis er im Sommer 1786 Hals über Kopf nach Italien aufbrach, ohne Charlotte auch nur ein Wort davon zu sagen. Bis dahin hatte es ihrer Eitelkeit zuweilen geschmeichelt, wenn sich Goethe immer wieder davor fürchtete, ganz und gar von ihr zurückgewiesen zu werden, und weinte; spätestens jetzt merkte sie, wie sehr sie ihn ihrerseits liebte und sich nach ihm sehnte, weil das Leben ohne ihn öd wurde.

Ob sie je eine intime, sexuelle Beziehung miteinander hatten, geht aus den Briefen nicht hervor – vielleicht vorübergehend. Angemessen wäre es wohl gewesen, weil sich die beiden auch sonst so sehr aufeinander eingelassen hatten. Sie waren fasziniert voneinander: *sie* von seiner Energie, seinem Wissen, seinen dichterischen Können, *er* davon, dass sie sich nicht sofort davon beeindrucken ließ, ihm Widerpart bot, ruhig blieb, ihn an die Kandare nahm, weil er selbst spürte, dass die Geniezeit von Sturm und Drang nicht mehr recht weiterführte.

Nicht einmal die vielen Beobachter, welche eifrig die Chronique scandaleuse in Weimar nährten, konnten Genaueres über diese Liebe sagen. Man kann bis heute weiter darüber rätseln; irgendwie fanden sie keinen gangbaren Weg, um ihre Liebe zu leben. Charlotte wollte ihren Mann und die Kinder nicht einfach im Stich lassen; ohnehin war ihr Charakter nicht so leicht zu fassen; Goethe wollte sich seinerseits nicht zu stark binden. Vielleicht dachten sie zu sehr in konventionellen Begriffen.

Manchmal gibt es ja eine *ménage à trois*, eine Dreiecksbeziehung, wenn man sich verständigt und merkt, dass auch der Dritte die Sache gar nicht so schlecht findet und auf seine Kosten kommt. Oder zwei von den dreien schweigen und lassen die Sache laufen, solange sich alle gut fühlen. Der französische Hofmann Seigneur de Brantôme hatte in seiner berühmten Chronik »Das Leben der galanten Damen«, welche im 16. Jahrhundert entstanden war und 1666 veröffentlicht wurde, solche Dreiecksbeziehungen durchgespielt und empfohlen, nicht gleich auf Rot zu schalten.[4]

Ohne körperliche Berührung und Nähe fehlt immer etwas in der Liebe. Es ist die entscheidende Grenzüberschreitung, welche die Liebe steigert, Vertrauen schenkt und entspannt. Hilfreich kann schon ein intimes Tête-à-Tête sein, ein Flüstern, Küssen, Herumwälzen im Bett, ohne den Liebesakt zu vollziehen. Wenn, wie in diesem Falle, die Ehefrau den Ehemann seelisch ohnehin schon ziemlich betrügt, muss sie das erotische Vergnügen mit dem Geliebten moralisch nicht mehr so hoch hängen. Vielleicht war Goethe in dieser Beziehung ein dummer

Esel und Charlotte von Stein eine dumme Gans, beides wiederum auch sehr menschlich. Es lief jedenfalls irgendetwas schief zwischen den beiden, weil Goethe gar so fluchtartig nach Italien verschwand, was die Geliebte als argen Vertrauensbruch empfand und tief verletzte. Vorläufig kamen in Goethes Werken so gut wie keine erotischen Freuden zwischen den Liebenden vor; die Figuren lebten eher, wie in Wielands frühen Schriften, in ätherischen Sphären.

Charlotte war durch ihre Beziehung zu Goethe in den siebziger und achtziger Jahren der weibliche Star in Weimar. Als Schiller im August 1787 zu Besuch an der Ilm war, schrieb er an Körner: »Dieser Tage habe ich in großer adliger Gesellschaft einen höchst langweiligen Spaziergang machen müssen. (...) Die Beste unter allen war Frau von Stein, eine wahrhaftig eigene, interessante Person, und von der ich begreife, daß Goethe sich so ganz an sie attachiert hat. Schön kann sie nie gewesen sein, aber ihr Gesicht hat einen sanften Ernst und eine ganz eigenen Offenheit. (...) Man sagt, daß ihr Umgang ganz rein und untadelhaft sein soll.«

Frau von Stein verdrehte nicht nur Goethe den Kopf. Als dieser in Italien war, stand schon der nächste Hommes de lettres bereit, um sie als Priesterin der Musen und Grazien zu verehren. Karl Ludwig von Knebel, Goethes »Urfreund«, gestand im April 1788 seiner Schwester Henriette: »Frau von Stein ist diejenige hier unter allen, von der ich am meisten Nahrung für mein Leben ziehe. (...) Sie ist ohne alle Prätension und Ziererei, gerad, natürlich, frei, nicht zu schwer und nicht zu leicht (...), ist wohl unterrichtet und hat feinen Takt, selbst Geschicklichkeit für die Kunst.«

Erstaunlich, welche Beobachtungsgabe sich jetzt in Weimar entfaltete. Nicht nur in literarischen Werken, auch bereits in Briefen und Tagebüchern wurden Liebesromane geschildert. Goethe und Frau von Stein beflügelten die Phantasie. Später sammelten Woldemar und Flodoard von Biedermann diese Schriften der Zeitgenossen, welche Begegnungen mit Goethe und seinem Kreis überlieferten, in jüngerer Zeit durch Wolfgang Herwig ergänzt und herausgegeben unter dem Titel »Goethes Gespräche«.[5] Dieses Werk wurde selbst zu einem Stück Weltliteratur. Die Urteile über Goethe oder Charlotte gingen natürlich auseinander. Die einen fanden Charlotte schön, die andern nicht;

die einen sahen in ihr selbst eine Künstlerin, die malte und schrieb, andere schätzten ihr Talent eher gering ein.

Herzog Carl August meinte später einmal gegenüber Kanzler Friedrich von Müller, Goethe könne eigentlich mit den Frauen nicht umgehen. Im Mai 1828 notierte der Kanzler die Bemerkung des Herzogs: »Goethe habe stets zu viel in die Weiber gelegt, seine eigenen Ideen in ihnen geliebt, eigentlich große Leidenschaft nicht empfunden. Seine längste Liebschaft, die Frau v. Stein, sei eine recht gute Frau gewesen, aber eben kein großes Licht. Die Vulpius habe alles verdorben; ihn der Gesellschaft entfremdet.«[6] Christiane Vulpius stammte aus einfachen Verhältnissen, gehörte im Gegensatz zu Charlotte von Stein nicht den höfischen Kreisen in Weimar an; sie wurde nach Goethes Rückkehr aus Italien 1788 zunächst sein »Bettschatz« sowie seine Haushälterin, bevor er sie im Herbst 1806 unter dem Kanonendonner der Schlacht bei Jena und Auerstedt doch noch heiratete. Charlotte litt sehr darunter und nannte Christiane verächtlich eine »Gassen Mamsel«.

Als Goethe aus dem Süden zurückgekommen war, wunderten sich die Leute in Weimar zunächst, warum sich Charlotte gegenüber Goethe nun so kühl gab. Karoline Herder berichtete ihrem Mann im März 1789: »Ich habe nun das Geheimnis von der Stein selbst, warum sie mit Goethe nicht mehr recht gut sein will. Er hat die junge Vulpius zu seinem Klärchen und läßt sie oft zu sich kommen usw. Sie verdenkt ihm dies sehr. Da er ein so vorzüglicher Mensch ist, auch schon 40 Jahre alt ist, so sollte er nichts tun, wodurch er sich zu den anderen so herabwürdigt.« Die Lust auf Sex sah Charlotte als Schwäche an. Goethe war in ihren Augen eigentlich schon zu alt dafür. Oder er hatte sich für dieses Vergnügen eine unstandesgemäße Person ausgesucht.

Für viele Goetheverehrer stellte die Romanze zwischen Goethe und Charlotte von Stein die ideale Seelenliebe dar – quasi ohne niedere Sinnlichkeit, wie es das preußisch-protestantische Milieu offiziell schätzte. Das Verhältnis der beiden wurde zu einem Bestandteil der Weimarer Klassik, wenn nicht zu einem nationalen Gut. Manche machten im Laufe des 19. und im frühen 20. Jahrhundert aus dem Dichter einen Halbgott, während in den folgenden Jahrzehnten, zumal nach dem Zweiten Weltkrieg, nicht wenige Forscher oder Feuilletonisten zum anderen Extrem neigten und versuchten, das Weimarer

Modell auf die Kategorie der deutschen Misere zurechtzustutzen – die Liebe, ein Scherbenhaufen, die fürstliche Politik, unsäglich.

Langsam! Das thüringische Städtchen besitzt nach wie vor Unterhaltungswert, bietet Einblicke in das Menschlich-Allzumenschliche. Auch heute noch kommt es vor, dass die Liebe nicht ganz ideal verläuft: mit Missverständnissen, Verletzungen, Demütigungen. Es mag ein Trost sein, dass es den Leuten früher schon so ähnlich ging.

Weimar war wie Wien oder Dresden eine Traumfabrik. Vielleicht lernt man Goethe, seine Gedanken, seine Art des Menschlichen nirgends besser kennen als in seinen Briefen: in den vier Bänden der Hamburger Ausgabe.[7] Charlotte von Stein, die Geliebte, brachte ihm tatsächlich bei, das Geniegehabe zurückzunehmen.

Dieser Wandlungsprozess spiegelte sich gerade auch in Goethes Drama »Iphigenie auf Tauris«. Eine erste Prosafassung des Stücks entstand bereits 1779 und wurde von Mitgliedern der höfischen Gesellschaft aufgeführt, nicht in Weimar selbst, sondern auf Schloss Ettersberg einige Kilometer nördlich der Stadt. Goethe spielte den Orest, die Sängerin Corona Schröter die Iphigenie. Charlotte, das leibhaftige Vorbild der Goethe'schen Iphigenie, blieb der Ettersberger Aufführung fern, weil sie Corona nicht mochte.

Goethes »Iphigenie« hatte das antike griechische Werk von Euripides zur Grundlage: »Iphigenie bei den Tauriern«, ein Drama, in welchem die Menschen noch nicht aus eigener Kraft aus dem ewigen Freund-Feind-Denken herausfinden, ein Stück, in dem sie ständig aufeinander losgehen, sich von dunklen Trieben leiten lassen, sich stets aufs Neue bekriegen und rächen – bis am Ende ein Gott vom Himmel kommt und endlich Frieden stiftet. Goethes Figur der Iphigenie wird hingegen von sich aus misstrauisch gegenüber den dunklen Schicksalsmächten, welche die Menschen antreiben, sich gegenseitig hinzuschlachten. Sie wagt es, aus diesem Mechanismus auszubrechen, und versucht, durch ihre Art der Menschlichkeit die anderen zu besänftigen, was am Ende ohne göttlichen Eingriff von oben gelingt. Die Endfassung des Werkes entstand 1787, nun in Versen geschrieben: im so genannten Blankvers, im reimlosen fünffüßigen jambischen Vers, was den Schauspielern einen sanft andrängenden Sprechgesang erlaubte, einen Ton der Harmonie und des Maßes.

Goethes Iphigenie wurde zu einem Kernstück der Weimarer Klassik – und *klassisch* war schon die Stoffwahl, der Rückgriff auf die griechisch-römische Antike als Gegenpol zum nachantiken Christentum und zu den Figuren der Bibel; *klassisch* war ebenso die Entscheidung, das Stück am Ende in Versen zu schreiben, so wie kurz zuvor schon Wieland und Lessing einige Dramen in Blankversen verfasst hatten, um einen Ton der Harmonie und des Maßes zu schaffen. Typisch für Goethe war es, dass sich das Klassische als ein entrücktes Geschehen darbot. Es standen nur ein paar Figuren auf der Bühne; es gab keinen Chor als Hintergrund einer Stadt wie bei Euripides. Die Personen befanden sich zum Schluss auf einer Insel der Seligen. Menschlichkeit und Humanität entfalteten sich bei Goethe im idealen Raum, nicht unbedingt im Getriebe der gewöhnlichen Welt.

Iphigenie überschritt die ominöse Linie, welche von göttlicher Autorität zu menschlicher Freiheit führt, um *als Mensch* für Menschlichkeit zu sorgen. Goethe meinte später allerdings, im Januar 1802, gegenüber Schiller: Das Drama sei »ganz verteufelt human«. Ganz so, als sei Iphigenie vom Teufel verführt worden, den Bereich der Freiheit zu betreten, als glaube Goethe selbst nicht mehr so recht daran, was ihn Charlotte von Stein gelehrt hatte.

Goethe schob immer wieder gewisse geistige Positionen nach vorne, nahm sie wieder zurück, überarbeitete sie, stellte sie wieder nach vorn. Er gab sich bis zu einem gewissen Grad beweglich, ließ sich nicht so leicht in eine bestimmte Schublade stecken. Allerdings sollten Humanität und Menschlichkeit für ihn als den berühmtesten Vertreter der Weimarer Klassik am Ende doch auf der Grenzlinie stehen: just zwischen Göttlichem und Menschlichem – zwischen Autorität und Freiheit. Vielleicht war das eine zu idealistische Konstruktion. Goetheverehrer sprachen von Tiefe, Goethekritiker von Weltflucht.

Goethe beschäftigte sich in den ersten elf Jahren in Weimar allerdings tatsächlich nicht nur mit Schäferspielen und Dramen, sondern versuchte auch, praktische Politik zu betreiben. Während Friedrich II. von Preußen einem Voltaire in Berlin und Potsdam nicht gestattet hatte, sich in politische Angelegenheiten einzumischen, verhielt sich Carl August großmütig und nahm Goethe schon 1776 in den Geheimen Rat auf, was den Dichter faktisch in den Rang eines Ministers erhob.

Sechs Jahre später sorgte der Herzog auch dafür, dass der Kaiser den Dichter zum Baron machte und er nun *von* Goethe hieß. Aufgeklärte Philosophie und Fürstenstaat sollten in Weimar nicht unbedingt zwei verschiedene Dinge sein. Die Weimarer Staatsfinanzen waren nach dem Siebenjährigen Krieg und durch ein aufwendiges Hofleben zerrüttet. Goethe übernahm zuerst die Kriegskommission, damit in Weimar die Dinge etwas anders als in Berlin liefen. Der Dichter-Minister rüstete ab, verringerte die Zahl der Soldaten im Fürstentum Sachsen-Weimar-Eisenach fast um die Hälfte, auf etwa 300 Mann.[8]

Charlotte von Stein dürfte Goethe ins Gewissen geredet haben. Im Drama der »Iphigenie« sagte Orest (alias Goethe) über Iphigenie (alias Charlotte von Stein): »Gewalt und List, der Männer höchster Ruhm, / Wird durch die Wahrheit dieser hohen Seele / Beschämt.« Charlotte schrieb ihrerseits einige Bühnenstücke, beispielsweise 1794 »Dido«. Elissa sagte dort im 2. Aufzug, 4. Szene: »O zerstörendes Geschlecht! Ohne euch / wäre uns die Kriegslust unbekannt. / Warum gabst du, Natur, den / Männern dieses Treiben, diese Thatensucht, / um den ruhigen Gang nach einem / bessern Ziel (...) widrig zu stören?«[9]

Goethe übernahm bald weitere Kommissionen oder tauschte das eine Ressort gegen das andere aus. Er leitete die Finanzkommission wie die Bau- und Wegebaukommission. Es entstanden unter seiner Regie seit den 1780er Jahren im Fürstentum Sachsen-Weimar-Eisenach moderne Chausseen, die so weit wie möglich eben und geradlinig waren und den Verkehr der Postkutschen und Kaufmannswagen erheblich verbesserten, während sich zur selben Zeit der Alte Fritz, der bis 1786 auf dem Thron saß, um den modernen Wegebau in Preußen so gut wie nicht kümmerte, denn seine *Tatensucht* zielte auf andere Dinge.

Eine Zeitlang betrieb Goethe die politischen Geschäfte mit großem Eifer, angespornt von Charlotte von Stein. In ihren Augen waren solche Aufgaben des Tages die richtige Therapie für den geniegetriebenen Dichter. Goethe schrieb der hohen Frau regelmäßige Rapporte. Er vergaß nicht, sich in ein gutes Licht zu rücken und den schleppenden Gang der Geschäfte durch die Launen des Herzogs zu erklären. Im November 1781 hieß es in einem Brief an sie: »Der Herzog hat doch im Grunde eine enge Vorstellungs Art und was er kühnes unternimmt ist nur im Taumel, einen langen Plan durchsetzen der in seiner Länge und Breite verwegen wäre, fehlt es ihm an Folge der Idee und wahrer Standhaftigkeit.«

Schon seit 1776 war ein dritter überregional bekannter Schriftsteller in Weimar ansässig: Johann Gottfried Herder. Dieser wichtige Ideengeber der jüngeren Dichtergeneration war mit Unterstützung von Goethe und Carl August zum Generalsuperintendenten in Weimar ernannt worden, weil der Philosoph gleichzeitig Theologe und protestantischer Pfarrer war. Das Verhältnis zwischen Herder und Goethe war nicht immer spannungsfrei, weil der Dichter in den Augen des Theologen die Pflichten des Tages sowie der Moral doch nicht ernst genug nahm. Nicht bloß der Herzog, auch Goethe selbst verzettelte sich seiner Meinung nach, begann tausend Dinge, ohne etwas zu Ende zu führen. Herder schrieb im Juni 1782 an Johann Georg Hamann über Goethe: »Er ist also jetzt Wirklicher Geheimer Rat, Kammerpräsident, Präsident des Kriegscollegii, Aufseher des Bauwesens bis zum Wegebau hinunter, dabei auch *directeur des plaisirs*, Hofpoet, Verfasser von schönen Festivitäten, Hofopern, Balletts, Redoutenaufzügen, Inskriptionen, Kunstwerken etc., Director der Zeichenschule, in der er den Winter über Vorlesungen über die Osteologie gehalten, selbst überall der erste Acteur, Tänzer, kurz das factotum des Weimarischen und, so Gott will, bald der majordomus sämtlicher Ernestinischer Häuser, bei denen er zur Anbetung umherzieht.«[10]

Irgendwann hatte Goethe genug: von den Pflichten des Tages und von Charlotte von Stein. Zwei Jahre, von 1786 bis 1788, blieb er in Italien, um sich der Kunst, den großen Dingen und den erotischen Freuden zu widmen. Goethe frohlockte und schrieb an das Ehepaar Herder im November 1786 aus Rom: »Ich habe endlich das Ziel meiner Wünsche erreicht und lebe hier mit einer Klarheit und Ruhe, die Ihr Euch denkt weil Ihr mich kennt. Meine Übung alle Dinge wie sie sind zu sehen und zu lesen, meine Treue das Auge Licht sein zu lassen, meine völlige Entäußerung von aller Prätention, machen mich hier höchst im stillen glücklich. (...) Was ich aber sagen kann und was mich am tiefsten freut ist die Würkung, die ich schon in meiner Seele fühle: es ist eine innre Solidität mit der der Geist gleichsam gestempelt wird; (...). Und dann ist nichts *Kleines* hier (...) alles hat teil an der Großheit des Ganzen genommen.«

Was Goethe bewunderte, war das imperiale, caesarische Rom. Mehr denn je nahm er sich als Dichter vor, aufs Ganze zu gehen: nicht einfach bloß an Gott zu glauben, sondern an Gott, als das Absolute – nichts weniger als das. Bereits vor der Italienreise hatte er gemeinsam mit Charlotte von Stein die »Ethik« des Spinoza gelesen, wo er für sich die Formel fand: Gott ist gleich Natur. Es kam für ihn darauf an, die grundlegenden Gesetze der Natur zu erforschen, um darin die entscheidenden Leitlinien für das menschliche Handeln zu finden. Ein Hauptgesetz der Natur wurde für ihn die Morphologie der Pflanzen: das Wachstumsprinzip der Zusammenziehung und Ausdehnung, Systole und Diastole, Steigerung der Art durch Wandlung, stirb und werde! Konzentriere dich auf die Arbeit und entspanne dich wieder, strebe und genieße! Das hieß auch: Verlasse Weimar und reise nach Italien! Begebe dich von der Enge in die Weite und gelange auf einer höheren Stufe in die thüringische Provinz zurück! Auch so konnte man einen langen, zweijährigen Urlaub als Minister rechtfertigen.

Später fasste Goethe in einem Briefkonzept, das wahrscheinlich an seinen Duzfreund Karl Friedrich Zelter gerichtet war, die Maximen seines Denkens zusammen, datiert: Jena, den 31. März 1818: »Besonders will ich Dir noch vermelden wie sehr es mich gefreut hat daß wir durch die großen *Urworte* so leicht und leidlich über den Augenblick hinauskommen. Das Absolute, die moralische Weltordnung, Systole und Diastole! es braucht nicht viel mehr sich zu verständigen. Das nächste Mal das wir zusammenkommen muß ich Dir noch einen Begriff vom Dämonischen geben: dann bedarf's nichts weiter.« Simplizität der Weimarer Klassik!

Als Goethe im Sommer 1788 wieder in Weimar eintraf, wollte er sich als Minister nur noch um das »Kulturfach« kümmern, wollte eine Art von Kultusminister sein und so weit wie möglich die Augen vor dem Zeitgeist verschließen, welcher durch die Französische Revolution außer Rand und Band zu geraten schien. Goethe nahm jetzt die zeitlosen Gesetze der Natur in den Blick und freute sich abends über seinen »Bettschatz«, Christiane Vulpius.

An Johann Heinrich Meyer schrieb der Weimarer Kultusminister im Sommer 1794 nach Italien: »Danken Sie Gott daß Sie dem Raphael und andern guten Geistern, welche Gott den Herrn aus reiner Brust loben, gegenübersitzen und das Spuken des garstigen Gespenstes, das man Genius der Zeit nennt, wie ich wenigstens hoffe, nicht vernehmen.« Eine Zeitlang besaß für Goethe die menschliche Geschichte gegenüber der göttlichen Natur, dem Absoluten, keinen Eigenwert. Die selbst gefundenen klassischen Natur- und Kunstgesetze machten die Gegenwart, die Gesellschaft und die Geschichte zu Nebensachen.

Zum Duodezstaat Sachsen-Weimar-Eisenach gehörte auch Jena, wo es seit der Reformation eine bedeutende Universität gab, für die sich Goethe als neuer Kultusminister zuständig fühlte. Seit 1789 war dort Friedrich Schiller Geschichtsprofessor. Anfänglich wahrten er und Goethe strikte Distanz, weil Goethe den jüngeren Kollegen immer noch für einen Autor des Sturm und Drang hielt, wovon er selbst nichts mehr wissen wollte. Doch irgendwann sagte man guten Tag zueinander und lernte sich kennen. Es entstand eine enge Freundschaft zwischen den beiden, welche gerade das theoretische Nachdenken über Literatur und Theater beflügelte. 1799 zog Schiller nach Weimar um, wodurch ein vierter überregional bekannter Dichter in der kleinen thüringischen Residenz ansässig wurde.

In Weimar war schon 1779 ein Komödienhaus gebaut worden, an dem eine italienische Theatertruppe spielte. Herzog Carl August verwandelte das Haus 1791 in das Weimarer Hoftheater und machte Goethe zum Direktor. Ein Teil der italienischen Theaterleute wurde übernommen, jetzt ergänzt durch deutsche Schauspieler und Sänger, denn das Haus war sowohl Theater als auch Oper. Goethe und Schiller konnten hier die Theorie in die Praxis umsetzen und ihre eigenen Werke aufführen. Vor allem Schillers Dramen kamen zum Zug, weil Goethes neue klassische Dramen wie »Iphigenie« oder »Tasso« beim breiten Publikum nicht mehr so beliebt waren wie vorher seine Stücke der Geniezeit.

Für das Publikum gab es nun die *vier Großen von Weimar*, so wie sie in der zeitlichen Folge eintrafen: Wieland, Goethe, Herder und Schiller. Einige Frauen galten quasi als schmückendes Beiwerk, wie die Herzogin Anna Amalia, die eigentliche Gründerin des klassischen Weimar, wie Charlotte von Stein, Goethes frühe Muse, oder die Herzogin Louise, die Frau von Herzog Carl August, die still im Hintergrund wirkte. Eher selten erwähnt wurde Caroline Jagemann, die spätere

Frau von Heygendorff. Doch gerade sie war seit Ende der Neunziger eine große Nummer, die Kunst und Leben in Weimar aufmischte.

Caroline löste Charlotte als den weiblichen Star von Weimar ab. Sie war 1777 in Weimar geboren worden und wuchs in der Luthergasse auf, in Nachbarschaft zu Christiane Vulpius. Carolines Vater war Bibliothekar der verwitweten Herzogin Anna Amalia. Beide, der Vater und die Herzogin, teilten sich die Kosten, um Caroline als dreizehnjähriges Mädchen nach Mannheim zu schicken, damit sie an einem der großen führenden Häuser für Theater und Oper in deutschen Landen eine Ausbildung als Schauspielerin und Sängerin erhielte. Damals übernahm gerade August Wilhelm Iffland die Regie der Mannheimer Bühne, ein Mann, der einen ausgezeichneten Ruf als Schauspieler und Theaterfachmann besaß. Caroline trat bereits als Schülerin auf der Bühne auf und wurde als Sopranistin gefeiert. Die Welt stand ihr offen. An den Vater schrieb sie 1795 selbstbewusst: »Sie glauben das ich in Weimar engagierte seyn will; und da sey ebenfalls Gott vor. – Hinaus will ich, wo ich auch Früchte meines Talents ernten kann. In eine große Stadt, in ein großes Publickum. Nach Hamburg, Nach Venedig, oder überhaupt nach Italien. Es ist mir nicht so viel ums Geld zu thun, als um die Ehre.«[11]

Reihenweise erhielt die junge bürgerliche Opernsängerin von Studenten oder von höheren Standesherren Heiratsanträge, bis sie sich mit dem österreichischen Grafen Veterani verlobte, welcher als kaiserlicher Offizier in Mannheim stationiert war. Der Graf reiste nach Weimar, um sich bei Carolines Vater sowie beim Weimarer Hof vorzustellen, und kehrte anschließend zu seinem Regiment zurück. Als die französischen Revolutionskriege Mannheim erfassten, wurde der Spielbetrieb der Bühne vorübergehend eingestellt. Iffland ging nach Berlin und übernahm hier 1796 die Regie des Deutschen Nationaltheaters; Caroline kehrte nach Weimar zurück, ohne ihren Beruf zu praktizieren, weil ihr aristokratischer Verlobter wünschte, dass sie nicht mehr auf der Bühne auftrete. Als zukünftige Adlige war sie jetzt bei Hofe gesellschaftsfähig und nahm an den Abendgesellschaften der Herzogin Anna Amalia wie auch der Herzogin Louise teil. Doch als ihr Verlobter nach Italien abkommandiert wurde, vergaß sie ihn bald, während ihr Vater die Verlobung auflöste.

Natürlich wusste man in Weimar längst, dass Caroline in Mannheim bereits ein Star war. Iffland versuchte, sie nach Berlin zu holen, und bot ihr ein Jahresgehalt von 3000 Reichstalern an, eine hohe Summe, wie sie etwa Goethe als führender Minister in Sachsen-Weimar-Eisenach erhielt. Dem potentiellen Salär nach stand die junge, zweiundzwanzigjährige Sängerin quasi auf Augenhöhe mit dem achtundvierzigjährigen Dichterfürsten.

Caroline hatte in dem Jahr, in dem sie als Verlobte von Graf Veterani in Weimar privatisierte, Gefallen daran gefunden, in den örtlichen höfischen Kreisen zu verkehren und den sozialen Aufstieg zu genießen. Geld, das hatte sie schon dem Vater aus Mannheim geschrieben, spiele für sie nicht die entscheidende Rolle, eher der Ehrgeiz, als Künstlerin zu glänzen und eine Diva zu sein. Eine Zeitlang wenigstens, so dachte sie, könnte sie doch auch in Weimar eine Kammersängerin bei Hofe sowie eine Opernsängerin des höfischen Theaters sein, das unter der Regie von Goethe stand. Es wurde in Weimar intensiv um sie geworben, damit sie als Sängerin dort bliebe. 1797 unterschrieb sie einen Vertrag als Weimarische Kammer- und Opernsängerin für ein Jahresgehalt von 600 Reichstalern, was für hiesige Verhältnisse eine ordentliche Summe war, wenngleich es längst nicht an ein Ministergehalt heranreichte. Doch Weimar hatte nun *zwei Diven*: Goethe, den Dichterfürsten, und Caroline, den Bühnenstar.

Caroline schrieb später eine Autobiographie und schilderte ihr Leben als Kind, Jugendliche und junge Sängerin im klassischen Weimar. Vielleicht gibt es keine Schrift, die besser und unterhaltsamer in die bürgerlich-künstlerische wie höfisch-adlige Szenerie des klassischen Weimar einführt als diese Lebenserinnerungen. Der Text war erstmals 1926 fragmentarisch veröffentlicht worden, doch hat ihn erst Ruth B. Emde 2004 vollständig herausgegeben und durch viele weitere Dokumente zum Leben der Sängerin ergänzt.[12]

Plötzlich profiliert sich Caroline für den heutigen Leser als beeindruckende Persönlichkeit. Zuvor hatte sie der Bannstrahl der Goetheforschung getroffen, weil sie Goethe in seiner Favoritenrolle gegenüber Herzog Carl August in die Quere gekommen war. Der Herzog gewann nicht nur Gefallen an ihrer schönen Stimme, sondern auch an ihren weiblichen Reizen und begehrte sie als Geliebte. Die junge Sängerin, die aus einfachen Weimarer Verhältnissen stammte, und der Herzog, der die Macht im Staate innehatte, begegneten sich regelmäßig in den adligen Salons und Abendgesellschaften des Residenzstädtchens. Immer häufiger nahm Carl August neben Caroline Platz und unterhielt sich mit ihr.

Carolines Lebensbeschreibung mutet wie ein empfindsamer Roman an, der eine dramatische Liebesgeschichte erzählt, erinnernd an Jane Austen. Die Autorin hatte den Herzog schon als Kind bewundert und gemocht (als sie etwa sieben Jahre alt war): »Goethe gab zu dieser Zeit zuweilen den Kindern von mehreren Familien kleine *feten* im Freyen. Der Herzog nahm meistens stundenlang Theil daran. Die Freundlichkeit, mit welcher der gütige Fürst sich mit den Kindern unterhielt, mit ihnen scherzte, gewann ihm schon die kleinen Herzen und die Liebe für ihn, so wie eine Art Anbetung wuchs mit ihm auf. Aber was für ein Mensch war das auch? Wie einfach, und doch wie ächt fürstlich! Tausend Züge, die sein Herz und seinen Geist charakterisieren, gingen von Mund zu Mund und erhöhten die Anhänglichkeit der Unterthanen an ihren Landesherrn.« In den Augen von Caroline erschien Carl August als der ideale Fürst, ja mehr noch: »Überhaupt habe ich von Jugend auf die Würde dieses Standes mit einer Art Religion empfunden. Die guten Fürsten /: und deren gab es, als ich ein Kind war, in meinen Augen drei, nämlich unsern Herzog, Friedrich den Großen, und Joseph den zweiten :/ kamen in meiner Vorstellung gleich nach dem lieben Gott, und die bösen, dacht ich müßte man als ein Geschick betrachten, wie ein schweres Gewitter, dem man ebenfalls keinen Widerstand zu leisten vermag und das endlich vergeht.«

Madame de Staël, eine Pariser Salondame, die 1803/04 für etwa drei Monate in Weimar war, lobte Carl August ähnlich, obwohl sie sonst kein Blatt vor den Mund nahm. An ihren Vater schrieb sie: »Der Herzog ist ein Mann von französischer Geistesart, er hat eine noble und feine Gesinnung und ist humorvoll, gütig und schlicht; wäre er König, er würde sehr berühmt werden.« In politischer Hinsicht schien das Weimarer Konzept für Madame de Staël jedoch nicht ganz aufzugehen. Sie fügte spitz hinzu: »Es ist eine sehr väterliche Regierung, die alle Freiheit den Untertanen gibt, außer Würde, Charakter und Interesse an politischen Dingen.«[13]

Kurz bevor Caroline von Mannheim nach Weimar zurückkehrte, hatte sich Carl August 1795 von Johann Friedrich August Tischbein porträtieren lassen. Während damals die Könige von Preußen und viele andere Fürsten häufig als Feldherren in Uniform abgebildet wurden, gab sich Carl August zivil, saß lässig, wie ein Gentleman, auf einem kleinen Felsvorsprung im Park, ohne hoheitliche Pose, hatte Reitrock, Hose und Stiefel mit Stulpen an. Ein Rohrstock ersetzte den Degen. Tischbein malte zur selben Zeit auch die drei fürstlichen Kinder von Carl August, die sich tatsächlich wie Kinder und Jugendliche verhalten und entsprechend gekleidet sind, höfisch elegant, ohne sonstige fürstliche Kennzeichen: vorn Erbprinz Carl Friedrich mit langem Haar, Gehrock, Weste, Kniebundhose, Seidenstrümpfen und Rohrstock; daneben sitzt Prinzessin Caroline Luise in einem leichten, luftigen Kleid und hält einen Papagei in der Hand, von hinten lehnt sich Prinz Bernhard an sie und streichelt den Vogel. (Farbbild 20)

Als Caroline ab 1796 wieder in Weimar war, hielt sie sich zuerst häufig bei der Herzogin Anna Amalia auf, die winters in der Stadt im Wittumspalais residierte, sommers etwas außerhalb von Weimar im herrschaftlichen Haus des Kammergutes in Tiefurt. Gerade dort, in ländlicher Idylle, ging es oft ähnlich heiter und ausgelassen zu wie auf Schloss Sanssouci in Potsdam, als dort Voltaire zu Gast war. Die Autobiographin schrieb über Anna Amalia: »Außer ihrem gewöhnlichen Hofstaat, den ich schon beschrieben und genannt, war sie täglich umgeben mit allem, was Weimar vorzüglich besaß und dessen war gerade in der Zeit von der ich spreche viel, denn Wieland Herder Goethe /: Schiller kam später :/ in der Blüthe des Alters, voll Heiterkeit, ich möchte sagen, fröhlichen Uebermuthes, überboten sich in geistreichen Bemerkungen, Scherzen, oft Satyren über eben gelesene Stellen aus neu erschienenen Dichtungen oder Urtheilen über schriftstellerische Gegenstände überhaupt.«

Die junge Sängerin und Herzog Carl August, der zwanzig Jahre älter war als sie, verguckten sich bei solch geselligen Zusammentreffen ineinander. Carl August erklärte ihr eines Tages seine Liebe, was sie erschreckte, denn sie wollte nicht seine Mätresse werden, während sie gleichzeitig anfing, ihn zu lieben. Die Favoritin eines Herzogs zu werden bedeutete in ihren Augen wie in den Augen anderer nichts ande-

Entspannt: Herzog Carl August von Sachsen-Weimar-Eisenach, gemalt von Johann Friedrich August Tischbein 1795. Weimarer Schloss

res, als seine Hure zu sein, eine, die sich für ihre Liebe aushalten und fürstlich bezahlen ließ, obwohl sie es selbst finanziell gar nicht nötig hatte und jederzeit woanders viel Geld verdienen konnte. Sie gab zwischendurch Gastspiele an den führenden deutschen Bühnen, in Berlin und Wien, wurde enthusiastisch vom Publikum und der Presse gefeiert und erhielt erneut hochdotierte Angebote, um nach Berlin oder Wien zu wechseln. Es gab ein herzzerreißendes Hin und Her zwischen ihr und Carl August.

Wie vorher für Charlotte von Stein und Goethe, so schien es auch für sie und Carl August keinen gangbaren Weg zu geben, um ihre Liebe zu leben. Caroline verdächtigte den Herzog, er werde nur an ihr naschen und sie bald wieder fallenlassen, so wie es der Herzog tatsächlich als junger Roué des Öfteren gemacht hatte. Doch Carl August erklärte ihr, diese Zeiten seien vorbei, er suche bei ihr, ähnlich wie ein Bürger, häusliches Glück, weil er und seine Frau, Herzogin Louise, dafür nicht geschaffen seien. Tatsächlich legte Herzogin Louise viel Wert auf höfisches Zeremoniell, während Carl August gerne etwas ungezwungener, moderner lebte, gleichzeitig die Wünsche und Rechte seiner fürstlichen Gattin respektierte. Madame de Staël zeichnete in ihrem Deutschlandbuch ein feines Porträt der Herzogin – noch ganz in den Kategorien des Fürstlich-Hoheitlichen gefangen, wenngleich ohne demonstrativen Hochmut: »Die Herzogin Luise von Sachsen-Weimar ist das wahre Muster einer von Natur zum höchsten Range bestimmten Frau. Ohne Anmaßung, ohne Schwachheit, erweckt sie zugleich und in gleichem Grade Vertrauen und Ehrfurcht; der Heldensinn der Ritterzeit ist in ihre Seele gedrungen, ohne ihr von der Sanftmut ihres Geschlechts das geringste zu nehmen.«[14]

Was war nun von den Beteuerungen Carl Augusts zu halten? Die Herzogin griff ein und ließ Caroline wissen, sie gäbe einer Liebschaft ihres Mannes mit ihr den Segen. Herzogin Louise hatte, wie Charlotte von Stein, sieben Geburten hinter sich, die drei Kinder überlebten. Gerade die letzte Geburt war für sie sehr schmerzhaft gewesen. Sie hatte am Sex mit ihrem Mann kein Interesse mehr, aber eine Scheidung kam für sie auch nicht in Frage. Sie mochte Carl August, ebenso Caroline, und hoffte, ihr Mann könne durch Caroline gezähmt werden. Der Herzog erklärte der Sängerin und Schauspielerin, deine »Grundsätze beruhen auf den allgemeinen Begriffen, die Umstände forderten zuweilen Ausnahmen«. Es wurde eine *ménage à trois* vorgeschlagen, bei der sich Caroline und Louise nicht in die Quere kämen. Caroline sollte nicht Mätresse bei Hofe sein, sondern ein eigenes Haus führen. Tagsüber wäre Carl August bei Hofe, abends bei Caroline. Irgendwann brach ihr Widerstand zusammen.

Es entstand ab 1802 eine Dreiecksbeziehung, die zu einer Patchworkfamilie führte, weil bald die drei fürstlichen legitimierten Kinder von Louise und Carl August durch die drei Kinder von Caroline und Carl August ergänzt wurden und alle sechs Kinder häufig im Haus von Caroline zusammen waren. Die neue familiäre Zusammensetzung blieb erstaunlich stabil. Vorläufig wohnte Caroline in einem Seitenflügel des Wittumspalais, 1808 schenkte ihr Carl August ein stattliches Renaissancegebäude am zentralen Töpfermarkt, am heutigen Herderplatz, danach weitere Nebengebäude. 1809 erhielten Caroline und ihre Kinder das Rittergut Heygendorff als Geschenk, begleitet von der Erhebung in den Adel als Familie von Heygendorff. Zusätzlich erhielt Caroline aus der fürstlichen Privatschatulle jährlich etwa 6000 Reichstaler, damit sie am Töpfermarkt glanzvoll Hof halten konnte; zugleich blieb sie Schauspielerin und Opernsängerin am Hoftheater, ohne sich von Goethe allzu viel dreinreden zu lassen. 1817 verdrängte sie ihn von der Leitung des Hauses und übernahm selbst die Regie. Das ging natürlich für die Goetheverehrer überhaupt nicht. Lange Zeit galt sie als die Böse, als die Intrigantin, als jene, die Kunst und Moral in Weimar untergrub.

Caroline war nicht so leicht einzuordnen. Sie war als Schauspielerin und Sängerin eine herausragende Künstlerin, sie war bürgerlicher Herkunft und stieg in den Briefadel auf, lebte in kreativ-bürgerlichen wie adlig-höfischen Kreisen, war die Geliebte des Herzogs und Mitglied einer Patchworkfamilie. Die *allgemeinen Begriffe* reichten für sie tatsächlich nicht mehr hin. Sie und Carl August sprengten Konventionen – und schufen vielleicht auch ein Stück moderner Freiheit. Sie wehrte sich dagegen, als Schauspielerin am Hoftheater von Goethe »versklavt« zu werden, war gegen das gedämpfte, klassisch-rituelle Sprechen, wie es der Dichterfürst wünschte, denn es schien ihr etwas zu leblos, zu steif, zu pedantisch; sie folgte eher der psychologisch-realistischen Spielweise eines Iffland, wollte den Figuren mehr Temperament einhauchen, ihnen auch eine gewisse Zeitcouleur geben. Ihr Können als Opernsopranistin stand ohnehin außer Frage; besonders häufig trat sie in Mozartopern auf, etwa als Constanze in der »Entführung aus dem Serail«. Auch in Weimar war das Publikum von ihrem Gesang hingerissen: klangreich und sicher – womöglich wie eine Maria Callas, gefeiert von der überregionalen Presse oder in Briefen als »Weimars Polyhymnia«, als »Engel«, als »Zauberin«. 1801 feierte sie die Zeitschrift »Eunomia« als »die hohe Wonne Weimars, das heißt des höheren Deutschlandes beliebteste Schauspielerin«.

Man kann nicht sagen, dass Caroline Jagemann oder Frau von Heygendorff bereits für die Gleichheit der Geschlechter und sozialen Gruppen eingetreten wäre. Doch in gewisser Weise gab sie sich emanzipiert. Irgendwie geriet durch sie die Ordnung der Geschlechter schon leicht aus den Fugen. Sie wurde nicht so einfach die Mätresse eines Herzogs, sondern wollte ihm nach Möglichkeit auf Augenhöhe begegnen und errang für sich bestimmte Freiräume; sie folgte als Künstlerin nicht so leicht den patriarchalischen Anweisungen eines Dichterfürsten, sondern setzte eigene Akzente. Sie bildete selbst ästhetische Maßstäbe, um auf Weimar oder das »höhere Deutschland« zu wirken: als Schauspielerin und Sängerin, aber auch als Lebe- und Gesellschaftsdame, als eine Frau, die Geschmack und Eleganz entwickelte. Was früher nur Königinnen oder Fürstinnen erlaubt oder möglich war, nämlich die schönen Künste, das galante Leben und die Mode zu fördern, übernahm nun auch eine Frau zwischen Bürgertum und Adel: als Bohemienne, als Meisterin der Liebe.

Manche Zeitgenossen empfanden Caroline als eine androgyne Erscheinung, als eine Frau mit apollinischen, männlichen Zügen, sprachen von der »Klarheit, Kühnheit und Sprödigkeit ihres Wesens«. Sie selbst fühlte sich zuweilen als eine Amazone, beseelt von mutwilliger Fröhlichkeit wie von Melancholie. 1803 malte sie Jakob Wilhelm Christian Roux mit leicht verwehtem, lockigem Haar, sehnsüchtigem Blick, energischer Nase, sinnlich geschweiften Lippen, Perlenkette, tiefem Décolletée und luftigem Empirekleid. Ihr Bruder Ferdinand Jagemann, der unter anderem in Wien bei Friedrich Heinrich Füger die Malerei studiert hatte, zeichnete demgegenüber Goethe 1817 im Pro-

Romantisch und energisch: Caroline Jagemann, gemalt von Jakob Wilhelm Christian Roux um 1803. Goethe-Museum, Frankfurt am Main

fil, quasi so, wie man ihn im Hause Jagemann sah: monolithisch, halbgottartig, mit hoher denkerischer Stirn, wachem Blick und etwas steif.

Christiane Vulpius, Goethes Geliebte, schrieb im Oktober 1802: »Noch haben wir kein einziges neues Schauspiel hier gesehen. Es geht etwas lahm, zumal da die J.(agemann) ietzt so öffentlich hochsteht, daß sie macht, was – sie will.« Ein halbes Jahr später bemerkte Christiane: Goethe habe »viel Gram der Cantatrice J.(agemann) wegen, die jetzt Alles ist. Sie kommt oft mit 5-6000 Rthlr (Reichstaler) Schmuck u Ketten aufs Theater«. Von manchen wurde Caroline als »Hure« verschrien, andere fanden sie »reizend und unwiderstehlich« oder besuchten sie als »liebenswürdige Wirtin«. Ferdinand Heinike meinte 1813: »Höchst brillanter Tee bei Frau v. Heygendorf (...). Wie eine Circe sitzt sie mitten in ihrer wunderlichen Menagerie. Eine Eule fliegt um

Monolithisch: Johann Wolfgang von Goethe, gemalt mit schwarzer Kreide von Ferdinand Jagemann 1817. Stiftung Weimarer Klassik. Madame de Staël charakterisierte in ihrem Buch »Über Deutschland« von 1813 den Dichter passend zu diesem Bild: »Wenn man die Kunst versteht, Goethe zum Sprechen zu bringen, ist er bewundernswert; seine Beredsamkeit wird von Gedanken erzeugt; sein Scherz ist zugleich voll Anmut und voll Philosophie; seine Einbildungskraft durch äußre Gegenstände angeregt, wie etwa die der Künstler im Altertum, und doch hat seine Vernunft nur zu sehr die Reife unserer Zeit. Nichts stört die Kraft seines Kopfes, und selbst die Inkonvenienzen seines Charakters, Laune, Verlegenheit, Zwang, ziehn wie Wolken am Fuß des Berges hin, auf dessen Gipfel sein Genie thront.«

den Teetisch und setzt sich auf Türflügel und Stuhllehnen. Ein alter Spitz mit einem geschienten Beine. Ein Hündchen in Duodez. Eine Rohrdommel. – Stromeyer. Sein köstlicher Baß. Motetten. – Um 9 Uhr fort, der alte Großherzog kommt.«[15]

Gewöhnlich fand sich abends in Carolines Haus am heutigen Herderplatz nur Carl August ein. Doch manchmal versammelte sich hier die Elite des Fürstentums. Der bürgerliche Jurist Heinike traf hier im Dezember 1813 auf einen Kreis aus adligen Hofleuten, bürgerlichen

Unternehmern und Künstlern: »Minister v. Fritsch, Gräfin Beust, Graf v. Marschall, Geheimerat Müller, Graf Einsiedel, Kammerherrn v. Poseck, v. Bielke, Hofmarschall v. Egloffstein, die Hofdamen Gräfin Fritsch und Fräulein v. Baumbach. Legationsrat Bertuch und Sohn. Frau v. Dankelmann. Sängerin Engels, Graf Brühl pp.« Im Juni 1815 erwähnte Friederike Unzelmann: »Abends habe ich auf lauter Silber bei der Heigendorf gespeist.«

Die Frauen im Umkreis von Goethe, Charlotte von Stein wie Christiane Vulpius, betrachteten Caroline Jagemann mit eifersüchtigem Blick. Charlotte blieb, wie sie war: in sich gefangen, konnte ihren strengen, moralischen Blick nicht aufgeben, übte saftige Kritik sowohl an Christiane als auch an Caroline, ohne selbst dadurch glücklicher zu werden. Irgendwie schien Caroline mit Carl August das große Los gezogen zu haben. Im August 1809 schrieb Frau von Stein an ihren Sohn Fritz: »Gestern Abend war ich wegen des Herzogs Geburtstag am Hof. Es war brillant; aber besonders bei Festen wird mir's traurig. (...) die Hauptperson war geschwind weg, ich auch. Es war ein schöner Abend. Ich ging mit meiner Jungfer nach dem Römischen Haus, und als ich mich bemühte, an den ausgeputzten Säulen noch etwas zu erkennen, sagte mir Friederike, daß der Herzog mit der Demoiselle Jagemann unter den Säulen säße. Ich wandte geschwind um. Auf dem Hereinweg begegnete ich Hausknechten mit dem Souper, und so machte sich unser Landesvater mit seinem Schätzchen lustig, indessen man bei Hof im Schweiß des Angesichts seinen Geburtstag feierte.«

Caroline und Carl August waren cool. Die Aussicht vom halb offenen Untergeschoss des Römischen Hauses zum Landschaftspark an der Ilm hin war und ist bezaubernd. Wer möchte dort nicht einmal an einem lauen Sommerabend mit der Liebsten oder mit dem Liebsten soupieren, fein essen und trinken?

Wenn sich in Carolines Haus am Herderplatz größere Gesellschaften versammelten, halfen Köche und Lakaien des Hofes aus, und auf der gegenüberliegenden Seite des Herderplatzes befand sich das »Hotel de Sax«, welches ab 1809 der ehemalige Hofkoch der Herzogin Anna Amalia betrieb: der Franzose François le Goullon, der in Metz geboren wurde und in Kassel aufwuchs. Zu seinem Hotel gehörte auch ein Delikatessenhandel, wo es unter anderem frische Austern und russischen Kaviar, Wacholderdrosseln und Schnepfen, Rebhuhn und Tauben oder Straßburger Pastete mit Gänsestopfleber und Périgordtrüffeln gab. Gullon veröffentlichte 1829 ein gastronomisches Buch mit dem Titel »Der neue Apicius oder die Bewirtung vornehmer Gäste so wie es die feinere Kochkunst und der Geschmack des 19. Jahrhunderts gebietet«. Er begann seine Schrift mit den Worten: »Es gehört ohnstreitig unter die wünschenswerthesten Vorzüge des Glücks, wenn uns an Erdengütern so viel zu Theil wurde, daß wir, ohne deshalb mit unsern Finanzen in Verlegenheit zu gerathen, öfters einen Zirkel von geliebten Freunden und andern uns werthen Menschen zu einem fröhlichen Mahl bei uns versammeln.«[16] In der Vorfreude auf solche Ereignisse meine Caroline des Öfteren: »Kikelkakel, das wird was werden!«

Spielmacher und Gastgeber: Otto von Bismarck

Auch in Berlin tat sich etwas. Nach dem Tod von König Friedrich II. lockerte sich das strenge Regime ein wenig. Berliner Künstler ließen sich von Weimar inspirieren und trafen regelmäßig in der kleinen thüringischen Residenz ein, um dort an den drei führenden Höfen des Städtchens zu dinieren: erstens im herzoglichen Schloss, zweitens im Hause der Frau von Heygendorff am Herderplatz und drittens im Hause Goethe am Frauenplan.

Da die Ehe von König Friedrich II. mit Königin Elisabeth Christiane kinderlos geblieben war, kam im Jahr 1786 der Neffe des Alten Fritz auf den preußischen Thron: Friedrich Wilhelm II., welcher in Anbetracht seiner Leibesfülle von den Berlinern auch der »Dicke Wilhelm« genannt wurde. An sich passte das nicht zusammen: Dicksein *und* preußisch-protestantische Askese. Tatsächlich tanzte Friedrich Wilhelm II. aus der Reihe, liebte die schönen Künste, die schönen Frauen und Mätressen, das gute Essen und Trinken.

Er setzte gleich nach der Amtsübernahme neue Akzente. Der rückständige, zopfige Kunst- und Lebensstil von Friedrich II. sollte durch den modernen *klassischen Geschmack* überwunden werden, so wie er längst in Weimar und anderswo herrschte. Berlin sollte wieder ein Spree-Athen sein, ein Ort der Musen und Grazien. Der König holte dafür auch den Baumeister Carl Gotthard Langhans von Breslau nach Berlin. Der Architekt hatte zuvor Studienreisen nach Italien, Frankreich, Holland und England unternommen, um in seinem Fach auf der Höhe der Zeit zu sein. 1789 beauftragte ihn Friedrich Wilhelm II. mit dem Neubau des Brandenburger Tores. Es sollte zum Zeichen einer neuen Epoche werden.

Langhans orientierte sich unmittelbar am antiken Athen, an der legendären Stadt der schönen Künste und Wissenschaften, an einem Ort, der für viele Humanisten auch die Wiege der Freiheit und Demokratie war. Der Baumeister erklärte selbst seinen Entwurf: »Die Lage des Brandenburger Thores ist in ihrer Art ohnstreitig die schönste in der ganzen Welt, um hiervon gehörig Vortheile zu ziehen, und dem Thor so viel Oeffnung zu geben, als möglich, habe ich bey dem Bau des Neuen Thores das Stadt-Thor von Athen zum Modelle genommen, so wie solches von Le Roy und Stuart et Revett nach denen noch gegenwärtig in Griechen-Land befindlichen Ruinen umständlich beschrieben wird.«[17]

Die Vorlage bildete zwar nicht, wie Langhans meinte, das antike Stadttor von Athen ab, aber doch das Haupttor der Akropolis, die Propyläen. Entsprechend schuf Langhans für Berlin ein breites Tor mit fünf Öffnungen, links und rechts flankiert von je einem Torhaus für die Wach- und Zollposten. Die Stützen des Tores, welche das flache Dach tragen, wurden stadtauswärts wie stadteinwärts von kannelierten Säulen geschmückt. 1793 schuf Johann Gottfried Schadow eine Quadriga aus Bronze, um auch das Dach zu verzieren. Es ist ein Viergespann von Pferden, das einen Streitwagen zieht, gelenkt von einer beflügelten Friedensgöttin. Das Tor verlor seinen militärischen Charakter, gab ähnlich wie das Kronentor im Dresdner Zwinger nur noch die Idee eines Tores wieder. Es erhält durch seine horizontale Ausrichtung eine gewisse Bodenhaftung, wirkt zugleich luftig, durchlässig, menschenfreundlich, wie ein freier Übergang von der Stadt ins Grüne. (Farbbild 19)

Die repräsentative Hauptachse von Berlin, die Promenade Unter den Linden, besaß nun nach Westen hin durch das Brandenburger Tor einen würdigen Abschluss. Es reihte Berlin ein in die transalpine Tradition von griechisch-römischem Humanismus. Daneben entstand ein zweites Hauptwerk des Frühklassizismus in Berlin. 1793 wurde im Schloss eine Doppelhochzeit gefeiert. Kronprinz Friedrich Wilhelm III. vermählte sich mit Prinzessin Louise von Mecklenburg-Strelitz, parallel dazu der Bruder des Kronprinzen mit der Schwester der Kronprinzessin, Prinz Louis mit Prinzessin Friederike. Die verschwisterten Prinzessinnen galten als Schönheiten. Man kam auf den Gedanken, sie als Doppelstandbild im klassischen Geschmack darzustellen, um den künstlerischen Ruhm der preußischen Hauptstadt zu mehren. König Friedrich Wilhelm II. gab dafür wieder Johann Gottfried Schadow den Auftrag. Der Berliner Bildhauer war längere Zeit in Rom gewesen, um die Kunst zu studieren. Es sollte jetzt eine Doppelskulptur entstehen, in der sich klassische Kunst mit Zeitgeschmack verbindet. Der Bilderhauer bat darum, dass er die Kleider dazu aussuchen dürfe, um zeitgenössische Mode ins Bild zu setzen.

1795 entstand zunächst ein Gipsmodell, zwei Jahre später das endgültige Marmorbild: die so genannte Prinzessinnengruppe, welche im Jahr 1797 in der Akademie der Künste ausgestellt wurde und beim Publikum für Begeisterung sorgte. Louise und Friederike lehnen im Stehen ungezwungen aneinander und legen geschwisterlich die Arme um sich, ohne irgendeine sonstige hoheitliche Auszeichnung. Sie becircen durch eine gelöste, elegante Haltung, durch Anmut und Schönheit. Die luftigen Empirekleider lassen die Körperformen durchscheinen, als seien die jungen Frauen sinnenfrohe antike Göttinnen, himmlisch. Zugleich zeigen die Gesichter porträtartige Züge und weisen auf lebende Wesen hin. So bezaubernd konnte Preußen sein, so fein, so heiter, so sinnlich – wenn es nur wollte!

Die Bürger konnten mittlerweile auch Adolph Freiherr von Knigge lesen, der aus dem Kurfürstentum Hannover stammte und ab 1788 sein legendäres Buch »Über den Umgang mit Menschen« veröffentlichte, bezogen auf die Verhältnisse in Deutschland – in jüngerer Zeit, 2003, durch Asfa-Wossen Asserate nett variiert unter dem schlichten Titel »Manieren«.[18]

Vielleicht zählt der Umgang mit Menschen zu jenen Dingen, die am wichtigsten im Leben sind; vielleicht steckt hierin eines der größ-

Offenherzig oder »mir fatal«: die preußische Kronprinzessin Louise und ihre Schwester Friederike, Doppelskulptur von Johann Gottfried Schadow, 1797. Alte Nationalgalerie, Berlin

ten Glückspotentiale. Knigge bot eine bezaubernde Menschenfreundschaft, empfahl gegenseitigen Respekt, achtete die Würde des Einzelnen, riet zu eigenem Denken, ohne Vorurteil. Alt und Jung, Mann und Frau sollten Rücksicht aufeinander nehmen und sich gegenseitig das Leben süß und angenehm machen. In der Gesellschaft sollte man geschmeidig, freundlich und klug sein. Biegsam bleiben! Elegant sein! Konventionen nicht ganz verachten!

Knigge stellte an der Schwelle zwischen Aristokratie und Bürgertum nichts anderes als den ehrbaren Bürger, den Honnête homme, vor: eben die anständige, beredte, geschmeidige Person, den Gentleman, die Dame, im Ansatz den *bürgerlichen Lebenskünstler.* Der Freiherr breitete Kerngedanken humanistischer Lebensart aus, wie zuvor schon Lessing. Dessen Schauspiel »Minna von Barnhelm« führte vor Augen, was *Anstand* sei; sein Drama »Nathan der Weise« empfahl, sich in *Toleranz* zu üben. Gutes Benehmen heißt eben nicht nur, ein paar äußerliche Verhaltensweisen einzustudieren, es bedarf auch einer *inneren Haltung*, geprägt von Menschlichkeit, Respekt wenn nicht Liebe gegenüber anderen.

Als in Berlin kurz nach der Ausstellung der Prinzessinnengruppe der König starb und sein Sohn Friedrich Wilhelm III. den Thron bestieg, wurde die Figurengruppe dem Blick der Öffentlichkeit entzogen und in ein entlegenes Gästezimmer des Berliner Schlosses gestellt, weil dem Ehemann von Louise die Darstellung zu freizügig erschien und darüber hinaus mit zu wenig erkennbaren fürstlichen Merkmalen versehen war. Er äußerte preußisch-lapidar: »Mir fatal«. Erst rund hundert Jahre später wurde die Doppelskulptur wieder ausgestellt. Heute bildet sie ein Hauptwerk in der Alten Nationalgalerie auf der Museumsinsel in Berlin.

So einfach ging es nicht, das Sparta des Nordens wieder in ein Spree-Athen zu verwandeln. Die großzügige Entfaltung der bildenden Künste, welche unter Friedrich Wilhelm II. möglich gewesen war, sollte unter König Friedrich Wilhelm III. wieder eingeengt werden. Schon nach außen hin trat er als echter Preuße auf: asketisch schlank, sparsam bis geizig, soldatisch schlicht, sprachlich knapp – sich nur nicht zu heiter geben, lieber etwas melancholisch und depressiv sein, allein regieren, gern etwas starrsinnig, steif und pedantisch!

1806 überrumpelte Napoleon die preußische Armee und diktierte König Friedrich Wilhelm III. einen schmachvollen Frieden, der das preußische Gebiet um die Hälfte verkleinerte. Unter dem Druck der Ereignisse kamen ab 1807 für eine gewisse Zeit ein paar Reformpolitiker in Preußen zum Zug: wie Freiherr Karl vom und zum Stein oder Freiherr Karl August von Hardenberg. Der eine sorgte dafür, dass formell die Leibeigenschaft der Bauern abgeschafft wurde, der andere führte die Gewerbefreiheit ein. Größe, die nach außen verlorenging, sollte durch Reformen nach innen wiedergewonnen werden. Natürlich waren solche kreativen Politiker keine geborenen Preußen, wie sollte auch der reglementierende preußische Beamte auf solche Ideen kommen!

Wilhelm von Humboldt war allerdings ein geborener Preuße und als Kultusminister maßgeblich dafür verantwortlich, dass 1810 in Berlin eine Universität entstand, die heutige *Humboldt-Universität* mit ihrem Hauptgebäude an der Promenade Unter den Linden. Immerhin hatte Berlin nun eine bedeutende Hochschule mit vielen Professoren, die von weit her kamen. Daneben gab es am Gendarmenmarkt bereits ein bedeutendes Theater, welches 1787 von König Friedrich Wilhelm II. zum *Königlichen Nationaltheater* erhoben worden war und wo seit 1796 August Wilhelm Iffland die Regie führte.

Nach den Befreiungskriegen gegen Napoleon legte König Friedrich Wilhelm III. aber wieder die gewohnte Gangart ein und wollte von Reformeifer nichts mehr wissen. Allerdings hatte Preußen nun ein paar fette Provinzen hinzugewonnen, insbesondere die wohlhabenden Rheinlande. Man konnte sich jetzt etwas leisten, wenn man wollte. Friedrich Wilhelm III. ließ sich dazu bewegen, eine weitere Institution des Bildungsbürgertums zu schaffen: das Königliche Museum, welches später den Namen *Altes Museum* erhielt. Ein Teil der königlichen Kunstsammlung sollte in einem eigenen Museum öffentlich zugänglich werden. Der Baumeister Karl Friedrich Schinkel erhielt vom König den Auftrag, dafür ein Gebäude zu schaffen. Der Architekt schlug als Bauplatz die Spreeinsel vor, nördlich gegenüber dem Schloss. Er machte beim Entwurf des Gebäudes kaum etwas anderes, als das Muster des Brandenburger Tores zu übernehmen. Er schuf einen horizontalen Bau, dem er an der südlichen Schauseite eine klassische Säulenhalle vorlegte, in diesem Fall nicht mit sechs, sondern mit achtzehn Säulen. Selbstverständlich war der Entwurf auch kühn. Schinkel übernahm nicht einfach eins zu eins eine antike Tempelfront, sondern ging abstrahierend damit um. Die achtzehn Säulen bilden einen gedehnten, würdevollen Rhythmus und werden durch Seitenwände als Antepfeiler aufgefangen und zusammengehalten.

Das Bauwerk wuchs zwischen 1825 und 1828 empor und wurde zum Ausgangspunkt für die Berliner Museumsinsel, die nach den Worten von Kronprinz Friedrich Wilhelm IV. eine »Freistätte für Kunst und Wissenschaft« werden und der äußeren Hülle nach an die Akropolis in Athen erinnern sollte. Heute befindet sich im Alten Museum die Antikensammlung.

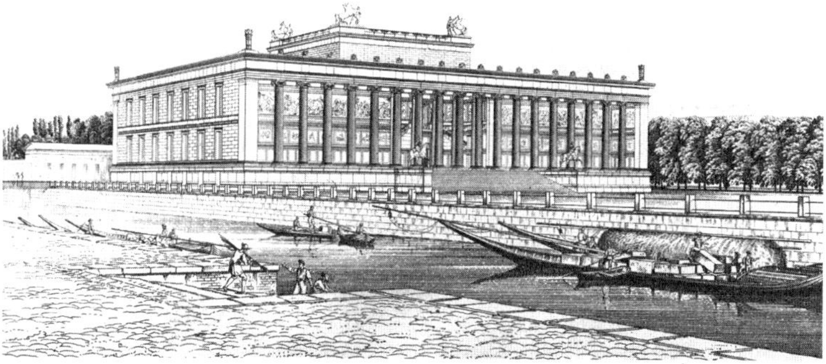

Spree-Athen: Altes Museum auf der Museumsinsel in Berlin, gebaut von Karl Friedrich Schinkel im Auftrag von König Friedrich Wilhelm III. von 1825 bis 1828, Radierung von Friedrich Alexander Thiele, 1830

Es schien, als sei jetzt, in der ersten Hälfte des 19. Jahrhunderts, in Berlin ein lebenswertes Leben möglich gewesen, großzügig ausgestattet mit Tempeln der Hochkultur: Oper, Theater, Konzertsaal, Museum, Universität. Selbst Feinschmeckerei – man kann es nicht glauben – gab es ansatzweise an der Promenade Unter den Linden. Heinrich Heine kam 1822 als Student in die preußische Residenz und bezeugte in seinen »Briefen aus Berlin« das Gourmetrestaurant »Jagor«, lobte außerdem das »Café Royal« über den grünen Klee. Beide Lokale lagen nicht weit von der Kreuzung Unter den Linden / Friedrichstraße entfernt. Auch der junge Otto von Bismarck war selbstredend mit diesen Lokalen vertraut. Wie Heine fiel ihm allerdings auf, dass ringsherum doch noch kulinarische Diaspora herrschte. Julius von Eckhardt notierte ein Bismarck-Gespräch von 1884, in dem dieser rückblickend auf seine frühe Zeit in Berlin zu sprechen kam: »Das gab zu Erzählungen von dem alten Berlin, der Beschränktheit eines Zuschnittes Veranlassung, an welchem gemessen es für verschwenderisch galt, wenn man (wie der Fürst bemerkte) ein Beefsteak für ›acht Jute‹

im Café Royal zu verzehren und innerhalb der Altstadt mit der Droschke zu fahren den Mut hatte.«

Der Hochkultur fehlte in Berlin der Unterbau, eine Ahnung davon, dass etwa auch die gesellige Tafel, Essen und Trinken die Mysterien von Natur und Kunst gewähren können. Gustav B. Blumröder, ein geborener Nürnberger, absolvierte damals eine Ausbildung als Arzt und kam unter anderem nach Paris, Wien und Berlin. Er hatte anschließend eine Stelle als Spitalarzt in Hersbruck östlich von Nürnberg inne. Er hielt dort im Freundeskreis Vorträge über Gastronomie, die er 1838 unter dem Künstlernamen Antonius Anthus als »Vorlesungen über Eßkunst« veröffentlichte. Berlin kam darin gegenüber Wien und Paris nicht gut weg.

Hier lebten offenbar nach dem Vorbild der Könige die vermeintlichen Superrationalisten, die alles besser wussten als die anderen – und selbst doch nichts anderes als gemeine Knauser waren: »Kommt der reisende Eßkünstler nach Berlin, so sage er nicht: Sauerkraut, Kartoffel, sondern Erdtoffel, Sauerkohl, sonst sieht man ihn über die Achsel an und sagt, er wäre aus dem Reich. Er lerne, was Rippenspeer zu deutsch heißt, ergötze sich an süß gebratenem Hasen, studiere Mäßigkeit, wozu er sehr gut Gelegenheit hat, und übe sich, Tee und Butterbrot für ein Abendessen anzusehen. Zu ebenso ergötzlichem als verdauungsförderndem Lachen wird er sich veranlaßt sehen, wenn er wahrnimmt, wie die dortigen Menschen ein Monopol auf die gesunde Vernunft zu haben glauben, und dies ihm selbst sagen. Befremden darf es ihn nicht, wenn er eine nicht weniger als kleine Rechnung bezahlt hat und der Kellner bemerkt, er hätte gesehen, daß der Herr auch Senf genommen, dies mache sechs Pfennig mehr. Ländlich, sittlich! / In Wien hat er dergleichen nicht zu befürchten.«[19]

Anthus' »Eßkunst« war quasi die Ergänzung zu Knigges Lehre vom »Umgang mit Menschen«. Neben dem guten Benehmen sollte auch die Esskunst ein Teil der Lebenskunst sein – ein Glücksquell, welcher noch reicher sprudelt, wenn man den Genuss der Gastronomie durch Wissen und Bildung steigert: durch geschichtliche Kenntnisse, durch Erfahrungen in Gasthäusern auf Reisen, durch theoretische und praktische Überlegungen oder Vergleiche. Es gehe darum, so Anthus, den Wert oder Unwert der Dinge zu erkennen – den Wert des Essens an sich. Man soll sich mit einer gewissen Ordnung der Zutaten vertraut machen, das Urteilsvermögen schulen, Kombinationsmöglichkeiten kennen und eine kluge Wahl treffen.

Karl Friedrich Freiherr von Rumohr, der in der Nähe von Dresden aufwuchs und längere Zeit in Italien lebte, hatte bereits 1822 sein Buch »Geist der Kochkunst« veröffentlicht. Es war weniger eine Gastrosophie als eher ein Ratgeber für Koch und Köchin, angelehnt an die naturnahe italienische Küche. Rumohr legte Wert auf genaues Garen, um Zartheit, Saftigkeit oder Bissfestigkeit der Zutaten zu erzielen. Das Ideal war die Küche des Eigengeschmacks: »Die gewürzhaften (aromatischen) Eigenschaften und die feineren Salze, welche in einem großen Teile der Nahrungsstoffe enthalten sind, müssen ebenfalls vor der Auswässerung, und vorzüglich vor einer übergroßen Kochhitze bewahrt werden. Ungleichartige, einander widerstrebende Würzen soll man nicht durcheinander mischen.«[20] Rumohr vertrat in der Küche quasi den *klassischen Geschmack*, die edle Einfachheit, einen Stil, der in der preußischen Hauptstadt immerhin in der Bilderhauerei und Baukunst zum Zug kam.

Während das Alte Museum als ein Refugium der Musen und Grazien emporwuchs, ging Otto von Bismarck in Berlin in die Schule. Seit 1821 war er Zögling der Planmann'schen Erziehungsanstalt, einer Schule mit Internat in der Wilhelmstraße, welcher die Musen und Grazien lieber fernblieben. Er lernte hier das innere Preußentum kennen, wie es im frühen 18. Jahrhundert vom Soldatenkönig Friedrich Wilhelm I. begründet worden war. Zeitlebens verfolgten Bismarck die Jahre der Jugend, die er dort verbracht hatte, wie ein Alptraum. In vielen Gesprächen kam er darauf zurück. Die Anstalt sei ein Zuchthaus gewesen, nichts als Drill und Dressur, ein künstliches Spartanertum. Im Nachhinein überlegte er, ob nicht die eigene Reizbarkeit und Rachsucht, die dann und wann hervorbrach, von dieser Zeit herrühre.

Bismarck entstammte einem alten, stolzen Adelsgeschlecht der Altmark. Im frühen 18. Jahrhundert war es selbst König Friedrich Wilhelm I. nicht gelungen, diese Familie unter die Knute zu nehmen. In seinem politischen Testament für den Thronfolger zeigte sich der König beunruhigt darüber, dass es immer noch widerspenstige Junker gebe, und zählte die Bismarcks dazu. Rund hundert Jahre später verspürte auch der junge Otto von Bismarck wenig Neigung, sich dem preußischen Soldaten- und Beamtenstaat anzupassen. Er nutzte das Studium der Rechtswissenschaft in Göttingen, um die neue Freiheit zu genießen, gab dort den »tollen Junker«, focht, ritt, zechte in Kneipen, trat in phantastischem Aufzug mit seiner Dogge Ariel auf und machte Schulden. Er schloss anschließend das Studium in Berlin mit dem ersten Staatsexamen ab. Kaum hatte er seine zweite Referendarstelle in Aachen angetreten, brannte er mit einer englischen Geliebten durch und verspielte in Wiesbaden ein Vermögen. Sich im preußischen Staat nach oben zu dienen war für ihn eine fürchterliche Vorstellung. Weder die Soldaten- noch die Beamtenlaufbahn hatten etwas Verlockendes für ihn.

Im Alter von vierundzwanzig Jahren war Bismarck fast schon so etwas wie eine verkrachte Existenz. Er hatte zuvor als Sohn eines Landjunkers in Berlin einen verhältnismäßig elitären schulischen Unterricht genossen, Latein und Griechisch gelernt, dank eines Privatunterrichts auch Französisch und Englisch, Sprachen, die er fehlerlos und akzentfrei beherrschte. Nach dem fünfjährigen Besuch der Plamann'schen Erziehungsanstalt war er Schüler des Friedrich-Wilhelm-Gymnasiums sowie des Gymnasiums im Grauen Kloster gewesen. Die Hochschulen in Göttingen und Berlin zählten außerdem zu den besten Universitäten in deutschen Landen. Gerade die Mutter, welche bürgerlicher Abstammung war, hatte den Sohn dazu gedrängt, eine ehrgeizige Ausbildung zu durchlaufen, um später eine höhere Beamtenlaufbahn einzuschlagen und vielleicht Diplomat zu werden. Nun war offenbar alles für die Katz gewesen. Bismarck blieb kaum etwas anderes übrig, als Landwirt zu werden und eines der elterlichen Güter in Hinterpommern zu verwalten, weit von Berlin entfernt.

Die preußische Hauptstadt blieb währenddessen, wie gehabt, beides: ein Sparta des Nordens wie ein Spree-Athen. Prinz Wilhelm, der spätere König Wilhelm I., hatte 1829 eine Weimarer Prinzessin geheiratet, Augusta, eine Enkeltochter von Herzog Carl August. Sie fühlte sich dem sinnlich-romanischen Humanismus verpflichtet und besaß einen extravaganten modischen Geschmack, der sich eine Zeitlang auch auf ihren Gatten übertrug. Der Berliner Maler Franz Krüger porträtierte 1836 Prinz Wilhelm von Preußen bei einem Ausritt, um

Schlank und elegant: Ausritt des Prinzen Wilhelm von Preußen in Begleitung des Malers Franz Krüger, gemalt von Franz Krüger, 1836. Alte Nationalgalerie, Berlin

selbst als bürgerlicher Künstler keck daneben zu erscheinen. Der Maler stand mit allen Kreisen der Gesellschaft in Verbindung und konnte sich eine akzeptable Lebensführung leisten. Prinz Wilhelm erscheint in dem Bild als sportlicher, eleganter Reiter, trägt einen silberfarbenen, hohen Zylinder, einen blauen Reitrock mit gelber Weste und grau-schwarz karierter Hose, erscheint regelrecht wie ein Dandy, wendet sich spielend zurück, um nach seinem Hund zu schauen. Die Pferde laufen in vollem Galopp, Staub wirbelt auf, darüber entwickelt sich ein feines, duftiges Wolkenspiel. Jedenfalls träumte der Maler davon, dass sich die Welt des Adels mit jener des Bürgertums vermische. Neben echten Pferden gab es in Berlin eben auch trojanische, aus denen Wirtschaftsbürger, Bildungsbürger und Bohemiens stiegen, um das autoritäre Preußen nach Möglichkeit umzuwandeln.

Der Vater des Prinzen, König Friedrich Wilhelm II. oder der Dicke Wilhelm, wäre in den 1830er Jahren, wenn er noch gelebt hätte, als unzeitgemäß erschienen. Nachdem die Französische Revolution die Privilegien des Adels erschüttert hatte und Wirtschaftsbürger langsam mehr Geld verdienten als Aristokraten, mussten diese nun gleich einem Beau schlank sein und etwas arrogant, mussten um Haltung und Fasson ringen, modischen Geschmack zeigen, um sich von anderen noch zu unterscheiden. Das Dumme war nur, dass auch das Schlanksein nicht immer half, um etwas Besonderes zu sein.

Bürgerliche Journalisten, Wissenschaftler und Künstler entdeckten ein menschliches Glück jenseits von Adel und Soldatentum. Der Berliner Maler Adolph Menzel schuf 1845 ohne besonderen Auftrag das Gemälde des Balkonzimmers, um sich vom flüchtigen Sonnenlicht beseelen zu lassen, das gerade durch die Gardinen dringt. Es handelt sich der Ausstattung nach um einen einfachen bürgerlichen Raum, in dem die gläsernen Flügeltüren, die zum Balkon führen, offen stehen, während ein leichter Luftzug die Gardinen ins Zimmer weht. Ohne besonderen Luxus entfaltet sich eine heitere Szene – ein Zimmer der Zärtlichkeit, vielleicht ein Anflug von Ewigkeit, ein Augenblick von lebenswertem Leben. (Farbbild 22)

Bismarck kam sich selbst so vieldeutig wie Preußen vor. In einem Gespräch, das er mit Robert von Keudell führte, meinte er einmal: »Faust klagt über die zwei Seelen in seiner Brust; ich beherberge aber eine ganze Menge, die sich zanken. Es geht da zu wie in einer Republik.« Später, in den 1920er Jahren, stellte Willy Andreas solche Notizen zusammen und gab sie als »Bismarck Gespräche« in einer dreibändigen Ausgabe heraus – eine reiche Fundgrube über das Leben und Denken des berühmten Staatsmanns.[21]

Es war noch etwas Ungebändigtes, Dionysisches in Bismarck, ein Drang danach, ein ganzer Kerl zu sein, aus dem Vollen zu schöpfen, keine Stümperei zu betreiben – gleichzeitig haftete ihm etwas Scharfsinniges, Feinnerviges an, ein gutes Gespür dafür, dass sich gerade oft durch die einfachen Dinge das Leben lohnt. Er besaß eine feine Nase dafür, zu bemerken, wie widernatürlich, freudlos das Leben im puritanisch-autoritären Preußen war, sofern man auf die Beamten- oder Soldatenlaufbahn setzte. Er gab vorläufig als Gutsbesitzer in Hinterpommern lieber den Prachtburschen, nicht ohne das Hinterwäldlerische der benachbarten Junker bloßzustellen, denn auch das Junkertum war etwas öde. Mit regelrecht literarischem Talent schrieb er im Januar 1845 in einem Brief: »Des Vormittags bin ich verdrießlich, nach dem Tische allen milden Gefühlen zugänglich. Mein Umgang besteht in Hunden, Pferden und Landjunkern, und bei Letzteren erfreue ich mich einigen Ansehens, weil ich Geschriebenes mit Leichtigkeit lesen kann, mich zu jeder Zeit wie ein Mensch kleide und dabei ein Stück Wild mit Accuratesse eines Metzgers zerwirke, ruhig und dreist reite, ganz schwere Zigarren rauche und meine Gäste mit freundlicher Kaltblütigkeit unter den Tisch trinke.«[22]

In den »Gedanken und Erinnerungen«, die Bismarck im hohen Alter nach 1890 als Reichskanzler im Ruhestand schrieb, meinte er im Rückblick auf seine Jugendzeit: »Wir züchteten schon damals das Offiziersmaterial bis zum Regimentskommandeur in einer Vollkommenheit wie kein anderer Staat, aber darüber hinaus war das eingeborne preußische Blut nicht mehr fruchtbar an Begabung (...) Unsre erfolgreichsten Feldherrn, Blücher, Gneisenau, Moltke, Goeben, waren keine preußischen Urprodukte, ebenso wenig im Zivildienst Stein, Hardenberg, Motz und Grolman.« Über seine juristische Referendarzeit in Potsdam erklärte er: »Die Mitglieder des Kollegiums machten mir einen würdigern Eindruck als die Aachner, aber doch in ihrer Gesamtheit den Eindruck von Zopf und Perücke.«[23]

Die Alternative gegenüber Soldatentum, Beamtentum und Junkertum lag für Bismarck jedoch noch nicht in der kreativen Klasse der Wirtschaftsbürger, Bildungsbürger und Bohemiens. Obwohl er Preußen in jungen Jahren nicht unbedingt mochte, blieben vormoderne Strukturen für sein Denken entscheidend. Die Säulen des Staates sollten für ihn nach wie vor *König, Junker und Bauer* sein, wobei dem Junker die eigentlich aktive Rolle zukäme: auch über dem Bürger stehend, erst recht über dem neuen Typus des »Fabrikarbeiters«. Einem Junker käme es schon zu, sich selbst zu verwirklichen, sich selbst zu bestätigen. Ein Leben unter Gleichen, wie es die Humanisten lehrten, war für Bismarck nicht vorstellbar, denn es entsprach nicht seinem naturalistischen Denken, in dem es selbstverständlich ein Oben und ein Unten gab.

Auf einer solchen denkerischen Grundlage wurde Bismarck, wie er selbst sagte, zum »Stockpreußen«. Jedoch wollte er nirgendwo im Orchester spielen, sondern selbst Dirigent, Spielmacher sein. In einem Brief an Gräfin Karoline von Bismarck-Bohlen, welcher als Abschrift für den Vater erhalten blieb, rechtfertigte er seinen Rückzug aufs Land: »Der preußische Beamte gleicht dem einzelnen im Orchester (...) ohne Übersicht und Einfluß auf das Ganze, muß er sein Bruchstück abspielen, wie es ihm gesetzt ist, er mag es für gut oder schlecht halten. Ich will aber Musik machen, wie ich sie für gut erkenne, oder gar keine.«[24]

Ausgerechnet die deutschlandweite Volkserhebung der Bürger, Dienstleute und Fabrikarbeiter gegen die fürstlichen Obrigkeitsstaaten um 1848 schuf für ihn das Schlupfloch, um nach oben zu kommen und die autoritäre preußische Politik zu festigen. König Friedrich Wilhelm IV., der seit 1840 an der Macht war, hatte schon 1847 nach den ersten Unruhen einen Landtag einberufen, um mit Unterstützung des Adels den Aufständen zu begegnen. Bismarck fiel dabei als guter Redner auf. Ein Jahr später sah sich der König nach den Barrikadenkämpfen in Berlin so oder so gezwungen, eine preußische Verfassung mit der festen Einrichtung eines Landtags zu billigen, in den Bismarck 1849 als Abgeordneter gewählt wurde. Er tat sich als Stockpreuße hervor, auf den der König zählen könne. Er bediente sich jener modernen Instrumente, die er an sich bekämpfte: wurde Parlamentarier, Redner,

Journalist, beeinflusste die öffentliche Meinung und machte auf sich aufmerksam.

Er schlich sich als Quereinsteiger in die Politik ein, fand den Draht zum König, wurde Gesandter in Frankfurt am Main und Sankt Petersburg, für kurze Zeit auch in Wien und Paris, lernte etwas von der Welt kennen, erweiterte den Horizont, bis er schließlich unter dem neuen König Wilhelm I. 1862 zum preußischen Ministerpräsidenten aufstieg. Wilhelm I. wollte gegenüber dem Parlament die Hoheit über das Militär behalten und dadurch wie eh und je die eigentliche Macht im Staat besitzen. Die Armee sollte aufgerüstet werden, notfalls ohne die Zustimmung der Abgeordneten. Bismarck hielt als preußischer Ministerpräsident gleich im September 1862 in der Budgetkommission eine kraftmeierische Rede und kehrte den Machtpolitiker hervor: »Nicht auf Preußens Liberalismus sieht Deutschland, sondern auf seine Macht; Bayern, Württemberg, Baden mögen den Liberalismus indulgieren, dadurch wird ihnen doch keiner Preußens Rolle anweisen; Preußen muß seine Kraft zusammenfassen und zusammenhalten auf den günstigen Augenblick, der schon einige Male verpaßt ist; Preußens Grenzen nach den Wiener Verträgen sind zu einem gesunden Staatsleben nicht günstig; nicht durch Reden und Majoritätsbeschlüsse werden die großen Fragen der Zeit entschieden – das ist der große Fehler von 1848 und 1849 gewesen –, sondern durch Eisen und Blut.«[25]

Ähnliche Sprüche hatte schon der Soldatenkönig Friedrich Wilhelm I. vor über hundert Jahren geklopft, als die Zeit noch eine andere war. Das Auftreten Bismarcks wies auf einen Rechtsruck hin, auf mehr Militärs und Soldaten; das elegante Berlin sollte wieder etwas gröber werden. Der Ministerpräsident mogelte sich an der Verfassung vorbei, regierte eine Zeitlang gegen die Beschlüsse des Parlaments, festigte die Position des Königs und dadurch seine eigene. Der Mangel an demokratischer Freiheit nach innen sollte, gemäß klassischer machiavellistischer Politik, durch glanzvolle kriegerische Erfolge nach außen übertüncht werden. Es sollte Preußens Mission sein, die deutsche Einheit herzustellen, gegebenenfalls mit militärischen Mitteln. Niemand dürfe dabei dem König oder Ministerpräsidenten in den Rücken fallen, ganz so, als ob die deutsche Einheit nur durch Eisen und Blut zu erreichen gewesen wäre. Freiheitliche, bürgerliche Parlamente hätten wohl, sofern ihre Macht nicht beschnitten worden wäre, die deutsche Einheit auch mit friedlichen Mitteln hergestellt.

Doch gerade die preußische Krone gab die Parole aus, dass sich die Deutschen die Einheit unter einem König von Gottes Gnaden wünschten, verbunden mit der Sehnsucht nach vermeintlich urdeutschen Werten. Schon im April 1847 hatte König Friedrich Wilhelm IV. wolkig verkündet, »daß ich es nun und nimmermehr zugeben werde, daß sich zwischen Unsern Herr Gott im Himmel und dieses Land ein beschriebenes Blatt, gleichsam als eine zweite Vorsehung eindränge, um Uns mit seinen Paragraphen zu regieren und durch sie die alte, heilige Treu zu ersetzen«. Im September 1848 ließ er als Antwort auf die Barrikadenkämpfe im März verlauten: »Die Einsicht, die ich von den Dingen habe, lehrt mich unwidersprechlich, daß dies die letzte Stunde ist, um den Thron, Preußen, Teutschland, ja den Begriff der von Gott eingesetzten Obrigkeit in Europa zu retten. Jetzt oder nie!« Im September 1853 fügte der König hinzu: »Wenn Gott mir beysteht, … so ersetze u. tödte ich die französischen ›Ideologieen‹ durch ächt-teutsche, ständische Einrichtungen.«[26]

Während für Friedrich Wilhelm IV. die Museumsinsel in Berlin nach *klassischem Geschmack* an die Akropolis in Athen erinnern sollte, um eine »Freistätte für Kunst und Wissenschaft« zu sein, sollte auf politischem Gebiet quasi der *gotische Geschmack* vorwalten: das anscheinend echt Deutsche, Ständische, Hierarchische. Von wegen! Als ob nicht Karl der Große und Otto der Große ein neues transalpines Römisches Reich geschaffen hätten, um den Norden an das Erbe des Südens anzuschließen. Bruno von Köln zog praktische Konsequenzen daraus und schuf eigene städtische Rechtsbezirke, unabhängig vom Adel auf dem Land. Die Handelsherren in Nürnberg und Lübeck, Augsburg und Hamburg richteten eine konsularische Verfassung ein, um Gedanken von Cicero umzusetzen: *Vernunft*, *Recht*, *Beratung*, *Freiheit*, *Würde*. Dichter wie Opitz, Lessing und Wieland untermauerten solche liberalen Positionen. Echt deutsch, das war längst auch die bürgerliche Gesellschaft!

Es waren zwischendurch Luther und die Jesuiten gewesen, die versucht hatten, diese freiheitliche Entwicklung zu bremsen, um Werte wie *Autorität, Glauben, Gehorsam, Treue, Biederkeit* zu predigen und die fürstliche Macht zu stärken. Bismarck erklärte in einem Gespräch mit Hermann Wagener im Juni 1848: »Was uns gehalten hat (...), war das spezifische Preußentum, die alten preußischen Tugenden: Ehre, Treue, Gehorsam und Tapferkeit, welche die Armee, diesen besten Repräsentanten des Volkes, von dem Knochenbau, dem Offizierskorps, ausgehend bis zum jüngsten Rekruten, beseelen. Preußen sind wir und Preußen wollen wir bleiben, wenn dies Stück Papier vergessen sein wird wie ein dürres Herbstblatt. Wir wollen das preußische Königtum nicht verschwommen sehen in der fauligen Gärung süddeutscher Gemütlichkeit.« Der trinkfreudige und ehemalige Roulettespieler im Kasino von Wiesbaden haute mächtig auf den Putz.

Für Bismarck sollte es bald Möglichkeiten geben, politisch Musik zu machen. Wilhelm I. merkte, dass er selbst nicht unbedingt dafür geeignet war, auf die neue Dynamik der Zeit schnell zu reagieren, auf rasche Veränderungen, die durch technische Erfindungen, Eisenbahn, Dampfschiffe, Telegraphenverbindungen, zustande kamen. Es war dem König nicht gegeben, die häufig wechselnden außen- und innenpolitischen Situationen rasch zu analysieren und umgehend darauf zu reagieren. Er ließ Bismarck machen, der beides war: ein Denker des Status quo – und ein Spieler, einer, der auch Lust hatte, auf den Wellen der Zeit zu reiten, solange er selbst nur oben saß. Wo die Reise hinführen sollte, war ihm nicht so klar. Hauptsache reiten, spielen, musizieren! Vielleicht Altes mit Neuem verbinden, Gelegenheiten ergreifen, Risiken eingehen, Kräfte bündeln und entfalten! Preußen stark machen, sowieso, Glanz und Gloria, womöglich auch einen höheren Zweck verfolgen, die deutsche Einheit, die doch von vielen so sehr gewünscht werde! Das wäre doch auch moralisch okay! Dachte er.

Bismarck nutzte fintenreich gewisse Situationen aus, um begrenzte Kriege zu führen, welche Glanz und Ruhm der preußischen Armee, des preußischen Königs wie des preußischen Ministerpräsidenten erhöhen sollten. 1864 marschierten die preußischen Truppen an der Seite der Österreicher gegen Dänemark, um den deutschen Einfluss im Norden zu behaupten und auszubauen. Doch auch die Österreicher sollten zur Räson gebracht und aus dem Deutschen Bund hinauskatapultiert werden, weil sie sich den Preußen einfach nicht freiwillig unterordnen wollten. So wie einst Friedrich II. im Jahr 1740 in Schlesien eingefallen sei, um Österreich zu schwächen, so müsse Preußen, hatte Bismarck schon in den 1850er Jahren gegenüber Graf Friedrich von Thun erklärt, »nochmals in der bewußten Lotterie« setzen.[27] Der oberste preußische Lotteriespieler führte 1866 Krieg gegen Österreich, gewann und hatte bald freies Spiel in Deutschland, weil nun Österreich nicht mehr mitspielen durfte.

Bismarck gründete 1867 den Norddeutschen Bund unter der Führung des preußischen Königs Wilhelm I. und schloss mit den verbliebenen süddeutschen Staaten ein Verteidigungsbündnis. Kurz darauf, 1870, verleitete er durch ein barsches Telegramm den französischen Kaiser Napoleon III. dazu, Preußen den Krieg zu erklären, was dazu führte, dass preußisch-norddeutsche und süddeutsche Truppen gemeinsam gegen Frankreich marschierten. Im Taumel des Sieges gründete Bismarck das zweite deutsche Kaiserreich. Die Länder des Norddeutschen Bundes wurden ergänzt durch die süddeutschen Staaten – außer eben Österreich, das draußen bleiben musste, damit der preußische König uneingeschränkt der deutsche Kaiser sein konnte. 1871 war Deutschland vereint, wenngleich nicht vollständig.

Bismarck verband tatsächlich Altes mit Neuem, indem das Kaiserreich eine gesamtdeutsche Regierung erhielt: einen Kanzler, Otto von Bismarck, und ein Parlament, für welches das allgemeine und freie Wahlrecht galt. Allerdings sollte nicht das Parlament, sondern der Kaiser die Hoheit über das Militär besitzen und damit das Gewaltmonopol innehaben. Zudem sollte dem Kaiser das Recht zustehen, den Kanzler und hohe Beamte zu ernennen, wodurch der Monarch in die Regierungsgeschäfte hineinpfuschen konnte, wenn er wollte. Das Kaiserreich war auf diese Weise teils eine moderne Demokratie, teils eine absolutistische Monarchie, die im Zweifelsfall das Übergewicht hatte, wenn der Kaiser es für richtig hielt. Bismarck war nicht bange, denn er war als Kanzler lieber von Wilhelm I. abhängig als vom Parlament. Dass später ein anderer Kaiser ihm selbst oder einem seiner Nachfolger das Leben schwermachen könnte, daran dachte er im Augenblick nicht. Doch vielleicht war 1871 bei der Gründung des neuen deutschen Kaiserreiches im Spiegelsaal von Versailles mehr auch nicht möglich.

Wilhelm I. war selbst gar nicht so erpicht darauf gewesen, nun beides zu sein: preußischer König und deutscher Kaiser, weil er fürchtete, Preußen werde in Deutschland aufgehen und seine alte Eigenart verlieren. Bismarck musste tagelang Süßholz raspeln, um Wilhelm I. die Kaiserkrone schmackhaft zu machen. Wilhelm hätte sich wohl niemals darauf eingelassen, deutscher Kaiser zu werden, wenn ihm nicht die Hoheit über das Militär geblieben wäre.

Als Reichskanzler hörte Bismarck damit auf, außenpolitische Kraftsprüche zu klopfen. Ihm war klar geworden, welch ein riskantes Spiel er getrieben hatte, wie viel Glück und Zufall nötig waren, um mit *seinen Methoden* die deutsche Einheit zustande zu bringen. Auch hatte er die vielen toten Soldaten auf den Schlachtfeldern gesehen und wollte nach Möglichkeit weitere Kriege vermeiden. Der Stockpreuße wurde, wie es Lothar Gall ausdrückte, zum »Zauberlehrling«, zu einem, der Geister ruft, die er kaum noch kontrollieren kann.[28]

Mit Entsetzen hatte Bismarck im Krieg gegen Frankreich zuschauen müssen, wie manche Generäle unsinnige Sturmangriffe befahlen, um glanzvolle Etappensiege zu erringen, obwohl ein solches Vorgehen von der Heeresleitung gar nicht vorgesehen war und am Ende nichts bezweckte außer den Tod von vielen Soldaten. Selbst Wilhelm I. befahl gelegentlich solche Sturmangriffe, ohne sich um die strategischen Vorgaben von Armeechef Moltke zu kümmern. Die aristokratischen Hoheiten wollten Feldherren spielen, koste es, was es wolle.

Die verhältnismäßig schnellen Siege der preußischen Armee über Dänemark, Österreich und Frankreich sorgten in Bismarcks Augen bei der Generalität für Größenwahn. Er selbst fühlte sich auf dem Kriegsschauplatz als Politiker wie entmündigt, was für ihn an sich schon schlimm genug war, doch sah er auch, wie hirnrissig es zuging. Im November 1870 schrieb er von Frankreich aus an seine Frau: »Ich ängstige mich oft, daß diese anmaßende Selbstüberschätzung an uns noch gestraft werden wird.« Kurz darauf, bei einem Tischgespräch im Dezember in Versailles, sagte er: »Ich habe die größte Angst. Die Leute ahnen nicht, was die Lage ist. Wir balancieren auf der Spitze eines Blitzableiters; verlieren wir das Gleichgewicht, das ich mit Mühe herausgebracht habe, so liegen wir unten.«

Die hohen Militärs benahmen sich für Bismarck wie »Halbgötter«, glaubten, sie könnten demnächst ganz Europa erobern, wussten nichts davon, welche diplomatischen Fäden Bismarck hinter den Kulissen gesponnen hatte, um andere Länder aus dem Krieg gegen Frankreich herauszuhalten. Er selbst war nicht unbedingt dafür, Elsass-Lothringen zu annektieren. Im Nachhinein sagte er, Wilhelm I. und die Generäle hätten dazu gedrängt. Er konnte jedenfalls bei den Friedensverhandlungen mit Frankreich nicht mehr so mäßigend einwirken wie noch vier Jahre zuvor beim Friedensschluss mit Österreich.

Auch wenn er selbst als Politiker die militärische Karte zog, sollte die Politik für ihn den Vorrang vor dem Militärischen haben, gebunden an Diplomatie, Kompromisse, Ausgleich, Zugeständnisse, Parlamentarismus, Presse, Öffentlichkeit. Mehr und mehr lehrte ihn die Erfahrung eine solche Denkweise. Um die Nachbarländer des neuen deutschen Kaiserreiches zu beruhigen, gab er schon 1871 die offizielle Parole aus, Deutschland sei »saturiert«: sei vereint und genüge sich innerhalb der eigenen Grenzen. Er rückte jetzt von der hasardeurartigen Politik, die Friedrich II. betrieben hatte, ab. Das sollte nicht mehr die preußisch-deutsche Doktrin sein. Dem Abgeordneten Lucius von Ballhausen erklärte er 1877: »Eine Politik wie Friedrich II. bei Beginn des Siebenjährigen Krieges machen wir nicht – den sich zum Angriff vorbereitenden Feind plötzlich zu überfallen. Es hieße auch in der Tat die Eier zerschlagen, aus welchen sehr gefährliche Küken kriechen könnten.«

Bismarck wollte als deutscher Kanzler, wie er selbst sagte, ein »ehrlicher Makler« innerhalb der europäischen Staaten sein. Ein Höhepunkt seiner Regierungszeit war der Berliner Kongress im Jahr 1878, an dem das neue Deutsche Reich, Österreich-Ungarn, Frankreich, Großbritannien, Italien, Russland und das Osmanische Reich teilnahmen, um über die Balkankrise und eine neue Friedensordnung in Südosteuropa zu verhandeln. Bismarck schlüpfte in die Rolle des beredten Gastgebers und spielte sein sprachliches Talent aus.

Innenpolitisch saß er durch die außenpolitischen Erfolge fest im Sattel. Doch eigentlich langweilte er sich nun ein wenig, weil die In nenpolitik zu Zeiten des Friedens nicht unbedingt sein Ding war. An sich blieb er ein urzeitlicher Jäger und Krieger, der Beute machen will. Gegenüber befreundeten Parlamentariern sagte er 1873 spontan: »Ja, wenn es gälte, einen großen und mächtigen Eber (...) zu erlegen, dann würde ich dabei sein, dann würde ich mir noch einmal etwas zumuten.«[29] Die Innenpolitik bedeutete für ihn »schlechte Hasenjagd«. Die Aufgaben des Tages stellten Kleinigkeiten dar, mit denen er sich eigentlich nicht begnügen wollte; reizvoller erschien es ihm, wie Friedrich II. entscheidende Schläge zu führen und sich, mit Charlotte von Stein zu reden, der männlichen Tatensucht hinzugeben. Eigentlich blieb Bismarck ein Urzeitmensch, während zugleich etwas Modernes in ihm war. Die Vernunft gebot ihm, nun friedvoll zu sein, um die äußere Einheit der Deutschen nicht zu gefährden.

Irgendwie schien die Ideologie der entscheidenden Schläge nicht mehr so recht in die moderne Welt zu passen. Auffälligerweise ritt Bismarck immer wieder auf Goethe herum. Der Dichter war für ihn kein richtiger Kerl. Schon 1868 hatte Bismarck den Dichter in einem Gespräch mit Gustav von Diest zitiert und kommentiert: »›Selig, wer sich vor der Welt ohne Haß verschließt, einen Freund am Busen hält und mit ihm genießt‹ – wer so etwas dichten kann, ist 'ne Schneiderseele. Denken Sie doch, ohne Haß und am Busen halten!«

Bismarck störte der feminine Zug in Goethe, jenes Element, das der Dichter selbst in Charlotte von Stein als sein eigenes entdeckte. Moritz Busch hielt 1888 die Bemerkung des Kanzlers fest: »›Sie, Busch, was halten Sie von Goethes Trauerspielen und Dramen überhaupt?‹ Ich erwiderte, er wäre weniger Dramatiker als Lyriker, aber der Faust wäre (...) ganz wundervoll. ›Ja‹, sagte er, ›gewiß. Auch der Götz ebenfalls; aber Egmont, der Mann in Stella, Tasso und die anderen mit ihrer Hauptperson, sind doch lauter Weißlingen, schwache, weichliche, sentimentale Menschen, keine Männer wie bei Shakespeare, immer er selbst, der auch was Weibliches hatte und nur die Weiber nachfühlen und gut darstellen konnte.‹«

Möglicherweise merkte Bismarck, dass sich in den Jahrzehnten vor dem Ersten Weltkrieg die Ordnung der Geschlechter sachte verschob, was sich bei einem Dichter wie Goethe schon vorher angedeutet hatte. Mann und Frau wuchsen insgeheim aufeinander zu, wurden androgyner; manche Männer gaben sich sanfter, friedvoller, manche Frauen selbstbewusster, unternehmerischer. Bismarck tat solche Dinge vordergründig ab. Doch Philipp Blom stellte jüngst in seiner Studie »Der taumelnde Kontinent. Europa 1900-1914« die These auf, dass der Ausbruch des Ersten Weltkriegs auch eine Reaktion auf die geschlechtliche Rollenverschiebung war, selbst wenn sie sich noch nicht klar erkennbar gab.[30] Der Krieg schien die Domäne der Männer zu sein, ein Feld, auf dem sie sich noch einmal als ganze Kerle beweisen konnten. Heute ziehen jedoch auch Frauen als Amazonen in den Krieg.

Bismarck war bereits der Krieg gegen Frankreich 1870/71 nicht mehr geheuer. Die Generäle erschienen ihm als bedenkenlose »Blutverschwender«. Sogar das Jagen machte ihm keinen Spaß mehr. Obwohl er über einen riesigen Besitz an Wald verfügte, bejagte er im Alter kaum noch das Wild und meinte gegenüber Leuten, die ihn beim Waldspaziergang begleiteten: Ich sehe die Tiere lieber. Es wohnten eben mehrere Seelen in seiner Brust.

Gäste, die Bismarck im Kanzleramt in Berlin, in der Wilhelmstraße 76, oder auf einem seiner Landgüter besuchten, im hinterpommerschen Varzin oder in Friedrichsruh im Sachsenwald bei Hamburg, staunten immer wieder über die umfangreiche literarische Kenntnis des Hausherrn. Die Weimarer Dichter, Goethe und Schiller, kannte er besonders gut, doch er mochte auch Heine, den Preußenkritiker, oder Byron, den romantischen Abenteurer.

Viele Leute konnten es kaum fassen, wenn sie Bismarck zum ersten Mal persönlich begegneten, wie charmant er sein konnte, gerade in seinen eigenen vier Wänden. Im Kanzleramt gingen Amts- und Wohnräume ineinander über. Dem amtlichen Büro folgten das Esszimmer, das Wohnzimmer und der Salon. In Fotografien, Bildern und Karikaturen erschien der Kanzler in der Regel als ein Kraftmeier, was er natürlich auch war, als einer, der die entscheidenden Schläge führt, als Militarist mit Pickelhaube, als Dämon mit durchdringendem Blick. Die Besucher gingen davon aus, die Höhle des Löwen zu betreten – und waren bass erstaunt, wenn dann der hünenhafte Mann sofort aufstand und sie freundlich begrüßte. So gut wie jeden Tag wurden mittags und abends Verwandte, Freunde, Bekannte, Mitarbeiter, Journalisten aus dem In- und Ausland, Diplomaten oder Abgeordnete des Reichstags eingeladen, um mit Bismarck, seiner Frau Johanna und den Kindern zu essen. Es waren normalerweise intime Runden, sechs bis zehn oder zwölf Leute, denn einen größeren Kreis mochte der

Hausherr nicht, weil sich dadurch die ersehnte Behaglichkeit verloren hätte.

Das Leben in Berlin spielte sich für Bismarck hauptsächlich zwischen seinem Büro und seinem Esszimmer ab, wo täglich unterschiedliche Gäste eintrafen. Zwischendurch ging er zu Fuß von der Wilhelmstraße nördlich zur Promenade Unter den Linden, um im Alten Palais dem Kaiser Rapport zu erstatten, oder er ging von der Wilhelmstraße südlich in die Leipziger Straße, wo sich damals noch der Reichstag befand, um hier eine Rede zu halten. Nachmittags unternahm er gelegentlich einen Ausritt im Tiergarten. Am sonstigen gesellschaftlichen Leben der Reichshauptstadt nahm der geborene Landjunker nicht teil. Weder sah man ihn bei Hofe noch in den Theatern oder Konzerthäusern von Berlin, höchst selten in Restaurants. Der Kanzler hatte dem Kaiser die Erlaubnis abgerungen, dem Hof fernbleiben zu dürfen, es sei denn, es gab im Schloss bedeutende Staatsempfänge oder Hochzeiten. Der machiavellistische Pomp und das überformalisierte Hoheitsgetue bei Hofe gingen Bismarck auf die Nerven. Es genügte ihm, mittags oder abends im eigenen Esszimmer eine kleine gesellige Runde zu versammeln; er freute sich, wenn der Tisch reich gedeckt war oder wenn seine Frau Johanna nach dem Essen am Klavier ein paar Stücke von Beethoven spielte, den er besonders mochte.

Er hatte von 1864 bis 1871 als preußischer Ministerpräsident wie als Kanzler des Norddeutschen Bundes einige große Schläge geführt, er ahnte aber auch, wie ein Adolph Menzel, dass die glücklichen Momente des Lebens nicht unbedingt in den großen Projekten liegen, vielleicht eher im maßvollen Aktiv- und Schöpferischsein, nicht zuletzt in flüchtigen, intimen Augenblicken: in netten Gesprächen mit der Familie, mit Freunden und Bekannten, im guten Essen und Trinken, im Spielen oder Hören von Musik, im Lesen von Büchern, im Spazierengehen durch Wälder, im Reiten über Wiesen – in Freuden, die nicht auf das Junkertum beschränkt waren und die sich auch der wohlhabende Bürger leisten konnte.

Ähnlich wie Herzog Carl August von Sachsen-Weimar-Eisenach war Bismarck kein Freund von höfischem Zeremoniell, albernen Rangordnungen und dergleichen; so etwas schien ihm längst schon überholt zu sein, wie Zopf und Perücke; er wollte ohne Brimborium angenehm leben. Vielleicht machte er es sich etwas zu bequem, indem er sich dem sonstigen gesellschaftlichen Leben entzog; vielleicht lag darin aber auch schon ein moderner Stil.

Viele Gäste in seinem Haus waren entzückt. Schon im Oktober 1862, als Bismarck gerade neuer preußischer Ministerpräsident geworden war, war der Landtagsabgeordnete Friedrich Oetker als Besucher überrascht: »Man kann sich vorstellen, mit welchen Gedanken und mit welcher Zurückhaltung ich mich dem Manne näherte, der damals liberalerseits als der wahre aristokratisch-feudale Unhold angesehen wurde. Serviler Landjunker, eingefleischter Aristokrat, Jagdbummler, leichtsinniger Spieler usw. usw., das waren so etwa die Bezeichnungen, mit denen man den neuen ersten Minister Preußens bedachte. (...) Wie war ich daher erstaunt, in wenigen Minuten ein ganz anderes Bild in der Seele zu haben, als womit ich das Zimmer des Ministers betreten hatte. Keine Spur von aristokratischem Übermut, borniertem Junkertum, feudaler Einseitigkeit, prinzipieller Verranntheit, diplomatischer Zurückhaltung! Eine hohe, starke, aber geschmeidige Kraftgestalt kam mir freundlichst bis an die Tür entgegen, reichte mir die Hand, rückte mir einen Sessel zurecht und sagte mit dem gewinnendsten Lächeln: ›Na, Sie werden ja auch schon mißliebig bei den Demokraten!‹«

Sogar ein ehemaliger Gegner von Bismarck, der österreichisch-ungarische Reichskanzler Graf Beust, der sich mit dem deutschen Reichskanzler im August 1871 zur Kur in Bad Gastein aufhielt, schwärmte regelrecht, wie becircend Bismarck im persönlichen Umgang sein konnte: »Die drei Wochen, welche ich damals mit Fürst Bismarck in Gastein zubrachte, haben mir die angenehmsten Erinnerungen zurückgelassen. Wir wohnten beide bei Straubinger und sahen uns fast täglich. Wenn man mit Bismarck in guten Beziehungen steht, gibt es auf der Welt keinen besseren Gesellschafter. Die Originalität der Gedanken wird nur von der Originalität des Ausdrucks übertroffen. Dabei eine ungesuchte, daher ansprechende Bonhomie, welche das oft scharfe Urteil über andere mildert. (...) Sehr interessant waren noch zwei Mitteilungen aus der Zeit des französischen Kriegs. Die eine, wonach Bismarck persönlich gegen die Erwerbung von Metz mit Rücksicht auf dessen französische Bevölkerung gewesen und sich nur dem entschiedenen Verlangen der militärischen Autoritäten gefügt habe.«

Nicht minder war der amerikanische Botschafter Andrew White beeindruckt, wie ungezwungen es zuging, als er im Juli 1873 in das Berliner Kanzlerpalais in der Wilhelmstraße gebeten wurde: »Einige Tage darauf erhielt ich eine Einladung zum Mittagessen, worüber ich um so mehr erfreut war, weil es kein offizielles, sondern ein Familiendiner war, zu dem nur einige intime Freunde aus dem Ministerium und dem Reichstage geladen waren. Auf der Einladungskarte stand ausdrücklich, der Frack wäre nicht erwünscht, und als ich in Begleitung des Herrn von Schlözer, den damaligen deutschen Gesandten in Washington, mich in das Palais begeben hatte, erblickte ich sämtliche Herren im schlichten Gesellschaftsanzug. Die Tafelrunde machte einen patriarchalischen Eindruck. An der Spitze der Tafel saß der Fürst, durch einen Platz von ihm getrennt seine Gemahlin; mir aber wurde der Sitz zwischen ihnen angewiesen, so daß ich das Glück genoß, mit beiden sprechen zu können. (...) Die Unterhaltung lag ganz bei Bismarck und nahm sehr bald eine äußerst interessante Wendung. Er fragte mich, ob die Absicht, New York zur ständigen Hauptstadt der Nation zu machen, jemals ernstlich in Erwägung gezogen wäre.«

Auch Johanna von Bismarck wurde als Gastgeberin von vielen verehrt. Sie sei freundlich, klug, vollkommen natürlich und behandle jeden wie einen alten Freund. Über Jahrzehnte hinweg wurde die Gastfreundschaft der Bismarcks gepriesen. Noch im April 1892, als der Kanzler bereits im Ruhestand war, freute sich der englische Schriftsteller William Harbutt Dawson bei einem Besuch in Friedrichsruh über die gesellige Ausgelassenheit, ähnlich wie jene, die rund hundert Jahre zuvor auf dem Sommersitz der Herzogin Anna Amalia von Sachsen-Weimar-Eisenbach in Tiefurt anzutreffen war: »Der lebhafte, fröhliche Geist herrschte in der ganzen Tafelrunde, und die Unterhaltung war heiter wie draußen der Frühlingshimmel. Man muß sehen, wie die eigenen Angehörigen an den Lippen des Fürsten hängen, wenn er seinen unerschöpflichen Vorrat von Erlebnissen und Anekdoten auskramt, als ob sie auch ihnen alle neu wären. Bei Tische ist er Autokrat, aber ein liebenswürdiger, dem sich jeder gern und freudig unterordnet, um nur hören und lernen zu dürfen.«

Für Otto und Johanna von Bismarck spielten neben den heiteren Gesprächen das Essen und Trinken der Tafelrunde eine große Rolle. Es durfte nicht zu knapp bemessen sein. Dem Redakteur Anton Memmiger gestand Bismarck in einem Interview bei einem Kuraufenthalt in Bad Kissingen im August 1890: »Auf den üppigen Komfort habe ich nie viel gegeben; mein bester Komfort war meine Küche, auf die habe ich immer ein gutes Stück gehalten und ebenso auf einen wohlbestellten Keller. Wenn man viel geistig arbeitet, muß man wieder Ersatz schaffen für den aufgebrauchten Spiritus. Auch mein Arzt Schweninger ist dieser Ansicht, nur meinen Magen hat er mir viel zu gering geeicht.« Die Vorgaben des Doktors, denen sich Bismarck im hohen Alter unterzog, wurden jedoch nicht selten hintergangen. Einmal hatte jemand einen Disput zwischen Bismarck und seiner Frau festgehalten: »Über das ganze Essen sprach und trank er in einem fort. Letzteres gab zu folgendem ehelichen Zwiegespräch Veranlassung: ›Aber Ottochen, du weißt doch, daß dir der Doktor den Sherry verboten hat.‹ ›So, der Heuchler, und mir hat er gerade gesagt, daß er mir gut sei‹.«

Bei anderer Gelegenheit erzählte der Hausherr von seinem heldenhaften Austern-Verzehr in jüngeren Jahren. Nachdem er in einem Lütticher Restaurant schon 50 Austern geschlürft hatte und die Bedienung damit in Erstauen versetzte, bestellte er noch einmal 50 Austern, um die Verwunderung noch zu steigern, am Ende waren es 150 Austern, die er verdrückte.

Bismarck war Gourmand und Gourmet, großer Esser und Feinschmecker. Die eigene Küche folgte nicht immer der reinen Lehre der Tafelkunst. Erlesenes und Deftiges wurden quer durcheinander serviert, Hauptsache, es schmeckte. Mit leicht hochgezogenen Augenbrauen beschrieb Freifrau von Spitzemberg im Dezember 1888 die Tafelrunde in Friedrichsruh: »Erst um halb zwei Uhr wird gegabelt; der Fürst schmaust mit bestem Appetit und echt pommerscher Raffinesse: Hummer, Gänsebrust und Gänsesulz, Sprotten und Hering, Rauchfleisch und Pute, ›eins nach dem andern, sieht man in seinen Magen wandern‹.«

Oft wurde bei Tisch auch über das Essen und Trinken geredet. Der Hausherr zeigte sich als Connaisseur und Kenner der Dinge. Der Schriftsteller Sidney Whitman notierte bei einem Aufenthalt auf dem

Landgut in Varzin 1891: »Bei Tisch saß Fürst Bismarck am oberen Ende der Tafel, neben ihm Lenbach (der Maler), während ich meinen Platz neben der Fürstin ihm gegenüber hatte. Jederman war in bester Stimmung. Ich erinnere mich noch, daß unter anderem Maränen (süddeutsch: Renke oder Felchen) – ein saftiger Fisch, der den pommerschen Gewässern eigentümlich ist – und eine ausgezeichnete Wildschweinkeule aus den Wäldern Varzin aufgetragen wurden. Fürst Bismarck erzählte uns, daß die Maräne auch eingesalzen und in diesem Zustande ausgeführt werde. Er meinte, daß Fische als Nahrungsmittel lange nicht genug geschätzt würden, und nannte verschiedenen Arten, welche er besonders gern aß. Unter den Süßwasserfischen bevorzugte er Karpfen, Lachs und Forelle.«

Es entstanden Mitte des 19. Jahrhunderts deutsche Kochbücher, die zu Bestsellern wurden. Ab 1846 erschien das »Praktische Kochbuch für die gewöhnliche und feinere Küche« der Westfälin Henriette Davidis, ein Buch, das hauptsächlich im norddeutsch-preußischen Gebiet gekauft wurde. Der Erfolg lag nicht zuletzt in der Verbindung von »gewöhnlicher« und »feiner« Küche, ohne den Aufwand zu übertreiben. Davidis plädierte im Sinne eines naturnahen, schonenden Umgangs mit den Waren für »Sparsamkeit« – und folgte damit womöglich Rumohr: »Das Übermaß an Zucker, Butter und Gewürzen macht die Speisen nicht wohlschmeckender, wohl aber benimmt es denselben das Feine und verdirbt manche gute Schüssel.«[31] Bei den Tischgesprächen im Hause Bismarck wurde »die Davidis« lobend erwähnt. Im süddeutsch-österreichischen Raum erschien ab 1858 »Die süddeutsche Küche« der Grazerin Katharina Prato. Dieses Buch bot nicht nur Rezepte, sondern auch eine ausführliche Warenkunde und enthielt selbstverständlich mehr Süß- und Mehlspeisen als das nördliche Pendant.

Bismarck schälte sich, so gut es ging, aus überholtem, asketischem Preußentum heraus. Er war 1862 preußischer Ministerpräsident geworden und formte in der Folgezeit zuerst den Norddeutschen Bund und dann das Deutsche Reich. Er sorgte für größere, großzügigere Verhältnisse, nach innen wie nach außen. Er regierte zuerst am Parlament vorbei, sicherte sich aber ab 1866 eine Mehrheit im preußischen Landtag und schloss ein Bündnis mit dem ehemaligen Gegner. Die Freikonservativen, die den aufgeschlossenen Adel, das Agrarische, Traditionelle vertraten, Bismarcks eigene Position, und die Nationalliberalen, die das Großbürgertum, das Industrielle, Dynamische repräsentierten, gingen eine Art von Regierungskoalition ein, bald auch im Reichstag bis 1878.

Für den Wohlstand in deutschen Landen war der Sommer 1867 ein bedeutender Moment. Im August wurde das Kanzleramt des Norddeutschen Bundes gegründet und der bisherige preußische Handelsminister Rudolf von Delbrück zum Amtschef berufen. Bismarck und Delbrück bildeten von nun an bis 1876 ein Duo, das an die spätere Zusammenarbeit zwischen Adenauer und Erhard erinnert. Sie führten Reformen durch, die dem ländlich geprägten Deutschland einen noch nie erlebten wirtschaftlichen Aufschwung bescherten – höchstens vergleichbar mit der Blütezeit der freien Reichs- und Hansestädte im 15. und 16. Jahrhundert. Die Schaffung von Freihandelszonen und die Liberalisierung des Aktienrechts lösten nun einen wahren Gründungsboom aus. Es entstanden Konzerne und Mythen des deutschen Wirtschaftswunders: die Deutsche Bank, die Dresdner Bank und die Commerzbank; zu den Vertretern der älteren Schwerindustrie, zu Krupp und Borsig, gesellten sich Vertreter der Chemie wie BASF, Hoechst und Bayer sowie die Elektroindustrie wie Siemens und AEG. Kommerz, Gewinnstreben und Wohlleben galten in Deutschland nicht länger als unmoralisch. Neben den älteren Kräften wie Krone, Kirche und Militär erstarkte die säkulare, bürgerliche, zivile Gesellschaft, die es da und dort schon früher in Deutschland gegeben hatte.

Bismarck selbst wurde durch die Schenkungen, die ihm Kaiser Wilhelm I. für seine Verdienste zuteilwerden ließ, beiläufig zum Millionär. Er investierte das Geld in Landbesitz, weil ihm der Aktienhandel, für den sein Sohn Herbert eine Bresche schlagen wollte, nach wie vor als unanständig erschien. Er hatte kein Bedürfnis, in Saus und Braus zu leben. Ähnlich wie gegenüber dem Militär kam er sich bald auch gegenüber der Wirtschaft als ein Zauberlehrling vor, als einer, der Geister ruft, die er nicht mehr beherrschen kann. Ab Mitte der 1870er Jahre verteufelte er die neoliberalen »Manchesterpolitiker«, wie er sagte, und trennte sich als Kanzler von seinem Handelsminister Delbrück. Als vormoderner Denker in manchen Dingen setzte Bismarck wieder verstärkt auf die Landwirtschaft und hätschelte sie.

Die Innenpolitik war, wie erwähnt, nicht unbedingt sein Ding. Den wahren Kern der Politik begriff er nicht so recht: ein Leben unter Gleichen; Ausgleich der unterschiedlichen sozialen Gruppen; Förderung des Angenehmen, Schönen und Menschlichen. Der Kanzler verteufelte nicht nur die »Manchesterpolitiker«, sondern auch die »Sozialdemokraten«. Er fürchtete, durch sie komme eine *Politik von unten* zum Zug, was ihm, als naturalistischem Denker, ein Greuel war. Er nannte die Sozialdemokraten gehässig einen Haufen »raub- und mordsüchtige Feinde«. Das war nicht der Weg, um die *innere Einheit* der Deutschen zu fördern.

In seinen Memoiren, in den »Gedanken und Erinnerungen«, stellte er die Verfassung des Deutschen Reiches, wie er sie als Kanzler schuf, nicht grundsätzlich in Frage. Er zögerte auch nicht, die Machtpolitik als den Kern seines Handelns vor Augen zu führen. Zugleich war ihm aber doch daran gelegen, nicht als Reaktionär dazustehen, sondern als einer, der zwischen Altem und Neuem einen Kompromiss suchte. Er schrieb: »Auch die unumschränkte Autorität der alten preußischen Königsmacht war und ist nicht das letzte Wort meiner Überzeugung.«

In dem großen Interview, das er parallel zur Niederschrift der Memoiren in den 1890er Jahren dem Journalisten Anton Memminger in Bad Kissingen gab, hielt er mit seiner Kritik gegenüber dem Hochadel nicht hinter dem Berg: »Der einzelne Redakteur, der den nötigen Wahrheitsmut besitzt, hat eben nicht die vielen und mächtigen unmittelbaren Feinde, wie ich sie mir gutschreiben durfte: das hochgeborene Hofgesinde, die geheimrätliche Bürokratie, mächtige Parteien wie das Zentrum und Judentum oder Freisinn. Die Herren am Hofe haben mich niemals als Vollblutjunker anerkannt, ich bin in den Augen dieser Leute immer der Sohn einer Bürgerlichen und ein Revolutionär gewesen; denn konservativ sein heißt bei diesen Herrschaften nichts lernen und nichts vergessen, nichts ändern und nichts wandeln.«

Als Kanzler hatte er häufig eine Uniform an, aber er sah darin eher komisch oder verloren aus, weil er an sich ein Politiker und kein Militär war. Schon 1869 hatte ein Abgeordneter bei einem parlamentarischen Abend über ihn gewitzelt: »Er trägt auch an diesem Abend die Uniform, wohl aber schwerlich ganz vorschriftsmäßig. Moltke wenigstens (Chef des Generalstabs) lächelt mit den feinen schmalen Lippen, als er der militärischen Dekolletierung des Kanzlers ansichtig wird. Denn der kurze Waffenrock steht offen, von Degengurt und Degen ist gar nicht die Rede, und eine einfache schwarze Tuchweste bekleidet des Grafen Brust.« Der Maler Adolph Menzel sah diesen Zwiespalt zwischen Politiker und Militär in Bismarck und hielt ihn in einer Zeichnung fest. Der Kanzler öffnet eine Uniform so, als ob sie viel zu eng für ihn wäre; er schaut nicht kriegerisch drein, sondern versonnen in die Ferne.

Reaktion und Avantgarde im kaiserlichen Berlin

Offen blieb für viele Beobachter des neuen Deutschen Reiches, ob Preußen in Deutschland oder Deutschland in Großpreußen aufgehe. Man erkannte das eine wie das andere. Victor Tissot, ein französischsprachiger Schweizer, der sich als Franzose fühlte und 1874 nach Paris übersiedelte, bereiste als Journalist in den 1870er Jahren mehrmals das neue Deutsche Reich und hielt seine Eindrücke in vielen Reportagen fest, die parallel in einer dreibändigen Buchausgabe erschienen und in Frankreich zum Bestseller wurden. Bismarck war für ihn die Figur des Schreckens und Berlin das neue Kraftzentrum, von wo aus jetzt das übrige alte Deutschland »preußisch infiziert« wurde: »Wer Berlin nicht sah, hat Deutschland nicht gesehen. / In diesem großen germanischen Leib hat Berlin sich den Platz des Hauptes und des Herzens angeeignet. Es ist Berlin, das denkt, plant, bestimmt und führt; es nimmt und gibt, teilt Gerechtigkeit und Ruhm aus. Nach Berlin strömt die ganze Lebenskraft dieses neuen Reiches, das nicht mehr das Deutschland der einfältigen Legenden, anmutigen Balladen, der gotischen Träumereien und der heiligen Kathedralen ist, sondern zum Deutschland von Blut und Eisen, der Kanonen, der Kartätschenladungen und Schlachten geworden ist.«[32] Für den ausländischen Beobachter ging von der deutschen Reichsgründung 1871 kein Charme aus.

Tissot bereiste zuerst Süddeutschland und freute sich, wenn er Orte fand, die in seinen Augen wie eh und je deutsch und noch nicht preu-

Otto von Bismarck, gezeichnet von Adolph Menzel, 1874. Berliner Kupferstichkabinett

ßisch waren, Gegenden, wo die Leute im Gegensatz zu den »Bettelpreußen« (die das Geld für das Militär verpulverten) gut lebten und Freude am Essen und Trinken hatten. Gerade Stuttgart, die schwäbische Hauptstadt, schien noch Lebensart zu besitzen: »Die Hauptstadt Württembergs vermittelt einen frohen und glücklichen Eindruck. Umgeben von Hügeln, geschmückt mit Weinbergen, einem herrlichen grünen Horizont, Parkanlagen mit mehr Blumen als Soldaten und Kindermädchen, schöne Gebäude, viele ausgezeichnete Schulen, breite Straßen voll Luft und Sonne, ein altes Schloß, das noch in der Vergangenheit dahinträumt, Häuser aus der Zeit der Gotik (...). Das ist Stuttgart, und das ist es, was dem Fremden den Aufenthalt in Stuttgart so angenehm macht. (...) Der Traum eines jeden Württembergers ist nicht, Korporal, sondern Gastwirt zu werden.«

Sobald Tissot die Mainlinie überschritten hatte und weiter in den Norden kam, erschienen ihm die Verhältnisse weniger freundlich, gröber und karger: »Aber man merkt, daß Preußen gegenwärtig ist. Die hübschen malerischen Bahnhöfe Süddeutschlands werden von kasernenähnlichen Bahnhöfen abgelöst.« Angekommen in Berlin, wurde die neue deutsche Hauptstadt gegen andere Residenzen ausgespielt: »Heinrich Heine spricht von der überraschenden und verzaubernden Wirkung, die Paris auf den Fremden ausübt. Auch Berlin ist eine Überraschung, jedoch ohne jegliche Verzauberung. Die Überraschung liegt darin, daß die Hauptstadt des neuen Kaiserreiches, ›die Stadt der Intelligenz, die Universalstadt‹, weniger die Atmosphäre einer Hauptstadt besitzt als Dresden, Frankfurt, Stuttgart oder München. Von Wien will ich schon gar nicht sprechen. Wien kann nur mit Paris verglichen werden. (...) Alles, was Berlin den Menschen zeigt, ist modern und brandneu. (...) Die Straßen sind geradlinig angelegt und monoton; sie sind das Produkt eines Herrscherwillens, wurden auf Befehl gebaut wie Kasernen und ausgerichtet durch den Korporalsstock des Soldatenkönigs. (...) Nie hat die Begeisterung für das Schöne das zählederne Herz dieser rational handelnden, kleinlichen Könige Preußens schwellen lassen.«

So weit, so gut. Es ließ sich natürlich auch die Meinung vertreten, dass Deutschland nicht in Großpreußen, sondern Preußen in Deutschland aufgehe, weil auch Berlin nun anders sei. Mit dem Aufstieg der preußischen Hauptstadt zur deutschen Metropole gewann die Stadt an Spree und Panke eine andere Statur, wurde nicht nur größer, sondern auch lebendiger, flotter, weltläufiger.

Nach 1871 gaben nicht mehr nur die Preußen den Ton in Berlin an, sondern auch Deutsche aus anderen Provinzen des Reiches, darunter elegante süddeutsche katholische Fürsten und Adlige, hinzu kamen viele wohlhabende ausländische Besucher. Berlin wurde ein Magnet für die Einflussreichen, für Glücksritter und kreative Köpfe, wurde zum Tauschplatz für Ideen und Gedanken. Bereits 1881 zog Georg Brandes ein Resümee: »Man scheint nicht zu wissen, daß die letzten zehn Jahre Berlins Aussehen veränderten und der Stadt ein neues geistiges Gepräge verliehen und sie sich unübersehbar von der preußischen Residenz zu der des deutschen Reiches wandelt. Der Reiz besteht vor allem darin, daß die Hauptstadt immer mehr die bedeutendsten Kräfte des ganzen Reichs an sich zieht, sodann an dem riesigen Zustrom von Fremden.«[33] Es entstanden Luxushotels, wie 1875 der »Kaiserhof«, der sich als schlossartige Vierflügelanlage am Wilhelmsplatz emporhob, oder 1880 das »Hotel Central« in der Friedrichstraße mit 500 Zimmern und gläserner Riesenhalle als Wintergarten mit Palmen und Wasserläufen (beide Hotels wurden im Zweiten Weltkrieg zerstört).[34]

Berlin verfügte mit einem Male auch über mondäne gastronomische Orte. Jules Huret, ein französischer Beobachter, beschrieb 1909 in seinem Berlin-Buch eine solche Gastronomie und Hotellerie etwas genauer: »Der Kaiserhof, ein imposanter Bau mit vier Straßenfronten, das erst kürzlich errichtete Hotel Adlon, hochmodern ausgestattet, dessen Einweihung die gesamte kaiserliche Familie beiwohnte, und das Hotel Bristol sind am belebtesten um Diner- und Teestunde. Ich bin diesmal im Kaiserhof abgestiegen, der mitten in der Stadt und in direkter Nähe der Gesandtschaften und Ministerien liegt und vortrefflich eingerichtet und geleitet ist. Man sieht viele reiche Fremde, und die fashionablen Berliner halten im Winter ihre Gastmähler und Bälle dort. / Narbenbedeckte Offiziere, jüdische Bankiers und ihre Gattinnen, durchreisende Gesandte, junge, nach reichen Erbinnen ausschauende Diplomaten treffen mit eben angelangten Yankees zusammen. Russische Damen, rieselnd von kostbarem Geschmeide, elegante

Amerikanerinnen mit riesengroßen Federn, wallenden Schleiern auf dem Kopfe, die Handschuhe bis zum Ellbogen zurückgestreift, lachen und unterhalten sich laut an der Seite ihrer ernsten, glattrasierten, brillentragenden Männer.«[35]

Der asketische preußisch-protestantische Geschmack sollte einer sinnlicheren Kultur zugeführt werden. Sogar bei Hofe gab man sich nicht mehr so knauserig. War im 18. Jahrhundert unter Friedrich Wilhelm I. und Friedrich II. das Hofleben auf ein Minimum reduziert worden, hatte der eine wie der andere Berlin gern den Rücken zugekehrt, um lieber in Potsdam die Garderegimenter exerzieren zu lassen, so gewann jetzt das kaiserliche Hofleben regelrecht an Opulenz.

Selbst bei Hofe sollten sich aristokratische und bürgerliche Kreise vermischen, um gute Lebensart zu üben. Zu Galabällen im Berliner Schloss wurden Aristokraten und Bürger, Beamte und Gelehrte, Industrielle und Kaufleute, Künstler und Literaten eingeladen. Der Zeremonienmeister von Kaiser Wilhelm I. wies in seinem »Ceremonial-Buch« von 1871/76 allerdings unumwunden auf den spezifischen Charakter des preußischen Hofes hin, der für die Schule der Eleganz einen gewissen Hemmschuh darstellte: »Blickt man in die Vergangenheit zurück, so findet man am Königlich-Preußischen Hofe immer wiederkehrend die Vorliebe für einfache Formen bei den Regenten ausgeprägt, hervorgerufen durch den militärischen Geist, welcher dieselben beseelte und aus dem Preußischen Königreiche einen Militärstaat geschaffen hat. (...) So ist es gekommen (...), daß das Ceremonial des Preußischen Hofes an mehr als an einer Stelle die militärische Gliederung durchblicken läßt.«[36]

Der Franzose Jules Laforgue, der ein Vorleser der Kaiserin war, schilderte einen Hofball im Berliner Schloss im Jahr 1883 für den Pariser ›Figaro‹, nicht ohne sich darüber zu amüsieren, dass es selbst bei Galabällen doch noch etwas steif oder preußisch-militärisch zuging: »Von neun Uhr an steht in der Bildergalerie ein fünfzig Meter langes doppeltes Spalier, prangend von Beamten- und Militäruniformen, zwischen welchen der Frack selten und eine von Orden unbefleckte Brust absolut unauffindbar ist. (...) Man zeigt sich gegenseitig die Zelebritäten: den Rektor der Universität: roter Samtmantel mit Goldstickerei, Schnallenschuhe; den hochberühmten, bei Hof aber schlecht angeschriebenen Historiker Mommsen: nervöse Handbewegungen, ein Gesicht wie eine alte Hexe; den Gelehrten Helmholtz, der sich adeln ließ, damit seine Frau zufrieden war, die bei der Heirat ihre Partikel verlor; den Geiger Joachim; den Maler Menzel: er ist nicht größer als der Stiefel eines Gardekürassiers und starrt voll Halsketten und Orden (...). Dann schreitet, einsam und von Golde schimmernd, der große Hofmarschall, Graf Perponcher, einher (...). Ein paar Schritt hinter ihm geht der Kaiser, an seinem Arm die Kronprinzessin: er, obwohl gebeugt und abgespannt, immer noch ein schöner Mann, sie, auffallend durch Lebhaftigkeit ihrer immer noch jungen Augen.«[37]

Als im Jahr 1888 Kaiser Wilhelm II. den Thron bestieg, waren die Tage von Otto von Bismarck als Kanzler gezählt. Es entwickelte sich rasch ein gereiztes Verhältnis zwischen den beiden. Bismarck hielt sich für unersetzbar, während er zugleich den Kaiser verdächtigte, noch einmal uneingeschränkt wie Friedrich Wilhelm I. regieren zu wollen. Wilhelm II. dachte nicht daran, sich von Bismarck die Schau stehlen zu lassen, wollte sein eigener Kanzler sein und war in der Tat gewillt, selbst überall mitzumischen, ohne zu regelmäßiger, konzentrierter Arbeit fähig zu sein. Er hielt kraftmeierische Reden, sprach gern von »meinem Volk«, als gehörten ihm die Deutschen persönlich. Bismarck musste jetzt, als es zu spät war, die Schwachstellen der neuen staatli chen Verfassung erkennen, die er selbst maßgeblich bestimmt hatte. Der Kaiser schöpfte die verfassungsgemäßen Möglichkeiten voll aus, um nach Lust und Laune die Politik von Regierung und Parlament zu beeinflussen. Nicht das Parlament, sondern der Kaiser ernannte den Kanzler, die hohen Beamten und Offiziere.

Das unsichere Temperament von Kaiser Wilhelm II., der eigentlich von den vielfältigen Aufgaben seines Amtes überfordert war, sollte durch einen vermehrten Glanz des Hoflebens überspielt werden. Das preußisch-deutsche Kaiserreich, einschließlich der süddeutschen Königreiche, leistete sich jetzt das aufwendigste Hofleben in Europa. John Röhl hat nachgerechnet und festgestellt: »So gemessen war das wilhelminische Kaiserreich mit Abstand das Land, das sich die Institutionen der Monarchie am meisten kosten ließ.«[38] Die finanziellen Zuwendungen des Staats an Wilhelm II. stiegen gegenüber jenen, die Wilhelm I. erhalten hatte, noch einmal erheblich an. Es wimmelte in

Berlin nun von Hofchargen, Silberdienern und Kammerdienern, Lakaien und Oberlakaien, königlichen Frotteuren und königlichen Bratenspickern. Es gab eine neue Flut von Fürsten- und Adelserhebungen, Ordens- und Titelverleihungen. Einem Militär und Altpreußen wie Helmuth von Moltke drehte sich der Magen um: »Es macht mir immer einen ganz merkwürdigen Eindruck, wenn ich den Einzug des Hofes in den Weißen Saal sehe, der Kaiser bringt immer so ein Stück Mittelalter hinter sich her (...); es ist, als ob die Toten auferstehen mit Zopf und Puder.«[39]

Der Berliner Hof inszenierte eine prachtvolle Operette. Wilhelm II. war Hauptdarsteller und Regisseur in einem. Das Stück hieß: pompöses, spätabsolutistisches Hofleben mit Gottesgnadentum und Ahnenkult, Rittern und holden Frauen, Kavalieren und Edeldamen. Die Deutschen fanden überwiegend Gefallen daran. Doch der Kaiser wollte sich auch um die vermeintlich allerwichtigsten Dinge kümmern und sich nicht zuletzt dem widmen, was Generalstabschef von Moltke wünschte, »sich ernsthaft und mit bitterlicher Energie auf den Krieg vorzubereiten«.[40] Der Lotse, Otto von Bismarck, war von Bord.

Einer der genauesten Beobachter und Kritiker des kaiserlichen Berlin war Alfred Kerr, der als Student nach Berlin kam und ab 1895 in der ›Breslauer Zeitung‹ seine »Berliner Briefe« veröffentlichte. Es entstand quasi der erste moderne Großstadtroman der deutschen Literatur in feuilletonistischen Collagen. Auf der einen Seite stand für Kerr der Mumpitz des Hofes mit unheilvollem Hintergrund, auf der anderen Seite war das junge, dynamische Berlin, voll von Lebenslust. Die Operette des Hofes setzte sich für Kerr im »Königlichen Schauspielhaus« am Gendarmenmarkt fort, im Theater der kaiserlichen Hofgesellschaft und des kaisertreuen Bürgertums, welches um 1825 Karl Friedrich Schinkel errichtet hatte (und wo im Vorgängerbau ein Iffland wirkte; heute Konzerthaus): »Im Königlichen Schauspielhaus ruht über den Hörern ein feiner, zarter Hauch von Ichweißnichtwas. Es ist der süße, zitternde Blütenstaub paradiesischer Unschuld des Geistes und Gemüts. Die jungen Mädchen sind hier am holdesten, zahlreichsten und dümmsten. Sie werden in dieses Theater lieber als in irgendein anderes geführt, weil es am tugendlichsten ist.«[41]

Demgegenüber war das Lieblingshaus von Kerr das »Deutsche Theater«, das die Gegenwelt auf der Bühne zeigte, mit wirklichkeitsnahen, zeitgenössischen Stücken von Autoren wie Ibsen, Gerhart Hauptmann oder Wedekind, dargeboten von Schauspielern, die den Puls der Zeit vermittelten, wie Josef Kainz: »Er läßt nicht in ungehemmtem, edel-schönem Pathos stilisierte Gefühle ausströmen, sondern er zeigt ruckweise, mit halb verhaltenen seelischen Gesten, die Empfindungen moderner, nervöser junger Leute.«

Das eigentliche Revier von Kerr war das »Städtchen W«: das neue Berlin westlich vom Brandenburger Tor, mit Potsdamer Viertel, Tiergarten, Charlottenburg und der Villenkolonie Grunewald. Hier bildete sich eine liberale, avantgardistische, großstädtisch-großbürgerliche Gesellschaft mit Vertretern aus Hochfinanz, Wissenschaft und Kunst, ein Kreis von Leuten, denen der Popanz bei Hofe einigermaßen schnurz war. Es traf sich beispielsweise bei der Geburtstagsfeier des Dichters Eberhard Treubier im Nobelrestaurant »Huster« ein illustres Publikum: »Ein paar hundert Personen aus der westlichen Gesellschaft waren gekommen, Schriftsteller, Juristen, Maler, Kapitalisten, Zeitgenossen, Offiziere in homöopathischen Dosen, hervorragende Ärzte, davon einige mit hypnotischen Separatneigungen, nochmals Zeitgenossen, Bildhauer, Verleger, Theaterleiter, Professoren, nochmals Kapitalisten – und die dazu gehörigen Damen im schönen Kranz: die Schultern so nackt, wie es die Mode dieses Winters verlangt, nur seitwärts am Oberarm ein Stückchen Ärmel.«

Es handelte sich um keine feste, alteingesessene Gesellschaft, die es auch anderswo in Berlin kaum gab, sondern die meisten waren wie Kerr selbst Neuankömmlinge, Bildungsaufsteiger, Karrieremacher, Hochstapler, Abenteurer, ökonomische Parvenüs, von denen nicht wenige auf die Pauke hauten, aber diese Leute waren dem Journalisten tausendmal lieber als die Hofschranzen oder Spießbürger. Der Begriff der »westlichen Gesellschaft« war nicht nur stadtgeographischer, sondern natürlich auch politisch-kultureller Art, indem sich diese Gesellschaft für Neues öffnete: für eine weniger chauvinistisch geprägte, freiere, sportlichere Lebensauffassung. Während Kerr die Villenkolonie Grunewald schilderte, erklärt er: »Hier nähert sich alles einem wohlhabenden deutschen Engländertum.« Man spielte Tennis und betrieb

Rudersport auf dem Wannsee. Bei anderer Gelegenheit, bei der Kerr auf London einging, sagte er etwas ausführlicher, was er mit »Engländertum« meinte oder was er sich wünschte: eine reifere Kultur, die Sphäre des Liberalismus, einen taktvolleren Menschenschlag: weitherzig, ohne törichten Stolz. Kerr schmiedete selbst an einem neuen bürgerlichen Typus in Berlin, einem, der sich weder dem Gestern und Vorgestern noch dem Morgen und Übermorgen zuwandte, sondern ganz dem Hier und Jetzt: »Wir neuen Menschen glauben ja, daß dieses Dasein auf der Erde die Hauptsache ist.«

Das Leben breit entfalten, unternehmerisch sein, das Kapital beweglich halten, Kulturgüter hervorbringen, sie genießen, ausgehen und sich umschauen, ins Theater gehen oder die Welt überhaupt als Theater auffassen, sich dabei von nichts korrumpieren lassen, menschlich sein, leben und leben lassen: Es waren immer wieder dieselben Leitmotive, die Kerr für das neue, junge Berlin oder das »Städtchen W« in Anschlag brachte.

In Berlin wie in einigen anderen großen deutschen Städten herrschte nun in bürgerlichen und großbürgerlichen Kreisen wieder ein Wohlleben und Laissez-faire, wie es ansatzweise schon für die Schicht der polyglotten Patrizier der freien Reichs- und Hansestädte vor dem Dreißigjährigen Krieg oder zum Teil danach noch gegolten hatte. Entsprechend entfaltete sich jetzt auch eine blühende Gastronomie. Der Franzose Jules Huret schrieb 1909 in seinem Buch »Berlin«: »Zu welcher Tageszeit man auch eines der öffentlichen Lokale Berlins, sei es ein Café, sei es eine Wein- oder eine Bierstube, betreten mag, kann man sicher sein, Gäste vorzufinden. Ich fragte, wie es denn komme, daß man in einem Lande, wo die Familientugenden, die Liebe zum häuslichen Herd so hoch gepriesen würde, so viele Menschen in den Restaurants sehe. / ›Aus Familiensinn‹, lautete die paradoxe Antwort.«[42]

Verbesserte Verkehrsverbindungen sorgten für einen reichen Zufluss an Lebensmitteln. Täglich wurden beispielsweise frische Muscheln und Seefische im Eiskühlwagen von der Nordsee in die Reichshauptstadt geliefert. Wer es sich leisten konnte, goutierte in einschlägigen Restaurants wie im »Hiller« Unter den Linden, im »Borchardt« in der Französischen Straße oder in Luxushotels wie im »Königshof« oder in den

Villen in Grunewald die Klassiker der Hochküche oder die Königsbissen der Jagd und Fischerei: Straßburger Pastete mit Gänsestopfleber und Périgordtrüffeln, russischen Kaviar, Austern, Hummer, Langusten, Steinbutt, Rheinlachs, Rebhuhn, Fasan, Rouen-Ente, Hase und so fort.[43] Kerr notierte: »Es werden Rebhühner gegessen, so viel, daß es nicht mehr schön ist; in allen Häusern, welche Einladungen zu einem Löffel Suppe oder zum Abendessen ergehen lassen – massenhaft.« Man trank Sherry, Port, Champagner, Mosel, Burgunder, Bordeaux.

Kerr staunte über den Maler Adolph Menzel, über diesen kleinen alten Herren mit weißem Halsbart, wie er nun in seinem Stammlokal, in der Weinstube von Frederich nahe der Potsdamer Straße, dasaß und aß: »Es ist ein wahrer Genuß zu sehen, wie dieser Achtzigjährige, um halb elf Uhr abends, allein an seinem Tisch sitzt und eine geschlagene Stund lang ißt; mit frisch geröteten Backen und blitzenden Augen und einem Riesenappetit. Er macht äußerlich den Eindruck, als ob er eben vom Hanteln oder Turnen käme. Der Feinschmecker offenbart sich in der Art, wie er die Speisen, ehe denn sie in seinen Schlund rettungslos verschwinden, bedachtsam, wohlwollend oder leise mißbilligend, prüft.«

Es gab noch einen anderen Gourmet von Rang: Theodor Fontane. Er wohnte in Berlin in der Potsdamer Straße, war mit Adligen wie mit Bürgerlichen befreundet, war sowohl in brandenburgischen Schlössern als auch in Berliner Villen ein willkommener Gast. In der Regel waren seine Romanfiguren keine Heroen mehr – nach Bismarck quasi »Schneiderseelen« –, eigentlich nicht mehr preußisch, eher märkisch-brandenburgisch, mild ironisch, geistig beweglich, ohne dämonische Verschworenheit mit der Natur. Die Figuren pendelten häufig zwischen Land und Stadt hin und her, schätzten das eine wie das andere.

Fontane baute das Preußentum, überhaupt die deutsche Kraftmeierei, ideologisch ab. Er entdeckte das Natürlich-Atmosphärische in der Natur, die Geschichte einer Landschaft, die Gesellschaft in der Stadt, das Milieu, die Nuancen des Seelenlebens, die Delikatesse der Tafel. In seinem Roman »Frau Jenny Treibel« wurden nette Tischgespräche geführt, ob man etwa dem Hummer oder dem Krebs den Vorzug geben soll: »Gewiß, dem Krebse fehlt dies und das, er hat sozusagen nicht das ›Maß‹, was, in einem Militärstaate wie Preußen, immer etwas bedeutet, aber dem ohnerachtet, auch *er* darf sagen: ich habe nicht umsonst gelebt. Und wenn er dann, er, der Krebs, in Petersilienbutter geschwenkt, im allerappetitlichsten Reize vor uns hintritt, so hat er Momente wirklicher Überlegenheit.«[44]

XIV BÜRGERLICHE GESELLSCHAFT

Der Weg über die Paulskirche

Schon im frühen 19. Jahrhundert war der Zusammenhalt der deutschen Lande neu geordnet worden, ohne allerdings die politischen Verhältnisse oder die gesellschaftliche Organisation bedeutend zu verändern. 1806 löste Kaiser Franz II. unter napoleonischem Druck das Heilige Römische Reich Deutscher Nation auf. Nach den Befreiungskriegen gründeten dann die deutschen Fürsten 1815 den Deutschen Bund mit Sitz in Frankfurt am Main – quasi am alten, natürlichen Hauptort der Deutschen. Das Organ des Bundes war der Bundestag im Palais Thurn und Taxis (das nach dem Zweiten Weltkrieg abgerissen wurde) als ständig tagender Gesandtenkongress der Fürsten. Bismarck selbst war dort von 1851 bis 1858 preußischer Gesandter und sammelte diplomatische Erfahrungen. Der Bund bestand aus 38 Mitgliedsstaaten, wobei von den ehemaligen freien Reichsstädten nur noch vier als freie Städte übrig blieben: Frankfurt am Main, Hamburg, Bremen und Lübeck.

Diese vier Städte setzten die rund sechshundertjährige Tradition der *bürgerlich-patrizischen Stadtrepubliken* in Deutschland fort, wie sie beispielhaft *1256* in Nürnberg begonnen hatte, während plötzlich die Märzrevolution von *1848* zum Startsignal der *bürgerlich-demokratischen Staatsidee* in deutschen Landen wurde. Waren zuvor in den bürgerlich-patrizischen Stadtrepubliken nur die vornehmen Geschlechter, die Patrizier, oder die wohlhabenden Kaufleute und Handwerker an der Politik beteiligt gewesen, so sollten jetzt im bürgerlich-demokratischen Staat alle erwachsenen männlichen Staatsbürger ab 25 an der Politik teilnehmen: sei es als Wähler, sei es als Amtsinhaber. Man hatte genug vom hochmütigen, obrigkeitlichen Fürstenstaat. Die Bürger, die Dienstleute und die Fabrikarbeiter revoltierten landesweit gegen das absolutistische Regime der Fürsten und setzten allgemeine und freie Wahlen durch, die zu einer verfassunggebenden Nationalversammlung in der Paulskirche in Frankfurt am Main führten, in einem Gebäude, welches just zur selben Zeit entstanden war wie das Brandenburger Tor in Berlin: ab 1789 als ovaler Rundbau im klassischen Geschmack, als Zeichen einer neuen Zeit.

Im März 1849 wurde hier die so genannte Paulskirchenverfassung verabschiedet, die eine konstitutionelle Monarchie in Deutschland vorsah: ein Erbkaisertum mit Parlament, einem Reichstag, der durch allgemeine, gleiche und geheime Wahl männlicher »Staatsbürger« ab 25 Jahren zustande kommen sollte, ergänzt durch »Grundrechte« wie Freiheit der Person, Glaubens- und Gewissensfreiheit, Freiheit der Wissenschaft und Lehre, Unabhängigkeit der Richter, Unverletzlichkeit des Eigentums, Gewerbe- und Niederlassungsfreiheit, Versammlungsfreiheit, Redefreiheit und Pressefreiheit.[1] (Farbbild 23)

Diese Verfassung war das Werk von Wirtschafts- und Bildungsbürgern, von Leuten, die sich als Deutsche fühlten, verbunden durch eine gemeinsame Vergangenheit, Sprache und Kultur. Den Vorsitz des Verfassungsausschusses hatte Friedrich Daniel Bassermann inne. Er entstammte einer Bankiers- und Kaufmannsfamilie in Mannheim, die mit Wein, Tabak, Getreide und Stoffen handelte und zuvor im 18. Jahrhundert eine Gastwirtsfamilie gewesen war. Auch nicht schlecht: Demokratie aus dem Geist der Gastronomie, wie bei Homer!

Friedrich Daniel Bassermann absolvierte eine polyglotte kaufmännische Ausbildung, wie einst die Patrizier in Nürnberg und Augsburg: zunächst mit Stationen in Mannheim, Paris und Le Havre, studierte zwischendurch Physik, Chemie und Botanik in Heidelberg, setzte die kaufmännische Ausbildung fort in Nürnberg, Triest und London, um 1833 in der Heimatstadt Mannheim ein Drogengeschäft mit pharmazeutischer Chemie und einem Kolonialgroßhandel zu begründen. 1841 wählte man ihn in die Zweite Kammer der Ständeversammlung des Großherzogtums Baden in Karlsruhe, woraufhin er sein Geschäft an den Bruder Julius verkaufte, um Berufspolitiker, bald auch Verleger und Herausgeber der »Deutschen Zeitung« zu werden. Er strebte längst einen bürgerlichen Nationalstaat mit liberaler Verfassung an, bevor er 1848 Abgeordneter der Frankfurter Nationalversammlung wurde. Sein Sohn Emil Bassermann-Jordan wurde im Übrigen der Besitzer des gleichnamigen Weinguts im pfälzischen Deidesheim, das bis heute zu den führenden Weingütern in Deutschland gehört.[2]

Auch Friedrich Christoph Dahlmann spielte eine wichtige Rolle im Verfassungsausschuss der Paulskirche, wo er als Professor für Geschichte und Politik den freiheitlichen Entwurf mit historisch-theoretischen Überlegungen stützte. Dahlmann stammte aus Wismar, hatte Altphilologie in Kopenhagen und Halle studiert und zählte als liberaler Professor bereits 1837 zu den legendären »Göttinger Sieben«, die gegen die Abschaffung der vier Jahre alten Verfassung im Königreich Hannover durch den neuen Monarchen Ernst August I. protestierten. Dieser wollte nicht durch eine *Verfassung*, sondern durch das *Gottesgnadentum* eingesetzt sein – und entließ sofort die sieben protestierenden Professoren der Universität Göttingen, darunter auch die Brüder Grimm. Die sieben Gelehrten stiegen so zu nationalen Berühmtheiten auf: zu Symbolfiguren einer bürgerlich-freiheitlichen Einheitsbewegung. Dahlmann wurde 1842 Professor an der preußischen Universität in Bonn und stieß sechs Jahre später von hier aus zur Nationalversammlung in Frankfurt am Main. Er lehnte sich an die politische Lehre des Aristoteles an und befürwortete eine gemischte Verfassung zwischen Aristokratie und Bürgertum oder eben eine konstitutionelle Monarchie mit Parlament. Wie Bassermann gehörte auch Dahlmann zu der kleinen Gruppe, die von Frankfurt nach Berlin geschickt wurde, um König Friedrich Wilhelm IV. die deutsche Kaiserkrone anzubieten.[3]

Die Paulskirchenverfassung von 1849 gehört zu den guten Momenten der deutschen Geschichte – wenngleich die Verfassung vorläufig nicht zum Zuge kam, weil der preußische König die Kaiserwürde nur von den Fürsten annehmen wollte, nicht von den Bürgern. Er sperrte sich gegen die bürgerlich-demokratische Staatsidee, setzte sogar Militär ein, um der Zivilcourage der Bürger einen Riegel vorzuschieben. Aber das Verfassungsmodell blieb wirksam, gärte weiter in den Köpfen der Bürger und wurde zum Vorbild für jede weitere demokratische Entwicklung hierzulande: für die Reformen von 1871, 1919 und 1949.

Bismarck dämmerte es, wie schon gesagt, dass er auf dem obrigkeitlichen, preußischen Weg zur deutschen Einheit das Modell der Paulskirchenverfassung nicht völlig übergehen konnte und dass er selbst bis zu einem gewissen Grad auch Lust auf Formen von politischer Öffentlichkeit hatte, auf das, was Musik ins Ganze brachte. Er gab als preußischer Ministerpräsident seit 1862 den robusten Machtpolitiker, warf mit dem Krieg von 1866 Österreich als den größten innerdeutschen Konkurrenten von Preußen aus dem Deutschen Bund und gründete selbst den Norddeutschen Bund. Kurz darauf nutzte er den Krieg gegen Frankreich, um im Siegestaumel die Fäden für die Gründung des neuen Deutschen Reiches oder deutschen Nationalstaates zu ziehen. Die Fürsten des Norddeutschen Bundes wie der süddeutschen Staaten (außer Österreich) proklamierten 1871 in Versailles den preußischen König Wilhelm I. zum deutschen Kaiser. Es entstand das neue Deutsche Reich oder der deutsche Nationalstaat mit 22 halbautonomen Fürstentümern und drei freien Städten.

Die bedeutendsten Fürstentümer des Reiches blieben Preußen, Bayern, Sachsen, Württemberg, Baden, Hessen, Mecklenburg-Schwerin und Braunschweig; die freien Städte waren Hamburg, Bremen und Lübeck. Der Kaiser erhielt den Oberbefehl über die Militär- und Kriegsmaschinerie und zugleich das Recht, den Reichskanzler zu ernennen. Daneben gab es den Bundesrat als Vertretung der Länder und den Reichstag als Vertretung der Bürger. Das Parlament in Berlin fußte auf der allgemeinen, gleichen und geheimen Wahl männlicher Staatsbürger und war wie der Bundesrat an der Gesetzgebung beteiligt. Der Kanzler führte die Reichsregierung, unterstützt von Staatssekretären, die ministerähnliche Ämter verwalteten; er hielt eine Menge Macht in seinen Händen, solange der Monarch ihn gewähren ließ – und Kaiser Wilhelm I. vertraute Bismarck. Es entstand eine doppelbödige Verfassung des Deutschen Reiches: teils bürgerlich-demokratisch, teils monarchisch-absolutistisch.

Bismarck mutete dem erzkonservativen Preußen tatsächlich einiges zu. Zwar gingen die Bürger gegenüber dem Adel nicht unbedingt als Gewinner aus der deutschen Einheit hervor, aber sie hatten nun Stimme und Gewicht im Parlament, verfügten über eine Macht, die sich vielleicht in Zukunft noch ausbauen ließ, was vielen preußischen Königen und Aristokraten als ein Ding der Unmöglichkeit erschien: mindestens als der Untergang des Abendlandes – obwohl der Reichstag nur an das anknüpfte, was in Hamburg oder anderen ehemaligen freien Reichs- und Hansestädten über Jahrhunderte schon gang und gäbe war.

Auch die wirtschaftlichen Strukturen in Preußen wie in Deutschland brachen auf und gewannen an Dynamik. Das industrielle Zeitalter war längst angebrochen. Eine Zeitlang sorgten Bismarck und Delbrück, der Kanzleramtschef, gemeinsam für eine Freihandelspolitik, die das Entstehen großer Konzerne beflügelte. Nicht zuletzt in Berlin gab es zunehmend reiche Leute und Luxushotels. Das unternehmerische Bürgertum oder Großbürgertum erzielte Gewinne, von denen die Landjunker nur träumen konnten. Deutsche Ingenieure waren an epochalen Erfindungen beteiligt: an der Entstehung des *Autos* durch Carl Friedrich Benz, Gottfried Daimler und Wilhelm Maybach sowie an der Entwicklung des *Flugzeugs* durch Otto Lilienthal (oder etwas später, in den 1920er Jahren, auch an der Entwicklung des *Fernsehens* durch Manfred von Ardenne). Lediglich bei Hofe und in der Militär- und Kriegsmaschinerie spielte der Adel nach wie vor die erste Geige.

Käme ein neuer Krieg, so dachten nicht wenige Aristokraten, die im Offizierskorps die führenden Stellen einnahmen, so könnte man den Bürgern doch wieder einmal vorführen, wer die wahren Herren im Lande seien. Ein wirklicher Ausgleich der sozialen Gruppen fand nicht statt. Für die neue Schicht der Fabrikarbeiter hatten weder Aristokraten noch Großbürger viel übrig. Man schaute auf sie herab. Der äußeren Einheit der Deutschen fehlte die innere.

Karl Marx und Friedrich Engels gaben seit Mitte des 19. Jahrhunderts den Fabrikarbeitern eine gewichtige Stimme, teilweise auch den minderbemittelten Kleinbürgern, den kleinen Handwerkern, Krämern, Dienstboten, Bauern, Knechten und Mägden oder den Armen und Ausgeschlossenen: sie alle zusammengefasst in der »Arbeiterklasse« oder im »vierten Stand« gegenüber Adel, Klerikern, Bürgern oder Großbürgern. Doch die Idee von Sozialismus und Kommunismus, wie sie von Marx und Engels entwickelt wurde, zielte nicht auf den Ausgleich der gesellschaftlichen Gruppen, sondern auf den unversöhnlichen Klassenkampf des Proletariats. Die Arbeiterklasse sollte die anderen Klassen entmachten und enteignen, um eine »Diktatur des Proletariats« zu errichten. Ein großer Teil der Staatsbürger kam nach dieser Theorie vom Regen in die Traufe: vom obrigkeitlichen Fürstenstaat in den autoritären Arbeiterstaat. Die freie Entfaltung von Talent und Chancen, das freie Unternehmertum der Bürger, die freiheitlichen Grundrechte: all das sollte schon wieder auf der Strecke bleiben. Marx und Engels ersetzten das *Gottesgnadentum* durch eine *totalitäre Utopie*, stachelten das Freund-Feind-Denken an wie weiland Martin Luther.

Zugleich drohte die Ordnung der Geschlechter aus den Fugen zu geraten, ohne daß man hätte sagen können, worauf es hinauslief: auf die Emanzipation der Frau, auf den Ausgleich der Geschlechter – oder parallel zum Klassenkampf auf den Geschlechterkampf, vielleicht auf ein autoritäres Matriarchat. Ein Krieg, so empfanden es manche, könnte den Männern die Chance bieten, nochmals richtige Kerle zu sein. Ein Krieg böte vielleicht ein reinigendes Gewitter – dem Kaiser, seinen Hofschranzen und Militärs einen sozialen Burgfrieden, weil sich bei Gefahr vermutlich die meisten Staatsbürger hinter den Herrscher stellen würden.

Die Alternative, der allgemeine Frieden, war eigentlich nur durch menschlichen Ausgleich zu haben: durch eine gerechtere Verteilung der wirtschaftlichen Ressourcen, durch den Abbau veralteter Privilegien und des Hochmuts, durch eine Kultur von Common Sense und Fair Play. Die Agenda hieß an sich: *sozial-politische Verfeinerung* – ein besserer Umgang mit Menschen sowohl im öffentlichen Bereich, gestützt durch freiheitlich-demokratische Institutionen, als auch im privaten Leben, gestützt durch Bonsense, guten Willen.

Es kam darauf an, den menschlichen Tatendrang, den Spieltrieb nicht länger auf Krieg und Zerstörung zu richten, sondern auf die drei humanen Grundkräfte der Geschichte: Wirtschaft, Politik, Kultur – auf die *Verfeinerung des Angenehmen, Schönen und Menschlichen*: Essen und Trinken, Kleidung und Wohnung, Liebe und Freundschaft und dergleichen.

Solange Bismarck Kanzler war, hielt er die Militärs in Schach. Er wollte seine Schöpfung, den deutschen Nationalstaat, nicht wie ein Hasardeur aufs Spiel setzen. So mancher General kam zu ihm und sagte: Man müsse doch jetzt endlich wieder einmal losschlagen und wie der große Friedrich einen Präventivkrieg gegen die Nachbarländer führen. Bismarck vermutete stocknüchtern, dass der eine oder andere hohe Herr nur Angst habe, er könnte beim nächsten Krieg nicht dabei sein und es bliebe nicht mehr viel Zeit für ihn, den Helden zu spielen. Ein Aristokrat von altem Schrot und Korn hatte eben sonst nicht wirklich etwas zu tun.

Der neue Kaiser Wilhelm II. zwang Bismarck, 1890 als Kanzler zurückzutreten. Der junge Monarch klopfte ähnlich kraftmeierische Sprüche wie zuvor Bismarck als preußischer Ministerpräsident mit seinen Reden über Eisen und Blut in den 1860er Jahren. Nur war Wilhelm II. jetzt um einiges schlimmer. Schon als Kronprinz hatte er das Parlament als eine »Saubude« bezeichnet, wie der damalige österreichische Thronfolger Rudolf erschrocken notierte; die Opposition sollte man, so Wilhelm, »mit der Peitsche traktieren«.[4] Als Kaiser sagte Wilhelm solche Dinge nicht nur hinter den Kulissen, sondern auch öffentlich, weil er glaubte, auf niemanden mehr Rücksicht nehmen zu müssen. Er beanspruchte für sich Berlin-Mitte, das Berliner Schloss, wo sich jetzt, am Reichstag wie am Kanzleramt vorbei, die Kräfte des Deutschen Reiches bündelten, wo alle hinschauen sollten, Deutsche wie Europäer.

Weil *Berlin-Mitte* etwas altmodisch, wenn nicht grotesk besetzt war, musste das moderne Bürgertum in Berlin nach Westen ausweichen, in das »Städtchen W«. Der Maler Max Liebermann war ein klassischer Vertreter des neuen, modernen Bürgertums, wenngleich er selbst genau auf der Grenze zwischen Berlin-Mitte und dem Westen wohnte, in einem Palais unmittelbar nördlich neben dem Brandenburger Tor. Doch war er geistig weit vom Berliner Schloss in Mitte entfernt, von einem Ort, wo konservative Hofmaler wie Anton von Werner das Sagen hatten, Künstler, die heroische Historiengemälde schufen, während gleichzeitig Seine Majestät, der Kaiser, öffentlich verkündete, dass die unheroische moderne Malerei die Gesetze der Kunst »in den Rinnstein« niedertrete. Liebermann ließ sich davon nicht beirren. Er malte auch vermeintlich unwesentliche Alltagsszenen, stellte einfache Leute dar, wie Bauern bei der Kartoffelernte oder Netzflickerinnen in windiger Landschaft, zeigte solchen Leuten gegenüber Sympathie und Respekt, egal, ob das nun ideal-heroisch erschien oder nicht. Er zählte zu den wohlhabenden jüdischen Patriziern oder Großbürgern in Berlin, die offen für Neues waren, hielt sich als Maler häufig in Frankreich und den Niederlanden auf und wandte sich dem Naturalismus und Impressionismus zu, um seit den 1870er Jahren neben Adolph Menzel zum bekanntesten Berliner Maler zu werden, der westliche Einflüsse aufnahm, bald gefolgt von Walter Leistikow, Max Slevogt oder Lovis Corinth.

Kurz nach der Jahrhundertwende baute Liebermann weit im Westen von Berlin ein Landhaus am Wannsee, um hier die Sommermonate zu verbringen (mittlerweile als Museum zugänglich). Als der Erste Weltkrieg ausbrach, schrieb der Maler im Stil eines Erasmus von Rotterdam: »Ich arbeite so ruhig als möglich weiter, in der Meinung, daß ich dadurch am besten diene.« Des Öfteren machte er Spaziergänge am Wannsee und an der Havel und kam auch zu jener Anhöhe über dem Wasser, wo sich (bis heute) die Blockhütte Nikolskoe mit gastronomischer Terrasse befindet. Liebermann malte diese Terrasse mit Blick auf die Havellandschaft mehrere Male, so auch 1915. Wie so oft in seinen Bildern sitzen Menschen, die sich sonst nicht kennen, friedvoll nebeneinander, in diesem Fall bürgerlich-elegant, umgeben von Harmonie, vom Spiel des Lichts, von Sonnenflecken auf dem Boden, mit flüchtigem Pinselstrich gemalt, denn es kommt nicht auf Einzelheiten an, sondern auf die *Atmosphäre*. Die Leute machen nichts anderes, als aufs Wasser zu schauen, zu plaudern, die Zeitung zu lesen oder etwas zu essen und zu trinken. Ein wundervolles Zusammentreffen von städtischer Lebensart und unberührter Natur! Die märkische Landschaft gibt sich offen, sanft wellig und fließend – als wenn'ste schwebst, meinte Fontane einmal. (Farbbild 26)

Liebermann, der 1915 bereits 68 Jahre alt war, tat sich etwas schwer, nun auch noch die neue Malerei des Expressionismus zu begrüßen. Seit ein paar Jahren war dieser Stil durch die Künstlergruppe der »Brücke« in Berlin vertreten. Diese Maler gaben sich nervöser, aufrüttelnder, dynamischer als die Impressionisten – fasziniert von beidem: vom Menschen in der freien Natur *und* vom Menschen in der Großstadt, von Leuten in Bewegung, gemalt mit intensiven Farben, holzschnittartig, kantig nebeneinandergesetzt. Bevor die Gruppe um 1911 nach Berlin zog, war sie sechs Jahre zuvor in Dresden gegründet worden. Ernst Ludwig Kirchner verfasste 1906 das Programm und bot es in einem Holzschnitt dar: »Mit dem Glauben an Entwicklung, an eine neue Generation der Schaffenden wie Genießenden rufen wir alle Jugend zusammen, und als Jugend, die die Zukunft trägt, wollen wir uns Arm- und Lebensfreiheit verschaffen gegenüber den wohlangesessenen alten Kräften. Jeder gehört zu uns, der unmittelbar und unverfälscht wiedergibt, was ihn zum Schaffen dringt!«

Möglicherweise fühlte sich auch Willem van Wulfen zugehörig, als er 1911 ein bemerkenswertes Buch über das menschliche Glück verfasste, das in München erschien, unter dem Titel »Der Genußmensch. Ein Cicerone im rücksichtslosen Lebensgenuß« – eindringlich geschrieben, mit großer Sprachlust, überbordend gedankenreich, manchmal etwas männlich machohaft, doch in vieler Hinsicht klug, anregend und unterhaltsam – fast so, als sei es ein (vorweggenommenes) Begleitbuch zu Kirchners Gemälde »Varieté / Englisches Tanzpaar« von 1912/13, in dem das Paar über das Parkett fegt, der Rock aufwirbelt, die Farben lodern, nicht gerade bürgerlich-sittsam, aber doch elegant, beherrscht, mit Lust an der Bewegung. (Farbbild 25)

Wulfen schrieb: »Ein bißchen mehr Geist und Klugheit und Takt gegen sich selbst gehört dazu, alle Glieder des Leibes und der Seele zu ausgiebigem Weltgenuß zu trainieren, als jahraus, jahrein in den Strängen einer einseitigen Berufsarbeit ein gut Stück Weges vorwärts zu traben. (...) Der Trieb zu wirken sitzt uns allen im Blut (...), und nur wenigen ist es gegeben, Schöpfer und Geschöpf zugleich zu sein. (...) Ganz in Ordnung ist es, daß wir Modernen, als glücklich-unglückliche Erben eines immer höher sich häufenden Kulturtrödels, mit hunderterlei Formeln des Denkens und Könnens auch Lebenszwecke in schwerer Menge ererbten. Die Wohlfahrt des Staates, oder der Menschheit Vervollkommnung, den Willen Gottes, oder das Glück der meisten, Abkehr von der Welt, oder ihre Beherrschung, Pflichterfüllung oder Selbstvernichtung, Lust oder Tugend, – das sind nur armselige Stichproben, (...) ich bin wahrhaftig der letzte, der einem jeden Schädel seine eigene Kappe und jedem Hirn, das daruntersteckt, seine eigene Weltanschauung streitig machte. Wo keiner Beweise hat, ist ein jeder im Recht, und ein jeder mag nach seiner Fasson sich das Leben zurechtschnitzen, wenn er es nur fertig bringt, ihm wirklich die Fasson zu geben, an der er Befriedigung findet. Da jedoch haperts's. (...) Im Maschinensaal und Laboratorium ist er ein Teufelskerl, in der Führung und Komposition des Lebens ein armseliger Tropf.«[5]

Es konnte nicht nur darum gehen, die *Ideologie der entscheidenden Schläge* kurzerhand vom Kriegswesen auf das Zivilleben zu übertragen, um die moderne Welt nun wirtschaftlich unter Dampf zu setzen, was so manchem Deutschen vorschwebte (oder immer noch vorschwebt); es musste eigentlich das Ziel sein, das Prinzip des großen Coups zu verfeinern. Womöglich ist es ratsam, weniger nach großen Lösungen zu suchen. Vielleicht muss man in kleineren Schritten denken, etwas geduldiger sein, menschlicher, das Leben nonchalanter handhaben, Sinn für Atmosphäre entwickeln, Lust an der Bewegung, sich weder müßig noch übereifrig geben, falschen Ehrgeiz vermeiden, Schöpfer *und* Geschöpf sein.

Neue Sachlichkeit oder böser Zauber

Bis heute rätseln Historiker, wie es zur Katastrophe des Ersten Weltkriegs kommen konnte oder wer schuld an diesem Krieg gewesen sei oder doch die Hauptschuld trage. Bis dato herrscht nicht unbedingt Einigkeit in dieser Frage. Je mehr die Geschichtswissenschaftler forschen und Quellen offenlegen, umso verwickelter wird es. Die Ermordung des österreichischen Thronfolgers Franz Ferdinand und seiner Frau im serbischen Sarajevo im Sommer 1914 bot eigentlich keinen hinreichenden Grund, einen Weltkrieg vom Zaun zu brechen, zumal die politischen Hintergründe des Attentats unklar blieben. Österreich wollte jedoch irgendwie Vergeltung üben und Serbien unter Umständen den Krieg erklären, was nicht so einfach war, weil alle europäischen Länder in einem komplizierten Bündnissystem steckten und sich im Ernstfall gegenseitig in den Untergang ziehen konnten.

Der Ausbruch des Krieges war nur möglich, wenn es auf verschiedenen Seiten Leute gab, denen ein Krieg gerade recht kam. Der deutsche Generalstab war Feuer und Flamme. Längst hatte man im Stil des großen Friedrich entscheidende Schläge geplant – und irgendwie war ja unter dem Alten Fritz alles gutgegangen, dachte man. Auch die Einigungskriege der Bismarckzeit waren problemlos für Preußen verlaufen; ein neuer Krieg werde ein Kinderspiel sein, redete man sich ein. Österreich war mit Deutschland verbündet und wartete auf grünes Licht aus Berlin, um Rückendeckung für einen Krieg gegen Serbien zu haben. Kaiser Wilhelm hielt die entscheidenden Fäden in der Hand. Es war an sich nur nötig, die Ampel auf Rot zu lassen, dann wäre wahrscheinlich nichts passiert. Doch Wilhelm, seine Hofschranzen und Militärs wollten Teufelskerle sein – und waren in Wahrheit armselige Tröpfe.

Deutschland griff nach allen Seiten an, vier Jahre lang, verwüstete Belgien, Nordfrankreich, Teile von Polen und Russland und andere Gebiete, entfachte eine ungeheuere Materialschlacht. Insgesamt starben im Ersten Weltkrieg zehn Millionen Soldaten, darunter zwei Millionen Deutsche. Die eigene Bevölkerung war im Herbst 1918 ausgehungert und wusste eigentlich nicht recht, warum, fühlte sich um vier Jahre des Lebens betrogen, obwohl viele beim Ausbruch des Krieges gejubelt hatten, wie in anderen Ländern auch. Der Krieg war für die Deutschen nicht zu gewinnen. Es gab landesweit Unruhen und Aufstände, selbst die oberste Heeresleitung unter Erich Ludendorff empfahl nun die Stärkung des Parlaments, um gegenüber den Westmächten günstige Friedensbedingungen zu schaffen.

Es überwog bei den Deutschen das Gefühl, vom obrigkeitlichen Regime hintergangen worden zu sein. Die Mehrheit war dafür, die gemischte Verfassung des Deutschen Reiches zu entschlacken, den monarchisch-absolutistischen Anteil zu streichen und ganz auf das bürgerlich-demokratische Element zu setzen. Ohne den Kaiser zu fragen, übergab Reichskanzler Prinz Max von Baden am 9. November 1918 sein Amt förmlich an den sozialdemokratischen Reichstagsabgeordneten Friedrich Ebert, an einen Mann aus dem Volk. Der Kollege Philipp Scheidemann trat nördlich neben dem westlichen Haupteingang des Reichstages auf einen Balkon und rief die »Deutsche Republik« aus. Den Kaiser hatte der Mut verlassen. Seine Majestät machte sich aus dem Staub, um nach Holland ins Exil zu gehen. Am 11. November wurde in Compiègne der Waffenstillstand unterzeichnet, während Ebert eine provisorische Regierung bildete und Wahlen für eine verfassunggebende Nationalversammlung vorbereitete. Eine erste soziale Maßnahme der provisorischen Regierung war die Einführung des Achtstundentages.

Die Monarchie hinterließ der Republik ein schweres Erbe: einen militärischen Scherbenhaufen und eine menschliche wie materielle Katastrophe, eine demoralisierte Bevölkerung sowie viele Feinde draußen in der Welt. Deutschland galt, nicht zu Unrecht, als der Hauptschuldige des Ersten Weltkriegs. Recht viel schlechter konnten die Ausgangsbedingungen für den ersten freiheitlich-demokratischen Staat hierzulande kaum sein. Jene, welche jetzt die Verantwortung für das Land übernahmen, standen vor einer äußerst undankbaren Aufgabe: Was andere angerichtet hatten, mussten sie nun ausbaden.

Doch vielleicht bot sich eine Chance, das Land mit freiheitlich-demokratischen Mitteln aus der Depression herauszuführen. Die hergebrachte gesellschaftliche Organisation galt nicht mehr. Die alte Rangfolge: Adel, Klerus, Bürger, Bauern, Dienstleute, Arbeiter, hatte keine verfassungsrechtliche Grundlage mehr. Die zwei wesentlichen gesellschaftlichen Gruppen waren jetzt das *Bürgertum* und die *Arbeiterschaft*. Es kam darauf an, dass sich diese beiden Hauptgruppen irgendwie annäherten, um unter dem übergreifenden Begriff des *Staatsbürgers* eine politische Mitte zu bilden, welche die Demokratie trug.[6]

Vorläufig schien es darauf hinauszulaufen. Aus den Wahlen für die verfassunggebende Nationalversammlung gingen drei Parteien als Sieger hervor, die zweifelsfrei demokratisch gesinnt waren: die Sozialdemokraten, das Zentrum (aus dem nach 1945 die CDU entstand) und die Deutsche Demokratische Partei (aus der nach 1945 die FDP hervorwuchs). Die Sozialdemokraten vertraten den gemäßigten Flügel der Arbeiterschaft, das Zentrum und die Deutsche Demokratische Partei das moderate Bürgertum. Die drei Parteien gewannen eine Zweidrittelmehrheit, verständigten sich und konnten die Verfassung maßgeblich bestimmen.

Da es in Berlin Unruhen gab, wich die Nationalversammlung im ersten Halbjahr 1919 nach Weimar aus, um auch gegenüber dem Ausland ein Zeichen zu setzen, dass die neue Republik sich der Kultur verpflichtet fühle. Die provisorische Regierung der Nationalversammlung verabschiedete im Februar 1919 zunächst ein weiteres bedeutendes Gesetz: das Betriebsratsgesetz, welches die innerbetriebliche Mitbestimmung ermöglichte, um auch in der Wirtschaft gewisse demokratischere Strukturen einzuführen.

Die eine Säule der neuen Verfassung sollte das Parlament sein, der *Reichstag*, frei gewählt von Männern und Frauen ab 20. Gerade die Sozialdemokraten hatten sich für das Frauenwahlrecht eingesetzt und damit für eine weitere wichtige Erneuerung gesorgt. Die andere Säule der Verfassung sollte der *Reichspräsident* sein, ebenfalls frei gewählt von Männern und Frauen. Er erhielt allerdings eine nahezu kaiserähnliche Position, durfte den Kanzler ernennen und hatte die Oberhoheit über die Armee inne. Darüber hinaus konnte er, wenn es ihm geboten schien oder wenn keine parlamentarische Mehrheit für eine Regierung zustande kam, ein so genanntes Präsidialkabinett mit Kanzler und Ministern ernennen, um mit Hilfe von Notstandsgesetzen eine Zeitlang am Parlament vorbei zu regieren.

So einfach fiel den Deutschen der Übergang von der *Autorität* zur *Freiheit* nicht. Irgendwie sollte ein obrigkeitsstaatliches Element erhalten bleiben. Das Parlament war nicht die entscheidende politische Kraft, sondern der Reichspräsident, wenngleich dieser frei vom Volk gewählt wurde. Aber er konnte unter Umständen ein autoritäres Regime installieren.

Nach der Verabschiedung der Verfassung kehrte die Nationalversammlung von Weimar nach Berlin zurück, während der Name *Weimarer Republik* blieb. Aus den folgenden Wahlen gingen Ebert als Reichspräsident und die demokratische Mitte als Sieger hervor, mit der SPD als stärkster Kraft. Allerdings verlor die demokratische Mitte ihre Zweitdrittelmehrheit und musste sich mit der absoluten Mehrheit begnügen. Zwischenzeitlich waren die Friedensbedingungen der Siegermächte bekannt geworden, die für Deutschland nicht nur erhebliche Gebietsabtrennungen, sondern auch kaum vorstellbare Reparationssummen bedeuteten. Insgesamt sollte Deutschland knapp 200 Milliarden Goldmark zahlen.

Deutschland hatte zuvor beim Separatfrieden mit Russland kein Augenmaß bewiesen; jetzt machten es die Siegermächte nicht anders und stellten die junge Demokratie hierzulande auf eine harte Probe. Die Deutschen fühlten sich entmündigt, ohnmächtig. Nicht wenige dachten, man brauche womöglich doch wieder einen starken Mann: Vielleicht sollte man den Kaiser zurückrufen – oder eine Diktatur errichten, von links oder von rechts. Die Reparationszahlungen heizten die Inflation an, durch die 1923 viele Bürger praktisch enteignet wurden. Kanzler Gustav Stresemann konnte eine Geldreform einleiten, die ab 1924 griff und die Republik vorläufig in ein etwas ruhigeres Fahrwasser führte.

Stresemann war in den folgenden Jahren, bis Oktober 1929 (als er an einem Schlaganfall starb), Außenminister und jene politische Figur, welche die demokratische Mitte irgendwie zusammenhielt. Er war der Sohn eines Berliner Bierhändlers, hatte ab 1897 Literatur, Geschichte und Nationalökonomie in Berlin und Leipzig studiert und war anschließend Lobbyist des »Verbandes deutscher Schokoladenfabrikanten«, später des »Bundes der Industriellen«. Er machte schon vor dem Ersten Weltkrieg bei den Nationalliberalen politische Karriere und wurde in den Reichstag gewählt. Zu Beginn der Weimarer Republik war er Vorsitzender der Deutschen Volkspartei (DVP) – der rechten Schwesterpartei der Deutschen Demokratischen Partei (DDP). Er fühlte sich der demokratischen Tradition der Paulskirchenverfassung von 1849 verpflichtet und konnte mit beidem leben: sei es ein Erbkaisertum mit Parlament, sei es eine Republik.

Als junger Politiker des Kaiserreichs war er für ein starkes Deutschland eingetreten; als Außenminister der Weimarer Republik gab er sich gemäßigt, um aus den gegebenen Bedingungen das Beste zu machen. Es gelang ihm, die außenpolitische Isolierung der Deutschen langsam zu beenden, die Bedingungen des Versailler Friedensvertrages im Nachhinein etwas zu mildern und dafür zu sorgen, dass Deutschland 1926 in den Völkerbund aufgenommen wurde. Seine Frau Käthe, die einer jüdischen Patrizierfamilie in Berlin entstammte, unterstützte die Diplomatie ihres Mannes, indem sie in der privaten Wohnung nahe dem Kurfürstendamm eine glänzende Salondame und Gastgeberin war.

1926 erhielt der deutsche Außenminister gemeinsam mit seinem französischen Amtskollegen Aristide Briand den Friedensnobelpreis, was das Ansehen der Deutschen in der Welt wieder hob. Die Ära Stresemann verband sich nicht zuletzt mit dem Begriff der *Goldenen*

Eleganz der Goldenen Zwanziger: der deutsche Außenminister Gustav Stresemann, seine Frau Käthe und Sohn Wolfgang bei einem Kuraufenthalt in Karlsbad im September 1929, kurz vor Stresemanns Tod. Deutsches Bundesarchiv 102-08485B

Zwanziger, mit jenen Jahren, in denen die Weimarer Republik zu erstaunlichen Kulturleistungen fähig war: im Wesentlichen zwischen 1924 und 1929, teilweise auch schon in den Jahren davor.

Die Kunst der Weimarer Republik musste nicht bei null beginnen. Nicht wenige namhafte Maler, Architekten und Dichter der Goldenen Zwanziger waren auch schon in den letzten Jahren des Kaiserreiches erfolgreich oder hatten damals wichtige Anregungen gewonnen; man denke nur an Ernst Ludwig Kirchner oder an Heinrich und Thomas Mann. Eine wegweisende Figur der Kunstszene in der Vorkriegszeit war Hermann Muthesius gewesen. Er hatte ab 1882 Kunstgeschichte, Philosophie und Architektur in Berlin studiert, arbeitete dann drei Jahre als Architekt in Tokio, war für mehre Jahre Attaché der deutschen Botschaft in London, kam nach Deutschland zurück und verfasste das Buch »Das englische Haus«, welches zwischen 1904 und

1905 in drei Bänden erschien.[7] Angeregt von der englischen Arts-and-Crafts-Bewegung, sollte für Hausbau und Wohnen sowohl der überladene Historismus als auch die kunstlose Industrieproduktion überwunden werden. Zeitgemäß erschien ein Stil, der über vereinfachte Formen sowohl an Wirtschaftlichkeit als auch an Eleganz gewann. Kunst, Kunsthandwerk, Architektur und Industrie sollten zusammenwirken, sich gegenseitig fördern und ein zeitgemäßes Bauen und Wohnen ermöglichen.

Der Historismus hatte Fassaden und Möbel mit Schmuck und Bedeutung überladen, ohne nach dem Zweckmäßigen zu fragen. Nun sollte sich die Kunst allgemein nicht mehr in den Dienst des vermeintlich »Höheren«, »Idealen« oder der obrigkeitlichen Macht stellen, sondern das alltägliche Leben verfeinern. Zum guten oder galanten *Umgang mit Menschen* und zur *Esskunst* sollte die *Wohnkunst* hinzutreten – nicht nur für die oberen Zehntausend, sondern möglichst für alle Menschen. Muthesius verwendete bei der Beschreibung von Bauten gern Begriffe wie Sachlichkeit, Gediegenheit, Komfort, Bequemlichkeit, Wohnlichkeit, vornehme Zurückhaltung, Verfeinerung. Er setzte sich 1907 maßgeblich für die Gründung des »Deutschen Werkbundes« ein, der in diesem Sinn wirken und dabei Kunst, Kunsthandwerk, Architektur und Industrie zusammenbringen sollte. Es ging darum, dass sich Kunst und Industrie nicht entfremdeten, sondern in Verbindung blieben.

Ähnlich wie Muthesius dachte Peter Behrens, der sich 1907 als selbständiger Architekt in Berlin niederließ und eng mit den Elektrounternehmen AEG zusammenarbeitete, welches unter anderem 1886 die Glühbirnen in Deutschland eingeführt hatte. Behrens baute für das Unternehmen nicht nur Fabrikgebäude und ein Turbinenwerk, sondern lieferte auch das Design für Geräte, etwa für elektrische Tee- und Wasserkessel. 1908 arbeiteten in seinem Büro junge Architekten, die in den Goldenen Zwanzigern berühmt werden sollten: Walter Gropius, Adolf Meyer und Ludwig Mies van der Rohe, zwei Jahre später kam Le Corbusier hinzu. Mies van der Rohe berichtete später, dass die junge Truppe unter Führung des Chefs gelegentlich Wallfahrten zu den Bauten von Karl Friedrich Schinkel unternahm.[8] Während Muthesius die vereinfachte Form eher im traditionellen, schnörkellosen, englischen Landhaus mit Sattel- oder Walmdach fand, suchte sie Behrens mehr in der klassischen Tradition, die schon Schinkel bevorzugt hatte, etwa beim Bau des Alten Museums auf der Museumsinsel in Berlin: wo ein einfacher Kubus entstanden war, an der Schaufront geschmückt mit achtzehn Säulen, die einen gedehnten, würdevollen Rhythmus bildeten. Die antike Tempelform wurde nicht simpel eins zu eins übernommen, sondern in abstrakter Weise zitiert.

Für die junge Generation um Gropius und Mies van der Rohe gingen weder Muthesius noch Behrens weit genug. Man wollte alles Oberflächliche abstreifen, das Konstruktive entdecken und betonen, die Geometrie als Ergebnis der Abstraktion begreifen: als etwas Universelles. Der Jugendstil war für diese Architekten nur ein schmückender Stil, ohne funktional etwas Neues zu bieten. Der Expressionismus erschien kapriziös, egoistisch-individuell. Demgegenüber sollten fortan auf der Grundlage des Konstruktiv-Abstrakten auch moderne, zeitgemäße Materialien zum Einsatz kommen: Beton, Stahl, Glas – da und dort ergänzt durch Ziegelstein, Naturstein, Holz oder weißen Putz.

Walter Gropius und Adolf Meyer trennten sich zuerst von Behrens, gründeten 1910 ein eigenes Architekturbüro und erstellten zwischen 1911 und 1914 das legendäre Fabrikgebäude der Fagus-Werke in Alfeld an der Leine, wo alle äußeren Schlacken wegfielen. Es entstand ein kubischer Bau mit Stahlskelett, das verglast wurde: hell und luftig, nicht ohne Eleganz. Käme jemand, um zu behaupten, das Gebäude stamme von heute, man würde es glauben.

Nach dem Ersten Weltkrieg wurde Gropius 1919 in Weimar Nachfolger von Henry van der Velde als Direktor der Hochschule für Bildende Kunst, nun zusammengelegt mit der Kunstgewerbeschule. Gropius gab der Institution einen neuen Namen: »Staatliches Bauhaus Weimar«, um hier nach seinen Vorstellungen jetzt Kunst, Kunsthandwerk, Architektur, Design und Industrie zusammenzuführen. Mit Hilfe zeitgemäßer Materialien sollten neue Formen für das Bauen und Wohnen entwickelt werden: für den Hausbau, für Möbel, Lampen, Teppiche und dergleichen. Man sprach nicht mehr nur von Sachlichkeit, sondern von Neuer Sachlichkeit, um sich von der älteren Schule um Muthesius oder Behrens abzusetzen.

Die Lehre der Neuen Sachlichkeit am Bauhaus in Weimar verband sich mit der niederländischen Künstlerbewegung »De Stijl«, die maßgeblich von Theo van Doesberg geprägt wurde, von einem Multitalent: Schriftsteller, Maler, Bildhauer und Architekt. Doesberg kam 1921 ans Bauhaus und lehrte in Privatkursen architektonische Gestaltung. Er pries das Zusammenspiel von Kunst und Technik in dem Vortrag »Der Wille zum Stil«: »All das, was wir als Wunder, Geist, Liebe usw. zu bezeichnen pflegten, wird nun mit Erfolg verwirklicht. Die Idee des Wunderbaren, mit der der primitive Mensch so ungezwungen umging, wird nun endlich verwirklicht werden durch elektrischen Strom, mechanische Kontrolle von Licht und Wasser und durch die technologische Eroberung von Raum und Zeit.«[9] Die Glühlampe quasi als das Wunderbare der modernen Welt!

Gropius hatte schon Ende 1920 auch den deutsch-schweizerischen Maler Paul Klee ans Bauhaus berufen: als Werkmeister für die Buchbinderei. Selbstverständlich entwickelte Klee hier auch seine Malerei weiter, um mehr denn je durch Farbe und Abstraktion zu etwas Universellem vorzudringen. 1922 entstand das Bild »Senecio« (an sich eine Frühlingsblume). Das Gemälde setzt sich aus geometrischen Formen und Farben zusammen, aus freundlichen, bunten, flachen Feldern, die sich gegenseitig ausgleichen, eine Symmetrie bilden und irgendwie ein menschliches Brustbild erkennen lassen, mit Gesicht, Hals und Schultern, verspielt, halb abstrakt, halb gegenständlich. Die Farben, hauptsächlich Weiß, Gelb, Orange, Ocker, wirken regelrecht sonnig, während die Konturen des Gesichts eher ernst, nachdenklich anmuten. Vielleicht ein Zusammenspiel des Universell-Wunderbaren mit dem menschlich schwierigen Leben auf Erden, ohne Pathos, ohne Heroentum, insgesamt eher lebendig, heiter, traumhaft. Schon 1920 hatte Klee die Verse geschrieben: »Diesseitig bin ich gar nicht faßbar / Denn ich wohne grad so gut bei den Toten / Wie bei den Ungeborenen / Etwas näher dem Herzen der Schöpfung als üblich / Und noch lange nicht nahe genug.« Jetzt sind diese Verse auch auf der Grabplatte des Malers im Schlosshaldenfriedhof in Bern zu lesen. (Farbbild 27)

Das Bauhaus galt damals in konservativen Kreisen abschätzig als »internationalistisch«, ohne regionalen oder nationalen Bezug. Man könnte allerdings auch sagen: Es gab sich weltbürgerlich, wie ehedem schon Goethe. Als 1925 in Thüringen eine neue konservative Regierung ins Amt kam, kürzte sie die Mittel für das Bauhaus um die Hälfte, während man anderswo um diese moderne Institution warb. Gropius und die anderen Lehrer entschlossen sich, nach Dessau umzuziehen, wo der Direktor selbst den Entwurf für ein neues Lehrgebäude im sachlich-eleganten Stil der Bauhausschule lieferte. 1928 gab Gropius die Direktion ab, der Schweizer Architekt Hannes Meyer folgte. Im selben Jahr schuf hier der Ungar Marcel Breuer eines der berühmtesten Werke des Bauhauses: den Kragstuhl »B 64« als Freischwinger aus Stahlrohr mit Bugholzrahmen und Rohrgeflecht für Sitz und Lehne. Typisch für das Bauhaus, verlor der Sessel seine behäbige, geschlossene Form und zeigte das Konstruktive, ein durchsichtiges Gestell. Man saß praktisch in der Luft, heiter und beschwingt.

Innerhalb weniger Jahre oder Jahrzehnte vor und nach dem Ersten Weltkrieg löste ein Stil den anderen ab: Dem Historismus folgten Naturalismus, Impressionismus, Jugendstil, Sachlichkeit, Expressionismus, Neue Sachlichkeit, abstrakte Kunst und so fort. Die Vertreter der einzelnen Richtungen waren einander gegenseitig nicht immer freundlich gesinnt. Jede Richtung meinte, sie müsse sich unbedingt gegenüber der anderen durchsetzen. Es war eine unglaublich kreative Zeit, gerade auch in Deutschland, eine Epoche, die bis heute fortwirkt. Die kulturellen Spielmöglichkeiten bereicherten sich damals enorm. Heute kann man gelassener sein und das eine neben dem anderen gelten lassen. Warum auch sollte einer dieser Stile vollkommen sein? Das Bauhaus der 1920er Jahre war noch kein ausgereifter Stil, gab sich manchmal ziemlich spröd und karg: nahezu preußisch-protestantisch. Doch so oder so gilt das Bauhaus, wie es (mit Vorläufern in Berlin) in Weimar und Dessau entstand, nach wie vor weltweit als ein Symbol für modernes, zeitgemäßes Bauen und Wohnen.

Thomas Mann war gegenüber den Bauhausleuten eher konservativ, lange Zeit auch nationaldeutsch gesinnt und hatte sich bis ins späte Kaiserreich hinein nicht unbedingt als Freund einer bürgerlich-demokratischen Verfassung zu erkennen gegeben. Doch gerade infolge der Diskussionen mit seinem Bruder Heinrich öffnete er sich nach 1918 einer Politik der Freiheit und Weltbürgerlichkeit und gehörte zu jenen Künstlern, die sich offen zur Weimarer Republik bekannten. Vertraute preußisch-deutsche Tugenden oder Eigenheiten wie Gemüt, Ernst,

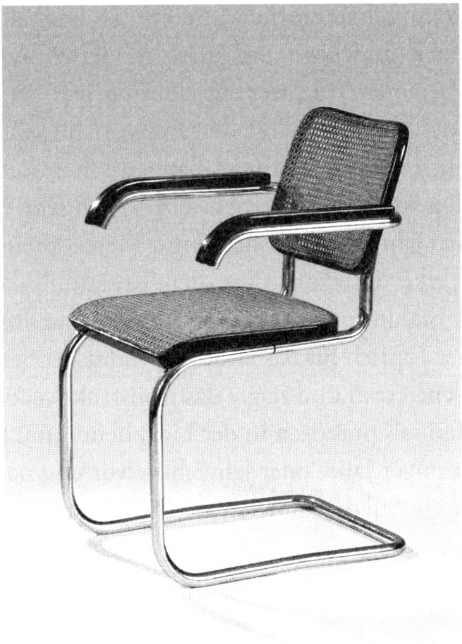

Die Leichtigkeit des Sitzens: Der Kragstuhl »B 64« als Freischwinger aus Stahlrohr mit Bugholzrahmen und Rohrgeflecht für Sitz und Lehne, entworfen 1928 von Marcel Breuer am Bauhaus in Dessau (nach einer Idee von Mart Stam)

Fleiß und Ordnung paarten sich bei ihm mit freierem Sinn, guter Lebensart und Verführbarkeit durch das Schöne. Der Roman »Der Zauberberg«, der 1924 erschien, spiegelt das Hin und Her zwischen alter und neuer Ordnung.

Das Werk spielt in der Epoche vor dem Ersten Weltkrieg. Die Hauptfigur Hans Castorp ist Spross einer alten hanseatischen Patrizierfamilie in Hamburg. Der Held genießt den Wohlstand und die Verfeinerung der eigenen Herkunft, ohne selbst noch etwas dafür zu tun, denn das gesteigerte moderne Wirtschaftsleben erscheint ihm als allzu banal. Kunst und Leben oder Kunst und Industrie scheinen sich heillos voneinander zu entfernen – quasi noch ohne Lösungsvorschläge durch die Neue Sachlichkeit. Hans Castorp steht vor der Alternative: entweder einen Weg zu finden, um die traditionell-patrizische Lebenskunst mit modern-bürgerlichem Leben zu verbinden – oder in Wonne unterzugehen.

Der Held unternimmt mit dreiundzwanzig Jahren von Hamburg aus eine Reise ins alpine Hochgebirge, die ihm wie ein Emporgehobenwerden in eine andere Welt erscheint. Er quartiert sich als Besucher in einem Sanatorium ein und entscheidet sich, vorsorglich selbst Patient zu werden, um mit gutem Vorwand hier sieben Jahre lang ein freies, unbeschwertes Leben zu verbringen. Das Forum der guten Gesellschaft ist der Speisesaal, der Balkon mit Liegestühlen oder der Spazierweg. Hans Castorp gibt sich als Genussmensch, der es faustdick hinter den Ohren hat, als Schalk, der sich nicht so leicht von einer Ideologie vereinnahmen lässt.

Der Held ist mit klassischen Attributen des gehobenen Bürgertums in den alten freien Reichs- und Hansestädten ausgestattet: mit respektablem Besitz, leidlicher Bildung und tadellosen Manieren. »Bequem und nicht ohne Würde«, erklärt sein Autor, »trug er auf seinen Schultern die hohe Zivilisation, welche die herrschende Oberschicht der handeltreibenden Stadtdemokratie ihren Kinder vererbte.«[10] Es ist nicht zuletzt das Wissen um die feinen Dinge: die Akkuratesse der Wäsche, die überlegte Wahl des Schneiders oder das nuancierte Geschick bei Tische, sowohl zu plaudern als auch sein Stück Geflügel zu zerlegen.

Der galante Umgang mit Menschen, die Esskunst, der Sinn für Leichtigkeit, Lässigkeit und Delikatesse: all das ist dem Helden in die Wiege gelegt worden. Moderne wirtschaftliche Tüchtigkeit oder zeitgemäßes politisches Streben bleiben bei ihm blass. Er kapriziert sich ganz und gar auf die musisch-kulturellen Fähigkeiten des Großbürgers. Er zieht es vor, sich in der »Luxusheilstätte« von Davos wie im Garten des Epikur zu fühlen. Er versteht es meisterhaft, ein Wechselspiel zwischen leichter Ermunterung und feiner Betäubung zu inszenieren, trinkt morgens schon sowohl belebenden Kaffee als auch ein Gläschen beruhigenden Port oder ein dickes Kulmbacher Bier und huldigt ebenso dem Tabak. »Hat man eine gute Zigarre«, sagt er, »dann ist man eigentlich geborgen, es kann einem buchstäblich nichts geschehen. Es ist genau, wie wenn man an der See liegt, dann liegt man eben an der See, nicht wahr, und braucht nichts weiter, weder Arbeit noch Unterhaltung.«

Das Element des Helden ist die Behaglichkeit, eine gewisse erhöhte Temperatur, leichtes Fieber, ein Hauch von Trance, Transzendenz und Schweben – ein Leben, wie es von alters her eigentlich nur den Göttern vorbehalten ist. Hans Castorp, der Bonvivant, verfällt deutschen Tugenden oder Untugenden: der Seelenpoesie, dem Unbestimmten, Metaphysischen. Er droht zum Leichtgewicht zu werden, zu einem, der den Weg zurück in die Wirklichkeit kaum mehr findet. »Bier, Tabak und Musik«, bemerkt einer seiner Begleiter, »da haben wir Ihr Vaterland!« Bloß keine neue Sachlichkeit! Bloß keine Nüchternheit! Der Roman entwickelt sich zu einer Analyse der Zeit kurz vor dem Ersten Weltkrieg.

Thomas Mann fühlte sich von der Feinheit seines Helden angezogen, aber er erlag den Vorlieben des Hans Castorp nicht. Der Autor liebäugelt mit verschiedenen Möglichkeiten, sein Leben zu führen. Er lässt den verwöhnten Bürgersohn nicht nur träumen, sondern hält ihn offen für neue Erkenntnisse. Castorp schließt Freundschaft mit zwei Philosophen, die sich ihrerseits für wahre Lehrmeister des Lebens halten. Während der noch junge Held eine smarte, androgyne Männlichkeit verkörpert, lassen sich die beiden älteren Herren auf einen intellektuellen Hahnenkampf ein. Der freiheitlich-demokratische Settembrini und der strenge, autoritätsgläubige Naphta liefern sich brillante Wortgefechte über Gott und die Welt, über Humanismus und Christentum, liberales Bürgertum und konservative Revolution. Das eine wird gegen das andere ausgespielt. Der Autor hütet sich, sich eindeutig auf die eine oder andere Seite zu schlagen, sondern lässt der menschlichen Komödie freien Lauf.

Im Sommer 1929 waren Demokratie, Menschlichkeit und Modernität in Deutschland noch nicht wirklich gefährdet. Die freiheitlichen Parteien verfügten nach wie vor über eine absolute Mehrheit im Reichstag und unterstützten die Politik des Kanzlers. Die radikalen Parteien von links wie von rechts, die eine Diktatur errichten wollten, hatten noch keine gefährliche Größe erreicht. Die Kommunisten waren mit einem Stimmenanteil von 10,6 % im Reichstag vertreten, die Nationalsozialisten erreichten 2,6 %. Die Deutschen hielten Adolf

Weltleute: Thomas Mann 1929 mit seiner Frau Katia vor dem Hotel Adlon in Berlin, wo das Paar abstieg. Die Manns reisten von München über Berlin nach Stockholm, wo der Dichter den Literaturnobelpreis erhielt. Deutsches Bundesarchiv, Bild 183 – H 27031

Hitler, den Vorsitzenden der Nazis, für einen unbedeutenden, lächerlichen Schreihals. Gerade Stresemann, der Kommunikationskünstler, sorgte dafür, dass die freiheitlichen Parteien irgendwie zusammenhielten und den jeweiligen Kanzler unterstützten. Doch im Herbst 1929 folgten zwei Schläge aufeinander, welche die junge Demokratie ins Mark trafen. Im Oktober starb Stresemann; im November brach die Börse in New York zusammen, was eine Weltwirtschaftskrise und bald eine hohe Arbeitslosigkeit in Deutschland zur Folge hatte.

Der Ruf nach dem starken Mann, der für Ordnung und Arbeit sorgen sollte, nahm zu. Hitler, der Vorsitzende der Nazis, mimte mehr denn je den starken Führer und bot sich an. Er versprach nicht nur Ordnung und Arbeit, sondern auch Heil und Rausch. Er wollte wie einst der große Friedrich entscheidende Schläge führen, fühlte sich wie dieser als ein Genie, war sogar überzeugt davon, das größte Genie aller

Zeiten zu sein, indem er für eine neue Weltordnung noch rücksichtsloser, noch brutaler eintreten werde, ohne nach dem einzelnen Menschenleben zu fragen, gerechtfertigt durch eingebildeten, tragischen Tiefsinn oder Unsinn, glorifiziert durch die pseudoreligiöse Botschaft, wonach den Ariern, der erlesenen germanischen Sippe, die vermeintlich naturgegebene Vorherrschaft in der Welt zukomme.

Während bislang die traditionelle Machtpolitik nach der Schule von Machiavelli davon geprägt war, die Vorherrschaft in Europa zu erringen, sollte es für Hitler um mehr gehen: um Volksgemeinschaft, völkisches Denken, nationales Sendungsbewusstsein der Deutschen, Zerschlagung des Versailler Friedensvertrages, Eroberung von neuem Lebensraum, Hass auf andere, Rassenwahn, Drangsalierung oder Vernichtung anderer Völker. Es ging im Grund um Ekstase, um auf diese Weise der Sachlichkeit der modernen Welt zu entkommen.

Hitler wollte ein böser Zauberer sein, der Gutes bewirke, wie er meinte. Er selbst war quasi drogensüchtig, wahnsinnig, besessen von der Idee, alle Menschen unbedingt zu beherrschen. Er ließ die Katze vorläufig nicht aus dem Sack, sprach nicht offen von Völkermord, aber doch von deutscher Großmachtpolitik, beschwor Muster, die den preußisch geprägten Deutschen vertraut waren: forderte unbedingten *Glauben* an den Führer, absolute *Treue* und *Kadavergehorsam*, rief dazu auf, autoritäts- und entsagungsfreudig zu sein, sprach im Stil der Nibelungen von Fluch und Schicksal, Heldenmut und Opfergang; mit solchen Werten werde man es gemeinsam weit bringen – unvorstellbar für ihn, dass eigentlich die Glühbirne, das Zusammenwirken von Kunst und Industrie, der gute Umgang mit Menschen, die Esskunst, die Wohnkunst, die Demokratie das Wunderbare der modernen Welt sein könnten.

Unwahrscheinlich, dass die Wähler jedes einzelne Wort ernst nahmen, das Hitler sagte. Zweifellos wollten sie aber von den Sorgen des Alltags erlöst werden: von Arbeitslosigkeit und Armut. Es fehlte einem Teil der Bevölkerung das bürgerliche Selbstvertrauen, um mit Schwierigkeiten fertig zu werden. Man hoffte auf eine *Politik von oben*, die alles richten werde. Hitler nutzte tiefere seelische Prägungen der preußisch-deutschen Bevölkerung schamlos aus.

Wäre Hitler zu verhindern gewesen? Vielleicht hätte es schon gereicht, wenn noch jemand vom Kaliber eines Stresemann da gewesen wäre. Doch je höher die Arbeitslosigkeit stieg, desto mehr stritten die demokratischen Parteien über den Weg, wie sie zu überwinden sei. Es gab nach 1929 keine demokratische Mehrheit mehr im Reichstag. Bei den Wählern entstand der Eindruck: Die Demokraten können es nicht. Reichspräsident Paul von Hindenburg setzte nun Präsidialkabinette ein, um mit Notstandsgesetzen am Parlament vorbei zu regieren. Als sich die Arbeitslosenzahl der Sechs-Millionen-Grenze näherte, erhielten die demokratiefeindlichen Parteien bei den Wahlen im November 1932 die meisten Stimmen: die Nationalsozialisten 33,1 % und die Kommunisten 16,9 %. Hindenburg wollte nicht mehr, dass das Land von Präsidialkabinetten regiert werde, und ernannte Hitler im Januar 1933 zum Kanzler, weil dieser zusammen mit Koalitionspartnern über eine Mehrheit im Reichstag verfügte.

Hitler dachte nicht daran, die Macht wieder abzugeben. Die Gegner des Regimes wurden sofort verfolgt, eingesperrt oder ermordet, während man die Anhänger, frei nach Machiavelli, mit spektakulären Ereignissen wie den Reichsparteitagen der NSDAP in Nürnberg beeindruckte, mit einem Blendwerk aus Archaismus und modernster Technik, mit Aufmärschen und Lichtdomen, die durch Flakscheinwerfer erzeugt wurden, von Leni Riefenstahl verführerisch verfilmt. Die Erholung der Weltwirtschaft kam der deutschen Wirtschaft wie der Hitler-Diktatur zugute. Die Militär- und Kriegsmaschinerie wurde aufgerüstet wie noch nie. Propagandaminister Joseph Goebbels hatte längst schon eine Kampfschrift verfasst mit dem Titel »Preußen muß wieder preußisch werden«.

Ab 1939 legten die Deutschen große Teile von Europa in Schutt und Asche. Als im Mai 1945 der Zweite Weltkrieg hier zu Ende war und die Deutschen besiegt, waren die meisten von ihnen ernüchtert, zumal nach und nach klar vor Augen trat, was Hitler, die Nationalsozialisten und die Deutschen angerichtet hatten. Neben Millionen von Soldaten starben viele Zivilisten, die Opfer der Deutschen geworden waren, zumal in Polen und in Russland. In Konzentrationslagern wurden von den Nazischergen sechs Millionen Juden ermordet. Deutschland hatte schwere Schuld und Schande auf sich geladen. Was bleibt, ist die Pflicht, sich daran zu erinnern.

Im Dezember 1970 entstand ein Bild, das um die Welt ging: Der Kanzler der Bundesrepublik Deutschland ging auf das Mahnmal für den Aufstand im Warschauer Ghetto zu, legte einen Kranz nieder, trat ein paar Schritte zurück und sank unvermittelt auf die Knie: verharrte bewegungslos, eine halbe Minute lang. Die Begleiter staunten, denn die Geste war im Protokoll nicht vorgemerkt und wurde so von einem deutschen Staatsmann noch nie gesehen. Willy Brandt drückte spontan Scham und tiefen Schmerz gegenüber den Gräueltaten aus, die während des Zweiten Weltkriegs von Deutschen an Juden und Polen verübt worden waren. Der Kanzler rang darum, Sühne im Namen der Deutschen zu leisten, nicht zuletzt, um den Deutschen selbst wieder ein Leben im zivilisierten Europa zu ermöglichen.

Für die Deutschen kam es darauf an, zur bürgerlichen Gesellschaft zurückzufinden, der sie an sich schon so nahe gewesen waren. Bereits Kaspar Stieler hatte den Begriff der bürgerlichen Gesellschaft 1695 in seinem Buch »Zeitungen Lust und Nutz« bezeugt: »Will aber wer klug seyn und werden / wo er anders in der Staats- Handels- und Bürgerl. Gesellschaft leben will / so muß er die Zeitungen wissen (...). Und ich bezeuge hiermit vor Gott und der Welt / daß wer Zeytungen nicht weyß (wann er anders ein Politicus seyn will) nicht geschickt sey noch geschickt werden könne / sich in Welt- und Staats-Sachen einzulassen.«[11]

Die zivile bürgerliche Gesellschaft, in der sich die Leute gegenseitig verständigen, bildet von jeher den Gegenpol zum militärisch gestützten Obrigkeitsstaat, in dem die Untertanen gehorchen müssen. Die verschiedenen gesellschaftlichen Kreise, die Wirtschaftsbürger, die Bildungsbürger, die Arbeiterschaft und so fort, werden überfasst vom Begriff des *Staatsbürgers*, der an den politischen Geschäften teilnimmt, sei es durch Wahlen, sei es durch ein Amt, und sich durch Zeitungen und andere Medien kundig macht.

Unter der Aufsicht der Siegermächte entstanden 1949 zwei deutsche Staaten mit unterschiedlichen politisch-wirtschaftlichen Systemen: im Osten unter dem Druck der Sowjetunion ein autoritär-sozialistischer Staat, im Westen unter dem Patronat der Amerikaner, Briten und Franzosen ein freiheitlich-kapitalistischer. In der sowjetisch geprägten Deutschen Demokratischen Republik sorgte man für egalitäre Verhältnisse, schuf tatsächlich eine »Diktatur des Proletariats« und zerschlug durch die Bodenreform die materiellen Grundlagen der alten preußischen Eliten. Nach der Nazidiktatur entstand in diesem Teil von Deutschland wiederum ein betont unfreiheitlicher Staat. Die westliche, angloamerikanisch-französisch geprägte Bundesrepublik Deutschland zog das bessere Los. Es kamen hier freiheitlich-demokratische Ideen zur Entfaltung, die im Ansatz bereits in der Weimarer Republik, im Kaiserreich und in der Paulskirchenverfassung vorhanden waren.

Das *Grundgesetz der Bundesrepublik Deutschland von 1949* verbesserte die Schwächen der Weimarer Verfassung und machte erstmals in der deutschen Geschichte das Parlament zur zentralen politischen Instanz. Der Bundestag wählt den Kanzler oder die Kanzlerin; der Bundespräsident übernimmt hauptsächlich repräsentative Aufgaben. Zugleich werden jene freiheitlichen *Grundrechte* verbürgt, wie sie schon nach der Paulskirchenverfassung von 1849 gelten sollten. Der erste Artikel beginnt: »Die Würde des Menschen ist unantastbar. Sie zu achten und zu schützen ist Verpflichtung aller staatlichen Gewalt.«[12]

Die erste Regierung ab 1949 mit Bundeskanzler Konrad Adenauer und Wirtschaftsminister Ludwig Erhard band die Bundesrepublik in die freiheitliche Welt des Westens ein, förderte wirtschaftliche Liberalität und Wohlstand und versöhnte konservative Kreise mit Freiheit und Demokratie. Man hielt sich an das Wirkliche, sorgte für einen erneuten industriellen und technologischen Aufschwung in Deutschland, sprach vom Wirtschaftswunder, war stolz auf eine starke D-Mark, auf den Autobau, auf VW, Mercedes-Benz, BMW.

Doch erst Willy Brandt brachte frischen Wind in das gesellschaftliche Leben. Der Sozialdemokrat stammte aus der ehemals Freien Reichs- und Hansestadt Lübeck. Wenngleich er kein Spross des Großbürgertums, sondern des proletarischen Milieus war, besuchte Brandt als Schüler das Gymnasium, war sprachgewandt, gebildet, weltmännisch, kam weit herum.

Doch auch er hatte in jungen Jahren nicht ohne weiteres den Weg von der Autorität zur Freiheit gefunden. Im Jahr 1930 trat er, erst sechzehn Jahre alt, zunächst in die SPD ein, aber sie war ihm nicht radikal genug. Der Gymnasiast wurde frühzeitig Journalist und schrieb im »Volksboten«: »Wir Jungen haben eben noch ein anderes Feuer in uns als die Alten. Für uns steht die Idee noch viel mehr im Vordergrund als die tausend Tagesfragen der Partei!« Die Jungen, so Brandt weiter, könnten mit vollem Recht sagen: »Republik, das ist nicht viel – Sozialismus ist das Ziel.« Die Weimarer Republik schien keinen Pfifferling mehr wert zu sein. Er verließ die SPD schon nach kurzer Zeit und wurde Mitglied der SAP, der Sozialistischen Arbeiterpartei. Sein Förderer, Julius Leber, gab zu bedenken: Er, der doch einen guten Tropfen und die Gunst der schönen Mädchen zu schätzen wisse, habe nichts in einem Laden für Zukurzgeratene verloren. Auch Willy Brandt, der damals noch Herbert Frahm hieß, zeigte wie einst Bismarck, der hinterpommersche Junker, in jungen Jahren eine feurige, dionysische Ader, wollte leben und machen. Um 1930 setzte er sich für die »proletarische Diktatur« ein.

Die Reifezeit begann im Exil in Norwegen und Schweden. Schritt für Schritt löste sich Brandt in der Schule des Nordens von dogmatischen Vorstellungen, lernte Zurückhaltung und Understatement, schätzte Freundlichkeit und Freiheitsliebe. Er lebte in Oslo und verdiente sein Brot als Redner und Journalist. Er besuchte als Vertreter der Exil-SAP viele europäische Städte: Stockholm, Kopenhagen, Amsterdam, Brüssel, Prag, Barcelona und immer wieder Paris. Die Verschränkung von großen Boulevards mit intimen, engen Quartiers, der Wechsel zwischen großzügiger Planung und stillem Wildwuchs in der französischen Hauptstadt beeindruckten ihn. Abends besuchte er Restaurants, flirtete mit Jungsozialistinnen, trank das eine oder andere Glas Bordeaux und gab ein anständiges Trinkgeld. Später nannte er in »Links und frei« die dortigen Aufenthalte »ein europäisches Erlebnis«. Peter Merseburger, sein Biograph, sieht in Willy Brandt beides, den Politiker und den Genussmenschen.[13]

Der Jungsozialist strahlte Leichtigkeit und Heiterkeit aus; die Jungsozialistinnen waren begeistert von ihm. Die Holländerin Elisabeth Fischer-Spanjer erinnerte sich: »Willy war herrlich. Er sah glänzend aus mit seinem dunkelbraunen, zurückgekämmten Haar.« Er gab sich lässig und sportlich, trug ein Hemd mit offenem Schillerkragen und einen modischen Pullover. Er war jetzt Beau und Bohemien. Ende der dreißiger Jahre schrieb er: »Sozialismus muß auf Freiheit und Demokratie« aufbauen. Statt auf die Enteignung der Produktionsmittel setzte er nun auf eine Reformpolitik in der kapitalistischen Gesellschaft. Er trat wieder der SPD bei und kehrte nach dem Krieg als norwegischer Diplomat nach Berlin zurück, das nun eine geteilte Stadt war: Der Westen gehörte zur Bundesrepublik, der Osten war die Hauptstadt der DDR. Brandt entschied sich, ganz in Deutschland zu bleiben, und machte rasch Karriere in der Politik – sowohl in West-Berlin als auch in der Bundesrepublik.

Während sein Berliner Mentor Ernst Reuter preußisch bescheiden lebte, umwehte den jungen Parteimann ein Hauch des Ausländischen, das gewisse Etwas, das ihn aus dem grauen, steifen Alltag der Deutschen in der Nachkriegszeit heraushob. Er besaß Sprachkenntnisse und Weltgewandtheit, pflegte Kontakte zu Diplomaten und Offizieren der Alliierten, lebte in der Sphäre der Cocktailparty, trank Whisky und Champagner. Teile der älteren Generation unter den Deutschen waren entsetzt, wie man das Leben nur so genießen konnte – aber seine umgängliche, zivile Art sorgte draußen in der Welt wieder für mehr Vertrauen in die Deutschen. Er wurde Mitglied des Deutschen Bundestages, des Berliner Abgeordnetenhauses und schließlich 1957 Regierender Bürgermeister von Berlin (im Westen der Stadt). Als Chef der Frontstadt stand er im Rampenlicht der deutschen Öffentlichkeit. Er trat elegant mit Hut und Mantel auf, trug einen gepflegten Anzug und solide Schuhe, hatte oft eine Zigarette in der Hand und vermittelte einen Anflug von Welt. Bei offiziellen Reisen nach Amerika oder Asien erschienen er und seine Frau Ruth als schickes Paar. Er setzte sich beherzt für ein freies Berlin ein, wurde zum Helden der öffentlichen Meinung und wirkte attraktiv bis weit in die bürgerlichen Kreise. Er wurde zum jungen, dynamischen Gegenbild von Adenauer und trat 1961 zum ersten Mal als Kanzlerkandidat der SPD an.

Als er acht Jahre später tatsächlich zum Kanzler gewählt wurde, gab er bei seiner ersten Regierungserklärung im Oktober 1969 die Devise aus: »Wir wollen mehr Demokratie wagen (...). Wir stehen nicht am Ende unserer Demokratie, wir fangen erst richtig an. Wir wollen ein Volk der guten Nachbarn sein und werden im Inneren und nach außen.«[14] Er erreichte mindestens ebenso viel durch seinen Stil wie durch

Weltleute: Willy Brandt bricht 1959 mit seiner Frau Ruth nach Amerika und Asien auf. Kanzler Konrad Adenauer finanzierte die Reise, damit der Regierende Bürgermeister von Berlin für die Berlinpolitik der Bundesregierung warb. Die First Lady von Berlin gewann die Herzen der Amerikaner. Foto: Landesarchiv, Berlin

Reformen. Sein erstes Kabinett glich einem englischen Club, in dem es heiter und entspannt zuging. Der Kanzler fiel seinen Ministern selten ins Wort, hatte ein offenes Ohr und wollte stets eine Übereinstimmung herbeiführen. Er tobte nicht, er brüllte nicht, er gab sich beherrscht, geduldig, moderat. Er pflegte die Arbeit im »Team«, die produktiver erschien als das autoritäre Führungsmodell.

»Mehr Demokratie wagen« hieß auch mehr Entfaltung von Talent und Chancen wagen, mehr Mitsprache der Bürger in der Politik, hieß Rücksichtnahme, Verträglichkeit, Vertrauensbildung, bedeutete ebenso militärische Abrüstung, politischen Friedenswillen, Koexistenz mit den Nachbarn, Entspannung der internationalen Beziehungen.

Wenn Brandt Worte wie »Entspannung« oder »Koexistenz« in den Mund nahm, bürgte schon sein Habitus für deren Richtigkeit. Wenn er für eine frei bestimmte deutsche Nation plädierte, weckte er als ehemals Verfolgter der Nationalsozialisten nicht den Verdacht, ein Ewiggestriger zu sein. Schon als ihm 1965 in Amerika die Ehrendoktorwürde von der »New School of Social Research« verliehen wurde, hatte er sich für ein Europa der Vaterländer ausgesprochen und gesagt: »Ohne Stolz kann kein Volk leben.« Er bat um Verständnis, wenn die »Menschen des geteilten Deutschland nach ihrem Vaterland fragen, das größer ist als die Bundesrepublik«, forderte ein »wahres Maß des Nationalgefühls«, frei von Überheblichkeit, getragen »von gutem Willen gegenüber allen Menschen und allen Nationen«.[15]

In der zweiten Regierungserklärung als Kanzler im Januar 1973 hob er ein neues Ideal des Bürgers hervor. Nicht der Untertan, sondern der Staatsbürger sollte die Norm sein. Die Kräfte der Zivilgesellschaft strömten für Brandt ein »in das, was sich als die neue Mitte darstellt: die soziale und die liberale Mitte (...). Wir sind dem angelsächsischen Citoyen geistig näher gerückt, und vielleicht kann man sagen, die Bundesrepublik sei insofern ›westlicher‹ geworden – sogar in einer Zeit, die im Zeichen der sogenannten ›Ostpolitik‹ stand.«[16]

Solange Brandt Kanzler war, bis 1974, wurde er von seinen Gegnern nicht selten auch gehasst, weil sie die Gelassenheit seiner Politik und Person als undeutsch empfanden. Nach und nach genoss er jedoch als Elder statesman eine allgemein hohe Achtung. Brandt wurde nicht müde, den Deutschen demokratisches Selbstvertrauen zu vermitteln.

Die Gesellschaft der Bundesrepublik Deutschland warf ideologische Schlacken der älteren deutschen Geschichte ab, versöhnte sich, so gut es ging, mit seinen Nachbarn, übernahm Verantwortung für Untaten der Vergangenheit. Zugleich entspannte man sich nach innen, sorgte für mehr Mitsprache der unterschiedlichen Gruppen und wurde freier für den Genuss.

Nicht von ungefähr vollzog sich in der Kanzlerzeit von Willy Brandt auch eine gastronomisch-kulinarische Wende. Im Dezember 1971 wurde in München das Restaurant »Tantris« eröffnet, um hierzulande gastronomisch Epoche zu machen. Der Besitzer, Fritz Eichbauer, wollte den Muff der Nachkriegszeit lüften und ein weltläufiges Lokal mit ausgezeichneter Küche schaffen. Beraten vom französisch-elsässischen Meisterkoch Paul Haeberlin, scheute er keine Kosten und setzte sich ins Flugzeug, um jenseits des Atlantiks im Washingtoner »Jockey Club« den Österreicher Eckart Witzigmann als Küchenchef abzuwerben. Witzigmann hatte seine Wanderjahre als Koch unter anderem bei Paul Haeberlin und Paul Bocuse verbracht. Er kam über Frankreich und Amerika nach Bayern und machte im »Tantris« den neuen kulinarischen Stil der Zeit, die so genannte Nouvelle Cuisine, salonfähig.

Es gab damals noch andere hiesige Mitstreiter der Neuen Küche, wie Lothar Eiermann oder Franz Keller, senior und junior, bald weitere Meisterköche wie Heinz Winkler, Dieter Müller, Jean Claude Bourgeueil, Harald Wohlfahrt oder Claus-Peter Lumpp – heute durch eine jüngere Generation um Joachim Wissler und Klaus Erfort ergänzt. Doch Witzigmann wurde früh zum Darling der Medien und förderte wie kaum ein anderer eine neue Art, das Essen und Trinken zu genießen, aufmerksamer, bewusster. Es wurden im Stil der Nouvelle Cuisine erstklassige, frische Waren verwendet, man garte überlegt und genau, achtete auf Zartheit und Saftigkeit von Gemüse, Fisch und Fleisch, sorgte für leichte Soßen, zauberte aus den Dingen bisher ungewohnte Nuancen an Farbe, Duft, Aroma und Beschaffenheit.

Witzigmann zeigte ab den siebziger Jahren – zuerst im »Tantris«, dann im »Aubergine« und als Mitarbeiter von Zeitschriften – ein untrügliches Gespür für einfache, schlüssige Harmonien, die überraschten.[17] Er verband kühn Schlichtes mit Luxuriösem: Lauchsalat mit Perigord-Trüffeln, Linsensuppe mit Wachtel, Blumenkohl mit Krebsen, Saubohnen mit Hummer. Experimentelles war bei ihm immer auch verbunden mit Traditionellem, mit Bodenhaftung, der wirklichen Achtung vor dem Produkt, was ihn vor allzu Abgehobenem, Übertriebenem, Diffusem, Überdekorativem oder Künstlichem bewahrte. Wahrscheinlich ist Witzigmann in der Geschichte der deutschen Kochkunst nur mit Marx Rumpolt vergleichbar.

Er und seine Kollegen brachten mit ihrer Lust an guten Produkten überhaupt den heimischen Handel mit vorzüglichen Lebensmitteln wieder in Gang. Es gab bald kulinarische Importe aus Frankreich und Italien: frischen Meeresfisch, bestes Bresse-Geflügel, Crème fraîche, bis dahin kaum bekanntes Gemüse wie Brokkoli, feines Olivenöl oder Rohmilchkäse. Gleichzeitig entstanden Gourmetzeitschriften, die den Prozess der Neuen Küche begleiteten. Ab 1972 erschien »essen & trinken«, drei Jahre später folgte »Der Feinschmecker«. Die Parole hieß nicht nur: Mehr Demokratie wagen! Sondern auch: Mehr Genuss wagen!

Entsprechend konnte ein Gourmetjournalist wie Wolfram Siebeck das asketische Bildungsbürgertum davon überzeugen, dass gutes Essen und Trinken nicht des Teufels sei. Seine »Kochschule für Anspruchsvolle«, die 1976 erstmals erschien, wurde zum Bestseller.[18] Witzigmann wie Siebeck sind auch heute noch aktiv und erfolgreich.

Man habe nach dem Krieg, sagt jetzt der Inhaber des »Tantris«, Fritz Eichbauer, kaum einen guten deutschen Wirt gefunden: »Die Gäste trauten sich nicht, etwas Besseres zu essen.« Es sei ihm damals, Anfang der siebziger Jahre, als Bürger und Unternehmer der Baubranche, der gern ausgehe, nichts anderes übriggeblieben, als gleichzeitig Gastronom zu werden, um die eigenen Sehnsüchte zu stillen und die Malaise zu beheben. Er zeigte seinerzeit auch architektonischen Mut, schuf nach amerikanischem Vorbild im Norden von München-Schwabing ein Restaurant im Grünen als Anhängsel eines Hochhauses, ließ drei ineinander verkeilte Kuben mit Pultdächern errichten und stattete den großzügigen Innenraum im Stil der Zeit poppig mit orangeroter Wandbespannung, Kugelstehlampen und glänzend rot lackierten Blechverblendungen aus. Eine solch moderne Einrichtung verhinderte von vornherein ein Etepetete der Hochküche. Es entstand eine eigenwillige

Meilenstein der jüngeren Gastronomie in Deutschland: das Restaurant »Tantris« in München, eröffnet 1971

Mischung – vielleicht ein bisschen bunt, vielleicht ein wenig schräg, noch suchend und tastend, aber mutig und unverwechselbar. Ein asiatischer Name, Tantris, angloamerikanische Pop-Art, französische Haute Cuisine und Münchner Gastlichkeit gingen eine Liaison ein und boten Neues.

Im Wesentlichen hat sich bis heute daran nichts geändert. Wie eh und je ist das »Tantris« ein Hort gastronomischer Professionalität, ein Klassiker der jüngeren deutschen Gastronomie. Küchenchef Hans Haas setzt die kulinarische Tradition des Hauses auf würdige Weise fort, verbindet Natürlichkeit mit Raffinesse, variiert etwa den zarten, saftigen Wolfsbarsch, der schonend in Olivenöl pochiert wurde, wundervoll mit Bärlauch, Morcheln, Tomatenfond und Tomatenconfit, lässt Mildes und Würziges zusammenspielen, unterstützt von der Sommelière Paula Bosch, die dazu einen frischen, kernigen Sauvignon blanc einschenkt.

Größe und Höhe des Lokals wirken beim Essen und Trinken entspannend; die poppigen Farben muten sinnlich und ein bisschen knallig an. Man fühlt sich wie in einer Oase, irgendwo in der weiten Welt, wo es eine Fülle guter Dinge gibt. Der Patron, Herr Eichbauer, ist wie eh und je selbst gerne Gast im eigenen Haus und sitzt mit am Tisch, erzählt unaufdringlich, als ein wahrer Gentleman, von der Geschichte des Hauses und seinen Idealen, hält inne, wenn ein neuer Gang serviert wird, genießt still mit leuchtenden Augen die Düfte und Aromen. Die Langostinen sind butterzart, munden wie der Urgeschmack von Langostinen, regelrecht animierend wie Weichtiere: süß, mineralisch – verspielt untermalt vom Kräuterfond mit Kerbel, Petersilie und einem Hauch von Chili.

Obwohl Bonn in der Nachkriegszeit die provisorische Hauptstadt der Bundesrepublik Deutschland war, übernahm München die führende gesellschaftliche Position im Land, richtete 1972 die Olympiade aus und zwei Jahre später das Endspiel der Fußballweltmeisterschaft. Darüber hinaus brachte die Stadt an der Isar in den achtziger Jahren die so genannte Schickimicki-Gesellschaft hervor. Die Leute legten im münchnerisch-jesuitischen Stil einen gewissen Wert auf äußeren Glanz, stellten Geld zur Schau, Markenglamour, fuhren im Cabrio, gaben sich als geschlossener Zirkel und machten Bussi-Bussi. München lebte gut durch Autobau, Rüstungsindustrie und Hightech.

Die Münchner Olympiagebäude verliehen der jungen Bundesrepublik Deutschland ein prägendes architektonisches Gesicht – entstanden nach Plänen von Günther Behnisch, unterstützt vom Architekten-Ingenieur Frei Otto. Behnisch war 1922 in Lockwitz bei Dresden geboren worden und ließ sich nach dem Zweiten Weltkrieg in Stuttgart nieder, um zu einem international bekannten Architekten der Stuttgarter Schule zu werden. Er schuf für das Münchner Olympiastadion und andere Gebäude gläserne, luftige Zeltdachkonstruktionen, Kulissen von spielerischer Offenheit, Formen, die ein wenig an den Dresdner Zwinger erinnern, bei dem schon zweieinhalb Jahrhunderte früher die gewohnten Strukturen aufgelöst worden waren: luftig, verspielt, tänzerisch. Nur sollte jetzt das Glas als durchsichtiger, transparenter Baustoff symbolisch für Demokratie stehen – ein Ton der Leichtigkeit.

Aus der Dresdener Gegend kam so mancher, der die Kunst der westlichen Republik prägte. Der Maler Gerhard Richter flüchtete

1961 von Dresden über Berlin nach Köln, um allmählich als Künstler weltweite Anerkennung zu finden. Er ließ das autoritäre Avantgardegedöns der abstrakten Kunsttheorie hinter sich und machte, was er für gut hielt, malte sowohl gegenständlich als auch abstrakt, teilweise nach Foto- und Magazinvorlagen, ob Landschaften, ob Personen. Er beschäftigte sich nicht nur mit der jüngeren deutschen Vergangenheit, sondern beobachte auch den Fortgang des modernen Lebens.

1988 porträtierte er nach einer Fotovorlage seine Tochter Betty. Das Gemälde hängt heute unter dem Namen »Betty« im Saint Louis Art Museum in Saint Louis/USA und gilt als das am häufigsten reproduzierte Bild der Gegenwartskunst. Der Maler schreckt den Betrachter nicht durch Unverständlichkeit ab, um an Distinktion zu gewinnen, er fordert ihn nicht dazu auf, irgendeine höhere Dimension des Lebens zu erkennen, sondern er präsentiert schlicht ein beredtes Bild mit schöner Farbigkeit. Ein Mädchen oder eine junge Frau sitzt halb aufgerichtet, fast als Rückenfigur, im leuchtenden Bademantel mit Blumenmuster da, wendet das Gesicht vom Betrachter weg und schaut in einen dunklen Hintergrund hinein. Die Person erweckt nicht den Eindruck, als sei sie streng und steif erzogen worden, gibt sich eher lässig und selbständig, verbindet Formgefühl mit einer informellen Haltung. Das Haar ist kunstvoll geflochten und verschwindet als Zopf unter dem Bademantel, der seinerseits locker geöffnet ist. Die Abwendung vom Betrachter wirkt nicht aggressiv oder unversöhnlich, mehr als ein Spiel von intimer Nähe und Fremdsein, ohne Pathos, ohne Heroentum, mehr still, sanft, gentil, bürgerlich. Die Situation ist so delikat wie melancholisch. Es klingt so etwas wie das Angenehme, Schöne und Menschliche an, aber nicht als feierliche Pose, was unerträglich wäre, sondern unaufdringlich, in leicht geheimnisvoller Art. (Farbbild 28)

Man könnte das Bild in Verbindung sehen mit dem Selbstporträt von Albrecht Dürer aus dem Jahr 1498, das sich heute im Prado in Madrid befindet, in dem sich der Maler weltmännisch, elegant, dandyhaft darstellte: als »Zentilam« oder Gentiluomo – während »Betty« wie eine heutige bürgerliche Lebenskünstlerin erscheint: cool, gelassen, ruhig. Das überformalisierte Hoheitsgetue des autoritären Staates ist vorbei, doch ohne ein gewisses Formgefühl wäre auch das Leben im freiheitlichen Staat dumpf und öd. Es gilt die Maxime: *Formgefühl mit informeller Haltung* – als leitendes Lebensgefühl in jetziger Zeit.

Den wirklichen politischen Neubeginn der jüngeren deutschen Geschichte stellte die Gründung der *Berliner Republik am 3. Oktober 1990* dar. Sie kam zustande, nachdem zuvor die Macht im kommunistischen Ostblock ins Wanken geraten war, nachdem schon in den achtziger Jahren die polnische Gewerkschaft Solidarność für Demokratie und Freiheit eingetreten war und anschließend der sowjetische Parteichef Michail Gorbatschow durch seine Politik der Glasnost, der Offenheit, und der Perestroika, des Umbaus, für weitere Bewegung in den östlichen Ländern gesorgt hatte. Schließlich wurde 1989 auch das Regime der DDR gestürzt, indem die Bürger durch Protestmärsche die alten sozialistischen Parteikader zum Aufgeben zwangen. Unter den Deutschen gab es, wie 1871, eine breite Mehrheit, die für die Einheit war: für die Verbindung des westdeutschen und des ostdeutschen Staates. Bundeskanzler Helmut Kohl und Außenminister Hans-Dietrich Genscher vollbrachten ein diplomatisches Bravourstück, um die staatliche Einheit wiederherzustellen, fortan ohne die Aufsicht der Alliierten. Es entstand ein souveräner deutscher Staat, in dem sich Einheit und Freiheit verbinden, eingebunden in die Europäische Union.

Ein Jahr später, 1991, fasste der Deutsche Bundestag den Entschluss, Berlin wieder zur Hauptstadt zu machen. In der vorhergehenden Debatte hatten Wolfgang Schäuble und Willy Brandt engagierte Reden für Berlin gehalten. Es bildete sich eine knappe Mehrheit unter den Abgeordneten, die Berlin den Zuschlag gaben. Letztlich sagte man Ja zum Prinzip der großen Stadt, zur Statur einer wirklichen Metropole. Eine Mehrheit traute es sich zu, den deutschen Nationalstaat mit Berlin als Hauptstadt zu erneuern, ohne in preußische Muster zurückzufallen. Es ging darum, die weltstädtischen Aspekte von Berlin zu nutzen und nach Anknüpfungspunkten in der eigenen Tradition jenseits dumpfer Deutschtümelei zu suchen.

Berlin-Mitte war nun frei, um zum utopischen Ort der bürgerlichen Gesellschaft in Deutschland zu werden. Es gibt den *faktischen* Bezirk Berlin-Mitte – und den *gefühlten* Bezirk Berlin-Mitte, welcher benachbarte Gebiete einschließt: gewisse Teile von Tiergarten, Prenzlauer Berg, Friedrichshain, Kreuzberg, neuerdings auch Neukölln. Das faktische wie gefühlte Berlin-Mitte hat etwas zu tun mit der kreativen Klasse, zu der all jene zählen, die sich dazugehörig fühlen. Auffälligerweise hatte schon Madame de Staël 1813 in ihrem Deutschlandbuch festgestellt, dass die bürgerlichen Kreise in Berlin-Mitte keinen geschlossenen Zirkel bildeten. Auch heute herrscht hier keine geschlossene Gesellschaft vor; sie erscheint ähnlich wie das Brandenburger Tor als offen und durchlässig.

Im faktischen Bezirk Berlin-Mitte ist eher die etablierte kreative Klasse zu finden: Politiker, Lobbyisten, Anwälte, Werbe- und Medienleute, arrivierte Schauspieler, Maler, Galeristen. Es ist typisch, dass sich Politik- und Kunstmilieu überschneiden, gerade in der Gastronomie. Ein führendes Forum hierfür ist das Restaurant »Borchardt« – von manchen auch, etwas ambitioniert, das »Forum der Berliner Republik« genannt. Das Lokal kann auf eine lange Tradition verweisen, wenngleich es zwischendurch fast verschwunden wäre. In der Endphase der DDR wurde das Lokal in der Französischen Straße, nahe dem Gendarmenmarkt, nur noch als Lagerraum genutzt. Doch die Gastronomen Roland Mary und Marina Richter hatten Anfang der neunziger Jahre eine feine Nase für zukünftige Entwicklungen in Berlin-Mitte und entdeckten hinter einer kolossalen wilhelminischen Fassade den heruntergekommenen hallenartigen Raum des alten »Borchardt«.

August Friedrich Wilhelm Borchardt hatte den Betrieb 1853 gegründet. Im Jahr 1900 entstand neben dem Stammhaus ein neues Gebäude mit dem Ziel, ein Feinkostgeschäft einzurichten und es mit dem Restaurant zu verbinden. In »Berlin für Kenner« von 1912 hieß es über das »Borchardt«: »Sehr diskret und vornehm eingerichtet und hochgeschätzt von den Gourmets, die sich jedes Gericht nach besonderem, lange und gründlich beratenem Rezept anfertigen lassen (...) Kleine Nebensäle, in denen der Kronprinz manchmal mit seiner Umgebung nach dem Theater soupiert.« Während das Haupthaus im Zweiten Weltkrieg zerstört wurde, blieb das Nebenhaus mit dem hallenartigen Raum des Feinkostgeschäfts erhalten.

Vermutlich wurde damals im »Borchardt« an einem berühmten Gericht gefeilt. Wahrscheinlich erhielt hier das »Holsteiner Schnitzel« als »Schnitzel à la Holstein« seinen letzten Schliff. Das Holsteiner Schnitzel war zunächst eine regionale Bezeichnung und meinte Kalbsschnitzel mit Spiegelei, Sardellenstreifen und Kapern. So wurde es 1908 im »Praktischen Kochbuch« von Henriette Davidis bezeugt, neu bearbeitet von Rudolf Zäch.[19] Gleichzeitig behauptete Baron von Eelking, der vor dem Ersten Weltkrieg Gardeleutnant in Berlin gewesen war, später in seinem Buch »Das Bildnis des eleganten Mannes«, dass die luxuriösere Variante »Schnitzel à la Holstein« dem »Borchardt« zuzuschreiben sei, weil hier Friedrich von Holstein, die »Graue Eminenz« des Auswärtigen Amtes, Stammgast war, was dieser selbst auch bezeugte. 1891 schrieb Holstein: »Da ich seit dem vorigen Jahr sieben Pfund zugenommen hatte, so habe ich mich von Borchardt, wo ich bis dahin einmal täglich aß, losgesagt und esse irgendwo an Orten, wo es weniger schmeckt.«[20] Baron von Eelking erzählte ausführlicher über das »Borchardt« und seinen Stammgast: »Hier verkehrten auch die ausländischen Diplomaten, häufig sogar Bismarck und als Stammgast des Fürsten rechte Hand, der Geheimrat Fritz von Holstein, die berühmte Graue Eminenz. (...) Äußerst liebevoll aber hatte der Borchardtsche Traiteur an diesem Tage das Schnitzel zubereitet, für das Holstein, der zwar sonst den Freuden des Lebens abgewandt war, den Tafelfreuden aber gern zusprach, stets viel übrig hatte. Dieses Schnitzel war seine eigene Erfindung, und man bereitete es für ihn mit allen Finessen zu, mit einem Setzei, das von einem Sardellenkranz umgeben war, mit grünen Bohnen und mit ausgesuchten Champignons, in die dreieckige Weißbrotscheiben, belegt mit Kaviar, Hummer, Lachs und Ölsardinen, gaumenreizende Keile trieben. Wenn Holstein bei Borchardt erschien und auf diese Köstlichkeit Appetit hatte, sagte er nur: ›Mein Schnitzel‹, und dann bekam er diese kulinarische Platte serviert.«[21]

Man könnte dieses Schnitzel als ein visionäres, modernes Gericht mit Kleinigkeiten ansehen, als eine Vorform von variablem Finger-Food: Kalbsschnitzel mit Spiegelei, Sardellen und Kapern, dazu geröstete Miniweißbrotscheiben mit geräuchertem Lachs, Kaviar, Ölsardinen und dergleichen. Es ist dies heutzutage in Londoner Szene-Lokalen ein Renner, etwa im »Wolseley«, 160 Piccadilly, das man mit dem »Borchardt« vergleichen kann. Das »Schnitzel à la Holstein« gehört mittlerweile zu den Klassikern der europäischen Gerichte, nur in Berlin, am Ort der Erfindung, entdeckt man es aktuell kaum auf den Karten.

Im ehemaligen Feinkostgeschäft des alten »Borchardt« sollte nach 1990 nicht unbedingt ein hoch formelles Restaurant entstehen, das an alten Zopf erinnert hätte. Vielmehr sollte hier ein neues Lokal aufmachen, das zeitgemäße Lebensart, ein gewisses Laissez-faire, Weltoffenheit verkörpern würde, mit nur leisen Anklängen an eine imperiale Vergangenheit, die sich aus dem Charakter des Gebäudes ergeben. Mit denkmalpflegerischer Akkuratesse wurde die rote Standsteinfassade gereinigt und teilweise rekonstruiert. So wie außen geschossübergreifende Pilaster erhaben wirken, erzeugen innen vier Säulen aus graugrünem Stuckmarmor ein Gefühl des Unerschütterlichen und Ewigen. Die Bodenfliesen mit abstrakten Pflanzenmotiven wurden ebenso restauriert wie das Wandmosaik, das im pompejanischen Stil eine Bacchantin zeigt. 1992 wurde das neue »Borchardt« eröffnet und musste vorübergehend noch einmal geschlossen werden, weil die vielen Baustellen ringsum den Zugang nahezu unmöglich machten; doch wurde es von 1995 an endgültig wieder eine prominente Adresse.[22]

Das »Borchardt« ist kein intimes Restaurant, sondern nach Pariser Vorbild eine großräumige Brasserie mit rotsamtigen Polsterbänken und glitzernden Messingbügeln. Es stellt eine neue Generation deutscher Gastronomie dar: unkompliziert, gehoben. Es gibt gute und edle Sachen, aber schlicht zubereitet, vieles kommt vom Grill. Roland Mary, der Inhaber, pointiert: »Seezunge natur, nicht hochkant gebraten«. Das Lokal soll für den Gast frei nutzbar sein, für den täglichen Gebrauch bestimmt. »Man kann es einfach in Anspruch nehmen, wird in nichts gepresst«, fügt der Patron hinzu. Nachmittags lesen Gäste die Zeitung und trinken dazu einen Espresso. Doch nicht jeder fühlt sich angezogen oder glaubt, willkommen zu sein. Man benötigt schon ein gewisses Zutrauen, um ein solch großes Lokal zu betreten. Es ist nicht wohnzimmerartig gemütlich, sondern quirlig. »Hier findet große Stadt statt«, sagt Mary.

Tatsächlich ist das heutige »Borchardt« ein Sammelplatz für inoffizielle Gespräche der Berliner Republik. Bundespräsidenten a. A., Altkanzler, Kanzlerin, Exaußenminister, Minister, Abgeordnete, Diplomaten, Lobbyisten treffen sich mit Wind- und Modemachern, Journalisten, Malern, Galeristen, Filmregisseuren, Architekten und polyglotten Touristen. Mittags und abends herrscht ein ständiges Kommen und Gehen, eine Bewegung in den Augen, ein Sehen und Gesehenwerden, ohne großes Aufhebens zu machen. Es ist eher eine Selbstverständlichkeit, da zu sein. Der Raum verschluckt prominente Gesichter; man kann untertauchen, hat seine Ruhe – und genießt doch das energiegeladene, knallvolle Lokal.

Gelegentlich wird das Restaurant abends für Empfänge gemietet, etwa für eine Partynacht der Berliner Filmfestspiele. Im Februar 2009 hielten die Organisatoren hier Hof: Festivalchef Dieter Kosslick, ein Lebemann mit Sinn für den gloriosen Auftritt, die apart-exzentrische Jurypräsidentin Tilda Swinton und der Regierende Bürgermeister Klaus Wowereit, auch ein Lebemann; sie saßen just zwischen den vier Säulen aus graugrünem Stuckmarmor im Zentrum, das als Sanktuarium des »Borchardt« gilt, empfingen hier die Sieger des Wettbewerbs: Claudia Llosa, die für ihren peruanischen Film »Die Milch des Leids« den Goldenen Bären erhielt; Birgit Minichmayr, die für ihren Auftritt in dem Liebesfilm »Alle anderen« einen Silbernen Bären als beste Schauspielerin gewann, oder Maren Ade, die als Regisseurin von »Alle anderen« mit dem Großen Jury-Preis ausgezeichnet wurde. Es kamen all die gutaussehenden Leute der Filmbranche. Küsschen da, Küsschen dort.

Das »Borchardt« ist selbst Kino, weltstädtische Bühne – der Patron, Roland Mary seinerseits eine Mischung aus Bohemien und Professional. Er besitzt eine klassische, zeitgenössische Patchwork-Biographie, ist ein kreativer Quereinsteiger der Gastronomie wie Fritz Eichbauer, der Patron des »Tantris«. Der geborene Saarländer, gelernte Augenoptiker und abgebrochene Ingenieurstudent lernte Saxophon und bereiste Indien, bis er durch Marina Richter in den achtziger Jahren in West-Berlin an die Gastronomie herangeführt wurde. West-Berlin sei damals, zur Mauerzeit, schon weltoffen gewesen, erzählt er, aber verschlafen, mit vielen Frühstückslokalen, nicht professionell. Heute hingegen berühren oder versöhnen sich für ihn in der Hauptstadt die unterschiedlichen Szenen aus Wirtschaft, Politik und Kultur. Es gibt mehr Leute, sagt er, die ausgehen, versiert sind, Anspruch haben.

Übertriebener Ehrgeiz, hohle Konvention, unsinniger Luxus, Überversorgung des Gastes, vordergründig Kommerzielles sind Mary fremd. Er schätzt das Abgeklärte, gibt als Gastgeber einen gewissen Takt vor –

Gentleman mit Dame im Restaurant »Borchardt« in Berlin: Altbundespräsident Richard von Weizsäcker im Gespräch mit Brigitte Sauzay, die seinerzeit, um 2001, die Beraterin von Kanzler Gerhard Schröder war. Foto: Cornelius Meffert

und trifft damit den Nerv der Zeit. Das »Borchardt« ist geradlinig und gepflegt eingerichtet, ohne Rüschen und Plüsch. Der Service erscheint in klassischem Schwarz und Weiß, ohne Aufdringlichkeit. Die Küche ist europäisch-großbürgerlich, ohne Chichi. Heute wie einst stehen Austern und Hummer auf der Karte, ebenso Pastagerichte, Kalbsnieren in Senf oder Kotelett vom Milchkalb in Morchelrahmsoße. Mittags gibt es ein preiswertes, tadelloses Menü mit zwei Gängen, Hauptgang und Nachtisch. Am liebsten aber bestellt die Elite der Berliner Republik, wie Mary verrät, das kross gebackene Wiener Schnitzel mit Kartoffelsalat und trinkt Riesling aus dem Rheingau oder Weißburgunder aus der Pfalz dazu. Man spürt die Sehnsucht, eine eigene Tradition oder einen eigenen zeitgemäßen Stil zu finden: sachlich, solid, lässig, elegant, weltläufig.

Jene Lokale an der Promenade Unter den Linden, die einst Heinrich Heine genannt hat, das »Jagor« oder das »Café-Royal«, gibt es heute nicht mehr. Aber vielleicht hätte dem Dichter das jetzige »Café Einstein Unter den Linden« gefallen – ein Ort, wo die Stadt zu sich selbst kommt: zugleich Lokal, Bühne, Theater, wo ebenfalls Prominenz erscheint, Minister und Minister a. D. oder smarte Talkmasterinnen wie Maybrit Illner, wo der Eintritt frei ist, wenn man nur wenigstens einen Espresso bestellt, wo jeder Gast seinen Platz frei wählen kann. Die Prominenz geht weiter nach hinten, wo sie ungestörter sitzen kann, der Voyeur bleibt vorne. Da das Lokal in einem Neubau von 1995 eingerichtet wurde, wirkt es nicht ganz so pompös wie das »Borchardt«, gibt sich nonchalanter, ohne es an Formgefühl mangeln zu lassen. Vielleicht ist ein solch gutgeführtes Café-Restaurant der angenehmste und liberalste Platz, den man sich denken kann, offen für jeden, dem legere Eleganz gefällt: ein geradliniges Interieur mit gepolsterten Lederbänken, kleinen Marmortischen, teils mit weißem Tuch eingedeckt, ein Service in klassischem Schwarz und Weiß, ohne Getue.

Gerald Uhlig, der Chef des Hauses, ist selbst Schauspieler, Regisseur, Autor und Gastgeber. Er zog einst von Wien nach Berlin, trug das Wiener Kaffeehaus im Herzen, gründete 1996 mit Partnern das »Café Einstein Unter den Linden«. Mittlerweile führt er das Haus selbständig und gibt dem Gast so viel Freiheit wie möglich: wie es dem Geist der Demokratie entspricht. Man kann das Lokal als Café wie als Restaurant nutzen oder das eine mit dem anderen verbinden, kann weniger oder mehr bestellen, Kleinigkeiten oder tüchtige Bissen, traditionelle deutsch-österreichische oder italienisch-französische Gerichte, nichts Übertriebenes, aber frisch und schmackhaft zubereitet, schnörkellos schön angerichtet, vom fabelhaft zarten, marinierten Tafelspitz mit blanchierten, silbernen Zwiebelringen und dunkelgrünem Kürbiskernöl bis hin zu hausgemachten Ravioli oder Apfelstrudel mit Vanillesoße, begleitet von offenen Weinen, die lebendig und würzig schmecken. Man kann den Gaumen kitzeln und den Magen beruhigen, kann allein oder zu zweit sein, kann süßem Nichtstun huldigen, ein Tête-à-Tête vereinbaren, kann im größeren Kreis sitzen, mit der Familie, mit Freunden, mit Kollegen, mit Geschäftspartnern, kann schauen, sich unterhalten, Gedanken austauschen oder die Zeitung lesen und den Geist nähren, wie es einem gefällt.

Zur Mittagszeit ist das Lokal rappelvoll, es knistert vor Energie. Zu anderen Tageszeiten geht es entspannter zu. Vielleicht ist es sommers vor dem Haus am schönsten, dicht an der Hauswand, denn die Stühle sind an den kleinen Tischen nicht vis-à-vis gestellt, sondern alle zur Straße hin ausgerichtet. Die Partner hocken einander nicht frontal gegenüber, sondern nett nebeneinander und können das Treiben auf dem Boulevard beobachten. Die Sonnenschirme sind nicht effizient flächendeckend, sondern entwickeln ein Spiel von Licht und Schatten. Soweit man weiß, sitzen hier keine Spitzel der Geheimpolizei mehr wie früher, höchstens ihre Chefs, die Innenminister, zum privaten Vergnügen, aber es nutzen noch viel zu wenig Gastronomen die Gelegenheit, solche urbanen und liberalen Café-Restaurants einzurichten.

Es wäre noch einmal so schön, beispielsweise nach Frankfurt am Main zu wallfahrten, um die Paulskirche zu besuchen, die Wiege von Freiheit und Demokratie in Deutschland, wenn es nur daneben oder am benachbarten Goetheplatz ein solches Lokal gäbe. Man käme gern am 28. März, um den Geburtstag der Paulskirchenverfassung zu feiern. Vielleicht ist dieses Datum der geheime Nationalfeiertag der Deutschen. Oder es könnten Vertreter des Bundestages am 3. Oktober kommen, um dem heutigen Nationalfeiertag, die Gründung der Berliner Republik, in der Paulskirche zu feiern. Die Jahre 1849 und 1990 wären sinnreich verbunden. Anschließend sollten natürlich auch die Abgeordneten gemeinsam essen und trinken. Das sieht man heute viel zu selten. Die Verbindung Berlin–Frankfurt am Main ist ja die Hauptachse der Berliner Republik: Berlin bildet das Zentrum der Politik und Kultur, Frankfurt am Main das Zentrum der Finanzen und Dienstleistungen.

Vor dem Fall der Berliner Mauer im Jahr 1989 hatte Berlin als Frontstadt gastronomisch-kulinarisch nicht viel zu bieten. Doch nachdem 1991 der Beschluss vorlag, dass Berlin wieder die gesamtdeutsche Hauptstadt werde, änderten sich die Verhältnisse. Viele junge, talentierte, gut ausgebildete Leute zogen nach Berlin, um hier in der Gastronomie ihr Glück zu machen, weiter angekurbelt 1999 durch den Umzug der Bundesregierung vom Rhein an die Spree. Mit einem Mal waren ganz andere Leute in der Stadt, Diplomaten und Eminenzen, viele deutsche und internationale Touristen, welche die neuen Staatsbauten und Museen sehen wollten, Leute, die davon gehört hatten, dass in Berlin irgendwie nun ein kreativer Wind wehe, wo es viele junge Leute und frische Gesichter gebe, dazu Lokale, wo man gut essen und trinken könne. Nach der Fußballweltmeisterschaft 2006 im eigenen Land nahm der Schub der Berlinbesucher noch einmal zu. Der Slogan »Zu Gast bei Freunden« zündete.

Die Bevölkerung Berlins änderte sich wie von selbst; laut Statistik tauschte sich die Hälfte der rund dreieinhalb Millionen Bewohner nach 1990 aus; viele zogen weg, viele kamen neu in die Stadt, nicht zuletzt Leute der kreativen Klasse, bürgerliche Lebenskünstler. Der ehemals leicht ruppige Ton in Berlin, der von der preußischen Tradition herrührte, mildert sich, die Menschen sind freundlicher geworden, die Lokale attraktiver, der Service ist netter, und die Köche kochen besser. Berlin kann mit Museen, Ausstellungen, Musik, Gastronomie, Hoch- und Subkultur auftrumpfen. Die faktische wie gefühlte Mitte von Berlin bildet längst für unterschiedliche Lokaltypen mustergültige Formen aus: für die *Brasserie* das »Borchardt«; für das *Café-Restaurant* das »Café Einstein Unter den Linden« (oder das »Café Einstein« in der Kurfürstenstraße) und für das *Gourmet-Restaurant* das »Margaux« Unter den Linden.

Nicht weit vom Brandenburger Tor entfernt ist nach einem Entwurf von Hans Kollhoff ein wuchtiger Neubau mit grauen Steinplatten und bronzefarbenen Türen entstanden, wo im Jahr 2000 im Erdgeschoss das »Margaux« eröffnet wurde. Johanne Nalbach, die in Wien Architektur studiert hatte, übernahm es, das Restaurant einzurichten. Sie schuf ein farbiges Mosaik, das an die Malerei von Gustav Klimt erinnert. Schwarzer Marmor mit weißer Äderung bildet den Boden; Stühle und Wandbänke sind mit kardinalrotem oder senffarbenem Samt überzogen, die Wandbänke werden von braunem Rosenahorn umrahmt; Stützpfeiler zeigen weiße bis honigfarbene Onyxplatten, die hinterleuchtet sind; dazwischen befinden sich matte Spiegel, und an der Decke glänzt das Blattgold. Die Farben verweisen auf den Saal eines barocken Schlosses, aber so, als verwandle er sich in einen modernen bürgerlichen Salon. Nichts mutet gestrig oder überladen an, weil die Materialien flächig und schnörkellos sind. Typisch für die heutige Kunst, spricht der materielle Effekt für sich, ohne mit Ideen überhäuft zu sein. Es kommt dem Gast zu, die Phantasie schweifen zu lassen. (Farbbild 31)

Schon 1803 hatte Grimod de la Reynière im »Almanach des Gourmands« über das Pariser Restaurant »Véry« geschrieben: »Mahagoni, Spiegel, Marmor und Bronze machen sich die Ehre streitig, Feinschmecker anzuziehen.«[23] Später fügte er hinzu: »Hier entspricht die Qualität der Küche der Schönheit des Lokals.« Im »Margaux« sorgt heute der Patron und Küchenchef Michael Hoffmann dafür, dass es genauso ist. Er stammt aus der kulinarischen Schule von Eckart Witzigmann und Lothar Eiermann. Seine Gerichte wirken wie Kunstwerke, spielerisch durch Geometrie geformt, federleicht, bekömmlich, mit kleinen Überraschungen. Kathrin Hoffmann ist die charmante Gastgeberin.

Der Meisterkoch hat eine glückliche Hand für sensible Dinge wie Krustentiere, Fische, Gemüse und seltene Kräuter. Ein Klassiker des Hauses ist der gedämpfte Glattbutt mit Badoit-Gelee, geeistem Olivenöl und kleinem Wiesenknopf. Auf kreisrundem, weißem Teller liegt ein rechteckiges Filet vom weißen Glattbutt, daneben ein glasklarer, quadratischer Würfel, das Badoit-Gelee, darauf eine cremefarbene Nocke, das geeiste Olivenöl, ringsum ein paar grüne Blätter vom Wiesenknopf. Der Fisch ist butterzart und saftig, fabelhaft belebt durch die fein perlende Kohlensäure, die im Mineralwasser-Gelee gebunden ist, kontrastiert durch das kühle Öl, das rasch im Mund geschmeidig wird, gewürzt durch das Kraut mit Anklängen von Gurke und Zitrone, leicht pfeffrig – Spinett-Töne, feenhaft.

Vermutlich erlebt die Kochkunst im Augenblick eine ähnlich rasante Entwicklung wie die Malerei vor rund hundert Jahren. Eine Schule folgt der anderen, begleitet von entsprechender Avantgardeeuphorie. In den sechziger und siebziger Jahren trat die französische Nouvelle Cuisine auf den Plan. Bald folgte die Italienwelle; Butter wurde durch Olivenöl ersetzt, es gab mehr Weich- und Krustentiere, Fisch und Pasta. Dann kam die Asienwelle, Currypaste, Korianderblätter, Zitronengras, überboten von der Fusionsküche und der Molekularküche. Es wurde verkündet, dass die Zukunft der Küche nur über die Molekularküche führe. Aber soll der Esser wirklich von einer Küche fasziniert sein, die vorzugsweise Espuma und Zauberstab benutzt, um Flüssigkeiten und Säfte mit Hilfe von Pülverchen in Gelee oder Schaum zu verwandeln? Wahrscheinlich können sich nur solche Gourmetkritiker daran begeistern, die noch die abstrakte Kunsttheorie der 1960er Jahre im Kopf haben.

Für die internationale Hochküche gibt es heute zwei wesentliche Quellen: erstens die europäische Küche, in der eher eine milde und klassisch-ruhige, französisch-italienische Note vorherrscht; zweitens die asiatische Küche, in der eher normalerweise mehr Gewürze, mehr Zutaten und Kontraste zum Zuge kommen. Womöglich muss man befürchten, dass es die Erstere der beiden Inspirations-Quellen schon bald nicht mehr gibt, weil die weltweite moderne Kochkunstlehre unter Kuratel des Würzigen, Bunten und Abwechslungsreichen steht. Vielleicht ist Asien längst schon die kulinarische Supermacht des 21. Jahrhunderts.

Man kann aber auch eine gegenläufige Entwicklung beobachten. Es scheint, als gewinne eine jüngere Generation heimischer Köche an Selbstvertrauen und Eigenständigkeit, unabhängig von autoritären, avantgardistischen Vorgaben. Die Köche holen sich von der eigenen Tradition, was sie gebrauchen können und entwickeln die Dinge ohne viel Spektakel weiter. Vielleicht geht es in der europäischen Küche immer um eine *Küche des Eigengeschmacks*, um die Achtung vor dem einzelnen Stück. Es soll auf dem Teller und auf der Zunge seine eigene, individuelle Art entfalten, ohne von zu viel anderen Sachen entwertet zu werden. Vielleicht zählt mehr denn je der materielle Effekt, wie in der modernen bildenden Kunst. Sowohl steife Formalität als auch Überdekoration auf dem Teller muten längst spießig an. Auch für die zeitgenössische Kochkunst gilt: *Formgefühl mit informeller Haltung!*

Im Streit um die Kunst gibt es von jeher ein Hin und Her zwischen Gelehrsamkeit und Weltläufigkeit, zwischen den Gottscheds, die strenge Regeln aufstellen, und den Lessings, die spielerischer mit Regeln umgehen. Übertragen auf die Feinschmeckerei gäbe es heute den *analytischen Tester*, dem nichts entgeht, als sitze er in einem Labor – und den *galanten Esser*, der unmittelbar entzückt sein will und sich des Lebens freut, nicht ohne Kennerschaft.

Das sanfte, authentische Garen ist jetzt schick, um die europäische Küche des Eigengeschmacks zu fördern. Seit geraumer Zeit erinnern sich die Köche an eine Zubereitungsmethode, die schon in der Phase der französischen Nouvelle Cuisine erprobt worden war: an das Erhitzen *sous vide* – unter Vakuum. Mit Hilfe dieser Methode kann man ein Stück Fleisch, Fisch oder Gemüse bei verhältnismäßig niedriger Temperatur, zwischen 50° und 85° Celsius, so schonend wie möglich erwärmen. Die Dinge kommen mit nichts in Berührung außer mit Wärme. Diese Art des Garens bei niedriger Temperatur verläuft – im Gegensatz zum Konfitieren in Öl – verhältnismäßig schnell. Ein ausgelöster Lammrücken wird bei 70° Celsius exakt 15 Minuten im Vakuumbeutel erhitzt, bis er rosa und saftig ist.

Schon des Öfteren wurde im Laufe der Geschichte die Fleischeslust verdammt. Geholfen hat es nicht allzu viel. Bestimmte urzeitliche Gewohnheiten stecken zu tief im Menschen, als dass er von heute auf morgen davon lassen könnte. Vermutlich werden der Sex sowie der Spaß an Fleischspeisen die menschliche Gattung noch eine Weile beschäftigen. Aber gewisse Dinge ändern sich auch. Die menschliche Spezies ist nicht so genau darauf festgelegt, ob sie nun mehr fleischliche oder mehr pflanzliche Nahrung zu sich nimmt. Bereits seit Jahrhunderten gibt es eine übergreifende Entwicklung in der Küche: Es wird zunehmend mehr pflanzliche Nahrung entdeckt und eingesetzt, weil viele Menschen körperlich nicht mehr so hart arbeiten und sich wohler fühlen, wenn die Gerichte leichter verdaulich sind. Viele Salat- und Gemüsesorten, die man heute kennt, gab es in der Antike oder im frühen Mittelalter überhaupt noch nicht. Sie wurden erst nach und nach in Kloster- oder Fürstengärten gezüchtet, wie Kopfsalat, Spinat, grüne Erbsen, Blumenkohl und so fort.

Unter dem Aspekt der Frische, Feinheit und Zartheit stehen die Kräuter an der Spitze der pflanzlichen Lebensmittel. Die grünen Sachen können so wunderbar ätherisch duften wie ein Parfüm, etwa Dill, Kerbel, Estragon, oder sie können auch kräftiger, würziger sein, mit einer leicht harzigen oder bitteren Note, wie Salbei, Thymian, Rosmarin.

Kurioserweise läuft die Entwicklung bei den Kräutern gegenüber dem Gemüse umgekehrt. Es werden nicht so sehr neue Kräuter gezüchtet; man entdeckt eher das, was lange Zeit als Unkraut galt, jetzt als edles Küchenkraut. Die Vielfalt der Kräuter, die heute in der modernen Küche verwendet werden, war noch vor zehn oder zwanzig Jahren kaum vorstellbar. Die grünen Pflanzen werden mittlerweile oft vom Neben- zum Hauptprodukt: Während sie in der klassischen Hochküche eher ein schmückendes Beiwerk der Soßen waren, wie bei der Sauce Béarnaise, wo der gelben Buttersoße grüner Estragon zugegeben wird, werden sie in der neueren Küche zum Hauptbestandteil der Soßen. Man verzichtet heute häufig auf Bratensäfte, Fonds, Butter und Sahne, sondern stellt Kräuteremulsion mit Öl her, gießt beispielsweise eine Schnittlauchemulsion in einen Suppenteller und legt ein schonend gegartes Filet vom Bachsaibling darauf, welches vom unverfälschten, frischen Schnittlauchgeschmack der Emulsion hervorragend gewürzt wird. Ein solches Gericht besitzt eine herrlich frische Farbigkeit und wirkt federleicht, mutet zart, saftig, sensibel, gesund und vital an. Die grünen Soßen und Emulsionen sind im Kommen.

Gerade Michael Hoffmann hat sich im Berliner »Margaux« mit einer solch neuen Kräuterküche profiliert, begleitet von viel Gemüse, etwas Fisch und Fleisch.[24] Er fand dafür geniale Partner wie die »Essbaren Landschaften«, einen Betrieb, der Wildkräuter anbietet: teils in freier Natur gesammelt; teils aus dem eigenen Anbau. Gegründet wurde das Unternehmen im Jahr 2000, zur selben Zeit wie das »Margaux«

in Berlin. Man hat sich gegenseitig angeregt, gefördert und hochgeschaukelt.

Dieser Kräuterhof liegt in Boltenhagen. Es handelt sich nicht um das Ostseebad, aber das Dorf befindet sich ebenfalls in Mecklenburg-Vorpommern und gehört zur Großgemeinde Süderholz bei Grimmen. Kein Mensch hätte vor zwanzig Jahren geglaubt, dass im rauen Norden feinste, wilde Kräuter wachsen; solche mussten früher für das Gourmetlokal unbedingt aus der Provence oder aus anderen südlichen Gefilden kommen. Heute beziehen viele heimische Spitzenköche die wilden Kräuter von den »Essbaren Landschaften« oder ähnlichen Betrieben und bereichern damit Salate oder Fisch- und Fleischspeisen.

Bereits die Namen der Wildkräuter haben oft etwas Märchenhaftes an sich, wie die Fette Henne, ein dickblättriges, erfrischendes, saftiges Gewächs. Oder es gibt den Kleinen Wiesenknopf, die Schafgarbe, die Taubnessel. Nicht wenige Köche legen selbst Kräuter- und Gemüsegärten an oder lassen sich von regionalen Kräuterfeen beliefern, wie Johannes King als Küchenchef und Patron des »Söl'ring Hofs« auf Sylt, um mit Queller und Strandaster zu arbeiten.

Der moderne Mensch möchte gern der Schwerkraft ein Schnippchen schlagen. Er träumt vom Zarten und Leichten: vom Liegen auf seidigen Federkissen, vom Fliegen in den Lüften, von unbeschwerter, feiner Ernährung. Nicht nur die Kräuter, auch die Fische kommen einer solchen Sehnsucht entgegen, bewegen sich selbst flink im Wasser; ihr Fleisch besitzt in der Regel wenig Fett und Sehnen, ist bekömmlich und delikat. Süßwasserfische wie der Bachsaibling zählen an sich zu den Schätzen der heimischen Lebensmittelkultur.

Das Gemüt des Gourmets liebt derzeit den regionalen Einschlag der Speisen. Doch man kann natürlich fragen, ob hierbei neben dem Gemüt auch der Gaumen auf seine Kosten kommt. Der Feinschmecker mag einwenden: Der wild gefangene, frische Salz- oder Meerwasserfisch verfügt über einen so wunderbar reinen Jod- und Meergeschmack, über eine Note, welcher sein Artgenosse aus dem Süßwasser nichts entgegensetzen kann. Ein anderer mag dagegenhalten: Gut, das stimmt, aber ein erstklassiger Fisch aus Bächen, Flüssen und Teichen ist vielleicht noch um eine Spur zarter, lieblicher, zumal wenn er aus den Höhenlagen der Gebirge und Mittelgebirge stammt, wo das Wasser klar, kühl und sauerstoffreich ist.

Darauf käme es an: die vielen Höhenlagen der deutschen Mittelgebirge für die Fischzucht besser zu nutzen, sei es, dass man Bachläufe und Flüsse nicht länger reguliert, sondern wieder renaturiert, um mehr wild gefangene Fische zur Verfügung zu haben, sei es, dass man mehr Zuchtanlagen in diesen Mittelgebirgshöhen mit ausgezeichneten Bedingungen schafft. Die Behörden sträuben sich oft, in diesen Gebieten neue, naturnahe Weiheranlagen zu genehmigen, weil hier auch der Naturschutz gilt. Doch ein umweltschonender, regionaler Kreislauf von Lebensmitteln bräuchte solche Anlagen. Dazu müsste der Kormoran wieder bejagt werden – augenblicklich der Alptraum aller Fischer und Züchter.

Die Deutschen sind bei der Hege und Pflege der eigenen Fischkultur eigentümlich saumselig. Exquisite Fische aus dem bayerischen Alpengebiet, aus dem Bayerischen Wald, dem Schwarzwald, dem Thüringer Wald oder dem Harz müssten ein Markenzeichen der hiesigen Feinschmeckerei sein, ergänzt durch Fische aus sauberen Seen der norddeutschen Tiefebene, aus der Havel, aus der Müritz oder den Brackgewässern an der Küste, wo sich Süß- und Salzwasser vermischen. Für den ehrgeizigen Koch genügt es nicht mehr, nur interessante Rezepte zu entwickeln, er muss auch ein Pionier der regionalen Produktkultur sein.

Man könnte die Ansicht vertreten, dass der Huchen der beste Süßwasserfisch ist, vielleicht gefolgt von der Äsche, variiert durch den Edelkrebs. Selten, dass der Gourmet heute diese herausragenden Dinge irgendwo in Deutschland bekommt. Nicolai Birnbaum, der eine Fischzucht in Epfenhausen nahe Landsberg am Lech betreibt, naturnah, auf einer Höhe von etwa 500 Metern mit eigener, kühler Quelle, bietet diese drei edlen Tiere in geringen Mengen an und beliefert vornehmlich Spitzenrestaurants der Region wie das »Tantris« in München, manchmal auch solche, die weiter entfernt sind, wie das »Vendôme« in Bergisch Gladbach. Huchen, Äsche und Edelkrebs sind bei Birnbaum die teuersten Süßwassertiere; etwas günstiger sind andere feine Artverwandte, die etwas leichter zu züchten sind, wie der Elsässer Saibling, eine Kreuzung aus Bach- und Seesaibling. Der Teichwirt offeriert auch Bachforelle, Zander, Karpfen, Waller und Hecht. Er zeigt, was möglich ist, wenn man nur will.

Meerestiere aus den deutschen Küstengebieten spielen augenblicklich keine große Rolle. Man sollte meinen, dass es auf einer Insel wie Sylt ein paar gewerbliche Fischer gäbe. Nichts! Johannes King, dem Küchenchef und Patron des »Söl'ring Hofs« in Rantum auf Sylt wurde die Sache zu bunt. Er suchte Hobbyfischer mit Angellizenz und kaufte ein Boot zum Angeln für seinen Hausmeister. Nun kann er beispielsweise frische Meeräschen im Restaurant anbieten; dazu sammelt seine Küchencrew auch Strandschnecken (französisch: Bigorneaux), um die Meeräschen mit Schneckensoße und Queller zu begleiten. Immerhin züchtet »Dittmeyer's Austern-Company« in List auf Sylt als einziger deutscher Betrieb seit 1986 wieder Austern – und auf dem Festland werden mittlerweile auch wieder Weinbergschnecken gezüchtet, etwa vom »Institut für Deutsche Schneckenzucht« in Nersingen.

Wenn nun, um nach Berlin zurückzukommen, der galante Esser das Restaurant »Margaux« verlässt, mag er um die Ecke durch das Brandenburger Tor gehen, federleicht. Nördlich wuchtet sich der Reichstag hoch und kündigt das Parlaments- und Regierungsviertel an. Der Spaziergänger läuft am Reichstag vorbei stracks auf den *Spreesprung* zu – und erblickt das architektonische Gesicht der Berliner Republik! Er sieht die luftige Fußgängerbrücke, welche über die Spree hinweg zwei kubische Parlamentsbauten miteinander verbindet: westlich das Paul-Löbe-Haus, östlich das Marie-Elisabeth-Lüders-Haus, mit Abgeordnetenbüros, Sitzungssälen und Bibliothek, entstanden 1997-99 nach Plänen von Stephan Braunfels.

Zur Zeit der Berliner Mauer bildete die Spree hier die Grenze zwischen Ost und West. Nun überwindet der Spreesprung als transparente Fußgängerbrücke die ehemalige Barriere. Die Abgeordnetenhäuser links und rechts sind von enormer Größe: würdevoll, ohne pompös zu sein. Man erblickt lange, elegante Linien, polierte Betonwände, aufgebrochen durch den sanft gebogenen Fluss und durch große Glasflächen. Der Bürger kann zwar nicht ohne weiteres die zwei Parlamentsgebäude betreten, aber er kann am Kai entlanggehen und die Gebäudegruppe durchschreiten. Die Berliner Republik gibt sich weltoffen und geschmeidig. (Farbbild 30)

Stephan Braunfels stammt aus München und baute nicht nur in Berlin an prominenter Stelle, sondern gleichzeitig auch in seiner Heimatstadt die Pinakothek der Moderne, vielleicht das schönste zeitgenössische Museum hierzulande, im Stil ähnlich wie die Parlamentsgebäude. Darüber hinaus gab er seit 1991 die Leitlinien für den Wiederaufbau der historischen Altstadt von Dresden vor. Braunfels denkt in städtebaulichen Zusammenhängen, hat den Fußgänger im Blick, die Verbindung von Wegen, Plätzen und Gebäuden. Sowieso ist es für den Besucher von Dresden ein ziemliches Vergnügen, die hohe Schule der Petitesse zu goutieren, sei es im Grünen Gewölbe des Residenzschlosses, sei es im Restaurant »Caroussel« im Doppelhotel »Bülow Palais & Residenz« in der Neustadt. Küchenchef Dirk Schröer bietet dort extra Auster und Seeigel mit Ingwergelee und Guinness an.

Am Berliner Spreesprung kann der Fußgänger sich entscheiden, ob er von hier aus Richtung Westen oder Richtung Osten weiterspaziert. Westlich stößt er auf das Kanzleramt, entstanden 1997-99 nach einem Entwurf von Axel Schultes. Das Gebäude bevorzugt eher den Soloauftritt, sucht nicht unbedingt den städtebaulichen Anschluss, gibt sich monolithisch geschlossen, nicht besonders zivil. Da geht der bürgerliche Lebenskünstler lieber wieder in die andere Richtung und steuert Berlin-Mitte an. Hier befindet sich auch ein Muster für das *Grill-Restaurant*: das »Grill Royal« an der Friedrichstraße, wo man, seit 2007, unbeirrt der Fleischeslust frönt. Das Lokal ist fast ein wenig münchnerisch, ein Hot Spot der Jungen und Schönen, Betuchten und Einflussreichen, Schauspieler, Maler und Galeristen, ein Grenzort der Hoch- und Subkultur – Establishment und Off-Szene. Das großräumige Restaurant liegt etwas versteckt in einem Untergeschoss, wobei eine breite Fensterfront in der Kaimauer den Blick auf die Spree freigibt. Man fühlt sich wie in einer Unterwasserstation, die gerade auftaucht, und genießt die entspannte, loungeartige Atmosphäre. Die gepolsterten Sitzmöbel ergeben eine Mischung aus Bank und Sofa; die Säulen sind mit rauchigem Spiegelglas verkleidet, während dazwischen rote Lampenschirme oder ein ausgestopfter Pfau, das Symbol der Eitelkeit, erscheinen. Das »Grill Royal« gibt sich wie ein Chamäleon: Mal geht es ruhig und gediegen zu, mal aufgekratzt, knisternd und glamourös. Ein Ort zum Leuteschauen!

Unberührt vom Wechsel der Stimmungen hält die Küche Kurs, besinnt sich auf einfache, edle Dinge. Hinter einer Glasfront erscheinen Kühlfächer, die das Wesentliche zeigen: Fleisch, das noch im Ganzen am Knochen abhängt oder in größeren, entbeinten Stücken reift, ergänzt von Austern, Hummern und Fischen. Boris Radczun, der Chef des Hauses, orientiert sich beim Konzept sowohl am traditionellen Grill Room eines Grandhotels als auch am amerikanischen Steakhouse in Downtown. Die kulinarischen Dinge sollen klar und verständlich sein. Es präsentiert sich solider Luxus in gepflegter Lässigkeit als ein führender Stil unserer Zeit. Austern »Sylter Royal«, eine Hummerbisque und ein Entrecôte vom amerikanischen Beef »Omaha Natural Angus« sind für den Stammgast als Menü nahezu obligat.

Auch die Idee vom zeitgemäßen *Gasthaus* mit regionalen Gerichten fand die Spur nach Berlin-Mitte. Unter den gastronomischen Neueröffnungen in der deutschen Hauptstadt sind nicht wenige Lokale mit klarer, ruhiger Einrichtung und süddeutsch-österreichischer Küche, in der frische, anständige Waren verwendet werden. Während die österreichische Küche schon vor einiger Zeit den Vorlauf gemacht hat, ist es mittlerweile die schwäbische Küche, die zum Zuge kommt, oder das eine verbindet sich mit dem anderen, weil in der Feinschmeckerei die politische Grenzziehung von 1866 zwischen Deutschland und Österreich kaum aufrechtzuerhalten ist. Seit der Gründung der Berliner Republik im Jahr 1990 normalisiert sich das deutsche Selbstbewusstsein, gewinnt einen gewissen Stolz zurück, ohne Kraftmeierei zu betreiben. Die Hege und Pflege der eigenen kulinarischen Tradition kann Distinktion vermitteln, wenn sie klug und lässig in die Hand genommen wird.

Nicht in vorderster Front, sondern leicht zurückversetzt, in der Gartenstraße, liegt das »Alpenstueck«. Es handelt sich vom Zuschnitt her um eine klassische wilhelminische Eckkneipe mit hoher Decke. Vor der Wende hieß die Kneipe »Sportlereck«, danach zog eine Galerie ein, bis das Lokal im Frühjahr 2007 seine jetzige Form erhielt. Die zwei großzügigen Raumteile sind puristisch gehalten, in freundlichem hellen Grau, auch die Möbel. Ringsum läuft eine meterhohe Täfelung, vom Schreiner maßgerecht gefertigt, überdeckt die Heizungsgitter, bindet die gepolsterten Sitzbänke, Nischen und Servicetische zusammen und sorgt für Harmonie. Man sieht einfache Stühle und Wirtshaustische, die teilweise weiß gedeckt sind. Eine Wandfläche wird vollkommen von gestapelten Holzscheiten ausgefüllt und erinnert an wohliges Kaminfeuer. Ansonsten ist nur ein einziges kleines Rehgeweih als Schmuck an einer Wand zu erkennen. Ein paar stehende, übergroße Lampenschirme und indirekte Beleuchtung spenden sanftes Licht. Man spürt Sorgfalt, Witz, Understatement. (Farbbild 32)

Das Einfache wird sehr gut gemacht, so weit wie möglich alles von Hand: wie schwäbische Maultaschen, Spätzle mit Allgäuer Bergkäse, Wiener Schnitzel vom Linumer Wiesenkalb mit Kartoffelsalat, Kaiserschmarrn mit Zwetschgen oder Apfelstrudel mit Vanillesoße. Dazu werden Weine von deutschen und österreichischen Spitzenwinzern angeboten, eine Reihe davon offen im 0,1-Literglas, damit der Gast von Gang zu Gang den Wein wechseln kann.

Spiritus Rector und Wirtin des Ganzen ist Iris Schmied, die schon seit einigen Jahren ganz in der Nähe auch die Cocktailbar »Reingold« betreibt. Erinnerungen an die Sonntagsausflüge mit den Eltern auf der Schwäbischen Alb riefen bei ihr, der gebürtigen Reutlingerin, immer wieder die Sehnsucht nach dem Gasthaus hervor, gerade in Berlin-Mitte. Ihr schwebte ein Gasthaus im modernen Sinn vor, Traditionelles mit zeitgemäßem Design, »die gute Mitte«, wie sie sagt. Um den Zulauf von Gästen muss sie sich keine Sorgen machen. Die Hipster, die Bourgeois-Bohemiens, die Leute aus der Nachbarschaft, sie kommen alle.

Man könnte natürlich der Meinung sein, dass im Gegensatz zum *faktischen* Bezirk Berlin-Mitte der *gefühlte* Bezirk Berlin-Mitte die eigentliche Mitte sei, weil hier die Leute noch nicht so etabliert sind: frischer, wacher, experimentierfreudiger – weil sich hier Hoch- und Subkultur besser vermischen. In den neunziger Jahren schaute alles nach Prenzlauer Berg, dann nach Friedrichshain. Doch vielleicht hat augenblicklich Kreuzberg die Nase vorn – und womöglich ist hier die Bergmannstraße im Moment der schönste Off-Boulevard der Stadt; ästhetisch ausgereifter als etwa die Oranienstraße in Kreuzberg oder als die Kastanienallee in Prenzlauer Berg, wo angeblich die Superkreativen sind.

In den achtziger Jahren war die Bergmannstraße noch eine graue, wenn nicht triste Meile, lediglich durch einige Trödelläden in den Souterrains belebt. Doch langsam mauserte sich die Straße zu einem Musterbeispiel dafür, wie man innerstädtische Kieze belebt und erfolgreich erneuert – nicht zuletzt gestützt durch die Denkmalpflege und durch den Umstand, dass hier einer städtischen Wohnungsbaugesellschaft verhältnismäßig viele Häuser gehören. Es entstand eine Form von *Public-Private-Partnership*, um das wilhelminische Flair der Bergmannstraße wieder herauszuputzen. Städtische Ämter, Sanierungsträger, engagierte Bürger und Geschäftsleute schlossen sich zusammen und machten etwas aus der Straße.

Eine Grundlage des Aufschwungs war die handwerkliche Sorgfalt bei der Erneuerung der palastartigen Fassaden. Man achtete darauf, dass die ursprünglichen Farben, Fenster und Stuckformen erhalten blieben, ersetzte im Erdgeschoss unförmige Schaukästen mit Aluminiumrahmen durch Schaufester, die von Holz eingefasst sind. Hohe, freundliche Verkaufs- und Gasträume öffnen sich nun zur Straße hin und führen vor Augen, wie unverkrampft und großzügig die Baumeister des 19. Jahrhunderts die Erdgeschosse behandelt haben. Die Denkmalpflege des Äußeren, das Nostalgische, Historische, Epische, verbindet sich im Inneren häufig mit modernem Design, das sich so funktional wie solide und komfortabel gibt. Nicht wenige Läden und Lokale setzen auf klare, ruhige Formen, auf Helligkeit und sanfte, indirekte Beleuchtung, auf kühle wie warme Materialien, Glas und Stahl, Naturstein und Holz, Leder und Stoffe. Die meisten Räume sind leicht zugänglich, luftig und heiter, wirken teilweise improvisiert, vermischen Stühle, Sessel und hohe Hocker, erzeugen die Erwartung, dass auch das Angebot an Waren und Speisen zeitgemäß ist.

Soziologen bescheinigen dem zeitgenössischen Esser zwei elementare Sehnsüchte: *far away* und *long ago*. *Far away* steht für Öffnung, Dynamik, Exotik, Globalisierung, für ethnische Küchen aus aller Herren Länder; *long ago* steht für ordnende Kräfte, Verfeinerung, Nostalgie, Geschichte, für heimische Küche, bewährte Produkte und Rezepte, für alles, was das Gefühl von Geborgenheit und Vertrautheit vermittelt.[25] Die Elite der Berliner Republik isst im »Borchardt«, wie gesagt, Wiener Schnitzel mit Kartoffelsalat. In der Bergmannstraße überschneiden sich *far away* und *long ago*. Neben Restaurants mit traditioneller heimischer Küche gibt es solche, die Küchen unterschiedlicher Länder bieten: vietnamesische, türkische, japanische, italienische, thailändische, französische und so fort. Fast überall wird hier respektabel gekocht; es herrscht ein gutes Preis-Leistungs-Verhältnis, bezahlbar für Leute, die sich die Edelgastronomie in der faktischen Mitte nicht jeden Tag leisten können.

Bis dato gilt mehr oder minder das Prinzip der sanften Gentrifizierung. Es wird darauf geachtet, nicht nur Lokale anzusiedeln, sondern auch Läden, Biobäckerei, Konditorei, Mode- und Schuhgeschäfte, Schmuck- und Hutläden, Spielwarengeschäfte; ein nettes Buchantiquariat (an der Ecke Schenkendorfstraße), auch einige Trödelläden (vor allem mit Möbeln) sind nach wie vor da. In den Nebenstraßen gibt es weitere Trödelläden, Secondhandläden für Frauenmode, Kunsthandwerker, kleine Galerien und Ateliers oder Musikkneipen und Bars in den Souterrains. Das Geld zirkuliert heute im Bergmannkiez, die Geschäftsleute verdienen etwas, woran früher kaum zu denken war.

Die Versorgung der Anwohner mit guten Lebensmitteln, hübschen Lokalen und Dingen des alltäglichen Bedarfs hat sich spürbar verbessert. Das Publikum ist bunter geworden und wirkt belebend. Es wohnen Leute hier, die schon immer hier waren: Deutsche und Deutschtürken, Arbeiter, Angestellte, Studenten, Künstler, Kleinkünstler, Arbeitslose; hinzu kommt nun der eine oder andere Anzugträger, der in einem Büro in Mitte arbeitet. Gelegentlich berichtet die Presse darüber, dass Häuser von Spekulanten gekauft und ältere Mieter hinausgedrängt werden, um eine Luxussanierung durchzuführen, weil zunehmend gut verdienende Leute hier wohnen wollen. Oder es werden Wohnräume in Pensionen und Hotels umgewandelt, weil auch Touristen hier wohnen wollen. Längst ist der Bergmannkiez kein Geheimtipp mehr, er wird in internationalen Touristenführern empfohlen. Es kommt beispielsweise vor, dass um Mitternacht vier Leute an einer Gaslaterne stehen und perfektes Oxfordenglisch sprechen.

Gegen den Zuzug von neuen Anwohnern und von Touristen kann man eigentlich nichts einwenden, denn diese Leute bringen neue Energie in das Viertel. Es wäre unsinnig und kaum machbar, den Status quo zu zementieren. Es bleibt nur zu wünschen, dass die bewährte *Public-Private-Partnership* nicht auseinanderbricht. Stadt und Bezirk sollten ihre politischen Instrumente nutzen und schärfen, damit sich die sanfte Gentrifizierung nicht in eine Turbogentrifizierung verwandelt. Man wünscht sich von der Presse gutrecherchierte Reportagen, nicht unbedingt Panikmache. Bis jetzt läuft die Entwicklung nicht aus dem Ruder, aber das Viertel könnte zum Opfer des eigenen Erfolgs werden.

Im Frühjahr 2011 wirkt der Boulevard der Bergmannstraße einladend. Es gibt so gut wie keine Kettengastronomie hier, so gut wie keinen kommerziellen Geschmack. Selbstverständlich gilt das Prinzip: Formgefühl mit informeller Haltung. Die Läden und Lokale wirken individuell. Viele Leute kennen sich mittlerweile untereinander, die Betreiber der Geschäfte, der Service und die Kunden. Man hört Kiezgespräche, Klatsch und Tratsch. Bei gutem Wetter gibt es gepflegte gastronomische Terrassen. Sie sind fast alle voll besetzt, der Strom der Leute reißt kaum ab. Auch ein Ort zum Leuteschauen!

Es ist natürlich verpönt, Markenglamour zur Schau zu tragen, obwohl einige finanziell dazu in der Lage wären. Doch wer besonders schick und hip sein will, gibt sich kreativ, intellektuell mit schwarzer Nerd-Brille, ist an Mode interessiert, beweist aber Understatement. Die junge Frau trägt gern ein Flatterkleid mit Blümchen, das irgendwie nach Secondhandladen aussieht (aber nicht aus dem Secondhandladen stammen muss), dazu schwarze, blickdichte Leggins bis zu den Knöcheln; es bleibt ein Stück Haut frei, kontrastiert durch flache Schuhe mit Schnürsenkeln. Sehr elegant! Oder die junge Frau trägt einen engen Rock, der über den Bauchnabel hochgeht; dazu eine Bluse und eine Kette, die über die Brust reicht. Im langen Haar steckt eine Blume, auch eine kleine Handtasche darf nicht fehlen. Der passende Typ dazu präsentiert sich mit schwarzer Sonnenbrille und zerzaustem Haar (das oft erst nach einigem Aufwand so zerzaust aussieht), er trägt ein lässiges Holzfällerhemd, enge Röhrenhosen und Turnschuhe. Es gehört zum guten Ton, unterhaltsam zu sein, angenehm, gelassen, nonchalant. Es ist reizvoll, solche Leute hier zu sehen, wenngleich sie nicht reihenweise die Bergmannstraße bevölkern, aber doch zwischen den anderen auftauchen; sie machen kein Getue, kommen und gehen, wie alle anderen; niemand macht hier ein Getue.

Ob das die bürgerliche Gesellschaft ist? Oder doch nur die Berlin-

Mitte-Blase? Anyway. Es geht um Spiel und Utopie. Tom Tykwer hat jüngst, 2010, Berlin-Mitte einen Film gewidmet mit dem schlichten Titel »Drei«. Es handelt sich, man ahnt es, um eine *ménage à trois*, um eine Dreiecksbeziehung. Ein unverheiratetes Paar, das seit vielen Jahren zusammenlebt und sich recht gut versteht, langweilt sich sexuell ein wenig. Selbstredend sind es kreative Leute, die der Kulturszene angehören. Sie beginnen, unabhängig von einander, eine Liebschaft mit ein und demselben Mann, was bedeutet: Der langjährige Freund wird bisexuell – und sie wird schwanger. Höhepunkt des Films ist jene Szene, in der sich alle drei zufällig begegnen und klar wird, dass jeder den anderen betrügt – und doch keiner dem anderen einen wirklichen Vorwurf machen kann, weil eben jeder mit dem jeweils anderen den anderen hintergeht.

Es kommt vermutlich gar nicht auf die besondere Situation an, dass die Männer in diesem Fall bisexuell werden. Womöglich soll auch nicht gesagt sein, dass nun alle glücklichen Paare partout eine Dreiecksbeziehung eingehen sollten. Die *ménage à trois* wird eher zum Symbol dafür, dass die Schwarz-Weiß-Schemata, die aggressiven Schuldzuweisungen nicht mehr funktionieren. Es wäre piefig und gestrig, wegen der Schwächen des anderen aus der Haut zu fahren; vielmehr erscheint es cool, menschlich und fein, die Contenance zu bewahren, kontrolliert zu bleiben, ruhig und sachlich über die Dinge nachzudenken. Die drei Leute im Film zerstreiten sich nicht; der Film wird nicht zum Drama. Der gefühlte Bezirk Berlin-Mitte huscht in kurzen Einblendungen vorbei; die Leute sitzen in den Lokalen im Kiez, treffen sich, unterhalten sich, essen und trinken gemeinsam, als gehöre es wie selbstverständlich zum Alltag. Das Paar des Films wohnt in der Nähe der Bergmannstraße.

Anmerkungen

I EINLEITUNG

1 Zitiert nach *Johann Wolfgang von Goethe*: Werke. Hamburger Ausgabe, hrsg. v. Erich Trunz. C. H. Beck, München, 13. Aufl. 1982, Bd. VII, S. 278. Siehe auch *Hans-J. Weitz* (Hrsg.): Goethe über die Deutschen. Insel, Frankfurt am Main 1978. Vgl. ferner *Gorden A. Craig*: Über die Deutschen. C. H. Beck, München 1991 (zuerst 1982)

2 Zitiert nach *Klaus Voigt*: Italienische Berichte aus dem spätmittelalterlichen Deutschland. Von Francesco Petrarca bis Andrea de' Franceschi (1333-1492). Klett, Stuttgart 1973, S. 26; vgl. auch *Peter Amelung*: Das Bild des Deutschen in der Literatur der italienischen Renaissance (1400-1559). Hueber, München 1964, S. 39f.

3 Vgl. dazu auch *Karl Heinz Bohrer*: Provinzialismus. Ein physiognomisches Panorama. Hanser, München 2000, besonders S. 51. Ferner *Heinz Ludwig Arnold* (Hrsg.): Deutschland! Deutschland? Texte aus 500 Jahren von Martin Luther bis Günter Grass. Fischer Taschenbuch Verlag, Frankfurt am Main 2002

4 *Daniel Kehlmann*: Die Vermessung der Welt. Rowohlt, Reinbek bei Hamburg 2005

5 Zitiert nach *Tacitus*: Germania. Lateinisch-deutsch. Hrsg. u. übers. v. Alfons Städele mit einer Einführung und Erläuterung v. Gerhard Fink. Artemis & Winkler, Düsseldorf und Zürich 1999

6 *Pierre Bourdieu*: Die feinen Unterschiede. Kritik der gesellschaftlichen Urteilskraft. Suhrkamp, Frankfurt am Main 1987 (zuerst im französischen Original 1979)

7 *Ulrich Beck*: Risikogesellschaft. Auf dem Weg in eine andere Moderne. Suhrkamp, Frankfurt am Main 1986

8 *Daniel Bell*: Die kulturellen Widersprüche des Kapitalismus. Campus, Frankfurt am Main und New York 1991

9 Vgl. *Eva Illouz*: Der Konsum der Romantik. Liebe und die kulturellen Widersprüche des Kapitalismus. Campus, Frankfurt am Main und New York 2004

10 *Herfried Münkler*: Die Deutschen und ihre Mythen. Rowohlt, Berlin 2009

11 Vgl. *Michel de Montaigne*: Essais. Auswahl und Übertragung von *Herbert Lüthy*. Manesse, Zürich, revidierter Nachdruck der Ausgabe von 1953 (zuerst im Original erschienen ab 1580)

12 *Karl R. Popper*: Die offene Gesellschaft und ihre Feinde. 2 Bde. Francke/UTB, Tübingen, 6. Aufl. 1980 (zuerst im englischen Original 1944)

13 *Jacob Burckhardt*: Weltgeschichtliche Betrachtungen. Hrsg. v. Rudolf Marx. Kröner, Stuttgart 1978 (zuerst als Vorlesung gehalten ab 1868)

14 Vgl. *Norbert Elias*: Die höfische Gesellschaft. Untersuchungen zur Soziologie des Königtums und der höfischen Aristokratie. Mit einer Einleitung: Soziologie und Geschichtswissenschaft. Suhrkamp, Frankfurt am Main, 9. Aufl. 1999 (zuerst 1969). Siehe ebenso: *ders.*: Über den Prozeß der Zivilisation. Soziogenetische und psychogenetische Untersuchungen. 2 Bde. Suhrkamp, Frankfurt am Main, 13. Aufl. 1988 (zuerst 1936)

15 *Louis de Rouvroy Duc de Saint-Simon*: Die Memoiren (Die Memoiren des Herzogs von Saint-Simon). 4 Bde. Hrsg. u. übers. v. Sigrid von Massenbach. Ullstein, Frankfurt am Main, Berlin und Wien 1979

16 Vgl. *Monika Wienfort*: Monarchie in der bürgerlichen Gesellschaft. Deutschland und England von 1640 bis 1848. Vandenhoeck & Ruprecht, Göttingen 1993

17 Vgl. *Erich Auerbach*: Mimesis. Dargestellte Wirklichkeit in der abendländischen Literatur. Francke, Bern und München, 7. Aufl. 1982 (zuerst 1946)

18 Vgl. *Ruth Glass*: London: aspects of change. MacGibbon & Klee, London 1964

19 Vgl. *Ingrid Breckner*: Gentrifizierung im 21. Jahrhundert, in: Aus Politik und Zeitgeschichte 17/2010 (APuZ, Beilage zur Wochenzeitung Das Parlament)

20 Zitiert nach *Stendhal*: Rot und Schwarz. Eine Chronik des 19. Jahrhunderts. Deutsch von Rudolf Lewy. Mit einer Anmerkung von Franz Blei und einem Nachwort von Heinrich Mann. Diogenes, Zürich 1981 (zuerst im französischen Original 1831)

21 Vgl. *David Brooks*: Die Bobos. Der Lebensstil der neuen Elite. Econ, München 2002 (zuerst im amerikanischen Original 2000)

22 Vgl. *Christian Mittermeier*: Einfach gut kochen. Eine sinnvolle Einrichtung der Küche, in: Cotta's kulinarischer Almanach Nr. 15. Hrsg. v. Erwin Seitz. Klett-Cotta, Stuttgart 2007

23 Vgl. dazu auch *Erwin Seitz*: Country sophisticated. Das elegante Landhotel anglo-amerikanischer Tradition, in: Cotta's kulinarischer Almanach, Nr. 15, hrsg. v. Erwin Seitz. Klett-Cotta, Stuttgart 2007

24 Vgl. *Lewis Mumford*: Die Stadt. Geschichte und Ausblick. 2 Bde. Deutscher Taschenbuch Verlag, Köln und Berlin 1984 (zuerst im amerikanischen Original 1961)

25 Vgl. *Richard Florida*: The rise of the creative class. And how it's transforming work, leisure, community and everyday life. Basic Books, New York 2002

1 Vgl. *Reimar Müller*: Die Entdeckung der Kultur. Antike Theorien von Homer bis Seneca. Artemis & Winkler, Düsseldorf und Zürich 2003

2 Zitiert nach *Joachim Marzahn*: Das Istar-Tor von Babylon. Die Prozessionsstraße. Das Babylonische Neujahrsfest. Staatliche Museen zu Berlin. Vorderasiatisches Museum. Philipp von Zabern, Mainz 1995, S. 35

3 *Die Bibel.* Nach der Übersetzung Martin Luthers. Mit Apokryphen. Deutsche Bibelgesellschaft, Stuttgart 1984. Der Prophet Jesaja 47

4 Zitiert nach *Heinrich Heine*: Historisch-kritische Ausgabe der Werke. Hrsg. v. Manfred Windfuhr. Hoffmann und Campe, Hamburg 1973. Bd. 6, bearb. v. Jost Hermand. Briefe aus Berlin, S. 7 ff.

5 *Jean Anthèlme Brillat-Savarin*: Physiologie des Geschmacks. Einführung von Walther Kiaulehn. Heyne, München 1976, S. 236 ff.

6 Vgl. *Jean-Paul Aron*: Der Club der Bäuche. Ein gastronomischer Führer durch das Paris des 19. Jahrhunderts. Aus dem Französischen von Susanne Lüdemann. Klett-Cotta, Stuttgart 1993 (zuerst im französischen Original 1973), S. 144 ff.

7 Zitiert nach *Friedrich-W.* und *Erika Wentzlaff-Eggebert*: Deutsche Literatur im späten Mittelalter 1250-1450. Bd. I: Rittertum, Bürgertum. Mit Lesestücken. Rowohlt, Reinbek bei Hamburg 1971

8 Vgl. zur Vorgeschichte der Reformation *Monika Neugebauer-Wölk*: Reformation und Krise – oder: Wo liegen die Gründe für den Ausbruch der Reformation? in: *Heiner Lück* (Hrsg.): Martin Luther und seine Universität. Vorträge anläßlich des 450. Todestages des Reformators. Böhlau, Köln, Weimar und Wien 1998, S. 11 ff.

9 Vgl. *Wilhelm Ernst Winterhager*: Wittenberg. Reformation und Wissenschaft, in: *Alexander Demandt* (Hrsg.): Stätten des Geistes. Große Universitäten Europas von der Antike bis zur Gegenwart. Böhlau, Köln, Weimar und Wien 1999

10 Zitiert nach *Martin Luther*: An den christlichen Adel deutscher Nation. Von der Freiheit eines Christenmenschen. Sendbrief vom Dolmetschen. Reclam, Stuttgart 2000

11 Vgl. *Heiko A. Obermann*: Luther. Mensch zwischen Gott und Teufel. Severin und Siedler, Berlin 1981. Siehe ebenso *Richard Friedenthal*: Luther. Sein Leben und seine Zeit. Piper, München 1967. Ferner: *Ernst Kroker*: Katharina von Bora. Martin Luthers Frau. Evangelische Verlagsanstalt, Berlin, 13. Aufl. 1974. Siehe auch: Luther in Mansfeld. Forschungen am Elternhaus des Reformators, hrsg. v. Harald Meller. Landesamt für Denkmalpflege und Archäologie Sachsen-Anhalt – Landesmuseum für Vorgeschichte, Halle 2007. Offenkundig brachten es die Eltern im Laufe der Zeit zu gediegenem Wohlstand und genossen eine gute Küche.

12 Zitiert nach *Luther* (Anm. 10)

13 Vgl. dazu auch *Harald Lemke*: Eine Einführung in die Gastrosophie. Akademie Verlag, Berlin 2007

14 Zitiert nach *Die Bibel* (Anm. 3)

15 Siehe *Simon Blackburn*: Wollust. Die schönste Todsünde. Wagenbach, Berlin, 2. Aufl. 2008 (zuerst im englischen Original 2004)

16 *Arno Borst*: Lebensformen im Mittelalter. Ullstein, Berlin, 4. Aufl. 2004 (zuerst 1973)

17 Vgl. *Peter Blickle*: Der Bauernkrieg. Die Revolution des Gemeinen Mannes. C. H. Beck, München, 3. Aufl. 2006 (zuerst 1998)

18 Vgl. *Obermann* (Anm. 11), S. 305

19 Vgl. *Baldassare Castiglione*: Der Hofmann. Lebensart in der Renaissance. Aus dem Italienischen von Albert Wesselski. Mit einem Vorwort von Andreas Bayer. Wagenbach, Berlin 1996

20 Zitiert nach *Heinz Ludwig Arnold* (Hrsg.): Deutschland! Deutschland? Texte aus 500 Jahren von Martin Luther bis Günter Grass. Fischer Taschenbuch Verlag, Frankfurt am Main 2002, S. 58f.

21 Siehe *Max Weber*: Die protestantische Ethik und der »Geist« des Kapitalismus. Beltz/Athenäum, Weinheim 2000

22 Vgl. *Winterhager* (Anm. 9), S. 176f.

23 Zitiert nach *Tacitus*: Germania. Lateinisch-deutsch. Hrsg. u. übers. v. Alfons Städele mit einer Einführung und Erläuterung v. Gerhard Fink. Artemis & Winkler, Düsseldorf und Zürich 1999

24 25 Zitiert nach *Heinz Ludwig Arnold* (Anm. 20), S. 47

26 Vgl. *Herfried Münkler*, *Hans Grünberger* und *Kathrin Mayer* (Hrsg.): Nationenbildung. Die Nationalisierung Europas im Diskurs humanistischer Intellektueller. Italien und Deutschland. Akademie Verlag, Berlin 1998

27 Vgl. *Heinz Ludwig Arnold* (Anm. 20)

28 *Enea Silvio Piccolomini*: Deutschland. Der Brieftraktat an Martin Mayer und Jakob Wimpfelings ›Antworten und Einwendungen gegen Enea Silvio‹. Übers. u. erl. v. Adolf Schmidt. Böhlau, Köln und Graz 1962, S. 102f.

29 Zitiert nach *Klaus Herbers* und *Helmut Neuhaus*: Das Heilige Römische Reich. Schauplätze einer tausendjährigen Geschichte. Böhlau, Köln, Weimar und Wien 2005, S. 188.

30 *Thomas Coryate*: Die Venedig- und Rheinfahrt 1608. Aus dem Originaltext von 1611 in wesentlichen Auszügen ins Deutsche übers. und mit einer Einführung, Erläuterung und Nachwort sowie einer Auswahl zeitgenössischer Abbildungen versehen von Hans E. Adler. Steingrüben, Stuttgart 1970, S. 323

1 *Nika Standen Hazelton*: Die Küche in Deutschland. Aus dem Englischen übertr. von Rita Böttcher. Time-Life International 1976 (zuerst 1970)

2 *Josef H. Reichholf*: Warum die Menschen sesshaft wurden. Das größte Rätsel unserer Geschichte. S. Fischer, Frankfurt am Main 2008

3 Vgl. *Wilfried Menghin* und *Dieter Planck* (Hrsg.): Archäologie in Deutschland. Menschen, Zeiten, Räume. Theiss, Stuttgart 2002; siehe ferner zur Entwicklung der frühesten Landwirtschaft *Jens Lüning*: Steinzeitliche Bauern in Deutschland. Die Landwirtschaft im Neolithikum. Rudolf Habelt, Bonn 2000. In dieser Studie werden die Forschungsergebnisse der jüngeren Archäologie zur jungsteinzeitlichen Landwirtschaft ausgewertet und zusammengefasst. Siehe auch *Udelgard Körber-Grohne*: Nutzpflanzen in Deutschland von der Vorgeschichte bis heute. Nikol Verlagsgesellschaft, Hamburg 1995; dazu *Hansjörg Küster*: Geschichte der Landschaft in Mitteleuropa. Von der Eiszeit bis zur Gegenwart. C. H. Beck, München 1995; ebenso Museumskatalog: Schönheit, Macht und Tod. 120 Funde aus 120 Jahren. Landesmuseum für Vorgeschichte Halle. Begleitband zur Sonderausstellung vom 11. Dezember 2001 bis zum 28. April 2002, hrsg. v. Harald Meller, 2001

4 Vgl. *Lüning* (Anm. 3), S. 5

5 Vgl. *Lüning* (Anm. 3), S. 177f.

6 *Lewis Mumford*: Die Stadt. Geschichte und Ausblick. 2 Bde. Aus dem Amerikanischen von Helmut Lindemann. Deutscher Taschenbuch Verlag, Köln und Berlin 1984 (zuerst im amerikanischen Original 1961)

7 Zitiert nach *Günter Burkard*: Theben, in: *Martin Hose* und *Christoph Levin* (Hrsg.): Metropolen des Geistes. Insel, Frankfurt am Main und Leipzig 2009, S. 26

8 Zitiert nach *Athenaios von Naukratis*: Das Gelehrtenmahl. Aus dem Griechischen von Ursula und Kurt Treu. Dieterich'sche Verlagsbuchhandlung, Leipzig, S. 77f.

9 Siehe zum Mainzer Hoffest von 1184 *Arno Borst*: Lebensformen im Mittelalter. Ullstein, Berlin, 4. Aufl. 2004, S. 89ff., vgl. ebenso *Joachim Bumke*: Höfische Kultur: Literatur und Gesellschaft im hohen Mittelalter. Deutscher Taschenbuch Verlag, München, 11. Aufl. 2005, S. 276ff.

10 Vgl. *Gaius Iulius Caesar*: Der Gallische Krieg. Übers. u. hrsg. v. Marieluise Deismann. Reclam, Stuttgart 1980. Buch VI, Ziffer 13 u. 14

11 Vgl. *Peter Heather*: Der Untergang des Römischen Weltreichs. Klett-Cotta, Stuttgart, 2. Aufl. 2008, S. 79f.

1 Zitiert nach *Helmut Meinhardt*: Nikolaus von Kues über das Weintrinken, in: *Irmgard Bitsch*, *Trude Ehlert* und *Xenja von Ertzdorff* (Hrsg.): Essen und Trinken in Mittelalter und Neuzeit. Thorbecke, Sigmaringen 1987, S. 204

2 Nach Angaben von Ferdinand Regner von der Höheren Bundesanstalt für Wein- und Obstbau in Klosterneuburg in Österreich

3 Siehe *Horst Dieter Schlosser* (Hrsg.): Althochdeutsche Literatur. Mit Proben aus dem Altniederdeutschen. Ausgewählte Texte mit Übertragungen. S. Fischer, Frankfurt am Main 1989 (zuerst 1970), S. 302f.

4 Vgl. *Ernst Hornickel*: Die Spitzenweine Europas. Busse Seewald, Herford, Hamburg und Stuttgart, 13. völlig überarb. und aktualisierte Aufl. v. *Pia Ch. Hornickel*, 1992

5 Vgl. *Jens Lüning*: Steinzeitliche Bauern in Deutschland. Die Landwirtschaft im Neolithikum. Verlag Rudolf Habelt, Bonn 2000, S. 94

6 Vgl. *Peter Heather*: Der Untergang des Römischen Weltreichs. Klett-Cotta, Stuttgart, 2. Aufl. 2008, S. 54ff. Siehe ferner *Alfred Heuss*: Geschichte der Römer. Schöningh, Paderborn, München, Wien und Zürich, 8. Aufl. 2001 (zuerst 1976)

7 Vgl. *Christian Meier*: Athen. Ein Neubeginn der Weltgeschichte. btb im Goldmann Verlag, München 1997 (zuerst Siedler, Berlin 1993)

8 Zitiert nach *Cicero*: De re publica. Vom Gemeinwesen. Lateinisch-deutsch. Übers. u. hrsg. v. Karl Büchner. Reclam, Stuttgart 2007, S. 238, Ziffer 2,41 (69)

9 Zitiert nach *Anthony Everitt*: Cicero. Ein turbulentes Leben. Aus dem Englischen von Kurt Neff. DuMont, Köln 2003 (zuerst im Original 2001), S. 404f.

10 Zitiert nach *Ausonius*: Mosella. Studienausgabe. Hrsg. u. übers. v. Paul Dräger. Artemis & Winkler, Düsseldorf und Zürich 2004

11 Siehe *Heather* (Anm. 6), S. 507

12 Siehe *Heuss* (Anm. 6), S. 504ff.

13 Zitiert nach *Johann Joachim Winckelmann*: Gedanken über die Nachahmung der griechischen Werke in der Malerei und Bildhauerkunst. Hrsg. v. Ludwig Uhlig. Reclam, Stuttgart 1982, S. 3

14 Zitiert nach *Homer*: Ilias. Odyssee. In der Übertr. v. Johann Heinrich Voß. Winkler, München 1976

15 Vgl. *Bruno Snell*: Die Entdeckung des Geistes. Studien zur Entstehung des europäischen Denkens bei den Griechen. Vandenhoeck & Ruprecht, Göttingen, 5. durchgesehene Auflage 1980 (zuerst 1975)

16 Zitiert nach *Protagoras*, in: Die Vorsokratiker. Die Fragmente und Quellenberichte. Übers. u. eingel. v. Wilhelm Capelle. Kröner, Stuttgart 1968, S. 333

17 Zitiert nach *Protagoras* (Anm. 16), S. 335 (= Platon, Protagoras 317Bff.)

18 *Diogenes Laertius*: Leben und Meinungen berühmter Philosophen. Aus dem Griechischen übers. v. Otto Apelt. Unter Mitarbeit von Hans Günter Zekl neu hrsg. v. Klaus Reich. Meiner, Hamburg, 2. Aufl. 1967, S. 105 ff.

19 *Thukydides*: Der Peloponnesische Krieg. Übers. u. hrsg. v. Helmuth Vretska u. Werner Rinner. Reclam, Stuttgart 2004, S. 138 f., Zweites Buch, Ziffer 37-38

20 Zitiert nach *Aristoteles*: Nikomachische Ethik. Auf der Grundlage der Übers. v. Eugen Rolfes hrsg. v. Günther Bien. Meiner, Hamburg 1985, S. 97, Ziffer 1128a

21 Siehe *Aristoteles* (Anm. 20), S. 29, Ziffer 1104a

22 *Athenaios von Naukratis*: Das Gelehrtenmahl. Aus dem Griechischen v. Ursula u. Kurt Treu. Dieterisch'sche Verlagsbuchhandlung, Leipzig 1985, S. 98

23 Siehe *Athenaios* (Anm. 22), S. 214

24 Zitiert nach *Plinius der Ältere*: Naturalis historia / Naturgeschichte. Lateinisch-deutsch. Ausgewählt, übers. u. hrsg. v. Marion Giebel. Reclam, Stuttgart 2005, S. 87

25 Siehe *Marcus Gavius Apicius*: De re coquinaria. Über die Kochkunst. Lateinisch-deutsch. Hrsg., übers. u. komm. v. Robert Maier. Reclam, Stuttgart 2005

V FRÄNKISCHE ERNEUERUNG

1 Zitiert nach *Aristoteles*: Politik. Übers. u. mit erklärenden Anm. v. Eugen Rolfes. Mit einer Einleitung v. Günther Bien. Meiner, Hamburg 1981, Ziffer 1327 b

2 Zitiert nach *Die Bibel*. Nach der Übersetzung Martins Luthers. Deutsche Bibelgesellschaft, Stuttgart 1985

3 Zitiert nach *Aurelius Augustinus*: Bekenntnisse. Eingel. u. übertr. v. Wilhelm Thimme. Deutscher Taschenbuch Verlag, München, 7. Aufl. 1994

4 Zitiert nach *Bernhard Jussen*: Chlodwig und die Eigentümlichkeiten Galliens. Ein *warlord* im rechten Augenblick, in: *Mischa Meier* (Hrsg.): Sie schufen Europa. Historische Portraits von Konstantin bis Karl dem Großen. C. H. Beck, München 2007, S. 147

5 Zitiert nach *Briefe des Bonifatius. Willibalds Leben des Bonifatius* nebst einigen zeitgenössischen Dokumenten. Unter Benützung der Übersetzung von M. Tangl und Ph. H. Külb neu bearb. v. Reinhold Rau. Freiherr vom Stein-Gedächtnisausgabe, Bd. IV b. Wissenschaftliche Buchgesellschaft, Darmstadt 1968. Siehe ferner: *Lutz E. von Padberg*: Bonifatius. Missionar und Reformer. C. H. Beck, München 2003

6 Zitiert nach *Willibalds Leben des Bonifatius* (Anm. 5)

7 Zitiert nach *Hugeburc*: Das Leben Wynnebalds, des Abtes von Heidenheim, in: Quellen zur Geschichte der Diözese Eichstätt, Bd. 1: Biographien der Gründerzeit. Texte, Übersetzung und Erläuterung v. Andreas Bauch. Sailer, Eichstätt 1962, S. 153

8 Zitiert nach *Hugeburc*: Das Leben Willibald's, des Bischofs von Eichstätt, in: Quellen zur Geschichte der Diözese Eichstätt, Bd. 1: Biographien der Gründerzeit. Texte, Übersetzung und Erläuterung v. Andreas Bauch. Sailer, Eichstätt 1962, S. 85

9 Vgl. *Ernst Pitz*: Europäisches Städtewesen und Bürgertum. Von der Spätantike bis zum hohen Mittelalter. Wissenschaftliche Buchgesellschaft, Darmstadt 1991. Siehe besonders das Kapitel »Zeitalter des Karolingerreiches«, S. 98 ff.

VI ANFÄNGE DER DEUTSCHEN

1 *Einhard*: Vitat Karoli Magni. Das Leben Karls des Großen. Lateinisch-deutsch. Übers., Anm. u. Nachwort v. Evelyn Scherabon Firchow. Reclam, Stuttgart 1996

2 *Johannes Fried*: Der Weg in die Geschichte. Die Ursprünge Deutschlands bis 1024. Propyläen Taschenbuch, Ullstein, Berlin 1998 (zuerst 1994)

3 Zitiert nach *Siegfried Epperlein*: Leben am Hofe Karls des Großen. Pustet, Regensburg 2000, S. 88

4 *Jacob Burckhardt*: Weltgeschichtliche Betrachtungen. Hrsg. v. Rudolf Marx. Kröner, Stuttgart 1978 (zuerst als Vorlesung gehalten ab 1868), S. 207 ff.

5 Zitiert nach *Matthias Becher*: Karl der Große. C. H. Beck, München 2000, S. 103

6 *Becher* (Anm. 5), S. 21

7 *Becher* (Anm. 5), S. 93

8 *Hinkmar von Reims*: De ordine palatii. Hrsg. u. übers. v. Thomas Gross und Rudolf Schieffer. Hahnsche Buchhandlung 1980

9 *Epperlein* (Anm. 3), S. 63

10 *Notker der Stammler*: Die Taten Karls des Großen, in: Einhard / Notker der Stammler: Leben und Taten Karls des Großen. Aus dem Lateinischen übertr. v. O. Abel und W. Wattenbach. Mit einem Nachwort von Hermann Schreiber und Anmerkungen von Anton Ritthaler. Winkler, München, 2. Aufl. 1968

11 *Epperlein* (Anm. 3), S. 82

12 *Norbert Elias*: Die höfische Gesellschaft. Untersuchungen zur Soziologie des Königtums und der höfischen Aristokratie. Mit einer Einleitung: Sozio-

logie und Geschichtswissenschaft. Suhrkamp, Frankfurt am Main 1999 (zuerst 1969)

13 Siehe *Werner Rösner*: Strukturformen der adligen Grundherrschaft in der Karolingerzeit, in: Strukturen der Grundherrschaft im frühen Mittelalter, hrsg. v. Werner Rösner. Göttingen 1989; ferner *Hans-Werner Goetz*: Leben im Mittelalter. C. H. Beck, München 1994

14 *R. Schneider* (Hrsg.): Capitulare de villis. Göttingen 1968

15 Zitiert nach *Goetz* (Anm. 13), S. 123, vgl. auch *Johannes Fried*: Zu Gast im Mittelalter. C. H. Beck, München 2007, S. 33 f.

16 Die Regel des *Hl. Benedikt*, hrsg. im Auftrag d. Salzburger Äbtekonferenz, Beuron 1990

17 *Marcus Gavius Apicius*: De re coquinaria. Über die Kochkunst. Lateinisch-deutsch. Hrsg., übers. u. komm. v. Robert Maier. Reclam, Stuttgart 2005

18 *Epperlein* (Anm. 3), S. 63

19 Vgl. *Horst Dieter Schlosser* (Hrsg.): Althochdeutsche Literatur. Mit Proben aus dem Altniederdeutschen. Ausgewählte Texte mit Übertragungen. Hrsg., übers., mit Anmerkungen und einem Glossar von Horst Dieter Schlosser. S. Fischer, Frankfurt am Main 1989 (zuerst 1970), S. 283 f. über den Schweinediebstahl

20 Vgl. *Fried* (Anm. 2), S. 107

21 Vgl. *Meister Hans*, des von Wirtenberg koch (1460). Transkription, Übersetzung, Glossar und kulturhistorischer Kommentar von Trude Ehlert im Auftrag von Tupperware. Tupperware, Frankfurt am Main 1996

22 *Antonius Anthus*: Vorlesungen über Eßkunst. Leipzig 1838 bei Otto Wiegand. Neu ediert 1962. Scherz, Bern, Stuttgart und Wien, S. 79

23 *Rudolf Habs* und *L. Rosner*: Appetit-Lexikon. Erweiterte Neuausgabe der 2., verbesserten Auflage, die 1894 in Wien erschien. Matthes & Seitz, München 1977, S. 188

24 Vgl. *Klaus Guth*: Zum Zusammenhang zwischen Wirtschaftsform und Lebensstil im Hochmittelalter. Kulturgeschichtliche Überlegungen zu den Speiseordnungen aus dem Alten Domstift zu Bamberg vor der Auflösung der ›vita communis‹ um 1200, in: Jahrbuch für Fränkische Landesforschung, Bd. 33 (1973)

25 *Marc Aurel*: Selbstbetrachtungen. Übertr. v. Wilhelm Capelle. Kröner, Stuttgart 2001. Siehe Erstes Buch, Kapitel 16, S. 7

26 Zitiert nach *Wilfried Hartmann*: Ludwig der Deutsche. Primus, Darmstadt 2002, S. 41

27 *Hartmann* (Anm. 26), S. 83

28 *Notker der Stammler* (Anm. 10), S. 87

29 *Hartmann* (Anm. 26), S. 148

30 *Notker der Stammler* (Anm. 10), S. 48, Hartmann (Anm. 26), S. 226

31 Zitiert nach *Ekkehard IV.*: Die Geschichte des Klosters St. Gallen. Übers. u. erläut. v. Hanno Helbing. Böhlau, Weimar 1958

32 *Hartmann* (Anm. 26), S. 222f.

33 *Hartmann* (Anm. 26), S. 225

34 *Hartmann* (Anm. 26), S. 214

35 *Fried* (Anm. 2), S. 419ff.

36 *Fried* (Anm. 15), S. 17f.

37 *Fried* (Anm. 2), S. 428

38 *Hartmann* (Anm. 26), S. 21

39 *Hartmann* (Anm. 26), S. 3f.

40 Zitiert nach *Ermanrich von Ellwangen*: Das Leben des Hl. Sola, in: Quellen zur Geschichte der Diözese Eichstätt, Bd. 1: Biographien der Gründerzeit. Texte, Übersetzung und Erläuterung v. *Andreas Bauch*. Johann Michael Sailer Verlag, Eichstätt 1962, S. 231

41 *Thietmar* (Anm. 43), S. 37

42 Zitiert nach *Johannes Laudage*: Otto der Große. Eine Biographie. Pustet, Regensburg 2001, S. 52

43 Zitiert nach *Widukind von Corvey*: Res gestae Saxonicae. Die Sachsengeschichte. Lateinisch-deutsch. Übers. u. hrsg. v. Ekkehart Rotter und Bernd Schneidmüller. Reclam, Stuttgart 1992

44 Vgl. *Laudage* (Anm. 42). S. 110f.

45 Vgl. *Rudolf Schieffer*: Der Platz Ottos des Großen in der Geschichte, in: Ottonische Neuanfänge. Symposion zur Ausstellung »Otto der Große, Magdeburg und Europa«. Hrsg. v. Bernd Schneidmüller und Stefan Weinfurter. Philipp von Zabern, Mainz 2001, S. 17ff.

46 Zitiert nach *Ruotger*: Lebensbeschreibung des Heiligen Erzbischofs Bruno von Köln. Übers. u. erläutert v. Irene Schmale-Ott. Böhlau, Münster und Köln 1954

47 *Fritz Weigle*: Die Briefe des Bischofs Rather von Verona. München 1981, Epist. 6, 33,7-10. Siehe auch *Peter Christian Jacobson*: Lateinische Dichtung in Köln im 10. und 11. Jahrhundert, in: Kaiserin Theophanu. Begegnung des Ostens und Westens um die Wende des ersten Jahrtausends. Hrsg. v. Anton von Euw und Peter Schreiner. Stadt Köln 1991, Bd. 1, S. 173ff.

48 *Hrotsvitha von Gandersheim*: Dulcituis. Abraham. Übersetzung und Nachwort von Karl Langosch. Reclam, Stuttgart 1998, Anhang, S. 47ff.

49 Die Regel des *Hl. Benedikt* (Anm. 16), vgl. auch *Arno Borst*: Lebensformen im Mittelalter. Ullstein, Berlin, 4. Aufl. 2004, S. 17, ebenso *Lewis Mumford*: Die Stadt. Geschichte und Ausblick. Aus dem Amerikanischen von Helmut Lindemann. Deutscher Taschenbuch Verlag, Köln und Berlin, 3. Aufl. 1984, Bd. 1, S. 289

50 *Franz-Josef Verscharen*: Köln im Zeitalter der Ottonen, in: Kaiserin Theophanu (Anm. 47), S. 71 ff.

51 Zitiert nach *Peter Engels*: Der Reisebericht des Ibrâhîm ibn Ya'qûb (961/966), in: Kaiserin Theophanu (Anm. 51), S. 413 ff.

52 Vgl. *Laudage* (Anm. 42), S. 96 ff.

53 Vgl. *Laudage* (Anm. 42), S. 238 f.

54 Vgl. *Laudage* (Anm. 42), S. 46

55 *Hagen Keller*: Das neue Bild des Herrschers. Zum Wandel der »Herrschaftsrepräsentation« unter Otto dem Großen, in: Ottonische Neuanfänge (Anm. 45), S. 189 ff.

56 Vgl. *Wolfram Herwig*: Konrad II. 990-1039. Kaiser dreier Reiche. C. H. Beck, München 2000, S. 161 ff.

57 Vgl. *Anton von Euw*: Der Darmstädter Gero-Codex und die künstlerisch verwandten Reichenauer Prachthandschriften, in: Kaiserin Theophanu (Anm. 47), S. 191 ff.

VII DER ZIVILISIERTE KRIEGER

1 *Lampert von Hersfeld*: Annalen. Neu übers. v. Adolf Schmidt. Erl. v. Wolfgang Dietrich Fritz. Freiherr vom Stein-Gedächtnisausgabe. Hrsg. v. Rudolf Buchner, Bd. XIII. Wissenschaftliche Buchgesellschaft, Darmstadt 1962, S. 209

2 Zitiert nach *Johannes Laudage*: Die Salier. Das erste deutsche Königshaus. C. H. Beck, München 2006, S. 72

3 Zitiert nach *Laudage* (Anm. 2), S. 78

4 *Johannes Fried*: Mythos Canossa. Wir sollten die Legende vergessen, in: Frankfurter Allgemeine Zeitung, 28. Januar 2009, S. N4

5 *Herwig Wolfram*: Konrad II. 990-1039. Kaiser dreier Reiche. C. H. Beck, München 2000

6 *Wipo*: Das Leben Kaiser Konrads II. Nebst Auszügen aus den Jahrbüchern von Sanct Gallen und der Schwäbischen Weltchronik. Nach den Texten der Monumenta Germaniae übers. v. W. Pflüger. Neu bearbeitet und mit Anhang versehen von W. Wattenbach. Lorenz, Leipzig, 5. Aufl. 1941, S. 32 f.

7 Zitiert nach *Herwig Wolfram* (Anm. 5), S. 182

8 Zitiert nach *Hermann von Reichenau*: Chronik, unter Benützung der Übersetzung von K. Nobbe neu bearbeitet v. Rudolf Buchner, in: Quellen des 19. Jahrhunderts zur Geschichte der Hamburgischen Kirche und des Reiches. Ausgewählte Quellen zur Deutschen Geschichte des Mittelalters. Freiherr vom Stein-Gedächtnisausgabe. Hrsg. v. Rudolf Buchner, Bd. XI. Wissenschaftliche Buchgesellschaft, Darmstadt 1961, S. 677. Vgl. auch *Matthias Becher*: Heinrich III. (1039-1056), in: *Bernd Schneidmüller* und *Stefan Weinfurter* (Hrsg.):

Die deutschen Herrscher des Mittelalters. Historische Portraits von Heinrich I. bis Maximilian I. (919-1519). C. H. Beck, München 2003

9 Zitiert nach *Joachim Bumke*: Höfische Kultur. Literatur und Gesellschaft im hohen Mittelalter. Deutscher Taschenbuchverlag, München, 11. Aufl. 2005 (zuerst 1986), S. 108

10 *Marc Bloch*: Die Feudalgesellschaft. Übers. v. Eberhard Bohm in Zusammenarbeit mit Kuno Böse. Propyläen, Frankfurt am Main, Berlin und Wien, dt. Erstausgabe 1982 (im Original zuerst 1939). Einen Überblick über die jüngere Forschung zum Rittertum gibt *Werner Paravicini*: Die ritterlich-höfische Kultur im Mittelalter. Oldenbourg, München, 2. Aufl. 1999. Siehe auch *Bumke* (Anm. 9)

11 Vgl. *Stefan Weinfurter*: Die Geschichte der Eichstätter Bischöfe des Anonymus Haserensis. Edition – Übersetzung – Kommentar. Regensburg 1987, S. 56. Siehe auch *Bumke* (Anm. 9), besonders das Kapitel »Die Rezeption der französischen Adelskultur in Deutschland«, S. 83ff.

12 Zitiert nach *Karl Langosch*: Waltharius, Ruodlieb, Märchenepen. Lateinische Epik des Mittelalters mit deutschen Versen. Wissenschaftliche Buchgesellschaft, Darmstadt 1956

13 *Norbert Scheuer*: Überm Rauschen. C. H. Beck, München 2009

14 Vgl. *Günter P. Fehring* und *Günter Stachel*: Grabungsbefunde des hohen und späten Mittelalters auf der Burg zu Nürnberg. Exkurs: *J. Lepiksaar*: Fischreste der Burg-Grabung in Nürnberg, in: Jahrbuch für fränkische Landesforschung, Bd. 28 (1968)

15 Zu den Fakten der Baugeschichte vgl. *Hans Erich Kubach*: Der Dom zu Speyer. Wissenschaftliche Buchgesellschaft, Darmstadt, 4. ergänzte Aufl. 1998

16 *Otto von Freising / Rahewin*: Die Taten Friedrichs oder richtiger Cronica. Übers. v. Adolf Schmidt. Hrsg. v. Franz-Josef Schmale. Freiherr vom Stein-Gedächtnisausgabe. Hrsg. v. Rudolf Buchner, Bd. XVII. Wissenschaftliche Buchgesellschaft, Darmstadt 1965

17 *Jacob Burckhardt*: Weltgeschichtliche Betrachtungen. Erl. Ausgabe. Hrsg. v. Rudolf Marx. Kröner, Stuttgart 1978 (zuerst als Vorlesung gehalten ab 1868). Siehe das Kapitel »Über Glück und Unglück in der Weltgeschichte«, S. 249ff.

18 Vgl. *Ferdinand Opll*: Friedrich Barbarossa. Primus, Darmstadt, 3. Aufl. 1998 (zuerst 1990), S. 30

19 Vgl. *Opll* (Anm. 18), S. 52, Fußnote

20 Vgl. *Bumke* (Anm. 9), S. 51. Ferner *Evamaria Engel*: Das Freiheitsstreben der Stadt. Kölns Ringen um kommunale Freiheiten, in: *Rainer Beck* (Hrsg.): Das Mittelalter. Ein Lesebuch zur deutschen Geschichte. 800-1500. C. H. Beck, München, 4. Aufl. 2006, S. 96ff.

21 Vgl. *Wolfgang Rosen* und *Lars Wirtler* (Hrsg.): Quellen zur Geschichte

der Stadt Köln, Bd. 1. Hrsg. im Auftrag des Fördervereins Geschichte in Köln e. V. Bachem, Köln 1999, S. 133 ff.

22 Zitiert nach *Arno Borst*: Lebensformen im Mittelalter. Ullstein, Berlin, 4. Aufl. 2004 (zuerst 1973), S. 410 f.

23 Vgl. *Opll* (Anm. 18), S. 55 u. S. 254

24 Vgl. *Heinz Stoob*: Formen und Wandel staufischen Verhaltens zum Städtewesen, in: *ders.* (Hrsg.): Altständisches Bürgertum, Bd. 1: Herrschaft und Gemeinverfassung. Wissenschaftliche Buchgesellschaft, Darmstadt 1978, S. 380 ff.

25 Vgl. *Klaus Guth*: Zum Zusammenhang zwischen Wirtschaftsform und Lebensstil im Hochmittelalter. Kulturgeschichtliche Überlegungen zu den Speiseordnungen aus dem Alten Domstift zu Bamberg vor der Auflösung der ›vita communis‹ um 1200, in: Jahrbuch für fränkische Landesforschung, Bd. 33 (1973)

26 Siehe *Walter Hotz*: Pfalzen und Burgen der Stauferzeit. Geschichte und Gestalt. Wissenschaftliche Buchgesellschaft, Darmstadt 1981

27 Zitiert nach *Bumke* (Anm. 9), S. 157

28 Vgl. *Bumke* (Anm. 9)

29 Zitiert nach *Bumke* (Anm. 9), S. 645 f.

30 Zitiert nach *Bumke* (Anm. 9), S. 641

31 Zitiert nach *Bumke* (Anm. 9), S. 280

32 Zitiert nach *Borst* (Anm. 22), S. 90 f.

33 *Andreas Kilb*: Geld hat kein Zuhause. Eine Liebe im Wald: Christian Petzolds Film »Jerichow«, in: Frankfurter Allgemeine Sonntagszeitung, 4. Januar 2009, S. 19

34 Zitiert nach *Dieter Kühn*: Der Parzival des Wolfram von Eschenbach. Insel, Frankfurt am Main 1992 (zuerst 1986). Dieselbe Übersetzung findet sich in leicht veränderter Form in: *Wolfram von Eschenbach*: Parzival. Nach der Ausgabe von Karl Lachmann rev. u. komm. v. Eberhard Nellmann. Übertr. v. Dieter Kühn. Deutscher Klassiker Verlag, Frankfurt am Main 1994; im Taschenbuch 2006

35 Joachim Bumke offeriert eine Monographie über das Werk von Wolfram und stellt den neuesten Stand der Forschung vor, doch das Leben des Dichters spielt darin nur eine Nebenrolle. Siehe *Joachim Bumke*: Wolfram von Eschenbach. Metzler, Stuttgart, 8. Aufl. 2004 (zuerst 1964). Zum lokalen Hintergrund des Dichters siehe das ältere Werk von *Johann Baptist Kurz*: Heimat und Geschlecht Wolframs von Eschenbach. Brügel & Sohn, Ansbach 1916. Vgl. dazu auch die jüngere Studie von *Erwin Seitz*: Wolframs-Eschenbach wird Stadt. Von Fernstraßen, Rittern und Ordensbrüdern, Reisenden und Bürgern in Mittelalter und Renaissance. Verlag der Stadt Wolframs-Eschenbach 2009. Hierin werden Ergebnisse von Kurz verbessert

36 Einem Poeten wie Dieter Kühn wurde es zu bunt. Er sammelte reichhaltiges Material über »Leben, Werk und Zeit des Wolfram von Eschenbach« und stellte es 1986 seiner glänzenden Übersetzung des »Parzival« voran. Siehe *Kühn* (Anm. 34)

37 Die Anrede »Mein Herr, der Graf von Wertheim« steht in der St. Galler Handschrift D, welche als diejenige gilt, die der Endfassung des Autors am nächsten kommt. In anderen Handschriften liest man den vollständigen Namen »Graf Poppo von Wertheim«, allerdings ohne die Anrede »Mein Herr«. Doch auch die Nennung des vollen Namens war eine Auszeichnung vor anderen Gönnern.

38 Siehe *Johann Baptist Kurz*: 50 Jahre Wolframs-Eschenbach. Urkundenregesten zur Heimatgeschichte Wolframs von Eschenbach. Verlag der Stadt Wolframs-Eschenbach 1967, Nr. I., Nr. III. u. Nr. XXX. Vgl. auch Seitz (Anm. 35), S. 55 ff. und S. 62. Die Schenkung des Kirchenpatronats in Eschenbach durch Graf Boppo von Wertheim an den Deutschen Orden ist nicht datiert, sie kann aber mit Hilfe der Zeugenliste und weiterer Dokumente auf die Zeit um 1215 bestimmt werden. Aus einer anderen Urkunde der Grafen von Wertheim aus dem Jahr 1214 kann man erschließen, dass damals der Pfarrer von Eschenbach noch in Wertheim vorstellig wurde. Das Kirchenpatronat dürfte sich demnach bis 1214 in der Hand der Wertheimer befunden haben. In der Schenkungsurkunde des Kirchenpatronats tritt als Zeuge Siboto von Luden (heute Lauda-Königshofen) auf. Siboto ist in anderen Urkunden nur bis 1215 nachweisbar. Siehe unter www.regesta-imperii:de, 28. Juli 1215, RI V 1,1n. 813. Vgl. dazu auch *Peter Rückert*: Die Edelfreien von Lauda, Zimmern und Gamburg, in: *Ferdinand Kramer* und *Wilhelm Störmer* (Hrsg.): Hochmittelalterliche Adelsfamilien in Altbayern, Franken und Schwaben (= Studien zur bayerischen Verfassungs- und Sozialgeschichte 20), München 2005

39 Hauptstaatsarchiv München, Oettingen-Deutschordenskommende U 5. Vgl. auch *Seitz* (Anm. 35), S. 55

40 Vgl. *Peter Vychitil*: Ausgrabungen im Liebfrauenmünster zu Wolframs-Eschenbach, in: Beiträge zur Archäologie in Mittelfranken, Bd. 8 (2003), S. 195 ff.; ferner *Oskar Geidner*: Archäologische Grabungen im Liebfrauenmünster Wolframs-Eschenbach, in: Liebfrauenmünster Wolframs-Eschenbach. Innenrenovierung 2000 bis 2001, hrsg. v. Katholischen Pfarramt Wolframs-Eschenbach 2001. In einer frühen Passage des »Parzival« sagte der Dichter einmal: »Wir Bayern«, was gegen das fränkische Eschenbach sprechen könnte. Doch Wolfram spottete an dieser Stelle über die Bayern und schloss sich wohl vorsichtshalber mit ein, um dem Scherz die Spitze zu nehmen. Philologische Untersuchungen haben ergeben, dass seine Sprache fränkisch war

41 Vgl. *Herbert Krüger*: Des Nürnberger Meisters Erhard Ertzlaub älteste

Straßenkarten von Deutschland, in: Jahrbuch für fränkische Landesforschung, Bd. 18 (1958)

42 Staatsarchiv Nürnberg, Rst. Nürnberg, Karten und Pläne 1. Siehe auch *Seitz* (Anm. 35), S. 20ff. Die oberrheinischen Bischofs- und Reichsstädte hatten bereits seit dem frühen 12. Jahrhundert – Worms seit 1112 – kaiserliche Zollfreiheiten für Nürnberg erhalten und mussten Wege nach Franken suchen. 1219 erhielt Nürnberg umgekehrt die königlichen Zollfreiheiten für Worms und Speyer. Eine Wegvariante führte von Speyer über Eschenbach nach Nürnberg. 1332 wurde den Nürnberger Kaufleuten in einem kaiserlichen Privileg auch die Zollfreiheit für Straßburg bestätigt. Siehe *Gerhard Hirschmann*: Nürnbergs Handelsprivilegien, Zollfreiheiten und Zollverträge bis 1399, in: Beiträge zur Wirtschaftsgeschichte Nürnbergs, hrsg. v. Stadtarchiv Nürnberg, Bd. 1. Selbstverlag des Stadtrats zu Nürnberg 1967. Von Straßburg bis nach Schwäbisch Gmünd (und Aalen) fußte die Strecke auf einer alten römischen Militär- und Handelsstraße. Vermutlich hatten die Staufer seit Mitte des 12. Jahrhunderts den Ausbau der Strecke vorangetrieben. Das Geschlecht besaß Eigengüter im Elsass, in Schwaben und in Franken, vermischt mit Vogteirechten in Königshand und Reichsgut. Etwa in der Mitte der genannten Wegstrecke – zwischen Schorndorf und Schwäbisch Gmünd – befand sich, etwas nach Süden versetzt, das Zentrum der Familie, die Burg Hohenstaufen, und gegenüber, in Sichtweite zur Fernstraße, ihr Hauskloster Lorch. Konrad III. sah die Burg in Nürnberg als familiäres Erbe an und hielt sich häufig dort auf

43 Zitiert nach *Wolfram von Eschenbach*: Willehalm. Text und Kommentar. Hrsg. v. Joachim Heinzle. Deutscher Klassiker Verlag, Frankfurt am Main 1991; als Taschenbuch 2009

44 Zitiert nach *Kühn* (Anm. 34), S. 224

45 Vgl. *J. Aschbach*: Geschichte der Grafen von Wertheim. Frankfurt am Main 1843. Urkundenteil, Nr. XIV. Siehe auch *Walter Scherzer* (Bearbeiter): Urkunden und Regesten des Klosters und Stifts St. Gumbert in Ansbach. 786-1400. Neustadt/Aisch 1989

46 Siehe *Seitz* (Anm. 35)

47 Vgl. dazu den Kommentar von *Eberhard Nellmann* in: *Wolfram von Eschenbach*: Parzival (Anm. 35). Vgl. ebenso den Kommentar von Joachim Heinzle in: *Wolfram von Eschenbach*: Willehalm (Anm. 43). Siehe desgleichen *Bumke* (Anm. 35), S. 5ff.

48 Vgl. *Aschbach* (Anm. 45), Urkundenteil, Nr. XIIb. Siehe auch *Nellmann* (Anm. 48), S. 553, zu Vers 184,6

49 Vgl. *Aschbach* (Anm. 45), Urkundenteil, Nr. XIV, Urkunde von 1201; hier erschien unter den Ministerialen des Grafen von Wertheim ein »Albertus Dapifer«, »Truchsess Albert«

50 Vgl. *W. Krafft*: Das Urbar der Reichsmarschälle von Pappenheim, in:

Schriftenreihe zur bayerischen Landesgeschichte 3 (1929). Siehe ferner Kurz (Anm. 38), Nr. III

51 Vgl. *Martin Baisch*: Die Bedeutung der Varianz. Zu den auktorialen Selbstentwürfen im »Parzival« Wolframs von Eschenbach, in: *Arthur Groos* und *Hans-Jochen Schiewer* (Hrsg.): Kulturen des Manuskriptzeitalters. Vandenhoeck & Ruprecht, Göttingen 2004, S. 11 ff.

52 Siehe dazu *Karl Bertau*: Wolfram von Eschenbach. Neun Versuche über Subjektivität und Ursprünglichkeit in der Geschichte. C. H. Beck, München 1983

53 Vgl. *Bumke* (Anm. 35), S. 19

54 Siehe unter www.mgh.de, MGH SS XXIV, S.76: Notea Genealogicae Bavarricae. Vgl. auch *Hermann Ehmer*: Die ältesten Siegel der Grafen von Wertheim und die Entstehung des Wertheimer Wappens, in: Aus der Arbeit des Archivs. Festschrift für Gregor Richter. Veröffentlichung der Staatlichen Archivverwaltung Baden-Württemberg, Bd. 44, 1986, S. 407 ff. Ferner *ders.*: Geschichte der Grafschaft Wertheim, Wertheim 1989. Die ältere Forschung vermutete, dass Gräfin Kunigunde von Wertheim eine geborene von Krautheim-Boxberg war, doch wahrscheinlich stammte Gräfin Mechthild, die Frau von Graf Boppo II. von Wertheim, aus diesem Geschlecht. Siehe *Aschbach* (Anm. 45), S. 68 f. u. Urkundenteil, XIIb

55 Zitiert nach *Kühn* (Anm. 34), S. 66

56 Vgl. *Giovanni Boccaccio*: Das Dekameron. Vollst. Ausg. in der Übertr. v. Karl Witte, durchges. v. Helmut Bode. Mit einem Nachwort v. Andreas Bauer. Winkler, München 1979 (zuerst 1353). Siehe dazu *Kurt Flasch*: Vernunft und Vergnügen. Liebesgeschichten aus dem Decameron. C. H. Beck, München 2002

57 Siehe unter www.regesta-imperii.de, 9. Juni 1192 = RI IV. 3, 1n. 225; 8. Juli 1191 = RI IV. 3, 1n. 235; 24. Oktober 1195 = RI IV. 3, 1n. 477; 1200 = RI V.1, 1n. 42

58 Vgl. *Bumke* (Anm. 35), S. 238 f.

59 Siehe www.regesta-imperii.de, 21. September 1190; RI IV 3, 1n. 107

60 1193 begegneten sich Landgraf Hermann von Thüringen und Graf Gerhard von Loon-Rieneck am Hof von Kaiser Heinrich VI. und kannten sich wohl. Siehe www.regesta-imperii.de, 14. Juni 1193; RI IV 3,1n. 302

61 Zitiert nach *Bumke* (Anm. 9), S. 604. Siehe auch *U. Peters*: Fürstenhof und höfische Dichtung. Der Hof Hermanns von Thüringen als literarisches Zentrum. Konstanz 1981, S. 16 f.

62 Vgl. *Chréstien de Troyes*. Parceval. Altfranzösisch-deutsch. Hrsg. u. übers. v. Felicitas Olef-Krafft. Reclam jun., Stuttgart 1991. Siehe ebenso *Richard Barber*: Der Heilige Gral. Geschichte und Mythos. Aus dem Englischen von Harald Ehrhard. Artemis & Winkler, Düsseldorf und Zürich 2004, 28 ff. u. 107 ff.

63 *Hans Hajek* (Hrsg.): Das buoch von guoter spîse. Aus der Würzburg-Münchner Handschrift. Berlin 1958, Rezept 32. Die Übersetzung folgt *Trude Ehlert*: Kochbuch des Mittelalters. Patmos, Düsseldorf 2000, S. 55

64 *Sieglinde Hartmann*: Vom ›vrâz‹ zum Parnaß. Ein mentalitätsgeschichtlicher Versuch über die Bedeutung der Kochkunst in Mittelalter und früher Neuzeit, in: *Irmgard Bitsch, Trude Ehlert* und *Xenja von Ertzdorff* (Hrsg.): Essen und Trinken in Mittelalter und Neuzeit. Thorbecke, Sigmaringen 1987, S. 122

65 Siehe *Hartmann* (Anm. 64), S. 122

66 Vgl. *Seitz* (Anm. 34), S. 55

67 Die Urkunde, in der Wolfelin I. von Eschenbach zum ersten Mal erschien, ist undatiert, sie wurde jedoch an eine Urkunde von 1261 angenäht. Beide Dokumente betreffen eine Schenkung, die ein Ministerialer der edelfreien Herren von Hohenlohe vornahm; die Quellen ergänzten sich gegenseitig, gehörten inhaltlich wie zeitlich zusammen. Siehe www.wubonline.de, Württembergisches Urkundenbuch, Bd. VI., Nr. 1610. Alle weiteren urkundlichen Belege für das ritterliche Geschlecht von Eschenbach finden sich in der Regel bei *Kurz* (Anm. 39). Wolfelin von Eschenbach zählte hier, in der Urkunde von 1261, zu den Dienstmannen des Konrads von Hohenlohe-Röttingen, der jetzt jenen Königshof in Röttingen als Reichslehen besaß, den zuvor, bis etwa 1230, Schenk Berenger von Schüpf-Röttingen in seiner Hand hatte, der vormals in Eschenbach begütert war. Vgl. dazu *Kurz* (Anm. 38), Urkunde Nr. III. u. IV. Ebenso *Gerhard Lubich*: Der Aufstieg der Hohenlohe zu Territorialherren im Taubergrund. Die Herrschaftsbildung eines Edelfreiengeschlechts im 13. Jahrhundert, in: *Ferdinand Kramer* und *Wilhelm Störmer* (Hrsg.): Hochmittelalterliche Adelsfamilien in Altbayern, Franken und Schwaben (= Studien zur bayerischen Verfassungs- und Sozialgeschichte 20), München 2005

68 Siehe www.regesta-imperii.de, 28. April 1317, Regg. Ludwig d. B. H. 3n. 56

69 Vgl. *Erwin Seitz*: Gespräch und Gourmandise. Gast und Gastgeber sein, in: Cotta's kulinarischer Almanach, Nr. 15, hrsg. v. Erwin Seitz, mit Illustrationen von Isabel Klett. Klett-Cotta, Stuttgart 2007

70 Zitiert nach *Wolfram von Eschenbach*: Willehalm (Anm. 43)

71 Zitiert nach *Wolfram von Eschenbach*: Willehalm (Anm. 43)

72 In der Forschung gilt die Bemerkung »auf dem Sand« auch als Hinweis auf Pleinfeld, das etwa in der Mitte der fränkischen Sand-Region zwischen Nürnberg und Weißenburg liegt. Im »Jüngeren Titurel«, der das »Titurel«-Fragment von Wolfram von Eschenbach um 1260/70 fortsetzte, wurde Wolfram auch als »friunt von Blienvelde« bezeichnet, doch Wolfram selbst hat sich nie so genannt. Die Pleinfeld-These bezieht sich ebenso auf eine Notiz im Salbuch der Bischöfe von Eichstätt aus der zweiten Hälfte des 13. Jahrhunderts: »Die Herren von Rieneck und Wertheim haben Obereschenbach und Pleinfeld

mit allen Besitzungen als Lehen, ebenso das Patronat über die Pfarrkirchen.« Es handelte sich wohl um eine reine Hypothese, die sich durch Urkunden nicht bestätigen lässt. In Eschenbach hatte längst der Deutsche Orden das Kirchenpatronat als »freien Besitz« inne, und in Pleinfeld waren die Grafen von Hirschberg und Dollnstein die Patronatsherren und Grundherren des Dorfes. Der Wertheimer Besitz in Eschenbach war vermutlich ein Reichslehen, das zum Königshof in Schwabach gehörte.

VIII DER ABENTEUERLICHE BÜRGER

1 Vgl. *Birgit Friedel*: Die Nürnberger Burg. Geschichte, Baugeschichte und Archäologie. Imhof, Petersberg 2007

2 Vgl. *Peter Fleischmann*: Rat und Patriziat in Nürnberg. Die Herrschaft der Ratsgeschlechter vom 13. bis zum 18. Jahrhundert. 3 Bde. Nürnberger Forschungen, Bde. 31/1-3. Verlagsdruckerei Schmidt, Neustadt/Aisch 2008

3 Vgl. *Heinz Stoob*: Formen und Wandel staufischen Verhaltens zum Städtewesen, in: *ders.* (Hrsg.): Altständisches Bürgertum. 2 Bde. Wissenschaftliche Buchgesellschaft, Darmstadt 1978, Bd. 2, S. 380ff.

4 Vgl. *Fleischmann* (Anm. 2)

5 Das Handelsbuch der Holzschuher in Nürnberg von 1304-1307. Bearb. u. hrsg. v. Anton Chroust und Hans Proesler. Erlangen 1934

6 *Ulman Stromeir*: Püchel von meim geslechet und von abentewr, in: Die Chroniken der deutschen Städte, Bd. 1. Hrsg. durch die Historische Kommission bei der Bayerischen Akademie der Wissenschaft v. Karl Hegel. Hirzel, Leipzig 1862

7 Vgl. *Christoph von Imhoff* (Hrsg.): Berühmte Nürnberger aus neun Jahrhunderten. Hofmann, Nürnberg 1984

8 Zitiert nach *Heinz Thomas*: Ludwig der Bayer. Kaiser und Ketzer. Pustet/Styria, Regensburg, Graz, Wien und Köln 1993, S. 384f.

9 Vgl. *Thomas* (Anm. 8), S. 138ff.

10 Zitiert nach *Mathias von Neuenburg*: Die Chronik. Übers. v. Georg Grandaur. Mit einer Einleitung v. Ludwig Weiland. Verlag der Dykischen Buchhandlung, Leipzig 1892, S. 78

11 Zitiert nach *Thomas* (Anm. 8), S. 384f.

12 Zitiert nach *Ferdinand Seibt*: Ein Kaiser in Europa. 1346 bis 1378. Deutscher Taschenbuch Verlag, München 2000 (zuerst 1978). S. 334

13 Vgl. *August Gemperlein*: Konrad Groß, der Stifter des Nürnberger Heiliggeist-Spitals, und seine Beziehungen zu Kaiser Ludwig, in: Mitteilungen des Vereins für Geschichte der Stadt Nürnberg, Bd. 39, Jg. 1944. Siehe ferner *Imhoff* (Anm. 7), S. 19f.

14 Zitiert nach *Georg Löhlein*: Die Gründungsurkunde des Nürnberger Heilig-Geistspitals von 1339, in: Mitteilungen des Vereins für Geschichte der Stadt Nürnberg, Bd. 52, Jg. 1963/64

15 Zitiert nach *Friedrich-W.* und *Erika Wentzlaff-Eggebert*: Deutsche Literatur im späten Mittelalter 1250-1450, Bd. I. Rittertum, Bürgertum. Mit Lesestücken. Rowohlt, Reinbek bei Hamburg 1971, S. 54

16 Zitiert nach *Christoph Cormeau*: Essen und Trinken in Predigten Bertholds von Regensburg, in: *Irmgard Bitsch, Trude Ehlert* und *Xenja von Ertzdorff* (Hrsg.): Essen und Trinken in Mittelalter und Neuzeit. Thorbecke, Sigmaringen 1987, S. 79 ff.

17 Zitiert nach *Trude Ehlert*: Kochbuch des Mittelalters. Rezepte aus alter Zeit, eingeleitet, erläutert und ausprobiert von Trude Ehlert. Patmos, Albatros, Düsseldorf 2000, S. 11

18 Vgl. *Der Stricker*: Erzählungen, Fabeln, Reden. Mittelhochdeutsch-neuhochdeutsch. Hrsg., übers. u. komm. v. Ofried Ehrismann. Philipp Reclam jun., Stuttgart 2004, S. 204 f.

19 Vgl. *Gerhard Pfeiffer* (Bearbeiter): Die Ältesten Urbare der Deutschordenskommende Nürnberg. Degener & Co, Neustadt/Aisch 1981. Siehe ferner *August Jegel*: Ernährungsfürsorge des Altnürnberger Rates, in: Mitteilungen des Vereins für Geschichte der Stadt Nürnberg, Bd. 37, Jg. 1940

20 *Hans Hajek* (Hrsg.): Das buoch von guoter spise. Aus der Würzburg-Münchner Handschrift. Berlin 1958. Die hochdeutschen Übersetzungen der Rezepte werden zitiert nach *Ehlert* (Anm. 17)

21 Vgl. *Massimo Montanari*: Der Hunger und der Überfluß. Kulturgeschichte der Ernährung in Europa. C. H. Beck 1999 (zuerst 1993), S. 81

22 Zitiert nach *Philippe Dollinger*: Die Hanse. Kröner, Stuttgart, 5., erweiterte Auflage 1998 (zuerst 1964), S. 511

23 Vgl. *Dollinger* (Anm. 22)

24 Vgl. *Dollinger* (Anm. 22), Anhang: Quellen und Statistiken, Nr. 9

25 Vgl. *Dollinger* (Anm. 22), Anhang: Quellen und Statistiken, Nr. 44

26 Vgl. *Hartmut Boockmann*: Alltag am Hof des Deutschordens-Hochmeisters in Preußen, in: Alltag bei Hofe. Hrsg. v. *Werner Paravicini* (= Residenzforschung. Hrsg. v. d. Residenzen-Kommission der Göttinger Akademie der Wissenschaft, Bd. 5). Thorbecke, Sigmaringen 1995, S. 137 ff.

27 Vgl. *Rolf Hammel-Kiesow*: Räumliche Entwicklung und Berufstopographie Lübecks bis zum Ende des 14. Jahrhunderts, in: Lübeckische Geschichte. Hrsg. v. Antjekathrin Graßmann. Schmidt-Römhild, Lübeck, 4. verbesserte und ergänzte Auflage 2008 (zuerst 1988), S. 46 ff.

28 Vgl. *Walter Scherzer* (Bearbeiter): Urkunden und Regesten des Klosters und Stifts St. Gumbertus in Ansbach. 786-1400. Neustadt/Aisch 1989

1 Vgl. *Christoph Böhm*: Die Reichsstadt Augsburg und Kaiser Maximilian I. Untersuchungen zum Beziehungsgeflecht zwischen Reichsstadt und Herrscher an der Wende zur Neuzeit. Thorbecke, Sigmaringen 1998. Siehe auch *Hermann Wiesflecker*: Kaiser Maximilian I. Das Reich, Österreich und Europa an der Wende zur Neuzeit. 5 Bde. Oldenbourg, München 1971 ff.

2 Vgl. *Gebhardt*: Handbuch der deutschen Geschichte. Bd. 9: Probleme deutscher Geschichte 1495-1806. Reichsreform und Reformation. Hrsg. v. Wolfgang Reinhard, wissenschaftliche Redaktion: Rolf Häfele. Klett-Cotta, Stuttgart, 10., völlig neu bearbeitete Auflage 2001

3 Zitiert nach *Joseph Grünpeck*: Die Geschichte Friedrichs III. und Maximilians I. Übers. v. Th. Ilgen. Dyk'sche Buchhandlung, Leipzig o. J., S. 53 f.

4 Vgl. *Monika Fritz*: Kaiser Maximilian I. und Innsbruck. Selbstverlag des Stadtmagistrates, Innsbruck 1968

5 Vgl. *Böhm* (Anm. 1), S. 178 ff.

6 Zitiert nach *Böhm* (Anm. 1), S. 199. Siehe ebenso die Chronik von *Clemens Sender*, in: Die Chroniken der deutschen Städte. Bd. 23. Hrsg. durch die Historische Kommission bei der Bayerischen Akademie der Wissenschaft v. Karl Hegel. Hirzel, Leipzig 1862 ff., S. 84

7 Vgl. *Böhm* (Anm. 1), S. 392

8 Siehe *Wilhelm Rem*: Cronica newer geschichten, in: Die Chroniken der deutschen Städte. Bd. 25. Hrsg. durch die Historische Kommission bei der Bayerischen Akademie der Wissenschaft v. Karl Hegel. Hirzel, Leipzig 1862 ff.

9 Vgl. *Jancis Robinson*: Das Oxford Weinlexikon. Hallwag, München, 2. Aufl. 2003, S. 448

10 Vgl. *Jakob Strieder*: Jacob Fugger der Reiche. Quelle & Meyer, Leipzig 1925

11 Vgl. *Heinrich Wölfflin*: Die Kunst Albrecht Dürers. Stiebner, München, 10. Aufl. 2000 (zuerst 1905)

12 Zitiert nach *Albrecht Dürer*: Schriften und Briefe. Hrsg. v. Ernst Ullmann. Textbearbeitung v. Elvira Pradel. Reclam, Leipzig 1993 (zuerst 1978), S. 110 f.

13 Zitiert nach *Willehad Paul Eckert* und *Christoph von Imhoff*: Willibald Pirckheimer. Dürers Freund im Spiegel seines Lebens, seiner Werke und seiner Umwelt. Wienand, Köln 1971, S. 349

14 Zitiert nach *Heiko A. Obermann*: Luther. Mensch zwischen Gott und Teufel. Severin und Siedler, Berlin 1981, S. 46 f.

15 Siehe *Ernst Kroker*: Katharina von Bora. Martin Luthers Frau. Ein Lebens- und Charakterbild. Evangelische Verlagsanstalt, Berlin, 13. Aufl. 1974 (zuerst 1906). Vgl. auch *Obermann* (Anm. 14). Siehe ebenso *Richard Frieden-*

thal: Luther. Sein Leben und seine Zeit. Piper, München 1967. Ferner: Luther in Mansfeld. Forschungen am Elternhaus des Reformators, hrsg. v. Harald Meller. Landesamt für Denkmalpflege und Archäologie Sachsen-Anhalt – Landesmuseum für Vorgeschichte, Halle 2007. Ferner: *Alexandra Dapper*: Zu Tisch bei Martin Luther. Hrsg. v. Harald Meller. Landesamt für Denkmalpflege und Archäologie Sachsen-Anhalt, Halle 2008

16 Vgl. *Walter Zöllner*: Herausbildung und Weiterentwicklung der Wissenschaftsgebiete an der Universität Wittenberg bis zum Ende der Lutherzeit (unter besonderer Berücksichtigung der Artistenfakultät), in: *Heiner Lück* (Hrsg.): Martin Luther und seine Universität. Vorträge anläßlich des 450. Todestages des Reformators. Böhlau, Köln, Weimar und Wien 1998

17 Siehe *Marx Rumpolt*: Ein new Kochbuch. Mit einem Nachwort von Manfred Lemmer. Olms, Hildesheim, Zürich und New York 2002. Nachdruck der Ausgabe Frankfurt am Main 1581

18 Vgl. dazu *Katja Mutschelknaus* alias *Fanny Valentin*: Pfeilgrad zur Seligkeit. Wirtshauskultur in Oberbayern, in: Cotta's kulinarischer Almanach. Nr. 13. Hrsg. v. Erwin Seitz mit Illustrationen von Isabel Klett. Klett-Cotta, Stuttgart 2005. Siehe ebenso *Erwin Seitz*: Die hohe Kunst, es möglichst einfach zu machen. Der Hype der Maultasche in Berlin, in: Cotta's kulinarischer Almanach. Nr. 16. Hrsg. v. Erwin Seitz mit Illustrationen von Isabel Klett. Klett-Cotta, Stuttgart 2008

19 Siehe *Rudolf Habs* und *L. Rosner*: Appetit-Lexikon. Erweiterte Neuausgabe der 2., verbesserten Auflage, die 1894 in Wien erschien. Matthes & Seitz, München 1977, S. 188

20 Vgl. *Michel de Montaigne*: Tagebuch einer Reise durch Italien, die Schweiz und Deutschland in den Jahren 1580 und 1581. Hrsg. u. aus dem Französischen übertragen v. Otto Falke. Insel, Frankfurt am Main 1988. Die Hausforschung bestätigt, dass die halbmondförmige Bohlenstube im späten Mittelalter und der Renaissance im heutigen Mittel- und Süddeutschland sowie in der Schweiz und Österreich weit verbreitet war. Vgl. *Fritz Schmit* und *Ulf Dirlmeier*: Geschichte des Wohnens im Spätmittelalter, in: *Ulf Dirlmeier* (Hrsg.): Geschichte des Wohnens. Bd. 2: 500-1800. Hausen – Wohnen – Residieren. Deutsche Verlags-Anstalt, Stuttgart 1998

21 Siehe *Johann Kaspar Riesbeck*: Briefe eines reisenden Franzosen über Deutschland. Rütten & Loening, Berlin 1976 (zuerst 1783)

22 Zitiert nach *Niccolò Machiavelli*: Il Principe. Der Fürst. Italienisch-deutsch. Übers. u. hrsg. v. Philipp Rippel. Reclam, Stuttgart 1986 (zuerst 1532)

23 Zitiert nach *Peter C. Hartmann*: Die Jesuiten. C. H. Beck, München 2001, S. 21

24 Vgl. *Marian Szyrocki*: Die deutsche Literatur des Barock. Reclam, Stuttgart, ern. Ausgabe 1997. Siehe besonders das Kapitel »Das Drama«. S. 294 ff.

25 Zitiert nach *Hermann* und *Anna Bauer*: Jesuitenkolleg Sankt Michael in München, in: *Hermann* und *Anna Bauer*: Klöster in Bayern. Eine Kunst- und Kulturgeschichte der Klöster in Oberbayern, Niederbayern und der Oberpfalz. Mit Aufnahmen von Hubert Häusler. C. H. Beck, München 1985

26 Vgl. *Richard Alewyn*: Das große Welttheater. Die Epoche der höfischen Feste. C. H. Beck, München 1985 (zuerst 1959)

27 Zitiert nach *Hermann* und *Anna Bauer* (Anm. 25)

28 Vgl. *Richard Bauer*: Geschichte Münchens. C. H. Beck, München 2003

29 Vgl. *Jakob Bidermann*: Cenodoxus. Deutsche Übersetzung von Joachim Meichel (1635). Hrsg. v. Rolf Tarot. Reclam, Stuttgart 2000

X ESSKUNST VON EUROPÄISCHEM RANG

1 Vgl. *Ferdinand Seibt*: Karl IV. Ein Kaiser in Europa. 1346 bis 1578. Deutscher Taschenbuch Verlag, München 2000 (zuerst 1978), S. 250ff.

2 Zum Phänomen des geschichtlichen Trends in der Geschichte vgl. *Martin Jehne*: Der große Trend, der kleine Sachzwang und das handelnde Individuum. Caesars Entscheidung. Deutscher Taschenbuch Verlag, München 2009

3 Zitiert nach *Willehad Paul Eckert* und *Christoph von Imhoff*: Willibald Pirckheimer. Dürers Freund im Spiegel seines Lebens, seiner Werke und seiner Umwelt. Wienand, Köln 1971, S. 340

4 Vgl. dazu *Emil Reicke*: Willibald Pirckheimer. Leben, Familie und Persönlichkeit. Diederichs, Jena o. J.

5 Zitiert nach *Eckert* und *von Imhoff* (Anm. 3), S. 125

6 Christoph Scheurl's Epistel über die Verfassung der Reichsstadt Nürnberg. 1516, in: Die Chroniken der deutschen Städte. Bd. 11. Hrsg. durch die Historische Kommission bei der Bayerischen Akademie der Wissenschaft v. Karl Hegel. Hirzel, Leipzig 1874

7 Siehe *Christoph von Imhoff* (Hrsg.): Berühmte Nürnberger aus neun Jahrhunderten. Albert Hofmann, Nürnberg 1984

8 Vgl. *Peter Fleischmann*: Rat und Patriziat in Nürnberg. Die Herrschaft der Ratsgeschlechter vom 13. bis zum 18. Jahrhundert. 3 Bde. Nürnberger Forschungen. Bd. 31/1-3. Verlagsdruckerei Schmidt, Neustadt/Aisch 2008

9 Siehe *Herbert Bauer* und *Georg Stolz*: Engelsgruß und Sakramentshaus in St. Lorenz zu Nürnberg. Aufnahmen von Ingeborg Limmer. Karl Robert Langewiesche Nachfolger Hans Köster, Königstein/Taunus 1974

10 Zitiert nach *Eckert* und *von Imhoff* (Anm. 3), S. 365

11 Zitiert nach *Wilhelm Heinrich Wackenroder* und *Ludwig Tieck*: Herzensergießungen eines kunstliebenden Klosterbruders. Nachwort von Richard Benz. Reclam, Stuttgart 1994, S. 50ff.

12 Siehe *Albrecht Dürer*: Schriften und Briefe. Hrsg. v. *Ernst Ullman*. Textbearbeitung von *Elvira Pradel*. Reclam, Leipzig, 6. veränderte Aufl. 1993. Vgl. dazu auch *Ludwig Grote*: »Hier bin ich ein Herr«. Dürer in Venedig. Prestel, München 1956

13 Zitiert nach *Eckert* und *von Imhoff* (Anm. 3), S. 37

14 Vgl. *Günther Schiedlausky*: Essen und Trinken. Tafelsitten bis zum Ausgang des Mittelalters. Prestel, München 1956, S. 41

15 Zitiert nach *Giovanni Boccaccio*: Das Dekameron. Vollständige Ausgabe in der Übertragung von Karl Witte, durchgesehen von Helmut Bode. Mit einem Nachwort von Andreas Bauer. Winkler, München 1979 (zuerst 1353)

16 Vgl. *Maister Hansen* – des von Wirtenberg Koch. Transkription, Übersetzung, Glossar und kulturhistorischer Kommentar von Trude Ehlert im Auftrag von Tupperware. Auer, Donauwörth 1996

17 Vgl. *Maestro Martino*: Libro de arte coquinaria, in: Arte della cucina. A cura di Emilio Daccioli. Vol. 1, Milano 1966. Digital version: Valeria Romanelli 2004

18 Vgl. *Bartholomeo Platina*: Von der eerlichen zimlichen auch erlaubten Wolust des Leibs. Unveränderter fotomechanischer Neudruck der Ausgabe von 1542 (zuerst im lateinischen Original um 1475). Mit einem Nachwort von Anneliese Schmitt. Zentralantiquariat der Deutschen Demokratischen Republik, Leipzig 1982

19 Vgl. *Epikur*: Philosophie der Freude. Eine Auswahl aus seinen Schriften, übers., erläut. u. eingel. v. Johannes Mewaldt. Kröner, Stuttgart 1973. Siehe dazu auch das Epikur-Kapitel bei *Diogenes Laertius*: Leben und Meinungen berühmter Philosophen. Aus dem Griechischen übers. v. Otto Apelt. Unter Mitarbeit von Hans Günter Zekl neu hrsg. v. Klaus Reich. Meiner, Hamburg, 2. Aufl. 1967

20 Vgl. Küchenmeisterei. In Nürnberg von Peter Wagner um 1490 gedruckt. Faksimile nach dem Exemplar der Herzog August Bibliothek in Wolfenbüttel. Eingeleitet von Hans Wegener. Mit einem Glossar und einer Bibliographie. Mit 23 Abb. im Text. Harrassowitz, Leipzig 1939

21 Siehe *Eugen von Vaerst*: Gastrosophie oder Lehre von den Freuden der Tafel. 2 Bde. Rogner & Bernhard, München 1975 (zuerst 1851)

22 Die Übertragung ins Hochdeutsche folgt weitgehend *Trude Ehlert*: Kochbuch des Mittelalters. Patmos/Albatros 2000, S. 110

23 *Erasmus von Rotterdam*: Züchtiger Sitten zierlichen Wandels / und höflicher Geberden der Jugent. 1531. Photomechanische Reproduktion der Erasmusdruck GmbH, Berlin 1939

24 Vgl. Das Kochbuch der Sabina Welser. Hrsg. v. Hugo Stopp. Mit einer Übersetzung von Ulrike Gießmann. C. Winter, Heidelberg 1980

25 Siehe *Gerhard Pfeiffer* (Bearbeiter): Die ältesten Urbare der Deutsch-

ordenskommende Nürnberg. Degener & Co, Neustadt/Aisch 1981, S. 86. Vgl. auch *Marianne Ebert*: Geschichte des Nürnberger Lebkuchens vom Handwerk bis zur Industrie, in: Mitteilungen des Vereins für Geschichte der Stadt Nürnberg (MVGN), Bd. 52, 1963/64

26 Siehe *Heinrich Dormeier*: Feste und Bräuche aus Mittelalter und Renaissance. Die Augsburger Monatsbilder. Wissen Media, Gütersloh und München 2007

27 Zitiert nach: *Alexander Heine* (Hrsg.): Deutsches Bürgertum und deutscher Adel im 16. Jahrhundert. Lebens-Erinnerungen des Bürgermeisters Bartholomäus Sastrow und des Ritters Hans von Schweinichen. Magnus, Stuttgart und Essen o. J.

28 Zitiert nach *Heine* (Anm. 27)

29 *Pierre de Bourdeille, Seigneur de Brantôme*: Das Leben der galanten Damen. 2 Bde. Insel, Leipzig 1979 (zuerst im französischen Original erschienen 1666, geschrieben in der 2. Hälfte des 16. Jahrhunderts)

30 *Heinrich Mann*: Die Jugend des Königs Henri Quatre. Fischer, Frankfurt am Main 2010

31 Vgl. *Michel de Montaigne*: Essais. Auswahl und Übertragung von *Herbert Lüthy*. Manesse, Zürich, revidierter Nachdruck der Ausgabe von 1953 (zuerst im Original erschienen seit 1580)

32 Zitiert nach *Michel de Montaigne*: Tagebuch einer Reise durch Italien. Aus dem Französischen von Otto Falke. Insel, Frankfurt am Main 1988

33 Zitiert nach *Stephen Mennel*: Die Kultivierung des Appetits. Geschichte des Essens vom Mittelalter bis heute. Athenäum, Frankfurt am Main 1988 (zuerst im englischen Original 1985), S. 105

34 *Thomas Coryate*: Die Venedig- und Rheinfahrt 1608. Steingrüben, Stuttgart 1970, S. 226

35 Vgl. *Heinz Thomas*: Ludwig der Bayer. Kaiser und Ketzer. Pustet/Styria, Regensburg, Graz, Wien und Köln 1993, S. 153

XI ZUM VERGNÜGEN: FÜRSTLICHE RESIDENZEN

1 Vgl. dazu *Peter Moraw*: Prag. Die älteste Universität in Mitteleuropa, in: *Alexander Demandt* (Hrsg.): Stätten des Geistes. Große Universitäten Europas von der Antike bis zur Gegenwart. Böhlau, Köln, Weimar und Wien 1999. Siehe ebenso: *Hartmut Boockmann*: Wissen und Widerstand. Geschichte der deutschen Universität. Siedler, Berlin 1999

2 Zitiert nach *Thomas Coryate*: Die Venedig- und Rheinfahrt 1608. Steingrüben, Stuttgart 1970, S. 255

3 Siehe *Marian Szyrocki*: Martin Opitz. C. H. Beck, München, 2. überarbeitete Auflage 1974 (zuerst 1956)

4 Siehe *Martin Opitz*: Buch von der Deutschen Poeterey (1624). Studienausgabe. Mit dem Aristarch (1617) und den Opitzschen Vorreden zu seinen Teutschen Poemata (1624 und 1625) sowie der Vorrede zu seiner Übersetzung der Trojanerinnen (1625). Hrsg. v. Herbert Jaumann. Reclam, Stuttgart 2008

5 Zitiert nach *Erich Trunz*: Nachwort des Herausgebers, in: *Marin Opitz*: Weltliche Poemata 1644. Zweiter Teil. Mit einem Anhang: Florilegium variorum epigrammatum. Unter Mitwirkung von Irmgard Böttcher und Marian Szyrocki hrsg. v. Erich Trunz. Niemeyer, Tübingen 1975

6 Siehe *Trunz* (Anm. 5)

7 Siehe *Thomas Steinfeld*: Der Sprachverführer. Die deutsche Sprache: was sie ist, was sie sein kann. Hanser, München 2010

8 Zitiert nach *Martin Opitz*: Weltliche und geistliche Dichtung. Hrsg. v. Dr. H. Oesterley. Spemann, Berlin und Stuttgart o. J.

9 Zitiert nach *Opitz* (Anm. 4)

10 Zitiert nach *Johann Rist*: Hamburgisches Fried- und Freudenfeuer. Hamburg: Reblein 1650 (elektronisch ediert). Vgl. auch *Ernst Finder*: Hamburgisches Bürgertum in der Vergangenheit. Friedrichsen, de Gruyter & Co., Hamburg 1930, S. 405 f.

11 Zitiert nach *Marian Szyrocki*: Die deutsche Literatur des Barock. Reclam, Stuttgart 1997. S. 171

12 Zitiert nach *Finder* (Anm. 10), S. 149

13 Zitiert nach *Szyrocki* (Anm. 11), S. 99

14 *Andrea Wurm*: Translatorische Wirkung. Ein Beitrag zum Verständnis von Übersetzungsgeschichte als Kulturgeschichte am Beispiel deutscher Übersetzungen französischer Kochbücher in der Frühen Neuzeit. Dissertation. Fachrichtung 4.6 – Angewandte Sprachwissenschaft sowie Übersetzen und Dolmetschen. Philosophische Fakultät II – Sprach-, Literatur- und Kulturwissenschaften Universität des Saarlandes, Saarbrücken 2007, elektronische Fassung: http: //scidok.sulb.uni-saarland.de/volltexte/2007/1254. Siehe vor allem den Anhang.

15 Zitiert nach *Stephen Mennell*: Die Kultivierung des Appetits. Geschichte des Essens vom Mittelalter bis heute. Aus dem Englischen von Rainer von Savigny. Athenäum, Frankfurt am Main 1988 (zuerst im Original 1985), S. 107

16 Zitiert nach *Mennell* (Anm. 15), S. 109

17 Zitiert nach *Finder* (Anm. 10), S. 125

18 Zitiert nach *Jean-Paul Bled*: Wien. Residenz – Metropole – Hauptstadt. Böhlau, Wien, Köln und Weimar 2002 (zuerst erschienen 1990), S. 28 f. Bled verweist seinerseits auf *Chr. Brandstätter*: Stadtchronik Wien, Wien 1986. S. 101

19 Zitiert nach *Szyrocki* (Anm. 11), S. 311

20 Zitiert nach *Konrad Kramer* und *Petra Stuiber*: Die schrulligen Habsburger. Marotten und Allüren eines Kaiserhauses. Piper, München 2010 (zuerst 1999), S. 92. Vgl. auch Bled (Anm. 21), S. 43 ff. Vgl. zu Leopold I. auch *Friedrich Weissensteiner*: Die großen Herrscher des Hauses Habsburg. 700 Jahre europäische Geschichte. Piper, München, erweiterte Taschenausgabe, 2. Aufl. 2009 (zuerst 1987). Siehe ebenso *Michael Erbe*: Die Habsburger. 1493-1918. Eine Dynastie im Reich und in Europa. Kohlhammer, Stuttgart, Berlin und Köln 2000

21 Zitiert nach *Kramer* und *Stuiber* (Anm. 20), S. 91

22 *Volkmar Braunbehrens*: Mozart in Wien. Mit einem Vorwort zur Taschenbuchausgabe. Piper, München und Zürich, 2. Aufl. 2006 (zuerst 1986), S. 167

23 Zitiert nach *Braunbehrens* (Anm. 22), S. 168

24 Zitiert nach *Braunbehrens* (Anm. 22), S. 173

25 Zitiert nach *Braunbehrens* (Anm. 22), S. 183

26 Vgl. dazu *Klaus Thiele-Dohrmann*: Europäische Kaffeehauskultur. Artemis & Winkler, Düsseldorf und Zürich 1997. Siehe ebenso *Monika Czernin*: Gebrauchsanweisung für Wien. Piper, München 2003. Ferner *Verena Mayer*: Wo der Schmäh rennt. Das Wiener Kaffeehaus, in: Cotta's kulinarischer Almanach, Nr. 12, hg. v. Erwin Seitz. Klett-Cotta, Stuttgart 2004

27 Siehe *Heinz Dieter Pohl*: Die österreichische Küchensprache. Ein Lexikon der typischen österreichischen kulinarischen Besonderheiten (mit sprachwissenschaftlichen Erläuterungen). Praesens Verlag, Wien 2007. Vgl. auch *Petra Foede*: Wie Bismarck auf den Hering kam. Kulinarische Legenden. Klein & Aber, Zürich 2009

28 *Johann Rottenhöfer*: Anweisungen in der feineren Kochkunst. Verlag Lothar Borowsky, um 1890. Fotografischer Nachdruck, Wesermühl, Wels

29 *Marie Susanne Kübler*: Das Hauswesen nach seinem ganzen Umfange dargestellt in Briefen an eine Freundin. Mit Beigabe eines vollständigen Kochbuches. 15., wesentlich vermehrte und verbesserte Auflage. Bearb. v. Pauline Klaiber. J. Engelhorn, Stuttgart 1905

30 Zitiert nach *Wilhelmine von Bayreuth*: Eine Preußische Königstochter. Glanz und Elend am Hofe des Soldatenkönigs in den Memoiren des Markgräfin Wilhelmine von Bayreuth. Aus dem Französischen von Annette Kolb. Neu hrsg. v. Ingeborg Weber-Kellermann. Insel, Frankfurt am Main 1990 (entstanden um 1744)

31 Siehe *Johann Kaspar Riesbeck*: Briefe eines reisenden Franzosen über Deutschland. Rütten & Loening, Berlin 1976 (zuerst 1783), S. 289 f.

32 Vgl. dazu *Herbert Pönicke*: August der Starke. Ein Fürst des Barock. Musterschmidt, Göttingen, Zürich und Frankfurt am Main 1972. Darin »Feste

und Frauen«, S. 64ff. Siehe ebenso *Karl Czok*: August der Starke und seine Zeit. Kurfürst von Sachsen, König in Polen. Piper, München und Zürich 2006 (zuerst 1989). Darin »Repräsentation und Festkultur«, S. 123ff. Ferner: *Helmut Neuhaus*: Friedrich August I. (1694-1733), in: Frank-Lothar Kroll (Hrsg.): Die Herrscher Sachsens. Markgrafen, Kurfürsten, Könige 1089-1919. C. H. Beck, München 2004

33 Vgl. *Michael Kirsten*: Der Dresdner Zwinger. Deutscher Kunstverlag, München und Berlin, 2. Aufl. o. J.

XII ENDE DES FESTES: DIE PREUSSEN

1 Vgl. *Heinz Kathe*: Der Soldatenkönig. Friedrich Wilhelm I. 1688-1740. König in Preußen – Eine Biographie. Akademie-Verlag, Berlin 1976. Siehe ebenso: *Peter Baumgart*: Friedrich Wilhelm I. (1713-1740), in: *Frank-Lothar Knoll* (Hrsg.): Preußens Herrscher. Von den ersten Hohenzollern bis Wilhelm II. C. H. Beck, München 2000

2 Siehe *Hans-Joachim Schoeps*: Preußen. Geschichte eines Staats. Propyläen Taschenbuch bei Ullstein, Frankfurt am Main und Berlin, 2. Auflage 2001 (zuerst 1965). Ferner *Christopher Clark*: Preußen. Aufstieg und Niedergang 1600-1947. Aus dem Englischen v. Richard Barth, Norbert Juraschitz u. Thomas Pfeiffer. Pantheon, München, 3. Aufl. 2008 (zuerst 2006)

3 Vgl. *Hartmut Boockmann*: Drei Reformuniversitäten: Halle, Göttingen, Berlin, in: *ders.*: Wissen und Widerstand. Geschichte der deutschen Universität. Siedler, Berlin 1999, S. 165ff.

4 Siehe dazu auch *Erwin Seitz*: Wider das königliche Vorbild. Kulinarischer Wandel in Deutschland, in: Cotta's kulinarischer Almanach, Nr. 13, hg. v. Erwin Seitz. Klett-Cotta, Stuttgart 2005, S. 9ff.

5 Siehe *Clark* (Anm. 2), S. 112

6 Siehe *Kathe* (Anm. 1), S. 48

7 Siehe *Clark* (Anm. 2), S. 126

8 Siehe *Voltaire*: Über den König von Preußen. Memoiren. Hrsg. u. übers. v. Anneliese Botond. Insel, Frankfurt am Main 1967, S. 9f.

9 Zitiert nach *Wilhelmine von Bayreuth*: Eine preußische Königstochter. Glanz und Elend am Hofe des Soldatenkönigs in den Memoiren der Markgräfin Wilhelmine von Bayreuth. Aus dem Französischen von Annette Kolb. Neu hrsg. v. Ingeborg Weber-Kellermann. Insel, Frankfurt am Main 1990 (entstanden um 1744)

10 Zitiert nach *Johannes Kunisch*: Friedrich der Große. Der König und seine Zeit. C. H. Beck, München 2004

11 Siehe *Kunisch* (Anm. 10). Vgl. auch *Theodor Schieder*: Friedrich der

Große. Ein Königtum der Widersprüche. Propyläen Taschenbuch bei Ullstein, Berlin 1998 (zuerst 1983)

12 Zitiert nach *Piero Camporesi*: Der feine Geschmack. Luxus und Moden im 18. Jahrhundert. Aus dem Italienischen v. Karl F. Hauber. Campus, Frankfurt am Main und New York 1992 (zuerst 1990), S. 15

13 Vgl. *Voltaire* (Anm. 8), S. 29f.

14 Zitiert nach *Gotthold Ephraim Lessing*: Werke in drei Bänden. Hanser, München 1982. Bd. I, S. 145. Vgl. auch *Wolfgang Drews*: Lessing. Rowohlt, Reinbek bei Hamburg 1982 (zuerst 1962)

15 Zitiert nach *Drews* (Anm. 14), S. 79

XIII AUF HALBEM WEGE

1 Zitiert nach *Johann Wolfgang von Goethe*: Briefe. Hamburger Ausgabe in 4 Bdn., hrsg. v. Karl Robert Mandelkow. C. H. Beck, München 1986

2 Zitiert nach *Johann Wolfgang von Goethe*: Werke. Hamburger Ausgabe, hrsg. v. Erich Trunz. C. H. Beck, München, 13. Aufl. 1982. Bd. 1: Gedichte und Epen, S. 132

3 Vgl. *Astrid Seele*: Frauen um Goethe. Rowohlt, Reinbek, 5. Aufl. 1999. Siehe auch *Doris Maurer*: Charlotte von Stein. Eine Biographie. Insel, Frankfurt am Main 1997

4 *Pierre de Bourdeille, Seigneur de Brantôme*: Das Leben der galanten Damen. 2 Bde. Insel, Leipzig 1979 (zuerst 1666 im französischen Original erschienen, geschrieben in der 2. Hälfte des 16. Jahrhunderts)

5 Siehe *Wolfgang Herwig* (Hrsg.): Goethes Gespräche. Biedermannsche Ausgabe. Eine Sammlung Zeitgenössischer Berichte aus seinem Umgang. 5 Bde. in 6 Teilbdn. Auf Grund der Ausg. und des Nachlasses von Flodoard Freiherrn von Biedermann. Deutscher Taschenbuch Verlag, München 1998

6 Zitiert nach Kanzler *Friedrich von Müller*: Unterhaltungen mit Goethe. Mit Anmerkungen versehen u. hrsg. v. Renate Grumach. C. H. Beck, München, 2. Auflage 1982

7 Siehe *Goethe* (Anm. 2)

8 Vgl. *Richard Friedenthal*: Goethe. Sein Leben und seine Zeit. Piper, München und Zürich 1991 (zuerst 1963). Siehe das Kapitel »Regieren!«, S. 197ff.

9 Siehe: Dido, ein Trauerspiel in fünf Aufzügen. Von *Charlotte Albertine Ernestine von Stein-Kochberg*. Im Auftrag des Freien Deutschen Hochstifts hrsg. v. Heinrich Düntzer, Frankfurt am Main 1867. Hier zitiert nach der digitalisierten Ausgabe der Bibliotheca Augustana.

10 Zitiert nach *Friedenthal* (Anm. 8), S. 235

11 Zitiert nach: Selbstinszenierungen im klassischen Weimar: *Caroline Jage-*

mann. Bd. I: Autobiographie, Kritiken, Huldigungen, Bd. II: Briefwechsel, Dokumente, Reflexionen. Hrsg. u. untersucht v. Ruth B. Emde, kommentiert in Zusammenarbeit mit Achim von Hegendorff. Wallstein, Göttingen 2004. Bd. 1, S. 303, Fußnote 77

12 Vgl. *Jagemann* (Anm. 11)

13 Vgl. *Werner Völker* (Hrsg.): Bei Goethe zu Gast. Besucher in Weimar. Insel, Frankfurt am Main 1996, S. 45 f.

14 Zitiert nach *Madame de Stael*: Über Deutschland. Vollständige Ausgabe. Nach der deutschen Erstausgabe von 1814 hrsg. v. Monika Bosse. Insel, Frankfurt am Main 1985 (zuerst im französischen Original 1813), S. 97

15 Vgl. *Jagemann* (Anm. 11)

16 Zitiert nach *François le Goullon*: Der neue Apicius oder Die Bewirtung vornehmer Gäste. Mit einem Nachwort von Hans und Renate Hennig. Neudruck nach dem Original von 1829. Edition Leipzig 1984

17 Zitiert nach *Fritz Neumeyer*: 1786-1848. Zwischen zwei Revolutionen: Das Experiment Poesie, in: *Joseph Paul Kleihues*: 750 Jahre Architektur und Städtebau in Berlin. Die Internationale Bauausstellung im Kontext der Baugeschichte Berlins. Hatje, Stuttgart 1987, S. 78

18 Vgl. *Adolph Freiherr von Knigge*: Über den Umgang mit Menschen. Hrsg. v. Gert Ueding mit Illustrationen von Chodowiecki und anderen. Insel, Frankfurt am Main 2001 (zuerst ab 1788). Ferner *Asfa-Wossen Asserate*: Manieren. Eichborn, Frankfurt am Main 2003

19 Zitiert nach *Antonius Anthus*: Vorlesungen über Eßkunst. Leipzig 1838 bei Otto Wiegand. Neu editiert 1962, Scherz Verlag, Bern, Stuttgart und Wien, S. 203 f.

20 Zitiert nach *Karl Friedrich von Rumohr*: Geist der Kochkunst. Mit einem Vorwort von Wolfgang Koeppen. Insel, Frankfurt am Main 1998 (zuerst 1822)

21 Siehe: *Bismarck Gespräche*. Hrsg. v. *Willy Andreas* unter Mitwirkung von *K. F. Reinking*. Verlag Schibli-Doppler, Brisfelden-Basel o. J. Lizenzausgabe des Verlages Carl Ed. Schünemann KG, Bremen (= Bismarck: Die gesammelten Werke, Bde. 7, 8, 9, Gespräche I, II, III; hrsg. u. bearb. v. Dr. Willy Andreas. Otto Stollberg & Co, Berlin 1924, 1926)

22 Zitiert nach *Lothar Gall*: Bismarck: der weiße Revolutionär. Ullstein, Berlin 1997, S. 53, Brief an Scharlach, 9. 1. 1845

23 Zitiert nach *Otto von Bismarck*: Gedanken und Erinnerungen. Reden und Briefe. Mit einer Einführung von Theodor Heuss. Hrsg. v. Reinhard Jaspert Safari. Berlin o. J. (zuerst ab 1898 erschienen)

24 Zitiert nach *Gall* (Anm. 22), S. 47

25 Zitiert nach *Gall* (Anm. 22), S. 299 f.

26 Zitiert nach *Winfried Baumgart*:Friedrich Wilhelm IV. (1840-1861),

in: *Frank-Lothar Kroll* (Hrsg.): Preußens Herrscher. Von den ersten Hohenzollern bis Wilhelm II. C. H. Beck, München 2000

27 Vgl. *Gall* (Anm. 22), S. 166

28 Vgl. *Gall* (Anm. 22), S. 529ff.

29 Vgl. *Gall* (Anm. 22), S. 158

30 *Philipp Blom*: Der taumelnde Kontinent. Europa 1900-1914. Hanser, München 2009 (zuerst englisch 2008 erschienen)

31 Zitiert nach *Henriette Davidis*: Praktisches Kochbuch für die gewöhnliche und feine Küche. Nach der Originalausgabe bearbeitet und herausgegeben von Kurt Hensch. Manuskriptum, Waltrop und Leipzig, 3. Auflage 1999 (zuerst 1846). Davidis hielt sich möglicherweise an die Küche des Eigengeschmacks, wie sie kurz zuvor schon Rumohr lehrte

32 Zitiert nach *Victor Tissot*: Reportagen aus Bismarcks Reich. Berichte eines reisenden Franzosen. 1874-1876. Hrsg. u. übers. v. Erich Pohl. Edition Erdmann im K. Thienemanns Verlag, Stuttgart und Wien 1989

33 Zitiert nach *Volker Wagner*: Die Dorotheenstadt im 19. Jahrhundert. de Gruyter, Berlin und New York 1998, S. 431f.

34 Vgl. *Hans-Christian Täuberich*: Zu Gast im alten Berlin. Hugendubel, München 1990

35 *Jules Huret*: Berlin um Neunzehnhundert: Einzige berecht. Übers. aus dem Franz. v. Nina Knoblich. Nachdr. d. Ausg. Lang, München 1909 (zuerst im Original 1906), Nicolai, Berlin 1979, S. 55

36 Zitiert nach *John C. G. Röhl*: Kaiser, Hof und Staat. Wilhelm II. und die deutsche Politik. C. H. Beck, München 2002 (zuerst 1987), S. 91

37 *Jules Laforgue*: Berlin. Der Hof und die Stadt. Insel, Frankfurt am Main 2002 (zuerst 1887)

38 Zitiert nach *Röhl* (Anm. 36), S. 86

39 Zitiert nach *Röhl* (Anm. 36), S. 103

40 *Röhl* (Anm. 36), S. 112

41 *Alfred Kerr*: Wo liegt Berlin? Briefe aus der Reichshauptstadt. Hrsg. v. Günther Rühle. Aufbau, Berlin, 3. Aufl. 1997

42 *Huret* (Anm. 35), S. 53

43 Vgl. *Rudolf Habs* und *L. Rosner*: Appetit-Lexikon. Matthes & Seitz, München 1977. Nach der erweiterten Neuausgabe der 2., verb. Aufl. des Appetit-Lexikons, die 1894 in Wien erschien. Es sind darin einige Berliner Speisekarten der 1890er Jahre zu finden oder Speisekarten für Feste zu Ehren von Kaiser Wilhelm II.

44 Zitiert nach *Theodor Fontane*: Romane. Irrungen Wirrungen. Der Stechlin. Effi Briest. Frau Jenny Treibel. Winkler, München 1985, S. 207

XIV BÜRGERLICHE GESELLSCHAFT

1 Vgl. *Hermann-Josef Blanke*: Deutsche Verfassungen. Schöningh, Paderborn 2003, S. 169 ff.

2 Vgl. *Lothar Gall*: Bürgertum in Deutschland. Siedler, Berlin 1989

3 Vgl. *Wilhelm Bleek*: Friedrich Christoph Dahlmann. Eine Biographie. C. H. Beck, München 2010

4 Vgl. *John C. G. Röhl*: Kaiser, Hof und Staat. Wilhelm II. und die deutsche Politik. C. H. Beck, München 2002 (zuerst 1987), S. 209

5 Zitiert nach *Willem van Wulfen*: Der Genußmensch. Ein Cicerone im rücksichtslosen Lebensgenuß. Hyperionverlag, München 1911. Neu bei Gerhard Stalling, Oldenburg 1920

6 Vgl. *Heinrich August Winkler*: Der lange Weg nach Westen. Deutsche Geschichte vom Ende des Alten Reiches bis zum Untergang der Weimarer Republik. 2 Bde. C. H. Beck, München 2002 (zuerst 2000). Bd. 1, S. 378 ff. Siehe ferner *Hagen Schulze*: Kleine deutsche Geschichte. Mit Bildern aus dem Deutschen Historischen Museum. C. H. Beck, München 1998 (zuerst 1996), S. 175 ff.

7 Vgl. *Hermann Muthesius*: Das englische Haus. Gebr. Mann, Berlin 1999 (zuerst ab 1904)

8 Siehe *Franz Schulze*: Mies van der Rohe. Leben und Werk. Aus dem Engl. übertr. v. Christiane Court unter Mitwirkung von Wolf Tegelhoff. Ernst & Sohn, Berlin 1986, S. 49 ff.

9 Zitiert nach *Schulze* (Anm. 8), S. 96

10 Zitiert nach *Thomas Mann*: Der Zauberberg. S. Fischer, Frankfurt am Main 1974

11 Zitiert nach *Marian Szyrocki*: Die deutsche Literatur des Barock. Reclam, Stuttgart 1997, S. 99

12 Zitiert nach *Blanke* (Anm. 1), S. 277

13 Vgl. *Peter Merseburger*: Willy Brandt. 1913-1992. Visionär und Realist. Deutscher Taschenbuch Verlag, München 2004 (zuerst 2002), S. 109 f. Siehe ferner *Erwin Seitz*: Wider das königliche Vorbild. Kulinarischer Wandel in Deutschland, in: Cotta's kulinarischer Almanach, Nr. 13, hrsg. v. Erwin Seitz, mit Illustrationen von Isabel Klett. Klett-Cotta, Stuttgart 2005, S. 21 ff.

14 Zitiert nach *Winkler* (Anm. 6), S. 279

15 Zitiert nach *Merseburger* (Anm. 13), S. 523 f.

16 Zitiert nach *Winkler* (Anm. 6), S. 311

17 Vgl. *Eckart Witzigmann*: Sechs Jahrzehnte. Unter Mitarbeit von C. P. Fischer und Mechthild Piepenbrock-Fischer. Food edition Fischer-Piepenbrock, München 2001

18 *Wolfram Siebeck*: Kochschule für Anspruchsvolle. Ullstein, Frankfurt am Main und Berlin 1992 (zuerst 1976)

19 *Henriette Davidis*: Praktisches Kochbuch für die gewöhnliche und feinere Küche. Vollständig neu bearb. u. erweitert v. *Rudolf Zäch*. Entzlin & Laiblin, Reutlingen 1908, S. 235

20 Zitiert nach *Petra Foede*: Wie Bismarck auf den Hering kam. Kulinarische Legenden. Kein & Aber, Zürich 2009, S. 195

21 Zitiert nach *Baron von Eelking*: Das Bildnis des eleganten Mannes. Ein Zylinderbrevier. Von Werther bis Kennedy. Herbig, Berlin 1962

22 *Andreas Krause*: Im Borchardt. Menschen. Geschichten. Rezepte. Rezeptteil von Ursula Fabian. Fotografien von Sven Grüß, Manfred Hamm und Cornelius Meffert. Nicolai, Berlin 2001

23 Zitiert nach *Jean-Paul Aron*: Der Club der Bäuche. Ein gastronomischer Führer durch das Paris des 19. Jahrhunderts. Aus dem Französischen von Susanne Lüdemann. Klett-Cotta, Stuttgart 1993 (zuerst 1973), S. 28

24 Vgl. *Michael Hoffmann*: Kräuter. Tre Torri, Wiesbaden 2007

25 Vgl. *Helene Karmasin*: Die geheime Botschaft unserer Speisen. Was Essen über uns aussagt. Lübbe, Bergisch Gladbach 2001 (zuerst 1999)

Bildnachweise

akg-images: 406, 559, Farbbilder 1, 13, 17, 19, 25, 26, 27
Albertina, Wien: 395
Gasthaus Alpenstueck, Berlin: Farbbild 32

Bayerisches Landesamt für Denkmalpflege, München: 441 (Arthur Schlegel), 488 (Barbara Schwager)
Bayerisches Nationalmuseum, München: 334
Bayerische Staatsbibliothek München: 174 (Clm 210, fol. 91v), 311 (Cgm 19, fol. 50v)
Biblioteca Apostolica Vaticana, Rom: 203
bpk-images: 39, 53, 185, 305, 380, 464, 471, 538, 658, 665, 666, 685, Farbbilder 3 (The Metropolitan Museum of Art), 12, 18, 22
Bridgeman Art Library, Berlin: 359 (Kunstmuseum Estland, Tallinn)
Bundesarchiv, Koblenz: 709 (Bild 102-08485B), 717 (Bild 183-H27031)

Deutsche Staatsbibliothek, Berlin: 51
Deutsches Historisches Museum, Berlin: 494, 597
Thomas Dix, Grenzach-Wyhlen: 714
Domkapitel Aachen: 181, Farbbild 2 (Ann Münchow)

Fairmont Hotel Vier Jahreszeiten, Hamburg: Farbbild 24 (Kai Abresch)

Galerie Neuse, Bremen: 621
Germanisches Nationalmuseum, Nürnberg: 102, 320, Farbbilder 6, 9, 11
Grünes Gewölbe, Staatliche Kunstsammlungen Dresden: Farbbild 15

Hochschul- und Landesbibliothek Fulda: 281 (Hs. D 11, fol. 14r)
Bildagentur Huber, Garmisch-Partenkirchen: 188, 251, 459

Imagno, Wien: 565 (Austrian Archives)

Keltenmuseum Eberdingen-Hochdorf: 105
Klassik Stiftung Weimar, Museen: 633, 648, 653, Farbbild 20
Ulrich Kneise, Eisenach: 309
Brasserie Kronenhalle, Zürich: 511

Kunsthistorisches Museum, Wien: 466, Farbbild 4
Kunstsammlungen der Veste Coburg: 60

Landesarchiv Berlin: 724
Landeshauptarchiv Sachsen-Anhalt, Magdeburg: 229
(U 1 Erzstift Magdeburg, I Nr. 23)

Restaurant Margaux, Berlin: Farbbild 31
Märkisches Museum, Berlin: 52
Cornelius Meffert, Hamburg: 736
Bildarchiv Monheim, Krefeld: 279, Farbbild 7
Andreas Muhs, Berlin: Farbbild 30
Museen der Stadt Nürnberg: Farbbild 10

Österreichische Galerie Belvedere, Wien: Farbbild 21

Gerhard Richter, 2011: Farbbild 28

Restaurant Schiffergesellschaft, Lübeck: 364 (Oliver-Marc Steffen)
Schöning Verlag, Lübeck: Farbbild 8
SLUB Dresden / Deutsche Fotothek: 584 (Walter Möbius)
Spezial-Keller, Bamberg: 87 (www.kopfwerk.com)

Restaurant Tantris, München: 728
Tourismus Marketing Deutschland / www.germanplaces.de: Farbbild 16

ullstein bild: Farbbilder 14, 23
Universitätsbibliothek Heidelberg: Farbbild 5 (Cod. Sal. IXb, fol. 40v.)
Universitätsbibliothek Johann Christian Senckenberg, Frankfurt am Main: 205

VG Bild-Kunst, Bonn, 2011: 161

Architekturzeichnungen Peter Wels, Hamburg: 553

Württembergische Landesbibliothek Stuttgart: 308

H. & D. Zielske, Göttingen: Farbbild 29

Weitere Nachweise über das Bildarchiv des Insel Verlags.

REGISTER

Personen

(Vorkommen im Farbbildteil werden mit F gekennzeichnet)

Kulinarische Waren und Gerichte

Bamberg

Brauereigasthof Schlenkerla
Dominikanerstraße 6
96049 Bamberg
Tel. 0951/56060
www.schlenkerla.de

Brauereigasthof Spezial
Obere Königsstraße 10
96052 Bamberg
Tel. 0951/24304
www.brauerei-spezial.de

Spezial-Keller mit Biergarten
Sternwartstraße 8
96049 Bamberg
Tel. 0951/54887
www.spezial-keller.de

Bergisch Gladbach

Restaurant Vendôme
im Schlosshotel Bensberg
Kadettenstraße
51429 Bergisch Gladbach
Tel. 02204/42-0
www.schlossbensberg.com

Berlin

Brasserie Borchardt
Französische Str. 47
10117 Berlin
Tel. 030/81886262
www.borchardt-catering.de

Café-Restaurant Einstein
(Stammhaus)
Kurfürstenstraße 58
10785 Berlin
Tel. 030/2639190
www.cafeeinstein.com

Café-Restaurant Einstein
Unter den Linden
Unter den Linden 42
10117 Berlin
Tel. 030/2043632
www.einsteinudl.com

Gasthaus Alpenstueck
Gartenstraße 9
10115 Berlin
Tel. 030/21751646
www.alpenstueck.de

Restaurant Margaux
Unter den Linden 78
10117 Berlin
Tel. 030/22652611
www.margaux-berlin.de

Grill Royal
Friedrichstraße 105
10117 Berlin
Tel. 030/2887-9288
www.grillroyal.com

Reingold Bar
Novalisstraße 11
10115 Berlin
Tel. 030/28387676
www.reingold.de

Boltenhagen (Vorpommern)

Kräuterhof Essbare Landschaften
Boltenhagen 20
18516 Süderholz
Tel. 038326/53578-0
www.essbarelandschaften.de

Deidesheim (Pfalz)

Weingut Bassermann-Jordan
Kirchgasse 10
67146 Deidesheim
Tel. 06326/6006
www.bassermann-jordan.de

Dresden

Restaurant Caroussel
im Hotel Bülow Palais
Königstraße 14
01097 Dresden
Tel. 0351/80030
www.buelow-residenz.de

Epfenhausen
(nahe Landsberg am Lech)

Fischzucht Nikolai Birnbaum
Am Schwallberg 1
86929 Penzing-Epfenhausen
Tel. 08191/989200
www.fischzucht-birnbaum.de

Hamburg

Fairmont Hotel Vier Jahreszeiten
Neuer Jungfernstieg 9-14
20354 Hamburg
Tel. 040/34940
www.hvj.de

Innsbruck

Café Katzung
Herzog-Friedrich-Straße 16
A-6020 Innsbruck
www.cafe-katzung.at

Lippertsreute (Bodenseeregion)

Knoll's Obstbau und Brennerei
Nüsse und Öle
Bamberger Straße 8
88662 Überlingen-Lippertsreute
Tel. 07553/7211
www.obstbau-knoll.de

Lübeck mit Travemünde

Fischhandelsgesellschaft
Öldorp & Co.
Rose 16
23570 Travemünde
Tel. 04502/5373
www.fisch-oeldorp.de

Restaurant Schiffergesellschaft
Breite Straße 2
23552 Lübeck
Tel. 0451/76776
www.schiffergesellschaft.com

Weinhaus H. F. von Melle
Beckergrube 86
23552 Lübeck
Tel. 0451/71050
www.von-melle.de

Moselregion

Weingut Fritz Haag
Dusemonder Straße 44
54472 Brauneberg/Mosel
Tel. 06534/410
www.weingut-fritz-haag.de

Weingut und Gästehaus
im Kurfürstlichen Zehnthaus
Uferallee 11
54470 Wehlen/Mosel
Tel. 06531/8296 oder 91196
www.zehnthaus.com

Weingut Joh. Jos. Prüm
Uferallee 19
54470 Wehlen/Mosel
Tel. 06531/3091
www.jjpruem.com

Weingut Schloss Lieser
Am Markt 1-5
54470 Lieser/Mosel
Tel. 06531/6431
www.weingut-schloss-lieser.de

München

Der Brenner
Bar, Pasta, Grill
Maximilianstraße 15
80539 München
Tel. 089/4522880
www.brennergrill.de

Fisch-Witte
Viktualienmarkt 9
80331 München
Tel. 089/222640
www.fisch-witte.de

Gasthaus Beim Sedlmayer
Westenriederstraße 14
80331 München
Tel. 089/226219

Gaststätte Großmarkthalle
mit Gasthausmetzgerei
Kochelseestraße 13
81371 München
Tel. 089/764531
www.gaststätte-großmarkthalle.de

Metzgerei Matthias Eisenreich
Viktualienmarkt 3
80331 München
Tel. 089/297512

Restaurant Tantris
Johann-Fichte-Str. 7
80805 München
Tel. 089/361959-0
www.tantris.de

Saure Ecke Ludwig Freisinger
Viktualienmarkt 8
80331 München
Tel. 089/865984

Stephani's Geflügelparadies
Viktualienmarkt 5
80331 München
Tel. 089/26011649
www.stephanis-
gefluegelparadies.mux.de

Nersingen (Bayerisch-Schwaben)

Institut für deutsche Schnecken-
zucht Nersingen
Eibenweg 22 a
89278 Nersingen
Tel. 07308/924735
www.schneckenzucht.de

Nürnberg

Bäckerei & Lebküchnerei Düll
Mathildenstr. 28
90489 Nürnberg
Tel. 0911/552834
Filiale Bergstraße 23 in der Altstadt
Tel. 0911/226228
www.lebkuchen-nuernberg.com

Café-Restaurant Lorenz
Lorenzer Platz 23
90402 Nürnberg
Tel. 0911/2059390
www.restaurant-lorenz.de

Confiserie Café Neef
Winklerstraße 29
90403 Nürnberg
Tel. 0911/225179
www.confiserie-neef.de

Bratwurstküche
Zum Guldenen Stern
Zirkelschmiedsgasse 26
90402 Nürnberg
Tel. 0911/2059288
www.bratwurstkueche.de

Regensburg

Brasserie Orphée
Untere Bachgasse 8
93047 Regensburg
Tel. 0941/52977
www.hotel-orphee.de

Bischofshof am Dom
Krauterermarkt 3
93047 Regensburg
Tel. 0941/5846-0
www.hotel-bischofshof.de

Schwäbische Alb

Loretto Ziegenhof
mit Holzofenbäckerei
88529 Zwiefalten
Tel. 07373/2355
www.lorettozwiefalten.de

Öko-Erzeugergemeinschaft
»Alb-Leisa«
Linsen von der Schwäbischen Alb
Geschäftsstelle: Am Hochberg 25
89584 Lauterbach
Tel. 07357/922293
www.alb-leisa.de

Sylt

Dittmeyers Austern-Compagnie
Hafenstraße 10-12
25992 List/Sylt
Tel. 04651/870860
www.sylter-royal.de

Dorint Söl'ring Hof
Am Sandwall 1
25980 Rantum/Sylt
Tel. 04651/836200
www.soelring-hof.de

Tirschenreuth (Oberpfalz)

Edelkrebszucht Michael Bäuml
Sebastianstraße 25
95643 Tirschenreuth
Teil 09631/6675
www.stiftslandkrebse.de

Venedig

Trattoria Alla Madonna
Calle de la Madonna, 594
I-30125 Venezia
Tel. 0039/041/5223824
www.ristoranteallamadonna.com

Wien

Kaffeehaus Bräunerhof
Stallburggasse 2
A-1010 Wien
Tel. 0043/1/5123893

Beisl Oswald & Kalb
Bäckerstraße 14
A-1010 Wien
Tel. 0043/1/5121371

Beisl Zu den 3 Hacken
Singerstraße 28
A-1010 Wien
Tel. 0043/1/5125895
www.vinum-wien.at

Bistro Zum Schwarzen Kameel
Bognergasse 5
A-1010 Wien
Tel. 0043/1/5338125
www.kameel.at

Würzburg

Bürgerspital-Weinstuben
Theaterstraße 19
97070 Würzburg
Tel. 0931/35288-0
www.buergerspital-weinstuben.com

Zürich

Hotel Baur au Lac
Talstraße 1
CH-8001 Zürich
Tel. 0041/44/220 50 20
www.bauraulac.ch

Brasserie Kronenhalle
Rämistrasse 4
CH-8001 Zürich
Tel. 0041/44/262 99 00
www.kronenhalle.com